KB185859

HSK 인강
할인 이벤트

맛있는 스쿨 HSK 단과 강좌 할인 쿠폰

할인 코드 hsk_halfcoupon

HSK 단과 강좌 할인 쿠폰

50% 할인

할인 쿠폰 사용 안내

1. 맛있는스쿨(cyberjrc.com)에 접속하여 [회원가입] 후 로그인을 합니다.
2. 메뉴中[쿠폰] → 하단[쿠폰 등록하기]에 쿠폰번호 입력 → [등록]을 클릭하면 쿠폰이 등록됩니다.
3. [HSK 단과 강좌] 수강 신청 후, [온라인 쿠폰 적용하기]를 클릭하여 등록된 쿠폰을 사용하세요.
4. 결제 후, [나의 강의실]에서 수강합니다.

쿠폰 사용 시 유의 사항

1. 본 쿠폰은 맛있는스쿨 HSK 단과 강좌 결제 시에만 사용이 가능합니다. 파트별 구매는 불가합니다.
2. 본 쿠폰은 타 쿠폰과 중복 할인이 되지 않습니다.
3. 교재 환불 시 쿠폰 사용이 불가합니다.
4. 쿠폰 발급 후 10일 내로 사용이 가능합니다.
5. 본 쿠폰의 할인 코드는 1회만 사용이 가능합니다.

*쿠폰 사용 문의 : 카카오톡 채널 @맛있는스쿨

전화 화상
할인 이벤트

맛있는 톡 할인 쿠폰

할인 코드 jrcphone2qsj

전화&화상 외국어 할인 쿠폰

10,000원

할인 쿠폰 사용 안내

1. 맛있는톡 전화&화상 중국어(phonejrc.com), 영어(eng.phonejrc.com)에 접속하여 [회원가입] 후 로그인을 합니다.
2. 메뉴中[쿠폰] → 하단[쿠폰 등록하기]에 쿠폰번호 입력 → [등록]을 클릭하면 쿠폰이 등록됩니다.
3. 전화&화상 외국어 수강 신청 시 [온라인 쿠폰 적용하기]를 클릭하여 등록된 쿠폰을 사용하세요.

쿠폰 사용 시 유의 사항

1. 본 쿠폰은 전화&화상 외국어 결제 시에만 사용이 가능합니다.
2. 본 쿠폰은 타 쿠폰과 중복 할인이 되지 않습니다.
3. 교재 환불 시 쿠폰 사용이 불가합니다.
4. 쿠폰 발급 후 60일 내로 사용이 가능합니다.
5. 본 쿠폰의 할인 코드는 1회만 사용이 가능합니다.

*쿠폰 사용 문의 : 카카오톡 채널 @맛있는스쿨

맛있는 중국어 HSK

JRC 중국어연구소 기획·저 / 왕수인 역

6급

맛있는 books

| 역자 | **왕수인**

동국대학교 중어중문학과 졸업
동국대학교 일반대학원 중어중문학과(어학) 수료

씽씽 중국어학원 원장
라오스하오 HSK 강사양성과정 전담 강사
맛있는중국어학원 HSK 전문 강사
연세대학교 MBA과정 중국어 강사
SK, 아시아나 등 다수 기업체 출강 및 통역

저서 맛있는 중국어 新HSK 4급
동영상 강의 New 맛있는 중국어 2단계·3단계
맛있는 중국어 新HSK 4급

맛있는 중국어 HSK 6급

제1판 1쇄 발행	2019년 8월 15일
제2판 1쇄 인쇄	2024년 11월 1일
제2판 1쇄 발행	2024년 11월 15일

기획·저	JRC 중국어연구소
번역	왕수인
발행인	김효정
발행처	맛있는books
등록번호	제2006-000273호

주소	서울시 서초구 명달로 54 JRC빌딩 7층
전화	구입문의 02·567·3861 | 02·567·3837
	내용문의 02·567·3860
팩스	02·567·2471
홈페이지	www.booksJRC.com

ISBN	979-11-6148-086-2
	979-11-6148-085-5 (세트)
정가	27,500원

머리말

HSK 6급에 도전하는 많은 학습자들이 이렇게 얘기합니다.

"6급은 녹음 속도가 너무 빨라요. 독해 제1부분은 아무리 공부해도 도통 답을 찾을 수 없어요.
쓰기는 지문은 독해가 가능한데 막상 요약하려니 갈피를 못 잡겠어요."

『맛있는 중국어 HSK 6급』은 학습자가 어려워하는 부분에 해결 방법을 제시하고 HSK 핵심 내용에 포커스를 맞추어 보다 쉽게 시험을 준비할 수 있도록 구성했습니다.

★ 듣기 영역은 최근 기출 지문을 분석하여 빈출 주제를 선별한 후, 각 주제별로 빈출 단어와 표현을 정리했습니다. 별책으로 제공되는 『워크북』으로 「실전 트레이닝」의 주요 문장을 받아쓰기하면서 듣기 실력을 한층 더 업그레이드할 수 있습니다. 문제별 MP3 파일도 제공되어 잘 들리지 않는 부분은 반복해서 들을 수 있습니다.

★ 독해 영역은 문제별 특성에 맞추어 공략과 설명 방법에 차별화를 두었습니다. 6급 응시자들이 가장 어려워하는 제1부분에는 빈출 오류 유형 15가지와 HSK 포인트를 제시하였고, 제2부분에는 품사별로 빈출 단어와 호응 구조를 정리했습니다. 제3부분과 제4부분에는 지문을 쉽게 파악할 수 있도록 독해 포인트에는 설명을 달아 놓았습니다.

★ 쓰기 영역은 IBT 쓰기 시험 Tip은 물론 지문 요약 시 필요한 스킬을 단계적으로 학습할 수 있도록 구성했습니다. 본책에 수록된 활용도 높은 고득점 패턴과 어휘를 마스터하면 쓰기 영역에 자신감을 가질 수 있습니다. 또한 별책으로 제공되는 『워크북』으로 작문할 때 유용한 다양한 문장을 연습할 수 있습니다.

★ 『비법 노트』에는 HSK 6급 필수 암기 단어 1000개와 고득점 표현을 정리해 놓았습니다. 단어뿐만 아니라 호응 구조와 예문을 함께 제시해 이해도를 높였습니다. 시험을 치기 전, 마지막에 핵심 단어만 학습하세요.

여러분이 『맛있는 중국어 HSK 6급』으로 실전에서 좋은 성적을 거둘 수 있기를 바랍니다.

JRC 중국어연구소

차례

독해

쓰기

모의고사

부록

HSK, 이제
맛있는 중국어 HSK로 즐기세요!

맛있는 중국어 **HSK 6급**은 **기본서**(+모의고사 3회), **해설집, 비법 노트, 워크북**으로 구성되어 있습니다.

한눈에 보이는 공략

기본서

+

간략하고 명쾌한

해설집

+

빈출&고득점 표현 수록

비법 노트

+

듣기&쓰기 완전 공략

워크북

1. 시작에서 합격까지 20일 완성

- 체계적인 학습 플랜에 따라 핵심 공략 마스터
- 기본서, 해설집, 비법 노트, 워크북 All In One 구성

2. 최신 경향을 200% 반영한 공략&문제

- 출제 난이도를 반영한 적중률 높은 공략 및 문제 수록
- 빈출 표현 및 필수 체크 포인트 제시, 간략한 설명과 도식화로 쉽게 이해할 수 있도록 구성

3. 반복적인 문제 풀이 훈련

핵심 공략 학습 → 공략 트레이닝 → 실전 트레이닝 → 미니 테스트 → 모의고사

4. 6급 합격을 위한 특화된 별책 제공

- 비법 노트 | **필수 암기** 단어 **1000개&고득점** 표현 수록(중국어-한국어 녹음 파일 제공)
- 워크북 | **듣기** 영역 주요 문장 **받아쓰기&쓰기** 실력 향상을 위한 **문장 요약** 훈련

6급 이렇게 학습하세요!

Step 1. 출제 비율 및 정답이 보이는 핵심 공략 파악

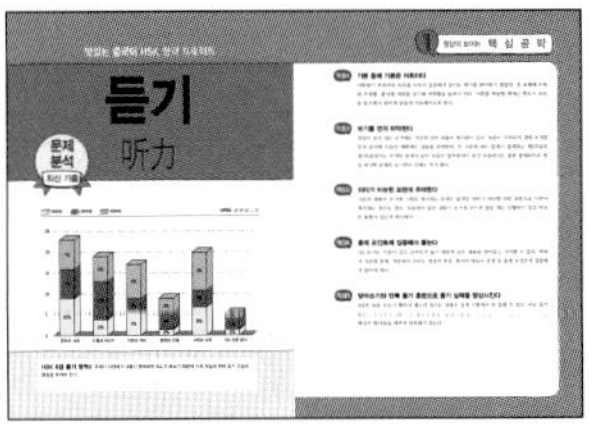

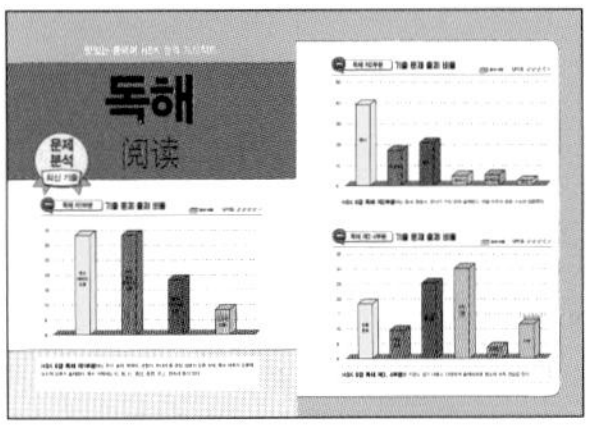

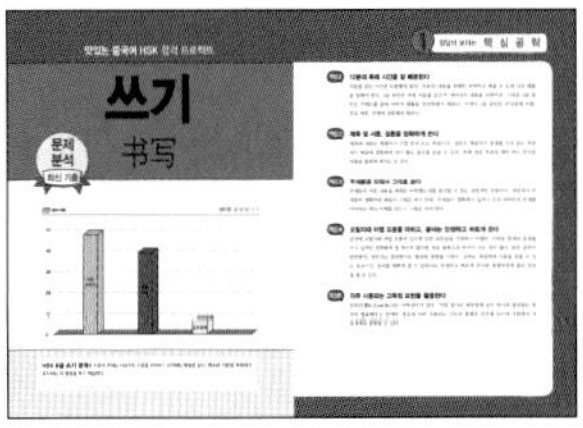

Step 2. 출제 경향 파악

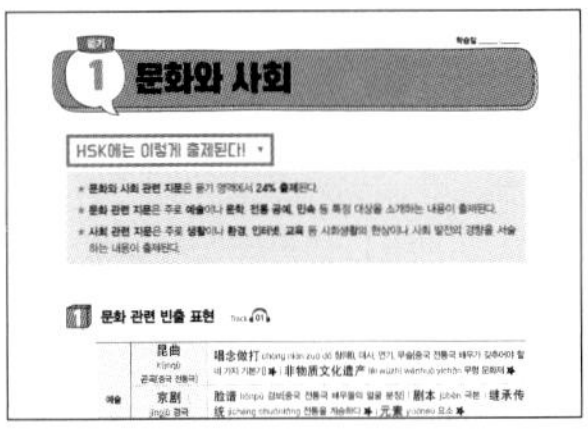

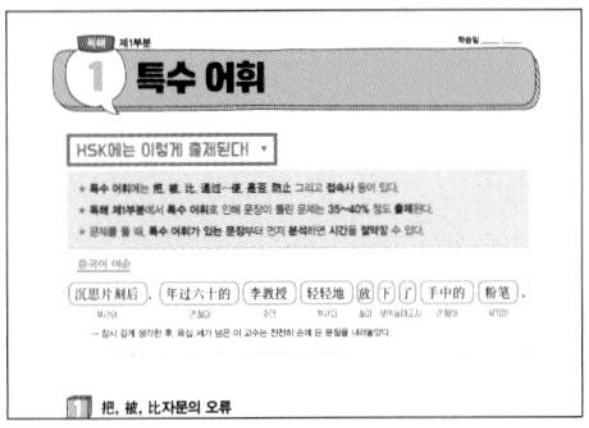

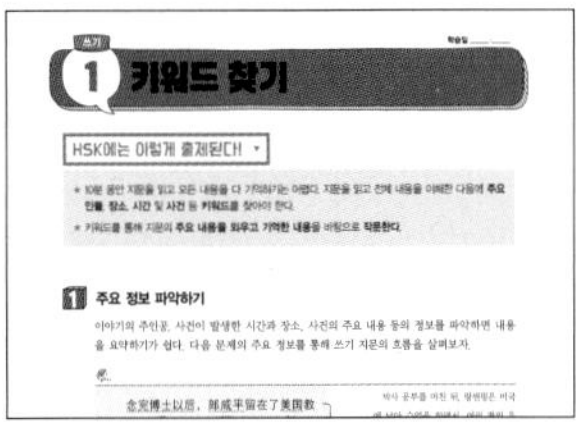

Step 3. 기본 개념 및 핵심 공략 학습

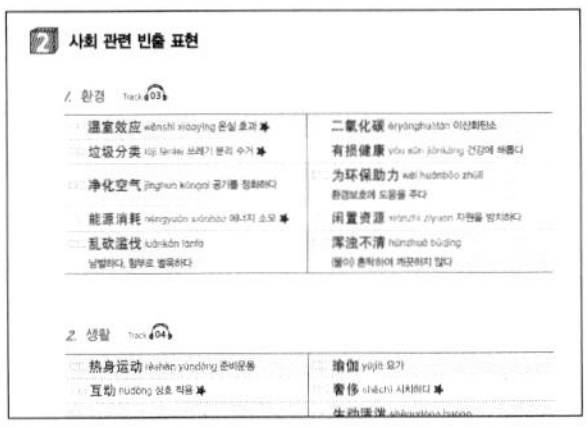

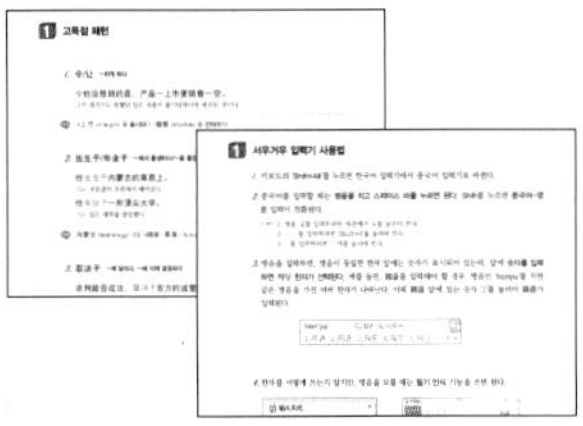

- ✔ 중요 표현 및 단어에는 ★ 표를 달아 놓았습니다.
- ✔ 빈출 공략에는 필수체크 표시를 해놓았습니다. 반드시! 외워 두세요.
- ✔ 듣기 공략에는 주제별 빈출 표현을 정리해 놓았습니다.(모든 표현은 원어민 녹음이 제시되어 있습니다.)
- ✔ 6급 응시자들이 가장 어려워하는 독해 제1부분을 오류 유형별로 정리하고, HSK 포인트를 체크할 수 있는 확인 문제를 제시해 놓았습니다.
- ✔ IBT 쓰기 시험 Tip과 쓰기 영역에 활용할 수 있는 고득점 패턴과 어휘를 제시해 놓았습니다.

Step 4. 공략별 문제 트레이닝

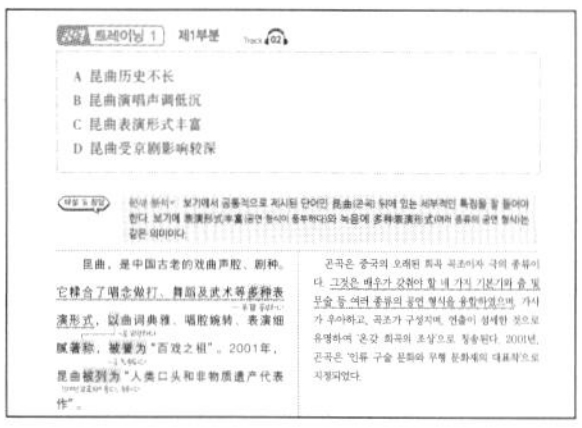
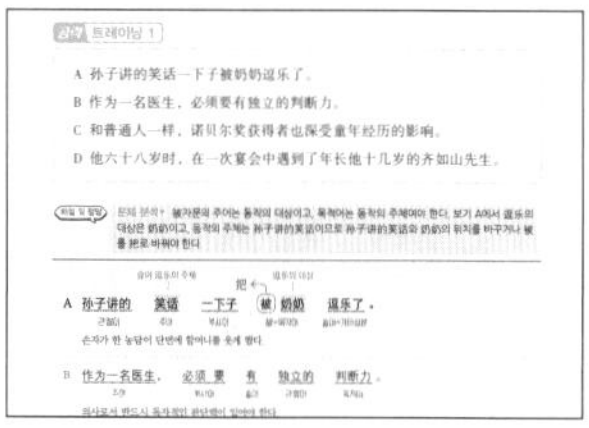
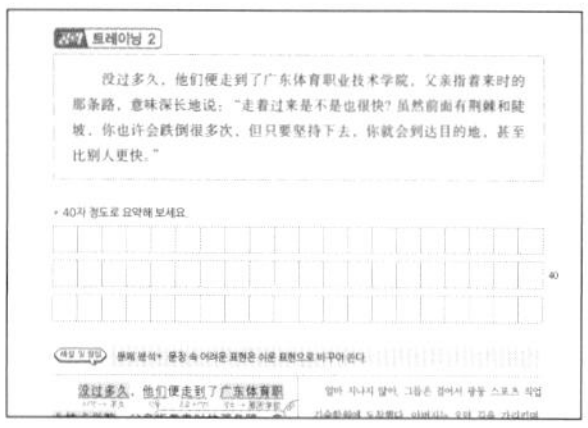

*영역별 특성에 맞게 설명 방식에 차별화를 두었습니다.
*지문을 이해하기 쉽도록 주요 포인트에 설명을 달아 놓았습니다.

Step 5. 시간 적응 훈련을 위한 실전 트레이닝&영역별 미니 테스트

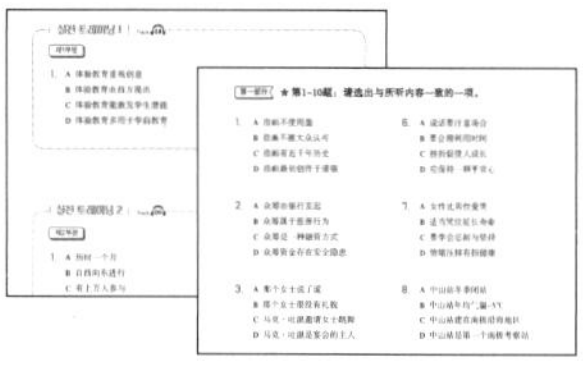
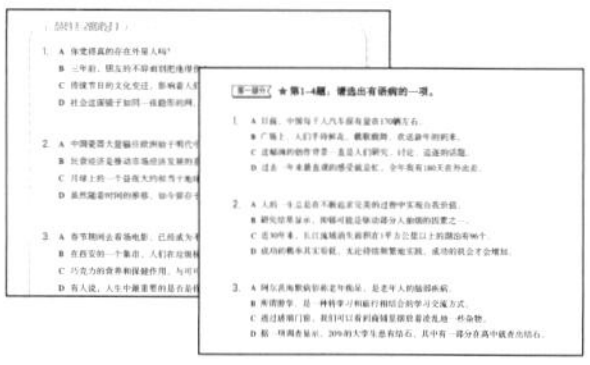
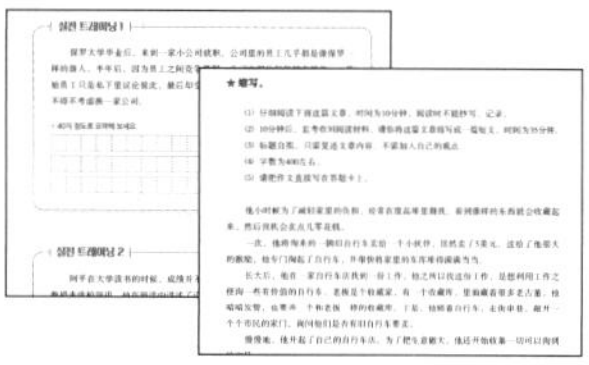

*제한 시간 내에 문제를 풀어 보는 연습을 해보세요. 해설집에는 명쾌한 설명이 제시되어 있습니다.
*영역별로 공략을 학습한 후에 미니 테스트로 자신의 실력을 점검해 보세요.

Step 6. 마무리 최신 모의고사 3회

*실제 시험의 문제 형식과 동일하게 구성된 **모의고사 3회분**이 수록되어 있습니다.
***QR코드**를 스캔하면 듣기 문제를 들을 수 있습니다.

Step 7. 6급 합격을 위한 비법 노트

*필수 암기 단어 BEST 1000&고득점 표현 수록(중국어와 한국어로 녹음되어 있습니다.)
*6급 맞춤 호응 구조와 예문 제시

Step 8. 듣기&쓰기 영역에 특화된 워크북

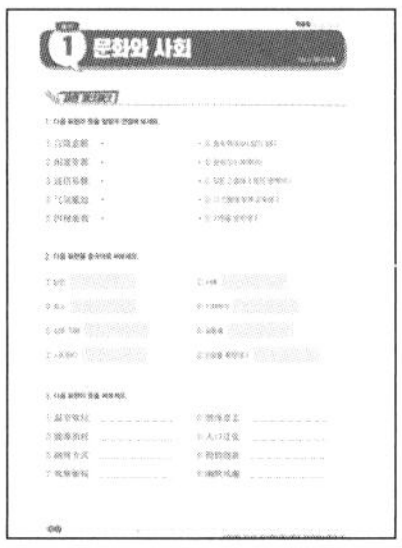

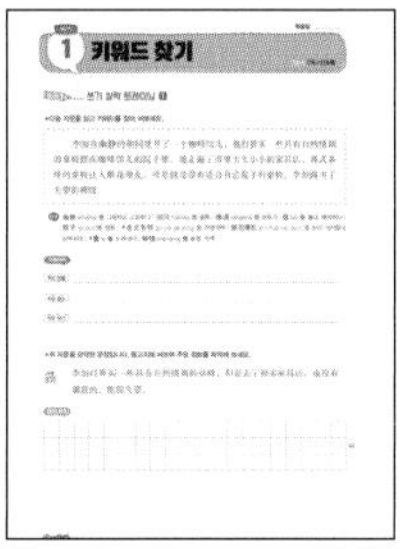
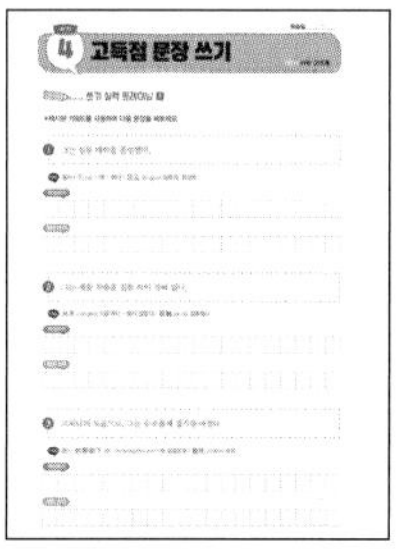

*듣기 주제별 단어&표현을 체크하는 확인 문제, 주요 문장 받아쓰기 트레이닝
*쓰기 실력 향상을 위한 문장 요약 훈련

MP3 파일 구성

MP3 파일 다운로드 www.booksJRC.com

기본서 듣기 영역의 공략 표현, 공략 트레이닝, 실전 트레이닝, 미니 테스트, 모의고사 등의 녹음 파일이 수록되어 있습니다.

해설집 듣기 영역의 실전 트레이닝, 미니 테스트, 모의고사의 문제별 개별 파일이 수록되어 있습니다.

비법 노트 『비법 노트』의 단어, 호응 구조, 예문의 녹음 파일이 수록되어 있습니다.

워크북 듣기 받아쓰기용 파일이 수록되어 있습니다.

HSK 시험 가이드

1. HSK란?

HSK(汉语水平考试 **H**ànyǔ **S**huǐpíng **K**ǎoshì)는 제1언어가 중국어가 아닌 사람의 중국어 능력을 평가하기 위해 만들어진 중국 정부 유일의 국제 중국어 능력 표준화 고시입니다. 생활, 학습, 업무 등 실생활에서의 중국어 운용 능력을 중점적으로 평가합니다.

2. 시험 구성

HSK는 중국어 듣기 · 독해 · 쓰기 능력을 평가하는 **필기 시험**(HSK1~6급)과 중국어 말하기 능력을 평가하는 **회화 시험**(HSKK 초급 · 중급 · 고급)으로 나뉘며, 필기 시험과 회화 시험은 각각 독립적으로 시행됩니다.

필기 시험	HSK **1급**	HSK **2급**	HSK **3급**	HSK **4급**	HSK **5급**	HSK **6급**
	150 단어 이상	300 단어 이상	600 단어 이상	1200 단어 이상	2500 단어 이상	5000 단어 이상
회화 시험	HSKK **초급**		HSKK **중급**		HSKK **고급**	

3. 시험 방식

– PBT(**P**aper–**B**ased **T**est) : 기존 방식의 시험지와 OMR 답안지로 진행하는 시험 방식입니다.
– IBT(**I**nternet–**B**ased **T**est) : 컴퓨터로 진행하는 시험 방식입니다.

4. 원서 접수

1 인터넷 접수 : HSK한국사무국 홈페이지에서 접수

2 우편 접수 : 구비 서류를 동봉하여 HSK한국사무국으로 등기 발송
+ 구비 서류 : 응시원서, 최근 6개월 이내에 촬영한 반명함판 사진 2장(1장은 응시원서에 부착), 응시비 입금 영수증

3 방문 접수 : 서울공자아카데미로 방문하여 접수
+ 접수 시간 : 평일 오전 9시 30분~12시, 오후 1시~5시 30분 / 토요일 오전 9시 30분~12시
+ 구비 서류 : 응시원서, 최근 6개월 이내에 촬영한 반명함판 사진 3장, 응시비

5. 시험 당일 준비물

1 유효한 신분증
+ 주민등록증 기발급자 : 주민등록증, 운전면허증, 기간 만료 전의 여권, 주민등록증 발급 신청 확인서
+ 주민등록증 미발급자 : 기간 만료 전의 여권, 청소년증, 청소년증 발급 신청 확인서, HSK신분확인서(한국 내 소재 초 · 중 · 고등학생만 가능)
+ 군인 : 군장교 신분증(군장교일 경우), 휴가증(현역 사병일 경우)

⚠ 주의 학생증, 사원증, 국민건강보험증, 주민등록등본, 공무원증 등은 신분증으로 인정되지 않음

2 수험표, 2B 연필, 지우개

HSK 6급 구성

1. 응시 대상

HSK 6급은 5,000개 또는 그 이상의 상용 어휘와 관련 어법 지식을 마스터한 학습자를 대상으로 합니다.

2. 시험 구성

HSK 6급은 총 101문제로, 듣기 · 독해 · 쓰기 세 영역으로 구성되어 있습니다.

영역	문제 유형		문항 수		시험 시간	점수
듣기(听力)	제1부분	단문을 듣고 일치하는 내용 고르기	15	50	약 35분	100점
	제2부분	인터뷰를 듣고 5개 질문에 답하기	15			
	제3부분	장문을 듣고 3~4개의 질문에 답하기	20			
듣기 영역의 답안 작성					5분	
독해(阅读)	제1부분	제시된 4개의 보기 중에서 틀린 문장 고르기	10	50	50분	100점
	제2부분	빈칸에 들어갈 알맞은 어휘 고르기	10			
	제3부분	빈칸에 들어갈 알맞은 문장 고르기	10			
	제4부분	장문을 읽고 4개의 질문에 답하기	20			
쓰기(书写)	작문	1000자 분량의 글을 읽고 400자 분량으로 요약하기	1		45분	100점
합계			101문항		약 135분	300점

*응시자 개인 정보 작성 시간(5분)을 포함하여 약 140분간 시험이 진행됩니다.
*듣기 영역의 답안 작성은 듣기 시간 종료 후, 5분 안에 답안카드에 표시해야 합니다.
*쓰기 영역의 준비 시간은 10분이고, 작문 시간은 35분입니다.
*각 영역별 중간 휴식 시간이 없습니다.

3. 영역별 점수 및 성적 결과

- HSK 6급 성적표에는 듣기 · 독해 · 쓰기 세 영역의 점수와 총점이 기재됩니다.
  성적표는 **시험일로부터 45일 이후**에 발송됩니다.
- 각 영역별 **만점**은 **100점**이며, 총점은 **300점 만점**입니다.
  영역별 점수에 상관없이 **총점 180점** 이상이면 **합격**입니다.
- HSK PBT 성적은 시험일로부터 1개월, IBT 성적은 시험일로부터 2주 후 중국고시센터 홈페이지 (www.chinesetest.cn)에서 조회할 수 있습니다.
- HSK 성적은 시험일로부터 **2년간** 유효합니다.

HSK 6급 영역별 세부 구성

듣기 (총 50문항, 약 35분)

제1부분(총 15문항)

第 1–15 题：请选出与所听内容一致的一项。

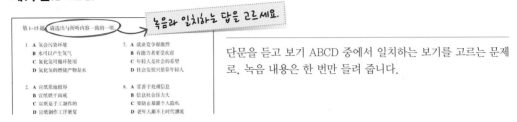

녹음과 일치하는 답을 고르세요.

1. A 氢会污染环境
   B 水可以产生氢气
   C 氮化氢可循环使用
   D 氮化氢的燃烧产物是水

2. A 宣纸质地较厚
   B 宣纸烘干而成
   C 宣纸是手工制作的
   D 宣纸制作工序繁复

7. A 就业竞争很激烈
   B 有能力者更受欢迎
   C 年轻人是社会的希望
   D 社会发展只依靠年轻人

8. A 要善于处理信息
   B 信息社会压力大
   C 要防止暴露个人隐私
   D 老年人跟不上时代潮流

단문을 듣고 보기 ABCD 중에서 일치하는 보기를 고르는 문제로, 녹음 내용은 한 번만 들려 줍니다.

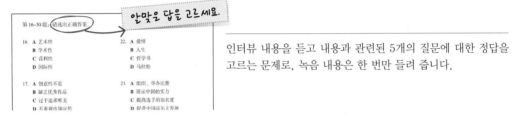

제2부분(총 15문항)

第 16–30 题：请选出正确答案。

알맞은 답을 고르세요.

16. A 艺术性
    B 学术性
    C 营利性
    D 国际性

17. A 创意性不足
    B 缺乏优秀作品
    C 过于追求唯美
    D 不重视市场宣传

22. A 爱情
    B 人生
    C 哲学书
    D 马拉松

23. A 组织、举办比赛
    B 展示中国的实力
    C 提高选手的知名度
    D 促进中国高尔夫发展

인터뷰 내용을 듣고 내용과 관련된 5개의 질문에 대한 정답을 고르는 문제로, 녹음 내용은 한 번만 들려 줍니다.

제3부분(총 20문항)

第 31–50 题：请选出正确答案。

알맞은 답을 고르세요.

31. A 天气炎热
    B 晚上会降雨
    C 当地气候干燥
    D 次日天气晴朗

32. A 台风多
    B 非常稳定
    C 南北差异大
    D 昼夜温差小

37. A 是一种视觉艺术
    B 自身情节很重要
    C 最多只能欣赏三遍
    D 受众可进行再创作

38. A 小说类艺术
    B 音乐类艺术
    C 情节类艺术
    D 情态类艺术

장문을 듣고 이와 관련된 3~4개의 질문에 대한 정답을 고르는 문제로, 녹음 내용은 한 번만 들려 줍니다.

독해 (총 50문항, 50분)

제1부분(총 10문항)

第 51–60 题：请选出有语病的一项

틀린 문장을 고르세요.

51. A 适当晨练可使人充满活力，改善睡眠质量。
    B 人们早在婴儿时期就可以用简单的手语表达情绪。
    C 时间是治疗心灵创伤的大师，但绝不是解决问题的。
    D 一项调查显示，员工在休息期间看搞笑视频会更有创造力。

52. A 一个人读了一本好书，就像交到了一位知心的朋友。
    B 有些热带水果不宜冷藏，放进冰箱反而会腐烂得更快。
    C 据报道，今年展览会展出的作品数量比去年减少了一半。

보기 ABCD 중에서 틀린 문장 1개를 고르는 문제입니다.

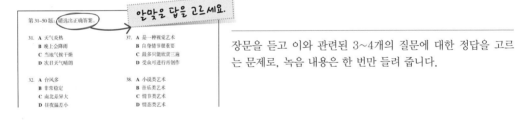

제2부분(총 10문항)

第 61-70 题：选词填空。

단어를 골라 빈칸을 채우세요.

61. 孔子主张"有教无类"，是指受教育者不分贫富贵贱贤愚，应该拥有平等的接受教育的机会。这一思想______了教育的等级界限，______了教育对象的范围，使教育普及到了广大平民，这在当时无疑具有______的进步意义。

A 突破 扩展 宏大　　B 撞破 扩张 重大
C 冲破 扩充 伟大　　D 打破 扩大 重要

62. 赛前在演唱完国歌后，现场主持要求全场为赌城枪击案默哀1分钟，______整座球场陷入一片沉寂，这座容纳了将近3万人的体育场内______。球员和观众都面色______，低头默哀，表达他们对遇难群众的缅怀。

지문당 3~5개의 빈칸에 들어갈 알맞은 어휘를 고르는 문제입니다.

제3부분(총 10문항)

第 71-80 题：选句填空。

문장을 골라 빈칸을 채우세요.

71-75.

相信大部分智能手机爱好者都玩过"水果忍者"这个游戏，它要求玩家尽可能多地"切"到屏幕上不断涌现出来的水果。但是，(71)________，一旦碰到，游戏就结束了。游戏获得高分的关键在于玩家需具有较强的反应抑制能力。当炸弹突然出现时，这种能力会让你即刻暂停"切"水果的动作。

所谓"反应抑制能力"，是指抑制当前不需要或不恰当的行为反应的能力。它的作用是——(72)________，避免冲动行为的发生。反应抑制能力尤其对儿童的成长有重要意义。

지문당 5개의 빈칸에 들어갈 알맞은 문장을 고르는 문제로, 지문은 2개 제시됩니다.

제4부분(총 20문항)

第 81-100 题：请选出正确答案。

알맞은 답을 고르세요.

81-84.

有些失业者会把自己失业后所经历的时间上的空虚当做精神上的空虚。因为失业，他感到自己很无用，甚至觉得自己的生命毫无意义。这种精神上的懒散会导致失业者呈现出某种病态，这就是失业性神经症。

很多失业性神经症患者会把自己患病的原因全部推给失业，因为这给他们提供了一个解释自己现状的有利借口。而且，失业的不幸对他们来说，似乎意味着责任的摆脱。他们认为自己已经失业了，别人不用再要求他们什么了，他们也不必再要求自己什么了。这些人甚至还会把自己所有失败的原因都归结为失业，他们认为只要把失业这一问题解决了，其他一切问题都会迎刃而

긴 지문을 읽고 관련된 4개의 질문에 대한 정답을 고르는 문제입니다.

쓰기 (총 1문항, 45분)

第 101 题：缩写。

요약하세요.

(1) 仔细阅读下面这篇文章，时间为10分钟，阅读时不能抄写、记录。
(2) 10分钟后，监考收回阅读材料，请你将这篇文章缩写成一篇短文，时间为35分钟。
(3) 标题自拟。只需复述文章内容，不需加入自己的观点。
(4) 字数为400左右。
(5) 请把作文直接写在答题卡上。

2016年5月末的一天，巴西首都巴西利亚一家商场的公共区域出现了一台神奇的售货机。这台售货机上闪着二三十根香烟形状的标志灯，还写着一句话：想用你手头的香烟购买连金钱也买不到的时间吗？那就行动起来吧！一根香烟可以买11分钟。

有一位中年男子抱着试一试的态度，往售货机里投进了一根香烟。结果，售货机上

1000자 분량의 지문을 읽고 400자 분량으로 요약하는 문제입니다.

⚠ 주의 지문 독해 시간(10분)이 끝나면 문제지를 회수하며, 35분간 원고지에 답안을 작성해야 합니다. 요약할 때는 자신의 생각이 들어가서는 안 됩니다.

HSK 6급 IBT 응시 매뉴얼

1. 시험 준비

Step 1

시작 화면에 '한국어' 선택

Step 2

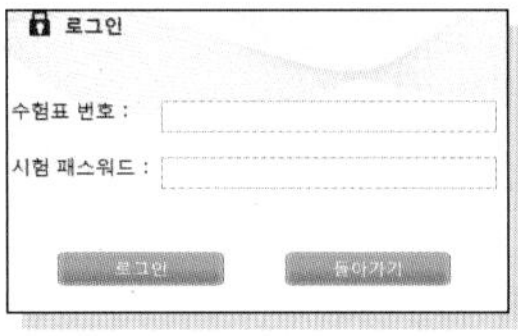

감독관이 나누어 준 수험표 번호와 패스워드 입력 후 로그인

Step 3

개인 정보 확인

Step 4

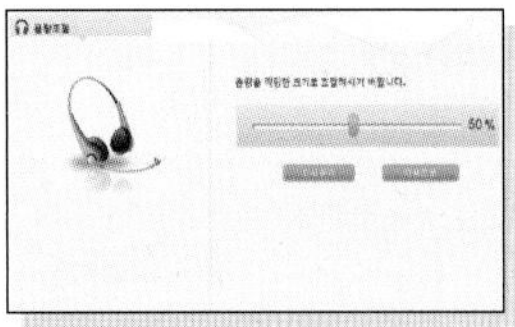

헤드셋 착용 후 음량 체크

Step 5

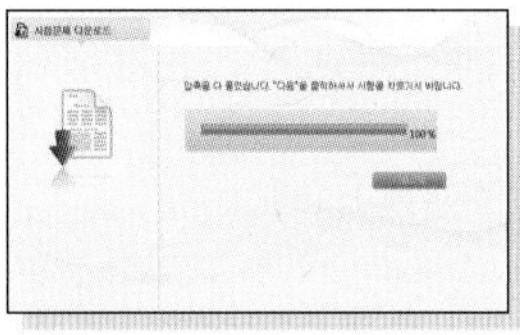

시험 문제 다운로드

Step 6

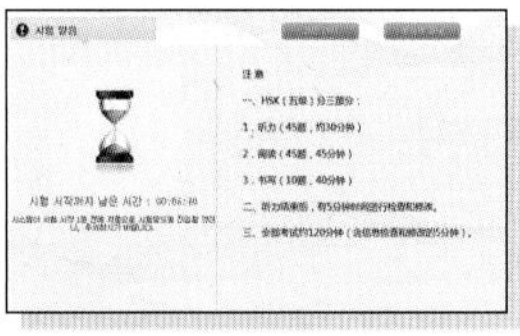

대기 화면(*듣기 시험 시작 1분 전에 듣기 영역으로 넘어감)

2. 시험 진행

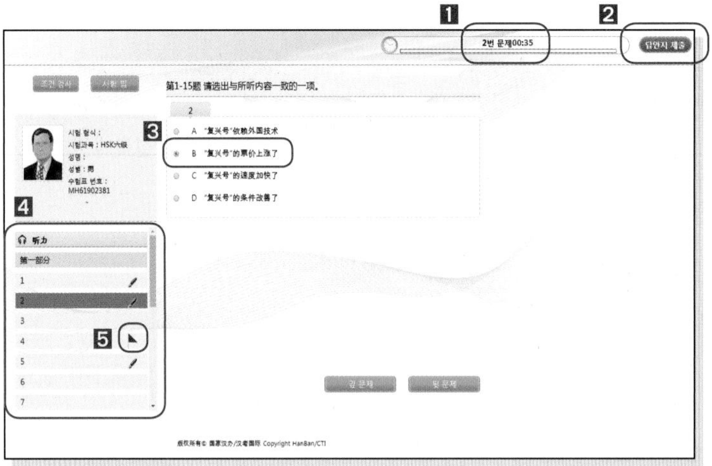

1 **해당 문제 남은 시간**

2 **답안지 제출** : 시험이 끝나기 전에는 절대 누르면 안 됩니다. 시험이 종료되면 답안지는 자동으로 제출됩니다.

3 **정답 표시** : 보기 앞의 동그라미를 클릭하면 정답이 선택됩니다.

4 **문제 리스트** : 정답이 선택되면 해당 문제에 **연필 모양 표시**가 생깁니다.

5 **깃발 모양** : 정답에 자신이 없을 때 연필 모양을 클릭하면 깃발 모양 표시가 생깁니다. 전체 문제를 푼 후 깃발 모양이 표시된 문제만 다시 확인하면 됩니다.

주의 독해 영역으로 넘어가기 전에 대기 시간이 5분간 주어집니다. 이때 듣기 문제 중 정답이 헷갈리는 문제를 점검하세요.

★★★★

학습 플랜

계획을 세우면 합격이 보인다!

20일 학습 플랜

1일	2일	3일	4일	5일
학습일 /	학습일 /	학습일 /	학습일 /	학습일 /
학습 여부 □□	학습 여부 □□	학습 여부 □□	학습 여부 □□	학습 여부 □□
듣기 1 18~25p 워크북 2~5p	독해 1 80~92p	쓰기 172~175p 쓰기 1 176~180p 워크북 26~29p	듣기 2 26~36p 워크북 6~9p	독해 2 93~105p

6일	7일	8일	9일	10일
학습일 /	학습일 /	학습일 /	학습일 /	학습일 /
학습 여부 □□	학습 여부 □□	학습 여부 □□	학습 여부 □□	학습 여부 □□
쓰기 2 181~187p 워크북 30~35p	듣기 3 37~45p 워크북 10~13p	독해 3 106~117p	쓰기 3 188~197p 워크북 36~39p	듣기 4 46~55p 워크북 14~17p

11일	12일	13일	14일	15일
학습일 /	학습일 /	학습일 /	학습일 /	학습일 /
학습 여부 □□	학습 여부 □□	학습 여부 □□	학습 여부 □□	학습 여부 □□
독해 4 118~127p 쓰기 4 198~201p	듣기 5 56~65p 워크북 18~21p 쓰기 4 202~205p	워크북 40~45p 독해 5 128~137p	독해 6 138~147p 쓰기 4 206~207p	듣기 6 66~72p 워크북 22~25p 쓰기 5 208~214p

16일	17일	18일	19일	20일
학습일 /	학습일 /	학습일 /	학습일 /	학습일 /
학습 여부 □□	학습 여부 □□	학습 여부 □□	학습 여부 □□	학습 여부 □□
독해 7 148~161p 쓰기 5 215~216p	+ 미니 테스트 듣기 73~75p 독해 162~169p 쓰기 217~218p	+ 모의고사 1회 221~240p	+ 모의고사 2회 241~260p	+ 모의고사 3회 261~280p

맛있는 중국어 HSK 합격 프로젝트

듣기

听力

문제 분석

최신 기출

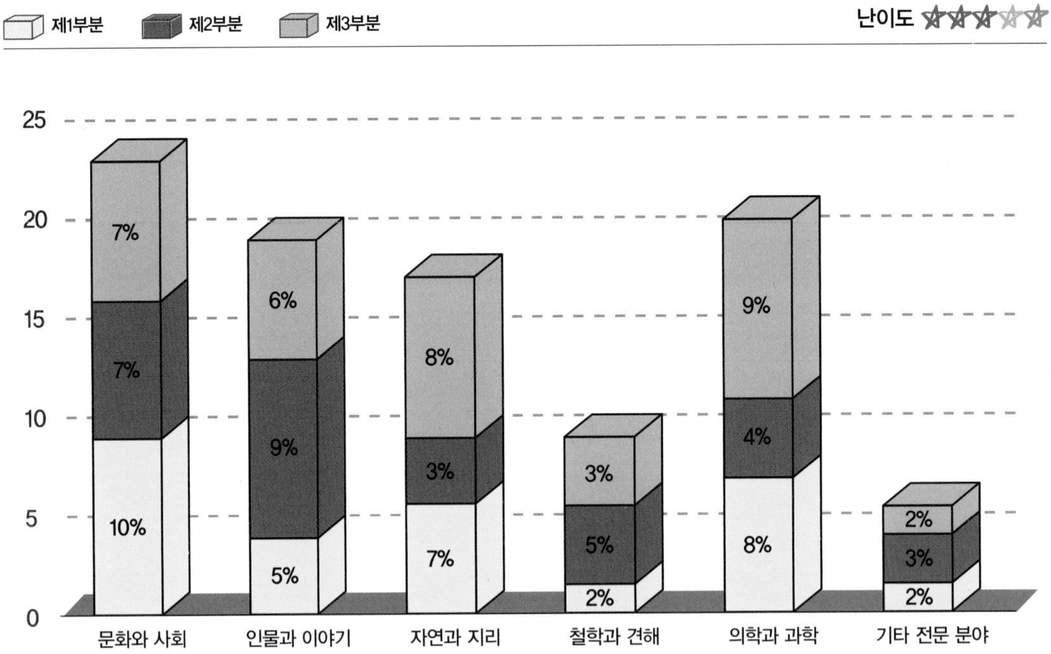

HSK 6급 듣기 영역은 주제가 다양하고 내용이 풍부하며 속도가 빠르기 때문에 어휘 학습과 반복 듣기 연습에 중점을 두어야 한다.

정답이 보이는 핵 심 공 략

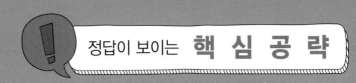

핵심1 기본 중에 기본은 어휘이다

어휘량이 부족하면 녹음을 아무리 집중해서 들어도 의미를 파악하기 힘들다. 본 교재에 수록된 주제별, 품사별 어휘를 암기해 어휘량을 늘려야 한다. 어휘를 학습할 때에는 반드시 녹음을 들으면서 원어민 발음에 익숙해지도록 한다.

핵심2 보기를 먼저 파악한다

정답이 숨어 있는 보기에는 지문의 일부 내용이 제시되어 있다. 녹음이 시작되기 전에 보기를 먼저 분석해 지문의 대략적인 내용을 파악한다. 한 지문에 여러 문제가 출제되는 제2부분과 제3부분에서는 마지막 문제의 답이 녹음의 앞부분이나 중간 부분에서도 종종 출제되므로 항상 마지막 문제의 보기부터 살피는 것이 좋다.

핵심3 의미가 비슷한 표현에 주의한다

지문의 내용이 보기에 그대로 제시되는 문제도 많지만 의미가 비슷한 다른 표현으로 바꾸어 제시되는 경우도 있다. 녹음에서 들린 내용이 보기에 보이지 않을 때는 당황하지 말고 비슷한 표현이 있는지 확인하자.

핵심4 출제 포인트에 집중해서 듣는다

6급 듣기는 지문이 길고 난이도가 높기 때문에 모든 내용을 알아듣고 기억할 수 없다. 따라서 지문의 주제, 지문에서 다루는 대상의 특징, 화자의 태도나 감정 등 출제 포인트에 집중해서 들어야 한다.

핵심5 받아쓰기와 반복 듣기 훈련으로 듣기 실력을 향상시킨다

6급은 녹음 속도가 빨라서 평소에 들리는 내용도 실제 시험에서 안 들릴 수 있다. 이는 듣기 훈련이 부족하기 때문이다. 평소에 실전처럼 문제를 푼 후에는 받아쓰기 연습을 하며 지문을 확실히 알아들을 때까지 반복해서 듣는다.

듣기

학습일 ____/____

1 문화와 사회

HSK에는 이렇게 출제된다! ▼

★ **문화와 사회 관련 지문**은 듣기 영역에서 **24% 출제**된다.

★ **문화 관련 지문**은 주로 **예술**이나 **문학**, **전통 공예**, **민속** 등 특정 대상을 소개하는 내용이 출제된다.

★ **사회 관련 지문**은 주로 **생활**이나 **환경**, **인터넷**, **교육** 등 사회생활의 현상이나 사회 발전의 경향을 서술하는 내용이 출제된다.

1 문화 관련 빈출 표현 Track 01

예술	昆曲 kūnqǔ 곤곡[중국 전통극]	唱念做打 chàng niàn zuò dǎ 창(唱), 대사, 연기, 무술[중국 전통극 배우가 갖추어야 할 네 가지 기본기] ★ | 非物质文化遗产 fēi wùzhì wénhuà yíchǎn 무형 문화재 ★
	京剧 jīngjù 경극	脸谱 liǎnpǔ 검보[중국 전통극 배우들의 얼굴 분장] | 剧本 jùběn 극본 | 继承传统 jìchéng chuántǒng 전통을 계승하다 ★ | 元素 yuánsù 요소 ★
	相声 xiàngsheng 만담	保留精华 bǎoliú jīnghuá 정수를 보존하다 ★ | 表演环节 biǎoyǎn huánjié 공연의 일환
문학	方言 fāngyán 방언	幽默风趣 yōumò fēngqù 웃기고 재미있다 ★ | 推广普通话 tuīguǎng pǔtōng huà 표준어를 보급하다 | 人口迁徙 rénkǒu qiānxǐ 인구 이동
	古籍 gǔjí 고서	修复文物 xiūfù wénwù 문물을 복원하다 ★ | 记载 jìzǎi 기재하다, 기록하다 ★ | 书籍 shūjí 서적, 책
	甲骨文 jiǎgǔwén 갑골문	原始形态 yuánshǐ xíngtài 원시적인 형태 | 历史悠久 lìshǐ yōujiǔ 역사가 유구하다 ★ | 演变 yǎnbiàn 변천하다, 변화 발전하다 | 象形文字 xiàngxíng wénzì 상형문자
	寓言 yùyán 우화	言简意赅 yán jiǎn yì gāi 말은 간결하나 뜻은 완벽하다 | 通俗易懂 tōng sú yì dǒng 통속적이어서 알기 쉽다 ★
	书法 shūfǎ 서예	鉴赏 jiànshǎng (예술품 따위를) 감상하다 ★ | 观察敏锐 guānchá mǐnruì 관찰이 예리하다, 관찰이 날카롭다 ★
전통 공예	瓷器 cíqì 자기	古董 gǔdǒng 골동품 ★ | 青花瓷 qīnghuācí 청화자기 | 唐三彩 Tángsāncǎi 당삼채[당나라 도자기의 일종] | 出土 chūtǔ (옛 기물 등이) 발굴되어 나오다 | 贡品 gòngpǐn 공물, 헌상품 | 景德镇 Jǐngdé Zhèn 징더전[도자기의 산지]
	剪纸 jiǎnzhǐ 종이 공예	纯手工制作 chún shǒugōng zhìzuò 순 수공 제작 | 蕴含美好的寓意 yùnhán měihǎo de yùyì 아름다운 뜻을 내포하다 ★
	油纸伞 yóuzhǐsǎn 유지우산[기름 먹은 종이로 만든 우산]	工序复杂 gōngxù fùzá 제조 공정이 복잡하다 ★ | 对比鲜明 duìbǐ xiānmíng 대조가 선명하다 ★

민속	**元宵节** Yuánxiāojié 정월대보름	**庙会** miàohuì 잿날 또는 일정한 날에 절 안이나 절 부근에 임시로 설치한 시장 | **猜灯谜** cāi dēngmí 음력 정월 보름날 밤, 초롱에 수수께끼의 문답을 써넣는 놀이를 하다
	民宿 mínsù 민박	**趋向商业化** qūxiàng shāngyèhuà 상업화 추세 | **体验风情** tǐyàn fēngqíng 풍토와 인정을 체험하다
	二十四节气 èrshísì jiéqì 이십사절기	**人文情怀** rénwén qínghuái 인문 감정 ★ | **借鉴经验** jièjiàn jīngyàn 경험을 바탕으로 하다 ★ | **世代相传** shìdài xiāngchuán 대대로 전해지다

공략 트레이닝 1 / 제1부분 / Track 02

A 昆曲历史不长
B 昆曲演唱声调低沉
C 昆曲表演形式丰富
D 昆曲受京剧影响较深

해설 및 정답

문제 분석▼ 보기에서 공통적으로 제시된 단어인 昆曲(곤곡) 뒤에 있는 세부적인 특징을 잘 들어야 한다. 보기에 表演形式丰富(공연 형식이 풍부하다)와 녹음에 多种表演形式(여러 종류의 공연 형식)는 같은 의미이다.

昆曲，是中国古老的戏曲声腔、剧种。它糅合了唱念做打、舞蹈及武术等多种表演形式（→ 丰富 풍부하다），以曲词典雅、唱腔婉转、表演细腻著称（~로 유명하다），被誉为（~로 칭송되다）"百戏之祖"。2001年，昆曲被列为（(어떤 부류)에 들다, 속하다）"人类口头和非物质遗产代表作"。

곤곡은 중국의 오래된 희곡 곡조이자 극의 종류이다. 그것은 배우가 갖춰야 할 네 가지 기본기와 춤 및 무술 등 여러 종류의 공연 형식을 융합하였으며, 가사가 우아하고, 곡조가 구성지며, 연출이 섬세한 것으로 유명하여 '온갖 희곡의 조상'으로 칭송된다. 2001년, 곤곡은 '인류 구술 문화와 무형 문화재의 대표작'으로 지정되었다.

A 昆曲历史不长
B 昆曲演唱声调低沉
C 昆曲表演形式丰富
D 昆曲受京剧影响较深

A 곤곡은 역사가 길지 않다
B 곤곡은 창(唱)의 음조가 낮다
C 곤곡은 공연 형식이 풍부하다
D 곤곡은 경극의 영향을 비교적 깊게 받았다

단어 ★古老 gǔlǎo 형 오래되다 | 声腔 shēngqiāng 명 (극의) 곡조 | 剧种 jùzhǒng 명 연극의 종류 | 糅合 róuhé 동 (잘 섞이지 않는 것을) 섞다, 혼합하다 | ★唱念做打 chàng niàn zuò dǎ 창(唱), 대사, 연기, 무술[중국 전통극 배우가 갖추어야 할 네 가지 기본기] | 武术 wǔshù 명 무술 | 典雅 diǎnyǎ 형 우아하다 | 唱腔 chàngqiāng 명 중국 전통극의 노래 곡조 | 婉转 wǎnzhuǎn 형 (소리 따위가) 구성지다, 감미롭다 | ★细腻 xìnì 형 섬세하다, 세밀하다 | 誉 yù 동 칭찬하다, 찬양하다 | 口头 kǒutóu 명 구술 | 物质 wùzhì 명 물질 | ★遗产 yíchǎn 명 유산 | ★声调 shēngdiào 명 성조, 음조 | 低沉 dīchén 형 (소리가) 나지막하다, 낮다

2 사회 관련 빈출 표현

1. 환경 Track 03

□□ 温室效应 wēnshì xiàoyìng 온실 효과 ★	□□ 二氧化碳 èryǎnghuàtàn 이산화탄소
□□ 垃圾分类 lājī fēnlèi 쓰레기 분리 수거 ★	□□ 有损健康 yǒu sǔn jiànkāng 건강에 해롭다
□□ 净化空气 jìnghuà kōngqì 공기를 정화하다	□□ 为环保助力 wèi huánbǎo zhùlì 환경보호에 도움을 주다
□□ 能源消耗 néngyuán xiāohào 에너지 소모 ★	□□ 闲置资源 xiánzhì zīyuán 자원을 방치하다
□□ 乱砍滥伐 luànkǎn lànfá 남벌하다, 함부로 벌목하다	□□ 浑浊不清 húnzhuó bùqīng (물이) 혼탁하여 깨끗하지 않다

2. 생활 Track 04

□□ 热身运动 rèshēn yùndòng 준비운동	□□ 瑜伽 yújiā 요가
□□ 互动 hùdòng 상호 작용 ★	□□ 奢侈 shēchǐ 사치하다 ★
□□ 微习惯 wēixíguàn 작은 습관	□□ 生动活泼 shēngdòng huópo 생동감 있고 활기차다 ★
□□ 气氛尴尬 qìfēn gāngà 분위기가 어색하다 ★	□□ 共享经济 gòngxiǎng jīngjì 공유 경제 ★
□□ 家庭观念 jiātíng guānniàn 가족 관념	□□ 不可或缺 bù kě huò quē 없어서는 안 되다 ★
□□ 薪水 xīnshui 급료, 봉급 ★	□□ 报酬 bàochou 보수

3. 인터넷 Track 05

□□ 推销 tuīxiāo 판로를 확장하다 ★	□□ 潜水 qiánshuǐ 잠수하다, 발언하지 않다
□□ 众筹 zhòngchóu 크라우드 펀딩	□□ 推送 tuīsòng 푸시, 알림
□□ 融资方式 róngzī fāngshì 융자 방식 ★	□□ 表情符号 biǎoqíng fúhào 이모티콘
□□ 自媒体 zìméitǐ 위 미디어(We Media), 1인 미디어	□□ 二维码 èrwéimǎ QR코드 ★
□□ 虚拟货币 xūnǐ huòbì 가상 화폐	□□ 碎片化阅读 suìpiànhuà yuèdú 파편화된 독서 ★

4. 교육 Track 06

□□ 素质教育 sùzhì jiàoyù 전인 교육 ★	□□ 因材施教 yīn cái shī jiào 그 인물에 맞게 교육하다
□□ 平衡发展 pínghéng fāzhǎn 균형적 발전	□□ 提倡创新 tíchàng chuàngxīn 창조성을 제창하다 ★
□□ 枯燥乏味 kūzào fáwèi 무미건조하다	□□ 注意细节 zhùyì xìjié 세부 사항에 주의하다 ★
□□ 口传面授 kǒuchuán miànshòu 말로 전수하고 직접 만나서 가르치다	□□ 为人师表 wéirén shībiǎo 타인의 모범이 되다
□□ 激发潜能 jīfā qiánnéng 잠재 능력을 불러일으키다 ★	□□ 自主学习 zìzhǔ xuéxí 자기 주도적 학습 ★
□□ 茁壮成长 zhuózhuàng chéngzhǎng 건강하게 자라나다	□□ 磨练意志 móliàn yìzhì 의지를 단련시키다 ★

공략 트레이닝 2 / 제3부분 / Track 07

1. A 网络的发展
   B 软件的多样化
   C 阅读方式的改变
   D 交通越来越发达

2. A 显得尴尬
   B 减少误会
   C 产生隔阂
   D 更加生动

3. A 薪酬高
   B 不被看好
   C 是新兴职业
   D 工作难度大

[1-3]

第1到3题是根据下面一段话：

[1]网络改变的不仅仅是人类信息传播的（~뿐만 아니라 또）速度和质量，还极大地丰富了人类传意的方式，形成了独特的网络语言，其中又以大量非言语的表情符号为特征（~이 특징이다）。如今，表情符号已经成为新一代对话中不可或缺（→ 缺一不可 없어서는 안 되다）的元素。单调的文字表达难免有些生硬，在一句话后面加上一个笑脸符号，语气就会大不同，会让对方心情愉悦。这就是表情符号的魅力，[2]它生动地呈现和描摹了人们（呈现(나타내다)+特征(특징)/景象(현상, 양상)/画面(화면)）日常面对面交际中的非言语信息，使双方如闻其声，如见其人。

[3]日前（얼마 전），英国一家互联网公司聘请了一名“表情符号翻译员”，这是全球第一个（→ 新兴 신흥의, 새로 일어난）与表情符号相关的工种（→ 职业 직업）。表情符号翻译员的工作包括解释跨文化（다문화적인）语境下的表情符号意义，并完成一份月度趋势报告。

1~3번 문제는 다음 내용에 근거한다.

[1]인터넷은 인류의 정보 전파 속도 및 품질을 변화시켰을 뿐만 아니라, 의사소통하는 방식 또한 매우 풍부하게 만들었다. 독특한 인터넷 용어들이 형성되었는데, 그중 비언어인 이모티콘이 많은 것이 특징이다. 오늘날, 이모티콘은 이미 새로운 세대의 대화에서 불가결한 요소가 되었다. 단조로운 문자 표현은 다소 딱딱하지만 문장 뒤에 웃는 이모티콘을 붙이면 어투가 크게 달라져 상대방의 기분을 유쾌하게 할 수 있다. 이것이 바로 이모티콘의 매력이다. [2]그것은 사람들이 일상에서 직접 만나 교류할 때의 비언어인 정보를 생동감 있게 나타내고 묘사하여, 서로 목소리를 듣고 얼굴을 보고 있는 것처럼 표현할 수 있게 한다.

[3]얼마 전, 영국의 한 인터넷 회사에서는 '이모티콘 번역가'를 초빙했다. 이것은 전 세계에서 이모티콘과 관련된 첫 번째 직종이다. 이모티콘 번역가의 업무에는 다문화적인 언어 환경에서의 이모티콘의 의미를 해석하여 월간 동향 보고서를 작성하는 것이 포함되어 있다.

단어 人类 rénlèi 명 인류 | ★传播 chuánbō 동 전파하다 | 传意 chuán yì 뜻을 전달하다 | ★元素 yuánsù 명 요소, 원인 | 单调 dāndiào 형 단조롭다 | ★难免 nánmiǎn 형 면하기 어렵다, 불가피하다 | 生硬 shēngyìng 형 생경하다, 딱딱하다 | 语气 yǔqì 명 말투, 어투 | 魅力 mèilì 명 매력 | ★呈现 chéngxiàn 동 나타내다, 양상을 띠다 | 描摹 miáomó 동 묘사하다 | 聘请 pìnqǐng 동 초빙하다 | 工种 gōngzhǒng 명 직종, 직무 | ★跨 kuà 동 뛰어넘다 | 语境 yǔjìng 명 언어 환경[语言环境의 준말] | 趋势 qūshì 명 추세, 경향

[1] 해설 및 정답

문제 분석▼ 녹음 시작 부분에서 网络……丰富了人类传意的方式(인터넷은……의사소통의 방식을 풍부하게 만들었다)라고 했으며 表情符号(이모티콘)는 인터넷 언어의 특징이라고 했으므로 인터넷의 발전이 이모티콘이 생겨 난 원인임을 알 수 있다.

下列哪项是表情符号产生的原因？

A 网络的发展
B 软件的多样化
C 阅读方式的改变
D 交通越来越发达

다음 중 이모티콘의 출현 원인은?

A 인터넷의 발전
B 소프트웨어의 다양화
C 독서 방식의 변화
D 교통이 갈수록 발달해서

[2] 해설 및 정답

문제 분석▾ 녹음 중간 부분에 它生动地呈现……信息(그것은……정보를 생동감 있게 나타냈다)라는 내용 중 핵심 어휘 生动을 들었다면 정답을 쉽게 찾을 수 있다.

在对话中使用表情符号，会有什么效果?	대화 중에 이모티콘을 사용하면 어떤 효과가 있는가?
A 显得尴尬	A 어색해 보이게 한다
B 减少误会	B 오해를 줄인다
C 产生隔阂	C 거리감이 생긴다
D 更加生动	**D 더욱 생동감 있게 한다**

단어 ★尴尬 gāngà 형 (입장 따위가) 난처하다, (표정이나 태도가) 부자연스럽다, 어색하다 | 隔阂 géhé 명 (사상, 감정의) 간격, 틈

[3] 해설 및 정답

문제 분석▾ 이모티콘 번역가는 是全球第一个与表情符号相关的工种(전 세계에서 이모티콘과 관련된 첫 번째 직종이다)이라고 했다. 第一个(첫 번째)와 工种(직종)으로 이모티콘 번역가가 신종 직업임을 알 수 있다.

关于表情符号翻译员，下列哪项正确?	이모티콘 번역가에 관해, 다음 중 정확한 것은?
A 薪酬高	A 보수가 높다
B 不被看好	B 좋게 보이지 않는다
C 是新兴职业	**C 새로운 직종이다**
D 工作难度大	D 업무의 난이도가 높다

단어 ★薪酬 xīnchóu 명 봉급, 보수 | ★新兴 xīnxīng 형 신흥의, 새로 일어난

실전에 강한 | 제한 시간 8분 | 듣기

문제 적응 훈련

학습일 ____/____
맞은 개수 ______

실전 트레이닝 1 | Track 08

제1부분

1. A 体验教育重视创意
   B 体验教育由西方提出
   C 体验教育能激发学生潜能
   D 体验教育多用于学前教育

2. A 薪水是工资的别称
   B 陶渊明是著名画家
   C 陶渊明为人慷慨大方
   D 儿子亏待了做家务的人

정답 및 해설_ 해설집 4쪽

실전 트레이닝 2 | Track 09

제2부분

1. A 历时一个月
   B 自西向东进行
   C 有上万人参与
   D 是一场徒步旅行

2. A 不受重视
   B 易产生误差
   C 样本有局限性
   D 宣传效果不佳

3. A 运动的重要性
   B 垃圾分类的好处
   C 温室效应的危害
   D 可再生能源的优点

4. A 天气凉爽
   B 精神饱满
   C 没有行李
   D 能坐顺风车

5. A 遗憾
   B 枯燥
   C 不被理解
   D 累并快乐着

정답 및 해설_ 해설집 5쪽

실전 트레이닝 3 | Track 10

제3부분

1. A 环境优美
   B 价格低廉
   C 更商业化
   D 更个性化

2. A 城市人群
   B 家庭用户
   C 学生群体
   D 新婚夫妻

3. A 欣赏夜景
   B 品尝小吃
   C 拍摄艺术照
   D 体验当地生活

정답 및 해설_ 해설집 9쪽

千里之行，始于足下

천 리 길도 한 걸음부터 시작된다

듣기 실력 UP! 『워크북』 2~5쪽

듣기

학습일 ____/____

2 인물과 이야기

HSK에는 이렇게 출제된다! ▼

★ **인물과 이야기 관련 지문**은 듣기 영역에서 **20% 출제**된다.

★ **인물 관련 지문**은 중국 **고대**나 **현대**의 **시인**, **소설가**, **화가**, **사상가** 등 **유명한 사람**을 소개하는 내용이다. 빈출 인물 및 관련 표현을 미리 숙지하면 녹음 내용을 빨리 파악할 수 있다.

★ **이야기 관련 지문**은 주로 사건 발생 순서로 내용이 진행된다. **등장인물의 세부 사항**, **상태**, **감정**, **행동** 등을 잘 들어야 한다. 또한 주제를 알려 주는 **도입 부분**이나 **마무리 부분**도 **유의**해야 한다.

1 빈출 인물 및 관련 표현 Track 11

□□ 1	齐白石 Qí Báishí **제백서**[중국 화가]	虾 xiā 새우 | 临摹 línmó 모사하다 | 洞察力 dòngchálì 통찰력 ★ | 为人谦虚 wéirén qiānxū 사람됨이 겸손하다 ★ | 绘画对象 huìhuà duìxiàng 그림의 대상 | 构思巧妙 gòusī qiǎomiào 구성이 치밀하다 ★
□□ 2	柳公权 Liǔ Gōngquán **류공권**[당나라 서예가, 시인]	富有天赋 fùyǒu tiānfù 재능이 다분하다 ★ | 远近闻名 yuǎnjìn wénmíng 널리 이름이 나 있다 | 戒骄戒躁 jièjiāo jièzào 교만함과 성급함을 경계하다 | 书法大家 shūfǎ dàjiā 서예의 대가 | 享有声誉 xiǎngyǒu shēngyù 명성을 얻다 ★
□□ 3	白居易 Bái Jūyì **백거이**[당나라 시인]	捕捉灵感 bǔzhuō línggǎn 영감을 얻다 | 随时随地 suíshí suídì 언제 어디서나 ★ | 贪污 tānwū 횡령하다 | 检讨 jiǎntǎo 검토하다, 자기 비판을 하다 | 令人叹服 lìng rén tànfú 감탄하게 하다 | 深入浅出 shēn rù qiǎn chū 심오한 내용을 알기 쉽게 표현하다 | 分门别类 fēn mén bié lèi 부문별로 나누다
□□ 4	蒲松龄 Pú Sōnglíng **포송령**[청나라 소설가]	聊斋志异 Liáozhāi Zhìyì 요재지이[포송령이 지은 지괴소설집] | 奇异神秘 qíyì shénmì 기이하고 신비롭다 | 考上秀才 kǎoshàng xiùcai 수재에 합격하다 | 塑造形象 sùzào xíngxiàng 이미지를 만들다, 형상을 빚다 ★ | 典型作品 diǎnxíng zuòpǐn 전형적인 작품 ★ | 情节曲折 qíngjié qūzhé 줄거리가 복잡하다, 이야기의 굴곡이 많다
□□ 5	曹雪芹 Cáo Xuěqín **조설근**[청나라 소설가]	红楼梦 Hónglóumèng 홍루몽[조설근의 장편소설] ★ | 删减 shānjiǎn 삭감하다, 줄이다 | 四大名著 sì dà míngzhù 4대 명작[중국의 4대 명작인 삼국연의, 수호전, 서유기, 홍루몽을 말함] ★ | 天资聪颖 tiānzī cōngyǐng 타고난 자질이 총명하다 | 堪称 kān chēng ~라고 할 만하다 ★ | 巅峰之作 diānfēng zhī zuò 최고의 작품, 정상급 작품
□□ 6	荀子 Xúnzǐ **순자**[전국시대 사상가]	倡导 chàngdǎo 제창하다 ★ | 不断求知 búduàn qiúzhī 끊임없이 지식을 탐구하다 | 后天努力 hòutiān nǔlì 후천적인 노력 | 勤奋好学 qínfèn hàoxué 부지런히 공부하다 ★

□□ 7	**刘慈欣** Liú Cíxīn **류츠신**[소설가]	**三体** Sāntǐ 삼체[류츠신의 장편소설] | **工程师** gōngchéngshī 기술자, 엔지니어 | **科幻小说** kēhuàn xiǎoshuō 공상 과학소설, SF소설 | **千篇一律** qiān piān yí lǜ 조금도 변화가 없다, 천편일률 | **脱离局限** tuōlí júxiàn 한계를 벗어나다 | **开辟新领域** kāipì xīn lǐngyù 새로운 영역을 개척하다 ★ | **后期制作** hòuqī zhìzuò 후반 작업
□□ 8	**莫言** Mò Yán **모옌**[소설가]	**诺贝尔文学奖** Nuòbèi'ěr Wénxuéjiǎng 노벨문학상 | **鞭策** biāncè 채찍질하다 | **立足于** lìzú yú ~에 입각하다, ~에 근거하다 ★ | **缺憾** quēhàn 유감스러운 점 ★ | **随意** suíyì 뜻대로 하다 ★ | **畅销** chàngxiāo 잘 팔리다, 판로가 넓다 | **熏陶** xūntáo 영향을 끼치다 ★
□□ 9	**李安** Lǐ Ān **리안**[영화감독]	**电影生涯** diànyǐng shēngyá 영화 경력 | **挑战** tiǎozhàn 도전하다 ★ | **斗志** dòuzhì 투지, 투혼 | **提高警觉** tígāo jǐngjué 경각심을 높이다 | **淘汰** táotài 도태하다 ★ | **纯真的丧失** chúnzhēn de sàngshī 순수의 상실
□□ 10	**张艺谋** Zhāng Yìmóu **장이머우**[영화감독]	**精益求精** jīng yì qiú jīng 훌륭하지만 더욱더 완벽을 추구하다 ★ | **征服观众** zhēngfú guānzhòng 관중을 매료시키다, 관중을 압도하다 | **打造作品** dǎzào zuòpǐn 작품을 만들다 | **正宗的味道** zhèngzōng de wèidao 정통의 맛 | **博人眼球** bó rén yǎnqiú 시선을 사로잡다 | **产生共鸣** chǎnshēng gòngmíng 공감대를 형성하다 ★ | **档期** dàngqī 상영 시기, 방영 시즌 | **挣扎** zhēngzhá 힘써 버티다, 발버둥치다 ★
□□ 11	**乔致庸** Qiáo Zhìyōng **교치용**[청나라 상업가]	**明珠** míngzhū 야광주, 귀중한 보배 | **薄利多销** bó lì duō xiāo 박리다매 ★ | **讲诚信** jiǎng chéngxìn 신용을 지키다, 신용을 중시하다 ★ | **善于用人** shànyú yòngrén 사람을 잘 부리다 ★ | **资金周转不开** zījīn zhōuzhuǎn bù kāi 자금이 돌지 않다
□□ 12	**马季** Mǎ Jì **마지**[만담 배우]	**大师** dàshī 대가, 거장 | **春节晚会** chūnjié wǎnhuì 춘절만회[중앙방송국에서 방영하는 설 특집 방송] | **诙谐幽默** huīxié yōumò 해학적이고 익살스럽다 ★ | **令人捧腹** lìng rén pěngfù 배를 움켜쥐고 웃게 하다 | **不辞辛苦** bù cí xīnkǔ 고생을 마다하지 않다 ★ | **看热闹** kàn rènao 구경을 하다

공략 트레이닝 1 / 제2부분 /

Track 12

1. A 学习武术
   B 咨询前辈
   C 三天没吃饭
   D 去电影学院学习

2. A 经验丰富
   B 精益求精
   C 像一个大家庭
   D 是国内顶尖团队

3. A 满足观众需求
   B 吸引国外观众
   C 使电影多样化
   D 呈现中国味道

4. A 人性
B 色彩
C 情节
D 台词

5. A 曾做过演员
B 不再拍摄电影
C 喜欢体育节目
D 未执导过现代片

[1-5]

第1到5题是根据下面一段采访：

女：张导您好！[5]在做电影导演之前，您还是一位演员，三十年前，您凭借电影《老井》拿到了最佳男主角这个奖项，[1]为了演好这个角色，您做了哪些功课？ 질문①

→ 인터뷰 대상의 세부적인 정보에 주의
→ 凭 ~에 의하다
사전에 준비 작업을 하다

男：我当时花了两个月体验生活，每天早、中、晚各从山上背150斤左右的石板下来；为了找到被困在井下三天的心理感受，[1]三天没吃一口东西，体会到百爪挠心的饥饿感。正是这种体验，让我的表演充满了质感与力量。

女：这次您执导的电影《影》再一次征服了观众，可是您用了五年时间来打造，迟迟没有完成，能说说其中的原因吗？ 질문②

만들다[금속 외에 정신, 문화, 작품, 브랜드 등에도 쓰임]

男：不是钱的问题，也不是档期的问题。我是一个完美主义者，总爱挑自己的毛病。电影中每一个镜头、每一句台词，如果再多注意一下，结果就会不同，《影》就是这样被精雕细琢了五年。包括我们的演员、前期后期的整个团队，[2]大家都是以这样精益求精的态度来对待这部作品的。

흠을 잡다
以…态度 ~한 태도로

1~5번 문제는 다음 인터뷰에 근거한다.

여: 장 감독님, 안녕하세요! [5]영화감독을 하시기 전에는 연기자셨고, 30년 전에는 영화 〈오래된 우물〉을 통해 남우주연상이라는 상도 받으셨는데, [1]역할을 잘 소화하기 위해 어떤 준비 작업을 하셨나요? 질문①

남: 저는 당시 두 달을 체험하는 데에 썼습니다. 매일 아침, 점심, 저녁에 산에서 75kg(150근) 정도의 석판을 메고 내려왔습니다. 우물 속에서 3일이나 갇혀 있는 심리 상태를 느끼기 위해, [1]3일 동안 음식을 한 입도 대지 않고서야 엄청나게 고통스러운 허기를 이해할 수 있었습니다. 바로 이러한 체험이 저의 연기를 감각적이고 힘있게 만들었습니다.

여: 이번에 감독을 맡으신 영화 〈그림자〉가 다시 한번 관객들을 사로잡았습니다. 그런데 5년이라는 시간 동안 제작하시면서도 완성이 늦어졌는데, 그 원인을 좀 말씀해 주실 수 있을까요? 질문②

남: 돈 문제도 아니었고, 상영 시기의 문제도 아니었습니다. 저는 완벽주의자예요. 항상 스스로에게 트집을 잡죠. 영화 속에 모든 장면과 모든 대사들은 조금만 더 주의하면 결과가 달라질 수 있습니다. 〈그림자〉는 바로 이렇게 5년간 심혈을 기울여 세심하게 다듬어졌습니다. 저희 배우들과 전후반 작업을 함께한 스태프들을 포함하여, [2]모두가 좀 더 완벽하고자 하는 마음으로 이 작품을 대했습니다.

女：您的很多作品里都表现了中国的传统文化，这次也不例外。질문③

男：是的，表现中国传统文化是我的电影一以贯之的主题。我们这代导演都是拍民俗起家的，那个时候意识上还不是很自觉，只是觉得传统的东西美。几十年走过来，现在自己有这种主动性、使命感去探索中国传统文化的方方面面，不是为了博人眼球或者猎奇，[3]而是为了让电影呈现出最正宗的中国味道。

→ 白手起家 자수성가

不是A而是B：A가 아니라 B이다

→ 而是 뒷부분에 집중해서 들어야 함

女：您觉得《影》这部电影有什么现实意义？질문④

男：[4]永恒的人性方能与观众产生共鸣。这是电影的规律，更是艺术的规律。艺术最重要的是关于情感和人性的刻画，这种对人性的呈现，未必和当下产生立竿见影的联系，但几百年过去看莎士比亚的故事，依然会有共鸣，因为他就是在讲人性的复杂与挣扎。

→ 才 ~에야 비로소

→ 不一定 반드시 ~한 것은 아니다

여: 감독님의 많은 작품들이 중국의 전통문화를 표현하고 있는데요, 이번에도 예외가 아니네요. 질문③

남: 그렇습니다. 중국의 전통문화를 표현하는 것은 제 영화의 일관된 주제입니다. 이 시대의 감독들은 모두 민속적인 것을 촬영하여 명성을 얻었습니다. 그때는 아직 의식적으로 자각했던 것이 아니라, 단지 전통적인 것이 아름답다고 생각해서였습니다. 수십 년 동안, 스스로 이러한 적극성과 사명감을 가지고 중국 전통문화의 여러 방면을 탐색해 온 것은 주목을 받기 위해서나 기이한 것을 찾으려 함이 아니라 [3]영화에서 가장 정통적인 중국의 맛을 나타내기 위함입니다.

여: 감독님은 영화 〈그림자〉에 어떤 현실적인 의미가 있다고 보십니까? 질문④

남: [4]영원히 변하지 않는 인간성만이 관중과 공감대를 형성할 수 있습니다. 이것은 영화의 법칙이며, 더욱이 예술의 법칙입니다. 예술에서 가장 중요한 것은 감정과 인간성에 대한 묘사입니다. 이러한 인간성에 대한 양상이 반드시 바로 효과를 나타내지는 않을 수도 있지만 수백 년 전 셰익스피어의 이야기가 여전히 공감을 불러일으키는 것은 그가 인간성의 복잡함과 몸부림을 다루고 있기 때문입니다.

듣기

단어 ★凭借 píngjiè 동 ~에 의하다, ~을 통하다 | 佳 jiā 형 좋다, 훌륭하다 | 奖项 jiǎngxiàng 명 상, 상의 종목 | ★角色 juésè 명 배역, 역할 | ★功课 gōngkè 명 준비 작업, 공부 | 石板 shíbǎn 명 석판 | 困 kùn 동 포위하다, 가두어 놓다 | 百爪挠心 bǎi zhǎo náo xīn 마음이 불안하여 안정되지 않다, 매우 괴롭고 고통스럽다 | 饥饿 jī'è 명 굶주림 | 质感 zhìgǎn 명 질감 | 执导 zhídǎo 동 영화감독을 맡다 | ★征服 zhēngfú 동 정복하다, 매료시키다 | ★打造 dǎzào 동 만들다 | 档期 dàngqī 명 상영 시기, 방영 시즌 | 挑毛病 tiāo máobìng 흠을 잡다 | ★镜头 jìngtóu 명 렌즈, 장면 | ★台词 táicí 명 대사 | 精雕细琢 jīngdiāo xìzhuó 심혈을 기울여 세심하게 다듬다 | 团队 tuánduì 명 단체, 팀 | ★精益求精 jīng yì qiú jīng 성 더 잘하려고 애쓰다 | 对待 duìdài 동 대하다 | 例外 lìwài 동 예외로 하다 | 一以贯之 yì yǐ guàn zhī 성 한 가지 이치로 모든 일을 꿰뚫다 | 民俗 mínsú 명 민속 | 起家 qǐjiā 동 집안을 일으키다, 번창시키다 | ★意识 yìshi 명 의식 | 自觉 zìjué 형 자각적이다 | ★主动 zhǔdòng 형 능동적이다 | 使命感 shǐmìnggǎn 명 사명감 | 探索 tànsuǒ 동 탐색하다, 찾다 | 博人眼球 bó rén yǎnqiú 시선을 사로잡다 | 猎奇 lièqí 동 기이한 것만 찾아다니다, 엽기적이다 | ★呈现 chéngxiàn 동 나타내다, 양상을 띠다 | 正宗 zhèngzōng 형 정통의 | 永恒 yǒnghéng 형 영원하다 | 人性 rénxìng 명 인성, 인간성 | ★共鸣 gòngmíng 명 공감 | ★规律 guīlǜ 명 법칙, 규칙 | 情感 qínggǎn 명 감정, 느낌 | ★刻画 kèhuà 동 묘사하다,

형상화하다 | 未必 wèibì 부 반드시 ~한 것은 아니다 | 立竿见影 lì gān jiàn yǐng 성 즉시 효과가 나타나다 | 莎士比亚 Shāshìbǐyà 고유 셰익스피어[인명] | ★挣扎 zhēngzhá 동 힘써 버티다, 발버둥치다

[1] 해설 및 정답

문제 분석▼ 여자의 첫 번째 질문에 남자는 우물 안에 갇혀 있는 느낌을 찾기 위해 三天没吃一口东西(3일 동안 음식을 한 입도 대지 않았다)라고 했다.

为了演好电影《老井》中的角色，男的做了什么准备?	영화 〈오래된 우물〉 속 배역을 잘 소화하기 위해 남자는 어떤 준비를 했는가?
A 学习武术	A 무술을 배웠다
B 咨询前辈	B 선배와 의논했다
C 三天没吃饭	**C 3일 동안 밥을 먹지 않았다**
D 去电影学院学习	D 영화 학원에서 공부했다

단어 武术 wǔshù 명 무술 | ★咨询 zīxún 동 자문하다, 의논하다 | 前辈 qiánbèi 명 선배

[2] 해설 및 정답

문제 분석▼ 남자가 말한 大家都是以这样精益求精的态度来对待这部作品的(모두가 좀 더 완벽하고자 하는 마음으로 이 작품을 대했습니다)에서 精益求精이 보기에 그대로 제시된다.

男的如何评价电影《影》的团队?	남자는 영화 〈그림자〉의 스태프를 어떻게 평가하는가?
A 经验丰富	A 경험이 풍부하다
B 精益求精	**B 더욱더 완벽을 추구한다**
C 像一个大家庭	C 대가족과 같다
D 是国内顶尖团队	D 국내 최고의 스태프이다

단어 顶尖 dǐngjiān 형 일류의, 최상의

[3] 해설 및 정답

문제 분석▼ 세 번째 질문에 대한 남자의 대답 중 为了让电影呈现出最正宗的中国味道(영화에서 가장 정통적인 중국의 맛을 나타내기 위해서)라는 내용에서 답을 알 수 있다.

男的为什么将中国传统文化融入到电影之中?	남자는 왜 중국의 전통문화를 영화에 융합했는가?
A 满足观众需求	A 관중의 요구를 만족시키기 위해
B 吸引国外观众	B 해외 관중을 끌기 위해
C 使电影多样化	C 영화를 다양화하기 위해
D 呈现中国味道	**D 중국의 맛을 나타내기 위해**

단어 融入 róngrù 동 융합되어 들어가다

[4] 해설 및 정답 **문제 분석▾** 인터뷰 마지막 질문에 남자는 永恒的人性方能与观众产生共鸣(영원히 변하지 않는 인간성만이 관중과 공감대를 형성할 수 있습니다)이라고 했다.

男的认为电影中哪方面会让观众产生共鸣?	남자는 영화의 어떤 부분이 관중들과의 공감대를 형성한다고 여기는가?
A 人性 B 色彩 C 情节 D 台词	**A 인간성** B 색채 C 줄거리 D 대사

단어 色彩 sècǎi 명 색채 | ★情节 qíngjié 명 줄거리

[5] 해설 및 정답 **문제 분석▾** 인터뷰를 시작할 때 여자가 언급한 在做电影导演之前，您还是一位演员(영화 감독을 하시기 전에는 연기자셨다)이라는 내용으로 남자가 배우였음을 알 수 있다.

关于男的，下列哪项正确?	남자에 관해, 다음 중 정확한 것은?
A 曾做过演员 B 不再拍摄电影 C 喜欢体育节目 D 未执导过现代片	**A 배우였다** B 다시 영화를 찍지 않았다 C 스포츠 프로그램을 좋아한다 D 현대극의 감독을 맡은 적이 없다

단어 拍摄 pāishè 동 촬영하다

주의 마지막 문제의 답은 인터뷰 앞부분이나 중간 부분에서 종종 출제된다. 따라서 항상 마지막 문제의 보기부터 살피는 것이 좋다.

2 이야기 글의 흐름

도입 부분	이야기의 배경 소개 및 줄거리나 주제 제시 ★등장인물의 정보를 잘 듣고, 줄거리와 주제를 파악한다.
⬇	
전개 부분	관련 사건 묘사 ★'어떻게', '왜', '무엇을'에 대한 정보를 기억하고 인물의 감정, 태도, 행동을 집중해서 듣는다.
⬇	
마무리 부분	결과나 주제 제시 ★결과와 주제는 자주 출제되는 포인트이기 때문에 특히 주의해야 한다.

3 감정을 나타내는 표현 Track 13 필수체크

□□ 畏惧 wèijù 두려워하다	□□ 恐惧 kǒngjù 겁먹다 ★
□□ 惊讶 jīngyà 놀랍고 의아하다 ★	□□ 震惊 zhènjīng 몹시 놀라다
□□ 反感 fǎngǎn 반감을 가지다	□□ 厌恶 yànwù 싫어하다, 혐오하다
□□ 焦急 jiāojí 초조하다 ★	□□ 冷静 lěngjìng 침착하다
□□ 欣慰 xīnwèi 기쁘고 안심되다	□□ 心疼 xīnténg 몹시 아끼다
□□ 感慨 gǎnkǎi 감개하다	□□ 留恋 liúliàn 그리워하다
□□ 荣幸 róngxìng 영광스럽다	□□ 喜悦 xǐyuè 기쁘다 ★
□□ 后悔 hòuhuǐ 후회하다 ★	□□ 绝望 juéwàng 절망하다

공략 트레이닝 2 / 제3부분 / Track 14

1. A 陈寿年纪小
   B 陈寿不懂礼貌
   C 谯周打算退休
   D 谯周弟子众多

2. A 疑惑
   B 惊讶
   C 恐惧
   D 焦急

3. A 做人要诚信
   B 立志要趁早
   C 谯周宽以待人
   D 陈寿的求学经历

[1-3]

第1到3题是根据下面一段话：

中国古代的历史学家陈寿，自幼天资（→ 从小 어려서부터）聪颖，勤学刻苦。他15岁时，县城里有一个叫谯周的人办了一所学堂，非常有名。[3]陈寿徒步十多天，来到谯周的学堂，向他求学。（→ 도입부에 이야기의 주요 내용을 언급함）

1~3번 문제는 다음 내용에 근거한다.

중국 고대의 사학자인 진수는 어려서부터 타고난 자질이 총명하고 매우 부지런히 공부하였다. 그가 열다섯 살 때, 현 정부 소재지에 초주라는 사람이 학당을 세웠는데 매우 유명했다. [3]진수는 십여 일을 걸어서 초주의 학당에 와, 그에게 배움을 청했다.

[1]谯周见陈寿只是个孩子，便拒绝了
→ 年纪小 나이가 어리다
他的请求。陈寿连忙哀求道："先生，别看
~라고 생각하지 마라
我年岁小，我已经读完了《诗经》、《礼记》、《春秋》这些经典，难道还不够当您的学生吗？"
설마 ~하겠는가?[반문 표현]

谯周听后有点儿不相信，便出了几道题来考他，[2]没想到陈寿竟对答如流。可他
뜻밖에, 의외로[놀람이나 감탄의 어기를 나타냄]
年龄实在太小，谯周不免有些犹豫。陈寿
→ 难免 면할 수 없다
见状，急忙抬起脚，说："先生，您看，为了见到您，我走了十多天，把鞋底都磨破了，请您一定要收下我！"谯周顿时感动不已，收下了这个小徒弟。
동사+不已 ~해 마지않다

多年以后，陈寿广泛收集史料、夜以继日，编写出了一部伟大的历史著作——《三国志》。

[1]초주는 진수가 어린아이임을 보고 그의 부탁을 거절했다. 진수는 급히 애원하며 말했다. "선생님, 저를 어리다 하지 마십시오. 저는 이미 《시경》, 《예기》, 《춘추》와 같은 경전들을 다 읽었는데, 당신의 학생이 되기에 부족한 것입니까?"

초주는 그의 말을 믿을 수가 없어서 몇 가지 문제를 내어 그를 시험했는데, [2]뜻밖에도 진수의 대답이 매우 유창했다. 그러나 그의 나이가 실로 너무 어려서, 초주는 망설이지 않을 수 없었다. 진수는 그 상황을 보고, 급히 발을 올려 보이며 말했다. "선생님, 보십시오. 당신을 만나기 위해서 저는 십여 일을 걸었습니다. 신발 밑창도 다 닳아서 떨어졌으니, 저를 반드시 받아 주셔야만 합니다!" 초주는 문득 매우 감동하여, 이 어린 세자를 받아 주었다.

여러 해가 지난 후, 진수는 사료를 광범위하게 수집하고 밤낮으로 노력하여, 위대한 역사 저작인 《삼국지》를 집필하였다.

단어 陈寿 Chén Shòu 고유 진수[중국 서진의 사학자] | 自幼 zìyòu 부 어려서부터 | 天资聪颖 tiānzī cōngyǐng 타고난 자질이 총명하다 | ★勤学 qín xué 동 부지런히 배우다 | 县城 xiànchéng 명 현도, 현 정부 소재지 | 谯周 Qiáo Zhōu 고유 초주[촉한의 대신] | 所 suǒ 양 채, 동[학교나 병원 등 건축물에 쓰임] | 学堂 xuétáng 명 학당 | 徒步 túbù 동 도보하다, 걷다 | 求学 qiúxué 동 학문을 탐구하다 | 便 biàn 부 곧, 바로 | 请求 qǐngqiú 동 부탁하다 | ★连忙 liánmáng 부 얼른, 급히 | 哀求 āiqiú 동 애원하다 | 年岁 niánsuì 명 연령 | 诗经 Shījīng 명 시경[주나라 춘추시대의 민요로 엮은 중국에서 가장 오래된 시집] | 礼记 Lǐjì 명 예기[12경 중 하나] | 春秋 Chūnqiū 명 춘추[역사서] | 经典 jīngdiǎn 명 고전, 경전 | 够 gòu 형 충분하다, 족하다 | 对答如流 duì dá rú liú 성 대답을 유창하게 하다 | 实在 shízài 부 정말, 참으로 | 不免 bùmiǎn 동 면할 수 없다 | ★犹豫 yóuyù 동 주저하다, 망설이다 | 见状 jiàn zhuàng 동 상황을 목격하다 | 急忙 jímáng 형 급하다, 바쁘다 | 磨破 mópò 동 닳아서 떨어지다, 해지다 | ★顿时 dùnshí 부 갑자기, 문득 | 不已 bùyǐ 동 ~해 마지않다 | 徒弟 túdì 명 제자 | ★广泛 guǎngfàn 형 광범하다, 폭넓다 | ★收集 shōují 동 수집하다 | 史料 shǐliào 명 사료, 역사 연구 자료 | 夜以继日 yè yǐ jì rì 성 밤낮없이 | 编写 biānxiě 동 집필하다 | 著作 zhùzuò 명 저서, 저작 | 三国志 Sānguózhì 고유 삼국지

[1] 해설 및 정답

문제 분석▼ 녹음에서 谯周见陈寿只是个孩子，便拒绝了他的请求(초주는 진수가 어린아이임을 보고 그의 부탁을 거절했다)라는 내용으로 초주는 진수의 나이가 어려서 받아들이고 싶지 않음을 알 수 있다.

起初谯周为什么不想收下陈寿?	처음에 초주는 왜 진수를 받아들이고 싶어 하지 않았는가?
A 陈寿年纪小	**A 진수의 나이가 어려서**
B 陈寿不懂礼貌	B 진수는 예의가 없어서
C 谯周打算退休	C 초주는 퇴직할 계획이어서
D 谯周弟子众多	D 초주의 제자가 너무 많아서

단어 起初 qǐchū 명 처음 | 弟子 dìzǐ 명 제자

[2] 해설 및 정답

문제 분석▼ 보기에 제시된 단어를 보고 사람의 감정을 묻는 문제임을 알 수 있다. 녹음에서 没想到陈寿竟对答如流(뜻밖에도 진수의 대답이 매우 유창했다) 중 没想到…竟(뜻밖이다)을 통해 초주는 의아하게 생각했음을 알 수 있다.

当陈寿回答了谯周的考题后，谯周有什么反应?	진수가 초주의 문제에 대답한 후, 초주는 어떤 반응을 보였는가?
A 疑惑　　**B 惊讶**	A 의심했다　　**B 의아했다**
C 恐惧　　D 焦急	C 두려웠다　　D 초조했다

단어 ★疑惑 yíhuò 동 의심하다, 의혹하다 | ★惊讶 jīngyà 형 놀랍고 의아하다 | ★恐惧 kǒngjù 동 겁먹다 | ★焦急 jiāojí 형 초조하다

[3] 해설 및 정답

문제 분석▼ 도입부에 陈寿……来到谯周的学堂，向他求学(진수는……초주의 학당에 와, 그에게 배움을 청했다) 중 求学를 듣고 바로 답을 고를 수 있다. 또한 녹음 전체 내용이 진수가 초주를 설득해 그의 제자가 되었다는 이야기이다.

这段话主要谈了什么?	이 글이 주요하게 말하는 것은?
A 做人要诚信	A 사람은 신용을 지켜야 한다
B 立志要趁早	B 뜻은 일찌감치 세워야 한다
C 谯周宽以待人	C 초주는 사람을 너그럽게 대한다
D 陈寿的求学经历	**D 진수의 학문 탐구 경험**

단어 ★诚信 chéngxìn 동 신용을 지키다 | ★立志 lìzhì 동 뜻을 세우다, 포부를 가지다 | 趁早 chènzǎo 동 일찌감치 하다, 서둘러 하다 | 宽以待人 kuān yǐ dài rén 성 사람을 너그럽게 대하다

실전에 강한 제한 시간 8분 듣기

문제 적응 훈련

학습일 ____/____
맞은 개수 ______

실전 트레이닝 1 | Track 15

제1부분

1. A 孩子十分调皮
   B 爸爸年纪大了
   C 爸爸做错了所有题
   D 孩子没听爸爸的话

2. A 荀子主张人性本善
   B 荀子是战国军事家
   C 荀子鼓励人不断学习
   D 《劝学》由荀子的弟子编写

정답 및 해설_ 해설집 11쪽

실전 트레이닝 2 | Track 16

제2부분

1. A 很正常
   B 不实际
   C 意义很大
   D 充满挑战

2. A 宣传新书
   B 结交朋友
   C 寻找创作灵感
   D 尽自己的责任

3. A 很随意
   B 很规律
   C 基本在写作
   D 休息时间少

4. A 更谨慎
   B 更有动力
   C 更追求市场效益
   D 更注重读者评价

5. A 正在创作小说
   B 现居住在北京
   C 最近几年作品少
   D 就职于国家图书馆

정답 및 해설_ 해설집 12쪽

실전 트레이닝 3 | Track 17

제3부분

1. A 当天的气温
   B 阳光下的风景
   C 北极动物的活动
   D 第二天的工作安排

2. A 焦急
   B 抱怨
   C 欢呼
   D 震惊

3. A 队长算错了时间
   B 队员们没按要求做
   C 考察队度过了极夜
   D 考察队没完成任务

정답 및 해설_ 해설집 15쪽

好记性不如烂笔头
아무리 좋은 기억력도 낡은 펜만 못하다

듣기 실력 UP! 『워크북』 6~9쪽

학습일 ____/____

3 자연과 지리

HSK에는 이렇게 출제된다! ▼

★ **자연과 지리 관련 지문**은 듣기 영역에서 **18%** 출제된다.

★ 자연과 지리 관련 지문은 주로 **동식물**과 **자연 현상**, **지역**, **경관** 등 특정 대상을 소개하는 글이 주로 출제된다.

★ 특정 대상의 이름이 어려울 수 있지만 **세부적인 특징**을 잘 들으면 답을 쉽게 찾을 수 있다.

★ 대부분 문제의 답은 녹음에서 바로 들릴 수 있지만 녹음에 있는 표현을 **의미가 비슷한 다른 표현으로 바꾸어** 보기로 제시하는 문제도 출제된다. 따라서 **의미가 비슷한 표현**을 **암기**해 두자.

1 자연과 지리 관련 빈출 표현

1. 동물 Track 18

蚂蚁 mǎyǐ 개미	□□ 本领 běnlǐng 수완, 능력, 기량 ★	□□ 巢穴 cháoxué 소굴, 보금자리
	□□ 细胞 xìbāo 세포 ★	□□ 布局合理 bùjú hélǐ 합리적으로 배치하다 ★
蜜蜂 mìfēng 꿀벌	□□ 授粉 shòufěn 수분하다	□□ 灾难性 zāinànxìng 재앙적, 파멸적
	□□ 隔热 gé rè 단열하다 ★	□□ 群居 qúnjū 군거하다
啄木鸟 zhuómùniǎo 딱따구리	□□ 觅食 mì shí 먹을 것을 찾다, 먹이를 구하다	□□ 坚硬 jiānyìng 굳다, 단단하다 ★
	□□ 头盔 tóukuī 철모, 헬멧	□□ 强烈震动 qiángliè zhèndòng 강렬한 진동, 강하게 흔들리다
蜻蜓 qīngtíng 잠자리	□□ 翅膀折断 chìbǎng zhéduàn 날개가 부러지다	□□ 神经系统 shénjīng xìtǒng 신경계 ★
大象 dàxiàng 코끼리	□□ 散热 sànrè 산열하다 ★	□□ 示威 shìwēi 시위하다
	□□ 进食量 jìnshíliàng 식사량	□□ 新陈代谢 xīnchén dàixiè 신진대사 ★
蜗牛 wōniú 달팽이	□□ 冬眠 dōngmián 동면, 겨울잠 ★	□□ 卵 luǎn 알, 수정란
	□□ 躲在壳里 duǒzài ké li 껍데기 안에 숨다	□□ 药用功效 yàoyòng gōngxiào 약효
河马 hémǎ 하마	□□ 打哈欠 dǎ hāqian 하품하다	□□ 凶猛 xiōngměng 사납다, 흉맹하다 ★
	□□ 汗液能防晒 hànyè néng fángshài 땀으로 자외선을 차단할 수 있다 ★	

2. 식물 Track 19

银杏 yínxìng 은행나무	□□ **枝繁叶茂** zhīfán yèmào 가지가 많고 잎이 무성하다 ★	□□ **年轮** niánlún 나이테, 연륜 ★
	□□ **栽培** zāipéi 재배하다, 배양하다 ★	□□ **根系** gēnxì 뿌리, 근계
蓝莓 lánméi 블루베리	□□ **果实** guǒshí 과실 ★	□□ **花蜜** huāmì 화밀, 벌꿀
	□□ **含糖量高** hántángliàng gāo 당분 함량이 높다	□□ **免疫力** miǎnyìlì 면역력 ★
海带 hǎidài 미역	□□ **矿物质** kuàngwùzhì 미네랄 ★	□□ **微量元素** wēiliàng yuánsù 미량 원소 ★
鸽子花 gēzihuā 합자화	□□ **形似白鸽** xíng sì báigē 흰 비둘기와 닮다	□□ **活化石** huóhuàshí 살아 있는 화석 ★
	□□ **枝条枯死** zhītiáo kūsǐ 가지가 말라죽다	□□ **茎** jīng (식물의) 줄기

3. 자연 현상 Track 20

大气 dàqì 대기	□□ **乌云** wūyún 검은 구름, 먹장 구름 ★	□□ **臭氧层** chòuyǎngcéng 오존층
	□□ **散射** sǎnshè 난반사, 산란	□□ **吸收光线** xīshōu guāngxiàn 빛을 흡수하다
雾凇 wùsōng 무송 [눈같이 내린 서리]	□□ **严寒天气** yánhán tiānqì 혹한의 날씨 ★	□□ **气候现象** qìhòu xiànxiàng 기후 현상
	□□ **融化** rónghuà 녹다, 융해되다 ★	□□ **水蒸气** shuǐzhēngqì 수증기
雷 léi 천둥	□□ **闪电** shǎndiàn 번개	□□ **避雷针** bìléizhēn 피뢰침
	□□ **农作物** nóngzuòwù 농작물 ★	□□ **带来灾害** dàilái zāihài 재해를 가져오다 ★
火山 huǒshān 화산	□□ **喷射路线** pēnshè lùxiàn 분사 경로	□□ **预兆** yùzhào 전조, 조짐
	□□ **爆发** bàofā 폭발하다 ★	□□ **休眠** xiūmián 휴면하다
地震 dìzhèn 지진	□□ **地壳** dìqiào 지각	□□ **板块碰撞** bǎnkuài pèngzhuàng 판 충돌
	□□ **释放能量** shìfàng néngliàng 에너지를 방출하다 ★	□□ **自然灾害** zìrán zāihài 자연 재해
地热 dìrè 지열	□□ **蕴藏** yùncáng 묻히다, 매장되다	□□ **值得开发** zhídé kāifā 개발할 가치가 있다
	□□ **可再生能源** kě zàishēng néngyuán 재생 가능 에너지 ★	□□ **分布广** fēnbù guǎng 광범위하게 분포하다

4. 지역 Track 21

广州 Guǎngzhōu 광저우	□□ 贸易城市 màoyì chéngshì 무역도시 □□ 港口 gǎngkǒu 항만, 항구	□□ 观光 guānguāng 관광하다 ✱ □□ 沿海 yánhǎi 연해 ✱
乌镇 Wūzhèn 우전	□□ 古镇 gǔzhèn 오래된 마을 □□ 艺术气息 yìshù qìxī 예술의 기운 ✱	□□ 合并 hébìng 합치다, 합병하다 □□ 水乡 shuǐxiāng 수향 마을
澳门 Àomén 마카오	□□ 餐饮业 cānyǐnyè 요식업 □□ 发展良好 fāzhǎn liánghǎo 잘 발달하다 ✱	□□ 支柱产业 zhīzhù chǎnyè 주요 산업 □□ 赌博 dǔbó 도박하다
青藏高原 Qīngzàng Gāoyuán 칭짱고원	□□ 空气稀薄 kōngqì xībó 공기가 희박하다 ✱	□□ 海拔高 hǎibá gāo 해발이 높다 ✱

5. 경관 Track 22

拙政园 Zhuōzhèngyuán 졸정원	□□ 江南建筑 jiāngnán jiànzhù 강남 건축	□□ 苏州园林 Sūzhōu Yuánlín 쑤저우 원림
窑洞 yáodòng 동굴집, 토굴집	□□ 特殊民居 tèshū mínjū 독특한 민가 □□ 温差 wēnchā 온도 차 ✱	□□ 冬暖夏凉 dōngnuǎn xiàliáng 겨울에는 따뜻하고 여름에는 시원하다 ✱ □□ 潮湿 cháoshī 습하다 ✱
沙漠 shāmò 사막	□□ 植被 zhíbèi 식생 ✱	□□ 环境改观大 huánjìng gǎiguān dà 환경이 크게 바뀌다
冰山 bīngshān 빙산	□□ 淡水 dànshuǐ 담수, 민물 □□ 平 píng 평평하다 ✱	□□ 山顶 shāndǐng 산꼭대기 □□ 开采 kāicǎi 채굴하다

공략 트레이닝 1 / 제3부분 / Track 23

1. A 神经系统
   B 呼吸系统
   C 空气气流
   D 尾巴摆动

2. A 易断
   B 面积大
   C 颜色较浅
   D 保护翅膀

3. A 蜻蜓捕食害虫
   B 蜻蜓飞行能力强
   C 蜻蜓飞行速度缓慢
   D 蜻蜓数量正在减少

[1-3]

第1到3题是根据下面一段话：

蜻蜓就像一架飞机，[3]而且飞行技巧远远高于飞机。它能忽上忽下、忽快忽慢地飞行，可以急转弯，也可以长途飞行一小时而不着陆。蜻蜓飞得那么自由自在，[1]主要是靠神经系统控制着翅膀的倾斜角度，奥妙地与飞行速度和大气气压相适应。

→ 飞行能力 비행 능력 / 而: 역접을 나타냄 / 与~相适应: ~과 적응하다

在空气动力学中有一种“颤振”现象，若飞机机翼不能消除颤振，快速飞行时就会使机翼折断，招致机毁人亡。蜻蜓则是消除颤振的先驱者，它的翅膀前端有一块儿色深加厚的部分，叫[2]翅痣，这是保护薄而韧的蜻蜓翅不被折断的关键。人们仿照翅痣，在飞机机翼上设计了加厚部分，于是战胜了颤振，保证了飞机的安全。

若 → 如果 만약 / 招致: 안 좋은 결과를 초래하다 / 而: 순접을 나타냄

1~3번 문제는 다음 내용에 근거한다.

잠자리는 마치 비행기와 같다. [3]게다가 비행 기술은 비행기보다 훨씬 더 뛰어나다. 그것은 높게도, 낮게도, 빠르게도, 느리게도 날 수 있다. 급히 방향을 바꿀 수도 있고, 한 시간 동안 장거리를 비행하면서도 착지하지 않을 수 있다. 잠자리가 그토록 자유자재로 날 수 있는 것은 [1]신경계에서 날개의 경사 각도를 조절하여 비행속도와 대기압이 오묘하게 상응하기 때문이다.

공기 역학에는 '펄럭임'이라는 현상이 있다. 만일 비행기가 날개의 펄럭임을 없애지 못하면, 빠른 속도로 비행할 때 날개가 부러져 기계 훼손과 인명사고를 초래할 수 있다. 잠자리는 바로 펄럭임을 없앤 선구자이다. 그것의 날개 앞에는 '날개 반점'이라는 색깔이 진하고 두꺼운 부분이 있는데, [2]이것이 얇고 질긴 잠자리의 날개를 보호하여 부러지지 않게 하는 주요 원인이다. 사람들은 날개 반점을 본떠서 비행기 날개에 두꺼운 부분을 설계했고, 그리하여 펄럭임을 극복하여 비행기의 안전을 보장하게 되었다.

단어 ★技巧 jìqiǎo 명 기교, 테크닉 | 急转弯 jízhuǎnwān 동 급히 방향을 바꾸다 | 长途 chángtú 명 장거리 | ★着陆 zhuólù 동 착륙하다, 착지하다 | ★自由自在 zì yóu zì zài 성 자유자재하다 | 倾斜 qīngxié 명 경사, 비탈 | ★角度 jiǎodù 명 각도 | 奥妙 àomiào 형 오묘하다 | 气压 qìyā 명 기압 | 空气动力学 kōngqì dònglìxué 공기 역학 | 颤振 chànzhèn 명 펄럭임 | 机翼 jīyì 명 기익, 비행기의 날개 | ★消除 xiāochú 동 없애다 | 折断 zhéduàn 꺾다, 부러뜨리다 | 招致 zhāozhì 동 일으키다, 초래하다 | 毁 huǐ 동 훼손하다 | 亡 wáng 동 죽다 | 先驱者 xiānqūzhě 명 선구자 | 前端 qiánduān 명 앞, 선두 | 翅痣 chìzhì 날개 반점 | ★薄 báo 형 얇다 | ★韧 rèn 형 질기다 | ★仿照 fǎngzhào 동 따르다, 본뜨다 | ★战胜 zhànshèng 동 싸워 이기다, 극복하다

[1] 해설 및 정답

문제 분석▼ 靠神经系统控制着翅膀的倾斜角度(신경계에서 날개의 경사 각도를 조절하여)에서 神经系统(신경계)이 그대로 제시된다.

蜻蜓翅膀的倾斜角度受什么控制?	잠자리 날개의 경사 각도는 무엇의 조절을 받는가?
A 神经系统	**A 신경계**
B 呼吸系统	B 호흡기 계통
C 空气气流	C 공기 기류
D 尾巴摆动	D 꼬리의 흔들림

단어 ★呼吸系统 hūxī xìtǒng 명 호흡기 계통 | 气流 qìliú 명 기류 | ★尾巴 wěiba 명 꼬리 | 摆动 bǎidòng 동 흔들다, 흔들거리다

[2] 해설 및 정답

문제 분석▼ 녹음에서 翅痣(날개 반점)에 뒤이어 保护薄而韧的蜻蜓翅不被折断(얇고 질긴 잠자리의 날개를 보호하여 부러지지 않게 하다)이라는 내용이 제시된다.

关于蜻蜓的"翅痣"，可以知道什么?	잠자리의 '날개 반점'에 관해 알 수 있는 것은?
A 易断	A 쉽게 부러진다
B 面积大	B 면적이 크다
C 颜色较浅	C 색이 비교적 옅다
D 保护翅膀	**D 날개를 보호한다**

단어 面积 miànjī 명 면적 | ★浅 qiǎn 형 옅다

[3] 해설 및 정답

문제 분석▼ 보기에서 공통적으로 제시된 단어인 蜻蜓(잠자리) 뒤의 내용을 집중해서 들어야 한다. 녹음 시작 부분에서 飞行技巧远远高于飞机(비행 기술은 비행기보다 훨씬 더 뛰어나다)라는 내용으로 잠자리의 비행 능력이 강하다는 것을 알 수 있다.

根据这段话，可以知道什么?	단문을 근거로 알 수 있는 것은?
A 蜻蜓捕食害虫	A 잠자리는 해충을 잡아먹는다
B 蜻蜓飞行能力强	**B 잠자리의 비행 능력은 강하다**
C 蜻蜓飞行速度缓慢	C 잠자리의 비행 속도는 느리다
D 蜻蜓数量正在减少	D 잠자리의 수가 감소하고 있다

단어 捕食 bǔshí 동 먹이를 잡아먹다 | 害虫 hàichóng 명 해충 | ★缓慢 huǎnmàn 형 느리다, 더디다

2 의미가 비슷한 표현 Track 24 필수체크

1	绿植众多 lǜzhí zhòngduō 녹색식물이 많다	↻	植被覆盖率高 zhíbèi fùgàilǜ gāo 식생의 점유율이 높다
2	风景优美 fēngjǐng yōuměi 경치가 아름답다 ★	↻	风光秀丽 fēngguāng xiùlì 경치가 수려하다
3	绚丽夺目 xuànlì duómù 눈부시게 아름답다	↻	颜色鲜艳 yánsè xiānyàn 색이 산뜻하고 아름답다
4	不冻 bú dòng 얼지 않다	↻	不结冰 bù jiébīng 결빙되지 않다
5	种类繁多 zhǒnglèi fánduō 종류가 많다 ★	↻	品种多 pǐnzhǒng duō 품종이 많다 ★
6	得不到补充 dé bu dào bǔchōng 보충되지 않다	↻	缺乏 quēfá 결핍되다 ★
7	肥力高 féilì gāo 비옥도가 높다	↻	富含养料 fù hán yǎngliào 자양분이 풍부하다
8	悬崖绝壁 xuányá juébì 낭떠러지	↻	很危险 hěn wēixiǎn 매우 위험하다
9	因…而得名 yīn…ér démíng ~로 인해 이름을 떨치다 ★	↻	得名于… démíng yú… ~라 이름나다 ★
10	扮演重要角色 bànyǎn zhòngyào juésè 중요한 역할을 맡다 ★	↻	起重要作用 qǐ zhòngyào zuòyòng 중요한 작용을 하다 ★
11	天下第一 tiānxià dì-yī 천하제일	↻	最 zuì 가장, 최고
12	出现鲜红色彩 chūxiàn xiānhóng sècǎi 새빨간 색깔이 발견되다	↻	有红色痕迹 yǒu hóngsè hénjì 붉은 자국이 있다
13	被太阳晒 bèi tàiyáng shài 햇볕에 쬐다	↻	经过光照 jīngguò guāngzhào 햇빛을 거치다
14	重新长出来 chóngxīn zhǎng chūlai 새로 자라나다	↻	再生 zàishēng 재생하다
15	仅存数百只 jǐn cún shù bǎi zhī 겨우 수백 마리만 있다	↻	数量稀少 shùliàng xīshǎo 수량이 적다 ★
16	吸水性强 xīshuǐxìng qiáng 흡수력이 강하다	↻	易吸收水分 yì xīshōu shuǐfèn 수분을 쉽게 흡수한다
17	富含营养物质 fù hán yíngyǎng wùzhì 영양소가 풍부하다	↻	营养价值高 yíngyǎng jiàzhí gāo 영양가가 높다 ★
18	集多种功能于一体 jí duō zhǒng gōngnéng yú yìtǐ 여러 기능을 한데 모으다	↻	用途广 yòngtú guǎng 용도가 넓다 ★
19	有…的美誉 yǒu…de měiyù ~한 명성이 있다 ★	↻	被誉为… bèi yùwéi… ~으로 칭송되다 ★

20	成活率不高 chénghuólǜ bù gāo 생존율이 높지 않다	⟳	存活率低 cúnhuólǜ dī 생존율이 낮다 ★

공략 트레이닝 2 / 제1부분 / Track 25

A 鄱阳湖是咸水湖
B 鄱阳湖面积逐年缩小
C 鄱阳湖区内候鸟品种多
D 鄱阳湖是海上丝绸之路起点

해설 및 정답

문제 분석▼ 보기에서 공통적으로 제시된 단어인 포양호 뒤에 있는 세부적인 특징을 집중해서 들어야 한다. 녹음 중에 种类繁多(종류가 매우 많다)와 보기 C에 品种多(품종이 많다)는 같은 의미이다.

位于江西省北部的鄱阳湖是中国第一大淡水湖。鄱阳湖自然保护区内候鸟种类繁多，是世界上最大的鸟类保护区。目前世界上共有4000多只白鹤，其中90%都在鄱阳湖越冬。

位于+장소 : ~에 위치하다
→ 品种多 품종이 많다

장시성 북부에 위치한 포양호는 중국에서 가장 큰 담수호이다. 포양호 자연 보호 구역 내에는 철새의 종류가 매우 많고, 세계에서 가장 큰 조류 보호 구역이다. 현재 세계에는 총 4000여 마리의 흰두루미가 있는데, 그중 90%가 포양호에서 겨울을 보낸다.

A 鄱阳湖是咸水湖
B 鄱阳湖面积逐年缩小
C 鄱阳湖区内候鸟品种多
D 鄱阳湖是海上丝绸之路起点

A 포양호는 함수호이다
B 포양호의 면적은 매년 줄어든다
C 포양호 구역 내 철새의 품종이 많다
D 포양호는 해상 실크로드의 기점이다

단어 江西省 Jiāngxī Shěng 고유 장시성 | 鄱阳湖 Póyáng Hú 고유 포양호[장시성 북부의 담수호] | 淡水湖 dànshuǐhú 명 담수호 | 候鸟 hòuniǎo 명 철새 | 白鹤 báihè 명 흰두루미 | 越冬 yuèdōng 동 월동하다 | 咸水湖 xiánshuǐhú 명 함수호 | ★逐年 zhúnián 부 해마다, 매년 | ★缩小 suōxiǎo 동 축소하다, 줄이다 | ★丝绸之路 Sīchóu zhī lù 명 실크로드

실전에 강한

제한 시간 8분

듣기

문제 적응 훈련

학습일 ____/____

맞은 개수 ______

실전 트레이닝 1 | Track 26

제1부분

1. A 地热能值得开发
   B 地热能分布不均衡
   C 地热能开发费用高
   D 地热能来自于太阳辐射

2. A 大象生长在热带
   B 大象的耳朵又大又厚
   C 大象的耳朵有散热作用
   D 大象扇耳朵是为了驱赶蚊虫

정답 및 해설_ 해설집 17쪽

실전 트레이닝 2 | Track 27

제2부분

1. A 企业的投资
   B 政府的扶持
   C 多方的坚持
   D 独特的策划

2. A 不受重视
   B 越来越大众化
   C 涉及物理领域
   D 通过网络广泛传播

3. A 感受文艺气息的
   B 促进中外交流的
   C 发扬传统文化的
   D 提供就业机会的

4. A 是历史的积淀
   B 出自设计师之手
   C 适应时代的潮流
   D 是自然与文化的融合

5. A 是建筑师
   B 在乌镇长大
   C 认识很多文化名人
   D 是乌镇的宣传大使

정답 및 해설_ 해설집 18쪽

실전 트레이닝 3 | Track 28

제3부분

1. A 很潮湿
   B 历史悠久
   C 空气不流通
   D 现无人居住

2. A 又硬又厚
   B 建在地下
   C 位于树阴下
   D 缺少阳光照射

3. A 窑洞的内部结构
   B 西北地区的风土人情
   C 黄土高原的地质特征
   D 窑洞冬暖夏凉的原因

정답 및 해설_ 해설집 22쪽

台上一分钟，台下十年功
무대 위의 1분은 무대 아래에서의 10년이다

듣기 실력 UP! 『워크북』 10~13쪽

듣기

학습일 ____/____

4 철학과 견해

HSK에는 이렇게 출제된다!

★ **철학과 견해 관련 지문**은 듣기 영역에서 **10% 출제**된다.

★ **철학과 견해 관련 지문**은 **삶의 자세, 성공학, 인간관계, 가정과 회사** 등 **인생 철학**이나 화자의 **견해**를 밝히는 논설문이 주로 출제된다.

★ 지문의 **주제**나 화자의 **태도**는 **빈출 포인트**이므로 주의해서 들어야 한다.

1 철학과 견해 관련 빈출 주제

1. 삶의 자세 Track 29

1	要善于反思 yào shànyú fǎnsī ★ 반성할 줄 알아야 한다
2	要学会适时低头 yào xuéhuì shìshí dītóu 제때 고개를 숙일 줄 알아야 한다
3	应保持平常心 yīng bǎochí píngchángxīn ★ 평정심을 유지해야 한다
4	知足者常乐 zhīzúzhě cháng lè ★ 만족을 아는 사람은 항상 즐겁다
5	人无远虑，必有近忧 rén wú yuǎn lǜ, bì yǒu jìn yōu ★ 장래를 대비하지 않으면 코앞에 근심이 생긴다
6	要敢于冒险和付出 yào gǎnyú màoxiǎn hé fùchū 대담하게 모험하고 쏟아 낼 수 있어야 한다
7	宽容是一种美德 kuānróng shì yì zhǒng měidé 관용은 일종의 미덕이다
8	应该做自己世界的主角 yīnggāi zuò zìjǐ shìjiè de zhǔjué ★ 자기 세계의 주인공이 되어야 한다

2. 성공학 Track 30

1	要尽早立志 yào jǐnzǎo lìzhì	되도록 일찍 뜻을 세워야 한다
2	要重视理财 yào zhòngshì lǐcái	재정 관리를 중시해야 한다
3	要学会运用知识 yào xuéhuì yùnyòng zhīshi ★	지식을 운용할 줄 알아야 한다
4	自制力影响未来就业 zìzhìlì yǐngxiǎng wèilái jiùyè	자제력이 미래 취업에 영향을 미친다
5	谈判不能斤斤计较 tánpàn bùnéng jīn jīn jì jiào	협상은 지나치게 따져서는 안 된다
6	要透过现象看本质 yào tòuguò xiànxiàng kàn běnzhì	현상을 통해 본질을 보아야 한다
7	成功来源于点滴的积累 chénggōng láiyuányú diǎndī de jīlěi ★	성공은 사소한 것의 축적에서 비롯된다

3. 인간관계 Track 31

1	敢于直面批评 gǎnyú zhímiàn pīpíng ★	비판을 용감하게 직시하다
2	做人要讲诚信 zuòrén yào jiǎng chéngxìn ★	사람은 신용을 지켜야 한다
3	合作需要让步 hézuò xūyào ràngbù	협력은 양보가 필요하다
4	切忌盲目攀比 qièjì mángmù pānbǐ	맹목적인 비교는 금물이다
5	做事不能只考虑自己 zuòshì bùnéng zhǐ kǎolǜ zìjǐ ★	매사 자기만 생각해서는 안 된다
6	授人以鱼，不如授人以渔 shòu rén yǐ yú, bùrú shòu rén yǐ yú ★	물고기를 주는 것은 물고기 잡는 법을 가르쳐 주는 것만 못하다
7	社交网站不能无限扩大朋友圈 shèjiāo wǎngzhàn bùnéng wúxiàn kuòdà péngyouquān	SNS로 인간관계를 무한히 넓힐 수 없다
8	要注意交往分寸 yào zhùyì jiāowǎng fēncùn	교류의 정도에 주의해야 한다

4. 회사와 가정 Track 32

1	**家长要树立榜样** jiāzhǎng yào shùlì bǎngyàng ★ 부모는 모범을 보여야 한다
2	**夫妻双方要适当独立** fūqī shuāngfāng yào shìdàng dúlì 부부는 서로 적당히 독립적이어야 한다
3	**内向的领导更有优势** nèixiàng de lǐngdǎo gèng yǒu yōushì 내향적인 리더가 더욱 우세하다
4	**教育的本质是让人成长** jiàoyù de běnzhì shì ràng rén chéngzhǎng 교육의 본질은 사람을 성장시키는 것이다
5	**儿童各项能力要平衡发展** értóng gè xiàng nénglì yào pínghéng fāzhǎn 어린이의 각종 능력은 균형있게 발달해야 한다
6	**管理者应该给员工成长空间** guǎnlǐzhě yīnggāi gěi yuángōng chéngzhǎng kōngjiān ★ 관리자는 직원에게 성장할 수 있는 공간을 주어야 한다

공략 트레이닝 1 / 제1부분 / Track 33

A 做人应该谦虚
B 要延长生命的宽度
C 要时刻保持头脑清醒
D 人应当做自己世界的主角

해설 및 정답

문제 분석▼ 보기에 제시된 应该와 要를 보고 녹음에서 알려 주고자 하는 견해나 철학적인 도리에 집중해서 들어야 한다. 마지막 부분에 自己永远是自己的主角(자신은 영원히 자신의 주인공이다)라는 내용으로 사람은 자기 인생의 주인공이어야 함을 알 수 있다.

如今，很多人都活在别人的世界里，原本一个正常的、独立的个体，一旦太在意别人的眼光，生命的质量就变低了。文学家林语堂说过，自己永远是自己的主角，不要总在别人的戏剧里充当配角。

= 如果…就 만약 ~한다면
充当/担任…角色 ~한 역할을 맡다

A 做人应该谦虚
B 要延长生命的宽度
C 要时刻保持头脑清醒
D 人应当做自己世界的主角

현재, 많은 사람들이 다른 사람의 세상 속에서 살고 있다. 원래 정상적이고 독립적인 개체라도 일단 다른 사람의 시선을 너무 의식하게 되면 삶의 질은 낮아진다. 문학가 임어당은 자신은 영원히 자신의 주인공이므로 다른 사람의 극 속에서 조연을 맡지 말라고 했다.

A 사람은 겸손해야 한다
B 삶의 폭을 넓혀야 한다
C 항상 정신을 맑게 유지해야 한다
D 사람은 자기 세계의 주인공이어야 한다

단어 个体 gètǐ 명 개체, 개인 | ★一旦 yídàn 부 일단, 만약 | ★在意 zàiyì 동 마음에 두다, 개의하다 | ★眼光 yǎnguāng 명 시선 | 林语堂 Lín Yǔtáng 고유 임어당[중국의 현대 작가] | 主角 zhǔjué 명 주인공 | 戏剧 xìjù 명 극, 연극 | 充当 chōngdāng 동 충당하다, 맡다 | 配角 pèijué 명 조연

2 화자의 태도를 나타내는 표현

Track 34 필수체크

긍정	□□ 同意 tóngyì 동의하다	□□ 肯定 kěndìng 긍정하다, 인정하다
	□□ 赞同 zàntóng 찬성하다, 동의하다 ★	□□ 认同 rèntóng 승인, 인정 ★
	□□ 支持 zhīchí 지지하다, 응원하다	□□ 前景好 qiánjǐng hǎo 장래 전망이 좋다 ★
	□□ 潜力大 qiánlì dà 잠재력이 크다 ★	□□ 一片光明 yí piàn guāngmíng 창창하다
	□□ 不可小觑 bù kě xiǎo qù 얕보면 안 된다	□□ 有利于 yǒulìyú ~에 유리하다
부정	□□ 反对 fǎnduì 반대하다 ★	□□ 否定 fǒudìng 부정하다
	□□ 质疑 zhìyí 질의하다	□□ 惋惜 wǎnxī 안타까워하다, 애석해하다
	□□ 失望 shīwàng 실망하다	□□ 责怪 zéguài 질책하다, 책망하다
	□□ 堪忧 kānyōu 걱정되다 ★	□□ 批判 pīpàn 비판하다, 비평하다 ★
	□□ 存在隐患 cúnzài yǐnhuàn 숨은 위험이 존재하다 ★	□□ 阻碍发展 zǔ'ài fāzhǎn 발전을 가로막다
중립	□□ 不在乎 bú zàihu 개의치 않다	□□ 不关心 bù guānxīn 관심을 갖지 않다
	□□ 十分犹豫 shífēn yóuyù 매우 망설이다	□□ 模棱两可 mó léng liǎng kě 애매모호하다
	□□ 褒贬不一 bāo biǎn bù yī 기준이 일정치 않다, 평가가 엇갈리다 ★	□□ 可有可无 kě yǒu kě wú 있어도 되고 없어도 되다
	□□ 利弊共存 lì bì gòng cún 이해득실이 공존하다 ★	□□ 无所谓 wúsuǒwèi 상관없다

공략 트레이닝 2 / 제2부분 / Track 35

1. A 开发太阳能
   B 加速塑料分解
   C 从垃圾中提取油气
   D 在煤系中找天然气

2. A 就业前景广
   B 受指导教授的影响
   C 潜心研究该方向的人少
   D 研究该领域是国际趋势

3. A 不认同
   B 感到欣慰
   C 表示感谢
   D 认为是一种鞭策

4. A 一则新闻
   B 一堂地理课
   C 外婆家的厨房
   D 冬天没有暖气

5. A 男的喜欢收藏古董
   B 中国天然气自给自足
   C 男的计划开采海底天然气
   D 男的的理论推动了西气东输

[1-5]

第1到5题是根据下面一段采访：

1~5번 문제는 다음 인터뷰에 근거한다.

女：您长期从事天然气地质和地球化学研究，[1]您最大的成果是什么？ 질문①

여: 천연기지질과 지구화학 연구에 오랫동안 종사하셨는데, [1]가장 큰 성과는 무엇인가요? 질문①

男：[1]我1997年提出在煤系中寻找天然气，现在回想起来，其实是很简单的，但在那之前，我们一直认为石油和天然气只是由低等的、但繁殖率很强的生物因腐泥型有机质生成的，一直没有想到要在煤系中去勘探油气。

남: [1]저는 1997년에 협탄층에서 천연가스를 찾자고 제안했습니다. 지금 회상해 보면 사실 아주 간단한 것이지만, 그전에 우리는 줄곧 석유와 천연가스는 하등하고 번식률이 강한 생물이 부식성 유기질에 의해 생성되는 것이라고 여겼습니다. 협탄층에서 석유와 가스를 탐사해야 한다고는 생각하지 못했습니다.

女：你当初为什么选择这个研究方向呢？ 질문②

여: 선생님은 처음에 왜 이 방향으로의 연구를 선택하신 건가요? 질문②

男：1961年我从南京大学地质系大地构造专业毕业后，来到江汉油田工作。在那里[2]我发现，无论在世界上，还是在中国，都几乎没有系统地全身心投入研究、探索天然气的人。于是我决定选择天然气地质和地球化学专业作为自己的专业目标和方向。

无论 A 还是 B 都: A든지 B든지 상관없이 ~하다
几乎没有 → 少 적다
全身心 → 潜心 몰두하다

女：您可以说是中国名副其实的"天然气之父"。您建立的"煤成气"理论，在实践中取得了什么效果？질문③

男：上世纪80年代初，[5]我以"煤成气"理论为依据，先后预测了5个1000亿立方米以上的气田，最终推动了"西气东输"工程的实施。目前中国天然气70%的储量是根据"煤成气"理论探明和发现的。为此，我感到很欣慰。[3]你说我是天然气之父，我是不赞同的，我只不过是把一生的痴情寄托在"气"上罢了。

以……为依据: ~을 근거로
不赞同 = 不认同 인정하지 않다
只不过……罢了: 단지 ~일 뿐이다

女：您对中国天然气勘探开发做出了重大贡献，您是否从小就喜欢呢？질문④

男：[4]记得小学一次上地理课时，老师要求我们用石膏制作一个全国主要煤、铁、铜等矿产分布图。我认真地做了一个，现在想想那时做的石膏模型是很粗糙的，但却得到了老师的表扬，[4]从此我的心中就萌发了为祖国找矿藏的想法。

萌发+想法/念头 ~한 생각이 들다

남: 1961년에 저는 난징대학교 지질학과에서 대지구조를 전공하고 졸업한 뒤, 장한 유전에서 일하게 되었는데, 그곳에서 [2]세계에서나 중국에서나 천연가스를 체계적으로 연구하고 탐색하는 데 전념하는 사람이 거의 없다는 것을 알게 되었습니다. 그래서 저는 천연기지질과 지구화학 전공을 저의 전문적인 목표와 방향으로 선택하기로 결심했습니다.

여: 선생님은 중국의 명실상부한 '천연가스의 아버지'라고 할 수 있는데요, 선생님이 세우신 '석탄 가스화' 이론이 실행되면서 어떤 효과가 있었나요? 질문③

남: 1980년대 초에, [5]저는 '석탄 가스화' 이론을 바탕으로 1000억㎥ 이상의 천연가스가 나오는 다섯 곳을 연이어 예측하여, 최종적으로 '서부의 천연가스를 동부로 보내는 사업'을 촉진하였습니다. 현재 중국 천연가스 매장량의 70%는 '석탄 가스화' 이론에 의해 확인되고 발견된 것입니다. 이 때문에 저는 매우 기쁘고 안심이 되기도 합니다. [3]제가 '천연가스의 아버지'라고 하셨는데, 저는 동의하지 않습니다. 저는 단지 일생 동안 온 마음을 '가스'에 의탁했을 뿐입니다.

여: 선생님은 중국 천연가스 탐사 개발에 크게 기여하셨는데, 어릴 때부터 좋아하신 건가요? 질문④

남: [4]기억하기로는 초등학교 지리 수업 때, 선생님께서 우리에게 석고를 사용해서 전국에 주요 석탄, 철, 구리 등 광산물의 분포도를 제작하라고 하셨어요. 저는 열심히 만들었는데, 지금 생각해 보면 그때 만든 석고 모형은 아주 조잡했습니다. 하지만 선생님의 칭찬을 받았죠. [4]그때부터 저의 마음속에는 조국을 위해 지하자원을 찾아야겠다는 생각이 싹텄습니다.

듣기

단어 ★从事 cóngshì 동 종사하다 | 天然气 tiānránqì 명 천연가스 | 地质 dìzhì 명 지질 | ★成果 chéngguǒ 명 성과 | 煤系 méixì 명 협탄층 | 石油 shíyóu 명 석유 | 低等 dīděng 형 하등의 | ★繁殖 fánzhí 명 번식 | 生物 shēngwù 명 생물 | 腐泥型有机质 fǔníxíng yǒujīzhì 명 부식성 유기질 | 生成 shēngchéng 동 생성되다 | 勘探 kāntàn 동 탐사하다 | 构造 gòuzào 명 구조 | 油田 yóutián 명 유전 | ★系统 xìtǒng 형 체계적이다 | ★全身心 quánshēnxīn 부 몸과 마음을 다해 | ★投入 tóurù 동 뛰어들다, 몰입하다 | 探索 tànsuǒ 동 탐색하다 | ★名副其实 míng fù qí shí 성 명실상부하다 | 理论 lǐlùn 명 이론 | ★实践 shíjiàn 동 실천하다, 실행하다 | 世纪 shìjì 명 세기 | 依据 yījù 명 근거, 바탕 | 预测 yùcè 동 예측하다 | 亿 yì 수 억 | 立方米 lìfāngmǐ 양 세제곱미터(㎥) | 气田 qìtián 명 가스전, 천연가스가 나오는 곳 | ★推动 tuīdòng 동 추진하다, 촉진하다 | 西气东输 xīqì dōngshū 중국 서부의 천연가스를 동부로 보내는 사업 | 工程 gōngchéng 명 공사, 공정 | 实施 shíshī 명 실시 | 储量 chǔliàng 명 매장량 | 探明 tànmíng 동 확인하다, 밝혀내다 | 欣慰 xīnwèi 형 기쁘고 안심되다 | 痴情 chīqíng 명 각별함, 매우 깊은 사랑 | ★寄托 jìtuō 동 위탁하다 | ★罢了 bàle 조 ~일 뿐이다 | ★贡献 gòngxiàn 명 공헌, 기여 | 石膏 shígāo 명 석고 | 铁 tiě 명 철 | 铜 tóng 명 동, 구리 | 矿产 kuàngchǎn 명 광산물 | 分布图 fēnbùtú 명 분포도 | 模型 móxíng 명 견본, 모형 | 粗糙 cūcāo 형 투박하다, 조잡하다 | ★萌发 méngfā 동 싹이 트다 | 矿藏 kuàngcáng 명 지하자원

[1] 해설 및 정답

문제 분석▼ 여자의 첫 번째 질문에 남자는 我1997年提出在煤系中寻找天然气(저는 1997년에 협탄층에서 천연가스를 찾자고 제안했습니다)라고 했다.

男的最大的成果是什么?	남자의 가장 큰 성과는 무엇인가?
A 开发太阳能	A 태양 에너지를 개발했다
B 加速塑料分解	B 플라스틱 분해를 가속시켰다
C 从垃圾中提取油气	C 금속 찌꺼기에서 가스를 추출했다
D 在煤系中找天然气	**D 협탄층에서 천연가스를 찾았다**

단어 太阳能 tàiyángnéng 명 태양 에너지 | 加速 jiāsù 동 가속시키다 | 塑料 sùliào 명 플라스틱 | 分解 fēnjiě 동 분해하다 | ★垃圾 lājī 명 쓰레기, 금속 찌꺼기 | 提取 tíqǔ 동 추출하다

[2] 해설 및 정답

문제 분석▼ 여자의 두 번째 질문에 남자는 几乎没有系统地全身心投入研究、探索天然气的人(천연가스를 체계적으로 연구하고 탐색하는 데 전념하는 사람이 거의 없다)이라고 했다. 全身心(몸과 마음을 다해)과 潜心(몰두하다)은 같은 의미이다.

男的为什么选择从事天然气地质研究?	남자는 왜 천연기지질 연구에 종사하기로 선택했는가?
A 就业前景广	A 취업 전망이 넓어서
B 受指导教授的影响	B 지도교수의 영향을 받아서
C 潜心研究该方向的人少	**C 이 방향의 연구에 몰두하는 사람이 적어서**
D 研究该领域是国际趋势	D 이 영역을 연구하는 것이 국제적 추세라서

단어 就业 jiùyè 동 취업하다 | ★前景 qiánjǐng 명 장래, 전망 | 指导 zhǐdǎo 동 지도하다 | 潜心 qiánxīn 동 몰두하다 | ★领域 lǐngyù 명 영역 | ★趋势 qūshì 명 추세

[3] 해설 및 정답

문제 분석▾ 보기에 认同(인정하다), 欣慰(기쁘고 안심되다), 感谢(감사하다) 등의 어휘가 제시되어 있으므로 화자의 태도를 묻는 문제임을 알 수 있다. 남자가 말한 你说我是天然气之父，我是不赞同的(당신은 제가 '천연가스의 아버지'라고 하셨는데, 저는 동의하지 않습니다)에서 不赞同(동의하지 않다)은 不认同(인정하지 않다)과 같은 의미이다.

关于"天然气之父"这一评价，男的是什么态度？	'천연가스의 아버지'라는 평가에 대한 남자의 태도는?
A 不认同	**A 인정하지 않는다**
B 感到欣慰	B 기쁘고 안심된다
C 表示感谢	C 감사를 표한다
D 认为是一种鞭策	D 일종의 격려라고 여긴다

단어 ★认同 rèntóng 동 인정하다 | 鞭策 biāncè 동 채찍질하다, 격려하다

[4] 해설 및 정답

문제 분석▾ 여자의 마지막 질문에 남자는 초등학교 때 地理课(지리 수업)에서 지하자원을 찾겠다는 다짐을 했다고 했다.

什么让男的从小萌发了寻找矿藏的想法？	무엇이 남자에게 어린 시절부터 지하자원을 찾고자 하는 생각이 들게 했는가?
A 一则新闻	A 기사 하나
B 一堂地理课	**B 한 번의 지리 수업**
C 外婆家的厨房	C 외할머니 댁의 부엌
D 冬天没有暖气	D 겨울에 난방 기기가 없어서

단어 堂 táng 양 시간, 회[학교의 수업 횟수를 셈] | 暖气 nuǎnqì 명 난방 장치

[5] 해설 및 정답

문제 분석▾ 여자의 세 번째 질문에 남자는 我以"煤成气"理论为依据……最终推动了"西气东输"工程的实施(저는 '석탄 가스화' 이론을 바탕으로……최종적으로 '서부의 천연가스를 동부로 보내는 사업'을 촉진하였습니다)라고 했다.

根据这段采访，下列哪项正确？	이 인터뷰를 근거로, 다음 중 정확한 것은?
A 男的喜欢收藏古董	A 남자는 골동품 수집을 좋아한다
B 中国天然气自给自足	B 중국은 천연가스를 자급자족한다
C 男的计划开采海底天然气	C 남자는 해저 천연가스를 개발할 계획이다
D 男的的理论推动了西气东输	**D 남자의 이론은 서부의 천연가스를 동부로 보내는 사업을 촉진하였다**

단어 ★收藏 shōucáng 동 수집하다 | 古董 gǔdǒng 명 골동품 | ★自给自足 zì jǐ zì zú 성 자급자족하다 | 开采 kāicǎi 동 채굴하다, 개발하다

듣기

실전에 강한

제한 시간 8분

문제 적용 훈련

학습일 ____/____

맞은 개수 ______

실전 트레이닝 1 | Track 36

제1부분

1. A 不要轻易否定他人
   B 人不能只考虑自己
   C 人际交往贵在真诚
   D 要树立远大的理想

2. A 经验来自实践
   B 成功的标准很多
   C 成功需要不断积累
   D 万物间存在必然的联系

정답 및 해설_ 해설집 24쪽

실전 트레이닝 2 | Track 37

제2부분

1. A 更受尊重
   B 提高社会地位
   C 改善研究环境
   D 鼓励女科研人员

2. A 应用范围窄
   B 价值不容小视
   C 发展比较缓慢
   D 不被年轻人重视

3. A 当医生
   B 做研究
   C 成为教师
   D 做公益事业

4. A 属于考古学
   B 研究历史较长
   C 反映地球变化
   D 形成于1亿年前

5. A 还未结婚
   B 专业是物理学
   C 正进行新的研究
   D 父亲从事媒体工作

정답 및 해설_ 해설집 25쪽

실전 트레이닝 3 | Track 38

제3부분

1. A 规模不大
   B 刚刚起步
   C 亏损严重
   D 向海外扩张

2. A 收购工厂
   B 向对手道歉
   C 扭转乔家局面
   D 发展纺织产业

3. A 与对手合作
   B 出身农民家庭
   C 受大哥影响较深
   D 缺乏做生意的经验

4. A 要争做第一
   B 要学会让步
   C 功夫不负有心人
   D 沟通有助于化解矛盾

정답 및 해설_ 해설집 28쪽

熟能生巧，勤能补拙
익숙해지면 기교가 생기고,
부지런하면 부족한 것을 메꿀 수 있다

듣기 실력 UP! 『워크북』 14~17쪽

학습일 ____/____

5 의학과 과학

HSK에는 이렇게 출제된다! ▼

★ **의학과 과학 관련 지문**은 듣기 영역에서 **21%** 출제된다.

★ **의학과 과학 관련 지문**은 주로 **건강, 심리, 기술, 물리, 과학 연구** 등 분야의 **특정 대상**을 **소개**하거나 **정보**를 **전달**하는 **지문**이다.

★ 어려운 주제보다는 **세부적인 특징** 위주로 **들어야 한다**. 또한 보기의 어휘나 표현은 지문에서 **비슷한 어휘**나 **표현**으로 제시되는 경우도 종종 있으니 **유의**해야 한다.

1 의학과 과학 관련 빈출 표현 Track 39

건강	□□ 生理 shēnglǐ 생리	□□ 遗传基因 yíchuán jīyīn 유전자 ★
	□□ 空腹 kōngfù 공복	□□ 烹调 pēngtiáo 조리하다
	□□ 高血压 gāoxuèyā 고혈압 ★	□□ 糖尿病 tángniàobìng 당뇨병 ★
	□□ 癌症 áizhèng 암	□□ 作息 zuòxī 일과 휴식 ★
	□□ 延缓衰老 yánhuǎn shuāilǎo 노화를 늦추다 ★	□□ 催生皱纹 cuīshēng zhòuwén 주름살 생성을 촉진하다
	□□ 面部表情 miànbù biǎoqíng 얼굴 표정	□□ 热量高 rèliàng gāo 열량이 높다 ★
	□□ 感染病毒 gǎnrǎn bìngdú 바이러스에 감염되다 ★	□□ 消毒杀菌 xiāodú shājūn 살균 소독 ★
	□□ 红肿 hóngzhǒng 피부가 빨갛게 붓다	□□ 抗生素 kàngshēngsù 항생제
	□□ 注射疫苗 zhùshè yìmiáo 예방 접종을 하다	□□ 防腐剂 fángfǔjì 방부제
	□□ 脉搏 màibó 맥박	□□ 胶囊 jiāonáng 캡슐
심리	□□ 心态 xīntài 심리 상태, 마음가짐 ★	□□ 大脑 dànǎo 대뇌 ★
	□□ 焦虑 jiāolǜ 마음을 졸이다 ★	□□ 镇静 zhènjìng 차분하다, 침착하다
	□□ 缺陷 quēxiàn 결함 ★	□□ 倾听 qīngtīng 경청하다 ★
기술	□□ 机器人 jīqìrén 로봇	□□ 无人机 wúrénjī 드론 ★
	□□ 新能源汽车 xīnnéngyuán qìchē 신에너지 자동차	□□ 人脸识别 rénliǎn shíbié 얼굴 인식
	□□ 云计算 yúnjìsuàn 클라우드 컴퓨팅	□□ 数字技术 shùzì jìshù 디지털 기술
	□□ 引擎 yǐnqíng 엔진	□□ 发电 fādiàn 발전(하다)

	□□ **发动机** fādòngjī 엔진, 모터	□□ **政策扶持** zhèngcè fúchí 부양 정책 ★
	□□ **应用广泛** yìngyòng guǎngfàn 응용이 광범위하다 ★	□□ **人工智能** réngōng zhìnéng 인공 지능 ★
	□□ **反馈** fǎnkuì 피드백 ★	□□ **更新换代** gēngxīn huàndài 세대교체
물리	□□ **分贝** fēnbèi 데시벨	□□ **电磁波** diàncíbō 전자파
	□□ **噪音** zàoyīn 소음 ★	□□ **激光** jīguāng 레이저
	□□ **金属** jīnshǔ 금속 ★	□□ **钢** gāng 강철
	□□ **密封** mìfēng 밀봉하다, 밀폐하다	□□ **体积** tǐjī 체적, 부피 ★
	□□ **蒸发** zhēngfā 증발하다	□□ **感应器** gǎnyìngqì 센서
	□□ **钻石** zuànshí 다이아몬드	□□ **锋利** fēnglì 예리하다, 날카롭다 ★
과학 연구	□□ **勘察** kānchá 실지 조사(하다), 탐사(하다)	□□ **航天** hángtiān 우주 비행 ★
	□□ **太空** tàikōng 우주	□□ **火箭** huǒjiàn 로켓
	□□ **宇航员** yǔhángyuán 우주 비행사	□□ **考古** kǎogǔ 고고학 ★
	□□ **考察** kǎochá 고찰하다, 현지 조사하다	□□ **陨石坑** yǔnshíkēng 운석공
	□□ **地质** dìzhì 지질	□□ **研制** yánzhì 연구 제작하다
	□□ **火星** huǒxīng 화성	□□ **中山站** zhōngshānzhàn 중산과학기지[중국의 남극 과학탐험 기지]

공략 트레이닝 1 / 제2부분 /

Track 40

1. A 智能讲解
   B 智能对话
   C 免费下载
   D 个性化导游

2. A 可语音提问
   B 准确率较低
   C 无需连接网络
   D 能选择男女声

3. A 下载人次多
   B 覆盖全国景点
   C 开发费用较高
   D 进行得不顺利

4. A 泰国
   B 英国
   C 欧洲
   D 新加坡

5. A 不亲切
   B 收入不稳定
   C 受地域限制
   D 会被人工智能取代

[1-5]

第1到5题是根据下面一段采访：

男：这次新品发布会上，你们发布了全球第一款中文人工智能导游——AI导游。可否深度介绍下，你们这款AI导游已经实现了哪些功能？질문①
→ 能否, 能不能 ~할 수 있는지

女：我们这款AI导游具有三个核心功能：[1A]智能讲解、[1B]智能对话、[1D]个性化导游。AI导游可以替代人类导游讲解当地的风土人情以及历史典故等等，可以回答用户在旅行过程中遇到的关于吃、住、行、游、购、娱等各种问题，同时提供不同语言风格的个性化服务。
→ 보기로 모두 제시되지만 질문에 유의해야 함

男：用户具体是如何使用对话功能来满足需求的？질문②
빈출 호응 → 수요를 만족시키다

女：[2]用户在使用我们产品时，可以直接语音发问，我们的人工智能会把语音转换成文字，再去知识库中检索相应的数据，再反馈给用户，针对不同类型的问题，我们会给出不同的回复方式。
把A转换成B：A를 B로 전환하다

男：[3]几年前，你们曾发布了讲解内容仅覆盖了北京的故宫、颐和园等10余个景区的智能导游软件，但当时推广并不顺，是吗？질문③

1~5번 문제는 다음 인터뷰에 근거한다.

남: 이번 신제품 발표회에서 세계 최초로 중국어 인공 지능 가이드인 AI가이드를 발표하셨는데요, 이 AI가이드가 이미 어떤 기능들을 구현했는지 좀 더 자세히 소개해 주실 수 있을까요? 질문①

여: 저희 AI가이드는 세 가지 핵심 기능을 가지고 있습니다. [1A]스마트 해설, [1B]스마트 대화, [1D]차별화된 가이드입니다. AI가이드는 인간을 대신해 현지의 풍토와 인심, 그리고 역사적 전고 등을 해설할 수 있고, 사용자가 여행하는 중에 겪게 되는 음식, 숙박, 이동 수단, 유람, 쇼핑, 오락 등에 관한 각종 문제에 대답할 수 있습니다. 동시에 각 언어별 스타일로 차별화된 서비스를 제공합니다.

남: 사용자는 구체적으로 어떻게 대화 기능을 사용하여 수요를 충족하나요? 질문②

여: [2]사용자가 저희 제품을 사용할 때 음성으로 바로 질문할 수 있습니다. 저희 인공 지능이 음성을 문자로 전환하여, 지식 베이스에서 상응하는 데이터를 검색하고 사용자에게 피드백을 줍니다. 문제 유형에 따라, 저희는 각각 다른 답변을 드릴 수 있습니다.

남: [3]몇 년 전에 베이징의 고궁, 이화원 등 10여 곳의 관광지만을 소개하는 스마트 가이드 프로그램을 발표하셨는데요, 당시에는 보급에 어려움이 있었지요? 질문③

女：[3]当时产品上线后，我同几个伙伴到故宫门前去推广。但几小时内感兴趣者寥寥无几。那次的不顺，让我们重新开始思考产品方向。深度分析时，我们发现另一个现象：许多用户是在国外下载使用的，大概占50%以上。国内每年有超过一亿人次出境游，其中60%-70%选择自由行，尤其在非英语国家中，国内游客更需要汉语的导游讲解服务。于是，我们着手开发国外景区的讲解内容，[4]并且把既非英语又非母语的泰国，作为了我们的第一个海外重点发展国家。

→少 적다

把A作为B : A를 B로 간주하다

男：AI导游会不会取代传统导游？ 질문④

女：我个人认为，人工智能并不会直接取代某个职业。人工智能最适合解决人和数据，而传统导游可以解决人与服务。[5]中国目前有200多万的注册导游，他们做的事情高度重复，而且有明显的地域局限性，如果AI来代替他们在导览上的功能，导游就可以解放出来，去把服务做到更好、更有温度。

→受地域限制 지역적 제한을 받다

여: [3]당시에 제품이 공개된 후, 저는 동료 몇 명과 함께 고궁 문 앞에 가서 홍보를 했었지만, 몇 시간 동안 관심을 보이는 사람은 거의 없었습니다. 그때의 어려움이 제품의 방향에 대해 다시 생각하게 했지요. 심도 있게 분석해 보니, 저희는 또 다른 현상을 발견했습니다. 많은 사용자들이 외국에서 다운로드해서 사용하고 있는데, 대략 50% 이상을 차지하고 있다는 점입니다. 국내에서는 매년 일억 명이 넘는 사람들이 해외여행을 하는데, 그중 60%~70%가 자유여행을 선택해서 특히 비영어권 국가에서는 국내 여행객들의 중국어 가이드 해설 서비스가 더욱 필요합니다. 그래서 저희는 해외 관광지의 해설 내용을 개발하는 데 착수했습니다. [4]그리고 비영어권이고 모국어(중국어)를 사용하지 않는 태국을 저희의 첫 번째 해외 중점 개발 국가로 삼았습니다.

남: AI가이드가 전통적인 가이드를 대체할 수 있을까요? 질문④

여: 저는 개인적으로 인공 지능이 어떠한 직업을 직접적으로 대체하지는 못할 것이라고 생각합니다. 인공 지능은 사람과 데이터를 해결하는 데에 가장 적합한 반면, 전통 가이드는 사람과 서비스를 해결할 수 있죠. [5]중국은 현재 등록된 가이드가 200만 명 이상인데, 그들이 하는 일은 매우 중복되고, 게다가 명확한 지역적 한계가 있습니다. 만약 AI가 그들의 안내 기능을 대체한다면, 가이드는 자유로워져 좀 더 낫고, 좀 더 따뜻한 서비스를 할 수 있을 것입니다.

단어 发布会 fābùhuì 명 발표회 | ★人工智能 réngōng zhìnéng 명 인공 지능 | 可否 kěfǒu 할 수 있는지 없는지 | 深度 shēndù 명 심도, 깊이 형 심도 있는 | ★核心 héxīn 명 핵심 | ★功能 gōngnéng 명 기능 | 讲解 jiǎngjiě 동 해설하다 | ★替代 tìdài 동 대체하다 | ★风土人情 fēngtǔ rénqíng 명 풍토와 인심 | 典故 diǎngù 명 전고, 고사 | 语音 yǔyīn 명 말소리 | 转换 zhuǎnhuàn 동 전환하다 | 知识库 zhīshikù 명 지식 베이스 | 检索 jiǎnsuǒ 동 검색하다 | 相应 xiāngyìng 동 상응하다 | ★数据 shùjù 명 데이터 | ★反馈 fǎnkuì 명 피드백 동 (정보나 반응이) 되돌아오다 | 类型 lèixíng 명 유형 | 覆盖 fùgài 동 덮다 | 故宫 Gùgōng 고유 고궁[장소명] | 颐和园 Yíhéyuán 고유 이화원[장소명] | 余 yú 수 여, 남짓 | ★软件 ruǎnjiàn 명 소프트웨어 | ★推广 tuīguǎng 동 널리 보급하다, 확충하다 | 上线 shàngxiàn 동 공개하다 | 寥寥无几 liáo liáo wú jǐ 성 아주 적다 | 出境 chūjìng 동 국경을 떠나다 | 自由行 zìyóuxíng 동 자유 여행을 하다 | 着手 zhuóshǒu 동 착수하다 | 母语 mǔyǔ 명 모국어 | ★取代 qǔdài 동 대치하다 | 注册 zhùcè 동 등록하다 | ★地域 dìyù 명 지역 | ★局限 júxiàn

듣기

동 국한하다, 한정하다 | 导览 dǎolǎn 동 관람(유람)을 안내하다 | 解放 jiěfàng 동 해방하다, 자유롭게 되다

[1] 해설 및 정답 **문제 분석▼** AI가이드의 핵심 기능에 대해 보기 A, B, D를 모두 언급했지만 '핵심 기능'에 속하지 않는 것을 묻고 있으므로 인터뷰에 제시되지 않은 보기를 골라야 한다.

下列哪项不属于那款人工智能导游的核心功能?	다음 중 인공 지능 가이드의 핵심 기능에 속하지 않는 것은?
A 智能讲解	A 스마트 해설
B 智能对话	B 스마트 대화
C 免费下载	**C 무료 다운로드**
D 个性化导游	D 차별화된 가이드

TIP 듣기 제2부분과 제3부분은 녹음을 들으면서 들리는 내용을 보기에 체크해 둔다. 두 개 이상의 보기를 체크했으면 질문을 잘 듣고 정답을 골라야 한다. 보기 네 개 중에 세 개를 체크했다면 '아닌 것'을 선택하라는 질문일 가능성이 높다.

[2] 해설 및 정답 **문제 분석▼** 남자의 두 번째 질문에 대한 여자의 대답인 可以直接语音发问(음성으로 바로 질문할 수 있습니다)을 통해 음성으로 질문할 수 있음을 알 수 있다.

关于人工智能导游的对话功能，可以知道什么?	인공 지능 가이드의 대화 기능에 관해 알 수 있는 것은?
A 可语音提问	**A 음성으로 질문할 수 있다**
B 准确率较低	B 정확도가 비교적 낮다
C 无需连接网络	C 인터넷에 연결할 필요가 없다
D 能选择男女声	D 남녀의 목소리를 선택할 수 있다

[3] 해설 및 정답 **문제 분석▼** 남자는 몇 년 전에 발표한 스마트 가이드 프로그램을 보급하는 것이 순조롭지 않았는지를 물었고 여자는 感兴趣者寥寥无几……不顺(관심을 보이는 사람은 거의 없었습니다……어려움)이라고 했으므로 진행이 순조롭지 못했음을 알 수 있다.

女的几年前发布的智能导游软件怎么样?	여자가 몇 년 전에 발표한 스마트 가이드 프로그램은 어땠는가?
A 下载人次多	A 다운로드 횟수가 많다
B 覆盖全国景点	B 전국의 명소를 커버(소개)한다
C 开发费用较高	C 개발 비용이 비교적 높다
D 进行得不顺利	**D 진행이 순조롭지 못하다**

단어 ★开发 kāifā 동 개발하다 | ★费用 fèiyòng 명 비용

[4] 해설 및 정답

문제 분석▼ 보기를 보고 지명에 유의해서 들어야 한다. 남자의 세 번째 질문에 여자는 把既非英语又非母语的泰国，作为了我们的第一个海外重点发展国家(비영어권이고 모국어를 사용하지 않는 태국을 저희의 첫 번째 해외 중점 개발 국가로 삼았습니다)라고 했다.

女的把哪个地区作为第一个海外重点发展对象?	여자는 어떤 지역을 첫 번째 해외 중점 개발 대상으로 삼았는가?
A 泰国 B 英国 C 欧洲 D 新加坡	**A 태국** B 영국 C 유럽 D 싱가포르

단어 新加坡 Xīnjiāpō 고유 싱가포르

[5] 해설 및 정답

문제 분석▼ 전통 가이드에 대해 여자가 말한 有明显的地域局限性(명확한 지역적 한계가 있습니다)은 보기 C의 受地域限制(지역적 제한을 받는다)와 같은 의미이다.

关于传统导游，女的有什么看法?	전통 가이드에 관한 여자의 견해는 무엇인가?
A 不亲切 B 收入不稳定 **C 受地域限制** D 会被人工智能取代	A 친절하지 않다 B 수입이 불안정하다 **C 지역적 제한을 받는다** D 인공 지능에 대치될 것이다

단어 收入 shōurù 명 수입 | ★稳定 wěndìng 형 안정하다

듣기

2 의미가 비슷한 표현 Track 41 필수체크

1	危害身体 wēihài shēntǐ 몸에 해를 끼치다 ★	↔	有损健康 yǒu sǔn jiànkāng 건강에 해롭다 ★
2	迅速 xùnsù 신속하다	↔	快捷 kuàijié 민첩하다, 재빠르다 ★
3	高效 gāoxiào 고효율	↔	效率高 xiàolǜ gāo 효율이 높다 ★
4	被看好 bèi kànhǎo 잘 보이다, 좋게 보이다	↔	前景好 qiánjǐng hǎo 전망이 좋다 ★
5	枯燥乏味 kūzào fáwèi 지루하다, 무미건조하다 ★	↔	单调 dāndiào 단조롭다
6	佼佼者 jiǎojiǎozhě 뛰어난 사람	↔	优质 yōuzhì 우수한 품질, 양질 ★
7	未达成共识 wèi dáchéng gòngshí 합의에 이르지 못하다	↔	意见不一致 yìjiàn bù yízhì 의견이 일치하지 않다
8	并非一蹴而就 bìngfēi yí cù ér jiù 단번에 성공할 수 없다	↔	需长期坚持 xū chángqī jiānchí 장기적으로 지속할 필요가 있다 ★
9	未尝不是 wèicháng bú shì 아니라고 할 수 없다	↔	是 shì 그렇다
10	罕见 hǎnjiàn 희한하다 ★	↔	不常见 bù chángjiàn 흔하지 않다 ★
11	无缘无故 wú yuán wú gù 아무 이유도 없다	↔	无端 wúduān 이유 없이, 까닭 없이
12	多门学科 duō mén xuékē 여러 학문 분야, 다양한 학문	↔	综合性科学 zōnghéxìng kēxué 종합 과학
13	涉及 shèjí 관련되다 ★	↔	与…有关 yǔ…yǒuguān ~와 관계가 있다
14	有助于 yǒuzhùyú ~에 도움이 되다, ~에 유용하다 ★	↔	对…有帮助 duì…yǒu bāngzhù ~에 도움이 되다
15	不可小觑 bù kě xiǎo qù 얕보면 안 된다	↔	重视 zhòngshì 중시하다 ★
16	转型 zhuǎnxíng 형태에 변화가 일어나다	↔	改变策略 gǎibiàn cèlüè 전략을 바꾸다
17	施加压力 shījiā yālì 압력을 가하다	↔	给压力 gěi yālì 압력을 주다
18	避免 bìmiǎn 피하다 ★	↔	不要 búyào ~하지 마라
19	不是一成不变 bú shì yì chéng bú biàn 고정불변하지 않다	↔	适当调整 shìdàng tiáozhěng 적당히 조정하다 ★

□□ 20	**颁布法律** bānbù fǎlǜ 법률을 반포하다	⟳	**立法** lìfǎ 입법하다

공략 트레이닝 2 / 제1부분 / Track 42

A 刷脸签到系统应用广泛
B 刷脸签到系统十分快捷
C 刷脸签到系统准确率不高
D 刷脸签到系统泄露个人隐私

해설 및 정답 **문제 분석▼** 보기에서 공통적으로 제시된 단어인 刷脸签到系统(안면인식시스템) 뒤에 있는 세부적인 특징을 집중해서 들어야 한다. 보기 B의 快捷(재빠르다)와 녹음의 迅速(신속하다)는 같은 의미이다.

对于大型会议、展览来说，过于集中的大规模人群使得现场管理工作愈发艰难，而刷脸签到系统可自动捕捉到场人员的人脸图像，然后与已注册提交的人脸信息进行比对，迅速反馈比对结果并完成签到。

(对于…来说: ~에 대해 말하자면, ~에 있어서 / 愈发 → 越来越 점점 더 / 捕捉(잡다)+图像(이미지)/信息(정보)/害虫(해충) / 与…比对: ~와 비교 대조하다 / 迅速 → 快捷 재빠르다)

대형 회의나 전시에 있어서, 지나치게 집중된 대규모 인파로 현장 관리 업무가 갈수록 어려워지고 있다. 그런데 안면인식시스템이 자동으로 현장에 있는 사람의 얼굴 이미지를 포착하고, 그런 후에 이미 등록되어 제출된 사람의 얼굴 정보와 비교 대조하여, 신속하게 대조 결과를 피드백하고 체크인을 완료한다.

A 刷脸签到系统应用广泛
B 刷脸签到系统十分快捷
C 刷脸签到系统准确率不高
D 刷脸签到系统泄露个人隐私

A 안면인식시스템은 폭넓게 사용된다
B 안면인식시스템은 매우 신속하다
C 안면인식시스템은 정확도가 높지 않다
D 안면인식시스템은 개인의 사생활을 누출한다

단어 大型 dàxíng 형 대형의 | 展览 zhǎnlǎn 명 전시 | 过于 guòyú 부 지나치게 | 人群 rénqún 명 군중 | 愈发 yùfā 부 더욱 | 艰难 jiānnán 형 곤란하다, 어렵다 | ★自动 zìdòng 형 자동적인 | 捕捉 bǔzhuō 동 잡다, 포착하다 | 注册 zhùcè 동 등록하다 | 提交 tíjiāo 동 제출하다 | 比对 bǐduì 동 비교 대조하다 | ★反馈 fǎnkuì 동 (정보나 반응이) 되돌아오다 | ★应用 yìngyòng 동 응용하다 | ★广泛 guǎngfàn 형 광범위하다, 폭넓다 | ★快捷 kuàijié 형 재빠르다, 민첩하다 | ★泄露 xièlòu 동 누설하다, 폭로하다 | 个人 gèrén 명 개인 | 隐私 yǐnsī 명 사생활, 프라이버시

듣기
제한 시간 8분

실전에 강한

문제 적응 훈련

학습일 ____/____

맞은 개수 ______

실전 트레이닝 1 | Track 43

제1부분

1. A 协作机器人被看好
   B 协作机器人对技术要求高
   C 协作机器人可取代人类工作
   D 协作机器人应用于农业生产

2. A 饮食不宜太咸
   B 多喝水促进新陈代谢
   C 适当运动有助于控制血糖
   D 户外运动最好在傍晚进行

정답 및 해설_ 해설집 31쪽

실전 트레이닝 2 | Track 44

제2부분

1. A 能遮挡强光
   B 内部温度恒定
   C 有助于减少噪音
   D 是航天活动的保障

2. A 过滤
   B 电解
   C 加热
   D 压缩

3. A 施加外在压力
   B 增加航天服重量
   C 排放空间站内气体
   D 利用绳索固定物体

4. A 发展速度非常快
   B 取得了重大突破
   C 以国家发展为基础
   D 航天员素质普遍不高

5. A 航天员在夜间出舱
   B 航天员需保证充足睡眠
   C 其他星系可能存在生命
   D 在地面不能完全模拟太空环境

정답 및 해설_ 해설집 32쪽

실전 트레이닝 3 | Track 45

제3부분

1. A 动作复杂
   B 相似动作多
   C 受观众干扰
   D 拍摄画面不清晰

2. A 可回放慢动作
   B 进行实时评分
   C 更立体、精确
   D 多角度捕捉画面

3. A 不存在误差
   B 赛后马上删除
   C 只供裁判观看
   D 可应用于平时训练

4. A 激光对人体有害
   B 该技术处在测试阶段
   C 体操比赛将减少裁判人数
   D 击剑对运动员身高有要求

정답 및 해설_ 해설집 35쪽

学如逆水行舟，不进则退
배움이란 마치 물을 거슬러 배를 젓는 것과 같아 앞으로 나아가지 않으면 퇴보한다

듣기 실력 UP! 『워크북』 18~21쪽

듣기

학습일 ____/____

6 기타 전문 분야

HSK에는 이렇게 출제된다! ▼

★ 듣기 영역에서는 **건축**, **디자인**, **촬영**, **창업** 등 기타 전문 분야 관련 지문도 종종 **출제**된다.

★ 기타 전문 분야 관련 내용은 **듣기 제2부분**에서 **가장 많이 출제된다**. 해당 분야의 **기본 정보** 및 **현황**, **도전**, **전망**, **전문가의 자질** 등이 인터뷰의 주요 내용이다.

1 기타 전문 분야 관련 빈출 표현 Track 46

건축	□□ 建筑师 jiànzhùshī 건축가	□□ 工匠 gōngjiàng 공예가, 장인
	□□ 门槛 ménkǎn 문턱	□□ 图纸 túzhǐ 도면, 설계도
	□□ 装修 zhuāngxiū 내장 공사, 인테리어 ★	□□ 油漆 yóuqī 페인트
	□□ 牢固 láogù 견고하다 ★	□□ 黏 nián 붙이다, 진득진득 붙다
	□□ 雕塑 diāosù 조형물	□□ 塑料 sùliào 플라스틱 ★
디자인	□□ 室内设计 shìnèi shèjì 인테리어 디자인	□□ 游戏设计 yóuxì shèjì 게임 디자인
	□□ 卡通人物 kǎtōng rénwù 캐릭터	□□ 色彩运用 sècǎi yùnyòng 색채 사용 ★
	□□ 搭配 dāpèi 배합하다, 결합하다 ★	□□ 漫画 mànhuà 만화
	□□ 定制 dìngzhì 맞춤 제작하다	□□ 打造 dǎzào 제조하다, 만들다 ★
촬영	□□ 生态摄影 shēngtài shèyǐng 생태 사진	□□ 儿童摄影 értóng shèyǐng 아동 촬영
	□□ 拍摄 pāishè 촬영하다, 사진을 찍다	□□ 镜头 jìngtóu 렌즈 ★
	□□ 黑白 hēibái 흑백	□□ 操作 cāozuò 조작하다
	□□ 基本功 jīběngōng 기본 지식과 기술 ★	□□ 主流 zhǔliú 주류, 주된 경향 ★
창업	□□ 创业 chuàngyè 창업하다 ★	□□ 平台 píngtái 플랫폼 ★
	□□ 优惠 yōuhuì 특혜의, 할인의	□□ 事业 shìyè 사업
	□□ 金融 jīnróng 금융 ★	□□ 物流 wùliú 물류
	□□ 模式 móshì 표준 양식, 패턴 ★	□□ 制造业 zhìzàoyè 제조업
	□□ 基础设施 jīchǔ shèshī 인프라	□□ 系统瘫痪 xìtǒng tānhuàn 시스템 마비
	□□ 有机结合 yǒujī jiéhé 유기적 결합	□□ 制度健全 zhìdù jiànquán 제도 완비

1. A 建高楼
   B 成为艺术家
   C 修复古建筑
   D 作品被追捧

2. A 有益的
   B 简单的
   C 平凡的
   D 史无前例的

3. A 火
   B 水
   C 木
   D 土

4. A 使用天然材料
   B 参与到建筑中
   C 把建筑交给专业人士
   D 让建筑与自然融为一体

5. A 是雕塑家
   B 工作强度大
   C 行业门槛高
   D 起到了工程师的作用

[1-5]

第1到5题是根据下面一段采访：

女：在建筑业里，建筑师的作用有多大？질문①

男：[1]想变成艺术家几乎是所有建筑师的梦，但绝大多数建筑师永远都当不了艺术家。[5]大部分建筑师基本上是跟工程师或者办公室文员类似的角色，就是成熟生产线上的高级工人，为了快速生产的目的，画一些他们习惯画的图纸而已。

是/扮演…角色 → 起到…作用 ~작용을 하다

(只不过)…而已/罢了 단지 ~일 뿐이다

女：一个好的建筑师应该具备怎样的素质？질문②

具备 ~한 자질을 갖추다

1~5번 문제는 다음 인터뷰에 근거한다.

여: 건축업계에서, 건축가의 역할은 얼마나 큰가요? 질문①

남: [1]예술가가 되고 싶은 것이 거의 모든 건축가들의 꿈입니다. 하지만 절대다수의 건축가는 영원히 예술가가 되지 못하지요. [5]대부분의 건축가는 기본적으로 엔지니어 혹은 사무실의 사무원과 유사한 역할을 합니다. 생산라인에 익숙한 고급 인력들만이 빠른 생산의 목적을 위해서, 그들이 습관적으로 그리는 도면을 그릴 뿐입니다.

여: 좋은 건축가는 어떠한 자질을 갖추고 있어야 할까요? 질문②

男：我觉得建筑师应该要有真正的世界观和价值观。建筑师绝对不仅是专业的从业人员这么简单，因为你对人们生活的影响太大，你对自然造成的破坏太大。在面向真实的生活和自然，[2]建筑师要做一些有益的事情。

女：你的建筑都跟水有一定的联系，这是出于什么原因呢？질문③
(어떤 입장이나 태도에서) 출발하다[주로 원인을 나타냄]

男：到现在为止，我做的建筑，即使在没水的地方，我都会把它做得好像和水有关，因为它与精神、灵魂或者某种生活方式有关。西方建筑的核心就是火、一个壁炉，[3]我一直觉得中国、特别是南方建筑的核心实际上是水。它很滋润，生命需要这样滋润。再一个呢，它很安静。我现在越来越喜欢安静的东西，我做的建筑也越来越安静。
滋润的皮肤 촉촉한 피부 / 滋润的日子 윤택한 생활

女：您觉得建筑和人之间有着怎样的关系？질문④

男：建筑是人生存里的一大块儿内容，但在现代化社会中，一般城市里的人既没有这个权利，又没有这个机会，可能剩下一点点权利就是搞一下自己家里面的这点儿室内装修，所以大家那么狂热地在家里做装修。[4]我觉得每个人都能参与到建筑中去是最理想的状态，不过目前看来，这似乎不大可能。
→ 做 하다
→ 不太 그다지 ~않다

남: 저는 건축가는 진정한 세계관과 가치관을 가져야 한다고 생각합니다. 건축가를 단지 전문직 종사자라고 하기에는 절대 그렇게 간단하지가 않습니다. 왜냐하면 사람들의 삶에 미치는 영향이 너무 크고, 자연에 입히는 피해가 너무 크기 때문입니다. 진실된 삶과 자연을 향해, [2]건축가는 유익한 일들을 해야 합니다.

여: 선생님의 건축은 모두 물과 일정한 연관이 있는데요, 이것은 어떤 이유에서인가요? 질문③

남: 현재까지 제가 만든 건축물은 설령 물이 없는 곳에 있다 해도, 물과 연관이 있는 것처럼 만들었습니다. 왜냐하면 그것은 정신과 영혼, 혹은 어떠한 삶의 방식과 관계가 있기 때문이지요. 서양 건축의 핵심은 불과 벽난로입니다. [3]저는 줄곧 중국 특히 남방 건축의 핵심이 사실상 물이라고 생각해왔습니다. 그것은 아주 편안한데, 삶은 이렇게 편안할 필요가 있지요. 또 하나는, 매우 조용하다는 것입니다. 저는 현재 갈수록 조용한 것들이 좋아지고 있어서, 제가 만든 건축물 역시 갈수록 조용해지고 있습니다.

여: 선생님은 건축과 사람 사이에는 어떠한 관계가 있다고 생각하시나요? 질문④

남: 건축은 인간의 생존에 있어서 큰 부분이지만, 현대화된 사회에서, 일반적으로 도시 사람들은 이러한 권리도 없고, 기회도 없습니다. 아마도 남아 있는 약간의 권리는 자기 집 안의 실내 인테리어를 조금 하는 것이겠지요. 그래서 모두 그렇게 정신 없이 집에서 인테리어를 합니다. [4]저는 모든 사람들이 건축에 참여할 수 있는 것이 가장 이상적인 상태라고 생각합니다. 하지만 현재로서는 그다지 가능하지 않은 것 같습니다.

단어 绝大多数 juédà duōshù 절대다수 | 工程师 gōngchéngshī 명 엔지니어 | 文员 wényuán 명 사무원 | ★类似 lèisì 형 유사하다 | 生产线 shēngchǎnxiàn 명 생산 라인 | 图纸 túzhǐ 명 도면 | 而已 éryǐ 조 ~뿐(이다) | ★具备 jùbèi 동 갖추다 | ★素质 sùzhì 명 소양, 자질 | 从业 cóngyè 동 취업하다 | ★有益 yǒuyì 형 유익하다 | ★灵魂 línghún 명 영혼 | ★核心 héxīn 명 핵심 | 壁炉 bìlú 명 벽난로 | 滋润 zīrùn 형 촉촉하다, 편안하다 | ★生存 shēngcún 동 생존하다 | 权利 quánlì 명 권리 | 搞 gǎo 동 하다, 꾸미다 | 装修 zhuāngxiū 명 인테리어 | 狂热 kuángrè 형 열광적이다 | 参与 cānyù 동 참여하다 | 理想 lǐxiǎng 형 이상적이다 | ★状态 zhuàngtài 명 상태 | 目前 mùqián 명 지금, 현재

[1] 해설 및 정답 **문제 분석▼** 남자의 첫 번째 대답인 想变成艺术家几乎是所有建筑师的梦(예술가가 되고 싶은 것이 거의 모든 건축가들의 꿈입니다)에서 艺术家라고 언급했다.

绝大多数建筑师的梦想是什么?	절대다수의 건축가의 꿈은 무엇인가?
A 建高楼	A 고층 건물을 짓는 것
B 成为艺术家	**B 예술가가 되는 것**
C 修复古建筑	C 옛 건물을 복원하는 것
D 作品被追捧	D 작품이 열광적인 사랑을 받는 것

단어 ★修复 xiūfù 동 수리하여 복원하다 | 追捧 zhuīpěng 동 열광적으로 사랑하다

[2] 해설 및 정답 **문제 분석▼** 여자의 두 번째 질문에 남자가 建筑师要做一些有益的事情(건축가는 유익한 일들을 해야 합니다)이라고 언급했다.

建筑师要做什么样的事情?	건축가는 어떠한 일을 해야 하는가?
A 有益的	**A 유익한 일**
B 简单的	B 간단한 일
C 平凡的	C 평범한 일
D 史无前例的	D 역사상 전례가 없는 일

단어 平凡 píngfán 형 평범하다 | ★史无前例 shǐ wú qián lì 성 역사상 전례가 없다

[3] 해설 및 정답 **문제 분석▼** 火와 水 모두 언급되었는데, 남방 건축의 핵심을 물었으므로 水가 답이 된다.

男的认为南方建筑的核心是什么?		남자는 남방 건축의 핵심을 무엇이라고 생각하는가?	
A 火	**B 水**	A 불	**B 물**
C 木	D 土	C 나무	D 흙

듣기

[4] 해설 및 정답

문제 분석▼ 여자의 마지막 질문에 대한 남자의 대답 중 我觉得每个人都能参与到建筑中去是最理想的状态(저는 모든 사람들이 건축에 참여할 수 있는 것이 가장 이상적인 상태라고 생각합니다)에서 参与到建筑中이 보기에 그대로 제시되었다.

人与建筑最理想的状态是什么?	사람과 건축의 가장 이상적인 상태는 무엇인가?
A 使用天然材料	A 천연 재료를 사용하는 것
B 参与到建筑中	**B 건축에 참여하는 것**
C 把建筑交给专业人士	C 건축을 전문가에게 넘기는 것
D 让建筑与自然融为一体	D 건축과 자연이 하나가 되게 하는 것

단어 天然 tiānrán 형 천연의 | 专业人士 zhuānyè rénshì 명 전문 인사 | ★融为一体 róng wéi yì tǐ 일체가 되다

[5] 해설 및 정답

문제 분석▼ 인터뷰 시작 부분에서 남자는 建筑师基本上是跟工程师或者办公室文员类似的角色(건축가는 기본적으로 엔지니어 혹은 사무실의 사무원과 유사한 역할을 합니다)라고 했다.

关于建筑师，下列哪项正确?	건축가에 관해, 다음 중 정확한 것은?
A 是雕塑家	A 조각가이다
B 工作强度大	B 업무 강도가 세다
C 行业门槛高	C 업계 문턱이 높다
D 起到了工程师的作用	**D 엔지니어 역할을 한다**

단어 雕塑家 diāosùjiā 명 조각가 | 强度 qiángdù 명 강도 | 行业 hángyè 명 업종, 업계 | 门槛 ménkǎn 명 문턱

실전에 강한

제한 시간 8분

문제 적응 훈련

학습일 ____/____

맞은 개수 ______

실전 트레이닝 1 | Track 48

제1부분

1. A 琼脂提取自树叶
   B 塑料垃圾可回收
   C 琼脂可用来替代塑料
   D 大量鱼类因食塑料中毒

2. A 孵化器提供创业资金
   B 孵化器属于政府部门
   C 孵化器是一种电子装置
   D 孵化器促进企业独立发展

정답 및 해설_ 해설집 38쪽

실전 트레이닝 2 | Track 49

제2부분

1. A 有暴力性
   B 故事性强
   C 画面精美
   D 音乐动听

2. A 利润
   B 内容的创新
   C 给人的感受
   D 与用户的互动

3. A 老少皆宜的
   B 鼓舞人心的
   C 推动素质教育的
   D 兼具艺术与商业价值的

4. A 时刻监督
   B 给予尊重
   C 保持敬畏之心
   D 透过现象看本质

5. A 很挣钱
   B 虚拟货币
   C 一种基金
   D 能带来好运

정답 및 해설_ 해설집 39쪽

실전 트레이닝 3

Track 50

제3부분

1. A 收视率不高
   B 制作成本不低
   C 每月播出一集
   D 赢得了很高的评价

2. A 方言
   B 生命
   C 自然
   D 家族

3. A 节目无剧本
   B 主持人是作家
   C 没有去美国录制
   D 每期的嘉宾是固定的

4. A 主持人很幽默
   B 解说生动有趣
   C 拍摄过程充满未知
   D 沿途结交很多朋友

정답 및 해설_ 해설집 42쪽

世上无难事，只怕有心人
세상에 마음만 먹으면 못할 일이 없다

듣기 실력 UP! 『워크북』 22~25쪽

第一部分 ★ 第1-10题：请选出与所听内容一致的一项。

1. A 指画不使用墨
B 指画不被大众认可
C 指画有近千年历史
D 指画最初创作于清朝

2. A 众筹由银行发起
B 众筹属于慈善行为
C 众筹是一种融资方式
D 众筹资金存在安全隐患

3. A 那个女士说了谎
B 那个女士很没有礼貌
C 马克·吐温邀请女士跳舞
D 马克·吐温是宴会的主人

4. A 山药需加热食用
B 山药有利于减肥
C 山药原产于欧洲
D 山药营养价值高

5. A 门枕石需要放四块儿
B 门枕石放在大门底部
C 门枕石与山水画相结合
D 门枕石采用花岗岩制成

6. A 说话要注意场合
B 要合理利用时间
C 挫折促使人成长
D 应保持一颗平常心

7. A 女性比男性爱哭
B 适当哭泣延长寿命
C 要学会忍耐与坚持
D 情绪压抑有损健康

8. A 中山站冬季闭站
B 中山站年均气温-5℃
C 中山站建在南极沿海地区
D 中山站是第一个南极考察站

9. A 大学生善于利用软文
B 软文一般由秘书撰写
C 软文广告宣传效果佳
D 软文对摄影技术要求高

10. A 梵净山位于西北
B 梵净山风景优美
C 梵净山植被种类少
D 梵净山是道教发源地

第二部分 ★ 第11–15题：请选出正确答案。

11. A 业余爱好
B 生存技能
C 个人特长
D 解压方式

12. A 读书
B 懂礼貌
C 做家务
D 学习乐器

13. A 自信
B 见多识广
C 平等待人
D 实事求是

14. A 旅行
B 看电影
C 听相声
D 做工艺品

15. A 深度分析
B 学会拒绝
C 做好计划
D 主动理解

第三部分 ★ 第16–25题：请选出正确答案。

16. A 能量不大
B 辐射范围小
C 是可再生能源
D 影响地球自转

17. A 光热转换
B 光电转换
C 光合作用
D 光的散射

18. A 考古、交通
B 航天、建筑
C 建筑、公关
D 司法、考古

19. A 反感
B 荣幸
C 喜悦
D 焦急

20. A 准确性低
B 信息量过大
C 理论依据不足
D 信息间缺乏联系

21. A 总结经验
B 勤于思考
C 明确目标
D 学会赞美他人

22. A 父亲是商人
B 考上过秀才
C 擅长写散文
D 为人很孝顺

23. A 贫穷
B 自由
C 腐败
D 枯燥

24. A 是禁书
B 写于明代
C 是武侠小说
D 是短篇小说集

25. A 神秘的传说
B 农民的住所
C 蒲松龄的书房
D 一种文学体裁

정답 및 해설_ 해설집 45쪽

맛있는 중국어 HSK 합격 프로젝트

독해

阅读

문제 분석

최신 기출

독해 제1부분 기출 문제 출제 비율

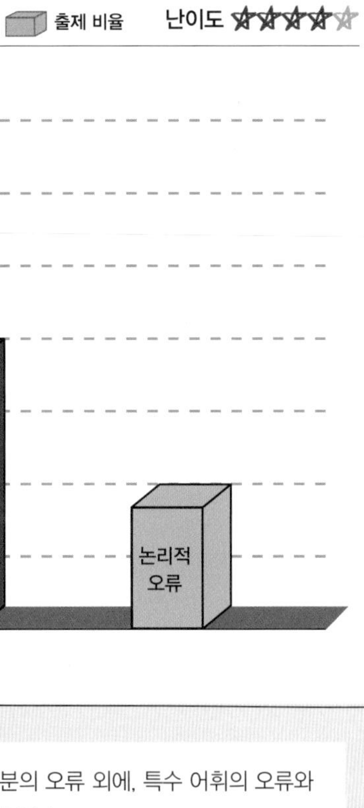

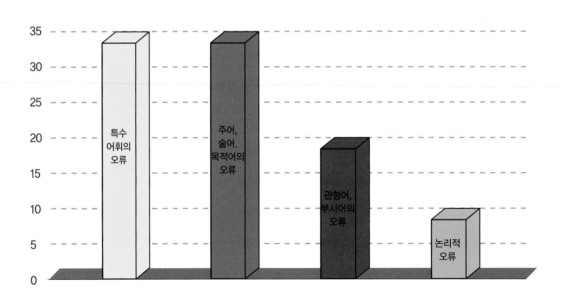

HSK 6급 독해 제1부분에는 주어, 술어, 목적어, 관형어, 부사어 등 문장 성분의 오류 외에, 특수 어휘의 오류와 논리적 오류가 출제된다. 특수 어휘에는 把, 被, 比, 通过, 是否, 防止, 접속사 등이 있다.

독해 제2부분 기출 문제 출제 비율

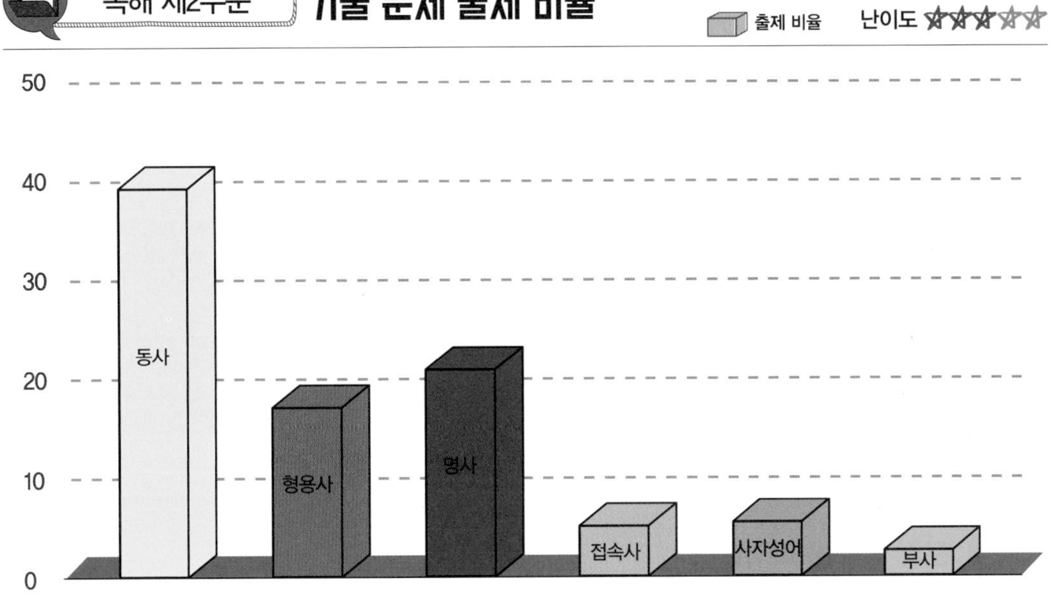

HSK 6급 독해 제2부분에는 동사, 형용사, 명사가 가장 많이 출제된다. 빈출 어휘와 호응 구조에 집중한다.

독해 제3·4부분 기출 문제 출제 비율

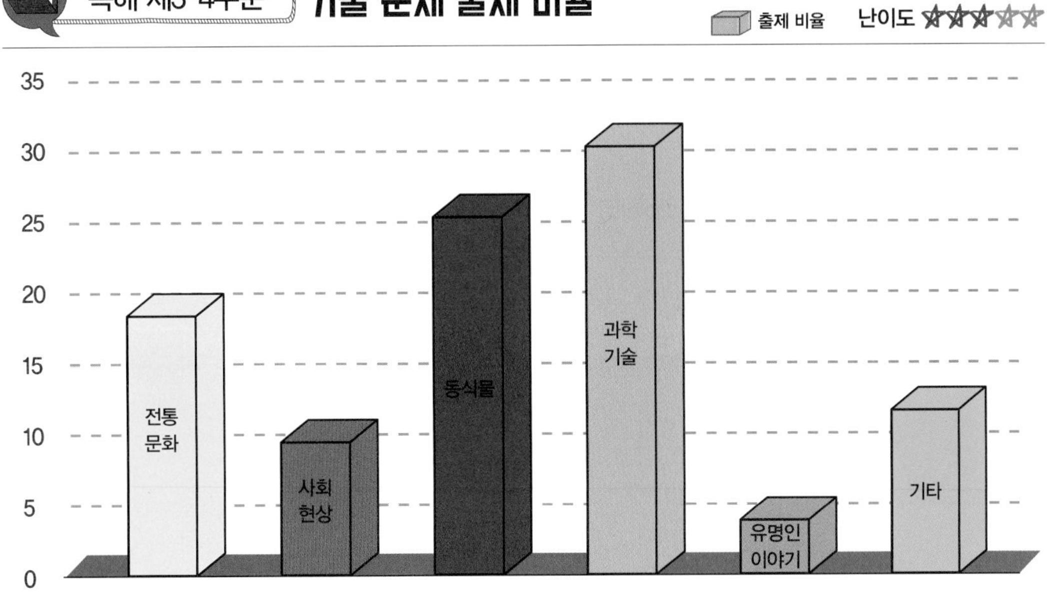

HSK 6급 독해 제3, 4부분은 지문도 길고 내용도 다양하게 출제되므로 평소에 속독 연습을 한다.

핵심1 독해의 핵심은 어휘이다

지문을 해석하려면 단어 암기는 필수이다. 6급의 2500개 기본 단어를 다 외우지 못하더라도 자주 출제되는 핵심 단어와 용법은 반드시 암기해야 한다.

핵심2 속독 능력을 기른다

6급 독해는 50분 동안 총 50문제를 풀어야 하므로 문제당 풀이 시간은 1분 정도이다. 지문이 상당히 길기 때문에 평소에 속독하는 연습을 해야 한다.

핵심3 문장 성분을 파악한다

독해 제1부분에서 문장에 모르는 단어가 없는데 문장 구조가 복잡해서 몇 번이나 읽어도 뜻을 파악하지 못하는 경우가 더러 있다. 이때는 문장 성분을 분석한 후 문장의 뼈대인 '주어+술어+목적어'를 찾으면 어려운 문장도 쉽게 파악할 수 있다.

핵심4 특수 어휘가 있는 문장부터 파악한다

독해 제1부분에는 자주 출제되는 특수 어휘가 있다. 특수 어휘가 있는 문장부터 오류 여부를 판단하면 문제 푸는 시간을 절약할 수 있다.

핵심5 빈칸 앞뒤의 단어와 호응하는 단어를 찾는다

독해 제2부분은 대부분 호응 구조로 정답을 찾을 수 있다. 한 문제에 3~5개의 빈칸이 제시되는데, 그중에 1~2개만 확실하게 답을 찾으면 바로 다음 문제로 넘어가도 된다. 평소에 단어를 암기할 때 빈출 호응 구조도 함께 외워 둔다.

핵심6 접속사와 핵심 어휘에 유의한다

독해 제3부분은 지문 내용을 전부 다 해석할 필요가 없다. 빈칸 앞뒤의 접속사와 핵심 어휘를 체크한 후에, 이와 관련되는 보기를 빈칸에 넣어 문맥상 적합한지를 판단하면 된다. 힌트가 없는 경우도 가끔 있지만, 바로 정답을 찾지 못할 경우에는 다른 빈칸을 푼 후에 다시 체크하면 된다.

핵심7 질문을 먼저 파악한다

독해 제4부분은 제3부분과 마찬가지로 전체 지문을 읽을 필요가 없다. 질문을 먼저 파악한 후 해당 부분을 지문에서 찾아 보기와 대조하면서 문제를 푼다.

핵심8 실전처럼 독해 연습을 한다

응시자 대부분에게 독해 시간은 부족하다. 따라서 평소에 시간을 엄수하여 실전 연습을 충분히 해야 한다. 듣기 영역에서는 답안 작성 시간이 5분 주어지지만, 독해 영역에서는 별도의 답안 작성 시간이 없기 때문에 실전 연습을 할 때에는 답안 작성 시간도 고려해야 한다.

핵심9 어려운 문제에 오래 머물지 않는다

문제를 풀다가 어려운 문제를 만나도 당황하지 말자. 바로 정답을 찾지 못한다면 과감하게 다음 문제로 넘어가자.

핵심10 독해 제1부분은 마지막에 푼다

난이도가 비교적 낮은 제2, 3, 4부분을 먼저 풀고 난이도가 가장 높은 독해 제1부분은 마지막에 푸는 것이 좋다.

1 특수 어휘

HSK에는 이렇게 출제된다! ▼

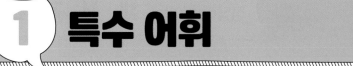

★ **특수 어휘**에는 **把, 被, 比, 通过…使, 是否, 防止** 그리고 **접속사** 등이 있다.

★ **독해 제1부분**에서 **특수 어휘**로 인해 문장이 틀린 문제는 **35~40%** 정도 **출제**된다.

★ 문제를 풀 때, **특수 어휘가 있는 문장**부터 먼저 **분석**하면 **시간**을 **절약**할 수 있다.

중국어 어순

沉思片刻后，	年过六十的	李教授	轻轻地	放	下	了	手中的	粉笔。
부사어	관형어	주어	부사어	술어	보어	동태조사	관형어	목적어

→ 잠시 깊게 생각한 후, 육십 세가 넘은 이 교수는 천천히 손에 든 분필을 내려놓았다.

1 把, 被, 比자문의 오류

把, 被, 比자문의 오류 문제는 매번 1~2문제 출제된다. 보기에서 把, 被, 比가 있으면 그 문장이 틀렸는지를 먼저 살펴본다.

1. 把자문의 오류

예

술어 抢购의 대상 / 술어 抢购의 동작자

不到十分钟，	演唱会门票	就	把观众	抢购	一空。
부사어	주어	부사	把+목적어	술어	보어(기타성분)

문제 분석▼ 把자문의 주어는 술어의 동작자이어야 하고, 목적어는 동작의 대상이어야 한다. 이 문장에서 抢购의 동작자는 观众이고 대상은 演唱会门票이므로, 观众과 演唱会门票의 위치를 바꿔야 옳은 문장이 된다.

옳은 문장 不到十分钟，观众就把演唱会门票抢购一空。
10분도 되지 않아, 관중이 콘서트 티켓을 앞다투어 구입하여 곧 매진되었다.

단어 演唱会 yǎnchànghuì 명 콘서트 | 抢购 qiǎnggòu 동 다투어 사다

HSK POINT! 把자문 필수체크

❶ 把자문의 기본 어순

观众 把门票 抢购 一空。
주어 把+목적어 술어 기타성분

❷ 把자문의 **주어**는 술어의 **동작자**이며, **목적어**는 술어의 **대상**이다.

❸ **술어**는 반드시 목적어를 수반할 수 있는 **타동사**여야 한다.

❹ 술어 뒤에는 반드시 **了**, **着**, **동사중첩**, **보어** 등 **기타성분**이 있어야 한다.(가능보어 제외)

❺ **'把+목적어'**는 개사구로 **술어 앞**에 **위치**한다.

❻ 把 대신 **将**을 쓸 수도 있다.

체크체크 1

▸ 다음 문장이 맞으면 ○, 틀리면 ×를 표시하세요.

❶ 每天早上都是闹钟把我醒。 (　　)
❷ 他将自己的书房命名为"小草书屋"。 (　　)
❸ 北京把称为中国的"心脏"。 (　　)
❹ 这里的美景，来自各地的游客吸引了过来。 (　　)
❺ 大麦茶是把大麦炒熟后再经过沸煮而成的一种茶。 (　　)

정답 및 해설_ 해설집 59쪽

2. 被자문의 오류

예

개사구 '被+목적어'를 술어 앞에 위치시킴

无人机的 发展前景 看 好 被 业内人士。
관형어 주어 술어 결과보어 被+목적어

문제 분석▾ 被자문의 기본 어순은 '주어+被(+목적어)+술어+기타성분'이다. 이 문장의 개사구 '被+业内人士'는 술어 看好 앞에 위치해야 한다.

옳은 문장	无人机的发展前景被业内人士看好。 드론의 발전 전망을 업계 관계자들은 잘 되리라 보고 있다.

단어 ★无人机 wúrénjī 명 드론 | ★前景 qiánjǐng 명 전망 | 业内人士 yènèi rénshì 명 업계 관계자 | 看好 kànhǎo 잘 되리라 예측하다

HSK POINT! 被자문 필수체크

❶ 被자문의 기본 어순

发展前景　被人们　看　好。

주어　被+목적어　술어　기타성분

❷ 被자문의 **주어**는 술어의 **대상**이고, 被의 **목적어는 동사의 주체자**이다. 被의 목적어는 생략될 수 있다.

❸ **술어**는 반드시 목적어를 수반할 수 있는 **타동사**여야 한다.

❹ 술어 뒤에는 반드시 **了, 过, 보어** 등 **기타성분**이 있어야 한다.(가능보어 제외) 단, 被의 목적어가 있고 동사 앞에 부사어가 있으면 기타성분은 없어도 된다.

他的观点不被大家接受。그의 관점은 모두에게 받아들여지지 않았다.

❺ **'被+목적어'**는 개사구로 **술어 앞에 위치**한다.

체크체크 2

▸ 다음 문장이 맞으면 ○, 틀리면 ×를 표시하세요.

❶ 人不应该把欲望所支配。 (　　)

❷ 目前，风能发电已被广泛使用。 (　　)

❸ 黑蒜是被普通大蒜加工而来的。 (　　)

❹ "悬梁刺股"常用来被形容一个人刻苦努力。 (　　)

❺ 上个月，我所在的部门被评为优秀团队。 (　　)

정답 및 해설_ 해설집 60쪽

3. 比자문의 오류

예

第三季度交付的　车辆　比去年全年　相当　多。

관형어　주어　比+비교 대상　술어

문제 분석▾ 比자문에서 술어 앞에 정도부사 很, 非常, 最, 太, 十分, 极其, 特别, 挺, 相当, 多么 등은 사용할 수 없지만, 更(더), 更加(더욱), 还(더), 稍(조금), 稍微(조금) 등의 점층부사는 제한적으로 사용할 수 있다. 이 문장은 相当을 삭제하거나 还로 바꾸면 옳은 문장이 된다.

옳은 문장	第三季度交付的车辆比去年全年(还)多。 3분기에 교부된 차량이 작년 한 해보다 (더) 많다.

단어 ★季度 jìdù 명 분기 | 交付 jiāofù 동 교부하다

HSK POINT! 比자문 필수체크

❶ 比자문의 기본 어순

今天 比昨天 冷。

주어 比+대상 술어

↓ ↓ ↓

비교 주체 비교 대상 비교 결과

❷ 比자문에서는 술어 앞에 **정도부사** 很, 非常, 最, 太, 十分, 极其, 特别, 挺, 相当, 多么 등을 **사용할 수 없다.**

❸ 比자문의 **부정문**에는 일반적으로 **没有**를 쓴다.

昨天没有今天冷。어제는 오늘만큼 춥지 않았다.

체크체크 3

▸ 다음 문장이 맞으면 ○, 틀리면 ×를 표시하세요.

❶ 研究表明，运动减肥比效果好。 ( )

❷ 行动往往比语言更重要。 ( )

❸ 睡眠质量的好坏比睡眠时间的长短极其重要。 ( )

❹ 今年冬天的温度没有比去年高。 ( )

❺ 失败带给我们的经验也许比成功非常多。 ( )

정답 및 해설_ 해설집 61쪽

HSK POINT! 정도부사를 쓸 수 없는 경우

정도부사는 형용사나 감정동사를 수식한다. 그러나 정도를 나타내는 형용사 중첩, 사자성어, 변화의 의미를 나타내는 어휘에는 정도부사를 쓸 수 없다.

① **형용사 중첩:** 她今天打扮得很漂漂亮亮的。(×)

→ 她今天打扮得漂漂亮亮的。(○) 그녀는 오늘 아주 예쁘게 치장했다.

② **사자성어:** 他最近忙得比较不可开交。(×)

→ 他最近忙得不可开交。(○) 그는 요즘 눈코 뜰 새 없이 바쁘다.

③ **변화의 의미:** 天气越来越非常冷了。(×)

→ 天气越来越冷了。(○) 날씨가 갈수록 추워진다.

공략 트레이닝 1

A 孙子讲的笑话一下子被奶奶逗乐了。

B 作为一名医生，必须要有独立的判断力。

C 和普通人一样，诺贝尔奖获得者也深受童年经历的影响。

D 他六十八岁时，在一次宴会中遇到了年长他十几岁的齐如山先生。

해설 및 정답 **문제 분석▼** 被자문의 주어는 동작의 대상이고, 목적어는 동작의 주체여야 한다. 보기 A에서 逗乐의 대상은 奶奶이고, 동작의 주체는 孙子讲的笑话이므로 孙子讲的笑话와 奶奶의 위치를 바꾸거나 被를 把로 바꿔야 한다.

술어 逗乐의 주체 → 笑话 / 逗乐의 대상 → 奶奶 / 被 → 把

A 孙子讲的(관형어) 笑话(주어) 一下子(부사어) 被奶奶(被+목적어) 逗乐了(술어+기타성분)。

손자가 한 농담이 단번에 할머니를 웃게 했다.

B 作为一名医生(주어)，必须 要(부사어) 有(술어) 独立的(관형어) 判断力(목적어)。

의사로서 반드시 독자적인 판단력이 있어야 한다.

C 和普通人一样(부사어)，诺贝尔奖获得者(주어) 也(부사어) 深受(술어) 童年经历的(관형어) 影响(목적어)。

보통 사람들처럼 노벨상 수상자 역시 어린 시절의 경험에 영향을 많이 받는다.

D 他(주어) 六十八岁时(부사어)，在一次宴会中(부사어) 遇到了(술어) 年长他十几岁的(관형어) 齐如山先生(목적어)。

그는 68세에 한 연회에서 그보다 열 몇 살이 더 많은 치루산 선생을 만났다.

단어 逗乐 dòulè 사람을 웃게 하다 | ★独立 dúlì 동 독자적으로 하다 | ★判断力 pànduànlì 명 판단력 | 诺贝尔奖 Nuòbèi'ěrjiǎng 명 노벨상 | 童年 tóngnián 명 어린 시절 | 宴会 yànhuì 명 연회 | 年长 niánzhǎng 형 나이가 많다, 연상이다

2 접속사의 오류

접속사의 호응 오류 문제는 매번 시험에서 한 문제 이상 출제된다. 주로 접속사의 호응이 맞는지, 문맥에 맞게 쓰였는지를 확인하는 문제이다. 빈출 접속사는 因为…所以…, 虽然…但是…, 即使…也…와 같은 기본 접속사이다.

❖ 『비법 노트』 46~49쪽 '접속사 BEST 30' 필수 학습!

예

既 ↑ (접속사 호응 X)

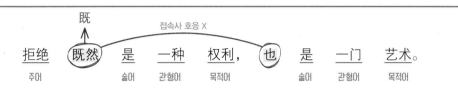

拒绝	(既然)	是	一种	权利,	(也)	是	一门	艺术。
주어		술어	관형어	목적어		술어	관형어	목적어

문제 분석▼ 접속사 호응 오류 문장이다. 인과 관계 접속사인 既然(이왕 ~이면)은 就와 호응하여 쓰인다. 문맥상 '거절하는 것은 권리이기도 하고 예술이기도 하다'라는 뜻이므로 병렬 관계 접속사인 既…也…(~하기도 하고, ~하기도 한다)를 써야 한다.

옳은 문장	拒绝既是一种权利，也是一门艺术。 거절은 일종의 권리이기도 하고 예술이기도 하다.

단어 ★权利 quánlì 명 권리 | 艺术 yìshù 명 예술

체크체크 4

▸ 다음 문장이 맞으면 ○, 틀리면 ×를 표시하세요.

❶ 读书最重要的不仅是数量，而是质量。 ( )
❷ 白开水不仅能补充体内水分，还可以促进血液循环。 ( )
❸ 无论什么时候，我们都应该保持积极的心态。 ( )
❹ 他这几天虽然因为体能下降，但身体健康状态很差。 ( )
❺ 之所以时间的限制，我们今天就讲到这里。 ( )
❻ 即使他不愿意去，那就别勉强他了。 ( )
❼ 不但小王足球踢得好，而且歌儿唱得也不错。 ( )
❽ 尽管多忙，他每天都给母亲打电话。 ( )
❾ 红茶有暖胃的作用，因此很适合在冬天饮用。 ( )
❿ 因为是第一次参加这样的比赛， 但是他一点儿也不紧张。 ( )

정답 및 해설_ 해설집 62쪽

공략 트레이닝 2

A 中草药和一般植物的种植规律不一样。

B 神秘辽阔的青藏高原一直是科研人员们热衷的科考圣地。

C 只要注意食物的合理搭配，才可以从中获得身体所需的元素。

D 此次大学生歌会将在中央广播电视总台、上海广播电视台播出。

해설 및 정답 문제 분석▼ '~해야만 ~하다'의 의미를 나타내는 접속사는 只有…才…이다. 只要는 就와 호응하여 '~하기만 하면 ~하다'의 의미를 나타낸다.

A 中草药和一般植物的(관형어) 种植规律(주어) 不一样(술어)。

한방 약재와 일반 식물의 재배 규칙은 다르다.

B 神秘辽阔的(관형어) 青藏高原(주어) 一直(부사어) 是(술어) 科研人员们热衷的(관형어) 科考圣地(목적어)。

신비롭고 광활한 칭짱고원은 줄곧 연구원들이 열광하는 과학 연구의 성지이다.

C 只要 → 只有 (접속사 호응 ×: 只要…才)

C 只要 注意(술어) 食物的(관형어) 合理搭配(목적어)，才 可以 从中(부사어) 获得(술어) 身体所需的(관형어) 元素(목적어)。

음식을 합리적으로 조합하는 것에 주의해야만, 그 속에서 몸이 필요로 하는 요소를 얻을 수 있다.

D 此次(관형어) 大学生歌会(주어) 将 在中央广播电视总台、上海广播电视台(부사어) 播出(술어)。

이번 대학 가요제는 CCTV방송국과 상하이방송국에서 곧 방영된다.

단어 中草药 zhōngcǎoyào 명 한방 약재 | ★种植 zhòngzhí 동 심다, 재배하다 | ★规律 guīlǜ 명 법칙, 규율 | 神秘 shénmì 형 신비하다 | ★辽阔 liáokuò 형 아득히 멀고 광활하다 | 青藏高原 Qīngzàng Gāoyuán 고유 칭짱고원[지명] | 科研 kēyán 명 과학 연구[科学研究의 준말] | 热衷 rèzhōng 동 열광하다, 관심이 있다 | 科考 kēkǎo 동 과학적으로 조사하다 | 圣地 shèngdì 명 성지 | ★合理 hélǐ 형 합리적이다 | ★搭配 dāpèi 동 배합하다, 조합하다 | ★元素 yuánsù 명 요소, 원인 | 中央 zhōngyāng 명 중앙 | 播出 bōchū 동 방송하다

3 通过, 是否, 防止가 있는 문장

1. 通过/经过/随着…使/让…

예

通过나 使를 삭제하여 주어를 만듦

通过这次旅行，	使	我们的	感情	加深了	很多。
부사어	술어1	관형어	목적어	술어2	보어

문제 분석▼ 通过/经过/随着…使/让… 형식이 사용된 문장에서 주어 성분이 생략된 오류 문장이다. 通过를 삭제하여 这次旅行을 주어로 만들거나 使를 삭제하여 我们的感情을 주어로 만들면 옳은 문장이 된다.

옳은 문장	
	① 这次旅行使我们的感情加深了很多。 이번 여행은 우리의 감정을 많이 깊어지게 했다. ② 通过这次旅行，我们的感情加深了很多。 이번 여행을 통해, 우리의 감정은 많이 깊어졌다.

단어 加深 jiāshēn 동 깊어지다, 심화하다

체크체크 5

▸ 다음 문장이 맞으면 ○, 틀리면 ×를 표시하세요.

❶ 他在会上的发言，使我深受感动。 (　　)
❷ 通过他真诚的道歉，让我最终决定原谅他。 (　　)
❸ 随着互联网的不断发展，让我们的生活越来越方便。 (　　)
❹ 通过显微镜，使我们可以清楚地看到一些微生物。 (　　)
❺ 由于风力发电技术越来越先进，人们正在减少不可再生资源的使用。 (　　)

정답 및 해설_ 해설집 65쪽

2. 是否, 能否, 能不能, 有没有

예

호응 X

긍정+부정 / 긍정

是否诚信 是 团队可持续发展的 重要条件。

주어 / 술어 / 관형어 / 목적어

문제 분석▼ 문장 중에 能否, 是否, 能不能, 有没有 같은 긍정과 부정의 의미를 가진 어휘가 있으면, 이와 호응하는 주어구나 목적어구에도 이런 어휘가 있어야 한다. 따라서 이 문장은 주어구에 是否를 삭제하거나 목적어구에 能否를 추가해야 옳은 문장이 된다.

옳은 문장	① 诚信是团队可持续发展的重要条件。 성실함은 팀의 지속 가능한 발전에 중요한 조건이다. ② 是否诚信是团队能否可持续发展的重要条件。 성실한가 아닌가는 팀이 지속 가능한 발전을 할 수 있는지의 중요한 조건이다.

단어 ★诚信 chéngxìn 명 성실, 신용 형 성실하다 | ★团队 tuánduì 명 단체, 팀 | 可持续发展 kěchíxù fāzhǎn 지속 가능한 발전

체크체크 6

▶ 다음 문장이 맞으면 ○, 틀리면 ×를 표시하세요.

❶ 尊重是人与人相处的前提条件。 (　　)

❷ 是否勤学苦练是提高外语水平的关键。 (　　)

❸ 有没有健康的身体是能否做好工作的前提。 (　　)

❹ 能不能保持谦虚的心态，可以让我们学到更多东西。 (　　)

❺ 是否有坚定的信念，是一个人成功的条件之一。 (　　)

정답 및 해설_ 해설집 66쪽

3. 防止, 阻止, 避免, 以免

예

의미 중복

长期坚持锻炼身体 可以 防止 高血压不发生。

주어 / 부사어 / 술어 / 목적어

문제 분석▾ 동사 防止(방지하다), 阻止(저지하다), 避免(피하다), 以免(~하지 않도록) 등 어휘 뒤에 不, 没有, 别 등 부정부사가 있으면 의미가 중복되는지에 주의해야 한다. 문장의 뒷부분 防止高血压不发生은 '고혈압이 발생하지 않는 것을 방지하다'라는 뜻이므로 의미상 오류가 있는 문장이다. 부정부사 不를 삭제해야 옳은 문장이 된다.

옳은 문장	长期坚持锻炼身体可以防止高血压发生。 장기간 꾸준히 운동하면 고혈압의 발생을 방지할 수 있다.

단어 ★防止 fángzhǐ 동 방지하다 | ★高血压 gāoxuèyā 명 고혈압

체크체크 7

▸ 다음 문장이 맞으면 ○, 틀리면 ×를 표시하세요.

❶ 请勿触摸，以免烫伤。 (　　)
❷ 我们要阻止灾难不再发生。 (　　)
❸ 专家建议，不满一岁的婴儿应该避免不食用蜂蜜。 (　　)
❹ 报告写完后，请认真核对一下，以免避免出现失误。 (　　)
❺ 为了防止此类事件的发生，我们应该提前做好准备。 (　　)

정답 및 해설_ 해설집 67쪽

공략 트레이닝 3

A 因为妈妈要上班，我其实是姥姥带大的。

B 若感到身体不适，就应该及时就医，以免别耽误病情。

C 深圳作为一个移民城市，聚集了来自天南海北的年轻人。

D 据介绍，目前广州已开通地铁线路13条，总里程近400公里。

해설 및 정답 **문제 분석▾** 보기 B는 以免과 别는 의미가 중복되므로 别를 삭제해야 한다.

是…的 : 동작의 주체 姥姥를 강조함

A 因为(접속사) 妈妈(주어) 要(부사어) 上班(술어)，我(주어) 其实(부사어) 是 姥姥带大(술어) 的。

엄마가 일을 해야 했기 때문에, 사실은 외할머니가 나를 키웠다.

접속사 구문 如果…就… / 의미 중복

B 若 感到 身体不适, 就 应该及时 就医, 以免 别 耽误 病情。
술어 목적어 부사어 술어 접속사 부사어 술어 목적어

만약 몸이 편치 않다고 느껴지면, 병세가 악화되지 않도록 바로 진찰을 받아야 한다.

C 深圳 作为一个移民城市, 聚集了 来自天南海北的 年轻人。
주어 부사어 술어 관형어 목적어

선전은 이민 도시로 각 지역에서 온 젊은이들이 모여 있다.

동사 : 가까이하다

D 据介绍, 目前 广州 已 开通 地铁线路13条, 总里程 近 400公里。
부사어 부사어 주어 부사어 술어 목적어 주어 술어 목적어

소개된 바에 따르면, 현재 광저우에는 이미 13개의 지하철 노선이 개통되어 있으며, 총 거리가 400km에 가깝다.

단어 姥姥 lǎolao 명 외할머니 | 不适 búshì 형 (몸이) 편치 않다 | 就医 jiùyī 동 치료를 받다, 진찰을 받다 | ★耽误 dānwu 동 (시간을 지체하다가) 일을 그르치다 | 病情 bìngqíng 명 병세, 병상 | 深圳 Shēnzhèn 고유 선전[지명] | 移民 yímín 동 이민하다 | ★聚集 jùjí 동 모으다, 모이다 | ★天南海北 tiān nán hǎi běi 성 아득히 멀리 떨어져 있다, 방방곡곡 | 开通 kāitōng 동 개통하다 | 里程 lǐchéng 명 노정, 발전 과정

실전에 강한

제한 시간 8분

문제 적응 훈련

학습일 ____/____

맞은 개수 ______

실전 트레이닝 1

1. A 你觉得真的存在外星人吗?
   B 三年前，朋友的不辞而别把他很伤心。
   C 传统节日的文化变迁，影响着人们的精神世界。
   D 社会这面镜子如同一张隐形的网，束缚了个体的很多行为。

2. A 中国瓷器大量输往欧洲始于明代中期。
   B 民营经济是推动市场经济发展的重要力量。
   C 月球上的一个昼夜大约相当于地球上的28天。
   D 虽然随着时间的推移，如今留存于世的藏书已为数不多。

3. A 春节期间去看场电影，已经成为不少人的习惯。
   B 在西安的一个集市，人们在垃圾桶前排起了长队。
   C 巧克力的营养和保健作用，与可可粉或可可原浆含量有极大关系。
   D 有人说，人生中最重要的是否是你所处的位置，而是你所朝的方向。

4. A 电影《流浪地球》的票房比预测的特别高。
   B 一般来说，2-16岁的孩子和体质弱的女性很容易晕车。
   C 调查发现，上海市的高中生对学习成绩表现出了较为强烈的期望。
   D 上世纪80年代初，辽宁工业快速发展，但沈阳至大连的公路行车时速平均还不到30公里。

정답 및 해설_ 해설집 68쪽

실전 트레이닝 2

1. **A** 通过这类游戏，让孩子可以培养敏锐的观察力。

B 随着极端严寒天气的到来，美国各地的学校纷纷停课。

C 新兴的消费理念和需求带动了新技术、新产业快速成长。

D 提到湿地，很多人脑海中浮现出的是水草丰美、绿意盎然的夏日景象。

2. **A** 文化是一个国家、一个民族的灵魂。

B 人说话紧张的原因之所以过于在乎别人的评价。

C 肠胃不好的人吃生拌菜会影响消化吸收功能，因此最好少吃或不吃。

D 日前，王府井书店儿童阅读体验区与读者见面，一下子成为家长和孩子们的心仪之地。

3. **A** 今天夜间，大部分地区有零星小雪。

B 李建先生的印章，几乎全都是他自己刻制的。

C 最近感冒流行，请大家注意预防，避免不被传染。

D 为了确保瑜伽垫的使用卫生，最好每隔一周清洗一次瑜伽垫。

4. **A** “名家带你写春联”活动在国家图书馆拉开帷幕。

B 杭州市中心闹中取静的地段，藏着一家老字号的中式服装店。

C 在低谷中能否重拾自信，在巅峰上能否保持一颗平常心，决定了一个人成功。

D 受应试教育的影响，很多学校在课程设置上，没有把素质教育和人的全面发展摆在首要位置。

정답 및 해설_ 해설집 70쪽

학습일 ____/____

2 문장 성분

HSK에는 이렇게 출제된다! ▼

★ **독해 제1부분**에서 **문장 성분** 관련 **문제**는 **60~65%** 정도 **출제**된다.

★ **문장 성분 과잉**이나 **부족, 어순 오류**가 **가장 많이 출제**된다.

★ 독해 제1부분에서는 **특수 어휘**를 먼저 찾아 **분석**한 후에 오류 여부를 판단한다. 특수 어휘가 있는 문장이 정확하면, 다른 문장의 **문장 성분**을 **분석**하여 틀린 문장을 찾는다.

1 주어, 술어, 목적어의 오류

한 문장의 문장 성분을 분석할 때 주어와 술어, 목적어를 먼저 확인하여 틀렸는지를 판단한다.

1. 주어의 오류

예

人们/观众

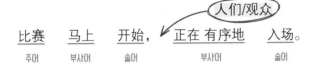

比赛	马上	开始，	↙ 正在 有序地	入场。
주어	부사어	술어	부사어	술어

문제 분석▾ 주어가 부족한 문장이다. 앞 문장의 주어 比赛는 뒤 문장의 술어인 入场의 주어가 될 수 없다. 入场의 주어는 사람이어야 하므로 人们이나 观众 같은 어휘를 추가해야 옳은 문장이 된다.

옳은 문장	比赛马上开始，观众正在有序地入场。 경기가 곧 시작해서, 관중들이 질서 있게 입장하고 있다.

단어 有序 yǒuxù 형 질서 정연하다, 차례가 있다 | 入场 rùchǎng 동 입장하다

HSK POINT! 주어

❶ 문장 성분을 분석하여 **주어**가 **부족**한지 판단한다.

❷ 주어와 목적어는 일반적으로 멀리 떨어져 있어 **호응이 되지 않는 오류 문장**이 많다. 따라서 주어와 목적어를 찾은 후에 호응 구조가 맞는지 판단해야 한다.

체크체크 1

▸ 다음 문장이 맞으면 ○, 틀리면 ×를 표시하세요.

❶ 这种不懂得珍惜、任意浪费是可耻的。 (　　)

❷ 早在婴儿时期，就可以用简单的手语表达情绪。 (　　)

❸ 作为文坛泰斗，他始终以谦虚的态度对待读者。 (　　)

❹ 李白的诗豪迈大气，因此被称为“诗仙”。 (　　)

❺ 由于他感冒发烧，不得不向领导请假。 (　　)

정답 및 해설_ 해설집 73쪽

2. 술어의 오류

예

一个人	如果	不	迈开	双脚，	始终 无法	(到达) 终点。
주어	접속사	부사어	술어	목적어	부사어	목적어

문제 분석▾ 술어가 부족한 문장이다. 부사어 始终无法와 목적어 终点 사이에 술어를 추가해야 옳은 문장이 된다.

옳은 문장	一个人如果不迈开双脚，始终无法到达终点。 한 사람이 만약 두 발을 내딛지 않으면, 끝내 결승점에는 도달할 수 없다.

단어 迈 mài 동 큰 걸음으로 걷다

예

是 또는 呈现出 중 하나 삭제

冬天	来了，	到处	是	呈现	出	白茫茫的	景象。
주어	술어	주어	술어	술어	呈现의 보어	관형어	목적어

문제 분석▼ 술어가 많은 문장이다. 是나 呈现出 중 하나를 삭제해야 옳은 문장이 된다.

옳은 문장	① 冬天来了，到处是白茫茫的景象。 겨울이 오니, 곳곳이 새하얀 모습이다. ② 冬天来了，到处呈现出白茫茫的景象。 겨울이 오니, 곳곳에서 새하얀 모습을 드러냈다.

단어 ★呈现 chéngxiàn 동 나타내다 | 白茫茫 báimángmáng 새하얗다 | 景象 jǐngxiàng 명 모습, 광경

HSK POINT! 술어

❶ 일반적으로 한 문장에 **술어**는 **하나**뿐이다.

❷ 술어가 여러 개 있는 경우

[겸어문] 这个消息<u>让</u>我很<u>激动</u>。이 소식은 나를 감격시켰다.
(让: 술어1, 激动: 술어2)

教室里<u>有</u>几个同学在<u>聊天</u>。교실 안에서 급우 몇 명이 잡담을 하고 있다.
(有: 술어1, 聊天: 술어2)

[연동문] 我<u>听</u>了这个消息非常<u>高兴</u>。나는 이 소식을 듣고 굉장히 기뻤다.
(听: 술어1, 高兴: 술어2)

체크체크 2

▶ 다음 문장이 맞으면 ○, 틀리면 ×를 표시하세요.

❶ 钻石价格昂贵，在一定程度上与其稀有。 (　　)
❷ 这种蔬菜有减肥效果明显。 (　　)
❸ 人与人之间有时难免会矛盾。 (　　)
❹ 这则广告给人一种轻松、愉快的感觉。 (　　)
❺ 他进来的时候，我正闭着的眼睛。 (　　)

정답 및 해설_ 해설집 74쪽

3. 목적어의 오류

예

释放自我는 方式의 관형어가 됨 → 的方式

对于很多人来说，	唱歌	是	一种	释放	自我	。
부사어	주어	술어	관형어	술어	목적어	

문제 분석▼ 목적어가 부족한 문장이다. 주어 唱歌와 술어 是의 목적어가 필요하다. 목적어를 추가하여 释放自我를 관형어로 만든다.

옳은 문장	对于很多人来说，唱歌是一种释放自我的方式。 많은 사람들에게 있어서, 노래는 자기 자신을 발산하는 방식이다.

단어 ★释放 shìfàng 동 석방하다, 방출하다 | 自我 zìwǒ 명 자아, 자기 자신

체크체크 3

▸ 다음 문장이 맞으면 ○, 틀리면 ×를 표시하세요.

❶ 加油站是易燃易爆。 (　　)
❷ 那个小女孩儿竟然成为了一位有名的钢琴家。 (　　)
❸ 儿童房的布置最好灵活性保证。 (　　)
❹ 运动是促进健康的之一秘诀。 (　　)
❺ 这篇论文主要分析了影响留学生正确发音。 (　　)

정답 및 해설_ 해설집 76쪽

공략 트레이닝 1

A 两年前，他创办了一家象棋教育机构。

B 千山风景区获得了“人民喜爱的文化历史名山”称号。

C 全书分为两个部分，第一部分讲故事，第二部分做手工。

D 他的小说充满了乡土气息，因此被称为“寻根文学”作家。

해설 및 정답 **문제 분석▼** 보기 D에서 被称为“寻根文学”作家의 주어가 부족하다. 被称为 앞에 주어 他를 추가해야 옳은 문장이 된다.

A 两年前，(부사어) 他 (주어) 创办了 (술어) 一家 象棋教育 (관형어) 机构。(목적어)

2년 전, 그는 장기 교육 기관을 설립했다.

B 千山风景区 (주어) 获得了 (술어) “人民喜爱的文化历史名山” (관형어) 称号。(목적어)

첸산 관광지는 '사람들이 사랑하는 문화 역사의 명산'이라는 칭호를 얻었다.

C 全书 分为 两个部分，第一部分 讲 故事，第二部分 做 手工。
주어 술어 목적어 주어 술어 목적어 주어 술어 목적어
책은 두 부분으로 나뉘어져 있는데, 첫 번째 부분은 이야기이고, 두 번째 부분은 수공으로 만들기이다.

他

D 他的 小说 充满了 乡土气息，因此 ↓ 被称为 "寻根文学" 作家。
관형어 주어 술어 목적어 접속사 술어 관형어 목적어
그의 소설은 농촌의 정취가 가득하다. 그래서 그는 '뿌리를 찾는 문학' 작가로 불리운다.

단어 创办 chuàngbàn 동 창립하다 | 象棋 xiàngqí 명 중국 장기 | 机构 jīgòu 명 기구, 기관 | ★称号 chēnghào 명 칭호 | ★手工 shǒugōng 명 수공 | ★充满 chōngmǎn 동 가득차다 | 乡土气息 xiāngtǔ qìxī 명 농촌의 정취 | 寻根 xúngēn 동 뿌리를 찾다

2 관형어, 부사어의 오류

1. 관형어의 오류

예

世界历史上，曾 有 几次 火山喷发 大规模的。
부사어 부사어 술어 관형어 목적어 관형어

문제 분석▼ 관형어 위치가 잘못된 문장이다. 관형어는 주어나 목적어 앞에 위치하여 주어나 목적어를 수식한다. 따라서 관형어 大规模的는 목적어 火山喷发 앞으로 옮겨야 한다.

옳은 문장	世界历史上，曾有几次大规模的火山喷发。 세계 역사상, 대규모의 화산 폭발이 몇 차례 있었다.

단어 大规模 dàguīmó 형 대규모의 | 火山 huǒshān 명 화산 | 喷发 pēnfā 동 분출하다

체크체크 4

▸ 다음 문장이 맞으면 ○, 틀리면 ×를 표시하세요.

❶ 啄木鸟喜欢吃虫子树皮中的。 (　　)
❷ 一个人习惯的形成与他的经历有关系很大。 (　　)
❸ 这个家具，是一个设计师叫加文设计的。 (　　)
❹ 奶奶热情好客，家里经常来客人很多。 (　　)
❺ 它就是我家养的那只小黑猫。 (　　)

정답 및 해설_ 해설집 77쪽

2. 부사어의 오류

예

有氧运动	可以	燃烧	脂肪，	但	增加	肌肉	并不会。
주어	부사어	술어	목적어	접속사	술어	목적어	부사어

문제 분석▾ 부사어 위치가 잘못된 문장이다. 술어를 수식하는 부사어는 술어 앞에 위치한다. 따라서 부사어 并不会는 술어 增加 앞으로 옮겨야 한다.

옳은 문장	有氧运动可以燃烧脂肪，但并不会增加肌肉。 유산소 운동은 지방을 연소시킬 수 있지만, 근육을 증가시키지는 않는다.

단어 有氧运动 yǒuyǎng yùndòng 명 유산소 운동 | ★燃烧 ránshāo 동 연소하다 | 脂肪 zhīfáng 명 지방 | 肌肉 jīròu 명 근육

체크체크 5

▸ 다음 문장이 맞으면 ○, 틀리면 ×를 표시하세요.

❶ 最近几个月，几部电影遇冷接连。 (　　)
❷ 好像刀割一样寒风吹在我脸上。 (　　)
❸ 水果不洗干净就吃引来容易疾病。 (　　)
❹ 各国都高度重视历史文物保护。 (　　)
❺ 生姜茶很适合在早上饮用。 (　　)

정답 및 해설_ 해설집 78쪽

공략 트레이닝 2

A 人人都是自己健康的第一责任人。

B 随着游客的增加，小镇上的民宿也越来越多。

C 在球迷眼里，主教练是篮球场边不可或缺的风景。

D 漂亮的外表是给别人看的，却智慧的头脑是给自己用的。

해설 및 정답 **문제 분석▼** 보기 D에서 역접을 나타내는 부사 却는 관형어 앞에 올 수 없으며 주어 뒤 술어 앞에 위치해야 한다.

A	人人	都	是	自己 健康的 第一	责任人。
	주어	부사어	술어	관형어	목적어

사람들은 모두 자기 건강의 첫 번째 책임자이다.

B	随着游客的增加，	小镇上的	民宿	也 越来越	多。
	부사어	관형어	주어	부사어	술어

관광객이 증가함에 따라, 작은 마을에 민박집도 갈수록 많아졌다.

C	在球迷眼里，	主教练	是	篮球场边 不可或缺的	风景。
	부사어	주어	술어	관형어	목적어

팬들의 눈에 감독은 농구장에서 빼놓을 수 없는 풍경이다.

是…的 : 화자의 견해 강조

D	漂亮的	外表	是	给别人	看	的，	却	智慧的	头脑	是	给自己	用	的。
	관형어	주어		부사어	술어		부사	관형어	주어		부사어	술어	

아름다운 외모는 다른 사람에게 보이는 것이고, 지혜로운 두뇌는 자신에게 쓰이는 것이다.

단어 游客 yóukè 명 관광객 | 小镇 xiǎozhèn 명 작은 마을 | 民宿 mínsù 명 민박 | 球迷 qiúmí 명 구기 종목의 팬 | 主教练 zhǔjiàoliàn 명 감독 | ★不可或缺 bù kě huò quē 없어선 안 되다 | 外表 wàibiǎo 명 외모, 겉모양 | ★智慧 zhìhuì 명 지혜 | ★头脑 tóunǎo 명 두뇌

독해 제1부분

3 논리적 오류

1. 호응 오류

예

호응 X

他的 一番	话	打动了	面试官的	注意。
관형어	주어	술어	관형어	목적어

문제 분석▼ 술어와 목적어의 호응이 잘못된 문장이다. '(사람을) 감동시키다'라는 뜻의 打动은 注意와 호응할 수 없다. 打动을 吸引(끌다)으로 바꾸거나 的注意를 삭제해야 옳은 문장이 된다.

옳은 문장	① 他的一番话吸引了面试官的注意。 그의 말은 면접관의 주의를 끌었다. ② 他的一番话打动了面试官。 그의 말은 면접관을 움직였다.

단어 ★番 fān 양 번 | ★打动 dǎdòng 동 마음을 움직이다, 감동시키다

HSK POINT! 호응 오류

❶ **술어**와 **목적어**의 **호응 오류가 가장 많이 출제**된다.

❷ 그 외에 주어와 목적어, 주어와 술어의 호응 오류 문장도 출제된다. 주어, 술어, 목적어를 파악한 후에 서로 호응이 되는지 먼저 체크한다.

체크체크 6

▸ 다음 문장이 맞으면 ○, 틀리면 ×를 표시하세요.

❶ 经过治疗，儿子终于恢复了健康。 (　　)

❷ 积极乐观的人更容易受到快乐。 (　　)

❸ 学校开发了一系列活动。 (　　)

❹ 京剧从小对我很感兴趣。 (　　)

❺ 冬天的丽江是一个美丽的季节。 (　　)

정답 및 해설_ 해설집 79쪽

2. 의미 모순 오류

예

		의미 모순		
列车	突然	渐渐	停	下来了。
주어	부사어	부사어	술어	보어

문제 분석▾ 의미가 모순된 문장이다. 突然(갑자기)과 渐渐(점점)은 서로 의미가 상반되는 어휘라서 停(멈추다)을 동시에 수식할 수 없다.

옳은 문장	
	① 列车突然停下来了。 열차가 갑자기 멈췄다. ② 列车渐渐停下来了。 열차가 서서히 멈춰섰다.

단어 列车 lièchē 명 열차

체크체크 7

▸ 다음 문장이 맞으면 ○, 틀리면 ×를 표시하세요.

❶ 温度升至历史以来的最低点。 (   )
❷ 他收到了北京大学的录取通知书。 (   )
❸ 你应该改掉那些好习惯。 (   )
❹ 到时候我们会引进了很多设备。 (   )
❺ 这篇文章写得很好，而且内容不太深刻。 (   )

정답 및 해설_ 해설집 80쪽

독해 제1부분

3. 의미 중복 오류

예

这家	公司	接到了	超过 100万元 以上的	订单 。
관형어	주어	술어	관형어	목적어

(의미 중복: 超过 ↔ 以上)

문제 분석▾ 의미가 중복된 문장이다. 超过100万元(100만 위안을 넘다)과 100万元以上(100만 위안 이상)은 같은 의미이므로 超过나 以上 중 하나를 삭제해야 옳은 문장이 된다.

옳은 문장

① 这家公司接到了超过100万元的订单。
이 회사는 100만 위안이 넘는 주문을 받았다.

② 这家公司接到了100万元以上的订单。
이 회사는 100만 위안 이상의 주문을 받았다.

단어 订单 dìngdān 명 주문서

체크체크 8

▸ 다음 문장이 맞으면 ○, 틀리면 ×를 표시하세요.

❶ 这么做是为了以提升公司的形象。 (　　)
❷ 公司决定录用他们当中实力最强的其中一个。 (　　)
❸ 春节期间，每个家家户户都会贴春联。 (　　)
❹ 飞机大约7点左右起飞。 (　　)
❺ 我估计他这道题肯定做错了。 (　　)

정답 및 해설_ 해설집 82쪽

공략 트레이닝 3

A 孤山是杭州西湖边的一个小景区。

B 每次回到母校，我都会想起很多以前的往事。

C 据调查，目前短视频是最受手机用户欢迎的传播形式。

D 在纸质图书上印制二维码，打开了传统纸质书与互联网之间的窗口。

해설 및 정답 **문제 분석▼** 보기 B에서 以前的와 往은 같은 의미이므로 의미가 중복되었다. 以前的나 往 둘 중 하나를 삭제해야 옳은 문장이 된다.

A 孤山(주어) 是(술어) 杭州西湖边的一个小(관형어) 景区(목적어)。

구산은 항저우 시후 주변에 있는 작은 관광지이다.

B 每次回到母校，(부사어) 我(주어) 都会(부사어) 想(술어) 起(보어) 很多以前的(관형어) 往事(목적어)。

(每…都: ~할 때마다 ~하다 / 以前的·往: 의미 중복)

모교로 돌아올 때마다, 나는 지난 일들이 많이 떠오른다.

C 据调查，目前(부사어) 短视频(주어) 是(술어) 最受手机用户欢迎的(관형어) 传播形式(목적어)。

조사한 바에 따르면, 현재 쇼트 클립은 휴대폰 사용자들에게 가장 환영 받는 전파 형식이다.

D 在纸质图书上印制二维码，(주어) 打开了(술어) 传统纸质书与互联网之间的(관형어) 窗口(목적어)。

종이책에 QR코드를 인쇄하면서 전통적인 종이책과 인터넷 사이에 창이 열렸다.

단어 孤山 Gūshān 고유 구산[지명] | 杭州 Hángzhōu 고유 항저우[지명] | 西湖 Xīhú 고유 시후[지명] | 景区 jǐngqū 명 관광 지구 | 母校 mǔxiào 명 모교 | ★往事 wǎngshì 명 지난 일 | 短视频 duǎnshìpín 짧은 동영상, 쇼트 클립 | 传播 chuánbō 동 전파하다 | 纸质 zhǐzhì 종이 재질 | 印制 yìnzhì 동 인쇄 제작하다 | ★二维码 èrwéimǎ 명 QR코드

독해 제1부분

실전에 강한

제한 시간 8분

독해 제1부분

문제 적응 훈련

학습일 ____/____

맞은 개수 ______

실전 트레이닝 1

1. A 人工智能正在成为一种必需品。
   B 螃蟹是一种常见的水生动物，外形奇特。
   C 每天早晨，爷爷都会早早起来，诵读《论语》。
   D 街舞作为一种中低强度的有氧运动，一定的减肥功效。

2. A 锂电池是一种复杂而脆弱的材料。
   B 小男孩儿不幸的经历让我心中充分怜惜。
   C 尖毛草是非洲大地上长得最高、最茂盛的毛草。
   D 鲨鱼在保持海洋生态系统平衡中扮演着至关重要的角色。

3. A 任何人都不得不擅自进入研究中心。
   B 伤害海洋动物的是所有垃圾，而不仅仅是塑料袋。
   C 人总是对现有的东西不忍放弃，对舒适平稳的生活恋恋不舍。
   D 老一辈人认为，任劳任怨的品质和吃苦耐劳的精神是员工必备的道德标准。

4. A 1969年，第一台磁悬浮列车在德国研制成功。
   B 古代私塾注重德育，对学生日常行为的考查较为严格。
   C 生物学家发现，陆地上所有的几乎哺乳动物脸上都长有触须。
   D 中国餐桌上绝大多数菜是一桌人共享，而西方人习惯各吃各的，每人一份。

정답 및 해설_ 해설집 83쪽

실전 트레이닝 2

1. A 植物和动物可以利用气味进行复杂的交流。
   B 中国冰雪运动特别是雪上项目起步晚、底子薄。
   C 不论任何什么时候，我们都应该保持积极向上的心态。
   D 旅游业带来重要商机，创造大量就业岗位，是不少国家经济发展的重要支撑。

2. A 冬奥会是世界上规模最大的冬季综合性运动会。
   B 据不完全统计，中国的网络作家达到超过1400万人。
   C 物理学是一门十分贴近生活的科学，它在生活中得到了极其广泛的应用。
   D 据考证，锦标一词最早使用于唐代，是当时最盛大的体育比赛——竞渡的取胜标志。

3. A 实体书店为图书零售市场贡献的销售份额仍不容小觑。
   B 无论陆地还是海洋，过去四年的变暖程度都非同寻常。
   C 当第一次见到一个人时，总会给他留下一个大致的印象。
   D 女排名将朱婷在球场上威风八面，可在土耳其俱乐部打球的她，是不是也有想家的时候?

4. A 在农业社会，农事对气候的影响很大，关乎国计民生。
   B 建设智慧法院大大提高了审判质效、队伍素质能力和司法公信力。
   C 1956年，老舍创作了三幕话剧《茶馆》，曹禺将其称为中国话剧史上的瑰宝。
   D 进入网络时代，故宫仿佛开始了“逆生长”，不断以新的方式，走进公众尤其是年轻人的生活。

정답 및 해설_ 해설집 86쪽

3 동사의 호응

HSK에는 이렇게 출제된다! ▼

★ 독해 제2부분의 총 **38개 빈칸** 중에서 평균 **16개**의 **빈칸**은 **동사**가 **출제 포인트**이다. **동사**는 독해 제2부분 문제 중 **42%**를 차지할 정도로 **출제 비율**이 **높다**.

★ 빈칸 앞뒤의 **단어**와 **호응하는 동사**를 찾는 문제가 가장 많이 **출제**된다. 따라서 자주 결합하는 호응 구조를 암기하고 마스터해야 한다.

★ **유의어**를 **구분**하는 것도 중요하다. 우리말로는 같은 뜻의 중국어라도 문장의 스타일이나 뉘앙스에 따라 차이가 나는 경우가 많다. 따라서 어휘의 뜻과 호응 구조를 학습해야 할 뿐만 아니라 **문장**을 통해 **어휘 사용**에 **어떠한 차이**가 있는지도 알아야 한다.

1 빈출 6급 동사와 호응 구조

□□ 1	崩溃 bēngkuì 붕괴되다	호응	精神崩溃 정신이 붕괴되다 | 网站崩溃 사이트가 다운되다
		예문	洪水导致堤坝崩溃。 홍수는 댐의 붕괴를 초래한다.
□□ 2	测量 cèliáng 측량하다	호응	测量高度 높이를 측정하다 | 测量密度 밀도를 측정하다
		예문	患者最好每天早上测量血糖。 환자는 매일 아침 혈당을 측정하는 것이 가장 좋다.
□□ 3	创作 ★ chuàngzuò 창작하다	호응	创作诗歌 시를 창작하다 | 创作的源泉 창작의 원천
		예문	这个作品的创作灵感来源于大自然。 이 작품의 창작의 영감은 대자연에서 비롯되었다.
□□ 4	阐述 chǎnshù 상세히 논술하다	호응	阐述观点 관점을 상세히 논술하다 | 阐述见解 견해를 상세히 논술하다
		예문	他阐述了自己的立场。 그는 자기의 입장을 상세히 논술했다.
□□ 5	尝试 ★ chángshì 시도하다	호응	不断尝试 끊임없이 시도하다 | 一次尝试 한 번의 시도
		예문	应尝试积极地去解决问题。 적극적으로 문제를 해결하고자 시도해야 한다.
□□ 6	敞开 chǎngkāi 활짝 열다	호응	敞开胸怀 가슴을 열다 | 敞开大门 대문을 활짝 열다
		예문	可以敞开心扉说心里话的朋友并不多。 마음을 열고 속 이야기를 할 수 있는 친구는 결코 많지 않다.
□□ 7	分泌 ★ fēnmì 분비하다	호응	分泌激素 호르몬을 분비하다 | 分泌胃酸 위산을 분비하다
		예문	通过毛孔向外分泌汗液。 모공을 통해 땀이 밖으로 분비된다.

8	赋予 fùyǔ 부여하다	호응	赋予使命 사명을 부여하다 | 赋予任务 임무를 부여하다
		예문	艺术节的举办赋予了这座老城新活力。 예술제 개최는 이 오래된 도시에 새로운 활력을 부여했다.
9	感慨 gǎnkǎi 감개무량하다	호응	感慨万千 감개가 무량하다 | 无限感慨 감개무량하다
		예문	回到故乡，真是感慨万千。 고향에 돌아오니, 정말 감개가 무량하다.
10	灌溉 guàngài 관개하다	호응	灌溉农田 밭을 관개하다 | 引水灌溉 물을 끌어 관개하다
		예문	这座堤坝还起到了灌溉的作用。 이 댐은 관개 작용도 한다.
11	寄托 ★ jìtuō 의탁하다	호응	寄托希望 희망을 걸다 | 寄托于未来 미래에 걸다
		예문	很多父母把希望寄托在孩子身上。 많은 부모가 희망을 아이에게 건다.
12	借鉴 jièjiàn 참고로 하다	호응	借鉴历史 역사를 참고로 하다 | 借鉴经验 경험을 참고하다
		예문	我们借鉴了外国企业的成功经验。 우리는 외국 기업의 성공한 경험을 참고했다.
13	描绘 ★ miáohuì 그리다, 묘사하다	호응	描绘情景 장면을 그리다 | 描绘大自然 대자연을 그리다
		예문	这首诗描绘了少数民族的生活。 이 시는 소수민족의 생활을 그렸다.
14	丧失 ★ sàngshī 상실하다	호응	丧失听力 청력을 잃다 | 丧失自信 자신감을 잃다
		예문	经常被批评让他丧失了工作的热情。 자주 비판을 받아 그는 일할 의욕을 상실했다.
15	塑造 sùzào 인물을 형상화하다	호응	塑造形象 이미지를 묘사하다 | 塑造雕像 조각상을 만들다
		예문	他的小说塑造了很多人物形象。 그의 소설은 많은 인물의 이미지를 묘사했다.
16	陶醉 ★ táozuì 도취하다	호응	令人陶醉 사람을 도취시키다 | 自我陶醉 자아도취
		예문	大家都陶醉于这美景之中。 모두가 이 아름다운 풍경에 도취했다.
17	突破 ★ tūpò 돌파하다	호응	突破局限 한계를 벗어나다 | 突破记录 기록을 깨다
		예문	如何突破这个难关是关键。 어떻게 이 난관을 돌파할 것인지가 관건이다.
18	陷入 xiànrù 빠지다	호응	陷入危机 위기에 빠지다 | 陷入沉思 깊은 생각에 빠지다
		예문	世界经济再次陷入困境。 세계 경제가 다시 곤경에 빠졌다.
19	泄露 xièlòu 누설하다, 폭로하다	호응	泄露秘密 비밀을 누설하다 | 泄露数据 데이터를 누설하다
		예문	个人信息一旦泄露，要及时报警。 일단 개인 정보가 누출되면, 바로 경찰에 신고해야 한다.

20	支撑 zhīchēng 버티다, 지탱하다	호응	支撑重量 무게를 지탱하다 | 支撑身体 몸을 지탱하다
		예문	这些钱支撑不了几天。 이 돈으로는 며칠 버티지 못한다.

공략 트레이닝 1

糖尿病主要是由于体内胰岛素______缺陷引起的。目前尚无根治糖尿病的方法，但通过饮食、运动和药物治疗等______，可以有效控制糖尿病。患者最好每天早上______血糖，并根据血糖高低随时调整治疗方法。

A 分散　功能　维持　　B 分泌　手段　测量
C 形成　环节　监督　　D 释放　前提　测验

해설 및 정답 문제 분석▼ 胰岛素+分泌(인슐린 분비)와 测量+血糖(혈당을 측정하다)은 빈출 호응 구조이다.

糖尿病主要是由于体内胰岛素①**分泌**缺陷引起的。目前尚(=还 아직)无根治糖尿病的方法，但通过饮食、运动和药物治疗等②**手段**，可以有效控制糖尿病。患者最好每天早上③**测量**血糖，并根据血糖高低随时调整治疗方法。

당뇨병은 주로 체내에 인슐린 **분비**의 결함으로 발생된다. 현재 당뇨병을 근본적으로 치료하는 방법은 아직 없지만, 음식과 운동, 약물 치료 등의 **방법**을 통해 당뇨병을 효과적으로 억제할 수 있다. 환자는 매일 아침 혈당을 **측정하고**, 혈당의 수치에 따라 치료 방법을 수시로 조정하는 것이 가장 좋다.

A 分散×　功能×　维持×
B 分泌○　手段○　测量○
C 形成×　环节×　监督×
D 释放×　前提×　测验×

A 분산하다 / 기능 / 유지하다
B 분비하다 / 방법 / 측정하다
C 형성하다 / 일환 / 감독하다
D 방출하다 / 전제 / 시험하다

단어 ★糖尿病 tángniàobìng 명 당뇨병 | 胰岛素 yídǎosù 명 인슐린 | ★分泌 fēnmì 명 분비 | ★缺陷 quēxiàn 명 결함 | 目前 mùqián 명 지금, 현재 | ★尚 shàng 부 아직 | 根治 gēnzhì 동 근치하다, 병을 완전히 고치다 | 饮食 yǐnshí 명 음식 | ★手段 shǒuduàn 명 수단, 방법 | ★有效 yǒuxiào 형 유효하다 | ★控制 kòngzhì 동 억제하다 | 患者 huànzhě 명 환자 | 测量 cèliáng 동 측량하다 | 血糖 xuètáng 명 혈당 | ★调整 tiáozhěng 동 조정하다 | 分散 fēnsàn 동 분산하다 | ★环节 huánjié 명 일환, 부분 | 监督 jiāndū 동 감독하다 | ★释放 shìfàng 동 방출하다 | ★前提 qiántí 명 전제 | 测验 cèyàn 동 시험하다

빈출 호응

- **分散** fēnsàn 동 **분산하다** ▸ 分散注意力 주의력을 분산시키다 | 分散投资 투자를 분산하다
- **释放** shìfàng 동 **방출하다** ▸ 释放能量 에너지를 방출하다 | 释放压力 스트레스를 풀다
- **维持** wéichí 동 **유지하다** ▸ 维持生计 생계를 유지하다 | 维持秩序 질서를 지키다

2 6급 단어가 아닌 동사의 호응 구조 (필수체크)

독해 제2부분에서는 3, 4, 5급 단어와 HSK 필수 단어가 아닌 단어도 많이 출제된다.

1	倒(4급)酒	술을 따르다	26	满足(5급)需求	수요를 만족시키다
2	深受推崇	크게 추앙을 받다	27	蒙受损失	손해를 보다
3	摆(5급)放碗筷	그릇과 젓가락을 놓다	28	培养(5급)能力	능력을 키우다
4	保持(5급)状态	상태를 유지하다	29	日光照射	햇빛이 비치다
5	保存(5급)完好	완벽하게 보존되다	30	缩短(5급)寿命	수명을 줄이다
6	播放(5급)音乐	음악을 틀다	31	表明(5급)立场	입장을 표명하다
7	超出范围	범위를 벗어나다	32	输入(5급)文字	문자를 입력하다
8	传承历史	역사를 전승하다	33	太阳升(5급)起	해가 뜨다
9	促进(5급)发展	발전을 촉진하다	34	提供(4급)空间	공간을 제공하다
10	达到(5급)目的	목적을 달성하다	35	挑选食物	음식을 선택하다
11	达到(5급)效果	효과를 거두다	36	调整(5급)心态	심리 상태를 조절하다
12	达到(5급)规模	규모에 달하다	37	涂肥皂沫	비누 거품을 묻히다
13	得到补偿	보상을 받다	38	围绕(5급)主题	주제를 중심으로 하다
14	符合(4급)理念	이념에 부합되다	39	吸取(5급)养分	영양분을 흡수하다
15	改善(5급)质量	품질을 개선하다	40	引起(4급)共鸣	공감을 자아내다
16	挂(4급)在嘴边	입에 올리다	41	浮现在脑海中	머릿속에 떠오르다
17	含有物质	물질을 함유하다	42	造成(5급)危害	피해를 가져오다
18	缓解(5급)疲劳	피로를 해소하다	43	占有地位	지위를 차지하다
19	缓解(5급)矛盾	모순을 완화시키다	44	招人喜欢	호감을 사다
20	获取信息	정보를 얻다	45	提升免疫力	면역력을 높이다
21	降低(4급)血压	혈압을 낮추다	46	欣赏(5급)作品	작품을 감상하다
22	进入视野	시선에 들어오다	47	控制(5급)音量	음량을 조절하다
23	营造氛围	분위기를 조성하다	48	富有民族色彩	민족적 색채를 띠다

□□ 24	栽一棵树	나무 한 그루를 심다	□□ 49	画(3급)一道风景线	풍경을 그리다
□□ 25	利用(5급)机会	기회를 이용하다	□□ 50	患疾病	질병을 앓다

*급수가 표시되지 않은 단어는 HSK 급수 단어가 아님

공략 트레이닝 2

说起水利工程，很多人脑海中______的可能都是堤坝的形象，但在2000多年前______的都江堰却不同，它是以无坝引水为特征的河堰。都江堰是中国目前______最完好的古代水利工程，至今仍发挥着防洪、______作用。

A 兑现　维修　收藏　耕地　　B 展现　修复　保留　丰收

C 浮现　修建　保存　灌溉　　D 涌现　装修　保管　播种

해설 및 정답 **문제 분석▼** ①번 빈칸 앞에 脑海(머리)와 호응하여 '머릿속에 떠오르다'라는 의미를 나타내는 浮现(떠오르다)이 가능하다. 涌现(생겨나다)도 脑海와 호응할 수 있지만, 涌现은 '많은 생각이 끊임없이 떠오르다'라는 의미를 강조하기 때문에 문맥상 적합하지 않다.

说起水利工程，很多人脑海中①**浮现**的可能都是堤坝的形象，但在2000多年前②**修建**的都江堰却不同，它是以无坝引水为特征的河堰。都江堰是中国目前③**保存**最完好的古代水利工程，至今仍发挥着防洪、④**灌溉**作用。

(머릿속에 떠오르다 → 脑海中浮现, 浮现在脑海中 / 修建(건설하다)+大楼(빌딩)/堤坝(댐) / ~을 특징으로 하다 / 완벽하게 보존하다 / ~역할을 발휘하다)

수리 공사에 대해 말하면, 많은 사람들의 머릿속에 댐의 이미지가 **떠오를** 것이다. 하지만 2000여 년 전에 **건설된** 두장옌은 다르다. 그것은 댐 없이 물을 끌어오는 것이 특징인 강둑이다. 두장옌은 중국에서 현재 가장 완벽하게 **보존된** 고대 수리 공사로, 지금까지 여전히 홍수 방지와 **관개** 작용을 발휘하고 있다.

A 兑现× 维修× 收藏× 耕地×　　A 실행하다 / 보수하다 / 소장하다 / 경지

B 展现× 修复× 保留× 丰收×　　B 펼쳐지다 / 복원하다 / 보류하다 / 풍작

C 浮现○ 修建○ 保存○ 灌溉○　　**C 떠오르다 / 건설하다 / 보존하다 / 관개**

D 涌现× 装修× 保管× 播种×　　D 생겨나다 / 인테리어 / 보관하다 / 파종

단어 水利工程 shuǐlì gōngchéng 명 수리 공사 | 脑海 nǎohǎi 명 머리, 생각 | 浮现 fúxiàn 동 떠오르다 | 堤坝 dībà 명 댐, 둑 | ★形象 xíngxiàng 명 형상, 이미지 | 修建 xiūjiàn 동 건설하다, 시공하다 | 都江堰 Dūjiāngyàn 고유 두장옌[진(秦)나라 때 건설된 수리 시설] | 河堰 héyàn 명 강둑 | ★保存 bǎocún 동 보존하다 | 完好 wánhǎo 형 온전하다 | 古代 gǔdài 명 고대 | 至今 zhìjīn 부 지금까지 | ★发挥 fāhuī 동 발휘하다 | 防洪 fánghóng 홍수를 방지하다 | 灌溉 guàngài 명 관개 | 兑现 duìxiàn 동 약속을 실행하다 | 维修 wéixiū 동 보수하다 | ★收藏 shōucáng 동 소장하다 | 耕地 gēngdì 명 경지 | ★展现 zhǎnxiàn 동 전개하다, 펼쳐지다 |

修复 xiūfù 동 수리하여 복원하다 | ★保留 bǎoliú 동 보류하다 | 丰收 fēngshōu 명 풍작 | 涌现 yǒngxiàn 동 생겨나다, 배출되다 | 装修 zhuāngxiū 동 인테리어 하다 | 保管 bǎoguǎn 동 보관하다 | ★播种 bōzhǒng 명 파종

빈출 호응

- **兑现** duìxiàn 동 **약속을 실행하다, 현금으로 바꾸다** ▸ **兑现**承诺 약속을 실행하다 | **兑现**支票 수표를 현금으로 바꾸다
- **展现** zhǎnxiàn 동 **전개하다, 펼쳐지다** ▸ **展现**能力 능력을 보여 주다 | **展现**才华 재능을 드러내다
- **涌现** yǒngxiàn 동 **생겨나다, 배출되다** ▸ **涌现**出许多人才 수많은 인재를 배출하다 | **涌现**出很多想法 많은 생각이 쏟아지다
- **维修** wéixiū 동 **보수하다** ▸ **维修**机器 기계를 수리하다 | **维修**汽车 자동차를 정비하다
- **修复** xiūfù 동 **수리하여 복원하다** ▸ **修复**名迹 명승고적을 복원하다 | **修复**文物 문화재를 복원하다

독해 제2부분

3 빈출 동사 유의어

1. 摆脱 VS 脱离

摆脱 bǎituō	뜻	**부정적인 것에서 벗어나다**[빠져나오려는 주관적인 감정이 강함]
	호응	**摆脱**烦恼 고민에서 벗어나다 | **摆脱**困境 곤경에서 벗어나다
	예문	她想**摆脱**家务的束缚。그녀는 집안일의 속박에서 벗어나고 싶어 한다.
脱离 tuōlí	뜻	**어떤 상황이나 환경에서 벗어나다**
	호응	**脱离**现实 현실에서 벗어나다 | **脱离**群众 군중을 떠나다
	예문	这部电影内容**脱离**实际生活，让人无法产生共鸣。 이 영화의 내용은 실제 생활과 동떨어져서 공감을 할 수가 없다.

2. 辨认 VS 识别 ★

辨认 biànrèn	뜻	**식별해 내다**[일반적으로 주어는 사람임]
	호응	**辨认**方向 방향을 변별하다 | **辨认**笔迹 필적을 판별하다
	예문	无法**辨认**出这张照片里的人。이 사진 속의 사람을 알아볼 수가 없다.
识别 shíbié	뜻	**식별하다, 분별하다**[주어가 사람이 아닐 수도 있음]
	호응	**识别**二维码 QR코드를 식별하다 | **识别**人脸 얼굴을 식별하다
	예문	人脸**识别**系统应用很广。안면인식시스템의 응용이 매우 광범위하다.

TIP 辨은 '눈으로 분별하다'의 뜻이고, 辩은 '말로 변론하다'의 뜻이다.

예 辨别 biànbié 구별하다 | 分辨 fēnbiàn 분별하다 | 辩论 biànlùn 변론하다 | 辩解 biànjiě 변명하다

3. 处于 VS 位于

处于 chǔyú	뜻	(어떤 지위, 상태, 환경, 시간에) 처하다, 놓이다[추상적인 대상에 많이 쓰임]
	호응	处于危险中 위험에 처하다 | 处于优势 우위에 있다
	예문	电脑正处于待机状态。 컴퓨터가 대기 상태에 있다.
位于 wèiyú	뜻	~에 위치하다[주로 구체적인 장소에 쓰임]
	호응	位于沿海 바닷가에 위치하다 | 位于内陆 내륙에 위치하다
	예문	四川省位于中国西南部。 쓰촨성은 중국의 서남부에 위치해 있다.

4. 传达 VS 传播 VS 传递

传达 chuándá	뜻	전하다, 전달하다
	호응	传达命令 명령을 전달하다 | 传达决定 결정을 전달하다
	예문	我来传达一下老板的决定。 제가 사장님의 결정을 전달하겠습니다.
传播 chuánbō	뜻	(사상, 문화 등을) 전파하다
	호응	传播思想 사상을 전파하다 | 传播文化 문화를 전파하다
	예문	儒家思想传播到很多地方。 유가 사상은 많은 곳에 전파되었다.
传递 chuándì	뜻	(차례차례) 전달하다, 전하다, 건네다
	호응	传递信息 정보를 전달하다 | 传递书信 편지를 전하다
	예문	起初人们在墙上刻一些符号，来传递各种信息。 처음에 사람들은 벽에 부호를 새겨서 각종 정보를 전달했다.

5. 激发 VS 激励 VS 唤起

激发 jīfā	뜻	(감정을) 불러일으키다, 분발시키다
	호응	激发灵感 영감을 불러일으키다 | 激发潜力 잠재력을 일깨우다
	예문	好的作品能激发人们的共鸣。 좋은 작품은 사람들의 공감을 불러일으킬 수 있다.
激励 jīlì	뜻	격려하다, 북돋우다
	호응	激励选手 선수를 격려하다 | 激励员工 직원을 격려하다
	예문	朋友的话激励我不断努力。 친구의 말은 나를 계속 노력하도록 격려했다.
唤起 huànqǐ	뜻	(주의, 추억 등을) 불러일으키다, 환기하다
	호응	唤起回忆 추억을 불러일으키다 | 唤起记忆 기억을 떠올리다
	예문	这张照片唤起了我童年的记忆。 이 사진은 내 어린 시절의 기억을 불러일으켰다.

6. 散发 VS 释放 ★

散发 sànfā	뜻	발산하다, 퍼지다, 내뿜다
	호응	散发香气 향기가 퍼지다 | 散发光芒 빛이 나다
	예문	这朵花散发着芳香。이 꽃은 향기를 풍기고 있다.
释放 shìfàng	뜻	방출하다, 내보내다, 석방하다
	호응	释放能量 에너지를 방출하다 | 释放犯人 범인을 석방하다
	예문	太阳在不断地释放热量。태양은 끊임없이 열을 방출한다.

7. 拥有 VS 具有 VS 享有 ★

拥有 yōngyǒu	뜻	(대량의 토지, 인구, 재산 등을) 가지다, 소유하다
	호응	拥有领土 영토를 소유하다 | 拥有健康 건강을 가지다
	예문	该地区拥有丰富的资源。이 지역은 풍부한 자원을 보유하고 있다.
具有 jùyǒu	뜻	가지다, 지니다[주로 추상적인 것에 쓰임]
	호응	具有功效 효과가 있다 | 具有特点 특징이 있다
	예문	这项研究具有历史性的意义。이 연구는 역사적인 의미가 있다.
享有 xiǎngyǒu	뜻	(권리, 명예 등을) 향유하다, 누리다
	호응	享有美誉 명성을 누리다 | 享有声望 명망을 향유하다
	예문	泰山享有“天下第一山”的美誉。 태산은 '천하제일의 산'이라는 명성을 누리고 있다.

8. 展示 VS 展出 ★

展示 zhǎnshì	뜻	드러내다, 나타내다, 전시하다
	호응	展示文化 문화를 전시하다 | 展示实力 실력을 보여 주다
	예문	这场民族时装秀展示了传统服装的古典美。 이번 민족 패션쇼는 전통 의상의 고전적인 아름다움을 보여 주었다.
展出 zhǎnchū	뜻	전시하다, 진열하다
	호응	展出文物 문물을 전시하다 | 展出书画 서화를 전시하다
	예문	这次展览会展出了很多画家的作品。 이번 전시회에는 많은 화가의 작품이 전시되었다.

9. 瞪 VS 盯 VS 眨

瞪 dèng	뜻	부라리다, 눈을 부릅뜨고 노려보다
	예문	他被吓得瞪大了眼睛。그는 놀라서 눈이 휘둥그레졌다.
盯 dīng	뜻	주시하다, 응시하다
	예문	他目不转睛地盯着我。그는 눈 한 번 깜박하지 않고 나를 쳐다보고 있다.
眨 zhǎ	뜻	(눈을) 깜박거리다
	예문	眨眼有助于保持眼睛湿润。 눈을 깜박거리면 눈을 촉촉하게 유지하는 데 도움이 된다.

10. 挪 VS 迈

挪 nuó	뜻	옮기다, 움직이다, (위치를) 변경하다
	예문	他把椅子向后挪了一下。그는 의자를 뒤로 좀 뺐다.
迈 mài	뜻	(큰 걸음으로) 내디디다, 내딛다, 나아가다
	예문	我们已向成功迈进了一步。우리는 이미 성공을 향해 한걸음 다가섰다.

공략 트레이닝 3

青莲镇______四川省江油市，是唐代浪漫主义诗人李白的故乡。青莲镇境内李白文化旅游______十分丰富，名胜古迹众多，有李白纪念馆、李白故居、太白公园等，同时这里也是世界最大的诗歌文化______基地和交流平台。

A 处于　产业　展览　　B 建于　能源　发布

C 位于　资源　展示　　D 在于　规模　炫耀

해설 및 정답 **문제 분석▼** ①번 빈칸은 문맥상 青莲镇(칭롄전)이 四川省江油市(쓰촨성 장유시)에 위치한다는 뜻이므로 동사 位于(~에 위치하다)만이 가능하다.

青莲镇①**位于**四川省江油市，是唐代浪漫主义诗人李白的故乡。青莲镇境内李白文化旅游②**资源**十分**丰富**，名胜古迹众多，有李白纪念馆、李白故居、太白公园等，同时这里也是世界最大的诗歌**文化**③**展示**基地和交流平台。

位于+장소 ~에 위치하다 / 자원이 풍부하다 / 문화 전시

칭롄전은 쓰촨성 장유시에 **위치해** 있는, 당(唐)대의 낭만주의 시인 이태백의 고향이다. 칭롄전 내에 이태백 문화는 관광 **자원**이 굉장히 풍부하고, 이태백 기념관, 이태백의 옛집, 태백공원 등 명승고적이 매우 많다. 동시에 이곳은 세계 최대의 시문화 **전시** 기지이자 교류의 장이기도 하다.

A 处于× 产业× 展览×
B 建于× 能源× 发布×
C 位于○ 资源○ 展示○
D 在于× 规模× 炫耀×

A ~에 처하다 / 산업 / 전람하다
B ~에 짓다 / 에너지 / 선포하다
C ~에 위치하다 / 자원 / 전시하다
D ~에 달려 있다 / 규모 / 자랑하다

독해 제2부분

단어 青莲镇 Qīnglián Zhèn 고유 칭롄전[지명] | ★位于 wèiyú 동 ~에 위치하다 | 江油市 Jiāngyóu Shì 고유 장유시[지명] | 唐代 Tángdài 당(唐)대, 당(唐) 왕조 | 浪漫主义 làngmàn zhǔyì 명 낭만주의 | 李白 Lǐ Bái 고유 이태백[인명] | 故乡 gùxiāng 명 고향 | 境内 jìngnèi 명 경내, 구역 | ★资源 zīyuán 명 자원 | 名胜古迹 míngshèng gǔjì 명 명승고적 | 众多 zhòngduō 형 매우 많다 | 纪念馆 jìniànguǎn 명 기념관 | 故居 gùjū 명 전에 살던 집 | 诗歌 shīgē 명 시, 시가 | ★展示 zhǎnshì 동 전시하다 | 基地 jīdì 명 기지, 근거지 | ★平台 píngtái 명 플랫폼, 기반 | ★处于 chǔyú 동 (어떤 지위나 상태에) 처하다 | 产业 chǎnyè 명 산업 | ★展览 zhǎnlǎn 동 전람하다, 전시하다 | ★能源 néngyuán 명 에너지원 | 发布 fābù 동 선포하다 | ★在于 zàiyú 동 ~에 달려 있다 | ★规模 guīmó 명 규모 | 炫耀 xuànyào 동 자랑하다

빈출 호응

- **处于** chǔyú 동 **(어떤 지위나 상태에) 처하다** ▸ 处于劣势 열세에 처하다 | 处于有利地位 유리한 위치에 있다
- **建于** jiànyú **~에 짓다** ▸ 学校建于1990年 학교는 1990년에 지어졌다
- **在于** zàiyú 동 **~에 달려 있다** ▸ 生命在于运动 생명은 운동에 달려 있다
- **能源** néngyuán 명 **에너지원** ▸ 风力能源 풍력 에너지 | 石油能源 석유 에너지
- **展览** zhǎnlǎn 동 **전람하다, 전시하다** ▸ 展览作品 작품을 전시하다 | 展览书画 서화를 전시하다

문제 적응 훈련

학습일 ____/____

맞은 개수 ______

실전 트레이닝 1

1. 与同纬度的内陆相比，______海洋的地方冬天温和，春天反而寒冷。所以沿海地区的春天来得比内陆要晚______天。如大连纬度在北京以南约1度，但是在大连，榆叶梅的______要比北京迟一个星期。

A 靠拢　多少　盛行　　**B** 靠近　若干　盛开

C 扩张　个别　开放　　**D** 扩散　其他　沉淀

2. 2017年6月，《新华字典》应用程序______，60多年来，这本字典终于______了纸质书的局限，实现了数字化。在这款应用程序里，读者可以看汉字规范笔顺______，可以听______播音员播读的字典内容。

A 发明　排除　录音　公正　　**B** 颁布　跳跃　镜头　高级

C 发布　突破　动画　专业　　**D** 发行　封闭　视频　标准

3. "思南书局·概念店"坐落于上海思南广场，这是一间仅______60天的"快闪书店"。60天里，每天都有一位作家______"特约店长"，与读者面对面，分享______感受，畅谈阅读心得，带来美妙、鲜活的体验。这间特色书店一经开业，便引起大众的______。

A 生效　承担　加工　反馈　　**B** 复兴　竞选　制作　口碑

C 合并　选拔　装修　追捧　　**D** 存在　担任　创作　关注

4. 锣是深受中国人喜欢的一种民族打击乐器，早在北魏______就已经出现。从宋代起锣开始在民间乐队中______使用，其音色低沉、浑厚，音量变化______大，余音长，往往只敲几下，就能______出一种热烈、壮观的音乐氛围。

A 时期　广泛　幅度　营造　　**B** 时光　广大　部位　凝聚

C 至今　普遍　模样　敞开　　**D** 期间　无限　角度　迎合

정답 및 해설_ 해설집 89쪽

실전 트레이닝 2

1. 研究表明，经常______烦恼和忧愁状态中的人，不仅容易衰老，而且______高血压、心脏病等疾病的几率也高。因此，当你______困境时，不妨放轻松，______精神愉快，以缓解生理和心理上的痛苦。

A 在于　磕　遭遇　维持　　**B** 过渡　哄　遭殃　激发
C 处于　患　陷入　保持　　**D** 呈现　染　降临　掀起

2. 电影字幕翻译受影片类型的______，影片类别不同，字幕翻译的文字特点也随之不同。如艺术片______艺术性和文化品位，动画片______需关注儿童心理等，这种差异就要求字幕译本应尽可能______原文的这些特点。

A 局限　排斥　既　保险　　**B** 限制　注重　则　保留
C 挑战　脱离　曾　留传　　**D** 障碍　重视　竟　宣扬

3. 月球跟地球一样，也会发生地震，这被称为"月震"。月震比地震发生的______小得多，每年约1000次。而且月震______的能量也远小于地震，最大的月震震级只______于地震的2-3级。太阳和地球的起潮力是______月震的主要原因。

A 次数　散发　好像　引起　　**B** 概率　排放　相比　泄露
C 事件　弥漫　示范　牵制　　**D** 频率　释放　相当　引发

4. 莎车县______新疆喀什地区，这里有超出50位的百岁老人______于各个乡镇。长寿老人为何在这里如此集中？原来叶尔羌河流经莎车县，带给人们赖以______的水源。而这水源来自山脉冰雪融水，水质良好，______多种对人体有益的矿物质元素，有助于人们延年益寿。

A 源于　居住　利用　蕴含　　**B** 位于　遍布　生存　富含
C 至于　聚集　就近　含有　　**D** 平行　堕落　饮用　包括

정답 및 해설_ 해설집 92쪽

4 형용사와 명사의 호응

HSK에는 이렇게 출제된다! ▼

★ 독해 제2부분 총 **38개**의 **빈칸 중**에 **형용사**는 **7개(19%)**, **명사**는 **9개(24%)** 정도 **출제**된다.

★ 시험에서 **자주 출제되는 형용사**와 **명사**, 그리고 형용사와 명사의 **호응 구조**를 반드시 **암기**하고 마스터 해야 한다.

1 빈출 6급 형용사와 호응 구조

1	**充沛** ★ chōngpèi **넘쳐흐르다, 왕성하다**	호응	精力充沛 원기왕성하다 | 降雨充沛 비가 세차게 내리다
		예문	小孩子们的精力很充沛。 어린아이들의 원기는 매우 왕성하다.
2	**罕见** hǎnjiàn **보기 드물다**	호응	罕见的现象 보기 드문 현상 | 罕见的事情 보기 드문 일
		예문	这里下了一场罕见的大雪。 이곳에 보기 드문 큰 눈이 내렸다.
3	**和谐** ★ héxié **조화롭다, 정답다**	호응	和谐的关系 정다운 사이 | 和谐的旋律 조화로운 선율
		예문	这幅画的色彩搭配得很和谐。 이 그림의 색채는 매우 조화롭게 잘 어울린다.
4	**坚定** ★ jiāndìng **확고하다**	호응	坚定的信念 확고한 신념 | 意志坚定 의지가 확고하다
		예문	面对诱惑，他的立场十分坚定。 유혹에 직면한 그의 입장은 매우 확고하다.
5	**坚固** jiāngù **견고하다**	호응	坚固的结构 견고한 구조 | 坚固的建筑 견고한 건축
		예문	这种材料坚固耐用。 이런 재료는 견고하고 오래간다.
6	**艰难** jiānnán **곤란하다, 어렵다**	호응	艰难的生活 힘든 생활 | 处境艰难 처지가 곤란하다
		예문	创业是一件艰难的事情。 창업은 어려운 일이다.
7	**精致** ★ jīngzhì **정교하다**	호응	精致的包装 정교한 포장 | 精致的花纹 정교한 무늬
		예문	这件衣服的设计很精致。 이 옷의 디자인은 매우 정교하다.
8	**开阔** ★ kāikuò **넓다, 탁 트이다**	호응	开阔的视野 넓은 시야 | 思想开阔 생각이 탁 트이다
		예문	江面一下子开阔起来。 강이 단번에 탁 트였다.

9	辽阔 liáokuò 광활하다	호응	辽阔的草原 광활한 초원 | 土地辽阔 토지가 넓다
		예문	马儿奔跑在辽阔的草原上。 말이 광활한 초원 위를 달린다.
10	灵敏 ★ língmǐn 예민하다, 재빠르다	호응	听觉灵敏 청각이 예민하다 | 灵敏的嗅觉 예민한 후각
		예문	这台电脑的键盘反应很灵敏。 이 컴퓨터의 키보드는 반응이 매우 빠르다.
11	漫长 mànchánɡ 멀다, 길다	호응	漫长的岁月 길고 긴 세월 | 漫长而枯燥 길고 지루하다
		예문	实现理想的过程是漫长的。 이상을 실현하는 과정은 길다.
12	茂盛 ★ màoshènɡ 우거지다, 무성하다	호응	茂盛的树木 무성한 나무 | 茂盛的叶子 무성한 잎
		예문	这片竹林长得很茂盛。 이 대나무 숲은 아주 무성하게 자랐다.
13	美妙 měimiào 미묘하다, 아름답다	호응	美妙的歌声 아름다운 노랫소리 | 美妙的乐曲 아름다운 곡
		예문	钢琴的声音真是太美妙了。 피아노 소리는 정말 너무 아름답다.
14	敏锐 mǐnruì 예민하다, 날카롭다	호응	敏锐的观察力 예리한 관찰력 | 目光敏锐 눈빛이 날카롭다
		예문	他对这件事的感觉很敏锐。 그는 이 일에 대한 감각이 매우 예민하다.
15	浓厚 ★ nónɡhòu 짙다, 농후하다	호응	浓厚的气息 짙은 향기 | 浓厚的色彩 짙은 색채
		예문	弟弟对下棋有着十分浓厚的兴趣。 남동생은 장기에 매우 깊은 관심을 가지고 있다.
16	平坦 pínɡtǎn 평탄하다	호응	平坦的道路 평탄한 길 | 地势平坦 지세가 평탄하다
		예문	生活的道路不可能一直平坦。 삶의 길이 항상 평탄할 수는 없다.
17	清晰 qīnɡxī 뚜렷하다, 명석하다	호응	清晰的思路 뚜렷한 생각 | 清晰的轮廓 뚜렷한 윤곽
		예문	现在用手机照相也很清晰。 지금은 휴대폰으로 사진을 찍어도 아주 선명하다.
18	特定 ★ tèdìnɡ 특정한	호응	特定的时间 특정한 시간 | 特定的条件 특정한 조건
		예문	飞行员要具备特定的素质。 조종사는 특정한 자질을 갖추어야 한다.
19	压抑 ★ yāyì 억압하다, 답답하다	호응	压抑的心情 답답한 마음 | 压抑的氛围 답답한 분위기
		예문	压抑的工作环境下，很难产生创意。 억압된 업무 환경에서는 창의력이 생기기 어렵다.
20	珍贵 ★ zhēnɡuì 진귀하다	호응	珍贵的遗产 귀중한 유산 | 珍贵的友情 소중한 우정
		예문	今天的展品都十分珍贵。 오늘의 전시품은 모두 매우 진귀하다.

공략 트레이닝 1

某科学期刊的一项新研究针对人、牛、狗、兔子等13种______动物的嗅觉基因进行了分析，结果______，大象是目前拥有最多嗅觉基因的动物，比狗的嗅觉还______。

A 哺乳　显示　灵敏　　B 神经　审查　灵活
C 飞禽　表明　自由　　D 生态　对照　迅速

해설 및 정답 **문제 분석▼** 마지막 빈칸 앞에 嗅觉(후각)와 호응할 수 있는 형용사는 灵敏(예민하다)뿐이다.

某科学期刊的一项新研究针对人、牛、狗、兔子等13种 ① 哺乳动物的嗅觉基因进行了分析，结果 ② 显示，大象是目前拥有最多嗅觉基因的动物，比狗的嗅觉还 ③ 灵敏。

(人, 牛, 狗, 兔子는 모두 포유동물 / 후각이 예민하다)

어느 과학저널의 새로운 연구에서 사람과 소, 개, 토끼 등 **포유**동물 13종의 후각 유전자에 대한 분석을 진행했다. 결과에서 **나타난** 바로는 코끼리가 현재 가장 많은 후각 유전자를 가진 동물로 개보다 후각이 더 **예민하다**고 한다.

A 哺乳○　显示○　灵敏○
B 神经×　审查×　灵活×
C 飞禽×　表明○　自由×
D 生态×　对照×　迅速×

A 포유 / 나타내다 / 예민하다
B 신경 / 심사하다 / 민첩하다
C 날짐승 / 표명하다 / 자유롭다
D 생태 / 대조하다 / 신속하다

단어 某 mǒu 대 어느, 아무 | 期刊 qīkān 명 정기 간행물 | 针对 zhēnduì 동 겨누다, 대하다 | 哺乳动物 bǔrǔ dòngwù 명 포유동물 | ★嗅觉 xiùjué 명 후각 | ★基因 jīyīn 명 유전자 | ★显示 xiǎnshì 동 뚜렷하게 나타내 보이다 | ★拥有 yōngyǒu 동 보유하다 | 神经 shénjīng 명 신경 | 审查 shěnchá 동 심사하다 | ★灵活 línghuó 형 민첩하다 | 飞禽 fēiqín 명 비금, 날짐승 | ★表明 biǎomíng 동 표명하다 | ★生态 shēngtài 명 생태 | 对照 duìzhào 동 대조하다 | 迅速 xùnsù 형 신속하다

빈출 호응

- **审查** shěnchá 동 **심사하다** ▸ 审查材料 자료를 심사하다 | 审查作品 작품을 심사하다
- **对照** duìzhào 동 **대조하다** ▸ 对照原文 원문을 대조하다 | 对照笔迹 필적을 대조하다
- **灵活** línghuó 형 **민첩하다** ▸ 头脑灵活 두뇌가 영민하다 | 动作灵活 동작이 민첩하다

2 빈출 6급 명사와 호응 구조

1	风味 ✱ fēngwèi 풍미, 맛	호응	传统风味 전통적인 풍미 | 独特的风味 독특한 맛
		예문	这条小吃街有各地的风味小吃。 이 먹자골목에는 각지의 향토 음식이 있다.
2	福利 fúlì 복리, 복지	호응	谋福利 복지를 꾀하다 | 福利制度 복리후생제도
		예문	他们单位福利不错。그들의 부서는 복지가 좋다.
3	功效 ✱ gōngxiào 효능, 효과	호응	药用功效 약용 효능 | 明显的功效 뚜렷한 효과
		예문	巧克力中的可可有促进健康的功效。 초콜릿 속에 카카오는 건강을 촉진하는 효능이 있다.
4	光芒 guāngmáng 광망, 빛	호응	耀眼的光芒 눈부신 빛 | 光芒四射 빛이 사방에 비치다
		예문	太阳发出耀眼的光芒。 태양이 눈부신 빛을 발한다.
5	极端 jíduān 극단	호응	达到极端 극한에 이르다 | 极端主义 극단주의
		예문	片面地看问题难免会走向极端。 단편적으로 문제를 보면 극단으로 치닫지 않을 수 없다.
6	节奏 ✱ jiézòu 리듬	호응	节奏快 리듬이 빠르다 | 生活节奏 생활 리듬
		예문	大城市的生活节奏太快。대도시의 생활 리듬은 너무 빠르다.
7	框架 kuàngjià 틀, 구성	호응	剧本的框架 극본의 구성 | 制定框架 틀을 짜다
		예문	他的小说已经有了基本框架。 그의 소설은 이미 기본적인 틀이 잡혀 있다.
8	面貌 miànmào 면모, 상태, 상황	호응	精神面貌 정신 상태 | 本来的面貌 본래의 면모
		예문	这部电影反映了当时的时代面貌。 이 영화는 당시의 시대적 상황을 반영했다.
9	民间 ✱ mínjiān 민간	호응	民间传说 민간 전설 | 民间风俗 민간 풍습
		예문	这种说法在民间广泛流传。이러한 견해는 민간에 널리 퍼졌다.
10	名誉 ✱ míngyù 명예	호응	享有…名誉 ~한 명예를 누리다 | 有损名誉 명예를 손상시키다
		예문	金钱与名誉都不是最重要的。 금전과 명예 모두 가장 중요한 것은 아니다.
11	气势 qìshì 기세, 기개	호응	气势宏大 기개가 웅대하다 | 气势磅礴 기세가 드높다
		예문	长城气势雄伟。만리장성의 기세가 웅장하다.
12	潜力 ✱ qiánlì 잠재력	호응	发掘潜力 잠재력을 발굴하다 | 无限的潜力 무한한 잠재력
		예문	这座城市有着巨大的发展潜力。 이 도시는 엄청난 발전 잠재력을 가지고 있다.
13	时机 shíjī 시기	호응	把握时机 시기를 잡다 | 错过时机 시기를 놓치다
		예문	现在是投资的最佳时机。지금이 투자할 최적의 시기이다.

14	**体系** tǐxì **체계, 체제**	호응	收费体系 과금 체계 | 管理体系 관리 계통
		예문	政府需要建立一套完善的社会保障体系。 정부는 완벽한 사회 보장 체계를 세울 필요가 있다.
15	**系列** ★ xìliè **계열**	호응	一系列问题 일련의 문제 | 系列产品 시리즈 제품
		예문	公司采取了一系列措施。 회사는 일련의 조치를 취했다.
16	**修养** xiūyǎng **수양, 교양**	호응	艺术修养 예술적 소양 | 文学修养 문학적 소양
		예문	他很有修养，从不和人争吵。 그는 교양이 있어서, 지금까지 남과 다툰 적이 없다.
17	**隐患** ★ yǐnhuàn **잠복해 있는 병, 폐해**	호응	安全隐患 안전 방면에 잠복해 있는 위험 | 消除隐患 숨은 우환을 없애다
		예문	充电时玩儿手机存在安全隐患。 충전 중에 휴대폰을 사용하면 안전상의 위험이 있다.
18	**缘故** yuángù **연고, 원인**	호응	天气的缘故 날씨 탓 | 没什么缘故 아무 연고도 없다
		예문	大概是假期的缘故，学校周围很冷清。 아마 방학인 이유로 학교 주변이 한산하다.
19	**元素** ★ yuánsù **원소, 요소**	호응	营养元素 영양소 | 化学元素 화학 원소
		예문	水是维持生命的重要元素。 물은 생명을 유지해 주는 중요한 요소이다.
20	**障碍** ★ zhàng'ài **장애물, 방해물**	호응	扫除障碍 장애물을 제거하다 | 越过障碍 장애물을 넘다
		예문	无人汽车能自动避开障碍。 무인자동차는 자동으로 장애물을 피할 수 있다.

공략 트레이닝 2

太阳系八大行星中，木星的质量是其他七大行星______的2.5倍。当木星、地球与太阳排成一条直线时，木星距离地球最近，也最明亮，此时是观测木星的最佳______。在天文学上，这种______被称为“木星冲日”。

A 公式 片刻 性质　　B 总和 时机 现象

C 范围 时光 面貌　　D 框架 空间 局势

해설 및 정답 **문제 분석▼** ②번 빈칸 앞에 此时是观测木星的最佳(이때가 목성을 관측하기에 가장 좋은) 내용으로 보아 '때, 시기'가 적합하므로 가장 어울리는 단어는 时机(시기)이다.

太阳系八大行星中，木星的质量是其他七大行星①**总和**的2.5倍。当木星、地球与太阳排成一条直线时，木星距离地球最近，也最明亮，此时(주어) 是(술어) 观测木星的最佳(관형어) ②**时机**(목적어)。在天文学上，这种③**现象**被称为“木星冲日”。

태양계의 8대 행성 중, 목성의 질량은 다른 7대 행성을 **합친** 것에 2.5배나 된다. 목성과 지구, 그리고 태양이 일직선으로 서있을 때, 목성은 지구와의 거리가 가장 가깝고도 가장 밝은데, 이때가 목성을 관측하기에 가장 좋은 **시기**이다. 천문학에서는 이러한 **현상**을 '목성 충일'이라고 부른다.

A 公式× 片刻× 性质×
B 总和○ 时机○ 现象○
C 范围× 时光× 面貌×
D 框架× 空间× 局势×

A 공식 / 잠시 / 성질
B 총계 / 시기 / 현상
C 범위 / 세월 / 면모
D 구성 / 공간 / 정세

단어 太阳系 tàiyángxì 명 태양계 | 行星 xíngxīng 명 행성 | 木星 mùxīng 명 목성 | 质量 zhìliàng 명 질량 | 总和 zǒnghé 명 총화, 총계 | 倍 bèi 양 배, 곱절 | 直线 zhíxiàn 명 직선 | ★明亮 míngliàng 형 밝다, 환하다 | 观测 guāncè 동 관측하다 | ★佳 jiā 형 좋다 | ★时机 shíjī 명 시기 | 天文学 tiānwénxué 명 천문학 | ★现象 xiànxiàng 명 현상 | 冲 chōng 동 돌진하다 | 公式 gōngshì 명 공식 | 片刻 piànkè 명 잠시 | ★性质 xìngzhì 명 성질 | 时光 shíguāng 명 시절, 세월 | 空间 kōngjiān 명 공간 | 局势 júshì 명 정세, 형세

빈출 호응

- **片刻** piànkè 명 **잠시** ▸ 稍等片刻 잠시 기다리다 | 小睡片刻 잠깐 자다
- **时光** shíguāng 명 **시절, 세월** ▸ 美好的时光 아름다운 시절 | 童年时光 어린 시절
- **局势** júshì 명 **정세, 형세** ▸ 国际局势 국제 정세 | 局势紧张 정세가 긴박하다

독해 제2부분

3 6급 단어가 아닌 형용사와 명사의 호응 구조 필수체크

1	丰富(4급)的资源(5급)	풍부한 자원	26	良好(5급)的状态(5급)	좋은 상태
2	细腻的表演	섬세한 연기	27	舒适(5급)的生活	편안한 생활
3	密切(5급)的关系	밀접한 관계	28	出色(5급)的想法	뛰어난 아이디어
4	悠久(5급)的历史	유구한 역사	29	严格(4급)的要求	엄격한 요구
5	强烈(5급)的反应(5급)	강렬한 반향, 강한 반응	30	盎然的春色	완연한 봄빛
6	巨大(5급)的挑战(5급)	큰 도전	31	棘手的问题	까다로운 문제
7	灵活(5급)的双手	민첩한 두 손	32	幸福(4급)的回忆(4급)	행복한 추억
8	眩晕的感觉(4급)	어지러운 느낌	33	视线模糊(5급)	시야가 흐려지다
9	规模(5급)宏大	규모가 방대하다	34	色彩(5급)鲜艳(5급)	색채가 화려하다
10	动作(4급)缓慢	동작이 더디다	35	用途(5급)广泛(5급)	용도가 폭넓다
11	语言优美(5급)	언어가 아름답다	36	应用(5급)广泛(5급)	응용이 광범위하다
12	分工明确(5급)	분업이 명확하다	37	任务(4급)艰巨(5급)	임무가 막중하다
13	工序复杂	제조 공정이 복잡하다	38	响起掌声	박수 소리가 울려퍼지다
14	分布(5급)均匀(5급)	분포가 고르다	39	产量减少	생산량이 감소하다
15	自由(5급)活动	자유로운 활동	40	独立(5급)思考	독립적인 사고
16	坦然面对	태연히 직면하다	41	生动(5급)活泼(4급)	생동감 있고 활기차다
17	提高效率(5급)	효율을 높이다	42	情绪(5급)低落	기분이 가라앉다
18	呈现…趋势(5급)	~한 경향이 나타나다	43	符合道理(5급)	이치에 맞다
19	巅峰时期(5급)	전성기	44	成功的概率	성공할 확률
20	艺术(4급)价值(5급)	예술적 가치	45	历史背景(5급)	역사적 배경
21	试行阶段(5급)	시행 단계	46	自我认识	자아 인식
22	大脑功能(5급)	대뇌의 기능	47	组成部分(4급)	구성 부분
23	登机手续(5급)	탑승 수속	48	人格魅力(5급)	인간적인 매력
24	抓紧树枝	나뭇가지를 꽉 잡다	49	从表面(5급)上看	표면적으로 보기에는
25	以…为口号	~을 구호로 삼다	50	以…为背景(5급)	~을 배경으로 하다

*색으로 표시된 단어는 독해 제2부분의 **빈출 어휘**임(파란색→형용사, 주황색→명사)

**색으로 표시된 단어 중 급수가 표시되지 않은 단어는 HSK 급수 단어가 아님

공략 트레이닝 3

作为一种传统食品，年糕的历史______。据史料记载，年糕最早出现于汉朝，一直流传至今，并有南北______之别。南方年糕有蒸、炸、炒、汤煮等多种______方法，味道咸甜皆有，北方年糕______以甜为主。

A 漫长　气味　改良　并　　B 陈旧　滋味　品尝　竟
C 遥远　品种　包装　却　　D 悠久　风味　烹饪　则

해설 및 정답 **문제 분석▼** '역사가 유구하다'라는 뜻을 나타내는 历史悠久는 고정 표현이다.

作为一种传统食品，年糕的历史①**悠久**(역사가 유구하다)。据史料记载(~기록에 따라, ~기재된 바에 의하면)，年糕最早出现于汉朝，一直流传至今，并有南北②**风味**之别(~으로 구별되다)。南方年糕有蒸、炸、炒、汤煮等多种③**烹饪**方法，味道咸甜皆有，北方年糕④**则**(그러나, 오히려[대조, 역접을 나타냄])以甜为主。

전통음식으로서 떡의 역사는 **유구하다**. 사료에 기재된 바에 의하면, 떡은 한(漢)나라 시기에 처음 출현하여 지금까지 전해져 내려왔으며, 남북의 **풍미**가 다르다고 한다. 남방의 떡은 찌고, 튀기고, 볶고, 끓이는 등의 여러 **조리**법이 있으며, 짠맛과 단맛을 모두 가지고 있다. **그러나** 북방의 떡은 단맛을 위주로 한다.

A 漫长× 气味× 改良× 并×
B 陈旧× 滋味× 品尝× 竟×
C 遥远× 品种× 包装× 却○
D 悠久○ 风味○ 烹饪○ 则○

A 길다 / 냄새 / 개량하다 / 또한
B 낡다 / 맛 / 시식하다 / 결국
C 멀다 / 품종 / 포장하다 / 도리어
D 유구하다 / 풍미 / 조리하다 / 그러나

단어 食品 shípǐn 명 식품 | 年糕 niángāo 명 떡 | ★悠久 yōujiǔ 형 유구하다 | 据 jù 동 의거하다 | 史料 shǐliào 명 사료 | ★记载 jìzǎi 동 기재하다 | 汉朝 Hàncháo 한(漢)나라 | 流传 liúchuán 동 유전하다 | 至今 zhìjīn 동 지금에 이르다 | 蒸 zhēng 동 찌다 | 炸 zhá 동 기름에 튀기다 | 炒 chǎo 동 볶다 | 汤煮 tāngzhǔ 끓이다 | 烹饪 pēngrèn 동 조리하다 | 皆 jiē 부 모두 | 漫长 màncháng 형 멀다, 길다 | ★气味 qìwèi 명 냄새 | 改良 gǎiliáng 동 개량하다 | 陈旧 chénjiù 형 낡다 | 滋味 zīwèi 명 맛 | ★品尝 pǐncháng 동 맛보다, 시식하다 | 遥远 yáoyuǎn 형 아득히 멀다, 요원하다 | 品种 pǐnzhǒng 명 품종

빈출 호응

- **漫长** màncháng 형 **멀다, 길다** ▸ 漫长的岁月 길고 긴 세월 | 漫长的等待 길고 긴 기다림
- **陈旧** chénjiù 형 **낡다** ▸ 陈旧的照片 낡은 사진 | 观念陈旧 관념이 케케묵다
- **遥远** yáoyuǎn 형 **아득히 멀다, 요원하다** ▸ 遥远的地方 머나먼 곳 | 路途遥远 길이 아주 멀다
- **滋味** zīwèi 명 **맛** ▸ 滋味鲜美 맛이 아주 좋다 | 心里不是滋味 마음이 서글프다
- **品种** pǐnzhǒng 명 **품종** ▸ 小麦的品种 밀의 품종 | 品种优良 품종이 우수하다

문제 적응 훈련

학습일 ____/____
맞은 개수 ______

실전 트레이닝 1

1. 当今的社会是个竞争异常______的社会，如果不能保持______的状态，很容易被淘汰。每天早起利用一点儿时间晨练，不仅可以锻炼身体，还能让自己保持精力______，从而做好一天的工作。

A 激烈　良好　充沛　　B 刺激　优质　充满
C 猛烈　优越　丰盛　　D 热烈　出色　旺盛

2. 银杏果又叫白果，______非常丰富，含有银杏酸、钙、钾、磷等多种有益人体的微量______、维生素等。而且味道香甜细软，滋味极佳，______良好的保健功能。但有一点要注意的是，白果有小毒，最好不要生食过多。

A 内容　物质　拥有　　B 营养　元素　具有
C 价值　精华　占据　　D 色彩　矿产　占有

3. 在______的冬天，由于日照时间短，人体的褪黑素______紊乱，使得产生“愉悦感”的血清素含量发生了变化，因此有些人在冬季会情绪低落、没有______，甚至容易发怒。这时，参加一些社交活动会缓解______的心情。

A 寒冷　分泌　活力　压抑　　B 冷酷　发育　眼色　忧伤
C 潮湿　恶化　朝气　麻痹　　D 冷淡　蔓延　气势　摧残

4. 近年来，全球近视人群______不断增长，近视______也变得更加严重。导致这一问题的除了______原因，还有环境原因，如______地近距离用眼，户外活动时间短。

A 比重　分量　繁衍　大量　　B 队伍　尺寸　遗留　频繁
C 阶层　密度　繁殖　过于　　D 比例　程度　遗传　过度

정답 및 해설_ 해설집 95쪽

실전 트레이닝 2

1. 旅游业借助互联网，将服务______、酒店、景区、交通等环节融合成了一个整体的商业______链，满足了旅客们吃、行、住、游玩儿一体化的______，大大提高了服务水平。

A	机构	生态	需求	B	团体	体系	野心
C	协会	专题	吩咐	D	媒介	层次	意图

2. 棉花在生长过程中如果连续缺水的话，会降低新陈______，减弱根部的抗逆能力。但是水分也______过多，遇到暴雨的天气，没有及时排水会导致根部呼吸困难、增加病菌的______，从而引发各种病虫害，导致______减少。

A	交替	不惜	长大	颜色	B	循环	不顾	消耗	果实
C	代谢	不宜	滋生	产量	D	功能	不妨	孕育	茎叶

3. 疫苗的开发是一个______而复杂的过程，且成本很高。接种疫苗是______和控制传染病最经济、有效的公共卫生干预措施，对于家庭来说也是减少______疾病发生、减少医疗费用的有效______。

A	延长	防御	市民	手腕	B	长途	治疗	法人	格式
C	漫长	预防	成员	手段	D	遥远	诊断	公民	途径

4. 唐朝是中国古代最繁荣、______的时期。因此，中国人的传统服装就被称为“唐装”。______上，唐装并不是唐朝的服装，它______于清朝的马褂。唐装______多样，有复古型、民族型、时尚型等。

A	热闹	真实	来源	造型	B	宏大	事实	诞生	品种
C	华丽	具体	起草	种类	D	灿烂	实际	起源	款式

정답 및 해설_ 해설집 98쪽

학습일 ____/____

5 기타 어휘

HSK에는 이렇게 출제된다! ▼

★ 독해 제2부분의 총 **38개 빈칸** 중에서 **부사**는 **1개(3%)**, **접속사**는 **2개(6%)**, **사자성어**는 **2개(6%)** 정도 **출제**된다.

★ **부사**, **접속사**, **사자성어**는 출제 비율이 높지는 않지만 **매회 출제**된다. 예문을 통해 빈출 부사와 접속사, 사자성어의 뜻을 파악하면 독해 제2부분의 문제 풀이 시간을 절약할 수 있다.

1 빈출 부사

1	皆 jiē ★	모두, 전부
	一切皆有可能。모든 것에 다 가능성이 있다.	
2	一旦 yídàn ★	일단, 만약
	一旦出问题，应该立即解决。일단 문제가 생기면, 즉시 해결해야 한다.	
3	统统 tǒngtǒng	싹, 다, 전부
	把烦心事统统抛在脑后。골치 아픈 일은 전부 뒷전에 둔다.	
4	偏偏 piānpiān	기어코, 하필, 마침
	你不让我去，我偏偏要去。네가 나를 가지 못하게 해도, 나는 기어코 갈 것이다. 正打算出门，偏偏下雨了。나가려던 참인데, 하필 비가 왔다.	
5	明明 míngmíng ★	분명히, 명백히
	他明明错了，却不承认。그가 분명 잘못했는데, 인정하지 않는다.	
6	恰巧 qiàqiǎo ★	때마침
	我正想给你打电话呢，恰巧你打过来了。 내가 너에게 전화하려던 참이었는데, 마침 너에게서 전화가 왔다.	
7	顿时 dùnshí ★	갑자기, 문득
	听到那个消息，他顿时流下了眼泪。그 소식을 듣고, 그는 갑자기 눈물을 흘렸다.	
8	颇 pō ★	꽤, 상당히
	这种减肥方法颇有成效。이런 다이어트 방법은 꽤 효과적이다.	

9	**屡次** lǚcì　누차, 여러 번 尽管屡次失败，但他并未放弃。비록 여러 번 실패했지만, 그는 결코 포기하지 않았다.
10	**一向** yíxiàng ★　줄곧, 언제나 他做事一向小心翼翼。그는 일을 할 때 항상 조심한다.

공략 트레이닝 1

食品包装与食品质量______重要，可以说包装是食品的外衣，______出现问题，食品安全也将受到威胁。目前，已在食品包装材料上发现了4000多种化学品，食品包装如果使用不当或假冒伪劣，将给人健康造成______。

A 同样　一向　阻拦　　　B 同等　一旦　危害
C 似乎　一再　迫害　　　D 并非　一度　阻挠

해설 및 정답 **문제 분석▼** ②번 빈칸 자리는 문맥상 식품 포장은 문제가 생기면 식품 안전도 위협을 당할 수 있다는 의미가 적합하므로 一旦(일단)이 들어가야 한다.

食品包装与食品质量①**同等**重要，可以说包装是食品的外衣，②**一旦**出现问题，食品安全也将受到威胁。目前，已在食品包装材料上发现了4000多种化学品，食品包装如果使用不当或假冒伪劣，将给人健康造成③**危害**。

A与B同等重要：A와 B는 똑같이 중요하다
一旦 ~하면 ~할 것이다
해치다, 피해를 주다

식품 포장과 식품의 품질은 동등하게 중요하다. 포장은 식품의 겉옷이라고 할 수 있어서 일단 문제가 발생하면 식품의 안전도 위협을 받을 수 있다. 현재, 이미 식품의 포장 재질에서 4000여 종의 화학물질이 발견되었다. 식품 포장이 만일 부당하게 사용되거나 위조되면 사람들의 건강에 해를 끼칠 수 있다.

A 同样○　一向×　阻拦×
B 同等○　一旦○　危害○
C 似乎×　一再×　迫害×
D 并非×　一度×　阻挠×

A 다름없다 / 줄곧 / 저지
B 동등하다 / 일단 / 위해
C 마치 / 거듭 / 박해
D ~하지 않다 / 한때 / 방해

단어 食品 shípǐn 명 식품 | 同等 tóngděng 형 동등하다 | 外衣 wàiyī 명 겉옷 | 威胁 wēixié 동 위협하다 | 化学 huàxué 명 화학 | 假冒伪劣 jiǎmào wěiliè 위조품 | ★危害 wēihài 명 위해, 해 | ★阻拦 zǔlán 명 저지, 억제 | 似乎 sìhū 부 마치 | 一再 yízài 부 거듭 | 迫害 pòhài 명 박해 | ★一度 yídù 부 한때, 한 차례 | 阻挠 zǔnáo 명 방해, 제지

빈출 호응

- 一再 yízài 부 거듭 ▸ 一再拒绝 재차 거절하다 | 一再强调 거듭 강조하다
- 一度 yídǔ 부 한때, 한 차례 ▸ 四年一度的比赛 4년에 한 차례 열리는 경기 | 一度流行的歌曲 한때 유행했던 곡
- 阻拦 zǔlán 명동 저지(하다), 억제(하다) ▸ 警察阻拦人群 경찰이 군중을 막다
- 迫害 pòhài 명동 박해(하다) ▸ 深受政治迫害 정치적 박해를 심하게 받다
- 阻挠 zǔnáo 명동 방해(하다), 제지(하다) ▸ 会议受到阻挠 회의에 방해를 받다

2 빈출 접속사

1	**倘若 tǎngruò A，就/便B** ★	만약 A라면, 곧 B이다
	倘若没人愿意加入，我就一个人做。만약 가입하고 싶은 사람이 없다면, 나는 혼자 하겠다.	
2	**哪怕/即使A，也B** ★	설령 A일지라도 B하다
	哪怕困难重重，也要坚持完成。설령 어려움이 많더라도 끝까지 완성할 것이다.	
3	**除非A，不然/否则B** ★	반드시 A해야만 한다. 그렇지 않으면 B하다
	除非下场大雨，否则旱情无法缓解。 반드시 큰비가 내려야 한다. 그렇지 않으면 가뭄을 해소할 수 없다.	
4	**不论/不管/无论A，都B** ★	A와 상관없이 모두 B이다
	不论得奖还是没得奖，他都保持一颗平常心。 상을 받든 안 받든 상관없이, 그는 평정심을 유지한다. 无论做什么事，都要认真对待。무슨 일을 하든 상관없이 성실히 대해야 한다.	
5	**固然 gùrán A，但是B** ★	비록 A이긴 하지만 B하다
	能去留学固然好，但是他现在年纪还太小。 유학을 갈 수 있어서 좋지만, 그는 지금 나이가 아직 너무 어리다.	
6	**从而** ★	따라서, 그리하여
	要时常总结教训，从而提醒自己下次注意。 항상 교훈을 총정리하여 다음 번에 주의를 기울이도록 스스로 상기해야 한다.	
7	**何况 hékuàng**	하물며
	小孩子都明白这个道理，何况大人呢？어린아이도 이 이치를 알고 있는데, 하물며 어른은?	
8	**与其A，不如B** ★	A하느니 B가 낫다
	与其在错误的道路上一直前进，还不如停下来。 잘못된 길에서 계속 전진하느니 멈춰 서는 것이 더 낫다.	

9	**宁可/宁肯/宁愿A，也不/也要B** ✶	A하더라도 B는 하지 않겠다/하겠다
	宁可冒着失败的风险，也要尝试一下。 실패의 위험을 무릅쓰고라도 한번 시도해 보겠다.	
10	**以致**	~이 되다, ~을 초래하다
	他过度运动，以致膝盖受伤。 그의 지나친 운동이 무릎 부상을 초래했다.	

HSK POINT! 以致과 以至의 차이

❶ 以致와 以至는 모두 '어떤 결과를 가져오다'라는 뜻이지만, 以致는 주로 나쁜 결과나 원치 않은 일에 쓰인다.

司机酒驾以致造成交通事故。 기사의 음주 운전은 교통사고를 초래한다.[나쁜 결과]

他大吃一惊，以至把手中的笔掉到了地上。 그는 깜짝 놀라 손에 든 펜을 땅에 떨어뜨렸다.

❷ 以至에는 '범위, 수량, 정도, 시간 등에 이르기까지'라는 뜻도 있다. 以至于로도 쓰인다.

小学生、中学生以至(于)大学生都喜欢这部动画片。

초등학생, 중학생부터 대학생에 이르기까지 모두 이 애니메이션을 좋아한다.

독해 제2부분

공략 트레이닝 2

据传，古代江南大户人家______有女婴出生，他们便会在庭院中栽一株香樟树。等女儿出嫁，家里人会将这棵长成的香樟树______掉，做成箱子，并放入丝绸______嫁妆，取“两厢厮守”之意。

A 倘若　砍　作为　　B 与其　挪　比作
C 恰巧　埋　鉴于　　D 除非　挖　转换

해설 및 정답 **문제 분석▼** ①번 빈칸 뒷부분에 제시된 便(곧)을 통해 이와 호응하는 倘若(만약)를 선택할 수 있다.

据传，古代江南大户人家①**倘若**有女婴出生，他们便会在庭院中栽一株香樟树。等女儿出嫁，家里人会将这棵长成的香樟树②**砍**掉，做成箱子，并放入丝绸③**作为**嫁妆，取“两厢厮守”之意。

(만약 ~라면 곧 ~이다 / 将 = 把 / 패다 → 将(把)의 술어 / 동사1 / 동사2 / 연동문)

전해지는 바로는, 고대 강남의 대부호들은 **만약** 여자아이가 태어나면, 그들의 정원에 녹나무 한 그루를 심었다고 한다. 딸이 시집을 가면, 가족들은 다 자란 이 녹나무를 **베어** 내 상자를 만들고, '서로 의지하며 잘 지내라'는 의미로 비단을 넣어 혼수를 **하였다**.

A 倘若○　砍○　作为○
B 与其×　挪×　比作×
C 恰巧×　埋×　鉴于×
D 除非×　挖○　转换×

A 만약 / 패다 / ~로 하다
B ~하느니 / 옮기다 / 비유하다
C 때마침 / 묻다 / 감안하여
D ~않고서는 / 파다 / 전환하다

단어 大户人家 dàhù rénjiā 명 대부호 | 女婴 nǚyīng 명 여자 아기 | ★栽 zāi 동 심다 | 株 zhū 양 그루 | 香樟树 xiāngzhāngshù 녹나무 | 出嫁 chūjià 동 시집가다 | 丝绸 sīchóu 명 비단 | 嫁妆 jiàzhuang 명 혼수(품) | 两厢厮守 liǎngxiāng sīshǒu 양측이 서로 의지하며 지내다 | ★砍 kǎn 동 찍다, 패다 | 挪 nuó 동 옮기다 | ★比作 bǐzuò 동 비유하다 | ★埋 mái 동 묻다 | ★鉴于 jiànyú 동 ~을 감안하여 | ★挖 wā 동 파다

빈출 호응

- **比作** bǐzuò 동 **비유하다** ▸ 把人生比作游戏 인생을 놀이에 비유하다
- **鉴于** jiànyú 동 **~을 감안하여** ▸ 鉴于这些原因 이러한 원인을 감안하여
- **转换** zhuǎnhuàn 동 **전환하다** ▸ 转换话题 화제를 전환하다 | 转换心情 기분을 전환하다

3 빈출 사자성어

1	**家喻户晓** jiā yù hù xiǎo ★	집집마다 다 알다
	《西游记》是一部**家喻户晓**的小说。《서유기》는 누구나 다 아는 소설이다.	
2	**不言而喻** bù yán ér yù	말하지 않아도 안다, 말할 필요도 없다
	网络带给我们的便捷是**不言而喻**的。인터넷이 우리에게 가져다준 편리함은 말할 필요도 없다.	
3	**不相上下** bù xiāng shàng xià	막상막하, 우열을 가릴 수 없다
	他们两个人的实力**不相上下**。그 두 사람의 실력은 막상막하이다.	
4	**称心如意** chèn xīn rú yì ★	마음에 꼭 들다, 생각대로 되다
	婚姻并不总是**称心如意**的。결혼은 결코 항상 생각대로 되는 것이 아니다.	
5	**锦上添花** jǐn shàng tiān huā	금상첨화
	优美的配乐在这部电影里可以说是**锦上添花**。 아름다운 음악은 이 영화에서 금상첨화라고 할 수 있다.	
6	**难能可贵** nán néng kě guì	매우 기특하다
	小小年纪却有这么大的成就，真是**难能可贵**。 어린 나이에 이렇게 큰 성과를 거두다니, 정말 기특하다.	
7	**名副其实** míng fù qí shí ★	명실상부하다
	张家界是**名副其实**的人间仙境。장가계는 명실상부한 인간 세상의 선경이다.	
8	**举足轻重** jǔ zú qīng zhòng ★	일거수일투족이 전체에 중대한 영향을 끼치다
	《红楼梦》在中国文学史上有着**举足轻重**的地位。 《홍루몽》은 중국 문학사에서 매우 중요한 지위를 가지고 있다.	
9	**喜闻乐见** xǐ wén lè jiàn ★	기쁜 마음으로 듣고 보다, 기쁘게 반기다
	相声是人们**喜闻乐见**的艺术形式。만담은 사람들이 즐겁게 듣고 보는 예술 형식이다.	
10	**优胜劣汰** yōu shèng liè tài	우승열패하다, 나은 자는 이기고 못한 자는 패하다
	优胜劣汰是自然界的生存法则。우승열패는 자연계의 생존법칙이다.	
11	**迫不及待** pò bù jí dài	한시도 지체할 수 없다
	孩子**迫不及待**地打开了收到的礼物。아이는 지체없이 받은 선물을 열었다.	
12	**量力而行** liàng lì ér xíng ★	자기의 능력에 따라 실행해야 한다
	凡事要**量力而行**。모든 일은 능력에 따라 행해야 한다.	

13	**汗牛充栋** hàn niú chōng dòng	한우충동, 실으면 소가 땀을 흘릴 정도로 장서가 매우 많다
	李教授家里的书籍可以说是汗牛充栋。 이 교수님의 집 안에 책들은 한우충동이라고 말할 수 있다.	
14	**琳琅满目** lín láng mǎn mù	아름답고 진귀한 것들이 눈앞에 가득하다
	这次展览会上，艺术品琳琅满目。 이번 전시회에는 예술품들이 가득하다.	
15	**千篇一律** qiān piān yí lǜ ★	천편일률, 조금도 변화가 없다
	上映的大部分电影千篇一律，没有什么新意。 상영되는 대부분의 영화는 천편일률적으로 새로운 내용이 별로 없다.	
16	**层出不穷** céng chū bù qióng ★	차례차례로 끝없이 나타나다, 계속 일어나다
	企业在高速发展的同时，问题也层出不穷。 기업들의 빠른 발전과 함께 문제점도 계속 나타나고 있다.	
17	**络绎不绝** luò yì bù jué ★	왕래가 잦아 끊이지 않다
	新店开业，前来购物的顾客络绎不绝。 새 가게가 개업하여 쇼핑하러 오는 고객이 끊이지 않는다.	
18	**供不应求** gōng bú yìng qiú ★	공급이 수요를 따르지 못하다
	新产品大受欢迎，市场上供不应求。 신제품이 큰 인기를 얻자, 시장에 공급이 수요를 따르지 못한다.	
19	**一望无垠** yí wàng wú yín	끝없이 멀고 넓다
	一望无垠的海面上漂浮着一只小船。 끝없이 넓은 바다 위에 작은 배 한 척이 떠있다.	
20	**重蹈覆辙** chóng dǎo fù zhé	전철을 밟다, 실패를 다시 되풀이하다
	要认真吸取教训，以免重蹈覆辙。 실패를 되풀이하지 않도록 진지하게 교훈을 얻어야 한다.	

공략 트레이닝 3

郑板桥是一位______的书画大家，其实他做人处世的人格______也值得敬佩。郑板桥一生做人厚道，对人宽容。他曾经在一封家书中这样______家人："做人处世，必须去薄存厚。"这句话是说，人应时刻心存善念、与人为善。

A 千方百计　潜力　警告　　　B 称心如意　面貌　批评

C 家喻户晓　魅力　告诫　　　D 别具一格　实力　劝告

해설 및 정답 **문제 분석▼** ①번 빈칸은 문맥상 정판교는 집집마다 다 아는 서화대가라는 의미가 적합하므로 家喻户晓(집집마다 다 알다)가 들어가야 한다. 别具一格는 작품이나 장식 등이 남다른 풍격을 지닌다는 의미이므로 사람이 주어가 될 수 없다.

郑板桥是一位①**家喻户晓**的书画大家，其实他做人处世的人格②**魅力**也值得敬佩。郑板桥一生做人厚道，对人宽容。他曾经在一封家书中这样③**告诫**家人："做人处世，必须去薄存厚。"这句话是说，人应时刻心存善念、与人为善。

빈칸은 书画大家를 수식하는 관형어 자리 / 인간적인 매력 / 尊敬(존경하다)+佩服(감탄하다) / 훈계하다[주로 상급자가 하급자에게 사용함]

정판교는 **모두가 다 아는** 서화의 대가인데, 사실 그의 처세하는 인간적인 **매력**도 경탄할 만하다. 정판교는 일생 동안 인정이 많고, 사람들에게 너그러웠다. 그는 가서에서 가족들에게 이렇게 **훈계했다**. "처세할 때에는 반드시 엷은 것은 버리고 두터운 것은 남겨라". 이 말은 사람은 항상 선한 마음을 가지고 남에게 좋은 일을 해야 한다는 뜻이다.

A	千方百计×	潜力×	警告×	온갖 방법을 다하다 / 잠재력 / 경고하다
B	称心如意×	面貌×	批评×	생각대로 되다 / 면모 / 비평하다
C	**家喻户晓○**	**魅力○**	**告诫○**	**집집마다 알다 / 매력 / 훈계하다**
D	别具一格×	实力×	劝告○	독특한 풍격이 있다 / 실력 / 권고하다

단어 郑板桥 Zhèng Bǎnqiáo 고유 정판교[인명] | ★大家 dàjiā 명 대가, 권위자 | 处世 chǔshì 동 처세하다 | ★人格 réngé 명 인격, 인품 | ★魅力 mèilì 명 매력 | 敬佩 jìngpèi 동 감복하다 | 厚道 hòudao 형 인정이 많다, 관대하다 | ★宽容 kuānróng 동 관용하다, 너그럽게 받아들이다 | 封 fēng 양 통, 꾸러미 | 家书 jiāshū 명 가서[자기 집에서 온 편지나 자기 집으로 보내는 편지] | 告诫 gàojiè 동 타이르다, 훈계하다 | 去薄存厚 qù bó cún hòu 엷은 것은 버리고 두터운 것은 남기다 | ★时刻 shíkè 부 늘, 항상 | 善念 shànniàn 명 선심, 선한 생각 | 与人为善 yǔ rén wéi shàn 성 선의로 남을 돕다 | ★千方百计 qiān fāng bǎi jì 성 온갖 방법과 계략을 다하다 | ★潜力 qiánlì 명 잠재력 | 警告 jǐnggào 명동 경고(하다) | 面貌 miànmào 명 면모 | 批评 pīpíng 동 비평하다 | ★别具一格 bié jù yì gé 성 독특한 풍격을 지니다 | 劝告 quàngào 동 권고하다, 충고하다

빈출 호응

- **潜力** qiánlì 명 **잠재력** ▸ 发展潜力 발전 잠재력 | 很有潜力的运动员 잠재력이 있는 선수
- **面貌** miànmào 명 **면모, 상태** ▸ 精神面貌 정신 상태 | 城市的面貌 도시의 모습
- **警告** jǐnggào 명동 **경고(하다)** ▸ 严重警告 엄중한 경고 | 受到裁判警告 심판의 경고를 받다

독해 제2부분

제한 시간 8분 독해 제2부분

실전에 강한

문제 적응 훈련

학습일 ____/____

맞은 개수 ______

실전 트레이닝 1

1. 各种酒的酒精______是不同的，如果一会儿喝啤酒，一会儿喝白酒，对于这样短时间内发生的变化，身体是很难适应的。而且______着喝酒会加速酒精在全身的渗透，______加剧对肝脏、肠胃和肾脏等器官的刺激和危害。

A 浓度　凑　连同　　**B** 含量　混　从而
C 元素　灌　固然　　**D** 次序　喂　即便

2. 如今服务行业的客服电话大部分是自助语音，但人工服务也______。毕竟，语音服务分类再细，也难以满足消费者的多样化需求。______对老年人来说，不少人听不懂语音提示的各种专业术语，而更习惯于和客服人员______沟通。

A 一举两得　明明　书面　　**B** 不相上下　特别　当面
C 不可或缺　尤其　直接　　**D** 必不可少　起码　默默

3. 市场上有不少"野生"或者"农家"生产的土蜂蜜受到追捧，实际上，目前______不存在所谓的土蜂蜜。______是哪一种蜂蜜，都是从鲜花所产生的花蜜而酿成，______上都是一样的，营养______并没有较大差异。

A 凡是　不但　素质　成分　　**B** 格外　不管　原则　财富
C 一致　不如　实质　福利　　**D** 根本　不论　本质　价值

4. 为了鼓励孩子多吃并不喜欢的蔬菜，专家______了多种方法，其中最有效的方法是：家长每天给孩子做该食物的菜肴并且带头吃，同时______一些小的精神奖励。这样，______孩子刚开始不接受，在重复10-15次后，也能______接受。

A 测试　给予　哪怕　渐渐　　**B** 考察　赠予　反之　悄悄
C 检查　赋予　与其　慢慢　　**D** 过滤　赐予　宁愿　逐渐

정답 및 해설_ 해설집 101쪽

실전 트레이닝 2

1. 第7届“河北省特色文化产品博览交易会”在石家庄隆重开幕，前来参观的人______，场内______的展品让市民大饱眼福。此次博览会展示了博大厚重、绚丽多彩的河北特色文化产业，向外界______了一张亮丽的名片。

A 滔滔不绝　汗牛充栋　传播　　B 络绎不绝　琳琅满目　传递
C 多种多样　别具一格　传达　　D 层出不穷　不胜枚举　奉献

2. 武汉市对双层公交有严格行车规定：______交通部门有明确交通疏导指示，否则双层公交车不得______改道，若需改道，______涵洞、限高架时，司机须下车观察限定高度，确认公交车可以安全通过，______可继续行驶。

A 倘若　擅自　经过　才　　B 即使　积极　遭遇　勿
C 宁可　意外　面临　尚　　D 除非　私自　途经　方

3. 因深山里寒气______重，寒冷的冬天______是京郊游的淡季，但对于门头沟区妙峰山镇的炭厂村来说，来往的游客却是______不减，小轿车一个接一个地都排到了村口，农家院的生意______更忙了。

A 亦　一再　毫无　反倒　　B 均　一贯　统统　况且
C 颇　一向　丝毫　反而　　D 皆　向来　日益　此外

4. 文学家陆游______儿子做学问要早下功夫，坚持不懈，从书本上获得的知识______重要，但毕竟还是不够的，想做出一______成绩，一定要注重亲身实践。每一项事业，无论大小，都是靠脚踏实地、______干出来的。

A 勉励　固然　番　一点一滴　　B 鼓励　毅然　顿　九牛一毛
C 勉强　依然　阵　无穷无尽　　D 强迫　居然　辈　日新月异

정답 및 해설_ 해설집 104쪽

6 문장 선택 문제 분석

HSK에는 이렇게 출제된다! ▼

★ 독해 제3부분에서는 **400~500자**의 **지문**이 **2개 출제**되며 지문당 문제 풀이 시간은 **5분**이다.

★ 독해 시간이 부족하므로 **속독**을 통해 **지문 내용**을 **빠르게 파악**하는 **능력**을 길러야 한다.

★ **접속사**와 **핵심 어휘**의 의미를 파악하고 있다면 정답을 빠르게 찾을 수 있다.

★ 답을 찾을 수 있는 키워드가 없는 경우에는 **지문**의 **맥락**을 **파악**하여 문제를 풀어야 한다. 다양한 문제를 풀면서 지문을 이해하는 스킬을 익히자.

1 접속사로 내용 파악

빈칸 앞뒤 문장에 접속사가 있으면 보기 중에 이와 호응하는 어휘가 있는지 살펴본다.

예

문제

Step 1. 빈칸 앞 문장 只有를 체크한다.

各地已经深刻地意识到，只有重视人才、吸引人才，__________。

A **才能在发展过程中抢占先机**

Step 2. 只有와 호응할 수 있는 才가 있는 보기 A를 고른다.

Step 3. 문맥상 '오직 인재를 중시하고 인재를 들여야만 발전 과정에서 기선을 잡을 수 있다'는 것이 적합하므로 정답은 A이다.

B 使人口得到了快速增长

해석

각지에서는 이미 깊게 의식하고 있다. 오직 인재를 중시하고 인재를 들여야만 __________.

A 발전 과정에서 기선을 잡을 수 있다
B 인구가 빠르게 증가했다

단어 ★深刻 shēnkè 형 깊다 | ★意识 yìshi 동 의식하다 | 人才 réncái 명 인재 | 抢占 qiǎngzhàn 동 앞을 다투어 점령하다 | 先机 xiānjī 명 기선 | 快速 kuàisù 형 속도가 빠르다 | ★增长 zēngzhǎng 동 증가하다

2 핵심 어휘로 내용 파악

빈칸 앞뒤 문장을 살핀 후 이와 관련된 핵심 어휘가 있는지 살펴본다.

예

문제

Step 1. 빈칸 앞뒤 문장을 살핀 후 碳酸饮料, 瓶装水 등 핵심 어휘를 체크한다.

目前市场上，碳酸饮料越来越不受欢迎，＿＿＿＿＿＿＿。数据显示，瓶装水已经超过碳酸饮料，成为销量最高的包装饮料种类。

A 实际上也咽下了不少塑料微粒

B 而瓶装水的销量则在不断增长

Step 2. 핵심 어휘 瓶装水가 있는 보기 B를 고른다.

Step 3. 瓶装水의 판매량은 계속 늘어난다는 보기 B는 빈칸 뒤의 문장과 어울리므로 정답은 B이다.

해석

현재 시장에서, 탄산음료의 인기는 갈수록 떨어지고 있는데, ＿＿＿＿＿＿＿. 데이터에 따르면, 생수는 이미 탄산음료를 넘어 판매량이 가장 높은 포장 음료가 되었다고 한다.

A 실제로도 많은 미세 플라스틱을 삼켰다

B 생수의 판매량은 꾸준히 증가하고 있다

단어 碳酸饮料 tànsuān yǐnliào 명 탄산음료 | ★数据 shùjù 명 데이터 | ★显示 xiǎnshì 동 뚜렷하게 나타내 보이다 | 瓶装水 píngzhuāngshuǐ 명 병으로 파는 생수 | ★销量 xiāoliàng 명 판매량 | 咽 yàn 동 삼키다 | ★塑料 sùliào 명 플라스틱 | 微粒 wēilì 명 미립자

3 문맥으로 내용 파악

지문을 해석하면서 맥락을 파악하여 문제를 풀 줄 알아야 한다.

예

Step 1. 해석하면서 문맥을 파악한다. 빈칸 앞에는 '달리기를 할 때마다 관절에 통증이 있으면 달리기가 적합하지 않다'는 내용이 제시되어 있다.

문제

要是每次跑步都会引起关节疼痛，那么说明你不适合跑步，＿＿＿＿＿。

A **建议尝试别的运动**

B 遵循科学的训练原则

Step 2. 보기를 빈칸에 넣어 보며 문맥상 어울리는지 확인한다.

Step 3. '달리기가 적합하지 않다'는 내용에 뒤이어 '다른 운동을 시도하길 권장한다'는 내용이 문맥상 어울린다.

해석

만약 달리기를 할 때마다 관절의 통증이 유발된다면 당신에게 달리기가 적합하지 않다는 것을 의미하므로, ＿＿＿＿＿.

A **다른 운동을 시도하길 권장한다**

B 과학적인 훈련 원칙에 따른다

단어 关节 guānjié 명 관절 | 疼痛 téngtòng 명 아픔 | ★尝试 chángshì 동 시험해 보다 | ★遵循 zūnxún 동 따르다 | 训练 xùnliàn 동 훈련하다 | ★原则 yuánzé 명 원칙

공략 트레이닝

梅兰芳出身于梨园世家，(1)__________。他创立了“梅派”艺术，在唱腔、念白、表演等各个方面都达到很高造诣。

梅兰芳在继承传统唱腔的基础上，创造出大量新颖的唱腔，因其所创唱腔符合剧中人物的情感，以情带声，深受观众喜爱。梅兰芳的念白，是艺术化的生活语言，毫无刻意求工的感觉。(2)__________，他都注意清晰动听和情感真实。在表演上，梅兰芳借用了昆曲的表情、身段和步法，丰富了京剧的舞台表现力。

在《霸王别姬》、《贵妃醉酒》、《宇宙锋》等剧目中，他通过手、眼、身、步的表演和配合，塑造出许多完美的舞台形象。过去老一辈的旦角表演，都较少露出手来，(3)__________。他在所编研新戏及经过调整的传统剧目中，有大量的露手表演，通过不同手势的运用，(4)__________。他曾经创造、发展了许多手势，这些手势都是结合角色的思想感情有目的地设计出来的。

(5)__________，是将中国的京剧艺术推向世界舞台的艺术家。

A 无论韵白还是京白
B 而梅兰芳尤其注重手的艺术表现
C 是中国京剧表演艺术大师
D 梅兰芳生前曾多次出国访问演出
E 表达出喜怒哀乐的复杂情感

[1-5]

梅兰芳出身于梨园世家，(1)C **是中国京剧表演艺术大师**。他创立了“梅派”艺术，在唱腔、念白、表演等各个方面都达到很高造诣。

出身于(출신이다)+世家(집안), 家庭(가정)
在……方面 ~방면에서

梅兰芳在继承传统唱腔的基础上，创造出大量新颖的唱腔，因其所创唱腔符合剧中人物的情感，以情带声，深受观众喜爱。梅兰芳的念白，是艺术化的生活语言，毫无刻意求工的感觉。(2)A **无论韵白还是京白**，他都注意清晰动听和情感真实。在表演上，梅兰芳借用了昆曲的表情、身段和步法，丰富了京剧的舞台表现力。

在……基础上 ~을 기반으로
无论A还是B, 都… A든 B든 관계없이 다 ~하다
丰富 동사 풍부하게 하다

在《霸王别姬》、《贵妃醉酒》、《宇宙锋》等剧目中，他通过手、眼、身、步的表演和配合，塑造出许多完美的舞台形象。过去老一辈的旦角表演，都较少露出手来，(3)B **而梅兰芳尤其注重手的艺术表现**。他在所编研新戏及经过调整的传统剧目中，有大量的露手表演，通过不同手势的运用，(4)E **表达出喜怒哀乐的复杂情感**。他曾经创造、发展了许多手势，这些手势都是结合角色的思想感情有目的地设计出来的。

塑造……形象 이미지를 만들다
表达……情感 감정을 표현하다

(5)D **梅兰芳生前曾多次出国访问演出**，是将中国的京剧艺术推向世界舞台的艺术家。

将A推向B A를 B로 올리다

메이란팡은 희극계 집안 출신으로, (1)C **중국 경극 공연 예술의 대가이다**. 그는 '메이파' 예술을 창시하였고, 노래 곡조, 대사, 연기 등 여러 방면에 조예가 깊었다.

메이란팡은 전통적인 곡조를 계승한 기반 위에 참신한 곡조를 많이 창작해 냈는데, 그가 만든 곡조들이 극중 인물의 감정과 잘 맞아떨어져서 감정이 소리에 묻어나 관중들의 깊은 사랑을 받았다. 메이란팡의 대사는 예술화된 생활 언어로, 인위적인 느낌이 전혀 들지 않았다. (2)A **압운으로 된 대사든 베이징어로 된 대사든**, 그는 분명한 감동과 감정의 진실함에 주의를 기울였다. 공연에서 메이란팡은 곤곡의 표정과 몸동작, 걸음걸이를 차용하여 경극의 무대 표현력을 풍부하게 했다.

《패왕별희》, 《귀비취주》, 《우주봉》 등의 극 중에서, 그는 손과 눈, 몸과 걸음을 통한 연기와 분위기로 완벽한 무대 이미지를 만들어 냈다. 과거 기성세대의 여성 역할은 연기하며 손을 잘 들어내지 않았으나, (3)B **메이란팡은 손의 예술적 표현을 특히 중시하였다**. 그는 새로운 극을 창작 연구하고 조정을 거친 전통극 속에서 손을 드러내는 연기를 많이 했고, 각기 다른 손동작을 활용하여 (4)E **희로애락의 복잡한 감정을 표현해 냈다**. 그는 수많은 손동작을 창작하고 발전시켰는데, 이 손동작들은 모두 배역의 생각과 감정을 결합한다는 목적을 가지고 고안된 것들이다.

(5)D **메이란팡은 생전에 여러 차례 해외 방문 공연을 가져** 중국의 경극 예술을 세계 무대에 올린 예술가이다.

단어 梅兰芳 Méi Lánfāng 고유 메이란팡[경극 배우] | ★出身 chūshēn 명 출신 | 梨园世家 líyuán shìjiā 희극계(연극계) 집안 | ★创立 chuànglì 동 창립하다 | 唱腔 chàngqiāng 명 노래 곡조 | 念白 niànbái 명 대사 |

造诣 zàoyì 명 조예 | ★继承 jìchéng 동 계승하다 | ★新颖 xīnyǐng 형 참신하다 | 刻意求工 kèyì qiú gōng 온갖 궁리를 다하여 정교하게 하려고 하다 | 韵白 yùnbái 명 압운으로 된 대사 | 京白 jīngbái 명 경극의 베이징어 대사 | ★清晰 qīngxī 형 뚜렷하다, 분명하다 | ★动听 dòngtīng 형 듣기 좋다, 감동적이다 | 身段 shēnduàn 명 몸동작, 몸놀림 | 步法 bùfǎ 명 발걸음, 스텝 | 霸王别姬 Bàwáng Biéjī 패왕별희[경극명] | 贵妃醉酒 Guìfēi Zuìjiǔ 귀비취주[경극명] | 宇宙锋 Yǔzhòufēng 우주봉[중국 희곡의 전통극] | ★塑造 sùzào 동 형상화하다 | ★形象 xíngxiàng 명 이미지 | 老一辈 lǎoyíbèi 명 전 세대 | 旦角 dànjué 명 여자 (배)역 | 编研 biānyán 창작 연구 | ★调整 tiáozhěng 동 조정하다 | 剧目 jùmù 명 공연물 | 手势 shǒushì 명 손짓 | ★运用 yùnyòng 동 운용하다, 활용하다 | ★喜怒哀乐 xǐ nù āi lè 성 희로애락 | ★结合 jiéhé 동 결합하다 | 访问 fǎngwèn 동 방문하다 | 推向 tuīxiàng 동 끌어올리다

[1] 해설 및 정답

문제 분석▼ 첫 번째 빈칸 앞뒤에서 메이란팡의 출신, 예술 성과를 소개했다. 따라서 이와 관련된 메이란팡에 대한 예술계에서의 지위를 말하는 보기 C가 가장 적합하다.

C 是中国京剧表演艺术大师	C 중국 경극 공연 예술의 대가이다

[2] 해설 및 정답

문제 분석▼ 빈칸 뒤에 都가 제시되어 있으므로 이와 호응하는 어휘가 있는지 체크해야 한다. 조건 관계를 나타내는 접속사 无论…都…(~에 관계없이 다 ~하다)를 알면 정답을 쉽게 찾을 수 있다.

A 无论韵白还是京白	A 압운으로 된 대사든 베이징어로 된 대사든

[3] 해설 및 정답

문제 분석▼ 빈칸 앞뒤에 모두 손 연기를 언급하고 있으므로 손의 예술적인 표현을 중시한다는 보기 B가 정답이다.

B 而梅兰芳尤其注重手的艺术表现	B 메이란팡은 손의 예술적 표현을 특히 중시하였다

[4] 해설 및 정답

문제 분석▼ 빈칸 앞에 通过不同手势的运用(각기 다른 손동작을 활용하여)이라고 수단을 언급했으므로 빈칸에는 이에 따른 결과가 제시되는 것이 문맥상 어울린다.

E 表达出喜怒哀乐的复杂情感	E 희로애락의 복잡한 감정을 표현해 냈다

[5] 해설 및 정답

문제 분석▼ 빈칸 뒷부분은 중국의 경극 예술이 세계 무대에 진출했다는 내용이므로 빈칸에는 이와 연관성이 있는 단어 出国访问(해외 방문)이 제시된 보기 D가 적합하다.

D 梅兰芳生前曾多次出国访问演出	D 메이란팡은 생전에 여러 차례 해외 방문 공연을 가져

문제 적응 훈련

학습일 ____/____

맞은 개수 ______

실전 트레이닝 1

早在秦汉时期，古人就发现了金、木、水、火、土五颗行星。

天上的星星多如牛毛，古人究竟是如何确认出行星的呢？原来天上绝大多数星星，都绕着北极星，周而复始地逆时针旋转，并且相对位置保持不变，被称为“恒星”。然而有五颗亮星不守规矩，(1)__________，所以它们被称为“行星”。肉眼能辨识的行星，就只有金、木、水、火、土这五颗。天王星和海王星因太过暗淡，肉眼看不到，(2)__________。

不过这里说的行星穿行，是基于一个相对大的时间尺度。每天晚上，或者每隔几夜的同一时间，观察这颗行星，(3)__________，才会发现它在“移动”。

(4)__________，但事实上行星也不是特别难认。因为金、木、水、火、土五颗行星通常比大多数恒星亮。虽然行星亮度会随着与太阳、地球的距离、角度不断变化，有的明暗变化相当大，但总体来讲，它们通常都是显眼的“明星”。因为比起恒星，(5)__________。若非如此，古人也没那么容易把它们从众星里摘出来。

A 再比较它周围恒星的位置

B 在众星之间穿行

C 尽管确认行星运动轨迹需要坚持长期观测

D 在太阳系内的行星距离地球要近得多

E 所以直到两百多年前才被用望远镜发现

정답 및 해설_ 해설집 107쪽

실전 트레이닝 2

大象是世界上现存最大的陆地栖息群居性哺乳动物，通常以家族为单位活动，其祖先在几千万年前就出现在地球上，曾是地球上最占优势的动物类群，(1)__________，其智商之高超乎人的想象。

大象的高智商主要表现在自我意识、安抚同类以及模仿能力等几个方面。

(2)__________，常作为动物智商高低的标准。科学家已经通过实验证明大象具有自我意识，它们表现出的这种行为相当于2岁大小的幼儿，(3)__________。

大象长期以来都被认为是感性动物。(4)__________，或用鼻子把受伤或垂死的其他大象拉到安全地带，甚至可以用鼻子温柔触摸来安慰对方。

模仿能力是大象智慧的另一种标志。大象能通过声音进行沟通，与其他大象保持联系。科学家通过实验发现大象可以发出它们基本声音之外的声音，(5)__________，以此希望获得单个象和整个象群的认可。

A 甚至可以模仿其他大象发出的声音
B 自我意识是对自己身心活动的觉察
C 它们会帮助陷入泥坑的大象宝宝
D 也是目前现存的最聪明的动物之一
E 而这在动物当中是非常罕见的

정답 및 해설_ 해설집 109쪽

실전 트레이닝 3

生活中，你可能会遇到这种情况：你的几个朋友都买了某款最近流行的衣服，尽管你从来不敢穿那种款式的衣服，(1)__________，但你最终还是决定买一件，并且穿了出去。这一举动对你来说是突破，不过这是你喜欢的改变吗？也许你只是受到了“同辈压力”的影响。(2)__________，受到这种压力影响的人在行为、甚至价值观上都有可能会被改变。

同辈压力的影响有正面的，也有负面的。比如你的朋友都是英语高手，平常都用英语对话，而作为英语盲的你，(3)__________，就要发愤图强，加强英语学习，这样有一天你也会变成英语高手。但有时候，(4)__________，比如你有几个性格叛逆的同龄朋友，他们为了寻求刺激，总是突发奇想，去做一些坏事，并且从来也没被抓到过。你可能会觉得他们很酷、很勇敢，要想和这些人继续做朋友，你可能就会跟他们一起做坏事，最终变成和他们一样的社会破坏分子。

当然，同辈压力改变的不仅仅是一个人，如果同辈压力扩散，还可能会影响到一代人，从而可能会改变一个社会。虽然改变无法避免，但是我们也不要忘了，(5)__________，不必非要把自己变成和某人一样。

A 也不是热衷赶时髦的人
B 每一个人在这个世界上都是独一无二的
C 同辈压力也会把我们带入歧途
D 同辈压力指的是同辈人中互相比较而产生的心理压力
E 要想在这个朋友圈里待下去

정답 및 해설_ 해설집 111쪽

실전 트레이닝 4

有一个穷画家，穷得连画布、画纸都买不起，手头的笔和画架，以及所用的画具都是些破烂货。然而，他并没有放弃自己的艺术追求，而是每天坚持作画儿，(1)__________。

有一天，这位画家正在专心致志地画一幅素描。他仅有的一支铅笔已经削得很短了，(2)__________。画着画着，他发现要修改一下。于是，他放下笔，在凌乱的工作室里寻找他仅有的一块儿小橡皮。他找了好久，(3)__________。他把需要修改的地方擦干净后，发现那支铅笔头儿又失踪了。他找了这个，丢了那个，找来找去，耽误了不少时间。一气之下，他决定把橡皮和铅笔绑在一起，这样它俩谁也跑不掉！于是，他找来一根丝线，把橡皮绑在铅笔的顶端。这样，铅笔似乎长了一些，用起来方便多了。可是，没用几下，橡皮掉了下来。穷画家下了狠心，一定要把这淘气的橡皮牢牢地固定在铅笔头儿上。为此，(4)__________，发着倔劲儿干了好几天，想了种种方法固定这块儿橡皮头儿……最后，他终于想出了一个好办法：用一小块儿薄铁皮，把橡皮和铅笔的一头儿包起来。

(5)__________。不久，一家知名的铅笔公司用五十五万美元的巨款买下了这个专利。

A 他竟然连画儿也不画了

B 这就是今天人们所使用的带橡皮的铅笔

C 常常画到天亮

D 才找到那块儿比黄豆大不了多少的橡皮

E 他必须捏着这支铅笔头儿把画儿作完

정답 및 해설_ 해설집 114쪽

학습일 ____/____

7 장문 독해 문제 분석

HSK에는 이렇게 출제된다! ▼

★ 독해 제4부분에서는 **긴 지문**이 **5개** 제시되고 **지문당 문제가 4개씩** 출제된다. 문제당 풀이 시간은 **1분**이다.

★ 6급 독해 제4부분은 5급 독해 제3부분과 같은 유형이지만 5급보다 **지문**이 더 **길고** 내용의 **난이도**가 **높아 주어진 시간 안에 문제를 다 풀지 못하는 경우가 많다**. 따라서 평소에 **시간 안에 문제**를 **푸는 연습**을 많이 해야 한다.

1 세부 내용 파악

1. 세부 내용을 묻는 문제의 질문 형식

• 关于激光，可以知道：레이저에 대하여 알 수 있는 것은?
  关于: ~대하여 / 激光: 핵심어

• 根据上文，下列哪项正确？윗글에 근거하여 다음 중 정확한 것은?
  根据: ~에 근거하여 / 上文: 핵심어

• 根据第4段，可以知道：네 번째 단락을 근거로 알 수 있는 것은?
  根据: ~에 근거하여 / 第4段: 핵심어

• 第3段画线词语指的是：세 번째 단락의 밑줄 친 어휘가 가리키는 것은?
  画线词语: 밑줄 친 어휘

• 为什么马拉松备受关注？왜 마라톤이 관심을 받는가?
  为什么: 왜 → 원문에서 이유를 찾는다 / 马拉松备受关注: 핵심어

• 目前该技术面临的挑战是什么？현재 이 기술에 직면한 도전은 무엇인가?
  挑战: 핵심어 / 是什么: 무엇인가

• 下列哪项不是火星的特点？다음 중 화성의 특징이 아닌 것은?
  不是: 아닌 것 → 원문에서 제시되지 않은 보기를 고른다 / 特点: 핵심어

2. 문제 풀이 방법

Step 1.		Step 2.		Step 3.
질문의 핵심어를 확인한다.	➡	지문에서 해당 내용을 찾는다.	➡	지문 내용과 보기 내용을 대조하여 정답을 고른다.

예

문제

Step 2. 지문에서 해당 내용을 찾는다.

智能手机又增加了一个新功能——哄孩子。有研究显示，超过五成的父母让孩子玩儿手机的理由是“可以让他们老实一会儿”。可是一旦养成习惯，手机这个“哄娃神器”就会变成“伤娃利器”。孩子经常使用，不但容易造成语言发育迟缓，还有可能影响其视力和大脑神经发育。

Step 3. 핵심어 伤娃利器 관련 내용과 보기를 대조하여 정답을 고른다.

为什么说智能手机会变成“伤娃利器”？

Step 1. 질문의 핵심어 伤娃利器를 확인한다.

A 屏幕易碎　　B 电磁波辐射强
C 阻碍父母与孩子沟通　　**D 不利于孩子成长发育**

해석

스마트폰에 새로운 기능이 하나 더 추가되었는데, 바로 아이 달래기이다. 연구에서 나타난 바로는 5할이 넘는 부모들이 아이에게 휴대폰을 가지고 놀게 하는 이유가 '아이들을 잠시라도 얌전히 있게 하기 위해서'이다. 하지만 일단 습관이 되어버리면, 휴대폰이라는 '아이를 달래는 신기한 기계'는 '아이를 해치는 무기'로 변할 수 있다. 아이가 자주 사용하면 쉽게 언어 발달의 지연을 야기할 뿐만 아니라 시력과 대뇌 신경 발달에도 영향을 미칠 수 있다.

왜 스마트폰이 '아이를 해치는 무기'로 변한다고 했는가?

A 액정이 쉽게 깨져서　　B 전자파 복사가 강해서
C 부모와 아이의 소통을 방해해서　　**D 아이의 성장 발달에 해가 돼서**

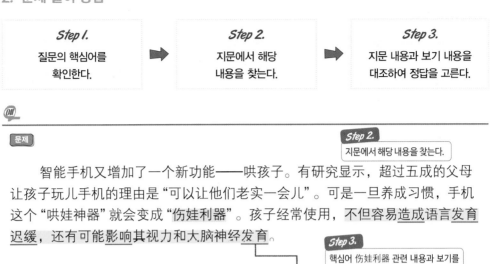

단어 智能手机 zhìnéng shǒujī 명 스마트폰 | 功能 gōngnéng 명 기능 | 哄 hǒng 동 (어린아이를) 달래다 | 五成 wǔchéng 명 5할, 반 | 老实 lǎoshi 형 온순하다, 얌전하다 | 娃 wá 명 아기 | 利器 lìqì 명 예리한 무기 | ★发育 fāyù 명 발육 | ★迟缓 chíhuǎn 형 느리다 | 视力 shìlì 명 시력 | ★大脑 dànǎo 명 대뇌 | ★神经 shénjīng 명 신경 | ★屏幕 píngmù 명 스크린 | 碎 suì 동 부서지다 | ★电磁波 diàncíbō 명 전자파 | ★辐射 fúshè 명 방사, 복사 | ★阻碍 zǔ'ài 동 방해하다 | 沟通 gōutōng 동 소통하다 | ★成长 chéngzhǎng 동 성장하다

2 중심 내용 파악

1. 중심 내용을 묻는 문제의 질문 형식

- 最适合做上文标题的是：윗글의 제목으로 가장 적합한 것은?
  (标题: 제목)
- 上文主要谈的是什么？윗글에서 주로 이야기하는 것은 무엇인가?
  (主要谈的: 주로 이야기하는 것)
- 上文主要告诉我们：윗글에서 우리에게 주요하게 알려 주는 것은?
  (主要告诉我们: 우리에게 주로 알려 주는 것)
- 第3段主要讲的是：세 번째 단락에서 주로 이야기하는 것은?
  (第3段: 지문의 범위 확인 / 主要讲的: 주로 이야기한 것)

2. 문제 풀이 방법

Step 1.		Step 2.		Step 3.
질문을 읽고 범위를 확인한다.	➡	해당 문단이나 전체 지문의 중심 내용을 파악한다.	➡	중심 내용을 통해 정답을 고른다.

*중심 내용은 일반적으로 시작 부분 또는 마무리 부분에 숨어 있다.

예

문제

近日，某社交平台上，成千上万个用户数据被窃取。

……

> **Step 2.** 마지막 문단을 읽고 중심 내용을 파악한다.

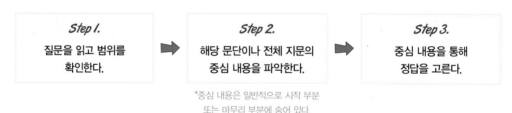

作为网民，我们应尽量减少隐私数据被泄露的可能性，以此来保护我们的个人隐私。比方说：在填写网站注册信息的时候，如果不是必须填写真实信息，那么不妨写一些虚假信息，更不要在社交平台上暴露自己的家庭住址等敏感信息。

(比方说 뒷부분은 모두 앞부분에 대한 구체적인 설명임)

上文最后一段主要告诉我们：

> **Step 1.** 질문을 읽고 범위(最后一段 마지막 단락)를 확인한다.

> **Step 3.** 중심 내용과 보기를 대조하여 정답을 고른다.

A 如何注册会员
B **学会保护个人隐私**
C 尽量远离社交平台
D 互联网是把双刃剑

해석

최근에 한 소셜 플랫폼에서 굉장히 많은 사용자의 데이터가 해킹을 당했다.

……

네티즌으로서 우리는 사적인 데이터가 유출될 가능성을 최대한 줄임으로써, 우리의 개인 프라이버시를 보호해야 한다. 예를 들어, 사이트에 등록 정보를 기입할 때 만약 반드시 실제 정보를 기재해야 하는 경우가 아니라면, 허위 정보를 적는 것도 무방하다. 더욱이 소셜 플랫폼에 자신의 집 주소 등의 민감한 정보는 노출하지 말아야 한다.

윗글의 마지막 단락에서 우리에게 주로 말하는 것은?

A 어떻게 회원으로 등록하는가　　B **개인 프라이버시를 보호할 줄 알아야 한다**
C 소셜 플랫폼을 되도록 멀리해라　　D 인터넷은 양날의 검이다

단어 某 mǒu 대 어느, 아무 | 社交平台 shèjiāo píngtái 소셜 플랫폼, SNS | ★成千上万 chéng qiān shàng wàn 성 수천수만 | ★用户 yònghù 명 사용자, 가입자 | ★数据 shùjù 명 데이터 | 窃取 qièqǔ 동 절취하다, 훔치다 | 网民 wǎngmín 명 네티즌 | ★尽量 jǐnliàng 부 되도록, 최대한 | ★隐私 yǐnsī 명 사생활 | ★泄露 xièlòu 동 누설하다 | 注册 zhùcè 동 등록하다 | ★不妨 bùfáng 무방하다 | 虚假 xūjiǎ 형 허위의 | 暴露 bàolù 동 폭로하다 | ★敏感 mǐngǎn 형 민감하다 | 远离 yuǎnlí 동 멀리하다 | ★双刃剑 shuāngrènjiàn 명 양날의 검

공략 트레이닝

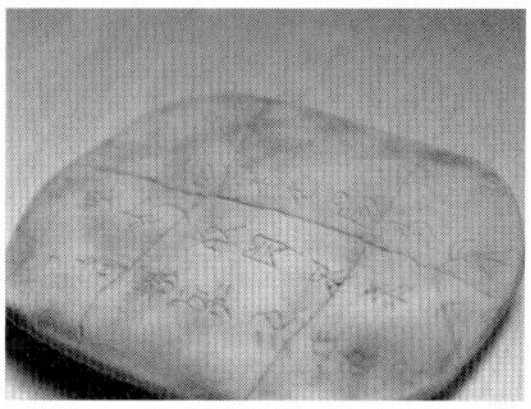

在世界四大古文字中，中国的甲骨文与古埃及象形文字、巴比伦楔形文字，以及印第安人玛雅文字交相辉映，都曾在世界文明宝库中大放异彩。遗憾的是，后三种文字都已失传，成为无法破解的历史之谜，唯有甲骨文历经3000年，“活”到了今天，并演变成为今天的汉字。

100多年前，清代学者王懿荣在一种被称为“龙骨”的中草药上，发现了细小的刻画。这些神秘的符号经专家考证，被认定就是上古时期的文字——甲骨文。

但百年来，甲骨文研究却经常面临“专家兴趣盎然，百姓兴趣寡然”的尴尬局面。不久前，甲骨文入选《世界记忆名录》，对于长期从事甲骨文研究和推广的人来说，无疑是一个“天大的喜事”，社会大众对于甲骨文的认知度将会不断扩大。

但要让群众真正了解甲骨文，还需要在传播方式上多下功夫。“甲骨学堂”正是这样的一次公益性探索。该项目负责人称：“甲骨学堂结合中国传统节日和汉字文化背景，开展汉字教育活动。比如，我们会挑选一些象形程度高的字介绍给孩子，通过解读文字背后的历史文化信息、以及这个字从古到今的演变发展过程，让他们理解和掌握汉字的一些特征。”截至目前，甲骨学堂已经举办汉字教育活动800多场，吸引了近3万个家庭参与。

1. 关于四大古文字，可以知道：

A 书写方式相似　B 只有一种存世

C 使用人数众多　D 均出现在亚欧大陆

2. 关于甲骨文，下列哪项正确？

A 有100年历史　B 在唐代被推广

C 属于拼音文字　D 发现于“龙骨”上

3. 第3段画线词语“天大的喜事”指的是：

A 甲骨文被全部破解　B 政府资助甲骨文研究

C 发现了新的甲骨文骨片　D 甲骨文入选《世界记忆名录》

4. 最后一段主要谈的是：

A 甲骨学堂的开办条件　B 甲骨学堂的上课时间

C 甲骨学堂促进甲骨文传播　D 甲骨学堂在海外很受欢迎

[1-4]

[1]在世界四大古文字中，中国的甲骨文与古埃及象形文字、巴比伦楔形文字，以及印第安人玛雅文字交相辉映，都曾在世界文明宝库中大放异彩。遗憾的是，[1]后三种文字都已失传，成为无法破解的历史之谜，[1]唯有甲骨文历经3000年，“活”到了今天，并演变成为今天的汉字。
→ 只有 단지

100多年前，清代学者王懿荣[2]在一种被称为“龙骨”的中草药上，发现了细小的刻画。这些神秘的符号经专家考证，被认定就是上古时期的文字——甲骨文。

但百年来，甲骨文研究却经常面临“专家兴趣盎然，百姓兴趣寡然”的尴尬局面。不久前，[3]甲骨文入选《世界记忆名录》，对于长期从事甲骨文研究和推广的人来说，[3]无疑是一个“天大的喜事”，社会大众对于甲骨文的认知度将会不断扩大。
生机盎然(생명력이 충만하다), 春意盎然(봄기운이 무르익다)
~국면에 접어들다

[4]但要让群众真正了解甲骨文，还需要在传播方式上多下功夫。“甲骨学堂”正是这样的一次公益性探索。该项目负责人称：“甲骨学堂结合中国传统节日和汉字文化背景，开展汉字教育活动。比如，我们会挑选一些象形程度高的字介绍给孩子，通过解读文字背后的历史文化信息、以及这个字从古到今的演变发展过程，让他们理解和掌握汉字的一些特征。”截至目前，[4]甲骨学堂已经举办汉字教育活动800多场，吸引了近3万个家庭参与。
공을 들이다
结合A和B A와 B를 접목하다

[1]세계 4대 고문자 중, 중국의 갑골문은 고대 이집트의 상형문자, 바빌로니아의 설형문자 그리고 인디언의 마야문자와 어우러져 세계 문명의 보고에서 빛을 발했다. 유감스러운 점은 [1]뒤에 언급된 세 문자는 모두 전해지지 않아 풀리지 않는 역사의 수수께끼가 되었고, [1]오직 갑골문만이 3000년을 거쳐 오늘날까지 '살아 남아' 현재의 한자로 변화 발전하였다는 것이다.

100여 년 전, 청대 학자인 왕의영은 [2]'용골'이라 불리는 약재에서 작게 새겨진 그림을 발견했다. 이 신비한 기호들은 전문가의 고증을 거쳐 상고시대의 문자인 갑골문으로 판명되었다.

하지만 100년 동안, 갑골문 연구는 '전문가의 흥미만 넘치고 백성의 흥미는 적다'는 난처한 국면에 자주 직면했다. 얼마 전, [3]갑골문이 '세계기록유산'에 선정되었는데, 이는 장기간 갑골문 연구에 종사하고 보급해 온 사람들에게 있어서 [3]두말할 것 없이 '엄청난 경사'였으며, 갑골문에 대한 사회적, 대중적 인지도도 계속 확대될 것으로 보인다.

[4]하지만 대중이 갑골문을 제대로 알게 하려면 전파 방식에도 많은 노력이 필요하다. '갑골학당'이 바로 이러한 공익적 탐구이다. 이 프로젝트의 책임자는 "갑골학당이 중국 전통 명절과 한자 문화의 배경을 접목하여 한자 교육 활동을 펼치고 있는데, 예를 들면, 상형의 정도가 높은 글자들을 골라 아이에게 소개하면서 문자의 배경이 되는 역사 문화의 정보를 해독해 주고, 아울러 이 글자가 예로부터 오늘날까지 변화 발전하는 과정을 통해 한자의 특징들을 이해하고 파악하게 하도록 한다."고 말했다. 지금까지 [4]갑골학당은 이미 한자교육 행사를 800여 차례나 개최하여 거의 3만 가구의 참여를 이끌었다.

단어 ★甲骨文 jiǎgǔwén 명 갑골문 | 古 gǔ 명 옛날, 고대 | 埃及 Āijí 고유 이집트 | 象形文字 xiàngxíng wénzì 명 상형문자 | 巴比伦 Bābǐlún 고유 바빌로니아 | 楔形文字 xiēxíng wénzì 명 설형문자 | 印第安人 Yìndì'ān rén 명 인디언 | 玛雅文字 Mǎyǎ wénzì 명 마야 문자 | 交相辉映 jiāo xiāng huī yìng 여러 빛이나 색채 따위가 서로 비추다 | 宝库 bǎokù 명 보고 | 大放异彩 dà fàng yì cǎi 성 뛰어나게 빛을 내다 | 遗憾 yíhàn 형 유감스럽다 | 失传 shīchuán 동 실전하다 | 破解 pòjiě 동 파헤치다, 풀다 | 谜 mí 명 수수께끼, 어려운 문제 | 唯 wéi 부 다만, 오로지 | ★历经 lìjīng 동 여러 번 겪다 | ★演变 yǎnbiàn 동 변화 발전하다 | 清代 Qīngdài 명 청(淸)대 | 学者 xuézhě 명 학자 | 王懿荣 Wáng Yìróng 고유 왕의영[청나라 말기 학자] | ★中草药 zhōngcǎoyào 명 한방약과 민간약을 통틀어 일컫는 말 | 刻画 kèhuà 동 새기거나 그리다 | ★符号 fúhào 명 부호, 기호 | 专家 zhuānjiā 명 전문가 | 考证 kǎozhèng 동 고증하다 | 认定 rèndìng 동 확정하다, 확신하다 | 上古时期 shànggǔ shíqī 상고시대 | ★面临 miànlín 동 직면하다 | 盎然 àngrán 형 넘쳐흐르는 모양 | 寡然 guǎrán 부족한 모양 | ★尴尬 gāngà 형 난처하다 | ★局面 júmiàn 명 국면 | ★入选 rùxuǎn 동 입선하다, 당선되다 | 世界记忆名录 Shìjiè Jìyì Mínglù (유네스코가 지정한) 세계기록유산 | ★从事 cóngshì 동 종사하다 | ★推广 tuīguǎng 동 널리 보급하다 | 无疑 wúyí 형 의심할 바 없다, 두말할 것 없다 | 认知度 rènzhīdù 명 인지도 | ★传播 chuánbō 동 전파하다 | ★下功夫 xià gōngfu 공들이다 | 学堂 xuétáng 명 학당 | ★公益 gōngyì 명 공익 | ★探索 tànsuǒ 동 탐색하다 | 结合 jiéhé 동 결합하다 | 开展 kāizhǎn 동 펼치다 | 挑选 tiāoxuǎn 동 고르다 | 解读 jiědú 동 해독하다 | 掌握 zhǎngwò 동 파악하다 | ★截至 jiézhì 동 ~에(까지) 이르다

[1] 해설 및 정답

문제 분석▼ 첫 번째 문단에서 4대 고문자 중 唯有甲骨文…… "活" 到了今天(오직 갑골문만이……오늘날까지 '살아 남았다')이라는 내용을 통해 B가 정답임을 알 수 있다.

关于四大古文字，可以知道：	4대 고문자에 대해 알 수 있는 것은?
A 书写方式相似	A 서사 방식이 유사하다
B 只有一种存世	**B 단지 한 종류만 세상에 남았다**
C 使用人数众多	C 사용 인원이 매우 많다
D 均出现在亚欧大陆	D 모두 유라시아에서 출현했다

단어 书写 shūxiě 동 쓰다, 적다 | ★相似 xiāngsì 동 비슷하다 | 存世 cúnshì 동 세상에 남아 있다 | 众多 zhòngduō 형 매우 많다 | ★均 jūn 부 모두 | 亚欧大陆 Yà-Ōu dàlù 명 유라시아 대륙

[2] 해설 및 정답

문제 분석▼ 두 번째 문단에서 청대 학자가 용골에 새겨진 그림을 발견했으며, 이 기호들이 갑골문으로 판명되었다고 했으므로 정답은 D이다. 갑골문이 100년 전에 발견되었다는 말은 100년의 역사를 가지고 있다는 뜻이 아니다. 따라서 A는 오답이다.

关于甲骨文，下列哪项正确？	갑골문에 대해, 다음 중 정확한 것은?
A 有100年历史	A 100년의 역사를 가지고 있다
B 在唐代被推广	B 당(唐)대에 널리 보급되었다
C 属于拼音文字	C 병음문자에 속한다
D 发现于"龙骨"上	**D '용골'에서 발견되었다**

단어 唐代 Tángdài 명 당대, 당 왕조 | 属于 shǔyú 동 ~에 속하다 | 拼音 pīnyīn 명 병음

[3] 해설 및 정답

문제 분석▾ 세 번째 문단에서 甲骨文入选《世界记忆名录》……无疑是一个"天大的喜事"(갑골문이 '세계기록유산'에 선정되었는데……두말할 것 없이 '엄청난 경사'였다)라고 했으므로 정답은 D이다.

第3段画线词语"天大的喜事"指的是：	세 번째 단락에 밑줄 친 어휘인 '天大的喜事'가 가리키는 것은?
A 甲骨文被全部破解	A 갑골문은 전부 파헤쳐졌다
B 政府资助甲骨文研究	B 정부는 갑골문 연구를 후원했다
C 发现了新的甲骨文骨片	C 새로운 갑골문 뼛조각이 발견됐다
D 甲骨文入选《世界记忆名录》	**D 갑골문이 '세계기록유산'에 선정됐다**

단어 资助 zīzhù 동 재물로 돕다 | 骨片 gǔpiàn 명 뼛조각

[4] 해설 및 정답

문제 분석▾ 마지막 문단 시작 부분에서 갑골학당이 사람들에게 갑골문을 이해시키는 전파 방식이라고 언급했다.

最后一段主要谈的是：	마지막 단락에서 주로 이야기하는 것은?
A 甲骨学堂的开办条件	A 갑골학당의 설립 조건
B 甲骨学堂的上课时间	B 갑골학당의 수업 시간
C 甲骨学堂促进甲骨文传播	**C 갑골학당은 갑골문 전파를 추진한다**
D 甲骨学堂在海外很受欢迎	D 갑골학당은 해외에서 매우 환영을 받는다

단어 开办 kāibàn 동 설립하다 | 海外 hǎiwài 명 해외

문제 적응 훈련

학습일 ____/____
맞은 개수 ______

실전 트레이닝 1

大气中的含水量是世界上所有江河水量的6倍多。其中，大约2%很快就会作为降雨落到地面，剩余的98%依然处于水蒸气的状态。水资源越来越紧缺的当下，不少人尝试从空气中取水。

有人提议，用声音从空气中获取水分。凉爽、宁静的夜晚，空气中的水分达到饱和后，即使是微小的空气振动，也能凝聚水分，产生雨滴。在中国云南省的山区，村民们有个传统，通过大声喊叫来祈雨。据说，喊得越响，雨下得越大。

还有一个有趣的新想法看起来似乎可行。在临海的沙漠地区建造温室，用寒冷的海水作为空气调节器，从炎热的空气中凝聚水分。这种温室实际上是巨大的露水制造机。从2002年以来，阿布扎比温室已经在沙漠中种出了黄瓜、西红柿和鲜花。

在干旱的智利北部阿塔卡马沙漠，人们曾尝试通过收集雾水解决用水问题。顺着绵延的山顶，悬挂着75张大塑料帆网。这里已经连续几年没有降雨了，但寒冷的近海气流定期从太平洋上大量涌来，塑料帆网通过获取这些气流的水分而变得十分潮湿。每张帆网有36平方米大小，一天能收集160升水。那里的一个小镇，从前用水完全靠从80公里外运来，如今这项工程平均每天可以给小镇提供1200升水。

这种做法被广为接受。南美洲的整个太平洋沿岸，很多社区已经建造了捕雾幕帐，用来给新栽的树木供水。这种系统一旦建立起来，这些树就可以在叶子上为自己收集雾气，在沙漠中重新创造以雾为基础的生态系统。

1. 空气中大部分的水：

A 不纯净　　**B** 降落在海洋
C 呈水蒸气状态　　**D** 以云的形式存在

2. 根据第3段，在临海的沙漠建造的温室：

A 制造露水　　B 种植了棉花
C 建造成本高　　D 减缓温室效应

3. 最后一段画线词语“这种做法”指的是：

A 帆网捕雾　　B 大喊祈雨
C 建造温室　　D 开凿运河

4. 最适合做上文标题的是：

A 地球的水危机　　B 大自然的语言
C 共建生态家园　　D 从空气中取水

정답 및 해설_ 해설집 116쪽

실전 트레이닝 2

生物学家称壁虎是“最能爬墙的动物”。它能够自如攀墙，倒挂悬梁，几乎能攀附在各式各样的材料上面，行走自如，而且所经之处不留任何痕迹，足下干净利落。壁虎脚上的“功夫”真可称得上是“自然的杰作”。几千年来，不少人试图揭开壁虎爬墙的奥秘，然而这始终是个谜。

直到最近几年，科学家才真正揭示了壁虎在墙上爬行的秘密。他们在显微镜下发现，壁虎脚趾上约有650万根纳米级的细毛，每根细毛直径约为200至500纳米，约是人类毛发直径的十分之一。这些细毛的长度是人类毛发直径的2倍，细毛前端有100–1000个类似树状的微细分杈，每个分杈前端有细小的肉趾，能和接触的物体表面产生很微小的分子间的作用力。这个力虽然很小，但是，当壁虎脚上所有的细毛都与固体表面充分接触时，它们所产生的总黏着力就会超过许多人工黏合剂能够产生的力量。壁虎脚上650万根细毛全部附着在物体表面上时，可吸附住质量为133千克的物体，这相当于两个成人的质量。如果你脚上有这么大的吸附力，你肯定难以抬脚。

既然壁虎的脚上有如此强大的附着力，那么它是如何抬起脚来迅速奔跑的呢？科学家发现，壁虎脚上的细毛可以调节，当壁虎将细毛与物体表面的角度增加到30度时，两者的作用力大大降低，壁虎就可以顺利抬脚。壁虎的任何一只脚都可以随时移动，不过，一次只能移动一只脚，其他脚得作为支撑点。

1. 根据第1段，壁虎：

A 会变色　　**B** 跳跃行走
C 尾巴可再生　　**D** 经过的地方无痕迹

2. 关于壁虎脚趾上的细毛，可以知道：

A 可伸缩　　**B** 直径小
C 易脱落　　**D** 是黑色的

3. 壁虎奔跑时有什么特点？

A 左顾右盼　　**B** 移动速度慢
C 用一只脚作为支撑　　**D** 每次只能移动一只脚

4. 上文主要谈的是：

A 壁虎爬行的原理　　**B** 壁虎的生存本领
C 壁虎如何捕食昆虫　　**D** 壁虎给人类的启发

정답 및 해설_ 해설집 119쪽

실전 트레이닝 3

徐霞客是明代地理学家、旅行家和文学家。他出生在江苏江阴一个有名的富庶之家。祖上都是读书人，称得上是书香门第。

徐霞客的父亲徐有勉一生拒绝为官，也不愿同权势交往，喜欢到处游览，欣赏山水景色。徐霞客幼年受父亲影响，喜爱读历史、地理和探险、游记之类的书籍。这些书籍使他从小就热爱祖国的壮丽河山，他立志要游遍名山大川。

十五岁那年，徐霞客参加过一次科举资格考试，但并没有继续考取。父亲见儿子无意功名，也不再勉强，就鼓励他博览群书，做一个有学问的人。徐霞客的祖上修筑了一座“万卷楼”来藏书，这给徐霞客博览群书创造了很好的条件。他读书非常认真，凡是读过的内容，别人问起，他都能记得。家里的藏书还不能满足他的需要，他还到处搜集没有见到过的书籍。他只要看到好书，即使没带钱，也要脱掉身上的衣服去换书。

十九岁那年，他的父亲去世了。他很想外出去寻访名山大川，但是按照封建社会的道德规范“父母在，不远游”，徐霞客因有母亲在家，所以没有准备马上出游。他的母亲是个明白事理的人，她鼓励儿子说：“身为男子汉大丈夫，应当志在四方。你出外游历去吧！到天地间去舒展胸怀，广增见识。怎么能因为我在，就像篱笆里的小鸡，留在家里，无所作为呢?”徐霞客听了这番话，非常激动，决心去远游。他头戴母亲为他做的远游冠，肩挑简单的行李，就离开了家乡。这一年，他二十二岁。

从此，直到五十六岁逝世，徐霞客的绝大部分时间都是在旅行考察中度过的。他历经30年撰写了60万字的地理名著——《徐霞客游记》，记录了他观察到的各种现象、人文、地理、动植物等状况。

1. 关于徐霞客的父亲，可以知道：

A 是探险家　　**B** 不愿做官

C 性格固执　　**D** 籍贯是浙江

2. 徐霞客能博览群书得益于：

A 家里的藏书　　B 祖父的鼓励

C 过目不忘的本领　　D 成为作家的抱负

3. 第4段中“篱笆里的小鸡”可能是什么意思？

A 性格安静　　B 不被重视

C 年纪较小　　D 没有见识

4. 根据上文，下列哪项不正确？

A 徐霞客母亲明白事理　　B 徐霞客是明朝文学家

C 《徐霞客游记》是长篇小说　　D 《徐霞客游记》记录了植物状况

정답 및 해설_ 해설집 122쪽

실전 트레이닝 4

早在周代，中国就出现了图书馆。只不过，那时不叫图书馆，叫盟府，主要保存盟约、图籍、档案等与皇室有关的资料。严格地说，这只是图书馆的雏形。

到了西汉，皇室开始大量收藏图书，开国之相萧何还在宫内设置了专门用来藏书的石渠阁、天录阁，这也是后来人们常常把皇家图书馆称为“石渠天录”的原因。

东汉时期设置秘书监一职，即专门管理图书秘籍的官员。秘书监相当于现在的国家图书馆馆长，这一官职被后代沿用。

唐代以前，图书主要是由官府掌控，民间是不允许大量藏书的。唐代民间私人图书馆的出现，开创了中国历史上私人藏书的先河。唐代的私人藏书，是随着印刷业的发展而盛行起来的。有了先进的印刷技术，官府藏书大量增加，私人藏书也如雨后春笋，茁壮成长。

到了明代，专门管理图书秘籍的秘书监一职就被废止了。清代除了文渊阁、文津阁、文澜阁这些图书馆外，翰林院、国子监、内府等机构也收藏过图书。这些机构的长官在做好本职工作的同时，也负责管理这些图书，算得上是兼职的图书馆馆长了。

那么，什么时候开始出现图书馆这一名称的呢？据记载，真正使用图书馆一词，还是从江南图书馆开始的。修建于清代光绪三十三年（1907年）的江南图书馆，不但最先使用“图书馆”三个字，也把图书馆丰富的藏书推到了公众面前。所以说，江南图书馆书写了中国图书馆的新篇章，是 所真正的大众图书馆。

1. 中国图书馆的雏形是：

A 盟府　　**B** 天录阁

C 文津阁　　**D** 翰林院

2. 根据第4段，下列哪项正确？

A 纸发明于唐朝　　**B** 唐朝设置了石渠阁

C 唐朝私人藏书兴盛　　**D** 印刷术推动诗歌发展

3. 关于明朝时期的图书馆，可以知道：

A 规模不大　　**B** 废除秘书监

C 江南图书馆最有名　　**D** 最初使用“图书馆”三个字

4. 最适合做上文标题的是：

A 读好书，做好人　　**B** 寻找民间图书馆

C 皇家图书馆的由来　　**D** 中国图书馆的发展历史

정답 및 해설_ 해설집 125쪽

독해 제4부분

학습일 ____/____
맞은 개수 ______

第一部分 ★ 第1-4题：请选出有语病的一项。

1. A 目前，中国每千人汽车保有量在170辆左右。
B 广场上，人们手持鲜花，载歌载舞，欢送新年的到来。
C 这幅画的创作背景一直是人们研究、讨论、追逐的话题。
D 过去一年来最直观的感受就是忙，全年我有180天在外出差。

2. A 人的一生总是在不断追求完美的过程中实现自我价值。
B 研究结果显示，抑郁可能是驱动部分人抽烟的因素之一。
C 近30年来，长江流域消失面积在1平方公里以上的湖泊有96个。
D 成功的概率其实很低，无论持续频繁地实践，成功的机会才会增加。

3. A 阿尔茨海默病俗称老年痴呆，是老年人的脑部疾病。
B 所谓游学，是一种将学习和旅行相结合的学习交流方式。
C 透过玻璃门窗，我们可以看到商铺里摆放着凌乱地一些杂物。
D 据一项调查显示，20%的大学生患有结石，其中有一部分在高中就查出结石。

4. A 研究表明，经常熬夜或者失眠会导致大脑能力。
B 3月2日上午，晋级的八支代表队分成两组进行半决赛。
C 中国科幻电影在电影行业中，占比总体较低，影响力也不大。
D 今年上海市新投入使用的公交车全部采用新能源汽车，推动空气质量持续改善。

第二部分 ★ 第5-8题：选词填空。

5. 现在很多人都使用约车软件，但是在______人海中，司机很难准确找到约车的乘客。有一款约车软件可以让乘客的手机屏幕显示______的颜色，这样当司机看到这个颜色后，便可快速______出约车的乘客。

A 苍白　特意　推理　　B 茫然　盲目　提取
C 茫茫　特定　辨认　　D 繁忙　可观　辩解

6. 很多上班族长时间保持低头的姿势工作，然而这相当于他的脖子______着20公斤的压力，容易导致______病发生。因此，长时间工作的人要______避免长期低头伏案的姿势，适当活动一下。

A 承受　颈椎　尽量　　B 承担　腰腿　索性
C 负担　糖尿　尽情　　D 遭受　心脏　尽管

7. 如今二维码在生活中的______非常广泛。它既可以是______信息，也可以是图片信息，甚至可以是网络链接。无需格外的键盘______，只需要用摄像头扫一扫，便可轻松地获取信息。但二维码千万不要随便扫，因为______通过扫描二维码打开的很有可能是钓鱼网站或者木马程序。

A 意图　字母　打击　网友　　B 市场　字迹　操作　顾客
C 诞生　摘要　引导　市民　　D 应用　文本　输入　用户

8. 里下河地区位于江苏省中部，这里水网______，湖泊众多，盛产稻米、小麦、鱼虾、螃蟹，是______的鱼米之乡。这里的农民具有勤劳、勇敢、智慧的优秀______，农耕文化源远流长、内涵丰富，这些______是江南文化的宝贵财富。

A 密切　博大精深　品德　并　　B 密集　名副其实　品质　皆
C 隐约　得天独厚　资本　既　　D 纵横　川流不息　思维　旨

第三部分 ★ 第9-13题：选句填空。

近年来，一些大学生毕业后不急着找工作，而是游历或支教，成为"慢就业"一族。"慢就业"并非一些人所理解的"失业"，(9)__________。他们理由各异：有的人游览各地，想抓住人生最后的长假放松身心；有的人选择考研，(10)__________；还有一部分人暂时没有好的工作机会，就继续等待转机。所以，"慢就业"并不是一个负面词汇，只是一个成年个体的普通选择。

10年以前，一个大学生毕业之后没有选择直接就业，会让周边的人不大理解。但对近些年成长起来的90后或95后而言，他们的境遇已经有很大不同。一方面，(11)__________，大学生通过就业获取经济收益的诉求没有那么强烈；另一方面，互联网时代成长起来的一代，摆脱了传统单一的价值观念，他们个性张扬，(12)__________，不想一毕业就进入紧张的生活节奏中，所以暂缓就业。

不过我们也应当承认，大学生就业压力不小。(13)__________，不难找到终身的职业，当然可以规避"慢就业"。但事实上，很多人只有在离开学校后才有明确的人生规划。

A 随着经济快速发展

B 更注重自我情感需求与生活质量

C 希望学业上有进一步提升

D 他们如果能在大学期间充分学习与训练

E 而是大学生主动选择的"暂时性不就业"

第四部分 ★ 第14-25题：请选出正确答案。

14-17.

种子是植物的繁殖器官，在植物的生存竞争中起着至关重要的作用。从形态上来说，种子可以简单地分为大种子和小种子。世界上最大的种子是巨籽棕的种子，目前发现最大的巨籽棕种子有17.6公斤重；最小的种子是热带雨林中附生兰的种子，一粒的重量仅有千分之一克。

种子的生存策略首先表现在它们自身的生理特点上。大种子带有更多的营养物质，就像一位装备精良的旅行家，背着一个大大的旅行袋，以确保抵达目的地时有足够的能量供其发芽，在竞争中以质取胜。而小种子虽然不能携带更多营养物质，但通常含油量更高，能保证它们在轻装旅行的同时，还带有一定的能量。

其次，因为个头的不同，种子采取的传播方式也不同。许多大种子既是动物的食物，同时也依靠动物传播。例如壳斗科栎属种子的传播就依靠啮齿类、鸟类，甚至鹿等大型哺乳动物。小种子则像一群勇敢的士兵，不畏牺牲，前赴后继，总会有幸运儿落地成苗。

当种子陷入困境时，它们又是如何应对的呢？大种子在依靠动物传播的过程中，随时有被取食的危险，但是它们凭借较多的营养物质，能够迅速萌发、发出幼苗。它们的幼苗可以在土地相对贫瘠或较为荫蔽的森林环境里生长，被动物取食后，也有较好的恢复能力。此外，大种子也相对更耐干旱。与大种子相比，更多的小种子则采取休眠的方法渡过困境。有时候，环境太干燥了，不适宜生长，它们便选择休眠。或许风会把它们带到更远的地方，或许再等一年，会有一场大雨呼唤它们。它们一旦醒来，便立刻长出芽来。

14. 根据第1段，种子：

A 体积很小　　**B** 形态单一

C 是繁殖器官　　**D** 含有叶绿素

15. 将大种子比喻成"一位装备精良的旅行家"是为了说明：

A 大种子数量少　　**B** 大种子传播得远

C 大种子可自由移动　　**D** 大种子营养物质丰富

16. 根据第3段，种子的传播方式：

A 很随意　　**B** 因大小而异

C 主要依靠风力　　**D** 受天气影响大

17. 在传播过程中，小种子是如何克服困难的?

A 休眠　　**B** 躲起来

C 分泌黏液　　**D** 分散传播

18-21.

我们平时看到的水总是"温柔"无比，毫无冲击力，这是它处于静止状态或流速缓慢的缘故。随着科学技术的迅速发展，人们已经有办法使看似柔弱无力的水一反常态，变得坚硬起来。

40多年前，科学家就已研发出一项新的加工技术——"水刀"。这种"刀"锋利无比，其卓越的性能远远高于金属刀具。

"水刀"，其实就是一束很细的高压水射流。当人们通过一定的方法迫使水以超过声速的速度通过极小的喷嘴时，聚集成的高压水射流就具有了切割不同材料的能力。如果在水中掺入硅石等磨削材料，水射流的切割能力还会成倍地增加，其加工效果明显优于用金属刀具切割工件。

"水刀"虽不是真正的刀，可是它确实起着刀的作用，并且其性能远优于刀。用"水刀"可以加工用金属刀具无法加工的复杂型面，还能沿任意曲线切开零部件。在加工的过程中，不仅工件的切口整齐光滑，没有粗糙的边缘、分层、变形等问题，而且工作过程所产生的热量几乎可以全部被水带走。同时在切割的过程中，"水刀"所引起的振动和噪声都很小，所产生的少量切屑也会随水流走，不会出现切屑飞扬的情况。另外，"水刀"还有一个最大的优点，就是它不存在刀具磨损的问题，并且废水可以进行回收再利用，这样又达到了节约用水的目的，真可谓一举多得。

18. 根据第1段，平常的水：

A 流速快 **B** 柔弱无力

C 清澈透明 **D** 不能直接饮用

19. 所谓的“水刀”指的是：

A 冰刀 **B** 瀑布

C 水龙头 **D** 高压水射流

20. 在“水刀”中加入硅石会有什么效果?

A 变浑浊 **B** 温度升高

C 切割能力变强 **D** 发出刺眼的光

21. 根据最后一段，下列哪项不属于“水刀”的优点?

A 噪音小 **B** 切口光滑

C 节约用电 **D** 可加工复杂型面

22-25.

中国结是中华民族独有的文化符号，具有丰富的内涵。

中国结是具有民族特色的纺织类工艺品。它的最大特点是工艺精致，每个中国结从头到尾都是用一根线绳，靠一双巧手，用缩、结、穿、缠、绕、编、抽等多种工艺技法制作而成的。其形式多为上下一致、左右对称、正反相同，首尾可以互相衔接的完美造型。同时，中国结的命名，也具有中华民族特有的吉祥美满的象征义，如双寿、双喜、龙凤呈祥、万事如意等，将这些具有特殊意义的结饰送给亲友，不但喜气洋洋，也是一种千情万意的祝福。

在编织中国结时，最主要的材料是线绳。一般说来，线绳约为100厘米长，4-6毫米粗。线绳的种类很多，过去主要有丝、棉、麻，现代材料则增加了尼龙、混纺等，不仅色泽更加亮丽，耐用度也大大提高。线绳的纹路愈简单愈好，线的粗细，要视饰物的大小和质感而定，线的硬度也要适中。

一件结饰要讲究整体美，不仅要用线恰当、线纹平整、结形匀称，结与饰物的关系也要协调。选线要注意色彩，若为古玉一类的古雅物件配编中国结，应选择含蓄的色调，诸如咖啡色或墨绿色；若为一些色彩单调、深沉的物件编中国结，夹配少许金、银或亮红等色调醒目的细线，立刻就会使整体结饰有栩栩如生之感。

如今，中国结仍然随处可见，广为流行，中式服装上精致的盘扣，让人不禁倾心于古老的东方神韵；新春佳节时，吉祥喜庆的“春”字结，红遍千家万户。中国结这一传统的手工编织艺术，与现代生活相结合，生发出多种现代审美意蕴，带给人们无限的情趣和生活美感。

22. 中国结最大的特点是：

A 不易松散　　**B** 简单易学

C 款式多样　　**D** 做工精巧

23. 中国结的线绳：

A 最好用两根　　**B** 纹路要简单

C 要选硬度高的　　**D** 不适合用尼龙材料

24. 下列哪种颜色的中国结适合与古玉相配?

A 墨绿色　　**B** 浅蓝色

C 粉红色　　**D** 金黄色

25. 根据上文，下列哪项正确?

A 中国结一般上宽下窄　　**B** 中国结编织手艺已失传

C 中国结蕴含美好的寓意　　**D** 贴春联习俗推动了中国结的产生

정답 및 해설_ 해설집 128쪽

맛있는 중국어 HSK 합격 프로젝트

쓰기

书写

문제 분석
최신 기출

출제 비율

난이도 ★★★☆☆

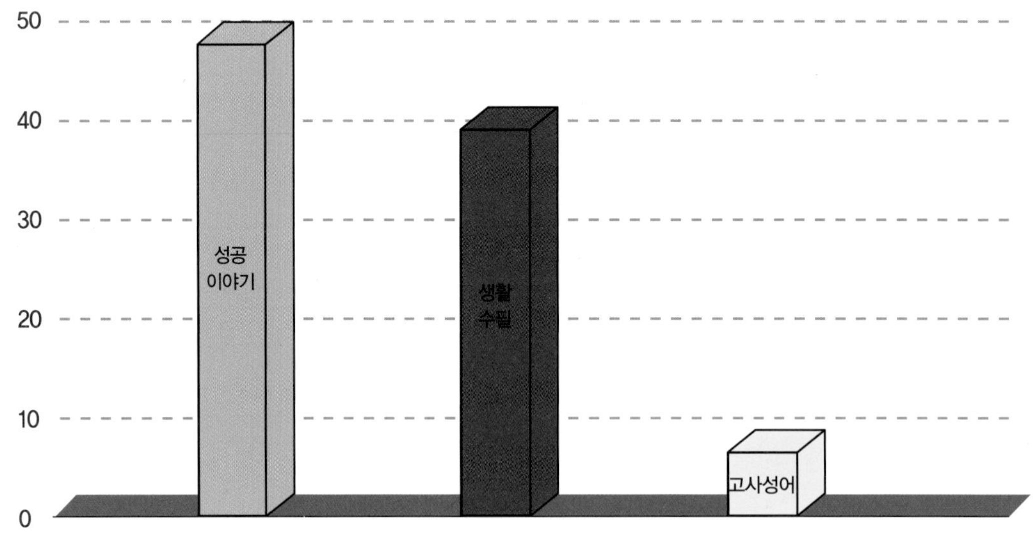

HSK 6급 쓰기 영역은 지문의 주제는 다르지만 지문을 파악하고 요약하는 방법은 같다. 평소에 지문을 독해하고 요약하는 데 중점을 두고 학습한다.

핵심1 10분의 독해 시간을 잘 배분한다

지문을 읽는 시간은 10분밖에 없다. 지문의 내용을 최대한 파악하고 외울 수 있게 시간 배분을 잘해야 한다. 4분 동안은 전체 지문을 읽으며 이야기의 내용을 파악하고, 그다음 4분 동안은 키워드를 찾아 이야기 내용을 정리하면서 외운다. 마지막 2분 동안은 주인공의 이름, 주요 어휘, 주제에 집중해서 외운다.

핵심2 제목 및 서론, 결론을 정확하게 쓴다

제목과 서론은 채점자가 가장 먼저 보는 부분이고, 결론도 채점자가 중점을 두고 보는 부분이기 때문에 정확하게 써야 좋은 점수를 받을 수 있다. 특히 서론 부분에 써야 하는 주인공 이름을 틀리게 써서는 안 된다.

핵심3 주제문은 외워서 그대로 쓴다

주제문은 지문 내용을 제대로 파악했는지를 판단할 수 있는 결정적인 부분이다. 지문에서 주제문이 명확하면 외워서 그대로 써야 한다. 주제문이 명확하지 않거나 길고 어려우면 주제를 나타내는 핵심 어휘를 반드시 그대로 써야 한다.

핵심4 오탈자와 어법 오용을 피하고, 글씨는 단정하고 바르게 쓴다

문장에 오탈자와 어법 오용이 있으면 일단 고득점을 기대하기 어렵다. 어려운 한자와 문장을 쓰고 싶지만 정확하게 쓸 자신이 없다면 쉬운 표현으로 바꾸어 쓰는 것이 좋다. 또한 글씨가 반듯한지, 답안지는 깔끔한지도 채점에 영향을 미친다. 글씨도 채점자의 마음을 흔들 수 있는 요소이다. 글씨를 예쁘게 쓸 수 없더라도 단정하고 바르게 쓴다면 채점자에게 좋은 인상을 줄 수 있다.

핵심5 자주 사용되는 고득점 표현을 활용한다

日积月累(rì jī yuè lěi)라는 사자성어가 있다. '어떤 일이든 하루만의 공이 아니라 끊임없는 축적이 필요하다'는 뜻이다. 평소에 자주 사용되는 고득점 표현은 암기해 두어야 시험에서 자유자재로 활용할 수 있다.

IBT 쓰기 시험 Tip

★ HSK IBT 쓰기 영역은 타자를 쳐서 글자를 입력한다. 시험에서 사용하고 있는 **중국어 입력기**는 **搜狗**(Sōugǒu)이다. 서우거우 입력기는 서우거우 홈페이지(**http://pinyin.sogou.com/**)에서 다운로드 할 수 있다.

1 서우거우 입력기 사용법

1. 키보드의 'Shift+Alt'를 누르면 한국어 입력기에서 중국어 입력기로 바뀐다.

2. 중국어를 입력할 때는 **병음을 치고 스페이스 바를 누르면 된다**. Shift를 누르면 **중국어-영문** 입력이 전환된다.

[TIP] ① 병음 'ü'를 입력하려면 자판에서 'v'를 눌러야 한다.
② '……'를 입력하려면 'Shift+6'을 눌러야 한다.
③ '、'를 입력하려면 '/'키를 눌러야 한다.

3. 병음을 입력하면, 병음이 동일한 한자 앞에는 숫자가 표시되어 있는데, 앞에 **숫자를 입력하면** 해당 **한자가 선택된다**. 예를 들면, **韩语**를 입력해야 할 경우, 병음인 'hanyu'를 치면 같은 병음을 가진 여러 한자가 나타난다. 이때 **韩语** 앞에 있는 숫자 '2'를 눌러야 **韩语**가 입력된다.

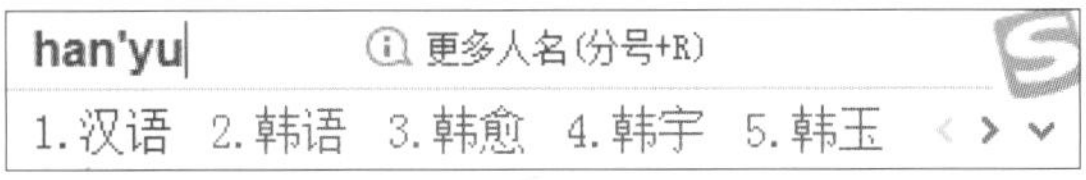

4. 한자를 어떻게 쓰는지 알지만, 병음을 모를 때는 **필기 인식** 기능을 쓰면 된다.

메뉴바에서 자판 모양의 버튼을 클릭한 후 手写输入(필기 입력)를 클릭!

메모장에 마우스로 한자를 그린 후 오른쪽에 있는 한자 선택!

2 IBT 쓰기 시험 가이드

1. 지문을 읽을 때

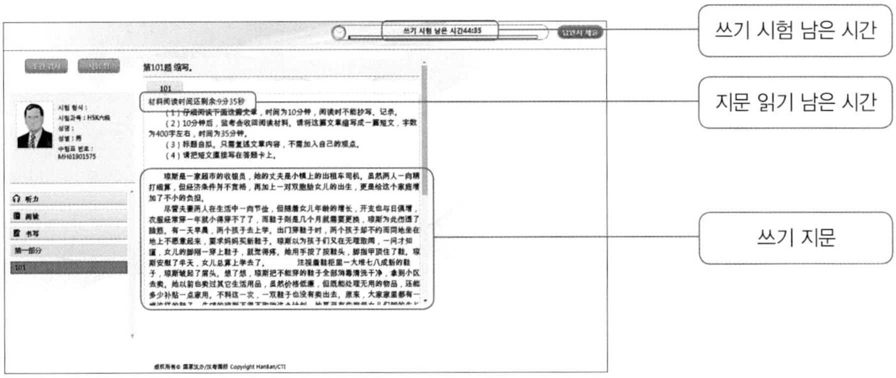

① 화면에 나오는 **지문 읽기 남은 시간**에 주의해서 지문을 읽는다.

② 지문을 읽을 때 기록하거나 텍스트를 복사할 수 없으므로 되도록 **키워드를 많이 외워야** 한다.

2. 지문을 요약할 때

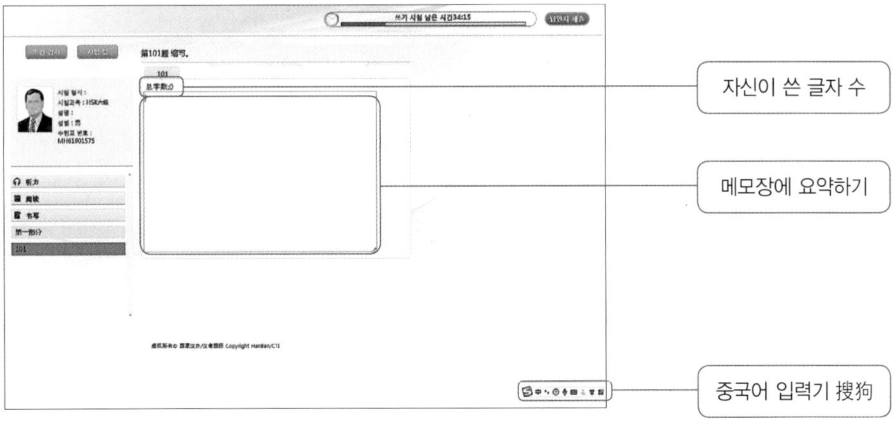

① 지문 읽기 시간(10분)이 종료되면 바로 **쓰기 메모장**이 뜬다.

② **중국어 입력기**는 컴퓨터에 **자동**으로 **설치**되어 있다. 만약에 중국어 입력기가 없다면 바로 감독관에게 도움을 요청해야 한다.

③ 외워 둔 키워드와 문장을 **메모장** 하단에 쭉 **나열**해 놓고 하단에 나열된 지문을 보고 요약하는 것이 좋다. 마지막에 하단에 나열해 놓은 키워드와 문장은 반드시 삭제한다.

④ 제목은 첫 줄 가운데 쓰거나 네 칸을 띄우고 쓴다. 문단을 시작할 때 두 칸을 띄우고 쓴다. IBT 쓰기는 문장부호와 숫자 등 원고지 사용법을 신경 쓰지 않아도 된다.

문장부호 및 원고지 작성법

★ 작문할 때 가장 **기본**은 **형식**이다. 글을 아무리 잘 써도 형식이 맞지 않으면 고득점을 받기가 어렵다. 따라서 **원고지 작성법**을 정확하게 알아야 한다.

★ 평소 작문 연습을 할 때 원고지에 **직접 써보며 원고지 작성법을 익히는** 것이 좋다.

1 문장부호

6급 쓰기 영역에서 반드시 알아야 할 기본적인 문장부호 및 사용법을 살펴보자.

문장부호	명칭	사용법	원고지 형식 예시
，	쉼표(逗号)	문장 중간에 쉬어 감을 나타낸다.	，
。	마침표(句号)	평서문 문장 끝에 쓴다.	。
、	모점(顿号)	문장 중간에 병렬관계의 단어나 구를 나열할 때 쓴다.	、
?	물음표(问号)	의문을 나타낸다.	?
!	느낌표(感叹号)	감탄이나 놀람을 나타낸다.	!
“ ”	따옴표(引号)	특수 어휘를 강조하거나 화자나 다른 사람의 말을 인용할 때 쓴다.	“ ” / ：“ 。”
：	쌍점(冒号)	제시적인 성격의 어휘(说，例如 등) 뒤에 쓰여 다음 문장을 끌어낼 때 쓴다.	：
《 》	책 이름표(书名号)	책, 글, 영화 등의 제목을 나타낼 때 쓴다.	《 》

2 원고지 작성법

1. 제목은 첫 줄 가운데 쓰거나 네 칸을 띄우고 쓴다.

				古	董	照	相	机											
		在	繁	华	的	街	头	，	有	好	几	家	卖	古	董	照	相	机	的

2. 문단을 시작할 때 두 칸을 비워야 한다. 문단은 5~6개로 나누는 것이 적당하다.

		在	繁	华	的	街	头	，	有	好	几	家	卖	古	董	照	相	机	的
店	。	那	些	古	董	相	机	的	性	能	都	非	常	好	，	外	表	经	过
修	理	，	也	和	新	的	一	样	。										
		但	是	，	有	一	架	保	存	了	10	0	多	年	的	相	机	，	它

3. 숫자나 영어 소문자는 한 칸에 두 개씩 쓴다. 영어 대문자는 한 칸에 한 개씩 쓴다.

20	22	年		36	5	天		3	D	打	印	机		wo	rd				

4. 문장부호는 일반적으로 행의 첫 번째 칸에 쓸 수 없다. 단, 따옴표[" "]와 책 이름표[《 》]의 앞부분, 즉 ["]와 [《]는 첫 번째 칸에 쓸 수 있지만 행의 맨 끝에는 쓸 수 없다. 이때는 글자와 함께 같은 칸에 쓴다.

		爸	爸	手	拿	着	我	最	喜	欢	的	《	城	南	旧	事	》	说	：
"	你	看	了	吗	?"	我	回	答	："	我	已	经	看	了	两	遍	了	，	《平
凡	的	世	界	》	也	看	过	了	。"	妈	妈	这	时	走	过	来	对	我	说:
"	快	来	吃	饭	吧	。"													

5. 원고지에 표시된 400자 칸까지만 쓰면 안 된다. 2~3줄을 더 써야 좋은 점수를 받는 데 유리하다.

쓰기

1 키워드 찾기

HSK에는 이렇게 출제된다! ▼

★ 10분 동안 지문을 읽고 모든 내용을 다 기억하기는 어렵다. 지문을 읽고 전체 내용을 이해한 다음에 **주요 인물**, **장소**, **시간** 및 **사건** 등 **키워드**를 찾아야 한다.

★ 키워드를 통해 지문의 **주요 내용을 외우고 기억한 내용**을 바탕으로 **작문한다**.

1 주요 정보 파악하기

이야기의 주인공, 사건이 발생한 시간과 장소, 사건의 주요 내용 등의 정보를 파악하면 내용을 요약하기가 쉽다. 다음 문제의 주요 정보를 통해 쓰기 지문의 흐름을 살펴보자.

예

念完博士以后(시간)，郎咸平(인물)留在了美国(장소)教书，并写出了多篇优秀的论文，多所大学都纷纷请他授课。郎咸平终于成为了一名不可小觑的经济学家(사건)。

→ 랑셴핑이 경제학자가 됨

后来有一次(시간)，他在一所大学(장소)授课的时候，碰到了那位当初给他回过信的经济学教授(사건)，郎咸平(인물)立刻上前问候并致谢。

→ 랑셴핑은 그에게 답신을 보낸 교수님을 다시 만남

박사 공부를 마친 뒤, 랑셴핑은 미국에 남아 수업을 하면서, 여러 편의 우수한 논문을 썼고, 여러 대학에서 잇달아 강의 요청을 받았다. 랑셴핑은 마침내 뛰어난 경제학자가 되었다.

후에 한번은 그가 한 대학에서 강의를 하던 중, 그에게 처음 답신을 보냈던 경제학 교수를 만나게 되자, 랑셴핑은 바로 안부를 물으며 감사를 표했다.

단어 纷纷 fēnfēn 부 잇달아 | ★不可小觑 bù kě xiǎo qù 얕보아서는 안 된다 | 当初 dāngchū 명 당초, 처음 | 问候 wènhòu 동 안부를 묻다 | 致谢 zhìxiè 동 감사드리다

공략 트레이닝 1

因家境贫困，李爱群辍学了。她的第一份工作是在一家书店打工，书店生活让李爱群萌生了自己开一家书店的念头。她心想：开书店不仅能赚钱，还能每天看书，还有什么比这个更幸福的事？两年后，李爱群的第一家书店开张了。

▸ 30자 정도로 요약해 보세요.

40

해설 및 정답 **문제 분석▾** 이야기의 흐름을 파악한 후, 주요 정보를 파악한다.

因家境贫困，李爱群辍学了。她的第一份工作是在一家书店打工，书店生活让李爱群萌生了自己开一家书店的念头。她心想：开书店不仅能赚钱，还能每天看书，还有什么比这个更幸福的事？两年后，李爱群的第一家书店开张了。

(李爱群: 주인공 / 打工: 주요 사건1 / 萌生了…念头: ~생각이 움트다 / 两年后: 시간 / 书店开张: 주요 사건2)

집안 형편이 어려워서, 리아이췬은 학교를 그만두었다. 그녀의 첫 번째 업무는 서점에서 아르바이트를 하는 것이었는데, 서점 생활을 하면서 리아이췬은 자신의 서점을 열고자 하는 생각을 갖게 되었다. 그녀는 '책방을 열면 돈을 벌 수 있을 뿐만 아니라 책도 매일 볼 수 있는데, 이보다 더 행복한 게 뭐가 있을까?' 하고 생각했다. 2년 후, 리아이췬의 첫 번째 서점이 문을 열었다.

단어 家境 jiājìng 명 집안 형편 | ★贫困 pínkùn 형 빈곤하다 | 辍学 chuòxué 동 중도에 학업을 그만두다 | ★萌生 méngshēng 동 움트다, 싹트다 | ★念头 niàntou 명 생각, 마음 | 赚钱 zhuànqián 동 돈을 벌다 | 开张 kāizhāng 동 개점하다, 개업하다

작문 완성하기

STEP 1 지문을 읽고 인물, 시간, 주요 사건 등 키워드를 찾는다.

주요 인물	李爱群 리아이췬
시간	两年后 2년 후
주요 사건	打工 아르바이트 ➔ 开书店 서점을 열다

STEP 2 키워드를 바탕으로 지문의 주요 내용을 기억한다.

주요 내용	가정 형편이 어려웠던 리아이췬은 서점에서 아르바이트를 하게 되었고, 2년 후, 그녀는 자신의 서점을 열었다.

STEP 3 기억한 내용을 자신 있는 표현으로 쓴다.

모범답안

		家	境	贫	困	的	李	爱	群	在	一	家	书	店	打	工	，	两	年
后	，	她	开	了	自	己	的	书	店	。									

40

쓰기

2 일반적인 표현으로 바꾸기 필수체크

주변 인물의 이름이나 중요하지 않은 장소와 시간 등은 그대로 외워서 쓸 필요가 없다.

인물	一个人 한 사람 | 一个陌生人 낯선 사람 | 有些人 어떤 사람들 | 客户 고객, 거래처 | 对方 상대방 | 伙伴 짝, 파트너 | 一对夫妻 부부 한 쌍 | 一个朋友 한 친구 | 路人 행인 | 工作人员 직원
장소	一个地方 한 곳, 한 군데 | 某个地方 어떤 곳 | 一家公司 한 회사 | 这所学校 이 학교
시간	有一天 어느 날 | 后来 그 뒤에 | 过了一段时间 얼마간의 시간이 지나다 | 过了很长时间 오랜 시간이 흘렀다 | 不久 머지않아, 곧 | 小时候 어릴 때 | 长大后 성장한 후 | 很久以前 아주 오래 전 | 最后 마지막

HSK POINT! 后来와 以后의 차이점

后来는 '그 후', 以后는 '이후'라는 뜻으로 의미가 비슷하지만 용법상에는 차이가 있다.

❶ 后来는 문장 맨 앞에만 오고, 과거에만 쓸 수 있다.

后来，他成为了一名导演。(○) 후에, 그는 감독이 되었다.

后来，我想当一名导演。(×) [后来는 미래에 쓸 수 없음]

❷ 以后는 명사, 동사, 짧은 구 뒤에 올 수 있고, 과거, 현재, 미래에 모두 쓸 수 있다.

三年以后，他成为了一名导演。(○) 3년 후에, 그는 감독이 되었다.

长大以后，我想成为一名导演。(○) 커서 나는 감독이 되고 싶다.

❸ 以后가 문장 앞에 단독으로 쓰일 때는 '현재 이후'라는 뜻을 나타낸다.

以后，我想当一名导演。(○) 나중에, 나는 감독이 되고 싶다.

以后，我成为了一名导演。(×) [以后와 了는 모순됨]

공략 트레이닝 2

整整一个上午都过去了，他一直拿着被否定的方案发呆：究竟什么样的方案才能让人眼前一亮？怎么做才能有创意呢？可是他的脑袋里却一片空白。突然，电话铃响起，原来是多年没见的大学同学邀请他一吃晚饭。

▸ 30자 정도로 요약해 보세요.

40

해설 및 정답 **문제 분석▾** 이야기의 흐름을 파악한 후, 특정 인물이나 시간 등은 일반적인 표현으로 바꾸어 쓴다.

整整一个上午都过去了(시간 → 过了很长时间)，他(인물1)一直拿着被否定的方案发呆(주요 사건1)：究竟什么样的方案才能让人眼前一亮？怎么做才能有创意呢？可是他的脑袋里却一片空白(→ 没有想法)。突然，电话铃响起，原来是多年没见的大学同学(인물2 → 一个朋友)邀请他一吃晚饭(주요 사건2)。

오전이 온전히 지나갔다. 그는 줄곧 거부당한 계획서를 들고 넋을 놓고 있었다. 도대체 어떤 방안이 사람들의 눈에 띌 수 있을까? 어떻게 하면 새로운 아이디어가 나올까? 그러나 그의 머리는 텅 비어 있었다. 갑자기 전화벨이 울렸는데, 알고 보니 오랫동안 보지 못했던 대학 동창이 저녁 식사에 초대한 것이었다.

단어 整整 zhěngzhěng 부 온전히, 꼬박 | 否定 fǒudìng 동 부정하다, 거부하다 | 方案 fāng'àn 명 방안, 계획 | ★发呆 fādāi 동 멍하다 | 究竟 jiūjìng 부 도대체 | 眼前一亮 yǎnqián yí liàng 눈에 띄다 | ★创意 chuàngyì 명 창의, 새로운 고안 | 脑袋 nǎodai 명 뇌, 머리 | ★空白 kòngbái 명 공백

작문 완성하기

STEP 1 지문을 읽고 인물, 시간, 주요 사건 등 키워드를 찾는다.

주요 인물	他 그 | 多年没见的大学同学 오랫동안 보지 못한 대학 동창(⇒ 一个朋友 한 친구)
시간	整整一个上午都过去了 오전이 온전히 지나갔다(⇒ 过了很长时间 긴 시간이 지나갔다)
주요 사건	发呆 넋을 놓다 ➔ 朋友邀请吃饭 친구가 식사에 초대하다

STEP 2 키워드를 바탕으로 지문의 주요 내용을 기억한다.

주요 내용	긴 시간이 지나갔다. 그는 줄곧 계획서를 든 채 넋을 놓고 있었다. 갑자기 친구가 전화로 함께 식사를 하자고 청했다.

STEP 3 기억한 내용을 자신 있는 표현으로 쓴다.

모범 답안

		过	了	很	长	时	间	，	他	一	直	拿	着	方	案	发	呆	。	突
然	，	一	个	朋	友	打	电	话	请	他	一	起	吃	饭	。				

40

▶▶ ***쓰기 실력 UP!*** 『워크북』 26~29쪽

실전에 강한 제한 시간 13분 쓰기

문제 적응 훈련

학습일 ____/____

실전 트레이닝 1

保罗大学毕业后，来到一家小公司就职，公司里的员工几乎都是像保罗一样的新人。半年后，因为员工之间竞争激烈，公司内部的气氛越来越差。一开始员工只是私下里议论彼此，最后却变成了互相攻击，严重影响了工作。保罗不得不考虑换一家公司。

▸ 40자 정도로 요약해 보세요.

정답 및 해설_ 해설집 144쪽

실전 트레이닝 2

阿平在大学读书的时候，成绩并不理想。有一次，一位非常著名的经济学教授来学校演讲，他在演讲中讲述了许多新的经济观点。那位教授离开以后，阿平给那位教授写了一封信，讲了自己对于世界经济的许多看法。没有想到，那位教授竟然真的给阿平回了信，他认为阿平将来一定可以成为一位伟大的经济学家。虽然只有短短的一句话，但阿平却非常受鼓舞。

▸ 60자 정도로 요약해 보세요.

정답 및 해설_ 해설집 145쪽

학습일 ____/____

2 쉬운 문장 쓰기

HSK에는 이렇게 출제된다! ▼

★ 중국어의 기본적인 구조는 '**주어+술어+목적어**'이다. 이는 학습자가 가장 쉽게 쓸 수 있는 문장 구조이기도 하다. 문장을 길고 복잡하게 쓰다 보면 오류 표현이 생길 수 있으므로 '주어+술어+목적어' 구조를 위주로 쓰는 것이 좋다.

★ 1000자의 지문을 400자로 요약하려면 지문의 상당 부분을 생략해야 한다. 따라서 **불필요한 부분**을 **삭제**하여 요약하는 연습을 많이 해야 한다.

★ 지문에서 나온 어려운 표현들을 모두 외울 필요는 없다. 전체 지문 내용을 통해서 어려운 표현을 이해하고 **의미가 비슷한 쉬운 표현으로 바꾸어** 쓸 줄 알아야 한다.

1 문장을 짧게 쓰기

문장의 부속성분인 관형어, 부사어 등 길고 복잡한 수식어를 삭제하면 문장이 훨씬 쉬워진다. 또한 환경이나 상황 등 구체적인 묘사 내용과 부가적인 설명은 생략해도 상관없다.

1. 관형어 삭제

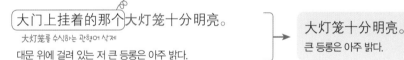

大门上挂着的那个大灯笼十分明亮。
大灯笼를 수식하는 관형어 삭제
대문 위에 걸려 있는 저 큰 등롱은 아주 밝다.

→ 大灯笼十分明亮。
큰 등롱은 아주 밝다.

단어 灯笼 dēnglong 명 등롱, 초롱 | 明亮 míngliàng 형 밝다

2. 부사어 삭제

小马正在专心致志地画父亲的肖像画。
동사 画를 수식하는 부사어 삭제
샤오마는 아버지의 초상화를 열심히 그리고 있다.

→ 小马正在画父亲的肖像画。
샤오마는 아버지의 초상화를 그리고 있다.

단어 ★专心致志 zhuān xīn zhì zhì 성 전심전력으로 몰두하다 | 肖像画 xiàoxiànghuà 명 초상화

⚠ 주의 肖像画의 관형어인 父亲的를 삭제하면 '샤오마는 자신의 초상화를 그리고 있다'는 의미가 되므로 父亲的를 생략해서는 안 된다.

3. 구체적인 묘사나 부가적인 설명 등은 삭제

那家书店依然亮着灯，
给秋夜清冷的街道带来一抹温暖。
구체적인 환경 묘사 내용 삭제

그 서점은 불이 여전히 켜져 있어서,
가을밤 쓸쓸한 거리에 한 가닥의 따뜻함을 가져왔다.

→ 那家书店依然亮着灯。
그 서점은 불이 여전히 켜져 있다.

단어 清冷 qīnglěng 형 쓸쓸하다, 썰렁하다 | 抹 mǒ 양 줄기, 가닥[노을, 햇빛 등에 쓰임]

공략 트레이닝 1

这天，小男孩儿穿得整整齐齐，骄傲地把七十块钱交给了募捐项目的负责人。他知道，他的钱将用来捐助乌干达北部一所小学的孩子们。他还知道，打一口井需要七百多块钱，而自己捐出的七十块钱非常少，只能买一台打水的水泵。

▸ 40자 정도로 요약해 보세요.

																			40

해설 및 정답 **문제 분석▾** 문장 전체의 의미를 파악한 후, 문장의 구체적인 묘사나 부가 성분을 삭제한다.

这天，小男孩儿穿得整整齐齐，骄傲地把七十块钱交给了募捐项目的负责人。他知道，他的钱将用来捐助乌干达北部一所小学的孩子们。他还知道，打一口井需要七百多块钱，而自己捐出的七十块钱非常少，只能买一台打水的水泵。

(시간: 这天 / 주인공: 小男孩儿 / 구체적인 묘사 삭제: 穿得整整齐齐，骄傲地 / 주요 사건1: 把七十块钱交给了……负责人 / 관형어 삭제: 募捐项目的 / 기타 인물: 负责人 / 부가 설명 삭제: 他的钱将用来捐助乌干达北部一所小学的孩子们 / 주요 사건2: 打一口井需要七百多块钱 → 很多钱 / 주요 사건3: 自己捐出的七十块钱非常少 / '돈이 적다'는 것을 구체적으로 설명한 내용 삭제: 只能买一台打水的水泵)

이날, 남자아이는 옷을 단정히 입고, 자랑스럽게 70위안을 모금사업 책임자에게 건넸다. 그는 그의 돈이 우간다 북부의 한 초등학교 아이들에게 기부하는 데 사용될 것임을 알고 있다. 그는 또 우물 한 개를 파는 데 700위안이 넘는 돈이 필요하고, 자신이 기부한 70위안은 매우 적어서, 단지 물 펌프 한 대만 살 수 있다는 것도 알고 있다.

단어 整整齐齐 zhěngzhěng qíqí 가지런한 모양 | ★骄傲 jiāo'ào 형 자랑스럽다 | 募捐 mùjuān 동 기부금을 거두다 | ★项目 xiàngmù 명 항목, 프로젝트 | 捐助 juānzhù 동 기부하다 | 乌干达 Wūgāndá 고유 우간다 | 口 kǒu 양 (우물, 종, 관, 독 따위의) 아가리가 있는 물건을 세는 단위 | 井 jǐng 명 우물 | 水泵 shuǐbèng 명 물펌프

작문 완성하기

STEP 1 지문을 읽고 인물, 시간, 주요 사건 등 키워드를 찾는다.

주요 인물	小男孩儿 남자아이 | 负责人 책임자
시간	这天 이날
주요 사건	交钱 돈을 건네다 ➔ 打井需要七百多块钱 우물을 파는 데 700위안이 넘는 돈이 필요하다 ➔ 捐出的钱少 기부한 돈이 적다

STEP 2 수식어나 자세한 묘사 부분은 삭제하고 지문의 주요 내용을 기억한다.

주요 내용	이날, 남자아이는 돈을 책임자에게 건넸다. 그는 우물 하나를 파려면 돈이 많이 필요한데, 자신이 기부한 돈은 매우 적다는 것을 알고 있다.

STEP 3 기억한 내용을 자신 있는 표현으로 쓴다.

모범답안

　　这天，小男孩儿把钱交给了负责人。他知道，打一口井需要很多钱，而自己捐出的钱非常少。

2 쉬운 표현으로 바꿔서 쓰기 필수체크

시험에서 난이도가 높은 빈출 표현을 쉬운 표현으로 바꾸어 쓴다.

1	引起轰动 돌풍을 일으키다 蹿红 갑자기 인기가 오르다	→	很受欢迎 환영을 받다 ★ 一下子红了 단번에 인기를 얻다
2	无人问津 물어보는 사람이 없다	→	没有人气 인기가 없다
3	栽了一个跟头 곤두박질하다	→	遇到困难 어려움에 직면하다 ★
4	惶惶不可终日 하루 종일 불안하다	→	十分担心 매우 걱정되다
5	不负众望 대중의 기대에 부응하다	→	没让人失望 실망시키지 않다
6	用心揣摩 심혈을 기울여 생각하다	→	仔细思考 자세히 생각하다
7	神色沮丧 낙담한 기색이다	→	十分伤心 매우 슬프다 ★
8	荆棘和坎坷 가시나무와 험한 길	→	困难 곤란 ★
9	刻下了深深的烙印 깊은 낙인을 새기다	→	记住 기억하다
10	吃…这碗饭 ~밥을 먹다	→	做…工作 ~일을 하다
11	让人摸不着头脑 갈피를 잡을 수 없다	→	让人无法理解 이해할 수 없다
12	令人难以置信 믿어지지 않다	→	让人很难相信 믿기 어렵다 ★
13	热泪盈眶 뜨거운 눈물이 눈시울에 가득하다	→	哭 울다
14	一个箭步 (화살 같이) 빠른 걸음으로, 날쌔다	→	迅速 신속하다
15	邂逅 해후하다	→	遇到 만나다
16	画上句号 마침표를 찍다	→	结束 마치다
17	心头涌起一股暖流 마음속에 따뜻함이 일다	→	感动 감동하다 ★
18	心像刀绞一样 심장을 칼로 찌르는 것 같다	→	难过 슬프다
19	像热锅上的蚂蚁 뜨거운 솥 위에 개미 같다	→	非常着急 굉장히 초조하다

20	经营惨淡 경영이 참담하다	➔	生意不好 장사가 안 되다

단어 轰动 hōngdòng 동 뒤흔들다, 파문을 일으키다 | 蹿红 cuānhóng 동 갑자기 인기가 오르다 | 无人问津 wú rén wèn jīn 성 나루터를 물어보는 사람이 없다 | 栽跟头 zāi gēntou 넘어지다, 곤두박질하다 | 惶惶 huánghuáng 형 불안해서 떠는 모양 | 揣摩 chuǎimó 동 반복하여 세심하게 생각하다 | ★沮丧 jǔsàng 동 낙담하다 | 荆棘 jīngjí 명 가시나무, 곤란 | 坎坷 kǎnkě 형 평탄하지 못하다 | 烙印 làoyìn 명 낙인, 지워지지 않는 흔적 | ★难以置信 nányǐ zhìxìn 믿을 수 없다 | ★热泪盈眶 rè lèi yíng kuàng 성 뜨거운 눈물이 눈시울에 가득하다 | 箭步 jiànbù 명 (화살 같이) 빠른 걸음 | 邂逅 xièhòu 동 해후하다 | ★涌起 yǒngqǐ 일다, 복받치다 | 股 gǔ 양 맛, 기체, 냄새 따위를 세는 단위 | 暖流 nuǎnliú 명 난류 | 绞 jiǎo 동 송곳으로 찌르는 듯이 쑤시다 | 锅 guō 명 냄비, 솥 | ★蚂蚁 mǎyǐ 명 개미 | 经营 jīngyíng 명 경영 | 惨淡 cǎndàn 형 암담하다 | ★生意 shēngyi 명 장사

공략 트레이닝 2

没过多久，他们便走到了广东体育职业技术学院，父亲指着来时的那条路，意味深长地说：“走着过来是不是也很快？虽然前面有荆棘和陡坡，你也许会跌倒很多次，但只要坚持下去，你就会到达目的地，甚至比别人更快。”

▸ 40자 정도로 요약해 보세요.

40

해설 및 정답 **문제 분석▾** 문장 속 어려운 표현은 쉬운 표현으로 바꾸어 쓴다.

没过多久，他们便走到了广东体育职业技术学院，父亲指着来时的那条路，意味深长地说：“走着过来是不是也很快？虽然前面有荆棘和陡坡，你也许会跌倒很多次，但只要坚持下去，你就会到达目的地，甚至比别人更快。”

(没过多久: 시간 → 不久 / 他们: 인물 / 走到了: 주요 사건1 / 广东体育职业技术学院: 장소 → 那所学校 / 父亲: 인물 / 指着来时的那条路，意味深长地: 부사어 삭제 / 说: 주요 사건2 / 荆棘和陡坡: → 困难 / 你也许会跌倒很多次: 부가 설명 삭제 / 但只要坚持下去，你就会到达目的地: 주제문 / 甚至比别人更快: 부가 설명 삭제)

얼마 지나지 않아, 그들은 걸어서 광둥 스포츠 직업 기술학원에 도착했다. 아버지는 오던 길을 가리키며, 의미심장하게 말씀하셨다. “걸어와도 빠르지 않니? 비록 앞에 가시덤불과 가파른 비탈길이 있어서, 너는 여러 번 넘어질 수도 있겠지만, 그것을 견디어 내기만 한다면, 목적지에 도달할 수 있고, 심지어 다른 사람들보다 더 빠를 수도 있단다.”

단어 ★意味深长 yì wèi shēn cháng 성 의미심장하다, 담겨진 뜻이 매우 깊다 | 陡坡 dǒupō 명 험한 비탈길, 가파른

고개 | ★跌倒 diēdǎo 동 걸려 넘어지다

작문 완성하기

STEP 1 지문을 읽고 키워드를 찾는다. 어려운 표현은 쉬운 표현으로 바꾸어 쓴다.

주요 인물	他们 그들 | 父亲 아버지
시간	没过多久(⇒ 不久) 얼마 지나지 않아
주요 장소	广东体育职业技术学院 광둥 스포츠 직업 기술학원(⇒ 那所学校 그 학교)
주요 사건	走到学校 걸어서 학교에 오다 ➜ 父亲说 아버지가 말씀하시다

STEP 2 불필요한 부분은 삭제하고 지문의 주요 내용을 기억한다.

주요 내용	얼마 지나지 않아, 그들은 그 학교에 도착했다. 아버지가 말씀하셨다. "걷다 보면 비록 어려움은 있겠지만 견디어 내기만 한다면 목적지에 도달할 수 있단다."

STEP 3 기억한 내용을 자신 있는 표현으로 쓴다.

모범답안

　　不久，他们到达了那所学校。父亲说："走过来，虽然有困难，但只要坚持下去，就会到达目的地。"

▶▶ 쓰기 실력 UP! 『워크북』 30~35쪽

제한 시간 11분

실전에 강한 문제 적응 훈련

학습일 ____/____

실전 트레이닝 1

小成在大二的时候选择了休学，在旁人的诧异中走向了一条充满艰险的道路，那就是创业。他把前两年赚到的10万块钱全部投进去，血本无归。他开始找投资，但听到他的方案后，投资人都纷纷摇头。不过他的创业之路并没有就此画上句号，他开始在学校里做生意，重新攒创业资金。

▸ 40자 정도로 요약해 보세요.

정답 및 해설_ 해설집 146쪽

실전 트레이닝 2

一家名叫"柏兰朵"的餐厅在商业街迅速蹿红，生意异常火爆。一直以来，商业街的餐饮业竞争激烈，没有实力的餐厅根本难以立足。奇怪的是，柏兰朵开业时间不长，规模也不大，而且店内的菜品也并不特别出众，但它的客流量却远远高于其他餐厅。不少人猜测这家餐厅的老板肯定有秘密武器。

▸ 40자 정도로 요약해 보세요.

정답 및 해설_ 해설집 147쪽

3 주제와 제목 쓰기

HSK에는 이렇게 출제된다! ▼

★ 글을 쓰기 전에 **지문을 제대로 이해**해야 한다. 만약 지문을 잘못 이해하면 내용을 아무리 잘 써도 낮은 점수를 받을 수밖에 없다.

★ 채점자는 응시자가 쓴 **제목**과 **주제**를 통해 지문을 제대로 이해했는지를 판단한다.

★ **주제**는 항상 지문의 **마지막 부분**에 있다. 주제를 잘 찾아 외우고 정확하게 써야 한다.

★ **제목**은 원고지 **첫 줄에 네 칸을 띄우고** 쓰거나 **가운데** 써야 한다.

1 주제문 쓰기

쓰기 지문 마지막 부분에 교훈이나 도리 등 주제가 제시된다. 지문에 주제문이 나오면 요약할 때에도 주제문을 꼭 써야 한다.

1. 주제문을 그대로 쓰기

주제문이 지문에서 간단하고 명확하게 제시되었을 때는 외워서 그대로 쓰는 것이 좋다.

人的潜力真的是无穷的，不到绝境，
很多时候是无从知晓的。
사람의 잠재력은 정말 무한한데, 궁지에 몰리지 않으면 알 수 없는 경우가 많다.

→

人的潜力真的是无穷的。
사람의 잠재력은 정말 무한하다.

단어 ★潜力 qiánlì 명 잠재력 | 无穷 wúqióng 형 무한하다 | 绝境 juéjìng 명 궁지 | 无从 wúcóng ~할 길이 없다 | 知晓 zhīxiǎo 동 알다, 이해하다

2. 주제문의 키워드로 요약하기

주제문이 길게 제시되거나 명확하게 제시되지 않았을 때는 키워드를 외워서 주요 내용을 요약하면 된다.

最后那个曾经的穷小孩儿成为了20世纪著名的演员。是善良，曾经让他把机遇让给别的孩子；同样也是善良，让人生的机遇不曾错过他!

결국 그 가난했던 아이는 20세기에 유명한 배우가 되었다. 선량함이 그로 하여금 좋은 기회를 다른 아이에게 양보하게 했고, 마찬가지로 선량함이 또한 인생의 기회로 하여금 그를 놓치지 않게 했다.

→ 善良让他成为了著名的演员。

선량함이 그를 유명한 배우로 만들었다.

단어 曾经 céngjīng 부 이전에 | 世纪 shìjì 명 세기 | ★机遇 jīyù 명 좋은 기회 | 让 ràng 동 양보하다 | ★错过 cuòguò 동 놓치다

3. 시험에 잘 나오는 주제 필수체크

❶ 凭借着周到的服务，公司最终走上了正轨。

세심한 서비스를 통해 회사는 결국 본궤도에 올랐다.

Point! '凭借着+주제어, 결과' 패턴은 '~을 기반으로 어떤 결과를 이뤘다'는 의미를 나타낸다. 凭借着를 靠着로 바꿔서 쓸 수 있다.

단어 ★凭借 píngjiè 동 ~을 통하다, ~을 기반으로 하다 | 周到 zhōudào 형 세심하다 | 正轨 zhèngguǐ 명 정상적인 궤도 | ★靠 kào 동 기대다

❷ 成功没有捷径。

성공에는 지름길이 없다.

Point! 成功需要脚踏实地(성공하려면 착실함이 필요하다), 成功需要一步一个脚印(성공에는 한 걸음 한 발자국이 필요하다) 등의 주제도 자주 출제된다.

단어 捷径 jiéjìng 명 빠른 길 | ★脚踏实地 jiǎo tà shí dì 성 일하는 것이 착실하다 | 脚印 jiǎoyìn 명 발자국

❸ 人要学会知恩图报。

사람은 은혜를 알고 보답할 줄 알아야 한다.

Point! 知恩图报를 感恩(은혜에 감사하다)으로 바꿀 수 있다. 또한 人要学会诚实守信(사람은 성실하고 신용을 지킬 줄 알아야 한다)도 자주 출제된다.

단어 知恩图报 zhī'ēn túbào 은혜를 알고 보답하려 하다 | ★感恩 gǎn'ēn 동 은혜에 감사하다 | ★诚实 chéngshí 형 성실하다 | 守信 shǒuxìn 동 신용을 지키다

쓰기

❹ 做任何事情都要用行动去证明。

어떤 일을 하든지 행동으로 증명해야 한다.

Point! '做任何事情都要+주제어' 형식은 주제문을 작성할 때 자주 활용되니 반드시 알아 두자.

단어 ★行动 xíngdòng 명 행동

❺ 顺境很难产生伟人。

순조로운 환경에서는 위인이 나오기 어렵다.

Point! 顺境의 반대어 逆境(역경) 역시 자주 출제되는 어휘이다.

단어 ★顺境 shùnjìng 명 순조로운 환경 | 伟人 wěirén 명 위인 | ★逆境 nìjìng 명 역경

❻ 只有多一分坚持，生活才不会错过你。

조금 더 견뎌야만 삶이 당신을 놓치지 않는다.

Point! 접속사 只有…才…는 '~해야만 ~하다'라는 의미이다.

단어 分 fēn 양 조금, 얼마 안 되는[적은 양을 나타냄]

❼ 生活中，只要有了创意，就会变废为宝。

삶 속에 창의만 있다면, 쓸모없는 것도 가치 있는 것으로 변할 수 있다.

Point! 접속사 只要…就…는 '~하기만 하면 ~하다'라는 의미로 只有…才…와 혼동하지 않도록 주의한다.

단어 ★创意 chuàngyì 명 새로운 고안, 창의 | 废 fèi 명 쓸모없는 것

❽ 人们一旦集中注意力去做某事，就会发现其中的乐趣。

사람들이 일단 주의력을 집중해서 일을 하면, 그 일에서 즐거움을 발견할 것이다.

Point! 접속사 一旦…就…는 '일단 ~하면 ~하다'라는 의미이다.

단어 某 mǒu 대 어느, 아무 | 乐趣 lèqù 명 즐거움, 재미

❾ 这就是成语"狐假虎威"的来历。

이것이 바로 성어 '호가호위'의 유래이다.

Point! 사자성어와 관련된 내용이 나오면 这就是成语…的来历(이것이 바로 사자성어 ~의 유래이다) 형식으

로 결말을 맺을 수 있다.

단어 狐假虎威 hú jiǎ hǔ wēi 성 남의 권세를 빌어 위세를 부리다 | ★来历 láilì 명 유래

⑩ 人们用"金石为开"这个词比喻意志坚定，能克服一切困难。

사람들은 '금석위개'라는 말로 의지가 확고하고 모든 어려움을 극복할 수 있다는 것을 비유한다.

Point! 지문에서 사자성어의 뜻을 제시할 때 人们用…比喻(사람들은 ~로 비유한다) 형식을 사용하면 된다.

단어 金石为开 jīn shí wèi kāi 성 지성이면 감천 | ★比喻 bǐyù 명동 비유(하다) | ★意志 yìzhì 명 의지 | ★坚定 jiāndìng 형 확고하다 | ★克服 kèfú 동 극복하다

공략 트레이닝 1

这个传奇的人物用自己的经历告诉我们：做任何一件事时，你都可能面临困难，然而你只要有足够的自信，做出准确的判断，就可能以最小的投入、最快的速度走出困境，收获成功！

▸ 주제를 요약해 보세요.

40

해설 및 정답 **문제 분석▾** 주제를 직접적으로 표현한 문장이나 주제를 나타내는 접속사 구문을 찾는다.

这个传奇的人物用自己的经历告诉我们：做任何一件事时，你都可能面临困难，然而你只要有足够的自信，做出准确的判断，就可能以最小的投入、最快的速度走出困境，收获成功！

→ <주어+술어+목적어> 구조로 요약：他的经历告诉我们
뒷부분 내용에 주목 (然而)
접속사 只要…就를 사용해 주제문 작성
주제문
구체적인 묘사 내용 삭제 (以最小的投入、最快的速度)
주제를 직접적으로 표현 (收获成功)

이 전기의 인물은 자신이 겪은 경험을 통해 우리에게 말한다. 어떤 일을 할 때, 당신은 어려움에 직면할 수 있지만, 충분한 자신감을 가지고 정확한 판단을 한다면, 최소한의 전념으로 아주 빠르게 궁지에서 벗어나 성공을 거둘 수 있다고.

단어 传奇 chuánqí 명 전기, 기담 | 人物 rénwù 명 인물 | ★面临 miànlín 동 직면하다 | ★足够 zúgòu 형 충분하다 | ★判断 pànduàn 명 판단 | ★投入 tóurù 동 전념하다, 몰입하다 | ★困境 kùnjìng 명 곤경, 궁지 | 收获 shōuhuò 동 거두어들이다

작문 완성하기

STEP 1 지문을 읽고 키워드를 찾는다. 어려운 표현은 쉬운 표현으로 바꾸어 쓴다.

주요 인물	这个传奇的人物 이 전기의 인물(⇒ 他 그)
주제어	有足够的自信 충분한 자신감을 갖는다 | 做出准确的判断 정확한 판단을 한다

STEP 2 불필요한 부분은 삭제하고 지문의 주요 내용을 기억한다.

주요 내용	그의 경험이 우리에게 말한다. 충분한 자신감으로 정확한 판단만 한다면, 성공을 거둘 수 있다고.

STEP 3 기억한 내용을 자신 있는 표현으로 쓴다.

모범 답안

		他	的	经	历	告	诉	我	们	：	只	要	足	够	自	信	，	做	出
准	确	的	判	断	，	就	可	能	收	获	成	功	！						

2 제목 작성하기

지문 내용을 요약한 후 마지막에 제목을 작성해도 상관없지만 시간이 부족하거나 깜박해서 못 쓰는 경우도 있으니 내용을 요약하기 전에 제목을 먼저 쓰는 것이 좋다. 6급 쓰기에서 활용도가 높은 세 가지 제목 형식을 살펴보자.

1. 주인공형 제목

주인공의 이름을 사용한 제목은 유명인의 성공 일화를 요약할 때 사용한다.

- 张大千交友 장다첸의 친구 사귀기
  주인공+술어
- 梦想家阿里 몽상가 알리
  관형어+주인공
- 梁山伯与祝英台 양산백과 축영대
  주인공+주인공
- 郎朗成功记 랑랑 성공기
  주인공+명사+记
- 任正非的创业之路 런정페이의 창업의 길
  주인공+명사+之路

2. 단서형 제목

지문에서 계속 등장하며 이야기를 이끄는 단서를 사용하여 제목을 작성할 수 있다. 여기서 말하는 단서는 지문에서 중요한 역할을 하거나 특별한 의미가 있는 추상적인 사물이나 구체적인 물품 또는 어떤 행동 등을 가리킨다.

- 一支铅笔 연필 한 자루
  관형어(수량사)+사물
- 心里的石头 마음의 돌
  관형어+사물
- 沟通 소통
  행동 단서

3. 주제형 제목

지문의 주제를 아우르는 제목을 작성할 수 있다. 이런 제목은 일반적으로 주제문에서 주제어를 선택하여 작성한다.

- 善良无须考核
  선량함은 심사할 필요가 없다
- 付出才有回报
  공을 들여야 결실을 맺는다

쓰기

공략 트레이닝 2

教练一直认为哈维具备冲击长跑冠军的能力，可是在一次次施压后，仍不见他的成绩提高，很是着急，于是突发奇想，让自己的宠物小土狼来吓一吓他。哪知这一吓，还真就吓出了个冠军来。

“这真是个可怕的对手，我都不敢回头看它到底是不是狼。我可不想被它咬一口，所以只能拼命往前跑。”面对周围人的询问，哈维一边诉说着当时的情景，一边在感谢教练的良苦用心。

夜晚，哈维久久未眠，他写下了这样一句话：人的潜力真的是无穷的，不到绝境，很多时候是无从知晓的。

▸ 제목을 작성해 보세요.

해설 및 정답 **문제 분석▾** 주제문의 키워드나 주인공을 활용한 제목을 작성한다.

教练一直认为哈维(주인공)具备(능력을 갖추다)冲击长跑冠军的能力，可是在一次次施压后，仍不见他的成绩提高，很是着急，于是突发奇想，让自己的宠物小土狼(중요한 역할을 한 동물)来吓一吓他。哪知这一吓，还真就吓出了个冠军来。

“这真是个可怕的对手，我都不敢回头看它到底是不是狼。我可不想被它咬一口，所以只能拼命(→ 努力)往前跑。”面对周围人的询问，哈维一边诉说着当时的情景，一边在感谢教练的良苦用心。

夜晚，哈维久久未眠，他写下了这样一句话：人的潜力真的是无穷的(주제문)，不到绝境，很多时候是无从知晓的。

코치는 줄곧 하비가 장거리 경주에서 우승할 수 있는 능력을 갖췄다고 생각했지만, 한 차례 압박을 가한 뒤에도 성적이 향상되지 않자 매우 초조해졌다. 문득 기발한 생각이 떠올라 자신의 애완동물인 땅늑대로 그를 깜짝 놀라게 했다. 그런데 뜻밖에도 이 일로 그는 정말 우승을 거뒀다.

“이것은 정말 무서운 상대였어요. 저는 그것이 늑대인지 뒤돌아 볼 용기도 없었습니다. 저는 그것에 물리고 싶지 않았거든요. 그래서 필사적으로 달렸습니다.” 주변 사람들의 질문에 하비는 당시의 상황을 이야기하면서 코치의 수고에 고마워했다.

늦은 밤, 하비는 밤잠을 설치며 이러한 글을 썼다. 인간의 잠재력은 정말 무궁무진한데, 곤경에 처하지 않으면 알 수 없는 경우가 많다.

단어 教练 jiàoliàn 명 코치 | 哈维 Hāwéi 고유 하비[인명] | ★具备 jùbèi 동 갖추다 | 冲击 chōngjī 동 전면적 공세를 취하다 | 冠军 guànjūn 명 우승 | 施压 shīyā 동 압력을 가하다 | 突发 tūfā 동 갑자기 발생하다 | 奇想

qíxiǎng 명 기발한 생각 | 宠物 chǒngwù 명 애완동물 | 土狼 tǔláng 명 땅늑대 | 吓 xià 동 겁을 주다 | 哪知 nǎzhī 뜻밖으로, 의외로 | 咬 yǎo 동 물다 | ★拼命 pīnmìng 동 필사적으로 하다 | ★面对 miànduì 동 마주보다 | ★询问 xúnwèn 동 문의하다 | 诉说 sùshuō 동 간곡히 말하다 | ★情景 qíngjǐng 명 광경 | 良苦用心 liángkǔ yòngxīn 성 매우 고심하다, 각별하게 마음을 쓰다 | 眠 mián 동 잠자다 | ★潜力 qiánlì 명 잠재력 | 无穷 wúqióng 형 무한하다 | 绝境 juéjìng 명 궁지, 절망적인 상태 | 无从 wúcóng ~할 길이 없다 | 知晓 zhīxiǎo 동 알다, 이해하다

작문 완성하기

STEP 1 지문을 읽고 주요 내용을 파악한다.

주요 내용	감독이 땅늑대를 이용해서 哈维(하비)의 잠재력을 일깨워 시합에서 哈维(하비)가 1등을 했다.

STEP 2 지문의 마지막 단락에 제시된 人的潜力真的是无穷的라는 문장을 활용해서 주제형 제목을 작성하거나 하비가 성공을 거두는 데 중요한 역할을 한 小土狼을 사용해서 주인공형 제목을 작성할 수도 있다.

제목	① 잠재력은 무한하다 ② 하비와 땅늑대

STEP 3 기억한 내용을 자신 있는 표현으로 쓴다.

모범답안 ① 潜 力 是 无 穷 的

② 哈 维 与 小 土 狼

▶▶ 쓰기 실력 UP! 『워크북』 36~39쪽

문제 적응 훈련

학습일 ____/____

실전 트레이닝 1

有一个孩子，读书成绩很差，同学们看不起他，邻居们都认为他将来肯定一事无成。他也发愤努力过，可是毫无起色。孩子因此非常沮丧，变得很自卑。父亲为了鼓励他，决定换一种方式来教育他。

有一天，父亲带他坐汽车去一个地方，途经一个小站时，父亲下车买东西，时间长了，汽车开走了，只留下他一个人在车上，他很害怕，不知所措。但到终点站后，父亲却在不远处微笑着等着他。他急切地问父亲怎么会先到终点的。父亲告诉他是骑马过来的。接着，父亲意味深长地对他说："到达目的地的方式不止一种。换一种方式，结果可能会更好。"

▸ 첫 줄에 제목을 작성한 후, 120자 정도로 요약하세요.

100

정답 및 해설_ 해설집 148쪽

실전 트레이닝 2

他的第一批咖啡渣材料终于生产出来了。他在公园里，用咖啡渣材料造了一个浴室、厨房、餐厅、客厅一应俱全的“样品房”，而造价非常便宜。于是，他把咖啡渣材料推向了市场，果然受到了无数建筑商和许多消费者的抢购。这种变废为宝、造价低廉、轻便安全的建筑材料，很快成为人们盖房子的用料首选。

短短一年时间，他就在十余座城市设立了经销店，甚至包括中国、美国、英国在内的无数个环保理念比较强的国家，也纷纷开始向其发出订单，一片供不应求的景象！

他凭借着大胆的设想，不仅成功改写了咖啡渣的命运，还成功改写了自己的人生。

▸ 첫 줄에 제목을 작성한 후, 100자 정도로 요약하세요.

100

정답 및 해설_ 해설집 149쪽

쓰기

쓰기

4 고득점 문장 쓰기

HSK에는 이렇게 출제된다! ▼

★ 쓰기 영역에서 ①**400자**(원고지 22~23줄)**를 채웠는지** ②**내용은 지문과 일치하는지** ③**조리 있게 작성했는지** ④**어법 오용과 틀린 한자가 없는지**, 이 네 가지 기준이 **고득점**을 받을 수 있는 **기본 조건**이다.

★ 중국어에서 자주 사용되는 **패턴**과 **난이도**가 있는 **어휘**를 활용하면 더 좋은 점수를 받을 수 있다.

1 고득점 패턴

1. 令/让 ~하게 하다

令他没想到的是，产品一上市便销售一空。
그가 생각지도 못했던 일은 제품이 출시되자마자 매진된 것이다.

단어 ★上市 shàngshì 동 출시되다 | 销售 xiāoshòu 동 판매하다

2. 出生于/毕业于 ~에서 출생하다/~을 졸업하다

他出生于内蒙古的草原上。
그는 내몽골의 초원에서 태어났다.

他毕业于一所顶尖大学。
그는 일류 대학을 졸업했다.

단어 内蒙古 Nèiměnggǔ 고유 내몽골 | 草原 cǎoyuán 명 초원 | 顶尖 dǐngjiān 형 일류의, 최상의

3. 取决于 ~에 달리다, ~에 의해 결정되다

谈判能否成功，取决于双方的诚意。
협상의 성공 여부는 양측의 진심에 달려 있다.

단어 谈判 tánpàn 명 협상 | ★诚意 chéngyì 명 성의, 진심

4. 把 A 当做 B A를 B로 삼다

孩子会把父母当做学习的榜样。
아이는 부모를 배움의 본보기로 삼을 것이다.

단어 ★榜样 bǎngyàng 명 본보기, 모범

5. 与…相比 ~와 비교하면

与过去相比，这项措施明显改善了当地的环境。
과거와 비교했을 때, 이 조치는 현지의 환경을 분명하게 개선했다.

단어 项 xiàng 양 조목, 조항 | ★措施 cuòshī 명 조치, 대책 | ★明显 míngxiǎn 형 분명하다 | ★改善 gǎishàn 동 개선히디

6. 因 A 而 B A 때문에 B하다

他并没有因别人的嘲笑而放弃自己的想法。
그는 결코 다른 사람의 비웃음 때문에 자신의 생각을 포기하지 않는다.

단어 ★嘲笑 cháoxiào 동 조소하다, 비웃다

7. 在…的帮助下 ~의 도움으로

在朋友的帮助下，他走出了困境。
친구의 도움으로, 그는 궁지에서 벗어났다.

단어 ★困境 kùnjìng 명 곤경, 궁지

8. 在…的过程中 ~하는 과정 중에

在经营的过程中，李爱遇到了很多暖心的人和事。
경영하는 과정에서, 리아이는 따뜻한 사람들과 일을 많이 만났다.

단어 ★经营 jīngyíng 동 경영하다 | 暖心 nuǎnxīn 동 마음을 따뜻하게 하다

9. 从…的角度看 ~한 관점에서 보면

从健康的角度看，这款新饮品有促进消化的作用。
건강의 관점에서 보면, 새로 나온 이 음료는 소화를 촉진하는 작용을 한다.

단어 饮品 yǐnpǐn 명 음료 | ★促进 cùjìn 동 촉진하다 | ★消化 xiāohuà 명 소화

10. 간접화법

他对河神说："我的斧头掉到河里去了。"
그는 하신에게 말했다. "내 도끼가 물속에 빠졌어요."

→ 他对河神说，他的斧头掉到河里去了。
그는 그의 도끼가 물속에 빠졌다고 하신에게 말했다.

단어 河神 héshén 명 하신, 하천의 신 | 斧头 fǔtou 명 도끼

HSK POINT! 6급 쓰기에서는 직접화법보다는 간접화법을! 필수체크

작문할 때 직접화법을 자주 쓰면 글이 어수선해 보여 고득점을 받기가 어렵다. 이런 경우에는 직접화법을 간접화법으로 바꿔서 쓰는 것이 좋다.

❶ 爷爷问孙子："孩子，你哭什么?" 할아버지가 손자에게 물었다. "아가야, 왜 우니?"
→ 爷爷问孙子为什么哭。할아버지는 손자에게 왜 우는지를 물었다.

❷ 经理对他说："你的方案通过了。" 사장님은 그에게 말했다. "자네의 방안이 통과됐네."
→ 经理告诉他，他的方案通过了。사장님은 그의 방안이 통과되었다고 알렸다.

공략 트레이닝 1

"老干妈"辣椒酱最初打入市场的时候，在南方走得比较顺畅，以每个月20%的销量递增。可是在北方，"老干妈"虽然知名度很高，但是却没有多少销量。公司的主管以及很多员工认为，这可能是因为"老干妈"的包装土气，在琳琅满目的商品中很不显眼，就算一些顾客知道"老干妈"很好吃，但也不愿意主动购买这样土气的商品，所以才失去了北方市场。

▸ 50자 정도로 요약해 보세요.

40

해설 및 정답 **문제 분석▼** 지문의 주요 내용을 파악한 후 고득점 패턴을 활용하여 요약한다.

"老干妈"辣椒酱最初打入市场的时候（시간; 打入市场 → 进入市场），在南方走得比较顺畅，以每个月20%的销量递增。可是在北方，"老干妈"虽然知名度很高，但是却没有多少销量。（可是 뒷부분의 내용에 집중; 주요 사건）公司的主管以及很多员工（인물 → 很多人）认为，这可能是因为"老干妈"的包装土气（판매 부진의 원인），在琳琅满目的商品中很不显眼，就算一些顾客知道"老干妈"很好吃，但也不愿意主动购买这样土气的商品，所以才失去了北方市场。

북방 시장을 잃은 원인에 대한 구체적인 설명은 삭제

'라오깐마' 고추장이 처음 시장에 진출했을 때, 남방에서는 비교적 인기가 좋아 매월 20%씩 판매량이 늘었다. 그러나 북방에서는 '라오깐마'가 비록 인지도는 높지만, 판매량은 얼마 되지 않았다. 회사의 임원과 많은 직원들은 아마도 '라오깐마'의 포장이 촌스러워서 온갖 좋은 제품들 속에서 눈에 잘 띄지 않기 때문에 설사 일부 고객들이 '라오깐마'가 맛있다는 것을 알더라도 적극적으로 이 촌스러운 제품을 구매하기를 원치 않아서 북방 시장을 잃은 것이라고 보고 있다.

단어 辣椒酱 làjiāojiàng 명 고추장 | ★最初 zuìchū 명 처음, 최초 | 打入 dǎrù 동 들어가다 | ★顺畅 shùnchàng 형 순조롭다 | ★销量 xiāoliàng 명 판매량 | 递增 dìzēng 동 점차 늘다 | 知名度 zhīmíngdù 명 지명도 | 主管 zhǔguǎn 명 주요 책임자 | 员工 yuángōng 명 사원 | 包装 bāozhuāng 명 포장 | 土气 tǔqì 형 촌스럽다 | ★琳琅满目 lín láng mǎn mù 성 갖가지 훌륭한 물건이 매우 많다 | ★显眼 xiǎnyǎn 형 눈에 띄다 | ★主动 zhǔdòng 형 적극적이다

작문 완성하기

STEP 1 지문을 읽고 키워드를 찾는다.

주요 인물	主管以及很多员工 임원과 많은 직원들
시간	最初打入市场的时候 처음 시장에 진출했을 때
주요 사건	"老干妈"北方销量不高 '라오깐마'는 북방에서의 판매량이 높지 않다

STEP 2 불필요한 부분은 삭제하고 지문의 주요 내용을 기억한다.

주요 내용	'라오깐마'가 처음 시장에 진출했을 때, 북방에서의 판매량은 높지 않았다. 많은 사람들은 이것이 '라오깐마'의 포장이 촌스럽기 때문에 북방 시장을 잃은 것이라 보고 있다.

STEP 3 고득점 표현을 활용하여 내용을 작성한다.

因为"老干妈"的包装土气……所以才失去了北方市场。
'라오깐마'의 포장이 촌스럽기 때문에……그래서 북방 시장을 잃었다.

→

因"老干妈"的包装土气而失去了北方市场。
'라오깐마'의 포장이 촌스러워서 북방 시장을 잃었다.

STEP 4 기억한 내용을 자신 있는 표현으로 쓴다. 고득점 표현

모범 답안

　　“老干妈”最初进入市场的时候，在北方的销量不高，很多人认为这是因“老干妈”的包装土气而失去了北方市场。

2 고득점 어휘

1. 毫无 háowú 조금도 ~이 없다

他对人物摄影毫无兴趣。
그는 인물 촬영에는 아무런 흥미가 없다.

단어 ★摄影 shèyǐng 명동 촬영(하다)

2. 从未 cóngwèi 지금까지 ~하지 않았다

此前，他从未接触过艺术创作。
이전에 그는 예술 작품을 접한 적이 전혀 없다.

단어 此前 cǐqián 명 이전 | ★接触 jiēchù 동 접촉하다 | ★创作 chuàngzuò 명 문예 작품

3. 伤脑筋 shāng nǎojīn 골머리를 앓다

资金不足的问题让他很伤脑筋。
자금 부족 문제가 그를 골치 아프게 한다.

단어 ★资金 zījīn 명 자금

4. 感动不已 gǎndòng bùyǐ 감동해 마지않다

小男孩儿的举动让他感动不已。
어린 소년의 행동이 그를 매우 감동시켰다.

단어 ★举动 jǔdòng 명 거동, 행동

5. 筋疲力尽 jīn pí lì jìn 기진맥진하다

一整天繁忙的工作让他筋疲力尽。
하루 종일 바빴던 업무가 그를 기진맥진하게 했다.

단어 ★繁忙 fánmáng 형 번거롭고 바쁘다

6. 半信半疑 bàn xìn bàn yí 반신반의

他对这个结果半信半疑。
그는 이 결과에 대해 반신반의했다.

7. 日积月累 rì jī yuè lěi 날을 거듭하다

凭借着日积月累的经验，他一定能胜任这份工作。
날을 거듭한 오랜 경험으로, 그는 이 일을 반드시 감당할 수 있다.

단어 ★凭借 píngjiè 동 ~에 의하다 | ★胜任 shèngrèn 동 능히 감당하다

8. 全神贯注 quán shén guàn zhù 혼신의 힘을 기울이다

所有人都全神贯注地投入到工作中。
모든 사람이 혼신의 힘을 기울여 일에 전념한다.

단어 ★投入 tóurù 동 몰입하다, 전념하다

9. 与众不同 yǔ zhòng bù tóng 남다르다

他精心设计的服装，每一件都与众不同。
그가 정성을 들여 디자인한 의상은 한 벌 한 벌이 다 남다르다.

단어 ★精心 jīngxīn 형 공들이다, 정성을 들이다 | 设计 shèjì 동 디자인하다

10. 百思不得其解 bǎi sī bù dé qí jiě 도저히 이해가 되지 않다

主任为什么选择第二个方案？他百思不得其解。
주임님이 왜 두 번째 방안을 선택했을까? 그는 도저히 이해가 되지 않았다.

단어 主任 zhǔrèn 명 주임 | 方案 fāng'àn 명 방안, 방책

쓰기

공략 트레이닝 2

半个月后，沃尔特已经把借钱给小男孩儿的事忘得一干二净。不料，在他又一次经过西郊火车站时，突然看到一个瘦小的身影离得老远就向他招手喊道："先生，请等一等！"小男孩儿跑过来把几枚硬币交在他的手上，气喘吁吁地说："先生，我在这里等您很久了，今天总算把钱还给您了！"沃尔特看着自己手里被汗水浸湿的硬币，心头荡漾起一股暖流。

▸ 40자 정도로 요약해 보세요.

40

해설 및 정답 **문제 분석▾** 지문의 주요 내용을 파악한 후 고득점 어휘를 사용하여 요약한다.

半个月后，沃尔特已经把借钱给小男孩儿的事忘得一干二净。不料，在他又一次经过西郊火车站时，突然看到一个瘦小的身影离得老远就向他招手喊道："先生，请等一等！"小男孩儿跑过来把几枚硬币交在他的手上，气喘吁吁地说："先生，我在这里等您很久了，今天总算把钱还给您了！"沃尔特看着自己手里被汗水浸湿的硬币，心头荡漾起一股暖流。

- 半个月后: 시간
- 沃尔特: 주요 인물
- 小男孩儿: 주요 인물
- 火车站: 주요 장소
- 一个瘦小的身影离得老远就向他招手: 어린 소년이 등장하는 상황에 대한 구체적인 묘사는 삭제
- 小男孩儿跑过来把几枚硬币交在他的手上: 주요 사건
- 气喘吁吁: 숨이 가빠서 식식거리다[쓰기 영역 빈출 성어]
- 自己手里被汗水浸湿的: 동전을 묘사하는 관형어는 삭제
- 心头荡漾起一股暖流: 결과 → 感动不已 감동해 마지않다

보름 후, 월터는 이미 어린 소년에게 돈을 빌려 준 일을 깨끗이 잊어버렸다. 뜻밖에도, 그가 다시 서쪽 교외에 있는 기차역을 지나갈 때, 문득 작고 여윈 형체가 먼 곳에서 그에게 손을 흔들며 소리치는 것이 보였다. "선생님, 좀 기다려 주세요!" 어린 소년은 달려와 동전 몇 개를 그의 손에 건네고는 숨을 헐떡이며 말했다. "선생님, 저는 여기에서 당신을 아주 오래 기다렸어요. 오늘 드디어 당신께 돈을 돌려드리게 되었어요." 월터는 자신의 손안에 있는 땀에 젖은 동전을 보며 마음이 따뜻해지는 것을 느꼈다.

단어 沃尔特 Wò'ěrtè 고유 월터[인명] | 一干二净 yì gān èr jìng 성 깨끗이 | ★不料 búliào 부 뜻밖에 | 西郊 xījiāo 명 서쪽 교외 | 瘦小 shòuxiǎo 형 여위고 작다 | 身影 shēnyǐng 명 형체, 모습 | ★招手 zhāoshǒu 동 손을 흔들다 | 喊 hǎn 동 큰 소리로 부르다 | ★枚 méi 양 매, 개[형체가 작고 동글납작한 물건을 세는 단위] | 硬币 yìngbì 명 동전 | ★气喘吁吁 qìchuǎn xūxū 성 숨이 가빠서 식식거리는 모양 | 浸湿 jìnshī 동 축축해지다 | 心头 xīntóu 명 마음 | 荡漾 dàngyàng 동 맴돌다 | 股 gǔ 양 기체 따위를 세는 단위 | 暖流 nuǎnliú 명 따뜻함, 온기

작문 완성하기

STEP 1 지문을 읽고 키워드를 찾는다.

주요 인물	沃尔特 월터 | 小男孩儿 어린 소년
시간	半个月后 보름 후
주요 장소	火车站 기차역
주요 사건	小男孩儿还钱 어린 소년이 돈을 갚다

STEP 2 불필요한 부분은 삭제하고 지문의 주요 내용을 기억한다.

주요 내용	보름 후, 월터가 기차역을 지날 때, 어린 소년이 달려와 그에게 돈을 돌려주었고 월터는 매우 감동했다.

STEP 3 고득점 표현을 활용하여 내용을 작성한다.

沃尔特……心头荡漾起一股暖流。 월터는 …… 마음이 따뜻해지는 것을 느꼈다.	→	沃尔特感动不已。 월터는 매우 감동했다.

STEP 4 기억한 내용을 자신 있는 표현으로 쓴다. (고득점 표현)

모범 답안

　　半个月后，沃尔特经过火车站时，小男孩儿跑过来把钱还给了他，沃尔特感动不已。 40

쓰기 실력 UP! 『워크북』 40~45쪽

쓰기

제한 시간 28분

실전에 강한

문제 적응 훈련

학습일 ___/___

실전 트레이닝 1

小袁出生在武汉一个书香门第，从小喜欢读书，成为一名作家是她的梦想。

高考那年，她考上武汉大学中文系。大二的时候，父亲得了重病，家里的生活一下子陷入困境。她每天除了上课就是打工，一个偶然的机会，同学介绍她去一家文化传媒公司当编剧助理，酬劳虽然不多，但却为她开启了编剧的写作之门。

大学毕业后，为了生存，小袁在上海找了一份工作，每天早出晚归。但她并没有放弃自己的编剧梦，她决定一边工作一边写剧本。

小袁每天从晚上11点写到凌晨3点，可是这样一来，她又常常因为迟到而被单位扣工资。于是，小袁把写作时间调整为凌晨3点到早上8点。有时候想不出桥段，她就边写边哭，父亲见了很是心疼，劝阻女儿别干编剧的活儿。小袁却说："干编剧虽然又辛苦又寂寞，可那是我的梦想啊!"

▸ 첫 줄에 제목을 작성한 후, 120자 정도로 요약하세요.

100

정답 및 해설_ 해설집 151쪽

실전 트레이닝 2

有一个孩子，在地主家打工。有一天，他去山里砍柴，过河的时候，一不当心，把斧头掉到河里去了。没了斧头，不能砍柴，回家又怕被地主打，他急得在河边放声大哭。

他的哭声感动了河神。河神变成一个老头儿，站在他面前，问："孩子，你哭什么?"

"老爷爷，我的斧头掉到河里去了，我怕回家被地主打!"他老老实实地回答。

"孩子，别伤心啦，我下河帮你捞上来。"河神刚说完话，"扑通"一声跳到河里。

过了一会儿，河神拿上来一把金斧头，问："这把斧头是你的吗?"孩子接过来一看，金光闪闪，看起来非常昂贵，但是他说："这不是我的。"河神接着又跳下河去，这一次拿上来的是一把铁斧头。孩子接过来一看，说："谢谢老爷爷，这把是我的斧头。"河神和蔼地笑了笑说："诚实的孩子，你会永远快乐和幸福的!"

▸ 첫 줄에 제목을 작성한 후, 120자 정도로 요약하세요.

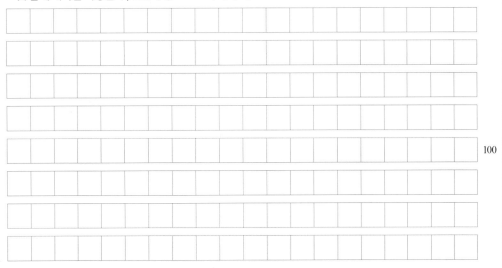

100

정답 및 해설_ 해설집 153쪽

학습일 ____/____

5 400자로 요약하기

HSK에는 이렇게 출제된다! ▼

★ 1000자 정도의 **지문**을 **읽는 시간**은 **10분**이며 **작문 시간**은 **35분**이다.

★ 지문을 읽을 때 **필기는 할 수 없으며** 눈으로만 볼 수 있다. 주어진 10분 동안 지문을 파악하는 시간과 중요한 내용을 외우는 **시간**을 잘 **배분**해야 한다.

★ 35분 동안 **제목**부터 **서론**, **본론**, **결론을 빠짐없이 써야 한다**. 지문 내용에 충실해야 하며 **개인적인 생각을 서술해서는 안 된다**.

1 지문 독해 시간 배분

4분		4분		2분
지문을 읽고 이야기의 내용을 파악한다.	+	주요 인물, 시간, 장소, 사건 등 키워드를 찾아 내용을 정리하면서 외운다.	+	주인공의 이름, 주요 어휘 등 주제에 집중해서 외운다.

2 내용 요약 시 주의사항

1. 신속하게 제목을 정하고 원고지 첫 줄에 쓴다. 적당한 제목이 생각나지 않으면 내용을 다 작성한 후 마지막에 기입한다.
2. 단락을 시작할 때는 두 칸을 비워야 한다.
3. 서론과 결론은 각각 한 단락에 쓰고 본론은 사건이 발생한 순서대로 3~4단락으로 나눠서 쓴다. 총 5~6 단락으로 구성하는 것이 좋다.
4. 400자까지만 작성하지 말고 2줄 이상 더 써야 좋은 점수를 받을 수 있다.
5. 틀린 글자나 문법적 오류를 피하기 위해 어려운 내용은 자신 있는 표현으로 바꿔서 쓴다.
6. 시간적 여유가 있다면 자신이 쓴 글을 점검하고 틀린 내용을 바로잡는다.

공략 트레이닝

▸ 400자로 요약해 보세요.(*281쪽 원고지를 자른 후, 원고지에 직접 작성해 보세요.)

54岁的阿里原先是国家航空公司的一名飞行员，八年前他因为视力下降，从飞行员岗位上退了下来，无所事事地过着一天又一天。

有一次，阿里驾车买菜回家后，车子发生了一点儿小故障。他检查后发现需要更换几个零件，于是很快拆下那几个废旧零件扔在一边。等更换上新零件准备收拾场地时，他猛然发现，这两个零件摆在一起居然非常像一件抽象派雕塑作品。

阿里忍不住想：能不能用废旧汽车零件做艺术品呢？他欣喜地把自己的奇思妙想告诉了妻子，然而妻子却嘲笑他："你不会觉得你是世界上最聪明的人吧？如果这也可以，别人早就做了，哪还轮得到你呢？"

阿里并没有因妻子的嘲笑而就此放弃自己的想法。在离他家不远的地方，有一座被称为"汽车公墓"的废旧汽车处理厂，那里堆放着许多被淘汰下来的汽车，以及各种废旧零件。阿里就成天往那里跑，寻找创作原材料，然后用略高于回收的价格买回家，摸索着如何利用这些零件进行创作。从此无所事事的阿里便有了一个新"工作"，书房便成了他的办公室。

花了两个月时间，从未接触过艺术创作的阿里居然无师自通，用这些废旧汽车零件做成了几件作品，经过抛光、上色之后，这些雕塑作品更显得精美无比。

原本阿里制作这些艺术品只是出于爱好，但当他完成了这几件作品后，正在读大学的儿子也被折服了，他把阿里的作品拍成照片发到网上，一下子就吸引了人们的目光。很多人通过网络联系阿里，不久后，他的作品全部被高价买走了。更让他没有想到的是，几个月后，几位海外艺术家发来电子邮件，他们对阿里的创作表示肯定和支持，鼓励他继续努力。这时，阿里突然意识到，或许可以把这项爱好当成一个事业来认真对待。

从那以后，他更加勤奋创作，先后制作了“预言家”、“自由的鸟”、“颠簸的小舟”等数十件作品，有不少还被著名的艺术馆和展览馆收藏。阿里的名声也越来越大，他成了一位了不起的艺术家。在短短五年时间里，他还为自己创造出300万美元的财富，可谓名利双收。

前不久，阿里在首都艺术馆举办了一个规模不小的展览会。从未接受过任何艺术训练的阿里能够制作出如此精妙的艺术品，这令参观者们都惊叹不已。当人们好奇地问他如何会想到用废旧零件做艺术品时，阿里笑笑说：“其实艺术存在于生活的每一个角落，能不能发现，就看你有没有一颗艺术的心!”

해설 및 정답 **문제 분석▾** 주요 인물, 사건, 시간 등을 파악한 후, 구체적인 묘사나 부가 성분을 삭제하고 고득점 표현을 활용하여 요약한다.

①54岁的阿里(주인공)原先是国家航空公司的一名飞行员，八年前他因为视力下降，从飞行员岗位上退了下来，无所事事(성어 → 没什么事情)地过着一天又一天。

②有一次(시간)，阿里驾车买菜回家后，车子发生了一点儿小故障(사건 → 出问题)。他检查后发现需要更换几个零件(사건)，于是很快拆下那几个废旧零件扔在一边。等更换上新零件准备收拾场地时，他猛然发现，这两个零件摆在一起居然非常像一件抽象派雕塑作品。(사건)

③阿里忍不住想：能不能用废旧汽车零件做艺术品呢?(사건) 他欣喜地把自己的奇思妙想告诉了妻子(주요 인물)，然而妻子却嘲笑他(사건)：“你不会觉得你是世界上最聪明的人吧? 如果这也可以，别人早就做了，哪还轮得到你呢?”

①54세의 알리는 원래 국영 항공사의 조종사였는데, 8년 전 시력 저하로 조종사 자리에서 물러나 아무 일도 하지 않고 하루하루를 보냈다.

②한번은 알리가 차를 몰고 나가 음식을 사서 집으로 돌아왔는데, 차에 작은 고장이 났다. 그는 점검을 한 후 몇 개의 부품을 교체해야 하는 것을 발견했고, 곧 그 낡은 부품을 떼어 내어 한쪽에 던져 놓았다. 새 부품으로 교체하고 그 장소를 정리할 준비를 할 때, 그는 문득 두 부품이 함께 놓여 있는 것이 마치 추상파 조각 작품 같아 보였다.

③알리는 참지 못하고 생각했다. 낡은 자동차 부품으로 예술품을 만들 수는 없을까? 그는 기쁜 마음으로 자신의 기발한 생각을 아내에게 말했지만, 아내는 그를 비웃었다. “당신은 당신이 세상에서 가장 똑똑한 사람이라고 생각하는 건 아니겠죠? 만일 그게 된다면, 남들이 진작 했겠죠, 당신 차례까지 왔겠어요?”

④阿里并没有因妻子的嘲笑而就此放弃自己的想法。在离他家不远的地方，有一座被称为“汽车公墓”的废旧汽车处理厂，那里堆放着许多被淘汰下来的汽车，以及各种废旧零件。阿里就成天往那里跑，寻找创作原材料，然后用略高于回收的价格买回家，摸索着如何利用这些零件进行创作。从此无所事事的阿里便有了一个新“工作”，书房便成了他的办公室。

因A而B：A때문에 B하다 / 주요 장소 / → 整天, 每天 / 사건 / 사건

⑤花了两个月时间，从未接触过艺术创作的阿里居然无师自通，用这些废旧汽车零件做成了几件作品，经过抛光、上色之后，这些雕塑作品更显得精美无比。

시간 / 사건

⑥原本阿里制作这些艺术品只是出于爱好，但当他完成了这几件作品后，正在读大学的儿子也被折服了，他把阿里的作品拍成照片发到网上，一下子就吸引了人们的目光。很多人通过网络联系阿里，不久后，他的作品全部被高价买走了。更让他没有想到的是，几个月后，几位海外艺术家发来电子邮件，他们对阿里的创作表示肯定和支持，鼓励他继续努力。这时，阿里突然意识到，或许可以把这项爱好当成一个事业来认真对待。

→ 由于, 因为 / 주요 인물 / 사건 / 사건 / 사건 / 把A当成B：A를 B로 삼다

④알리는 아내의 비웃음에 그대로 자신의 생각을 포기하지는 않았다. 그의 집에서 멀지 않은 곳에 ‘자동차 공동묘지’라고 불리는 폐차장이 있었는데, 그곳에는 버려진 수많은 자동차와 각종 낡은 부품들이 쌓여 있었다. 알리는 매일 그곳으로 달려가 창작할 작품의 원재료를 찾았고, 그러고는 회수가격보다 약간 높은 가격에 사들고 집으로 돌아와서 이 부품들을 어떻게 활용하여 창작할지 모색했다. 이때부터 아무 할 일도 없었던 알리에게 새로운 ‘일’이 생겼고, 서재는 곧 그의 사무실이 되었다.

⑤두 달이라는 시간 동안, 여태껏 예술작품은 접해 본 적도 없는 알리는 뜻밖에도 스스로 모든 것을 터득해 이 폐차 부품들로 몇 가지 작품을 만들었다. 광택을 내고 색을 칠한 후에는 이 조각 작품들이 비할 바 없이 더욱 아름다워 보였다.

⑥원래 알리가 이 예술작품들을 만든 것은 취미때문이었지만, 몇 가지 작품을 완성한 후에는 대학에 재학 중인 아들도 감탄하여 알리의 작품을 사진으로 찍어 인터넷에 올렸고, 단번에 사람들의 눈길을 끌었다. 많은 사람들이 인터넷을 통해 알리에게 연락했고, 얼마 후, 그의 작품을 전부 고가에 구입해 갔다. 더욱이 그가 예상치 못했던 것은, 몇 달 후, 몇몇 해외 예술가들이 이메일을 보내왔는데, 그들이 알리의 작품을 인정하고 지지하고 있다며, 그가 계속 노력하도록 격려한 것이다. 이때, 알리는 문득 깨달았다. 어쩌면 이 취미를 하나의 사업으로 생각하고 진지하게 임할 수 있을지도 모른다고 말이다.

쓰기

⑦从那以后，他更加勤奋创作，先后制作了"预言家"、"自由的鸟"、"颠簸的小舟"等数十件作品，有不少还被著名的艺术馆和展览馆收藏。阿里的名声也越来越大，他成了一位了不起的艺术家。在短短五年时间里，他还为自己创造出300万美元的财富，可谓名利双收。

시간 사건 → 制作了很多作品 사건

⑧前不久，阿里在首都艺术馆举办了一个规模不小的展览会。从未接受过任何艺术训练的阿里能够制作出如此精妙的艺术品，这令参观者们都惊叹不已。当人们好奇地问他如何会想到用废旧零件做艺术品时，阿里笑笑说："其实艺术存在于生活的每一个角落，能不能发现，就看你有没有一颗艺术的心！"

시간 사건 주제 접속사 只要…就… 사용 → 只要有一颗艺术的心，就能发现

⑦그 이후, 그는 더 열심히 창작 활동을 했고, 연이어 '예언가', '자유의 새', '흔들리는 작은 배' 등 수십 점의 작품을 만들었는데, 많은 작품들이 유명 예술관과 전시관에 소장되었다. 알리의 명성 역시 점점 더 커져서 굉장한 예술가가 되었다. 5년이라는 짧은 시간 동안, 그는 자신을 위한 300만 달러의 부까지 창출해 내며 부와 명예를 함께 얻었다.

⑧얼마 전, 알리는 수도예술관에서 작지 않은 규모의 전시회를 열었다. 지금까지 어떠한 예술적 훈련도 받은 적이 없는 알리가 이토록 정교한 예술품을 만들 수 있다는 것에 관람객들은 놀라움을 금치 못했다. 사람들이 그에게 어떻게 낡은 부품으로 예술품을 만들 생각을 할 수 있었냐고 궁금해 하며 묻자, 알리는 웃으며 말했다. "사실 예술은 삶의 모든 곳에 존재합니다. 발견할 수 있을지 없을지는 여러분이 미적인 마음을 가지고 있는가 아닌가에 달렸겠지요!"

단어 ★原先 yuánxiān 부 원래 | ★航空 hángkōng 명 항공 | 飞行员 fēixíngyuán 명 (비행기) 조종사 | ★视力 shìlì 명 시력 | 下降 xiàjiàng 동 떨어지다 | 岗位 gǎngwèi 명 직책 | 无所事事 wú suǒ shì shì 성 아무 일도 하지 않다 | 驾车 jiàchē 동 차를 몰다 | ★故障 gùzhàng 명 고장 | 更换 gēnghuàn 동 교체하다 | ★零件 língjiàn 명 부품 | 拆 chāi 동 뜯다 | 废旧 fèijiù 형 낡아서 못쓰게 되다 | 场地 chǎngdì 명 장소 | 猛然 měngrán 부 문득, 돌연히 | 摆 bǎi 동 놓다 | ★居然 jūrán 부 뜻밖에 | 抽象派 chōuxiàngpài 명 추상파, 추상주의 | ★雕塑 diāosù 명 조각과 조소 | 忍不住 rěn bu zhù 참지 못하다 | 欣喜 xīnxǐ 동 기뻐하다 | 奇思妙想 qísī miàoxiǎng 명 기묘한 착상, 뛰어난 생각 | ★嘲笑 cháoxiào 동 비웃다 | ★轮 lún 동 차례가 되다 | 就此 jiù cǐ 부 여기에서, 그대로 | 公墓 gōngmù 명 공동묘지 | 堆放 duīfàng 동 쌓아 두다 | ★淘汰 táotài 동 도태하다 | 成天 chéngtiān 명 온종일, 매일 | ★创作 chuàngzuò 명 창작, 작품 | 略 lüè 부 약간, 좀 | 回收 huíshōu 동 회수하다 | 摸索 mōsuǒ 동 모색하다 | 从此 cóngcǐ 부 이제부터 | 书房 shūfáng 명 서재 | 便 biàn 부 곧 | ★从未 cóngwèi 부 지금까지 ~하지 않았다 | ★接触 jiēchù 동 접촉하다 | 无师自通 wú shī zì tōng 성 선생 없이 혼자 터득하다 | 抛光 pāoguāng 동 광택을 내다 | 上色 shàngsè 동 색칠하다 | ★精美 jīngměi 형 정밀하고 아름답다 | ★无比 wúbǐ 형 비할 바 없다, 아주 뛰어나다 | 原本 yuánběn 부 원래 | ★制作 zhìzuò 동 제작하다, 만들다 | ★出于 chūyú ~에서 나오다 | 折服 zhéfú 동 속으로 경탄하다 | ★目光 mùguāng 명 눈길 | ★意识 yìshi 동 의식하다, 깨닫다 | 或许 huòxǔ 부 어쩌면 | ★事业 shìyè 명 사업 | ★对待 duìdài 동 대하다 | ★勤奋 qínfèn 형 열심이다 | 先后 xiānhòu 부 계속, 연이어 | 预言家 yùyánjiā 명 예언가 | 颠簸 diānbǒ 동 흔들리다 | 舟 zhōu 명 배 | 展览馆 zhǎnlǎnguǎn 명 전시관 | ★收藏 shōucáng 동 소장하다 | ★名声 míngshēng 명 명성 | 美元 měiyuán 명 (미국) 달러 | ★财富 cáifù 명 부, 재산 | 可谓 kěwèi ~라고 말할 수 있다 | 名利双收 míng lì shuāng shōu 성 명성과 재물을 함께 얻다 | ★规模 guīmó 명 규모 | 精妙 jīngmiào 형 정교하고 아름답다 | ★惊叹不已 jīngtàn bùyǐ 경탄을 금치 못하다 | 角落 jiǎoluò 명 구석

작문 완성하기

서론 ①단락	주인공 알리는 퇴직 후 별다른 할 일이 없었다. 阿里 알리 | 无所事事 아무 일도 하는 것이 없다

↓

큰 사건1 ②~③단락	알리는 낡은 자동차 부품으로 예술품을 만들 수는 없을까 생각했다. 车子故障 자동차 고장 | 更换零件 부품 교체 | 雕塑作品 조각 작품 | 用旧零件做艺术品 낡은 부품으로 예술품을 만들다 | 妻子嘲笑他 아내가 그를 비웃다

↓

큰 사건2 ④~⑤단락	알리는 폐차장에 가서 작품의 재료를 찾아 작품을 만들었다. 废旧汽车处理厂 폐차장 | 寻找材料 재료를 찾다 | 创作 창작하다

↓

큰 사건3 ⑥단락	인터넷에서 사람들의 눈길을 끈 알리의 작품은 전부 고가에 팔렸다. 拍成照片发到网上 사진을 찍어 인터넷에 올리다 | 被高价买走 고가에 팔리다 | 肯定和支持 인정과 지지

↓

결론 ⑦~⑧단락	알리는 예술가가 되었고 미적인 마음만 있다면 예술을 발견할 수 있다고 말했다. 勤奋创作 열심히 창작하다 | 艺术家 예술가 | 一颗艺术的心 미적인 마음

고득점 표현

모범 답안

				一	颗	艺	术	的	心											
		阿	里	原	来	是	一	名	飞	行	员	，	他	退	休	后	，	每	天	
都	没	什	么	事	情	。														
		有	一	次	，	阿	里	的	车	子	出	了	问	题	，	他	给	车	更	
换	了	新	零	件	后	，	突	然	发	现	两	个	旧	零	件	摆	在	一	起	100
很	像	一	件	雕	塑	作	品	。	他	想	：	能	不	能	用	旧	汽	车	零	
件	做	艺	术	品	呢	？	他	欣	喜	地	把	这	个	想	法	告	诉	了	妻	
子	，	然	而	妻	子	却	嘲	笑	了	他	。									
		阿	里	并	没	有	因	妻	子	的	嘲	笑	而	放	弃	自	己	的	想	
法	。	在	阿	里	家	附	近	有	一	个	废	旧	汽	车	处	理	厂	，	他	200

每天去那里寻找创作材料，买回家进行创作。两个月后，他用这些旧零件做成了几件作品，十分精美。

　　制作这些艺术品只是阿里的爱好，但是他的儿子把这些作品拍成照片发到了网上，吸引了人们的目光。不久后，他的作品全部被高价买走了。更有很多艺术家对他的作品表示肯定和支持。

　　从那以后，他更加勤奋创作，制作出了很多作品，成为了一位了不起的艺术家。当有人问他为什么会用旧零件做艺术品时，阿里笑着回答，其实艺术存在于生活的每一个角落，只要你有一颗艺术的心，就能发现。

미적인 마음

알리는 원래 조종사였는데, 그는 퇴직 후 매일 별다른 할 일이 없었다.

한번은 알리의 차에 문제가 생겨서, 그는 차의 부품을 새것으로 교체했는데, 문득 두 개의 낡은 부품이 함께 놓여 있는 것이 마치 조각작품 같다는 것을 발견했다. 그는 생각했다. 낡은 자동차 부품으로 예술품을 만들 수는 없을까? 그는 기쁜 마음으로 이 생각을 아내에게 알렸지만, 아내는 그를 비웃었다.

알리는 아내의 비웃음 때문에 자신의 생각을 포기하지는 않았다. 알리의 집 근처에는 폐차장이 있었는데, 그는 매일 그곳에 가서 작품의 재료를 찾았고, 집으로 사가지고 돌아와 작품을 만들었다. 두 달 후, 그는 이 낡은 부품들로 몇 점의 작품을 만들었는데, 매우 정교하고 아름다웠다.

이 예술품들을 만드는 것은 단지 알리의 취미였지만, 그의 아들이 이 작품들을 사진으로 찍어 인터넷에 올리면서 사람들의 눈길을 끌었다. 얼마 후, 그의 작품은 전부 고가에 팔렸다. 더욱이 많은 예술가들이 그의 작품에 인정과 지지를 표했다.

그때부터, 그는 더욱 열심히 창작활동을 했고 많은 작품을 만들어 굉장한 예술가가 되었다. 어떤 사람이 그에게 왜 낡은 부품으로 예술품을 만들었는지 물었을 때, 알리는 웃으며 "사실 예술은 삶의 모든 곳에 존재합니다. 당신에게 미적인 마음만 있다면 발견할 수 있지요."라고 대답했다.

실전에 강한

문제 적응 훈련

학습일 ___/___

실전 트레이닝

皮埃尔是著名电子商务网站“亿贝公司”的创始人。他想挑选一位优秀的总裁，公司为他列出了一个50人的候选名单，经过几番斟酌后，这份名单里只剩下五个人，这五个人都十分优秀，都有在大公司多年的工作经验，一时间，皮埃尔无法定夺。

一天，他坐在电脑前，突然间想出了一个办法。他给这五人每人发了一封电子邮件。不到一个小时，其中一位女士便给他回了邮件，上面写着：请给我您的电话号码。他把自己的电话写在邮件中，然后又发了过去。不一会儿，他的电话响了，里面传来一个温柔的声音，对他说：“您好，怎么回事儿？需要我帮助您吗？”那一刻，皮埃尔欣喜万分，直接表明了自己的身份，并盛情邀请她担任公司总裁，她欣然同意。

其他四人怎么也想不明白自己为什么失败，便通过各种渠道打探他们落选的原因，最后皮埃尔给出了解释，他说：“因为那封电子邮件。”原来他在那封邮件里写的内容是：我是你的一个客户，我的卫生间漏水，你能帮帮我吗？结果只有她回复了邮件，所以皮埃尔就选择了她。这个解释，听起来非常滑稽可笑，四个人都对此嗤之以鼻，他们均说看到了邮件，但他们都直接删除了，强调他们是每日忙得不可开交的公司高层人员，每天的工作都忙不完，这些鸡毛蒜皮的小事并不是他们管的事，而且邮件里的内容也有可能并不是真的，也许是有人开玩笑，回复这样一封邮件简直是浪费时间。

亿贝公司的一些人也感觉皮埃尔的选择有些草率，劝他再考虑一下。可皮埃尔意志很坚定，他说：“目前我们公司最紧迫的，是让更多的客户了解我们，来扩展我们的品牌，她能这样对待一个客户，我觉得她正是我们需要的人。”

一封不起眼的邮件并不能否定其他4个人的能力，但事实证明，皮埃尔的选择十分正确。她上任后，大力倡导平等理念，在不大的办公室中工作，看起来与普通员工并无区别，她每天都会在午休或是下班的时候，亲自阅读一百多封用户发来的电子邮件，帮助客户解决各种问题。她每月都要召集客户，征集对公司的各种意见建议，并大刀阔斧地进行改革……

半年后，亿贝公司上市，公司实现了质的飞跃。几年后，用户平台由她上任时的几千户，急速发展至1.5亿，单单在美国本土，每天就有超过50万人用亿贝谋生。如今，亿贝已成长为一家拥有一万多名员工、年营业额将近100亿美元的企业，并作为全球最大的在线电子商务网站，跻身《财富》杂志评选的“世界500强企业”。

▶ 282쪽 원고지를 자른 후, 원고지에 직접 작성해 보세요.

정답 및 해설_ 해설집 155쪽

★ 缩写。

⑴ 仔细阅读下面这篇文章，时间为10分钟，阅读时不能抄写、记录。

⑵ 10分钟后，监考收回阅读材料，请你将这篇文章缩写成一篇短文，时间为35分钟。

⑶ 标题自拟。只需复述文章内容，不需加入自己的观点。

⑷ 字数为400左右。

⑸ 请把作文直接写在答题卡上。

他小时候为了减轻家里的负担，经常在废品堆里翻找，看到像样的东西就会收藏起来，然后找机会卖点儿零花钱。

一次，他将淘来的一辆旧自行车卖给一个小伙伴，居然卖了5美元，这给了他很大的激励，他专门淘起了自行车，并很快将家里的车库堆得满满当当。

长大后，他在一家自行车店找到一份工作。他之所以找这份工作，是想利用工作之便淘一些有价值的自行车。老板是个收藏家，有一个收藏库，里面藏着很多老古董。他暗暗发誓，也要弄一个和老板一样的收藏库。于是，他骑着自行车，走街串巷，敲开一个个市民的家门，询问他们是否有旧自行车要卖。

慢慢地，他开起了自己的自行车店。为了把生意做大，他还开始收集一切可以淘到的宝贝。

有一次，他看到一辆古董摩托车，这种摩托车几乎已经绝迹了，他欣喜若狂，想买下来。可是，主人抚摸着这辆布满沧桑的摩托车，坚定地摇了摇头，说这辆车有太多的记忆，卖掉它就等于卖掉了一段美好的回忆。

还有一次，他将收集来的一个木制工具箱摆在店里，一个女顾客进门就看到了它，在它面前站了很久，然后，居然激动地流下了眼泪。最终，她花高价买走了这个一文不值的工具箱，并满怀深情地说："当我还是个小女孩儿的时候，常常去我爷爷的车棚。当时，我最喜欢站在一个这样的工具箱上，然后爬上他的工作台，与他一起度过几个小时。"

藏品背后的故事，让他感慨万千，他意识到，真正让人动容的其实是这些或心酸或甜蜜的故事，藏品和主人的故事，收藏家费尽曲折淘宝的故事。正是因为有了这些充满人情味儿的故事，本来不值钱的破烂儿才摇身一变，成为人们心中价值连城的宝贝。

他决定挖掘背后的故事。他买来摄像机，把自己收藏每一件藏品的经历记录下来，并找来专业的制片人剪辑成一段段的视频，然后，他向一些电视台推销。可惜，没有电视台对这些东西感兴趣，他只能放到网站上去，供网民免费观看。

这些视频引起了加拿大一家公司的注意，他们很快找到他，表示愿意合作，并为这些视频加入了喜剧元素。公司把这些视频制作成节目，很快卖给了电视台。

没想到，这个节目很快就得到观众的喜爱，这就是《淘宝》节目的雏形。现在，由他主持的《淘宝》节目已经成为该频道收视率第二的王牌节目。他不仅掀起了一股收藏热潮，还一跃成为知名的节目主持人。所有埋没在废品堆里的旧物，在他手里，都成了充满故事的宝贝。

▶ 283쪽 원고지를 자른 후, 원고지에 직접 작성해 보세요.

정답 및 해설_ 해설집 159쪽

맛있는 중국어 HSK 합격 프로젝트

모의고사

模拟考试

미리 체크하세요!

1 모의고사 듣기 파일을 준비해 주세요.

+ 듣기 파일은 맛있는북스 홈페이지(www.booksJRC.com)에서 무료로 다운로드 할 수 있습니다.
+ 각 모의고사 첫 페이지에 있는 QR코드를 스캔하면 듣기 문제를 들을 수 있습니다.

2 답안지는 본책 287쪽에 수록되어 있습니다. 답안지를 잘라 실제 시험처럼 답을 기입하세요.

3 2B 연필, 지우개, 시계를 준비해 주세요.

+ 2B 연필은 두 개를 준비하여 하나는 마킹용, 다른 하나는 작문할 때 사용하세요.
+ 듣기 영역은 약 35분, 독해 영역은 50분, 쓰기 영역은 45분입니다.

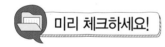

汉语水平考试
HSK(六级)

注 意

一、HSK (六级) 分三部分：

1. 听力 (50题，约35分钟)
2. 阅读 (50题，50分钟)
3. 书写 (1题，45分钟)

二、**听力结束后，有5分钟填写答题卡。**

三、全部考试约140分钟 (含考生填写个人信息时间5分钟)。

一、听 力

第一部分

第 1 – 15 题：请选出与所听内容一致的一项。

1. **A** 德国人做计划很周密
   B 讲英语的人更在意行动
   C 会多种语言的人更聪明
   D 日本人普遍有设计天赋

2. **A** 雪天停车要谨慎
   B 雪天开车需要耐心
   C 雪天要在路面上撒盐
   D 雪天最好不要急刹车

3. **A** "白菜价" 由来已久
   B "白菜价" 指价格低廉
   C "白菜价" 指物品不易管理
   D "白菜价" 常用于文学作品中

4. **A** 顾客刚刚失恋
   B 那杯饮料只是水
   C 那杯饮料产自国外
   D 服务员拿错了饮料

5. **A** 阳关盛产丝绸
   B 阳关是古代交通要道
   C 阳关位于东部沿海地区
   D 阳关曾是陕西省的省会

6. **A** 热身会伤害大脑
   B 运动损伤不易避免
   C 热身时间应适当调整
   D 冬季不适合做热身运动

7. **A** 人工智能是综合性科学
   B 人工智能可以随机应变
   C 人工智能推动产业革命
   D 人工智能的目的是研究历史

8. **A** 骑术起源于上个世纪
   B 骑术在军事中有重要作用
   C 骑术是奥运会的比赛项目
   D 骑术运动中的马需经特殊训练

9. **A** 乔致庸懂得用人
   B 乔致庸籍贯是山东
   C 乔致庸修建了大宅院
   D 乔致庸创办了首家银行

10. **A** 生活需要规则
    B 要学会彼此尊重
    C 坚持下去就会成功
    D 做人应该知足常乐

11. **A** 鲁班是道教的祖师
    B 鲁班奖每四年颁发一次
    C 鲁班奖是诗歌领域最高奖项
    D 鲁班奖为评定工程质量而设立

12. **A** 非洲野生动物种类多
    B 野生动物灭绝速度变慢
    C 中国已立法保护野生动物
    D 每年约有两种野生动物灭绝

13. **A** 各市只能有一种市花
B 市花的确定具有人文意义
C 市花由该市市民投票产生
D 市花是一个城市最常见的花

14. **A** 小米是优质杂粮
B 小米富含矿物元素
C 小米不宜与黄豆同吃
D 小米酒是西北地区特产

15. **A** 现代人易得失歌症
B 失歌症具有遗传性
C 失歌症患者社交圈较小
D 通过练习可以治疗失歌症

第二部分

第 16－30 题：请选出正确答案。

16. **A** 人物很丰满
    B 内容很传统
    C 语言有活力
    D 背景贴近现实

17. **A** 先写词后作曲
    B 适合年轻人听
    C 旋律比较相似
    D 都是自己写词

18. **A** 自我享受
    B 体验生活
    C 与人产生共鸣
    D 提高艺术修养

19. **A** 是资本导向
    B 能使人静下来
    C 经网络迅速传播
    D 给人一种向上的力量

20. **A** 受诗歌影响深
    B 毕业于清华大学
    C 参加过音乐节目
    D 想做生活的主人

21. **A** 种植植物
    B 孩子成长
    C 公司发展
    D 学习语言

22. **A** 营销手段多样
    B 企业文化融洽
    C 做大图书销量
    D 专注图书内容

23. **A** 创意新颖
    B 价格优势
    C 关注社会热点
    D 作者是畅销作家

24. **A** 利润更高
    B 在西方较流行
    C 不利于读者思考
    D 不能取代纸质阅读

25. **A** 前景好
    B 发展堪忧
    C 感到惋惜
    D 利弊共存

26. **A** 沙尘
    B 废玻璃
    C 动物皮毛
    D 有毒垃圾

27. **A** 破坏环境
    B 阻碍技术更新
    C 排放过多二氧化碳
    D 城市可利用土地减少

28. **A** 宣传不到位
B 政府不重视
C 仅在北京试点
D 技术未达成共识

29. **A** 划分精细
B 始于20世纪初
C 借鉴美国标准
D 厨余垃圾不可回收

30. **A** 垃圾分类不易执行
B 垃圾分类靠全民参与
C 垃圾分类需长期坚持
D 垃圾分类立法要明确

第三部分

第 31－50 题：请选出正确答案。

31. **A** 不易被发现
B 长满了树木
C 距离市中心很近
D 由石头堆积而成

32. **A** 山上有座寺庙
B 山上环境幽静
C 长时间不长高
D 周围无人居住

33. **A** 静山不是山
B 静山海拔低
C 静山吸引大量游客
D 静山被展示于博物馆

34. **A** 更易长杂草
B 灌溉水源不足
C 无法大面积播种
D 种子成活率不高

35. **A** 成本高
B 播种误差小
C 播种速度慢
D 存在安全隐患

36. **A** 无人机种树的优点
B 农业的现代化发展
C 传统人力播种的现状
D 使用无人机的注意事项

37. **A** 瓶口很小
B 贴有标签
C 进行密封处理
D 由家人定期清扫

38. **A** 诗集
B 收藏夹
C 文件夹
D 笔记本

39. **A** 诗歌创作的背景
B 捕捉灵感的妙招
C 对现代人的启发
D 对唐代文学的贡献

40. **A** 是淡水
B 含盐量高
C 形状差不多
D 固定在海上

41. **A** 易融化
B 体积太大
C 大部分在水下
D 表面温度过低

42. **A** 建造大型冷库
B 多国合作开采
C 夏季开采，冬季运输
D 开采冰块儿后储存起来

43. **A** 北极冰山相对较小
B 世界各地水资源不足
C 冰山为当地动物提供水资源
D 开采冰山会破坏极地生态环境

44. **A** 既轻松又赚钱
B 不适合长期从事
C 可享受优质服务
D 表面光鲜，实则辛苦

45. **A** 不能结伴体验
B 不能暴露身份
C 对拍照技术要求高
D 需协助酒店进行管理

46. **A** 匿名投诉
B 写酒店评论
C 填写调查问卷
D 搜索下一家酒店

47. **A** 高于白领
B 由酒店提供
C 是公开的秘密
D 兼职一般无薪水

48. **A** 无法汇款
B 被客户欺骗
C 机器发生故障
D 价格被压得太低

49. **A** 很意外
B 不耐烦
C 很振奋
D 感慨万千

50. **A** 如何决胜职场
B 银行的改革过程
C 自动取款机的发明
D 人与人之间需要信任

二、阅 读

第一部分

第 51－60 题：请选出有语病的一项。

51. **A** 徐悲鸿的名字写着作品的下面。
    B 塑料自发明以来，给人们的生活带来了很大便利。
    C 68年前，我第一次接触电影，拍摄了电影《白毛女》。
    D 传统油漆含有的挥发性有机物，是大气污染的主要来源之一。

52. **A** 本次展览的展品时间跨度近100年。
    B 人类生产力的提拔和科学进步总是相辅相成的。
    C 为了打击自媒体造假行为，不少自媒体平台已经采取行动。
    D 青海是长江、黄河、澜沧江的源头，有着“中华水塔”的美誉。

53. **A** 没有人确切地知道，人从什么时候开始做梦。
    B 有些事情，如果不去尝试，你就知道自己可以成功。
    C 龟是人们非常熟悉的动物，但其演化历史却是古生物学中一大谜题。
    D 拱北口岸是中国客流量第一的陆路口岸，约占珠海口岸旅客总量的90%。

54. **A** 我特别喜欢林老师，希望她能一直陪伴着我们。
    B 为了吸引顾客，这家商店利用传统的有奖促销方式来刺激消费。
    C 这部电影勾起了一代人的回忆，是因为他们怀念那个时代的原因。
    D 来自交通运输部的数据显示，国庆假期全国公路、铁路、民航迎来客流高峰。

55. **A** 对孩子来说，绘画是一种表达自我、观看世界。
    B 此次科考工作在多个学科方向取得了多项重大成果。
    C 东南亚地区拥有悠久的历史、丰富的文化和美丽的自然风光。
    D 大家喜欢他，不仅是因为那张脸，更是因为他自律、克制、自持的生活方式。

56. **A** 如果没有飞翔的翅膀，既然被举到高空，也会跌落下来。
    B 90%以上的快递营业点要设置包装废弃物回收再利用装置。
    C 受冷空气影响，西北地区将迎来一次中到大雨、局地暴雨的降雨过程。
    D 利川平均海拔为1100米，山高林密，夏季气温通常比省会武汉及毗邻的重庆市低5-10℃。

57. **A** 与上届亚运会相比，中国队获得的金牌数量有所减少。

B 我们在享受人工智能福利的同时，也需要划好伦理道德、法律规则等红线。

C 走什么样的法治道路、形成何种法治模式，是中国法治实现由大到强的重要问题。

D 一个人如果要开创自己的光明前程，关键在于持之以恒的努力和付出才能够实现。

58. **A** 科学正在为人类创造着比以往任何时候都要极其美好的生活。

B 该技术的成功研发，改变了传统的牙病治疗理念，对牙齿再生领域的研究具有重要意义。

C 据介绍，中国科技馆于1988年开馆，在一期和二期建成开放的20多年，共接待观众2100余万人次。

D 前不久，一张“灶台因环保而被贴封条”的照片，通过微信、微博等广泛传播，造成不良社会影响。

59. **A** 广州作为“千年商都”，书写了两千余年的全球贸易往来、文明互鉴的辉煌历史。

B 在车流间穿梭，在街头巷尾疾驰，外卖骑手越来越快的车轮，让发生交通事故的概率骤升。

C 简洁，看起来是生活的一种方式，是审美的一种要求，其实，更是现代精神自由的一种体现。

D 绿豆汤是一道以绿豆和水熬制而成的汤，具有止渴消暑的功效，因此很适合饮用在炎热的夏天。

60. **A** 一个人的成功不是命运之神赐予的，而是自己通过艰辛努力创造的。

B 川航机组突遇险情，成功备降，强烈地震撼着网友的心，纷纷称赞他们的专业素养。

C 山药含有多种微量元素、丰富的维生素和矿物质，所含热量又相对较低，经常食用，有减肥健美的作用。

D 安静可以使人的心灵变得更为广阔，让人有更大的空间去容纳思想的自由翱翔，为人生的奋斗积累力量。

第二部分

第 61 – 70 题：选词填空。

61. 世界卫生组织提出的健康新______是：所谓健康，并不仅仅是不得病，还应______心理健康以及社会交往方面的健康。也就是说，健康是在精神上、身体上和社会交往上保持健全的______。

A 概念　包括　状态　　B 观点　蕴含　生态
C 学说　区分　规范　　D 定义　联络　素质

62. 陨石坑的完整保留并不容易。如果陨石落在沙质土地上，很难留下______的印记；______陨石太大，坑就拿不出来。所以一个大小适中、土质______合适、保留完整的陨石坑实在难得。

A 精密　哪怕　营养　　B 灵敏　除非　成分
C 清楚　尽管　现场　　D 清晰　倘若　条件

63. 互联网平台收费应有所区别和注意，对于______市场优势地位的平台，其定价与收费标准应______社会公共产品，体现平台社会责任，避免借市场地位获取垄断经济______。

A 具有　迎接　成本　　B 处于　参考　利益
C 并列　模仿　数额　　D 拥护　制定　利润

64. 集邮是以邮票及其他邮品为主要对象的收集、______与研究活动。邮票素有“国家______”之称，上面的内容______本国的政治、经济、文化、军事等方方面面，使______成为包罗万象的博物馆、容纳各种知识的小百科。

A 欣赏　外表　相关　该　　B 琢磨　指南　筛选　啥
C 品味　卫星　夹杂　各　　D 鉴赏　名片　涉及　其

65. 清代学者袁枚所说“书非借不能读也”，是指借书时要担心还书______，所以读起来争分夺秒、______珍惜；而把书籍买下来后，却______懈怠，觉得日后再看也来得及，将书束之高阁，除了灰尘之外，书籍并没有给主人带来任何______。

A 经费　接连　公然　通讯　　B 进展　胡乱　过于　资料
C 期限　格外　时常　信息　　D 时机　尤其　刹那　信号

66. 云南鸟类______十分丰富，多达300余种鸟类在此______生息，是中国记录鸟类最多的______。每年秋、冬，大量的候鸟飞到云南越冬，聚居在大大小小的栖息地中，这时正是观鸟的最佳______。

A 足迹　繁殖　部落　节日　　B 资源　繁衍　省份　季节
C 能源　落实　地区　之际　　D 物资　巩固　角落　时间

67. 桂花香气宜人，既可当茶饮，又有药用______，广受喜爱。桂与“贵”谐音，因此______将桂树视为祥瑞植物，取其“______”之意。古人用“月中折桂”______科举高中，可见桂在人们心中的地位。

A 滋味　公关　称心如意　示意
B 效应　儒家　礼尚往来　表现
C 意图　人间　锦上添花　代替
D 功效　民间　荣华富贵　形容

68. 使用手机扫描树牌二维码，无需下载相关软件，______可走进植物知识“课堂”，这就是由韩静华带领工作室______的“植视界”系统。该系统是植物科普系统，它以______的信息传播方式，让植物知识走进人们的______之中。

A 亦　开拓　见多识广　视线　　B 即　开发　图文并茂　视野
C 稍　搜索　滔滔不绝　视角　　D 将　加工　博大精深　角度

69. “二十四节气”是古人通过______太阳周年运动，认知一年中时令、气候、物候等方面变化______所形成的知识体系。“二十四节气”______相传，深刻地影响着人们的______方式和行为准则。

A 观察　规律　世代　思维　　B 巡逻　旋律　世纪　思考
C 探索　节奏　时代　观念　　D 发觉　局势　后代　情绪

70. 蒙古族长调，以______的游牧文化特征和独特的演唱形式，______着蒙古民族对历史文化、人文习俗、道德哲学和艺术的感悟，被称为“草原音乐活______”。2005年11月25日，中国、蒙古国联合______的“蒙古族长调民歌”被选为“人类口头和非物质______代表作”。

A 新鲜　展览　氧气　报道　文物
B 显著　表达　品牌　发现　建筑
C 鲜明　讲述　化石　申报　遗产
D 顽固　进化　火山　贡献　典故

第三部分

第 71－80 题：选句填空。

71-75.

曾经的寒冬腊月里，很少能看见绿叶菜的踪迹，(71)__________，经过冷冻处理的青菜、水果、肉类让大家吃得越来越新鲜，食品种类也越来越丰富。

目前市场上的冷冻食品分为冷却食品和冻结食品：冷却食品是将食品的温度降到接近冻结点，并进行保藏，例如0℃保鲜的食品；(72)__________，如速冻水饺。

(73)__________。其实，蔬果被采摘后，依然会进行呼吸作用，消耗内部的营养。而且在进入超市、蔬果市场之前，都要经过一段时间的运输，呼吸作用造成的营养损失没有办法避免。而冷冻蔬果是在采摘之后立即进行冻结保存，在很低的温度下，呼吸作用几乎停滞，(74)__________，反而更有利于保持蔬果的新鲜，保留营养物质。

现代食品工业的冷冻技术不仅已经非常成熟，(75)__________，还会重新调整食品营养，例如速冻水饺的馅料搭配和营养组合，甚至比家庭手工制作的还要丰富均衡，营养并不低。

A 而且在加工过程中
B 但随着冷冻技术的成熟
C 细菌等微生物也无法生长繁殖
D 有人认为经过冷冻的蔬果营养低
E 冻结食品是在低于冻结点的温度下进行保藏

76-80.

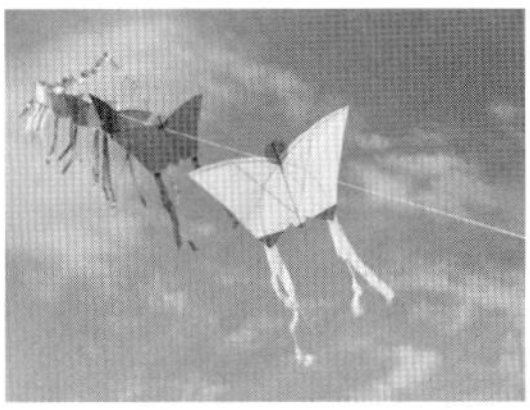

关于风筝的起源有很多说法，有人认为它受到被风吹起的斗笠的启发，(76)__________，另外还有帆船、帐篷、飞鸟说等。观点虽不统一，但风筝很早就出现了这点并无异议。

随着造纸术的发展，从唐朝开始，(77)__________。到了宋代，放风筝已经成为当时人们喜爱的户外活动。明清时期，风筝的制作技艺、装饰技艺得到空前发展，至清朝道光年间达到鼎盛。

在北宋张择端的《清明上河图》中，(78)__________。河边，有身着不同色彩衣服的六人。其中，两个成年男子在放风筝，风筝高飞在空；一小童站在旁边抬头凝望，身后一人着深色衣服，怀抱衣着鲜艳的孩子，亦是盯着高空中的风筝；稍远处的树下，站着两个男子，同样注视着高飞在空中的风筝。

(79)__________。日本风筝是由中国传入的，学界一般认为传入时间是中国唐代，图形多为长方形和半圆形，上面没有任何装饰。到了明治时代，浮世绘的画风成为日本风筝的独特风格。在泰国，风筝则有男女之别，男筝称为鸟筝，女筝称为鱼筝。鸟筝一般有2米高，又叫“猜朗康”；鱼筝形如钻石，也称“白宝”，(80)__________。

A 纸糊的风筝逐渐兴起
B 可以看到当时放风筝的情景
C 也有人认为它源于树叶
D 放飞时要由七个女子操控
E 各国的风筝也有自己独特的风格

모의고사 1회

第四部分

第 81－100 题：请选出正确答案。

81–84.

野外的鸟兽生性警觉，平常在山野里很难有所发现。但有经验的猎人，却不需亲眼见到，就能对它们如数家珍，甚至还能追踪到鸟兽附近。其实，只要破解了野生动物留下的踪迹“密码”，我们就能掌握猎人的<u>这项技能</u>。

野生动物在山野穿行，也和人一样，会挑好走、省劲儿的路线。比如平坦的山脊、灌木稀疏的山沟，是大型动物喜欢的路线。野生动物还总沿着固定路线走，走得多了，林地间就会走出宽窄不一、时断时续的小径，这被称为兽道。这些大小兽道交错盘绕，就成了野生动物的“交通路网”。找到兽道，就能沿路追踪动物。大型动物的兽道常被踩得紧实，不易长草而露出土地，因此较容易发现。而小型动物的兽道，通常没那么明显，但在水源边或是洞穴附近仔细观察，往往就能找到小径的痕迹。

找到了兽道，就能缩小范围、有的放矢地查探动物足迹。一般干燥的地表不容易留下脚印，雨后或水源附近的沙地、泥地表面，以及冬天的雪地上，足迹会比较明显。

兽道附近也常会发现动物粪便。动物食性不同，粪便的成分、形状和颜色也都不一样。中小型食草兽类的粪便通常是颗粒、球团状，并且一拉一大堆。野兔的粪便是淡黄褐色的扁圆颗粒，直径约1厘米，里面主要是草类残渣，常会几十颗堆在一起。而鹿类的粪便颗粒长约2厘米，外形为一头尖、一头平的椭圆形，“排量”也更多。

81. 第1段中画线部分“这项技能”指的是：

A 在野外生存　　**B** 轻松发现鸟兽

C 确认有毒植物　　**D** 射击百发百中

82. 关于兽道，下列哪项正确？

A 连续不断　　**B** 呈平行状

C 宽窄不固定　　**D** 肉眼无法分辨

83. 下列哪种条件下不易发现动物的足迹？

A 雪地　　**B** 雨后泥地

C 干燥的地面　　**D** 靠近水源的沙地

84. 根据最后一段，下列哪项正确？

A 鹿类的粪便是方形　　**B** 野兔的粪便里有草渣

C 粪便一般在兽道中间　　**D** 食肉兽类动物粪便较少

85–88.

律师在古代叫讼师。中国律师的鼻祖、最早的讼师叫邓析，是春秋郑国人。

邓析年少时便头脑灵活，很有学问。后来，邓析当了郑国的大夫，在政治上非常活跃。邓析最为人所称道的，是他讲学助讼，使郑国兴起了一股诉讼的浪潮。他自己创办了一所私学，聚众讲学，广招门生，大力进行普法宣传教育，不仅讲授自己的著作《竹刑》，还专门教人怎么打官司，教授给别人讼辩的技巧。

春秋时期，诉讼代理制度初生萌芽，诉讼当事人可以委托其下属或子弟等代理而不必亲自到官府打官司，这种社会环境为邓析提供了用武之地。据《吕氏春秋·离谓》载，邓析帮人诉讼，大案件收取一件外衣，小案件则收取一条短裤，颇有今天律师的味道。这是中国法制史上的创举，邓析因此被誉为中国历史上的第一位“大律师”。

邓析又以擅长辩论著称，史书记载邓析能够“操两可之说”，有左右逢源的本领。有一年发大水，郑国有个富人渡河时，不慎失足落入水中淹死了，尸体被一个穷人打捞上来。富人的家人听说后想用钱赎回尸体埋葬，穷人却漫天要价，想趁机捞一笔。富人的家人不想出那么多钱，双方相持不下，形成了僵局。情急之下，富人的家人便向邓析请教，邓析说：“你们不要着急，不用多出赎金。因为除了你们，没有第二个人会向他买这具尸体，还怕他不卖给你们吗?”富人的家人觉得言之有理，就耐心等着，不着急了。看到富人的态度如此消极，穷人又犯愁了，也来找邓析出主意。邓析又对那个穷人说：“你不用担心，不必降低赎金，因为对方除了在你这里能买到那具尸体，在别处是买不到的!”穷人一听有理，也不着急了。

85. 邓析最令人称赞的是什么?

A 学识渊博　　**B** 教人诉讼
C 开设儒学堂　　**D** 废除奴隶制

86. 春秋时期的诉讼代理制度：

A 刚刚兴起　　**B** 由邓析促进形成
C 局限于贵族阶层　　**D** 当事人需亲自到官府

87. 最后一段主要讲什么?

A 邓析能言善辩　　**B** 当时贫富差距大
C 修改法律的必要性　　**D** 如何成为一名好讼师

88. 根据上文，可以知道：

A 邓析为人吝啬　　**B** 春秋时期诉讼费昂贵
C 郑国法律已十分完善　　**D** 邓析推动了法律的普及

모의고사 1회

89–92.

你能想到吗？千百万年以来，地球的气候是由地球的两大生命王国——动物界与植物界的斗争所决定的。动物吸进氧气而呼出二氧化碳，植物主要吸进二氧化碳而放出氧气。二氧化碳为温室气体，因此可以立即得出结论：动物能使地球升温，而植物则使地球降温。如果哪一方占上风，那么地球就会面临温室效应或又一次严寒期。

5亿多年前的“寒武纪大爆炸”时期，到处都是把二氧化碳释放到空气中的节肢动物，使空气中的二氧化碳含量高达今天的20倍，所以当时的气候极其温暖。

但是，植物进行了反击。化石显示，4.5亿年前，含有木质素的植物首次出现，木质素使细胞坚硬，这样植物就得以长大，地球上出现了第一批树木。随着全球的植物大量生长，毫无约束的光合作用从空气中吸取着二氧化碳，使二氧化碳含量大大减少，而不能吸收木质素的、饥饿的节肢动物对此无能为力，地球随之进入了严寒期。

数亿年间，动物与植物反复地较量着。大约1万年前，由于人类活动的显著增强，地球空气的二氧化碳含量再度升高，尤其是近百年来，地球的温室效应愈来愈明显。

可见，地球上的整个生物圈就像我们所熟知的生物个体调节其体内环境那样，不停地调节着地球的大气环境，使气候能适合地球上生物生存进化的需要。换句话说，地球的生物圈是在主动地调节环境，而不是在被动地适应环境。数十亿年的气候变迁不仅仅是太阳或地球的原因，生物为了自己的利益也深深地参与其中了。

89. 关于“寒武纪大爆炸”时期，可以知道：

A 早晚温差大　　**B** 海洋物种繁多

C 节肢动物数量多　　**D** 空气中二氧化碳含量低

90. 为什么说4.5亿年前植物进行了反击？

A 使冰雪融化　　**B** 覆盖整个地球

C 消灭了肉食动物　　**D** 大量吸取二氧化碳

91. 人类活动的显著增强有什么影响？

A 加快温室效应　　**B** 减少绿化面积

C 平衡生态环境　　**D** 导致其他物种灭绝

92. 根据上文，下列哪项正确？

A 树木出现于动物之前　　**B** 生物圈在主动调节环境

C 太阳是气候变迁的主因　　**D** 当今二氧化碳含量达到顶峰

93–96.

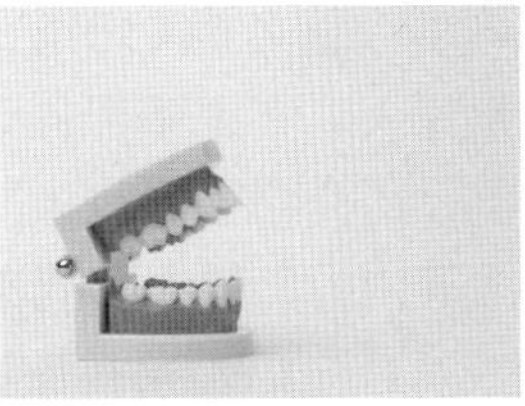

很多时候，人们都需要坚硬的材料，但是坚硬的材料可能不能很好地吸收冲击，在冲击和振动之下就会老化断裂。而与此同时，有许多材料能很好地吸收冲击，但它们往往又太软。比如钢铁很坚固，但随着时间的流逝它们会出现应力裂缝；虽然橡胶能够轻易吸收振动，但它却不是打造飞机的最佳材料。因此，研究者希望能制造一些足够硬同时又能够更好应对冲击的强韧材料。

研究者们从自然界寻找灵感，分析了一系列天然结构，比如骨骼、甲壳和牙齿。最终，他们锁定了牙釉质。从微观层面上来看，牙釉质由几排坚固的陶瓷晶体构成，这些晶体周围还环绕着柔软的有机蛋白质。当牙齿受到撕碎或者咀嚼的压力时，这几排晶体就会压缩弯曲，周围的柔软蛋白质材料则会吸收多余的能量，避免牙齿结构受损。

他们称，人造牙釉质终有一天会成为打造飞机机身和汽车底盘的代替品。仿造的牙釉质不仅更轻，它还能够承受持续的振动、压力，还有飞行途中的扩张和压缩。

生产这种人造牙釉质非常耗费时间。四十层晶体要一层层铺起来，就这样也只能做出一微米人造牙釉质，这么少的材料只够放在载玻片上而已。想要得到足够用来制造一整架飞机的材料，必须花费几年时间来打造。即便它有很多优点，但造价昂贵这一点就足以让人们望而却步。不过随着科技的发展，也许有一天你能够坐在巨大的智齿里面周游世界。

93. 根据第1段，很多能很好地吸收冲击的材料有什么缺点?

A 太脆　　**B** 易损坏
C 造价高　　**D** 不够坚硬

94. 关于牙釉质，可以知道：

A 排列整齐　　**B** 钙含量丰富
C 陶瓷晶体较软　　**D** 含有机蛋白质

95. 将来人造牙釉质可以用来制造：

A 汽车底盘　　**B** 轮船船身
C 飞机引擎　　**D** 飞机黑匣子

96. 根据最后一段，可以知道：

A 牙釉质材料前景堪忧　　**B** 牙釉质材料尚未大规模制造
C 急需新材料代替牙釉质材料　　**D** 牙釉质材料飞机即将投入使用

97-100.

一篇名为《奶茶，正在毁掉中国年轻人的健康》的文章转发量惊人。文中不但提到奶茶的糖分含量、脂肪含量都远超正常单位，还介绍了不少人喝奶茶睡不着、心悸的原因在于超标的咖啡因等内容。那么，奶茶是否真的会“毁掉”年轻人健康呢?

首先，奶茶在加工过程中会产生反式脂肪酸，大量摄入反式脂肪酸会影响人体健康。不过调查显示，中国人日常反式脂肪酸摄入量不超过世界卫生组织的建议标准，因此偶尔喝点儿奶茶不用太担心。只要不多喝，对健康的风险是可控的。

其次，奶茶中糖分的确比较高，并且糖量摄入太多的确不利健康，因此不建议大家多喝含糖饮料，其中包括奶茶。但文章中有些说法是高糖会导致癌症、老得快、骨质疏松、变笨、肥胖、厌食等危险，就不免夸张了。

此外，奶茶中的咖啡因会不会“毁掉”人体健康呢? 很多饮料产品中都含有咖啡因。国际上很多健康机构均认为，对于健康成年人来说，每天摄入不超过400毫克的咖啡因是安全的。

最后，很多人喜欢的在奶茶中添加的“珍珠”也受到诟病。有人认为奶茶中的“珍珠”都是用塑料做的，甚至会导致肠梗阻。其实，珍珠奶茶中的“珍珠”是以淀粉为主要原料制成的，除此之外，还会用一些小麦蛋白和食品添加剂。添加小麦蛋白是为了使“珍珠”更有口感和嚼劲儿，因为小麦蛋白有很好的水合性质和结构性质，能够更好地与淀粉相结合，使淀粉“珍珠”更加可口。小麦蛋白是一种蛋白质，除了某些对小麦过敏的人不宜食用外，一般情况下并不会对人体造成危害。

因此，奶茶虽然并不健康，但也没有像传说的那样危害严重。如果喜欢喝奶茶，偶尔喝一次还是没有关系的。

97. 根据第1段，那篇文章：

A 遭专家质疑　　**B** 没有科学依据

C 被很多人转发　　**D** 刊载于生活杂志

98. 中国人的反式脂肪酸摄入量：

A 男女差异大　　**B** 低于建议标准

C 呈逐年增加趋势　　**D** 春节期间变化快

99. 关于奶茶中的“珍珠”，下列哪项正确?

A 不易消化　　**B** 遇水易融化

C 由塑料制成　　**D** 含食品添加剂

100. 上文主要讲的是：

A 中国奶茶市场已饱和　　**B** 适量饮奶茶危害不严重

C 食品安全问题任重道远　　**D** 年轻人应多加锻炼身体

三、书写

第101题：缩写。

(1) 仔细阅读下面这篇文章，时间为10分钟，阅读时不能抄写、记录。

(2) 10分钟后，监考收回阅读材料，请你将这篇文章缩写成一篇短文，时间为35分钟。

(3) 标题自拟。只需复述文章内容，不需加入自己的观点。

(4) 字数为400左右。

(5) 请把作文直接写在答题卡上。

1992年，21岁的马可从苏州丝绸工学院工艺美术系毕业，并凭借作品《秦俑》拿到了第二届"兄弟杯"国际青年服装设计师大赛的金奖，成为该奖项最年轻的获奖者。此后几年里，马可还相继荣获了"中国十佳设计师"、"五位最优秀设计师之一"的称号，因此许多大型服装公司都想高薪聘请她加盟自己的企业。

然而马可却有着自己的想法，她对市场上千篇一律的衣服款式感到厌倦。她觉得，中国作为世界上数一数二的服装出口大国，却没有自己的品牌，也没有因为自己的创造性得到世界的认可，这是一件很可悲的事，而且这件事一定跟自己有关。那时马可常说的就是："衣服是不是一定要这么肤浅?"为服装注入内涵，已经成为马可心底的一粒种子，开始生根发芽。

于是，马可拒绝了各大公司的邀请，和恋人毛继鸿一起在广州的一个小店里租到了一个小柜台，然后开始自主创业。因为这项举措，马可和毛继鸿被视为设计师中的异类，于是她干脆给自己的品牌取名为"例外"。两人从最底层的工作做起，扎扎实实地进行打拼，缺钱了就去给酒店设计制服，然后再拿赚到的钱购买布料和机器，一点一滴地将"例外"这个品牌做了起来。

在创业过程中，马可不断尝试新的想法，比如她曾制作过一批纯手工的衣服，将它们埋到了地下，让土地和时间来帮助自己完成创作。当衣物出土之后，全都染上了厚重的光阴，仿佛在诉说一段段有关时光的故事。

后来马可又带着这批衣物去巴黎办服装秀，引发了极大的轰动。这让马可十分惊喜，于是她决定尝试更多无用但有趣的事，生产更多无用的艺术品。但这些想法却不可能在市场运作日渐成熟的"例外"中实现，于是，马可干脆又创立了一个叫做"无用"的品牌，用以生产纯手工的服饰。"无用"旗下的服饰，每一件都与众不同，而且从织染、裁剪到缝制全都是手工完成的，因此都带有制作者的情感积累。"无用"的这种特征逐渐感染和征服了许多优质客户。

第一夫人彭丽媛早年也是"例外"和"无用"的资深客户，她经常购置马可旗下的衣物。在去国外访问之前，彭丽媛还特意请马可为自己设计了几套服装，那些服装不但融合了中国元素，而且大方得体，很适合彭丽媛的优雅气质，受到了人们的一致好评。从此，“例外”和“无用”成了万众瞩目的时尚品牌，马可也成为国内备受瞩目的设计师。

马可说，在这个世界上，许多人都被教育要随大流、做有用的事，她自己却偏要做一个例外，做一些看似无用的事，这些事虽然不符合主流的价值观，但却能在客户的使用中被赋予全新的价值。

汉语水平考试
HSK(六级)

注　意

一、HSK (六级) 分三部分：

1. 听力 (50题，约35分钟)
2. 阅读 (50题，50分钟)
3. 书写 (1题，45分钟)

二、**听力结束后，有5分钟填写答题卡**。

三、全部考试约140分钟 (含考生填写个人信息时间5分钟)。

一、听 力

第一部分

第 1–15 题：请选出与所听内容一致的一项。

1. **A** 学霸不善于交际
   B 学霸是网络流行语
   C 学霸学习成绩突出
   D 学霸离不开老师指导

2. **A** 儿子说谎了
   B 盘子被打碎了
   C 爸爸被妈妈批评了
   D 一家人正在涮火锅

3. **A** 鸡蛋不应多吃
   B 喝汤有助于消化
   C 鸡蛋可以吸收盐分
   D 吃盐太多对身体有害

4. **A** 蜀锦色彩淡雅
   B 蜀地盛产棉花
   C 蜀锦得名于产地
   D 蜀锦是古代皇室的贡品

5. **A** 方言正在逐渐消失
   B 湿度会影响语言的声调
   C 非洲地区语言声调平和
   D 干旱地区的语言更幽默

6. **A** 苦夏是由缺水所致
   B 苦夏症状因人而异
   C 苦夏是一种心理疾病
   D 苦夏症状包括精神不振

7. **A** 月球上存在水
   B 月球表面凹凸不平
   C 月球适合植物生长
   D 月球上板块活动剧烈

8. **A** “养眼”本是贬义词
   B “养眼”是医学术语
   C “养眼”未被收录到词典中
   D “养眼”现用于赞扬美好的事物

9. **A** 蜗牛的生命周期短
   B 蜗牛的壳十分脆弱
   C 蜗牛一般在雨后出行
   D 蜗牛躲在壳里避免阳光直射

10. **A** 抱怨是没有意义的
    B 抱怨会影响人际关系
    C 抱怨的人更想解决问题
    D 抱怨会让人变得强大起来

11. **A** 雷电灾害不可避免
    B 雷电灾害危害严重
    C 雷电可被用于发电
    D 雷电有助于农作物生长

12. **A** 西方礼节形式简洁
    B 东方礼节历史更长
    C 宽容是人际交往的前提
    D 东西方礼节本质上没有区别

13. **A** 砂锅导热慢
B 金属锅保温时间长
C 砂锅不宜用明火加热
D 家庭厨房无法使用砂锅

14. **A** 要时常反思
B 公平是相对的
C 理财要规避风险
D 应学会合理安排时间

15. **A** 人之初，性本善
B 孩子受父母影响大
C 教育的本质是让人成长
D 要善于发挥自己的优势

第二部分

第 16 – 30 题：请选出正确答案。

16. **A** 儿时的经历
B 旅行的见闻
C 一堂美术课
D 一档摄影节目

17. **A** 记录时代
B 让人思考
C 发扬传统文化
D 拍出真实的图像

18. **A** 依赖后期处理
B 是摄影初级阶段
C 人物情绪决定环境
D 对摄影器材要求高

19. **A** 志愿者
B 心理医生
C 电影演员
D 电台主持人

20. **A** 一幅画
B 一首诗
C 一个字
D 一句话

21. **A** 设备现代化
B 选择多样化
C 课程个性化
D 学校分散化

22. **A** 学费较低
B 校长由政府安排
C 培养了大量科学家
D 是教育的主要提供者

23. **A** 不符合实际
B 适合中学生
C 需要制定相关法律
D 在中国有成功经验

24. **A** 增大投入
B 建立民主学校
C 扩大办学自主权
D 与国外企业合作

25. **A** 能激发活力
B 让学生更自信
C 实现人人平等
D 促进师生关系

26. **A** 政策推动
B 回归传统
C 古董市场有潜力
D 古宅升值空间大

27. **A** 反对
B 惋惜
C 支持
D 无所谓

28. **A** 技术进步快
B 先人们的伟大
C 古宅结构复杂
D 古人文学素养高

29. **A** 技术人员不足
B 需要大量资金
C 恢复工程时间长
D 不具备当时的条件

30. **A** 10年
B 20年
C 30年
D 40年

第三部分

第 31－50 题：请选出正确答案。

31. **A** 勤奋好学
B 天资聪颖
C 为人谦虚
D 很有洞察力

32. **A** 字典
B 散文集
C 笑话书
D 故事书

33. **A** 借书
B 抄书
C 背书
D 复印

34. **A** 趣味性强
B 效果更佳
C 缩短学习时间
D 提高学生自信

35. **A** 被暂时清除
B 容易被遗忘
C 留在记忆里
D 与新内容混淆

36. **A** 交叉学习强调复习
B 交叉学习不适合儿童
C 交叉学习忽视学习积累
D 交叉学习利于区分知识系统

37. **A** 干燥、恒温
B 黑暗、潮湿
C 环境不稳定
D 洞内噪声大

38. **A** 变化小
B 接近冰点
C 越来越高
D 与外界相似

39. **A** 下暴雨
B 海拔低
C 洞口多
D 吹西北风

40. **A** 安全卫生
B 原材料新鲜
C 不添加防腐剂
D 无毒无害有营养

41. **A** 易保存
B 热量低
C 保护肠胃
D 价格优惠

42. **A** 身心健康
B 远离病症
C 营养均衡
D 补充矿物质

43. **A** 不宜多食垃圾食品
B 要合理安排进食时间
C 应每天摄取蔬菜水果
D 食品本身没有优劣之分

44. **A** 湿地
B 森林
C 高原
D 沙漠

45. **A** 力气大
B 善于防御
C 在树上跳跃
D 奔跑速度快

46. **A** 种子
B 树根
C 花朵
D 幼虫

47. **A** 腿很短
B 毛发光亮
C 身体瘦弱
D 不吃树叶

48. **A** 舒适状态
B 拥挤状态
C 较拥挤状态
D 严重拥挤状态

49. **A** 限流车站
B 施工车站
C 未开通车站
D 即将关闭的车站

50. **A** 需付费使用
B 延迟1分钟显示
C 不反映车站状况
D 目前处于试用阶段

二、阅 读

第一部分

第 51－60 题：请选出有语病的一项。

51. **A** 书信曾是人类最重要的沟通载体。
  B 一座城市的机场，就是一座城市的名片。
  C 不管天晴下雨，还是刮风飘雪，他却能按时到校。
  D 《望春风》以从容平静的叙述，描写了一座清幽简朴的江南小镇。

52. **A** 近年来电商在中国的发展极其迅速。
  B 黑山被人们称为“欧洲最后的绿洲”。
  C 造成秋季抑郁主要有缺乏日照和环境影响这两个原因。
  D 因物价上涨，从明年起员工每月交通补贴由200元下调至300元。

53. **A** 您办理的营业执照已出证，请自助打印。
  B 改革开放以来，中国电影在海外商业市场上也有重大收获。
  C 随着网络的普及和交际的增加，表情符号已把社会广泛接受。
  D 京张高铁新建清河站，位于北京市海淀区清河镇小营西路与西二旗大街之间。

54. **A** 这台即将运行的列车具备智能化、人性化。
  B 孕妇适当运动可以促进胃肠蠕动，帮助控制孕期体重。
  C 对爱情的忠贞和对誓言的坚守，是人们心中爱情美好的样子。
  D 现场观看表演、实地参观博物馆，这些都是传统艺术欣赏形式。

55. **A** 打赏模式，是互联网一种新的商业模式。
  B 从心理学角度来看，人们偶尔需要别人的称赞。
  C 5天之内吸引110万人光顾，显示出这座美食之都的魅力。
  D 我第一次初见到蔡校长是在大学报道的时候，那时他还很年轻。

56. **A** 税务局内部是非常严格的对数据安全的管控。
  B 虚拟现实在医学方面的应用具有十分重要的现实意义。
  C 我们向广大网友征集温暖的小故事，一经采用会奖励1000元。
  D 研究性学习成果，成为评价学生创新精神与实践能力的重要指标。

57. **A** 这台“自助答疑机”刚刚获批了国家专利。

B 中国古人送别时，常常折一截青柳枝送给远行的人。

C 一些青少年患有“网瘾”，专家正在有效地寻找治疗方法。

D 和中小学阶段的语文教育比，大学语文教育的工具性和知识性应该弱化。

58. **A** 通过地震纪念活动，使人们重温了“一方有难八方支援”的场景。

B 除了教师这一身份之外，他也是一位深谙乐理、实力突出的歌唱家。

C 商业拍卖进入中国只有一百多年，而专业艺术品拍卖在中国的历史仅仅25年。

D 地球上最宽阔的是海洋，比海洋更宽阔的是天空，比天空更宽阔的是人的胸怀。

59. **A** 在消费全面升级的背景下，近年来，老年健身需求集中爆发。

B 湛江的亚热带城市风光迷人，丰富味美的海鲜也吸引着大量的游客。

C 不少近视患者出于美观、方便等方面的考虑，希望通过近视手术矫正视力。

D 学校多次与德国、法国、新西兰、美国等国家的相关院校进行国际间的交流合作。

60. **A** “数字阅读”企业能否成功，关键在于能否让年轻人体会到经典文章的魅力。

B 如果食品中的农药残留超过最大残留限量标准，将会对人的身体健康产生潜在风险。

C 齐白石画虾、画牡丹、画桃子，这些都被人们熟知，但他的山水画似乎没有那么多人了解。

D 今年的“世界杯”引发了一场足球热，据统计，大约三分之一左右的年轻人希望亲临现场观看世界杯。

第二部分

第 61－70 题：选词填空。

61. 成语“破镜重圆”______夫妻失散或决裂后重新团聚。然而这只是一个传说，因为破碎的事物虽可以修补，却______无法变成最初的模样，那道______依然会在。有些如伤疤般慢慢会淡化，有些如胶水般永远不变。

A 推论　接连　符号　　**B** 比喻　终究　痕迹
C 比方　依旧　损失　　**D** 表现　始终　伤痕

62. 电视机或电脑在工作时，荧光屏______产生的静电荷对空气的灰尘具有吸引作用。如果近距离在荧光屏前工作，则______着长时间处于大量灰尘的包围之中，会使人的皮肤沾染很多灰尘，容易______皮肤病。

A 前方　回味　以致　　**B** 部位　周转　以至
C 位置　预算　引起　　**D** 表面　意味　导致

63. 本次新品发布会上，每个与会人员都为新款折叠屏手机的______所折服，整个会场不断响起雷鸣般的______。发布会结束后，在场人员纷纷来到展区，近距离______了最新款手机。

A 功能　呼喊　瞄准　　**B** 功效　反应　针对
C 性能　掌声　体验　　**D** 性质　喊声　感觉

64. 人的生命其实是充满矛盾的：它有时坚不可摧，任何难题都打不倒它；但有时却______一击，任何风吹草动都能使其动摇。如果人______足够的承受能力及信心，又做事难持之以恒，______有再多的机会，也都将一一错过。可以说信心与耐心是一个人______向成功的关键。

A 不堪　缺乏　即使　迈　　**B** 不禁　缺席　假如　挪
C 不如　丧失　除非　坠　　**D** 不免　损失　从而　跌

65. 我们现在使用的圆珠笔是由匈牙利人比罗______的。由于______编辑职业，比罗对旧式墨水笔的______十分了解，再加上速干墨水的出现，让他______了一个新创意，那就是在墨水笔胆管里装上速干墨水，这样写出来的字就会迅速变干了。

A 发现　充当　缺陷　呈现　　**B** 进化　策划　矛盾　产生
C 创立　晋升　灾难　调动　　**D** 发明　从事　弊端　萌生

66. 仕女图______称“仕女画”，是以中国封建社会中上层妇女生活为______的绘画。唐代是仕女画的繁荣兴盛______，画家们对仕女们的动作姿态______得十分细致，还迎合了当时社会的______，展示出唐代女性的华贵之美。

A 既 题目 环节 刻画 流行 **B** 亦 题材 阶段 描绘 潮流
C 若 工具 时代 更新 风水 **D** 而 方式 层次 暗示 气息

67. 在烫伤后，很多人通常会______牙膏、肥皂等，认为可以使烫伤部位降温，缓解烫伤的______。专家认为，烫伤后抹牙膏这种做法是错误的，由于伤口的热气受到牙膏等物质的______后，只好往皮下组织深部______，结果造成更严重的烫伤。处理烫伤最好的方法是将伤处用冷水冲洗。

A 熬 疼痛 阻挡 起伏 **B** 溅 密度 遮掩 侵犯
C 涂 程度 阻碍 扩散 **D** 淋 幅度 排斥 散布

68. 被电灯取代的蜡烛，逐渐成了停电时的备用品，但是更多时候它们被用在特殊______。如生日宴会上，先许个愿，再吹一口气______蜡烛，据说能够让你______。现在，帮人减肥或戒烟的各种保健蜡也被研发出来了。看来，蜡烛的生命并没有停息，或许会一直______下去。

A 场合 熄灭 梦想成真 延续 **B** 场地 消灭 无忧无虑 递增
C 边缘 毁灭 日新月异 继续 **D** 空间 销毁 实事求是 维护

69. 一咳嗽就立即吃止咳药也许______是正确的，因为适当咳嗽能促进气道分泌物的排出，有利于疾病康复。若咳嗽的时间过长、过于______或剧烈，导致声音嘶哑、胸部肌肉疼痛，______影响正常生活时，可以在医生______下适当服用止咳药。

A 无非 普遍 况且 指令 **B** 并非 频繁 进而 指导
C 根本 广泛 此外 辅导 **D** 见得 忙碌 即便 建议

70. 铜镜一般是由含锡量较高的青铜______。秦代以前，只有王和______才能使用铜镜，直到西汉末期，铜镜才慢慢走向民间，成为人们日常生活中______的用具。铜镜制作______，形态美观，图纹华丽，是中国古代青铜艺术文化遗产中的瑰宝。

A 打造 神仙 一目了然 可口 **B** 熔化 嘉宾 缺一不可 巧妙
C 铸造 贵族 不可或缺 精良 **D** 构成 百姓 空前绝后 优良

第三部分

第 71－80 题：选句填空。

71–75.

漫画家丰子恺总是带着速写本，走到哪里就画到哪里，(71)＿＿＿＿＿＿。

有一次，去农村写生时，他看到田野旁的树林里有几个农妇正在扫落叶，她们各种各样的姿态引起了他的兴致，于是，他立即掏出速写本，躲在一棵大树后面画了起来。正当他画得入神时，(72)＿＿＿＿＿＿，于是，一群“娘子军”围了上来，七嘴八舌地开始兴师问罪。面对这种局面，丰子恺纵然百般解释也无济于事。正闹得不可开交之时，村里的一位老人闻声赶来，问明了缘由，替丰子恺解释了半天，她们这才息怒而去。在谢过了那位好心的老人之后，丰子恺急忙从口袋里掏出心爱的速写本查看，幸好八张描绘农妇姿态的画稿都完好无损，(73)＿＿＿＿＿＿。

还有一次，在火车站的候车室里，丰子恺看到一个小贩拎着一篮花生米走来，他很想把他画下来，就一边观察他，(74)＿＿＿＿＿＿。那小贩以为丰子恺盯着他是准备掏钱，连忙走到跟前道：“先生，花生米要买几包?”丰子恺愣了一下，(75)＿＿＿＿＿＿。

A 他这才松了口气
B 因此积累了大量的绘画素材
C 一边伸手去掏口袋里的速写本
D 无奈之下只好买了两包花生米
E 竟被其中一位农妇发现了

76-80.

现在中国人过元宵节通常不放假，就算是放假，也只有一天假期，宋朝却是每逢元宵必放假，而且假期还挺长。

元宵节放假，在宋朝又被叫做“放灯”，这一天会开放城门，解除宵禁，(76)__________，彻夜观赏花灯。放灯的期限最短三天，最长则能延长到七天。

宋朝元宵花灯的样式各种各样，(77)__________，就有纱灯、纸灯、琉璃灯和塔灯四种，而且造型非常别致。除了儿童手里的提灯，大街两旁还要摆灯。当时街上最气派的灯展是龙灯和鳌山灯。龙灯是用稻草和铁丝捆扎成一条巨龙，稻草上插着几万盏花灯，从龙头到龙尾长达一百多丈，(78)__________，光彩夺目，一眼望不到边。(79)__________，需要几十个工匠通力合作。先用巨木、竹子和铁丝扎出层层叠叠的骨架，外面用青布遮盖，扎成假山的造型；然后再用彩色的丝绸扎出菩萨和坐像，安放在两侧的山头上，中间最高的山头则要摆放一个大木柜，木柜里面装满清水；最后在这座假山上挂满纱灯、琉璃灯以及可以旋转的走马灯。到了晚上，所有花灯一起点亮，整座假山亮如白昼，宋朝市民们纷纷出来观赏，(80)__________。

A 弯弯曲曲绵延几条街
B 以小孩子上街时手里提的花灯为例
C 允许城乡居民自由进出
D 直到黎明时分才慢慢散去
E 鳌山灯的制作工艺比龙灯复杂得多

第四部分

第 81－100 题：请选出正确答案。

81–84.

垃圾焚烧发电厂总是给人不好的印象——外观丑陋、污染环境，周围居民也会因此反对在自家附近建设这样的设施。但在丹麦，正在进行的一项工程吸引了人们的眼球：设计人员拟将垃圾焚烧厂与滑雪场结合，并利用排放的水汽发电。

这座能发电的“滑雪场”建造原理并不复杂：在垃圾焚烧电厂的顶部建造初级道、中级道、高级道等不同的滑雪道供居民娱乐，而这些滑雪道是由回收利用的合成材料构成的。在滑雪道包围的中心将建造一个百米高的烟囱，用于排放水汽。到了晚上，激光将被投射在烟圈上，造成炫目的视觉效果。整个建筑的外层覆盖有绿色植被，因此从远处看像是自然山体。

滑雪迷在乘坐电梯到达发电厂顶部的过程中，将能看到电厂内部垃圾处理的经过，并注意到焚烧后的残余。而晚上被激光照亮的烟圈也会提醒居民：这是垃圾焚烧的产物。

将垃圾焚烧发电厂与滑雪场结合在一起，不仅能为周围的居民提供更多的健身娱乐选择，也不会造成人们对垃圾焚烧的反感，同时，美丽的外观装点了整个社区，可谓“一举多得”。设计者表示：“从某种程度上说，将污染问题抽象化更能吸引公众注意，也更能让人们理解。看到它，你就能与污染联系在一起。烟圈非常壮观并且富有美感，同时与环保的主题联系在一起。”

81. 为什么居民反对在附近建垃圾焚烧发电厂？

A 占用耕地　　**B** 担心污染环境
C 垃圾散发异味　　**D** 垃圾中有害物质多

82. 滑雪道中间的烟囱有什么作用？

A 收集水　　**B** 用于照明
C 将水汽排出　　**D** 固定滑雪场

83. 这座能滑雪的发电厂：

A 远看像座山　　**B** 建设成本较大
C 不靠焚烧垃圾发电　　**D** 成为旅游观光景点

84. 根据上文，下列哪项正确？

A 设计团队面临质疑　　**B** 处理垃圾过程开放
C 滑雪道是用塑料做的　　**D** 新电厂并未被居民接受

85–88.

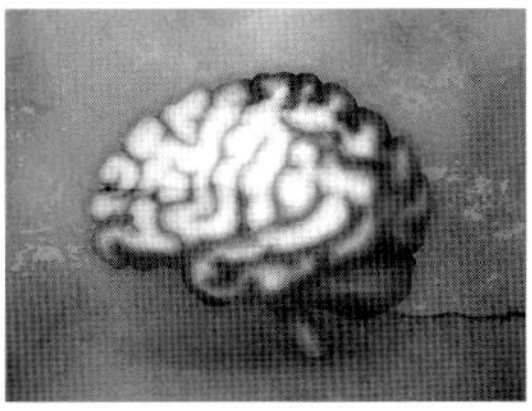

有研究称，人有两个大脑，一个位于头部，另一个则鲜为人知，它藏在人的肚子里。更让人不可思议的是，这个藏于肚子里的大脑竟然控制着人的悲伤情感。

1996年，解剖和细胞生物学教授格尔森提出“第二大脑”这一概念，认为每个人都有第二大脑，它位于人的肚子里，负责“消化”食物、信息、外界刺激、声音与颜色。当时这一理论虽然引起关注，但是并没有揭示两个大脑之间的联系。

通过深入研究，格尔森提出这个位于肚子中的“腹脑”实际上是一个肠胃神经系统，拥有大约1000亿个神经细胞，与大脑细胞数量相当，它能够像大脑一样感受悲伤情绪。格尔森发现，患有慢性肠胃病的病人中，70%在儿童成长时期经历过父母离婚、慢性疾病或者父母去世等悲伤的事情。这是因为腹脑通过迷走神经与大脑联系在一起，但是它又相对独立于大脑。它监控胃部活动及消化过程，观察事物特点、调节消化速度、加快或者放慢消化液的分泌等，并能下意识地储存身体对所有心理过程的反应，而且每当需要时就能将这些信息调出并向大脑传递。于是，腹脑就像大脑一样，能感受肉体和心灵的伤痛。

另外，人患抑郁症、急躁症以及帕金森病等疾病都能够引发大脑和腹脑出现异样的症状。在患帕金森病的病人中，常在头部和腹部发现同样的组织坏死现象；当脑部中枢感觉到紧张或恐惧的压力时，胃肠系统的反应是痉挛和腹泻。格尔森认为他的研究结果将可以帮助寻找到治疗便秘、溃疡等肠胃疾病的有效方法。

85. 关于1996年格尔森提出的“第二大脑”概念，可以知道：

A 没受到关注　　**B** 来源于大量实验
C 具有突破性意义　　**D** 未阐述两个大脑的关系

86. 根据第3段，“腹脑”：

A 受大脑的控制　　**B** 拥有更多神经细胞
C 会向大脑传递信息　　**D** 无法感受肉体疼痛

87. 当脑部中枢神经紧张时，可能会出现什么症状?

A 腹泻　　**B** 神经麻痹
C 大脑剧烈疼痛　　**D** 腹部有组织坏死

88. 最适合做上文标题的是：

A 值夜班的腹脑　　**B** 大脑的得力助手
C 如何治疗肠胃疾病　　**D** 藏在肚子里的大脑

89–92.

书法艺术作为园林的装饰，常见于墙上的碑石、柱上的楹联、屋檐下的匾额，这些都使中国的园林景观达到了更高的艺术审美境界。

作为一种视觉符号，书法艺术极大地增加了园林景观的观赏性。在传统书体中，无论是大篆的古朴自然、小篆的均匀齐整、隶书的笔势横逸，还是楷书的端正刚劲、行草书的流动洒脱，均有其独特的审美意味。书法在园林中视场合的不同而有所选择，如网师园"撷秀楼"的匾额，以篆隶书体尽显园林之古雅质朴。

作为一种语言符号，书法艺术能深化园林景观的内涵。书法艺术是表达园林主人品格理想、增添园林环境文化氛围的重要手段，是园林中重要的精神性要素。一座小园中，几处题名，数副联语，便使书卷之气盎然可掬。

书法艺术还能极大地丰富园林景观的意境。拙政园的"留听阁"依水而建，"留听"二字取自李商隐的诗句"秋阴不散霜飞晚，留得枯荷听雨声"。在萧瑟的秋日，如丝的秋雨淅淅沥沥。这美妙的景致，如果没有行笔圆转、线条匀净的"留听阁"三字，怎能让人产生雨打枯荷、阶前听雨那样身临其境的感觉呢?

园林将自然山水浓缩于咫尺之间，书法艺术使秀美的园林景观更加优美动人，意味深远。书法艺术对于园林景观不只是一种符号式装饰品，更是对其艺术境界的一种审美概括和高度升华。

89. 根据第2段，"撷秀楼"有什么特点?

A 古朴　　**B** 大气
C 幽静　　**D** 简陋

90. 作为语言符号，书法在园林中：

A 突出建筑特色　　**B** 提高景观内涵
C 彰显主人地位　　**D** 使桥梁更美观

91. 关于"留听阁"，可以知道：

A 建于假山上　　**B** 与回廊相连
C 是李商隐的书房　　**D** "留听"出自诗文

92. 上文主要谈的是：

A 园林对文人的影响　　**B** 江南园林的风格与特点
C 书法艺术在园林中的作用　　**D** 江南园林与山水画的关系

93-96.

你有多少时间浪费在堵车中？难以计算。最让人沮丧的是那些表面上看似没有任何起因的堵塞：没有事故，没有停顿车辆，也没有施工的车道，道路却会莫名其妙地突然出现堵塞，很长一段时间过后，车流又会毫无征兆地顺畅起来。到底为什么？这种莫名奇妙的堵塞现象被称为“幽灵堵车”。

在拥挤的公路上，很可能仅仅由于某个司机急刹车、突然变道或者超车，造成短暂的停顿，就会在这辆车的后方引发一连串的停顿，于是这条道路像撞上幽灵一样发生了堵车。哪怕第一辆车停下来后只需要2秒钟就能启动，可到最后一辆汽车启动时，所需的时间可能就要几十分钟了。研究显示，如果处于繁忙的高速公路上，那么一名新手司机的急刹车就可能引发一场“交通海啸”，受影响的路段可长达80公里。

此外，人们的反应千差万别，也是“幽灵堵车”不断扩张的原因。如果所有人都能做出正确的反应，那么几秒钟的停顿就很容易化解。但事实正好相反，越是堵车的时候，便越有人想钻空子，希望能插队往前，而这只能让已经堵塞的路况更为恶化。

那么，如何避免“幽灵堵车”呢？避免急刹车、不要强行变道、更不要随意加塞，这些看似简单的驾驶习惯，其实就是避免“幽灵堵车”最好的方法。而研究也表明，如果驾驶员降低车速并以固定的速度行驶而不是急停急驶，不但可以节省燃料，更有望消除“幽灵堵车”现象。例如在高速公路上，以每小时80公里的速度匀速行驶，比以每小时110公里走走停停要好得多。在车辆众多的一般道路上亦是如此。

93. 根据第1段，“幽灵堵车”指的是：

A 堵车时间长　**B** 堵车没有征兆
C 上下班高峰堵车　**D** 堵车得不到缓解

94. 第2段画线词语“交通海啸”可能是什么意思？

A 堵车距离长　**B** 发生重大事故
C 通信设备瘫痪　**D** 阴雨天堵车严重

95. 下列哪项不是造成“幽灵堵车”的原因？

A 急刹车　**B** 强行变道
C 匀速行驶　**D** 随便插队

96. 上文最后一段主要谈的是：

A 如何避免随意加塞　**B** 车辆高速行驶的危害
C 遵守交通规则的重要性　**D** 消除“幽灵堵车”的方法

97-100.

虽然1774年科学家就在北极海域中发现了它的踪迹，但至今仍摸不清它的来历，它就是海天使。

海天使简单的外形与透明的身体，使它常被误认为水母类生物，但它其实属于贝类大家族。这种贝类都有双翼，因此统称为翼足类。它们终其一生都在大洋中随水流四处漂游。海天使刚孵出时，身体还带有硬壳，不过大约3天后就会将壳永久丢弃，变成无壳贝类。海天使虽然身长不过1-3厘米，最大也不超过7厘米，但靠着间歇性地摆动双翼，居然能在比其身躯大好几千倍的水层上上下下来回移动。上升的时候，它总能保持如天使般优雅的姿态，缓缓由深海游到冰层下。

海天使的名字主要来自其身体两侧的一对翅膀，这让它看起来就像翱翔在空中的天使，再加上它体内有个红色的心形消化器官，十分可爱。但是，它其实是凶狠的掠食者。发育期的它，喜欢捕食微小的浮游藻类；长大后却个性突变，成为凶狠的掠食者。海天使攻击时，会从头部伸出3对触手，紧紧抓住猎物硬壳，然后将猎物身体扯入腹中，只留下空壳。

科学家发现，海天使在每年食物丰盛的温暖春季，除了摄取大量脂肪外，还会从其他物质中自行合成脂肪，以便用于繁殖或作为储备粮食，以度过食物缺乏的冬季。海天使饱食一顿后，可以长达200多天不再进食。更神奇的是，它还能缩小自己的身躯，降低新陈代谢的速度，以减低体内能量的消耗。当储备的粮食用尽后，海天使还能消化身体里与生存不相关的部分组织，以求保存最后一线生机，等待春天降临时重生。这种能屈能伸的求生能力，就是海天使族群在南北极海域可以生生不息的超能力！

97. 根据第2段，海天使：

A 寿命短　**B** 长有翅膀
C 是水母类生物　**D** 主要活动于浅海

98. 长大后的海天使捕食有什么特点？

A 十分凶猛　**B** 听觉灵敏
C 动作变得迟钝　**D** 以猎物外壳为食

99. 海天使将身躯缩小是为了：

A 储存粮食　**B** 吸收能量
C 减缓新陈代谢　**D** 消耗体内脂肪

100. 最后一段画线词语"能屈能伸"可能是什么意思？

A 敢于冒险　**B** 繁殖能力强
C 具有反抗精神　**D** 能适应各种境遇

三、书 写

第 101 题：缩写。

⑴ 仔细阅读下面这篇文章，时间为10分钟，阅读时不能抄写、记录。

⑵ 10分钟后，监考收回阅读材料，请你将这篇文章缩写成一篇短文，时间为35分钟。

⑶ 标题自拟。只需复述文章内容，不需加入自己的观点。

⑷ 字数为400左右。

⑸ 请把作文直接写在答题卡上。

小时候，我一直喜欢穿父亲的拖鞋。父亲的拖鞋是用苇草编成的，样式简单，夏天穿在脚上，清清凉凉的。我很喜欢穿上草拖的那种感觉，走在水泥地板上，扑嗒扑嗒的。可是父亲总不喜欢我穿他的草拖，他似乎格外爱惜。有一次，我偷偷穿上父亲的草拖出去玩儿，却不慎将它穿丢了，回来竟然被父亲揪着耳朵臭骂了一顿。那时我只有5岁，实在不理解父亲为何发那么大的脾气。

后来，我得知父亲的草拖是奶奶给他编的。父亲自从大学毕业来到西安工作后，与奶奶离得很远。因为住房狭窄，父亲没能够把奶奶接过来住。只是每年在天最热的时候，父亲总能收到一个包裹，里面装着奶奶寄过来的一双清爽、整洁的草拖。奶奶在托人写的信里说道：孩子，妈不在你的身边，你要学会照顾自己。妈在家也没什么事儿，就给你编些草拖鞋。鞋子虽然不好看。但穿起来会很凉快。妈很想你，有空儿回来看看妈。你的照片都被妈的手指磨黄了……

5岁的我自然无法体会这种感情，只是觉得那不过是一双草拖鞋嘛。真正体会到这种亲情时，我已经16岁了。那时，奶奶仍然会在夏天给父亲寄草拖来，每次收到，父亲总会端详良久，默默地发上一会儿呆，我知道，他肯定是想奶奶了。但因为工作繁忙，他已经很久没有回老家了。

草拖在西安的街头随处可见，而且价格低廉，奶奶寄包裹的邮费估计都比西安的草拖贵吧？更何况她还要熬夜点灯费神费力地编呢！

买回的草拖，样式好看，也非常合脚。可不知为什么，我在夏天光脚穿着它，在屋内走来走去的时候，竟会因为听不到那扑嗒扑嗒的声音而感到失落。于是，我依然会偷偷穿上父亲那大大的、不合脚的草拖。每次穿上它的时候，都会想起相距遥远的奶奶，很多年没见她了，也不知她身体好不好。

又过了两年，父亲的草拖忽然就断了——奶奶去世了。没有了草拖，仿佛没有了灵魂，父亲总是觉得少些什么似的，闷闷不乐。有时，路过卖草拖的摊子，他也会蹲下来，拿着其中的一双，端详良久。

于是，我开始学编草拖，编与奶奶一模一样的草拖。我没有想到看起来简单的草拖编起来那么烦琐，一遍遍地编，一遍遍地拆。指尖磨出了泡，很疼。经过了三个月的时间，我终于可以将编草拖的流程熟记于心。我还记得将第一双草拖放在父亲面前时，父亲惊喜的样子。我想，以后每年，我都会送父亲这样一双草拖，因为我知道，草拖对父亲来说早已不是一双单纯的拖鞋了，它是奶奶爱的延续。

汉语水平考试
HSK(六级)

注　意

一、HSK (六级) 分三部分：

1. 听力 (50题，约35分钟)
2. 阅读 (50题，50分钟)
3. 书写 (1题，45分钟)

二、**听力结束后，有5分钟填写答题卡**。

三、全部考试约140分钟 (含考生填写个人信息时间5分钟)。

一、听 力

第一部分

第 1－15 题：请选出与所听内容一致的一项。

1. **A** 雌孔雀攻击性强
   B 孔雀受到惊吓会开屏
   C 孔雀是一种野生动物
   D 孔雀开屏可能是在示威

2. **A** 旅行需求变得更个性
   B 旅行消费成本逐渐增加
   C 越来越多的人选择自由行
   D 年轻人更看重旅行的舒适度

3. **A** 流火指的是放烟花
   B 农历的七月开始播种
   C 七月流火指天气转冷
   D 七月流火的意思发生了变化

4. **A** 易元吉擅长画马
   B 易元吉以卖画为生
   C 易元吉爱好收藏古画
   D 易元吉常常观察绘画对象

5. **A** 父母是孩子的第一任老师
   B 孩子的性格是从小形成的
   C 有效陪伴利于孩子健康成长
   D 要引导孩子养成良好的习惯

6. **A** 战争不利于经济交流
   B 书籍很难长时间保存
   C 那家"医院"修复书籍
   D 那家"医院"成立了三百多年

7. **A** 富人想法不切实际
   B 富人在跟工匠开玩笑
   C 富人奖励工匠一栋房子
   D 富人支付了工匠很高的薪酬

8. **A** 跳蛛本领高
   B 跳蛛听觉十分灵敏
   C 跳蛛以捕食飞虫为生
   D 跳蛛会分泌一种有毒液体

9. **A** 拙政园是元代民居
   B 拙政园位于江苏西北部
   C 拙政园最佳游览时间为三月
   D 拙政园是具有代表性的江南建筑

10. **A** 女的是卖糖的
    B 小孩儿在上幼儿园
    C 小孩儿与女的是亲戚
    D 小孩儿还想要一块儿糖

11. **A** 白描注重文字简练
    B 白描少用动作描写
    C 白描是散文的表现手法
    D 白描的主要描写对象是人

12. **A** 防腐剂不易被消化
    B 防腐剂副作用明显
    C 防腐剂对人体危害不大
    D 防腐剂不适用于冷藏食品

13. **A** 大兴机场修建时间紧迫
B 大兴机场远离北京市中心
C 大兴机场是北京第一大机场
D 大兴机场加速北京周边发展

14. **A** 眼镜传入中国时间晚
B 一个小时是两个“大时”
C “大时”的消失与钟表有关
D “时辰”是指一个人的出生时间

15. **A** 大棚蔬菜营养低
B 光合作用离不开水
C 栽培蔬菜时施肥要适度
D 二氧化碳提高蔬菜品质

第二部分

第 16－30 题：请选出正确答案。

16. **A** 性格内向
B 工作繁忙
C 认为文字更有力量
D 不想接触过多媒体

17. **A** 科教的进步
B 政府的投资
C 民众的思想
D 政策的扶植

18. **A** 经营学
B 统计学
C 物理学
D 经济学

19. **A** 见效慢
B 利润高
C 是一种浪费
D 是企业的立足之本

20. **A** 很少回家吃饭
B 很在意别人的评价
C 重视公司品牌形象
D 认为社会将发生巨大变化

21. **A** 有主持天赋
B 专业是配音
C 很少出演电视剧
D 第一次做电影主演

22. **A** 配乐
B 人物命运
C 动情的语言
D 主人公的性格

23. **A** 很幸运
B 压力大
C 很意外
D 有些惋惜

24. **A** 语气和表情
B 台词和动作
C 眼神和感情
D 妆容和形体

25. **A** 摄影很专业
B 表演很顺畅
C 工作人员很敬业
D 学会了控制情绪

26. **A** 重新起步
B 面临危机
C 证明了自己
D 实现了梦想

27. **A** 充满竞争
B 充满诱惑
C 非常浪漫
D 是一种享受

28. **A** 家人
B 后勤人员
C 跳远队教练
D 一同比赛的队友

29. **A** 焦急不安
B 没有信心
C 十分期待
D 质疑自己

30. **A** 不够谦逊
B 明年将退役
C 参加了60米比赛
D 从小就擅长跳高

第三部分

第 31–50 题：请选出正确答案。

31. **A** 凌晨最强
    B 睡眠时下降
    C 与年龄无关
    D 受外部环境影响大

32. **A** 导致呼吸困难
    B 抑制大脑活力
    C 有害气体很难扩散
    D 病毒繁殖速度加快

33. **A** 睡觉时的注意事项
    B 怎样提高睡眠质量
    C 空气净化器有利也有弊
    D 晚上睡觉最好开空气净化器

34. **A** 会发光
    B 更明亮
    C 波长长
    D 颜色和谐

35. **A** 蓝色
    B 黑色
    C 绿色
    D 紫色

36. **A** 卡通人物多为动物
    B 警告牌常使用黄色
    C 绿色不易被人眼分辨
    D 对比色指颜色的明暗度

37. **A** 以旧换新
    B 拍卖商品
    C 二手交易
    D 低价促销

38. **A** 交易率不高
    B 年轻用户居多
    C 售后服务问题多
    D 分享方多于买方

39. **A** 推动绿色出行
    B 提高消费水平
    C 促进市场繁荣
    D 消除闲置资源

40. **A** 学业任务重
    B 书中内容无聊
    C 影响考试成绩
    D 阻碍与同学交流

41. **A** 只读不思考
    B 涉及范围广
    C 经常熬夜看书
    D 只读“有用的”

42. **A** 平庸
    B 奢侈
    C 愚昧
    D 无动于衷

43. **A** 出门带书成为一种时尚
B 中学生每周读一本小说
C 大学生多选择外语类图书
D 人们的阅读时间普遍较少

44. **A** 结果有争议
B 工蚁数量不多
C 进行了对比实验
D 在透明容器中进行

45. **A** 不知所措
B 开辟新路
C 绕过对方
D 给对方让路

46. **A** 没有指挥者
B 蚁后无需工作
C 少数工蚁干更多活儿
D 只有不到三成工蚁工作

47. **A** 工程继续进行
B 工期几乎停滞
C 通道发生堵塞
D 工蚁选择新的领导

48. **A** 全民采药材
B 栽树送奖金
C 用种子换现金
D 人工培育树苗

49. **A** 缺少光照
B 土壤不肥沃
C 化肥不合格
D 农民忽视管理

50. **A** 农民们表示不满
B 奖金额度大大提高
C 修改后的制度很有效
D 那项活动只办了一年

二、阅 读

第一部分

第51-60题：请选出有语病的一项。

51. **A** 花园里并排生长着两棵柠檬树。
 B 今年，江华的财政总收入已是五年前的2.3倍。
 C 今年全球智能手机出货量预计比去年减少两番。
 D 龙作为中华民族的图腾，并不是一种真实存在的动物。

52. **A** 看到老照片，往往都会产生怀旧的情绪。
 B 不只人类和动物懂得爱和恨，植物也有"爱和恨"。
 C 白噪声不但不会影响正常睡眠，反而会诱导甚至改善睡眠。
 D 他参考了各类书籍、影视剧和纪录片，从中找寻创作元素和灵感。

53. **A** 目前大多数博物馆仍然依靠政府出资来维持生计。
 B 海洋里蕴含着丰富的黄金，总储量超过100亿吨左右。
 C 快递公司越来越火，其主要竞争点就在于"争分夺秒"。
 D 18世纪末，世界上第一辆自行车问世，它是由一个法国人发明的。

54. **A** 庙会又称庙市，是中国传统贸易集市形式之一。
 B 生活不是单行线，一条路走不通，你还可以转个弯。
 C 作家发表作品时，隐去真实姓名，署上笔名，这很常见的现象。
 D 您的话费余额已不足10元，为保证您的正常使用，请您及时充值。

55. **A** 简单的生活，无论对身体还是精神，都大有裨益。
 B 据统计，全球十大主题公园集团的游客总量年增幅达8.6%。
 C 水球被称为"水上足球"，是奥委会唯一的集体球类项目之一。
 D "杭州国际当代漆木艺术展"在杭州西湖湖畔的中国美术学院美术馆开幕。

56. **A** 人际关系与星际关系一样，太近了就容易摩擦出矛盾。
 B 在人类所患的各种疾病中，没有比感冒更常见和普遍的了。
 C 明朝出了一位伟大的医学家和药物学家，他叫李时珍，是湖北人。
 D 倘若一个人能在任何情况下都可以感受到快乐，因为他便会成为世上最幸福的人。

57. **A** 在中国传统礼仪中，怎么坐是一个很重要的内容。

B 雌章鱼可以算是世界上最尽心也是最富有自我牺牲精神的母亲。

C 历史博物馆里展出了两千多年前的新出土的文物，吸引了不少人来参观。

D 登山之前要掌握一些登山知识，而且还要准备好登山装备，这样才能更好地应对意外情况。

58. **A** 嫦娥四号是人类历史上第一个登陆月球背面的太空探测器。

B 《狂人日记》是鲁迅1918年发表的短篇小说，被称为中国现代文学的奠基人。

C 当我们的胚胎成长到5周左右时，手就已经出现了，但非常小，如同鱼的鳍一般。

D 宁夏体育局副局长说，冰雪活动填充了本地人冬季户外活动的空白，也带动了相关产业的发展。

59. **A** 烧鱼时放一点儿醋，可以去腥，而且更有风味，能增进食欲。

B 微笑是对待生活的一种态度，跟贫富、地位、处境没有必然联系。

C 在景色优美的园林中散步，有助于消除长时间工作带来的紧张和疲乏。

D 高校进一步扩大招生，并重点建设一批高水平的学科，加快了高等教育事业发展的规模。

60. **A** 位于青藏高原的纳木错湖是中国第三大咸水湖，被誉为“最美圣湖”的美誉。

B 节日期间，各星级饭店纷纷推出特色餐饮和特惠措施，吸引市民走进饭店欢度佳节。

C 冰壶是以团队为单位在冰上进行的一种投掷性竞赛项目，它源于欧洲，距今已有500多年的历史。

D “尺有所短，寸有所长。”每个人都有自己的优点和缺点，要虚心学习别人的长处，弥补自己的不足。

第二部分

第 61 – 70 题：选词填空。

61. 有一个"失败产品博物馆"，里面______着超过8万件的失败品，其中饮料类就多达300多件。______建立这个博物馆，目的就是让人们关注失败、研究失败、从失败中______教训。

A 摆放　前提　争取　　B 安置　最初　赢得
C 展览　当初　吸取　　D 展示　当代　索取

62. 枯枝牡丹是"江苏三绝"之一，______奇、特、怪、灵闻名于世。这种花一般于每年4月下旬左右开花，开花时，枝叶______，而花朵却非常艳丽。由于枯枝牡丹稀少______，近年来当地政府对其不断加大保护力度。

A 致　枯燥　昂贵　　B 以　枯萎　珍贵
C 于　低落　贵重　　D 由　牺牲　庄重

63. 嗅辨师俗称"闻臭师"，作为一项新职业在许多城市兴起，此项工作的主要内容是监测与______"臭味"对城市空气的污染，并为其划定______，以便环境监管部门责令______单位对臭源进行治理时有据可依。

A 解释　条件　垄断　　B 调解　台阶　有关
C 分解　等级　局部　　D 分析　级别　相关

64. 许多市民在收纳电热毯时，会采用折叠存放的______，但这样的收纳方法容易损害加热线，从而带来安全______。在收纳电热毯时，尽量把电热毯平______、或者卷放，上面不要压其他重物，______电热毯中的电热丝损坏。

A 方法　隐私　锤　阻止　　B 方式　隐患　铺　防止
C 制度　阴谋　烘　避免　　D 角度　惹祸　端　躲避

65. 近年来，关于航空航天的新闻很常见，我们对此已______。但很多人并不知道，"航空"与"航天"二词含义是存在______的。1967年，著名科学家钱学森通过研究与______，将人类在大气层以外的飞行活动______为"航天"，而称大气层以内的飞行活动为"航空"。

A 司空见惯　差别　总结　定义　　B 精打细算　差距　接待　指定
C 理所当然　差异　干涉　拟定　　D 潜移默化　误差　贯彻　命名

66. 生物学家称，蜜蜂的体重仅有一滴水重量的一半______，但其却能在短暂的一生酿造出达自身重量30倍的蜂蜜。自古______，中国人对蜂蜜的营养和美味______推崇，将其视为养生祛病、健体强身的______保健品。

A 之一　由来　极端　公然　　B 而已　以来　极其　天然
C 不足　以外　尤其　自然　　D 不止　此外　深刻　茫然

67. 贵阳于去年底开通了5G基站。借此______，一家智能技术公司开展了远程驾驶试验，实现了基于5G的无人驾驶及远程控制，如遇______情况，工作人员可在0.05秒内接管汽车控制，并把前进、加速、刹车、转弯等______传到车辆上，为无人驾驶汽车安全行驶提供______。

A 动机　迫切　图案　屏障　　B 遭遇　紧张　预言　障碍
C 机遇　紧急　指令　保障　　D 时机　焦急　司令　保险

68. 统计显示，听课时用键盘记笔记速度更快，具有一定的______，但24小时后，打字一族对自己记下的东西______没有印象了。相反，手写记录对内容的记忆更______，甚至在一星期后，手写一族仍然能很好地______课堂上的一些概念。

A 优势　统统　持久　掌握　　B 优惠　充分　悠久　把握
C 利益　照样　坚持　依赖　　D 利弊　暂且　持续　依据

69. 去剧场看一场音乐剧，是一个无比______的过程。然而，现实生活中，许多人特别是年轻人______在家里捧着手机玩儿游戏，也不去剧场。即使一些人到了剧场，也是______，时不时打开手机，不能完全______演出中去，无法获得高水平的审美体验。

A 巧妙　与其　肆无忌惮　投机　　B 美妙　宁愿　三心二意　投入
C 优美　固然　热泪盈眶　陷入　　D 完美　尚且　迫不及待　目睹

70. 九寨沟景区内有一个五彩池，神奇的是池里______是清水，为什么会显出不同的颜色来呢? 原来池底长着许多______各异的石笋，石笋表面凝结着一层透明的石粉，阳光透过池水照射到池底，石笋就像折光镜，把阳光折射成各种不同的______。另外，水池周围长着______的树木花草，______的倒影使池水更加瑰丽。

A 恰巧　形态　光荣　昌盛　川流不息
B 反而　情形　光辉　充沛　欣欣向荣
C 反正　形式　颜色　充实　兴致勃勃
D 明明　形状　色彩　茂盛　五光十色

第三部分

第 71 – 80 题：选句填空。

71–75.

粮食短缺，是人类面临的最严重问题之一。有科学家认为，虽然陆地上可耕土地的开发已近极限，(71)__________，海洋完全有可能成为人类未来的粮仓。

当然，海洋所能提供给我们的并不是传统意义上的大米、小麦这样的粮食，而是其他能够满足人类营养需要的食物。一些海洋学家指出：位于近海水域自然生长的海藻，每年的生长量已相当于目前世界小麦年产量的15倍。(72)__________，就可以为人类提供足够的蛋白质。

除海藻类，海洋中还有丰富的肉眼看不见的浮游生物。有人做过计算，(73)__________，若能把它们捕捞出来，加工成食品，足够满足300亿人的需要。

至于海洋中众多的鱼虾，则更是人们熟悉的食物。(74)__________，近海的鱼虾数量十分有限，但是我们还可以开辟远洋渔场，发展深海渔业。例如，南极的磷虾，每年的产量可高达50亿吨。只要磷虾的捕获量每年达到1–1.5亿吨，就比当今全世界一年的捕鱼量多出1倍以上。何况，在远洋和深海中，(75)__________，其巨大潜力是不言而喻的。

A 如果把这些藻类加工成食品
B 还有许多尚未被我们开发的生物资源
C 但地球还有广阔的海洋可供开发
D 由于过度捕捞和海洋污染
E 在不破坏生态平衡的前提下

76–80.

在生活中，当女生见到蛇、蜘蛛，或者被某个藏在门后的朋友吓了一跳时，(76)__________。心理学家发现，女生并不比男生产生更多的恐惧情绪，不过女生们的脸部表情、声音和自我报告都显示出她们的恐惧水平比男生更高。他们还发现，男生面对恐惧情景很少尖叫并非因为他们不害怕，(77) __________。

女生喜欢将恐惧的情绪用尖叫表现出来，其真实原因是，她们的确爱表达。有研究称，女生平均每天能说大约2万个单词，而男生平均只说7千个左右，(78)__________。

另外，由于人类祖先中男女主要社会分工不同，女性留守抚养后代，而男性主要负责外出狩猎，寻找猎物或接近猎物时宜悄无声息，(79)__________，因此男性并未进化出足以与女性媲美的尖细嗓音。

来自于社会规范的影响，也可能是造成男女在表达恐惧时有较大差异的原因之一。女性面对恐惧而发出尖叫，通常更容易得到理解和宽容，而男性则可能会被嘲笑。(80)__________，男性不得不采取措施忍住尖叫，处变不惊也就成了男人的优秀品质之一。

A 往往会发出尖叫
B 和同伴交换讯息也应语调低沉
C 女生的说话量相当于男生的三倍
D 只是未将恐惧的情绪用尖叫的方式表达出来罢了
E 为了获得社会规范的认同

모의고사 3회

第四部分

第 81－100 题：请选出正确答案。

81–84.

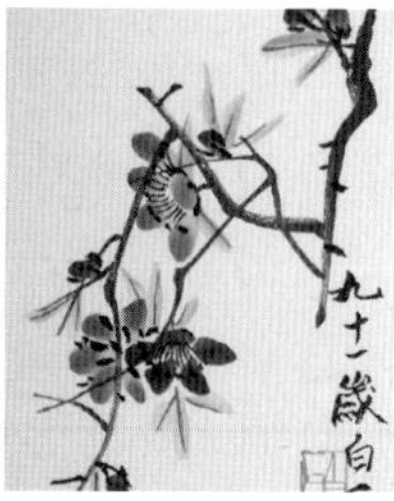

齐白石是中国著名的书画大师。1952年的一天，诗人艾青前来拜访已经88岁高龄的齐白石。此次登门，艾青还带来一幅画儿，请求他鉴别真伪。齐白石拿出放大镜，仔细看了看，对艾青说："我用刚创作的两幅画儿跟你换这幅，行吗？"

艾青听后，赶紧收起画儿，笑着应道："您就是拿20幅，我也不跟您换。"齐白石见换画儿无望，不禁叹了口气："我年轻时画画儿多认真呀，现在退步了。"原来，艾青带来的这幅画儿正是齐白石数十年前的作品。

艾青走后，齐白石一直愁眉不展。一天夜里，儿子发现父亲书房的灯亮着，走进一看，原来父亲正坐在书桌前，一笔一画地描红。儿子不解，便问道："您都这么大年纪了，早就盛名于世，怎么突然想起描红了，而且还描这么初级的东西？"

齐白石摇了摇头，不紧不慢地答道："现在我的声望高，很多人说我画得好，觉得我随便抹一笔都是好的，我也被这些赞誉弄得有些飘飘然了，一直活在别人的赞美中而放松了对自己的要求。直到前几天，我看见自己年轻时的一幅画儿，才猛然惊醒——我不能再被外界的不实之词蒙蔽了，所以还要认真练习，自己管住自己啊。"

此后，即便年龄越来越大，齐白石还是坚持每天画画儿，从不敢懈怠。有时为了一幅画儿，他甚至要花上好几个月的时间。

不被赞誉冲昏头脑，不放松对自己的要求，也许正是这位书画大师成功的原因。

81. 艾青拜访齐白石的目的是：

A 卖作品　　**B** 邀请参加晚宴
C 鉴别画儿的真假　　**D** 请求画一幅画儿

82. 根据第2段，齐白石为什么叹气？

A 画技退步了　　**B** 画儿破损了
C 没能买到画儿　　**D** 艾青不信任他

83. 第4段画线词语"飘飘然"可能是什么意思？

A 得意忘形　　**B** 兢兢业业
C 丢三落四　　**D** 精益求精

84. 根据上文，下列哪项正确？

A 艾青是齐白石的徒弟　　**B** 齐白石严格要求自己
C 齐白石的儿子是诗人　　**D** 齐白石热衷于收藏名画

85–88.

猴头菇，被誉为“菌中之王”，因形似猴头而得名。长期以来，人们将它同熊掌、海参、鱼翅共同列为“四大名菜”，或将它与燕窝相提并论。其味美难求，可见一斑。

野生猴头菇生长在原始森林的深处，在柞树的树干或树杈上经常会有猴头菇的身影，且呈现对称生长，对称生长的猴头菇大小不一。为何猴头菇会呈现对称生长呢？事实上，猴头菇靠孢子繁殖，孢子轻，容易被风带走，落到树上就形成一个小的生长繁殖基地。因此，一旦在一个地方发现猴头菇，那么相隔不远的树上，可能也有它的踪迹，这是大自然长期进化的结果。

猴头菇的食用价值在古代早有记载，虽然真正的现代研究比较晚，但猴头菇却是被真正开发药用价值的著名菌类。它含有丰富的营养物质，如蛋白质、脂肪、铁、磷、钙、胡萝卜素、碳水化合物、热量等，还含有十六种天然氨基酸，其中有七种是为人体所必需。由于猴头菇具有降低胃酸的功效，能通过降低胃酸从而保护胃黏膜，因此，猴头菇对胃溃疡、慢性胃炎、胃酸高等症状有很好的疗效。

猴头菇作为食材，味道鲜美，深受人们欢迎。隋唐时期《临海水土异物志》记载：“民皆好啖猴头羹，虽五肉臛不能及之。”意思是猴头菇比肉还好吃，所以猴头菇有“素中荤”的赞美之词。现代生活也有很多以猴头菇为主要原材料的美食，如猴头猪肚养胃汤、红扒猴头菇等。

85. 根据第1段，猴头菇：

A 散发异味 **B** 是一种药材
C 以昆虫为食 **D** 因外形而得名

86. 关于猴头菇的生长，下列哪项不正确？

A 大小不等 **B** 呈对称生长
C 生长在湿地 **D** 通过孢子繁殖

87. 第3段主要讲的是：

A 猴头菇的历史 **B** 猴头菇的营养价值
C 猴头菇的繁殖能力 **D** 猴头菇与菌的关系

88. 《临海水土异物志》中记载的内容说明：

A 猴头菇很美味 **B** 隋唐制药业发达
C 古代人偏爱吃素 **D** 猴头菇生存条件恶劣

89-92.

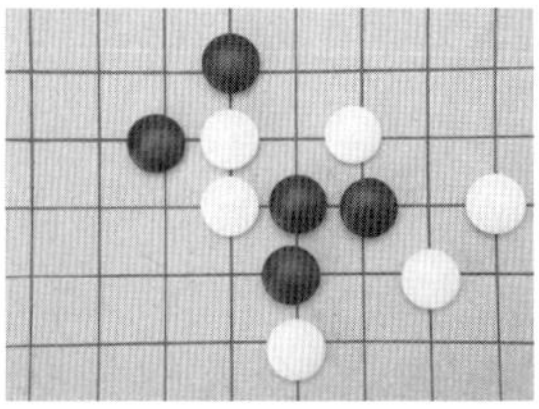

围棋又叫弈，至今已有4000多年的历史。关于围棋的起源主要有两种说法：一是教子说。晋代人张华在《博物志》中记载："尧造围棋，以教子丹朱。"1964年版的《大英百科全书》就采纳这种说法，甚至将其确切年代定在公元前2356年。还有一种说法认为围棋起源于劳动，是对农耕活动的模仿。因为围棋的古代规则，和苗木移栽的布局很相似。

随着历史的演进，围棋也在不断发展。春秋战国时期，围棋已经在社会上流行了。由于频繁的战争，到了东汉三国时期，围棋成为培养军事人才的重要工具。当时许多著名军事家，像曹操、孙策等都是疆场和棋坛这两个战场上的佼佼者。

唐宋时期，对弈之风遍及全国。这时的围棋，已经发展为陶冶情操、愉悦身心、增长智慧的竞技游戏。弈棋与弹琴、书法、绘画被人们看做风雅之事。

围棋不仅在中国得到长足的发展，在海外也得到广泛传播。早在秦汉时期，围棋便走出国门，后经一千多年推广普及，成为日本的"国技"。明代，围棋随郑和下西洋传入沿途各国。十六世纪，葡萄牙航海员到中国学习，随后围棋传入欧洲。而今围棋已传遍五大洲。围棋的对外传播，扩大了中国和各国的文化交往，使世界对中国文化有了更深的了解。

在当今世界棋坛之中，能与围棋齐名的只有国际象棋了。虽然二者的棋盘都是呈格状分布，都是用不同颜色的棋子构成两方。但再加思考，二者的思想内涵则大有区别。围棋是加法，开始时空无一子，而随着双方落子，棋子越来越多，最终棋子星罗棋布；而国际象棋则是减法，开始时兵将齐全，而随着双方厮杀，棋子越来越少，到残局时凋零殆尽。真是两种感受，两种意境。

89. 认为围棋起源于劳动，是因为：

A《博物志》有相关记载　　**B** 棋子模样模仿劳动工具
C 其规则类似于苗木移栽　　**D**《大英百科全书》明确记录

90. 唐宋时期，围棋：

A 成为一种游戏　　**B** 规则产生变化
C 局限于上流社会　　**D** 是培养军事人才的工具

91. 围棋的对外传播有什么作用?

A 传播儒家思想　　**B** 促进中外文化交流
C 吸引国外围棋人才　　**D** 推动对外贸易发展

92. 最后一段主要谈的是：

A 国际象棋的特点　　**B** 围棋的发展现状
C 围棋所面临的挑战　　**D** 围棋与国际象棋的异同

93-96.

人体中除了管理睡觉的生物钟，还有个管理“吃东西”的食物钟。食物钟，顾名思义，主要负责调节我们的进食、消化和营养摄取的时间。通常情况下，食物钟与生物钟是一致的，日常的运作程序几乎与生物钟保持着同步。人的大脑、胃和肝等内脏器官中有感受器，可以接收食物钟传递的信号。依赖食物钟的调节，我们才有了一日三餐的吃饭习惯。

食物钟紊乱会导致胰岛素分泌紊乱，可能增加糖尿病和肥胖的风险，还与心血管疾病存在一定联系。但日常的一些生活习惯很可能会扰乱食物钟，甚至造成食物钟紊乱。

目前，常见的可能导致食物钟紊乱的饮食习惯有：不吃早餐、节食、暴饮暴食等。大量研究发现，经常不吃早餐会干扰食物钟，也会给健康造成影响：每周吃早饭次数低于一次的人，肥胖的几率更高；不吃早餐的人患糖尿病的风险也更高；儿童心血管健康方面的研究发现，长期不吃早餐还会增加患心血管疾病的风险。节食，通常在爱美的女士中比较多。但节食其实不利于减肥，节食会造成饮食紊乱，食量反而不能得到很好控制，更容易发胖。暴饮暴食，主要就是指平时吃东西没有节制，大量进食。研究发现，暴饮暴食会给食物钟调控基因增加负担，进而可能扰乱食物钟，也会给健康增加隐患。所以，就算是过节，我们还是最好保持平时的饮食习惯。

总之，保持良好的饮食习惯有利于维持良好的食物钟，让“人体机器”更有效地运行，对健康更是有极大的益处。

93. 关于食物钟，可以知道：

A 调节进食时间　　**B** 管理睡觉时间
C 受居住环境影响　　**D** 与生物钟轮流工作

94. 下列哪种症状可能与食物钟紊乱没有关系？

A 肥胖　　**B** 糖尿病
C 忧郁症　　**D** 心血管疾病

95. 第3段主要谈的是：

A 应每天吃早饭　　**B** 早睡早起的益处
C 营养搭配的重要性　　**D** 食物钟紊乱的原因

96. 最适合做上文标题的是：

A 病从口入　　**B** 调好食物钟
C 食物钟与年龄　　**D** 生命在于运动

97-100.

你是不是也有过这样的经历：白天学习的数学公式和推导过程，晚上出现在梦中，让你和数学题大战300回合；白天练习过英语对话，梦中你就可以非常流利地和外国人交谈。通常我们会称这种现象为"日有所思，夜有所梦"。

神经科学家们进行了一个实验，他们让一些学生在电脑前坐45分钟，玩儿一个迷宫游戏。在迷宫中，研究者将一个特定的对象设为终点，让学生们记住，然后让他们从迷宫里一个随意的点出发，找到到达终点的途径，做完游戏之后，学生们被分为两组，一组人去睡觉，一组人则留下来看录像。研究者利用脑电技术探测了睡觉组的大脑活动，在睡醒后问他们做梦的情况。接着对两组人再进行一次迷宫游戏的测试，结果表明，在测试中，睡觉组相对于不睡觉组更快地找到了特定目标，其中还有4位同学做梦梦到了迷宫，他们找到特定目标的速度是其他睡觉组成员的10倍！做梦促进了他们的学习和记忆。

对于上述研究，研究者有进一步的解释，他们发现做梦时大量的神经元能够被同时激活，从而提高对特定事物的记忆。在研究的过程中，他们还注意到，被试者的梦并不仅是对刚学习过的迷宫经验的精确重现，还激活了相似的经验。比如，其中的一个学生不仅梦到了迷宫的影像，而且梦到了自己几年前在一个蝙蝠洞探险的经历。这表明，大脑在做梦的时候不仅激活了某个学习经验，还激活了相关的学习经验。

那么试想一下，在学习外语的时候，白天背了一些单词后，做梦时在你耳边重复播放这些单词是不是会有效提高单词的记忆效果呢？

97. 第1段中的"这种现象"指的是：

A 大脑快速运转 **B** 每个人都会做梦
C 流利地用英语对话 **D** 梦到白天学习的内容

98. 关于神经科学家们的实验，可以知道：

A 游戏进行了两次 **B** 实验持续了数年
C 实验被分为三组 **D** 研究者们观点不一致

99. 实验中，一个学生梦到以前在蝙蝠洞探险说明：

A 大脑容量大 **B** 记忆不易消逝
C 相似的经历被激活 **D** 大脑不进行逻辑思维

100. 根据上文，可以得出什么推论？

A 做梦让人感到疲惫 **B** 可利用做梦来学习
C 梦是对未来的预言 **D** 做梦可以缓解压力

三、书 写

第 101 题：缩写。

⑴ 仔细阅读下面这篇文章，时间为10分钟，阅读时不能抄写、记录。

⑵ 10分钟后，监考收回阅读材料，请你将这篇文章缩写成一篇短文，时间为35分钟。

⑶ 标题自拟。只需复述文章内容，不需加入自己的观点。

⑷ 字数为400左右。

⑸ 请把作文直接写在答题卡上。

在繁华的街头，有一家经常上错菜的餐厅，这家餐厅不但没有倒闭，生意还出奇地好。

这家餐厅的主人名叫小果，他是一家电视台的制作人。不久前，台领导给小果一项重要任务：专门制作一期以“关注痴呆症”为主题的纪录片，拍摄几位患有老年痴呆症的老人的日常生活。电视台领导希望通过这样的纪录片，来唤起社会对老年痴呆症人群的关注。

在工作过程中，小果经常和患有老年痴呆症的老人接触。在录制节目之余，老人们经常会做菜给小果和其他工作人员吃。有一次录完节目，老人问小果要吃什么，小果知道老人们喜欢被需要，就不客气地点了面条儿。可半个小时之后，他却等来了一盘饺子。小果惊讶地问道：“我刚才点的不是面条儿吗?”可刚问完，小果就后悔了。他看到，老人呆呆地站在那里，两手不停地搓着衣角，就像一个做错事的孩子。

纪录片制作完成了，虽然播出后收视率不错，但小果觉得，通过电视让人们了解老年痴呆症，毕竟还有一些距离。于是，他冒出了一个想法：为什么不策划一个公益活动，让人们近距离地接触和了解老年痴呆症人群呢? 他联想起那次“上错菜”事件，就有了主意：开一家体验型的公益餐厅，请患有老年痴呆症的老人做服务员，让人们直接接触他们，了解他们的症状和日常生活，从而对他们多一些善意与宽容。

在当地一家公益组织的帮助下，这家体验餐厅很快就开业了，他们邀请了6位患有老年痴呆症的奶奶做端菜服务员。餐厅取名“上错菜餐厅”，小果还在餐厅门口竖立了一个提示牌，上面写着：从你踏进店门的那一刻起，就要做好服务员上错菜的准备。

每当有顾客进门，奶奶们都会非常亲切、热情地迎上去，询问对方需要什么。可走进厨房之后，她们就基本忘记了刚才点菜的是哪桌顾客、他们点了什么菜。正因如此，餐厅内经常出现点鸡肉上鱼肉、点饺子上面条儿、点茶上咖啡这样的事。

顾客们都了解这家餐厅的由来，所以就算上错菜，他们也无一例外吃得很开心，他们是这样评价的：“上错菜有什么关系? 在这样一家有爱的餐厅里吃东西，吃什么都很香。”“这是一份美丽的‘错误’，我很乐意接受。”

由于担心奶奶们过于劳累，小果规定餐厅每周只营业四天，但这丝毫没有影响这家店的生意。

看到“上错菜餐厅”的生意那么好，没去过的顾客总忍不住想问：“它有什么营销秘诀吗?”

其实，秘诀只有一个，那就是：爱。

쓰기 트레이닝 원고지 1

100

200

300

400

자르는 선

쓰기 트레이닝 원고지 2

100

200

300

400

쓰기 트레이닝 원고지 3

100

200

300

400

자르는 선

쓰기 트레이닝 원고지 4

100

200

300

400

★ 부록 ★

답안지 작성법

* 주의 사항 *

1. 모든 **답안**은 **2B 연필**로 **작성**해야 합니다.
2. 답안을 **마킹**할 때에는 **진하게 칸에 꽉 차도록** 칠해야 합니다.
3. **답안지**는 시험 중간에 **교환이 되지 않습니다.**

■ 汉语水平考试 HSK（六级）答题卡 ■

请填写考生信息 — 응시자 정보를 기입해 주세요

按照考试证件上的姓名填写： — 수험표상의 이름을 기입해 주세요

姓名 이름	LEE DONG MIN

如果有中文姓名，请填写： — 중국어 이름이 있으면 기입해 주세요

中文姓名 중국어 이름	李東民

考生序号 (수험 번호)

考生序号	6	[0] [1] [2] [3] [4] [5] ■ [7] [8] [9]
	2	[0] [1] ■ [3] [4] [5] [6] [7] [8] [9]
	3	[0] [1] [2] ■ [4] [5] [6] [7] [8] [9]
	0	■ [1] [2] [3] [4] [5] [6] [7] [8] [9]
	8	[0] [1] [2] [3] [4] [5] [6] [7] ■ [9]

请填写考点信息 — 고시장 정보를 기입해 주세요

考点代码 (고시장 번호)

考点代码	8	[0] [1] [2] [3] [4] [5] [6] [7] ■ [9]
	1	[0] ■ [2] [3] [4] [5] [6] [7] [8] [9]
	5	[0] [1] [2] [3] [4] ■ [6] [7] [8] [9]
	0	■ [1] [2] [3] [4] [5] [6] [7] [8] [9]
	3	[0] [1] [2] ■ [4] [5] [6] [7] [8] [9]
	0	■ [1] [2] [3] [4] [5] [6] [7] [8] [9]
	0	■ [1] [2] [3] [4] [5] [6] [7] [8] [9]

国籍 국적	5	[0] [1] [2] [3] [4] ■ [6] [7] [8] [9]
	2	[0] [1] ■ [3] [4] [5] [6] [7] [8] [9]
	3	[0] [1] [2] ■ [4] [5] [6] [7] [8] [9]

年龄 나이	2	[0] [1] ■ [3] [4] [5] [6] [7] [8] [9]
	3	[0] [1] [2] ■ [4] [5] [6] [7] [8] [9]

性别 성별	男 남 ■	女 여 [2]

注意 주의 | 请用2B铅笔这样写：■ — 2B 연필로 ■ 이렇게 칠하세요

一、听力 듣기 (듣기 영역 시험 종료 후, 5분 동안 기입)

*답안지의 번호 순서에 주의하세요

1. ■ [B] [C] [D]
2. [A] ■ [C] [D]
3. [A] [B] ■ [D]
4. ■ [B] [C] [D]
5. ■ [B] [C] [D]
6. [A] [B] [C] [D]
7. [A] [B] [C] [D]
8. [A] [B] [C] [D]
9. [A] [B] [C] [D]
10. [A] [B] [C] [D]
11. [A] [B] [C] [D]
12. [A] [B] [C] [D]
13. [A] [B] [C] [D]
14. [A] [B] [C] [D]
15. [A] [B] [C] [D]
16. [A] [B] [C] [D]
17. [A] [B] [C] [D]
18. [A] [B] [C] [D]
19. [A] [B] [C] [D]
20. [A] [B] [C] [D]
21. [A] [B] [C] [D]
22. [A] [B] [C] [D]
23. [A] [B] [C] [D]
24. [A] [B] [C] [D]
25. [A] [B] [C] [D]
26. [A] [B] [C] [D]
27. [A] [B] [C] [D]
28. [A] [B] [C] [D]
29. [A] [B] [C] [D]
30. [A] [B] [C] [D]
31. [A] [B] [C] [D]
32. [A] [B] [C] [D]
33. [A] [B] [C] [D]
34. [A] [B] [C] [D]
35. [A] [B] [C] [D]
36. [A] [B] [C] [D]
37. [A] [B] [C] [D]
38. [A] [B] [C] [D]
39. [A] [B] [C] [D]
40. [A] [B] [C] [D]
41. [A] [B] [C] [D]
42. [A] [B] [C] [D]
43. [A] [B] [C] [D]
44. [A] [B] [C] [D]
45. [A] [B] [C] [D]
46. [A] [B] [C] [D]
47. [A] [B] [C] [D]
48. [A] [B] [C] [D]
49. [A] [B] [C] [D]
50. [A] [B] [C] [D]

二、阅读 독해 (독해 영역 시험 시간 내에 답 기입)

*답안지의 번호 순서에 주의하세요

51. ■ [B] [C] [D]
52. [A] ■ [C] [D]
53. [A] [B] ■ [D]
54. ■ [B] [C] [D]
55. ■ [B] [C] [D]
56. [A] [B] [C] [D]
57. [A] [B] [C] [D]
58. [A] [B] [C] [D]
59. [A] [B] [C] [D]
60. [A] [B] [C] [D]
61. [A] [B] [C] [D]
62. [A] [B] [C] [D]
63. [A] [B] [C] [D]
64. [A] [B] [C] [D]
65. [A] [B] [C] [D]
66. [A] [B] [C] [D]
67. [A] [B] [C] [D]
68. [A] [B] [C] [D]
69. [A] [B] [C] [D]
70. [A] [B] [C] [D]
71. [A] [B] [C] [D] [E]
72. [A] [B] [C] [D] [E]
73. [A] [B] [C] [D] [E]
74. [A] [B] [C] [D] [E]
75. [A] [B] [C] [D] [E]
76. [A] [B] [C] [D] [E]
77. [A] [B] [C] [D] [E]
78. [A] [B] [C] [D] [E]
79. [A] [B] [C] [D] [E]
80. [A] [B] [C] [D] [E]
81. [A] [B] [C] [D]
82. [A] [B] [C] [D]
83. [A] [B] [C] [D]
84. [A] [B] [C] [D]
85. [A] [B] [C] [D]
86. [A] [B] [C] [D]
87. [A] [B] [C] [D]
88. [A] [B] [C] [D]
89. [A] [B] [C] [D]
90. [A] [B] [C] [D]
91. [A] [B] [C] [D]
92. [A] [B] [C] [D]
93. [A] [B] [C] [D]
94. [A] [B] [C] [D]
95. [A] [B] [C] [D]
96. [A] [B] [C] [D]
97. [A] [B] [C] [D]
98. [A] [B] [C] [D]
99. [A] [B] [C] [D]
100. [A] [B] [C] [D]

三、书写 쓰기 (쓰기 영역 시험 시간 내에 답 기입)

101.

父亲与儿子 — 제목은 가운데에 쓰거나 네 칸 띄우고 작성

有一个男孩与父亲相依为命，……

문단의 첫 시작은 두 칸 띄우고 작성

100

칸 밖에 쓰지 마세요! 不要写到框线以外！

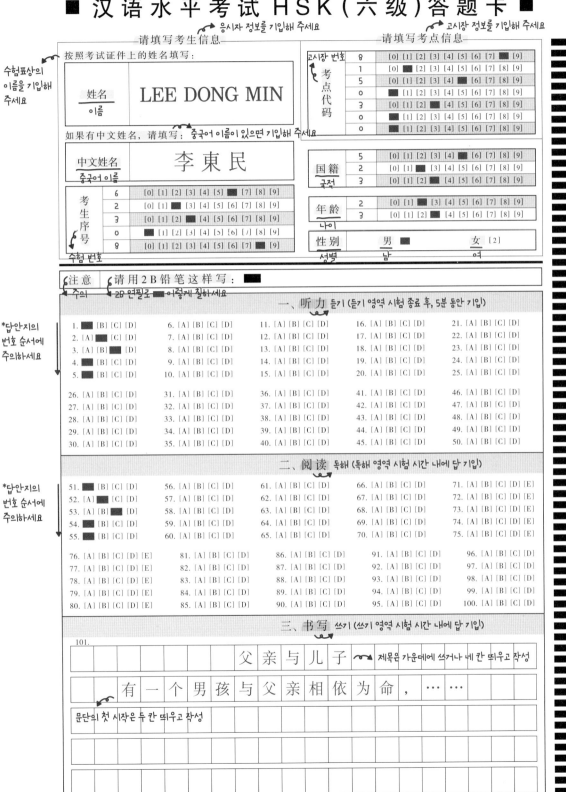

뒷면에 이어집니다 接背面

■ 汉语水平考试 HSK（六级）答题卡 ■

接正面 ↷ 앞면에 이어집니다

200

300

400

400자보다는 길게 써야 합니다

500

↷ 칸 밖에 쓰지 마세요!

不要写到框线以外！

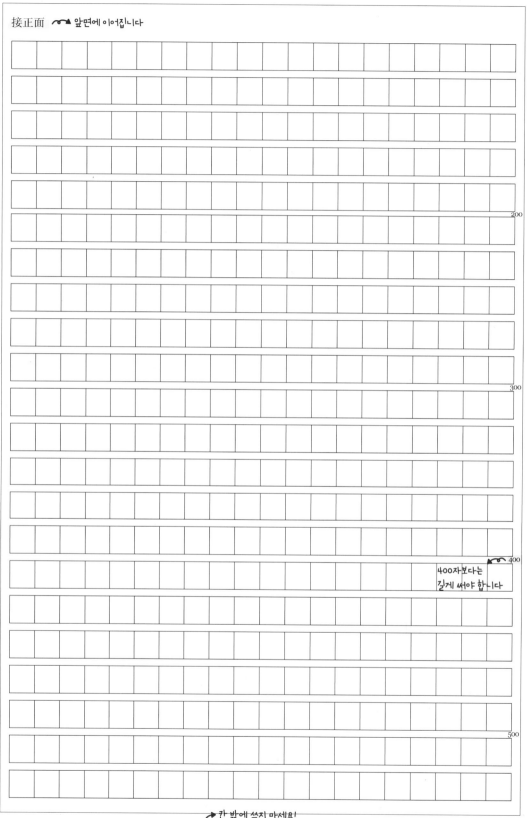

■ 汉语水平考试 HSK（六级）答题卡 ■

请填写考生信息

按照考试证件上的姓名填写：

姓名	

如果有中文姓名，请填写：

中文姓名	

考生序号		
		[0] [1] [2] [3] [4] [5] [6] [7] [8] [9]
		[0] [1] [2] [3] [4] [5] [6] [7] [8] [9]
		[0] [1] [2] [3] [4] [5] [6] [7] [8] [9]
		[0] [1] [2] [3] [4] [5] [6] [7] [8] [9]
		[0] [1] [2] [3] [4] [5] [6] [7] [8] [9]

请填写考点信息

考点代码		
		[0] [1] [2] [3] [4] [5] [6] [7] [8] [9]
		[0] [1] [2] [3] [4] [5] [6] [7] [8] [9]
		[0] [1] [2] [3] [4] [5] [6] [7] [8] [9]
		[0] [1] [2] [3] [4] [5] [6] [7] [8] [9]
		[0] [1] [2] [3] [4] [5] [6] [7] [8] [9]
		[0] [1] [2] [3] [4] [5] [6] [7] [8] [9]
		[0] [1] [2] [3] [4] [5] [6] [7] [8] [9]

国籍		
		[0] [1] [2] [3] [4] [5] [6] [7] [8] [9]
		[0] [1] [2] [3] [4] [5] [6] [7] [8] [9]
		[0] [1] [2] [3] [4] [5] [6] [7] [8] [9]

年龄		
		[0] [1] [2] [3] [4] [5] [6] [7] [8] [9]
		[0] [1] [2] [3] [4] [5] [6] [7] [8] [9]

性别	男 [1]	女 [2]

注意	请用2B铅笔这样写：▬

一、听力

1. [A] [B] [C] [D]	6. [A] [B] [C] [D]	11. [A] [B] [C] [D]	16. [A] [B] [C] [D]	21. [A] [B] [C] [D]
2. [A] [B] [C] [D]	7. [A] [B] [C] [D]	12. [A] [B] [C] [D]	17. [A] [B] [C] [D]	22. [A] [B] [C] [D]
3. [A] [B] [C] [D]	8. [A] [B] [C] [D]	13. [A] [B] [C] [D]	18. [A] [B] [C] [D]	23. [A] [B] [C] [D]
4. [A] [B] [C] [D]	9. [A] [B] [C] [D]	14. [A] [B] [C] [D]	19. [A] [B] [C] [D]	24. [A] [B] [C] [D]
5. [A] [B] [C] [D]	10. [A] [B] [C] [D]	15. [A] [B] [C] [D]	20. [A] [B] [C] [D]	25. [A] [B] [C] [D]
26. [A] [B] [C] [D]	31. [A] [B] [C] [D]	36. [A] [B] [C] [D]	41. [A] [B] [C] [D]	46. [A] [B] [C] [D]
27. [A] [B] [C] [D]	32. [A] [B] [C] [D]	37. [A] [B] [C] [D]	42. [A] [B] [C] [D]	47. [A] [B] [C] [D]
28. [A] [B] [C] [D]	33. [A] [B] [C] [D]	38. [A] [B] [C] [D]	43. [A] [B] [C] [D]	48. [A] [B] [C] [D]
29. [A] [B] [C] [D]	34. [A] [B] [C] [D]	39. [A] [B] [C] [D]	44. [A] [B] [C] [D]	49. [A] [B] [C] [D]
30. [A] [B] [C] [D]	35. [A] [B] [C] [D]	40. [A] [B] [C] [D]	45. [A] [B] [C] [D]	50. [A] [B] [C] [D]

二、阅读

51. [A] [B] [C] [D]	56. [A] [B] [C] [D]	61. [A] [B] [C] [D]	66. [A] [B] [C] [D]	71. [A] [B] [C] [D] [E]
52. [A] [B] [C] [D]	57. [A] [B] [C] [D]	62. [A] [B] [C] [D]	67. [A] [B] [C] [D]	72. [A] [B] [C] [D] [E]
53. [A] [B] [C] [D]	58. [A] [B] [C] [D]	63. [A] [B] [C] [D]	68. [A] [B] [C] [D]	73. [A] [B] [C] [D] [E]
54. [A] [B] [C] [D]	59. [A] [B] [C] [D]	64. [A] [B] [C] [D]	69. [A] [B] [C] [D]	74. [A] [B] [C] [D] [E]
55. [A] [B] [C] [D]	60. [A] [B] [C] [D]	65. [A] [B] [C] [D]	70. [A] [B] [C] [D]	75. [A] [B] [C] [D] [E]
76. [A] [B] [C] [D] [E]	81. [A] [B] [C] [D]	86. [A] [B] [C] [D]	91. [A] [B] [C] [D]	96. [A] [B] [C] [D]
77. [A] [B] [C] [D] [E]	82. [A] [B] [C] [D]	87. [A] [B] [C] [D]	92. [A] [B] [C] [D]	97. [A] [B] [C] [D]
78. [A] [B] [C] [D] [E]	83. [A] [B] [C] [D]	88. [A] [B] [C] [D]	93. [A] [B] [C] [D]	98. [A] [B] [C] [D]
79. [A] [B] [C] [D] [E]	84. [A] [B] [C] [D]	89. [A] [B] [C] [D]	94. [A] [B] [C] [D]	99. [A] [B] [C] [D]
80. [A] [B] [C] [D] [E]	85. [A] [B] [C] [D]	90. [A] [B] [C] [D]	95. [A] [B] [C] [D]	100. [A] [B] [C] [D]

三、书写

101.

100

不要写到框线以外！

接背面

자르는 선

■ 汉语水平考试 HSK（六级）答题卡 ■

接正面

200

300

400

500

不要写到框线以外！

汉语水平考试 HSK（六级）答题卡

请填写考生信息

按照考试证件上的姓名填写：

姓名	

如果有中文姓名，请填写：

中文姓名	

考生序号		
		[0] [1] [2] [3] [4] [5] [6] [7] [8] [9]
		[0] [1] [2] [3] [4] [5] [6] [7] [8] [9]
		[0] [1] [2] [3] [4] [5] [6] [7] [8] [9]
		[0] [1] [2] [3] [4] [5] [6] [7] [8] [9]
		[0] [1] [2] [3] [4] [5] [6] [7] [8] [9]

请填写考点信息

考点代码		
		[0] [1] [2] [3] [4] [5] [6] [7] [8] [9]
		[0] [1] [2] [3] [4] [5] [6] [7] [8] [9]
		[0] [1] [2] [3] [4] [5] [6] [7] [8] [9]
		[0] [1] [2] [3] [4] [5] [6] [7] [8] [9]
		[0] [1] [2] [3] [4] [5] [6] [7] [8] [9]
		[0] [1] [2] [3] [4] [5] [6] [7] [8] [9]
		[0] [1] [2] [3] [4] [5] [6] [7] [8] [9]

国籍		
		[0] [1] [2] [3] [4] [5] [6] [7] [8] [9]
		[0] [1] [2] [3] [4] [5] [6] [7] [8] [9]
		[0] [1] [2] [3] [4] [5] [6] [7] [8] [9]

年龄		
		[0] [1] [2] [3] [4] [5] [6] [7] [8] [9]
		[0] [1] [2] [3] [4] [5] [6] [7] [8] [9]

性别	男 [1]	女 [2]

注意　请用2B铅笔这样写：▬

一、听力

1. [A] [B] [C] [D]	6. [A] [B] [C] [D]	11. [A] [B] [C] [D]	16. [A] [B] [C] [D]	21. [A] [B] [C] [D]
2. [A] [B] [C] [D]	7. [A] [B] [C] [D]	12. [A] [B] [C] [D]	17. [A] [B] [C] [D]	22. [A] [B] [C] [D]
3. [A] [B] [C] [D]	8. [A] [B] [C] [D]	13. [A] [B] [C] [D]	18. [A] [B] [C] [D]	23. [A] [B] [C] [D]
4. [A] [B] [C] [D]	9. [A] [B] [C] [D]	14. [A] [B] [C] [D]	19. [A] [B] [C] [D]	24. [A] [B] [C] [D]
5. [A] [B] [C] [D]	10. [A] [B] [C] [D]	15. [A] [B] [C] [D]	20. [A] [B] [C] [D]	25. [A] [B] [C] [D]
26. [A] [B] [C] [D]	31. [A] [B] [C] [D]	36. [A] [B] [C] [D]	41. [A] [B] [C] [D]	46. [A] [B] [C] [D]
27. [A] [B] [C] [D]	32. [A] [B] [C] [D]	37. [A] [B] [C] [D]	42. [A] [B] [C] [D]	47. [A] [B] [C] [D]
28. [A] [B] [C] [D]	33. [A] [B] [C] [D]	38. [A] [B] [C] [D]	43. [A] [B] [C] [D]	48. [A] [B] [C] [D]
29. [A] [B] [C] [D]	34. [A] [B] [C] [D]	39. [A] [B] [C] [D]	44. [A] [B] [C] [D]	49. [A] [B] [C] [D]
30. [A] [B] [C] [D]	35. [A] [B] [C] [D]	40. [A] [B] [C] [D]	45. [A] [B] [C] [D]	50. [A] [B] [C] [D]

二、阅读

51. [A] [B] [C] [D]	56. [A] [B] [C] [D]	61. [A] [B] [C] [D]	66. [A] [B] [C] [D]	71. [A] [B] [C] [D] [E]
52. [A] [B] [C] [D]	57. [A] [B] [C] [D]	62. [A] [B] [C] [D]	67. [A] [B] [C] [D]	72. [A] [B] [C] [D] [E]
53. [A] [B] [C] [D]	58. [A] [B] [C] [D]	63. [A] [B] [C] [D]	68. [A] [B] [C] [D]	73. [A] [B] [C] [D] [E]
54. [A] [B] [C] [D]	59. [A] [B] [C] [D]	64. [A] [B] [C] [D]	69. [A] [B] [C] [D]	74. [A] [B] [C] [D] [E]
55. [A] [B] [C] [D]	60. [A] [B] [C] [D]	65. [A] [B] [C] [D]	70. [A] [B] [C] [D]	75. [A] [B] [C] [D] [E]
76. [A] [B] [C] [D] [E]	81. [A] [B] [C] [D]	86. [A] [B] [C] [D]	91. [A] [B] [C] [D]	96. [A] [B] [C] [D]
77. [A] [B] [C] [D] [E]	82. [A] [B] [C] [D]	87. [A] [B] [C] [D]	92. [A] [B] [C] [D]	97. [A] [B] [C] [D]
78. [A] [B] [C] [D] [E]	83. [A] [B] [C] [D]	88. [A] [B] [C] [D]	93. [A] [B] [C] [D]	98. [A] [B] [C] [D]
79. [A] [B] [C] [D] [E]	84. [A] [B] [C] [D]	89. [A] [B] [C] [D]	94. [A] [B] [C] [D]	99. [A] [B] [C] [D]
80. [A] [B] [C] [D] [E]	85. [A] [B] [C] [D]	90. [A] [B] [C] [D]	95. [A] [B] [C] [D]	100. [A] [B] [C] [D]

三、书写

101.

100

不要写到框线以外！

接背面

자르는 선

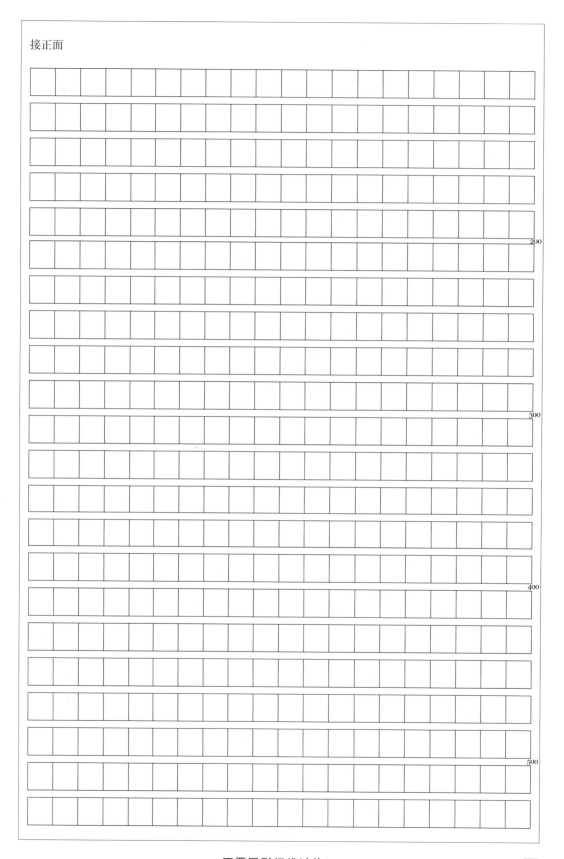

■ 汉语水平考试 HSK（六级）答题卡 ■

接正面

200

300

400

500

不要写到框线以外！

■ 汉语水平考试 HSK（六级）答题卡 ■

请填写考生信息

按照考试证件上的姓名填写：

姓名	

如果有中文姓名，请填写：

中文姓名	

考生序号		
		[0] [1] [2] [3] [4] [5] [6] [7] [8] [9]
		[0] [1] [2] [3] [4] [5] [6] [7] [8] [9]
		[0] [1] [2] [3] [4] [5] [6] [7] [8] [9]
		[0] [1] [2] [3] [4] [5] [6] [7] [8] [9]
		[0] [1] [2] [3] [4] [5] [6] [7] [8] [9]

请填写考点信息

考点代码		
		[0] [1] [2] [3] [4] [5] [6] [7] [8] [9]
		[0] [1] [2] [3] [4] [5] [6] [7] [8] [9]
		[0] [1] [2] [3] [4] [5] [6] [7] [8] [9]
		[0] [1] [2] [3] [4] [5] [6] [7] [8] [9]
		[0] [1] [2] [3] [4] [5] [6] [7] [8] [9]
		[0] [1] [2] [3] [4] [5] [6] [7] [8] [9]
		[0] [1] [2] [3] [4] [5] [6] [7] [8] [9]

国籍		
		[0] [1] [2] [3] [4] [5] [6] [7] [8] [9]
		[0] [1] [2] [3] [4] [5] [6] [7] [8] [9]
		[0] [1] [2] [3] [4] [5] [6] [7] [8] [9]

年龄		
		[0] [1] [2] [3] [4] [5] [6] [7] [8] [9]
		[0] [1] [2] [3] [4] [5] [6] [7] [8] [9]

性别	男 [1]	女 [2]

注意　请用2B铅笔这样写：▬

一、听力

1. [A] [B] [C] [D]	6. [A] [B] [C] [D]	11. [A] [B] [C] [D]	16. [A] [B] [C] [D]	21. [A] [B] [C] [D]
2. [A] [B] [C] [D]	7. [A] [B] [C] [D]	12. [A] [B] [C] [D]	17. [A] [B] [C] [D]	22. [A] [B] [C] [D]
3. [A] [B] [C] [D]	8. [A] [B] [C] [D]	13. [A] [B] [C] [D]	18. [A] [B] [C] [D]	23. [A] [B] [C] [D]
4. [A] [B] [C] [D]	9. [A] [B] [C] [D]	14. [A] [B] [C] [D]	19. [A] [B] [C] [D]	24. [A] [B] [C] [D]
5. [A] [B] [C] [D]	10. [A] [B] [C] [D]	15. [A] [B] [C] [D]	20. [A] [B] [C] [D]	25. [A] [B] [C] [D]
26. [A] [B] [C] [D]	31. [A] [B] [C] [D]	36. [A] [B] [C] [D]	41. [A] [B] [C] [D]	46. [A] [B] [C] [D]
27. [A] [B] [C] [D]	32. [A] [B] [C] [D]	37. [A] [B] [C] [D]	42. [A] [B] [C] [D]	47. [A] [B] [C] [D]
28. [A] [B] [C] [D]	33. [A] [B] [C] [D]	38. [A] [B] [C] [D]	43. [A] [B] [C] [D]	48. [A] [B] [C] [D]
29. [A] [B] [C] [D]	34. [A] [B] [C] [D]	39. [A] [B] [C] [D]	44. [A] [B] [C] [D]	49. [A] [B] [C] [D]
30. [A] [B] [C] [D]	35. [A] [B] [C] [D]	40. [A] [B] [C] [D]	45. [A] [B] [C] [D]	50. [A] [B] [C] [D]

二、阅读

51. [A] [B] [C] [D]	56. [A] [B] [C] [D]	61. [A] [B] [C] [D]	66. [A] [B] [C] [D]	71. [A] [B] [C] [D] [E]
52. [A] [B] [C] [D]	57. [A] [B] [C] [D]	62. [A] [B] [C] [D]	67. [A] [B] [C] [D]	72. [A] [B] [C] [D] [E]
53. [A] [B] [C] [D]	58. [A] [B] [C] [D]	63. [A] [B] [C] [D]	68. [A] [B] [C] [D]	73. [A] [B] [C] [D] [E]
54. [A] [B] [C] [D]	59. [A] [B] [C] [D]	64. [A] [B] [C] [D]	69. [A] [B] [C] [D]	74. [A] [B] [C] [D] [E]
55. [A] [B] [C] [D]	60. [A] [B] [C] [D]	65. [A] [B] [C] [D]	70. [A] [B] [C] [D]	75. [A] [B] [C] [D] [E]
76. [A] [B] [C] [D] [E]	81. [A] [B] [C] [D]	86. [A] [B] [C] [D]	91. [A] [B] [C] [D]	96. [A] [B] [C] [D]
77. [A] [B] [C] [D] [E]	82. [A] [B] [C] [D]	87. [A] [B] [C] [D]	92. [A] [B] [C] [D]	97. [A] [B] [C] [D]
78. [A] [B] [C] [D] [E]	83. [A] [B] [C] [D]	88. [A] [B] [C] [D]	93. [A] [B] [C] [D]	98. [A] [B] [C] [D]
79. [A] [B] [C] [D] [E]	84. [A] [B] [C] [D]	89. [A] [B] [C] [D]	94. [A] [B] [C] [D]	99. [A] [B] [C] [D]
80. [A] [B] [C] [D] [E]	85. [A] [B] [C] [D]	90. [A] [B] [C] [D]	95. [A] [B] [C] [D]	100. [A] [B] [C] [D]

三、书写

101.

100

不要写到框线以外！

接背面

자르는 선

■ 汉语水平考试 HSK（六级）答题卡 ■

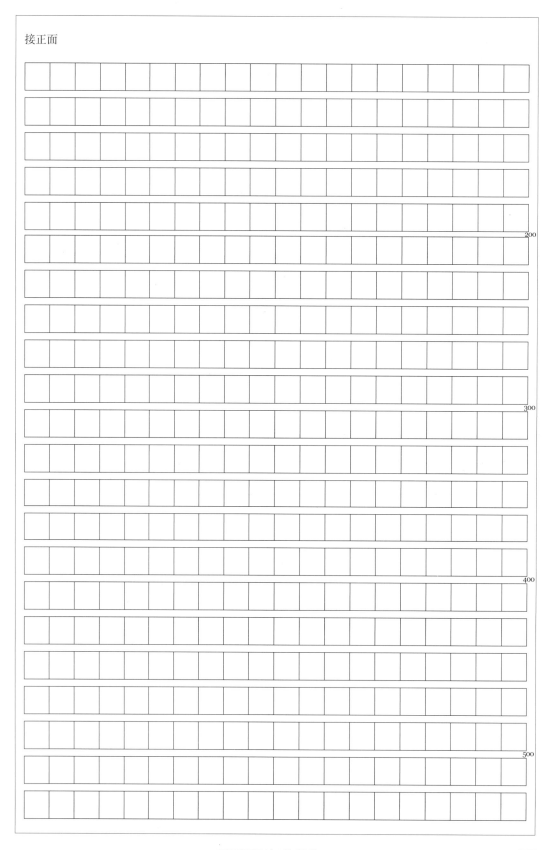

接正面

200

300

400

500

不要写到框线以外！

■ 汉语水平考试 HSK（六级）答题卡 ■

请填写考生信息	
按照考试证件上的姓名填写：	
姓名	
如果有中文姓名，请填写：	
中文姓名	

考生序号		
		[0] [1] [2] [3] [4] [5] [6] [7] [8] [9]
		[0] [1] [2] [3] [4] [5] [6] [7] [8] [9]
		[0] [1] [2] [3] [4] [5] [6] [7] [8] [9]
		[0] [1] [2] [3] [4] [5] [6] [7] [8] [9]
		[0] [1] [2] [3] [4] [5] [6] [7] [8] [9]

请填写考点信息		
考点代码		[0] [1] [2] [3] [4] [5] [6] [7] [8] [9]
		[0] [1] [2] [3] [4] [5] [6] [7] [8] [9]
		[0] [1] [2] [3] [4] [5] [6] [7] [8] [9]
		[0] [1] [2] [3] [4] [5] [6] [7] [8] [9]
		[0] [1] [2] [3] [4] [5] [6] [7] [8] [9]
		[0] [1] [2] [3] [4] [5] [6] [7] [8] [9]
		[0] [1] [2] [3] [4] [5] [6] [7] [8] [9]
国籍		[0] [1] [2] [3] [4] [5] [6] [7] [8] [9]
		[0] [1] [2] [3] [4] [5] [6] [7] [8] [9]
		[0] [1] [2] [3] [4] [5] [6] [7] [8] [9]
年龄		[0] [1] [2] [3] [4] [5] [6] [7] [8] [9]
		[0] [1] [2] [3] [4] [5] [6] [7] [8] [9]
性别	男 [1]	女 [2]

注意　请用2B铅笔这样写：▬

一、听力

1. [A] [B] [C] [D]	6. [A] [B] [C] [D]	11. [A] [B] [C] [D]	16. [A] [B] [C] [D]	21. [A] [B] [C] [D]
2. [A] [B] [C] [D]	7. [A] [B] [C] [D]	12. [A] [B] [C] [D]	17. [A] [B] [C] [D]	22. [A] [B] [C] [D]
3. [A] [B] [C] [D]	8. [A] [B] [C] [D]	13. [A] [B] [C] [D]	18. [A] [B] [C] [D]	23. [A] [B] [C] [D]
4. [A] [B] [C] [D]	9. [A] [B] [C] [D]	14. [A] [B] [C] [D]	19. [A] [B] [C] [D]	24. [A] [B] [C] [D]
5. [A] [B] [C] [D]	10. [A] [B] [C] [D]	15. [A] [B] [C] [D]	20. [A] [B] [C] [D]	25. [A] [B] [C] [D]
26. [A] [B] [C] [D]	31. [A] [B] [C] [D]	36. [A] [B] [C] [D]	41. [A] [B] [C] [D]	46. [A] [B] [C] [D]
27. [A] [B] [C] [D]	32. [A] [B] [C] [D]	37. [A] [B] [C] [D]	42. [A] [B] [C] [D]	47. [A] [B] [C] [D]
28. [A] [B] [C] [D]	33. [A] [B] [C] [D]	38. [A] [B] [C] [D]	43. [A] [B] [C] [D]	48. [A] [B] [C] [D]
29. [A] [B] [C] [D]	34. [A] [B] [C] [D]	39. [A] [B] [C] [D]	44. [A] [B] [C] [D]	49. [A] [B] [C] [D]
30. [A] [B] [C] [D]	35. [A] [B] [C] [D]	40. [A] [B] [C] [D]	45. [A] [B] [C] [D]	50. [A] [B] [C] [D]

二、阅读

51. [A] [B] [C] [D]	56. [A] [B] [C] [D]	61. [A] [B] [C] [D]	66. [A] [B] [C] [D]	71. [A] [B] [C] [D] [E]
52. [A] [B] [C] [D]	57. [A] [B] [C] [D]	62. [A] [B] [C] [D]	67. [A] [B] [C] [D]	72. [A] [B] [C] [D] [E]
53. [A] [B] [C] [D]	58. [A] [B] [C] [D]	63. [A] [B] [C] [D]	68. [A] [B] [C] [D]	73. [A] [B] [C] [D] [E]
54. [A] [B] [C] [D]	59. [A] [B] [C] [D]	64. [A] [B] [C] [D]	69. [A] [B] [C] [D]	74. [A] [B] [C] [D] [E]
55. [A] [B] [C] [D]	60. [A] [B] [C] [D]	65. [A] [B] [C] [D]	70. [A] [B] [C] [D]	75. [A] [B] [C] [D] [E]
76. [A] [B] [C] [D] [E]	81. [A] [B] [C] [D]	86. [A] [B] [C] [D]	91. [A] [B] [C] [D]	96. [A] [B] [C] [D]
77. [A] [B] [C] [D] [E]	82. [A] [B] [C] [D]	87. [A] [B] [C] [D]	92. [A] [B] [C] [D]	97. [A] [B] [C] [D]
78. [A] [B] [C] [D] [E]	83. [A] [B] [C] [D]	88. [A] [B] [C] [D]	93. [A] [B] [C] [D]	98. [A] [B] [C] [D]
79. [A] [B] [C] [D] [E]	84. [A] [B] [C] [D]	89. [A] [B] [C] [D]	94. [A] [B] [C] [D]	99. [A] [B] [C] [D]
80. [A] [B] [C] [D] [E]	85. [A] [B] [C] [D]	90. [A] [B] [C] [D]	95. [A] [B] [C] [D]	100. [A] [B] [C] [D]

三、书写

101.

100

不要写到框线以外！

接背面

■ 汉语水平考试 HSK（六级）答题卡 ■

接正面

200

300

400

500

不要写到框线以外！

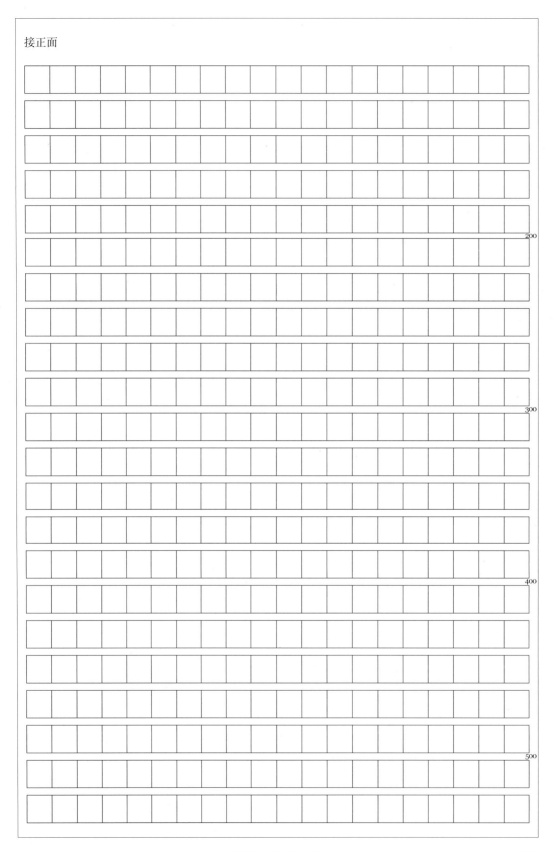

■ 汉语水平考试 HSK（六级）答题卡 ■

请填写考生信息

按照考试证件上的姓名填写：

姓名	

如果有中文姓名，请填写：

中文姓名	

考生序号		
		[0] [1] [2] [3] [4] [5] [6] [7] [8] [9]
		[0] [1] [2] [3] [4] [5] [6] [7] [8] [9]
		[0] [1] [2] [3] [4] [5] [6] [7] [8] [9]
		[0] [1] [2] [3] [4] [5] [6] [7] [8] [9]
		[0] [1] [2] [3] [4] [5] [6] [7] [8] [9]

请填写考点信息

考点代码		
		[0] [1] [2] [3] [4] [5] [6] [7] [8] [9]
		[0] [1] [2] [3] [4] [5] [6] [7] [8] [9]
		[0] [1] [2] [3] [4] [5] [6] [7] [8] [9]
		[0] [1] [2] [3] [4] [5] [6] [7] [8] [9]
		[0] [1] [2] [3] [4] [5] [6] [7] [8] [9]
		[0] [1] [2] [3] [4] [5] [6] [7] [8] [9]
		[0] [1] [2] [3] [4] [5] [6] [7] [8] [9]

国籍		
		[0] [1] [2] [3] [4] [5] [6] [7] [8] [9]
		[0] [1] [2] [3] [4] [5] [6] [7] [8] [9]
		[0] [1] [2] [3] [4] [5] [6] [7] [8] [9]

年龄		
		[0] [1] [2] [3] [4] [5] [6] [7] [8] [9]
		[0] [1] [2] [3] [4] [5] [6] [7] [8] [9]

性别	男 [1]	女 [2]

注意	请用2B铅笔这样写：▬

一、听力

1. [A] [B] [C] [D]	6. [A] [B] [C] [D]	11. [A] [B] [C] [D]	16. [A] [B] [C] [D]	21. [A] [B] [C] [D]
2. [A] [B] [C] [D]	7. [A] [B] [C] [D]	12. [A] [B] [C] [D]	17. [A] [B] [C] [D]	22. [A] [B] [C] [D]
3. [A] [B] [C] [D]	8. [A] [B] [C] [D]	13. [A] [B] [C] [D]	18. [A] [B] [C] [D]	23. [A] [B] [C] [D]
4. [A] [B] [C] [D]	9. [A] [B] [C] [D]	14. [A] [B] [C] [D]	19. [A] [B] [C] [D]	24. [A] [B] [C] [D]
5. [A] [B] [C] [D]	10. [A] [B] [C] [D]	15. [A] [B] [C] [D]	20. [A] [B] [C] [D]	25. [A] [B] [C] [D]
26. [A] [B] [C] [D]	31. [A] [B] [C] [D]	36. [A] [B] [C] [D]	41. [A] [B] [C] [D]	46. [A] [B] [C] [D]
27. [A] [B] [C] [D]	32. [A] [B] [C] [D]	37. [A] [B] [C] [D]	42. [A] [B] [C] [D]	47. [A] [B] [C] [D]
28. [A] [B] [C] [D]	33. [A] [B] [C] [D]	38. [A] [B] [C] [D]	43. [A] [B] [C] [D]	48. [A] [B] [C] [D]
29. [A] [B] [C] [D]	34. [A] [B] [C] [D]	39. [A] [B] [C] [D]	44. [A] [B] [C] [D]	49. [A] [B] [C] [D]
30. [A] [B] [C] [D]	35. [A] [B] [C] [D]	40. [A] [B] [C] [D]	45. [A] [B] [C] [D]	50. [A] [B] [C] [D]

二、阅读

51. [A] [B] [C] [D]	56. [A] [B] [C] [D]	61. [A] [B] [C] [D]	66. [A] [B] [C] [D]	71. [A] [B] [C] [D] [E]
52. [A] [B] [C] [D]	57. [A] [B] [C] [D]	62. [A] [B] [C] [D]	67. [A] [B] [C] [D]	72. [A] [B] [C] [D] [E]
53. [A] [B] [C] [D]	58. [A] [B] [C] [D]	63. [A] [B] [C] [D]	68. [A] [B] [C] [D]	73. [A] [B] [C] [D] [E]
54. [A] [B] [C] [D]	59. [A] [B] [C] [D]	64. [A] [B] [C] [D]	69. [A] [B] [C] [D]	74. [A] [B] [C] [D] [E]
55. [A] [B] [C] [D]	60. [A] [B] [C] [D]	65. [A] [B] [C] [D]	70. [A] [B] [C] [D]	75. [A] [B] [C] [D] [E]
76. [A] [B] [C] [D] [E]	81. [A] [B] [C] [D]	86. [A] [B] [C] [D]	91. [A] [B] [C] [D]	96. [A] [B] [C] [D]
77. [A] [B] [C] [D] [E]	82. [A] [B] [C] [D]	87. [A] [B] [C] [D]	92. [A] [B] [C] [D]	97. [A] [B] [C] [D]
78. [A] [B] [C] [D] [E]	83. [A] [B] [C] [D]	88. [A] [B] [C] [D]	93. [A] [B] [C] [D]	98. [A] [B] [C] [D]
79. [A] [B] [C] [D] [E]	84. [A] [B] [C] [D]	89. [A] [B] [C] [D]	94. [A] [B] [C] [D]	99. [A] [B] [C] [D]
80. [A] [B] [C] [D] [E]	85. [A] [B] [C] [D]	90. [A] [B] [C] [D]	95. [A] [B] [C] [D]	100. [A] [B] [C] [D]

三、书写

101.

100

不要写到框线以外！

接背面

자르는 선

■ 汉语水平考试 HSK（六级）答题卡 ■

接正面

200

300

400

500

不要写到框线以外！

맛있는 중국어 HSK

6급

비법 노트

맛있는 books

1 필수 암기 단어 동사 BEST 400

voca 001

□□ 001	挨	ái	~을 받다, ~을 당하다	挨一顿骂 한바탕 욕을 먹다
□□ 002	熬	áo	오래 끓이다, 인내하다	熬粥 죽을 쑤다, 죽을 끓이다
□□ 003	摆	bǎi	놓다	摆放碗筷 그릇과 젓가락을 놓다
□□ 004	拜访	bàifǎng	방문하다	拜访教授 교수님을 찾아뵙다
□□ 005	拜年	bàinián	세배하다	给您拜年 새해 인사를 드리다
□□ 006	拜托	bàituō	부탁드리다	拜托朋友 친구에게 부탁하다
□□ 007	扮演	bànyǎn	~역을 맡아 하다	扮演角色 역할을 맡다
□□ 008	包围	bāowéi	포위하다	包围小偷 도둑을 포위하다
□□ 009	包装	bāozhuāng	포장하다	包装加工 포장 가공하다
□□ 010	保持	bǎochí	유지하다	保持状态 상태를 유지하다
□□ 011	保存	bǎocún	보존하다	保存完好 잘 보존하다
□□ 012	保障	bǎozhàng	보장하다	保障权益 권익을 보장하다
□□ 013	报答	bàodá	(실제 행동으로) 보답하다	报答恩人 은인에게 보답하다
□□ 014	暴露	bàolù	폭로하다, 드러내다	暴露身份 신분을 드러내다
□□ 015	抱怨	bàoyuàn	불평하다, 원망하다	抱怨生活 삶을 원망하다
□□ 016	崩溃	bēngkuì	붕괴하다, 파산하다	精神崩溃 정신이 붕괴되다
□□ 017	比喻	bǐyù	비유하다	把A比喻成B A를 B로 비유하다
□□ 018	避免	bìmiǎn	피하다, (모)면하다	避免冲突 충돌을 피하다
□□ 019	便于	biànyú	(~하기에) 쉽다, ~에 편하다	便于书写 쓰기에 편하다
□□ 020	遍布	biànbù	널리 퍼지다, 널리 분포하다	遍布各地 각지에 널리 분포하다
□□ 021	表明	biǎomíng	분명하게 밝히다	表明立场 입장을 밝히다
□□ 022	并列	bìngliè	병렬하다	并列第一 나란히 1등을 하다
□□ 023	播种	bōzhǒng	파종하다, 씨를 뿌리다	人工播种 인공으로 파종하다
□□ 024	补偿	bǔcháng	보상하다	补偿损失 손실을 보상하다

voca 002

025	捕捉	bǔzhuō	잡다, 포착하다	捕捉画面 화면을 캡처하다
026	不止	bùzhǐ	멈추지 않다	痛哭不止 통곡이 그치지 않다
027	参与	cānyù	참여하다	参与斗争 투쟁에 참여하다
028	操作	cāozuò	조작하다, 다루다	操作电脑 컴퓨터를 조작하다
029	策划	cèhuà	계획하다, 기획하다	策划方案 방안을 기획하다
030	阐述	chǎnshù	상세히 논술하다	阐述观点 관점을 상세히 논술하다
031	尝试	chángshì	시도해 보다	不断尝试 끊임없이 시도하다
032	敞开	chǎngkāi	활짝 열다	敞开胸怀 가슴을 활짝 열다
033	畅通	chàngtōng	원활하다, 막힘없이 잘 통하다	畅通无阻 막힘없이 원활하다
034	畅销	chàngxiāo	판로가 넓다, 잘 팔리다	畅销作家 베스트셀러 작가
035	倡导	chàngdǎo	앞장서서 제창하다, 선도하다	倡导新思想 새로운 사상을 제창하다
036	超越	chāoyuè	넘다, 넘어서다	超越自己 자신을 넘어서다
037	沉淀	chéndiàn	침전하다, 가라앉다	杂质沉淀 불순물이 가라앉다
038	衬托	chèntuō	부각시키다, 돋보이게 하다	在…的衬托下 ~의 뒷받침 아래
039	呈现	chéngxiàn	나타나다, 양상을 띠다	呈现景象 상황을 나타내다
040	承办	chéngbàn	맡아 처리하다	承办比赛 경기를 주관하다
041	惩罚	chéngfá	징벌하다	惩罚犯人 범인을 처벌하다
042	持续	chíxù	지속하다	持续降温 지속적으로 온도가 떨어지다
043	吃苦	chīkǔ	고생하다, 고통을 맛보다	不怕吃苦 고생을 두려워하지 않다
044	冲击	chōngjī	적진으로 돌격하다	受到冲击 충격을 받다
045	冲突	chōngtū	충돌하다	时间冲突 시간이 겹치다
046	充当	chōngdāng	(어떤 직무나 역할을) 맡다	充当代理人 대리인 역할을 맡다
047	崇拜	chóngbài	숭배하다	崇拜英雄 영웅을 숭배하다
048	筹备	chóubèi	기획하고 준비하다	筹备晚会 디너쇼를 기획하고 준비하다
049	储存	chǔcún	저축하다	储存粮食 식량을 저축하다
050	穿越	chuānyuè	통과하다, 지나가다	穿越森林 숲을 지나가다

051	创立	chuànglì	창립하다, 창설하다	创立公司 회사를 창립하다
052	创业	chuàngyè	창업하다	自主创业 자주적으로 창업하다
053	创造	chuàngzào	창조하다, 만들다	创造机会 기회를 만들다
054	创作	chuàngzuò	(문예 작품을) 창작하다	创作诗歌 시를 창작하다
055	刺激	cìjī	자극하다	刺激大脑 뇌를 자극하다
056	从事	cóngshì	종사하다	从事工作 일에 종사하다
057	搭	dā	걸치다, 받치다, 타다	把手搭在肩上 손을 어깨에 걸치다
058	搭配	dāpèi	배합하다, 조합하다	合理搭配 합리적으로 배합하다
059	达成	dáchéng	달성하다, 도달하다, 얻다	达成一致 (의견의) 일치를 보다
060	打击	dǎjī	공격하다	打击敌人 적을 공격하다
061	打造	dǎzào	만들다	打造作品 작품을 만들다
062	打听	dǎting	알아보다, 물어보다	打听消息 소식을 물어보다
063	打猎	dǎliè	사냥하다	以打猎为生 사냥을 생업으로 하다
064	带领	dàilǐng	인솔하다, 이끌다	带领队伍 팀을 이끌다
065	诞生	dànshēng	탄생하다	婴儿诞生 아기가 태어나다
066	当面	dāngmiàn	직접 마주하여	当面道歉 면전에서 사과하다
067	倒闭	dǎobì	도산하다	公司倒闭 회사가 도산하다
068	盗窃	dàoqiè	도둑질하다	盗窃汽车 자동차를 훔치다
069	登录	dēnglù	등록하다, 로그인하다	登录网站 웹사이트에 접속하다
070	等候	děnghòu	기다리다	等候好消息 좋은 소식을 기다리다
071	抵达	dǐdá	도착하다, 도달하다	抵达目的地 목적지에 도달하다
072	递增	dìzēng	점차 증가하다	逐年递增 해마다 증가하다
073	颠簸	diānbǒ	흔들리다, 요동하다	上下颠簸 위아래로 흔들리다
074	颠倒	diāndǎo	뒤바뀌다, 전도되다	颠倒是非 옳고 그름이 뒤바뀌다
075	奠定	diàndìng	다지다, 닦다, 안정시키다	奠定基础 기초를 다지다

voca 004

□□ 076	雕刻	diāokè	조각하다	雕刻石像 석상을 조각하다
□□ 077	调动	diàodòng	동원하다, 불러일으키다	调动积极性 적극성을 불러일으키다
□□ 078	跌	diē	쓰러지다, 내리다	物价下跌 물가가 하락하다
□□ 079	定期	dìngqī	날짜를 정하다	定期检查 정기 검사
□□ 080	斗争	dòuzhēng	투쟁하다	展开斗争 투쟁을 벌이다
□□ 081	堵塞	dǔsè	막히다, 가로막다	河道堵塞 수로가 막히다
□□ 082	端	duān	받쳐 들다	端起酒杯 술잔을 받쳐 들다
□□ 083	断定	duàndìng	단정하다, 결론을 내리다	难以断定 단정하기 어렵다
□□ 084	对应	duìyìng	대응하다	对应关系 대응 관계
□□ 085	对照	duìzhào	대조하다, 비교하다	对照原文 원문과 대조하다
□□ 086	繁殖	fánzhí	번식하다, 증가하다	细菌繁殖 세균이 번식하다
□□ 087	兑现	duìxiàn	약속을 지키다	兑现承诺 약속을 이행하다
□□ 088	恶化	èhuà	악화되다	环境恶化 환경이 악화되다
□□ 089	发呆	fādāi	멍하다	坐着发呆 멍하니 앉아 있다
□□ 090	发动	fādòng	시동을 걸다, 일으키다	发动引擎 엔진에 시동을 걸다
□□ 091	发挥	fāhuī	발휘하다	发挥才能 재능을 발휘하다
□□ 092	发行	fāxíng	발행하다, 발매하다	发行货币 화폐를 발행하다
□□ 093	发炎	fāyán	염증이 생기다	嗓子发炎 목에 염증이 생기다
□□ 094	发扬	fāyáng	발양하다, 진작시키다	发扬精神 정신을 키우다
□□ 095	反驳	fǎnbó	반박하다	反驳观点 관점을 반박하다
□□ 096	反思	fǎnsī	돌이켜 사색하다	反思过去 과거를 돌이켜 생각하다
□□ 097	反映	fǎnyìng	반영하다	反映事实 사실을 반영하다
□□ 098	防止	fángzhǐ	방지하다	防止意外 의외의 사고를 방지하다
□□ 099	访问	fǎngwèn	방문하다, 회견하다	出国访问 출국하여 방문하다
□□ 100	纺织	fǎngzhī	방직하다	纺织工业 방직 공업

□□ 101	飞翔	fēixiáng	비상하다	自由飞翔 자유롭게 비상하다
□□ 102	分布	fēnbù	분포하다	分布范围 분포 범위
□□ 103	分工	fēngōng	분업하다	分工明确 분업이 명확하다
□□ 104	分泌	fēnmì	분비하다	分泌激素 호르몬을 분비하다
□□ 105	分配	fēnpèi	분배하다	分配工作 일을 분배하다
□□ 106	奉献	fèngxiàn	바치다, 공헌하다	奉献一生 일생을 바치다
□□ 107	抚摸	fǔmō	어루만지다, 쓰다듬다	抚摸孩子的头 아이의 머리를 쓰다듬다
□□ 108	符合	fúhé	부합하다	符合标准 기준에 부합하다
□□ 109	浮现	fúxiàn	떠오르다	脑海中浮现 머릿속에 떠오르다
□□ 110	覆盖	fùgài	덮다, 뒤덮다	覆盖大地 대지를 뒤덮다
□□ 111	改良	gǎiliáng	개량하다, 개선하다	改良品种 품종을 개량하다
□□ 112	改善	gǎishàn	개선하다	改善环境 환경을 개선하다
□□ 113	干扰	gānrǎo	(남의 일을) 방해하다	干扰生活 생활을 방해하다
□□ 114	干涉	gānshè	간섭하다	干涉内政 내정을 간섭하다
□□ 115	感染	gǎnrǎn	감염되다, 감동시키다	感染病毒 바이러스에 감염되다
□□ 116	告诫	gàojiè	훈계하다, 타이르다	告诫孩子 아이를 타이르다
□□ 117	割	gē	절단하다, 자르다	割庄稼 농작물을 베다
□□ 118	更新	gēngxīn	경신하다, 새것으로 교체하다	更新设备 시설을 새로 바꾸다
□□ 119	更正	gēngzhèng	정정하다, 개정하다	更正错别字 틀린 글자를 정정하다
□□ 120	攻击	gōngjī	공격하다	攻击对手 상대를 공격하다
□□ 121	供给	gōngjǐ	공급하다, 제공하다	供给电力 전력을 공급하다
□□ 122	巩固	gǒnggù	견고하게 하다	巩固地位 지위를 공고히 하다
□□ 123	贡献	gòngxiàn	공헌하다, 이바지하다	贡献力量 이바지하다
□□ 124	辜负	gūfù	(기대·호의 등을) 저버리다	辜负期望 기대를 저버리다
□□ 125	关怀	guānhuái	관심을 가지고 보살피다	关怀成长 성장에 관심을 가지다

voca 006

□□ 126	观光	guānguāng	관광하다, 참관하다	旅游观光	관광하다
□□ 127	归还	guīhuán	돌려주다, 반환하다	归还图书	도서를 반환하다
□□ 128	规划	guīhuà	기획하다, 계획하다	规划人生	인생을 계획하다
□□ 129	过渡	guòdù	넘어가다, 건너다	过渡阶段	과도기
□□ 130	害羞	hàixiū	부끄러워하다, 수줍어하다	感到害羞	수줍음을 느끼다
□□ 131	毫无	háowú	조금도 ~이 없다	毫无意义	아무런 의미가 없다
□□ 132	轰动	hōngdòng	뒤흔들다, 들끓게 하다	轰动世界	세상을 뒤흔들다
□□ 133	划分	huàfēn	구획하다, 구분하다	划分等级	등급을 나누다
□□ 134	缓和	huǎnhé	완화시키다, 진정시키다	缓和矛盾	모순을 완화하다
□□ 135	缓解	huǎnjiě	풀어지다, 느슨해지다	缓解疲劳	피로를 풀다
□□ 136	积累	jīlěi	쌓이다, 축적하다	积累知识	지식을 쌓다
□□ 137	计较	jìjiào	따지다, 계산하여 비교하다	计较得失	득실을 따지다
□□ 138	记载	jìzǎi	기재하다	记载事件	사건을 기록하다
□□ 139	继承	jìchéng	계승하다, 이어받다	继承传统	전통을 계승하다
□□ 140	寄托	jìtuō	(기대·희망·감정 등을) 걸다	寄托理想	꿈을 걸다
□□ 141	加工	jiāgōng	가공하다	加工零件	부품을 가공하다
□□ 142	夹杂	jiāzá	혼합하다, 뒤섞다	夹杂情绪	감정이 뒤섞이다
□□ 143	监督	jiāndū	감독하다	监督工作	작업을 감독하다
□□ 144	建立	jiànlì	건립하다, 세우다	建立关系	관계를 맺다
□□ 145	鉴别	jiànbié	감별하다, 변별하다	鉴别文物	문물을 감별하다
□□ 146	鉴于	jiànyú	~에 비추어 보아, ~을 감안하여	鉴于事实	사실을 감안하다
□□ 147	讲究	jiǎngjiu	중요시하다	讲究礼仪	예의를 중시하다
□□ 148	降临	jiànglín	강림하다, 내려오다	夜幕降临	어둠이 내리다
□□ 149	交易	jiāoyì	교역하다, 거래하다	公平交易	공정 거래
□□ 150	缴纳	jiǎonà	납부하다	缴纳费用	비용을 납부하다

□□ 151	节制	jiézhì	절제하다	节制饮食 음식을 절제하다
□□ 152	借鉴	jièjiàn	참고로 하다	借鉴经验 경험을 참고로 하다
□□ 153	进化	jìnhuà	진화하다, 발전하다	生物进化 생물 진화
□□ 154	浸泡	jìnpào	(오랜 시간 물에) 담그다	浸泡衣服 옷을 물에 담그다
□□ 155	纠正	jiūzhèng	교정하다, 고치다	纠正错误 잘못을 바로잡다
□□ 156	就业	jiùyè	취직하다, 취업하다	大学生就业 대학생 취업
□□ 157	居住	jūzhù	거주하다	适宜居住 거주하기에 적당하다
□□ 158	局限	júxiàn	국한하다, 한정하다	局限于国内 국내에 국한되다
□□ 159	绝望	juéwàng	절망하다	绝望的眼神 절망적인 눈빛
□□ 160	开除	kāichú	해고하다, 제명하다	开除员工 직원을 해고하다
□□ 161	开辟	kāipì	(길을) 열다, 개척하다	开辟领域 영역을 개척하다
□□ 162	开拓	kāituò	개척하다, 개간하다	开拓市场 시장을 개척하다
□□ 163	开展	kāizhǎn	넓히다, 전개하다	开展活动 행사를 벌이다
□□ 164	刊登	kāndēng	게재하다, 등재하다	刊登广告 광고를 게재하다
□□ 165	看待	kàndài	대(우)하다, 다루다	看待问题 문제를 다루다
□□ 166	考察	kǎochá	고찰하다	实地考察 현지 조사
□□ 167	渴望	kěwàng	간절히 바라다	渴望和平 평화를 간절히 바라다
□□ 168	刻画	kèhuà	묘사하다, 형상화하다	刻画人物 인물을 묘사하다
□□ 169	恐惧	kǒngjù	겁먹다, 두려워하다	感到恐惧 공포를 느끼다
□□ 170	枯萎	kūwěi	시들다, 마르다	枝叶枯萎 나뭇가지와 잎이 시들다
□□ 171	哭泣	kūqì	흐느껴 울다	小声哭泣 작은 소리로 울다
□□ 172	宽容	kuānróng	관용하다, 너그럽다	宽容别人 다른 사람에게 너그럽다
□□ 173	款待	kuǎndài	정성껏 대접하다	款待客人 손님을 환대하다
□□ 174	亏损	kuīsǔn	손해를 보다	连年亏损 해마다 적자가 나다
□□ 175	扩散	kuòsàn	확산하다	消息扩散 소식이 퍼지다

voca 008

176	拉	lā	끌다, 당기다	拉小提琴 바이올린을 켜다
177	捞	lāo	건지다, (부정한 수단으로) 얻다	捞好处 잇속을 차리다
178	乐意	lèyì	기꺼이 ~하다	乐意帮忙 기꺼이 돕다
179	立足	lìzú	발붙이다, 입각하다	立足于事实 사실에 입각하다
180	联络	liánluò	연락하다	随时联络 수시로 연락하다
181	领悟	lǐngwù	깨닫다, 납득하다	领悟道理 이치를 깨닫다
182	领先	lǐngxiān	앞장서다, 선두에 서다	遥遥领先 크게 앞서다
183	留念	liúniàn	기념으로 남겨 두다	拍照留念 기념사진을 찍다
184	流通	liútōng	유통하다	商品流通 상품 유통
185	冒充	màochōng	사칭하다, 가장하다	冒充专家 전문가로 사칭하다
186	冒险	màoxiǎn	모험하다	冒险精神 모험 정신
187	弥补	míbǔ	메우다, 보충하다	弥补损失 손실을 메우다
188	勉励	miǎnlì	격려하다	勉励朋友 친구를 격려하다
189	面临	miànlín	직면하다, 당면하다	面临危机 위기에 직면하다
190	描绘	miáohuì	묘사하다, 그려 내다	描绘风景 풍경을 그리다
191	瞄准	miáozhǔn	조준하다, 겨누다	瞄准目标 목표를 겨냥하다
192	命名	mìngmíng	명명하다, 이름 짓다	被命名为 ~로 명명되다
193	摸索	mōsuǒ	모색하다	摸索方法 방법을 모색하다
194	摩擦	mócā	마찰하다, 비비다	摩擦起电 마찰시켜 전기를 일으키다
195	模仿	mófǎng	모방하다, 흉내 내다	模仿声音 소리를 모방하다
196	磨练	móliàn	연마하다, 단련하다	磨练意志 의지를 단련시키다
197	谋求	móuqiú	강구하다, 모색하다	谋求利益 이익을 모색하다
198	目睹	mùdǔ	직접 보다, 목도하다	目睹事故 사고를 목격하다
199	捏	niē	집다, 잡다, 빚다	手指捏笔 손가락으로 펜을 잡다
200	扭转	niǔzhuǎn	되돌리다, 전환시키다	扭转局面 국면을 전환시키다

□□ 201	排除	páichú	제거하다, 없애다	排除障碍 장애를 제거하다
□□ 202	排放	páifàng	배출하다, 방류하다	排放污水 폐수를 배출하다
□□ 203	徘徊	páihuái	배회하다, 망설이다	徘徊不前 망설이며 앞으로 나아가지 못하다
□□ 204	抛弃	pāoqì	버리다, 포기하다	抛弃旧观念 낡은 관념을 버리다
□□ 205	培养	péiyǎng	기르다, 양성하다	培养能力 능력을 기르다
□□ 206	培育	péiyù	기르다, 육성하다	培育人才 인재를 육성하다
□□ 207	配备	pèibèi	배치하다, 두다	配备助手 조수를 두다
□□ 208	配合	pèihé	협력하다, 협조하다	互相配合 서로 협력하다
□□ 209	配套	pèitào	조립하다, 맞추다	配套设施 보조 설비, 부대 시설
□□ 210	烹饪	pēngrèn	요리하다	烹饪技术 요리 기술
□□ 211	捧	pěng	받들다, 받쳐 들다	手捧鲜花 손으로 꽃을 받쳐 들다
□□ 212	批判	pīpàn	비판하다, 지적하다	批判现实 현실을 비판하다
□□ 213	批评	pīpíng	비평하다, 꾸짖다	受到批评 비난을 받다
□□ 214	漂浮	piāofú	뜨다, 표류하다	在海上漂浮 바다 위를 떠다니다
□□ 215	拼命	pīnmìng	죽을 힘을 다하다	拼命工作 온 힘을 다해 일하다
□□ 216	品尝	pǐncháng	맛보다, 시식하다	品尝美食 맛있는 음식을 맛보다
□□ 217	评估	pínggū	평가하다	评估风险 위험성을 평가하다
□□ 218	铺	pū	(물건을) 깔다, 펴다	铺地毯 카펫을 깔다
□□ 219	普及	pǔjí	보급하다	普及法律 법률을 보급하다
□□ 220	欺骗	qīpiàn	속이다, 사기 치다	欺骗自己 자신을 속이다
□□ 221	歧视	qíshì	경시하다, 차별하다	歧视穷人 가난한 사람을 무시하다
□□ 222	启示	qǐshì	계시하다, 시사하다	启示后人 후세의 사람에게 시사하다
□□ 223	迁徙	qiānxǐ	이주하다	候鸟迁徙 철새가 이주하다
□□ 224	牵	qiān	끌다, 잡아끌다	牵手 손을 잡다
□□ 225	潜水	qiánshuǐ	잠수하다	潜水运动 스킨 스쿠버 다이빙

voca 010

226	强迫	qiǎngpò	강요하다	强迫接受 강제로 받아들이다
227	倾听	qīngtīng	경청하다	倾听意见 의견을 경청하다
228	请教	qǐngjiào	가르침을 청하다	请教问题 문제를 여쭙다
229	区分	qūfēn	구분하다, 분별하다	区分好坏 좋고 나쁨을 분별하다
230	权衡	quánhéng	비교하다, 따지다	权衡利弊 이해득실을 따지다
231	缺乏	quēfá	부족하다	缺乏条件 조건이 부족하다
232	缺席	quēxí	결석하다	缺席会议 회의에 결석하다
233	确立	quèlì	확립하다	确立地位 지위를 확립하다
234	燃烧	ránshāo	연소하다	蜡烛燃烧 양초가 타다
235	染	rǎn	염색하다, 물들이다	染成红色 붉은색으로 물들이다
236	让步	ràngbù	양보하다	决不让步 절대 양보하지 않다
237	扰乱	rǎoluàn	혼란시키다, 어지럽히다	扰乱秩序 질서를 어지럽히다
238	忍耐	rěnnài	인내하다, 견디다	无法忍耐 견딜 수가 없다
239	忍受	rěnshòu	이겨 내다, 참다	忍受痛苦 고통을 참다
240	认可	rènkě	승낙하다, 허가하다	认可实力 실력을 인정하다
241	容忍	róngrěn	용인하다, 참고 견디다	容忍错误 잘못을 용인하다
242	融化	rónghuà	녹다, 융해되다	冰雪融化 얼음과 눈이 녹다
243	丧失	sàngshī	잃어버리다, 상실하다	丧失斗志 투지를 잃다
244	刹车	shāchē	브레이크를 걸다	急刹车 급브레이크를 밟다
245	闪烁	shǎnshuò	반짝이다, 깜빡이다	星光闪烁 별빛이 반짝이다
246	擅长	shàncháng	뛰어나다, 잘하다	擅长烹饪 요리를 잘하다
247	擅自	shànzì	독단적으로 하다	擅自离开 무단으로 이탈하다
248	设立	shèlì	세우다, 설립하다	设立项目 프로젝트를 구축하다
249	设置	shèzhì	설치하다, 설립하다	设置障碍 장애물을 설치하다
250	涉及	shèjí	관련되다, 다루다	涉及范围 관련 범위

□□ 251	生存	shēngcún	생존하다	生存能力 생존 능력
□□ 252	生育	shēngyù	출산하다	生育子女 자녀를 출산하다
□□ 253	盛产	shèngchǎn	많이 생산하다	盛产水果 과일을 많이 생산하다
□□ 254	盛开	shèngkāi	활짝 피다, 만발하다	鲜花盛开 꽃이 활짝 피다
□□ 255	盛行	shèngxíng	성행하다, 널리 유행하다	风俗盛行 풍습이 성행하다
□□ 256	失踪	shīzōng	실종되다	孩子失踪 아이가 실종되다
□□ 257	施加	shījiā	주다, 가하다	施加压力 압력을 가하다
□□ 258	施展	shīzhǎn	(재능 등을) 발휘하다, 펼치다	施展才华 재능을 발휘하다
□□ 259	实行	shíxíng	실행하다	实行制度 제도를 실행하다
□□ 260	拾	shí	줍다, 집다	拾贝壳 조개를 줍다
□□ 261	试图	shìtú	시도하다	试图阻止 막으려고 시도하다
□□ 262	释放	shìfàng	석방하다, 방출하다	释放能量 에너지를 방출하다
□□ 263	收藏	shōucáng	소장하다, 보존하다	收藏古董 골동품을 소장하다
□□ 264	收缩	shōusuō	수축하다, 긴축하다	血管收缩 혈관 수축
□□ 265	疏忽	shūhu	소홀히 하다	疏忽细节 사소한 부분을 소홀히 하다
□□ 266	束缚	shùfù	구속하다, 속박하다	摆脱束缚 속박에서 벗어나다
□□ 267	树立	shùlì	수립하다, 세우다	树立榜样 본보기를 세우다
□□ 268	率领	shuàilǐng	거느리다, 이끌다	率领队伍 대오를 이끌다
□□ 269	思念	sīniàn	그리워하다	思念亲人 가족을 그리워하다
□□ 270	思索	sīsuǒ	사색하다, 깊이 생각하다	不加思索 생각하지 않다
□□ 271	苏醒	sūxǐng	되살아나다, 소생하다	苏醒过来 의식을 회복하다
□□ 272	塑造	sùzào	빚어서 만들다, 조소하다	塑造形象 이미지를 만들다
□□ 273	瘫痪	tānhuàn	반신불수가 되다, 마비되다	系统瘫痪 시스템이 마비되다
□□ 274	叹气	tànqì	탄식하다, 한숨을 짓다	唉声叹气 탄식하다
□□ 275	探索	tànsuǒ	탐색하다, 찾다	探索未知 미지의 것을 탐색하다

voca 012

□□	276	逃避	táobì	도피하다	逃避现实 현실을 도피하다
□□	277	陶醉	táozuì	도취하다	自我陶醉 자아도취
□□	278	淘汰	táotài	도태하다, 가려내다	淘汰旧产品 낡은 제품을 가려내다
□□	279	提拔	tíbá	발탁하다, 등용하다	提拔新人 새 인물을 등용하다
□□	280	提倡	tíchàng	제창하다	提倡学习 학습을 제창하다
□□	281	替代	tìdài	대체하다	替代产品 대체품
□□	282	调节	tiáojié	조절하다	调节温度 온도를 조절하다
□□	283	调整	tiáozhěng	조정하다	调整心态 마음을 다스리다
□□	284	挑战	tiǎozhàn	도전하다	面临挑战 도전에 직면하다
□□	285	跳跃	tiàoyuè	뛰어오르다, 도약하다	跳跃前进 도약하여 전진하다
□□	286	停泊	tíngbó	(배가) 정박하다, 머물다	停泊在港口 항구에 정박하다
□□	287	突破	tūpò	돌파하다, 극복하다	突破局限 한계를 극복하다
□□	288	涂抹	túmǒ	칠하다, 바르다	涂抹药水 물약을 바르다
□□	289	团结	tuánjié	단결하다, 뭉치다	团结一致 일치단결하다
□□	290	推迟	tuīchí	(일정을) 미루다	推迟会议 회의를 연기하다
□□	291	推广	tuīguǎng	널리 보급하다	推广产品 제품을 널리 보급하다
□□	292	推销	tuīxiāo	판로를 확장하다	推销产品 제품의 판로를 확장하다
□□	293	拖延	tuōyán	연기하다, 지연하다	拖延时间 시간을 끌다
□□	294	妥协	tuǒxié	타협하다, 타결되다	达成妥协 타협이 이루어지다
□□	295	挖	wā	파다	挖墙脚 지반을 허물다, 뿌리째 뒤흔들다
□□	296	挖掘	wājué	파다, 발굴하다	挖掘潜力 잠재력을 발굴하다
□□	297	歪曲	wāiqū	왜곡하다	歪曲事实 사실을 왜곡하다
□□	298	完善	wánshàn	완벽하다, 완벽하게 갖추다	完善制度 제도를 보완하다
□□	299	挽回	wǎnhuí	만회하다, 돌이키다	挽回损失 손실을 만회하다
□□	300	违背	wéibèi	위반하다, 위배하다	违背诺言 약속을 어기다

301	违反	wéifǎn	위반하다	违反规定 규정을 위반하다
302	维持	wéichí	유지하다, 지키다	维持生活 생활을 유지하다
303	围绕	wéirào	둘러싸다	围绕主题 주제를 중심으로 하다
304	委托	wěituō	위탁하다, 의뢰하다	委托律师 변호사에게 의뢰하다
305	喂	wèi	사육하다, 먹이다	喂食 먹이를 주다
306	牺牲	xīshēng	희생하다	英勇牺牲 용감하게 희생하다
307	熄灭	xīmiè	꺼지다, 소멸하다	灯火熄灭 등불이 꺼지다
308	掀起	xiānqǐ	자극하다, 불러일으키다	掀起高潮 붐을 일으키다
309	陷入	xiànrù	(불리한 지경에) 빠지다	陷入困境 곤경에 빠지다
310	相差	xiāngchà	서로 차이가 나다	相差无几 별 차이가 없다
311	相等	xiāngděng	같다, 대등하다	数量相等 수량이 같다
312	象征	xiàngzhēng	상징하다	象征意义 상징적인 의미
313	消除	xiāochú	없애다, 제거하다	消除隐患 잠재된 위험을 없애다
314	消毒	xiāodú	소독하다	消毒杀菌 소독 살균하다
315	消耗	xiāohào	소모하다	消耗能量 에너지를 소모하다
316	消灭	xiāomiè	멸하다, 사라지게 하다	消灭害虫 해충을 박멸하다
317	协助	xiézhù	협조하다	协助调查 조사에 협조하다
318	携带	xiédài	휴대하다	随身携带 몸에 휴대하다
319	泄气	xièqì	기가 죽다, 낙담하다	悲观泄气 비관하고 낙담하다
320	心疼	xīnténg	애석해하다	令人心疼 애처롭다, 가엽다, 안타깝다
321	信赖	xìnlài	신뢰하다, 신임하다	值得信赖 믿음직하다
322	修复	xiūfù	수리하여 복원하다	修复古籍 고서를 복원하다
323	修建	xiūjiàn	건설하다, 건축하다	修建桥梁 다리를 건축하다
324	宣扬	xuānyáng	선양하다, 널리 알리다	宣扬思想 사상을 선양하다
325	喧哗	xuānhuá	떠들썩하다, 떠들다	大声喧哗 큰 소리로 떠들다

voca 014

326	悬挂	xuánguà	걸다, 매달다	悬挂旗帜 깃발을 걸다
327	选拔	xuǎnbá	(인재를) 선발하다	选拔人才 인재를 선발하다
328	炫耀	xuànyào	자랑하다	炫耀财富 부를 과시하다
329	削弱	xuēruò	약화되다, 약해지다	削弱力量 힘을 약화시키다
330	熏陶	xūntáo	영향을 끼치다	受到熏陶 훈도를 받다, 영향을 받다
331	压缩	yāsuō	압축하다	压缩食品 고형식품
332	掩盖	yǎngài	덮어씌우다, 감추다	掩盖真相 진상을 감추다
333	厌恶	yànwù	혐오하다	厌恶人生 인생을 혐오하다
334	摇摆	yáobǎi	흔들거리다	摇摆不定 확고하지 못하고 흔들리다
335	遥控	yáokòng	원격 조종하다	遥控操作 원격 조작
336	遗传	yíchuán	유전하다	遗传基因 유전자
337	意料	yìliào	예상하다, 예측하다	出乎意料 뜻밖이다
338	营造	yíngzào	조성하다, 만들다	营造氛围 분위기를 조성하다
339	勇于	yǒngyú	용감하게 ~하다	勇于拼搏 용감하게 싸우다
340	涌现	yǒngxiàn	한꺼번에 나타나다	不断涌现 끊임없이 나타나다
341	犹如	yóurú	마치 ~와 같다	犹如一幅画 마치 한 폭의 그림과 같다
342	预防	yùfáng	예방하다	预防疾病 질병을 예방하다
343	冤枉	yuānwang	억울하다	冤枉好人 생사람에게 누명을 씌우다
344	孕育	yùnyù	낳아 기르다, 잉태하다	孕育生命 생명을 잉태하다
345	运行	yùnxíng	운행하다	运行轨道 운행 궤도
346	酝酿	yùnniàng	술을 담그다, 준비하다	酝酿计划 계획을 준비하다
347	蕴藏	yùncáng	잠재하다, 매장되다	蕴藏资源 자원이 매장되다
348	蕴含	yùnhán	내포하다	蕴含寓意 뜻을 내포하다
349	运输	yùnshū	운송하다	运输物资 물자를 운송하다
350	砸	zá	내리치다, 망치다	用石头砸 돌로 내리치다

□□ 351	栽	zāi	심다	栽树 나무를 심다
□□ 352	栽培	zāipéi	재배하다, 배양하다	栽培水稻 벼를 재배하다
□□ 353	在意	zàiyì	마음에 두다	毫不在意 조금도 개의치 않다
□□ 354	攒	zǎn	쌓다, 저축하다	攒钱 돈을 모으다
□□ 355	赞叹	zàntàn	감탄하며 찬미하다	赞叹不已 감탄해 마지않다
□□ 356	责怪	zéguài	원망하다, 나무라다	责怪他人 남을 원망하다
□□ 357	赠送	zèngsòng	증정하다, 선사하다	赠送礼品 선물을 증정하다
□□ 358	诈骗	zhàpiàn	속이다, 갈취하다	诈骗电话 보이스 피싱
□□ 359	占据	zhànjù	점거하다, 차지하다	占据地位 지위를 차지하다
□□ 360	占领	zhànlǐng	점령하다	占领市场 시장을 점령하다
□□ 361	着迷	zháomí	몰두하다, 사로잡히다	对游戏着迷 게임에 몰두하다
□□ 362	照射	zhàoshè	비치다, 비추다	日光照射 햇빛이 비치다
□□ 363	照耀	zhàoyào	밝게 비추다	照耀大地 대지를 밝게 비추다
□□ 364	折腾	zhēteng	뒤척이다, 되풀이하다, 괴로워하다	折腾一天 온종일 반복하다
□□ 365	遮挡	zhēdǎng	막다, 차단하다, 가리다	遮挡阳光 햇빛을 가리다
□□ 366	斟酌	zhēnzhuó	짐작하다, 숙고하다	再三斟酌 거듭 숙고하다
□□ 367	振奋	zhènfèn	진작시키다, 분발하다	振奋人心 민심을 진작시키다
□□ 368	振兴	zhènxīng	진흥하다, 흥성하게 하다	振兴产业 산업을 진흥시키다
□□ 369	振动	zhèndòng	진동하다	空气振动 공기 진동
□□ 370	震惊	zhènjīng	몹시 놀라게 하다	震惊世界 세상을 놀라게 하다
□□ 371	争夺	zhēngduó	쟁탈하다, 다투다	争夺名次 순위를 다투다
□□ 372	争议	zhēngyì	쟁의하다, 논쟁하다	发生争议 논쟁이 일다
□□ 373	征服	zhēngfú	정복하다	征服观众 관중을 정복하다
□□ 374	挣扎	zhēngzhá	힘써 버티다, 발버둥치다	奋力挣扎 필사적으로 발버둥치다
□□ 375	蒸发	zhēngfā	증발하다	水分蒸发 수분 증발

voca 016

□□ 376	支撑	zhīchēng	받치다, 지탱하다	支撑身体 몸을 지탱하다
□□ 377	指示	zhǐshì	지시하다	上级指示下级 상부에서 하부로 지시하다
□□ 378	指责	zhǐzé	지적하다	受到指责 지적을 받다
□□ 379	制止	zhìzhǐ	제지하다, 막다	制止犯罪 범죄를 제지하다
□□ 380	治理	zhìlǐ	다스리다, 통치하다	治理环境 환경을 다스리다
□□ 381	致力	zhìlì	힘쓰다, 애쓰다	致力于研究 연구에 힘쓰다
□□ 382	致使	zhìshǐ	~을 초래하다	致使受伤 부상을 초래하다
□□ 383	重视	zhòngshì	중시하다	受到重视 중시를 받다
□□ 384	种植	zhòngzhí	재배하다	种植小麦 밀을 재배하다
□□ 385	周转	zhōuzhuǎn	(자금이) 회전하다, 운용되다	周转资金 자금을 회전시키다
□□ 386	注射	zhùshè	주사하다	注射疫苗 백신을 주사하다
□□ 387	注视	zhùshì	주시하다	注视前方 전방을 주시하다
□□ 388	注重	zhùzhòng	중시하다	注重细节 사소한 부분을 중시하다
□□ 389	铸造	zhùzào	주조하다	铸造零件 부품을 주조하다
□□ 390	转达	zhuǎndá	전달하다	转达问候 안부를 전하다
□□ 391	转移	zhuǎnyí	옮기다, 전이하다	转移注意 주의를 돌리다
□□ 392	转折	zhuǎnzhé	전환하다	发生转折 변화가 생기다, 전환점이 생기다
□□ 393	着手	zhuóshǒu	착수하다, 시작하다	着手解决 해결에 착수하다
□□ 394	着想	zhuóxiǎng	고려하다, 염두에 두다	为他人着想 남을 위해 고려하다
□□ 395	着重	zhuózhòng	강조하다, 역점을 두다	着重阐述 중점을 두고 논술하다
□□ 396	自主	zìzhǔ	스스로 처리하다	自主研发 자체 연구개발하다
□□ 397	总结	zǒngjié	총정리하다	总结经验 경험을 총정리하다
□□ 398	钻研	zuānyán	깊이 연구하다	刻苦钻研 각고의 노력으로 깊이 연구하다
□□ 399	遵守	zūnshǒu	준수하다	遵守规则 규칙을 준수하다
□□ 400	琢磨	zuómo	깊이 생각하다	仔细琢磨 자세히 생각하다

2 필수 암기 단어 명사 BEST 400

voca 017

□□ 001	癌症	áizhèng	암	患癌症 암에 걸리다
□□ 002	暗示	ànshì	암시	心理暗示 심리적 암시
□□ 003	奥秘	àomì	신비, 비밀	宇宙的奥秘 우주의 신비
□□ 004	版本	bǎnběn	판본, 버전	最新版本 최신 버전
□□ 005	榜样	bǎngyàng	모범, 본보기	树立榜样 본보기를 세우다
□□ 006	报酬	bàochou	보수, 월급	获得报酬 보수를 받다
□□ 007	抱负	bàofù	포부	远大的抱负 원대한 포부
□□ 008	暴力	bàolì	폭력	暴力事件 폭력 사건
□□ 009	北极	běijí	북극	北极探险 북극 탐험
□□ 010	贝壳	bèiké	조개 껍질	拾贝壳 조개 껍질을 줍다
□□ 011	本能	běnnéng	본능	求生的本能 삶의 본능
□□ 012	本钱	běnqián	본전, 원금, 자본금	创业的本钱 창업 자본
□□ 013	本身	běnshēn	그 자신, 그 자체	事件本身 사건 자체
□□ 014	本事	běnshì	능력, 재능, 재주	很有本事 능력이 있다
□□ 015	比方	bǐfang	비유	打比方 비유하다
□□ 016	比重	bǐzhòng	비중	所占比重 차지하는 비중
□□ 017	弊端	bìduān	폐단, 병폐	根除弊端 폐단을 근절하다
□□ 018	臂	bì	팔	张开双臂 양팔을 벌리다
□□ 019	变故	biàngù	변고, 재난	发生变故 변고가 생기다
□□ 020	标本	biāoběn	표본	动物标本 동물 표본
□□ 021	标题	biāotí	표제, 제목	拟定标题 제목을 정하다
□□ 022	标志	biāozhì	상징, 표지	防伪标志 위조 방지 표지
□□ 023	表面	biǎomiàn	표면, 겉	从表面上看 표면적으로 보기에는
□□ 024	病毒	bìngdú	바이러스	感染病毒 바이러스에 감염되다

025	波涛	bōtāo	파도	波涛汹涌 파도가 거세다
026	博览会	bólǎnhuì	박람회	举办博览会 박람회를 개최하다
027	布局	bùjú	구도, 짜임새, 구성	布局合理 구성이 합리적이다
028	部位	bùwèi	부위	身体部位 신체 부위
029	才干	cáigàn	능력, 재간	领导才干 리더쉽
030	财富	cáifù	부(富), 재산, 자산	精神财富 정신적 자산
031	财务	cáiwù	재무	管理财务 경영 재무, 재무를 관리하다
032	裁判	cáipàn	심판	篮球裁判 농구 심판
033	仓库	cāngkù	창고, 곳간	清理仓库 창고를 정리하다
034	舱	cāng	객실, 선실	机舱 기내, 배의 기관실
035	层次	céngcì	단계	层次分明 단계가 분명하다
036	差别	chābié	차별, 차이, 구별	区分差别 차이를 구분하다
037	插座	chāzuò	콘센트, 소켓	插入插座 콘센트에 꽂다
038	刹那	chànà	찰나, 순간	刹那之间 순식간에
039	产业	chǎnyè	산업	产业升级 산업의 선진화
040	场面	chǎngmiàn	장면, 광경	场面热闹 광경이 떠들썩하다
041	钞票	chāopiào	지폐, 돈	一张钞票 지폐 한 장
042	巢穴	cháoxué	둥지, 소굴	建造巢穴 둥지를 만들다
043	朝代	cháodài	왕조의 연대, 조대	朝代更迭 왕조가 바뀌다
044	称号	chēnghào	칭호, 호칭	获得称号 칭호를 얻다
045	成本	chéngběn	원가, 자본금	制作成本 제작비
046	成分	chéngfèn	성분, 요소	营养成分 영양 성분
047	成果	chéngguǒ	성과, 결과	研究成果 연구 성과
048	成员	chéngyuán	구성원	家庭成员 가족 구성원
049	承诺	chéngnuò	승낙, 약속	兑现承诺 약속을 이행하다
050	诚信	chéngxìn	성실, 신용	讲诚信 신용을 지키다

051	赤道	chìdào	적도	靠近赤道 적도에 근접하다
052	出身	chūshēn	신분, 출신	演员出身 배우 출신
053	船舶	chuánbó	배, 선박	大型船舶 대형 선박
054	创新	chuàngxīn	창의성, 창조성	创新精神 창조 정신
055	次序	cìxù	차례, 순서	次序颠倒 순서가 바뀌다
056	挫折	cuòzhé	좌절, 실패	经历挫折 좌절을 겪다
057	淡季	dànjì	비성수기	旅游淡季 여행 비수기
058	淡水	dànshuǐ	담수, 민물	淡水资源 담수 자원
059	蛋白质	dànbáizhì	단백질	补充蛋白质 단백질을 보충하다
060	当场	dāngchǎng	당장, 현장에서	当场捕获 현장에서 체포하다
061	当初	dāngchū	당초, 애초	当初的选择 애초의 선택
062	档次	dàngcì	(품질 등의) 등급, 차등	提高档次 등급을 높이다
063	道德	dàodé	도덕	道德标准 도덕적 기준
064	稻谷	dàogǔ	벼	稻谷成熟 벼가 익다
065	灯笼	dēnglóng	등롱, 초롱	挂灯笼 등롱을 달다
066	等级	děngjí	등급, 계급	等级森严 위계가 엄격하다
067	堤坝	dībà	댐과 둑	堤坝崩溃 제방이 붕괴되다
068	地步	dìbù	(도달한) 정도, 지경	严重的地步 심각한 지경
069	巅峰	diānfēng	최고봉, 정상	巅峰时期 전성기
070	典礼	diǎnlǐ	의식, 행사	颁奖典礼 시상식
071	电源	diànyuán	전원	移动电源 보조 배터리
072	雕塑	diāosù	조소품, 조소하다	雕塑作品 조각 작품
073	定义	dìngyì	정의	下定义 정의를 내리다
074	动力	dònglì	동력, 원동력	学习的动力 학습의 원동력
075	队伍	duìwu	대오, 행렬	壮大队伍 대오를 강화하다

voca 020

□□ 076	对策	duìcè	대책	采取对策 대책을 강구하다
□□ 077	反感	fǎngǎn	반감	引起反感 반감을 사다
□□ 078	范畴	fànchóu	범주	经济学范畴 경제학 범주
□□ 079	方位	fāngwèi	방위, 방향	确定方位 방향을 확정하다
□□ 080	方言	fāngyán	방언	方言研究 방언 연구
□□ 081	肺	fèi	허파, 폐	心肺功能 심폐 기능
□□ 082	粉末	fěnmò	가루, 분말	研磨成粉末 갈아서 가루로 만들다
□□ 083	分量	fènliàng	무게, 분량	说话有分量 말에 무게가 있다
□□ 084	风光	fēngguāng	풍경, 경치	风光秀丽 풍경이 수려하다
□□ 085	风气	fēngqì	풍조, 기풍	社会风气 사회 풍조
□□ 086	风俗	fēngsú	풍속	风俗习惯 풍속 습관
□□ 087	风险	fēngxiǎn	위험	降低风险 위험을 낮추다
□□ 088	符号	fúhào	기호, 표기	表情符号 이모티콘
□□ 089	幅度	fúdù	정도, 폭, 너비	波动幅度 변동폭
□□ 090	福利	fúlì	복지, 복리	福利制度 복리 후생 제도
□□ 091	辐射	fúshè	방사, 복사	电脑辐射 컴퓨터 전자파
□□ 092	负担	fùdān	부담	家庭负担 가계 부담
□□ 093	附件	fùjiàn	부품, 부속품, 부속 문건	机器附件 기계 부품
□□ 094	钙	gài	칼슘	缺钙 칼슘이 부족하다
□□ 095	概念	gàiniàn	개념	抽象的概念 추상적인 개념
□□ 096	岗位	gǎngwèi	직장, 부서	工作岗位 근무처
□□ 097	港口	gǎngkǒu	항구, 항만	停泊在港口 항구에 정박하다
□□ 098	高潮	gāocháo	만조, 최고조, 절정	掀起高潮 붐을 일으키다
□□ 099	高峰	gāofēng	최고점, 절정	上班高峰 출근길 러쉬아워
□□ 100	格局	géjú	짜임새, 구조	工业格局 공업 구조

101	格式	géshì	격식, 양식	书写格式 서술 양식
102	个体	gètǐ	개체, 개인	个体与整体 개체와 전체
103	根源	gēnyuán	근원, 근본	问题的根源 문제의 근원
104	工艺品	gōngyìpǐn	공예품	传统工艺品 전통 공예품
105	功劳	gōngláo	공로	立功劳 공로를 세우다
106	功效	gōngxiào	효능, 효과	药用功效 약용 효과
107	功夫	gōngfu	무술, 시간	下功夫 공을 들이다
108	功能	gōngnéng	기능, 효능	大脑功能 대뇌 기능
109	公益	gōngyì	공익	公益事业 공익 사업
110	共鸣	gòngmíng	공명, 공감	产生共鸣 공감하다, 공감을 느끼다
111	构思	gòusī	구상	构思巧妙 구상이 교묘하다
112	古董	gǔdǒng	골동품	收藏古董 골동품을 수집하다
113	观念	guānniàn	관념, 의식	传统观念 전통 관념
114	股份	gǔfèn	주식	股份公司 주식회사
115	关键	guānjiàn	관건	关键要素 핵심 요소
116	规模	guīmó	규모	规模宏大 규모가 방대하다
117	轨道	guǐdào	궤도, 궤적	运行轨道 운행 궤도
118	海拔	hǎibá	해발	海拔高 해발이 높다
119	航天	hángtiān	우주 비행	航天技术 우주 기술
120	核心	héxīn	핵심	核心内容 핵심 내용
121	痕迹	hénjì	흔적, 자취	不留痕迹 흔적을 남기지 않다
122	洪水	hóngshuǐ	홍수	洪水泛滥 홍수가 범람하다
123	喉咙	hóulóng	목구멍, 인후	喉咙疼痛 목(구멍)이 아프다
124	后代	hòudài	후대, 후세	造福后代 후세 사람들을 행복하게 하다
125	湖泊	húpō	호수의 통칭	湖泊面积 호수의 면적

voca 022

126	化石	huàshí	화석	活化石 살아 있는 화석
127	环节	huánjié	일환	生产环节 생산 체인
128	患者	huànzhě	환자, 병자	护理患者 환자를 간호하다
129	活力	huólì	활력, 생기	充满活力 활력이 넘치다
130	火箭	huǒjiàn	불화살, 로켓	发射火箭 로켓을 발사하다
131	货币	huòbì	화폐	发行货币 화폐를 발행하다
132	机构	jīgòu	기구	政府机构 정부기관
133	基因	jīyīn	유전자, 유전 인자	遗传基因 유전자
134	级别	jíbié	등급, 단계	级别高低 등급의 높이
135	极端	jíduān	극단, 아주	走向极端 극단으로 치닫다
136	极限	jíxiàn	극한, 최대한도	达到极限 극한에 도달하다
137	疾病	jíbìng	병, 질병	预防疾病 질병을 예방하다
138	集团	jítuán	집단, 단체	利益集团 이익 집단
139	技巧	jìqiǎo	기교, 테크닉	熟练的技巧 숙련된 기교
140	季度	jìdù	사분기(四分期), 분기	季度报表 분기 보고서
141	纪念	jìniàn	기념(하다)	纪念活动 기념 행사
142	奖励	jiǎnglì	(격려하는) 상, 상금	精神奖励 정신적 장려
143	见解	jiànjiě	견해, 의견	独特的见解 독특한 견해
144	见闻	jiànwén	견문	增长见闻 견문을 넓히다
145	基金	jījīn	기금, 펀드	教育基金 교육 기금
146	键盘	jiànpán	키보드	键盘输入 키보드 입력
147	焦点	jiāodiǎn	초점	关注的焦点 관심의 초점
148	角落	jiǎoluò	구석, 모퉁이	黑暗的角落 어두운 모퉁이
149	教训	jiàoxùn	교훈(하다)	总结教训 교훈을 총정리하다
150	教养	jiàoyǎng	교양	缺乏教养 교양이 부족하다

□□ 151	阶段	jiēduàn	단계	试行阶段 시행 단계
□□ 152	节奏	jiézòu	리듬, 박자	生活节奏 생활 리듬
□□ 153	结晶	jiéjīng	결정, 소중한 성과	劳动的结晶 노동의 성과
□□ 154	结局	jiéjú	결말, 결과	比赛的结局 시합의 결과
□□ 155	金融	jīnróng	금융	金融危机 금융 위기
□□ 156	进展	jìnzhǎn	진전(하다)	取得进展 진전을 보이다
□□ 157	茎	jīng	(식물의) 줄기	茎和根 줄기와 뿌리
□□ 158	颈椎	jǐngzhuī	경추, 목등뼈	颈椎病 경추 질환
□□ 159	境界	jìngjiè	경계, 경지	思想境界 사상의 경지
□□ 160	镜头	jìngtóu	렌즈, 장면	电影镜头 영화의 장면
□□ 161	酒精	jiǔjīng	알코올	酒精含量 알코올 함량
□□ 162	居民	jūmín	주민, 거주민	城市居民 도시인
□□ 163	局部	júbù	국부, (일)부분	局部地区 일부 지역
□□ 164	剧本	jùběn	극본, 각본	电影剧本 영화 대본
□□ 165	卡通	kǎtōng	만화 영화, 애니메이션	卡通形象 캐릭터
□□ 166	开支	kāizhī	지출(하다)	节省开支 지출을 절약하다
□□ 167	考古	kǎogǔ	고고학, 고고학을 연구하다	考古学家 고고학자
□□ 168	科目	kēmù	과목, 항목	考试科目 시험 과목
□□ 169	客户	kèhù	고객, 거래처	尊重客户 고객을 존중하다
□□ 170	孔	kǒng	구멍	钻孔 구멍을 뚫다
□□ 171	空白	kòngbái	공백, 여백	一片空白 텅 비다
□□ 172	空隙	kòngxì	틈, 간격	填满空隙 틈을 메우다
□□ 173	口号	kǒuhào	구호, 슬로건	以…为口号 ~을 구호로 삼다
□□ 174	口气	kǒuqì	어조, 말투	埋怨的口气 원망스러운 말투
□□ 175	口腔	kǒuqiāng	구강	口腔卫生 구강 위생

voca 024

□□ 176	口头	kǒutóu	구두	口头传达 구두로 전해지다
□□ 177	款式	kuǎnshì	격식, 스타일	款式多样 스타일이 다양하다
□□ 178	矿产	kuàngchǎn	광산물	矿产资源 광산 자원
□□ 179	框架	kuàngjià	틀, 뼈대	制定框架 틀을 짜다
□□ 180	蜡烛	làzhú	양초	熄灭蜡烛 촛불이 꺼지다
□□ 181	来历	láilì	이력, 내력	来历不明 이력이 분명하지 않다
□□ 182	来源	láiyuán	근원, 출처	信息的来源 정보의 출처
□□ 183	乐趣	lèqù	즐거움, 재미	生活乐趣 생활의 즐거움
□□ 184	雷	léi	우레, 천둥	闪电和雷 번개와 천둥
□□ 185	礼节	lǐjié	예절	遵守礼节 예절을 지키다
□□ 186	理智	lǐzhì	이성과 지혜	保持理智 이성을 유지하다
□□ 187	历代	lìdài	역대	历代名人 역대 명인
□□ 188	立场	lìchǎng	입장, 태도	表明立场 입장을 밝히다
□□ 189	利害	lìhài	이익과 손해	利害得失 이해득실
□□ 190	例外	lìwài	예외	无一例外 예외가 하나도 없다
□□ 191	良心	liángxīn	양심	凭良心 양심에 맡기다
□□ 192	灵感	línggǎn	영감	创作灵感 창작의 영감
□□ 193	灵魂	línghún	영혼, 마음	人物的灵魂 인물의 영혼
□□ 194	凌晨	língchén	이른 새벽	凌晨时分 동틀 무렵
□□ 195	零件	língjiàn	부품, 부속품	更换零件 부품을 교체하다
□□ 196	领袖	lǐngxiù	지도자	领袖气质 카리스마
□□ 197	码头	mǎtóu	부두, 선창	停靠在码头 부두에 정박하다
□□ 198	蚂蚁	mǎyǐ	개미	蚂蚁巢穴 개미집
□□ 199	漫画	mànhuà	만화	连载漫画 만화를 연재하다
□□ 200	媒介	méijiè	매개자, 매개체	沟通的媒介 소통의 매개체

□□ 201	魅力	mèilì	매력	人格魅力 인격적인 매력
□□ 202	棉花	miánhuā	목화, 솜	种植棉花 목화를 심다
□□ 203	免疫	miǎnyì	면역	免疫力 면역력
□□ 204	面貌	miànmào	용모, 생김새, 양상	精神面貌 정신 상태
□□ 205	面子	miànzi	체면	碍于面子 체면 때문에
□□ 206	民间	mínjiān	민간	民间传说 민간 전설
□□ 207	名次	míngcì	석차, 순위	取得名次 순위를 차지하다
□□ 208	名誉	míngyù	명예	有损名誉 명예를 손상시키다
□□ 209	模式	móshì	양식, 패턴	管理模式 관리 패턴
□□ 210	墨水儿	mòshuǐr	먹물, 지식	蘸墨水儿 먹물을 묻히다
□□ 211	模样	múyàng	모양, 모습, 상황	从前的模样 옛 모습
□□ 212	目光	mùguāng	시선, 눈길	目光短浅 시야가 좁다
□□ 213	内涵	nèihán	내포, 의미	内涵丰富 내포된 내용이 풍부하다
□□ 214	能量	néngliàng	에너지, 능력	消耗能量 에너지를 소모하다
□□ 215	农历	nónglì	음력	农历新年 음력 설
□□ 216	泡沫	pàomò	(물)거품	经济泡沫 경제 거품
□□ 217	偏见	piānjiàn	편견, 선입견	消除偏见 편견을 버리다
□□ 218	片刻	piànkè	잠깐, 잠시	稍等片刻 잠시 기다리다
□□ 219	品德	pǐndé	인품과 덕성, 품성	品德高尚 품성이 고상하다
□□ 220	品种	pǐnzhǒng	품종	品种多样 품종이 다양하다
□□ 221	屏幕	píngmù	스크린	电脑屏幕 컴퓨터 화면, 모니터
□□ 222	屏障	píngzhàng	장벽, 보호벽	设置屏障 장벽을 설치하다
□□ 223	瀑布	pùbù	폭포(수)	壮观的瀑布 장관인 폭포
□□ 224	期限	qīxiàn	기한, 시한	延长期限 기한을 연장하다
□□ 225	起源	qǐyuán	기원	人类的起源 인류의 기원

voca 026

□□ 226	气势	qìshì	기세	气势宏伟 기세가 웅장하다
□□ 227	气压	qìyā	기압	气压下降 기압이 내려가다
□□ 228	气质	qìzhì	기질, 성미	气质高贵 기질이 고귀하다
□□ 229	器材	qìcái	기자재, 기구	健身器材 헬스 기구
□□ 230	器官	qìguān	(생물의) 기관	身体器官 신체 기관
□□ 231	气象	qìxiàng	기상, 일기	气象预报 기상 예보
□□ 232	前景	qiánjǐng	전경, 전망	发展前景 발전 전망
□□ 233	前提	qiántí	전제	前提条件 전제 조건
□□ 234	潜力	qiánlì	잠재 능력	发掘潜力 잠재 능력을 발굴하다
□□ 235	桥梁	qiáoliáng	교량, 다리, 중개자	修建桥梁 다리를 건설하다
□□ 236	窍门	qiàomén	비결, 요령	生活窍门 생활의 요령
□□ 237	倾向	qīngxiàng	경향, 추세	犯罪倾向 범죄 성향
□□ 238	清晨	qīngchén	새벽녘, 동틀 무렵	宁静的清晨 고요한 새벽
□□ 239	情节	qíngjié	플롯, 줄거리	电影情节 영화 줄거리
□□ 240	情景	qíngjǐng	정경	描绘情景 정경을 그리다
□□ 241	情绪	qíngxù	정서, 기분	情绪低落 기분이 가라앉다
□□ 242	趋势	qūshì	추세, 경향	呈现…趋势 ~한 경향이 나타나다
□□ 243	曲子	qǔzi	노래, 곡	演奏曲子 곡을 연주하다
□□ 244	拳头	quántou	주먹	握紧拳头 주먹을 꼭 쥐다
□□ 245	缺陷	quēxiàn	결함, 결점	结构缺陷 구조적 결함
□□ 246	热门	rèmén	인기 있는 것	热门话题 핫이슈, 인기 화제
□□ 247	人格	réngé	인격	多重人格 다중 인격
□□ 248	荣誉	róngyù	명예, 영예	荣誉证书 명예 증서
□□ 249	容貌	róngmào	용모, 생김새	容貌端正 용모가 단정하다
□□ 250	容器	róngqì	용기	密封的容器 밀폐된 용기

□□ 251	融资	róngzī	융자	融资方式 융자 방식
□□ 252	弱点	ruòdiǎn	약점, 단점	克服弱点 약점을 극복하다
□□ 253	散文	sǎnwén	산문	诗歌和散文 시와 산문
□□ 254	沙漠	shāmò	사막	穿越沙漠 사막을 지나가다
□□ 255	山脉	shānmài	산맥	绵延的山脉 길게 이어져 있는 산맥
□□ 256	舌头	shétou	혀	伸舌头 혀를 내밀다, 혀를 내두르다
□□ 257	神经	shénjīng	신경	神经麻痹 신경 마비
□□ 258	神态	shéntài	표정과 태도	神态自然 표정과 태도가 자연스럽다
□□ 259	审美	shěnměi	심미	审美观念 심미관
□□ 260	生机	shēngjī	활력, 생기	生机勃勃 생기가 넘쳐흐르다
□□ 261	生理	shēnglǐ	생리	生理结构 생리적 구조
□□ 262	生态	shēngtài	생태	生态系统 생태계
□□ 263	生物	shēngwù	생물	海洋生物 해양 생물
□□ 264	生肖	shēngxiào	(사람의) 띠	十二生肖 십이지
□□ 265	声誉	shēngyù	명성, 명예	享有声誉 명성을 누리다
□□ 266	胜负	shèngfù	승부, 승패	比赛胜负 시합의 승패
□□ 267	石油	shíyóu	석유	石油资源 석유 자원
□□ 268	实力	shílì	실력	实力雄厚 실력이 막강하다
□□ 269	世代	shìdài	여러 대, 세대	世代流传 대대로 전해지다
□□ 270	势力	shìlì	세력	扩大势力 세력을 넓히다
□□ 271	事故	shìgù	사고	交通事故 교통사고
□□ 272	事迹	shìjì	사적	英雄事迹 영웅의 사적
□□ 273	事件	shìjiàn	사건	新闻事件 뉴스 사건
□□ 274	事业	shìyè	사업	教育事业 교육 사업
□□ 275	视力	shìlì	시력	视力衰弱 시력이 약해지다

voca 028

276	视频	shìpín	동영상	制作视频 동영상을 제작하다
277	收益	shōuyì	수익, 이득	创造收益 수익을 창출하다
278	首饰	shǒushì	장신구	佩戴首饰 장신구를 착용하다
279	手艺	shǒuyì	솜씨	手艺精湛 솜씨가 뛰어나다
280	寿命	shòumìng	목숨, 생명	缩短寿命 수명을 단축하다
281	书法	shūfǎ	서예	书法艺术 서예 예술
282	书籍	shūjí	서적, 책	翻阅书籍 책을 훑어보다
283	书面	shūmiàn	서면, 지면	书面材料 서면 자료
284	数据	shùjù	데이터, 수치	统计数据 통계 데이터
285	瞬间	shùnjiān	순간	瞬间消失 순식간에 사라지다
286	思维	sīwéi	사유, 생각	思维活跃 사고가 활발하다
287	俗话	súhuà	속담, 옛말	古老的俗话 오래된 속담
288	素质	sùzhì	소양, 자질	素质教育 전인 교육
289	岁月	suìyuè	세월	岁月流逝 세월이 흐르다
290	隧道	suìdào	터널	开凿隧道 터널을 뚫다
291	损失	sǔnshī	손해, 손실	蒙受损失 손해를 보다
292	塑料	sùliào	플라스틱	塑料制品 플라스틱 제품
293	太空	tàikōng	우주	太空探测 우주 탐사
294	陶瓷	táocí	도자기	陶瓷艺术 도자기 예술
295	提示	tíshì	힌트, 도움말	提示信息 알림 메시지
296	体系	tǐxì	체계, 체제	管理体系 관리 체계
297	天赋	tiānfù	타고난 재능	富有天赋 재능이 다분하다
298	天然气	tiānránqì	천연가스	运输天然气 천연가스를 수송하다
299	天文	tiānwén	천문	天文地理 천문 지리
300	田径	tiánjìng	육상 경기	田径赛场 육상 경기장

□□	301	条理	tiáolǐ	조리, 순서	条理清晰 순서가 분명하다
□□	302	通讯	tōngxùn	통신	通讯工具 통신 수단
□□	303	铜	tóng	동, 구리	金银铜 금은동
□□	304	童话	tónghuà	동화	童话故事 동화 이야기
□□	305	统计	tǒngjì	통계	统计数据 통계 데이터
□□	306	徒弟	túdì	도제, 제자	师傅和徒弟 스승과 제자
□□	307	途径	tújìng	방법, 경로	传播途径 전파 경로
□□	308	土壤	tǔrǎng	토양	土壤肥沃 토양이 비옥하다
□□	309	团体	tuántǐ	단체, 집단	慈善团体 자선 단체
□□	310	外表	wàibiǎo	겉모습, 외모	外表与内心 겉과 속
□□	311	外界	wàijiè	외계, 외부	外界环境 외부 환경
□□	312	往常	wǎngcháng	평소, 평상시	与往常一样 평소와 같다
□□	313	往事	wǎngshì	지난 일, 옛일	难忘的往事 잊기 힘든 지난 일
□□	314	危机	wēijī	위기	陷入危机 위기에 빠지다
□□	315	维生素	wéishēngsù	비타민	补充维生素 비타민을 보충하다
□□	316	文物	wénwù	문물, 문화재	保护文物 문화재를 보호하다
□□	317	文艺	wényì	문예	文艺作品 문예 작품
□□	318	舞蹈	wǔdǎo	무도, 춤	舞蹈表演 댄스 퍼포먼스
□□	319	物质	wùzhì	물질	物质条件 물질적인 조건
□□	320	物资	wùzī	물자	物资充足 물자가 충분하다
□□	321	误差	wùchā	오차	减少误差 오차를 줄이다
□□	322	膝盖	xīgài	무릎	膝盖受伤 무릎을 다치다
□□	323	夕阳	xīyáng	석양	夕阳西下 석양이 (서쪽으로) 지다
□□	324	习俗	xísú	풍속, 습속	传统习俗 전통 풍습
□□	325	系列	xìliè	계열, 시리즈	系列产品 시리즈 제품

voca 030

326	细胞	xìbāo	세포	细胞衰老 세포 노화
327	细节	xìjié	세부, 자세한 부분	在意细节 사소한 부분에 신경 쓰다
328	细菌	xìjūn	세균	滋生细菌 세균이 번식하다
329	现场	xiànchǎng	현장	现场报道 현장 보도
330	陷阱	xiànjǐng	함정	掉入陷阱 함정에 빠지다
331	相声	xiàngsheng	재담, 만담	相声表演 만담 공연
332	肖像	xiàoxiàng	초상, 사진	人物肖像 인물 초상
333	效率	xiàolǜ	효율	提高效率 효율을 높이다
334	效益	xiàoyì	효과와 이익	经济效益 경제적 효과와 이익
335	屑	xiè	부스러기, 찌꺼기	铅笔屑 연필 부스러기
336	心灵	xīnlíng	정신, 영혼, 마음	纯洁的心灵 순결한 마음
337	心态	xīntài	심리 상태	健康的心态 건강한 마음가짐
338	薪水	xīnshui	봉급, 급여	薪水丰厚 봉급이 넉넉하다
339	信念	xìnniàn	신념, 믿음	坚定的信念 확고한 신념
340	信誉	xìnyù	평판, 신용	恢复信誉 신용을 회복하다
341	形态	xíngtài	형태	形态各异 형태가 각기 다르다
342	性能	xìngnéng	성능	性能良好 성능이 좋다
343	修养	xiūyǎng	수양, 교양	艺术修养 예술적 교양
344	需求	xūqiú	수요, 필요	满足需求 수요를 만족시키다
345	旋律	xuánlǜ	선율, 멜로디	优美的旋律 아름다운 선율
346	选手	xuǎnshǒu	선수	参赛选手 출전 선수
347	血压	xuèyā	혈압	高血压 고혈압
348	沿海	yánhǎi	연해	沿海地区 연해 지역
349	言论	yánlùn	언론	言论自由 언론의 자유
350	岩石	yánshí	암석, 바위	坚硬的岩石 단단한 바위

□□ 351	氧气	yǎngqì	산소	吸入氧气 산소를 마시다
□□ 352	样品	yàngpǐn	샘플, 견본	产品样品 제품 견본
□□ 353	要素	yàosù	요소	基础要素 기초 요소
□□ 354	液体	yètǐ	액체	固体和液体 고체와 액체
□□ 355	遗产	yíchǎn	유산	文化遗产 문화유산
□□ 356	仪式	yíshì	의식	升旗仪式 게양식
□□ 357	意识	yìshi	의식	自我意识 자의식
□□ 358	意图	yìtú	의도	意图不明 의도가 확실치 않다
□□ 359	意向	yìxiàng	의향, 의도	表明意向 의사를 밝히다
□□ 360	意志	yìzhì	의지	意志坚定 의지가 굳다
□□ 361	毅力	yìlì	굳센 의지, 끈기	缺乏毅力 끈기가 부족하다
□□ 362	因素	yīnsù	요소	决定因素 결정 요소
□□ 363	隐患	yǐnhuàn	잠복해 있는 폐해	消除隐患 잠재된 위험을 없애다
□□ 364	隐私	yǐnsī	사생활	个人隐私 개인 프라이버시
□□ 365	饮食	yǐnshí	음식	饮食习惯 식습관
□□ 366	用户	yònghù	사용자, 가입자	手机用户 모바일 사용자
□□ 367	用途	yòngtú	용도	用途广泛 용도가 넓다
□□ 368	宇宙	yǔzhòu	우주	宇宙的奥秘 우주의 신비
□□ 369	寓言	yùyán	우화	寓言故事 우화 이야기
□□ 370	元素	yuánsù	원소	营养元素 영양소
□□ 371	园林	yuánlín	원림, 정원	古典园林 고전적 정원
□□ 372	原理	yuánlǐ	원리	科学原理 과학 원리
□□ 373	原先	yuánxiān	원래, 본래	原先的计划 원래의 계획
□□ 374	缘故	yuángù	연고, 원인	天气的缘故 날씨 탓
□□ 375	源泉	yuánquán	원천	创作的源泉 창작의 원천

voca 032

376	灾害	zāihài	재해	自然灾害 자연 재해
377	灾难	zāinàn	재난	巨大的灾难 엄청난 재난
378	造型	zàoxíng	형상, 조형	独特的造型 독특한 조형
379	噪音	zàoyīn	소음	噪音污染 소음 공해
380	渣	zhā	찌꺼기	面包渣 빵 부스러기
381	掌声	zhǎngshēng	박수 소리	响起掌声 박수 소리가 울려 퍼지다
382	障碍	zhàng'ài	장애물	扫除障碍 장애물을 제거하다
383	真理	zhēnlǐ	진리	追求真理 진리를 추구하다
384	真相	zhēnxiàng	진상, 실상	真相大白 진상이 명백히 밝혀지다
385	枕头	zhěntou	베개	枕枕头 베개를 베다
386	症状	zhèngzhuàng	증상, 증세	症状恶化 증세가 악화되다
387	之际	zhījì	때, 즈음	春节之际 설날 무렵
388	支出	zhīchū	지출(하다)	财政支出 재정 지출
389	支柱	zhīzhù	지주, 받침대, 버팀목	精神支柱 정신적 지주
390	枝	zhī	가지	枝繁叶茂 가지가 많고 잎이 무성하다
391	脂肪	zhīfáng	지방	脂肪含量 지방 함량
392	指标	zhǐbiāo	지표, 수치	生产指标 생산 지표
393	智慧	zhìhuì	지혜	充满智慧 지혜가 넘치다
394	种子	zhǒngzi	종자, 씨앗	播撒种子 씨를 뿌리다
395	昼夜	zhòuyè	주야, 밤낮	昼夜不休 밤낮을 쉬지 않다
396	皱纹	zhòuwén	주름(살)	催生皱纹 주름살 생성을 촉진하다
397	主流	zhǔliú	주류	主流思想 주류 사상
398	踪迹	zōngjì	종적, 자취	寻觅踪迹 종적을 찾다
399	宗旨	zōngzhǐ	취지, 목적	以…为宗旨 ~을 취지로 삼다
400	总和	zǒnghé	합계	产量的总和 생산량의 합계

3 필수 암기 단어 형용사 BEST 200

voca 033

□□ 001	昂贵	ángguì	비싸다	价格昂贵 가격이 비싸다
□□ 002	盎然	àngrán	넘쳐흐르는 모양	盎然的春色 완연한 봄빛
□□ 003	凹凸	āotū	울퉁불퉁하다	凹凸不平 울퉁불퉁 고르지 않다
□□ 004	饱和	bǎohé	포화 상태에 이르다	饱和状态 포화 상태
□□ 005	被动	bèidòng	피동적이다, 수동적이다	被动局面 수동적인 국면
□□ 006	笨拙	bènzhuō	멍청하다, 우둔하다	动作笨拙 동작이 굼뜨다
□□ 007	扁	biǎn	평평하다, 납작하다	被压扁了 눌려서 납작해지다
□□ 008	便利	biànlì	편리하다	交通便利 교통이 편리하다
□□ 009	别致	biézhì	색다르다, 별나다	构思别致 구상이 특이하다
□□ 010	薄弱	bóruò	박약하다, 취약하다	基础薄弱 기초가 약하다
□□ 011	残酷	cánkù	잔혹하다, 냉혹하다	残酷的现实 잔혹한 현실
□□ 012	灿烂	cànlàn	찬란하다, 눈부시다	灿烂的文化 찬란한 문화
□□ 013	嘈杂	cáozá	떠들썩하다, 시끌벅적하다	嘈杂的环境 시끌벅적한 환경
□□ 014	草率	cǎoshuài	적당히 하다, 경솔하다	行动草率 행동이 경솔하다
□□ 015	长寿	chángshòu	장수하다, 오래 살다	长寿老人 장수 노인
□□ 016	超级	chāojí	최상급의, 뛰어난	超级明星 슈퍼 스타
□□ 017	潮湿	cháoshī	습하다, 축축하다	环境潮湿 환경이 습하다
□□ 018	陈旧	chénjiù	낡다, 오래 되다, 케케묵다	陈旧的设备 오래된 설비
□□ 019	吃力	chīlì	힘들다, 고달프다	感到吃力 힘들다고 느끼다
□□ 020	迟钝	chídùn	둔하다, 굼뜨다	反应迟钝 반응이 느리다
□□ 021	迟缓	chíhuǎn	느리다, 완만하다	动作迟缓 행동이 느리다
□□ 022	充实	chōngshí	충실하다, 풍부하다	充实的生活 충실한 생활
□□ 023	崇高	chónggāo	숭고하다, 고상하다	崇高的思想 숭고한 사상
□□ 024	纯洁	chúnjié	순결하다	纯洁的白雪 순결한 흰 눈

□□ 025	慈善	císhàn	자선을 베풀다	慈善活动	자선 활동
□□ 026	脆弱	cuìruò	연약하다, 취약하다	意志脆弱	의지가 약하다
□□ 027	大意	dàyì	부주의하다, 소홀하다	行事大意	일을 소홀히 하다
□□ 028	典型	diǎnxíng	전형적인	典型的例子	전형적인 예
□□ 029	对称	duìchèn	대칭이다	左右对称	좌우가 대칭이다
□□ 030	额外	éwài	정액 외의, 초과한	额外支出	초과 지출
□□ 031	恶劣	èliè	열악하다	条件恶劣	조건이 열악하다
□□ 032	繁荣	fánróng	번영하다, 번창하다	经济繁荣	경제가 번창하다
□□ 033	肥沃	féiwò	비옥하다	土壤肥沃	토양이 비옥하다
□□ 034	分明	fēnmíng	명확하다, 분명하다	公私分明	공사가 분명하다
□□ 035	分歧	fēnqí	불일치하다, 어긋나다	意见分歧	의견이 갈리다
□□ 036	愤怒	fènnù	분노하다	感到愤怒	분노를 느끼다
□□ 037	丰盛	fēngshèng	풍성하다, 성대하다	丰盛的晚餐	푸짐한 저녁 식사
□□ 038	锋利	fēnglì	날카롭다, 예리하다	锋利的小刀	날카로운 칼
□□ 039	富裕	fùyù	부유하다	富裕的生活	부유한 생활
□□ 040	尴尬	gāngà	입장이 난처하다, 어색하다	气氛尴尬	분위기가 어색하다
□□ 041	干燥	gānzào	건조하다, 마르다	天气干燥	날씨가 건조하다
□□ 042	公正	gōngzhèng	공정하다	执法公正	법 집행이 공정하다
□□ 043	恭敬	gōngjìng	공손하다, 정중하다	态度恭敬	태도가 공손하다
□□ 044	孤独	gūdú	고독하다, 외롭다	孤独的身影	고독한 모습
□□ 045	固有	gùyǒu	고유의	固有的文化	고유의 문화
□□ 046	广泛	guǎngfàn	광범하다, 범위가 넓다	应用广泛	응용 범위가 넓다
□□ 047	果断	guǒduàn	결단력 있다	果断的决定	과감한 결정
□□ 048	过度	guòdù	과도하다, 지나치다	过度浪费	지나치게 낭비하다
□□ 049	罕见	hǎnjiàn	보기 드물다, 희한하다	罕见的案例	보기 드문 사례
□□ 050	和蔼	hé'ǎi	상냥하다, 부드럽다	和蔼可亲	상냥하고 친절하다

□□ 051	和谐	héxié	잘 어울리다, 조화롭다	和谐的关系 조화로운 관계
□□ 052	合理	hélǐ	합리적이다	合理搭配 합리적으로 배합하다
□□ 053	宏伟	hóngwěi	웅장하다, 장엄하다	气势宏伟 기세가 웅장하다
□□ 054	华丽	huálì	화려하다, 아름답다	华丽的舞台 화려한 무대
□□ 055	缓慢	huǎnmàn	느리다, 더디다	动作缓慢 동작이 느리다
□□ 056	荒凉	huāngliáng	황량하다, 쓸쓸하다	荒凉的景象 쓸쓸한 정경
□□ 057	辉煌	huīhuáng	(빛이) 휘황찬란하다	辉煌的业绩 눈부신 업적
□□ 058	混乱	hùnluàn	혼란하다, 문란하다	混乱的局面 혼란스러운 국면
□□ 059	活跃	huóyuè	활동적이다, 활기차다	气氛活跃 분위기가 활기차다
□□ 060	机智	jīzhì	기지가 넘치다	机智过人 기지가 뛰어나다
□□ 061	急切	jíqiè	절박하다, 다급하다	急切的需求 절박한 요구
□□ 062	急躁	jízào	초조해하다, 성급하다	性格急躁 성격이 성급하다
□□ 063	寂静	jìjìng	조용하다, 고요하다	寂静的夜晚 고요한 밤
□□ 064	尖端	jiānduān	첨단의	尖端技术 첨단 기술
□□ 065	艰巨	jiānjù	어렵고 힘들다, 막중하다	任务艰巨 임무가 막중하다
□□ 066	尖锐	jiānruì	날카롭다, 예리하다	尖锐的观点 날카로운 관점
□□ 067	艰难	jiānnán	곤란하다, 힘들다	道路艰难 길이 험난하다
□□ 068	间接	jiànjiē	간접적인	间接原因 간접적인 원인
□□ 069	焦急	jiāojí	초조하다, 조급해하다	焦急的心情 초조한 마음
□□ 070	侥幸	jiǎoxìng	운이 좋다, 요행이다	侥幸心理 요행 심리
□□ 071	杰出	jiéchū	빼어나다, 출중하다	杰出人物 출중한 인물
□□ 072	紧迫	jǐnpò	긴박하다, 급박하다	时间紧迫 시간이 촉박하다
□□ 073	惊讶	jīngyà	의아스럽다, 놀랍다	惊讶的表情 놀란 표정
□□ 074	精心	jīngxīn	정성을 들이다	精心准备 정성을 들여 준비하다
□□ 075	敬业	jìngyè	자기 일에 최선을 다하다	敬业精神 프로 정신

voca 036

076	倔强	juéjiàng	강하고 고집이 세다	倔强的脾气 고집이 센 성격
077	均匀	jūnyún	균등하다	分布均匀 분포가 고르다
078	开朗	kāilǎng	명랑하다, 쾌활하다	开朗的性格 명랑한 성격
079	可观	kěguān	대단하다, 볼 만하다	收入可观 수입이 상당하다
080	可靠	kěkào	믿을 만하다	可靠的消息 믿을 만한 소식
081	可口	kěkǒu	맛있다, 입에 맞다	美味可口 (음식이) 맛깔스럽다
082	客观	kèguān	객관적인	客观条件 객관적인 조건
083	枯燥	kūzào	지루하다, 무미건조하다	枯燥的生活 지루한 생활
084	宽敞	kuānchǎng	넓다	宽敞的房间 넓은 방
085	懒惰	lǎnduò	나태하다, 게으르다	懒惰无能 게으르고 무능하다
086	乐观	lèguān	낙관적이다	积极乐观 긍정적이고 낙관적이다
087	连锁	liánsuǒ	연쇄적인	连锁反应 연쇄 반응
088	吝啬	lìnsè	인색하다	为人吝啬 사람됨이 인색하다
089	灵活	línghuó	민첩하다, 융통성이 있다	头脑灵活 두뇌 회전이 빠르다
090	麻木	mámù	마비되다, 저리다	手脚麻木 손발이 저리다
091	漫长	màncháng	멀다, 길다	漫长的岁月 기나긴 세월
092	慢性	mànxìng	만성의	慢性疾病 만성 질환
093	忙碌	mánglù	(정신 없이) 바쁘다	忙碌的生活 분주한 생활
094	盲目	mángmù	맹목적(인), 무작정	盲目投资 맹목적인 투자
095	茫茫	mángmáng	아득하다, 망망하다	茫茫人海 한없이 많은 사람
096	茫然	mángrán	멍하다, 망연하다	茫然的神情 망연자실한 표정
097	美观	měiguān	보기 좋다	美观大方 아름답고 우아하다
098	美满	měimǎn	아름답고 원만하다	美满的人生 아름답고 원만한 인생
099	美妙	měimiào	아름답고 기묘하다	美妙的音乐 아름다운 음악
100	猛烈	měngliè	맹렬하다, 세차다	猛烈的撞击 격렬한 충돌

□□ 101	勉强	miǎnqiǎng	억지스럽다	勉强的理由 억지스러운 이유
□□ 102	渺小	miǎoxiǎo	보잘것없다	渺小的人物 보잘것없는 인물
□□ 103	明智	míngzhì	총명하다, 현명하다	明智的选择 현명한 선택
□□ 104	拿手	náshǒu	뛰어나다, 능하다	拿手菜 자신 있는 요리
□□ 105	耐用	nàiyòng	오래 쓸 수 있다	结实耐用 튼튼해서 쉽게 망가지지 않다
□□ 106	难得	nándé	얻기 어렵다	难得的机会 얻기 힘든 기회
□□ 107	浓厚	nónghòu	짙다, 농후하다	浓厚的兴趣 깊은 흥미
□□ 108	疲惫	píbèi	대단히 피곤하다	疲惫不堪 견디지 못할 정도로 피곤하다
□□ 109	疲劳	píláo	고단하다, 피로하다	过度疲劳 과도하게 피로하다
□□ 110	偏僻	piānpì	외지다, 궁벽하다	偏僻的村庄 외진 마을
□□ 111	贫乏	pínfá	빈궁하다, 부족하다	资源贫乏 자원이 부족하다
□□ 112	贫困	pínkùn	빈곤하다, 곤궁하다	生活贫困 생활이 빈곤하다
□□ 113	频繁	pínfán	잦다, 빈번하다	往来频繁 왕래가 잦다
□□ 114	平凡	píngfán	평범하다, 보통이다	平凡的经历 평범한 경험
□□ 115	平衡	pínghéng	균형이 맞다, 평형하다	收支平衡 수지 균형
□□ 116	平坦	píngtǎn	평탄하다, 평평하다	平坦的道路 평평한 도로
□□ 117	平行	píngxíng	동시에 일어나는, 평행의	平行世界 평행 세계
□□ 118	平庸	píngyōng	평범하다, 보통이다	才能平庸 재능이 평범하다
□□ 119	朴实	pǔshí	소박하다, 꾸밈이 없다	朴实的语言 꾸밈 없는 언어
□□ 120	朴素	pǔsù	(색채나 디자인이) 소박하다	朴素的衣服 소박한 옷
□□ 121	齐全	qíquán	완전히 갖추다, 완비하다	设备齐全 설비가 완비되다
□□ 122	奇妙	qímiào	기묘하다, 신기하다	奇妙的世界 기묘한 세상
□□ 123	恰当	qiàdàng	알맞다, 적당하다	用词恰当 어휘 사용이 적절하다
□□ 124	谦逊	qiānxùn	겸손하다	谦逊的态度 겸손한 태도
□□ 125	亲密	qīnmì	친밀하다	亲密的关系 친밀한 사이

voca 038

□□ 126	勤奋	qínfèn	근면하다	勤奋刻苦 근면하고 고생을 마다하지 않다
□□ 127	勤劳	qínláo	부지런하다	勤劳勇敢 부지런하고 용감하다
□□ 128	倾斜	qīngxié	기울다, 경사지다	角度倾斜 각도가 기울다
□□ 129	清澈	qīngchè	맑고 투명하다	清澈的溪水 맑은 시냇물
□□ 130	清洁	qīngjié	깨끗하다, 청결하다	清洁能源 친환경 에너지
□□ 131	清晰	qīngxī	또렷하다, 분명하다	字迹清晰 필적이 또렷하다
□□ 132	清醒	qīngxǐng	(정신이) 맑다	清醒的头脑 멀쩡한 정신, 명석한 두뇌
□□ 133	晴朗	qínglǎng	쾌청하다	晴朗的天空 쾌청한 하늘
□□ 134	确切	quèqiè	확실하며 적절하다	确切的消息 정확한 소식
□□ 135	人工	réngōng	인위적인, 인공의	人工播种 인공 파종
□□ 136	人为	rénwéi	인위적인	人为操作 인위적인 조작
□□ 137	荣幸	róngxìng	매우 영광스럽다	感到荣幸 영광스럽다고 느끼다
□□ 138	融洽	róngqià	사이가 좋다, 조화롭다	关系融洽 관계가 조화롭다
□□ 139	奢侈	shēchǐ	사치스럽다	奢侈的生活 사치스러운 생활
□□ 140	深奥	shēn'ào	심오하다, 깊다	深奥的道理 심오한 이치
□□ 141	神奇	shénqí	신기하다, 기묘하다	功效神奇 효능이 기묘하다
□□ 142	慎重	shènzhòng	신중하다	慎重的选择 신중한 선택
□□ 143	湿润	shīrùn	습윤하다, 촉촉하다	眼睛湿润 눈이 촉촉하다
□□ 144	实惠	shíhuì	실속 있다, 실용적이다	经济实惠 경제적이고 실속 있다
□□ 145	首要	shǒuyào	가장 중요하다	首要条件 최우선 조건
□□ 146	舒畅	shūchàng	상쾌하다, 홀가분하다	心情舒畅 기분이 상쾌하다
□□ 147	疏远	shūyuǎn	소원하다, 멀다	关系疏远 관계가 소원하다
□□ 148	衰老	shuāilǎo	노쇠하다	皮肤衰老 피부 노화
□□ 149	踏实	tāshi	착실하다	做事踏实 일을 착실하게 하다
□□ 150	坦白	tǎnbái	담백하다, 솔직하다	坦白的回答 솔직한 대답

□□	151	特定	tèdìng	특정한	特定的条件 특정한 조건
□□	152	天生	tiānshēng	타고난, 선천적인	天生的性格 타고난 성격
□□	153	通俗	tōngsú	통속적이다	通俗的文字 통속적인 글
□□	154	妥当	tuǒdàng	타당하다, 알맞다	办事妥当 일을 알맞게 처리하다
□□	155	完备	wánbèi	완비되어 있다	设施完备 시설이 완비되다
□□	156	顽固	wángù	완고하다, 고집스럽다	顽固保守 완고하고 보수적이다
□□	157	顽强	wánqiáng	완강하다, 억세다	顽强不屈 완강하게 버티며 굴하지 않다
□□	158	微观	wēiguān	미시적	微观世界 미시적 세계
□□	159	稳定	wěndìng	안정되다	社会稳定 사회의 안정
□□	160	无比	wúbǐ	비할 바가 없다	激动无比 한없이 감격하다
□□	161	细腻	xìnì	섬세하다, 세밀하다	细腻的表演 섬세한 연기
□□	162	细致	xìzhì	꼼꼼하다, 정교하다	工作细致 일을 꼼꼼히 하다
□□	163	先进	xiānjìn	선진의, 남보다 앞선	先进技术 선진 기술
□□	164	鲜明	xiānmíng	분명하다, 선명하다	特点鲜明 특징이 분명하다
□□	165	鲜艳	xiānyàn	(색이) 화려하다, 선명하다	色彩鲜艳 색채가 화려하다
□□	166	显著	xiǎnzhù	현저하다, 뚜렷하다	效果显著 효과가 뚜렷하다
□□	167	现成	xiànchéng	원래부터 있는, 기성의	吃现成饭 불로소득을 취하다
□□	168	辛勤	xīnqín	부지런하다	辛勤劳作 부지런히 일하다
□□	169	欣慰	xīnwèi	기쁘고 안심되다	欣慰的表情 흐뭇한 표정
□□	170	新颖	xīnyǐng	새롭다, 신선하다	新颖的观点 새로운 관점
□□	171	兴隆	xīnglóng	흥성하다, 번창하다	生意兴隆 장사가 번창하다
□□	172	兴旺	xīngwàng	번창하다, 왕성하다	生意兴旺 장사가 번창하다
□□	173	幸运	xìngyùn	행운이다	感到幸运 운이 좋다고 느끼다
□□	174	汹涌	xiōngyǒng	물이 용솟음치다	波涛汹涌 파도가 거세다
□□	175	雄厚	xiónghòu	(인력·물자 등이) 풍부하다, 탄탄하다	实力雄厚 실력이 탄탄하다

voca 040

□□ 176	雄伟	xióngwěi	웅장하다, 웅대하다	雄伟的建筑 웅장한 건축물
□□ 177	虚假	xūjiǎ	거짓의, 허위의	虚假消息 허위 정보
□□ 178	悬殊	xuánshū	차이가 크다	力量悬殊 역량 차이가 크다
□□ 179	严寒	yánhán	추위가 심하다	严寒的冬日 혹한의 겨울
□□ 180	严峻	yánjùn	심각하다, 가혹하다	形势严峻 상황이 심각하다
□□ 181	严厉	yánlì	호되다, 매섭다	严厉的态度 엄격한 태도
□□ 182	炎热	yánrè	무덥다, 찌는 듯하다	炎热的夏天 무더운 여름
□□ 183	耀眼	yàoyǎn	눈부시다	耀眼的光芒 눈부신 빛
□□ 184	一贯	yíguàn	한결같다, 일관되다	一贯作风 일관된 태도
□□ 185	一流	yīliú	일류의	一流产品 일류 제품
□□ 186	遗憾	yíhàn	유감이다	遗憾离开 아쉽게 떠나다
□□ 187	异常	yìcháng	이상하다, 심상치 않다	异常的反应 이상한 반응
□□ 188	英勇	yīngyǒng	영특하고 용맹하다	英勇奋斗 용감하게 분투하다
□□ 189	拥挤	yōngjǐ	붐비다, 혼잡하다	交通拥挤 교통이 혼잡하다
□□ 190	永恒	yǒnghéng	영원히 변하지 않다	永恒的友谊 영원한 우정
□□ 191	优异	yōuyì	특히 우수하다	优异的成绩 우수한 성적
□□ 192	优越	yōuyuè	우월하다, 우량하다	优越的条件 우월한 조건
□□ 193	幽默	yōumò	유머러스하다	风趣幽默 흥미롭고 유머러스하다
□□ 194	原始	yuánshǐ	원시의, 원래의	原始森林 원시림
□□ 195	圆满	yuánmǎn	원만하다, 완벽하다	圆满的结局 원만한 결말
□□ 196	扎实	zhāshi	견실하다, 튼튼하다	扎实的基础 튼튼한 기초
□□ 197	崭新	zhǎnxīn	참신하다, 아주 새롭다	崭新的一天 새로운 하루
□□ 198	震撼	zhènhàn	뒤흔들다, 감동시키다	震撼的作品 반향을 일으킨 작품
□□ 199	执着	zhízhuó	집착하다, 끈기 있다	执着的人 집요한 사람
□□ 200	卓越	zhuóyuè	탁월하다	卓越的成就 탁월한 성과

4 반드시 출제되는 단어 부사 BEST 50

voca 041

001	**顿时** dùnshí 갑자기, 곧바로	听到那个消息，他**顿时**流下了眼泪。 그 소식을 듣고, 그는 갑자기 눈물을 흘렸다.
002	**时常** shícháng 늘, 자주	奶奶**时常**挂念着父亲。 할머니는 아버지를 자주 걱정하신다.
003	**随时** suíshí 수시로, 언제나	这里的大门**随时**为您敞开。 이곳의 문은 언제나 당신을 위해 열려 있습니다.
004	**随即** suíjí 바로, 즉시	接到电话后，他**随即**出发了。 전화를 받고, 그는 바로 출발했다.
005	**及早** jízǎo 미리, 일찌감치	生了病要**及早**去治疗。 병이 나면 일찌감치 치료해야 한다.
006	**即将** jíjiāng 곧, 머지않아	大家期待已久的电影**即将**上映。 모두가 오래 기다린 영화가 곧 개봉한다.
007	**历来** lìlái 역대로, 줄곧	孔子**历来**深受世人尊敬。 공자는 줄곧 세상 사람들의 존경을 받아왔다.
008	**屡次** lǚcì 누차, 여러 번	尽管**屡次**失败，但他并未放弃。 비록 여러 번 실패했지만, 그는 결코 포기하지 않았다.
009	**接连** jiēlián 연이어, 잇달아	大雨**接连**下了好几天。 큰비가 연이어 며칠씩이나 내렸다.
010	**仍旧** réngjiù 여전히, 변함없이	对这一问题，双方**仍旧**存在分歧。 이 문제에 대해, 양측에 여전히 이견이 존재한다.
011	**依然** yīrán 여전히	时至今日，问题**依然**没有解决。 지금도 문제는 여전히 해결되지 않았다.
012	**日益** rìyì 날로, 나날이 더욱	近年来，两国贸易**日益**活跃。 최근 몇 년간, 양국의 무역은 날로 활발해졌다.

voca 042

□□ 013	一向 yíxiàng 줄곧, 내내	他做事一向小心翼翼。 그는 일을 할 때 항상 조심한다.
□□ 014	暂且 zànqiě 잠시, 잠깐	这件事情暂且放一下，以后慢慢想办法。 이 일은 잠시 놔두었다가, 나중에 천천히 방법을 생각해 보자.
□□ 015	终究 zhōngjiū 결국, 필경	个人的力量终究是有限的，凡事都需要共同合作。 개인의 역량은 결국 한계가 있으니, 모든 일에는 공통의 협력이 필요하다.
□□ 016	始终 shǐzhōng 시종일관, 한결같이	双方意见始终无法达成一致。 양측의 의견이 시종일관 일치하지 않는다.
□□ 017	逐渐 zhújiàn 점점, 점차	遗憾的是使用方言的人数正在逐渐减少。 안타깝게도 사투리를 쓰는 사람들의 수가 점점 줄어들고 있다.
□□ 018	恰巧 qiàqiǎo 때마침, 공교롭게도	我正想给你打电话呢，恰巧你打过来了。 내가 막 전화하려던 참이었는데, 때마침 너에게서 전화가 걸려왔다.
□□ 019	亦 yì ~도 역시, 또한	每个人都有自己的长处，亦有自己的短处。 모든 사람에게는 자신만의 장점도 있고, 또한 자신만의 단점도 있다.
□□ 020	过于 guòyú 지나치게, 너무	小时候，父母对他的要求过于严格。 어린 시절, 그에 대한 부모님의 요구는 지나치게 엄격했다.
□□ 021	急剧 jíjù 급격하게, 급속히	他的病情急剧恶化，家人十分担心。 그의 병세가 급격하게 악화되어, 가족들이 매우 걱정했다.
□□ 022	愈 yù 더욱, 더욱더	愈是紧急情况，愈是需要沉着冷静。 긴급한 상황일수록 더욱 침착하고 냉정할 필요가 있다.
□□ 023	颇 pō 꽤, 상당히	这种减肥方法颇有成效。 이런 다이어트 방법은 꽤 효과적이다.
□□ 024	万分 wànfēn 극히, 대단히	能参加这次活动，我真是万分激动。 이번 행사에 참가할 수 있다니, 나는 정말 대단히 감격스럽다.
□□ 025	极其 jíqí 지극히, 대단히	对于演员来说，观众的认可是极其重要的。 배우에게 있어서, 관객의 인정은 대단히 중요하다.

026	**尤其** yóuqí 특히, 더욱이	我喜欢看小说，尤其喜欢推理小说。 나는 소설을 좋아하는데, 특히 추리소설을 좋아한다.
027	**皆** jiē 모두, 전부	一切皆有可能。 모든 것에는 다 가능성이 있다.
028	**统统** tǒngtǒng 전부, 모두	把烦心事统统抛在脑后。 골치 아픈 일은 전부 뒷전으로 돌린다.
029	**起码** qǐmǎ 적어도	这项工程从开工到完成起码需要三年。 이 공사는 착공에서 완공까지 적어도 3년은 필요하다.
030	**尽量** jǐnliàng 가능한 한, 되도록	你的嗓子还没好，尽量不要说话。 당신의 목이 아직 좋지 않으니, 되도록 말을 하지 마세요.
031	**不妨** bùfáng (~하는 것도) 괜찮다, 무방하다	如果感到疲劳，不妨停下来休息休息。 피로가 느껴지면, 멈춰서 좀 쉬어도 괜찮다.
032	**不禁** bùjīn 자기도 모르게, 참지 못하고	听完这个故事后，他不禁流下了眼泪。 이 이야기를 들은 후, 그는 자기도 모르게 눈물을 흘렸다.
033	**不免** bùmiǎn 피할 수 없다	每天都呆在一起，不免会产生一些矛盾。 매일 함께 있으면 갈등이 생기는 것은 피할 수 없다.
034	**未免** wèimiǎn ~하다고 하지 않을 수 없다	你当着众人的面批评他，未免太过分了。 여러 사람 앞에서 그를 비난하는 것을 지나치다고 하지 않을 수 없다.
035	**无非** wúfēi 단지 ~에 지나지 않다	经常聚在一起吃饭的无非就是几个要好的朋友。 자주 모여서 식사를 하는 사람은 친한 친구 몇 명에 지나지 않는다.
036	**明明** míngmíng 분명히, 명백히	他明明错了，却不承认。 그가 분명히 잘못했는데, 인정하지 않는다.
037	**默默** mòmò 묵묵히, 말없이	几年前还默默无闻的他，如今成了商界名人。 몇 년 전만 해도 무명이었던 그가, 이제는 상업계의 유명인사가 되었다.
038	**偏偏** piānpiān 기어코, 하필, 마침	你不让我去，我偏偏要去。 네가 나를 가지 못하게 해도, 나는 기어코 갈 것이다. 正打算出门，偏偏下雨了。 나가려던 참인데, 하필 비가 왔다.

voca 044

□□ 039	任意 rènyì 제멋대로, 마음대로	购买满100元，可以任意选择一件赠品。 100위안 이상 구매하시면, 경품 하나를 마음대로 선택할 수 있습니다.
□□ 040	势必 shìbì 반드시, 꼭	从目前的情况来看，他势必会夺得冠军。 지금 상황에서 보면, 그는 반드시 우승을 거둘 것이다.
□□ 041	私自 sīzì 비밀리에, 사적으로	本阅览室里的书不得私自带走。 본 열람실의 책은 사적으로 가져가서는 안 됩니다.
□□ 042	随意 suíyì 마음대로, 내키는 대로	果园里的水果可以随意采摘。 과수원의 과일은 마음껏 따도 된다.
□□ 043	特意 tèyì 특별히, 일부러	这件礼物是我特意为您准备的。 이 선물은 제가 특별히 당신을 위해 준비한 것입니다.
□□ 044	务必 wùbì 반드시 ~해야 한다	刚下了一场雪，路面很滑，请务必小心。 방금 눈이 와서 길이 미끄러우니 반드시 조심해야 합니다.
□□ 045	则 zé 바로(곧) ~이다	做一件产品，想要提高速度，则很难保证质量。 제품을 만드는 데 속도를 높이고자 한다면, 품질을 보장하기 어렵다.
□□ 046	一旦 yídàn 일단, 만약	一旦出问题，应该立即解决。 일단 문제가 생기면 즉시 해결해야 한다.
□□ 047	就近 jiùjìn 가까운 곳에, 근방에	我下了火车后，就近找了一家宾馆休息。 나는 기차에서 내린 후, 근방에 호텔을 찾아서 쉬었다.
□□ 048	足以 zúyǐ 충분히 ~할 수 있다	他的薪水不多，但足以维持自己的生活。 그의 급여는 많지 않지만, 자신의 생활을 충분히 유지할 수 있다.
□□ 049	照样 zhàoyàng 여전히, 변함없이	我们在不利的条件下照样完成了任务。 우리는 불리한 조건에서도 변함없이 임무를 완수했다.
□□ 050	根本 gēnběn 전혀, 도무지	你这种态度根本无法让人接受。 당신의 이런 태도는 도저히 받아들일 수 없다.

5 문장이 보이는 키워드 접속사 BEST 30

*병렬 관계

voca 045

001
以及 yǐjí — 및, 아울러
大气污染、水污染以及噪音污染并列为三大污染。
대기 오염, 수질 오염 및 소음 공해는 3대 오염으로 분류된다.

002
并且 bìngqiě — 또한, 게다가
小镇环境优美、整齐干净，并且交通也很发达。
작은 마을은 환경이 아름답고 깨끗하며, 또한 교통도 잘 발달되어 있다.

003
既 A, 也/又 B jì A, yě/yòu B — A하고 B하다
高票房电影既注重娱乐性，又注重艺术性。
흥행하는 영화는 오락성도 중시하고, 예술성도 중시한다.

004
一边 A, 一边 B yìbiān A, yìbiān B — A하면서 B하다
他一边观察对方，一边动笔画下来。
그는 상대를 관찰하면서, 펜으로 그림을 그렸다.

005
不是 A, 而是 B búshì A, érshì B — A가 아니라 B이다
重要的不是比赛的胜负，而是参与其中。
중요한 것은 경기의 승부가 아니라 거기에 참여했다는 것이다.

*순접 관계

voca 046

006
于是 yúshì — 그래서, 그리하여
大家都说四川不错，于是我也决定去那儿旅游。
모두들 쓰촨이 괜찮다고 해서, 그래서 나도 그곳으로 여행을 가기로 결정했다.

007
可见 kějiàn — ~라는 것을 알 수 있다
他接到电话后连夜飞往北京，可见情况十分紧急。
그가 전화를 받고 그날 밤 비행기를 타고 베이징으로 간 것을 보면, 상황이 매우 긴박하다는 것을 알 수 있다.

008
从而 cóng'ér — 따라서, 그리하여
要时常总结教训，从而提醒自己下次注意。
항상 교훈을 총정리하여 다음 번에 주의를 기울이도록 스스로 상기해야 한다.

*점층 관계

voca 047

009
不但/不仅 A, 而且 B búdàn/bùjǐn A, érqiě B — A뿐만 아니라 B하다
这里不但风景优美，而且资源丰富。
이곳은 풍경이 아름다울 뿐만 아니라 자원도 풍부하다.

010
何况 hékuàng — 하물며
小孩子都明白这个道理，何况大人呢?
어린아이도 이 이치를 알고 있는데, 하물며 어른은?

011
况且 kuàngqiě — 게다가, 더구나
那里路途遥远，况且路也不好走，会需要些时间。
그곳은 길이 멀고, 게다가 길도 험해서, 시간이 좀 걸릴 것이다.

012
甚至 shènzhì — 심지어, ~조차도
这个三岁的孩子不但认识字，甚至能写出来。
이 세 살배기 아이는 글자를 알 뿐만 아니라, 심지어 쓸 줄도 안다.

*인과 관계

voca 048

013
因为 A, 所以 B yīnwèi A, suǒyǐ B — A때문에 그래서 B하다
他因为经常熬夜，所以皮肤变得越来越差。
그는 자주 밤을 새서, 피부가 갈수록 나빠지고 있다.

014
由于 A, 因此/因而 B yóuyú A, yīncǐ/yīn'ér B — A때문에 그래서 B하다
由于坚持锻炼，因此他的身体非常健康。
꾸준히 단련했기 때문에, 그는 매우 건강하다.

015
既然 A, 就 B jìrán A, jiù B — 기왕 A했으니 B하겠다
他既然已经道歉了，你就原谅他吧。
그가 이미 사과했으니, 너는 그를 용서해라.

016
之所以 A, 是因为 B zhī suǒyǐ A, shì yīnwèi B — A한 까닭은 B때문이다
很多人之所以感到不幸福，是因为他们不知满足。
많은 사람들이 행복하지 않다고 느끼는 것은 그들이 만족을 모르기 때문이다.

*역접(전환) 관계

voca 049

017

固然 A, 但是 B gùrán A, dànshì B — 비록 A이긴 하지만 B하다

能去留学固然好，但是他现在年纪还太小。

유학을 갈 수 있는 것은 좋지만, 그는 지금 나이가 아직 너무 어리다.

018

虽然/尽管 A, 但是 B suīrán/jǐnguǎn A, dànshì B — 비록 A이긴 하지만 B하다

这个孩子尽管年纪小，但是却很懂事。

이 아이는 비록 나이는 어리지만 철이 들었다.

019

即使/就算/哪怕 A, 也 B jíshǐ/jiùsuàn/nǎpà A, yě B — 설령 A일지라도 B하다

哪怕困难重重，也要坚持完成。

설령 어려움이 많더라도 끝까지 완성할 것이다.

*선택 관계

voca 050

020

或者 A, 或者 B huòzhě A, huòzhě B — A이든가 아니면 B이다

周末在家里，我或者看书，或者睡觉。

주말에 집에서, 나는 책을 보든가 아니면 잠을 잔다.

021

不是 A, 就是 B búshì A, jiùshì B — A가 아니면 B이다

他总是丢三落四，不是忘带手机，就是落下钱包。

그는 항상 잘 빠뜨린다. 휴대폰을 두고 오는 것이 아니면 지갑을 빠뜨린다.

022

宁可/宁肯/宁愿 A, 也不/也要 B nìngkě/nìngkěn/nìngyuàn A, yě bù/yě yào B — A하더라도 B는 하지 않겠다/하겠다

宁愿自己蒙受损失，也不损害他人利益。

자신이 손해를 보더라도, 타인의 이익에 손해를 끼치지는 않겠다.

宁可冒着失败的风险，也要尝试一下。

실패의 위험을 무릅쓰고라도 한번 시도해 보겠다.

023

与其 A, 不如 B yǔqí A, bùrú B — A하느니 B가 낫다

与其在错误的道路上一直前进，还不如停下来。

잘못된 길에서 계속 전진하느니 멈추는 것이 더 낫다.

*가설 관계

voca 051

024
如果/要是/假如 A, 就 B rúguǒ/yàoshi/jiǎrú A, jiù B — 만약 A라면, 곧 B이다

假如你遇到什么问题，就直接联系我。
만약 네가 어떤 문제에 부딪치면, 나에게 바로 연락해라.

025
倘若 A, 就/便 B tǎngruò A, jiù/biàn B — 만약 A라면, 곧 B이다

倘若没人愿意加入，我就一个人做。
만약 참여하고 싶은 사람이 없다면, 나 혼자 하겠다.

026
要不是 A yàobushi A — A가 아니라면

要不是你帮助我，我真不知道该怎么办。
네가 나를 도와주지 않았다면, 나는 정말 어떻게 해야 할지 몰랐을 것이다.

*조건 관계

voca 052

027
只要 A, 就 B zhǐyào A, jiù B — A하기만 하면 B하다

生活中，只要有了创意，就会变废为宝。
삶 속에 창의만 있다면, 쓸모없는 것도 가치 있는 것으로 변할 수 있다.

028
只有 A, 才 B zhǐyǒu A, cái B — A해야만 B하다

只有多一分坚持，生活才不会错过你。
조금 더 견뎌야만, 삶이 당신을 놓치지 않을 것이다.

029
除非 A, 不然/否则 B chúfēi A, bùrán/fǒuzé B — 반드시 A해야만 한다. 그렇지 않으면 B하다

除非下场大雨，否则旱情无法缓解。
반드시 큰비가 내려야 한다. 그렇지 않으면 가뭄을 해소할 수 없다.

030
不论/不管/无论 A, 都 B búlùn/bùguǎn/wúlùn A, dōu B — A와 상관없이 모두 B하다

不论得奖还是没得奖，他都保持一颗平常心。
상을 받든 안 받든 상관없이, 그는 평정심을 유지한다.

voca 053

001
爱不释手 ài bú shì shǒu — 너무나 좋아하여 차마 손에서 놓지 못하다

他喜欢看小说，拿起来一本就爱不释手。
그는 소설을 좋아해서, 한 권을 집어들면 손에서 놓지 못한다.

002
拔苗助长 bá miáo zhù zhǎng — 일을 급하게 이루려고 하다가 도리어 일을 그르치다

教育孩子时要善于引导，不可拔苗助长。
아이를 교육할 때는 잘 이끌어 주어야지, 너무 성급히 서둘러 도리어 일을 그르쳐서는 안 된다.

003
半途而废 bàn tú ér fèi — 도중에 포기하다

无论做什么事情都要有始有终，避免半途而废。
어떤 일을 하든지 시작이 있으면 끝도 있어야 한다. 중도 포기는 피해야 한다.

004
别具一格 bié jù yì gé — 독특한 풍격을 지니다

他的诗别具一格，深受年轻人的喜爱。
그의 시는 독특한 풍격을 지니고 있어, 젊은이들의 사랑을 받는다.

005
博大精深 bó dà jīng shēn — 사상이나 학식이 넓고 심오하다

儒家思想博大精深，内容丰富。
유가 사상은 넓고도 심오하며, 내용이 풍부하다.

006
不可或缺 bù kě huò quē — 없어서는 안 되다

水是人类不可或缺的资源。
물은 인류에게 없어서는 안 되는 자원이다.

007
不可思议 bù kě sī yì — 불가사의하다

一百年前，登月还是一件不可思议的事情。
백 년 전만 해도 달에 오르는 것은 불가사의한 일이었다.

008
不相上下 bù xiāng shàng xià — 우열을 가릴 수 없다, 막상막하

他们两个人的实力不相上下。
그들 두 사람의 실력은 막상막하이다.

009
不屑一顾 bú xiè yí gù — 한번 돌아볼 필요도 없다, 거들떠볼 가치도 없다

虽然很多人劝他不要去冒险，但他对此不屑一顾。
비록 많은 사람들이 그에게 모험하지 말라고 권유했지만, 그는 거들떠보지도 않았다.

010
不言而喻 bù yán ér yù — 말하지 않아도 안다, 말할 필요도 없다

网络带给我们的便捷是不言而喻的。
인터넷이 우리에게 가져다준 편리함은 말할 필요도 없다.

voca 054

011
不择手段 bù zé shǒu duàn 목적을 달성하기 위하여 수단 방법을 가리지 않다

为达到目的，他不择手段。
목적을 달성하기 위해, 그는 수단 방법을 가리지 않는다.

012
层出不穷 céng chū bù qióng 차례차례로 끝없이 나타나다, 계속 일어나다

企业在高速发展的同时，问题也层出不穷。
기업들의 빠른 발전과 함께 문제점도 계속 나타나고 있다.

013
称心如意 chèn xīn rú yì 마음에 꼭 들다, 생각대로 되다

婚姻并不总是称心如意的。
결혼은 결코 항상 생각대로 되는 것이 아니다.

014
重蹈覆辙 chóng dǎo fù zhé 전철을 밟다, 실패를 다시 되풀이하다

要认真吸取教训，以免重蹈覆辙。
실패를 되풀이하지 않도록 진지하게 교훈을 받아들여야 한다.

015
得不偿失 dé bù cháng shī 얻는 것보다 잃는 것이 더 많다

一味地追求数量而忽视产品质量是得不偿失的。
단순히 수량만 추구하고 제품의 품질을 무시하면 득보다 실이 많게 된다.

016
得天独厚 dé tiān dú hòu 우월한 자연 조건을 갖고 있다

这里的条件得天独厚，很适合种水稻。
이곳의 조건은 매우 뛰어나서, 벼농사에 아주 적합하다.

017
丢三落四 diū sān là sì 이것저것 빠뜨리다

出门前要仔细检查一下，别丢三落四。
외출하기 전에 꼼꼼히 점검해, 이것저것 빠뜨리지 말고.

018
废寝忘食 fèi qǐn wàng shí 먹고 자는 것을 잊다, (어떤 일에) 전심전력하다

为了考上理想的学校，他废寝忘食地学习。
이상적인 학교에 합격하기 위해, 그는 먹고 자는 것도 잊고 공부했다.

019
各抒己见 gè shū jǐ jiàn 각자 자기 의견을 발표하다

这次会议，希望大家各抒己见，积极参与讨论。
이번 회의에서 모두가 각자 자기 의견을 발표하여 적극적으로 토론에 참여하기를 바란다.

020
根深蒂固 gēn shēn dì gù 기초가 튼튼하여 쉽게 흔들리지 않다

这些偏见在他的脑海里根深蒂固，不易改变。
이러한 편견들은 그의 머릿속에 깊이 박혀 있어 쉽게 바뀌지 않는다.

021
供不应求 gōng bú yìng qiú 공급이 수요를 따르지 못하다
新产品大受欢迎，市场上供不应求。
신제품이 큰 인기를 얻자, 시장에서 공급이 수요를 따르지 못한다.

022
汗牛充栋 hàn niú chōng dòng 한우충동, 실으면 소가 땀을 흘릴 정도로 장서가 매우 많다
李教授家里的书籍可以说是汗牛充栋。
이 교수님의 집에 책들은 한우충동이라고 말할 수 있다.

023
狐假虎威 hú jiǎ hǔ wēi 남의 권세를 빌어 위세를 부리다
他因自己是领导的亲戚，经常狐假虎威。
그는 사장의 친척이어서 항상 권세를 빌어 위세를 부린다.

024
画蛇添足 huà shé tiān zú 뱀을 그리는데 다리를 그려 넣다, 쓸데없는 짓을 하다
最后一段话画蛇添足，不如删掉。
마지막 단락의 말은 사족이라 삭제하는 것이 낫다.

025
恍然大悟 huǎng rán dà wù 갑자기 모두 알게 되다
听了他的解释，我才恍然大悟。
그의 설명을 듣고서야, 나는 문득 모든 것을 깨달았다.

026
急功近利 jí gōng jìn lì 조급한 성공과 눈앞의 이익에만 급급하다
要把目光放得长远，不要急功近利。
멀리 봐야지, 눈앞의 이익에만 급급해서는 안 된다.

027
急于求成 jí yú qiú chéng 서둘러 목적을 달성하려 하다
学习书法不能急于求成，应慢慢练习。
서예를 배울 때는 서두르면 안 되고, 천천히 연습해야 한다.

028
家喻户晓 jiā yù hù xiǎo 집집마다 다 알다, 누구나 다 알다
《西游记》是一部家喻户晓的小说。
《서유기》는 누구나 다 아는 소설이다.

029
见多识广 jiàn duō shí guǎng 박식하고 경험이 많다
他去过很多地方，见多识广。
그는 많은 곳을 다녀 보아서 견식이 넓다.

030
竭尽全力 jié jìn quán lì 모든 힘을 다 기울이다
不管遇到什么困难，都要竭尽全力完成这项工作。
어떠한 어려움이 닥치든, 모든 힘을 다해 이 일을 완수해야 한다.

voca 056

031
津津有味 jīn jīn yǒu wèi — 흥미진진하다, 아주 맛있다

奶奶讲故事很有意思，孙子听得津津有味。
할머니의 이야기는 매우 재미있어서, 손자는 흥미진진하게 듣는다.

032
筋疲力尽 jīn pí lì jìn — 기진맥진하다

一整天繁忙的工作让他筋疲力尽。
하루 종일 바빴던 업무가 그를 기진맥진하게 했다.

033
锦上添花 jǐn shàng tiān huā — 금상첨화

优美的配乐在这部电影里可以说是锦上添花。
아름다운 음악은 이 영화에서 금상첨화라고 할 수 있다.

034
精益求精 jīng yì qiú jīng — 훌륭하지만 더욱더 완벽을 추구하다

他对待自己的工作精益求精。
그는 자신의 일을 대할 때 완벽을 추구한다.

035
举足轻重 jǔ zú qīng zhòng — 일거수일투족이 전체에 중대한 영향을 끼치다

《红楼梦》在中国文学史上有着举足轻重的地位。
《홍루몽》은 중국 문학사에서 매우 중요한 지위를 가지고 있다.

036
聚精会神 jù jīng huì shén — 정신을 집중하다, 열중하다

同学们正在聚精会神地听老师讲课。
학생들은 정신을 집중하여 선생님의 강의를 듣는다.

037
空前绝后 kōng qián jué hòu — 전무후무하다

这次运动会的规模可以说是空前绝后。
이번 운동회의 규모는 전무후무하다고 할 수 있다.

038
苦尽甘来 kǔ jìn gān lái — 쓴 것이 다하면 단것이 온다

经过几年的艰苦奋斗，终于苦尽甘来。
몇 년 동안의 어려움과 분투로 마침내 고생 끝에 낙이 왔다.

039
理所当然 lǐ suǒ dāng rán — 이치로 보아 마땅히 이러해야 한다

不要把别人对你的帮助看做是理所当然。
다른 사람이 당신을 돕는 것을 당연시하지 마라.

040
理直气壮 lǐ zhí qì zhuàng — 이유가 충분하여 말이 당당하다

如果你没有做错，就理直气壮地为自己辩护吧。
만약 네가 잘못하지 않았다면, 당당하게 자신을 변호해.

041

力所能及 lì suǒ néng jí 자기 능력으로 해낼 수 있다

孩子长大了，可以让他做一些力所能及的家务活儿。

아이가 컸으니, 자신의 능력으로 할 수 있는 집안일은 시킬 수 있다.

042

量力而行 liàng lì ér xíng 자기의 능력에 따라 실행해야 한다

凡事要量力而行。

모든 일은 능력에 따라 행해야 한다.

043

琳琅满目 lín láng mǎn mù 아름답고 진귀한 것들이 눈앞에 가득하다

这次展览会上，艺术品琳琅满目。

이번 전시회에는 예술품들이 가득하다.

044

络绎不绝 luò yì bù jué 왕래가 빈번하여 끊이지 않다

新店开业，前来购物的顾客络绎不绝。

새 가게가 개업하여 쇼핑하러 오는 고객이 끊이지 않는다.

045

名副其实 míng fù qí shí 명실상부하다

张家界是名副其实的人间仙境。

장가계는 명실상부한 인간 세상의 선경이다.

046

莫名其妙 mò míng qí miào 영문을 알 수 없다, 대단히 오묘하다

他最近行动异常，经常说些莫名其妙的话。

그는 요즘 이상한 행동을 하고, 영문을 알 수 없는 말을 자주 한다.

047

南辕北辙 nán yuán běi zhé 하는 행동과 목적이 상반되다

他一心想着减肥，却又好吃懒做，真是南辕北辙。

그는 살을 빼고는 싶은데 먹기를 좋아하고 게으르니, 정말 행동과 목적이 맞지 않는다.

048

难能可贵 nán néng kě guì 어려운 일을 해내서 귀중하게 여길 만하다

小小年纪却有这么大的成就，真是难能可贵。

어린 나이에 이렇게 큰 성과를 거두다니, 정말 기특하다.

049

迫不及待 pò bù jí dài 일각도 지체할 수 없다

孩子迫不及待地打开了收到的礼物。

아이는 지체없이 받은 선물을 열었다.

050

齐心协力 qí xīn xié lì 한마음 한뜻으로 함께 노력하다

只要我们齐心协力，再大的困难也不怕。

우리가 한마음 한뜻으로 노력하면, 아무리 큰 어려움도 두렵지 않다.

voca 058

051 **迄今为止** qì jīn wéi zhǐ 지금에 이르기까지

迄今为止，地球以外未被发现存在生命。
지금까지, 지구 밖에서는 생명이 발견되지 않았다.

052 **千方百计** qiān fāng bǎi jì 갖은 방법을 다 써보다

为了提高营业额，各大商场千方百计地搞促销活动。
판매액을 높이기 위해, 각 상점에서는 갖은 방법으로 판촉 활동을 한다.

053 **千篇一律** qiān piān yí lǜ 천편일률, 조금도 변화가 없다

上映的大部分电影千篇一律，没有什么新意。
상영되는 대부분의 영화는 천편일률적이어서, 새로운 내용이 별로 없다.

054 **潜移默化** qián yí mò huà 무의식 중에 감화되다, 영향을 받아 은연중에 변하다

父母对孩子的影响是潜移默化的。
부모가 아이에게 미치는 영향은 은연중에 감화되는 것이다.

055 **锲而不舍** qiè ér bù shě 나태함 없이 끈기 있게 끝까지 해내다

做学问要有锲而不舍的精神。
학문을 하려면 포기하지 않는 정신을 가져야 한다.

056 **全力以赴** quán lì yǐ fù (어떤 일에) 모든 힘을 쏟다

不管结果如何，只要全力以赴地做了，就不后悔。
결과가 어떻게 되든, 최선을 다했다면 후회하지 않는다.

057 **全神贯注** quán shén guàn zhù 혼신의 힘을 기울이다

所有人都全神贯注地投入到工作中。
모든 사람이 혼심의 힘을 기울여 일에 전념한다.

058 **热泪盈眶** rè lèi yíng kuàng 뜨거운 눈물이 눈에 그득하다

见到久别的朋友，他激动得热泪盈眶。
오래 헤어져 있다가 만난 친구를 보자, 그는 감격에 겨워 눈시울을 붉혔다.

059 **日积月累** rì jī yuè lěi 날을 거듭하다

凭借着日积月累的经验，他一定能胜任这份工作。
날을 거듭한 오랜 경험으로, 그는 이 일을 반드시 감당할 수 있을 것이다.

060 **日新月异** rì xīn yuè yì 매일 새롭고 매월 다르다, 나날이 새로워지다

人们的生活正在发生着日新月异的变化。
사람들의 생활에 나날이 새로워지는 변화가 일어나고 있다.

061
三心二意 sān xīn èr yì 마음속으로 확실히 정하지 못하다, 망설이다
做任何事都应一心一意，不要三心二意。
어떤 일을 하든 한마음 한뜻으로 해야지, 우유부단해서는 안 된다.

062
深情厚谊 shēn qíng hòu yì 깊고 돈독한 정
一起工作了十年，他们之间结下了深情厚谊。
10년을 함께 일하면서, 그들 사이에는 깊은 우정이 생겼다.

063
实事求是 shí shì qiú shì 사실을 토대로 진리를 탐구하다
广告宣传应实事求是，不应过分夸张。
광고 홍보는 사실을 토대로 해야지, 지나치게 과장해서는 안 된다.

064
司空见惯 sī kōng jiàn guàn 늘 보아서 신기하지 않다
如今，关于“航天”的新闻对人们来说已是司空见惯。
이제 '우주 비행'에 관한 뉴스는 사람들에게 흔한 일이 되었다.

065
肆无忌惮 sì wú jì dàn 제멋대로 굴고 전혀 거리낌이 없다
很多人一喝酒就变得肆无忌惮。
많은 사람들이 술만 마시면 함부로 행동한다.

066
滔滔不绝 tāo tāo bù jué 끊임없이 계속되다, 쉴 새 없이 말하다
一说到近代历史，他便滔滔不绝。
근대 역사 이야기만 나오면, 그는 쉴 새 없이 말한다.

067
天伦之乐 tiān lún zhī lè 가족이 누리는 즐거움
爷爷退休后在家里享受天伦之乐。
할아버지는 퇴직 후에 집에서 가정의 즐거움을 누리신다.

068
统筹兼顾 tǒng chóu jiān gù 여러 방면의 일을 통일적으로 계획하고 두루 돌보다
做决策要全面规划，统筹兼顾。
결정을 할 때는 전면적으로 기획하고, 통일적으로 계획하고 두루 돌보아야 한다.

069
微不足道 wēi bù zú dào 하찮아서 말할 가치도 없다
个人力量与集体相比，总是微不足道的。
개인의 역량은 집단과 비교하면 언제나 미약하다.

070
无动于衷 wú dòng yú zhōng 조금도 동요되지 않다, 전혀 무관심하다
无论别人怎么劝他，他都无动于衷。
다른 사람들이 그를 아무리 타일러도, 그는 전혀 동요하지 않는다.

voca 060

071 **无精打采** wú jīng dǎ cǎi 풀이 죽다

在得知自己的考试成绩后，他一整天都无精打采。
자신의 시험 성적을 알고 난 뒤, 그는 하루 종일 풀이 죽어 지냈다.

072 **无能为力** wú néng wéi lì 능력이 없다

很多时候，在自然灾害面前，人类也无能为力。
자연 재해 앞에서는 인류 역시 아무것도 할 수 없을 때가 많다.

073 **无穷无尽** wú qióng wú jìn 무궁무진하다

人的潜力是无穷无尽的。
사람의 잠재력은 무궁무진하다.

074 **无忧无虑** wú yōu wú lǜ 아무런 근심이 없다

他时常怀念无忧无虑的童年生活。
그는 늘 아무런 근심도 없던 어린 시절을 그리워한다.

075 **五光十色** wǔ guāng shí sè 색채가 화려하고 아름답다

道路两旁挂满了花灯，五光十色。
길 양쪽에 꽃등이 가득 걸려 있어, 화려하고 아름답다.

076 **物美价廉** wù měi jià lián 상품의 질이 좋고 값도 저렴하다

这家超市的蔬菜物美价廉，每天都有很多人来买。
이 마트의 채소는 질이 좋고 값도 싸서, 매일 많은 사람들이 사러 온다.

077 **喜闻乐见** xǐ wén lè jiàn 즐겨 듣고 즐겨 보다

相声是一种喜闻乐见的艺术形式。
만담은 기쁜 마음으로 듣고 보는 예술 형식이다.

078 **想方设法** xiǎng fāng shè fǎ 갖은 방법을 다하다

遇到难题时，同学们想方设法帮我解决。
어려운 문제에 부딪쳤을 때, 친구들은 갖은 방법으로 내가 해결하도록 돕는다.

079 **小心翼翼** xiǎo xīn yì yì 매우 조심스럽다

医生正在小心翼翼地处理病人的伤口。
의사가 환자의 상처를 조심스럽게 다루고 있다.

080 **兴高采烈** xìng gāo cǎi liè 매우 기쁘다, 신바람이 나다

孩子们兴高采烈地做游戏。
아이들이 신나게 게임을 한다.

081
兴致勃勃 xìng zhì bó bó 흥미진진하다
他兴致勃勃地向我介绍他昨天看的电影。
그는 흥미진진하게 어제 본 영화를 나에게 소개했다.

082
循序渐进 xún xù jiàn jìn 순차적으로 진행하다
学习要循序渐进，一步一个脚印。
공부는 순차적으로 한 걸음씩 나아가야 한다.

083
一点一滴 yì diǎn yì dī 약간, 조금
一个人的知识是一点一滴积累起来的。
한 사람의 지식은 조금씩 쌓이는 것이다.

084
一帆风顺 yì fān fēng shùn 일이 순조롭게 진행되다
人生的道路不会总是一帆风顺的。
인생의 길이 항상 순조로울 수는 없다.

085
一举两得 yì jǔ liǎng dé 일거양득, 일석이조
垃圾再利用既变废为宝，又减少了污染，可谓一举两得。
쓰레기 재활용은 폐물을 유용한 물건으로 만들기도 하고 오염도 줄이니 일석이조라 할 수 있다.

086
一目了然 yí mù liǎo rán 일목요연하다, 한눈에 환히 알다
这篇文章结构清晰，主题一目了然。
이 글은 구성이 명확하고 주제가 일목요연하다.

087
一如既往 yì rú jì wǎng 지난날과 다름없다
不管别人怎么想，我都会一如既往地支持你。
다른 사람들이 어떻게 생각하든, 나는 변함없이 당신을 지지할 것이다.

088
一丝不苟 yì sī bù gǒu 조금도 빈틈이 없다
他做事认真，一丝不苟。
그는 일을 진지하게 하고, 조금도 빈틈이 없다.

089
一望无垠 yí wàng wú yín 끝없이 멀고 넓다
一望无垠的海面上漂浮着一只小船。
끝없이 넓은 바다 위에 작은 배 한 척이 떠있다.

090
优胜劣汰 yōu shèng liè tài 나은 자는 이기고 못한 자는 패한다
优胜劣汰是大自然的生存法则。
강한 자는 살아남고 약한 자는 사라지는 것이 대자연의 생존 법칙이다.

voca 062

091
有条不紊 yǒu tiáo bù wěn (말·행동이) 조리 있고 질서정연하다
面对突发情况，他不慌不忙，有条不紊地工作着。
돌발 상황에 직면해 있으면서도, 그는 당황하지 않고 일사분란하게 일한다.

092
与日俱增 yǔ rì jù zēng 날이 갈수록 많아지다
人类对淡水资源的需求与日俱增。
담수 자원에 대한 인류의 수요가 날로 증가하고 있다.

093
与众不同 yǔ zhòng bù tóng 남다르다
他精心设计的服装，每一件都与众不同。
그가 정성을 들여 디자인한 의상은 한 벌 한 벌이 다 남다르다.

094
再接再厉 zài jiē zài lì 더욱더 힘쓰다
即使失败也不要气馁，再接再厉。
설령 실패하더라도 낙담하지 않고 더욱 분발한다.

095
朝气蓬勃 zhāo qì péng bó 생기가 넘쳐흐르다, 씩씩하다
年轻人就应该朝气蓬勃，勇敢向前。
젊은이들은 씩씩하고 용감하게 나아가야 한다.

096
争先恐后 zhēng xiān kǒng hòu 늦을세라 앞을 다투다
消费者争先恐后地购买这款新产品。
소비자들은 앞을 다투어 이 신제품을 구입한다.

097
知足常乐 zhī zú cháng lè 만족함을 알면 항상 즐겁다
调查显示，知足常乐的人更幸福。
조사에 따르면, 만족하며 즐길 줄 아는 사람이 더 행복하다고 한다.

098
众所周知 zhòng suǒ zhōu zhī 모든 사람이 다 알고 있다
众所周知，生命在于运动。
모두가 알다시피, 생명은 운동에 달려 있다.

099
自力更生 zì lì gēng shēng 자력갱생하다
人要学会自力更生，自己的事情自己做。
사람은 자력갱생하여, 자신의 일을 스스로 할 줄 알아야 한다.

100
总而言之 zǒng ér yán zhī 총괄적으로 말하면
总而言之，我对这次旅行是非常满意的。
결론적으로 말하면, 나는 이번 여행에 매우 만족한다.

7 독해 제2부분 집중 공략! 유의어 BEST 40

001 摆脱 VS 脱离

voca 063

摆脱 bǎituō	脱离 tuōlí
동 부정적인 것에서 벗어나다[주관적인 감정이 강함]	동 어떤 상황이나 환경에서 벗어나다
摆脱烦恼 고민에서 벗어나다 摆脱困境 곤경에서 벗어나다	脱离现实 현실에서 벗어나다 脱离群众 군중을 떠나다
她想摆脱家务的束缚。 그녀는 집안일의 속박에서 벗어나고 싶다.	这部电影内容脱离实际生活。 이 영화는 내용이 실제 생활과 동떨어졌다.

002 颁布 VS 颁发

voca 064

颁布 bānbù	颁发 bānfā
동 공포하다, 반포하다	동 수여하다, 하달하다
颁布法律 법률을 공포하다 颁布方针 지침을 발표하다	颁发奖金 상금을 수여하다 颁发证书 증서를 수여하다
本制度自颁布之日起执行。 본 제도는 공포한 날부터 시행한다.	校长给毕业生颁发了毕业证书。 교장은 졸업생들에게 졸업 증서를 수여했다.

003 爆发 VS 爆炸

voca 065

爆发 bàofā	爆炸 bàozhà
동 발발하다, 폭발하다	동 폭발하다, 작렬하다[뒤에 목적어가 올 수 없음]
爆发战争 전쟁이 발발하다 火山爆发 화산이 폭발하다	炸弹爆炸 폭탄이 폭발하다 天然气爆炸 천연가스가 폭발하다
十年前爆发了严重的经济危机。 10년 전에 심각한 경제 위기가 발발했다.	这是一个信息大爆炸的时代。 이는 정보가 대폭발하는 시대이다.

004 辨认 VS 识别

voca 066

辨认 biànrèn	识别 shíbié
동 식별해 내다[일반적으로 주어는 사람임]	동 식별하다, 분별하다[주어가 사람이 아닐 수도 있음]
辨认方向 방향을 변별하다 辨认笔迹 필적을 판별하다	识别二维码 QR코드를 식별하다 识别人脸 얼굴을 식별하다
无法辨认出这张照片里的人。 이 사진 속의 사람을 알아볼 수가 없다.	人脸识别系统应用很广。 안면 인식 시스템의 응용이 매우 광범위하다.

□□ 005 场合 VS 场所

voca 067

场合 chǎnghé	场所 chǎngsuǒ
명 **상황, 장소**[장소 · 시간 · 정황 등을 포함하는 추상적인 개념]	명 **장소**[구체적인 개념]
正式场合 공식적인 자리 社交场合 사교의 장	公共场所 공공장소 娱乐场所 유흥업소
签约仪式是一个非常严肃的场合。 계약식은 매우 엄숙한 자리이다.	公园是很多人周末休息的主要场所。 공원은 많은 사람들이 주말에 휴식을 취하는 주요 장소이다.

□□ 006 沉闷 VS 沉重

voca 068

沉闷 chénmèn	沉重 chénzhòng
형 **(성격이) 쾌활하지 않다, (마음이) 답답하다, (분위기 · 날씨 등이) 음울하다**	형 **몹시 무겁다, 심하다**
沉闷的天气 음습한 날씨 沉闷的性格 내성적인 성격	沉重的负担 무거운 부담감 心情沉重 마음이 무겁다
会议上没人发言，气氛非常沉闷。 회의에서 발언하는 사람이 없어서, 분위기가 매우 침울하다.	生意上的失败给了他沉重的打击。 사업의 실패는 그에게 심한 타격을 주었다.

□□ 007 承担 VS 承受

voca 069

承担 chéngdān	承受 chéngshòu
동 **부담하다**	동 **받다**
承担责任 책임을 지다 承担费用 비용을 부담하다	承受压力 스트레스를 받다 承受重量 무게를 견디다
他承担了许多额外的工作。 그는 추가적인 업무를 많이 담당했다.	年轻人很难承受巨大的房贷压力。 젊은이들은 엄청난 주택 대출의 스트레스를 감당하기 어렵다.

□□ 008 充沛 VS 充实 VS 充足

voca 070

充沛 chōngpèi	充实 chōngshí
형 **넘쳐 흐르다, 충족하다**	형 **충실하다** 동 **충족시키다**
精力充沛 힘이 넘치다 降雨充沛 비가 억수같이 내리다	充实的生活 충실한 생활 充实自我 자신을 충족시키다

为了保持精力充沛，他每天早起锻炼。 활력이 넘치도록 유지하기 위해, 그는 매일 일찍 일어나 운동한다.	看书、听音乐，他的周末过得很充实。 책을 보고, 음악을 듣고, 그는 주말을 충실하게 보냈다.

充足 chōngzú
형 충분하다, 충족하다
粮食充足 식량이 충분하다 | 降雨充足 비가 충분히 내리다
创业需要充足的资金。 창업에는 충분한 자금이 필요하다.

009 处于 VS 位于

voca 071

处于 chǔyú	位于 wèiyú
동 (어떤 지위 · 상태 · 환경 · 시간에) 처하다, 놓이다 [추상적인 대상에 많이 쓰임]	동 ~에 위치하다 [주로 구체적인 장소에 쓰임]
处于危险中 위험에 처하다 处于优势 우위에 있다	位于沿海 바닷가에 위치하다 位于内陆 내륙에 위치하다
电脑正处于待机状态。 컴퓨터가 대기 상태에 있다.	四川省位于中国西南部。 쓰촨성은 중국의 서남부에 위치해 있다.

010 传达 VS 传播 VS 传递

voca 072

传达 chuándá	传播 chuánbō
동 전달하다	동 (사상 · 문화 등을) 전파하다
传达命令 명령을 전달하다 传达决定 결정 사항을 전달하다	传播思想 사상을 전파하다 传播文化 문화를 전파하다
我来传达一下老板的决定。 제가 사장님의 결정을 전달하겠습니다.	儒家思想传播到很多地方。 유가 사상은 많은 곳에 전파되었다.

传递 chuándì
동 (차례차례) 전달하다, 전하다
传递信息 정보를 전달하다 | 传递书信 편지를 전하다
起初人们在墙上刻一些符号，来传递各种信息。 처음에 사람들은 벽에 부호를 새겨서 각종 정보를 전달했다.

□□ 011 瞪 VS 盯 VS 眨

voca 073

瞪 dèng	盯 dīng
동 부라리다, 눈을 부릅뜨고 노려보다	동 주시하다, 응시하다
他被吓得瞪大了眼睛。 그는 놀라서 눈이 휘둥그레졌다.	他目不转睛地盯着我。 그는 눈 한번 깜박하지 않고 나를 쳐다보고 있다.

眨 zhǎ
동 (눈을) 깜박거리다
眨眼有助于保持眼睛湿润。 눈을 깜박거리면 눈을 촉촉하게 유지하는 데 도움이 된다.

□□ 012 风味 VS 滋味

voca 074

风味 fēngwèi	滋味 zīwèi
명 풍미, 맛[주로 지방적인 색채를 가리킴]	명 맛, 속마음, 기분
四川风味 쓰촨의 풍미 风味独特 풍미가 독특하다	滋味鲜美 맛이 매우 좋다 失恋的滋味 실연의 감정
学校食堂里有各地的风味小吃。 학교 식당에는 각지의 별미가 있다.	好友决定去国外生活，他心里不是滋味。 친구가 외국 생활을 하기로 결정하자, 그는 마음이 서글펐다.

□□ 013 腐败 VS 腐朽 VS 腐蚀 VS 腐烂

voca 075

腐败 fǔbài	腐朽 fǔxiǔ
동 썩다, 부패하다, 타락하다[사회 · 정치에 쓸 수 있음]	동 썩다, 진부하다[사상 · 생활 태도에 쓸 수 있음]
政治腐败 정치가 부패하다 食物腐败 음식물이 부패하다	腐朽的思想 진부한 사상 枯木腐朽 고목이 썩다
不要吃变质腐败的食物。 변질되고 부패한 음식을 먹지 마라.	应反对请客送礼的腐朽作风。 접대를 하고 뇌물을 주는 썩어빠진 풍조에 반대해야 한다.
腐蚀 fǔshí	**腐烂 fǔlàn**
동 부식하다, 타락시키다[뒤에 목적어가 올 수 있음]	동 썩어 문드러지다
腐蚀灵魂 영혼을 좀먹다 金属被腐蚀 금속이 부식되다	水果腐烂 과일이 썩다 垃圾腐烂 쓰레기가 썩다
海水具有腐蚀性。 바닷물은 부식시키는 성질을 가지고 있다.	伤口未及时处理，已经开始腐烂了。 상처가 제때 치료되지 않아, 이미 곪기 시작했다.

□□ 014 赋予 VS 赐予 VS 给予

voca 076

赋予 fùyǔ	赐予 cìyǔ
동 (중대한 임무나 사명 등을) 부여하다	동 하사하다, 내려주다
赋予权利 권리를 부여하다 赋予重任 중책을 부여하다	赐予力量 힘을 주다 赐予生命 생명을 주다
这是宪法赋予我们的权利。 이것은 헌법이 우리에게 부여한 권리이다.	孩子是上天赐予父母的礼物。 아이는 하늘이 부모에게 내려주는 선물이다.

给予 jǐyǔ
동 주다[给의 문어체]
给予帮助 도움을 주다 | 给予机会 기회를 주다
我从未忘记他给予我的帮助。 나는 그가 나에게 준 도움을 잊은 적이 없다.

□□ 015 光彩 VS 光辉 VS 光芒

voca 077

光彩 guāngcǎi	光辉 guānghuī
명 빛, 광채 형 영예롭다	명 찬란한 빛 형 찬란하다
光彩夺目 눈이 부시다 不光彩的事 불명예스러운 일	太阳的光辉 태양의 찬란한 빛 光辉的岁月 찬란한 세월
昨晚的烟花光彩夺目。 어젯밤의 불꽃은 눈부시게 빛났다.	他光辉的一生打动了很多人。 그의 찬란한 일생은 많은 사람들을 감동시켰다.

光芒 guāngmáng
명 (사방에 비치는) 빛
光芒四射 빛이 사방에 비치다 | 微弱的光芒 희미한 빛
蜡烛发出微弱的光芒。 촛불이 희미한 빛을 발한다.

□□ 016 激发 VS 激励 VS 唤起

voca 078

激发 jīfā	激励 jīlì
동 (감정을) 불러일으키다	동 격려하다, 북돋워 주다
激发灵感 영감을 불러일으키다 激发潜力 잠재력을 일깨우다	激励选手 선수를 격려하다 激励员工 직원을 격려하다
好的作品能激发人们的共鸣。 좋은 작품은 사람들의 공감을 불러일으킬 수 있다.	朋友的话激励我不断努力。 친구의 말은 내가 계속 노력하도록 격려했다.

唤起 huànqǐ
동 (주의 · 추억 등을) 불러일으키다, 환기하다
唤起回忆 추억을 불러일으키다 | 唤起记忆 기억을 떠올리다
这张照片唤起了我童年的记忆。이 사진은 내 어린 시절의 기억을 불러일으켰다.

□□ 017 坚固 VS 坚硬

voca 079

坚固 jiāngù	坚硬 jiānyìng
형 견고하다, 튼튼하다	형 단단하다, 견고하다
坚固的桥梁 견고한 다리 坚固的堤坝 견고한 제방	坚硬的石头 단단한 돌 坚硬的钻石 단단한 다이아몬드
这面墙很坚固，不可能被推倒。 이 벽은 매우 견고해서 넘어갈리 없다.	钢铁很坚硬，砸不坏。 강철은 매우 단단해서, 내리쳐도 망가지지 않는다.

□□ 018 坚韧 VS 坚实 VS 坚定 VS 坚强

voca 080

坚韧 jiānrèn	坚实 jiānshí
형 단단하고 질기다, 강인하다	형 견실하다, 튼튼하다
坚韧的橡胶 질긴 고무 坚韧的耐力 강인한 인내력	坚实的基础 튼튼한 기초 身体坚实 몸이 튼튼하다
橡胶制品坚韧耐磨。 고무 제품은 질기고 마모에 강하다.	他多年的经营为公司打下了坚实的基础。 그의 다년간의 경영은 회사에 견실한 기반을 마련해 주었다.
坚定 jiāndìng	**坚强 jiānqiáng**
형 (입장 · 주장 · 의지 등이) 확고부동하다 동 (입장 · 주장 · 의지 등을) 확고히 하다	형 굳세다, 꿋꿋하다, 완강하다
坚定的信念 확고한 신념 坚定意志 의지를 굳히다	坚强不屈 꿋꿋하게 굴하지 않다 坚强的性格 완강한 성격
对手的打压坚定了我们独立发展的信念。 상대의 압박이 우리의 독립적인 발전의 신념을 확고히 했다.	跌倒了也别泄气，坚强地站起来吧！ 넘어지더라도 낙담하지 말고, 굳세게 일어서라!

□□ 019 精密 VS 精致

voca 081

精密 jīngmì	精致 jīngzhì
형 정밀하다, 세밀하다	형 정교하고 치밀하다[주로 물체의 형상에 쓰임]
精密的仪器 정밀한 측정기 精密机械 정밀한 기계	精致的外表 우수한 외모 精致的礼物 정교한 선물

手表虽小，做工却十分**精密**。 손목시계는 비록 작지만 가공 기술이 매우 정밀하다.	这里的每一件工艺品都很**精致**。 이곳의 모든 공예품이 매우 정교하다.

□□ 020 拘束 VS 约束

voca 082

拘束 jūshù	**约束** yuēshù
동 구속하다, 속박하다 형 어색하다	동 단속하다, 규제하다, 속박하다
拘束孩子 아이를 구속하다 感到拘束 어색함을 느끼다	约束言行 언행을 단속하다 约束自由 자유를 속박하다
宴会上没有一个熟人，他感到很**拘束**。 파티에 아는 사람이 하나도 없어서, 그는 어색함을 느꼈다.	过多的规则可能会**约束**孩子的想象力。 과도한 규칙은 아이들의 상상력을 속박할 수 있다.

□□ 021 辽阔 VS 广阔 VS 宽阔 VS 开阔

voca 083

辽阔 liáokuò	**广阔** guǎngkuò
형 아득히 멀고 광활하다, 끝없이 넓다	형 넓다, 광활하다
辽阔的草原 광활한 초원 辽阔的天空 드넓은 하늘	国土广阔 국토가 넓다 广阔的天地 광활한 세상
骏马在**辽阔**的草原上奔驰。 준마가 광활한 초원에서 질주한다.	智能汽车的发展前景十分**广阔**。 스마트 카의 발전 전망이 아주 넓다.
宽阔 kuānkuò	**开阔** kāikuò
형 폭이 넓다(辽阔 > 广阔 > 宽阔), 아량이 넓다	형 넓다, (생각이나 마음이) 탁 트이다 동 넓히다
宽阔的街道 넓은 거리 心胸宽阔 마음이 넓다	视野开阔 시야가 넓다 开阔眼界 시야를 넓히다
车辆行驶在**宽阔**的大道上。 차가 넓은 대로를 달리고 있다.	我想去国外看看，**开阔**一下眼界。 외국으로 나가 (세상을) 둘러보며, 시야를 넓히고 싶다.

□□ 022 灵敏 VS 敏锐 VS 敏感 VS 敏捷 VS 过敏

voca 084

灵敏 língmǐn	**敏锐** mǐnruì
형 (감각이) 예민하다, (기기의 성능이) 민감하다	형 (눈빛이) 날카롭다, 예리하다
嗅觉灵敏 후각이 예민하다 反应灵敏 반응이 민감하다	目光敏锐 눈빛이 날카롭다 敏锐的洞察力 날카로운 통찰력
无线键盘的反应不太**灵敏**。 무선 키보드의 반응은 별로 민감하지 않다.	他头脑**敏锐**，十分机智。 그는 두뇌가 명석하고 기치가 넘친다.

敏感 mǐngǎn	敏捷 mǐnjié
형 (사물의 존재나 변화에) 예민하다, 민감하다	형 (생각이나 행동이) 빠르다
敏感问题 민감한 문제 | 敏感话题 민감한 화제	思维敏捷 생각이 빠르다 | 动作敏捷 동작이 민첩하다
记者对新事物很敏感。 기자는 새로운 사물에 민감하다.	警察身手敏捷，一下子抓住了小偷。 경찰의 몸놀림이 민첩해서, 도둑을 단번에 잡았다.

过敏 guòmǐn
동 알레르기 반응을 보이다
过敏性皮肤 알레르기성 피부 | 对花粉过敏 꽃가루 알레르기
他对面粉过敏，从来不吃面食。 그는 밀가루 알레르기가 있어서, 지금껏 밀가루 음식을 먹지 않았다.

□□ 023 能源 VS 资源 VS 能量

voca 085

能源 néngyuán	资源 zīyuán
명 에너지원[풍력, 수력, 지열능, 석탄, 석유 등을 가리킴]	명 자원
矿物能源 광물 에너지 | 可再生能源 재생 에너지	旅游资源 관광 자원 | 人力资源 인적 자원
太阳能是一种清洁能源。 태양 에너지는 친환경 에너지이다.	水资源不足是很多国家正在面临的问题。 수자원 부족은 여러 국가에서 직면하고 있는 문제이다.

能量 néngliàng
명 에너지, 역량
释放能量 에너지를 방출하다 | 消耗能量 에너지를 소모하다
一切生命活动都需要能量。 모든 생명 활동에는 에너지가 필요하다.

□□ 024 挪 VS 迈

voca 086

挪 nuó	迈 mài
동 옮기다, (위치를) 변경하다	동 (큰 걸음으로) 내디디다, 나아가다
他把椅子向后挪了一下。 그는 의자를 뒤로 좀 뺐다.	我们已向成功迈进了一步。 우리는 이미 성공을 향해 한걸음 다가섰다.

□□ 025 茂盛 VS 旺盛 VS 昌盛

voca 087

茂盛 màoshèng	旺盛 wàngshèng
형 (식물이) 우거지다, 무성하다	형 (기운 · 세력이) 성하다, (생명력이) 강하다
草木茂盛 초목이 무성하다 森林茂盛 숲이 우거지다	精力旺盛 정력이 왕성하다 士气旺盛 사기가 왕성하다

公园里的小草长得很茂盛。 공원에 작은 풀들이 무성하게 자랐다.	孩子每天的精力都很旺盛。 아이들은 매일 기운이 넘친다.

昌盛 chāngshèng
형 번성하다, 번영하다
国家昌盛 국가가 번영하다 | 事业昌盛 사업이 번창하다
每个人都希望自己的国家昌盛、富强。 모든 사람이 자신의 국가가 번창하고 부강해지기를 바란다.

□□ 026 散发 VS 释放

voca 088

散发 sànfā	释放 shìfàng
동 발산하다, 내뿜다	동 방출하다, 석방하다
散发香气 향기를 발산하다 散发光芒 빛이 나다	释放能量 에너지를 방출하다 释放犯人 범인을 석방하다
这朵花散发着芳香。 이 꽃은 향기를 풍기고 있다.	太阳在不断地释放热量。 태양은 끊임없이 열을 방출한다.

□□ 027 时光 VS 时机

voca 089

时光 shíguāng	时机 shíjī
명 때, 시절	명 (유리한) 시기, 기회
美好的时光 아름다운 시절 童年时光 어린 시절	把握时机 기회를 잡다 绝佳时机 절호의 찬스
年轻的时候不要浪费大好时光。 젊을 때 좋은 시절을 낭비하지 마라.	对投资者来说，时机非常重要。 투자자에게 타이밍은 굉장히 중요하다.

□□ 028 透露 VS 泄露 VS 流露 VS 暴露 VS 揭露

voca 090

透露 tòulù	泄露 xièlòu
동 (정보 · 상황 · 의사 등을) 드러내다	동 (비밀을) 누설하다
透露消息 정보를 누설하다 透露出笑容 미소를 띠다	泄露秘密 비밀을 누설하다 泄露计划 계획을 누설하다
双方都没有向外透露这次谈判的细节。 양측 모두 이번 협상의 세부 사항을 외부에 드러내지 않았다.	公司最新计划被泄露了出去。 회사의 최신 계획이 누설되었다.

流露 liúlù	暴露 bàolù
동 (감정 · 생각을) 무의식 중에 나타내다	동 폭로하다, 드러내다
真情流露 진심이 드러나다 流露情绪 마음을 드러내다	暴露身份 신분을 드러내다 暴露在外 밖으로 드러내다
他言语间流露出离开故乡的不舍之情。 그의 말 속에 고향을 떠나는 아쉬운 마음이 드러났다.	此次事件暴露出公司很多问题。 이번 사건은 회사의 많은 문제점을 드러냈다.

揭露 jiēlù
동 나쁜 것을 들추어내다
揭露真相 진상을 밝히다 I 揭露罪行 죄를 파헤치다
记者有揭露事情真相的责任。 기자에게는 사건의 진상을 밝힐 책임이 있다.

029 狭隘 VS 狭窄

voca 091

狭隘 xiá'ài	狭窄 xiázhǎi
형 지세의 폭이 좁다, (도량 · 사상 등이) 좁다 [추상적인 의미에 많이 쓰임]	형 비좁다, (견식 등이) 좁다 [실제적인 의미에 많이 쓰임]
狭隘的山路 좁은 산길 心胸狭隘 마음이 좁다	狭窄的房间 비좁은 방 见识狭窄 식견이 좁다
以自我为中心是狭隘的想法。 자신을 중심으로 삼는 것은 편협한 생각이다.	狭窄的街道上只能行驶两排车。 좁은 길에서는 차가 두 줄로만 운행할 수 있다.

030 眼光 VS 眼神 VS 目光 VS 视线

voca 092

眼光 yǎnguāng	眼神 yǎnshén
명 안목, 견해	명 시력, 눈빛
有眼光 안목이 있다 政治眼光 정치적 안목	眼神不好 시력이 좋지 않다 看眼神行事 눈빛을 보고 행동하다
要用长远的眼光看问题。 장기적인 안목으로 문제를 보아야 한다.	他用眼神暗示我马上离开。 그는 눈빛으로 나에게 당장 떠나라고 암시했다.
目光 mùguāng	**视线 shìxiàn**
명 눈길, 시야, 안목	명 시선, 눈길
目光炯炯 눈빛이 형형하다 目光短浅 시야가 좁다	视线模糊 시야가 흐릿하다 挡住视线 시선을 가리다
学生们的目光都集中在老师身上。 학생들의 눈길이 선생님에게 집중되었다.	飞机在我们的视线中逐渐消失。 비행기는 우리의 시선 속에서 서서히 사라졌다.

□□ 031 依靠 VS 依赖

voca 093

依靠 yīkào	依赖 yīlài
동 의지하다, 기대다	동 의지하다[주로 부정적인 의미에 사용]
依靠帮助 도움에 의지하다 依靠技术 기술에 의지하다	依赖他人 남에게 의지하다 依赖援助 원조에 의존하다
我们日常的生活用品很多依靠进口。 우리의 일상 생활용품은 수입에 많이 의존한다.	儿女应学会独立，不能依赖自己的父母。 자녀는 독립할 줄 알아야지, 자신의 부모에게 의존해서는 안 된다.

□□ 032 以致 VS 以至

voca 094

以致 yǐzhì	以至 yǐzhì
접 ~이 되다, ~을 초래하다[주로 좋지 않은 결과에 쓰임]	접 ~까지, ~에 이르기까지
司机酒驾以致造成交通事故。 기사의 음주 운전은 교통사고를 초래한다.	小学生、中学生以至大学生都喜欢这部动画片。초등학생, 중학생부터 대학생에 이르기까지 모두 이 애니메이션을 좋아한다.

□□ 033 拥有 VS 具有 VS 享有

voca 095

拥有 yōngyǒu	具有 jùyǒu
동 (대량의 토지 · 인구 · 재산 등을) 가지다, 소유하다	동 가지다, 지니다[주로 추상적인 것에 쓰임]
拥有领土 영토를 소유하다 | 拥有健康 건강을 가지다	具有功效 효과가 있다 | 具有特点 특징이 있다
该地区拥有丰富的资源。 이 지역은 풍부한 자원을 보유하고 있다.	这项研究具有历史性的意义。 이 연구는 역사적인 의미가 있다.

享有 xiǎngyǒu
동 (권리 · 명예 등을) 향유하다, 누리다
享有美誉 명성을 누리다 | 享有声望 명망을 향유하다
泰山享有“天下第一山”的美誉。태산은 '천하제일의 산'이라는 명성을 누리고 있다.

□□ 034 遭受 VS 遭遇 VS 遭殃

voca 096

遭受 zāoshòu	遭遇 zāoyù
동 (불행 또는 손해를) 만나다, 당하다	동 (적이나 불행한 일에) 우연히 맞닥뜨리다
遭受损失 손실을 입다 遭受不幸 불행을 당하다	遭遇敌人 적을 만나다 遭遇困难 어려움과 마주하다
经济危机让很多企业遭受重创。 경제 위기는 많은 기업들에 큰 타격을 입혔다.	今年这里遭遇了百年不遇的大雪。 올해 이곳에는 백 년만에 큰 눈이 내렸다.

遭殃 zāoyāng
동 재난을 만나다, 불행을 당하다[이합동사]
这场大火，居民都遭了殃。 이번의 큰 화재로, 주민들은 모두 재난을 당했다.

035 展示 VS 展出

voca 097

展示 zhǎnshì	展出 zhǎnchū
동 드러내다, 전시하다	동 전시하다, 진열하다
展示文化 문화를 전시하다 展示实力 실력을 보여 주다	展出文物 문물을 전시하다 展出书画 서화를 전시하다
这场时装秀展示了传统服装的古典美。 이번 패션쇼는 전통 의상의 고전미를 보여 주었다.	这次展览会展出了很多画家的作品。 이번 전시회에는 많은 화가의 작품이 전시되었다.

036 珍贵 VS 珍稀

voca 098

珍贵 zhēnguì	珍稀 zhēnxī
형 진귀하다	형 진귀하고 드물다
珍贵的资料 진귀한 자료 珍贵的朋友 소중한 친구	珍稀动物 희귀 동물 珍稀药材 희귀한 약재
这个花瓶是清朝的，十分珍贵。 이 화병은 청나라 시기의 것으로, 매우 진귀하다.	大熊猫是一种珍稀动物。 판다는 희귀 동물이다.

037 智力 VS 智能 VS 智商

voca 099

智力 zhìlì	智能 zhìnéng
명 지력, 지능	명 지능
智力开发 지능 개발 智力测验 지능 검사	人工智能 인공지능 智能手机 스마트폰
父母可以跟孩子一起做智力游戏。 부모는 아이와 함께 지능을 높이는 게임을 하는 것이 좋다.	智能家电越来越受欢迎。 스마트 가전이 갈수록 인기를 끈다.

智商 zhìshāng
명 지능 지수[智力商数(IQ)의 준말]
智商高低 IQ 지수 | 智商与情商 IQ와 EQ(감성 지수)
一个人的成功与否并不是由智商决定的。 한 사람의 성공 여부는 IQ로 결정되는 것이 아니다.

□□ 038 壮观 VS 壮丽

voca 100

壮观 zhuàngguān	壮丽 zhuànglì
형 장관이다	형 장려하다, 웅장하고 아름답다
壮观的长城 장관인 만리장성 壮观的场面 장관인 장면	壮丽的景色 장려한 경치 壮丽的诗篇 장려한 시
宇航员从太空中拍到了壮观的地球。 우주 비행사는 우주에서 장관인 지구를 촬영했다.	张家界壮丽的景色吸引了很多人。 장가계의 웅장하고 아름다운 경치가 많은 이들을 매료시켰다.

□□ 039 滋润 VS 湿润

voca 101

滋润 zīrùn	湿润 shīrùn
형 촉촉하다, (삶이) 편안하다 동 촉촉하게 적시다	형 (토양 · 공기 따위가) 습윤하다, 축축하다
滋润的皮肤 촉촉한 피부 滋润的日子 윤택한 생활	湿润的气候 습윤한 기후 眼睛湿润 눈이 촉촉하다
春雨滋润着大地。 봄비가 대지를 촉촉하게 적신다.	南方气候湿润，北方比较干燥。 남방의 기후는 습윤하고, 북방은 비교적 건조하다.

□□ 040 阻拦 VS 阻挡 VS 阻挠 VS 阻碍

voca 102

阻拦 zǔlán	阻挡 zǔdǎng
동 저지하다, 막다 [다른 사람의 행동을 막아서 어떤 역할을 하지 못하게 하다]	동 저지하다, 가로막다 [장애물을 설치해서 앞으로 못 가게 하다]
他已决定离开，谁都不要阻拦。 그는 이미 떠나기로 결정했으니, 누구도 막지 마라.	一条河阻挡了我们前进。 강이 우리의 전진을 막았다.
阻挠 zǔnáo	**阻碍 zǔ'ài**
동 저지하다, 방해하다[다른 사람의 일이 잘되지 못하게 하다]	동 방해하다, 지장이 되다
这次会议的召开受到了多方的阻挠。 이번 회의의 소집에 많은 방해를 받았다.	不平等的观念阻碍了社会的进步。 불평등한 관념이 사회의 진보를 방해했다.

맛있는 중국어 HSK

6급

해설집

JRC 중국어연구소 기획·저 / 왕수인 역

맛있는 books

맛있는 중국어 HSK 6급 해설집

기획·저 JRC 중국어연구소
번역 왕수인
발행인 김효정
발행처 맛있는books
등록번호 제2006-000273호

주소 서울시 서초구 명달로 54 JRC빌딩 7층
전화 구입문의 02·567·3861 | 02·567·3837
내용문의 02·567·3860
팩스 02·567·2471
홈페이지 www.booksJRC.com

차례

듣기

독해

제1부분

제2부분

제3부분

제4부분

쓰기

모의고사

맛있는 중국어 **HSK 6**급 **듣기**

1 문화와 사회

| 실전 트레이닝 1 | 기본서 24쪽

정답 1. C 2. A

1 Track **08-1**

해설 및 정답 **문제 분석▼** 보기에서 공통적으로 제시된 단어인 体验教育(체험 교육) 뒤에 있는 세부적인 특징을 잘 들어야 한다. 녹음의 唤醒…潜能(잠재력을 일깨우다)과 보기의 激发…潜能(잠재력을 끌어내다)은 같은 의미이다.

体验教育倡导以体验为核心的学习方式，让学生在实践中去认知、明理和发展。体验教育旨在唤醒、开发与提升学生的潜能，磨练学生的意志，从而促进学生的自主、全面发展。	체험 교육은 체험을 핵심으로 하는 학습 방식을 선도하여, 학생들이 실천하면서 인지하고 도리를 알게 하며 발전할 수 있게 한다. 체험 교육의 목적은 학생들의 잠재력을 일깨우고 개발하여 끌어올림으로써, 학생들의 의지를 단련시키는 데 있다. 따라서 학생들이 자주적이고, 전면적으로 발전하도록 촉진시킨다.
A 体验教育重视创意	A 체험 교육은 창의성을 중시한다
B 体验教育由西方提出	B 체험 교육은 서양에서 제기됐다
C 体验教育能激发学生潜能	**C 체험 교육은 학생들의 잠재력을 끌어낼 수 있다**
D 体验教育多用于学前教育	D 체험 교육은 취학 전 교육으로 많이 사용된다

단어 体验 tǐyàn 동 체험 | ★倡导 chàngdǎo 동 선도하다 | ★核心 héxīn 명 핵심 | 实践 shíjiàn 동 실천하다 | 认知 rènzhī 동 인지하다 | 明理 mínglǐ 형 도리를 잘 알다 | 旨 zhǐ 명 목적, 취지 | 唤醒 huànxǐng 동 일깨우다 | ★提升 tíshēng 동 끌어올리다 | ★潜能 qiánnéng 명 잠재력 | ★磨练 móliàn 동 단련하다 | ★意志 yìzhì 명 의지 | 自主 zìzhǔ 동 자주적이다 | 全面 quánmiàn 형 전면적이다 | ★创意 chuàngyì 명 새로운 의견, 창의 | ★激发 jīfā 동 불러일으키다

2 Track **08-2**

해설 및 정답 **문제 분석▼** 어휘를 설명하는 문제인 경우 그 어휘의 의미와 변천 과정 등을 잘 들어야 한다. 慢慢地人们便把工资叫"薪水"了(서서히 사람들은 보수를 '薪水'라 부르게 되었다)라는 내용으로 薪水는 보수의 별칭임을 알 수 있다.

"薪水"本来是打柴、取水的意思。据传，诗人陶渊明请人帮儿子去做家务，并写信告诉儿子："他帮你打柴、取水，你要善待他，给他一些钱财。"慢慢地人们便把工资叫"薪水"了。

'薪水(임금)'는 본래 장작을 패고 물을 긷는다는 뜻이었다. 전해지는 바에 따르면, 시인 도연명이 아들을 도와 집안일을 할 사람을 들이고, 아들에게 편지로 "그가 너를 도와 장작을 패고 물을 길어 오니, 너는 그를 잘 대접하고 약간의 금전을 주어라."라고 말했다. 서서히 사람들은 보수를 '薪水(임금)'라 부르게 되었다.

A 薪水是工资的别称
B 陶渊明是著名画家
C 陶渊明为人慷慨大方
D 儿子亏待了做家务的人

A 임금은 보수의 별칭이다
B 도연명은 유명한 화가이다
C 도연명은 마음이 넓다
D 아들은 집안일하는 사람을 푸대접했다

단어 ★薪水 xīnshui 명 임금, 급여 | 打柴 dǎchái 동 땔나무를 하다 | 据传 jùchuán 전하는 바에 의하면 | 陶渊明 Táo Yuānmíng 고유 도연명[인명] | 家务 jiāwù 명 가사, 집안일 | 善待 shàndài 동 잘 대접하다 | ★工资 gōngzī 명 임금, 보수 | 别称 biéchēng 명 별칭 | ★为人 wéirén 명 사람 됨됨이, 인품 | ★慷慨大方 kāngkǎi dàfāng 관대하다 | 亏待 kuīdài 동 푸대접하다

| 실전 트레이닝 2 | 기본서 24쪽

정답 1. B　2. C　3. B　4. A　5. D

[1–5]

Track 09-1

第1到5题是根据下面一段采访：

女：从湖北到上海，历时19天，骑行1300公里，沿途向5000余名路人普及环保知识……这是一次怎样的经历呢? 질문①

男：对，[1]这次"由西向东"的骑行之旅既是完成一份"生态文明建设"的调研问卷，也是对我自身毅力的一种考验，[5]累并快乐着，也体验了一次真正的穷游。

女：这是一份怎样的调研问卷? 질문②

1~5번 문제는 다음 인터뷰에 근거한다.

여: 후베이에서 상하이까지, 19일간, 1300km를 달리며, 도로에서 행인 5000여 명에게 환경 보호에 관한 지식을 알리셨는데…… 이것은 어떠한 경험이었나요? 질문①

남: 아, [1]이번 '서쪽에서 동쪽으로'의 라이딩 여행은 '생태문명의 건설'을 완성하기 위한 조사 및 연구 앙케트이자, 제 자신의 끈기를 시험하는 것이었습니다. [5]지치기도 하고 즐거워하기도 하면서, 진정한 무전여행을 체험할 수 있었지요.

여: 이것은 어떤 앙케트였나요? 질문②

男：学校要求我们利用暑期在自己家乡所在的地区及周边，进行相应的环保调研。考虑到地区差异，²且小范围调研对样本有所局限，我便联合其他5位同学，组建成一个小团队，开展了这次调研活动。我们有四个人负责湖北地区，一个人留守上海，我作为团队负责人，就负责沿途的环保宣传和问卷调查工作。

女：你沿途调研的主要内容是什么呢？질문③

男：暑期前正值收割季，农作物秸秆的焚烧一直是环保的焦点，我知道很多人不敢焚烧秸秆是因为怕罚款，尤其是偏远地区，但很少有村民知道秸秆焚烧带给环境的危害有多大。所以我决定，³这趟行程主要向路人讲解禁止焚烧秸秆的原因、垃圾分类的益处、以及保护水生动植物的重要性等环保基础知识。

女：能给我们讲讲这长达半个多月的“流浪”生活是什么样的吗？질문④

男：我几乎是每天早上五点起床，找公共厕所洗漱，再规划一下一天的路线和行程。白天，我在居民聚集的大树下、或者广场上与他们聊天，并宣传环保知识，顺便填写问卷。⁴晚上八点到十一点是我赶路的黄金时间。这时当地人一般都休息了，天气也凉快，适合赶路。骑累了就在广场上、马路边、或者公安局旁边露营休息。

女：如果让你再来一次这样的生活，你愿意吗？질문⑤

男：当然。生态环境保护工作需要全社会的关心与支持，我希望越来越多的人可以行动起来，保护我们的生态环境。

남: 학교에서 저희에게 여름 기간을 이용해 자신의 고향 소재 지역과 주변에서, 상응하는 환경 보호 조사 및 연구를 하라고 요구했어요. 지역적 차이를 고려해야 했고, ²또한 소규모 조사로는 표본에 한계가 있어서, 저는 5명의 학생들과 연합하여 작은 팀을 만들고, 이번 조사 활동을 진행했습니다. 우리 중 네 명이 후베이 지역을 담당하고, 한 사람은 상하이에 남아 있었어요. 저는 팀의 책임자로서, 길에서의 환경 보호 홍보와 설문 조사를 담당했습니다.

여: 길에서 하시는 조사의 주요 내용은 무엇인가요? 질문③

남: 여름 기간이 한창 수확철이라, 농작물 줄기 소각이 줄곧 환경 보호 문제의 화두였습니다. 저는 많은 사람들이 벌금이 염려되어 짚을 소각하려 하지 않는다는 것을 알고 있어요. 특히 외진 곳에서는 더욱 그렇지요. 하지만 줄기 소각이 환경에 미치는 피해가 얼마나 큰지 알고 있는 마을 분들은 거의 없었습니다. 그래서 저는 ³이 여정에서 행인들에게 짚을 소각하는 것을 금지하는 이유와 쓰레기 분리의 이점, 그리고 수생동물과 식물들을 보호하는 것의 중요성 등 환경 보호의 기초 지식을 설명해 드리기로 결심했습니다.

여: 보름이 넘는 '방랑' 생활이 어땠는지 우리에게 말해 줄 수 있을까요? 질문④

남: 저는 거의 매일 아침 5시에 일어나 공중 화장실에서 세수와 양치를 하고, 하루의 노선과 일정을 계획했습니다. 낮에는 주민들이 모이는 큰 나무 아래나 광장에서 그들과 이야기를 나누고, 환경 보호에 관한 지식을 홍보하는 김에 설문지를 작성했지요. ⁴저녁 8시부터 11시까지는 제가 길을 나서기 가장 좋은 시간이었습니다. 이때는 현지 분들이 보통 휴식을 취하셨고, 날씨도 선선해서 길을 재촉하기에 적당했었지요. 자전거를 타고 가다 지치면 광장이나 길가 혹은 경찰서 옆에서 야영을 하며 휴식을 취했습니다.

여: 만약 다시 한 번 이런 생활을 하라고 한다면, 하실 수 있을까요? 질문⑤

남: 당연하죠. 생태 환경 보호 사업은 사회 전체의 관심과 지지가 필요합니다. 저는 점점 더 많은 사람들이 우리의 생태 환경을 보호하기 위해 행동할 수 있기를 바랍니다.

단어 湖北 Húběi 고유 후베이[지명] | 历时 lìshí 동 시간이 걸리다 | 骑行 qíxíng 동 타고 가다 | 沿途 yántú 명 도롯가 | 余 yú 수 여, 남짓 | ★普及 pǔjí 동 널리 퍼지게 하다 | ★生态 shēngtài 명 생태 | 调研 diàoyán 동 조사 연구하다 | 问卷 wènjuàn 명 앙케트 | ★毅力 yìlì 명 끈기 | ★考验 kǎoyàn 명 시험 | 穷游 qióngyóu 무전여행 | 样本 yàngběn 명 (통계의) 표본 | ★局限 júxiàn 동 한정하다 | 联合 liánhé 동 연합하다 | 组建 zǔjiàn 동 조직하다 | 开展 kāizhǎn 동 전개하다, 벌리다 | 留守 liúshǒu 동 남아서

지키다 | 收割 shōugē 동 수확하다 | ★农作物 nóngzuòwù 명 농작물 | 秸秆 jiēgǎn 명 짚, 줄기 | 焚烧 fénshāo 동 태우다 | ★焦点 jiāodiǎn 명 초점 | 罚款 fákuǎn 동 벌금을 내다 | 偏远 piānyuǎn 형 외지다 | ★危害 wēihài 명 위해 | 行程 xíngchéng 명 노정, 여정 | 讲解 jiǎngjiě 동 설명하다 | 分类 fēnlèi 명 분류 | 流浪 liúlàng 동 방랑하다 | 洗漱 xǐshù 동 세수하고 양치질하다 | ★规划 guīhuà 동 계획하다 | ★聚集 jùjí 동 모이다 | ★顺便 shùnbiàn 부 ~하는 김에 | 赶路 gǎnlù 동 길을 재촉하다 | 公安局 gōng'ānjú 명 공안국, 경찰국 | 露营 lùyíng 동 야영하다

1

Track **09-2**

해설 및 정답 **문제 분석▼** 남자가 말한 这次"由西向东"的骑行之旅(이번 '서쪽에서 동쪽으로'의 라이딩 여행) 중 由西向东과 보기에 自西向东은 같은 의미이다.

关于这项调研，可以知道什么?	이 조사 연구에 관해 알 수 있는 것은?
A 历时一个月	A 한 달이 걸렸다
B 自西向东进行	**B 서쪽에서 동쪽으로 진행했다**
C 有上万人参与	C 만 명 이상의 사람들이 참여했다
D 是一场徒步旅行	D 도보여행이었다

단어 ★参与 cānyù 동 참여하다 | 徒步 túbù 명 도보

2

Track **09-3**

해설 및 정답 **문제 분석▼** 여자의 这是一份怎样的调研问卷(이것은 어떤 앙케트였나요?)이라는 질문에 대해 남자는 小范围调研对样本有所局限(소규모 조사로는 표본에 한계가 있다)이라고 대답했다.

男的认为小范围调研有什么缺点?	남자는 소규모 조사에 어떤 결점이 있다고 여기는가?
A 不受重视	A 중시를 받지 못한다
B 易产生误差	B 쉽게 오차가 발생한다
C 样本有局限性	**C 표본에 한계가 있다**
D 宣传效果不佳	D 홍보 효과가 좋지 않다

단어 ★误差 wùchā 명 오차 | ★佳 jiā 형 좋다, 훌륭하다

3

Track **09-4**

해설 및 정답 **문제 분석▼** 조사의 주요 내용은 무엇인가라는 여자의 질문에 대한 남자의 대답 중에 垃圾分类的益处(쓰레기 분리의 이점)가 언급되었다. 益处와 好处는 동일한 의미이다.

下列哪项是男的沿途宣传的内容?	남자가 길에서 한 홍보 내용은?

A 运动的重要性	A 운동의 중요성
B 垃圾分类的好处	**B 쓰레기 분리의 이점**
C 温室效应的危害	C 온실 효과의 위험
D 可再生能源的优点	D 재생에너지의 장점

단어 ★温室效应 wēnshì xiàoyìng 온실 효과 | ★可再生能源 kězàishēng néngyuán 명 재생에너지

4

Track 09-5

해설 및 정답 **문제 분석▼** 여자의 네 번째 질문에 대해 남자는 天气也凉快，适合赶路(날씨도 선선해서 길을 재촉하기에 적당했었지요)라고 대답했다. 凉快는 凉爽과 같은 뜻이다.

男的为什么说晚上八点到十一点是赶路的黄金时间?	남자는 왜 저녁 8시부터 11시까지를 길을 나서기 가장 좋은 시간이라고 했는가?
A 天气凉爽	**A 날씨가 시원해서**
B 精神饱满	B 원기가 왕성해서
C 没有行李	C 짐이 없어서
D 能坐顺风车	D 카풀할 수 있어서

단어 ★凉爽 liángshuǎng 형 시원하고 상쾌하다 | 饱满 bǎomǎn 형 왕성하다 | 顺风车 shùnfēngchē 카풀

5

Track 09-6

해설 및 정답 **문제 분석▼** 마지막 질문의 답은 종종 인터뷰 시작 부분이나 중간 부분에 제시되는 경우가 많으므로 마지막 문제의 보기를 먼저 살피는 것이 좋다. 이번 경험에 대한 평가는 첫 번째 질문에 대한 대답에서 그대로 언급되었다.

男的如何评价这次经历?	남자는 이번 경험을 어떻게 평가하는가?
A 遗憾	A 유감스럽다
B 枯燥	B 무미건조하다
C 不被理解	C 이해되지 않다
D 累并快乐着	**D 지치기도 하고 즐겁기도 하다**

단어 ★遗憾 yíhàn 동 유감스럽다 | ★枯燥 kūzào 형 무미건조하다

| 실전 트레이닝 3 | 기본서 25쪽

정답 1. D 2. A 3. D

[1–3]

Track 10-1

第1到3题是根据下面一段话:	1~3번 문제는 다음 내용에 근거한다.
民宿是利用自用住宅空闲房间，结合当地人文、自然景观、生态、环境资源及农林渔牧生产活动，为外出郊游或远行的旅客提供的个性化住宿场所。1近年来，一些民宿主人根据自己的喜好及不同游客的需求，制定了许多极富创意、强调个性化的主题，如2适合城市人群的农庄民宿，针对亲子游的童年民宿，充满异域风情的欧式民宿等。这些风格迥异的民宿吸引着越来越多的游客，3游客们也通过民宿体验当地人的生活方式，融入当地人的生活，用这种独特的方式与世界交流，释放自己。	펜션은 자가주택의 비어 있는 방을 이용하여 현지의 인문, 자연경관, 생태, 환경자원 및 농업과 임업, 어업과 목축업 등 생산 활동을 결합한, 교외로 나오거나 먼 곳에서 오는 여행객을 위한 개성화된 숙박시설이다. 1최근 들어, 일부 펜션 주인들은 자신들의 취향과 다양한 관광객들의 필요에 따라 창의적이며 개성이 강조된 주제들을 많이 만들어 왔다. 예를 들면 2도시인들에게 적합한 농장 펜션, 가족 여행을 겨냥한 어린이 펜션, 이국적인 분위기의 유럽식 펜션 등이 있다. 이런 풍의 이색적인 펜션들은 점점 더 많은 여행객을 끌어들이고 있으며, 3여행객들 역시 펜션을 통해 현지인들의 생활방식을 체험하고 현지인의 생활에 녹아 드는 이러한 독특한 방식으로 세계와 교류하고 스스로를 자유롭게 한다.

단어 民宿 mínsù 민박 | 住宅 zhùzhái 명 주택 | ★空闲 kòngxián 형 비어 있다 | 结合 jiéhé 동 결합하다 | ★人文 rénwén 명 인문 | 景观 jǐngguān 명 경관 | 农林渔牧 nóng lín yú mù 농업, 임업, 어업, 목축업 | 郊游 jiāoyóu 동 교외로 소풍 가다 | 住宿 zhùsù 동 숙박하다 | ★场所 chǎngsuǒ 명 장소, 시설 | ★主题 zhǔtí 명 주제 | 农庄 nóngzhuāng 명 농장 | ★针对 zhēnduì 동 겨누다 | 亲子游 qīnzǐyóu 가족 여행, 부모가 아이와 함께 여행하다 | ★异域风情 yìyù fēngqíng 이국의 풍토와 인정 | 欧式 Ōu shì 명 유럽식 | 迥异 jiǒngyì 형 판이하다 | ★融入 róngrù 동 유입되다 | ★释放 shìfàng 동 석방하다

1

Track 10-2

해설 및 정답 **문제 분석▼** 최근 들어 일부 펜션 주인들은 자신들의 취향과 다양한 관광객들의 필요에 따라 强调个性化的主题(개성이 강조된 주제)를 만들었다고 했으므로, 최근에 펜션이 개성화되는 특징이 있음을 알 수 있다.

近年来，民宿有什么特点?	최근에 펜션에는 어떠한 특징이 있는가?
A 环境优美	A 환경이 아름답다
B 价格低廉	B 가격이 저렴하다
C 更商业化	C 상업화되다
D 更个性化	**D 개성화되다**

단어 ★优美 yōuměi 형 우아하고 아름답다 | ★低廉 dīlián 형 저렴하다

2

Track **10-3**

해설 및 정답 **문제 분석▼** 펜션의 주인들은 개성이 있는 주제를 만들었다는 내용에 뒤이어 适合城市人群的农庄民宿(도시인들에게 적합한 농장 펜션)가 언급되었다.

农庄民宿主要针对什么人群?		농장 펜션은 주로 어떤 사람들을 겨냥했는가?	
A 城市人群	B 家庭用户	**A 도시인들**	B 홈 유저
C 学生群体	D 新婚夫妻	C 학생 단체	D 신혼부부

단어 ★用户 yònghù 명 사용자, 가입자 | ★群体 qúntǐ 명 단체, 집단 | 新婚 xīnhūn 명 신혼

3

Track **10-4**

해설 및 정답 **문제 분석▼** 游客们也通过民宿体验当地人的生活方式(여행객들 역시 펜션을 통해 현지인들의 생활방식을 체험한다)라는 내용으로 여행객은 현지 생활을 체험할 수 있다는 것을 알 수 있다.

根据这段话，通过民宿，游客们可以做什么?	단문을 근거로, 펜션을 통해 여행객은 무엇을 할 수 있는가?
A 欣赏夜景	A 야경을 감상한다
B 品尝小吃	B 간식을 맛본다
C 拍摄艺术照	C 예술 사진을 찍는다
D 体验当地生活	**D 현지 생활을 체험한다**

단어 ★品尝 pǐncháng 동 맛보다 | ★小吃 xiǎochī 명 간식거리 | 艺术照 yìshùzhào 명 예술 사진

2 인물과 이야기

| 실전 트레이닝 1 | 기본서 35쪽

정답

1. C　　2. C

1

Track 15-1

해설 및 정답 **문제 분석▾** 이야기 글은 결과와 주제를 알려 주는 마무리 부분을 유의해서 들어야 한다.

孩子不愿意做作业，于是爸爸灵机一动说："我来做作业，你来检查，如何?"孩子高兴地答应了，并且把爸爸的"作业"认真检查了一遍，还列出算式给爸爸讲解了一番。不过他可能并不知道爸爸为什么一道题也没做对。	아이가 숙제를 하기 싫어하자, 아빠는 좋은 생각이 떠올라 말했다. "내가 숙제를 할 테니, 너는 검사를 하는 게 어떻겠니?" 아이는 흔쾌히 허락했다. 게다가 아빠의 '숙제'를 진지하게 검사했고, 계산식까지 열거하며 아빠에게 설명해 드렸다. 하지만 그는 왜 아빠가 한 문제도 맞히지 못했는지 결코 알지 못할 것이다.
A 孩子十分调皮	A 아이는 굉장한 개구쟁이다
B 爸爸年纪大了	B 아빠는 나이가 많다
C 爸爸做错了所有题	**C 아빠는 모든 문제를 틀렸다**
D 孩子没听爸爸的话	D 아이는 아빠의 말을 듣지 않았다

단어 ★灵机一动 língjī yí dòng 성 교묘한 생각이 떠오르다 | 列出 lièchū 동 열거하다 | 算式 suànshì 명 (계)산식 | 番 fān 양 회, 번 | ★调皮 tiáopí 동 까불다

2

Track 15-2

해설 및 정답 **문제 분석▾** 녹음의 倡导…学习精神(학습정신을 가져야 한다고 제창했다)과 보기의 鼓励…学习(공부를 독려하다)는 동일한 의미이다.

荀子认为，人的知识、智慧、品德等都是由后天学习、积累而来的。他专门在书中写了《劝学》篇，论述学习的重要性，肯定人是教育和环境的产物，倡导日积月累、不断求知的学习精神。	순자는 인간의 지식, 지혜, 덕목 등은 모두 후천적으로 배우고 쌓아가는 것이라고 여겼다. 그는 특별히 책 속에 〈권학〉편을 써서 학습의 중요성을 논술했고, 사람은 교육과 환경의 산물이니 오랜 세월 끊임없이 지식을 구하는 학습정신을 가져야 한다고 제창했다.
A 荀子主张人性本善	A 순자는 인간의 본성이 선하다고 주장했다
B 荀子是战国军事家	B 순자는 전국 시대의 군사 전문가이다
C 荀子鼓励人不断学习	**C 순자는 끊임없이 공부하라고 독려했다**
D《劝学》由荀子的弟子编写	D 〈권학〉은 순자의 제자가 집필했다

단어 荀子 Xúnzǐ 고유 순자 | 品德 pǐndé 명 품성 | ★专门 zhuānmén 부 특별히, 일부러 | 劝学 quànxué 동 학문을 권장하다, 권학하다

| 论述 lùnshù 동 논술하다 | 产物 chǎnwù 명 산물 | ★倡导 chàngdǎo 동 제창하다 | ★日积月累 rì jī yuè lěi 성 세월이 쌓이다 | ★求知 qiúzhī 동 지식을 탐구하다 | ★主张 zhǔzhāng 동 주장하다 | 战国 Zhànguó 명 전국 시대 | 军事家 jūnshìjiā 군사 전문가 | 弟子 dìzǐ 명 제자 | 编写 biānxiě 동 집필하다

| 실전 트레이닝 2 | 기본서 35쪽

정답 1. B 2. D 3. A 4. A 5. C

[1–5]

Track 16-1

第1到5题是根据下面一段采访：

女：5您获得诺贝尔文学奖后这几年里，没怎么出过作品，但其实您一直都是在写的，能跟我们说说这几年来您的写作状态吗? 질문①

男：1我觉得要求一个作家年年出作品这也不现实，而且我想一个作家年年出作品也没有意义。我现在也越来越体会到，与其发表十部一般化的作品，不如发表一部比较好的作品。所以我愿意用我全部的作品换鲁迅的一个短篇小说，换他一个《阿Q正传》。

女：您这几年来参加了很多社会活动，包括演讲、开设课程，这会不会稍微占据您原本的时间呢? 질문②

男：这肯定是。我也一直认为，2参加一些必要的社会活动，是我应该尽的责任。比如说到学校里给学生们讲讲课，然后参加一些比较重要的文化活动。前两天我在图书博览会上跟来自30个国家的翻译家们对话，我是专门从高密赶过去的，这些活动我觉得意义比较大，所以还是应该参加。

女：除了写作和参加一些活动，您其余的时间是怎样的呢? 질문③

1~5번 문제는 다음 인터뷰에 근거한다.

여: 5노벨 문학상을 수상하신 후 몇 년 동안 작품을 내지 않으셨지만, 사실 계속 작업을 하고 계신데, 몇 년간의 선생님의 작품 상황에 대해 말씀해 주실 수 있을까요? 질문①

남: 1저는 한 작가에게 매년 작품을 내라고 요구하는 것은 현실적이지 않고, 또한 한 작가가 매년 작품을 내는 것도 의미가 없다고 생각합니다. 저는 지금 일반적인 작품을 열 권 발표하는 것보다는 비교적 좋은 작품 한 편을 발표하는 것이 더 낫다는 것을 점점 더 실감하고 있습니다. 그래서 저는 저의 모든 작품을 루쉰의 단편소설 한 편과 바꾸고 싶습니다. 그의 《아Q정전》과 말이지요.

여: 최근 몇 년간 강연과 교육 과정 개설을 포함해서 많은 사회 활동에 참여하셨는데, 이것이 작가님의 시간을 조금 빼앗지는 않았나요? 질문②

남: 분명 그렇기는 하지요. 저 역시 2꼭 필요한 사회 활동에 참여하는 것이 제가 당연히 해야 할 책임이라고 항상 생각해 왔습니다. 예를 들면 학교에서 학생들에게 강의를 하고, 비교적 중요한 문화행사에 참가하는 것들이지요. 이틀 전에 저는 도서 박람회에서 30개 국가에서 온 번역가들과 대화를 나눴는데, 저는 일부러 가오미에서 달려간 것이었어요. 이러한 활동들은 의미가 비교적 커서, 역시 참여하는 것이 좋다고 생각합니다.

여: 글 작업과 행사에 참여하시는 것 외에, 나머지 시간에는 무엇을 하시나요? 질문③

男：我想跟大家应该是一样的，无非是看书、生活、学习、写作。没有特别固定的时间，几点到几点我必须写作，几点到几点我必须睡觉，没有，³我这个人生活还是非常随意，没那么严格。	남: 저 역시 여러분들과 같을 거라고 생각합니다. 단지 책을 보고 생활하고 공부하고 글을 쓸 뿐이지요. 특별히 정해진 시간은 없습니다. 몇 시부터 몇 시까지는 반드시 글을 쓰고, 몇 시부터 몇 시까지는 반드시 잠을 자고, 그런 건 없지요. ³저는 그냥 마음 가는 대로 사는 사람입니다. 그렇게 엄격하지 않아요.
女：⁴您戴上诺贝尔文学奖的光环后，在写作的时候会觉得有压力吗? 질문④	여: ⁴노벨 문학상의 후광을 두르신 후에는 글을 쓰실 때 스트레스를 받는다고 느끼시나요? 질문④
男：确实是存在的。比如过去写得差不多了，那就出版了，⁴现在可能说再放放，再改改，所以更加地慎重，希望更加完美一点儿。另外一点就是说，写作的时候还是要放下一切的包袱，不要让诺奖变成一个沉重的担子，或者一个沉重的冠冕压着自己，那就没法儿写了。写的时候我就是一个读者，我就是一个作者，我甚至写的时候要忘掉读者，作者应该按照自己的想法写，跟着自己的感觉写。	남: 확실히 그런 부분이 있습니다. 예를 들어 예전에는 그럭저럭 써서 출판을 했다면, ⁴지금은 좀 더 두고 보고, 좀 더 고치고, 더욱 신중해졌다고 할 수 있지요. 좀 더 완벽하기를 바라게 되었습니다. 그 밖에 또 다른 점은 글을 쓸 때 모든 부담을 내려놓아야 한다는 것입니다. 노벨상을 무거운 짐으로 만들거나 무거운 왕관처럼 자신을 짓누르게 하면 안되지요. 그럼 글을 쓸 수가 없어요. 글을 쓸 때는 제가 독자이기도 하고, 제가 작가이기도 한데, 저는 글을 쓸 때에는 독자를 심지어 잊으려 합니다. 작가는 자신의 생각에 따라, 자신의 느낌에 따라 글을 써야 하니까요.

단어 诺贝尔文学奖 Nuòbèi'ěr Wénxuéjiǎng 노벨 문학상 | ★写作 xiězuò 명 (문예) 작품, 창작 | ★状态 zhuàngtài 명 상태 | 发表 fābiǎo 동 발표하다 | 鲁迅 Lǔxùn 고유 루쉰[인명] | 短篇 duǎnpiān 명 단편 | 阿Q正传 Ā Q Zhèngzhuàn 고유 아Q정전[루쉰의 소설] | 演讲 yǎnjiǎng 명 강연 | 开设 kāishè 동 개설하다 | 课程 kèchéng 명 (교육) 과정 | ★占据 zhànjù 동 차지하다 | ★原本 yuánběn 형 있는 그대로의 | 博览会 bólǎnhuì 명 박람회 | 高密 Gāomì 고유 가오미[산둥성 동쪽의 도시] | 无非 wúfēi 부 단지 ~에 지나지 않다 | ★固定 gùdìng 형 고정된, 일정한 | ★随意 suíyì 동 마음대로 하다 | ★严格 yángé 형 엄격하다 | 戴 dài 동 두르다 | 光环 guānghuán 명 후광 | 出版 chūbǎn 동 출판하다 | ★慎重 shènzhòng 형 신중하다 | ★包袱 bāofu 명 부담 | ★沉重 chénzhòng 형 무겁다 | 担子 dànzi 명 짐 | 冠冕 guānmiǎn 명 옛날 임금이나 관리가 쓰던 모자

1

Track **16 – 2**

해설 및 정답 **문제 분석▾** 여자의 첫 번째 질문에 남자는 我觉得要求一个作家年年出作品这也不现实(저는 한 작가에게 매년 작품을 내라고 요구하는 것은 현실적이지 않다고 생각한다)라고 했다. 不现实와 不实际는 동일한 의미이다.

男的如何看待"一个作家年年出作品"这个观点?	남자는 '한 작가가 매년 작품을 내는' 이런 관점에 대해 어떻게 보는가?
A 很正常	A 매우 정상적이다
B 不实际	**B 실제적이지 않다**
C 意义很大	C 의미가 매우 크다
D 充满挑战	D 도전으로 가득하다

단어 看待 kàndài 동 대하다 | ★挑战 tiǎozhàn 명 도전

2

Track 16－3

해설 및 정답 **문제 분석▼** 여자의 두 번째 질문에 대한 남자의 대답 중 参加一些必要的社会活动，是我应该尽的责任(꼭 필요한 사회 활동에 참여하는 것이 제가 당연히 해야 할 책임이다)으로 정답을 찾을 수 있다.

男的为什么要参加一些必要的社会活动?	남자는 왜 꼭 필요한 사회 활동에 참여하려 하는가?
A 宣传新书	A 새책을 홍보하려고
B 结交朋友	B 친구를 사귀려고
C 寻找创作灵感	C 창작의 영감을 찾으려고
D 尽自己的责任	**D 자신의 책임을 다 하려고**

단어 宣传 xuānchuán 동 선전하다, 홍보하다 | 结交 jiéjiāo 동 사귀다 | ★创作 chuàngzuò 명 창작 | ★灵感 línggǎn 명 영감

3

Track 16－4

해설 및 정답 **문제 분석▼** 여자의 세 번째 질문에 대한 남자의 대답 중 我这个人生活还是非常随意(저는 그냥 마음 가는 대로 사는 사람입니다)에서 随意가 그대로 제시되었다.

男的的个人生活怎么样?	남자의 개인적인 생활은 어떠한가?
A 很随意	**A 마음 가는 대로 한다**
B 很规律	B 매우 규칙적이다
C 基本在写作	C 기본적으로 글을 쓴다
D 休息时间少	D 쉬는 시간이 적다

단어 ★规律 guīlǜ 형 규칙적이다 | 基本 jīběn 형 기본적인

4

Track 16－5

해설 및 정답 **문제 분석▼** 여자의 네 번째 질문에 대해 남자가 언급한 更加地慎重(더욱 신중해졌다)의 慎重은 谨慎과 동일한 의미이다.

获得诺贝尔文学奖后，男的写作时有什么变化?	노벨 문학상을 수상한 후, 남자는 글을 쓸 때 어떠한 변화를 겪었는가?
A 更谨慎	**A 더욱 신중해졌다**
B 更有动力	B 더욱 원동력이 생겼다
C 更追求市场效益	C 시장의 수익성을 더욱 추구하게 되었다
D 更注重读者评价	D 독자의 평가를 더욱 중시하게 되었다

단어 谨慎 jǐnshèn 형 신중하다 | ★动力 dònglì 명 원동력 | ★追求 zhuīqiú 동 추구하다 | ★效益 xiàoyì 명 효과와 이익

5

해설 및 정답 **문제 분석▼** 인터뷰 시작 부분에서 여자는 남자가 노벨상을 탄 후 몇 년 동안 没怎么出过作品(작품을 내지 않았다)이라고 언급했다. 듣기 제2, 3부분을 풀 때는 녹음이 시작하기 전에 마지막 문제의 보기를 먼저 살피는 것이 좋다.

关于男的，可以知道什么?	남자에 관해 알 수 있는 것은?
A 正在创作小说	A 소설을 창작하고 있다
B 现居住在北京	B 현재 베이징에 거주한다
C 最近几年作品少	**C 최근 몇 년간의 작품이 적다**
D 就职于国家图书馆	D 국가 도서관에 취직했다

단어 居住 jūzhù 동 거주하다 | 就职 jiùzhí 동 취직하다

| 실전 트레이닝 3 | 기본서 36쪽

정답 1. B 2. A 3. C

[1-3]

Track 17-1

第1到3题是根据下面一段话：	1~3번 문제는 다음 내용에 근거한다.
有这样一个北极考察队，队员们在写考察日志的时候，1还会在日记里描写阳光下的景物。这是队长布置给队员们的一项任务，队员们并不知道其中的缘由。由于考察日期延长，2他们不得不在寒冷而黑暗的极夜中度过一段时间。这对考察队来说，简直就像地狱一样煎熬，队员们慢慢变得焦躁不安。此时，队长让他们打开日志，依次朗读。听着队员们声情并茂地讲述那些阳光下的故事，大家仿佛感受到阳光洒在脸上，眼前一片美好和温暖。就这样，他们一天接着一天朗读日记，焦躁与不安也逐渐消失，3很快度过了漫长的极夜，等到了太阳。	북극에 탐사대원들이 있었는데, 대원들은 탐사일지를 쓰면서, 1햇살 아래의 풍경까지 일지에 묘사했다. 이것은 대장이 대원들에게 안배한 임무 중 하나였는데, 대원들은 그 이유를 알지 못했다. 탐사 기간이 연장되면서, 2그들은 할 수 없이 한동안 춥고 어두운 극야 속에서 지내야 했다. 이것은 탐사대원들에게 있어서 그야말로 지옥 같은 시달림이었기에, 대원들은 서서히 초조하고 불안해져 갔다. 이때, 대장은 그들에게 일지를 펴고, 차례대로 낭독하라고 했다. 대원들의 감미롭고 감정이 깃든 그 햇빛 아래에서의 이야기를 들으면서, 모두가 마치 햇살이 얼굴에 쏟아지는 것처럼 느껴져, 눈앞이 아름답고 따뜻했다. 그렇게 그들은 하루하루 일지를 읽으면서, 서서히 초조함과 불안함도 없이 3기나긴 극야를 보내고, 곧 태양을 맞이할 수 있었다.

단어 北极 běijí 명 북극 | 考察队 kǎochádùi 탐사대원 | ★布置 bùzhì 동 안배하다 | 缘由 yuányóu 명 연유, 이유 | ★延长 yáncháng 동 연장하다 | ★寒冷 hánlěng 형 몹시 춥다 | 极夜 jíyè 명 극야 | 简直 jiǎnzhí 부 그야말로, 실로 | 地狱 dìyù 명 지옥 | 煎熬

jiān'áo 동 마음을 졸이다, 시달리다 | ★焦躁 jiāozào 형 초조하다 | 依次 yīcì 동 순서에 따르다 | 朗读 lǎngdú 동 낭독하다 | 声情并茂 shēng qíng bìng mào 성 소리가 감미롭고 감정이 깃들어 있다 | 讲述 jiǎngshù 동 서술하다, 이야기하다 | ★仿佛 fǎngfú 부 마치 ~인 듯하다 | ★洒 sǎ 동 쏟아지다

1

Track 17-2

해설 및 정답 **문제 분석▼** 녹음에서 还会在日记里描写阳光下的景物(햇살 아래의 풍경까지 일지에 묘사했다)라고 했다.

除了写考察日志外，队员们还要写什么？	탐사일지를 쓰는 것 외에, 대원들은 또 무엇을 썼는가?
A 当天的气温	A 그날의 기온
B 阳光下的风景	**B 햇살 아래의 풍경**
C 北极动物的活动	C 북극 동물의 활동
D 第二天的工作安排	D 다음 날의 업무 계획

2

Track 17-3

해설 및 정답 **문제 분석▼** 극야 속에 있는 대원들을 묘사한 慢慢变得焦躁不安(서서히 초조하고 불안해져 갔다)이라는 내용 중 焦躁不安은 焦急(초조하다)와 동일한 의미이다.

极夜来临时，队员们有什么表现？		극야가 왔을 때, 대원들은 어떤 태도를 보였는가?	
A 焦急	B 抱怨	**A 초조하다**	B 원망하다
C 欢呼	D 震惊	C 환호하다	D 몹시 놀라다

단어 来临 láilín 동 도래하다 | ★抱怨 bàoyuàn 동 원망하다 | ★欢呼 huānhū 동 환호하다 | ★震惊 zhènjīng 동 몹시 놀라다

3

Track 17-4

해설 및 정답 **문제 분석▼** 녹음 마지막 부분의 度过了漫长的极夜(기나긴 극야를 보냈다)라는 내용으로 탐사대원들은 극야를 보냈다는 것을 알 수 있다.

根据这段话，下列哪项正确？	단문을 근거로, 다음 중 정확한 것은?
A 队长算错了时间	A 대장이 시간을 잘못 계산했다
B 队员们没按要求做	B 대원들은 요구에 따르지 않았다
C 考察队度过了极夜	**C 탐사대원들은 극야를 보냈다**
D 考察队没完成任务	D 탐사대원들은 임무를 완성하지 못했다

3 자연과 지리

| 실전 트레이닝 1 | 기본서 44쪽

정답

1. A 2. C

1 Track 26-1

해설 및 정답 **문제 분석▼** 보기에서 공통적으로 제시된 단어인 地热能(지열 에너지) 뒤에 있는 세부적인 특징을 잘 들어야 한다. 녹음의 从开发利用成本来看，地热能……更有发展潜力(개발에 사용될 자본을 봤을 때……발전 가능성이 더욱 높다)라는 내용으로 지열 에너지는 개발할 가치가 있음을 알 수 있다.

地热能储存于地下，不受气候条件的影响。从开发利用成本来看，地热能相对于其他可再生能源更有发展潜力。地热能作为一种清洁能源正受到全世界的日益关注。	지열 에너지는 지하에 저장되며 기후 조건의 영향을 받지 않는다. 개발에 사용될 자본을 봤을 때, 지열 에너지는 다른 재생가능 에너지에 비해 발전 가능성이 더욱 높다. 지열 에너지는 청정 에너지로서 갈수록 전 세계의 주목을 받고 있다.
A 地热能值得开发 B 地热能分布不均衡 C 地热能开发费用高 D 地热能来自于太阳辐射	**A 지열 에너지는 개발할 가치가 있다** B 지열 에너지는 분포가 고르지 않다 C 지열 에너지는 개발 비용이 높다 D 지열 에너지는 태양 복사로부터 나온다

단어 地热能 dìrènéng 명 지열 에너지 | 储存 chǔcún 동 저장하다 | ★开发 kāifā 동 개발하다 | ★成本 chéngběn 명 원가, 자본금 | ★可再生能源 kězàishēng néngyuán 명 재생 에너지 | ★潜力 qiánlì 명 잠재력 | ★清洁 qīngjié 형 청결하다 | ★日益 rìyì 부 날로 | ★关注 guānzhù 동 관심을 가지다 | ★分布 fēnbù 동 분포하다 | 均衡 jūnhéng 형 고르다 | ★费用 fèiyòng 명 비용 | ★辐射 fúshè 명 복사

2 Track 26-2

해설 및 정답 **문제 분석▼** 녹음에서 혈액이 귀를 통과하면 热量很快散发了(열이 아주 빠르게 발산된다)라는 내용과 귀를 흔들면 帮助降低全身的温度(몸 전체의 온도를 낮추는 데 도움이 된다)라는 내용으로 코끼리의 귀는 방열 작용을 한다는 것을 알 수 있다.

大象的耳朵不仅大，而且薄，里面布满了血管，血液流经这里，热量很快散发了。尤其是扇动起来，更容易把耳朵内血液的温度降下来，冷却的血液在体内循环，从而帮助降低全身的温度。	코끼리의 귀는 클 뿐만 아니라 얇고, 그 안에 혈관이 가득 퍼져 있어서, 혈액이 이곳을 통과하면 열이 아주 빠르게 발산된다. 특히 귀를 흔들면 귀 내부 혈액의 온도가 더 쉽게 떨어지고, 차가워진 혈액은 체내에서 순환되어, 몸 전체의 온도를 낮추는 데 도움이 된다.

A 大象生长在热带	A 코끼리는 열대에서 생장한다
B 大象的耳朵又大又厚	B 코끼리의 귀는 크고 두껍다
C 大象的耳朵有散热作用	**C 코끼리의 귀는 방열 작용을 한다**
D 大象扇耳朵是为了驱赶蚊虫	D 코끼리가 귀를 흔드는 것은 모기를 쫓기 위해서다

단어 大象 dàxiàng 명 코끼리 | 薄 báo 형 얇다 | 布满 bùmǎn 동 가득 퍼지다 | 血管 xuèguǎn 명 혈관 | ★热量 rèliàng 명 열량 | ★散发 sànfā 동 발산하다 | 扇动 shāndòng 동 부치다, 흔들다 | 冷却 lěngquè 동 냉각하다 | ★循环 xúnhuán 동 순환하다 | 驱赶 qūgǎn 동 쫓다 | 蚊虫 wénchóng 명 모기

| 실전 트레이닝 2 | 기본서 44쪽

정답 1. C 2. B 3. A 4. D 5. B

[1-5]

Track 27-1

第1到5题是根据下面一段采访：	1~5번 문제는 다음 인터뷰에 근거한다.
男：您当初有没有想过乌镇戏剧节会走到今天的样子？질문①	남: 선생님은 처음에 우전 연극제가 여기까지 올 거라고 생각해 보신 적이 있으신가요? 질문①
女：说实在的，乌镇戏剧节现在的影响力远远超过我当初的预料。这种公众的认可、社会的认可、艺术家的认可，也超过我的预料。1今天的乌镇戏剧节，不是用钱砸出来的，而是特殊的坚持，是企业、艺术家共同的坚持。	여: 사실대로 말하면, 우전 연극제의 현재의 영향력은 저의 예상을 훨씬 뛰어넘었습니다. 이러한 대중의 인정, 사회의 인정, 예술가의 인정 역시 저의 예상을 뛰어넘었지요. 1오늘날의 우전 연극제는 돈으로 만들어낸 것이 아니라, 특별한 고집, 기업과 예술가의 공통된 고집으로 만들어진 것입니다.
男：今年乌镇戏剧节已经六岁了，它有哪些变化和成长呢？질문②	남: 올해 우전 연극제가 벌써 6주년이 되었는데, 어떤 변화와 얼마만큼의 성장을 보였나요? 질문②
女：2我原来以为这是一个小众的文化活动，现在变成了青年人喜欢、当地老百姓喜欢、专业艺术家喜欢的文化盛事。去年的青年竞演颁奖，让我觉得特别感动的是，有一个藏族的青年剧团，他们说感谢乌镇戏剧节给了他们奇迹。对青年戏剧的这种扶持，我相信我们是不带任何商业目的的。说得沉重一点儿，是文化使命，说得通俗一点儿，是让青年找到一个文艺沉浸之地。	여: 2저는 원래 이것이 소수만의 문화 행사라고 생각했었는데, 지금은 젊은이들이 좋아하고, 현지의 서민들이 좋아하고, 전문 예술가들이 좋아하는 문화 사업이 되었습니다. 지난해 청년 경연 시상식에서, 제가 특히 감동 받은 것은 어느 장족 청년 극단이었는데, 그들은 우전 연극제가 기적을 준 것에 감사한다고 말했습니다. 청년 연극의 이러한 지원에 대해서, 저는 저희가 어떠한 상업적 목적도 가지고 있지 않다고 믿고 있습니다. 좀 무겁게 말하면, 문화적 사명인 것이고, 통속적으로 말하면, 젊은이들이 문예의 몰두할 곳을 찾을 수 있도록 하게 하는 것이지요.

男：为什么乌镇一定要办戏剧节呢？질문③ 女：5我是一个土生土长的乌镇人，如果说倒退回到我的童年，我家在北栅，南栅桥下有个新华书店，那是我去的最多的地方，买不起书，就是看看也好，就是翻翻也好，那是我童年最大的享受。我觉得一个在戏剧节、艺术展、美术馆里长大的孩子，可能会比别的孩子提早受到更多的艺术熏陶。3我希望给人们提供这样一个感受艺术、文化气息的舞台。 男：您如何评价乌镇的“美”？질문④ 女：你看，乌镇的小桥流水、灯影桨声，还有小镇里面的老街，它是自然之美、建筑之美或者小镇的形态之美，是岁月留给我们的。而各种各样的文化活动带来的冲击就是灵魂之美、思想之美、艺术之美、文化之美。4自然之美与文化之美的相互交融，才算得上真正的乌镇之美。	남: 왜 우전에서 반드시 연극제를 개최해야 하나요? 질문③ 여: 5저는 우전에서 태어나고 자란 사람인데요, 제 어린 시절로 되돌아가 보면, 저희 집은 북책이었고, 남책 다리 아래에 신화서점이 있었는데, 그곳이 제가 가장 많이 다녔던 곳입니다. 책을 살 수 없어도, 그냥 보기만 하고 펼치기만 해도 좋았지요. 그것은 제 어린 시절의 가장 큰 즐거움이었습니다. 저는 연극제나 예술전시, 미술관 속에서 자란 아이는 다른 아이들보다 더 일찍 더 많은 예술적 영향 받을 수 있다고 생각합니다. 3저는 사람들에게 예술과 문화의 숨결을 느낄 수 있는 무대를 제공해 주고 싶습니다. 남: 선생님은 우전의 '아름다움'을 어떻게 평가하세요? 질문④ 여: 보세요, 우전의 작은 다리 아래로 흐르는 물, 등불의 그림자와 노 젓는 소리, 그리고 작은 마을 안에 오래된 거리들, 그것은 자연의 아름다움, 건축의 아름다움 혹은 작은 마을의 형태적인 아름다움과 세월이 우리에게 남겨준 것들입니다. 그리고 다양한 문화 행사가 주는 영향은 영혼의 아름다움, 사상의 아름다움, 예술의 아름다움, 문화의 아름다움이지요. 4자연의 아름다움과 문화의 아름다움이 서로 어우러져야 진정한 우전의 아름다움이라고 할 수 있을 것입니다.

단어 当初 dāngchū 명 처음 | 乌镇 Wūzhèn 고유 우전[지명] | 戏剧节 xìjùjié 명 연극제 | 实在 shízai 형 진실하다 | 预料 yùliào 명 예상 | 公众 gōngzhòng 명 대중 | ★认可 rènkě 명 인정, 인가 | 砸 zá 동 때려 부수다 | ★特殊 tèshū 형 특별하다 | 小众 xiǎozhòng 명 소수 군중 | 盛事 shèngshì 명 성대한 사업 | 竞演 jìngyǎn 명 경연 | 颁奖 bānjiǎng 동 상을 주다 | 藏族 Zàngzú 고유 장족[민족] | 剧团 jùtuán 명 극단 | ★奇迹 qíjì 명 기적 | 扶持 fúchí 동 돕다, 지원하다 | ★沉重 chénzhòng 형 무겁다 | 使命 shǐmìng 명 사명 | ★通俗 tōngsú 형 통속적이다 | ★沉浸 chénjìn 동 몰두하다 | 土生土长 tǔ shēng tǔ zhǎng 성 현지에서 나고 자라다 | 倒退 dàotuì 동 되돌아가다 | 童年 tóngnián 명 어린 시절 | 北栅 Běizhà 고유 북책[우전 수향마을의 한 구역] | 南栅 Nánzhà 고유 남책[우전 수향마을의 한 구역] | 翻 fān 동 펼치다 | ★享受 xiǎngshòu 명 즐김 | 提早 tízǎo 동 앞당기다 | ★熏陶 xūntáo 동 영향을 끼치다 | ★气息 qìxī 명 숨결 | 舞台 wǔtái 명 무대 | 桨 jiǎng 명 노 | ★形态 xíngtài 명 형태 | 岁月 suìyuè 명 세월 | 冲击 chōngjī 동 심각하게 영향을 주다 | ★灵魂 línghún 명 영혼 | 交融 jiāoróng 동 한데 어우러지다

1

Track 27－2

해설 및 정답 **문제 분석▼** 남자의 첫 번째 질문에 여자는 오늘날의 우전 연극제는 是企业、艺术家共同的坚持(기업과 예술가의 공통된 고집으로 만들어진 것입니다)라는 내용을 통해 기업과 예술가 등 다방면의 고집으로 우전 연극제가 발전했다는 것을 알 수 있다.

乌镇戏剧节的发展靠的是什么？	우전 연극제의 발전은 무엇에 의한 것인가?
A 企业的投资　B 政府的扶持 **C 多方的坚持**　D 独特的策划	A 기업의 투자　B 정부의 지원 **C 다방면의 고집**　D 독특한 기획

단어 ★靠 kào 동 의거하다 | ★投资 tóuzī 명 투자 | 政府 zhèngfǔ 명 정부 | ★独特 dútè 형 독특하다 | ★策划 cèhuà 명 기획

2

Track 27-3

해설 및 정답 **문제 분석▼** 여자가 말한 我原来以为这是一个小众的文化活动，现在变成了……文化盛事(저는 원래 이것이 소수만의 문화 행사라고 생각했었는데, 지금은……문화 사업이 되었습니다)라는 내용으로 우전 연극제는 점점 대중화되었음을 유추할 수 있다.

关于乌镇戏剧节，下列哪项正确?	우전 연극제에 관해, 다음 중 정확한 것은?
A 不受重视	A 중시 받지 못했다
B 越来越大众化	**B 갈수록 대중화되었다**
C 涉及物理领域	C 물리 분야와 연관되었다
D 通过网络广泛传播	D 인터넷을 통해 널리 퍼졌다

단어 大众化 dàzhònghuà 동 대중화하다 | ★涉及 shèjí 동 관련되다 | 物理 wùlǐ 명 물리 | ★领域 lǐngyù 명 분야, 영역 | ★广泛 guǎngfàn 형 폭넓다 | ★传播 chuánbō 동 널리 퍼뜨리다

3

Track 27-4

해설 및 정답 **문제 분석▼** 남자의 세 번째 질문에 여자는 我希望给人们提供这样一个感受艺术、文化气息的舞台(저는 사람들에게 예술과 문화의 숨결을 느낄 수 있는 무대를 제공해 주고 싶습니다)라고 했다.

女的认为乌镇戏剧节是一个什么样的舞台?	여자는 우전 연극제가 어떠한 무대라고 생각하는가?
A 感受文艺气息的	**A 문예의 숨결을 느끼는 (무대)**
B 促进中外交流的	B 중국과 외국의 교류를 촉진하는 (무대)
C 发扬传统文化的	C 전통문화를 발양하는 (무대)
D 提供就业机会的	D 취업의 기회를 제공하는 (무대)

단어 ★发扬 fāyáng 동 발양하다

4

Track 27－5

해설 및 정답 **문제 분석▼** 인터뷰 마지막 부분의 自然之美与文化之美的相互交融，才算得上真正的乌镇之美(자연의 아름다움과 문화의 아름다움이 서로 어우러져야 진정한 우전의 아름다움이라고 할 수 있을 것입니다)에서 우전의 아름다움이 언급되었다.

女的如何评价乌镇的"美"?	여자는 우전의 '아름다움'을 어떻게 평가했는가?
A 是历史的积淀	A 역사적으로 축적된 것이다
B 出自设计师之手	B 디자이너의 손에서 나온 것이다
C 适应时代的潮流	C 시대적 추세에 순응한 것이다
D 是自然与文化的融合	**D 자연과 문화의 어우러짐이다**

단어 ★积淀 jīdiàn 명 축적된 경험 | ★潮流 cháoliú 명 추세, 조류 | ★融合 rónghé 동 융합하다

5

Track 27－6

해설 및 정답 **문제 분석▼** 인터뷰 중간 부분에서 여자는 我是一个土生土长的乌镇人(저는 우전에서 태어나고 자란 사람인데요)이라고 했다.

关于女的，可以知道什么?	여자에 관해 알 수 있는 것은?
A 是建筑师	A 건축가이다
B 在乌镇长大	**B 우전에서 자랐다**
C 认识很多文化名人	C 문화 명인을 많이 알고 있다
D 是乌镇的宣传大使	D 우전의 홍보대사이다

단어 大使 dàshǐ 명 대사

| 실전 트레이닝 3 | 기본서 45쪽

정답 1. B 2. A 3. D

[1-3]

Track **28-1**

第1到3题是根据下面一段话：	1~3번 문제는 다음 내용에 근거한다.
窑洞是中国西北黄土高原上居民的古老居住形式，这一"穴居式"民居的1历史可以追溯到四千多年前。在该地区，黄土层非常厚，有的厚达几十公里，当地人利用高原有利的地形，凿洞而居，创造了被称为"绿色建筑"的窑洞建筑。3窑洞建筑最大的特点就是冬暖夏凉。说它冬暖夏凉，是因为它保温性能好。2窑洞的屋顶和墙壁既厚又硬，不易传热。所以，窑洞的顶和壁既不能直接从大气中吸热，也不能直接向大气中散热，只有窑洞口直接和外界接触。因此，窑洞里的气温变化总是落后于外界的气温变化，而且温差变化不大。	토굴은 중국 서북 황토고원 거주민들의 옛 주거형태로, 이 '혈거식' 민가의 1역사는 4000여 년 전으로 거슬러 올라간다. 이 지역은 황토 층이 매우 두꺼워서, 어떤 것은 두께가 몇 십 킬로미터에 달하며, 현지인들은 고원의 유리한 지형을 이용하여 구멍을 뚫고, '녹색 건축'이라 불리는 토굴 건축을 만들었다. 3토굴 건축의 가장 큰 특징은 겨울에는 따뜻하고 여름에는 시원하다는 것이다. 겨울에 따뜻하고 여름에 시원한 것은 보온성이 좋기 때문이다. 2토굴의 지붕과 벽은 두껍고 딱딱해서 쉽게 열을 전달하지 못한다. 그래서, 토굴의 지붕과 벽은 대기로부터 직접 열을 흡수할 수도 없고, 대기 속에서 직접 열을 방출할 수도 없다. 단지 토굴 입구에서만 외부와 직접 접촉한다. 이 때문에, 토굴 안의 기온 변화는 항상 외부의 기온 변화보다 늦고 일교차가 크지 않다.

단어 黄土高原 Huángtǔ Gāoyuán 고유 황토고원 | 穴居 xuéjū 동 혈거하다 | ★民居 mínjū 명 민가 | ★追溯 zhuīsù 동 거슬러 올라가다 | 地形 dìxíng 명 지형 | 凿 záo 동 구멍을 파다, 뚫다 | 屋顶 wūdǐng 명 지붕 | 墙壁 qiángbì 명 벽 | 大气 dàqì 명 대기 | 外界 wàijiè 명 외부, 외계 | ★接触 jiēchù 동 접촉하다 | ★温差 wēnchā 명 온도차

1

Track **28-2**

해설 및 정답 **문제 분석▼** 녹음 앞부분에 历史可以追溯到四千多年前(역사는 4000여 년 전으로 거슬러 올라간다)이라는 내용을 통해 토굴의 역사가 유구하다는 것을 알 수 있다.

关于窑洞，下列哪项正确？	토굴에 관해, 다음 중 정확한 것은?
A 很潮湿	A 매우 습하다
B 历史悠久	**B 역사가 유구하다**
C 空气不流通	C 공기가 잘 통하지 않는다
D 现无人居住	D 현재 거주하는 사람이 없다

단어 ★潮湿 cháoshī 형 습하다 | ★流通 liútōng 동 유통하다

2 Track 28-3

해설 및 정답 **문제 분석▼** 墙壁既厚又硬，不易传热(벽은 두껍고 딱딱해서 쉽게 열을 전달하지 못한다)라는 내용에서 열을 쉽게 전달하지 못하는 원인을 알 수 있다.

窑洞的墙壁为什么不易传热?	토굴의 벽은 왜 쉽게 열을 전달하지 못하는가?
A 又硬又厚	**A 딱딱하고 두꺼워서**
B 建在地下	B 지하에 건축돼서
C 位于树阴下	C 나무 그늘 아래에 위치해서
D 缺少阳光照射	D 햇빛이 잘 비추지 않아서

단어 ★位于 wèiyú 동 위치하다 | 树阴 shùyīn 명 나무 그늘 | ★缺少 quēshǎo 동 결여되다, 부족하다 | 照射 zhàoshè 동 비치다, 쪼이다

3 Track 28-4

해설 및 정답 **문제 분석▼** 전반적으로 토굴에 대해 설명하고 있다. 중간 부분부터 토굴의 가장 큰 특징인 冬暖夏凉(겨울에 따뜻하고 여름에 시원하다)을 언급하고, 그 이유를 설명했다.

这段话主要谈的是什么?	이 단문이 주요하게 이야기하는 것은?
A 窑洞的内部结构	A 토굴 내부의 구조
B 西北地区的风土人情	B 서북 지역의 풍토와 인정
C 黄土高原的地质特征	C 황토고원 지질의 특징
D 窑洞冬暖夏凉的原因	**D 토굴이 겨울에 따뜻하고 여름에 시원한 원인**

단어 内部 nèibù 명 내부 | ★结构 jiégòu 명 구조 | ★风土人情 fēngtǔ rénqíng 풍토와 인심, 지방의 특색과 풍습 | 地质 dìzhì 명 지질

4 철학과 견해

| 실전 트레이닝 1 | 기본서 54쪽

정답
1. B 2. C

1

Track 36-1

해설 및 정답 **문제 분석▼** 녹음 마무리 부분에 不仅要考虑自己，而且要考虑他人(자신을 생각할 뿐만 아니라 다른 사람까지 생각해야 한다)이라는 내용을 통해 자신만 생각하면 안 된다는 것을 알 수 있다.

传说神造人时，在人的心脏里做了两个心房。人非常困惑，询问神为何要这样做。神说道："这样做，能够让一间心房装着你自己，另一间心房装着他人，从而提示你做任何事情，不仅要考虑自己，而且要考虑他人。"	전해지는 바로는 신이 사람을 만들 때, 사람의 심장에 두 개의 심방을 만들었다고 한다. 사람들은 굉장히 어리둥절해하며, 신에게 왜 이렇게 한 것인지를 물었다. 신이 말했다. "이렇게 하면, 한 심방에는 너 자신을 담을 수 있고, 또 다른 한 심방에는 다른 사람을 담을 수 있으니, 무슨 일을 하든 자신을 생각할 뿐만 아니라 다른 사람까지 생각해야 함을 일러주는 것이다."
A 不要轻易否定他人 **B 人不能只考虑自己** C 人际交往贵在真诚 D 要树立远大的理想	A 함부로 타인을 부정하지 마라 **B 사람은 자신만 생각해선 안 된다** C 인간관계는 진실함이 중요하다 D 원대한 이상을 확립해야 한다

단어 传说 chuánshuō 동 말이 전해지다 | 造人 zào rén 사람을 창조하다 | 心脏 xīnzàng 명 심장 | 心房 xīnfáng 명 심방 | ★困惑 kùnhuò 형 어리둥절하다 | ★询问 xúnwèn 동 문의하다 | ★轻易 qīngyì 부 함부로 | ★真诚 zhēnchéng 형 진실하다 | ★树立 shùlì 동 확립하다 | 远大 yuǎndà 형 원대하다

2

Track 36-2

해설 및 정답 **문제 분석▼** 녹음에서 속담을 언급하며 '어떠한 일이 발생하는 것에는 잠재적이며 장기적으로 존재하는 요소가 있고, 오랜 시간 축적되어 준비되는 것'이라고 결론을 내리고 成功亦是如此(성공 역시 그러하다)라고 했으므로 성공도 장기적인 축적이 필요하다는 것을 알 수 있다.

俗话说"冰冻三尺非一日之寒，滴水穿石非一日之功"，任何事情的发生都有其潜在的、长期存在的因素，是经过长时间的积累、酝酿而来的，并不是突然之间就可以形成的，成功亦是如此。	'삼척의 얼음은 하루의 추위로 생겨 나는 것이 아니며, 떨어지는 물이 돌을 뚫는 것은 하루만의 공이 아니다'라는 속담이 있듯이, 어떠한 일이 발생하는 것에는 잠재적이며 장기적으로 존재하는 요소가 있고, 오랜 시간 축적되어 준비되는 것이지, 결코 갑자기 이루어지는 것이 아니다. 성공 역시 그러하다.

A 经验来自实践	A 경험은 실천하는 것에서 나온다
B 成功的标准很多	B 성공의 기준은 매우 많다
C 成功需要不断积累	**C 성공에는 끊임없는 축적이 필요하다**
D 万物间存在必然的联系	D 만물에는 필연적인 관계가 존재한다

단어 俗话 súhuà 명 속담 | 冻 dòng 동 얼다 | 尺 chǐ 양 척[길이의 단위] | ★滴水穿石 dī shuǐ chuān shí 성 작은 힘이라도 끈기 있게 계속하면 성공한다 | ★潜在 qiánzài 동 잠재하다 | ★因素 yīnsù 명 요소 | 酝酿 yùnniàng 동 미리 준비하다 | ★亦 yì 부 ~도 역시 | 实践 shíjiàn 동 실천하다 | 标准 biāozhǔn 명 기준 | 必然 bìrán 형 필연적이다

듣기

| 실전 트레이닝 2 | 기본서 54쪽

정답 1. D 2. B 3. A 4. C 5. C

[1-5]

Track 37-1

第1到5题是根据下面一段采访：	1~5번 문제는 다음 인터뷰에 근거한다.
男：这次您获得了"世界杰出女科学家"的称号，对此您有什么感想？질문①	남: 이번에 선생님께서 '세계의 뛰어난 여성 과학자'라는 칭호를 얻으셨는데, 소감이 어떠신지요? 질문①
女：首先，我非常感谢联合国教科文组织对我所研究的古生物学这一领域的肯定。另外，1我觉得这对中国的女科研工作者来说，更是一个巨大的鼓励。目前中国女科研人员的比例虽在持续上升，但拔尖人才还需要更多一些，希望这个奖项能带给中国女科研工作者们不断挑战的动力。	여: 우선, 저는 유네스코에서 제가 연구하는 고생물학이라는 분야에 대한 긍정적인 평가에 깊은 감사를 드립니다. 또한, 1저는 이것이 중국의 여성 연구원들에게 엄청난 격려가 될 것이라고 생각합니다. 현재 중국의 여성 연구원의 비율은 꾸준히 상승하고 있지만 뛰어난 인재가 좀 더 필요한데, 이 상이 중국의 여성 연구원들에게 끊임없이 도전할 수 있는 동기를 주기를 바랍니다.
男：其实我们很多人都不是很了解古生物学这一领域，您能简单给我们介绍一下吗？질문②	남: 사실 많은 사람들이 고생물학이라는 분야에 대해 잘 알지 못하는데, 간단히 소개해 주실 수 있을까요? 질문②
女：2古生物学这一领域，虽不为大众所熟知，但应用价值不可小觑。古生物学家，特别是研究无脊椎动物的科学家们能给国家矿产、石油开发提供基础的地质资料。这些都对我们现代化城市发展和生活有重要作用。	여: 2고생물학이라는 분야는 비록 대중에게 잘 알려져 있지는 않지만 응용 가치는 대단합니다. 고생물학자들, 특히 무척추동물을 연구하는 과학자들은 국가의 광산물과 석유 개발에 기초적인 지질 자료를 제공할 수 있습니다. 이것들은 모두 우리의 현대화된 도시의 발전과 삶에 중요한 역할을 하지요.

男：您当初为什么选择古生物学这个专业呢？질문③ 女：我的父亲是医学生物学教授，受他的影响，3我小时候的理想其实是当一名医生。1955年我读研究生的时候，被分配到了古生物学专业。至于古生物学究竟是怎么一回事儿，我当时一点儿概念都没有。不过做起研究后，我发现其实很有意思。可以说，我与古生物学是“先结婚，后恋爱”的。 男：您在古生物学领域，可以说是已经名满天下了，5可是近年来，您又投身到少有人关注的新生代鲤科鱼化石研究。질문④ 女：是的，新生代鲤科鱼化石这一领域，中国再不做的话，恐怕就赶不上了。4新生代鱼类化石反映了近年来地球的变化，未来还能很好地和分子生物学结合起来，将来很有可能会诞生新的大发现。	남: 선생님은 처음에 왜 고생물학이라는 전공을 선택하셨나요? 질문③ 여: 제 아버지는 의학 생물학 교수이신데, 그의 영향으로 3저의 어릴 적 꿈은 사실 의사가 되는 것이었습니다. 1955년에 제가 대학원에 다닐 때, 고생물학 전공으로 배정을 받았었지요. 고생물학이 도대체 어떤 것인지에 대해 당시의 저는 전혀 개념이 없었습니다. 하지만 연구를 하다보니, 사실은 정말 재미있다는 것을 알게 되었습니다. 저는 고생물학과 '결혼한 후, 연애'한 것이라고 말할 수 있겠네요. 남: 선생님은 고생물학 분야에서 이미 명성이 자자하다고 할 수 있는데, 5최근 몇 년 동안, 사람들이 거의 관심을 가지고 있지 않는 차세대 잉어 화석 연구에 헌신하셨어요. 질문④ 여: 그렇습니다. 차세대 잉어 화석이라는 분야를 중국이 더 이상 하지 않는다면, 따라잡을 수 없을 것입니다. 4차세대 어류 화석은 최근 지구의 변화를 반영하고 있어서, 앞으로 분자생물학과도 잘 결합하여 새로운 발견을 하게 될 가능성이 매우 높습니다.

단어 ★杰出 jiéchū 형 걸출하다, 뛰어나다 | 称号 chēnghào 명 칭호 | 联合国教科文组织 Liánhéguó Jiàokēwén Zǔzhī 명 유네스코 | 古生物学 gǔshēngwùxué 명 고생물학 | ★领域 lǐngyù 명 영역, 분야 | ★巨大 jùdà 형 거대하다 | ★比例 bǐlì 명 비율 | ★持续 chíxù 동 지속하다 | 上升 shàngshēng 동 상승하다 | 拔尖 bájiān 형 뛰어나다, 출중하다 | ★挑战 tiǎozhàn 동 도전하다 | ★动力 dònglì 명 동력 | 熟知 shúzhī 동 익히 알다 | ★不可小觑 bù kě xiǎo qù 얕보아서는 안 된다 | 无脊椎动物 wújǐzhuī dòngwù 명 무척추동물 | 矿产 kuàngchǎn 명 광산물 | 地质 dìzhì 명 지질 | 分配 fēnpèi 동 배정하다 | ★至于 zhìyú 개 ~에 관해서는 | ★概念 gàiniàn 명 개념 | 恋爱 liàn'ài 동 연애하다 | 名满天下 míng mǎn tiān xià 성 명성이 천하에 널리 알려지다 | 投身 tóushēn 동 헌신하다 | ★关注 guānzhù 동 관심을 가지다 | 新生代 xīnshēngdài 명 신생대, 차세대 | 鲤科 lǐkē 잉어과 | 化石 huàshí 명 화석 | ★恐怕 kǒngpà 부 아마 ~일 것이다 | 赶不上 gǎn bu shàng 따라가지 못하다 | ★反映 fǎnyìng 동 반영하다 | 分子 fēnzǐ 명 분자 | 诞生 dànshēng 동 생기다, 나오다

1

Track 37-2

해설 및 정답 **문제 분석▼** 남자의 첫 번째 질문에 여자는 我觉得这对中国的女科研工作者来说，更是一个巨大的鼓励(저는 이것이 중국의 여성 연구원들에게 엄청난 격려가 될 것이라고 생각합니다)라고 대답했다.

女的觉得获得"世界杰出女科学家"的称号有什么意义？	여자는 '세계의 뛰어난 여성 과학자'라는 칭호를 얻은 것에 어떤 의미가 있다고 생각하는가?

A 更受尊重	A 더욱 존중을 받는다
B 提高社会地位	B 사회적 지위를 높인다
C 改善研究环境	C 연구 환경을 개선한다
D 鼓励女科研人员	**D 여성 연구원을 격려한다**

단어 ★改善 gǎishàn 동 개선하다

2

Track 37-3

해설 및 정답 **문제 분석▼** 남자의 두 번째 질문에 여자가 언급한 应用价值不可小觑(응용 가치는 대단하다) 중 不可小觑(얕보아서는 안 된다)와 不容小视는 동일한 의미이다. 동사 觑는 '보다'라는 뜻이다.

女的如何评价古生物学?	여자는 고생물학을 어떻게 평가하고 있는가?
A 应用范围窄	A 응용 범위가 좁다
B 价值不容小视	**B 가치를 얕볼 수 없다**
C 发展比较缓慢	C 발전이 비교적 느리다
D 不被年轻人重视	D 젊은이들의 중시를 받지 못한다

단어 窄 zhǎi 형 좁다 | 小视 xiǎoshì 동 얕보다, 경시하다 | ★缓慢 huǎnmàn 형 느리다

3

Track 37-4

해설 및 정답 **문제 분석▼** 남자의 세 번째 질문에 여자는 我小时候的理想其实是当一名医生(저의 어릴 적 꿈은 사실 의사가 되는 것이었습니다)이라고 했다.

女的小时候的理想是什么?	여자의 어릴 적 꿈은 무엇인가?
A 当医生	**A 의사가 되는 것**
B 做研究	B 연구를 하는 것
C 成为教师	C 교사가 되는 것
D 做公益事业	D 공익사업을 하는 것

단어 公益事业 gōngyì shìyè 명 공익사업

4

Track 37-5

해설 및 정답 **문제 분석▼** 인터뷰의 마지막 부분에서 여자는 新生代鱼类化石反映了近年来地球的变化(차세대 어류 화석은 최근 지구의 변화를 반영하고 있다)라고 했다.

关于新生代鱼类化石，可以知道什么?	차세대 어류 화석에 관해 알 수 있는 것은?

A 属于考古学	A 고고학에 속한다
B 研究历史较长	B 연구의 역사가 비교적 길다
C 反映地球变化	**C 지구의 변화를 반영한다**
D 形成于1亿年前	D 1억년 전에 형성되었다

단어 ★考古学 kǎogǔxué 명 고고학 | 亿 yì 수 억

5

Track 37-6

해설 및 정답 **문제 분석▾** 남자의 마지막 질문 중 近年来，您又投身到少有人关注的新生代鲤科鱼化石研究(최근 몇 년 동안, 사람들이 거의 관심을 가지고 있지 않는 차세대 잉어 화석 연구에 헌신하셨어요)라는 내용을 통해 여자는 최근에 새 연구를 진행하고 있음을 알 수 있다.

关于女的，可以知道什么?	여자에 관해 알 수 있는 것은?
A 还未结婚	A 아직 미혼이다
B 专业是物理学	B 전공이 물리학이다
C 正进行新的研究	**C 새로운 연구를 진행하는 중이다**
D 父亲从事媒体工作	D 아버지가 언론 분야에 종사하신다

단어 物理学 wùlǐxué 명 물리학 | ★从事 cóngshì 동 종사하다 | 媒体 méitǐ 명 미디어

| 실전 트레이닝 3 | 기본서 55쪽

정답 1. C 2. B 3. A 4. B

[1–4]

Track 38-1

第1到4题是根据下面一段话：	1~4번 문제는 다음 내용에 근거한다.
清朝年间，大哥的过世，1让乔致庸不得不接手乔家的生意，开始背负起整个乔家的重担。乔致庸大哥留给乔致庸的是一个巨大的烂摊子，之前大哥中了对手的圈套，1乔家的生意已经是巨额亏损。	청나라 시기, 큰 형님의 서거로 1교치용은 어쩔 수 없이 교가(家)의 사업을 인계 받고, 교가(家)의 모든 짐을 짊어지게 된다. 교치용의 형님이 교치용에게 남겨 준 것이라고는 수습하기 매우 어려운 상황들뿐이었다. 앞서 큰 형님은 경쟁사의 술수에 넘어가, 1교가(家)의 사업은 이미 거액의 적자가 나있었다.

乔致庸用从岳父那里借来的钱渡过了难关，在朋友的帮助下巧妙地扭转了局面，并且让对手陷入了生死存亡的境地。就在所有的人都以为乔致庸会将对手置于死地的时候，2他却主动上门向对手赔罪道歉。乔致庸的做法不仅让众商家没有想到，更是出乎对手的意料。最后，3乔家与对方和解，在生意中相互帮助，成了合作伙伴。 4由于乔致庸的退让赢得了众商家的支持，他在当地开始推行起了“义、信、利”的市场信条。整个市场也开始了良性竞争，不再是过去那种互相争斗的局面。	교치용은 장인에게서 빌린 돈으로 고비를 넘겼으며, 친구의 도움으로 상황을 교묘하게 전환시켰고, 또한 경쟁사를 생사의 갈림길에 빠트렸다. 모든 사람이 교치용이 경쟁사를 죽음의 문턱까지 몰고 갈 것이라 생각했을 때, 2그는 자발적으로 경쟁사를 찾아가 사죄했다. 교치용의 행동은 여러 상인들의 예상뿐만 아니라 경쟁사의 예상까지 빗나가게 했다. 결국, 3교가(家)는 경쟁사와 화해하고 사업에서 서로를 도우며 협력하는 동료가 되었다. 4교치용의 양보로 여러 상인들의 지지를 얻게 되자, 그는 현지에서 '의리(義), 믿음(信), 이익(利)'이라는 시장의 신조를 보급하기 시작했다. 시장 역시 전체적으로 양적 경쟁에 나서 더 이상 예전처럼 서로 싸우는 상황은 없었다.

단어 清朝 Qīngcháo 명 청(清)대 | 过世 guòshì 동 서거하다 | 乔致庸 Qiáo Zhìyōng 고유 교치용[청대의 상업 금융 자본가] | 接手 jiēshǒu 동 일을 인계 받다 | 背负 bēifù 동 책임지다, 부담하다 | ★重担 zhòngdàn 명 무거운 짐 | ★巨大 jùdà 형 거대하다 | 烂摊子 làntānzi 명 수습하기 어려운 국면 | 中圈套 zhòng quāntào 상대의 술수에 넘어가다 | 巨额 jù'é 형 거액의 | ★亏损 kuīsǔn 명 적자 | 岳父 yuèfù 명 장인 | ★渡过 dùguò 동 지내다, 겪다 | ★难关 nánguān 명 난관 | ★巧妙 qiǎomiào 형 교묘하다 | 扭转 niǔzhuǎn 동 전환시키다 | ★局面 júmiàn 명 국면, 상황 | ★陷入 xiànrù 동 빠지다 | 生死存亡 shēng sǐ cún wáng 성 생사존망 | 境地 jìngdì 명 지경, 상황 | 赔罪 péizuì 동 사죄하다 | 商家 shāngjiā 명 상점 | ★出乎意料 chūhū yìliào 성 예상을 벗어나다 | 和解 héjiě 동 화해하다 | 退让 tuìràng 동 양보하다 | 推行 tuīxíng 동 보급하다 | 信条 xìntiáo 명 신조 | ★良性 liángxìng 명 양성 | 争斗 zhēngdòu 동 다투다

1

Track **38-2**

해설 및 정답 **문제 분석▼** 乔家的生意已经是巨额亏损(교가의 사업은 이미 거액의 적자가 나있었다)이라는 내용 중 巨额亏损은 바로 '적자가 심각하다'라는 뜻이다.

乔致庸接手乔家时，乔家的生意怎么样?	교치용이 집안 사업을 인계 받을 때, 교가(家)의 사업은 어땠나?
A 规模不大 B 刚刚起步 **C 亏损严重** D 向海外扩张	A 규모가 크지 않았다 B 막 시작하는 단계였다 **C 적자가 심각했다** D 해외로 확장했다

단어 起步 qǐbù 동 착수하다, (어떤 일을) 시작하다 | 扩张 kuòzhāng 동 확장하다

2

Track 38－3

해설 및 정답 **문제 분석▼** 교치용의 행동은 여러 상인들의 예상을 벗어났다는 내용 앞에 他却主动上门向对手赔罪道歉(그는 자발적으로 경쟁사를 찾아가 사죄했다)이라고 했다.

众商家对乔致庸的什么做法感到意外?	여러 상인들은 교치용의 어떤 행동에 의외라고 느꼈는가?
A 收购工厂 **B 向对手道歉** C 扭转乔家局面 D 发展纺织产业	A 공장을 인수한 것 **B 경쟁사에 사과한 것** C 교가(家)의 상황을 전환시킨 것 D 방직 산업을 발전시킨 것

단어 收购 shōugòu 동 매입하다 | 纺织 fǎngzhī 명 방직 | ★产业 chǎnyè 명 산업

3

Track 38－4

해설 및 정답 **문제 분석▼** 乔家与对方和解……成了合作伙伴(교가는 경쟁사와 화해하고……협력하는 동료가 되었다)이라는 내용으로 교치용은 경쟁사와 협력했다는 것을 알 수 있다.

关于乔致庸，下列哪项正确?	교치용에 관해, 다음 중 정확한 것은?
A 与对手合作 B 出身农民家庭 C 受大哥影响较深 D 缺乏做生意的经验	**A 경쟁사와 협력했다** B 농민 가정 출신이다 C 큰 형님의 영향을 많이 받았다 D 사업 경험이 부족하다

단어 ★出身 chūshēn 명 출신 동 출신이다 | ★缺乏 quēfá 동 모자라다

4

Track 38－5

해설 및 정답 **문제 분석▼** 교치용은 예전 경쟁사를 파멸시키지 않고 오히려 그들과 손잡았다는 이야기를 통해 양보할 줄 알아야 하는 것을 알려 줬다. 또한 녹음에서 언급한 退让(양보하다)도 답을 찾는 힌트이다.

这段话想告诉我们一个什么道理?	이 단문은 우리에게 어떤 이치를 알리고 싶은가?
A 要争做第一 **B 要学会让步** C 功夫不负有心人 D 沟通有助于化解矛盾	A 일등이 되기 위해 싸워야 한다 **B 양보할 줄 알아야 한다** C 노력은 배신하지 않는다 D 소통은 모순을 없애는 데 도움이 된다

단어 ★让步 ràngbù 동 양보하다 | ★功夫 gōngfu 명 노력 | 负 fù 동 저버리다 | 化解 huàjiě 동 없애다 | ★矛盾 máodùn 명 모순

5 의학과 과학

| 실전 트레이닝 1 | 기본서 64쪽

정답 1. A 2. C

1 Track 43-1

해설 및 정답 **문제 분석▼** 보기에서 공통적으로 제시된 단어인 协作机器人(협업로봇) 뒤에 있는 세부적인 특징을 잘 들어야 한다. 녹음에 有很大的应用潜力(응용 잠재력도 매우 크다)와 보기에 被看好(선호되다)는 유사한 의미이다.

在工业机器人领域，协作机器人被认为是机器人实现智能化最现实的一条路径，在新零售、康复医疗、教育等领域有很大的应用潜力，也被世界各国看做是未来机器人升级发展的重要方向。	산업용 로봇 분야에서는 협업로봇이 로봇의 지능화를 실현시키기 위한 가장 현실적인 수단으로 여겨지고 있다. 새로운 방식의 유통과 재활의료, 교육 등 분야에서의 응용 잠재력도 매우 크며, 미래 로봇의 향상과 발전에 중요한 방향으로 세계 각국에 인식되고 있다.
A 协作机器人被看好 B 协作机器人对技术要求高 C 协作机器人可取代人类工作 D 协作机器人应用于农业生产	**A 협업로봇은 선호된다** B 협업로봇은 기술에 대한 요구가 높다 C 협업로봇은 인류의 업무를 대신할 수 있다 D 협업로봇을 농업 생산에 응용한다

단어 ★机器人 jīqìrén 명 로봇 | ★领域 lǐngyù 명 분야, 영역 | 协作 xiézuò 동 협업하다 | ★智能化 zhìnénghuà 동 지능화하다 | 路径 lùjìng 명 경로, 수단 | 零售 língshòu 명 소매 동 낱개로 팔다 | 康复 kāngfù 동 건강을 회복하다 | ★应用 yìngyòng 동 응용하다 | ★潜力 qiánlì 명 잠재력 | ★升级 shēngjí 동 품질을 향상시키다, 업그레이드하다 | 取代 qǔdài 동 대체하다 | 农业 nóngyè 명 농업

2 Track 43-2

해설 및 정답 **문제 분석▼** 녹음에서 적당한 운동을 하는 것이 가장 좋다고 했으며 조깅 같은 운동은 有助于……控制人体血糖含量(인체의 혈당량을 조절하는 데 도움을 준다)이라고 했다.

除了食用高糖量的食物外，缺乏锻炼也会引起人体内血糖升高，因此最好适当地进行运动。像慢跑、打太极、骑自行车，这些运动都有助于提高自身免疫力，保持较好的代谢，控制人体血糖含量。	당도가 높은 음식을 먹는 것 외에, 운동 부족 역시 체내에 혈당을 높일 수 있으므로, 적당한 운동을 하는 것이 가장 좋다. 조깅이나 태극권, 자전거 타기와 같은 이러한 운동들은 면역력을 높이고 신진대사를 잘 유지하며 인체의 혈당량을 조절하는 데 도움을 준다.
A 饮食不宜太咸 B 多喝水促进新陈代谢 **C 适当运动有助于控制血糖** D 户外运动最好在傍晚进行	A 음식은 너무 짜면 안 된다 B 물을 많이 마시면 신진대사가 촉진된다 **C 적당한 운동은 혈당을 조절하는 데 도움이 된다** D 실외 운동은 저녁 무렵에 하는 것이 좋다

단어 食用 shíyòng 동 식용하다 | ★缺乏 quēfá 동 모자라다 | 血糖 xuètáng 명 혈당 | ★适当 shìdàng 형 적당하다 | ★免疫力 miǎnyìlì 명 면역력 | 代谢 dàixiè 명 신진대사 | 宜 yí 동 적합하다 | ★新陈代谢 xīnchén dàixiè 명 신진대사 | 户外 hùwài 명 실외 | ★傍晚 bàngwǎn 명 저녁 무렵

| 실전 트레이닝 2 | 기본서 64쪽

정답 1. D 2. B 3. A 4. C 5. D

[1–5]

Track 44-1

第1到5题是根据下面一段采访：

女：我们发现航天员出舱时身后会背一个很大的箱子，那是什么呢？질문①

男：它实际上是舱外航天服的一个重要组成部分，称为"便携式环境控制与生命保障系统"。航天员离开航天器进入太空，要面对非常恶劣的空间环境条件，没有可靠的防护，人是不可能生存的。[1]舱外航天服就是为保障航天员出舱活动期间的生命安全与健康、保证舱外任务的完成而研制的特殊安全防护装备，主要由航天服本体、便携式环控生保系统和测量控制通信系统三大部分组成。

女：航天员在太空中呼吸的氧气是从哪儿来的呢？질문②

男：来源一般有两种。第一种是用特殊的蓝色大罐子直接携带地球上的氧气。[2]第二种是在空间站通过化学反应产生的，通过吸收空间站内空气中的水蒸气和宇航员排出的液体，并进行电解，从而产生氧气。

女：[5]宇航员在太空中的一些生活环节，比如吃饭、喝水等，在地面是无法百分之百真实模拟出来的，你们是根据什么设计的呢？질문③

1~5번 문제는 다음 인터뷰에 근거한다.

여: 우주 비행사는 내부에서 나갈 때 아주 큰 상자를 등에 메던데, 그것은 무엇인가요? 질문①

남: 그것은 사실상 선외 우주복의 중요한 구성 부분으로, '휴대용 환경 통제와 생명 보장 시스템'이라고 합니다. 우주 비행사들은 우주 설비를 떠나 우주로 들어가는데, 공간 환경 조건이 매우 열악해서 믿을 만한 방어시설이 없으면 생존할 수가 없습니다. [1]선외 우주복은 우주 비행사의 출항 활동 기간의 생명 안전과 건강을 보장하기 위한 것으로, 선외 임무의 완성을 보장하기 위해 제작된 특수 안전 보호 장비입니다. 주요하게는 우주복 본체와 휴대용 환경 제어 및 생명유지 시스템, 그리고 측정 제어 통신 시스템으로, 크게 세 부분으로 구성되어 있습니다.

여: 우주 비행사가 우주에서 마시는 산소는 어떻게 공급되나요? 질문②

남: 공급지는 일반적으로 두 곳입니다. 첫 번째는 특수한 파란색 큰 캔에 지구의 산소를 직접적으로 휴대하는 것이고, [2]두 번째는 우주정거장에서 화학반응을 통해 생성시키는 것인데, 우주정거장 안의 공기 중 수증기와 우주인이 배출하는 액체를 흡수하고, 전기를 분해하여 산소를 생성시키는 것입니다.

여: [5]우주 비행사가 우주에서 생활하는 부분들, 예를 들면 식사를 하거나 물을 마시는 것 등은 지상에서 100% 사실적으로 시뮬레이션할 수 없는 것들인데, 어떤 것에 근거하여 설계하시나요? 질문③

男：在设计上采取了特殊的方法，比如说喝水，在地面上水是靠重力自然流下来的，而在太空，我们有一套专门的设备，3给它一个外在的压力把它挤出来，相当于地面重力的作用。我们通常是凭借设想和一些已经获得的数据进行处理和模拟的。

女：经过这么多年，您对中国航天事业的发展最大的感受是什么？질문④

男：载人航天事业永远是跟国家的综合实力密切相关的，4我们取得的任何成绩都建立在国家发展的基础上。对个人来说，我们航天中心有一个口号或者标语，叫做“使命因艰巨而光荣，人生因挑战而精彩”，这就是我们做载人航天事业一个共同的感触。

남: 특수한 방법을 채택하여 설계합니다. 예를 들어 물을 마신다면, 지상에서의 물은 중력에 의해 자연적으로 흘러내리지만, 우주에서 저희는 전문적인 설비를 가지고, 3그것에 외적인 압력을 가해 짜내는데, 지상 중력의 작용에 해당하지요. 저희는 일반적으로 구상한 것과 이미 획득한 데이터들을 기반으로 처리하고 시뮬레이션합니다.

여: 이렇게 여러 해를 거치면서, 중국 우주 사업의 발전에 대해 가장 크게 느낀 점은 무엇입니까? 질문④

남: 유인 우주 사업은 언제나 국가의 종합적인 실력과 밀접하게 관련되어 있습니다. 4저희가 거둔 모든 성과는 국가 발전의 기반 위에 세워진 것이지요. 개인적으로 말씀드리자면, 저희 우주센터에는 슬로건 혹은 표어가 하나 있는데, 바로 '사명은 어렵고 힘들기 때문에 영광스럽고, 인생은 도전하기 때문에 멋지다'입니다. 이것이 바로 저희가 유인 우주 사업을 하는 데 있어서 공통적으로 감명 받는 부분입니다.

단어 ★航天员 hángtiānyuán 명 우주 비행사 | 舱 cāng 명 객실 | 航天服 hángtiānfú 명 우주복 | 便携式 biànxiéshì 형 휴대용 | ★保障 bǎozhàng 동 보장하다 | ★系统 xìtǒng 명 시스템 | 航天器 hángtiānqì 명 우주 설비 | ★太空 tàikōng 명 우주 | ★恶劣 èliè 형 열악하다 | ★可靠 kěkào 형 믿을 만하다 | 防护 fánghù 동 방어하고 지키다 | ★生存 shēngcún 동 생존하다 | 研制 yánzhì 동 연구 제작하다 | 特殊 tèshū 형 특수하다 | ★装备 zhuāngbèi 명 장비 | 测量 cèliáng 동 측량하다 | 通信 tōngxìn 동 통신하다 | 氧气 yǎngqì 명 산소 | ★来源 láiyuán 명 공급지 | 罐子 guànzi 명 깡통 | ★携带 xiédài 동 휴대하다 | 空间站 kōngjiānzhàn 명 우주정거장 | 化学反应 huàxué fǎnyìng 명 화학 반응 | 水蒸气 shuǐzhēngqì 명 수증기 | 液体 yètǐ 명 액체 | 电解 diànjiě 명 전해, 전기 분해 | ★环节 huánjié 명 일환, 부분 | 模拟 mónǐ 명 시뮬레이션 | ★采取 cǎiqǔ 동 채택하다 | 重力 zhònglì 명 중력 | 外在 wàizài 형 외재적인 | ★挤 jǐ 동 짜다 | ★相当于 xiāngdāngyú 동 ~에 해당하다 | ★凭借 píngjiè 동 ~을 기반으로 하다 | ★设想 shèxiǎng 명 구상 | 载人 zàirén 동 사람을 태우다 | 口号 kǒuhào 명 구호, 슬로건 | 标语 biāoyǔ 명 표어 | ★使命 shǐmìng 명 사명 | ★艰巨 jiānjù 형 대단히 어렵고 힘들다 | ★光荣 guāngróng 형 영광스럽다 | ★感触 gǎnchù 명 감명, 감동

1

Track 44-2

해설 및 정답 **문제 분석▼** 남자가 말한 舱外航天服就是为保障航天员出舱活动期间的生命安全与健康(선외 우주복은 우주 비행사의 출항 활동 기간의 생명 안전과 건강을 보장하기 위한 것이다)이라는 내용으로 우주복은 우주 활동을 보장한다는 것을 알 수 있다.

关于航天服，可以知道什么？	우주복에 관해 알 수 있는 것은?
A 能遮挡强光	A 강한 빛을 차단할 수 있다
B 内部温度恒定	B 내부 온도가 항상 일정하다
C 有助于减少噪音	C 소음을 줄이는 데 도움이 된다
D 是航天活动的保障	**D 우주 활동을 보장한다**

단어 ★遮挡 zhēdǎng 동 막다 | 恒定 héngdìng 형 항상 일정하다 | ★噪音 zàoyīn 명 소음

2

Track **44－3**

해설 및 정답 **문제 분석▼** 여자의 우주에서 마시는 산소는 어떻게 공급되냐는 질문에 대한 남자의 대답 중 电解(전해)가 언급되었다.

如何在空间站中产生氧气?		우주정거장에서 어떻게 산소를 생성하는가?	
A 过滤	**B 电解**	A 필터	**B 전해**
C 加热	D 压缩	C 가열	D 압축

단어 ★过滤 guòlǜ 명 필터 | 压缩 yāsuō 동 압축하다

3

Track **44－4**

해설 및 정답 **문제 분석▼** 여자의 세 번째 질문에 남자는 给它一个外在的压力把它挤出来，相当于地面重力的作用(그것에 외적인 압력을 가해 짜내는데, 지상 중력의 작용에 해당하지요)이라고 했다. 동사 施加는 바로 给의 뜻이다.

设计人员是怎么解决太空无重力这一问题的?	설계사들은 우주의 무중력 문제를 어떻게 해결하는가?
A 施加外在压力	**A 외적 압력을 가한다**
B 增加航天服重量	B 우주복의 무게를 늘린다
C 排放空间站内气体	C 우주정거장 내부의 가스를 배출시킨다
D 利用绳索固定物体	D 밧줄을 이용해 물체를 고정시킨다

단어 施加 shījiā 동 주다, 가하다 | 绳索 shéngsuǒ 명 밧줄 | ★固定 gùdìng 동 고정하다 | ★物体 wùtǐ 명 물체

4

Track **44－5**

해설 및 정답 **문제 분석▼** 여자의 마지막 질문에 남자가 말한 我们取得的任何成绩都建立在国家发展的基础上(저희가 거둔 모든 성과는 국가 발전의 기반 위에 세워진 것이지요)에서 建立在…基础上과 以…为基础는 같은 의미이다.

男的怎么看待中国航天事业的发展?	남자는 중국 우주 사업의 발전을 어떻게 생각하는가?
A 发展速度非常快	A 발전 속도가 굉장히 빠르다
B 取得了重大突破	B 중대한 돌파구를 얻었다
C 以国家发展为基础	**C 국가의 발전을 기반으로 삼는다**
D 航天员素质普遍不高	D 우주 비행사는 자질이 보편적으로 높지 않다

단어 ★突破 tūpò 동 돌파하다 | ★素质 sùzhì 명 소양, 자질

5

Track 44-6

해설 및 정답 **문제 분석▼** 여자의 세 번째 질문에서 宇航员在太空中的一些生活环节……在地面是无法百分之百真实模拟出来的(우주 비행사가 우주에서 생활하는 부분들은……지상에서 100% 사실적으로 시뮬레이션할 수 없는 것)라는 내용으로 지상에서 우주 환경을 완벽하게 시뮬레이션할 수 없음을 알 수 있다.

根据这段话，可以知道什么？	단문을 근거로 알 수 있는 것은?
A 航天员在夜间出舱	A 우주 비행사는 야간에 출항한다
B 航天员需保证充足睡眠	B 우주 비행사는 충분한 수면 보장이 필요하다
C 其他星系可能存在生命	C 다른 항성계에 생명이 존재할 수도 있다
D 在地面不能完全模拟太空环境	**D 지상에서는 우주 환경을 완벽하게 시뮬레이션할 수 없다**

단어 ★充足 chōngzú 형 충분하다 | ★睡眠 shuìmián 명 수면 | 星系 xīngxì 명 항성계

| *실전* 트레이닝 3 | 기본서 65쪽

정답 1. A 2. C 3. D 4. B

[1–4]

Track 45-1

第1到4题是根据下面一段话：	1~4번 문제는 다음 내용에 근거한다.
像体操这类的比赛往往需要裁判目测打分，1由于选手的动作复杂多变，裁判打分有时难免存在争议。 最近，某公司研发出一种3D激光感应技术，可以帮助体操等赛事的裁判更准确打分。该公司称，2这项新技术可以立体、高精度地捕捉到体操等体育项目选手的动作。在比赛现场设置的3D激光传感器发出的激光，能实时测定与选手身体各部位的距离，并收集形成有关人体骨骼活动和竞技动作的3D数据。裁判可以在监控画面中观看3D图像，掌握选手的动作完成度，这样可以让打分更加客观公正。3收集的数据还可用于选手日常的训练。	체조와 같은 경기는 종종 심판의 눈대중에 의한 채점이 필요한데, 1선수의 동작이 복잡하고 다채롭기 때문에 심판의 채점은 때때로 논란을 피할 수 없다. 최근, 한 회사에서 3D 레이저 감지 기술을 개발했는데, 체조 등 경기의 심판들이 더 정확하게 채점할 수 있도록 도와준다. 이 회사는 2이 신기술이 체조와 같은 스포츠 종목 선수들의 동작을 입체적이고 정밀하게 포착할 수 있다고 말한다. 경기 현장에 설치된 3D 레이저 센서에서 나오는 레이저는 선수 신체의 각 부위와의 거리를 실시간으로 측정하고, 인체의 골격 활동과 경기 동작에 관한 3D 데이터를 수집하여 생성할 수 있다. 심판은 모니터링 화면에서 3D 영상을 보며, 선수의 동작 완성도를 파악할 수 있으므로, 채점을 보다 객관적이고 공정하게 할 수 있다. 3또한 수집된 데이터는 선수의 일상적인 훈련에도 사용될 수 있다.

这一技术不仅可以减轻裁判在比赛中的负担，做到评分公正，也有利于观众欣赏比赛。[4]目前这一技术正在体操项目中进行测试，未来还有望应用到花样滑冰、击剑等其他打分比赛中。	이 기술은 심판의 경기 중에 부담을 덜어 줄 뿐만 아니라 채점을 공정하게 하여, 관중이 경기를 감상하는 데에도 도움이 된다. [4]현재 이 기술은 체조 종목에서 테스트되고 있으며, 앞으로는 피겨 스케이팅, 펜싱 등 다른 채점 경기에도 응용될 전망이다.

단어 体操 tǐcāo 명 체조 | 裁判 cáipàn 명 심판 | 目测 mùcè 동 눈짐작하다 | 打分 dǎfēn 동 점수를 매기다 | 选手 xuǎnshǒu 명 선수 | ★难免 nánmiǎn 형 불가피하다 | ★争议 zhēngyì 동 논쟁하다 | ★研发 yánfā 동 연구 제작하여 개발하다 | ★激光 jīguāng 명 레이저 | ★感应 gǎnyìng 명 감응 | 赛事 sàishì 명 경기 사항 | 立体 lìtǐ 형 입체적인, 다각도의 | 精度 jīngdù 명 정밀도 | ★捕捉 bǔzhuō 동 포착하다 | 项目 xiàngmù 명 항목 | 设置 shèzhì 동 설치하다 | 传感器 chuángǎnqì 명 센서 | 测定 cèdìng 동 측정하다 | 骨骼 gǔgé 명 골격 | 竞技 jìngjì 명 경기 | 监控 jiānkòng 동 측정하고 제어하다, 모니터링하다 | 图像 túxiàng 명 영상 | ★客观 kèguān 형 객관적이다 | ★公正 gōngzhèng 형 공정하다 | ★测试 cèshì 동 테스트하다 | 有望 yǒuwàng 동 유망하다, 가능성이 있다 | 花样滑冰 huāyàng huábīng 명 피겨 스케이팅 | 击剑 jījiàn 명 펜싱

1

Track **45-2**

해설 및 정답 **문제 분석▼** 녹음 시작 부분에 由于选手的动作复杂多变，裁判打分有时难免存在争议(선수의 동작이 복잡하고 다채롭기 때문에, 심판의 채점은 때때로 논란을 피할 수 없다)에서 动作复杂가 그대로 제시되었다.

在体操比赛中，裁判打分为什么会存在争议？	체조 경기 중, 심판의 채점에 왜 논란이 존재하는가?
A 动作复杂	**A 동작이 복잡해서**
B 相似动作多	B 유사한 동작이 많아서
C 受观众干扰	C 관중의 방해를 받아서
D 拍摄画面不清晰	D 촬영된 화면이 선명하지 않아서

단어 相似 xiāngsì 동 비슷하다 | ★干扰 gānrǎo 명 방해 | ★清晰 qīngxī 형 분명하다

2

Track **45-3**

해설 및 정답 **문제 분석▼** 这项新技术可以立体、高精度地捕捉到体操等体育项目选手的动作(이 신기술이 체조와 같은 스포츠 종목 선수들의 동작을 입체적이고 정밀하게 포착할 수 있다)에서 3D 레이저 감지 기술의 장점을 언급했다. 立体、高精度는 보기의 更立体、精确와 동일한 의미이다.

3D激光感应技术在分析选手动作时，有什么优势？	3D 레이저 감지 기술이 선수의 동작을 분석할 때, 어떤 이점이 있는가?
A 可回放慢动作	A 느린 동작을 되돌려 볼 수 있다
B 进行实时评分	B 실시간으로 채점한다
C 更立体、精确	**C 더욱 입체적이고 정확하다**
D 多角度捕捉画面	D 다각도로 화면을 포착한다

단어 回放 huífàng 동 재방송하다 | 实时 shíshí 부 실시간으로 | ★精确 jīngquè 형 매우 정확하다 | ★角度 jiǎodù 명 각도

3

Track **45-4**

해설 및 정답 **문제 분석▼** 收集的数据还可用于选手日常的训练(또한 수집된 데이터는 선수의 일상적인 훈련에도 사용될 수 있다)이라는 내용으로 수집된 데이터는 평소 훈련에 응용될 수 있다는 것을 알 수 있다.

关于3D激光感应技术收集的数据，可以知道什么?	3D 레이저 감지 기술이 수집하는 데이터에 관해 알 수 있는 것은?
A 不存在误差 B 赛后马上删除 C 只供裁判观看 **D 可应用于平时训练**	A 오차가 존재하지 않는다 B 경기 후에 바로 삭제한다 C 심판만 볼 수 있다 **D 평소 훈련에 응용할 수 있다**

단어 ★误差 wùchā 명 오차 | ★删除 shānchú 동 삭제하다

4

Track **45-5**

해설 및 정답 **문제 분석▼** 目前这一技术正在体操项目中进行测试(현재 이 기술은 체조 종목에서 테스트되고 있다)라는 내용으로, 이 기술은 아직 테스트 단계에 있음을 알 수 있다.

根据这段话，下列哪项正确?	단문을 근거로, 다음 중 정확한 것은?
A 激光对人体有害 **B 该技术处在测试阶段** C 体操比赛将减少裁判人数 D 击剑对运动员身高有要求	A 레이저는 인체에 해롭다 **B 이 기술은 테스트 단계에 있다** C 체조 경기는 심판 수를 줄일 것이다 D 펜싱은 운동선수의 신장에 대한 요구가 있다

6 기타 전문 분야

| 실전 트레이닝 1 | 기본서 **71쪽**

정답 1. C　　2. A

1 Track **48-1**

해설 및 정답 **문제 분석▼** 녹음 마지막 부분에서 디자이너들은 琼脂(우무)로 塑料替代产品(플라스틱 대체 제품)을 만들어 냈다고 했다.

研究显示，到2050年左右，海洋中塑料垃圾的重量将超过其中鱼类的重量。为解决这一问题，有设计师们使用一种从海洋藻类中提取的物质——琼脂，创造出了一种安全的、生态友好的塑料替代产品。	연구에서 밝힌 바로는, 2050년쯤에는 바다에 플라스틱 쓰레기의 무게가 어류의 무게를 초과할 것이라고 한다. 이 문제를 해결하기 위해, 디자이너들은 해양조류에서 추출한 물질인 — 우무를 사용하여, 안전하고 생태에 우호적인 플라스틱 대체 제품을 만들어 냈다.
A 琼脂提取自树叶 B 塑料垃圾可回收 **C 琼脂可用来替代塑料** D 大量鱼类因食塑料中毒	A 우무는 나뭇잎에서 추출한다 B 플라스틱 쓰레기는 회수할 수 있다 **C 우무는 플라스틱 대체에 사용될 수 있다** D 다량의 어류가 플라스틱에 중독됐다

단어 ★塑料 sùliào 명 플라스틱 | 藻类 zǎolèi 명 조류[식물] | 提取 tíqǔ 동 추출하다 | ★物质 wùzhì 명 물질 | 琼脂 qióngzhī 명 한천, 우무[우뭇가사리 따위를 끓여서 식혀 만든 끈끈한 물질] | ★生态 shēngtài 명 생태 | 替代 tìdài 동 대체하다 | 中毒 zhòngdú 동 중독되다

2 Track **48-2**

해설 및 정답 **문제 분석▼** 녹음에서 기업 설립 초기 혹은 기업이 난관에 부딪쳤을 때 提供资金(자금을 지원하다)이라고 했으므로 孵化器(부화기)는 기업에 창업 자금을 제공한다는 의미임을 알 수 있다.

孵化器，原意是指人工孵化禽蛋的设备，后引申至经济领域。在企业创办初期或者企业遇到瓶颈时，孵化器提供资金、管理、资源、策划等支持，从而帮助企业做大或转型。	부화기는 원래 알을 인공적으로 부화시키는 설비를 의미했는데, 이후에 경제 분야로 의미가 파생되었다. 기업 설립 초기 혹은 기업이 난관에 부딪쳤을 때, 부화기는 자금, 관리, 자원, 기획 등을 지원하여, 기업이 크게 성장하거나 전환할 수 있도록 돕는 것을 의미한다.
A 孵化器提供创业资金 B 孵化器属于政府部门 C 孵化器是一种电子装置 D 孵化器促进企业独立发展	**A 부화기는 창업 자금을 제공한다** B 부화기는 정부 부처에 속한다 C 부화기는 일종의 전자 장치이다 D 부화기는 기업의 독자적인 발전을 촉진한다

단어 孵化器 fūhuàqì 명 부화기 | 孵化 fūhuà 동 부화하다 | 禽 qín 명 조류의 총칭 | ★设备 shèbèi 명 설비, 시설 | 引申 yǐnshēn 동 원의로부터 파생된 뜻이 생기다 | ★领域 lǐngyù 명 영역, 분야 | ★创办 chuàngbàn 동 창립하다 | 初期 chūqī 명 초기 | 瓶颈 píngjǐng 명 난관 | ★资金 zījīn 명 자금 | ★策划 cèhuà 명 기획 | 转型 zhuǎnxíng 동 (사회 경제 구조, 문화 형태, 가치관 등을) 전환하다 | 装置 zhuāngzhì 명 장치

| 실전 트레이닝 2 | 기본서 71쪽

정답 1. A 2. C 3. D 4. B 5. A

[1–5]

Track 49-1

第1到5题是根据下面一段采访：	1~5번 문제는 다음 인터뷰에 근거한다.
女：主流市场中多数游戏都会引入竞争、仇恨和战争等，你的游戏反其道而行之，没有这些暴力因素，为什么呢？ 질문①	여: 시장에서는 다수의 게임들이 경쟁과 원한 그리고 전쟁 등을 도입하는데요. 선생님의 게임은 정반대로, 이러한 폭력적인 요소가 없는데, 왜 그런 건가요? 질문①
男：我觉得人都是有竞争性的，1 <u>大多数市场上的人都在做暴力的游戏</u>，那我现在再去做，也不可能做得比他们好。他们都积累了十几年、二十几年的经验，有很大的团队，有很多研发经费，要再去做跟他们一样的，我觉得是对社会资源的浪费。	남: 저는 사람들에게는 모두 경쟁 심리가 있다고 생각합니다. 1 <u>대다수 시장에서의 사람들이 폭력적인 게임을 만들고 있는데</u>, 제가 이제 와서 한다고 해도, 그들보다 더 잘 만들 수는 없을 것입니다. 그들은 모두 십몇 년, 이십몇 년의 경험을 쌓았고, 매우 큰 팀이 있으며 개발 경비도 많은데, 그들과 같은 것을 만든다면, 저는 사회 자원에 대한 낭비라고 생각합니다.
女：你制作游戏最看重的一点是什么？ 질문②	여: 선생님이 게임을 만드시는 데 가장 중요하게 생각하는 점은 무엇인가요? 질문②
男：2 <u>我最看重的是这个游戏给人带来了一种什么样的情感感受</u>，必须要让人真正被打动。游戏想要打动人，最重要的是必须要有完整性、统一性，就是游戏必须听上去像是一个人在说话，而不是一群人在说话。	남: 2 <u>제가 가장 중요하게 생각하는 것은 이 게임이 사람들에게 어떤 감정적인 느낌을 주는가입니다</u>. 사람들이 진정으로 감동받아야 하는 것이지요. 게임으로 사람을 감동시키려면, 가장 중요한 것은 완전성과 통일성이 있어야 한다는 것인데, 바로 게임이 한 사람이 말하는 것처럼 들려야 하는 것이지, 한 무리의 사람들이 말하는 것처럼 들려서는 안 된다는 것입니다.
女：你在社交网站上的签名是"为了创新和改变游戏产业而存在的设计师"，你希望改变游戏产业的什么部分？ 질문③	여: 선생님의 SNS 프로필이 '게임 산업의 혁신과 변화를 위해 존재하는 디자이너'인데, 게임 산업의 어떤 부분을 바꾸고 싶으신가요? 질문③

男：真正要改变这个产业，必须证明艺术类型的游戏能够取得商业成功。所以3我现在希望能够给全世界的游戏产业做出一个成功的、高艺术水准的，但是又有很大商业突破的游戏。 女：中国主流语境早年视游戏为“电子海洛因”，认为毒害青少年。5现在视游戏为摇钱树，认为做这行很赚钱。你希望未来国人如何看待这个行业? 질문④ 男：你是个电影导演，你是一个歌手，你是一个画家，你是会被社会尊重的。但是你说你是个游戏开发者，绝大多数人就觉得你们很赚钱，而不是说，你们的东西可以净化我们的灵魂，可以让我们的生活变得更美好。4我希望我们做出来的产品可以改变这些人的看法，得到社会的尊重。	남: 진정으로 이 산업을 변화시키려면, 예술 유형의 게임이 상업적 성공을 거둘 수 있다는 것을 증명해야 합니다. 그래서 3저는 현재 전 세계의 게임 산업에 성공적이며 예술적인 수준은 높지만, 상업적으로도 큰 진전을 이루는 게임을 만들고 싶습니다. 여: 중국의 주류 언어 환경에서는 일찍이 게임을 '전자 헤로인'으로 보고, 청소년을 해친다고 여겼는데, 5지금은 게임이 돈이 된다고 여기고, 이 업계에 몸담으면 돈을 잘 벌 수 있다고 생각하는데요, 선생님은 미래의 중국인들이 이 업계를 어떻게 대하기를 바라시나요? 질문④ 남: 당신이 영화감독이고, 가수고, 화가라면, 당신은 사회에서 존중 받을 것입니다. 하지만 당신이 게임 개발자라고 말하면, 절대다수의 사람들은 당신이 돈을 잘 번다고만 생각하지, 당신의 것이 우리의 영혼을 맑게 하고, 우리의 삶을 더 아름답게 만들 수 있다고 말하지는 않습니다. 4저는 우리가 만든 제품이 사람들의 견해를 바꾸고 사회의 존중을 받을 수 있기를 바랍니다.

단어 ★主流 zhǔliú 명 주류, 주요 추세 | 仇恨 chóuhèn 명 원한 | 战争 zhànzhēng 명 전쟁 | 反其道而行之 fǎn qí dào ér xíng zhī 성 정반대의 방법을 쓰다 | 暴力 bàolì 명 폭력 | ★因素 yīnsù 명 요소 | ★研发 yánfā 동 연구 제작하여 개발하다 | ★经费 jīngfèi 명 경비 | 打动 dǎdòng 동 감동시키다 | 社交网站 shèjiāo wǎngzhàn 명 SNS | 签名 qiānmíng 명 서명 | ★产业 chǎnyè 명 산업 | ★类型 lèixíng 명 유형 | 水准 shuǐzhǔn 명 수준 | ★突破 tūpò 동 새로운 진전을 이루다 | 语境 yǔjìng 명 언어 환경 | 海洛因 hǎiluòyīn 명 헤로인 | 毒害 dúhài 동 해치다 | 青少年 qīngshàonián 명 청소년 | 摇钱树 yáoqiánshù 명 돈줄, 돈이 되는 나무 | 看待 kàndài 동 대하다 | 净化 jìnghuà 동 정화하다, 맑게 하다 | ★灵魂 línghún 명 영혼

1

Track 49 – 2

해설 및 정답 **문제 분석▼** 여자의 첫 번째 질문에 남자가 大多数市场上的人都在做暴力的游戏(대다수 시장에서의 사람들이 폭력적인 게임을 만들고 있다)라고 했다. 키워드 暴力(폭력)만 잘 들으면 바로 답을 찾을 수 있다.

关于市场上的大部分游戏，下列哪项正确?	시장에 있는 대부분의 게임에 관해, 다음 중 정확한 것은?
A 有暴力性	**A 폭력성이 있다**
B 故事性强	B 스토리의 성격이 강하다
C 画面精美	C 화면이 정밀하고 아름답다
D 音乐动听	D 음악이 감동적이다

단어 ★精美 jīngměi 형 정밀하고 아름답다 | 动听 dòngtīng 형 듣기 좋다, 감동적이다

2

Track 49 – 3

해설 및 정답 **문제 분석▼** 여자의 두 번째 질문에 남자는 我最看重的是这个游戏给人带来了一种什么样的情感感受(제가 가장 중요하게 생각하는 것은 이 게임이 사람들에게 어떤 감정적인 느낌을 주는가입니다)라고 했으므로 남자는 게임이 사람에게 주는 느낌을 중시한다는 것을 알 수 있다.

男的制作游戏时最看重什么?	남자는 게임을 제작할 때 무엇을 가장 중시하는가?
A 利润	A 이윤
B 内容的创新	B 내용의 창조성
C 给人的感受	**C 사람에게 주는 느낌**
D 与用户的互动	D 사용자와의 상호 작용

단어 ★利润 lìrùn 명 이윤 | ★创新 chuàngxīn 명 창조성 | ★用户 yònghù 명 사용자 | ★互动 hùdòng 명 상호 작용

3

Track 49 – 4

해설 및 정답 **문제 분석▼** 여자의 세 번째 질문에 남자는 高艺术水准的，但是又有很大商业突破的游戏(예술적인 수준은 높지만 상업적으로도 큰 진전을 이루는 게임)를 만들고 싶다고 했다.

男的想做什么样的游戏?	남자는 어떤 게임을 만들고 싶은가?
A 老少皆宜的	A 노소 모두에게 적절한 것
B 鼓舞人心的	B 사람의 마음을 고무하는 것
C 推动素质教育的	C 전인 교육을 촉진하는 것
D 兼具艺术与商业价值的	**D 예술과 상업 가치를 겸비한 것**

단어 ★皆 jiē 부 모두 | ★宜 yí 동 형 적절하다 | ★鼓舞 gǔwǔ 동 고무하다 | ★推动 tuīdòng 동 촉진하다 | ★素质 sùzhì 명 소양, 자질 | 兼具 jiānjù 동 겸비하다

4

Track 49 – 5

해설 및 정답 **문제 분석▼** 인터뷰의 마지막 부분에서 남자는 我希望我们做出来的产品可以改变这些人的看法，得到社会的尊重(저는 우리가 만든 제품이 사람들의 견해를 바꾸고 사회의 존중을 받을 수 있기를 바랍니다)이라고 했으므로 남자는 다른 사람이 그의 일을 존중하기를 바라고 있음을 알 수 있다.

男的希望别人怎么看待他的工作?	남자는 다른 사람이 그의 일을 어떻게 보기를 바라는가?
A 时刻监督	A 항상 감독하기를
B 给予尊重	**B 존중하기를**
C 保持敬畏之心	C 경외하는 마음을 유지하기를
D 透过现象看本质	D 현상을 통해 본질을 보기를

단어 时刻 shíkè 부 언제나, 항상 | ★监督 jiāndū 동 감독하다 | ★给予 jǐyǔ 동 주다 | 敬畏 jìngwèi 동 경외하다 | 透过 tòuguò 동 통하다 | ★现象 xiànxiàng 명 현상 | ★本质 běnzhì 명 본질

5

Track **49-6**

해설 및 정답 **문제 분석▼** 여자의 마지막 질문에서 现在视游戏为摇钱树(지금은 게임이 돈이 된다고 여긴다)에 뒤이어 认为做这行很赚钱(이 업계에 몸담으면 돈을 잘 벌 수 있다고 생각한다)이라고 했으므로 摇钱树는 '돈을 잘 번다'는 뜻으로 짐작할 수 있다.

这段采访中的"摇钱树"是什么意思?	인터뷰 중에 '摇钱树'는 무슨 의미인가?
A 很挣钱	**A 돈을 잘 번다**
B 虚拟货币	B 가상화폐
C 一种基金	C 일종의 기금
D 能带来好运	D 행운을 가져올 수 있다

단어 虚拟货币 xūnǐ huòbì 명 가상화폐 | ★基金 jījīn 명 기금 | 好运 hǎoyùn 명 행운

실전 트레이닝 3 | 기본서 72쪽

정답 1. D 2. A 3. A 4. C

[1-4]

Track **50-1**

第1到4题是根据下面一段话:	1~4번 문제는 다음 내용에 근거한다.
近日,一档名叫《奇遇人生》的综艺节目1成为了关注的焦点,广受好评。《奇遇人生》共10期,每期主持人都会陪同一位明星前往一个地方,体验不同的生活,探索不一样的人生。首期节目是前往景色优美的赞比亚,访问著名的非洲大象孤儿院,2B这期的宗旨是让人们反思生命。第二期节目是去美国追龙卷风,2C这期节目与自然有关。还有一期节目是在冰岛,主持人和嘉宾看着美丽的极光,2D听当地的艺术家谈论几代人的家族史。 3《奇遇人生》没有剧本,摄影镜头直接记录了明星在街头遭遇意外事件时的真实反应。该节目的导演说:"4大家每次出去都要面对很多未知,这是节目最大的乐趣所在。"	최근, 〈기우인생〉이라는 제목의 종합 예능 프로그램이 1관심의 중심이 되어 호평을 받고 있다. 〈기우인생〉은 총 10회로, 매회 사회자가 한 스타와 함께 어떤 지역으로 가서, 다양한 삶을 체험하며 색다른 인생을 탐색한다. 첫 회는 경치가 아름다운 잠비아를 찾아가, 유명한 아프리카 코끼리 고아원을 방문하는 것으로, 2B이 회의 취지는 사람들로 하여금 생명을 되돌아보게 하는 것이었다. 2회는 미국으로 건너가 토네이도를 쫓는 것으로, 2C이 회는 자연과 관련이 있었다. 또 한 회는 아이슬란드에서 진행자와 게스트가 아름다운 오로라를 보며, 2D현지 예술가들로부터 몇 세대에 걸친 가족사에 대한 이야기를 듣는 것이었다. 3〈기우인생〉은 대본 없이 거리에서 뜻밖의 사건을 겪는 스타의 실제 반응을 그대로 카메라 렌즈에 담았다. 이 프로그램의 감독은 "4모두가 나갈 때마다 많은 미지의 것들과 직면하는데, 이것이 프로그램에서 가장 재미있는 부분입니다."라고 말했다.

단어 档 dàng 양 건, 가지 | 综艺 zōngyì 명 종합 예능 | ★关注 guānzhù 동 관심을 가지다 | ★焦点 jiāodiǎn 명 초점 | 主持人 zhǔchírén 명 사회자 | 陪同 péitóng 동 동반하다 | 前往 qiánwǎng 동 가다 | ★探索 tànsuǒ 동 탐색하다 | ★优美 yōuměi 형 우아하고 아름답다 | 赞比亚 Zànbǐyà 고유 잠비아[지명] | 非洲 Fēizhōu 명 아프리카 주 | 孤儿院 gū'éryuàn 명 고아원 | ★宗旨 zōngzhǐ 명 취지, 목적 | ★反思 fǎnsī 동 되돌아보다 | ★生命 shēngmìng 명 생명 | 龙卷风 lóngjuǎnfēng 명 토네이도 | 冰岛 Bīngdǎo 고유 아이슬란드[국명] | 嘉宾 jiābīn 명 귀한 손님 | 极光 jíguāng 명 오로라 | 谈论 tánlùn 동 담론하다, 논의하다 | 家族史 jiāzúshǐ 명 가족사 | 剧本 jùběn 명 대본 | 摄影 shèyǐng 동 촬영하다 | ★镜头 jìngtóu 명 렌즈 | ★遭遇 zāoyù 동 맞닥뜨리다 | ★意外 yìwài 형 의외이다 | 未知 wèizhī 동 아직 모르다 | ★乐趣 lèqù 명 즐거움, 재미

1

Track **50-2**

해설 및 정답 **문제 분석▼** 녹음에 广受好评(호평을 받다)은 보기에 赢得了很高的评价(높은 평가를 얻었다)와 동일한 의미이다.

关于该节目，可以知道什么?	이 프로그램에 관해 알 수 있는 것은?
A 收视率不高	A 시청률이 높지 않다
B 制作成本不低	B 제작비가 적지 않다
C 每月播出一集	C 매월 한 회씩 방송한다
D 赢得了很高的评价	**D 높은 평가를 얻었다**

단어 收视率 shōushìlǜ 명 시청률 | ★成本 chéngběn 명 원가, 자본금

2

Track **50-3**

해설 및 정답 **문제 분석▼** 보기 BCD 모두 녹음에서 언급했다. 이 프로그램의 주제가 아닌 것을 물었으므로 언급되지 않은 보기 A가 정답이다.

关于该节目的主题，下列哪项没有被提到?		이 프로그램의 주제에 관해, 다음 중 언급되지 않은 것은?	
A 方言	B 生命	**A 방언**	B 생명
C 自然	D 家族	C 자연	D 가족

단어 主题 zhǔtí 명 주제 | ★方言 fāngyán 명 방언

3

Track **50-4**

해설 및 정답 **문제 분석▼** 녹음에서《奇遇人生》没有剧本(<기우인생>은 대본이 없다)이라고 했다.

根据这段话，下列哪项正确?	단락을 근거로, 다음 중 정확한 것은?
A 节目无剧本	**A 프로그램의 대본이 없다**
B 主持人是作家	B 사회자는 작가이다
C 没有去美国录制	C 미국에 녹화하러 간 적이 없다
D 每期的嘉宾是固定的	D 매회 게스트가 고정적이다

단어 录制 lùzhì 동 녹음하다, 녹화하다 | ★固定 gùdìng 형 고정된

4

Track **50-5**

해설 및 정답 **문제 분석▼** 감독이 말한 大家每次出去都要面对很多未知，这是节目最大的乐趣所在(모두가 나갈 때마다 많은 미지의 것들과 직면하는데, 이것이 프로그램에서 가장 재미있는 부분입니다)라는 내용으로 未知(미지의 것)가 이 프로그램의 가장 큰 즐거움임을 알 수 있다.

导演认为该节目最大的乐趣是什么?	감독은 이 프로그램의 가장 큰 즐거움을 무엇이라고 여기는가?
A 主持人很幽默	A 사회자가 익살스럽다
B 解说生动有趣	B 해설이 생생하고 재미있다
C 拍摄过程充满未知	**C 촬영 과정이 미지로 가득하다**
D 沿途结交很多朋友	D 길가에서 친구를 많이 사귀었다

단어 ★幽默 yōumò 형 익살스럽다 | 解说 jiěshuō 명 해설 | ★生动 shēngdòng 형 생생하다 | 沿途 yántú 명 길가 | 结交 jiéjiāo 동 사귀다

기본서 73쪽

정답									
1. D	2. C	3. B	4. D	5. B	6. D	7. D	8. C	9. C	10. B
11. B	12. A	13. C	14. A	15. D	16. C	17. A	18. B	19. C	20. D
21. B	22. B	23. A	24. D	25. C					

1

Track 51-1

해설 및 정답 **문제 분석▼** 녹음 마무리 부분의 指画的创始人被认为是清代画家高其佩(지화의 창시자는 청대의 화가인 고기패로 알려져 있다)라는 내용으로 指画(지화)는 청대에 처음으로 창작되었음을 알 수 있다.

指画，又称指头画或指墨，用手指代替笔蘸墨、着色，是在各种纸张或丝绢等载体上作画的一种造型艺术。指画的特殊作画工具，成就了其独特之处。指画的创始人被认为是清代画家高其佩。

지화는 지두화 또는 손가락 서예라고 하는데, 붓 대신 손가락으로 먹물을 찍어 색칠하며, 각종 종이나 비단 등의 매개체에 그림을 그리는 일종의 조형예술이다. 지화의 특별한 그림 도구가 그 독특함을 이루었다. 지화의 창시자는 청대의 화가인 고기패로 알려져 있다.

A 指画不使用墨
B 指画不被大众认可
C 指画有近千年历史
D 指画最初创作于清朝

A 지화는 먹을 사용하지 않는다
B 지화는 대중에게 인정받지 못했다
C 지화는 천 년 가까운 역사를 가지고 있다
D 지화는 청대에 처음으로 창작되었다

단어 指头 zhǐtou 명 손가락 | 墨 mò 명 먹 | 代替 dàitì 동 대신하다 | 蘸 zhàn 동 찍다 | 着色 zhuósè 동 색칠하다 | 纸张 zhǐzhāng 명 종이의 총칭 | 丝绢 sījuàn 명 비단, 견사 | 载体 zàitǐ 명 매개체 | 作画 zuòhuà 동 그림을 그리다 | ★造型 zàoxíng 명 조형 | 特殊 tèshū 형 특별하다 | ★成就 chéngjiù 동 이루다 | ★创始人 chuàngshǐrén 명 창시자 | 清代 Qīngdài 명 청(清)대 | 高其佩 Gāo Qípèi 고유 고기패[중국 청나라 초기의 화가] | ★认可 rènkě 동 인정하다 | ★创作 chuàngzuò 동 창작하다

2

Track 51-2

해설 및 정답 **문제 분석▼** 녹음에서 전통적인 融资方式(융자 방식)와 다른 인터넷을 통해 자금을 모집하는 새 융자 방식인 众筹(크라우드 펀딩)의 특징을 소개했다.

众筹指通过互联网方式发布筹款项目并募集资金。与传统的融资方式不同，众筹开放性更强，只要是网友喜欢的项目，都可以通过众筹的方式获得项目启动的资金，为更多小本经营或创作的人提供无限的可能。

크라우드 펀딩은 인터넷을 통해 기금 모금 프로젝트를 발표하고 자금을 모집하는 것을 의미한다. 전통적인 융자 방식과는 달리, 크라우드 펀딩은 개방성이 더 강하여, 네티즌들이 좋아하는 프로젝트이기만 하면, 누구나 크라우드 펀딩을 통해 프로젝트를 시작할 수 있는 자금을 얻을 수 있어서, 더 많은 소규모 경영이나 창작자들에게 무한한 가능성을 제공한다.

A 众筹由银行发起
B 众筹属于慈善行为
C 众筹是一种融资方式
D 众筹资金存在安全隐患

A 크라우드 펀딩은 은행에서 시작했다
B 크라우드 펀딩은 자선 활동에 속한다
C 크라우드 펀딩은 일종의 융자 방식이다
D 크라우드 펀딩 자금에는 보안 문제가 존재한다

단어 众筹 zhòngchóu 명 크라우드 펀딩 | 互联网 hùliánwǎng 명 인터넷 | ★发布 fābù 동 발표하다 | 筹款 chóukuǎn 동 돈을 조달하다 | 募集 mùjí 동 모집하다 | ★资金 zījīn 명 자금 | ★融资 róngzī 명 융자 | 启动 qǐdòng 동 시작하다 | 小本 xiǎoběn 명 소자본 | ★经营 jīngyíng 명 경영 | ★无限 wúxiàn 형 무한하다 | 发起 fāqǐ 동 창시하다, 시작하다 | 慈善 císhàn 명 자선 | ★隐患 yǐnhuàn 명 겉에 드러나지 않은 폐해

3

Track 51-3

해설 및 정답 **문제 분석▼** 연회에서 마크 트웨인이 한 여인을 칭찬했는데, 그 여인은 高傲地说: "可惜我无法同样来赞美您!"(거만하게 "안타깝게도 저는 똑같이 당신을 칭찬할 수 없네요!")이라고 말했으므로 여인이 예의가 없다는 것을 유추할 수 있다.

在一次宴会上，马克·吐温与一位女士面对面坐着，出于礼貌，马克·吐温说了一声："您真漂亮！"那位女士却高傲地说："可惜我无法同样来赞美您！"马克·吐温委婉平和地说："没关系，你可以像我一样，说一句谎话就行了。"

한 연회에서, 마크 트웨인은 한 여인과 마주앉게 되어, 예의상 "당신은 정말 아름답군요!"라고 말했다. 그러나 그 여인은 거만하게 "안타깝게도 저는 똑같이 당신을 칭찬할 수 없네요!"라고 말했다. 마크 트웨인은 완곡하고 부드럽게 말했다. "괜찮아요, 당신도 나처럼 거짓말 한 마디만 하면 됩니다."

A 那个女士说了谎
B 那个女士很没有礼貌
C 马克·吐温邀请女士跳舞
D 马克·吐温是宴会的主人

A 그 여인은 거짓말을 했다
B 그 여인은 예의가 없다
C 마크 트웨인은 여인에게 춤을 청했다
D 마크 트웨인은 연회의 주인이다

단어 宴会 yànhuì 명 연회 | 马克·吐温 Mǎkè·Tǔwēn 고유 마크 트웨인[미국의 소설가] | ★高傲 gāo'ào 형 거만하다 | ★可惜 kěxī 형 안타깝다 | ★赞美 zànměi 동 칭찬하다 | ★委婉 wěiwǎn 형 완곡하다 | 平和 pínghé 형 온화하다, 부드럽다 | 谎话 huǎnghuà 명 거짓말

4

Track 51-4

해설 및 정답 **문제 분석▼** 녹음의 富含……多种营养物质(다양한 영양 물질……풍부하게 함유하고 있다)라는 내용으로 참마의 영양 가치가 매우 높음을 알 수 있다.

山药，肉质细嫩，食用可口，是餐桌上美味的食材之一。同时，它富含皂苷、淀粉、糖蛋白等多种营养物质和铁、铜、锌、钙等多种微量元素，是历代医学家推崇的良药。

참마는 육질이 연하고 입에 잘 맞는 식탁 위에 맛 좋은 식자재 중 하나이다. 동시에, 사포닌, 전분, 당단백질 등 다양한 영양 물질과 철분, 구리, 아연, 칼슘 등 다양한 미량원소를 풍부하게 함유하고 있어, 역대 의학자들이 격찬하는 좋은 약이다.

A 山药需加热食用	A 참마는 가열하여 먹어야 한다
B 山药有利于减肥	B 참마는 다이어트에 유리하다
C 山药原产于欧洲	C 참마의 원산지는 유럽이다
D 山药营养价值高	**D 참마는 영양가가 높다**

단어 山药 shānyào 명 참마, 마 | 肉质 ròuzhì 명 육질 | 细嫩 xìnèn 형 연하다 | 食用 shíyòng 동 식용하다, 먹다 | ★可口 kěkǒu 형 맛있다, 입에 맞다 | 餐桌 cānzhuō 명 식탁 | 美味 měiwèi 형 맛이 좋다 | 食材 shícái 명 식자재 | 皂苷 zàogān 명 사포닌 | 淀粉 diànfěn 명 전분 | 糖蛋白 tángdànbái 명 당단백질 | 铜 tóng 명 구리 | 锌 xīn 명 아연 | 钙 gài 명 칼슘 | ★微量元素 wēiliàng yuánsù 명 미량 원소 | 历代 lìdài 명 역대 | 推崇 tuīchóng 동 격찬하다 | 良药 liángyào 명 좋은 약

5

Track 51-5

해설 및 정답 **문제 분석▼** 녹음의 大门底部一般都有一个叫"门枕石"的构件(대문 바닥에는 일반적으로 '문둔테'라는 부재가 있다)이라는 내용으로 문둔테는 대문 바닥에 놓는다는 것을 알 수 있다.

中国的传统民居，特别是四合院的大门底部一般都有一个叫"门枕石"的构件，它起到支撑门框、门轴的作用。门枕石通常雕刻一些中国传统的吉祥图案，可以说是了解中国传统文化的石刻艺术品。

중국의 전통 민가, 특히 사합원의 대문 바닥에는 일반적으로 '문둔테'라는 부재가 있는데, 이는 문틀과 문의 기둥을 지탱하는 역할을 한다. 문둔테에는 보통 중국 전통의 상서로운 도안이 조각되어 있어서, 중국 전통문화를 잘 아는 석각 예술품이라고 말할 수 있다.

A 门枕石需要放四块儿	A 문둔테는 네 개를 놓아야 한다
B 门枕石放在大门底部	**B 문둔테는 대문 바닥에 놓는다**
C 门枕石与山水画相结合	C 문둔테와 산수화는 서로 결합되었다
D 门枕石采用花岗岩制成	D 문둔테는 화강암으로 만들어졌다

단어 ★民居 mínjū 명 민가 | 四合院 sìhéyuàn 명 사합원[중국 전통의 정원식 주택] | 枕 zhěn 명 긴 물건 밑에 베개처럼 가로 괴는 물건 | 构件 gòujiàn 명 부재[건축] | ★支撑 zhīchēng 동 지탱하다 | 门框 ménkuàng 명 문틀 | 门轴 ménzhóu 명 문의 기둥 | ★雕刻 diāokè 동 조각하다 | ★吉祥 jíxiáng 형 상서롭다 | ★图案 tú'àn 명 도안 | 石刻 shíkè 명 석각 | 山水画 shānshuǐhuà 명 산수화 | 结合 jiéhé 동 결합하다 | ★采用 cǎiyòng 동 채택하다 | 花岗岩 huāgāngyán 명 화강암

6

Track 51-6

해설 및 정답 **문제 분석▼** 녹음에서 성공한 사람들은 좌절하든 성공의 정점에 올랐든 始终都能够保持一种平常心态(시종 평정심을 유지할 수 있다)라고 했다.

古今中外，从事各种不同事业的成功人士都有一个共同点，那就是不管他们事业遭受挫折而处于低谷，还是攀上了成功的顶峰，他们始终都能够保持一种平常心态。

동서고금을 막론하고, 각기 다른 사업에 종사하는 성공한 인사들에게는 하나의 공통점이 있다. 그것은 바로 그들의 사업이 좌절되어 슬럼프에 빠지든 아니면 성공의 정점에 올랐든, 그들은 시종 평정심을 유지할 수 있다는 것이다.

A 说话要注意场合
B 要合理利用时间
C 挫折促使人成长
D 应保持一颗平常心

A 말을 할 때는 상황에 주의해야 한다
B 시간을 합리적으로 이용해야 한다
C 좌절은 사람을 성장시킨다
D 평정심을 유지해야 한다

단어 ★古今中外 gǔ jīn zhōng wài 성 동서고금 | ★遭受 zāoshòu 동 받다, 당하다 | ★挫折 cuòzhé 명 좌절 | 低谷 dīgǔ 명 밑바닥 | 攀 pān 동 기어오르다 | ★顶峰 dǐngfēng 명 최고봉, 정상 | ★心态 xīntài 명 심리 상태 | ★场合 chǎnghé 명 상황

7

Track **51-7**

해설 및 정답 **문제 분석▼** 녹음의 情绪压抑则会影响身体健康(정서적인 억압은 신체 건강에 영향을 미칠 수 있다) 중에 影响身体健康은 有损健康과 같은 의미이다.

俗话说"男儿有泪不轻弹"，意思是说男人要坚强，不能轻易流泪。但事实上，忍着不哭并不是明智之举。哭泣可以缓解情绪，反之，情绪压抑则会影响身体健康。

'남자는 눈물이 있어도 쉽게 흘리지 않는다'라는 속담이 있다. 남자는 굳세야 하며, 쉽게 눈물을 흘리면 안 된다는 의미이다. 하지만 사실, 울음을 참는 것은 현명한 행동이 아니다. 울음으로 기분을 완화시킬 수 있다. 바꾸어서 말하면, 정서적인 억압은 신체 건강에 영향을 미칠 수 있다는 것이다.

A 女性比男性爱哭
B 适当哭泣延长寿命
C 要学会忍耐与坚持
D 情绪压抑有损健康

A 여성이 남성보다 잘 운다
B 적당히 울면 수명이 연장된다
C 인내하고 견딜 줄 알아야 한다
D 정서적인 억압은 건강에 해가 된다

단어 俗话 súhuà 명 속담 | 泪 lèi 명 눈물 | 弹 tán 동 (눈물을) 흘리다 | ★轻易 qīngyì 부 함부로, 쉽사리 | ★明智 míngzhì 형 현명하다 | ★哭泣 kūqì 동 흐느끼다 | ★缓解 huǎnjiě 동 완화시키다 | ★情绪 qíngxù 명 정서, 기분 | 反之 fǎnzhī 접 바꾸어서 말하면 | ★压抑 yāyì 동 억압하다 | ★延长 yáncháng 동 연장하다 | ★寿命 shòumìng 명 수명 | ★忍耐 rěnnài 동 인내하다 | 有损 yǒusǔn 동 해가 되다

8

Track **51-8**

해설 및 정답 **문제 분석▼** 녹음 시작 부분의 中国南极中山站位于南极大陆沿海(중국의 남극 중산 과학기지는 남극대륙 연해에 위치해 있다)라는 내용으로 중산 기지는 남극 연해 지역에 건립되었음을 알 수 있다.

中国南极中山站位于南极大陆沿海，是中国第二个南极考察站。自1989年建站，经过多次扩建，现已初具规模。目前站上设施齐备，可以完全满足考察队员的工作和生活需要。

중국의 남극 중산 과학기지는 남극대륙 연해에 위치해 있으며, 중국의 두 번째 남극 기지이다. 1989년에 건립되어, 여러 차례 증축을 거쳐, 현재는 기본적인 형태를 갖추었다. 지금은 기지에 시설이 완비되어 있어, 시찰대원의 업무와 생활의 필요를 완전히 만족시킬 수 있다.

A 中山站冬季闭站
B 中山站年均气温-5℃
C 中山站建在南极沿海地区
D 中山站是第一个南极考察站

A 중산 기지는 겨울철에는 폐쇄된다
B 중산 기지는 연평균 기온이 -5℃이다
C 중산 기지는 남극 연해 지역에 건립되었다
D 중산 기지는 최초의 남극 기지이다

단어 南极 nánjí 명 남극 | ★位于 wèiyú 동 ~에 위치하다 | ★大陆 dàlù 명 대륙 | ★沿海 yánhǎi 명 연해 | 考察站 kǎocházhàn 명 기지 | 扩建 kuòjiàn 동 증축하다 | ★设施 shèshī 명 시설 | 齐备 qíbèi 동 완비하다

9

Track 51-9

해설 및 정답 **문제 분석▾** 不会让用户产生接受强制广告的反感，从而达到广告宣传效果(사용자들이 광고를 강제로 받아들인다는 반감을 갖지 않도록 함으로써, 광고의 홍보 효과를 거두게 된다)라는 내용으로 기사식 광고는 홍보 효과가 좋다는 것을 알 수 있다.

软文，顾名思义是相对于硬性广告而言，由企业的市场策划人员或广告公司的文案人员来负责撰写的"文字广告"。软文将文章内容与广告完美结合，不会让用户产生接受强制广告的反感，从而达到广告宣传效果。

기사식 광고는 이름 그대로 직접 광고보다는 기업의 시장 기획자나 광고회사의 문서 담당자가 작성을 맡는 '문자광고'이다. 기사식 광고는 글의 내용과 광고를 완벽하게 결합시켜, 사용자들이 광고를 강제로 받아들인다는 반감을 갖지 않도록 함으로써, 광고의 홍보 효과를 거두게 된다.

A 大学生善于利用软文
B 软文一般由秘书撰写
C 软文广告宣传效果佳
D 软文对摄影技术要求高

A 대학생은 기사식 광고를 이용하는 데 능숙하다
B 기사식 광고는 보통 비서가 작성한다
C 기사식 광고는 홍보 효과가 좋다
D 기사식 광고는 촬영 기술에 대한 요구가 높다

단어 软文 ruǎnwén 명 연성 텍스트, 기사 형식 광고 | ★顾名思义 gù míng sī yì 성 이름을 보면 그 속에 들어 있는 의미를 알 수 있다 | 硬性 yìngxìng 명 단단한 성질, 고정불변의 것 | ★策划 cèhuà 동 기획하다 | 文案 wén'àn 명 문서 | 撰写 zhuànxiě 동 쓰다 | 结合 jiéhé 동 결합하다 | ★用户 yònghù 명 사용자 | 强制 qiángzhì 동 강제하다 | ★反感 fǎngǎn 명 반감 | ★善于 shànyú 동 ~에 능숙하다 | 秘书 mìshū 명 비서 | 摄影 shèyǐng 동 촬영하다

10

Track 51-10

해설 및 정답 **문제 분석▾** 녹음의 风光秀丽(풍경이 수려하다)는 风景优美(풍경이 아름답다)와 같은 의미이다.

梵净山得名于"梵天净土"，位于贵州省铜仁市，是武陵山脉的主峰，森林覆盖率达到95%，被誉为"地球绿洲"。梵净山有华山之势，泰山之宏伟，风光秀丽，是旅游圣地。

판징산은 '범천정토'라는 이름으로도 불리우며, 구이저우성 퉁런시에 위치해 있는 우링산맥의 최고봉으로, 삼림 복개율이 95%에 달해, '지구의 오아시스'라 불리기도 한다. 판징산은 화산의 기세와 타이산의 웅장함을 지니고 있으며, 풍경이 수려한 여행의 성지이다.

A 梵净山位于西北	A 판징산은 서북쪽에 위치해 있다
B 梵净山风景优美	**B 판징산은 풍경이 아름답다**
C 梵净山植被种类少	C 판징산은 식생의 종류가 적다
D 梵净山是道教发源地	D 판징산은 도교의 발원지이다

단어 梵净山 Fànjìngshān 고유 판징산[중국 미륵보살을 대표하는 불교 성지] | 贵州省 Guìzhōu Shěng 고유 구이저우성[지명] | 铜仁市 Tóngrén Shì 고유 퉁런시[지명] | 武陵山脉 Wǔlíng Shānmài 고유 우링 산맥 | 主峰 zhǔfēng 명 최고봉 | 覆盖率 fùgàilǜ 명 복개율, 피복률 | ★被誉为 bèi yùwéi ~라고 불리다 | 绿洲 lǜzhōu 명 오아시스 | 华山 Huàshān 고유 화산 | 势 shì 명 기세 | 泰山 Tàishān 명 타이산 | ★宏伟 hóngwěi 형 웅장하다 | ★风光 fēngguāng 명 풍경 | ★秀丽 xiùlì 형 수려하다 | 圣地 shèngdì 명 성지 | ★植被 zhíbèi 명 식생 | 道教 dàojiào 명 도교 | ★发源地 fāyuándì 명 발원지

[11-15]

Track **51-11_15**

第11到15题是根据下面一段采访：	11~15번 문제는 다음 인터뷰에 근거한다.
男：您作为一名主持人，采访过很多名人，问过很多问题，我想知道您有害怕提问的时候吗？질문①	남: 진행자로서, 많은 유명인들을 인터뷰해 보셨고, 많은 질문을 하셨는데, 질문하는 것이 두려울 때가 있는지 알고 싶습니다. 질문①
女：没有。11我觉得会提问其实是一个很重要的生存技能，是一种自我挑战，我这些年也从中得到了很多的乐趣。	여: 없습니다. 11저는 질문할 줄 아는 것이 사실은 매우 중요한 생존 기술이며, 일종의 자기 도전이라고 생각합니다. 저는 그동안 그 속에서 많은 즐거움을 얻었습니다.
男：在您的成长经历中，有哪些是自己一直坚信的东西呢？질문②	남: 선생님의 성장 경험 중에, 스스로 항상 굳게 믿어 왔던 것들은 어떤 것이 있을까요? 질문②
女：首先一个人要懂得自食其力，12这一点我很感谢我的父母，因为在我很小的时候，他们就告诉我要好好儿读书，要自食其力。第二，人生来平等，不需要因为某些人的地位或者财富的不同，而对他们使用不同的方式去对待，你对待每一个人都应该是尊重的，13我觉得这样一种对于人的平等的心态，其实对我后来的成长和事业都非常重要。	여: 우선 자신의 힘으로 살아갈 줄 알아야 한다는 것입니다. 12이 점은 저희 부모님께 감사드립니다. 제가 어렸을 때, 부모님께서 저에게 열심히 공부해서 스스로의 힘으로 살아가야 한다고 알려 주셨기 때문이지요. 둘째는, 인생은 평등하다는 것입니다. 누군가의 지위나 부의 차이 때문에, 그들을 다르게 대해야 할 필요는 없습니다. 모든 사람을 존중하며 대해야 하지요. 13저는 사람에 대한 평등한 마음이 사실은 제 훗날에 성장과 사업에 굉장히 중요하다고 생각합니다.
男：在每天的日常生活里，14有没有一些让自己能够保持快乐的小秘诀？질문③	남: 매일의 일상생활 속에서 14자신의 즐거움을 유지할 수 있는 작은 비결들이 있을까요? 질문③

女：有很多，比如说化妆，我觉得女人总是可以通过化妆让自己的精神变得更加饱满，我也喜欢好看的衣服，我喜欢关注时尚，有的时候用购物的方式来缓解一些压力。我喜欢好吃的，喜欢说话，喜欢聊天，14喜欢旅行，喜欢去收集每一处不同的风景。我是一个生活相对比较丰富的人，我也觉得有一个丰富的人生比在某一个单项上取得很大的成就，对于我来说更重要。	여: 많아요. 예를 들면 화장이 있는데, 저는 여자들은 항상 화장을 통해 자신의 정신을 더 풍요롭게 만들 수 있다고 생각합니다. 저도 예쁜 옷을 좋아하고, 패션에 관심이 있어요. 어떤 때는 쇼핑으로 스트레스를 풀기도 하지요. 저는 맛있는 것을 좋아하고, 말하는 것을 좋아하고, 수다 떠는 것도 좋아하고, 14여행을 좋아해서, 모든 곳의 다양한 풍경을 수집하는 것을 좋아합니다. 저는 삶이 비교적 풍부한 사람이라, 어느 한 분야에서 큰 성과를 거두는 것보다는 풍부한 인생을 사는 것이 저에게 더 중요하다고도 생각합니다.
男：我们知道这是一个变化非常快的时代，人们变得越来越焦虑，您认为能让我们感到心里安定的东西是什么呢？ 질문④	남: 우리는 변화가 매우 빠른 시대라는 것을 알기 때문에 모두가 점점 더 초조해 하고 있는데, 우리 마음의 안정을 느낄 수 있게 하는 것은 무엇이라고 생각하시나요? 질문④
女：15我们周围每天都会发生着很大的变化，我们应该试图理解这些事情，而不是一味地拒绝它。因为这个世界不以你个人的意志为转移，它该发生的还会发生，它已经发生的就是已经发生了，所以要学会倾听，去理解和了解，我觉得这个是很重要的。	여: 15우리 주위에는 매일 아주 큰 변화가 일어나고 있기 때문에, 우리는 이런 일들을 이해하려고 시도해야지, 그저 거부만 해서는 안 됩니다. 왜냐하면 이 세상은 당신 개인의 의지로 변화하지 않기 때문이지요. 발생해야 할 것은 발생할 것이며, 이미 발생한 것은 이미 발생한 것이기 때문에, 경청하고 이해하며 잘 알고자 해야 합니다. 저는 이것이 중요하다고 생각합니다.

단어 主持人 zhǔchírén 명 진행자 | ★生存 shēngcún 동 생존하다 | ★技能 jìnéng 명 기술 | ★挑战 tiǎozhàn 동 도전하다 | ★乐趣 lèqù 명 즐거움 | 坚信 jiānxìn 동 굳게 믿다 | 自食其力 zì shí qí lì 성 자기 힘으로 생활하다 | ★平等 píngděng 형 평등하다 | ★财富 cáifù 명 부, 재산 | ★对待 duìdài 동 대하다 | ★心态 xīntài 명 심리 상태 | ★秘诀 mìjué 명 비결 | 饱满 bǎomǎn 형 풍만하다 | ★关注 guānzhù 동 관심을 가지다 | 时尚 shíshàng 명 최신 유행, 패션 | ★缓解 huǎnjiě 동 완화시키다 | 收集 shōují 동 수집하다 | 单项 dānxiàng 명 단일 항목 | ★焦虑 jiāolǜ 형 초조하다 | 安定 āndìng 형 안정하다 | ★试图 shìtú 동 시도하다 | ★一味 yíwèi 부 그저, 덮어놓고 | ★意志 yìzhì 명 의지 | 转移 zhuǎnyí 동 변화하다 | ★倾听 qīngtīng 동 경청하다

11

Track 51-11

해설 및 정답 **문제 분석▼** 남자의 첫 번째 질문에 여자는 我觉得会提问其实是一个很重要的生存技能(저는 질문할 줄 아는 것이 사실은 매우 중요한 생존 기술이라고 생각한다)이라고 했다.

女的把提问看做是什么？	여자는 질문하는 것을 무엇이라고 보는가?
A 业余爱好　　**B 生存技能** C 个人特长　　D 解压方式	A 여가 취미　　**B 생존 기술** C 개인기　　D 스트레스 해소 방법

단어 ★业余 yèyú 형 여가의 | ★特长 tècháng 명 특기

12

Track **51-12**

해설 및 정답 **문제 분석▼** 여자는 부모에게 감사하다고 하고 因为在我很小的时候，他们就告诉我要好好儿读书(제가 어렸을 때, 부모님께서 저에게 열심히 공부해야 한다고 알려 주셨다)라고 했다.

在女的小时候，她的父母教育她做什么？	여자의 어린 시절, 그녀의 부모는 그녀에게 무엇을 하라고 교육했는가?
A 读书 B 懂礼貌	**A 공부하라고** B 예의를 알라고
C 做家务 D 学习乐器	C 가사일을 하라고 D 악기를 배우라고

단어 乐器 yuèqì 명 악기

13

Track **51-13**

해설 및 정답 **문제 분석▼** 남자의 두 번째 질문에 여자는 对于人的平等的心态(사람에 대한 평등한 마음)는 자신의 성장과 사업에 중요하다고 했다.

什么对女的的成长和事业都非常重要？	무엇이 여자의 성장과 사업에 굉장히 중요한가?
A 自信 B 见多识广	A 자신감 B 넓은 식견
C 平等待人 D 实事求是	**C 평등한 대우** D 실사구시

14

Track **51-14**

해설 및 정답 **문제 분석▼** 남자의 세 번째 질문에 여자는 즐거움을 유지할 수 있는 비결을 여러 개 나열했다. 그중에 보기에 제시된 旅行(여행)을 언급했다.

下列哪项是女的保持快乐的秘诀？	다음 중, 여자가 즐거움을 유지하는 비결은?
A 旅行 B 看电影	**A 여행** B 영화 보기
C 听相声 D 做工艺品	C 만담 듣기 D 공예품 만들기

단어 相声 xiàngsheng 명 만담 | 工艺品 gōngyìpǐn 명 공예품

15

Track **51-15**

해설 및 정답 **문제 분석▼** 여자가 말한 我们周围每天都会发生着很大的变化，我们应该试图理解这些事情(우리 주위에는 매일 아주 큰 변화가 일어나고 있기 때문에, 우리는 이런 일들을 이해하려고 시도해야 한다)에서 변화를 이해한다는 주장을 밝혔다.

女的认为应该如何面对变化？	여자는 어떻게 변화에 직면해야 한다고 생각하는가?
A 深度分析　　B 学会拒绝	A 깊게 분석한다　　B 거절을 배운다
C 做好计划　　**D 主动理解**	C 계획을 잘 세운다　　**D 자발적으로 이해한다**

단어 深度 shēndù 명 심도, 깊이 형 심층의, 심도 있는

[16-18]

Track **51-16_18**

第16到18题是根据下面一段话：	16~18번 문제는 다음 내용에 근거한다.
太阳能是来自太阳的辐射能量。据推测，太阳的寿命至少还有几十亿年。因此，对于地球上的人类来说，16太阳能是一种用之不尽的可再生能源。目前，世界上太阳能利用的常见方式是光热转换和光电转换。17光热转换是指将太阳辐射能收集起来，直接或间接转化成热能加以利用，生活中使用最多的是太阳能热水器。将太阳能转化为电能，一直是人类美好的理想。太阳能电池的发明将这一理想变为现实。太阳能光伏发电是太阳能最重要的利用形式之一。近年来，18太阳能光伏发电广泛应用在交通、航天、建筑等领域。 尽管太阳能利用会受到自然气候变化等因素的影响，但由于太阳能取之不竭，又对环境无任何污染，因此许多国家都在大力发展太阳能。	태양 에너지는 태양으로부터 오는 복사 에너지이다. 추측에 따르면, 태양의 수명은 최소 몇 십억 년은 더 된 것으로 보인다. 따라서, 지구상의 인류에게 16태양 에너지는 영구적으로 사용할 수 있는 재생 에너지인 것이다. 현재, 세계적으로 태양 에너지를 활용하는 데 가장 자주 볼 수 있는 방식은 광열 전환과 광전 전환이다. 17광열 전환이란 태양 복사에너지를 모아 직접적 혹은 간접적으로 열에너지로 전환해 활용하는 것으로, 생활 속에서 가장 많이 사용되는 것은 태양열 온수기이다. 태양 에너지를 전기 에너지로 바꾸는 것은 인류에게는 줄곧 꿈같은 이상이었다. 태양 전지의 발명으로 이 이상은 현실이 되었다. 태양광 발전은 태양 에너지의 가장 중요한 활용 형식 중 하나이다. 최근 몇 년간, 18태양광 발전은 교통, 우주 비행, 건축 등의 분야에 널리 응용되고 있다. 비록 태양 에너지의 활용은 자연 기후 변화 등의 요인에 영향을 받을 수 있지만, 태양 에너지는 고갈되지 않으며 환경에 어떠한 오염도 없기 때문에, 수많은 국가에서 태양 에너지를 크게 발전시키려 하고 있다.

단어 太阳能 tàiyángnéng 명 태양 에너지 | ★辐射 fúshè 동 복사하다 | ★能量 néngliàng 명 에너지 | 推测 tuīcè 동 추측하다 | ★寿命 shòumìng 명 수명 | 亿 yì 수 억 | 用之不尽 yòng zhī bú jìn 아무리 써도 끝이 없다 | 转换 zhuǎnhuàn 명 변환, 전환 | ★收集 shōují 동 모으다 | 间接 jiànjiē 형 간접적인 | 转化 zhuǎnhuà 동 전환하다 | 热水器 rèshuǐqì 명 온수기 | 电池 diànchí 명 전지 | 光伏 guāngfú 명 태양광 발전 | ★航天 hángtiān 명 우주 비행 | ★领域 lǐngyù 명 영역, 분야 | ★气候 qìhòu 명 기후 | ★因素 yīnsù 명 요소, 요인 | 取之不竭 qǔ zhī bù jié 아무리 취해도 없어지지 않다

16

Track 51-16

해설 및 정답 **문제 분석▼** 太阳能是一种用之不尽的可再生能源(태양 에너지는 영구적으로 사용할 수 있는 재생 에너지이다)에서 可再生能源(재생 에너지)이 그대로 언급되었다.

关于太阳能，下列哪项正确？	태양 에너지에 관해, 다음 중 정확한 것은?
A 能量不大	A 에너지가 크지 않다
B 辐射范围小	B 복사 범위가 작다
C 是可再生能源	**C 재생 에너지이다**
D 影响地球自转	D 지구 자전에 영향을 미친다

단어 自转 zìzhuàn 명 자전[천문]

17

Track 51-17

해설 및 정답 **문제 분석▼** 녹음에서 光热转换(광열 전환)을 언급하면서 生活中使用最多的是太阳能热水器(생활 속에서 가장 많이 사용되는 것은 태양열 온수기이다)라고 했다.

太阳能热水器属于哪项太阳能利用方式？		태양열 온수기는 어떤 태양 에너지 활용 방식에 속하는가?	
A 光热转换	B 光电转换	**A 광열 전환**	B 광전 전환
C 光合作用	D 光的散射	C 광합 작용	D 빛의 산란

단어 ★光合作用 guānghé zuòyòng 명 광합성 | 散射 sǎnshè 명 산란

18

Track 51-18

해설 및 정답 **문제 분석▼** 太阳能光伏发电广泛应用在交通、航天、建筑等领域(태양광 발전은 교통, 우주 비행, 건축 등의 분야에 널리 응용되고 있다)에서 交通(교통), 航天(우주 비행), 建筑(건축) 등 세 분야가 언급되었다.

根据这段话，太阳能发电应用在哪些领域？	단문을 근거로 태양광 발전은 어떤 분야에 응용되는가?
A 考古、交通	A 고고학, 교통
B 航天、建筑	**B 우주 비행, 건축**
C 建筑、公关	C 건축, 공공관계
D 司法、考古	D 사법, 고고학

단어 ★考古 kǎogǔ 명 고고학 | 公关 gōngguān 명 공공관계 | 司法 sīfǎ 명 사법

[19-21]

Track **51-19_21**

第19到21题是根据下面一段话：	19~21번 문제는 다음 내용에 근거한다.
碎片化的信息每天持续不断地将各领域的19新鲜内容，通过不同的渠道推入我们的视线，19不断刺激我们的大脑，让我们始终处于“这是我不知道的东西，我又学到新知识了”的喜悦中，从而让我们不自觉地主动去接受这些碎片化信息。但是，这些获得的碎片化信息，20因为缺少与其他信息之间的联系，因此难以被我们利用，很容易被遗忘。 长期接受碎片信息，会让我们疏于动脑，从而使思维变得狭隘，难以进行复杂的思考，甚至失去独立思考的能力。所以，21当我们在接受碎片化信息的同时，不要忘记多动脑、多思考，从而使这些信息变得对自己有价值。	단편화된 정보는 매일 지속적으로 끊임없이 각 분야의 19신선한 내용을 다양한 경로를 통해 우리의 눈에 밀어 넣고, 19끊임없이 우리의 뇌를 자극하며, 우리에게 항상 '이것은 내가 모르는 것이었는데, 나는 또 새로운 지식을 배웠다'라는 기쁨 속에 머물게 함으로써, 우리도 모르게 능동적으로 이 단편화된 정보들을 받아들이게 한다. 하지만, 이렇게 얻은 단편화된 정보들은 20다른 정보와의 연계가 부족하기 때문에, 우리에게 이용되기 어렵고 잊히기 쉽다. 장기적으로 단편화된 정보를 받아들이면, 우리가 머리 쓰는 것을 소홀하게 하여, 그로 인해 생각이 편협해지고 복잡한 사고를 하기 어렵게 하며, 심지어 독립적인 사고 능력마저 잃게 할 수 있다. 그래서 21우리는 단편화된 정보를 받아들이는 동시에, 머리를 많이 쓰고 더 많이 생각하는 것을 잊지 말아야 하며, 이 정보들을 자신에게 가치 있는 것으로 만들어야 한다.

단어 碎片 suìpiàn 명 조각, 단편 | ★持续 chíxù 동 지속하다 | ★渠道 qúdào 명 경로 | ★视线 shìxiàn 명 눈길, 주의력 | ★刺激 cìjī 동 자극하다 | 始终 shǐzhōng 부 언제나, 늘 | 处于 chǔyú 동 ~에 처하다 | ★喜悦 xǐyuè 명 기쁨 | 自觉 zìjué 형 자각적이다 | ★主动 zhǔdòng 형 능동적이다 | 遗忘 yíwàng 동 잊다 | 疏于 shūyú ~를 소홀히 하다 | ★思维 sīwéi 명 사유 | ★狭隘 xiá'ài 형 좁다

19

Track **51-19**

해설 및 정답 **문제 분석▼** 신선한 내용은 사람의 대뇌를 자극한다는 내용에 뒤이어 让我们始终处于……喜悦中(우리에게 항상……기쁨 속에 머물게 한다)에서 喜悦가 제시되었다.

新鲜内容每天不断地刺激大脑，会让人产生一种什么感觉？	신선한 내용이 매일 끊임없이 뇌를 자극하면, 어떤 느낌이 생길 수 있는가?
A 反感　　B 荣幸 **C 喜悦**　　D 焦急	A 반감이 생긴다　　B 영광스럽다 **C 기쁘다**　　D 초조하다

단어 ★反感 fǎngǎn 동 반감을 가지다 | ★荣幸 róngxìng 형 영광스럽다 | ★焦急 jiāojí 형 초조하다

20

Track **51-20**

해설 및 정답 **문제 분석▼** 因为缺少与其他信息之间的联系，因此难以被我们利用(다른 정보와의 연계가 부족하기 때문에, 우리에게 이용되기 어렵다)이라는 내용으로 정보 간에 연계가 부족해서 이용되기 어렵다는 것을 알 수 있다. 缺少(부족하다)와 缺乏는 같은 의미이다.

碎片化信息为什么很难被人们利用?	단편화된 정보는 왜 사람들에게 이용되기 어려운가?
A 准确性低	A 정확성이 떨어진다
B 信息量过大	B 정보량이 너무 많다
C 理论依据不足	C 이론적 근거가 부족하다
D 信息间缺乏联系	**D 정보 간에 연계가 부족하다**

단어 理论 lǐlùn 명 이론 | 依据 yījù 명 근거 | ★缺乏 quēfá 동 모자라다

21

Track **51-21**

해설 및 정답 **문제 분석▼** 보기 B의 勤于思考는 바로 녹음에서 언급한 多思考(많이 생각하다)와 같은 의미이다.

在接受碎片化信息的同时，我们应该怎么做?	단편화된 정보를 받아들이는 동시에, 우리는 어떻게 해야 하는가?
A 总结经验	A 경험을 총결산한다
B 勤于思考	**B 부지런히 생각한다**
C 明确目标	C 목표를 명확하게 한다
D 学会赞美他人	D 타인을 칭찬할 줄 알아야 한다

단어 总结 zǒngjié 동 총결하다 | 勤于 qínyú 부지런히 ~을 하다 | ★明确 míngquè 동 명확하게 하다 | 赞美 zànměi 동 칭찬하다

[22-25]

Track **51-22_25**

第22到25题是根据下面一段话:	22~25번 문제는 다음 내용에 근거한다.
小说《聊斋志异》写的是一些神鬼妖的故事，充满了奇思异想。22作者蒲松龄19岁考中秀才，他一生主要靠教书和写作来维持生活。他长期在有钱的书香人家教书。这样，一方面可以谋生计，一方面又为他读书和写作提供了条件。	소설《요재지이》는 신선과 귀신, 요괴들의 이야기로, 기발한 발상이 가득하다. 22작가인 포송령은 19세에 수재에 합격하여, 평생을 가르치고 글을 쓰며 생활을 유지했다. 그는 오랫동안 돈 많은 학자 집안에서 공부를 가르치며, 한편으로는 생계를 꾸리고, 한편으로는 그가 공부를 하고 글을 쓸 수 있는 여건을 마련할 수 있었다.

23蒲松龄长期生活贫困，他的生活状况与穷苦农民基本相近。这样的生活，使他能接近下层，更深地了解劳动人民的生活和思想感情，对当时政治的腐败、社会的黑暗，也有更深切的感受。因此他能在《聊斋志异》中充当劳动人民的代言人，传达人民的呼声。 蒲松龄自幼爱好民间传说，搜集了不少关于神鬼妖的奇异故事。当然，他不只是积累，不只是单纯地记录，而是融入自己的生活体验和感悟，24以毕生的精力写出了这部短篇小说集。25“聊斋”本是蒲松龄书房的名字，在“聊斋”书房中，他写下了许多神鬼妖的奇异故事，因此将这部小说集取名为《聊斋志异》。	23포송령은 오랫동안 생활이 빈곤하여, 그의 생활 형편은 가난한 농민들과 거의 비슷했다. 이러한 삶은 그를 하층민과 가까이 할 수 있게 하여, 노동자들의 삶과 사상, 감정을 더 깊이 이해할 수 있도록 해주었고, 당시 정치의 부패와 사회의 암흑도 더 깊이 느낄 수 있게 해주었다. 그래서 그는《요재지이》에서 노동자의 대변인을 맡아 사람들의 목소리를 전할 수 있었다. 포송령은 어릴 때부터 민간 전설을 좋아하여, 신선과 귀신, 요괴에 관한 기이한 이야기를 많이 수집하였다. 물론, 그는 축적만 하고 단순히 기록만 한 것이 아니라, 자신의 생활 체험과 깨달음을 녹여, 24일생의 정신력과 힘으로 이 단편 소설집을 집필해 냈다. 25'요재'는 원래 포송령 서재의 이름이었는데, '요재' 서재에서, 그가 수많은 신선과 귀신, 요괴의 기이한 이야기를 써냈기 때문에, 이 소설집에《요재지이》라는 이름을 짓게 되었다.

단어 聊斋志异 Liáozhāi Zhìyì 고유 요재지이[중국 청대 포송령이 지은 지괴소설집] | 鬼 guǐ 명 귀신 | 妖 yāo 명 요괴 | 奇思异想 qísī yìxiǎng 기묘한 생각 | 蒲松龄 Pú Sōnglíng 고유 포송령[청대의 소설가] | 秀才 xiùcai 명 수재[과거 과목의 이름] | ★维持 wéichí 동 유지하다 | 书香人家 shūxiāng rénjiā 세대가 모두 지식인인 가정 | 谋 móu 동 꾀하다 | 生计 shēngjì 명 생계 | ★贫困 pínkùn 형 빈곤하다 | ★状况 zhuàngkuàng 명 상황, 형편 | 穷苦 qióngkǔ 형 가난하고 고생스럽다 | 下层 xiàcéng 명 하층 | ★腐败 fǔbài 동 부패하다 | 深切 shēnqiè 형 깊다 | 充当 chōngdāng 동 맡다 | 代言人 dàiyánrén 명 대변인 | 传达 chuándá 동 전하다 | 呼声 hūshēng 명 대중의 의견이나 요구의 (목)소리 | 自幼 zìyòu 부 어릴 때부터 | ★民间 mínjiān 명 민간 | ★传说 chuánshuō 명 전설 | ★搜集 sōují 동 수집하다 | 奇异 qíyì 형 기이하다 | 单纯 dānchún 부 단순히 | 融入 róngrù 동 융합되어 들어가다 | 毕生 bìshēng 명 전 생애, 일생 | ★精力 jīnglì 명 정력, 정신과 체력

22

Track **51-22**

해설 및 정답 **문제 분석▼** 녹음 시작 부분에 蒲松龄19岁考中秀才(포송령은 19세에 수재에 합격했다)라는 내용을 언급했다.

关于蒲松龄，可以知道什么？ A 父亲是商人　　**B 考上过秀才** C 擅长写散文　　D 为人很孝顺	포송령에 관해 알 수 있는 것은? A 부친이 상인이다　　**B 수재에 합격했다** C 산문을 잘 쓴다　　D 인품이 효성스럽다

단어 ★擅长 shàncháng 동 뛰어나다 | 散文 sǎnwén 명 산문 | ★为人 wéirén 명 인품 | 孝顺 xiàoshùn 형 효성스럽다

23

Track **51-23**

해설 및 정답 **문제 분석▼** 蒲松龄长期生活贫困(포송령은 오랫동안 생활이 빈곤하다)에서 贫困(빈곤하다)과 보기 A의 贫穷은 같은 의미이다. 녹음에서 腐败(부패하다)도 언급되지만 당시 정치가 부패했다는 내용이라 질문과는 상관이 없다.

根据这段话，可以知道蒲松龄过着怎样的生活?	단문을 근거로 포송령이 어떤 생활을 했음을 알 수 있는가?
A 贫穷 B 自由 C 腐败 D 枯燥	**A 빈곤하다** B 자유롭다 C 부패하다 D 무미건조하다

단어 ★枯燥 kūzào 형 무미건조하다

24

Track **51-24**

해설 및 정답 **문제 분석▼** 以毕生的精力写出了这部短篇小说集(일생의 정신력과 힘으로 이 단편 소설집을 집필해 냈다)에서 보기 D의 短篇小说集(단편 소설집)가 그대로 제시되었다.

关于《聊斋志异》，下列哪项正确?	《요재지이》에 관해, 다음 중 정확한 것은?
A 是禁书 B 写于明代 C 是武侠小说 **D 是短篇小说集**	A 금서이다 B 명대에 쓰였다 C 무협소설이다 **D 단편 소설집이다**

단어 禁书 jìnshū 명 금서 | 武侠 wǔxiá 명 무협

25

Track **51-25**

해설 및 정답 **문제 분석▼** "聊斋"本是蒲松龄书房的名字('요재'는 원래 포송령 서재의 이름이었다)에서 聊斋(요재)의 뜻을 언급했다.

"聊斋"原本指的是什么?	'요재'는 원래 무엇을 가리키는가?
A 神秘的传说 B 农民的住所 **C 蒲松龄的书房** D 一种文学体裁	A 신비한 전설 B 농민의 주소 **C 포송령의 서재** D 일종의 문학 표현 양식

단어 神秘 shénmì 형 신비하다 | 体裁 tǐcái 명 (문학 작품의) 표현 양식

맛있는 중국어 HSK 6급 독해 제1부분

1 특수 어휘

| 체크체크 1 | 把자문의 오류 기본서 81쪽

1 X

해설 및 정답 **문제 분석▼** 동사 醒은 주어 闹钟의 술어가 될 수 없으므로, 동사 叫를 넣어 술어로 만들고 醒을 叫의 결과보어로 만들어야 옳은 문장이 된다.

> 叫
> 每天早上都是闹钟把我 醒。

해석 매일 아침마다 알람시계가 나를 깨운다.

단어 闹钟 nàozhōng 명 자명종, 알람시계 | 叫醒 jiàoxǐng 동 깨다, 깨우다

2 O

해석 그는 자기의 서재를 '작은 초가 서재'라고 이름 붙였다.

단어 书房 shūfáng 명 서재 | ★命名 mìngmíng 동 명명하다, 이름을 짓다

3 X

해설 및 정답 **문제 분석▼** 把 뒤에 목적어가 없어서 틀린 문장이다. 의미상 北京을 중국의 심장이라고 해야 하므로 北京을 把 뒤로 옮겨 목적어로 만든다. 把자문에는 일반적으로 주어도 있어야 하므로 맨 앞에 人们이나 中国人을 넣어야 옳은 문장이 된다.

> 中国人
> 北京 把 称为中国的"心脏"。

해석 중국인은 베이징을 중국의 '심장'이라고 부른다.

단어 ★心脏 xīnzàng 명 심장

4 X

해설 및 정답 **문제 분석▾** 이 문장에 주어는 美景과 游客 두 개가 있다. 의미상 '여기의 아름다운 풍경은 각지에서 온 여객들을 매료시켰다'가 적합하므로 把를 이용해 游客를 목적어로 만들어야 한다.

> 这里的美景，[把] 来自各地的游客吸引了过来。

해석 이곳의 아름다운 풍경은 각지에서 온 여행객들을 매료시켰다.

단어 ★各地 gèdì 명 각지 | 游客 yóukè 명 여행객

5 O

해석 보리차는 보리를 볶은 후에 끓여서 만들어진 일종의 차이다.

단어 大麦茶 dàmàichá 명 보리차 | 炒 chǎo 동 볶다 | 沸煮 fèizhǔ 동 끓이다

| 체크체크 2 | 被자문의 오류 기본서 82쪽

1 X

해설 및 정답 **문제 분석▾** 의미상 '사람은 욕망에 사로잡히지 말아야 한다'가 적합하다. 따라서 동사 支配의 주체자는 欲望이어야 하므로 把를 被로 바꿔야 한다.

> 人不应该 [把] 欲望所支配。 → [被]

해석 사람은 욕망에 지배되어서는 안 된다.

단어 欲望 yùwàng 명 욕망 | 支配 zhīpèi 동 지배하다

2 O

해석 현재, 풍력 발전은 이미 광범위하게 사용되고 있다.

단어 风能 fēngnéng 명 풍력 | ★发电 fādiàn 명 발전

3 X

해설 및 정답 **문제 분석▾** 被자 뒤에 목적어는 동작의 주체자여야 한다. 大蒜은 加工의 동작의 주체자가 될 수 없다. 의미상 '흑마늘은 일반 마늘을 가공하여 만들어진다'가 적합하므로 被를 用으로 바꿔야 한다.

用

黑蒜是被普通大蒜加工而来的。

해석 흑마늘은 일반 마늘을 가공하여 만들어진 것이다.

단어 蒜 suàn 명 마늘 | ★加工 jiāgōng 동 가공하다

4 X

해설 및 정답 문제 분석▼ 被는 개사이다. 개사는 술어 앞에 와야 하므로 被를 用 앞으로 옮겨야 한다.

"悬梁刺股"常 用来被形容一个人刻苦努力。

해석 '悬梁刺股'는 한 사람의 각고의 노력을 형용하는 말로 자주 사용된다.

단어 ★悬梁刺股 xuán liáng cì gǔ 성 각고의 노력으로 공부하다 | 刻苦 kèkǔ 동 고생을 참아내다, 몹시 애를 쓰다

5 O

해석 지난달에, 내가 속한 부서가 우수한 팀으로 평가되었다.

단어 部门 bùmén 명 부서 | ★团队 tuánduì 명 단체

| 체크체크 3 | 比자문의 오류 기본서 83쪽

1 X

해설 및 정답 문제 분석▼ 比자문의 기본 어순은 '주어+比+비교 대상+술어'이다. 이 문장에는 节食减肥 같은 비교 대상을 넣어야 옳은 문장이 된다.

节食减肥

研究表明，运动减肥比 效果好。

해석 연구에서 밝혀진 바로는, 운동이 굶는 것보다 다이어트 효과가 좋다고 한다.

단어 ★表明 biǎomíng 동 표명하다, 분명하게 보이다 | 节食 jiéshí 동 절식하다

2 O

해석 행동은 종종 말보다 더 중요하다.

단어 ★行动 xíngdòng 명 행동

3 X

해설 및 정답 **문제 분석▼** 比자문에서는 술어 앞에 정도부사 极其를 쓸 수 없으므로 삭제해야 한다.

睡眠质量的好坏比睡眠时间的长短[极其]重要。

해석 수면의 질이 수면 시간의 길이보다 중요하다.

단어 ★睡眠 shuìmián 명 수면, 잠 | 极其 jíqí 부 매우

4 X

해설 및 정답 **문제 분석▼** 比자문의 부정형에는 没有를 쓰고 比는 함께 쓰지 않는다. 이 문장에 比를 삭제해야 한다.

今年冬天的温度没有[比]去年高。

해석 올 겨울의 온도는 작년만큼 높지 않다.

5 X

해설 및 정답 **문제 분석▼** 比자문에서는 술어 앞에 정도부사 非常을 쓸 수 없으므로 삭제해야 한다.

失败带给我们的经验也许比成功[非常]多。

해석 실패가 우리에게 가져다주는 경험은 어쩌면 성공보다 많다.

| 체크체크 4 | 접속사의 오류 기본서 85쪽

1 X

해설 및 정답 **문제 분석▼** 접속사 不仅과 而是는 함께 쓰이지 않는다. 의미상 선택 관계를 나타내는 不是…而是…를 사용해야 한다.

读书最重要的不[仅]是数量，而是质量。

해석 독서에서 가장 중요한 것은 양이 아니라 질이다.

2 O

해석 끓인 물은 체내에 수분을 보충할 뿐만 아니라 혈액 순환을 촉진시킬 수도 있다.

단어 白开水 báikāishuǐ 명 끓인 맹물 | ★补充 bǔchōng 동 보충하다 | 体内 tǐnèi 명 체내 | 水分 shuǐfèn 명 수분 | 促进 cùjìn 동 촉진하다 | ★血液循环 xuèyè xúnhuán 혈액 순환

3 O

해석 어떤 때이든, 우리는 긍정적인 마음을 유지해야 한다.

단어 保持 bǎochí 동 유지하다 | ★心态 xīntài 명 심리 상태

4 X

해설 및 정답 **문제 분석▼** 의미상 体能下降(체력이 떨어지다)은 원인이고 身体健康状态很差(건강 상태가 매우 나쁘다)는 결과이므로 역접 관계를 나타내는 虽然…但…을 삭제해야 한다.

他这几天[虽然]因为体能下降，[但]身体健康状态很差。

해석 그는 요 며칠 체력이 떨어져, 건강 상태가 매우 나쁘다.

단어 体能 tǐnéng 명 체력

5 X

해설 및 정답 **문제 분석▼** 의미상 时间的限制(시간적 제한)는 원인이므로 결과를 나타내는 之所以를 因为나 由于로 바꿔야 한다. 之所以는 '之所以+결과, 是因为+이유' 형식으로 쓰인다.

[之所以] → [因为/由于] 时间的限制，我们今天就讲到这里。

해석 시간 제한 때문에, 우리 오늘은 여기까지 이야기합시다.

단어 ★限制 xiànzhì 명 제한

6 X

해설 및 정답 **문제 분석▼** 역접 관계를 나타내는 即使는 就와 호응하지 않는다. 의미상 앞 절과 뒤 절은 인과 관계이므로 即使 대신 既然을 써야 한다.

[即使] → [既然] 他不愿意去，那就别勉强他了。

해석 기왕 그가 가고 싶어 하지 않으니, 그에게 강요하지 마라.

단어 ★勉强 miǎnqiǎng 동 강요하다

7 X

해설 및 정답 **문제 분석▼** 의미상 앞 절과 뒤 절의 주어가 모두 小王임을 알 수 있으므로 小王을 맨 앞으로 옮겨야 한다.

不但 小王 足球踢得好，而且歌儿唱得也不错。

해석 샤오왕은 축구를 잘할 뿐만 아니라, 노래도 잘 부른다.

8 X

해설 및 정답 **문제 분석▼** 의미상 '아무리 바빠도 그는 매일 어머니에게 전화한다'가 적합하므로 尽管 대신 不管을 써야 한다.

不管

尽管 多忙，他每天都给母亲打电话。

해석 아무리 바빠도, 그는 매일 어머니에게 전화를 한다.

9 O

해석 홍차는 위장을 따뜻하게 하는 작용을 한다. 따라서 겨울에 마시기 매우 적합하다.

단어 红茶 hóngchá 명 홍차 | 暖胃 nuǎnwèi 위장을 따뜻하게 하다 | 饮用 yǐnyòng 동 마시다

10 X

해설 및 정답 **문제 분석▼** 의미상 앞 절과 뒤 절은 인과 관계가 아니라 역접 관계여야 하므로 원인을 나타내는 因为를 虽然이나 尽管으로 바꿔야 한다.

虽然/尽管

因为 是第一次参加这样的比赛，但是他一点儿也不紧张。

해석 비록 이런 경기에 처음 참가하지만, 그는 조금도 긴장하지 않았다.

| 체크체크 5 | 通过/经过/随着…使/让… 기본서 87쪽

1 O

해석 회의에서의 그의 발언은 나를 깊이 감동시켰다.

단어 发言 fāyán 명 발언

2 X

해설 및 정답 **문제 분석▼** 通过나 让 둘 중 하나를 삭제하여 주어를 만들어야 한다.

① [通过]他真诚的道歉，让我最终决定原谅他。

② 通过他真诚的道歉，[让]我最终决定原谅他。

해석 ① 그의 진심 어린 사과는 결국 내가 그를 용서하도록 결정하게 했다.
② 그의 진심 어린 사과를 통해, 나는 결국 그를 용서하기로 결정했다.

단어 ★真诚 zhēnchéng 형 진실하다

3 X

해설 및 정답 **문제 분석▼** 随着나 让 둘 중 하나를 삭제하여 주어를 만들어야 한다.

① [随着]互联网的不断发展，让我们的生活越来越方便。

② 随着互联网的不断发展，[让]我们的生活越来越方便。

해석 ① 인터넷의 끊임없는 발전은 우리의 생활을 점점 편리하게 한다.
② 인터넷의 끊임없는 발전에 따라, 우리의 생활은 점점 편리해지고 있다.

4 X

해설 및 정답 **문제 분석▼** 通过나 使 둘 중 하나를 삭제하여 주어를 만들어야 한다.

① [通过]显微镜，使我们可以清楚地看到一些微生物。

독해 제1부분

② 通过显微镜，[使]我们可以清楚地看到一些微生物。

해석 ① 현미경은 우리가 미생물을 명확하게 볼 수 있게 해준다.
② 현미경을 통해, 우리는 미생물을 명확하게 볼 수 있다.

5 O

해석 풍력 발전 기술이 갈수록 앞서고 있기 때문에, 사람들은 재생 불가능한 자원의 사용을 줄이고 있다.

단어 ★发电 fādiàn 동 발전하다 | 先进 xiānjìn 형 선진적이다 | ★不可再生资源 bùkě zàishēng zīyuán 재생 불가능한 자원

| 체크체크 6 | 是否, 能否, 能不能, 有没有 기본서 88쪽

1 O

해석 존중은 사람과 사람이 함께하는 것의 전제 조건이다.

단어 相处 xiāngchǔ 동 함께 지내다 | ★前提 qiántí 명 전제, 전제 조건

2 X

해설 및 정답 **문제 분석▼** 긍정과 부정의 의미를 가진 주어구와 긍정 의미만 가진 목적어구는 호응이 맞지 않다. 是否를 삭제해야 옳은 문장이 된다.

[是否]勤学苦练是提高外语水平的关键。

해석 부지런히 공부하고 꾸준히 연습하는 것이 외국어 수준을 높이는 관건이다.

단어 勤学苦练 qín xué kǔ liàn 부지런히 배우고 꾸준히 연습하다

3 O

해석 건강한 신체의 유무가 일을 잘 할 수 있는지의 전제 조건이다.

4 X

해설 및 정답 **문제 분석▼** 能不能이 있는 앞 절은 긍정과 부정의 의미를 동시에 가지고 있으므로 긍정 의미만 가진 뒤 절과 호응할 수 없다. 能不能을 삭제해야 옳은 문장이 된다.

能不能保持谦虚的心态，可以让我们学到更多东西。

해석 겸손한 마음을 유지하는 것이 우리에게 더 많은 것을 배울 수 있게 한다.

단어 谦虚 qiānxū 형 겸손하다 | ★心态 xīntài 명 심리 상태

5 X

해설 및 정답 **문제 분석▾** 是否가 있는 앞 절은 긍정과 부정의 의미가 있으므로 긍정 의미만 가진 뒤 절은 이와 호응할 수 없다. 是否를 삭제해야 옳은 문장이 된다.

是否有坚定的信念，是一个人成功的条件之一。

해석 확고한 신념은 한 사람의 성공 조건 중 하나이다.

단어 ★坚定 jiāndìng 형 확고하다 | ★信念 xìnniàn 명 신념

| 체크체크 7 | 防止, 阻止, 避免, 以免 기본서 89쪽

1 O

해석 화상을 입지 않도록 만지지 마십시오.

단어 ★勿 wù 부 ~하지 마라 | 触摸 chùmō 동 접촉하다 | 烫伤 tàngshāng 동 화상을 입다

2 X

해설 및 정답 **문제 분석▾** 의미상 '재난이 다시 일어나지 않는 것을 방지해야 한다'는 적합하지 않으므로 不를 삭제해야 한다.

我们要阻止灾难不再发生。

해석 우리는 재난의 재발을 막아야 한다.

단어 灾难 zāinàn 명 재난

3 X

해설 및 정답 **문제 분석▾** 의미상 '꿀을 먹지 않는 것을 피해야 한다'가 아니라 '꿀을 먹는 것을 피해야 한다'가 적합하므로 不食用에서 不를 삭제해야 한다.

专家建议，不满一岁的婴儿应该避免[不]食用蜂蜜。

해석 전문가들은 한 살이 되지 않은 영아는 벌꿀 섭취를 피해야 한다고 조언한다.

단어 婴儿 yīng'ér 명 영아 | ★食用 shíyòng 동 식용하다 | 蜂蜜 fēngmì 명 벌꿀

4 X

해설 및 정답 **문제 분석▼** 以免과 避免은 의미가 중복되므로 틀린 문장이다. 둘 중 하나를 삭제해야 한다.

① 报告写完后，请认真核对一下，[以免]避免出现失误。

② 报告写完后，请认真核对一下，以免[避免]出现失误。

해석 보고서 작성이 끝난 후에는 실수가 없도록 잘 확인해 주십시오.

단어 ★核对 héduì 동 대조 확인하다 | ★失误 shīwù 동 실수를 하다

5 O

해석 이런 사건의 발생을 막기 위해서, 우리는 미리 준비를 잘 해야 한다.

단어 此 cǐ 대 이, 이것 | 事件 shìjiàn 명 사건

| 실전 트레이닝 1 | 기본서 91쪽

정답 1. B 2. D 3. D 4. A

1

해설 및 정답 **문제 분석▼** 把자문의 술어는 타동사여야 하는데, 보기 B의 술어 伤心은 타동사가 아니다. 문맥상 '친구의 말 없는 이별이 그를 슬프게 했다'라는 의미가 적합하므로 把를 让으로 바꿔야 한다.

A 你觉得真的存在外星人吗?	A 당신은 정말 외계인이 존재한다고 생각하는가?
C 传统节日的文化变迁，影响着人们的精神世界。	C 전통 명절의 문화 변천은 사람들의 정신세계에 영향을 미친다.
D 社会这面镜子如同一张隐形的网，束缚了个体的很多行为。	D 사회라는 이 거울은 마치 하나의 보이지 않는 그물처럼 개인의 많은 행동을 구속한다.

정답

B 三年前，朋友的不辞而别[把]他很伤心。(把 → 让)

→ **三年前，朋友的不辞而别让他很伤心。** 3년 전, 친구의 말없는 이별이 그를 슬프게 했다.

단어 ★存在 cúnzài 동 존재하다 | 外星人 wàixīngrén 명 외계인 | 不辞而别 bù cí ér bié 성 말도 하지 않고 이별하다 | ★变迁 biànqiān 명 변천 | 隐形 yǐnxíng 동 모습을 감추다 | 网 wǎng 명 그물 | ★束缚 shùfù 동 구속하다 | ★个体 gètǐ 명 개인

2

해설 및 정답 **문제 분석▼** 접속사 虽然은 역접 관계를 나타낸다. 보기 D의 앞 문장과 뒤 문장은 역접 관계가 아닌 순접 관계이므로 虽然을 삭제해야 한다.

A 中国瓷器大量输往欧洲始于明代中期。	A 중국 자기는 명대 중기에 유럽으로 대량 운송되기 시작했다.
B 民营经济是推动市场经济发展的重要力量。	B 민영 경제는 시장 경제의 발전을 추진하는 중요한 힘이다.
C 月球上的一个昼夜大约相当于地球上的28天。	C 달에서의 하루 밤낮은 대략 지구상의 28일과 같다.

정답

D [虽然]随着时间的推移，如今留存于世的藏书已为数不多。

→ **随着时间的推移，如今留存于世的藏书已为数不多。**

시간의 흐름에 따라, 현재 세상에 남아 있는 장서는 이미 그 수가 많지 않다.

단어 ★瓷器 cíqì 명 자기 | 输 shū 동 운송하다 | 欧洲 Ōuzhōu 고유 유럽 | 明代 Míngdài 명 명(明)대 | 民营 mínyíng 명 민영 | ★推动 tuīdòng 동 추진하다 | 月球 yuèqiú 명 달 | 昼夜 zhòuyè 명 주야, 밤낮 | 推移 tuīyí 명 추이, 변화 | ★如今 rújīn 명 지금, 오늘날 | 留存 liúcún 동 남겨 두다 | ★藏书 cángshū 명 장서 | 为数不多 wéishù bù duō 그 수가 많지 않다

3

해설 및 정답 **문제 분석▼** 是否와 접속사 而是가 있는 보기 D를 먼저 확인한다. 뒤 문장의 而是와 호응할 수 있는 접속사는 是否가 아니라 不是이다.

A 春节期间去看场电影，已经成为不少人的习惯。	A 춘절 기간에 영화를 보러 가는 것은 이미 많은 사람들의 습관이 되었다.
B 在西安的一个集市，人们在垃圾桶前排起了长队。	B 시안의 한 장터에서 사람들이 쓰레기통 앞에 긴 줄을 섰다.
C 巧克力的营养和保健作用，与可可粉或可可原浆含量有极大关系。	C 초콜릿의 영양과 보건 작용은 코코아 가루 혹은 코코아 원액의 함량과 큰 관련이 있다.

독해 제1부분

정답

D 有人说，人生中最重要的 是否是 →不是 你所处的位置，而是你所朝的方向。

→ **有人说，人生中最重要的不是你所处的位置，而是你所朝的方向。**

인생에서 가장 중요한 것은 당신이 처한 위치가 아니라 당신이 향하는 방향이라고 누군가 말했다.

단어 春节 Chūnjié 명 춘절, 음력설 | 西安 Xī'ān 고유 시안[지명] | 集市 jíshì 명 정기 시장, 장터 | 保健 bǎojiàn 명 보건 | 可可粉 kěkěfěn 명 코코아 가루 | 原浆 yuánjiāng 명 원액 | ★含量 hánliàng 명 함량

4

해설 및 정답 **문제 분석▼** 比자문에서는 술어 앞에 정도부사 特别를 쓸 수 없으므로 보기 A가 틀린 문장이다.

B 一般来说，2-16岁的孩子和体质弱的女性很容易晕车。	B 일반적으로 2~16세의 아이와 체질이 허약한 여성이 차멀미를 하기 쉽다.
C 调查发现，上海市的高中生对学习成绩表现出了较为强烈的期望。	C 조사에 의하면, 상하이의 고등학생들이 학습 성적에 대해 비교적 강한 기대감을 나타냈다.
D 上世纪80年代初，辽宁工业快速发展，但沈阳至大连的公路行车时速平均还不到30公里。	D 1980년대 초, 랴오닝성의 공업은 빠르게 발전했지만, 선양에서 다롄까지의 도로 주행 시속은 평균 30km도 되지 않았다.

정답

A 电影《流浪地球》的票房比预测的 特别 高。

→ **电影《流浪地球》的票房比预测的高。**

영화 〈유랑지구〉의 흥행 성적은 예상한 것보다 높다.

단어 流浪 liúlàng 동 유랑하다 | 票房 piàofáng 명 흥행 성적 | 预测 yùcè 동 예측하다 | 体质 tǐzhì 명 체질 | 弱 ruò 형 허약하다 | 晕车 yùnchē 동 차멀미하다 | ★强烈 qiángliè 형 강렬하다 | ★期望 qīwàng 명 기대 | 世纪 shìjì 명 세기 | 辽宁 Liáoníng 고유 랴오닝성[지명] | 沈阳 Shěnyáng 고유 선양[지명] | 大连 Dàlián 고유 다롄[지명] | 公路 gōnglù 명 도로 | 时速 shísù 명 시속

| 실전 트레이닝 2 | 기본서 92쪽

정답 1. A 2. B 3. C 4. C

1

해설 및 정답 **문제 분석▼** 通过와 让이 같이 있으면 주어 성분이 부족한지 체크해 본다. 보기 A에서 通过나 让 중 하나를 삭제하여 주어를 만들어야 옳은 문장이 된다.

B 随着极端严寒天气的到来，美国各地的学校纷纷停课。	B 극심한 혹한이 다가오자, 미국 전역의 학교들이 잇달아 휴교에 들어갔다.
C 新兴的消费理念和需求带动了新技术、新产业快速成长。	C 신흥 소비 이념과 수요가 신기술과 신산업의 빠른 성장을 이끌었다.
D 提到湿地，很多人脑海中浮现出的是水草丰美、绿意盎然的夏日景象。	D 습지라고 하면, 많은 사람들의 머릿속에 물풀이 무성하고 싱그러운 초록빛의 여름 풍경이 떠오른다.

정답

A 通过这类游戏，让孩子可以培养敏锐的观察力。

→ ① **通过这类游戏，孩子可以培养敏锐的观察力。**
이런 게임을 통해, 아이들은 예리한 관찰력을 키울 수 있다.

→ ② **这类游戏，让孩子可以培养敏锐的观察力。**
이런 게임은 아이들이 예리한 관찰력을 키울 수 있게 한다.

단어 ★培养 péiyǎng 동 키우다 | ★敏锐 mǐnruì 형 예리하다 | 极端 jíduān 형 극도의 | 严寒 yánhán 명 혹한 | 纷纷 fēnfēn 부 잇달아 | ★新兴 xīnxīng 형 신흥의 | ★理念 lǐniàn 명 이념 | ★需求 xūqiú 명 수요, 필요 | 产业 chǎnyè 명 산업 | 湿地 shīdì 명 습지 | 脑海 nǎohǎi 명 머리, 생각 | 浮现 fúxiàn 동 (지난 일이) 떠오르다 | 水草丰美 shuǐcǎo fēngměi 물풀이 무성하여 보기 좋다 | 绿意盎然 lǜyì àngrán 싱그러운 초록빛 | 景象 jǐngxiàng 명 경관, 모습

2

해설 및 정답 **문제 분석▼** 보기 B에서 原因과 之所以는 의미가 중복된다. 之所以를 是로 수정하거나 접속사 호응 구조인 之所以…是因为…를 사용해야 옳은 문장이 된다.

A 文化是一个国家、一个民族的灵魂。	A 문화는 한 국가 한 민족의 정신이다.
C 肠胃不好的人吃生拌菜会影响消化吸收功能，因此最好少吃或不吃。	C 위장이 안 좋은 사람이 날음식을 먹으면 소화 흡수 기능에 영향을 미칠 수 있다. 따라서 적게 먹거나 먹지 않는 것이 좋다.
D 日前，王府井书店儿童阅读体验区与读者见面，一下子成为家长和孩子们的心仪之地。	D 며칠 전, 왕푸징 서점의 어린이 독서 체험 코너가 독자들과 만나 단번에 학부모와 아이들의 마음을 사로잡았다.

정답

B 人说话紧张的原因之所以过于在乎别人的评价。

→ ① **人说话紧张的原因是过于在乎别人的评价。**

→ ② **人说话之所以紧张，是因为过于在乎别人的评价。**
사람이 말을 할 때 긴장하는 이유는 다른 사람의 평가를 지나치게 신경 써서이다.

단어 民族 mínzú 명 민족 | ★灵魂 línghún 명 정신 | ★在乎 zàihu 동 신경 쓰다 | ★评价 píngjià 명 평가 | 肠胃 chángwèi 명 위장 | 生拌菜 shēngbàncài 날것으로 버무린 음식 | ★消化 xiāohuà 동 소화하다 | ★吸收 xīshōu 동 흡수하다 | 功能 gōngnéng 명 기능 | 王府井 Wángfǔjǐng 고유 왕푸징[지명] | 心仪 xīnyí 동 마음속으로 흠모하다

3

해설 및 정답 **문제 분석▼** 避免 뒤에 부정부사가 있으면 주의해야 한다. 문맥상 '전염되는 것을 피하다'가 적합하므로 부정부사 不를 삭제해야 한다.

A 今天夜间，大部分地区有零星小雪。 B 李建先生的印章，几乎全都是他自己刻制的。 D 为了确保瑜伽垫的使用卫生，最好每隔一周清洗一次瑜伽垫。	A 오늘 밤, 대부분 지역에 산발적인 눈이 온다. B 리젠 선생의 도장은 거의 전부 그 스스로가 새겨서 만든 것이다. D 요가 매트 사용에 위생을 확보하기 위해서 격주로 한 번 요가 매트를 세척하는 것이 좋다.

정답

C 最近感冒流行，请大家注意预防，避免不被传染。

→ **最近感冒流行，请大家注意预防，避免被传染。**

최근 감기가 유행이니, 여러분은 예방에 주의하여 전염되지 않도록 하세요.

단어 夜间 yèjiān 명 야간, 밤사이 | 零星 língxīng 형 산발적이다 | 印章 yìnzhāng 명 인장, 도장 | 刻制 kèzhì 동 새겨서 만들다 | ★预防 yùfáng 명 예방 | ★传染 chuánrǎn 동 전염하다 | ★确保 quèbǎo 동 확보하다 | 瑜伽垫 yújiādiàn 요가 매트 | ★卫生 wèishēng 명 위생 | ★隔 gé 동 간격이 있다 | 清洗 qīngxǐ 동 깨끗하게 씻다

4

해설 및 정답 **문제 분석▼** 보기 C는 앞 문장에 긍정과 부정의 의미를 가진 어휘인 能否가 있는데, 술어구 决定了一个人成功에는 긍정 의미만 있으므로 서로 호응되지 않는다. 成功 앞에 能否를 추가해야 옳은 문장이 된다.

A "名家带你写春联"活动在国家图书馆拉开帷幕。 B 杭州市中心闹中取静的地段，藏着一家老字号的中式服装店。 D 受应试教育的影响，很多学校在课程设置上，没有把素质教育和人的全面发展摆在首要位置。	A '명인과 함께 춘련 쓰기' 행사가 국가 도서관에서 막을 열었다. B 항저우 시 중심에 시끌벅적함 속에서 고요함을 유지한 지역에는 역사 깊은 중국식 옷 가게가 숨어 있다. D 입시 교육의 영향으로 많은 학교들이 과정 설정에 있어 전인 교육과 사람의 전반적인 발전을 중요한 위치에 두지 않는다.

정답

C 在低谷中能否重拾自信，在巅峰上能否保持一颗平常心，决定了一个人 ↓能否 成功。

→ **在低谷中能否重拾自信，在巅峰上能否保持一颗平常心，决定了一个人能否成功。**

밑바닥에서 자신감을 되찾을 수 있는지, 정상에서 평정심을 유지할 수 있는지가 한 사람의 성공 여부를 결정한다.

단어 名家 míngjiā 명 명인 | 春联 chūnlián 명 춘련[신년에 문이나 기둥 등에 써붙이는 주련 또는 대련] | 帷幕 wéimù 명 막 | 杭州 Hángzhōu 고유 항저우[지명] | 地段 dìduàn 명 지역 | 藏 cáng 동 숨다 | 老字号 lǎozìhào 명 역사가 깊고 전통이 있는 상호 | 中式 Zhōngshì 형 중국식의 | ★低谷 dīgǔ 명 밑바닥 | 重拾 chóngshí 다시 얻다 | ★巅峰 diānfēng 명 정상 | 应试教育 yìngshì jiàoyù 시험을 위한 교육 | 课程 kèchéng 명 과정, 커리큘럼 | ★设置 shèzhì 동 설정하다 | 素质教育 sùszhì jiàoyù 명 전인 교육 | ★摆 bǎi 동 놓다 | ★首要 shǒuyào 형 가장 중요하다

2 문장 성분

| 체크체크 1 | 주어의 오류 기본서 94쪽

1 X

해설 및 정답 **문제 분석▾** 주어가 부족한 문장이다. 可耻와 호응할 수 있는 주어를 추가해야 한다.

这种不懂得珍惜、任意浪费 [的行为] 是可耻的。

해석 소중히 여길 줄 모르고 함부로 낭비하는 행동은 수치스러운 것이다.

단어 ★珍惜 zhēnxī 동 소중히 여기다 | ★任意 rènyì 부 제멋대로 | 可耻 kěchǐ 형 수치스럽다

2 X

해설 및 정답 **문제 분석▾** 술어 用 앞에 早在婴儿时期와 就可以 같은 부사어만 있을 뿐 주어가 없다. 주어로 쓸 수 있는 人们 등의 어휘를 추가해야 옳은 문장이 된다.

[人们] 早在婴儿时期，就可以用简单的手语表达情绪。

해석 사람들은 일찍이 영아 시기부터 간단한 손짓으로 기분을 표현할 수 있다.

단어 婴儿 yīng'ér 명 영아 | 手语 shǒuyǔ 명 수화 | ★情绪 qíngxù 명 정서, 기분

3 O

해석 문단의 권위자로서 그는 늘 겸손한 태도로 독자를 대한다.

단어 文坛 wéntán 명 문단 | 泰斗 tàidǒu 명 권위자, 제일인자 | ★始终 shǐzhōng 부 언제나, 늘 | 谦虚 qiānxū 형 겸손하다 | ★对待 duìdài 동 대하다

4 X

(해설 및 정답) **문제 분석▼** 앞 절의 주어 李白的诗가 뒤 절의 被称为“诗仙”의 주어가 될 수 없으므로, 뒤 절에 李白 또는 대명사 他 같은 주어 성분을 추가해야 한다.

> 他
>
> 李白的诗豪迈大气，因此 ↓ 被称为“诗仙”。

해석 이백의 시는 호쾌하고 대범하다. 그래서 그는 '시선'이라 불리운다.

단어 李白 Lǐ Bái 고유 이백[인명] | 诗 shī 명 시 | 豪迈 háomài 형 호쾌하다 | ★大气 dàqì 형 대범하다 | 诗仙 shīxiān 명 시선[당대 시인 이백을 이르는 말]

5 X

(해설 및 정답) **문제 분석▼** 由于가 他 앞에 있으면 由于他感冒发烧가 부사어가 되므로 문장의 주어가 부족하다. 他를 由于 앞으로 옮겨 주어로 만들어야 한다.

> 由于 [他] 感冒发烧，不得不向领导请假。

해석 그는 감기로 열이 나서 어쩔 수 없이 상사에게 휴가를 냈다.

단어 ★领导 lǐngdǎo 명 지도자, 리더

| 체크체크 2 | 술어의 오류 기본서 95쪽

1 X

(해설 및 정답) **문제 분석▼** 뒤 절의 在一定程度上과 与其稀有는 모두 부사어이므로 술어가 부족한 문장이다. 의미상 与와 호응하여 '~와 관련이 있다'의 의미를 가진 동사 有关을 추가해야 옳은 문장이 된다.

> 有关
>
> 钻石价格昂贵，在一定程度上与其稀有 ↓ 。

해석 다이아몬드의 가격이 비싼 것은 그것이 희소한 것과 어느 정도 관계가 있다.

단어 钻石 zuànshí 명 다이아몬드 | 昂贵 ángguì 형 물건값이 비싸다 | 稀有 xīyǒu 형 드물다, 희소하다

2 X

해설 및 정답 **문제 분석▼** 동사 有와 형용사 明显 모두 술어 역할을 하므로 술어가 과잉한 문장이다. 有와 明显 둘 중 하나를 삭제해야 한다.

① 这种蔬菜[有]减肥效果明显。

② 这种蔬菜有减肥效果[明显]。

해석 ① 이런 채소는 다이어트 효과가 뚜렷하다.
② 이런 채소는 다이어트 효과가 있다.

단어 蔬菜 shūcài 명 채소 | ★明显 míngxiǎn 형 뚜렷하다, 분명하다

3 X

해설 및 정답 **문제 분석▼** 의미상 '갈등이 생기다'가 적합하므로 矛盾 앞에 동사 产生을 추가해야 한다.

人与人之间有时难免会 [产生] 矛盾。

해석 사람과 사람 사이에 때때로 갈등이 생기는 것은 불가피하다.

단어 ★难免 nánmiǎn 형 불가피하다 | ★矛盾 máodùn 명 모순

4 O

해석 이 광고는 사람에게 가볍고 유쾌한 느낌을 준다.

단어 ★则 zé 양 편[조목으로 나누어진 것을 셈]

5 X

해설 및 정답 **문제 분석▼** 뒤 절에 的 때문에 闭着는 관형어가 되므로 술어가 부족하다. 的를 삭제해야 한다.

他进来的时候，我正闭着[的]眼睛。

해석 그가 들어올 때, 나는 눈을 감고 있었다.

단어 闭 bì 동 닫다

독해 제1부분

| 체크체크 3 | 목적어의 오류 기본서 96쪽

1 X

해설 및 정답 **문제 분석▾** 주어 加油站과 술어 是의 목적어가 부족하다. 加油站과 호응할 수 있는 목적어 地方을 추가해야 한다.

加油站是易燃易爆 [的地方] 。

해석 주유소는 화재나 폭발이 쉽게 일어나는 곳이다.

단어 易燃易爆 yìrán yìbào 쉽게 타고 쉽게 폭발하다, 가연성이 높다

2 O

해석 그 어린 소녀는 뜻밖에도 유명한 피아니스트가 되었다.

3 X

해설 및 정답 **문제 분석▾** 술어 保证과 목적어 灵活性의 어순이 틀린 문장이다. 保证을 灵活性 앞으로 옮겨야 한다.

儿童房的布置最好 灵活性 [保证]。

해석 아이 방의 인테리어는 유연성을 보장하는 것이 가장 좋다.

단어 布置 bùzhì 명 인테리어 | ★灵活性 línghuóxìng 명 유연성

4 X

해설 및 정답 **문제 분석▾** '~가운데 하나'라는 표현은 '명사+之一'를 사용한다. 之一를 秘诀 뒤로 옮겨야 한다.

运动是促进健康的 [之一] 秘诀 。

해석 운동은 건강을 촉진시키는 비결 중 하나이다.

단어 ★秘诀 mìjué 명 비결

5 X

해설 및 정답 **문제 분석▼** 주어 论文, 술어 分析와 호응하는 목적어가 부족하다. 原因이나 因素 등 명사를 추가하여 목적어로 만들어야 한다.

这篇论文主要分析了影响留学生正确发音 [的原因/的因素] 。

해석 이 논문은 유학생의 정확한 발음에 영향을 미치는 요인을 주로 분석했다.

단어 论文 lùnwén 명 논문 | 分析 fēnxī 동 분석하다 | ★因素 yīnsù 명 구성 요소, 원인

| 체크체크 4 | 관형어의 오류 기본서 98쪽

1 X

해설 및 정답 **문제 분석▼** 관형어는 주어나 목적어 앞에 위치해야 한다. 의미상 '나무껍질 안에 벌레'가 적합하므로 树皮中的를 虫子 앞으로 옮겨야 옳은 문장이 된다.

啄木鸟喜欢吃 虫子[树皮中的]。

해석 딱따구리는 나무껍질 속에 벌레 먹는 것을 좋아한다.

단어 啄木鸟 zhuómùniǎo 명 딱따구리 | 树皮 shùpí 명 나무껍질 | 虫子 chóngzi 명 벌레

2 X

해설 및 정답 **문제 분석▼** 有와 很大는 모두 술어 역할을 할 수 있으므로 술어가 과잉한 문장이다. 很大를 关系 앞으로 옮겨 관형어로 만들 수 있다.

一个人习惯的形成与他的经历有 关系[很大]。

해석 한 사람의 습관 형성은 그의 경험과 아주 큰 관계가 있다.

3 X

해설 및 정답 **문제 분석▼** 의미상 '자원이라는 디자이너가 디자인한 것이다'가 적합하므로 叫加文을 设计师 앞으로 옮겨 관형어로 만들어야 한다.

[叫加文的]

这个家具，是一个 设计师[叫加文]设计的。

해석 이 가구는 자원이라는 디자이너가 디자인한 것이다.

4 X

해설 및 정답 **문제 분석▾** 来와 很多는 모두 술어 역할을 할 수 있으므로 술어가 과잉한 문장이다. 很多를 客人 앞으로 옮겨 관형어로 만들 수 있다.

奶奶热情好客，家里经常来 客人 很多。

해석 할머니는 친절하고 손님 접대를 좋아해서, 집에는 항상 손님이 많이 온다.

단어 ★好客 hàokè 동 손님 접대를 좋아하다

5 O

해석 그가 바로 우리 집에서 기르는 검은 고양이다.

| 체크체크 5 | 부사어의 오류 기본서 98쪽

1 X

해설 및 정답 **문제 분석▾** 부사는 일반적으로 술어 앞에 위치해야 한다. 부사 接连을 술어 遇冷 앞으로 옮겨야 한다.

最近几个月，几部电影 遇冷 接连。

해석 최근 몇 달 간, 몇 편의 영화들이 잇달아 흥행에 실패했다.

단어 ★接连 jiēlián 부 연이어, 잇달아 동 연잇다, 잇달다 | 遇冷 yù lěng 싸늘하다

2 X

해설 및 정답 **문제 분석▾** 개사구 好像刀割一样을 술어 吹 앞으로 옮겨야 한다.

好像刀割一样 寒风 吹在我脸上。

해석 찬바람이 칼로 베는 것처럼 내 얼굴에 불었다.

단어 寒风 hánfēng 명 찬바람 | ★割 gē 동 베다

3 X

해설 및 정답 **문제 분석▼** 부사어 容易는 명사 疾病 앞에 올 수 없다. 의미상 '쉽게 질병을 초래한다'가 적합하므로 容易를 동사 引来 앞으로 옮겨야 한다.

水果不洗干净就吃 引来[容易]疾病。

해석 과일을 깨끗이 세척하지 않고 먹으면 쉽게 질병을 초래한다.

단어 ★疾病 jíbìng 명 질병

4 O

해석 각국은 모두 역사 유물 보호를 매우 중시한다.

단어 高度 gāodù 형 정도가 매우 높다 | ★文物 wénwù 명 문화재

5 O

해석 생강차는 아침에 마시기에 매우 적합하다.

단어 生姜 shēngjiāng 명 생강 | ★饮用 yǐnyòng 동 마시다

| 체크체크 6 | 호응 오류 기본서 100쪽

1 O

해석 치료를 받고, 아들은 결국 건강을 회복했다.

2 X

해설 및 정답 **문제 분석▼** 동사 受到와 명사 快乐는 호응하여 쓰이지 않는다. '즐거움을 얻다'라는 표현에는 得到를 사용해야 한다. 受到는 일반적으로 '수동적으로 받거나 당하다'라는 의미로 쓰인다. 예를 들어 受到惩罚(처벌을 받다), 受到惊吓(놀라다) 등이 있다.

得到

积极乐观的人更容易[受到]快乐。

해석 긍정적이고 낙관적인 사람은 즐거움을 더 쉽게 얻는다.

단어 ★乐观 lèguān 형 낙관적이다

독해 제1부분

3 X

해설 및 정답 **문제 분석▾** '활동을 펼치다'라는 의미로 开发가 아닌 开展을 사용해야 한다.

학校 [开发] 了一系列活动。 → [开展]

해석 학교에서 일련의 활동을 벌였다.

단어 开展 kāizhǎn 동 전개하다, 벌리다 | ★一系列 yíxìliè 일련의

4 X

해설 및 정답 **문제 분석▾** 주어 京剧와 술어 感兴趣는 호응이 맞지 않다. 흥미를 느낄 수 있는 주어는 京剧가 아닌 我여야 하므로 我와 京剧의 위치를 바꿔야 한다.

[京剧] 从小对 [我] 很感兴趣。 (京剧 ↔ 我)

해석 나는 어린 시절부터 경극에 흥미를 느꼈다.

5 X

해설 및 정답 **문제 분석▾** 주어 丽江과 목적어 季节는 호응이 맞지 않다. 아름다운 계절이라고 할 수 있는 것은 장소인 丽江이 아닌 冬天이어야 한다. 따라서 冬天的丽江을 丽江的冬天으로 바꿔야 한다.

[冬天的丽江] 是一个美丽的季节。 → [丽江的冬天]

해석 리장의 겨울은 아름다운 계절이다.

단어 丽江 Lìjiāng 고유 리장[지명]

| 체크체크 7 | 의미 모순 오류 기본서 101쪽

1 X

해설 및 정답 **문제 분석▾** 술어 升至와 목적어 最低点은 의미가 모순된다. '내려앉다'라는 의미를 가진 降至를 써야 한다.

温度 [升至] 历史以来的最低点。 → [降至]

해석 온도가 역사 이래 최저점까지 떨어졌다.

2 O

해석 그는 베이징대학의 합격 통지서를 받았다.

단어 录取 lùqǔ 동 합격시키다

3 X

해설 및 정답 **문제 분석▼** 술어 改掉와 목적어 好习惯은 의미가 모순된다. 好习惯을 坏习惯으로 바꿔야 한다.

你应该改掉那些 [好习惯] → [坏习惯]。

해석 당신은 그 나쁜 습관들을 고쳐야 한다.

단어 改掉 gǎidiào 동 고쳐 버리다

4 X

해설 및 정답 **문제 분석▼** '~할 것이다'라는 조동사 会와 동태조사 了는 같이 쓰이지 않는다. 了를 삭제해야 한다.

到时候我们会引进 [了](삭제) 很多设备。

해석 때가 되면 우리는 많은 설비를 도입할 것이다.

단어 ★引进 yǐnjìn 동 도입하다 | ★设备 shèbèi 명 설비, 시설

5 X

해설 및 정답 **문제 분석▼** 앞 절 '이 글은 아주 잘 썼다'라는 내용과 뒤 절 '게다가 내용은 깊지 않다'라는 내용은 의미가 모순된다. 부정부사 不太를 긍정적인 의미를 나타내는 很으로 바꿔야 한다.

这篇文章写得很好，而且内容 [不太] → [很] 深刻。

해석 이 글은 아주 잘 썼다. 게다가 내용이 매우 심도 있다.

단어 ★深刻 shēnkè 형 깊다

독해 제1부분

| 체크체크 8 | 의미 중복 오류 기본서 102쪽

1 X

해설 및 정답 **문제 분석▼** 为了와 以는 모두 '~위해서'라는 뜻으로 의미가 중복된다. 以를 삭제해야 한다.

这么做是为了[以]提升公司的形象。

해석 이렇게 하는 것은 회사의 이미지를 높이기 위해서다.

단어 提升 tíshēng 통 진급시키다 | ★形象 xíngxiàng 명 형상, 이미지

2 X

해설 및 정답 **문제 분석▼** 其中은 앞의 他们当中과 같은 의미로 불필요하다. 其中을 삭제해야 한다.

公司决定录用他们当中实力最强的[其中]一个。

해석 회사는 그들 중 실력이 가장 뛰어난 사람을 채용하기로 결정했다.

단어 录用 lùyòng 통 채용하다

3 X

해설 및 정답 **문제 분석▼** 家家户户는 '집집마다'라는 뜻이고, 每个는 '모두, ~마다'라는 뜻이므로 의미가 중복된다. 따라서 每个를 삭제해야 한다.

春节期间，[每个]家家户户都会贴春联。

해석 춘절 기간에는 집집마다 춘련을 붙인다.

단어 ★家家户户 jiājiā hùhù 명 가가호호, 집집마다 | ★贴 tiē 통 붙이다 | 春联 chūnlián 명 춘련[신년에 문이나 기둥에 붙이는 주련 또는 대련]

4 X

해설 및 정답 **문제 분석▼** '대략, 대개'라는 의미를 가진 大约와 대략적인 수를 나타내는 左右는 의미가 중복되므로 둘 중 하나를 삭제해야 한다.

① 飞机[大约]7点左右起飞。

② 飞机大约7点[左右]起飞。

해석 비행기는 대략 7시에 이륙한다.

5 X

해설 및 정답 **문제 분석▼** '짐작하다'라는 의미를 가진 估计와 '틀림없다'라는 의미를 가진 肯定은 의미가 모순된다. 估计를 觉得로 바꾸거나 肯定을 삭제해야 한다.

① 我[估计]→[觉得]他这道题肯定做错了。

② 我估计他这道题[肯定]做错了。

해석 ① 나는 그가 이 문제를 분명히 틀렸을 것이라 생각한다.
② 나는 그가 이 문제를 틀렸을 것이라 추측한다.

| *실전* 트레이닝 1 | 기본서 **104쪽**

정답 **1.** D **2.** B **3.** A **4.** C

1

해설 및 정답 **문제 분석▼** 보기 D에서 주어인 街舞와 목적어인 减肥功效 사이에 술어가 부족하다. 동사 具有를 추가해야 옳은 문장이 된다.

A 人工智能正在成为一种必需品。	A 인공 지능은 일종의 필수품이 되고 있다.
B 螃蟹是一种常见的水生动物，外形奇特。	B 게는 흔히 볼 수 있는 수생 동물로, 외형이 특이하다.
C 每天早晨，爷爷都会早早起来，诵读《论语》。	C 매일 이른 아침, 할아버지는 아주 일찍 일어나 《논어》를 송독하신다.

정답

D 街舞作为一种中低强度的有氧运动，[具有]一定的减肥功效。

→ **街舞作为一种中低强度的有氧运动，具有一定的减肥功效。**

힙합은 중저강도의 유산소 운동으로, 일정한 다이어트 효과가 있다.

단어 ★人工智能 réngōng zhìnéng 명 인공 지능 | 必需品 bìxūpǐn 명 필수품 | 螃蟹 pángxiè 명 게 | 水生 shuǐshēng 명 수생 | 外形 wàixíng 명 외형 | 奇特 qítè 형 기묘하다 | 诵读 sòngdú 동 소리를 내어서 읽다 | 论语 Lúnyǔ 명 논어 | 街舞 jiēwǔ 명 힙합 | 强度 qiángdù 명 강도 | 有氧运动 yóuyǎng yùndòng 유산소 운동 | ★功效 gōngxiào 명 효과, 효능

2

해설 및 정답 **문제 분석▼** 보기 B에서 형용사 充分과 명사 怜惜가 호응이 맞지 않다. 充分을 동사 充满으로 바꿔야 한다.

A 锂电池是一种复杂而脆弱的材料。	A 리튬 배터리는 복잡하고 취약한 재료이다.
C 尖毛草是非洲大地上长得最高、最茂盛的毛草。	C 자이언트 킹 잔디는 아프리카 대지에서 가장 크고, 가장 무성한 풀이다.
D 鲨鱼在保持海洋生态系统平衡中扮演着至关重要的角色。	D 상어는 해양 생태계의 균형을 유지하는 데 매우 중요한 역할을 맡고 있다.

정답

B 小男孩儿不幸的经历让我心中[充分]怜惜。 (充分 → 充满)

→ **小男孩儿不幸的经历让我心中充满怜惜。**

어린 소년의 불행한 경험이 내 마음을 동정심으로 채웠다.

단어 锂电池 lǐdiànchí 리튬 배터리 | 脆弱 cuìruò 형 취약하다 | 不幸 búxìng 형 불행하다 | 怜惜 liánxī 동 동정하여 아끼다 | 尖毛草 jiānmáocǎo 명 자이언트 킹 잔디[식물] | 非洲 Fēizhōu 고유 아프리카 주[지명] | ★茂盛 màoshèng 형 우거지다, 무성하다 | 毛草 máocǎo 명 키 작은 풀 | 鲨鱼 shāyú 명 상어 | 生态系统 shēngtài xìtǒng 명 생태계 | ★平衡 pínghéng 명 균형 | ★扮演 bànyǎn 동 ~의 역을 맡아 하다 | ★至关重要 zhìguān zhòngyào 매우 중요하다 | ★角色 juésè 명 역할

3

해설 및 정답 **문제 분석▼** 보기 A를 해석하면 '모든 사람은 어쩔 수 없이 함부로 연구 센터에 들어간다'가 되므로 문맥상 틀렸다. 不得不(어쩔 수 없다)를 不得(~하면 안 된다)로 수정해야 옳은 문장이 된다.

B 伤害海洋动物的是所有垃圾，而不仅仅是塑料袋。	B 해양 동물에게 해를 끼치는 것은 모든 쓰레기이다. 단지 비닐봉지뿐만이 아니다.
C 人总是对现有的东西不忍放弃，对舒适平稳的生活恋恋不舍。	C 인간은 항상 현재 소유한 것을 포기하지 못하고, 편하고 평온한 삶에 연연해한다.
D 老一辈人认为，任劳任怨的品质和吃苦耐劳的精神是员工必备的道德标准。	D 전 세대는 노고를 마다않는 품성과 고생을 참고 견디는 정신을 직원들이 갖추어야 할 도덕 기준이라고 여긴다.

정답

A 任何人都不得[不]擅自进入研究中心。 (不 삭제)

→ **任何人都不得擅自进入研究中心。** 누구든지 연구 센터에 무단으로 들어가면 안 된다.

단어 擅自 shànzì 부 제멋대로 | ★塑料袋 sùliàodài 명 비닐봉지 | 不忍 bùrěn 동 차마 ~하지 못하다 | ★舒适 shūshì 형 편하다 | 平稳 píngwěn 형 평온하다 | 恋恋不舍 liàn liàn bù shě 성 아쉬움에 헤어지지 못하다 | 老一辈 lǎoyíbèi 명 전 세대, 구세대 | 任劳

任怨 rèn láo rèn yuàn 성 노고를 마다하지 않고 원망을 두려워하지 않다 | ★品质 pǐnzhì 명 품성 | ★吃苦耐劳 chī kǔ nài láo 성 괴로움과 고생을 참고 견디다 | ★必备 bìbèi 동 반드시 갖추다 | ★道德 dàodé 명 도덕

4

해설 및 정답 **문제 분석▼** 보기 C에서 부사 几乎는 명사 哺乳动物 앞에 위치할 수 없다. 几乎를 형용사 所有的 앞으로 옮겨야 한다.

A 1969年，第一台磁悬浮列车在德国研制成功。 B 古代私塾注重德育，对学生日常行为的考查较为严格。 D 中国餐桌上绝大多数菜是一桌人共享，而西方人习惯各吃各的，每人一份。	A 1969년, 첫 번째 자기 부상 열차가 독일에서 연구개발에 성공했다. B 고대 서당은 도덕 교육을 중시하여, 일상 행동에 대한 평가가 비교적 엄격했다. D 중국 식탁의 절대다수의 음식은 한 테이블에서 모두가 함께 누리는데, 서양인들은 각자, 한 사람에 1인분씩 먹는 것에 익숙하다.

정답

C 生物学家发现，陆地上 所有的 [几乎] 哺乳动物脸上都长有触须。

→ **生物学家发现，陆地上几乎所有的哺乳动物脸上都长有触须。**

생물학자들은 육지에 거의 모든 포유동물의 얼굴에 촉수가 자란다는 것을 발견했다.

단어 磁悬浮列车 cíxuánfú lièchē 명 자기 부상 열차 | 德国 Déguó 고유 독일 | 研制 yánzhì 동 연구 제작하다 | 古代 gǔdài 명 고대 | 私塾 sīshú 명 서당 | ★注重 zhùzhòng 동 중시하다 | 德育 déyù 명 도덕 교육 | 考查 kǎochá 동 시험하다, 평가하다 | 生物学家 shēngwù xuéjiā 생물학자 | ★陆地 lùdì 명 육지 | ★哺乳动物 bǔrǔ dòngwù 명 포유동물 | 触须 chùxū 명 촉수 | ★共享 gòngxiǎng 동 함께 누리다

독해 제1부분

| 실전 트레이닝 2 | 기본서 105쪽

정답 1. C　2. B　3. C　4. A

1

해설 및 정답 **문제 분석▼** 보기 C에서 任何+时候와 什么时候는 의미가 중복되므로 任何나 什么 둘 중 하나를 삭제해야 한다.

A 植物和动物可以利用气味进行复杂的交流。	A 식물과 동물은 냄새를 이용해 복잡한 교류를 할 수 있다.
B 中国冰雪运动特别是雪上项目起步晚、底子薄。	B 중국의 빙설운동, 특히 설상 종목은 늦게 시작하여 기초가 빈약하다.
D 旅游业带来重要商机，创造大量就业岗位，是不少国家经济发展的重要支撑。	D 관광업은 중요한 사업 기회를 가져오고 대량의 일자리를 창출하여 많은 국가의 경제 발전에 중요한 버팀목이다.

정답

C 不论任何什么时候，我们都应该保持积极向上的心态。
→ ① **不论任何时候，我们都应该保持积极向上的心态。**
→ ② **不论什么时候，我们都应该保持积极向上的心态。**
언제든지 우리는 밝고 힘찬 마음을 유지해야 한다.

단어 气味 qìwèi 명 냄새 | 起步 qǐbù 동 시작하다 | 底子 dǐzi 명 기초 | ★薄 báo 형 빈약하다 | ★心态 xīntài 명 심리 상태 | ★商机 shāngjī 명 사업 기회 | ★创造 chuàngzào 동 창조하다 | ★就业 jiùyè 동 취업하다 | 岗位 gǎngwèi 명 직장, 근무처 | ★支撑 zhīchēng 명 버팀목

2

해설 및 정답 **문제 분석▼** 보기 B에서 술어로 쓰인 동사가 达到와 超过 두 개이므로 둘 중 하나를 삭제해야 한다.

A 冬奥会是世界上规模最大的冬季综合性运动会。	A 동계 올림픽은 세계에서 규모가 가장 큰 동계 종합 운동회이다.
C 物理学是一门十分贴近生活的科学，它在生活中得到了极其广泛的应用。	C 물리학은 생활에 매우 가까운 과학으로, 생활 속에서 매우 폭넓게 응용되었다.
D 据考证，锦标一词最早使用于唐代，是当时最盛大的体育比赛——竞渡的取胜标志。	D 고증에 따르면, 우승패라는 단어는 당대에 최초로 사용되었으며, 당시 가장 성대한 스포츠 경기였던 —— 조정 경기의 우승 징표였다.

정답

B 据不完全统计，中国的网络作家达到超过1400万人。

→ ① **据不完全统计，中国的网络作家达到1400万人。**
불완전한 통계에 따르면, 중국의 인터넷 작가는 1,400만 명에 달한다.

→ ② **据不完全统计，中国的网络作家超过1400万人。**
불완전한 통계에 따르면, 중국의 인터넷 작가는 1,400만 명을 넘었다.

단어 冬奥会 Dōng'àohuì 명 동계 국제 올림픽 | 物理学 wùlǐxué 명 물리학 | 贴近 tiējìn 동 바짝 다가가다, 접근하다 | ★极其 jíqí 부 매우 | ★广泛 guǎngfàn 형 폭넓다 | ★应用 yìngyòng 명 응용 | 考证 kǎozhèng 동 고증하다 | 锦标 jǐnbiāo 명 우승패 | 唐代 Tángdài 명 당(唐) 왕조 | 盛大 shèngdà 형 성대하다 | 竞渡 jìngdù 명 조정 경기, 보트 레이스 | ★标志 biāozhì 명 징표, 상징

3

해설 및 정답 **문제 분석▼** 보기 C에서 술어 留下와 목적어 印象과 호응할 수 있는 주어가 부족하다. 总会 앞에 주어 我们을 추가해야 옳은 문장이 된다.

A 实体书店为图书零售市场贡献的销售份额仍不容小觑。	A 오프라인 서점이 도서 소매시장에 기여하는 판매 비율은 여전히 가볍게 볼 수 없다.
B 无论陆地还是海洋，过去四年的变暖程度都非同寻常。	B 육지든 바다든, 지난 4년간의 온난화 정도가 예사롭지 않다.
D 女排名将朱婷在球场上威风八面，可在土耳其俱乐部打球的她，是不是也有想家的时候?	D 여자 배구의 명장인 주팅은 구장에서의 위풍이 당당하다. 그러나 터키 팀에서 활동하는 그녀도 집이 그리울 때가 있지 않을까?

정답

我们

C 当第一次见到一个人时，总会给他留下一个大致的印象。

→ **当第一次见到一个人时，我们总会给他留下一个大致的印象。**
한 사람을 처음 만날 때, 우리는 항상 그에게 대략적인 인상을 남긴다.

단어 实体书店 shítǐ shūdiàn 오프라인 서점 | 零售 língshòu 명 소매 | ★贡献 gòngxiàn 동 기여하다 | ★销售 xiāoshòu 동 판매하다 | 份额 fèn'é 명 배당, 비율 | ★不容小觑 bùróng xiǎoqù 가볍게 볼 수 없다 | 寻常 xúncháng 형 심상하다, 예사롭다 | 大致 dàzhì 형 대략적인 | 女排 nǚpái 명 여자 배구 | 名将 míngjiàng 명 명장 | 威风八面 wēifēng bāmiàn 성 위풍이 당당하다 | 土耳其 Tǔ'ěrqí 고유 터키 | 俱乐部 jùlèbù 명 클럽

4

해설 및 정답 **문제 분석▼** 보기 A를 해석하면 '농경 사회에 농사가 기후에 끼친 영향이 크다'가 되므로 문맥상 적합하지 않다. '기후가 농사에 끼친 영향이 크다'가 적합하므로 气候와 农事의 위치를 바꿔야 한다.

B 建设智慧法院大大提高了审判质效、队伍素质能力和司法公信力。	B 지혜 법원의 건립으로 재판의 질적 효과, 대오의 자질과 사법 공신력이 크게 높아졌다.
C 1956年，老舍创作了三幕话剧《茶馆》，曹禺将其称为中国话剧史上的瑰宝。	C 1956년, 라오서는 연극 〈차관〉 3막을 창작하였는데, 차오위는 이를 중국 연극사의 보물이라고 칭했다.
D 进入网络时代，故宫仿佛开始了"逆生长"，不断以新的方式，走进公众尤其是年轻人的生活。	D 인터넷 시대로 들어서면서, 고궁은 마치 '역성장'을 시작한 듯 끊임없이 새로운 방식으로 대중, 특히 젊은이들의 삶속으로 걸어 들어갔다.

정답

A 在农业社会，农事对气候的影响很大，关乎国计民生。

→ **在农业社会，气候对农事的影响很大，关乎国计民生。**

농업 사회에서, 기후가 농사에 미치는 영향은 매우 커서 국가 경제와 민생에 관련되었다.

단어 农事 nóngshì 명 농사 | 关乎 guānhū 동 ~에 관계되다 | 国计民生 guójì mínshēng 명 국가 경제와 국민 생활 | 法院 fǎyuàn 명 법원 | 审判 shěnpàn 명 심판, 재판 | 质效 zhìxiào 질적 효과 | ★队伍 duìwu 명 대오, 대열 | ★素质 sùzhì 명 소양, 자질 | 司法 sīfǎ 명 사법 | 公信力 gōngxìnlì 명 공신력 | 老舍 Lǎoshě 고유 라오서[중국의 작가] | ★创作 chuàngzuò 동 창작하다 | 幕 mù 명 막 | 话剧 huàjù 명 연극 | 曹禺 Cáoyú 고유 차오위[중국의 극작가] | 瑰宝 guībǎo 명 진귀한 보물 | 故宫 Gùgōng 고유 고궁 | ★仿佛 fǎngfú 부 마치 ~인 듯하다 | 逆生长 nì shēngzhǎng 역성장 | 公众 gōngzhòng 명 대중

3 동사의 호응

| 실전 트레이닝 1 | 기본서 116쪽

정답 1. B 2. C 3. D 4. A

1

해설 및 정답 **문제 분석▼** ①**번 빈칸**: 문맥상 '바다와 가까운 곳은 겨울에 따뜻하다'가 되어야 하므로 靠近(가깝다)만이 가능하다. ②**번 빈칸**: 명사 若干은 一些와 같이 '조금'이라는 의미이다.

与同纬度的内陆相比，①靠近海洋的地方冬天温和，春天反而寒冷。所以沿海地区的春天来得比内陆要晚②若干天。如大连纬度在北京以南约1度，但是在大连，榆叶梅的③盛开要比北京迟一个星期。	같은 위도의 내륙과 비교하면, 바다와 ①가까운 곳은 겨울에 따뜻하고, 봄에는 오히려 춥다. 그래서 연해 지역의 봄은 내륙보다 ②조금 늦다. 다롄 위도는 베이징에서 남쪽으로 약 1도 정도지만, 다롄에서는 풀또기가 베이징보다 일주일 늦게 ③핀다.
A 靠拢× 多少× 盛行×	A 접근하다 / 얼마 / 성행하다
B 靠近○ 若干○ 盛开○	**B 가깝다 / 조금 / 피다**
C 扩张× 个别× 开放○	C 확장하다 / 개별적 / 피다
D 扩散× 其他× 沉淀×	D 확산하다 / 기타 / 침전하다

단어 纬度 wěidù 명 위도 | 内陆 nèilù 명 내륙 | ★靠近 kàojìn 동 가깝다 | 温和 wēnhé 형 따뜻하다 | ★沿海 yánhǎi 명 연해, 바닷가 근처 지방 | ★若干 ruògān 명 약간, 조금 | 大连 Dàlián 고유 다롄[지명] | 榆叶梅 yúyèméi 명 풀또기[식물] | ★盛开 shèngkāi 동 만발하다, 활짝 피다 | 靠拢 kàolǒng 동 가까이 다가서다 | ★盛行 shèngxíng 동 성행하다 | 扩张 kuòzhāng 동 확장하다 | ★个别 gèbié 형 개별적 | 开放 kāifàng 동 피다 | ★扩散 kuòsàn 동 확산하다 | ★沉淀 chéndiàn 동 침전하다

빈출 호응

- **靠拢** kàolǒng 동 **가까이 다가서다** ▸ 双脚靠拢 두 발을 가까이 대다
- **扩张** kuòzhāng 동 **확장하다** ▸ 扩张领土 영토를 확장하다 | 血管扩张 혈관 확장
- **扩散** kuòsàn 동 **확산하다** ▸ 消息向外扩散 소식이 밖으로 확산되다
- **盛行** shèngxíng 동 **성행하다** ▸ 文化盛行 문화가 만연하다 | 社会风气盛行 사회적 풍조가 성행하다
- **沉淀** chéndiàn 동 **침전하다** ▸ 沉淀杂质 불순물을 가라앉히다 | 历史沉淀 역사의 침전

2

해설 및 정답 **문제 분석▼ ②번 빈칸**: 뒤에 명사 局限(국한, 한정)과 호응할 수 있는 동사는 突破(돌파하다)뿐이다. '한계를 벗어나다'라는 突破局限은 빈출 호응 구조이다.

2017年6月，《新华字典》应用程序①发布，60多年来，这本字典终于②突破了纸质书的局限，实现了数字化。在这款应用程序里，读者可以看汉字规范笔顺③动画，可以听④专业播音员播读的字典内容。	2017년 6월, 《신화자전》 응용 프로그램이 ①발표된 지 60여 년 만에, 이 자전은 마침내 종이책의 한계를 ②돌파하여 디지털화되었다. 이 응용 프로그램에서 독자는 한자의 규범적인 필순을 ③애니메이션으로 볼 수 있고, ④전문 아나운서가 방송하는 자전의 내용을 들을 수 있다.
A 发明× 排除× 录音× 公正× B 颁布× 跳跃× 镜头× 高级○ **C 发布○ 突破○ 动画○ 专业○** D 发行× 封闭× 视频○ 标准×	A 발명하다 / 배제하다 / 녹음 / 공정하다 B 공포하다 / 도약하다 / 장면 / 고급 **C 발표하다 / 돌파하다 / 애니메이션 / 전문** D 발행하다 / 밀봉하다 / 영상 / 표준

단어 应用程序 yìngyòng chéngxù 명 응용 프로그램 | ★发布 fābù 동 발포하다, 발표하다 | ★突破 tūpò 동 돌파하다 | 纸质书 zhǐzhìshū 종이책 | ★局限 júxiàn 명 국한, 한정 | 数字化 shùzìhuà 명 디지털화 | ★规范 guīfàn 형 규범에 맞다 | 笔顺 bǐshùn 명 획순, 필순 | ★动画 dònghuà 명 만화 영화 | 播音员 bōyīnyuán 명 방송인, 아나운서 | 播读 bōdú 방송에서 낭독하다 | ★排除 páichú 동 배제하다 | 颁布 bānbù 동 공포하다 | 跳跃 tiàoyuè 동 도약하다 | ★镜头 jìngtóu 명 장면 | 发行 fāxíng 동 발행하다 | 封闭 fēngbì 동 밀봉하다 | ★视频 shìpín 명 동영상

빈출 호응

- **颁布** bānbù 동 **공포하다** ▸ 颁布宪法 헌법을 공포하다 | 颁布法令 법령을 반포하다
- **发布** fābù 동 **발포하다, 발표하다** ▸ 发布命令 명령을 발포하다 | 发布新手机 새 휴대폰을 발표하다
- **发行** fāxíng 동 **발행하다** ▸ 发行杂志 잡지를 발행하다 | 发行货币 화폐를 발행하다
- **排除** páichú 동 **배제하다** ▸ 排除故障 고장을 수리하다 | 排除错误答案 틀린 답안을 배제하다

3

해설 및 정답 **문제 분석▼ ②번 빈칸**: 문맥상 '특별 초청된 점장을 담당하다'라는 의미가 되어야 하므로 '어떤 직무나 역할을 담당하다'라는 뜻을 나타내는 担任만이 가능하다. **③번 빈칸**: 作家(작가), 读者(독자), 阅读(읽다) 등 어휘와 관련되는 것은 创作(창작)뿐이다.

"思南书局·概念店"坐落于上海思南广场，这是一间仅①存在60天的"快闪书店"。60天里，每天都有一位作家②担任"特约店长"，与读者面对面，分享③创作感受，畅谈阅读心得，带来美妙、鲜活的体验。这间特色书店一经开业，便引起大众的④关注。	'쓰난서점·개념점'은 상하이 쓰난광장에 위치해 있는데, 이것은 60일만 ①존재하는 '번개 서점'이다. 60일 동안, 매일 한 작가가 '특별 초청된 점장'을 ②담당하여, 독자들과 얼굴을 보며 ③창작의 느낌을 나누고, 독서 소감을 이야기하며, 즐겁고 신선한 체험을 하게 된다. 이 특색 있는 서점은 개업하자마자 대중의 ④관심을 끌었다.

A 生效×	承担×	加工×	反馈×	A 효력이 발생하다 / 부담하다 / 가공 / 피드백
B 复兴×	竞选×	制作×	口碑×	B 부흥하다 / 경선하다 / 제작 / 평판
C 合并×	选拔×	装修×	追捧○	C 합병하다 / 선발하다 / 인테리어 / 성원
D 存在○	**担任○**	**创作○**	**关注○**	**D 존재하다 / 담당하다 / 창작 / 관심**

단어 书局 shūjú 명 서점 | ★概念 gàiniàn 명 개념 | 坐落 zuòluò 동 ~에 자리잡다 | 快闪 kuàishǎn 신속하게 떠나다 | ★担任 dānrèn 동 담당하다 | 特约 tèyuē 동 특별 초청하다 | ★分享 fēnxiǎng 동 함께 나누다 | ★创作 chuàngzuò 동 창작하다 | 畅谈 chàngtán 동 마음껏 이야기하다 | 心得 xīndé 명 소감, 느낀 점 | 美妙 měimiào 형 아름답고 즐겁다 | 鲜活 xiānhuó 형 신선하다 | ★关注 guānzhù 명 관심 | 生效 shēngxiào 동 효력이 발생하다 | ★承担 chéngdān 동 부담하다 | ★加工 jiāgōng 동 가공하다 | 反馈 fǎnkuì 명 피드백 | 复兴 fùxīng 동 부흥하다 | 竞选 jìngxuǎn 동 경선하다 | 口碑 kǒubēi 명 평판 | 合并 hébìng 동 합병하다 | 选拔 xuǎnbá 동 선발하다 | ★装修 zhuāngxiū 동 인테리어를 하다 | ★追捧 zhuīpěng 동 열광적인 성원을 하다

빈출 호응

- **承担** chéngdān 동 **부담하다** ▸ 承担责任 책임을 지다 | 承担费用 비용을 부담하다
- **选拔** xuǎnbá 동 **선발하다** ▸ 他被选拔为班长 그는 반장으로 선발되었다

4

해설 및 정답 **문제 분석▾** **④번 빈칸**: 뒤에 氛围(분위기)와 호응할 수 있는 동사는 营造(만들다)뿐이다. '분위기를 자아내다'를 나타내는 营造氛围는 빈출 호응 구조이다. **②번 빈칸**: 广泛使用(널리 사용되다)은 자주 쓰이는 호응 구조다.

锣是深受中国人喜欢的一种民族打击乐器，早在北魏①时期就已经出现。从宋代起锣开始在民间乐队中②广泛使用，其音色低沉、浑厚，音量变化③幅度大，余音长，往往只敲几下，就能④营造出一种热烈、壮观的音乐氛围。

징은 중국인이 좋아하는 민족 타악기로, 일찍이 북위 ①시기에 이미 등장했다. 송대부터 징은 민간악단에서 ②널리 사용되기 시작했는데, 그 음색이 낮고 우렁차며, 음량 변화의 ③폭이 크고 여음이 길어, 종종 몇 번 두드리기만 해도 강렬하고 웅장한 음악적 분위기를 ④만들어 낼 수 있다.

A 时期○	**广泛○**	**幅度○**	**营造○**	**A 시기 / 폭넓다 / 폭 / 만들다**
B 时光×	广大×	部位×	凝聚×	B 세월 / 광범하다 / 부위 / 응집하다
C 至今×	普遍○	模样×	敞开×	C 지금까지 / 보편적인 / 모양 / 활짝 열다
D 期间○	无限×	角度×	迎合×	D 기간 / 무한하다 / 각도 / 영합하다

단어 锣 luó 명 징 | 打击乐器 dǎjī yuèqì 명 타악기 | 北魏 Běi Wèi 명 북위[남북조 시대의 북조의 한 나라] | 宋代 Sòngdài 명 송(宋)대, 송(宋) 왕조 시대 | ★民间 mínjiān 명 민간 | 乐队 yuèduì 명 악대, 악단 | 音色 yīnsè 명 음색 | 低沉 dīchén 형 낮다, 나지막하다 | 浑厚 húnhòu 형 낮고 힘이 있다, 우렁차다 | 幅度 fúdù 명 정도, 폭 | 余音 yúyīn 명 여음 | ★营造 yíngzào 동 (분위기 따위를) 만들다, 조성하다 | ★壮观 zhuàngguān 형 웅장하다, 장관이다 | ★氛围 fēnwéi 명 분위기 | 时光 shíguāng 명 세월 | 部位 bùwèi 명 부위 | 凝聚 níngjù 동 응집하다, 맺히다 | 至今 zhìjīn 부 지금까지 | 模样 múyàng 명 모양 | 敞开 chǎngkāi 동 활짝 열다 | 无限 wúxiàn 형 무한하다 | 角度 jiǎodù 명 각도 | 迎合 yínghé 동 영합하다

빈출 호응

- **广大** guǎngdà 형 **광대하다, 넓다** ▸ 广大观众 많은 관중 | 广大地区 넓은 지역
- **凝聚** níngjù 동 **응집하다, 맺히다** ▸ 凝聚力量 힘을 쏟아 넣다 | 凝聚着水珠 물방울이 맺혀 있다
- **迎合** yínghé 동 **영합하다** ▸ 迎合时代潮流 시대의 흐름에 영합하다 | 迎合对方心理 상대방의 심리에 영합하다

| 실전 트레이닝 2 | 기본서 **117쪽**

정답 1. C 2. B 3. D 4. B

1

해설 및 정답 **문제 분석▾** **①번 빈칸**: 문맥상 '고민과 근심 상태에 처하다'라는 의미가 되어야 하므로 '어떤 지위나 상태에 처하다'라는 뜻을 나타내는 处于가 가장 적합하다.

研究表明，经常①处于烦恼和忧愁状态中的人，不仅容易衰老，而且②患高血压、心脏病等疾病的几率也高。因此，当你③陷入困境时，不妨放轻松，④保持精神愉快，以缓解生理和心理上的痛苦。

연구에서 밝혀진 바로는, 항상 고민과 근심 상태에 ①**처하는** 사람들은 노쇠하기 쉬울 뿐만 아니라 고혈압, 심장병 등의 질병에 ②**걸릴** 확률이 높다고 한다. 따라서, 당신이 곤경에 ③**빠졌을** 때, 긴장을 풀고 정신적인 즐거움을 ④**유지하여** 생리적, 심리적인 고통을 완화하는 것이 좋다.

A 在于×	磕×	遭遇○	维持×	A ~에 있다 / 부딪히다 / 부닥치다 / 유지하다
B 过渡×	哄×	遭殃×	激发×	B 과도하다 / 달래다 / 재난을 만나다 / 불러일으키다
C 处于○	**患○**	**陷入○**	**保持○**	**C 처하다 / 걸리다 / 빠지다 / 유지하다**
D 呈现×	染×	降临×	掀起×	D 나타내다 / 감염되다 / 찾아오다 / 물결치다

단어 ★处于 chǔyú 동 ~에 처하다 | ★忧愁 yōuchóu 동 근심하다 | ★状态 zhuàngtài 명 상태 | 衰老 shuāilǎo 형 노쇠하다 | ★患 huàn 동 앓다, 걸리다 | ★高血压 gāoxuèyā 명 고혈압 | ★心脏病 xīnzàngbìng 명 심장병 | 疾病 jíbìng 명 질병 | 几率 jīlǜ 명 확률 | ★陷入 xiànrù 동 빠지다 | ★困境 kùnjìng 명 곤경, 궁지 | ★不妨 bùfáng 부 무방하다 | ★缓解 huǎnjiě 동 완화시키다 | 生理 shēnglǐ 명 생리 | ★在于 zàiyú 동 ~에 있다 | 磕 kē 동 부딪히다 | ★遭遇 zāoyù 동 부닥치다 | ★维持 wéichí 동 유지하다 | 过渡 guòdù 동 과도하다 | 哄 hǒng 동 달래다 | 遭殃 zāoyāng 동 재난을 만나다 | ★激发 jīfā 동 불러일으키다 | ★呈现 chéngxiàn 동 나타내다 | 染 rǎn 동 감염되다 | 降临 jiànglín 동 찾아오다 | 掀起 xiānqǐ 동 들어올리다, 물결치다

빈출 호응

- **过渡** guòdù 동 **과도하다** ▸ 过渡阶段 과도적 단계 | 过渡期 과도기
- **呈现** chéngxiàn 동 **나타내다** ▸ 呈现新面貌 새로운 면모가 보이다 | 呈现负增长 마이너스 성장을 보이다
- **染** rǎn 동 **감염되다** ▸ 染上恶习 악습에 물들다 | 染上病毒 바이러스에 감염되다
- **降临** jiànglín 동 **찾아오다** ▸ 灾难降临 재난이 닥치다 | 机遇降临 기회가 찾아오다
- **掀起** xiānqǐ 동 **들어올리다, 물결치다** ▸ 掀起盖子 뚜껑을 열어젖히다 | 掀起波浪 파도가 일다

2

해설 및 정답

문제 분석▾ **④번 빈칸**: 뒤에 特点(특징)과 호응할 수 있는 동사는 保留(보존하다)뿐이다. '어떤 특징을 보존하다'라는 뜻을 나타내는 保留特点은 빈출 호응 구조이다.

电影字幕翻译受影片类型的①限制，影片类别不同，字幕翻译的文字特点也随之不同。如艺术片②注重艺术性和文化品位，动画片③则需关注儿童心理等，这种差异就要求字幕译本应尽可能④保留原文的这些特点。	영화 자막 번역은 장르에 따라 ①제한을 받는다. 영화 분류가 다르면, 자막 번역의 문자 특성도 그에 따라 달라진다. 예술영화는 예술성과 문화적인 품위를 ②중시하고, 애니메이션은 ③다만 아동의 심리에 주목하는 등, 이러한 차이가 자막 번역본이 가능한 한 원문의 이런 특징을 ④보존할 것을 요구한다.
A 局限○ 排斥× 既× 保险×	A 한정하다 / 배척하다 / 이미 / 보증하다
B 限制○ 注重○ 则○ 保留○	**B 제한하다 / 중시하다 / 다만 / 보존하다**
C 挑战× 脱离× 曾× 留传×	C 도전하다 / 이탈하다 / 이미 / 물려주다
D 障碍× 重视○ 竟× 宣扬×	D 방해하다 / 중시하다 / 뜻밖에 / 선양하다

단어 字幕 zìmù 명 자막 | 影片 yǐngpiàn 명 영화 | 类型 lèixíng 명 유형 | ★限制 xiànzhì 동 제한하다 | 类别 lèibié 명 분류 | ★注重 zhùzhòng 동 중시하다 | 品位 pǐnwèi 명 품위 | 动画片 dònghuàpiàn 명 만화영화, 애니메이션 | ★差异 chāyì 명 차이 | 译本 yìběn 명 번역서 | ★保留 bǎoliú 동 보존하다, 보류하다 | ★局限 júxiàn 동 국한하다, 한정하다 | 排斥 páichì 동 배척하다 | 保险 bǎoxiǎn 동 보증하다 형 안전하다 | ★挑战 tiǎozhàn 동 도전하다 | ★脱离 tuōlí 동 이탈하다 | 留传 liúchuán 동 물려주다 | ★障碍 zhàng'ài 동 방해하다 | 宣扬 xuānyáng 동 선양하다

빈출 호응

- **保留** bǎoliú 동 **보존하다, 보류하다** ▸ 保留原貌 원형을 보존하다 | 保留意见 의견을 보류하다
- **留传** liúchuán 동 **물려주다** ▸ 作品留传下来 작품이 전해져 내려오다 | 留传给后代 후세에 물려주다
- **宣扬** xuānyáng 동 **선양하다** ▸ 宣扬事迹 사적을 선양하다 | 宣扬精神 정신을 고취하다

3

해설 및 정답

문제 분석▾ **②번 빈칸**: 뒤에 能量(에너지)과 호응할 수 있는 동사는 释放(방출하다)뿐이다. 释放能量은 '에너지를 방출하다'라는 뜻이다. **①번 빈칸**: 빈칸 뒤에 小가 아닌 少가 있으면 次数(횟수)가 가능하다.

月球跟地球一样，也会发生地震，这被称为"月震"。月震比地震发生的①频率小得多，每年约1000次。而且月震②释放的能量也远小于地震，最大的月震震级只③相当于地震的2-3级。太阳和地球的起潮力是④引发月震的主要原因。	달도 지구와 마찬가지로 지진이 발생하는데, 이것을 '월진'이라고 부른다. 월진은 지진보다 발생 ①빈도가 훨씬 적은데, 매년 약 1000회 정도이다. 게다가 월진이 ②방출하는 에너지도 지진보다 훨씬 적어서, 가장 큰 매그니튜드가 지진의 2~3급과 ③같다. 태양과 지구의 기조력이 월진을 ④일으키는 주요 원인이다.

A 次数×	散发×	好像×	引起○	A 횟수 / 발산하다 / 마치 / 야기하다
B 概率○	排放×	相比×	泄露×	B 확률 / 배출하다 / 비교하다 / 누설하다
C 事件×	弥漫×	示范×	牵制×	C 사건 / 자욱하다 / 시범 / 견제하다
D 频率○	**释放○**	**相当○**	**引发○**	**D 빈도 / 방출하다 / 같다 / 일으키다**

단어 月球 yuèqiú 명 달 | 地震 dìzhèn 명 지진 | 月震 yuèzhèn 명 월진, 달의 진동 | 频率 pínlǜ 명 빈도 | ★释放 shìfàng 동 방출하다 | ★能量 néngliàng 명 에너지 | 震级 zhènjí 명 매그니튜드[지질] | ★相当于 xiāngdāngyú 동 ~와 같다 | 起潮力 qǐcháolì 명 기조력 | 引发 yǐnfā 동 일으키다 | 散发 sànfā 동 발산하다 | ★概率 gàilǜ 명 확률 | 排放 páifàng 동 배출하다 | ★泄露 xièlòu 동 누설하다 | 事件 shìjiàn 명 사건 | 弥漫 mímàn 동 자욱하다 | 示范 shìfàn 명 시범 | 牵制 qiānzhì 동 견제하다

빈출 호응

- **散发** sànfā 동 **발산하다** ▸ 散发气味 냄새를 풍기다 | 散发魅力 매력을 발산하다
- **排放** páifàng 동 **배출하다** ▸ 排放污染 오염을 배출하다 | 排放气体 가스를 배출하다
- **弥漫** mímàn 동 **자욱하다** ▸ 烟雾弥漫 연기가 자욱하다 | 弥漫着紧张的气息 긴장된 기운이 감돌다
- **泄露** xièlòu 동 **누설하다** ▸ 泄露秘密 비밀을 누설하다
- **牵制** qiānzhì 동 **견제하다** ▸ 牵制敌人 적을 견제하다

4

해설 및 정답 **문제 분석▾** **①번 빈칸**: 문맥상 '사처현이 신장 카스 지역에 위치하다'라는 의미이므로 位于만 가능하다. **③번 빈칸**: 赖以生存(의지하여 생존하다)은 잘 쓰이는 고정형식이다.

莎车县①位于新疆喀什地区，这里有超出50位的百岁老人②遍布于各个乡镇。长寿老人为何在这里如此集中？原来叶尔羌河流经莎车县，带给人们赖以③生存的水源。而这水源来自山脉冰雪融水，水质良好，④富含多种对人体有益的矿物质元素，有助于人们延年益寿。

사처현은 신장 카스 지역에 ①**위치해** 있는데, 이곳에는 50명이 넘는 100세 노인이 각 지방 도시에 ②**퍼져 있다**. 장수하는 노인이 왜 이곳에 이렇게 집중되어 있을까? 알고 보니 예얼창 강물이 사처현을 지나면서 사람들에게 의지할 수 있는 ③**생존**의 수원을 가져다주기 때문이다. 이 수원은 산맥의 눈과 얼음이 녹아서 흘러내린 물로, 수질이 좋아 인체에 유익하고 다양한 미네랄 성분이 ④**대량 함유되어** 있어서 사람들의 장수에 도움을 준다.

A 源于×	居住○	利用×	蕴含×	A 기원하다 / 거주하다 / 이용하다 / 내포하다
B 位于○	**遍布○**	**生存○**	**富含○**	**B 위치하다 / 분포하다 / 생존하다 / 대량 함유하다**
C 至于×	聚集×	就近×	含有○	C 이르다 / 모이다 / 근처에서 / 함유하다
D 平行×	堕落×	饮用×	包括×	D 병행하다 / 타락하다 / 마시다 / 포함하다

단어 莎车县 Shāchē Xiàn 고유 사처현[지명] | ★位于 wèiyú 동 ~에 위치하다 | 新疆 Xīnjiāng 고유 신장[지명] | 喀什 Kāshí 고유 카스[지명] | 遍布 biànbù 동 널리 분포하다 | 乡镇 xiāngzhèn 명 규모가 작은 지방 도시 | 长寿 chángshòu 동 장수하다 | 叶尔羌河 Yè'ěrqiānghé 고유 예얼창 강 | 流经 liújīng 동 (물길이) 지나다 | 赖以生存 làiyǐ shēngcún 생을 의지하다, 의지하여 생존하다 | ★水源 shuǐyuán 명 수원 | 山脉 shānmài 명 산맥 | 冰雪 bīngxuě 명 빙설, 얼음과 눈 | 融水 róngshuǐ 명 융수, 눈이나 얼음이 녹아서 흘러내리는 물 | 水质 shuǐzhì 명 수질 | ★良好 liánghǎo 형 양호하다, 좋다 | 富含 fùhán 동 대량 함유하다 | ★有益 yǒuyì 형 유익하다 | 矿物质 kuàngwùzhì 명 미네랄 | ★元素 yuánsù 명 원소, 요소 | 延年益寿 yánnián yìshòu 성 연년익수하다, 장수하다 | ★蕴含 yùnhán 동 내포하다 | 至于 zhìyú 동 ~에 이르다 | 聚集 jùjí 동 모이다 | 就近 jiùjìn 부 근처에서 | 平行

píngxíng 동 병행하다 | 堕落 duòluò 동 타락하다

빈출 호응

- **堕落** duòluò 동 **타락하다** ▸ 思想堕落 사상이 타락하다
- **蕴含** yùnhán 동 **내포하다** ▸ 蕴含深刻意义 깊은 의미를 내포하다
- **包括** bāokuò 동 **포함하다** ▸ 包括服务费 봉사료를 포함하다 | 包括两个人 두 사람을 포함하다

4 형용사와 명사의 호응

| 실전 트레이닝 1 | 기본서 126쪽

정답 1. A 2. B 3. A 4. D

1

해설 및 정답 **문제 분석▾** **①번 빈칸**: 앞에 竞争(경쟁)과 호응할 수 있는 형용사는 激烈(치열하다)뿐이다.

当今的社会是个竞争异常①**激烈**的社会，如果不能保持②**良好**的状态，很容易被淘汰。每天早起利用一点儿时间晨练，不仅可以锻炼身体，还能让自己保持精力③**充沛**，从而做好一天的工作。	지금의 사회는 경쟁이 매우 ①**치열한** 사회여서, ②**양호한** 상태를 유지하지 못하면 도태되기 쉽다. 매일 아침 일찍 일어나 잠깐의 시간을 이용해 아침 운동을 하면, 몸을 단련할 수 있을 뿐만 아니라 스스로의 에너지를 ③**왕성하게** 유지할 수 있어서 하루의 일을 잘 해낼 수 있다.
A 激烈○ 良好○ 充沛○ B 刺激× 优质× 充满× C 猛烈× 优越× 丰盛× D 热烈× 出色○ 旺盛○	**A 치열하다 / 양호하다 / 왕성하다** B 자극하다 / 양질 / 충만하다 C 맹렬하다 / 우월하다 / 풍성하다 D 열렬하다 / 출중하다 / 왕성하다

단어 异常 yìcháng 부 대단히 | ★激烈 jīliè 형 치열하다 | ★良好 liánghǎo 형 양호하다 | ★状态 zhuàngtài 명 상태 | 淘汰 táotài 동 도태하다 | 晨练 chénliàn 동 아침 운동을 하다 | ★精力 jīnglì 명 정력, 원기 | ★充沛 chōngpèi 형 왕성하다 | ★从而 cóng'ér 접 따라서 | 刺激 cìjī 동 자극하다 | 优质 yōuzhì 명 양질 | 猛烈 měngliè 형 맹렬하다 | 优越 yōuyuè 형 우월하다 | 丰盛 fēngshèng 형 풍성하다 | 热烈 rèliè 형 열렬하다 | 出色 chūsè 형 출중하다 | ★旺盛 wàngshèng 형 왕성하다

빈출 호응

- **猛烈** měngliè 형 **맹렬하다** ▸ 猛烈的大火 맹렬한 큰불
- **热烈** rèliè 형 **열렬하다** ▸ 热烈地欢迎 열렬하게 환영하다
- **优质** yōuzhì 명 **양질** ▸ 优质产品 양질의 제품
- **优越** yōuyuè 형 **우월하다** ▸ 优越的条件 우월한 조건
- **丰盛** fēngshèng 형 **풍성하다** ▸ 丰盛的晚餐 푸짐한 저녁 식사

2

해설 및 정답 **문제 분석▾** **①번 빈칸**: 有益人体的(인체에 유익한), 维生素(비타민) 등의 어휘를 통해 문맥상 영양이 풍부하다는 의미가 되어야 하므로 营养(영양)이 적합하다. **②번 빈칸**: 미량 원소라는 뜻을 나타내는 微量元素는 빈출 어휘이다.

银杏果又叫白果，①营养非常丰富，含有银杏酸、钙、钾、磷等多种有益人体的微量②元素、维生素等。而且味道香甜细软，滋味极佳，③具有良好的保健功能。但有一点要注意的是，白果有小毒，最好不要生食过多。

A 内容×	物质×	拥有○
B 营养○	**元素○**	**具有○**
C 价值×	精华×	占据×
D 色彩×	矿产×	占有×

은행나무 열매는 은행이라고도 불리는데, ①**영양**이 매우 풍부하며, 긴코릭산, 칼슘, 칼륨, 인 등의 여러 인체에 유익한 미량 ②**원소**와 비타민 등이 함유되어 있다. 게다가 향이 달콤하고 부드러우며, 맛도 매우 좋고, 뛰어난 보건 효능을 ③**지니고** 있다. 다만 한 가지 주의해야 할 점이 있는데, 은행에는 작은 독이 있기 때문에 생으로 많이 먹지 않는 것이 좋다.

A 내용 / 물질 / 보유하다
B 영양 / 원소 / 지니다
C 가치 / 정수 / 점거하다
D 색채 / 광산 / 점유하다

단어 银杏果 yínxìngguǒ 명 은행나무 열매 | 白果 báiguǒ 명 은행 | 银杏酸 yínxìngsuān 명 긴코릭산 | 钙 gài 명 칼슘 | 钾 jiǎ 명 칼륨 | 磷 lín 명 인[화학] | ★有益 yǒuyì 형 유익하다 | ★微量元素 wēiliàng yuánsù 명 미량 원소 | ★维生素 wéishēngsù 명 비타민 | 香甜 xiāngtián 형 향기롭고 달다 | 细软 xìruǎn 형 섬세하고 부드럽다 | ★滋味 zīwèi 명 맛 | 保健 bǎojiàn 명 보건 | 毒 dú 명 독 | 物质 wùzhì 명 물질 | ★拥有 yōngyǒu 동 보유하다 | ★精华 jīnghuá 명 정화, 정수 | ★占据 zhànjù 동 점거하다 | ★色彩 sècǎi 명 색채 | 矿产 kuàngchǎn 명 광산, 광산물 | 占有 zhànyǒu 동 점유하다

빈출 호응

- **物质** wùzhì 명 **물질** ▸ 物质生活 물질 생활 | 物质基础 물질적 기반
- **精华** jīnghuá 명 **정화, 정수** ▸ 文化的精华 문화의 정수 | 汲取精华 정수를 받아들이다
- **占据** zhànjù 동 **점거하다** ▸ 占据空间 공간을 점거하다 | 占据优势 우위를 점하다

3

해설 및 정답 **문제 분석▾** **②번 빈칸**: 문맥상 '멜라토닌의 분비가 잘못되다'가 적합하므로 分泌(분비하다)만 가능하다. 褪黑素(멜라토닌)는 어려운 어휘이지만 한자 素를 통해 일종의 호르몬임을 판단할 수 있다.

在①**寒冷**的冬天，由于日照时间短，人体的褪黑素②**分泌**紊乱，使得产生"愉悦感"的血清素含量发生了变化，因此有些人在冬季会情绪低落、没有③**活力**，甚至容易发怒。这时，参加一些社交活动会缓解④**压抑**的心情。	①**추운** 겨울에는 일조시간이 짧고 인체의 멜라토닌 ②**분비**가 흐트러져 '쾌감'을 만드는 세로토닌 함량이 변화하기 때문에, 어떤 사람들은 겨울철에 기분이 가라앉고 ③**활력**이 없으며, 심지어 쉽게 화를 내기도 한다. 이때, 몇몇 사교 활동에 참가하면 ④**답답한** 기분을 완화시킬 수 있다.
A 寒冷O　分泌O　活力O　压抑O	**A 한랭하다 / 분비하다 / 활력 / 답답하다**
B 冷酷×　发育×　眼色×　忧伤O	B 냉혹하다 / 발육하다 / 눈짓 / 근심하다
C 潮湿O　恶化×　朝气O　麻痹×	C 축축하다 / 악화되다 / 생기 / 마비되다
D 冷淡×　蔓延×　气势×　摧残×	D 냉담하다 / 만연하다 / 기세 / 학대하다

단어 日照 rìzhào 명 일조 | 褪黑素 tuìhēisù 명 멜라토닌 | ★分泌 fēnmì 동 분비하다 | 紊乱 wěnluàn 형 혼란하다, 무질서하다 | 愉悦感 yúyuègǎn 명 쾌락 | 血清素 xuèqīngsù 명 세로토닌 | 含量 hánliàng 명 함량 | ★情绪 qíngxù 명 기분 | ★低落 dīluò 형 저하하다, 침체되다 | ★活力 huólì 명 생기, 활력 | 发怒 fānù 동 화내다, 노하다 | ★缓解 huǎnjiě 동 완화시키다 | ★压抑 yāyì 형 답답하다 | 冷酷 lěngkù 형 냉혹하다 | 发育 fāyù 동 발육하다 | 眼色 yǎnsè 명 눈짓 | 忧伤 yōushāng 동 근심하고 슬퍼하다 | 潮湿 cháoshī 형 축축하다, 습하다 | 恶化 èhuà 동 악화되다 | 朝气 zhāoqì 명 생기, 패기 | 麻痹 mábì 동 마비되다 | 冷淡 lěngdàn 형 냉담하다 | 蔓延 mànyán 동 만연하다 | 气势 qìshì 명 기세 | 摧残 cuīcán 동 심한 손상을 주다, 학대하다

빈출 호응

- **冷酷** lěngkù 형 **냉혹하다** ▸ 冷酷的现实 냉혹한 현실 | 为人冷酷 사람됨이 냉혹하다
- **冷淡** lěngdàn 형 **냉담하다** ▸ 冷淡的态度 냉담한 태도 | 气氛冷淡 분위기가 냉랭하다
- **恶化** èhuà 동 **악화되다** ▸ 病情恶化 병세가 악화되다 | 环境恶化 환경이 악화되다
- **蔓延** mànyán 동 **만연하다** ▸ 大火蔓延 큰불이 번지다 | 杂草蔓延 잡초가 만연하다
- **气势** qìshì 명 **기세** ▸ 宏伟的气势 웅장한 기세 | 气势汹汹 기세가 등등하다
- **麻痹** mábì 동 **마비되다** ▸ 心脏麻痹 심장 마비 | 神经麻痹 신경 마비
- **摧残** cuīcán 동 **심한 손상을 주다, 학대하다** ▸ 花朵被寒风摧残 꽃송이가 찬바람에 부서지다

4

해설 및 정답 **문제 분석▾** **②번 빈칸**: 문맥상 '근시의 심한 정도가 더욱 심각하다'가 되어야 하므로 程度(정도)만 가능하다. **④번 빈칸**: 보기 중 过于(지나치게)는 조사 地와 같이 쓰일 수 없다.

近年来，全球近视人群①**比例**不断增长，近视②**程度**也变得更加严重。导致这一问题的除了③**遗传**原因，还有环境原因，如④**过度**地近距离用眼，户外活动时间短。	최근 몇 년간, 전 세계적으로 근시인 사람들의 ①**비율**이 꾸준히 증가하면서, 근시의 ②**정도** 역시 더욱 심각해졌다. 이러한 문제가 초래된 것은 ③**유전적인** 원인 외에 환경적인 원인도 있는데, 예를 들어 ④**과도하게** 가까운 거리에서 눈을 사용하거나 야외 활동 시간이 짧은 것 등이 있다.

독해 제2부분

A 比重○	分量×	繁衍×	大量×	A 비중 / 분량 / 번성하다 / 대량
B 队伍×	尺寸×	遗留×	频繁○	B 대열 / 치수 / 남기다 / 빈번하다
C 阶层×	密度×	繁殖×	过于×	C 계층 / 밀도 / 번식하다 / 지나치게
D 比例○	**程度○**	**遗传○**	**过度○**	**D 비율 / 정도 / 유전하다 / 과도하다**

단어 全球 quánqiú 명 전 세계 | 近视 jìnshì 명 근시 | 人群 rénqún 명 사람의 무리 | ★比例 bǐlì 명 비율 | ★遗传 yíchuán 동 유전하다 | ★过度 guòdù 형 과도하다 | 户外 hùwài 명 실외 | 比重 bǐzhòng 명 비중 | 分量 fènliàng 명 분량 | ★繁衍 fányǎn 동 번성하다 | ★队伍 duìwu 명 대오, 대열 | 尺寸 chǐcùn 명 치수 | 遗留 yíliú 동 남기다 | ★频繁 pínfán 형 빈번하다 | 阶层 jiēcéng 명 계층 | 密度 mìdù 명 밀도 | 繁殖 fánzhí 동 번식하다 | 过于 guòyú 부 지나치게

빈출 호응

- **繁衍** fányǎn 동 **번성하다** ▸ 繁衍子孙 자손이 번성하다
- **遗留** yíliú 동 **남기다** ▸ 历史遗留的问题 역사가 남긴 문제
- **繁殖** fánzhí 동 **번식하다** ▸ 牲畜繁殖 가축 번식

| 실전 트레이닝 2 | 기본서 127쪽

정답 1. A 2. C 3. C 4. D

1

해설 및 정답 **문제 분석▼** **③번 빈칸**: 앞에 동사 满足(만족시키다)와 호응할 수 있는 명사는 需求(수요)뿐이다. **②번 빈칸**: 生态链(생태계)은 生态系统과 같은 의미로 문맥상 비즈니스 생태계를 나타낸다.

旅游业借助互联网，将服务①机构、酒店、景区、交通等环节融合成了一个整体的商业②生态链，满足了旅客们吃、行、住、游玩儿一体化的③需求，大大提高了服务水平。

관광업계는 인터넷에 힘입어, 서비스 ①기관, 호텔, 관광지, 교통 등의 부분을 하나의 총체적인 비즈니스 ②생태계로 통합하여, 관광객의 음식, 이동 수단, 숙박, 놀거리가 일체화된 ③수요를 만족시켜 서비스 수준을 크게 끌어올렸다.

A 机构○	**生态○**	**需求○**	**A 기관 / 생태 / 수요**
B 团体×	体系×	野心×	B 단체 / 체계 / 야심
C 协会×	专题×	吩咐×	C 협회 / 전제 / 분부하다
D 媒介×	层次×	意图×	D 매체 / 등급 / 의도

단어 借助 jièzhù 동 ~의 힘을 빌리다 | 机构 jīgòu 명 기관 | ★环节 huánjié 명 일환, 부분 | ★融合 rónghé 동 융합하다 | 生态链 shēngtàiliàn 명 생태계 | 一体化 yìtǐhuà 명 일체화 | ★需求 xūqiú 명 수요, 요구 | 团体 tuántǐ 명 단체 | ★体系 tǐxì 명 체계 | 野心 yěxīn 명 야심 | 协会 xiéhuì 명 협회 | 专题 zhuāntí 명 전제, 특정 주제 | 吩咐 fēnfù 동 분부하다 | 媒介 méijiè 명 매체 | 层次 céngcì 명 단계, 등급 | ★意图 yìtú 명 의도

2

해설 및 정답 **문제 분석▼** **①번 빈칸**: 앞에 新陈과 결합할 수 있는 것은 代谢뿐이다. 新陈代谢(신진대사)는 자주 출제되는 어휘이다.

棉花在生长过程中如果连续缺水的话，会降低新陈①代谢，减弱根部的抗逆能力。但是水分也②不宜过多，遇到暴雨的天气，没有及时排水会导致根部呼吸困难、增加病菌的③滋生，从而引发各种病虫害，导致④产量减少。	목화는 성장 과정 중에, 계속해서 물이 부족하면 신진①대사를 저하시키고, 뿌리 부분의 저항 능력을 약화시킨다. 그러나 수분이 과한 것도 ②좋지 않아, 폭우가 내리는 날씨에 물을 제때 흘려보내지 못하면, 뿌리 부분의 호흡 곤란과 병균의 ③번식 증가를 초래하고, 각종 병충해를 일으켜 ④생산량의 감소를 초래한다.
A 交替× 不惜× 长大× 颜色× B 循环× 不顾× 消耗× 果实× **C 代谢○ 不宜○ 滋生○ 产量○** D 功能× 不妨× 孕育× 茎叶×	A 교체 / 아끼지 않다 / 자라다 / 색깔 B 순환 / 돌보지 않다 / 소모하다 / 과실 **C 대사 / 좋지 않다 / 번식하다 / 생산량** D 효능 / 무방하다 / 배태하다 / 줄기와 잎

단어 棉花 miánhuā 명 목화 | ★新陈代谢 xīnchén dàixiè 명 신진대사 | 根部 gēnbù 명 뿌리 부분 | 抗逆 kàngnì 동 저항하다 | 水分 shuǐfèn 명 수분 | ★不宜 bùyí 동 ~하는 것은 좋지 않다 | 暴雨 bàoyǔ 명 폭우 | 病菌 bìngjūn 명 병균 | 滋生 zīshēng 동 번식하다, 일으키다 | 病虫害 bìngchónghài 명 병충해 | 产量 chǎnliàng 명 생산량 | 交替 jiāotì 동 교체하다 | 不惜 bùxī 동 아끼지 않다 | ★循环 xúnhuán 명 순환 | 不顾 búgù 동 고려하지 않다 | ★消耗 xiāohào 동 소모하다 | 果实 guǒshí 명 과실 | ★不妨 bùfáng 부 무방하다 | ★孕育 yùnyù 동 배태하다 | 茎叶 jīngyè 줄기와 잎

빈출 호응

- **不惜** bùxī 동 **아끼지 않다** ▸ 不惜一切代价 모든 대가를 치르다
- **不顾** búgù 동 **고려하지 않다** ▸ 不顾后果 결과를 고려하지 않다
- **滋生** zīshēng 동 **번식하다, 일으키다** ▸ 滋生细菌 세균이 번식하다 | 滋生事端 사단을 일으키다
- **孕育** yùnyù 동 **배태하다** ▸ 孕育新生命 새 생명을 잉태하다

3

해설 및 정답 **문제 분석▼** **①번 빈칸**: 문맥상 '길고 복잡한 과정'이 되어야 하므로 뒤에 过程(과정)과 호응할 수 있는 형용사는 漫长(길다)뿐이다. **②번 빈칸**: 백신 접종은 전염병을 예방할 수 있지만 치료할 수 없기 때문에 治疗(치료하다)는 오답이다.

疫苗的开发是一个①漫长而复杂的过程，且成本很高。接种疫苗是②预防和控制传染病最经济、有效的公共卫生干预措施，对于家庭来说也是减少③成员疾病发生、减少医疗费用的有效④手段。	백신 개발은 ①길고 복잡한 과정이며, 생산 비용이 많이 든다. 백신 접종은 전염병을 ②예방하고 억제하는 가장 경제적이고 효과적인 공중 위생 관여 조치이며, 가정에서도 ③구성원의 질병 발생을 줄이고, 의료 비용을 줄이는 효과적인 ④수단이다.

독해 제2부분

A 延长×	防御×	市民×	手腕×	A 연장하다 / 방어하다 / 시민 / 수완
B 长途×	治疗×	法人×	格式×	B 장거리 / 치료하다 / 법인 / 격식
C 漫长○	**预防○**	**成员○**	**手段○**	**C 길다 / 예방하다 / 구성원 / 수단**
D 遥远×	诊断×	公民×	途径○	D 멀다 / 진단하다 / 공민 / 경로

단어 疫苗 yìmiáo 명 백신 | ★开发 kāifā 동 개발하다 | 漫长 màncháng 형 길다 | ★成本 chéngběn 명 원가, 생산비 | 接种 jiēzhòng 동 접종하다 | 预防 yùfáng 동 예방하다 | 控制 kòngzhì 동 억제하다 | 传染病 chuánrǎnbìng 명 전염병 | ★有效 yǒuxiào 형 효력이 있다 | 公共卫生 gōnggòng wèishēng 명 공중위생 | 干预 gānyù 동 관여하다 | 措施 cuòshī 명 조치, 대책 | 成员 chéngyuán 명 구성원 | ★疾病 jíbìng 명 질병 | 医疗 yīliáo 명 의료 | ★费用 fèiyòng 명 비용 | ★手段 shǒuduàn 명 수단 | 延长 yáncháng 동 연장하다 | 防御 fángyù 동 방어하다 | 市民 shìmín 명 시민 | 手腕 shǒuwàn 명 수완 | 长途 chángtú 명 장거리 | 治疗 zhìliáo 동 치료하다 | 法人 fǎrén 명 법인 | 遥远 yáoyuǎn 형 아득히 멀다 | 诊断 zhěnduàn 동 진단하다 | 公民 gōngmín 명 공민 | ★途径 tújìng 명 경로

빈출 호응

- **长途** chángtú 명 장거리 ▸ 长途汽车 장거리 버스 | 长途跋涉 먼길을 고생스럽게 가다
- **遥远** yáoyuǎn 형 아득히 멀다 ▸ 遥远的未来 아득한 미래 | 遥远的距离 까마득한 거리
- **防御** fángyù 동 방어하다 ▸ 防御敌人 적을 방어하다
- **手腕** shǒuwàn 명 수완 ▸ 外交手腕 외교 수완 | 耍手腕 수단을 쓰다

4

해설 및 정답 **문제 분석▾** **①번 빈칸**: 앞의 繁荣(번영하다)과 같이 역사를 표현할 수 있는 형용사가 와야 한다. 보기 중 灿烂(찬란하다)만 가능하다. 灿烂은 阳光(햇빛), 笑容(미소), 历史(역사), 文化(문화) 등의 어휘와 호응한다.

唐朝是中国古代最繁荣、①灿烂的时期。因此，中国人的传统服装就被称为“唐装”。②实际上，唐装并不是唐朝的服装，它③起源于清朝的马褂。唐装④款式多样，有复古型、民族型、时尚型等。

당(唐) 왕조는 중국 고대의 가장 번영하고 ①찬란한 시기였다. 그래서, 중국인들의 전통 의상을 '탕좡(唐装)'이라고 부른다. ②실제로, 탕좡은 당나라 의상이 아니라, 청(清) 왕조의 마고자에서 ③기원한 것이다. 탕좡은 ④양식이 다양한데, 복고형, 민족형, 패션형 등이 있다.

A 热闹×	真实×	来源○	造型○	A 번화하다 / 진실하다 / 유래하다 / 조형
B 宏大×	事实○	诞生○	品种×	B 웅대하다 / 사실 / 탄생하다 / 품종
C 华丽×	具体×	起草×	种类○	C 화려하다 / 구체적인 / 기초하다 / 종류
D 灿烂○	**实际○**	**起源○**	**款式○**	**D 찬란하다 / 실제 / 기원하다 / 양식**

단어 唐朝 Tángcháo 명 당(唐) 왕조 | 古代 gǔdài 명 고대 | ★繁荣 fánróng 형 번영하다 | ★灿烂 cànlàn 형 찬란하다 | 唐装 Tángzhuāng 명 탕좡[중국 전통 양식의 복장] | 实际 shíjì 명 실제 | ★起源 qǐyuán 동 기원하다 | 清朝 Qīngcháo 명 청(清) 왕조 | 马褂 mǎguà 명 마고자[지난날, 남자들이 长袍(chángpáo) 위에 입는 소매가 긴 앞섶을 포개어 여미지 않고 맞대어 끈·단추로 채운 짧은 상의] | 款式 kuǎnshì 명 양식, 스타일 | 复古 fùgǔ 동 복고하다 | 时尚 shíshàng 명 유행, 패션 | 真实 zhēnshí 형 진실하다 | ★来源 láiyuán 동 유래하다 | 造型 zàoxíng 명 조형 | 宏大 hóngdà 형 웅대하다 | 事实 shìshí 명 사실 | ★诞生 dànshēng 동 탄생하다 | 品种 pǐnzhǒng 명 품종 | 华丽 huálì 형 화려하다 | 起草 qǐcǎo 동 기초하다 | ★种类 zhǒnglèi 명 종류

빈출 호응

- **宏大** hóngdà 형 웅대하다 ▸ 规模宏大 규모가 방대하다 | 宏大的构想 거창한 구상
- **华丽** huálì 형 화려하다 ▸ 华丽的词藻 화려한 문체 | 服饰华丽 복식이 화려하다
- **起草** qǐcǎo 동 초안을 작성하다 ▸ 起草文件 문서 초안을 작성하다 | 起草合同书 계약서를 작성하다
- **品种** pǐnzhǒng 명 품종 ▸ 小麦品种 밀 품종 | 狗的品种 개의 품종

5 기타 어휘

| 실전 트레이닝 1 | 기본서 136쪽

정답 1. B 2. C 3. D 4. A

1

해설 및 정답 **문제 분석▼ ③번 빈칸**: 문맥상 빈칸 뒤의 내용인 '장기에 가해지는 자극과 피해가 더욱 심해진다'는 빈칸 앞에 '온몸에 알코올의 침투를 가속화한다'라는 내용의 결과이다. 따라서 순접 관계를 나타내는 접속사 从而(따라서)이 가장 적합하다.

各种酒的酒精①含量是不同的，如果一会儿喝啤酒，一会儿喝白酒，对于这样短时间内发生的变化，身体是很难适应的。而且②混着喝酒会加速酒精在全身的渗透，③从而加剧对肝脏、肠胃和肾脏等器官的刺激和危害。

각종 술의 알코올 ①**함량**은 다르다. 만약 맥주를 마시다가 백주를 마시면, 단시간 내에 발생하는 변화를 신체는 적응하기 매우 어렵다. 또한 술을 ②**섞어** 마시면 온몸에 알코올의 침투를 가속화한다. ③**따라서** 간과 위장, 신장 등의 장기에 가해지는 자극과 피해가 더욱 심해진다.

A 浓度○	凑×	连同×	A 농도 / 모으다 / 함께
B 含量○	**混○**	**从而○**	**B 함량 / 섞다 / 따라서**
C 元素×	灌×	固然×	C 원소 / 채우다 / 물론
D 次序×	喂×	即便×	D 순서 / 먹이다 / 설령

단어 酒精 jiǔjīng 명 알코올 | 含量 hánliàng 명 함량 | 混 hùn 동 섞다 | 渗透 shèntòu 동 침투하다, 스며들다 | 加剧 jiājù 동 격화하다, 심해지다 | 肝脏 gānzàng 명 간, 간장 | 肠胃 chángwèi 명 위장 | 肾脏 shènzàng 명 신장 | 器官 qìguān 명 기관 | ★刺激 cìjī 명 자극 | 浓度 nóngdù 명 농도 | 凑 còu 동 모으다 | 连同 liántóng 접 ~와 함께 | ★元素 yuánsù 명 원소 | 灌 guàn 동 부어 넣다, 채우다 | ★固然 gùrán 접 물론 ~지만 | 次序 cìxù 명 순서 | 喂 wèi 동 먹이다 | ★即便 jíbiàn 접 설사 ~하더라도

빈출 호응

- **凑** còu 동 **모으다** ▸ 凑钱 돈을 모으다 | 凑近点儿 가까이 다가가다
- **灌** guàn 동 **부어 넣다, 채우다** ▸ 灌一壶水 주전자를 채우다 | 灌篮 덩크 슛
- **喂** wèi 동 **먹이다** ▸ 给小鸡喂饲料 병아리에게 사료를 먹이다

2

해설 및 정답 **문제 분석▼** **③번 빈칸**: 문맥상 '고객 센터의 안내원과 직접 소통하다'라는 의미가 되어야 하므로 直接(직접)만 이 가능하다. 전화로 소통하는 상황이라 当面(직접 마주하여)은 적합하지 않다.

如今服务行业的客服电话大部分是自助语音，但人工服务也①不可或缺。毕竟，语音服务分类再细，也难以满足消费者的多样化需求。②尤其对老年人来说，不少人听不懂语音提示的各种专业术语，而更习惯于和客服人员③直接沟通。

오늘날 서비스 업계의 고객 센터의 전화는 대부분 자동 음성이지만, 일대일 고객 응대 서비스도 ①**필수 불가결하다**. 결국 음성 서비스 분류가 아무리 세밀하다고 해도, 소비자의 다양한 수요를 충족시키기는 어렵다. ②**특히** 노인의 경우, 많은 사람이 음성 안내의 다양한 전문 용어를 알아듣지 못하고, 서비스 직원과 ③**직접** 소통하는 데 익숙한 경우가 많다.

A 一举两得×	明明×	书面×	A 일거양득 / 분명히 / 서면
B 不相上下×	特别○	当面×	B 막상막하 / 특히 / 직접 마주하여
C 不可或缺○	**尤其○**	**直接○**	**C 필수 불가결하다 / 특히 / 직접**
D 必不可少○	起码×	默默×	D 없어서는 안 되다 / 적어도 / 묵묵하다

단어 ★如今 rújīn 명 오늘날 | ★行业 hángyè 명 업종 | 客服 kèfú 명 고객 서비스 | 自助 zìzhù 동 자조하다, 셀프 서비스를 하다 | 语音 yǔyīn 명 말소리, 언어의 음성 | 人工服务 réngōng fúwù 일대일 고객 응대 서비스 | ★不可或缺 bù kě huò quē 성 필수 불가결하다 | ★毕竟 bìjìng 부 필경, 결국 | 分类 fēnlèi 명 분류 | 尤其 yóuqí 부 특히 | 术语 shùyǔ 명 전문 용어 | ★一举两得 yì jǔ liǎng dé 성 일거양득 | ★明明 míngmíng 부 분명히 | 书面 shūmiàn 명 서면 | ★不相上下 bù xiāng shàng xià 성 막상막하 | 当面 dāngmiàn 부 직접 마주하여 | ★必不可少 bì bù kě shǎo 성 없어서는 안 되다 | ★起码 qǐmǎ 부 적어도 | 默默 mòmò 형 묵묵하다

빈출 호응

- **书面** shūmiàn 명 **서면** ▸ 以书面形式 서면 형식으로 | 书面通知 서면 통지
- **当面** dāngmiàn 부 **직접 마주하여** ▸ 当面道歉 얼굴을 보고 사과하다 | 当面指责 면전에서 질책하다
- **默默** mòmò 형 **묵묵하다** ▸ 默默奉献 묵묵히 봉사하다 | 默默忍受 묵묵히 견디다

3

해설 및 정답 **문제 분석▼** **①번 빈칸**: 문맥상 '현재 토종 꿀이 존재하지 않는다'가 되어야 하므로, 부정부사 不 앞에 놓여 부정의 의미를 강조하는 根本(아예)이 가장 적합하다. **②번 빈칸**: 뒤에 부사 都와 호응할 수 있는 접속사는 不管(~에 관계없이)과 不论(~든지)뿐이다.

市场上有不少"野生"或者"农家"生产的土蜂蜜受到追捧，实际上，目前①**根本**不存在所谓的土蜂蜜。②**不论**是哪一种蜂蜜，**都**是从鲜花所产生的花蜜而酿成，③**本质**上都是一样的，营养④**价值**并没有较大差异。	시장에서는 '야생'이나 '농가'에서 생산되는 토종 꿀이 인기를 끌고 있지만, 사실상 현재 토종 꿀이라는 것은 ①**아예** 존재하지 않는다. 어떤 꿀②**이든** 모두 꽃에서 나오는 꿀로 만들어져, ③**본질**적으로는 모두 똑같아 영양 ④**가치**에는 큰 차이가 없다.

A 凡是×	不但×	素质×	成分○	A 무릇 / ~뿐만 아니라 / 소양 / 성분
B 格外×	不管○	原则×	财富×	B 유난히 / ~에 관계없이 / 원칙 / 재산
C 一致×	不如×	实质○	福利×	C 일치 / ~만 못하다 / 실질 / 복지
D 根本○	**不论○**	**本质○**	**价值○**	**D 아예 / ~든지 / 본질 / 가치**

단어 野生 yěshēng 명 야생 | 农家 nóngjiā 명 농가 | 土蜂蜜 tǔfēngmì 토종 꿀 | ★追捧 zhuīpěng 동 열광적인 성원을 하다 | ★根本 gēnběn 부 아예, 전혀 | 所谓 suǒwèi 형 ~라는 것은 | 花蜜 huāmì 명 벌꿀 | 酿成 niàngchéng 동 빚어 내다, 만들다 | 本质 běnzhì 명 본실 | ★差异 chāyì 명 차이 | 凡是 fánshì 부 무릇 | ★素质 sùzhì 명 소양, 자질 | ★成分 chéngfèn 명 성분 | 格外 géwài 부 유난히 | 原则 yuánzé 명 원칙 | 财富 cáifù 명 재산 | 一致 yízhì 명 일치 | 实质 shízhì 명 실질 | 福利 fúlì 명 복리, 복지

4

해설 및 정답 **문제 분석▼ ③번 빈칸**: 뒤에 也와 호응할 수 있는 접속사는 哪怕(설령)뿐이다. 전환 관계를 나타내는 哪怕…也…는 '설령 ~일지라도 ~하다'라는 뜻이다. **②번 빈칸**: 동사 给予(주다)는 给의 서면어이다.

为了鼓励孩子多吃并不喜欢的蔬菜，专家①**测试**了多种方法，其中最有效的方法是：家长每天给孩子做该食物的菜肴并且带头吃，同时②**给予**一些小的精神奖励。这样，③**哪怕**孩子刚开始不接受，在重复10-15次后，**也**能④**渐渐**接受。	아이들이 좋아하지 않는 채소를 많이 먹도록 장려하기 위해서, 전문가들은 다양한 방법을 ①**테스트했는데**, 그중 가장 효과적인 방법은 부모가 매일 아이에게 이 음식으로 반찬을 만들어 앞장서서 먹이고, 동시에 작은 정신적 칭찬을 해②**주는** 것이다. 이렇게 되면, ③**설령** 아이가 처음에는 받아들이지 않더라도, 10~15회 반복하면 ④**점점** 받아들일 수 있다.

A 测试○	**给予○**	**哪怕○**	**渐渐○**	**A 테스트하다 / 주다 / 설령 / 점점**
B 考察×	赠予×	反之×	悄悄×	B 고찰하다 / 증여하다 / 반대로 / 은밀히
C 检查×	赋予×	与其×	慢慢○	C 검사하다 / 부여하다 / 차라리 / 천천히
D 过滤×	赐予×	宁愿×	逐渐○	D 여과하다 / 하사하다 / 차라리 / 점차

단어 鼓励 gǔlì 동 장려하다 | 专家 zhuānjiā 명 전문가 | 测试 cèshì 동 테스트하다 | ★有效 yǒuxiào 형 효력이 있다 | 该 gāi 대 이, 그 | 菜肴 càiyáo 명 요리, 반찬 | 带头 dàitóu 동 앞장서다 | ★给予 jǐyǔ 동 주다 | 奖励 jiǎnglì 명 장려, 칭찬 | ★哪怕 nǎpà 접 설령 | ★重复 chóngfù 동 중복하다 | 渐渐 jiànjiàn 부 점점 | 考察 kǎochá 동 고찰하다 | 赠予 zèngyǔ 동 증여하다 | 反之 fǎnzhī 접 반대로 | 悄悄 qiāoqiāo 형 은밀하다 | 赋予 fùyǔ 동 부여하다 | ★与其 yǔqí 접 ~하느니 차라리 | 过滤 guòlǜ 동 여과하다 | 赐予 cìyǔ 동 하사하다 | ★宁愿 nìngyuàn 부 차라리 | 逐渐 zhújiàn 부 점차

독해 제2부분

빈출 호응

- **考察** kǎochá 동 **고찰하다** ▸ 考察地形 지형을 고찰하다 | 南极考察队 남극탐사대
- **给予** jǐyǔ 동 **주다** ▸ 给予力量 힘을 주다 | 给予帮助 도움을 주다
- **赠予** zèngyǔ 동 **증여하다** ▸ 赠予礼物 사은품을 증정하다
- **赋予** fùyǔ 동 **부여하다** ▸ 赋予权利 권리를 부여하다 | 赋予新生命 새 생명을 부여하다
- **赐予** cìyǔ 동 **하사하다** ▸ 赐予勋章 훈장을 하사하다 | 上天赐予的 하늘이 하사한 것

| 실전 트레이닝 2 | 기본서 137쪽

정답 1. B 2. D 3. C 4. A

1

해설 및 정답 **문제 분석▾** **①번 빈칸**: 문맥상 '참관하러 온 사람이 많다'라는 내용이 되어야 하므로 보기 중 '왕래가 빈번해 끊이지 않다'라는 뜻을 나타내는 사자성어인 络绎不绝가 가장 적합하다. **③번 빈칸**: 명사 名片(명함)과 결합할 수 있는 것은 传递(전달하다)뿐이다.

第7届"河北省特色文化产品博览交易会"在石家庄隆重开幕，前来参观的人①**络绎不绝**，场内②**琳琅满目**的展品让市民大饱眼福。此次博览会展示了博大厚重、绚丽多彩的河北特色文化产业，向外界③**传递**了一张亮丽的名片。	제7회 '허베이성 이색 문화상품 박람 교역회'가 스자좡에서 성대하게 개막하여, 참석하러 오는 사람들이 ①**끊이지 않았고**, 장내에는 ②**매우 많은 훌륭한** 전시품이 시민들의 눈을 즐겁게 했다. 이번 박람회는 방대하고 풍성하며 아름답고 다채로운 허베이의 특색 있는 문화산업을 선보이며, 외부에 아름다운 명함을 ③**전달했다**.
A 滔滔不绝× 汗牛充栋× 传播× **B 络绎不绝○ 琳琅满目○ 传递○** C 多种多样× 别具一格○ 传达× D 层出不穷× 不胜枚举○ 奉献×	A (말이) 끊임없다 / 한우충동 / 전파하다 **B (왕래가) 끊이지 않다 / 훌륭한 물건이 매우 많다 / 전달하다** C 가지각색 / 이채를 띠다 / 전하다 D 계속 일어나다 / 매우 많다 / 기여하다

단어 届 jiè 양 회, 차 | 河北省 Héběi Shěng 고유 허베이성[지명] | 博览交易会 bólǎn jiāoyìhuì 명 박람 교역회 | 石家庄 Shíjiāzhuāng 고유 스자좡[지명] | 隆重 lóngzhòng 형 성대하다 | 开幕 kāimù 동 개막하다 | 前来 qiánlái 동 오다 | ★络绎不绝 luò yì bù jué 성 (사람·수레·배 따위의) 왕래가 빈번해 끊이지 않다 | ★琳琅满目 lín láng mǎn mù 성 훌륭한 물건이 매우 많다 | 展品 zhǎnpǐn 명 전시품 | 市民 shìmín 명 시민 | 大饱眼福 dà bǎo yǎnfú 성 실컷 보고 즐기다 | 博览会 bólǎnhuì 명 박람회 | ★展示 zhǎnshì 동 전시하다 | 博大厚重 bódà hòuzhòng 방대하고 풍성하다 | 绚丽多彩 xuànlì duōcǎi 눈부시게 아름답고 다채롭다 | 产业 chǎnyè 명 산업 | 外界 wàijiè 명 외부 | ★传递 chuándì 동 전달하다 | 亮丽 liànglì 형 밝고 아름답다 | 名片 míngpiàn 명 명함 | 滔滔不绝 tāo tāo bù jué 성 (말이) 끊임없다 | ★汗牛充栋 hàn niú chōng dòng 성 한우충동, 장서나 저서가 아주 많다 | ★传播 chuánbō 동 전파하다 | ★多种多样 duō zhǒng duō yàng 가지각색 | ★别具一格 bié jù yì gé 성 이채를 띠다, 독특한 풍격을 지니다 | 传达 chuándá 동 (생각을) 전하다 | ★层出不穷 céng chū bù qióng 성 계속 일어나다 | 不胜枚举 bú shèng méi jǔ 성 매우 많다, 일일이 열거할 수 없다 | 奉献 fèngxiàn 동 기여하다

2

해설 및 정답 **문제 분석▼** **①번 빈칸**: 뒤에 否则(그렇지 않으면)와 호응하는 접속사는 除非(오직 ~하여야)뿐이다. 除非…否则…는 '반드시 ~해야만 한다. 그렇지 않으면 ~하다'의 뜻이다. **③번 빈칸**: 보기 중 遭遇(부닥치다)와 面临(직면하다)은 항상 困难(곤란), 危机(위기) 등 부정적인 어휘와 어울려 쓰인다.

武汉市对双层公交有严格行车规定：①除非交通部门有明确交通疏导指示，否则双层公交车不得②私自改道，若需改道，③途经涵洞、限高架时，司机须下车观察限定高度，确认公交车可以安全通过，④方可继续行驶。

우한시에는 이층 버스에 대한 엄격한 운행 규정이 있다. 교통부에 명확한 교통 완화 지시가 있①어야 한다. 그렇지 않으면 이층 버스는 ②개인적으로 도로를 변경할 수 없는데, 만약 도로를 변경해야 하고, 배수로를 ③거쳐야 하거나 고가의 높이 제한이 있을 경우, 운전자는 차에서 하차하여 제한 고도를 관찰하고, 버스가 안전하게 통과할 수 있음을 확인해야 ④비로소 계속 운행할 수 있다.

A 倘若×	擅自○	经过○	才○	A 만약 / 제멋대로 / 지나다 / 비로소
B 即使×	积极×	遭遇×	勿×	B 설령 / 적극적인 / 부닥치다 / 하지 마라
C 宁可×	意外×	面临×	尚×	C 차라리 / 의외이다 / 직면하다 / 아직
D 除非○	**私自○**	**途经○**	**方○**	**D ~여야 / 개인적으로 / 거치다 / 비로소**

단어 武汉市 Wǔhàn Shì 고유 우한시[지명] | 双层公交 shuāngcéng gōngjiāo 이층 버스 | 行车 xíngchē 동 운행하다 | ★规定 guīdìng 명 규정 | ★除非 chúfēi 접 오직 ~하여야 | 部门 bùmén 명 부문, 부 | ★明确 míngquè 형 명확하다 | 疏导 shūdǎo 동 완화하다, 흐름을 원활하게 하다 | 指示 zhǐshì 명 지시 | 否则 fǒuzé 접 그렇지 않으면 | 不得 bùdé 부 ~할 수가 없다 | 私自 sīzì 부 개인적으로 | 改道 gǎidào 동 차 노선을 바꾸다 | 若 ruò 접 만약 | 涵洞 hándòng 명 배수로 | 限高架 xiàngāojià 명 높이 제한 장치 | 行驶 xíngshǐ 동 통행하다 | ★倘若 tǎngruò 접 만약 | 擅自 shànzì 부 제멋대로 | ★即使 jíshǐ 접 설령 | ★遭遇 zāoyù 동 부닥치다 | ★勿 wù 부 ~하지 마라 | ★宁可 nìngkě 접 차라리 | ★意外 yìwài 형 의외이다 | ★面临 miànlín 동 직면하다 | 尚 shàng 부 아직

3

해설 및 정답 **문제 분석▼** **①번 빈칸**: 주어 寒气(한기)와 형용사 술어 重(심하다) 사이에는 부사가 와야 한다. 문맥상 정도부사인 颇(몹시)가 가장 적합하다. **③번 빈칸**: 뒤에 부정부사 不와 결합하여 부정 의미를 강조하는 어휘는 丝毫(전혀)만 가능하다.

因深山里寒气①颇重，寒冷的冬天②一向是京郊游的淡季，但对于门头沟区妙峰山镇的炭厂村来说，来往的游客却是③丝毫不减，小轿车一个接一个地都排到了村口，农家院的生意④反而更忙了。

깊은 산속의 한기가 ①몹시 심해서, 추운 겨울은 ②줄곧 베이징 근교 여행의 비수기였지만, 먼터우거우구 먀오펑산 마을의 탄창춘은 오가는 여행객들이 ③전혀 줄지 않고, 작은 승용차들이 한 대 한 대 꼬리를 물고 마을 입구에 늘어서, 팜 스테이의 장사는 ④오히려 더 바빠졌다.

A 亦×	一再×	毫无×	反倒○	A 또한 / 거듭 / 전혀 없다 / 도리어
B 均×	一贯×	统统×	况且×	B 모두 / 일관된 / 전부 / 하물며
C 颇○	**一向○**	**丝毫○**	**反而○**	**C 몹시 / 줄곧 / 전혀 / 오히려**
D 皆×	向来○	日益×	此外×	D 모두 / 종래 / 날로 / 이 외에

단어 深山 shēnshān 명 깊은 산 | 寒气 hánqì 명 한기 | ★颇 pō 부 몹시, 매우 | ★一向 yíxiàng 부 줄곧 | 京郊游 Jīngjiāoyóu 베이징 근교 여행 | 淡季 dànjì 명 비수기 | 门头沟区 Méntóugōu Qū 고유 먼터우거우구[지명] | 妙峰山镇 Miàofēngshān Zhèn

고유 먀오펑산 마을 | 炭厂村 Tànchǎngcūn 고유 탄창촌 | ★丝毫 sīháo 부 전혀, 조금도 | 轿车 jiàochē 명 승용차 | 农家院 nóngjiāyuàn 명 팜 스테이 | 反而 fǎn'ér 부 오히려 | 亦 yì 부 ~도, 또한 | 一再 yízài 부 거듭 | ★毫无 háowú 동 전혀 없다 | 反倒 fǎndào 부 도리어 | 均 jūn 부 모두, 다 | 一贯 yíguàn 형 (사상·태도·정책 등이) 일관된 | ★统统 tǒngtǒng 부 모두, 전부 | 况且 kuàngqiě 접 하물며 | ★皆 jiē 부 모두, 전부 | ★向来 xiànglái 부 종래, 줄곧 | ★日益 rìyì 부 날로 | 此外 cǐwài 접 이 외에

4

해설 및 정답 **문제 분석▼ ②번 빈칸**: 뒤에 但(하지만)과 호응할 수 있는 접속사는 固然(물론)뿐이다. 固然 대신 虽然(비록)도 가능하다. **③번 빈칸**: 番(한바탕, 한차례)은 成绩(성적), 事业(사업)와 자주 호응하여 쓰인다.

文学家陆游①**勉励**儿子做学问要早下功夫，坚持不懈，从书本上获得的知识②**固然**重要，但毕竟还是不够的，想做出一③**番**成绩，一定要注重亲身实践。每一项事业，无论大小，都是靠脚踏实地、④**一点一滴**干出来的。	문학가 육유는 아들이 학문에 일찍부터 힘쓰고 꾸준히 하게끔 ①**격려했다**. 책에서 얻는 지식도 ②**물론** 중요하지만, 필경 역시 부족하다. 한 ③**바탕** 성적을 내고 싶다면 반드시 몸소 실천하는 것을 중시해야 한다. 모든 사업은 크든 작든 모두 착실하게 ④**조금씩** 해내는 것이다.
A 勉励○ 固然○ 番○ 一点一滴○	**A 격려하다 / 물론 / 바탕 / 조금씩**
B 鼓励○ 毅然× 顿× 九牛一毛×	B 장려하다 / 의연히 / 끼니 / 구우일모
C 勉强× 依然× 阵× 无穷无尽×	C 강요하다 / 여전히 / 번 / 무궁무진
D 强迫× 居然× 辈× 日新月异×	D 강박하다 / 의외로 / 세대 / 나날이 새롭다

단어 陆游 Lù Yóu 고유 육유[남송의 저명한 시인] | 勉励 miǎnlì 동 격려하다 | ★学问 xuéwèn 명 학문 | ★下功夫 xià gōngfu 힘쓰다, 노력을 기울이다 | 坚持不懈 jiān chí bú xiè 성 조금도 느슨해지지 않고 끝까지 견지하다 | ★固然 gùrán 접 물론 ~지만 | ★毕竟 bìjìng 부 필경 | ★番 fān 양 차례, 바탕 | ★注重 zhùzhòng 동 중시하다 | 亲身实践 qīnshēn shíjiàn 몸소 실천하다 | 靠 kào 동 ~에 달려 있다 | ★脚踏实地 jiǎo tà shí dì 성 일하는 것이 착실하다 | ★一点一滴 yì diǎn yì dī 성 약간, 조금씩 | 毅然 yìrán 부 의연히 형 의연하다 | 顿 dùn 양 끼니 | 九牛一毛 jiǔ niú yì máo 성 구우일모, 많은 가운데 극히 적은 부분 | ★勉强 miǎnqiǎng 동 강요하다 | 依然 yīrán 부 여전히 | ★阵 zhèn 양 번, 바탕[잠시 동안 지속되는 일에 쓰임] | 无穷无尽 wú qióng wú jìn 성 무궁무진하다 | 强迫 qiǎngpò 동 강박하다 | 居然 jūrán 부 의외로 | 辈 bèi 명 대, 세대 | 日新月异 rì xīn yuè yì 성 나날이 새로워지다

빈출 호응

- **毅然** yìrán 부 **의연히** 형 **의연하다** ▸ 毅然拒绝 단호히 거절하다 | 毅然决然 의연하고 결연하다
- **顿** dùn 양 **바탕, 끼니** ▸ 被批评一顿 한바탕 꾸지람을 듣다 | 一顿饭 밥 한 끼
- **阵** zhèn 양 **번, 바탕** ▸ 一阵风 바람 한 줄기 | 一阵掌声 한바탕 박수 소리

6 문장 선택 문제 분석

| 실전 트레이닝 1 | 기본서 144쪽

정답 1. B 2. E 3. A 4. C 5. D

[1-5]

早在秦汉时期，古人就发现了金、木、水、火、土五颗行星。

天上的星星多如牛毛，古人究竟是如何确认出行星的呢？原来天上绝大多数星星，都绕着北极星，周而复始地逆时针旋转，并且相对位置保持不变，被称为“恒星”。然而有五颗亮星不守规矩，(1)B 在众星之间穿行，所以它们被称为“行星”。肉眼能辨识的行星，就只有金、木、水、火、土这五颗。天王星和海王星因太过暗淡，肉眼看不到，(2)E 所以直到两百多年前才被用望远镜发现。

不过这里说的行星穿行，是基于一个相对大的时间尺度。每天晚上，或者每隔几夜的同一时间，观察这颗行星，(3)A 再比较它周围恒星的位置，才会发现它在“移动”。

(4)C 尽管确认行星运动轨迹需要坚持长期观测，但事实上行星也不是特别难认。因为金、木、水、火、土五颗行星通常比大多数恒星亮。虽然行星亮度会随着与太阳、地球的距离、角度不断变化，有的明暗变化相当大，但总体来讲，它们通常都是显眼的“明星”。因为比起恒星，(5)D 在太阳系内的行星距离地球要近得多。若非如此，古人也没那么容易把它们从众星里摘出来。

일찍이 진한 시기에, 옛 사람들은 이미 금성, 목성, 수성, 화성, 토성 다섯 개의 행성을 발견했다.

하늘의 별들은 무수히 많았는데, 옛 사람들은 대체 어떻게 행성을 확인해 냈을까? 알고 보니 하늘에 절대다수의 별들은 북극성을 돌면서 계속 시계 반대방향으로 회전하고, 또한 위치를 비교적 그대로 유지하여 '항성'이라고 불렀다 한다. 그러나 다섯 개의 별들은 규칙적이지 않았으며, (1)B 여러 별들 사이를 헤치고 지나다녀서, 그것들은 '행성'이라고 불렀다. 육안으로 식별할 수 있는 행성은 금성, 목성, 수성, 화성, 토성 이 다섯 개뿐이다. 천왕성과 해왕성은 너무 어둡기 때문에 육안으로 볼 수 없어서 (2)E 200여 년 전에서야 망원경으로 발견하게 되었다.

하지만 여기서 말하는 행성이 헤치고 다닌다는 것은 상대적으로 큰 시간의 척도에 근거한다. 매일 밤 혹은 며칠 밤 간격으로 같은 시간에 이 행성을 관찰하고, (3)A 그 주위의 항성의 위치를 비교해야만, 그것이 '이동한다'는 것을 발견할 수 있다.

(4)C 비록 행성의 운동 궤적을 확인하려면 장기적으로 꾸준히 관측해야 하지만, 사실상 행성도 특별히 식별하기 어려운 것은 아니다. 왜냐하면 금성, 목성, 수성, 화성, 토성 다섯 개의 행성은 일반적으로 대부분의 항성보다 밝기 때문이다. 비록 행성들의 밝기는 태양과 지구와의 거리나 각도에 따라 끊임없이 변화할 수 있고, 어떤 명암의 변화는 상당히 크지만, 전반적으로 그것들은 보통 눈에 띄는 '밝은 별'들이다. 항성과 비교해서 (5)D 태양계 내에 있는 행성은 지구와 훨씬 가깝기 때문이다. 그렇지 않았다면, 옛 사람들도 그렇게 쉽게 그것들을 그 많은 별들 속에서 발견해 낼 수 없었을 것이다.

단어 秦汉 Qín Hàn 명 진한(秦漢) 시대 | 古人 gǔrén 명 옛 사람 | 行星 xíngxīng 명 행성 | 绕 rào 동 휘감다, 싸고 돌다 | 北极星 běijíxīng 명 북극성 | 周而复始 zhōu ér fù shǐ 성 한 바퀴 돌고 다시 시작하다, 계속 순환하다 | 逆时针 nìshízhēn 형 시계 반대 방향의 | ★旋转 xuánzhuǎn 동 빙빙 돌다, 회전하다 | 恒星 héngxīng 명 항성 | 守规矩 shǒu guīju 동 규칙을 준수하다 | 肉眼 ròuyǎn 명 육안 | ★辨识 biànshí 동 판별하다, 식별하다 | 天王星 tiānwángxīng 명 천왕성 | 海王星 hǎiwángxīng 명 해왕성 | 暗淡 àndàn 형 어둡다, 암담하다 | 望远镜 wàngyuǎnjìng 명 망원경 | 穿行 chuānxíng 동 헤치고 나아가다 | ★基于 jīyú 개 ~에 근거하다 | 尺度 chǐdù 명 척도 | 隔 gé 동 간격이 있다 | ★移动 yídòng 동 이동하다 | 轨迹 guǐjì 명 궤적 | 观测 guāncè 동 관측하다 | ★通常 tōngcháng 형 일반적이다 | ★角度 jiǎodù 명 각도 | 显眼 xiǎnyǎn 형 눈에 띄다 | 若非如此 ruòfēi rúcǐ 만일 이러하지 않다면 | ★摘 zhāi 동 (중요한 부분을) 뽑아내다, 발췌하다

1

해설 및 정답 **문제 분석▼** 빈칸 앞 문장의 然而(그러나)을 통해 빈칸 뒤에는 상반되는 문장이 들어가야 함을 알 수 있다. 앞에서 항성의 위치가 상대적으로 변하지 않음을 제시했으므로 많은 별 사이를 지나간다는 의미를 나타내는 보기 B가 적합하다.

B 在众星之间穿行	B 여러 별들 사이를 헤치고 지나다녀서

2

해설 및 정답 **문제 분석▼** 빈칸 앞에 천왕성과 해왕성은 육안으로 안 보인다는 내용에 이어서 후에 망원경으로 발견되었다는 내용이 오는 것이 가장 적합하다.

E 所以直到两百多年前才被用望远镜发现	E 200여 년 전에서야 망원경으로 발견하게 되었다

3

해설 및 정답 **문제 분석▼** 빈칸 앞뒤를 통해 행성의 위치 변화 관련 내용임을 알 수 있다. 보기 중 位置(위치)가 있는 보기 A가 적합하다.

A 再比较它周围恒星的位置	A 그 주위의 항성의 위치를 비교해야만

4

해설 및 정답 **문제 분석▼** 빈칸 뒤 문장에 但(그러나)과 호응하는 尽管(비록 ~하지만)이 있는 보기 C가 적합하다.

C 尽管确认行星运动轨迹需要坚持长期观测	C 비록 행성의 운동 궤적을 확인하려면 장기적으로 꾸준히 관측해야 하지만

5

해설 및 정답 **문제 분석▾** 빈칸 앞 내용을 보면 빈칸에 행성은 항성보다 눈에 띄는(显眼) 이유가 들어가야 함을 알 수 있다. 따라서 '행성은 지구와 가깝기 때문이다'라는 보기 D가 가장 적합하다.

D 在太阳系内的行星距离地球要近得多	D 태양계 내에 있는 행성은 지구와 훨씬 가깝기 때문이다

실전 트레이닝 2 | 기본서 145쪽

정답 1. D　2. B　3. E　4. C　5. A

[1–5]

大象是世界上现存最大的陆地栖息群居性哺乳动物，通常以家族为单位活动，其祖先在几千万年前就出现在地球上，曾是地球上最占优势的动物类群，(1)D 也是目前现存的最聪明的动物之一，其智商之高超乎人的想象。 大象的高智商主要表现在自我意识、安抚同类以及模仿能力等几个方面。 (2)B 自我意识是对自己身心活动的觉察，常作为动物智商高低的标准。科学家已经通过实验证明大象具有自我意识，它们表现出的这种行为相当于2岁大小的幼儿，(3)E 而这在动物当中是非常罕见的。 大象长期以来都被认为是感性动物。(4)C 它们会帮助陷入泥坑的大象宝宝，或用鼻子把受伤或垂死的其他大象拉到安全地带，甚至可以用鼻子温柔触摸来安慰对方。 模仿能力是大象智慧的另一种标志。大象能通过声音进行沟通，与其他大象保持联系。科学家通过实验发现大象可以发出它们基本声音之外的声音，(5)A 甚至可以模仿其他大象发出的声音，以此希望获得单个象和整个象群的认可。	코끼리는 세상에 현존하는 가장 큰 육지 서식 군거성 포유동물로 보통 동족 단위로 활동한다. 그 조상은 수천만 년 전에 지구상에 나타나 지구에서 가장 우위를 점했던 동물군이며, (1)D 또한 현재 현존하는 가장 영리한 동물 중 하나로, 그 지능지수는 사람의 상상을 초월한다. 코끼리의 높은 지능은 자아의식, 동류 위안 그리고 모방능력 등 몇 가지 방면에서 주로 나타난다. (2)B 자아의식은 자신의 심신 활동에 대한 자각으로, 동물의 지능 수준의 기준이 되는 경우가 많다. 과학자들은 이미 실험을 통해 코끼리가 자아의식을 갖고 있다는 것을 증명했고, 그들이 보여준 이러한 행동은 2세 유아와 유사한 것으로, (3)E 동물 중에서는 매우 드문 일이다. 코끼리는 오랫동안 감성동물로 여겨져 왔다. (4)C 그들은 진흙탕에 빠진 아기 코끼리를 돕거나, 코를 사용하여 상처를 입거나 죽어가는 다른 코끼리를 안전지대로 이끌고, 심지어 코로 상대를 부드럽게 만지며 위로할 수도 있다. 모방 능력은 코끼리의 지혜의 또 다른 지표이다. 코끼리는 소리를 통해 소통하고, 다른 코끼리들과 연락을 유지할 수 있다. 과학자들은 실험을 통해 코끼리들이 그들의 기본적인 소리를 제외한 소리를 낼 수 있고, (5)A 심지어 다른 코끼리들이 내는 소리를 모방할 수 있으며, 한 개체의 코끼리와 전체의 코끼리들에게 인정받기를 원한다는 것을 발견했다.

단어 大象 dàxiàng 명 코끼리 | 现存 xiàncún 동 현존하다 | ★陆地 lùdì 명 육지 | 栖息 qīxī 동 서식하다 | 群居 qúnjū 동 군거하다, 무리지어 살다 | ★哺乳动物 bǔrǔ dòngwù 명 포유동물 | 通常 tōngcháng 형 일반적이다 | 家族 jiāzú 명 가족, 동족 | 单位 dānwèi 명 단위 | 祖先 zǔxiān 명 선조, 조상 | ★占优势 zhàn yōushì 우위를 차지하다 | 智商 zhìshāng 명 지능지수, 아이큐 | 超乎 chāohū 동 뛰어넘다, 넘어서다 | 自我意识 zìwǒ yìshi 명 자아의식 | 安抚 ānfǔ 동 위로하다, 위안하다 | 同类 tónglèi 명 동류, 같은 무리 | ★模仿 mófǎng 동 모방하다 | ★身心 shēnxīn 명 심신, 몸과 마음 | 觉察 juéchá 동 알아차리다, 감지하다 | 幼儿 yòu'ér 명 유아 | ★罕见 hǎnjiàn 형 보기 드물다 | 感性 gǎnxìng 명 감성 | ★陷入 xiànrù 동 빠지다 | 泥坑 níkēng 명 진흙탕 | 宝宝 bǎobao 명 착한 아기 | 鼻子 bízi 명 코 | 垂死 chuísǐ 동 죽어 가다 | 地带 dìdài 명 지대 | ★温柔 wēnróu 형 온유하다, 부드럽다 | 触摸 chùmō 동 만지다 | ★安慰 ānwèi 동 위로하다 | ★标志 biāozhì 명 지표, 상징 | 单个 dāngè 한 개 | 整个 zhěnggè 형 전체의 | ★认可 rènkě 명 인정, 허가

1

해설 및 정답 **문제 분석▼** 빈칸 뒤 문장에 코끼리의 지능지수는 사람의 상상을 초월한다고 했으므로 이와 의미가 유사한 聪明(똑똑하다)이 있는 보기 D가 가장 적합하다.

D 也是目前现存的最聪明的动物之一	**D** 또한 현재 현존하는 가장 영리한 동물 중 하나로

2

해설 및 정답 **문제 분석▼** 빈칸 앞 단락에서 코끼리의 지능지수가 높다는 것은 自我意识(자아의식), 安抚同类(동류 위안), 模仿能力(모방 능력) 세 부분에서 나타낼 수 있다고 했고, 빈칸 뒷부분도 자아의식을 설명하는 내용이므로 自我意识(자아의식)가 있는 보기 B가 적합하다.

B 自我意识是对自己身心活动的觉察	**B** 자아의식은 자신의 심신의 활동에 대한 자각으로

3

해설 및 정답 **문제 분석▼** 바로 정답을 찾을 수 있는 힌트가 없는 경우에는 다른 문제를 푼 후 마지막에 푸는 것이 좋다. 빈칸 앞에 코끼리의 자아의식은 두 살이 된 유아와 같다는 내용은 이것은 동물 중에서는 매우 드물다는 보기 E와 이어지는 것이 문맥상 자연스럽다.

E 而这在动物当中是非常罕见的	**E** 동물 중에서는 매우 드문 일이다

4

해설 및 정답 **문제 분석▼** 빈칸 뒤를 보면 코끼리는 다른 코끼리를 돕거나 위로해 준다는 것을 알 수 있으므로 이와 비슷한 내용을 나타내는 보기 C가 가장 적합하다.

C 它们会帮助陷入泥坑的大象宝宝	**C** 그들은 진흙탕에 빠진 아기 코끼리를 돕거나

5

해설 및 정답 **문제 분석▾** 빈칸 앞에 제시된 키워드 声音(소리)으로 보기 A가 가장 적합함을 알 수 있다.

A 甚至可以模仿其他大象发出的声音	**A** 심지어 다른 코끼리들이 내는 소리를 모방할 수 있으며

| 실전 트레이닝 3 | 기본서 146쪽

정답 1. A 2. D 3. E 4. C 5. B

[1–5]

生活中，你可能会遇到这种情况：你的几个朋友都买了某款最近流行的衣服，尽管你从来不敢穿那种款式的衣服，(1)**A 也不是热衷赶时髦的人**，但你最终还是决定买一件，并且穿了出去。这一举动对你来说是突破，不过这是你喜欢的改变吗？也许你只是受到了"同辈压力"的影响。(2)**D 同辈压力指的是同辈人中互相比较而产生的心理压力**，受到这种压力影响的人在行为、甚至价值观上都有可能会被改变。 同辈压力的影响有正面的，也有负面的。比如你的朋友都是英语高手，平常都用英语对话，而作为英语盲的你，(3)**E 要想在这个朋友圈里待下去**，就要发愤图强，加强英语学习，这样有一天你也会变成英语高手。但有时候，(4)**C 同辈压力也会把我们带入歧途**，比如你有几个性格叛逆的同龄朋友，他们为了寻求刺激，总是突发奇想，去做一些坏事，并且从来也没被抓到过。你可能会觉得他们很酷、很勇敢，要想和这些人继续做朋友，你可能就会跟他们一起做坏事，最终变成和他们一样的社会破坏分子。	살면서, 당신은 이런 상황에 부딪힐 수 있다. 당신의 몇몇 친구들이 요즘 유행하는 옷을 사면, 비록 당신이 그런 타입의 옷을 지금까지 입어 본 적도 없고, (1)**A 유행을 좇는 데 열광하는 사람도 아니지만**, 당신은 결국 한 벌을 사기로 결정하고, 입고 나가기까지 한다. 이러한 행동은 당신에게 있어서 새로운 진전이지만, 이것이 당신이 원하는 변화일까? 어쩌면 이것은 당신이 단지 '또래 스트레스'의 영향을 받는 것일 수도 있다. (2)**D 또래 스트레스는 같은 또래끼리 서로 비교하면서 생기는 심리적 스트레스로**, 이러한 스트레스의 영향을 받는 사람은 행동, 심지어 가치관에서도 변화가 생길 수 있다. 또래 스트레스의 영향은 긍정적인 면도 있고, 부정적인 면도 있다. 예를 들어 당신의 친구가 모두 영어 고수이고 평소 모두 영어로 대화를 하는데, 영어를 모르는 당신이 (3)**E 만일 이 친구들 사이에 있고 싶어서**, 잘하기 위해 분발하고 영어 공부를 보강하면 언젠가 영어고수가 될 수도 있다. 하지만 때때로 (4)**C 또래 스트레스는 우리를 잘못된 길로 이끌기도 한다**. 예를 들어 당신에게 성격이 반항적인 동갑 친구가 몇 명 있고, 그들이 자극적인 것을 찾기 위해 늘 이상한 생각을 하고 나쁜 짓을 하며, 게다가 지금까지 누군가에게 붙잡힌 적도 없다면, 당신은 그들이 멋지고 용감하다고 느껴져, 이들과 계속 친구로 지내고 싶어서, 그들과 함께 나쁜 짓을 할 수도 있고, 결국 그들과 같은 사회의 파괴자가 될 수도 있다.

当然，同辈压力改变的不仅仅是一个人，如果同辈压力扩散，还可能会影响到一代人，从而可能会改变一个社会。虽然改变无法避免，但是我们也不要忘了，(5)B 每一个人在这个世界上都是独一无二的，不必非要把自己变成和某人一样。	물론, 또래 스트레스가 바꾸는 것은 한 사람뿐만이 아니다. 만일 또래 스트레스가 확산되면, 한 세대에 영향을 미쳐 한 사회를 변화시킬 수도 있다. 비록 변화는 피할 수 없지만 (5)B 모든 사람은 세상에서 유일무이하므로, 굳이 자신을 누군가와 똑같이 만들 필요는 없다는 것을 잊지 말자.

단어 款 kuǎn 양 유형, 타입 | 热衷 rèzhōng 동 열중하다 | 赶时髦 gǎn shímáo 유행을 쫓다 | 举动 jǔdòng 명 행동 | ★突破 tūpò 동 돌파하다, 새로운 진전을 이루다 | 同辈 tóngbèi 명 동년배, 같은 또래 | 价值观 jiàzhíguān 명 가치관 | ★正面 zhèngmiàn 명 긍정적인 면 | ★负面 fùmiàn 명 부정적인 면 | 高手 gāoshǒu 명 고수 | 盲 máng 형 잘 알지 못하다 | 朋友圈 péngyouquān 친구들 사이 | 待 dāi 동 머물다 | 发愤图强 fā fèn tú qiáng 성 강해지려고 분발하다 | 加强 jiāqiáng 동 강화하다, 보강하다 | ★歧途 qítú 명 잘못된 길 | 叛逆 pànnì 동 반항하다 | 同龄 tónglíng 형 동갑의 | 寻求 xúnqiú 동 찾다 | ★刺激 cìjī 명 자극 | 突发奇想 tūfā qíxiǎng 갑자기 기발한 생각이 떠오르다 | 酷 kù 형 멋지다 | ★破坏 pòhuài 동 파괴하다 | 分子 fènzǐ 명 (국가나 단체 등을 구성하는) 사람, 분자 | ★扩散 kuòsàn 동 확산하다 | ★避免 bìmiǎn 동 피하다 | 独一无二 dú yī wú èr 성 유일무이하다 | 不必 búbì 부 ~할 필요가 없다 | 某人 mǒurén 명 어떤 사람

1

해설 및 정답 **문제 분석▼** 빈칸 앞에 流行(유행하다)을 보고 이와 의미가 같은 时髦(유행)가 있는 보기 A를 빈칸에 넣어 문맥상 적합한지 확인한다.

A 也不是热衷赶时髦的人	A 유행을 쫓는 데 열중하는 사람도 아니지만

2

해설 및 정답 **문제 분석▼** 빈칸 앞에 새 명사 同辈压力(또래 스트레스)가 등장했으므로, 同辈压力가 무슨 뜻인지를 설명하는 보기 D가 가장 적합하다.

D 同辈压力指的是同辈人中互相比较而产生的心理压力	D 또래 스트레스는 같은 또래끼리 서로 비교하면서 생기는 심리적 스트레스로

3

해설 및 정답 **문제 분석▼** 빈칸 뒤 문장에 就와 호응할 수 있는 접속사 要가 있는 보기 E가 가장 적합하다. 要…就…는 如果…就…와 동일한 의미이다.

E 要想在这个朋友圈里待下去	E 만일 이 친구들 사이에 있고 싶어서

4

해설 및 정답

문제 분석▼ 빈칸 앞에 但(하지만)을 통해 앞 내용과 상반되는 내용이 들어가야 함을 알 수 있다. 但 앞부분은 同辈压力(또래 스트레스)의 긍정적인 영향과 관련된 내용이므로, 부정적인 영향을 나타내는 보기 C가 가장 적합하다.

C 同辈压力也会把我们带入歧途	**C** 또래 스트레스는 우리를 잘못된 길로 이끌기도 한다

5

해설 및 정답

문제 분석▼ 빈칸 뒤에는 자신을 다른 사람과 똑같이 만들 필요가 없다는 결론을 내렸으므로, 빈칸에는 이유를 설명하는 보기 B가 가장 적합하다.

B 每一个人在这个世界上都是独一无二的	**B** 모든 사람은 세상에서 유일무이하므로

| 실전 트레이닝 4 | 기본서 147쪽

정답 1. C 2. E 3. D 4. A 5. B

[1–5]

有一个穷画家，穷得连画布、画纸都买不起，手头的笔和画架，以及所用的画具都是些破烂货。然而，他并没有放弃自己的艺术追求，而是每天坚持作画儿，(1)C 常常画到天亮。

有一天，这位画家正在专心致志地画一幅素描。他仅有的一支铅笔已经削得很短了，(2)E 他必须捏着这支铅笔头儿把画儿作完。画着画着，他发现要修改一下。于是，他放下笔，在凌乱的工作室里寻找他仅有的一块儿小橡皮。他找了好久，(3)D 才找到那块儿比黄豆大不了多少的橡皮。他把需要修改的地方擦干净后，发现那支铅笔头儿又失踪了。他找了这个，丢了那个，找来找去，耽误了不少时间。一气之下，他决定把橡皮和铅笔绑在一起，这样它俩谁也跑不掉！于是，他找来一根丝线，把橡皮绑在铅笔的顶端。这样，铅笔似乎长了一些，用起来方便多了。可是，没用几下，橡皮掉了下来。穷画家下了狠心，一定要把这淘气的橡皮牢牢地固定在铅笔头儿上。为此，(4)A 他竟然连画儿也不画了，发着倔劲儿干了好几天，想了种种方法固定这块儿橡皮头儿……最后，他终于想出了一个好办法：用一小块儿薄铁皮，把橡皮和铅笔的一头儿包起来。

(5)B 这就是今天人们所使用的带橡皮的铅笔。不久，一家知名的铅笔公司用五十五万美元的巨款买下了这个专利。

가난한 화가가 있었는데, 캔버스나 도화지조차 살 수 없을 정도로 가난했고, 수중에 있는 연필과 이젤 그리고 사용하는 화구들이 모두 고물이었다. 그러나, 그는 자신의 예술적 추구를 포기하지 않은 채 매일 꾸준히 그림을 그렸고, (1)C 자주 날이 밝을 때까지 그리기도 했다.

어느 날, 이 화가는 심혈을 기울여 소묘 한 폭을 그리고 있었다. 그의 한 자루뿐인 연필이 이미 아주 짧게 깎아져 있었기 때문에, (2)E 그는 반드시 이 몽당연필을 쥐고 그림을 완성해야 했다. 그리다가, 그는 수정해야 하는 것을 발견했다. 그래서, 그는 연필을 내려놓고 어수선한 작업실에서 그의 하나뿐인 작은 지우개를 찾았다. 그는 한참을 찾고나서야, (3)D 콩보다 조금 더 큰 그 지우개를 찾아냈다. 그는 수정해야 할 부분을 깨끗이 지운 후, 그 몽당연필이 없어진 것을 발견했다. 그는 이것을 찾으면 저것을 잃어버리고, 찾고 찾으며, 적지 않은 시간을 허비했다. 홧김에, 그는 지우개와 연필을 함께 묶기로 결정했다. 이렇게 하면 그 둘 중 무엇도 도망갈 수 없다! 그래서, 그는 실을 하나 찾아서 지우개를 연필의 꼭대기에 묶었다. 이렇게 하니, 연필이 마치 길어진 것 같아서 사용하기가 훨씬 편해졌다. 하지만, 몇 번 쓰지도 않았는데, 지우개가 떨어졌다. 가난한 화가는 반드시 이 성가신 지우개를 몽당연필에 단단히 고정시켜야겠다며 독한 마음을 먹었다. 이 때문에, (4)A 그는 결국 그림도 그리지 않고, 며칠 동안 고집을 부리며, 이 지우개를 고정시킬 여러 방법을 생각했는데…… 마침내, 그는 좋은 방법을 생각해 냈다. 작고 얇은 철판으로 지우개와 연필의 한쪽 끝을 감싸는 것이다.

(5)B 이것이 바로 오늘날 사람들이 사용하는 지우개 달린 연필이다. 머지않아, 한 유명한 연필 회사에서 55만 달러의 거금을 주고 특허를 냈다.

단어 画布 huàbù 명 캔버스 | 画架 huàjià 명 이젤 | 画具 huàjù 명 화구 | 破烂货 pòlànhuò 명 고물 | ★追求 zhuīqiú 동 추구하다 | 作画儿 zuò huàr 그림을 그리다 | ★专心致志 zhuān xīn zhì zhì 성 온 마음을 다 기울이다, 열심이다 | 素描 sùmiáo 명 소묘 | 削 xiāo 동 깎다 | ★捏 niē 동 손가락으로 집다(쥐다) | 铅笔头儿 qiānbǐtóur 몽당연필 | 凌乱 língluàn 형 어수선하다 | ★寻找 xúnzhǎo 동 찾다 | 黄豆 huángdòu 명 황두, 콩 | 失踪 shīzōng 동 실종되다 | ★耽误 dānwu 동 시간을 허비하다 | 一气之下 yí qì zhī xià 홧김에 | ★绑 bǎng 동 감다, 묶다 | 丝线 sīxiàn 명 견사, 명주실 | 顶端 dǐngduān 명 꼭대기 | 狠心 hěnxīn 명 모진 마음

| ★淘气 táoqì 동 성가시게 하다 | 牢牢 láoláo 형 단단하다 | ★固定 gùdìng 동 고정하다 | 倔劲儿 juèjìnr 고집 | ★薄 báo 형 얇다 | 铁皮 tiěpí 명 철판 | 知名 zhīmíng 형 유명하다 | 巨款 jùkuǎn 명 거금 | ★专利 zhuānlì 명 특허

1

해설 및 정답 **문제 분석▼** 문맥상 화가가 매일 그림을 그렸다는 내용 뒤에는 자주 날이 밝을 때까지 그렸다(常常画到天亮)는 내용이 이어지는 것이 가장 적합하다.

C 常常画到天亮	C 자주 날이 밝을 때까지 그리기도 했다

2

해설 및 정답 **문제 분석▼** '연필이 짧게 깎였다'라는 내용 뒤에는 '몽당연필(铅笔头儿)을 쥐고(捏) 그림을 완성해야 했다'는 보기 E가 가장 적합하다.

E 他必须捏着这支铅笔头儿把画儿作完	E 그는 반드시 이 몽당연필을 쥐고 그림을 완성해야 했다

3

해설 및 정답 **문제 분석▼** 빈칸 앞에 키워드 找(찾다)를 보고 동일한 어휘가 있는 보기 D가 문맥상 적당한지 확인한다.

D 才找到那块儿比黄豆大不了多少的橡皮	D 콩보다 조금 더 큰 그 지우개를 찾아냈다

4

해설 및 정답 **문제 분석▼** 빈칸 뒤에 '며칠 동안 고집을 부리며, 이 지우개를 고정시킬 여러 방법을 생각했다'라는 내용과 '그림도 그리지 않고'라는 보기 A가 가장 어울린다.

A 他竟然连画儿也不画了	A 그는 결국 그림도 그리지 않고

5

해설 및 정답 **문제 분석▼** 앞에 문제를 풀고 나면 화가는 연필과 지우개를 묶었다는 내용을 알 수 있다.

B 这就是今天人们所使用的带橡皮的铅笔	B 이것이 바로 오늘날 사람들이 사용하는 지우개 달린 연필이다

7 장문 독해 문제 분석

| 실전 트레이닝 1 | 기본서 **156쪽**

정답
1. C 2. A 3. A 4. D

[1–4]

大气中的含水量是世界上所有江河水量的6倍多。其中，大约2%很快就会作为降雨落到地面，[1]剩余的98%依然处于水蒸气的状态。水资源越来越紧缺的当下，不少人尝试[4]从空气中取水。

有人提议，用声音从空气中获取水分。凉爽、宁静的夜晚，空气中的水分达到饱和后，即使是微小的空气振动，也能凝聚水分，产生雨滴。在中国云南省的山区，村民们有个传统，通过大声喊叫来祈雨。据说，喊得越响，雨下得越大。

还有一个有趣的新想法看起来似乎可行。[2]在临海的沙漠地区建造温室，用寒冷的海水作为空气调节器，从炎热的空气中凝聚水分。[2]这种温室实际上是巨大的露水制造机。从2002年以来，阿布扎比温室已经在沙漠中种出了黄瓜、西红柿和鲜花。

在干旱的智利北部阿塔卡马沙漠，[3]人们曾尝试通过收集雾水解决用水问题。顺着绵延的山顶，悬挂着75张大塑料帆网。这里已经连续几年没有降雨了，但寒冷的近海气流定期从太平洋上大量涌来，塑料帆网通过获取这些气流的水分而变得十分潮湿。每张帆网有36平方米大小，一天能收集160升水。那里的一个小镇，从前用水完全靠从80公里外运来，如今这项工程平均每天可以给小镇提供1200升水。

대기 중의 함수량은 세상 모든 강물의 양의 6배가 넘는다. 그중, 약 2%는 곧 비로 지면에 떨어지게 되고, [1]나머지 98%는 여전히 수증기 상태로 남아 있게 된다. 수자원이 갈수록 부족해지고 있는 지금, 많은 사람들이 [4]공기 속에서 물을 얻으려고 시도했다.

어떤 사람은 소리를 사용해 공기에서 수분을 얻자고 제안했다. 시원하고 고요한 밤에, 공기 속의 수분이 포화 상태에 이르면, 설령 미세한 공기의 진동일지라도, 수분을 응집시켜 빗방울을 만들 수 있다. 중국 윈난성의 산간지대의 마을 사람들에게는 전통이 하나 있는데, 큰 소리로 외치며 비를 기원하는 것이다. 전해지는 바로는, 소리를 크게 외칠수록 비가 많이 온다고 한다.

또 하나 재미있는 새로운 견해는 실행 가능한 것처럼 보이기도 한다. [2]바다에 인접한 사막지역에 온실을 만들고, 차가운 바닷물을 공기제어기로 삼아, 뜨거운 공기 속에서 수분을 응집시킨다. [2]이러한 온실은 사실상 거대한 이슬 제조기가 된다. 2002년 이래로, 아부다비 온실은 이미 사막에 오이와 토마토 그리고 꽃을 심었다.

메마른 칠레 북부 아타카마 사막에서는 [3]사람들이 물안개를 모아 물 문제를 해결하려고 시도했었다. 길게 이어진 산 정상을 따라 75장의 커다란 비닐 돛망이 걸려 있다. 이곳은 이미 몇 년째 비가 내리지 않고 있지만, 한랭한 근해의 기류가 정기적으로 태평양에서부터 엄청나게 밀려 오기 때문에, 비닐 돛망이 이 기류들의 수분을 얻음으로써 매우 습해진다. 모든 돛망은 36㎡의 크기로, 하루에 160ℓ의 물을 모을 수 있다. 그곳의 한 작은 마을은 예전에는 80㎞나 떨어진 곳에서 물을 운반했었는데, 지금은 이 공정으로 인해 평균적으로 매일 마을에 1200ℓ의 물을 공급받을 수 있게 되었다.

这种做法被广为接受。南美洲的整个太平洋沿岸，3很多社区已经建造了捕雾幕帐，用来给新栽的树木供水。这种系统一旦建立起来，这些树就可以在叶子上为自己收集雾气，在沙漠中重新创造以雾为基础的生态系统。	이러한 방법은 널리 받아들여졌다. 남아메리카의 모든 태평양 연안에서는, 3많은 지역 사회에서 이미 안개를 잡는 막을 만들었는데, 새로 심은 나무에 물을 공급하기 위한 것이다. 이러한 시스템이 일단 만들어지면, 이 나무들은 잎사귀에 자신을 위한 안개를 모으기 때문에, 사막에서 안개를 기반으로 한 생태계를 새롭게 창조할 수 있다.

단어 大气 dàqì 명 대기 | 含水量 hánshuǐliàng 명 함수량, 수분 함량 | 江河 jiānghé 명 하천, 강 | 降雨 jiàngyǔ 명 강우 | ★剩余 shèngyú 명 나머지 | ★处于 chǔyú 동 ~에 처하다 | 水蒸气 shuǐzhēngqì 명 수증기 | ★状态 zhuàngtài 명 상태 | ★水资源 shuǐzīyuán 명 수자원 | ★紧缺 jǐnquē 형 부족하다 | 当下 dāngxià 명 현재 | ★尝试 chángshì 동 시도해 보다 | 提议 tíyì 동 제의하다 | 水分 shuǐfèn 명 수분 | 凉爽 liángshuǎng 형 시원하고 상쾌하다 | 宁静 níngjìng 형 조용하다, 평온하다 | 饱和 bǎohé 명 포화 | 微小 wēixiǎo 형 미세하다 | ★振动 zhèndòng 명 진동 | 凝聚 níngjù 동 응집하다 | 雨滴 yǔdī 명 빗방울 | 云南省 Yúnnán Shěng 고유 윈난성[지명] | 山区 shānqū 명 산간 지대 | 村民 cūnmín 명 촌민 | 喊叫 hǎnjiào 동 외치다 | 祈雨 qíyǔ 동 비를 기원하다 | ★临海 línhǎi 동 바다에 가깝다 | ★沙漠 shāmò 명 사막 | ★温室 wēnshì 명 온실 | 调节器 tiáojiéqì 명 제어기, 제동기 | ★炎热 yánrè 형 무덥다 | ★巨大 jùdà 형 거대하다 | 露水 lùshuǐ 명 이슬 | 阿布扎比 Ābùzhābǐ 고유 아부다비[지명] | 黄瓜 huángguā 명 오이 | ★干旱 gānhàn 동 가물다 | 智利 Zhìlì 고유 칠레 | 阿塔卡马沙漠 Ātǎkǎmǎ Shāmò 고유 아타카마 사막 | ★收集 shōují 동 모으다, 수집하다 | 雾水 wùshuǐ 명 물안개 | 绵延 miányán 형 길게 이어져 있다 | 山顶 shāndǐng 명 산 정상 | ★悬挂 xuánguà 동 걸다, 매달다 | ★塑料 sùliào 명 비닐, 플라스틱 | 帆网 fānwǎng 명 돛망 | 气流 qìliú 명 기류 | ★定期 dìngqī 형 정기의 | 太平洋 Tàipíngyáng 고유 태평양 | ★涌 yǒng 동 물이 솟아나다 | ★潮湿 cháoshī 형 축축하다, 습하다 | 平方米 píngfāngmǐ 양 제곱미터(m²), 평방미터 | 升 shēng 양 리터(l) | 小镇 xiǎozhèn 작은 마을 | ★靠 kào 동 기대다 | 工程 gōngchéng 명 공사, 공정 | 南美洲 Nánměizhōu 고유 남아메리카 | ★沿岸 yán'àn 명 연안 | ★捕 bǔ 동 붙잡다 | 幕帐 mùzhàng 명 막 | ★栽 zāi 동 심다 | ★系统 xìtǒng 명 시스템 | ★一旦 yídàn 부 일단, 만약 | 叶子 yèzi 명 잎 | ★生态系统 shēngtài xìtǒng 명 생태계

1

해설 및 정답 **문제 분석▼** 첫 번째 단락 剩余的98%依然处于水蒸气的状态(나머지 98%는 여전히 수증기 상태로 남아 있게 된다)라는 내용 중에 98%는 질문의 大部分(대부분)과 같은 의미이다.

空气中大部分的水：	공기 속 대부분의 물은?
A 不纯净 B 降落在海洋 **C 呈水蒸气状态** D 以云的形式存在	A 깨끗하지 않다 B 해양에 떨어진다 **C 수증기 상태를 나타낸다** D 구름의 형식으로 존재한다

단어 纯净 chúnjìng 형 순수하다, 깨끗하다 | 海洋 hǎiyáng 명 해양 | ★呈 chéng 동 나타내다

2

해설 및 정답 **문제 분석▼** 这种温室实际上是巨大的露水制造机(이러한 온실은 사실상 거대한 이슬 제조기가 된다)라는 내용을 통해, 이 온실은 이슬을 만들어 낸다는 것을 알 수 있다.

根据第3段，在临海的沙漠建造的温室：	세 번째 단락을 근거로, 바다에 인접한 사막에 온실을 만들면?
A 制造露水	**A 이슬을 제조한다**
B 种植了棉花	B 목화를 재배한다
C 建造成本高	C 건축 비용이 높다
D 减缓温室效应	D 온실 효과를 떨어뜨린다

단어 ★种植 zhòngzhí 동 심다, 재배하다 | 棉花 miánhuā 명 목화 | ★成本 chéngběn 명 원가 | ★减缓 jiǎnhuǎn 동 떨어뜨리다 | ★温室效应 wēnshì xiàoyìng 명 온실 효과

3

해설 및 정답 **문제 분석▼** 지시대명사 这를 보고 앞에서 언급한 방법을 찾아야 한다. 네 번째 단락에서 비닐 돛망(帆网)을 걸어 물안개를 모으(收集雾水)는 방법을 언급했다. 또한 마지막 단락에 이 방법을 사용하는 예시인 建造了捕雾幕帐(안개를 잡는 막을 만들었다)도 답을 찾는 힌트이다.

最后一段画线词语"这种做法"指的是：	마지막 단락에 밑줄 친 '这种做法'가 가리키는 것은?
A 帆网捕雾	**A 돛망으로 안개를 붙잡는 것**
B 大喊祈雨	B 큰 소리로 비를 기원하는 것
C 建造温室	C 온실을 건설하는 것
D 开凿运河	D 운하를 파는 것

4

해설 및 정답 **문제 분석▼** 첫 번째 단락에서 수자원이 부족해서 사람들은 从空气中取水(공기 속에서 물을 얻다)라고 했고, 이어서 각 지역에서 공기에서 물을 찾는 방법을 언급했으므로 보기 D가 제목으로 가장 적합하다.

最适合做上文标题的是：	윗글의 제목으로 가장 적합한 것은?
A 地球的水危机	A 지구의 물의 위기
B 大自然的语言	B 대자연의 언어
C 共建生态家园	C 함께 생태 정원 만들기
D 从空气中取水	**D 공기 속에서 물을 얻다**

단어 ★危机 wēijī 명 위기 | 家园 jiāyuán 명 집의 정원

| 실전 트레이닝 2 | 기본서 157쪽

정답 1. D 2. B 3. D 4. A

[1-4]

生物学家称壁虎是“最能爬墙的动物”。它能够自如攀墙，倒挂悬梁，几乎能攀附在各式各样的材料上面，行走自如，1而且所经之处不留任何痕迹，足下干净利落。壁虎脚上的“功夫”真可称得上是“自然的杰作”。4几千年来，不少人试图揭开壁虎爬墙的奥秘，然而这始终是个谜。 直到最近几年，科学家才真正揭示了壁虎在墙上爬行的秘密。他们在显微镜下发现，2壁虎脚趾上约有650万根纳米级的细毛，每根细毛直径约为200至500纳米，约是人类毛发直径的十分之一。这些细毛的长度是人类毛发直径的2倍，细毛前端有100-1000个类似树状的微细分杈，每个分杈前端有细小的肉趾，能和接触的物体表面产生很微小的分子间的作用力。这个力虽然很小，但是，当壁虎脚上所有的细毛都与固体表面充分接触时，它们所产生的总黏着力就会超过许多人工黏合剂能够产生的力量。壁虎脚上650万根细毛全部附着在物体表面上时，可吸附住质量为133千克的物体，这相当于两个成人的质量。如果你脚上有这么大的吸附力，你肯定难以抬脚。 既然壁虎的脚上有如此强大的附着力，那么它是如何抬起脚来迅速奔跑的呢？科学家发现，壁虎脚上的细毛可以调节，当壁虎将细毛与物体表面的角度增加到30度时，两者的作用力大大降低，壁虎就可以顺利抬脚。壁虎的任何一只脚都可以随时移动，不过，3一次只能移动一只脚，其他脚得作为支撑点。	생물학자들은 도마뱀붙이를 '벽을 가장 잘 기어오르는 동물'이라고 말한다. 도마뱀붙이는 자유자재로 벽을 타며 들보에 매달릴 수 있고, 거의 모든 자재 위에 기어올라 자유자재로 걸어다닐 수 있다. 1게다가 지나가는 곳에 흔적을 남기지 않아, 발밑이 깨끗하고 말끔하다. 도마뱀붙이의 발 '재주'는 '자연의 걸작'이라고 할 만하다. 4수천 년 동안, 많은 사람들이 도마뱀붙이의 등반 비밀을 풀어 내려고 했었지만, 이것은 끝내 수수께끼로 남았다. 최근 몇 년 동안에야 과학자들은 도마뱀붙이의 등반 비밀을 밝혀 냈다. 그들은 현미경으로 2도마뱀붙이의 발가락에 약 650만 개의 나노미터급 잔털이 있고, 각각의 잔털은 직경 약 200에서 500㎚로, 대략 사람의 모발 직경의 10분의 1이라는 것을 발견했다. 이 잔털의 길이는 사람의 모발 직경의 2배로, 잔털 앞쪽에는 100~1000개의 나무 모양과 유사한 미세한 곁가지가 있고, 각 곁가지 앞쪽에는 작은 발가락이 있어, 접촉하는 물체의 표면에 미세한 분자 간의 작용력을 만들어 낼 수 있다. 이 힘은 매우 약하지만, 도마뱀붙이의 발에 있는 모든 잔털이 고체 표면에 충분히 닿았을 때, 그것들이 생성하는 접착력은 수많은 인공 접착제가 만들 수 있는 힘을 초과할 수 있다. 도마뱀붙이의 발에 있는 650만 개의 잔털이 전부 물체 표면에 부착되어 있을 때는 질량이 133kg인 물체를 흡착할 수 있는데, 이는 성인 두 명의 질량에 해당한다. 만약 당신의 발에 이렇게 큰 흡착력이 있다면, 당신은 분명 발을 들어올리기 어려울 것이다. 도마뱀붙이의 발에 이렇게 강력한 부착력이 있는데, 도마뱀붙이는 어떻게 발을 들어올리고 신속하게 달릴 수 있을까? 과학자들은 도마뱀붙이의 발에 있는 잔털은 조절을 할 수 있어서, 도마뱀붙이가 잔털과 물체 표면의 각도를 30도까지 증가시킬 때 양자의 작용력이 크게 떨어져, 도마뱀붙이가 발을 순조롭게 들어올릴 수 있다는 것을 발견했다. 도마뱀붙이의 모든 발은 언제든지 움직일 수 있지만, 3한 번에 한 발만 움직일 수 있고, 다른 발은 지탱점으로 삼아야 한다.

단어 生物学家 shēngwù xuéjiā 명 생물학자 | 壁虎 bìhǔ 명 도마뱀붙이[동물] | 墙 qiáng 명 벽 | 自如 zìrú 형 자유자재하다 | 攀 pān 동 기어오르다 | 倒挂 dàoguà 동 거꾸로 매달려 있다 | 悬梁 xuánliáng 동 들보에 매달다 | 攀附 pānfù 동 기어오르다 | ★各式各样 gè shì gè yàng 성 각양각색 | ★痕迹 hénjì 명 흔적, 자취 | 利落 lìluo 형 말끔하다 | ★功夫 gōngfu 명 재주, 솜씨 | 杰作 jiézuò 명 걸작 | ★试图 shìtú 동 시도하다 | ★揭开 jiēkāi 동 드러내다, 벗겨 내다 | ★奥秘 àomì 명 신비, 비밀 | ★始终 shǐzhōng 부 끝내 | 谜 mí 명 수수께끼 | 揭示 jiēshì 동 파헤치다, 밝히다 | 显微镜 xiǎnwēijìng 명 현미경 | 脚趾 jiǎozhǐ 명 발가락 | 纳米 nàmǐ 명 나노미터(nm) | 细毛 xìmáo 명 잔털 | 直径 zhíjìng 명 직경 | 毛发 máofà 명 모발 | 前端 qiánduān 명 앞부분 | 类似 lèisì 형 유사하다 | 微细 wēixì 형 미세하다 | 分杈 fēnchà 명 분지, 곁가지 | ★接触 jiēchù 동 닿다, 접촉하다 | 分子 fēnzǐ 명 분자 | 固体 gùtǐ 명 고체 | 黏着力 niánzhuólì 명 접착력 | 黏合剂 niánhéjì 명 접착제 | 附着 fùzhuó 동 부착하다 | 吸附 xīfù 동 흡착하다 | 质量 zhìliàng 명 질량 | 成人 chéngrén 명 성인 | 奔跑 bēnpǎo 동 빨리 뛰다 | ★调节 tiáojié 동 조절하다 | ★角度 jiǎodù 명 각도 | 随时 suíshí 부 언제나 | 支撑点 zhīchēngdiǎn 지탱점

1

해설 및 정답 **문제 분석▼** 첫 번째 단락에서 도마뱀붙이를 묘사하는 내용 중 所经之处不留任何痕迹(지나가는 곳에 흔적을 남기지 않는다)와 보기 D는 같은 의미이다.

根据第1段，壁虎：	첫 번째 단락을 근거로, 도마뱀붙이는?
A 会变色	A 색깔이 변할 수 있다
B 跳跃行走	B 도약하며 걷는다
C 尾巴可再生	C 꼬리가 재생될 수 있다
D 经过的地方无痕迹	**D 지나는 곳에 흔적이 없다**

단어 ★跳跃 tiàoyuè 동 도약하다, 뛰어오르다 | 尾巴 wěiba 명 꼬리

2

해설 및 정답 **문제 분석▼** 키워드인 壁虎脚趾上的细毛(도마뱀붙이 발가락의 잔털)는 두 번째 단락에서 찾을 수 있다. 每根细毛直径约为200至500纳米，约是人类毛发直径的十分之一(각각의 잔털은 직경 약 200에서 500nm로, 대략 사람의 모발 직경의 10분의 1이다)라는 내용을 통해 도마뱀붙이 발가락의 잔털은 직경이 작다는 것을 알 수 있다.

关于壁虎脚趾上的细毛，可以知道：	도마뱀붙이 발가락의 잔털에 관해 알 수 있는 것은?
A 可伸缩	A 늘었다 줄었다 할 수 있다
B 直径小	**B 직경이 작다**
C 易脱落	C 쉽게 빠진다
D 是黑色的	D 검은색이다

단어 伸缩 shēnsuō 동 신축하다, 늘었다 줄었다 하다 | 脱落 tuōluò 동 빠지다

3

해설 및 정답 **문제 분석▼** 키워드인 奔跑(빨리 뛰다)를 언급한 마지막 단락에서 一次只能移动一只脚(한 번에 한 발만 움직일 수 있다)라고 했다.

壁虎奔跑时有什么特点?	도마뱀붙이는 달릴 때 어떤 특징이 있나?
A 左顾右盼	A 이리저리 두리번거린다
B 移动速度慢	B 이동 속도가 느리다
C 用一只脚作为支撑	C 한 발로 지탱한다
D 每次只能移动一只脚	**D 매번 한 발만 이동할 수 있다**

단어 左顾右盼 zuǒ gù yòu pàn 성 이리저리 두리번거리다

4

해설 및 정답 **문제 분석▼** 첫 번째 단락에서 不少人试图揭开壁虎爬墙的奥秘(사람들은 도마뱀붙이의 등반 비밀을 풀어 내려고 했다)라고 했고, 두세 번째 단락에서 구체적으로 어떻게 기어가는지에 대한 내용을 언급했으므로, 도마뱀붙이가 기어오르는 원리가 이 글의 주요 내용임을 알 수 있다.

上文主要谈的是:	윗글이 주요하게 이야기하는 것은?
A 壁虎爬行的原理	**A 도마뱀붙이가 기어오르는 원리**
B 壁虎的生存本领	B 도마뱀붙이의 생존 능력
C 壁虎如何捕食昆虫	C 도마뱀붙이는 어떻게 곤충을 잡아먹는가
D 壁虎给人类的启发	D 도마뱀붙이가 인류에게 주는 영감

단어 ★原理 yuánlǐ 명 원리 | ★生存 shēngcún 명 생존 | ★本领 běnlǐng 명 수완, 능력 | 捕食 bǔshí 동 먹이를 잡아먹다 | 昆虫 kūnchóng 명 곤충 | ★启发 qǐfā 명 깨우침, 영감

| 실전 트레이닝 3 | 기본서 159쪽

정답 1. B 2. A 3. D 4. C

[1–4]

4B徐霞客是明代地理学家、旅行家和文学家。他出生在江苏江阴一个有名的富庶之家。祖上都是读书人，称得上是书香门第。

1徐霞客的父亲徐有勉一生拒绝为官，也不愿同权势交往，喜欢到处游览，欣赏山水景色。徐霞客幼年受父亲影响，喜爱读历史、地理和探险、游记之类的书籍。这些书籍使他从小就热爱祖国的壮丽河山，他立志要游遍名山大川。

十五岁那年，徐霞客参加过一次科举资格考试，但并没有继续考取。父亲见儿子无意功名，也不再勉强，就鼓励他博览群书，做一个有学问的人。2徐霞客的祖上修筑了一座"万卷楼"来藏书，这给徐霞客博览群书创造了很好的条件。他读书非常认真，凡是读过的内容，别人问起，他都能记得。家里的藏书还不能满足他的需要，他还到处搜集没有见到过的书籍。他只要看到好书，即使没带钱，也要脱掉身上的衣服去换书。

十九岁那年，他的父亲去世了。他很想外出去寻访名山大川，但是按照封建社会的道德规范"父母在，不远游"，徐霞客因有母亲在家，所以没有准备马上出游。4A他的母亲是个明白事理的人，她鼓励儿子说："身为男子汉大丈夫，应当志在四方。你出外游历去吧！3到天地间去舒展胸怀，广增见识。怎么能因为我在，就像篱笆里的小鸡，留在家里，无所作为呢？"徐霞客听了这番话，非常激动，决心去远游。他头戴母亲为他做的远游冠，肩挑简单的行李，就离开了家乡。这一年，他二十二岁。

4B서하객은 명대의 지리학자이자 여행가이며 문학가이다. 그는 장쑤성 장인(江阴)의 한 유명한 부잣집에서 태어났다. 선조가 모두 지식인으로, 학자 가문이라 할 수 있다.

1서하객의 아버지인 서유면은 평생 벼슬을 마다하고, 권세 있는 사람과 교제하기를 원치 않았으며, 이리저리 유람하며 산수의 풍경을 감상하길 좋아했다. 서하객은 어린 시절 아버지의 영향을 받아, 역사와 지리, 탐험, 여행기 등의 책을 즐겨 읽었다. 이 책들은 그가 어릴 적부터 조국의 웅장하고 아름다운 강과 산을 사랑하게 했고, 명산대천을 둘러보겠다는 포부를 가지게 했다.

열다섯 살이던 해에, 서하객은 과거 자격 시험을 한 번 본 적이 있었지만, 계속 시험을 보지는 않았다. 아버지는 아들이 공명에 뜻이 없는 것을 보고 더 이상 강요하지 않고, 그가 여러 가지 책을 많이 읽고 학식 있는 사람이 되도록 격려했다. 2서하객의 조상은 '만권루'를 짓고 책을 소장하였는데, 이는 서하객이 많은 책을 볼 수 있는 좋은 조건을 만들어 주었다. 그는 독서를 매우 열심히 해서, 무릇 읽었던 내용이면, 누군가 물어봤을 때 다 기억해 낼 수 있었다. 집안의 장서는 그의 필요를 충족시키지 못하여, 그는 보지 못한 책을 곳곳에서 수집했다. 그는 좋은 책을 발견했는데 돈을 가지고 오지 않았다면, 옷을 벗어 책과 바꾸기까지 했다.

19살이 되던 해, 그의 아버지가 돌아가셨다. 그는 명산대천을 둘러보러 가고 싶었지만, '부모가 계시면 멀리 여행하지 않는다'는 봉건사회의 도덕 규범에 따라, 어머니가 집에 계셨기 때문에 당장 여행할 준비를 하지는 않았다. 4A그의 어머니는 사리에 밝은 사람으로, 그녀는 "사내대장부라면 큰 포부를 가져야 한다. 너는 밖으로 나가 두루 돌아다녀야 한다! 3세상에 나가서 가슴을 펴고 견문을 넓혀라. 어떻게 나로 인해 울타리 안에 있는 병아리처럼 집에 남아서 아무 성과 없이 있겠느냐?"라며 아들을 격려했다. 서하객은 이 말을 듣고 매우 감격하여, 먼 여행을 떠나기로 결심했다. 그는 머리에 어머니가 그를 위해 만들어준 원유관을 쓰고 간단한 짐을 어깨에 메고 고향을 떠났다. 그 해에, 그는 스물두 살이었다.

从此，直到五十六岁逝世，徐霞客的绝大部分时间都是在旅行考察中度过的。4C他历经30年撰写了60万字的地理名著——4D《徐霞客游记》，记录了他观察到的各种现象、人文、地理、动植物等状况。	이때부터 56세에 세상을 떠날 때까지, 서하객은 대부분의 시간을 여행과 고찰을 하며 지냈다. 4C그는 30년에 걸쳐 60만 자의 지리 명작인——4D《서하객유기》를 쓰며, 그가 관찰한 각종 현상과 인문, 지리, 동식물 등을 기록했다.

단어 徐霞客 Xú Xiákè 고유 서하객[지리학자] | 明代 Míngdài 명 명(明)대 | 地理学家 dìlǐ xuéjiā 명 지리학자 | 江苏 Jiāngsū 고유 장쑤[지명] | 江阴 Jiāngyīn 고유 장인[지명] | 富庶 fùshù 형 풍요롭다 | 祖上 zǔshàng 명 조상, 선조 | ★书香门第 shūxiāng méndì 성 학자 가문, 선비 가문 | 徐有勉 Xú Yǒumiǎn 고유 서유면[인명, 서하객의 부친] | 为官 wéiguān 벼슬을 하다 | 权势 quánshì 명 권세 | ★游览 yóulǎn 동 유람하다 | 幼年 yòunián 명 어린 시절 | 探险 tànxiǎn 명 탐험 | 游记 yóujì 명 여행기 | 书籍 shūjí 명 서적, 책 | 壮丽 zhuànglì 형 웅장하고 아름답다 | 立志 lìzhì 동 뜻을 세우다, 포부를 가지다 | 名山大川 míng shān dà chuān 성 명산대천, 이름난 산과 큰 내 | 科举 kējǔ 명 과거 | 功名 gōngmíng 명 공명 | ★勉强 miǎnqiǎng 동 강요하다 | 博览群书 bólǎn qúnshū 성 여러 가지 책을 많이 읽다 | ★学问 xuéwen 명 학식 | 修筑 xiūzhù 동 세우다, 건설하다 | 藏书 cángshū 동 장서하다, 책을 소장하다 | 凡是 fánshì 부 대체로, 무릇 | 搜集 sōují 동 수집하다 | 封建 fēngjiàn 명 봉건 | 道德规范 dàodé guīfàn 도덕 규범 | 事理 shìlǐ 명 사리, 일의 도리 | 男子汉大丈夫 nánzǐhàn dàzhàngfu 사내대장부 | 志在四方 zhì zài sì fāng 성 큰 포부를 가지다 | 游历 yóulì 동 두루 돌아다니다 | 舒展 shūzhǎn 동 펴다 | ★胸怀 xiōnghuái 명 가슴 | ★见识 jiànshi 명 견문 | 篱笆 líba 명 울타리 | 作为 zuòwéi 동 성과를 내다 | ★番 fān 양 번 | 远游 yuǎnyóu 동 멀리 유람하다 | 冠 guān 명 관, 모자 | 肩 jiān 명 어깨 | 挑 tiāo 동 메다 | 逝世 shìshì 동 서거하다, 세상을 뜨다 | 考察 kǎochá 동 고찰하다 | 历经 lìjīng 동 두루 경험하다 | 撰写 zhuànxiě 동 쓰다, 짓다 | 名著 míngzhù 명 명저, 명작 | ★状况 zhuàngkuàng 명 상황, 상태

1

해설 및 정답 **문제 분석▼** 두 번째 단락에 徐霞客的父亲徐有勉一生拒绝为官(서하객의 아버지인 서유면은 평생 벼슬을 마다했다) 중 为官(벼슬을 하다)은 做官과 같은 의미이다.

关于徐霞客的父亲，可以知道:	서하객의 아버지에 관해 알 수 있는 것은?
A 是探险家 **B 不愿做官** C 性格固执 D 籍贯是浙江	A 탐험가이다 **B 벼슬을 원치 않았다** C 성격이 고집스럽다 D 본적이 저장성이다

단어 ★固执 gùzhi 형 고집스럽다 | 籍贯 jíguàn 명 본적, 출생지 | 浙江 Zhèjiāng 명 저장[지명]

2

해설 및 정답 **문제 분석▼** 세 번째 단락에 这给徐霞客博览群书创造了很好的条件(이는 서하객이 많은 책을 볼 수 있는 좋은 조건을 만들어 주었다) 중 这를 보고 정답은 앞 내용에 있음을 알 수 있다.

徐霞客能博览群书得益于:	서하객이 많은 책을 볼 수 있었던 것은 무엇 덕분인가?

A 家里的藏书	**A 집 안의 장서**
B 祖父的鼓励	B 조부의 격려
C 过目不忘的本领	C 한 번 본 것을 잊지 않는 능력
D 成为作家的抱负	D 작가가 되겠다는 포부

단어 ★得益于 déyìyú ~덕분이다 | 祖父 zǔfù 명 조부, 할아버지 | 过目不忘 guò mù bú wàng 성 한 번 보면 잊지 않다 | ★本领 běnlǐng 명 능력 | ★抱负 bàofù 명 포부

3

해설 및 정답 **문제 분석▼** 篱笆里的小鸡(울타리 안의 병아리)의 앞뒤 내용을 보면 어머니는 서하객에게 견식을 넓히도록 밖으로 나가야지 울타리 안의 병아리처럼 집에만 있으면 안 된다고 했다. 따라서 篱笆里的小鸡는 견식이 없는 사람을 가리키는 것을 알 수 있다.

第4段中"篱笆里的小鸡"可能是什么意思?	네 번째 단락에 '울타리 안의 병아리'는 무슨 의미인가?
A 性格安静	A 성격이 조용하다
B 不被重视	B 중시되지 않다
C 年纪较小	C 나이가 어리다
D 没有见识	**D 견식이 없다**

4

해설 및 정답 **문제 분석▼** 보기 A, B, C, D의 키워드를 체크하고 지문과 대조한다. 마지막 단락에서 《서하객유기》는 지리 명작이라고 했지 장편소설이라고 하지 않았다.

根据上文，下列哪项不正确?	윗글을 근거로, 다음 중 **정확하지 않은 것은?**
A 徐霞客母亲明白事理	A 서하객의 어머니는 사리에 밝다
B 徐霞客是明朝文学家	B 서하객은 명대의 문학가이다
C 《徐霞客游记》是长篇小说	**C 《서하객유기》는 장편 소설이다**
D 《徐霞客游记》记录了植物状况	D 《서하객유기》는 식물의 상태를 기록했다

단어 长篇 chángpiān 명 장편

| 실전 트레이닝 4 | 기본서 160쪽

정답 1. A 2. C 3. B 4. D

[1-4]

早在周代，中国就出现了图书馆。只不过，1那时不叫图书馆，叫盟府，主要保存盟约、图籍、档案等与皇室有关的资料。严格地说，1这只是图书馆的雏形。

到了西汉，皇室开始大量收藏图书，开国之相萧何还在宫内设置了专门用来藏书的石渠阁、天录阁，这也是后来人们常常把皇家图书馆称为"石渠天录"的原因。

东汉时期设置秘书监一职，即专门管理图书秘籍的官员。秘书监相当于现在的国家图书馆馆长，这一官职被后代沿用。

唐代以前，图书主要是由官府掌控，民间是不允许大量藏书的。唐代民间私人图书馆的出现，开创了中国历史上私人藏书的先河。2唐代的私人藏书，是随着印刷业的发展而盛行起来的。有了先进的印刷技术，官府藏书大量增加，私人藏书也如雨后春笋，茁壮成长。

3到了明代，专门管理图书秘籍的秘书监一职就被废止了。清代除了文渊阁、文津阁、文澜阁这些图书馆外，翰林院、国子监、内府等机构也收藏过图书。这些机构的长官在做好本职工作的同时，也负责管理这些图书，算得上是兼职的图书馆馆长了。

那么，什么时候开始出现图书馆这一名称的呢? 据记载，真正使用图书馆一词，还是从江南图书馆开始的。修建于清代光绪三十三年(1907年)的江南图书馆，不但最先使用"图书馆"三个字，也把图书馆丰富的藏书推到了公众面前。所以说，江南图书馆书写了中国图书馆的新篇章，是一所真正的大众图书馆。

일찍이 주(周)나라 시기부터, 중국에는 도서관이 있었다. 다만, 1그때는 도서관이라 하지 않고, 맹부라고 불렸으며, 주로 맹약, 도적, 문건 등의 황실과 관련된 자료를 보존하고 있었다. 엄밀히 말하면, 1이것은 도서관의 초기 형태인 것이다.

서한(西漢)에 이르러, 황실은 도서를 대량으로 소장하기 시작하여, 개국공신인 소하가 궁내에 전문적으로 서적을 보관하는 석거각과 천록각을 설치하였는데, 이것은 훗날 사람들이 왕립도서관을 '석거천록'이라고 부르는 이유이기도 하다.

동한(東漢) 시기에는 비서감이라는 직책이 생겼는데, 즉 전문적으로 도서 비적을 관리하는 관원이었다. 비서감은 현재의 국가도서관장 격으로, 이 관직은 후손들이 그대로 물려받았다.

당(唐)나라 이전에, 도서는 주로 관청에서 통제했고, 민간에서 서적을 대량으로 소장하는 것이 허용되지 않았다. 당나라 시기에 민간 개인 도서관의 출현은 중국 역사상 사설 장서의 효시를 열었다. 2당나라의 개인 장서는 인쇄업의 발달에 따라 성행하기 시작했다. 선진적인 인쇄 기술이 있어 관청의 장서는 대량으로 증가하였고, 개인 장서 역시 우후죽순처럼 튼실하게 성장하였다.

3명(明)대에 이르러, 전문적으로 도서 비적을 관리하는 비서감이라는 직책은 폐지되었다. 청(淸)대에는 문연각과 문진각, 문란각과 같은 도서관 외에, 한림원, 국자감, 내부(內府) 등의 기관에서도 도서를 소장한 바 있다. 이 기관들의 장관은 본연의 업무와 함께, 이 도서들을 관리하는 책임을 맡았으니, 겸직 도서관장인 셈이었다.

그렇다면, 언제부터 도서관이라는 명칭이 생겼을까? 기재된 바에 의하면, 도서관이란 말을 사용한 것은 강남도서관에서 시작됐다고 한다. 청대 광서 33년(1907년)에 지어진 강남도서관은 '도서관'이라는 세 글자를 가장 먼저 사용했을 뿐만 아니라 도서관의 풍부한 장서를 대중 앞에 선보였다. 그래서, 강남도서관은 중국 도서관의 새로운 장을 쓴 진정한 대중 도서관이라고 말할 수 있다.

단어 周代 Zhōudài 명 주(周)대, 주(周)나라 | 盟府 méngfǔ 명 맹부[고대에 맹약문서를 보관하고 관장했던 관청] | 盟约 méngyuē 명 맹약, 동맹 서약 | 图籍 tújí 명 도적, 지도와 호적 | 档案 dàng'àn 명 서류, 문건 | 皇室 huángshì 명 황실 | 雏形 chúxíng 명 초기 형태, 원형 | 西汉 Xī Hàn 고유 서한(西漢) | ★收藏 shōucáng 동 수집 보관하다, 소장하다 | 开国 kāiguó 동 개국하다 | 相 xiàng 명 재상 | 萧何 Xiāo Hé 고유 소하[한(漢)나라의 정치가] | 石渠阁 Shíqúgé 고유 석거각[서한 황실의 서적을 보관하는 곳] | 天禄阁 Tiānlùgé 고유 천록각[서한 황실의 서적을 보관하는 곳] | 皇家 huángjiā 명 황실 | 东汉 Dōng Hàn 고유 동한(東漢) | 秘书监 mìshūjiàn 명 비서감 | 秘籍 mìjí 명 비적, 진귀한 책 | 官员 guānyuán 명 관리, 관원 | 沿用 yányòng 동 계속하여 사용하다 | 官府 guānfǔ 명 관청, 관아 | 掌控 zhǎngkòng 동 통제하다, 지배하다 | ★民间 mínjiān 명 민간 | 开创 kāichuàng 동 창설하다 | 先河 xiānhé 명 시작, 효시 | 印刷 yìnshuā 명 인쇄 | ★盛行 shèngxíng 동 성행하다 | 雨后春笋 yǔ hòu chūn sǔn 성 우후죽순 | ★茁壮 zhuózhuàng 형 튼튼하다, 실하다 | 明代 Míngdài 명 명(明)대 | 废止 fèizhǐ 동 폐지하다 | 清代 Qīngdài 명 청(清)대 | 文渊阁 Wényuāngé 고유 문연각[사고전서를 보관하던 누각의 하나, 베이징 소재] | 文津阁 Wénjīngé 고유 문진각[사고전서를 보관하던 누각의 하나, 허베이 소재, 현재 베이징으로 옮겨짐] | 文澜阁 Wénlángé 고유 문란각[사고전서를 보관하던 누각의 하나, 항저우 소재] | 翰林院 Hànlínyuàn 고유 한림원[당대(唐代) 초기에 설치된 국사 편수 등의 역할을 담당한 관청] | 国子监 Guózǐjiàn 고유 국자감 | 内府 Nèifǔ 고유 내부[청대 궁중 사무를 관리하는 관청] | 机构 jīgòu 명 기관 | 长官 zhǎngguān 명 장관 | 兼职 jiānzhí 명 겸직 | ★记载 jìzǎi 동 기재하다 | 修建 xiūjiàn 동 건설하다 | 光绪 Guāngxù 고유 광서[청나라 덕종(德宗)의 연호] | ★公众 gōngzhòng 명 대중 | 篇章 piānzhāng 명 (추상적인 의미의) 장

1

해설 및 정답 **문제 분석▼** 첫 번째 단락에서 주(周)나라 때 도서관은 맹부이고, 이것은 도서관의 초기 형태라고 했다.

中国图书馆的雏形是:	중국 도서관의 초기 형태는?
A 盟府 B 天禄阁	**A 맹부** B 천록각
C 文津阁 D 翰林院	C 문진각 D 한림원

2

해설 및 정답 **문제 분석▼** 唐代的私人藏书，是随着印刷业的发展而盛行起来的(당나라의 개인 장서는 인쇄업의 발달에 따라 성행하기 시작했다) 중 盛行(성행하다)과 보기의 兴盛(흥성하다)은 같은 의미이다.

根据第4段，下列哪项正确?	네 번째 단락을 근거로, 다음 중 정확한 것은?
A 纸发明于唐朝	A 종이는 당나라 시기에 발명되었다
B 唐朝设置了石渠阁	B 당나라 시기에 석거각이 설치되었다
C 唐朝私人藏书兴盛	**C 당나라 시기에 개인 장서가 흥성했다**
D 印刷术推动诗歌发展	D 인쇄술이 시가(詩歌)의 발전을 촉진했다

단어 ★推动 tuīdòng 동 촉진하다 | ★诗歌 shīgē 명 시가

3

해설 및 정답 **문제 분석▾** 명(明)나라를 언급한 다섯 번째 단락에 秘书监一职就被废止了(비서감이라는 직책은 폐지되었다)라고 했다.

关于明朝时期的图书馆，可以知道：	명나라 시기의 도서관에 관해 알 수 있는 것은?
A 规模不大	A 규모가 크지 않다
B 废除秘书监	**B 비서감을 폐지했다**
C 江南图书馆最有名	C 강남도서관이 가장 유명하다
D 最初使用“图书馆”三个字	D 최초로 ‘도서관’이라는 세 글자를 사용했다

단어 废除 fèichú 동 폐지하다, 폐기하다

4

해설 및 정답 **문제 분석▾** 주(周)나라부터 청(清)나라까지 각 시기의 도서관을 소개하는 내용이므로 ‘중국 도서관의 발전 역사’가 이 글의 제목이 되는 것이 가장 적합하다.

最适合做上文标题的是：	윗글의 제목으로 가장 적합한 것은?
A 读好书，做好人	A 좋은 책을 읽으면, 좋은 사람이 된다
B 寻找民间图书馆	B 민간 도서관을 찾아서
C 皇家图书馆的由来	C 왕립도서관의 유래
D 中国图书馆的发展历史	**D 중국 도서관의 발전 역사**

독해 제4부분

기본서 162쪽

정답									
1. B	2. D	3. C	4. A	5. C	6. A	7. D	8. B	9. E	10. C
11. A	12. B	13. D	14. C	15. D	16. B	17. A	18. B	19. D	20. C
21. C	22. D	23. B	24. A	25. C					

1

해설 및 정답 **문제 분석▼** 보기 B에서 欢送新年的到来를 해석하면 '새해가 오는 것을 환송하다'가 되므로 문맥상 틀렸다. 欢送(환송하다)을 欢迎(환영하다)으로 바꿔야 적합한 문장이 된다.

A 目前，中国每千人汽车保有量在170辆左右。
C 这幅画的创作背景一直是人们研究、讨论、追逐的话题。
D 过去一年来最直观的感受就是忙，全年我有180天在外出差。

A 현재, 중국은 1000명당 170대 정도의 자동차를 보유하고 있다.
C 이 그림의 창작 배경은 줄곧 사람들이 연구하고 토론하며 추구하는 화제가 되었다.
D 지난 1년간 가장 직관적으로 느낀 것은 바쁘다는 것이다. 1년 동안 나는 180일간 외국 출장을 갔다.

정답

B 广场上，人们手持鲜花，载歌载舞，欢送（→欢迎）新年的到来。
→ **广场上，人们手持鲜花，载歌载舞，欢迎新年的到来。**
광장에서 사람들은 손에 꽃을 들고 흥겹게 노래하고 춤추며, 새해가 오는 것을 환영했다.

단어 持 chí 동 잡다, 쥐다 | 载歌载舞 zài gē zài wǔ 성 흥겹게 노래하며 춤추다 | 欢送 huānsòng 동 환송하다 | 幅 fú 양 폭 | ★创作 chuàngzuò 동 창작하다 | 追逐 zhuīzhú 동 추구하다 | ★话题 huàtí 명 화제 | 直观 zhíguān 형 직관의

2

해설 및 정답 **문제 분석▼** 보기 D에서 접속사 无论은 才와 호응할 수 없다. 문맥상 无论(~에 관계없이)을 只有(~해야만)로 바꿔야 적합하다.

A 人的一生总是在不断追求完美的过程中实现自我价值。
B 研究结果显示，抑郁可能是驱动部分人抽烟的因素之一。
C 近30年来，长江流域消失面积在1平方公里以上的湖泊有96个。

A 인간의 일생은 항상 끊임없이 완벽을 추구하는 과정에서 자아의 가치를 실현하는 것이다.
B 연구 결과, 우울함은 일부 사람들의 흡연을 촉진시킬 수 있는 요소 중 하나로 나타났다.
C 최근 30년 동안, 양쯔강 유역의 소실된 면적은 1㎢가 넘는 호수가 96개이다.

정답

D 成功的概率其实很低，无论持续频繁地实践，成功的机会才会增加。(无论 → 只有)

→ **成功的概率其实很低，只有持续频繁地实践，成功的机会才会增加。**

성공할 확률은 사실 매우 낮다. 지속적으로 자주 실천해야만 성공의 기회를 늘릴 수 있다.

단어 ★完美 wánměi 형 완미하다 | 抑郁 yìyù 형 우울하다 | 驱动 qūdòng 동 구동하다, 촉진하다 | ★因素 yīnsù 명 요소 | 流域 liúyù 명 유역 | 面积 miànjī 명 면적 | 平方公里 píngfāng gōnglǐ 양 제곱 킬로미터(㎢) | ★湖泊 húpō 명 호수 | 概率 gàilǜ 명 확률 | ★持续 chíxù 동 지속하다 | ★频繁 pínfán 형 잦다, 빈번하다 | ★实践 shíjiàn 동 실천하다

3

해설 및 정답 **문제 분석▼** 보기 C에서 부사어인 凌乱地는 명사 一些杂物 앞에 위치할 수 없다. 凌乱地를 동사 摆放 앞으로 옮겨야 옳은 문장이 된다.

A 阿尔茨海默病俗称老年痴呆，是老年人的脑部疾病。

B 所谓游学，是一种将学习和旅行相结合的学习交流方式。

D 据一项调查显示，20%的大学生患有结石，其中有一部分在高中就查出结石。

A 알츠하이머병은 속칭 노인성 치매로, 노인의 뇌질환이다.

B 유학이란 공부와 여행을 결합한 일종의 학습 교류 방식이다.

D 한 조사에 따르면, 20%의 대학생이 결석(結石)을 앓고 있는데, 그중 일부는 고등학교 때 결석을 발견한다고 한다.

정답

C 透过玻璃门窗，我们可以看到商铺里摆放着凌乱地一些杂物。(凌乱地 → 摆放着 앞)

→ **透过玻璃门窗，我们可以看到商铺里凌乱地摆放着一些杂物。**

유리문과 창문을 통해, 우리는 상점 안에 잡동사니들이 어수선하게 놓여 있는 것을 볼 수 있다.

단어 阿尔茨海默病 ā'ěrcíhǎimòbìng 명 알츠하이머병 | 俗称 súchēng 동 속칭하다 | 痴呆 chīdāi 명 치매 | ★疾病 jíbìng 명 질병 | ★所谓 suǒwèi 형 ~란 | 游学 yóuxué 명 유학 | 透过 tòuguò 동 통하다 | 玻璃 bōli 명 유리 | 商铺 shāngpù 명 상점 | ★摆放 bǎifàng 동 두다, 놓다 | 凌乱 língluàn 형 어수선하다 | 杂物 záwù 명 자질구레한 물건 | ★患 huàn 동 앓다 | 结石 jiéshí 명 결석(結石)

4

해설 및 정답 **문제 분석▾** 동사 导致 뒤에 부정적인 내용이 와야 한다. 따라서 문맥상 大脑能力 뒤에 동사 下降을 추가해야 옳은 문장이 된다.

B 3月2日上午，晋级的八支代表队分成两组进行半决赛。	B 3월 2일 오전, 진급한 8개 대표팀이 2개 조로 나뉘어 준결승을 진행한다.
C 中国科幻电影在电影行业中，占比总体较低，影响力也不大。	C 중국의 SF영화는 영화업계에서 차지하는 비중이 비교적 낮고, 영향력도 크지 않다.
D 今年上海市新投入使用的公交车全部采用新能源汽车，推动空气质量持续改善。	D 올해 상하이시는 새로 투입하여 사용하는 버스를 전부 신재생에너지 자동차로 채택하여 공기질의 지속적인 개선을 추진했다.

정답

下降

A 研究表明，经常熬夜或者失眠会导致大脑能力 。

→ **研究表明，经常熬夜或者失眠会导致大脑能力下降。**

연구에 따르면, 자주 밤을 새거나 잠을 이루지 못하면 뇌의 기능이 떨어진다고 한다.

단어 ★熬夜 áoyè 동 밤을 새다 | ★失眠 shīmián 동 잠을 이루지 못하다 | 晋级 jìnjí 동 진급하다 | 支 zhī 양 부대, 대오 | 半决赛 bànjuésài 명 준결승 | 科幻 kēhuàn 명 과학 환상, SF | 占比 zhànbǐ 명 전체 중 차지하는 비율 | 采用 cǎiyòng 동 채택하다 | ★新能源汽车 xīnnéngyuán qìchē 명 신재생에너지 자동차 | ★推动 tuīdòng 동 추진하다 | ★改善 gǎishàn 동 개선하다

5

해설 및 정답 **문제 분석▾** **①번 빈칸**: 뒤에 人海(인파)와 호응하여 '사람이 많다'는 의미를 나타내는 형용사는 茫茫(망망하다)뿐이다. **③번 빈칸**: 문맥상 '기사는 승객을 알아볼 수 있다'는 의미가 되어야 하므로 辨认(알아내다)만이 가능하다.

现在很多人都使用约车软件，但是在①茫茫人海中，司机很难准确找到约车的乘客。有一款约车软件可以让乘客的手机屏幕显示②**特定**的颜色，这样当司机看到这个颜色后，便可快速③**辨认**出约车的乘客。	지금은 많은 사람들이 택시 예약 애플리케이션을 사용하고 있지만, ①**망망한** 인파 속에서, 기사가 택시를 예약한 승객을 정확하게 찾기란 쉽지 않다. 한 택시 예약 애플리케이션은 승객의 휴대전화 화면에 ②**특정한** 색상을 표시하도록 하여, 운전자가 이 색상을 보고, 예약한 승객을 빠르게 ③**알아볼** 수 있게 했다.
A 苍白× 特意× 推理× B 茫然× 盲目× 提取× **C 茫茫○ 特定○ 辨认○** D 繁忙× 可观× 辩解×	A 창백하다 / 특별히 / 추리하다 B 막연하다 / 맹목적 / 추출하다 **C 망망하다 / 특정한 / 알아내다** D 번거롭고 바쁘다 / 가관이다 / 변명하다

단어 约车 yuēchē 택시를 예약하다 | ★软件 ruǎnjiàn 명 소프트웨어 | 茫茫 mángmáng 형 망망하다 | ★款 kuǎn 양 유형, 종류 | 屏幕 píngmù 명 영사막, 스크린 | ★特定 tèdìng 형 특정한 | ★辨认 biànrèn 동 알아내다, 분별하다 | 苍白 cāngbái 형 희끗희끗하다, 창백하다 | ★特意 tèyì 부 특별히 | 推理 tuīlǐ 동 추리하다 | 茫然 mángrán 형 막연하다 | ★盲目 mángmù 형 맹목적 | 提取 tíqǔ 동 추출하다 | ★繁忙 fánmáng 형 번거롭고 바쁘다 | ★可观 kěguān 형 가관이다 | 辩解 biànjiě 동 변명하다

빈출 호응

- **苍白** cāngbái 형 **희끗희끗하다, 창백하다** ▸ 脸色**苍白** 안색이 창백하다 | **苍白**的头发 희끗희끗한 머리카락
- **茫然** mángrán 형 **막연하다** ▸ 前途**茫然** 앞길이 막막하다 | **茫然**无助 막연하여 도움이 되지 않다
- **茫茫** mángmáng 형 **망망하다** ▸ **茫茫**的大海 망망대해 | **茫茫**的大雪 망망한 대설
- **繁忙** fánmáng 형 **번거롭고 바쁘다** ▸ 工作**繁忙** 업무가 번거롭고 바쁘다 | **繁忙**的季节 분주한 계절
- **提取** tíqǔ 동 **추출하다** ▸ **提取**信息 정보를 뽑아내다 | **提取**精华 에센스를 추출하다
- **辩解** biànjiě 동 **변명하다** ▸ 为错误**辩解** 잘못을 변명하다

6

해설 및 정답 **문제 분석▾** **①번 빈칸**: 호응 구조 承受压力(압력을 받다)를 알면 쉽게 정답을 찾을 수 있다. **②번 빈칸**: 보기 중 앞에서 나온 脖子(목)와 관련된 어휘는 颈椎(경추)뿐이다.

很多上班族长时间保持低头的姿势工作，然而这相当于他的脖子①承受着20公斤的压力，容易导致②颈椎病发生。因此，长时间工作的人要③尽量避免长期低头伏案的姿势，适当活动一下。

A 承受○　颈椎○　尽量○
B 承担×　腰腿×　索性×
C 负担×　糖尿×　尽情×
D 遭受×　心脏×　尽管×

많은 직장인들이 장시간 고개 숙인 자세를 유지하며 일한다. 하지만 이것은 목이 20㎏의 압력을 ①**받는** 것과 같아서, ②**경추** 질환을 초래하기 쉽다. 따라서, 오래 근무하는 사람은 ③**되도록** 장시간 책상 앞에 앉아 머리를 숙이는 자세를 피하고, 적절히 움직여야 한다.

A 받다 / 경추 / 되도록
B 맡다 / 허리와 다리 / 차라리
C 부담하다 / 당뇨 / 실컷
D 당하다 / 심장 / 비록

단어 上班族 shàngbānzú 명 직장인 | 姿势 zīshì 명 자세 | ★相当于 xiāngdāngyú 동 ~와 같다 | 脖子 bózi 명 목 | ★承受 chéngshòu 동 받다 | 颈椎 jǐngzhuī 명 경추, 목등뼈 | ★尽量 jǐnliàng 부 되도록 | ★避免 bìmiǎn 동 피하다 | 伏案 fú'àn 동 책상 앞에 앉다 | ★承担 chéngdān 동 맡다, 감당하다 | 腰腿 yāotuǐ 명 허리와 다리 | 索性 suǒxìng 부 차라리 | ★负担 fùdān 명동 부담(하다) | 糖尿 tángniào 명 당뇨 | 尽情 jìnqíng 부 실컷 | 遭受 zāoshòu 동 (불행 또는 손해를) 만나다, 당하다 | ★心脏 xīnzàng 명 심장

빈출 호응

- **承担** chéngdān 동 **맡다, 감당하다** ▸ **承担**责任 책임을 지다 | **承担**风险 위험을 감수하다
- **负担** fùdān 명동 **부담(하다)** ▸ 家庭**负担** 가계 부담 | 精神**负担** 정신적인 부담
- **遭受** zāoshòu 동 **만나다, 당하다** ▸ **遭受**不幸 불행을 당하다 | **遭受**重创 큰 타격을 입다

7

해설 및 정답 **문제 분석▼** **①번 빈칸:** 뒤에 广泛(폭넓다)과 자주 호응하는 어휘는 应用(응용)이다. **②번 빈칸:** 文本은 컴퓨터 용어로 이미지, 음성 등의 데이터와는 다른 텍스트 데이터를 가리킨다.

如今二维码在生活中的①应用非常广泛。它既可以是②文本信息，也可以是图片信息，甚至可以是网络链接。无需格外的键盘③输入，只需要用摄像头扫一扫，便可轻松地获取信息。但二维码千万不要随便扫，因为④用户通过扫描二维码打开的很有可能是钓鱼网站或者木马程序。

오늘날 QR코드는 생활 속에서 ①응용(범위)가 매우 폭넓다. 그것은 ②텍스트 정보일 수도 있고, 이미지 정보일 수도 있으며, 심지어 인터넷 링크일 수도 있다. 별도의 키보드를 ③입력하지 않고 캠으로 스캔만 하면, 손쉽게 정보를 얻을 수 있다. 하지만 QR코드를 절대 함부로 스캔해서는 안 된다. ④사용자가 QR코드를 스캔하여 피싱 사이트나 바이러스를 열게 될 가능성이 크기 때문이다.

A 意图× 字母× 打击× 网友×
B 市场× 字迹× 操作○ 顾客×
C 诞生× 摘要○ 引导× 市民×
D 应用○ 文本○ 输入○ 用户○

A 의도 / 알파벳 / 공격하다 / 사이버 친구
B 시장 / 필적 / 조작하다 / 고객
C 탄생 / 개요 / 인도하다 / 시민
D 응용 / 텍스트 / 입력하다 / 사용자

단어 ★如今 rújīn 명 지금, 오늘날 | ★二维码 èrwéimǎ 명 QR코드 | ★应用 yìngyòng 명 응용 | ★广泛 guǎngfàn 형 폭넓다 | 文本 wénběn 명 텍스트 | 链接 liànjiē 동 링키지하다, 연계하다 | 键盘 jiànpán 명 키보드 | 输入 shūrù 동 입력하다 | 摄像头 shèxiàngtóu 명 캠 | ★用户 yònghù 명 사용자 | ★扫描 sǎomiáo 동 스캐닝하다 | 钓鱼网站 diàoyú wǎngzhàn 피싱 사이트 | 木马程序 mùmǎ chéngxù 명 트로이목마 바이러스 | ★意图 yìtú 명 의도 | 字母 zìmǔ 명 알파벳 | 打击 dǎjī 동 공격하다 | 网友 wǎngyǒu 명 사이버 친구 | 字迹 zìjì 명 필적 | 操作 cāozuò 동 조작하다 | ★诞生 dànshēng 동 탄생하다 | 摘要 zhāiyào 명 개요, 요지 | 引导 yǐndǎo 동 인도하다

8

해설 및 정답 **문제 분석▼** **②번 빈칸:** 문맥상 '리샤허 지역은 명실상부한 살기 좋은 곳'이 되어야 하므로 名副其实(명실상부하다)가 적합하다. 博大精深(박식하고 심오하다)은 文化(문화)와 호응하여 쓰이고, 得天独厚(좋은 조건을 갖추다)는 条件(조건)과 호응하여 쓰인다.

里下河地区位于江苏省中部，这里水网①密集，湖泊众多，盛产稻米、小麦、鱼虾、螃蟹，是②名副其实的鱼米之乡。这里的农民具有勤劳、勇敢、智慧的优秀③品质，农耕文化源远流长、内涵丰富，这些④皆是江南文化的宝贵财富。

리샤허 지역은 장쑤성 중부에 위치해 있는데, 수로가 ①밀집되어 있고 호수가 매우 많아, 쌀과 밀, 어류, 게가 많이 생산되는 ②명실상부한 살기 좋은 고장이다. 이곳의 농민들은 근면하고 용감하며 지혜로운 좋은 ③품성을 가지고 있으며, 농경문화는 유구하고 내용이 풍부하여, 이것들은 ④모두 강남 문화의 귀중한 자산이다.

A 密切× 博大精深× 品德○ 并×
B 密集○ 名副其实○ 品质○ 皆○
C 隐约× 得天独厚× 资本× 既×
D 纵横○ 川流不息× 思维× 旨×

A 밀접하다 / 박식하고 심오하다 / 성품 / 함께
B 밀집하다 / 명실상부하다 / 품성 / 모두
C 희미하다 / 좋은 조건을 갖추다 / 자본 / 이미
D 종횡무진 / 끊임없이 오고가다 / 사유 / 취지

단어 里下河 Lǐxiàhé 고유 리샤허[지명] | ★位于 wèiyú 동 ~에 위치하다 | 江苏省 Jiāngsū Shěng 고유 장쑤성 | 水网 shuǐwǎng 명 수로망[수로가 그물처럼 분포된 곳] | 密集 mìjí 동 밀집하다 | ★湖泊 húpō 명 호수 | 众多 zhòngduō 형 매우 많다 | 盛产

shèngchǎn 동 많이 나다, 많이 생산하다 | 稻米 dàomǐ 명 쌀 | 小麦 xiǎomài 명 밀 | 鱼虾 yúxiā 명 어류를 통틀어 일컫는 말 | 螃蟹 pángxiè 명 게 | ★名副其实 míng fù qí shí 성 명실상부하다 | 鱼米之乡 yú mǐ zhī xiāng 성 곡물과 수산물이 풍부한 지역, 살기 좋은 곳 | ★勤劳 qínláo 형 근면하다 | ★品质 pǐnzhì 명 품성 | 农耕 nónggēng 명 농경 | 源远流长 yuán yuǎn liú cháng 성 역사가 유구하다 | 内涵 nèihán 명 내용 | ★皆 jiē 부 모두 | ★宝贵 bǎoguì 형 귀중하다 | ★财富 cáifù 명 재산, 자원 | ★密切 mìqiè 형 밀접하다 | ★博大精深 bó dà jīng shēn 성 박식하고 심오하다 | 品德 pǐndé 명 성품 | 并 bìng 부 함께 | 隐约 yǐnyuē 형 희미하다 | 得天独厚 dé tiān dú hòu 성 좋은 조건을 갖추다 | 资本 zīběn 명 자본 | ★既 jì 부 이미 | 纵横 zònghéng 동 종횡무진하다 | 川流不息 chuān liú bù xī 성 끊임없이 오고가다 | ★思维 sīwéi 명 사유 | 旨 zhǐ 명 취지

빈출 호응

- **密切** mìqiè 형 **밀접하다** ▸ 密切的关系 밀접한 관계 | 密切关注 예의 주시하다
- **隐约** yǐnyuē 형 **희미하다** ▸ 隐约的声音 희미한 소리 | 隐约可见 희미하게 보이다

[9-13]

近年来，一些大学生毕业后不急着找工作，而是游历或支教，成为“慢就业”一族。“慢就业”并非一些人所理解的“失业”，(9)E 而是大学生主动选择的“暂时性不就业”。他们理由各异：有的人游览各地，想抓住人生最后的长假放松身心；有的人选择考研，(10)C 希望学业上有进一步提升；还有一部分人暂时没有好的工作机会，就继续等待转机。所以，“慢就业”并不是一个负面词汇，只是一个成年个体的普通选择。

10年以前，一个大学生毕业之后没有选择直接就业，会让周边的人不大理解。但对近些年成长起来的90后或95后而言，他们的境遇已经有很大不同。一方面，(11)A 随着经济快速发展，大学生通过就业获取经济收益的诉求没有那么强烈；另一方面，互联网时代成长起来的一代，摆脱了传统单一的价值观念，他们个性张扬，(12)B 更注重自我情感需求与生活质量，不想一毕业就进入紧张的生活节奏中，所以暂缓就业。

최근 몇 년 사이, 일부 대학생들은 졸업 후 취업을 서두르지 않고, 여행을 하거나 지원 교육을 하는 '만만디 취업'족이 되었다. '만만디 취업'은 일부 사람들이 생각하는 '실업'이 아닌, (9)E **대학생들이 자발적으로 선택하는 '일시적 취업 거부' 상태이다**. 그들의 이유는 각기 다르다. 어떤 사람은 각지를 여행하며, 인생의 마지막 장기 휴가에 심신을 다잡고 싶어 하는 것이고, 어떤 사람은 대학원 진학을 선택하여, (10)C **학업을 좀 더 향상시키기를 바라는 것이며**, 일부는 당분간 좋은 일을 할 기회가 없어 계속 기회를 기다리는 것이다. 그래서 '만만디 취업'은 결코 부정적인 단어가 아닌, 성인 개인의 일반적인 선택일 뿐이다.

10년 전에만 해도, 대학생이 졸업 후에 바로 취업을 하지 않으면, 주변 사람들은 이해하지 못했다. 그러나 최근 몇 년 사이에 성장한 90년 이후 혹은 95년 이후에 태어난 그들의 상황은 이미 많이 달라졌다. 한편으로는 (11)A **경제가 빠르게 성장함에 따라**, 대학생들이 취업을 통해 경제적 수익을 얻으려는 바람이 그다지 강하지 않기 때문이고, 또 다른 한편으로는, 인터넷 시대에 성장한 세대들은 전통적인 단일한 가치관에서 벗어나, 그들의 개성을 살리고 (12)B **자기감정의 욕구와 삶의 질을 더욱 중시하여**, 졸업하자마자 빡빡한 생활 리듬 속으로 들어가고 싶지 않아, 취업을 잠시 미루는 것이다.

不过我们也应当承认，大学生就业压力不小。(13)**D 他们如果能在大学期间充分学习与训练**，不难找到终身的职业，当然可以规避“慢就业”。但事实上，很多人只有在离开学校后才有明确的人生规划。	하지만 우리도 대학생의 취업 스트레스가 적지 않다는 점은 인정해야 한다. (13)**D 그들이 만약 대학 기간 동안 충분히 배우고 훈련할 수 있었다면**, 평생 직업을 찾기는 어렵지 않았을 것이므로, 당연히 '만만디 취업'을 피할 수 있었을 것이다. 그러나 사실상, 많은 사람들이 학교를 떠난 후에서야 명확한 인생 계획을 갖게 된다.

단어 游历 yóulì 동 여러 곳을 돌아다니다 | 支教 zhījiào 동 교육을 지원하다 | ★就业 jiùyè 동 취업하다 | 族 zú 명 족, 무리 | ★并非 bìngfēi 동 결코 ~이 아니다 | 失业 shīyè 동 직업을 잃다 | 异 yì 형 다르다 | ★游览 yóulǎn 동 유람하다 | 长假 chángjià 명 장기 휴가 | ★身心 shēnxīn 명 심신 | 考研 kǎoyán 동 대학원에 응시하다 | 学业 xuéyè 명 학업 | 提升 tíshēng 동 끌어올리다 | ★等待 děngdài 동 기다리다 | 转机 zhuǎnjī 명 전기, 호전의 조짐 | ★负面 fùmiàn 명 부정적인 면 | ★词汇 cíhuì 명 어휘 | 成年 chéngnián 명 성인 | ★个体 gètǐ 명 개인 | 周边 zhōubiān 명 주변 | 境遇 jìngyù 명 처지, 상황 | ★收益 shōuyì 명 수익 | 诉求 sùqiú 명 바람, 희망 | ★强烈 qiángliè 형 강렬하다 | ★摆脱 bǎituō 동 벗어나다 | 单一 dānyī 형 단일하다 | ★观念 guānniàn 명 관념 | ★个性 gèxìng 명 개성 | 张扬 zhāngyáng 동 떠벌리다, 공개하다 | ★注重 zhùzhòng 동 중시하다 | ★节奏 jiézòu 명 리듬 | 暂缓 zànhuǎn 동 잠깐 늦추다 | ★承认 chéngrèn 동 인정하다 | 终身 zhōngshēn 명 평생 | 规避 guībì 동 회피하다 | ★规划 guīhuà 명 계획

9

해설 및 정답 **문제 분석▼** 빈칸 앞 문장에 并非(결코 ~이 아니다)는 并不是와 같은 의미이다. 不是와 호응할 수 있는 접속사 而是가 있는 보기 E가 가장 적합하다.

E 而是大学生主动选择的“暂时性不就业”	E 대학생들이 자발적으로 선택하는 '일시적 취업 거부' 상태이다

10

해설 및 정답 **문제 분석▼** 보기 앞 문장에 考研(대학원에 응시하다)을 보고 진학에 관련된 내용임을 알 수 있다. 따라서 보기 C가 이어지는 것이 적합하다.

C 希望学业上有进一步提升	C 학업을 좀 더 향상시키기를 바라는 것이며

11

해설 및 정답 **문제 분석▼** 빈칸 뒤에 经济(경제)를 보고 같은 어휘를 가진 보기 A를 빈칸에 넣고 문맥상 적당한지를 확인한다.

A 随着经济快速发展	A 경제가 빠르게 성장함에 따라

12

해설 및 정답 **문제 분석▾** 빈칸 앞에 个性张扬(개성을 살리다)과 보기 중에 注重自我情感需求(자기감정의 욕구를 중시하다)가 가장 어울린다.

B 更注重自我情感需求与生活质量	B 자기감정의 욕구와 삶의 질을 더욱 중시하여

13

해설 및 정답 **문제 분석▾** 빈칸 뒤에는 '평생 직업을 찾기가 어렵지 않다'라는 내용이다. 이를 실현할 수 있는 방법을 말하는 보기 D가 앞에 오는 것이 가장 적합하다.

D 他们如果能在大学期间充分学习与训练	D 그들이 만약 대학 기간 동안 충분히 배우고 훈련할 수 있었다면

[14-17]

[14]种子是植物的繁殖器官，在植物的生存竞争中起着至关重要的作用。从形态上来说，种子可以简单地分为大种子和小种子。世界上最大的种子是巨籽棕的种子，目前发现最大的巨籽棕种子有17.6公斤重；最小的种子是热带雨林中附生兰的种子，一粒的重量仅有千分之一克。

种子的生存策略首先表现在它们自身的生理特点上。[15]大种子带有更多的营养物质，就像一位装备精良的旅行家，背着一个大大的旅行袋，以确保抵达目的地时有足够的能量供其发芽，在竞争中以质取胜。而小种子虽然不能携带更多营养物质，但通常含油量更高，能保证它们在轻装旅行的同时，还带有一定的能量。

其次，[16]因为个头的不同，种子采取的传播方式也不同。许多大种子既是动物的食物，同时也依靠动物传播。例如壳斗科栎属种子的传播就依靠啮齿类、鸟类，甚至鹿等大型哺乳动物。小种子则像一群勇敢的士兵，不畏牺牲，前赴后继，总会有幸运儿落地成苗。

[14]씨앗은 식물의 번식 기관으로, 식물의 생존 경쟁에서 지극히 중요한 작용을 한다. 형태상으로, 씨앗은 간단히 큰 씨앗과 작은 씨앗으로 나눌 수 있다. 세계에서 가장 큰 씨앗은 코코 드 메르의 씨앗이다. 현재 발견된 가장 큰 코코 드 메르의 씨앗은 17.6kg이고, 가장 작은 씨앗은 열대 우림에 있는 착생란의 씨앗으로, 한 알의 무게는 겨우 0.001g에 불과하다.

씨앗의 생존 전략은 우선 그들 자신의 생리적 특성에서 나타난다. [15]큰 씨앗은 더 많은 영양분을 지니고 있는데, 마치 장비를 잘 갖춘 여행가처럼 큰 여행용 가방을 메고, 목적지에 도착했을 때 싹을 틔울 수 있는 충분한 에너지를 확보함으로써, 경쟁에서 질적으로 승리한다. 반면에 작은 씨앗은 더 많은 영양분을 지닐 수는 없지만, 보통 함유량이 더 높아 간편한 장비로 여행을 하는 동시에, 일정 정도의 에너지를 보장한다.

다음으로, [16]크기에 따라, 씨앗이 취하는 전파 방식 역시 다르다. 수많은 큰 씨앗들은 동물의 먹이인 동시에 동물에 의하여 전파된다. 예를 들어 참나무과 참나무속 씨앗은 설치류, 조류, 심지어 사슴과 같은 대형 포유동물에 전파를 의존한다. 작은 씨앗은 마치 용감한 병사들처럼, 희생을 두려워하지 않고 용감히 앞으로 나아가 결국 땅에 떨어져 싹을 틔우는 행운을 갖는다.

当种子陷入困境时，它们又是如何应对的呢？大种子在依靠动物传播的过程中，随时有被取食的危险，但是它们凭借较多的营养物质，能够迅速萌发、发出幼苗。它们的幼苗可以在土地相对贫瘠或较为荫蔽的森林环境里生长，被动物取食后，也有较好的恢复能力。此外，大种子也相对更耐干旱。与大种子相比，17更多的小种子则采取休眠的方法渡过困境。有时候，环境太干燥了，不适宜生长，它们便选择休眠。或许风会把它们带到更远的地方，或许再等一年，会有一场大雨呼唤它们。它们一旦醒来，便立刻长出芽来。	씨앗들이 곤경에 빠졌을 때, 그들은 또 어떻게 대처할까? 큰 씨앗은 동물에 의해 전파되는 과정에서 언제든지 먹이가 될 위험이 있지만, 그들은 많은 영양분으로 신속하게 싹을 틔우고 새싹을 자라게 한다. 그들의 새싹은 땅이 상대적으로 척박하거나 그늘진 산림환경에서 자랄 수 있고, 동물에게 먹힌 후에도 비교적 뛰어난 회복력을 갖는다. 이 외에, 큰 씨앗은 상대적으로 가뭄에도 강하다. 큰 씨앗과 비교해, 17더 많은 작은 씨앗들은 휴면하는 방법을 취하여 곤경을 헤쳐나간다. 때때로, 환경이 너무 건조해서 생장하기에 적합하지 않으면, 그들은 휴면을 선택한다. 어쩌면 바람이 그들을 더 먼 곳으로 데려갈지도 모르고, 1년을 더 기다리면 큰비가 그들을 부를 수도 있다. 그들은 일단 깨어나면 바로 싹을 틔운다.

단어 ★种子 zhǒngzi 명 씨앗 | 繁殖 fánzhí 동 번식하다 | ★器官 qìguān 명 기관 | ★生存 shēngcún 명 생존 | ★竞争 jìngzhēng 명 경쟁 | ★至关重要 zhìguān zhòngyào 지극히 중요하다 | 形态 xíngtài 명 형태 | 巨籽棕 jùzǐzōng 명 코코 드 메르 | 热带雨林 rèdài yǔlín 명 열대 우림 | 附生兰 fùshēnglán 명 착생란[식물] | 粒 lì 양 알 | 克 kè 양 그램(g) | 策略 cèlüè 명 전략 | 自身 zìshēn 명 자신 | ★生理 shēnglǐ 명 생리 | 装备 zhuāngbèi 명 장비 | 精良 jīngliáng 형 우수하다 | 背 bēi 동 (등에) 메다 | 确保 quèbǎo 동 확보하다 | 抵达 dǐdá 동 도착하다 | ★能量 néngliàng 명 에너지 | ★发芽 fāyá 동 싹이 트다 | ★携带 xiédài 동 지니다, 휴대하다 | ★通常 tōngcháng 명 보통 | 轻装 qīngzhuāng 명 간편한 장비 | 其次 qícì 명 그다음 | 个头 gètóu 명 크기, 몸집 | 采取 cǎiqǔ 동 취하다 | ★传播 chuánbō 동 전파하다 | 壳斗科 qiàodǒukē 참나무과 | 栎属 lìshǔ 참나무속 | ★依靠 yīkào 동 의지하다 | 啮齿类 nièchǐlèi 명 설치류 | 鹿 lù 명 사슴 | 大型 dàxíng 형 대형의 | ★哺乳动物 bǔrǔ dòngwù 명 포유동물 | 士兵 shìbīng 명 병사 | 不畏 búwèi 동 두려워하지 않다 | 牺牲 xīshēng 명 희생 | 前赴后继 qián fù hòu jì 성 희생을 무릅쓰고 용감히 앞으로 나아가다 | 幸运儿 xìngyùn'ér 명 행운아 | ★苗 miáo 명 새싹 | ★陷入 xiànrù 동 빠지다 | ★困境 kùnjìng 명 곤경 | 应对 yìngduì 동 대처하다 | 随时 suíshí 부 수시로, 언제나 | 凭借 píngjiè 동 ~을 통하다 | ★萌发 méngfā 동 싹이 트다 | 幼苗 yòumiáo 명 새싹 | 贫瘠 pínjí 형 척박하다 | 荫蔽 yīnbì 동 (수목이 햇빛을) 가리다 | ★干旱 gānhàn 명 가뭄 | 休眠 xiūmián 동 휴면하다 | 渡过 dùguò 동 보내다 | ★干燥 gānzào 형 건조하다 | ★适宜 shìyí 형 적합하다 | 呼唤 hūhuàn 동 부르다 | ★一旦 yídàn 부 일단, 만약 | 芽 yá 명 싹

14

해설 및 정답 **문제 분석▼** 시작 부분에서 种子是植物的繁殖器官(씨앗은 식물의 번식 기관이다)이라고 했다.

根据第1段，种子：	첫 번째 단락을 근거로, 씨앗은?
A 体积很小	A 부피가 작다
B 形态单一	B 형태가 단일하다
C 是繁殖器官	**C 번식 기관이다**
D 含有叶绿素	D 엽록소를 함유하고 있다

단어 ★体积 tǐjī 명 부피 | ★叶绿素 yèlǜsù 명 엽록소

15

해설 및 정답 **문제 분석▼** 두 번째 단락에서 一位装备精良的旅行家(장비를 잘 갖춘 여행가) 앞 내용 大种子带有更多的营养物质(큰 씨앗은 더 많은 영양분을 지니고 있다)를 통해 씨앗의 영양분을 여행가의 장비에 비유했음을 알 수 있다.

将大种子比喻成"一位装备精良的旅行家"是为了说明:	큰 씨앗을 '장비를 잘 갖춘 여행가'에 비유한 것은 무엇을 설명하기 위해서인가?
A 大种子数量少 B 大种子传播得远 C 大种子可自由移动 **D 大种子营养物质丰富**	A 큰 씨앗은 수량이 적다 B 큰 씨앗은 멀리 전파된다 C 큰 씨앗은 자유롭게 이동할 수 있다 **D 큰 씨앗은 영양분이 풍부하다**

단어 ★比喻 bǐyù 동 비유하다 | 移动 yídòng 동 이동하다

16

해설 및 정답 **문제 분석▼** 세 번째 단락에 因为个头的不同，种子采取的传播方式也不同(크기에 따라, 씨앗이 취하는 전파 방식 역시 다르다) 중 个头와 大小, 不同과 异는 같은 의미이다.

根据第3段，种子的传播方式:	세 번째 단락을 근거로, 씨앗의 전파 방식은?
A 很随意 **B 因大小而异** C 主要依靠风力 D 受天气影响大	A 임의적이다 **B 크기에 따라 다르다** C 주로 바람에 의지한다 D 날씨의 영향을 많이 받는다

단어 ★随意 suíyì 동 마음대로 하다 | ★异 yì 형 다르다

17

해설 및 정답 **문제 분석▼** 마지막 단락에 更多的小种子则采取休眠的方法渡过困境(더 많은 작은 씨앗들은 휴면하는 방법을 취하여 곤경을 헤쳐나간다) 중 渡过困境과 질문의 克服困难은 같은 의미이다.

在传播过程中，小种子是如何克服困难的?	전파 과정에서, 작은 씨앗은 어떻게 어려움을 극복하는가?
A 休眠 B 躲起来 C 分泌黏液 D 分散传播	**A 휴면한다** B 숨는다 C 점액을 분비한다 D 전파를 분산시킨다

단어 ★克服 kèfú 동 극복하다 | ★躲 duǒ 동 숨다 | ★分泌 fēnmì 동 분비하다 | 黏液 niányè 명 점액 | 分散 fēnsàn 동 분산시키다

[18-21]

18我们平时看到的水总是“温柔”无比，毫无冲击力，这是它处于静止状态或流速缓慢的缘故。随着科学技术的迅速发展，人们已经有办法使18看似柔弱无力的水一反常态，变得坚硬起来。

40多年前，科学家就已研发出一项新的加工技术——“水刀”。这种“刀”锋利无比，其卓越的性能远远高于金属刀具。

19“水刀”，其实就是一束很细的高压水射流。当人们通过一定的方法迫使水以超过声速的速度通过极小的喷嘴时，聚集成的高压水射流就具有了切割不同材料的能力。20如果在水中掺入硅石等磨削材料，水射流的切割能力还会成倍地增加，其加工效果明显优于用金属刀具切割工件。

“水刀”虽不是真正的刀，可是它确实起着刀的作用，并且其性能远优于刀。21D用“水刀”可以加工用金属刀具无法加工的复杂型面，还能沿任意曲线切开零部件。在加工的过程中，21B不仅工件的切口整齐光滑，没有粗糙的边缘、分层、变形等问题，而且工作过程所产生的热量几乎可以全部被水带走。同时在切割的过程中，“水刀”所引起的振动和21A噪声都很小，所产生的少量切屑也会随水流走，不会出现切屑飞扬的情况。另外，“水刀”还有一个最大的优点，就是它不存在刀具磨损的问题，并且废水可以进行回收再利用，这样又达到了节约用水的目的，真可谓一举多得。

18우리가 평소 보았던 물은 비할 바 없이 '부드럽고' 충격을 전혀 주지 않는다. 이것은 물이 정지 상태이거나 유속이 느리기 때문이다. 과학기술이 빠르게 발전함에 따라, 사람들은 18연약하고 무력해 보이는 물을 평소의 모습과 다르게, 단단하게 만들 방법을 이미 찾아냈다.

40여 년 전, 과학자들은 이미 새로운 가공기술인——'수력 절단기'를 개발했다. 이 '절단기'는 비할 바 없이 예리하여, 금속 절삭 공구보다 훨씬 탁월한 성능을 자랑한다.

19'수력 절단기'는 사실 아주 가느다란 고압 워터 제트이다. 사람들이 일정한 방법을 통해 강제로 물을 음속을 초과하는 속도로 극히 작은 노즐로 통과하게 할 때, 모아진 고압의 물살은 각기 다른 재료를 절단하는 능력을 갖게 된다. 20만약 물에 실리카 등의 연마재를 섞으면 워터 제트의 절삭 능력은 배가 되어, 그 가공 효과는 금속 절삭 공구의 절단 부품보다 확실히 더 우수해진다.

'수력 절단기'가 비록 진짜 칼은 아니지만, 그것은 확실히 칼의 작용을 하고 있으며, 게다가 그 성능은 칼보다 훨씬 뛰어나다. 21D'수력 절단기'로 금속 절삭 공구로는 가공할 수 없는 복잡한 형태를 가공할 수 있고, 부품을 임의대로 곡선에 따라 절개할 수도 있다. 가공 과정에서, 21B부품의 절개 부위는 가지런하고 매끄러우며, 투박한 가장자리나 분층, 변형 등의 문제가 없을 뿐만 아니라, 작업 과정에서 발생하는 열을 거의 모두 물이 가져가게 된다. 동시에 절삭 과정에서, '수력 절단기'로 인한 진동과 21A소음이 적어 발생하는 소량의 부스러기도 물을 따라 흘러가게 돼, 부스러기가 날리는 현상이 발생하지 않는다. 이 밖에, '수력 절단기'는 가장 큰 장점이 하나 있는데, 그것은 절삭 공구가 마모되는 문제가 존재하지 않는다는 것이다. 게다가 폐수를 회수하여 재활용할 수 있으니, 물을 절약하는 목적도 이룰 수 있어, 그야말로 많은 이득이 있다고 할 수 있다.

단어 ★温柔 wēnróu 형 부드럽다 | ★无比 wúbǐ 형 비할 바 없다 | ★毫无 háowú 동 전혀 없다 | 冲击力 chōngjīlì 명 충격 | ★处于 chǔyú 동 ~에 처하다 | 静止 jìngzhǐ 동 정지하다 | ★状态 zhuàngtài 명 상태 | 流速 liúsù 명 유속 | ★缓慢 huǎnmàn 형 느리다 | ★缘故 yuángù 명 원인, 이유 | 看似 kànsì 동 보기에 마치 | 柔弱 róuruò 형 연약하다 | 常态 chángtài 명 정상적인 상태, 평소의 모습 | ★坚硬 jiānyìng 형 단단하다 | ★研发 yánfā 동 연구 개발하다 | ★加工 jiāgōng 동 가공하다 | ★锋利 fēnglì 형 끝이 날카롭다, 예리하다 | ★卓越 zhuóyuè 형 탁월하다 | ★性能 xìngnéng 명 성능 | 金属 jīnshǔ 명 금속 | 刀具 dāojù 명 절삭 공구의 총칭 | 束 shù 양 묶음, 단 | 高压水射流 gāoyā shuǐshèliú 고압 워터 제트 | 迫使 pòshǐ 동 강제로 ~하게 하다 | 喷嘴 pēnzuǐ 명 노즐 | 聚集 jùjí 동 모으다 | 切割 qiēgē 동 절단하다 | 掺入 chānrù 동 섞다, 혼합하다 | 硅石 guīshí 명 규석, 실리카 | 磨削 móxuē 동 연마하다, 연삭하다 | 成倍 chéngbèi 동 배가 되다 | 优于 yōuyú 동 ~보다 우수하다 | 工件 gōngjiàn 명 가공 중의 부속품 | 沿 yán 개 ~를 따라 | ★任意 rènyì 형 임의의 | 曲线 qūxiàn 명 곡선 | 零部件 língbùjiàn 명 부품 | 切口 qiēkǒu

명 자른 자리, 절개한 부위 | 光滑 guānghuá 형 매끄럽다 | 粗糙 cūcāo 형 투박하다 | 边缘 biānyuán 명 가장자리 부분 | ★振动 zhèndòng 명 진동 | ★噪声 zàoshēng 명 소음 | 屑 xiè 명 부스러기 | 飞扬 fēiyáng 동 날아오르다 | 磨损 mósǔn 동 마모되다 | 废水 fèishuǐ 명 폐수 | 可谓 kěwèi 동 ~라고 말할 수 있다 | ★一举多得 yì jǔ duō dé 한 번에 많은 것을 얻다

18

해설 및 정답 **문제 분석▼** 첫 번째 단락에서 평소의 물을 언급할 때 "温柔"无比(비할 바 없이 '부드럽다'), 柔弱无力(연약하고 무력하다) 등의 어휘를 사용했다.

根据第1段，平常的水：	첫 번째 단락을 근거로, 평소의 물은?
A 流速快	A 유속이 빠르다
B 柔弱无力	**B 연약하고 무력하다**
C 清澈透明	C 맑고 투명하다
D 不能直接饮用	D 직접적으로 마실 수 없다

단어 清澈 qīngchè 형 맑다 | 透明 tòumíng 형 투명하다 | ★饮用 yǐnyòng 동 마시다

19

해설 및 정답 **문제 분석▼** 키워드 水刀(수력 절단기)를 체크하고 지문과 대조한다. 세 번째 단락의 첫 문장에서 "水刀", 其实就是一束很细的高压水射流('수력 절단기'는 사실 아주 가느다란 고압 워터 제트이다)라고 했다.

所谓的"水刀"指的是：	'수력 절단기'가 가리키는 것은?
A 冰刀　　B 瀑布	A 스케이트 날　　B 폭포
C 水龙头　　**D 高压水射流**	C 수도꼭지　　**D 고압 워터 제트**

단어 冰刀 bīngdāo 명 스케이트 날 | 瀑布 pùbù 명 폭포 | 水龙头 shuǐlóngtóu 명 수도꼭지

20

해설 및 정답 **문제 분석▼** 키워드 硅石(실리카)는 세 번째 단락에서 언급했다. 실리카를 넣으면 水射流的切割能力还会成倍地增加(워터 제트의 절삭 능력은 배가 된다)라는 내용 중 成倍增加와 보기 C의 变强은 같은 의미이다.

在"水刀"中加入硅石会有什么效果?	'수력 절단기'에 실리카를 넣으면 어떤 효과가 있는가?
A 变浑浊	A 혼탁해진다
B 温度升高	B 온도가 상승한다
C 切割能力变强	**C 절삭 능력이 강해진다**
D 发出刺眼的光	D 눈부신 빛을 발한다

단어 ★浑浊 húnzhuó 형 혼탁하다 | 刺眼 cìyǎn 동 눈부시다

21

해설 및 정답 **문제 분석▼** 보기 A, B, C, D를 하나씩 지문과 대조한다. 지문에서 节约用水(물을 절약하다)를 언급했지만 节约用电(전기를 절약하다)은 언급하지 않았다.

根据最后一段，下列哪项不属于"水刀"的优点?	마지막 단락을 근거로, '수력 절단기'의 장점에 속하지 않는 것은?
A 噪音小	A 소음이 작다
B 切口光滑	B 절개한 부위가 매끄럽다
C 节约用电	**C 전기를 절약한다**
D 可加工复杂型面	D 복잡한 형태를 가공할 수 있다

[22-25]

中国结是中华民族独有的文化符号，具有丰富的内涵。

中国结是具有民族特色的纺织类工艺品。22它的最大特点是工艺精致，每个中国结从头到尾都是用一根线绳，靠一双巧手，用缩、结、穿、缠、绕、编、抽等多种工艺技法制作而成的。其形式多为上下一致、左右对称、正反相同，首尾可以互相衔接的完美造型。同时，25中国结的命名，也具有中华民族特有的吉祥美满的象征义，如双寿、双喜、龙凤呈祥、万事如意等，将这些具有特殊意义的结饰送给亲友，不但喜气洋洋，也是一种千情万意的祝福。

在编织中国结时，最主要的材料是线绳。一般说来，线绳约为100厘米长，4-6毫米粗。线绳的种类很多，过去主要有丝、棉、麻，现代材料则增加了尼龙、混纺等，不仅色泽更加亮丽，耐用度也大大提高。23线绳的纹路愈简单愈好，线的粗细，要视饰物的大小和质感而定，线的硬度也要适中。

중국 매듭은 중화 민족만이 가지고 있는 문화적 기호로, 풍부한 의미가 내포되어 있다.

중국 매듭은 민족적인 특색을 지닌 방직류 공예품이다. 22그것의 가장 큰 특징은 공예가 정교하고, 각각의 중국 매듭이 처음부터 끝까지 하나의 끈을 사용하여, 한 쌍의 솜씨 좋은 손에 의해 둥글게 감기, 매듭 짓기, 꿰기, 휘감기, 우회하기, 땋기, 빼기 등 다양한 공예 기법으로 만들어진다는 것이다. 그 형식은 상하가 일치하고, 좌우는 대칭이며, 앞뒤가 동일하여, 처음과 끝이 서로 맞물릴 수 있는 완벽한 스타일이다. 또한, 25중국 매듭이라는 이름은 중화 민족 특유의 상서로움과 아름답고 원만한 상징적 의미를 지니고 있는데, 예를 들면 동반 생일이나 겹 경사, 용과 봉황의 상서로운 조짐, 만사가 뜻대로 이루어지는 것 등이 있다. 이러한 특별한 의미가 있는 매듭을 친척과 친구에게 선물하면, 기쁨이 넘칠 뿐만 아니라 진심 어린 축복이 되기도 한다.

중국 매듭을 엮을 때, 가장 주요한 재료는 실이다. 일반적으로, 실은 약 100㎝ 길이에, 굵기는 4~6㎜이다. 실의 종류는 다양한데, 예전에는 명주실, 면, 마가 있었다면, 현대의 소재는 나일론과 혼방 직물 등이 추가되어, 빛깔과 광택이 더욱 밝고 아름다울 뿐만 아니라, 내구성도 크게 향상되었다. 23실의 무늬는 간단할수록 좋고, 실의 굵기는 장신구의 크기와 질감에 따라 결정되는데, 실의 경도도 알맞아야 한다.

一件结饰要讲究整体美，不仅要用线恰当、线纹平整、结形匀称，结与饰物的关系也要协调。选线要注意色彩，24若为古玉一类的古雅物件配编中国结，应选择含蓄的色调，诸如咖啡色或墨绿色；若为一些色彩单调、深沉的物件编中国结，夹配少许金、银或亮红等色调醒目的细线，立刻就会使整体结饰有栩栩如生之感。

如今，中国结仍然随处可见，广为流行，中式服装上精致的盘扣，让人不禁倾心于古老的东方神韵；新春佳节时，吉祥喜庆的“春”字结，红遍千家万户。中国结这一传统的手工编织艺术，与现代生活相结合，生发出多种现代审美意蕴，带给人们无限的情趣和生活美感。

하나의 매듭은 전체적인 아름다움을 중시해야 하며, 실을 적절히 사용해야 할 뿐만 아니라 실 무늬가 평평하고, 결이 균일해야 하며, 결과 장신구의 관계도 조화로워야 한다. 실은 색채에 주의하여 선택해야 하는데, 24만약 옥과 같은 예스러운 물건을 중국 매듭에 끼운다면, 커피색이나 흑녹색과 같은 함축된 색조를 선택해야 하고, 만약 단조롭고 짙은 색상의 물건을 중국 매듭에 끼우려면, 약간의 금이나 은 또는 밝은 빨강 등의 색조가 돋보이는 실에 끼워 넣으면, 바로 전체적인 장식에 생동감이 넘치는 느낌을 줄 수 있다.

오늘날, 중국 매듭은 여전히 어디서나 볼 수 있고 널리 유행하고 있으며, 중국식 옷에서의 세밀한 매듭 단추는 오래된 동양의 운치에 절로 마음을 기울이게 한다. 새해에는 상서롭고 경사스러운 '춘'자 매듭이 수많은 집에 붉게 물든다. 중국 매듭이라는 전통적인 수공예 예술은 현대생활과 결합되어 다양한 현대의 심미적 함의를 낳아 사람들에게 무한한 정취와 생활의 아름다움을 선사한다.

단어 中国结 Zhōngguójié 명 중국 매듭 | 中华民族 Zhōnghuá Mínzú 명 중화 민족 | 独有 dúyǒu 동 혼자만 가지고 있다 | ★符号 fúhào 명 부호, 기호 | ★内涵 nèihán 명 내포, 의미 | 纺织 fǎngzhī 명 방직 | ★工艺品 gōngyìpǐn 명 공예품 | ★精致 jīngzhì 형 세밀하다, 정교하다 | 线绳 xiànshéng 명 면으로 꼰 줄 | ★靠 kào 동 의지하다 | 巧手 qiǎoshǒu 명 솜씨가 뛰어난 손 | 绾 wǎn 동 둥글게 감아 매듭을 짓다 | 缠 chán 동 휘감다 | 绕 rào 동 우회하다 | 编 biān 동 엮다, 땋다 | 抽 chōu 동 잡아 빼다 | ★工艺 gōngyì 명 수공예 | 技法 jìfǎ 명 기법 | ★对称 duìchèn 형 대칭하다 | 衔接 xiánjiē 동 맞물리다 | ★完美 wánměi 형 아름답고 완벽하다 | 造型 zàoxíng 명 조형, 스타일 | 命名 mìngmíng 동 명명하다 | ★吉祥 jíxiáng 형 상서롭다 | 美满 měimǎn 형 아름답고 원만하다, 행복하다 | ★象征 xiàngzhēng 명 상징 | 龙凤呈祥 lóng fèng chéng xiáng 용과 봉황은 상서로운 조짐을 나타낸다 | 万事如意 wàn shì rú yì 성 모든 일이 뜻대로 이루어지다 | 亲友 qīnyǒu 명 친척과 친구 | 喜气洋洋 xǐ qì yáng yáng 성 기쁨이 넘치다 | 编织 biānzhī 동 엮다 | 厘米 límǐ 양 센티미터(㎝) | 毫米 háomǐ 양 밀리미터(㎜) | 丝 sī 명 명주실 | 棉 mián 명 면화, 면 | 麻 má 명 삼, 마 | 尼龙 nílóng 명 나일론 | 混纺 hùnfǎng 명 혼방 직물 | 色泽 sèzé 명 빛깔과 광택 | 亮丽 liànglì 형 밝고 아름답다 | ★耐用 nàiyòng 형 내구성이 강하다 | 纹路 wénlù 명 무늬 | 愈…愈… yù… yù… ~할수록 ~하다 | 饰物 shìwù 명 장신구 | 质感 zhìgǎn 명 질감 | 硬度 yìngdù 명 경도 | 适中 shìzhōng 형 꼭 알맞다 | ★讲究 jiǎngjiu 동 중히 여기다 | ★恰当 qiàdàng 형 적절하다 | 平整 píngzhěng 형 평평하다 | 匀称 yúnchèn 형 균형이 잡히다, 고르다 | ★协调 xiétiáo 동 조화롭다 | ★色彩 sècǎi 명 색채 | 若 ruò 접 만약 | 古玉 gǔyù 명 옥 | 古雅 gǔyǎ 형 고아하다, 예스럽고 우아하다 | 物件 wùjiàn 명 물건, 물품 | 含蓄 hánxù 동 함축하다 | 色调 sèdiào 명 색조 | 诸如 zhūrú 동 예컨대 ~이다 | 墨绿色 mòlǜsè 명 흑녹색 | 单调 dāndiào 형 단조롭다 | 深沉 shēnchén 형 (색이) 짙다 | 夹 jiā 동 끼우다 | 醒目 xǐngmù 형 눈에 뜨이다 | ★栩栩如生 xǔ xǔ rú shēng 성 생동감이 넘치다 | ★如今 rújīn 명 지금, 오늘날 | 盘扣 pánkòu 명 매듭 단추 | ★不禁 bùjīn 부 자기도 모르게, 절로 | 倾心 qīngxīn 동 반하다, 마음을 기울이다 | 古老 gǔlǎo 형 오래되다 | 神韵 shényùn 명 운치, 기품 | 新春佳节 xīnchūn jiājié 신춘가절, 새해, 설 | 喜庆 xǐqìng 형 경사스럽다 | ★千家万户 qiān jiā wàn hù 수많은 집 | 生发 shēngfā 동 낳다, 생기다 | 审美 shěnměi 형 심미적 | 意蕴 yìyùn 명 함의, 내포된 뜻 | ★无限 wúxiàn 형 무한하다 | 情趣 qíngqù 명 정취

22

해설 및 정답 **문제 분석▾** 두 번째 단락에서 它的最大特点是工艺精致(그것의 가장 큰 특징은 공예가 정교하다) 중 工艺精致와 보기 D의 做工精巧는 같은 의미이다.

中国结最大的特点是：	중국 매듭의 가장 큰 특징은?
A 不易松散	A 풀기 쉽지 않다
B 简单易学	B 간단하여 배우기 쉽다
C 款式多样	C 디자인이 다양하다
D 做工精巧	**D 기술이 정교하다**

단어 松散 sōngsǎn 동 풀어지다 | 款式 kuǎnshì 명 디자인 | ★做工 zuògōng 명 기술 | 精巧 jīngqiǎo 형 정교하다

23

해설 및 정답 **문제 분석▾** 线绳(실)을 언급한 세 번째 단락에 线绳的纹路愈简单愈好(실의 무늬는 간단할수록 좋다)라는 내용으로 실의 무늬는 간단해야 한다는 것을 알 수 있다.

中国结的线绳：	중국 매듭의 실은?
A 最好用两根	A 두 가닥을 사용하는 것이 좋다
B 纹路要简单	**B 무늬는 간단해야 한다**
C 要选硬度高的	C 경도가 높은 것을 선택해야 한다
D 不适合用尼龙材料	D 나일론 소재는 적합하지 않다

24

해설 및 정답 **문제 분석▾** 키워드인 古玉(고옥)는 네 번째 단락에서 찾을 수 있다. 옥을 중국 매듭에 끼운다면 커피색이나 흑녹색과 같은 함축된 색조를 선택해야 한다고 했다.

下列哪种颜色的中国结适合与古玉相配？		다음 중 어떤 색깔의 중국 매듭이 옥과 어울리는가?	
A 墨绿色	B 浅蓝色	**A 흑녹색**	B 연한 파란색
C 粉红色	D 金黄色	C 분홍색	D 금색

25

해설 및 정답 **문제 분석▼** 두 번째 단락 뒷부분에 吉祥美满(상서로움과 아름답고 원만하다), 喜气洋洋(기쁨이 넘치다), 祝福(축복) 등 어휘를 통해 중국 매듭은 좋은 의미를 가지고 있음을 알 수 있다.

根据上文，下列哪项正确?	윗글을 근거로, 다음 중 정확한 것은?
A 中国结一般上宽下窄	A 중국 매듭은 보통 위가 넓고 아래는 좁다
B 中国结编织手艺已失传	B 중국 매듭을 엮는 기술은 이미 실전되었다
C 中国结蕴含美好的寓意	**C 중국 매듭은 아름다운 의미를 담고 있다**
D 贴春联习俗推动了中国结的产生	D 춘련을 붙이는 풍습이 중국 매듭의 탄생을 촉진했다

단어 失传 shīchuán 동 실전되다, 전해 내려오지 않다 | ★蕴含 yùnhán 동 내포하다 | ★美好 měihǎo 형 아름답다 | ★寓意 yùyì 명 우의, 함의 | 贴 tiē 동 붙이다 | 春联 chūnlián 춘련[경사스런 말을 적어 문에 붙이는 대련] | ★习俗 xísú 명 습관과 풍속 | ★推动 tuīdòng 동 촉진하다

맛있는 중국어 HSK 6급 쓰기

1 키워드 찾기

| 실전 트레이닝 1 | 기본서 180쪽

해설 및 정답 **문제 분석▼** 이야기의 흐름을 파악한 후, 주요 정보를 파악한다.

保罗大学毕业后，来到一家小公司就职，公司里的员工几乎都是像保罗一样的新人。半年后，因为员工之间竞争激烈，公司内部的气氛越来越差。一开始员工只是私下里议论彼此，最后却变成了互相攻击，严重影响了工作。保罗不得不考虑换一家公司。	폴은 대학을 졸업하고, 작은 회사에 취직했는데, 회사 직원들은 거의 폴과 같은 신입사원들이었다. 반년 후, 직원들 간의 경쟁이 치열해져, 회사 내부의 분위기는 갈수록 나빠졌다. 처음에는 직원들이 몰래 서로를 비판했으나, 결국에는 서로를 비난하는 지경에 이르러, 업무에 심각한 영향을 주었다. 폴은 어쩔 수 없이 회사를 옮기려고 고려하고 있다.

단어 保罗 Bǎoluó 고유 폴[인명] | 就职 jiùzhí 동 취직하다 | ★气氛 qìfēn 명 분위기 | ★私下 sīxià 부 몰래, 배후에서 | ★议论 yìlùn 동 비평하다 | ★彼此 bǐcǐ 명 피차, 서로 | ★攻击 gōngjī 동 공격하다, 비난하다

작문 완성하기

STEP 1 지문을 읽고 인물, 시간, 장소, 주요 사건 등 키워드를 찾는다.

인물	保罗 폴
시간	毕业后 졸업 후 | 半年后 반년 후
장소	公司 회사
주요 사건	就职 취직하다 ➔ 气氛差 분위기가 나빠지다 ➔ 换公司 회사를 옮기다

STEP 2 지문의 주요 내용을 기억한 후, 자신 있는 표현으로 쓴다.

모범 답안

		保	罗	毕	业	后	，	来	到	一	家	小	公	司	工	作	。	半	年
后	，	公	司	里	的	气	氛	越	来	越	差	，	所	以	他	考	虑	换	一
家	公	司	。																

폴은 졸업 후에, 작은 회사로 와 일을 했다. 반년 후, 회사의 분위기는 갈수록 나빠졌다. 그래서 그는 회사를 옮기려고 고려하고 있다.

| 실전 트레이닝 2 | 기본서 180쪽

해설 및 정답 **문제 분석▼** 이야기의 흐름을 파악한 후, 주요 정보를 파악한다.

阿平在大学读书的时候，成绩并不理想。有一次，一位非常著名的经济学教授来学校演讲，他在演讲中讲述了许多新的经济观点。那位教授离开以后，阿平给那位教授写了一封信，讲了自己对于世界经济的许多看法。没有想到，那位教授竟然真的给阿平回了信，他认为阿平将来一定可以成为一位伟大的经济学家。虽然只有短短的一句话，但阿平却非常受鼓舞。	아핑이 대학에서 공부를 할 때는 성적이 좋지 않았다. 한 번은, 매우 유명한 경제학 교수가 학교에 와서 강연을 했는데, 그는 강연에서 새로운 경제 관점을 많이 이야기했다. 그 교수가 떠난 후, 아핑은 그 교수에게 편지를 써서 세계 경제에 대한 자신의 수많은 견해를 이야기했다. 생각지도 못하게, 그 교수는 뜻밖에도 아핑에게 답신을 보냈고, 아핑이 미래에 분명 위대한 경제학자가 될 수 있을 것이라 생각한다고 했다. 비록 짧은 한마디였지만, 아핑은 굉장한 격려를 받았다.

단어 ★演讲 yǎnjiǎng 동 강연하다 | ★观点 guāndiǎn 명 관점 | ★鼓舞 gǔwǔ 동 격려하다

작문 완성하기

STEP 1 지문을 읽고 인물, 시간, 장소, 주요 사건 등 키워드를 찾는다.

인물	阿平 아핑 | 经济学教授 경제학 교수
시간	大学时 대학 시절 | 一次 한 번
장소	学校 학교
주요 사건	演讲 강연하다 ➔ 写信 편지를 쓰다 ➔ 受鼓舞 격려를 받다

STEP 2 지문의 주요 내용을 기억한 후, 자신 있는 표현으로 쓴다.

모범 답안

		阿	平	大	学	时	，	一	次	，	一	位	经	济	学	教	授	来	学
校	演	讲	。	结	束	后	，	阿	平	给	教	授	写	了	一	封	信	。	教
授	回	信	说	，	他	认	为	阿	平	会	成	为	一	个	伟	大	的	经	济
学	家	，	阿	平	很	受	鼓	舞	。										

아핑의 대학 시절, 한번은 한 경제학 교수가 학교에 강연을 하러 왔다. 끝난 후, 아핑은 교수에게 편지를 한 통 썼다. 교수는 답신에서 아핑이 위대한 경제학자가 될 수 있을 것이라 생각한다고 말했다. 아핑은 격려를 받았다.

2 쉬운 문장 쓰기

| 실전 트레이닝 1 | 기본서 187쪽

해설 및 정답 **문제 분석▼** 문장 전체의 의미를 파악한 후, 문장의 구체적인 묘사나 부가 성분을 삭제하고 문장 속 어려운 표현은 쉬운 표현으로 바꾸어 쓴다.

小成在大二的时候选择了休学，在旁人的诧异中走向了一条充满艰险的道路，那就是创业。他把前两年赚到的10万块钱全部投进去，血本无归。他开始找投资，但听到他的方案后，投资人都纷纷摇头。不过他的创业之路并没有就此画上句号，他开始在学校里做生意，重新攒创业资金。	샤오청은 대학교 2학년 때 휴학을 선택했다. 다른 사람들의 의아함 속에서 험난함으로 가득한 길을 향해 걸어갔다. 그것은 바로 창업이었다. 그는 지난 2년 동안 번 10만 위안을 전부 쏟아부어, 본전을 날렸다. 그는 투자를 찾아 나섰지만, 그의 계획을 듣고 투자자들은 모두 잇달아 고개를 저었다. 그러나 그의 창업의 길은 여기에서 끝나지 않았고, 학교에서 장사를 시작하여 새로이 창업 자금을 모았다.

단어 休学 xiūxué 명 휴학 | 旁人 pángrén 명 다른 사람 | ★诧异 chàyì 동 의아하게 여기다 | 艰险 jiānxiǎn 형 험난하다 | ★创业 chuàngyè 동 창업하다 | 投 tóu 동 집어넣다 | 血本无归 xuèběn wú guī 본전을 날리다 | ★投资 tóuzī 명 투자 | ★方案 fāng'àn 명 계획, 방책 | ★纷纷 fēnfēn 부 잇달아 | ★摇头 yáotóu 동 고개를 젓다 | 就此 jiùcǐ 부 여기에서, 이대로 | ★重新 chóngxīn 부 새로이 | 攒 zǎn 동 모으다 | ★资金 zījīn 명 자금

작문 완성하기

STEP 1 지문을 읽고 키워드를 찾는다. 어려운 표현은 쉬운 표현으로 바꾸어 쓴다.

인물	小成 샤오청
시간	大二 대학교 2학년
장소	学校 학교
주요 사건	创业 창업 ➔ 血本无归 본전을 날리다(⇒ 失败 실패하다) ➔ 做生意攒创业资金 장사를 하며 창업 자금을 모으다

STEP 2 지문의 주요 내용을 기억한 후, 자신 있는 표현으로 쓴다.

모범 답안

　　小成大学时选择了创业，结果失败了。但他并没有放弃，他开始在学校做生意，重新攒创业资金。

샤오청은 대학 때 창업을 선택했고, 결과적으로 실패했다. 하지만 그는 포기하지 않고, 학교에서 장사를 시작하여 새로이 창업 자금을 모았다.

| 실전 트레이닝 2 | 기본서 187쪽

해설 및 정답 **문제 분석▾** 문장 전체의 의미를 파악한 후, 문장의 구체적인 묘사나 부가 성분을 삭제하고 문장 속 어려운 표현은 쉬운 표현으로 바꾸어 쓴다.

一家名叫"柏兰朵"的餐厅在商业街迅速蹿红，生意异常火爆。一直以来，商业街的餐饮业竞争激烈，没有实力的餐厅根本难以立足。奇怪的是，柏兰朵开业时间不长，规模也不大，而且店内的菜品也并不特别出众，但它的客流量却远远高于其他餐厅。不少人猜测这家餐厅的老板肯定有秘密武器。	'바이란둬'라는 이름의 식당이 상점가에서 빠르게 인기를 얻으며, 장사가 대단히 잘되었다. 지금까지 상점가의 요식업은 경쟁이 치열해, 실력 없는 식당은 아예 발붙일 수도 없었다. 이상한 점은, 바이란둬는 개업한 지 오래되지도 않았고, 규모가 크지도 않았으며, 게다가 식당의 요리가 특별히 뛰어나지도 않았지만, 손님의 유동량이 다른 식당보다 훨씬 많다는 것이다. 많은 사람들이 이 식당 주인에게 비밀 병기가 있을 거라고 추측했다.

단어 ★迅速 xùnsù 형 신속하다, 재빠르다 | 蹿红 cuānhóng 동 갑자기 인기가 오르다 | ★异常 yìcháng 부 특히, 대단히 | 火爆 huǒbào 형 번창하다 | 餐饮业 cānyǐnyè 명 요식업 | ★激烈 jīliè 형 치열하다 | ★立足 lìzú 동 발붙이다 | 菜品 càipǐn 명 요리 품목 | 出众 chūzhòng 형 남보다 뛰어나다 | 客流量 kèliúliàng 명 손님의 유동량 | 猜测 cāicè 동 추측하다 | 武器 wǔqì 명 무기, 병기

작문 완성하기

STEP 1 지문을 읽고 키워드를 찾는다. 어려운 표현은 쉬운 표현으로 바꾸어 쓴다.

장소	"柏兰朵"餐厅 '바이란둬' 식당
주요 사건	蹿红 갑자기 인기가 오르다(⇒ 受欢迎 인기가 있다) ➜ 奇怪 이상하다 ➜ 有秘密 비밀이 있다

STEP 2 지문의 주요 내용을 기억한 후, 자신 있는 표현으로 쓴다.

모범 답안

		一	家	名	叫	“	柏	兰	朵	”	的	餐	厅	非	常	受	欢	迎	。
然	而	奇	怪	的	是	，	这	家	餐	厅	表	面	上	并	不	出	众	，	所
以	很	多	人	觉	得	其	中	肯	定	有	秘	密	。						

'바이란둬'라는 이름을 가진 식당은 인기가 매우 많다. 하지만 이상하게도, 이 식당은 겉으로는 결코 남들보다 뛰어나지 않아서, 많은 사람들이 틀림없이 비밀이 있다고 생각한다.

3 주제와 제목 쓰기

| 실전 트레이닝 1 | 기본서 196쪽

기본서 196쪽

해설 및 정답 **문제 분석▼** 주제를 직접적으로 표현한 문장을 찾고 주제문의 키워드를 활용한 제목을 작성한다.

有一个孩子，读书成绩很差，同学们看不起他，邻居们都认为他将来肯定一事无成。他也发愤努力过，可是毫无起色。孩子因此非常沮丧，变得很自卑。父亲为了鼓励他，决定换一种方式来教育他。 有一天，父亲带他坐汽车去一个地方，途经一个小站时，父亲下车买东西，时间长了，汽车开走了，只留下他一个人在车上，他很害怕，不知所措。但到终点站后，父亲却在不远处微笑着等着他。他急切地问父亲怎么会先到终点的。父亲告诉他是骑马过来的。接着，父亲意味深长地对他说："到达目的地的方式不止一种。换一种方式，结果可能会更好。"	한 아이가 있었는데, 공부 성적이 매우 나빠서, 반 친구들은 그를 무시했고, 이웃들은 모두 그가 미래에 틀림없이 어떤 일도 이루지 못할 것이라고 생각했다. 그도 분발하고 노력했지만 전혀 나아지지 않았다. 아이는 이로 인해 매우 낙담했고 열등감을 가졌다. 아버지는 그를 격려하기 위해, 다른 방식으로 그를 교육하기로 결심했다. 어느 날, 아버지는 그를 데리고 어떤 곳으로 차를 타고 가는데, 작은 역을 지날 때, 아버지가 차에서 내려 물건을 사다가 시간이 오래 지나 차가 떠나버렸고, 그는 차 안에 혼자 남겨진 채, 겁에 질려 어쩔 줄 몰라 하고 있었다. 하지만 종착역에 도착하자, 아버지가 멀지 않은 곳에서 미소를 지으며 그를 기다리고 있었다. 그는 아버지에게 어떻게 먼저 종착역에 도착했는지 황급히 물었다. 아버지는 그에게 말을 타고 왔다고 알려 주었다. 이어서, 아버지는 그에게 의미심장하게 말했다. "목적지에 도착하는 방식은 한 가지가 아니란다. 방식을 바꾸면, 결과가 더 좋을 수도 있단다."

단어 一事无成 yí shì wú chéng 성 아무 일도 성사하지 못하다 | 发愤 fāfèn 동 분발하다 | ★毫无 háowú 동 전혀 ~이 없다 | 起色 qǐsè 명 나아지는 기미 | ★沮丧 jǔsàng 동 낙담하다 | 自卑 zìbēi 형 열등감을 가지다 | 途经 tújīng 동 ~을 지나가다 | ★不知所措 bù zhī suǒ cuò 성 어찌할 바를 모르다 | 终点站 zhōngdiǎnzhàn 명 종착역 | ★急切 jíqiè 형 황급하다 | 意味深长 yì wèi shēn cháng 성 의미심장하다 | ★目的地 mùdìdì 명 목적지 | 不止 bùzhǐ 동 ~에 그치지 않다

작문 완성하기

STEP 1 지문을 읽고 키워드와 주제문을 찾는다. 어려운 표현은 쉬운 표현으로 바꾸어 쓴다.

인물	孩子 아이 | 父亲 아버지 | 同学 반 친구, 邻居 이웃(⇒ 很多人 많은 사람)
시간	有一天 어느 날 | 到终点站后 종착역에 도착한 후
장소	终点站 종착역
사건	看不起 무시하다 ➜ 沮丧 낙담하다(⇒ 伤心 상심하다) ➜ 坐车 차를 타다 ➜ 下车 차에서 내리다 ➜ 等着他 그를 기다리고 있다
주제	换一种方式，结果可能会更好。방식을 바꾸면, 결과는 더 좋을 수도 있다.

STEP 2 지문의 마지막 단락에 제시된 换一种方式，结果可能会更好라는 주제를 활용해서 제목을 작성한다.

제목	换一种方式 방식을 바꾸다

STEP 3 지문의 주요 내용을 기억한 후, 자신 있는 표현으로 쓴다.

모범 답안

换一种方式

有一个孩子，因为成绩差，很多人看不起他，他很伤心。

一天，父亲带他坐车去一个地方。中途父亲下了车，只有他一人在车上。到终点站后，父亲竟然在那里等着他。原来父亲是骑马过来的。父亲说，到达目的地的方式有很多，换一种方式，结果可能会更好。

방식을 바꾸다

한 아이가 있었는데, 성적이 좋지 않아 많은 사람들이 그를 무시했고, 그는 상심했다.

어느 날, 아버지는 그를 데리고 어떤 곳으로 차를 타고 갔다. 도중에 아버지는 차에서 내려, 그는 혼자 차에 있게 되었다. 종착역에 도착한 후, 아버지는 뜻밖에도 그곳에서 그를 기다리고 있었다. 알고 보니 아버지는 말을 타고 온 것이었다. 아버지는 말했다. 목적지에 도착하는 방식은 아주 많이 있고, 방식을 바꾸면 결과는 더 좋을 수도 있다고.

| 실전 트레이닝 2 | 기본서 197쪽

해설 및 정답 **문제 분석▼** 주제를 직접적으로 표현한 문장을 찾고 주제문의 키워드나 지문의 단서를 활용한 제목을 작성한다.

他的第一批咖啡渣材料终于生产出来了。他在公园里，用咖啡渣材料造了一个浴室、厨房、餐厅、客厅一应俱全的“样品房”，而造价非常便宜。于是，他把咖啡渣材料推向了市场，果然受到了无数建筑商和许多消费者的抢购。这种变废为宝、造价低廉、轻便安全的建筑材料，很快成为人们盖房子的用料首选。	그의 첫 번째 커피 찌꺼기 자재가 마침내 생산되었다. 그는 공원에서 커피 찌꺼기 자재로 욕실과 주방, 다이닝 룸, 거실이 모두 갖추어진 '모델 하우스'를 만들었으며, 게다가 건설비용도 매우 쌌다. 그래서, 그는 커피 찌꺼기 자재를 시장에 내놓았는데, 역시나 무수한 건설업자와 수많은 소비자들이 앞다투어 구매하였다. 이렇듯 폐물이 보물이 된 건설비용도 저렴하고, 간편하고 안전한 건축 자재는 아주 빠르게 사람들이 집을 지을 때 가장 먼저 선택하여 사용하는 자재가 되었다.

短短一年时间，他就在十余座城市设立了经销店，甚至包括中国、美国、英国在内的无数个环保理念比较强的国家，也纷纷开始向其发出订单，一片供不应求的景象！ 他凭借着大胆的设想，不仅成功改写了咖啡渣的命运，还成功改写了自己的人生。	불과 1년 만에, 그는 10여 개의 도시에 판매점을 설립하였는데, 심지어 중국과 미국, 영국을 포함한 수많은 친환경 이념이 비교적 강한 나라들 역시 잇달아 주문서를 보내와서, 공급이 부족한 양상이 나타났다. 그는 대담한 구상을 통해, 커피 찌꺼기의 운명을 성공적으로 다시 썼을 뿐만 아니라, 자신의 인생을 다시 쓰는 데에도 성공했다.

단어 批 pī 양 한 무더기 | 咖啡渣 kāfēizhā 커피 찌꺼기 | 造 zào 동 만들다, 제작하다 | 浴室 yùshì 명 욕실, 목욕탕 | 一应俱全 yì yīng jù quán 성 모두 갖추어져 있다 | 样品房 yàngpǐnfáng 모델 하우스 | 造价 zàojià 명 건설비, 제조비 | ★推向 tuīxiàng 동 내놓다 | 建筑商 jiànzhùshāng 명 건설업자 | 抢购 qiǎnggòu 동 앞을 다투어 사다 | 变废为宝 biàn fèi wéi bǎo 폐물을 이용하여 가치 있는 물건으로 만들다 | ★低廉 dīlián 형 저렴하다 | 轻便 qīngbiàn 형 간편하다 | 盖 gài 동 짓다 | 首选 shǒuxuǎn 형 가장 먼저 선택된 | ★余 yú 수 여, 남짓 | ★设立 shèlì 동 설립하다 | 经销店 jīngxiāodiàn 중개 판매점 | ★理念 lǐniàn 명 이념 | ★纷纷 fēnfēn 부 잇달아 | 订单 dìngdān 명 주문서 | ★供不应求 gōng bú yìng qiú 성 공급이 수요를 따르지 못하다 | 景象 jǐngxiàng 명 양상 | ★凭借 píngjiè 동 ~을 통하다 | ★大胆 dàdǎn 형 대담하다 | ★设想 shèxiǎng 명 구상 | 改写 gǎixiě 동 다시 쓰다 | ★命运 mìngyùn 명 운명

작문 완성하기

STEP 1 지문을 읽고 키워드와 주제문을 찾는다. 어려운 표현은 쉬운 표현으로 바꾸어 쓴다.

인물	他 그
시간	短短一年时间 불과 1년 만에(⇒ 不久后 얼마 후)
사건	用咖啡渣材料造房子 커피 찌꺼기 자재로 집을 짓다 ➔ 推向市场 시장에 내놓다 ➔ 抢购 앞을 다투어 사다(⇒ 受欢迎 인기를 얻다)
주제	他凭借着大胆的设想，改写了自己的人生。 그는 대담한 구상을 통해, 자신의 인생을 다시 썼다.

STEP 2 지문의 마지막 단락에 제시된 他凭借着大胆的设想이라는 주제를 활용해서 주제형 제목을 작성하거나, 지문에서 전체적으로 다루는 대상인 咖啡渣材料를 사용해서 단서형 제목을 작성한다.

제목	① 大胆的设想 대담한 구상 ② 咖啡渣材料 커피 찌꺼기 자재

STEP 3 지문의 주요 내용을 기억한 후, 자신 있는 표현으로 쓴다.

모범답안

				咖	啡	渣	材	料											
		他	的	咖	啡	渣	材	料	终	于	生	产	出	来	了	，	他	用	自
己	的	咖	啡	渣	材	料	造	了	一	个	房	子	，	并	把	这	种	材	料
推	向	了	市	场	，	果	然	大	受	欢	迎	。	不	久	后	，	这	种	咖

啡渣材料供不应求。
　　他凭借着大胆的设想，成功改写了咖啡渣的命运和自己的人生。

커피 찌꺼기 자재

그의 커피 찌꺼기 자재가 마침내 생산되었고, 그는 자신의 커피 찌꺼기 자재로 집을 지었으며, 이 자재들을 시장에 내놓았는데, 역시나 큰 인기를 얻었다. 얼마 후, 이 커피 찌꺼기 자재는 공급이 수요를 따르지 못하게 되었다.

그는 대담한 구상을 통해 커피 찌꺼기의 운명과 자신의 인생을 성공적으로 다시 썼다.

4 고득점 문장 쓰기

| 실전 트레이닝 1 | 기본서 206쪽

해설 및 정답 **문제 분석▾** 지문의 주요 내용을 파악한 후 고득점 표현을 활용하여 요약한다.

小袁出生在武汉一个书香门第，从小喜欢读书，成为一名作家是她的梦想。

高考那年，她考上武汉大学中文系。大二的时候，父亲得了重病，家里的生活一下子陷入困境。她每天除了上课就是打工，一个偶然的机会，同学介绍她去一家文化传媒公司当编剧助理，酬劳虽然不多，但却为她开启了编剧的写作之门。

大学毕业后，为了生存，小袁在上海找了一份工作，每天早出晚归。但她并没有放弃自己的编剧梦，她决定一边工作一边写剧本。

小袁每天从晚上11点写到凌晨3点，可是这样一来，她又常常因为迟到而被单位扣工资。于是，小袁把写作时间调整为凌晨3点到早上8点。有时候想不出桥段，她就边写边哭，父亲见了很是心疼，劝阻女儿别干编剧的活儿。小袁却说："干编剧虽然又辛苦又寂寞，可那是我的梦想啊！"

샤오위안은 우한의 한 학자 가문에서 태어나, 어릴 때부터 독서를 좋아하여, 작가가 되는 것이 그녀의 꿈이었다.

대학 입학 시험을 치는 해에, 그녀는 우한대학 중문과에 합격했다. 2학년 때, 아버지가 중병을 얻어, 집안 살림이 단번에 어려움에 빠졌다. 매일 수업을 듣거나 아니면 아르바이트를 했는데, 우연한 기회에 친구의 소개로 한 문화 미디어 회사에 보조작가를 하게 되었다. 보수는 얼마 되지 않았지만, 그녀에게 작가로서의 창작의 문을 열어 주었다.

대학 졸업 후, 살아가기 위해, 샤오위안은 상하이에서 일자리를 구하고, 매일 부지런히 일했다. 하지만 그녀는 작가의 꿈을 포기하지 않고, 일을 하면서 극본을 쓰기로 결심했다.

샤오위안은 매일 밤 11시부터 새벽 3시까지 글을 썼는데, 이렇게 하다 보니, 그녀는 자주 지각을 하여 직장에서 임금이 삭감되곤 했다. 그래서 샤오위안은 글 쓰는 시간을 새벽 3시부터 오전 8시까지로 조정했다. 때때로 이야기의 갈등 요소가 떠오르지 않으면, 그녀는 글을 쓰면서 울기도 했다. 아버지는 마음이 아파서 딸에게 작가 일을 그만 두라고 말렸지만, 샤오위안은 "작가는 비록 힘들고 외롭지만, 그것이 저의 꿈이에요!"라고 말했다.

단어 袁 Yuán 고유 위안[성씨] | 武汉 Wǔhàn 고유 우한[지명] | 书香门第 shūxiāng méndì 성 학자 가문, 선비 가문 | ★梦想 mèngxiǎng 명 이상, 꿈 | 高考 gāokǎo 명 대학 입학 시험 | ★陷入 xiànrù 동 빠지다 | ★困境 kùnjìng 명 곤경, 궁지 | 打工 dǎgōng 동 아르바이트를 하다 | ★偶然 ǒurán 형 우연하다 | 传媒 chuánméi 명 매스 미디어, 대중 매체 | 编剧 biānjù 명 극작가, 시나리오 작가 | 助理 zhùlǐ 명 보조 | ★酬劳 chóuláo 명 보수 | 开启 kāiqǐ 동 열다 | ★写作 xiězuò 명 창작 | ★生存 shēngcún 동 살아가다 | 早出晚归 zǎochū wǎnguī 성 부지런히 일하다 | 剧本 jùběn 명 극본, 대본 | ★凌晨 língchén 명 이른 새벽 | 单位 dānwèi 명 직장 | 扣 kòu 동 공제하다 | ★工资 gōngzī 명 임금 | 桥段 qiáoduàn 영화나 드라마에서 흔히 쓰이는 갈등 요소 | ★心疼 xīnténg 동 애석해하다 | 劝阻 quànzǔ 동 그만 두게 말리다 | ★活儿 huór 명 일 | 寂寞 jìmò 형 쓸쓸하다

작문 완성하기

STEP 1 지문을 읽고 키워드를 찾는다.

인물	小袁 샤오위안 | 父亲 아버지
시간	从小 어릴 때부터 | 大二的时候 대학교 2학년 때 | 毕业后 졸업 후
장소	一家文化传媒公司 한 문화 미디어 회사(⇒ 一家公司 한 회사)
주요 사건	梦想成为作家 작가가 되는 것을 꿈꾸다 ➔ 打工 아르바이트를 하다 ➔ 写剧本 극본을 쓰다 ➔ 辛苦 힘들다 ➔ 劝阻 그만 두게 말리다

STEP 2 주인공을 활용한 제목을 작성한다.

제목	小袁的编剧梦 샤오위안의 작가라는 꿈

STEP 3 지문의 주요 내용을 기억한 후, 자신 있는 표현으로 쓴다. 　　　　고득점 표현

모범답안

小袁的编剧梦

　　小袁出生于书香门第，从小就梦想成为一名作家。大学时，她在一家传媒公司打工，这次经历为她开启了编剧的写作之门。

　　毕业后，她一边工作一边写剧本，每天筋疲力尽，但她从未想过放弃。父亲劝她别写剧本了，她却说，干编剧虽然又辛苦又寂寞，可那是她的梦想。

샤오위안의 작가라는 꿈

샤오위안은 학자 가문에서 태어나 어릴 때부터 작가가 되기를 꿈꿨다. 대학 시절에, 그녀는 한 미디어 회사에서 아르바이트를 했는데, 이 경험이 그녀에게 작가로서의 창작의 문을 열어 주었다.

졸업 후, 그녀는 일을 하면서 대본을 쓰느라 매일 기진맥진했지만 포기할 생각을 하지 않았다. 아버지는 각본을 쓰지 말라고 권하셨지만, 그녀는 작가가 비록 힘들고 외롭지만, 그것이 그녀의 꿈이라고 말했다.

| 실전 트레이닝 2 | 기본서 207쪽

해설 및 정답 **문제 분석▼** 지문의 주요 내용을 파악한 후 고득점 표현을 활용하여 요약한다.

有一个孩子，在地主家打工。有一天，他去山里砍柴，过河的时候，一不当心，把斧头掉到河里去了。没了斧头，不能砍柴，回家又怕被地主打，他急得在河边放声大哭。 他的哭声感动了河神。河神变成一个老头儿，站在他面前，问："孩子，你哭什么?" "老爷爷，我的斧头掉到河里去了，我怕回家被地主打！"他老老实实地回答。 "孩子，别伤心啦，我下河帮你捞上来。"河神刚说完话，"扑通"一声跳到河里。 过了一会儿，河神拿上来一把金斧头，问："这把斧头是你的吗?"孩子接过来一看，金光闪闪，看起来非常昂贵，但是他说："这不是我的。"河神接着又跳下河去，这一次拿上来的是一把铁斧头。孩子接过来一看，说："谢谢老爷爷，这把是我的斧头。"河神和蔼地笑了笑说："诚实的孩子，你会永远快乐和幸福的！"	한 아이가 지주의 집에서 삯일을 했다. 어느 날, 그는 산에 나무를 하러 갔다가 강을 건널 때 실수로 도끼를 강에 떨어뜨렸다. 도끼가 없으면 나무를 하지 못하니, 집으로 돌아가면 지주에게 맞을 것이 두려워, 그는 초조해져 강가에서 목놓아 울었다. 그의 울음소리는 강의 신을 감동시켰다. 강의 신은 노인으로 변하여, 그의 앞에 서서 물었다. "얘야, 왜 우는 것이냐?" "할아버지, 제 도끼가 강에 떨어졌어요. 집으로 돌아가면 지주에게 맞을까 봐 무서워요!" 그는 성실하게 대답했다. "얘야, 슬퍼하지 마라. 내가 강 속으로 들어가 건져오마." 강의 신은 말을 마치고, '풍덩' 소리를 내며 강으로 뛰어들었다. 잠시 후, 강의 신은 금도끼를 들고 와서 물었다. "이 도끼가 네 것이냐?" 아이가 받아 보니, 금빛이 번쩍이는 것이 굉장히 비싸 보였지만, 그는 "제 것이 아닙니다."라고 말했다. 강의 신은 이어서 또다시 강으로 뛰어 들어갔고, 이번에는 쇠도끼를 가지고 올라왔다. 아이가 받아 보며 말했다. "할아버지, 감사합니다. 이 도끼가 제 것입니다." 강의 신은 상냥하게 웃으며 말했다. "정직한 아이야, 너는 영원히 즐겁고 행복할 것이다!"

단어 地主 dìzhǔ 명 지주 | 砍柴 kǎn chái 장작을 패다 | ★当心 dāngxīn 동 조심하다, 주의하다 | 斧头 fǔtou 명 도끼 | 河神 héshén 명 하신, 하백[물을 맡아 다스리는 신] | 老头儿 lǎotóur 명 노인 | ★老老实实 lǎolǎo shīshī 매우 성실하다, 온순하다 | ★捞 lāo 동 건지다 | 扑通 pūtōng 의성 풍덩 | 金光闪闪 jīnguāng shǎnshǎn 금빛이 번쩍이다 | ★昂贵 ánggui 형 매우 비싸다 | ★和蔼 hé'ǎi 형 상냥하다 | ★诚实 chéngshí 형 진실하다

작문 완성하기

STEP 1 지문을 읽고 키워드를 찾는다.

인물	孩子 아이 | 河神 강의 신
시간	有一天 어느 날 | 过了一会儿 잠시 후
장소	河边 강가
주요 사건	砍柴 나무를 하다 ➔ 斧头掉了 도끼가 빠지다 ➔ 河神捞斧头 강의 신이 도끼를 건지다

쓰기

STEP 2 주인공이나 지문의 단서를 활용한 제목을 작성한다.

제목	① 金斧头和铁斧头 금도끼와 쇠도끼 ② 河神捞斧头 강의 신이 도끼를 건지다

STEP 3 지문의 주요 내용을 기억한 후, 자신 있는 표현으로 쓴다.

고득점 표현

모범답안

金斧头和铁斧头

一天，一个孩子去砍柴时把斧头掉到河里了。他急得大哭。河神问他为什么哭，孩子告诉他原因后，河神决定帮他捞斧头。

过了一会儿，河神从河里拿出来一把金斧头，孩子说不是他的。然后河神又拿出来一把铁斧头，孩子接过斧头，感谢了河神。河神笑着对他说，他很诚实，会永远幸福的。

금도끼와 쇠도끼

어느 날, 한 아이가 나무를 하러 갔다가 도끼를 강에 떨어뜨렸다. 그는 초조해져 크게 울었다. 강의 신이 그에게 왜 우는지를 물었고, 아이가 그에게 이유를 말하자, 강의 신은 도끼를 건져 주기로 결심했다.

잠시 후, 강의 신이 강 속에서 금도끼를 꺼내자, 아이는 그의 것이 아니라고 말했다. 그러고 나서, 강의 신이 다시 쇠도끼를 꺼내자, 아이는 도끼를 받고, 강의 신에게 감사해 했다. 강의 신은 웃으며 그에게 말했다. 그가 아주 정직하니, 영원히 행복할 것이라고.

5 400자로 요약하기

| 실전 트레이닝 | 기본서 215쪽

해설 및 정답 **문제 분석▼** 주요 인물, 사건, 시간 등을 파악한 후, 구체적인 묘사나 부가 성분을 삭제하고 고득점 표현을 활용하여 요약한다.

①皮埃尔是著名电子商务网站“亿贝公司”的创始人。他想挑选一位优秀的总裁，公司为他列出了一个50人的候选名单，经过几番斟酌后，这份名单里只剩下五个人，这五个人都十分优秀，都有在大公司多年的工作经验，一时间，皮埃尔无法定夺。

②一天，他坐在电脑前，突然间想出了一个办法。他给这五人每人发了一封电子邮件。不到一个小时，其中一位女士便给他回了邮件，上面写着：请给我您的电话号码。他把自己的电话写在邮件中，然后又发了过去。不一会儿，他的电话响了，里面传来一个温柔的声音，对他说：“您好，怎么回事儿? 需要我帮助您吗?”那一刻，皮埃尔欣喜万分，直接表明了自己的身份，并盛情邀请她担任公司总裁，她欣然同意。

③其他四人怎么也想不明白自己为什么失败，便通过各种渠道打探他们落选的原因，最后皮埃尔给出了解释，他说：“因为那封电子邮件。”原来他在那封邮件里写的内容是：我是你的一个客户，我的卫生间漏水，你能帮帮我吗? 结果只有她回复了邮件，所以皮埃尔就选择了她。这个解释，听起来非常滑稽可笑，四个人都对此嗤之以鼻，他们均说看到了邮件，但他们都直接删除了，强调他们是每日忙得不可开交的公司高层人员，每天的工作都忙不完，这些鸡毛蒜皮的小事并不是他们管的事，而且邮件里的内容也有可能并不是真的，也许是有人开玩笑，回复这样一封邮件简直是浪费时间。

①피에르는 유명한 전자 상거래 사이트인 '이베이 회사'의 창시자이다. 그가 우수한 경영자를 채용하고 싶어 하자, 회사는 그에게 50명의 후보자 명단을 늘어 놓았고, 몇 차례 숙고한 끝에, 이 명단에서 다섯 명이 남게 되었다. 이 다섯 명은 모두 매우 우수했으며, 모두 큰 회사에서 다년간 근무한 경험이 있어, 한동안 피에르는 결정을 할 수가 없었다.

②하루는, 그가 컴퓨터 앞에 앉아 있는데, 갑자기 한 가지 방법이 떠올랐다. 그는 이 다섯 사람 모두에게 메일을 한 통씩 보냈다. 한 시간도 되지 않아, 그중 한 여성이 그에게 답신을 보내왔는데, 이렇게 쓰여져 있었다. 당신의 전화번호를 주십시오. 그는 메일에 자신의 전화번호를 써서, 다시 메일을 보냈다. 잠시 후, 그의 전화가 울렸고, 온유한 목소리가 들려와 그에게 말했다. “안녕하세요, 어떻게 된 일인지요? 제 도움이 필요하신가요?” 그 순간, 피에르는 대단히 기뻐하며, 자신의 신분을 직접적으로 밝혔고, 그녀에게 회사의 최고 경영자 직을 맡아 줄 것을 친절하게 요청하자, 그녀는 흔쾌히 동의했다.

③다른 네 사람은 아무리 생각해도 자신이 왜 실패했는지 이해할 수가 없어서, 여러 경로를 통해 그들이 탈락한 이유를 알아봤고, 결국 피에르는 그들에게 “그 메일 때문입니다.”라고 설명했다. 알고 보니 그가 메일에 작성한 내용은 이러했다. “저는 당신의 고객인데, 제 화장실에서 물이 샙니다. 저를 도와줄 수 있나요?” 결국 그녀만이 답장을 보냈기 때문에, 피에르는 그녀를 선택한 것이다. 이러한 설명은 매우 우스꽝스럽게 들려서, 네 사람 모두 이에 대해 코웃음을 쳤다. 그들 모두 메일을 보았다고 말했지만 바로 삭제했으며, 그들은 매일 눈코 뜰 새 없이 바쁜 회사의 고위층 임원임을 강조하며, 매일 해야 할 일도 바빠서 다 하지 못하는데, 그런 사소한 일은 그들이 관여할 일이 아니고, 게다가 메일의 내용 역시 진짜가 아닐 수도 있으며, 어쩌면 누군가 장난친 것일 수도 있으니, 이러한 메일에 답장을 보내는 것은 그들에게 그야말로 시간 낭비였던 것이다.

쓰기

④亿贝公司的一些人也感觉皮埃尔的选择有些草率，劝他再考虑一下。可皮埃尔意志很坚定，他说："目前我们公司最紧迫的，是让更多的客户了解我们，来扩展我们的品牌，她能这样对待一个客户，我觉得她正是我们需要的人。"

⑤一封不起眼的邮件并不能否定其他4个人的能力，但事实证明，皮埃尔的选择十分正确。她上任后，大力倡导平等理念，在不大的办公室中工作，看起来与普通员工并无区别，她每天都会在午休或是下班的时候，亲自阅读一百多封用户发来的电子邮件，帮助客户解决各种问题。她每月都要召集客户，征集对公司的各种意见建议，并大刀阔斧地进行改革……

⑥半年后，亿贝公司上市，公司实现了质的飞跃。几年后，用户平台由她上任时的几千户，急速发展至1.5亿，单单在美国本土，每天就有超过50万人用亿贝谋生。如今，亿贝已成长为一家拥有一万多名员工、年营业额将近100亿美元的企业，并作为全球最大的在线电子商务网站，跻身《财富》杂志评选的"世界500强企业"。

④이베이 회사의 몇몇 사람들도 피에르의 선택이 다소 경솔한 것처럼 느껴져, 다시 고려해 보라고 권했다. 하지만 피에르의 의지는 매우 확고했다. 그는 "현재 우리 회사에서 가장 시급한 것은 더 많은 고객들에게 우리를 알려 브랜드를 확장시키는 것인데, 그녀는 한 명의 고객이라도 이렇게 잘 대하니, 그녀가 바로 우리가 필요로 하는 사람이라고 생각한다."고 말했다.

⑤한 통의 눈에 띄지 않는 메일이 다른 네 사람의 능력을 부정할 수는 없지만, 피에르의 선택이 매우 정확했다는 것은 증명되었다. 그녀는 취임한 후에, 대대적으로 평등 이념을 제창하였으며, 작은 사무실에서 근무하며 일반 직원들과 별다른 구분을 두지 않았고, 매일 점심 식사 후 휴식할 때나 퇴근 시간에 사용자들이 보내온 백여 통의 메일을 직접 읽으며, 고객들의 온갖 문제를 해결하는 데 도움을 주었다. 그녀는 매달 고객을 소집해 회사에 대한 다양한 의견을 수렴하고, 과감하게 개혁을 진행하였는데……

⑥반년 후, 이베이 회사는 상장하여, 질적 도약을 달성했다. 몇 년 후, 사용자 플랫폼은 그녀가 취임한 당시의 몇 천으로 급속히 발전하여 1.5억 명이 되었고, 미국 본토에서만 매일 50만 명이 넘는 사람들이 이베이로 생계를 꾸려 갔다. 이제, 이베이는 이미 1만 여 명의 직원을 보유하고, 연간 매출이 거의 100억 달러에 가까운 기업이 되었으며, 또한 세계 최대 온라인 전자 상거래 사이트로, 《포춘》 매거진이 선정한 '세계 500대 기업'에 들어섰다.

단어 皮埃尔 Pí'āi'ěr 고유 피에르[인명] | 电子商务 diànzǐ shāngwù 명 전자 상거래 | ★创始人 chuàngshǐrén 명 창시자 | ★挑选 tiāoxuǎn 동 고르다, 선택하다 | ★总裁 zǒngcái 명 총수, 최고경영자 | ★列 liè 동 늘어놓다, 나열하다 | 候选名单 hòuxuǎn míngdān 입후보자 명단 | ★番 fān 양 번, 차례 | 斟酌 zhēnzhuó 동 숙고하다 | 定夺 dìngduó 동 (가부나 취사를) 결정하다 | ★温柔 wēnróu 형 온유하다, 따뜻하고 상냥하다 | ★欣喜 xīnxǐ 동 기뻐하다 | 万分 wànfēn 부 대단히 | ★表明 biǎomíng 동 표명하다 | 盛情 shèngqíng 명 두터운 정, 친절 | ★担任 dānrèn 동 맡다 | 欣然 xīnrán 부 흔쾌히 | ★渠道 qúdào 명 경로 | 打探 dǎtàn 동 알아보다 | 落选 luòxuǎn 동 낙선하다, 떨어지다 | ★客户 kèhù 명 고객, 거래처 | 漏水 lòushuǐ 동 물이 새다 | 滑稽 huájī 형 우습다 | 可笑 kěxiào 형 웃기다 | 嗤之以鼻 chī zhī yǐ bí 성 코웃음을 치다, 남을 깔보고 비웃다 | ★均 jūn 부 모두, 다 | ★删除 shānchú 동 삭제하다 | ★不可开交 bù kě kāi jiāo 성 눈코 뜰 새 없다 | 高层 gāocéng 형 고위층의 | 鸡毛蒜皮 jī máo suàn pí 성 대수롭지 않은 일, 사소한 일 | ★草率 cǎoshuài 형 경솔하다 | ★意志 yìzhì 명 의지 | ★坚定 jiāndìng 형 확고하다 | 紧迫 jǐnpò 형 긴박하다 | 扩展 kuòzhǎn 동 확장하다 | ★不起眼 bùqǐyǎn 눈에 띄지 않다 | 上任 shàngrèn 동 취임하다 | ★倡导 chàngdǎo 동 제창하다 | ★平等 píngděng 명 평등 | ★理念 lǐniàn 명 이념 | 午休 wǔxiū 명 점심 후의 휴식 | 召集 zhàojí 동 불러모으다, 소집하다 | 征集 zhēngjí 동 모집하다 | 大刀阔斧 dà dāo kuò fǔ 성 일을 과감하게 처리하다 | ★改革 gǎigé 동 개혁하다 | ★飞跃 fēiyuè 동 비약하다, 도약하다 | ★平台 píngtái 명 플랫폼 | 急速 jísù 부 급속히 | 本土 běntǔ 명 본토 | ★谋生 móushēng 동 생계를 도모하다 | 营业额 yíngyè'é 명 거래액, 매출 | ★将近 jiāngjìn 동 거의 ~에 가깝다 | ★全球 quánqiú 명 전 세계 | ★在线 zàixiàn 명 온라인 | 跻身 jīshēn 동 들어서다 | ★评选 píngxuǎn 동 선정하다

작문 완성하기

서론 ①단락	피에르가 최고 경영자를 뽑고 싶어 했다. 皮埃尔 피에르 | 亿贝公司 이베이 회사 | 挑选总裁 최고 경영자를 선택하다 | 无法定夺 결정할 수가 없다
큰 사건1 ②단락	피에르는 후보자에게 메일을 보냈고, 결국 한 여성을 최고 경영자에 초청하기로 결심했다. 想出办法 방법을 생각하다 | 发邮件 메일을 보내다 | 回复邮件 답신을 보내다 | 帮助 돕다 | 担任总裁 최고 경영자를 맡다
큰 사건2 ③~④단락	피에르는 그 여성이 바로 회사에 필요한 사람이라고 했다. 解释原因 이유를 설명하다 | 因为邮件 메일 때문이다 | 意志坚定 의지가 확고하다 | 需要的人 필요한 사람
큰 사건3 ⑤단락	그 여성은 취임한 후, 고객들의 각종 문제를 해결하는 데 도움을 주었다. 选择正确 선택이 정확했다 | 倡导平等 평등을 제창하다 | 帮助客户 고객을 돕다
결론 ⑥단락	이베이 회사는 급속도로 발전했다. 发展 발전하다 | 世界500强 세계 500대

고득점 표현

모범 답안

一封不起眼的邮件

　　皮埃尔是"亿贝公司"的创始人，他想挑选一位总裁。在很多候选人中，最后只剩下五个人，他们都很优秀，**这让皮埃尔很伤脑筋**。

　　一天，他突然想出一个办法。他给每人发了一封邮件，过了一会儿，一个女士回了邮件，向他要电话号码。皮埃尔把电话号码发过去后，那个女士给他打电话，问他需要什么帮助。**这令皮埃尔非常高兴**，他决定邀请她担任总裁。

		其	他	四	人	百	思	不	得	其	解	，	皮	埃	尔	解	释	说	，
是	因	为	那	封	电	子	邮	件	。	原	来	他	在	电	子	邮	件	里	说
自	己	是	一	个	客	户	，	需	要	帮	忙	。	只	有	那	个	女	士	回
了	邮	件	，	而	其	他	四	人	都	表	示	自	己	很	忙	，	他	们	不
需	要	做	这	样	的	小	事	。	公	司	的	一	些	人	劝	皮	埃	尔	再
考	虑	一	下	，	然	而	他	意	志	很	坚	定	，	他	认	为	公	司	需
要	让	更	多	的	客	户	了	解	他	们	，	而	那	个	女	士	正	是	公
司	需	要	的	人	。														
		事	实	证	明	，	皮	埃	尔	的	选	择	是	正	确	的	。	那	个
女	士	上	任	后	，	倡	导	平	等	，	帮	助	客	户	解	决	各	种	问
题	。																		
		在	新	总	裁	的	领	导	下	，	公	司	发	展	迅	速	，	成	为
了	全	球	最	大	的	在	线	电	子	商	务	网	站	，	被	评	选	为	“世
界	50	0	强	企	业	”。													

눈에 띄지 않는 한 통의 메일

피에르는 '이베이 회사'의 창시자로서, 최고 경영자를 채용하고 싶어 했다. 많은 후보자들 중, 최후에 다섯 명만 남았는데, 그들은 모두 매우 우수하여, 피에르를 어떻게 해야 할지 모르게 했다.

어느 날, 그는 문득 방법이 떠올랐다. 그는 모든 사람에게 메일을 보냈고, 잠시 후 한 여성에게 답신을 받았는데, 그에게 전화번호를 요구했다. 피에르가 전화번호를 보내자, 그 여성은 그에게 전화를 걸었고 어떤 도움이 필요한지를 물었다. 이에 피에르는 매우 기뻐하며, 그녀를 최고 경영자에 초청하기로 결심했다.

다른 네 사람이 이해하지 못하자, 피에르는 그 메일 때문이라고 설명했다. 알고 보니 메일에 자신은 고객인데, 도움이 필요하다고 보낸 것이다. 단지 그 여성만이 답신을 보냈고, 다른 네 사람은 자신이 매우 바쁘다며 이런 작은 일은 그들이 할 필요가 없다고 표했다. 회사의 일부 사람들도 피에르에게 다시 고려할 것을 권했지만, 그의 의지는 매우 확고했다. 그는 회사는 더 많은 고객들에게 알려질 필요가 있으니, 그 여성이 바로 회사에 필요한 사람이라고 여겼다.

피에르의 선택이 정확하다는 사실이 증명되었다. 그 여성은 취임한 후, 평등을 제창하며 고객들의 각종 문제를 해결하는 데 도움을 주었다.

새로운 경영자의 지도 하에, 회사는 급속도로 발전하여 세계에서 가장 큰 온라인 전자 상거래 사이트가 되어, '세계 500대 기업'으로 선정되었다.

기본서 **217쪽**

해설 및 정답 **문제 분석▾** 주요 인물, 사건, 시간 등을 파악한 후, 구체적인 묘사나 부가 성분을 삭제하고 고득점 표현을 활용하여 요약한다.

①他小时候为了减轻家里的负担，经常在废品堆里翻找，看到像样的东西就会收藏起来，然后找机会卖点儿零花钱。

②一次，他将淘来的一辆旧自行车卖给一个小伙伴，居然卖了5美元，这给了他很大的激励，他专门淘起了自行车，并很快将家里的车库堆得满满当当。

③长大后，他在一家自行车店找到一份工作。他之所以找这份工作，是想利用工作之便淘一些有价值的自行车。老板是个收藏家，有一个收藏库，里面藏着很多老古董。他暗暗发誓，也要弄一个和老板一样的收藏库。于是，他骑着自行车，走街串巷，敲开一个个市民的家门，询问他们是否有旧自行车要卖。

④慢慢地，他开起了自己的自行车店。为了把生意做大，他还开始收集一切可以淘到的宝贝。

⑤有一次，他看到一辆古董摩托车，这种摩托车几乎已经绝迹了，他欣喜若狂，想买下来。可是，主人抚摸着这辆布满沧桑的摩托车，坚定地摇了摇头，说这辆车有太多的记忆，卖掉它就等于卖掉了一段美好的回忆。

⑥还有一次，他将收集来的一个木制工具箱摆在店里，一个女顾客进门就看到了它，在它面前站了很久，然后，居然激动地流下了眼泪。最终，她花高价买走了这个一文不值的工具箱，并满怀深情地说："当我还是个小女孩儿的时候，常常去我爷爷的车棚。当时，我最喜欢站在一个这样的工具箱上，然后爬上他的工作台，与他一起度过几个小时。"

①그는 어렸을 때 집안의 부담을 덜어 주기 위해, 종종 폐품 더미 속을 뒤졌고 그럴듯한 물건을 보게 되면 수집해 두었다가, 기회를 찾아 팔아서 용돈을 하곤 했다.

②한번은, 그가 골라 온 낡은 자전거 한 대를 친구에게 팔았는데, 뜻밖에도 5달러에 팔려, 그에게 큰 격려가 되었고, 그는 전문적으로 자전거를 구하러 다녀 곧 집 차고를 가득 채웠다.

③성장한 후, 그는 한 자전거 가게에서 일자리를 찾았다. 그가 이 일을 찾은 이유는 이 일을 이용하여 값어치 있는 자전거를 좀 골라내고 싶어서였다. 사장님은 수집가인데, 오래된 골동품들이 많이 소장되어 있는 수집창고를 가지고 있었다. 그는 사장님과 같은 수집창고를 만들겠다고 남몰래 다짐했다. 그래서 그는 자전거를 타고 이리저리 골목길을 누비며, 시민 한 사람 한 사람의 집 문을 두드렸고, 팔고자 하는 낡은 자전거가 있는지를 물었다.

④천천히, 그는 자신의 자전거 가게를 열게 되었다. 사업을 크게 만들기 위해, 그는 구할 수 있는 모든 물품을 수집하기 시작했다.

⑤한번은, 그가 골동품 오토바이를 보게 되었는데, 이런 오토바이는 거의 자취를 감추었던 터라, 그는 미칠 듯이 기뻐하며 사고 싶어 했다. 그러나 주인은 함께 산전수전을 다 겪은 오토바이를 만지작거리며 확고하게 고개를 저었고, 이 오토바이와 너무 많은 기억을 갖고 있어서, 그것을 팔아버리면 아름다운 추억을 파는 것과 같다고 말했다.

⑥또 한번은, 그가 수집해 온 목제 공구상자를 가게에 진열했는데, 한 여성 고객이 문에 들어서자마자 그것을 보고는, 그 앞에 한참 동안 서있더니, 뜻밖에도 감격하여 눈물을 흘렸다. 결국, 그녀는 한 푼의 가치도 안 되는 이 공구상자를 비싼 값에 사가며 따뜻하게 말했다. "제가 어린 소녀였을 때는 할아버지의 차고에 자주 갔었어요. 그 당시에 저는 이런 공구상자 위에 선 다음 그의 작업대로 올라가곤 했지요. 그와 몇 시간씩 함께 보내는 것이 가장 좋았습니다."

⑦藏品背后的故事，让他感慨万千，他意识到，真正让人动容的其实是这些或心酸或甜蜜的故事，藏品和主人的故事，收藏家费尽曲折淘宝的故事。正是因为有了这些充满人情味儿的故事，本来不值钱的破烂儿才摇身一变，成为人们心中价值连城的宝贝。 ⑧他决定挖掘背后的故事。他买来摄像机，把自己收藏每一件藏品的经历记录下来，并找来专业的制片人剪辑成一段段的视频，然后，他向一些电视台推销。可惜，没有电视台对这些东西感兴趣，他只能放到网站上去，供网民免费观看。 ⑨这些视频引起了加拿大一家公司的注意，他们很快找到他，表示愿意合作，并为这些视频加入了喜剧元素。公司把这些视频制作成节目，很快卖给了电视台。 ⑩没想到，这个节目很快就得到观众的喜爱，这就是《淘宝》节目的雏形。现在，由他主持的《淘宝》节目已经成为该频道收视率第二的王牌节目。他不仅掀起了一股收藏热潮，还一跃成为知名的节目主持人。所有埋没在废品堆里的旧物，在他手里，都成了充满故事的宝贝。	⑦소장품 뒤에 감춰진 이야기는 그에게 많은 것을 느끼게 했다. 그는 진정으로 사람을 감동시키는 것은 이런 것들, 마음이 아프거나 행복한 이야기, 소장품과 주인의 이야기, 수집가들이 우여곡절을 겪으며 보물을 구한 이야기들이라는 것을 깨달았다. 이러한 인간미 넘치는 이야기 때문에, 가치 없던 것들이 탈바꿈하여 사람들의 마음속에 값진 보물이 된 것이다. ⑧그는 뒤에 숨겨진 이야기를 찾아내기로 결심했다. 그는 캠코더를 사서, 자신이 수집한 모든 소장품의 이야기를 기록했고, 전문적인 프로듀서를 찾아 영상을 편집한 후, 일부 방송국에 판매하였다. 애석하게도, 이 영상에 흥미를 갖는 방송국이 없어서, 그는 인터넷에 올릴 수밖에 없었고, 네티즌에게 무료로 시청할 수 있도록 제공했다. ⑨이 영상들은 캐나다의 한 회사의 주의를 끌었고, 그들은 곧 그를 찾아 협력하길 원한다는 의사를 밝혔으며, 또한 이 영상들을 위해 희극적인 요소를 가미하였다. 회사는 이 영상들을 프로그램으로 제작했고, 곧 방송국에 판매하였다. ⑩생각지도 않게 이 프로그램은 곧 시청자들의 사랑을 받게 되었는데, 이것이 바로 〈타오바오〉 프로그램의 초기 형태이다. 현재, 그가 진행하는 〈타오바오〉는 이 채널에서 시청률 2위를 달리고 있는 가장 대표적인 프로그램이다. 그는 수집 붐을 일으켰을 뿐만 아니라 일약 유명 프로그램 진행자로 떠올랐다. 폐품 더미에 묻힌 모든 구물은 그의 손에서 이야기로 가득 찬 보물이 되었다.

단어 减轻 jiǎnqīng 동 덜다 | ★负担 fùdān 명 부담 | 废品堆 fèipǐnduī 폐품 더미 | 翻找 fānzhǎo 들추다, 뒤지다 | ★像样 xiàngyàng 형 그럴듯하다 | ★收藏 shōucáng 동 수집하다 | 零花钱 línghuāqián 명 용돈 | ★将 jiāng 개 ~을/를 | ★淘 táo 동 많은 시간을 들여 물건을 고르다 | 伙伴 huǒbàn 명 동료, 친구 | ★激励 jīlì 명 격려 | ★专门 zhuānmén 부 전문적으로, 일부러 | 车库 chēkù 명 차고 | ★堆 duī 동 쌓이다 | 满满当当 mǎnmǎn dāngdāng 형 가득가득하다 | ★古董 gǔdǒng 명 골동품 | 暗暗 àn'àn 부 남몰래 | 发誓 fāshì 동 맹세하다 | 走街串巷 zǒujiē chuànxiàng 이 거리 저 골목을 돌아다니다 | 市民 shìmín 명 시민 | ★询问 xúnwèn 동 알아보다 | ★收集 shōují 동 수집하다 | ★宝贝 bǎobèi 명 보물 | 摩托车 mótuōchē 명 오토바이 | 绝迹 juéjì 동 자취를 감추다 | 欣喜若狂 xīnxǐ ruò kuáng 성 미친 듯이 기쁘다 | 抚摸 fǔmō 동 어루만지다 | 布满 bùmǎn 동 가득하다 | 沧桑 cāngsāng 명 세상의 온갖 풍파 | ★坚定 jiāndìng 형 확고하다 | ★摇头 yáotóu 동 고개를 젓다 | 木制 mùzhì 형 목제, 나무로 만든 | ★激动 jīdòng 동 감격하다 | 一文不值 yì wén bù zhí 성 한 푼의 가치도 없다 | 满怀深情 mǎnhuái shēnqíng 깊은 정이 넘쳐흐르다 | 车棚 chēpéng 명 소형의 차고 | 工作台 gōngzuòtái 명 작업대 | ★度过 dùguò 동 보내다, 지내다 | 藏品 cángpǐn 명 소장품, 보관한 물품 | 背后 bèihòu 명 배후, 뒤 | ★感慨万千 gǎnkǎi wànqiān 성 감개가 무량하다, 느낀 것이 많다 | ★意识 yìshi 동 의식하다, 깨닫다 | 动容 dòngróng 동 감동의 빛이 어리다 | 心酸 xīnsuān 형 마음이 쓰리다, 슬프다 | 甜蜜 tiánmì 형 달콤하다, 행복하다 | 费尽曲折 fèijìn qūzhé 우여곡절을 겪다 | ★人情味儿 rénqíngwèir 명 인간미 | 破烂儿 pòlànr 명 폐물, 넝마, 가치가 없는 것 | 摇身一变 yáo shēn yí biàn 성 갑자기 크게 변하다 | ★价值连城 jiàzhí lián chéng 성 가치가 매우 높다 | ★挖掘 wājué 동 발굴하다, 찾아내다 | 摄像机 shèxiàngjī 명 비디오카메라, 캠코더 | 制片人 zhìpiànrén 명 영화 제작자, 프로듀서 | 剪辑 jiǎnjí 동 커트하여 편집하다 | ★视频 shìpín 명 동영상 | ★推销 tuīxiāo 동 판로를 확장하다, 널리 팔다 | 网民 wǎngmín 명 네티즌 | 喜剧 xǐjù 명 희극 | ★元素 yuánsù 명 요소 | ★雏形 chúxíng 명 초기 형태, 원형 | ★主持 zhǔchí 동 진행을 맡다 | ★频道 píndào

명 채널 | 收视率 shōushìlǜ 명 시청률 | 王牌 wángpái 명 (트롬프에서의) 킹카드, 가장 대표적인 것 | 掀起 xiānqǐ 동 불러일으키다 | 股 gǔ 양 맛, 기체, 냄새 따위를 세는 단위 | 热潮 rècháo 명 열기, 붐 | 跃 yuè 동 뛰어오르다 | 知名 zhīmíng 형 유명하다 | 埋没 máimò 동 매몰하다, 묻히다 | 旧物 jiùwù 명 구물

작문 완성하기

서론 ①단락	그는 폐품 더미를 뒤져 괜찮은 물건들을 수집한 다음, 팔 기회를 찾곤 했다. 他 그 | 在废品堆里翻找 폐품 더미 속을 뒤지다 | 收藏 수집하다

↓

큰 사건1 ②~④단락	그는 자신의 자전거 가게를 열었고 많은 보물들을 모으기 시작했다. 淘自行车 자전거를 고르다 | 弄收藏库 보관 창고를 만들다 | 收集宝贝 물품을 수집하다

↓

큰 사건2 ⑤~⑦단락	그는 소장품 뒤에 감춰진 이야기는 가치 없는 것을 값어치 있게 만들어 준다는 사실을 깨달았다. 古董摩托车 골동품 오토바이 | 美好的回忆 아름다운 추억 | 高价买走工具箱 고가에 공구상자를 사가다 | 藏品背后的故事 소장품 뒤에 숨겨진 이야기

↓

큰 사건3 ⑧~⑨단락	그는 소장품 뒤에 숨겨진 이야기를 촬영하여 영상으로 제작했다. 记录收藏经历 수집한 이야기를 기록하다 | 发到网上 인터넷에 올리다 | 制作节目 프로그램을 제작하다

↓

결론 ⑩단락	그는 〈타오바오〉 프로그램의 진행자가 되었다. 受喜爱 사랑을 받다 | 成为主持人 진행자가 되다

고득점 표현

모범답안

废品里的故事

　　他小时候经常在废品堆里翻找，并把一些不错的东西收藏起来，然后找机会卖钱。

　　一次卖自行车的经历让他专门淘起了自行车。长大后，他在一家自行车店找到一份工作。 100

自行车店的老板有一个收藏库，他暗下决心，也要弄一个这样的收藏库。慢慢地，他开起了自己的自行车店，还开始收集很多宝贝。

有一次，他很想买一辆古董摩托车，然而主人却因那辆车充满了美好的回忆而不想卖。还有一次，一个女顾客高价买走了他店里的一个工具箱。原来那个工具箱让她回忆起了自己的爷爷。藏品背后的故事令他感动不已，他意识到正是因为有了这样的故事，才让本来毫不值钱的破烂儿变得价值连城。

于是他决定挖掘藏品的故事，把自己的收藏经历拍摄下来制作成视频，发到了网上。一家公司看到后，愿意与他合作，并把视频做成节目，卖给了电视台。

没想到这个节目非常受欢迎，后来他成为了《淘宝》节目的主持人。废品堆里的旧物，在他的手里，都成了充满故事的宝贝。

폐품에 얽힌 이야기

그는 어렸을 때 자주 폐품 더미를 뒤져 괜찮은 물건들을 수집한 다음, 팔 기회를 찾곤 했다.

한번의 자전거 판매 경험으로, 그는 전문적으로 자전거를 구하게 되었다. 성장한 후, 그는 한 자전거 가게에서 일자리를 얻었다. 자전거 가게 주인에게는 수집 창고가 하나 있었는데, 그는 자신도 이런 수집 창고를 하나 만들겠다고 남몰래 결심했다. 천천히, 그는 자신의 자전거 가게를 열었고, 많은 보물들을 모으기 시작했다.

한번은, 그가 골동품 오토바이를 사고 싶어 했지만, 주인은 그 오토바이에 아름다운 추억이 가득해서 팔고 싶지 않다고 했다. 그리고 또 한번은, 한 여성 고객이 그의 가게에 있는 공구상자를 비싼 값에 사가기도 했다. 알고 보니, 그 공구상자가 그녀로 하여금 자신의 할아버지를 떠올리게 했기 때문이었다. 소장품 뒤에 감춰진 이야기에 그는 매우 감동했고, 이런 이야기야말로 가치 없는 것을 값어치 있게 만들어 준다는 사실을 깨달았다.

그래서 그는 소장품 뒤에 숨겨진 이야기를 찾아내기로 결심했고, 자신의 소장품 이야기를 촬영하여 영상으로 제작해 인터넷에 올렸다. 한 회사가 그것을 본 후 그와 협력하기를 원했고, 영상을 프로그램으로 만들어 방송국에 팔았다.

생각지도 않게 이 프로그램이 인기를 끌었고, 후에 그는 〈타오바오〉 프로그램의 진행자가 되었다. 폐품 더미 속의 구물은 그의 손에서 이야기로 가득 찬 보물이 되었다.

맛있는 중국어
HSK 6급

모의고사 1회

정답

듣기

1 B	2 D	3 B	4 B	5 B	6 C	7 A	8 B	9 A	10 C
11 D	12 C	13 B	14 A	15 B	16 C	17 D	18 A	19 B	20 A
21 B	22 C	23 B	24 D	25 A	26 B	27 A	28 D	29 A	30 C
31 A	32 C	33 B	34 D	35 B	36 A	37 B	38 C	39 B	40 A
41 D	42 D	43 B	44 A	45 B	46 B	47 D	48 A	49 B	50 C

독해

51 A	52 B	53 B	54 C	55 A	56 A	57 D	58 A	59 D	60 B
61 A	62 D	63 B	64 D	65 C	66 B	67 D	68 B	69 A	70 C
71 B	72 E	73 D	74 C	75 A	76 C	77 A	78 B	79 E	80 D
81 B	82 C	83 C	84 B	85 B	86 A	87 A	88 D	89 C	90 D
91 A	92 B	93 D	94 D	95 A	96 B	97 C	98 B	99 D	100 B

쓰기

101. 모범 답안 ▸ 209쪽 참고

듣기

Track 52

1

Track 52-1

해설 및 정답 녹음 说英语的人更侧重行动(영어를 말하는 사람은 행동에 더 치중한다) 중 侧重(치중하다)과 보기 B에 在意(신경을 쓰다)는 같은 의미이다.

有研究发现，使用的语言不同，人的性格也会出现显著的差异。比如，讲德语的人会将重点放在结果上，说英语的人更侧重行动，而说日语的人则更加关注物体的材料而非形状。

A 德国人做计划很周密
B 讲英语的人更在意行动
C 会多种语言的人更聪明
D 日本人普遍有设计天赋

연구에서 발견된 바로는 사용하는 언어가 다르면 사람의 성격에도 현저한 차이가 나타난다고 한다. 예를 들면, 독일어를 말하는 사람은 결과에 중점을 두고, 영어를 말하는 사람은 행동에 더 치중하며, 일본어를 말하는 사람은 물체의 모양이 아닌 재료에 더 관심을 갖는다.

A 독일인은 계획을 주도면밀하게 세운다
B 영어를 말하는 사람은 행동에 더 신경 쓴다
C 여러 언어를 할 줄 아는 사람이 더 똑똑하다
D 일본인은 보편적으로 디자인에 자질이 있다

단어 ★显著 xiǎnzhù 형 현저하다 | ★差异 chāyì 명 차이 | 侧重 cèzhòng 동 치중하다 | ★行动 xíngdòng 명 행동 | 形状 xíngzhuàng 명 형상, 모양 | 周密 zhōumì 형 주도면밀하다 | ★在意 zàiyì 동 신경을 쓰다 | ★天赋 tiānfù 명 타고난 자질

2

Track 52-2

해설 및 정답 보기를 보고 눈 오는 날 운전하는 것과 관련된 내용임을 알 수 있다. 녹음 중에 避免……急刹车(급제동은 피하다)와 보기 D에 不要急刹车(급제동은 하지 않는 것)는 같은 의미이다.

在雪天驾车时，稍有不慎车辆就容易打滑。因此要避免急打方向盘、急加速或急刹车。在刹车前，最好先预踩几下刹车，这样可以提醒后车减速，以免追尾。

A 雪天停车要谨慎
B 雪天开车需要耐心
C 雪天要在路面上撒盐
D 雪天最好不要急刹车

눈 오는 날 차를 몰 때는 약간의 부주의로도 차량이 미끄러지기 쉽다. 따라서 급하게 핸들을 돌리거나 급가속 또는 급제동은 피해야 한다. 브레이크를 밟기 전에는 브레이크 페달을 몇 차례 미리 밟는 것이 좋다. 이렇게 하면 뒤차가 감속하여 추돌하지 않도록 주의를 줄 수 있다.

A 눈 오는 날에 주차는 신중해야 한다
B 눈 오는 날에 운전은 인내심이 필요하다
C 눈 오는 날에는 길에 소금을 뿌려야 한다
D 눈 오는 날에 급제동은 하지 않는 것이 좋다

단어 驾车 jiàchē 차를 몰다 | 不慎 búshèn 동 부주의하다 | 打滑 dǎhuá 동 미끄러지다 | ★避免 bìmiǎn 동 피하다 | 方向盘 fāngxiàngpán 명 핸들 | 刹车 shāchē 동 브레이크를 밟다 명 제동기, 브레이크 | 踩 cǎi 동 밟다 | ★以免 yǐmiǎn 접 ~하지 않도록 | 追尾 zhuīwěi 동 추돌하다 | ★谨慎 jǐnshèn 형 신중하다 | 撒 sǎ 동 흩뿌리다

3

Track 52-3

해설 및 정답 보기 B에 低廉이 '저렴하다'라는 뜻임을 알면 정답을 쉽게 고를 수 있다.

大白菜是常见的蔬菜品种之一。白菜一般在初冬收获，产量大，管理容易，但储存需要占地，所以上市时的价格非常便宜。因此人们用“白菜价”一词来形容某件物品价格便宜、实惠。

A “白菜价”由来已久
B “白菜价”指价格低廉
C “白菜价”指物品不易管理
D “白菜价”常用于文学作品中

배추는 흔한 채소 품종 중 하나이다. 배추는 보통 초겨울에 수확하며 생산량이 많고 관리가 쉽지만, 저장하려면 땅을 차지하기 때문에 시장에 나올 때의 가격이 매우 싸다. 그래서 사람들은 '배추 값'이라는 용어로 어떤 물품의 가격이 싸고 실속이 있음을 형용한다.

A '배추 값'은 유래가 깊다
B '배추 값'은 가격이 저렴함을 가리킨다
C '배추 값'은 물품의 관리가 쉽지 않음을 가리킨다
D '배추 값'은 문학 작품에 자주 사용된다

단어 品种 pǐnzhǒng 명 품종 | 初冬 chūdōng 명 초겨울 | 收获 shōuhuò 동 수확하다 | 产量 chǎnliàng 명 생산량 | ★储存 chǔcún 동 저장하여 두다 | 占地 zhàndì 동 땅을 차지하다 | 上市 shàngshì 동 시장에 나오다 | ★形容 xíngróng 동 형용하다 | 物品 wùpǐn 명 물품 | 实惠 shíhuì 형 실속이 있다 | 由来 yóulái 명 유래 | ★低廉 dīlián 형 저렴하다

4

Track 52-4

해설 및 정답 녹음의 原来这杯价值45元的饮料，就是一杯白开水(알고 보니, 이 45위안짜리 음료는 바로 끓인 물이었다)라는 내용으로 그 음료가 물이었음을 알 수 있다.

服务员问顾客：“先生，您需要什么饮料？”顾客看了一下饮料单，一个名叫“心痛的感觉”的饮料吸引了他，他便点了一杯。过了一会儿，服务员端来了一杯白开水。原来这杯价值45元的饮料，就是一杯白开水，真的让人很心痛。

A 顾客刚刚失恋
B 那杯饮料只是水
C 那杯饮料产自国外
D 服务员拿错了饮料

종업원이 손님에게 물었다. "선생님, 어떤 음료가 필요하십니까?" 손님은 음료 메뉴를 보고, '마음이 아픈 느낌'이라는 이름의 음료에 끌려 한 잔을 주문했다. 잠시 후, 종업원이 끓인 물 한 잔을 들고 왔다. 알고 보니, 이 45위안짜리 음료는 바로 끓인 물이었다. 정말 마음을 아프게 했다.

A 손님은 방금 실연했다
B 그 음료는 그냥 물이었다
C 그 음료는 외국에서 생산되었다
D 종업원이 음료를 잘못 가져왔다

단어 端 duān 동 두 손으로 가지런히 들다 | 白开水 báikāishuǐ 명 끓인 맹물 | 失恋 shīliàn 동 실연하다

5

Track 52-5

해설 및 정답 보기에서 공통적으로 제시된 단어인 阳关 뒤에 있는 세부적인 특징을 집중해서 들어야 한다. 녹음 중에 咽喉之地(요충지)와 必经的关隘(반드시 거쳐야 하는 관문) 등의 내용으로 阳关은 중요한 도로임을 알 수 있다.

阳关，位于甘肃省敦煌市西南方向，是中国古代陆路对外交流的咽喉之地，是丝绸之路南路必经的关隘。西汉时期设置此关，宋代以后，因对外交流的陆路交通逐渐衰落，阳关也随之废弃。

A 阳关盛产丝绸
B 阳关是古代交通要道
C 阳关位于东部沿海地区
D 阳关曾是陕西省的省会

간쑤성 둔황시 서남쪽에 위치한 양관은 중국 고대 육로의 대외 교류의 요충지로, 실크로드 남로의 반드시 거쳐야 하는 관문이었다. 서한 시대에 설치된 이 관문은 송대 이후 대외 교류의 육로 교통이 점차 쇠퇴하면서, 양관 역시 이에 따라 폐기되었다.

A 양관에서 실크가 많이 생산되었다
B 양관은 고대 교통의 요충지였다
C 양관은 동부 연안 지역에 위치해 있다
D 양관은 산시성의 성도였다

단어 阳关 Yángguān 고유 양관[지명] | ★位于 wèiyú 동 ~에 위치하다 | 甘肃省 Gānsù Shěng 고유 간쑤성[지명] | 敦煌市 Dūnhuáng Shì 고유 둔황시[지명] | 古代 gǔdài 명 고대 | 陆路 lùlù 명 육로 | 咽喉 yānhóu 명 인후[생리], 요로, 요충지 | 丝绸之路 Sīchóu zhī lù 명 실크로드 | 关隘 guān'ài 명 관문 | 西汉 Xī Hàn 명 서한(西漢) | 设置 shèzhì 동 설치하다 | 关 guān 명 관문 | 衰落 shuāiluò 동 쇠락하다 | 废弃 fèiqì 동 폐기하다 | ★盛产 shèngchǎn 동 대량으로 생산되다 | 要道 yàodào 명 요도[중요한 길] | ★沿海 yánhǎi 명 연해 | 陕西省 Shǎnxī Shěng 고유 산시성[지명] | 省会 shěnghuì 명 성도[성(省)의 정치, 문화 따위의 중심 도시]

6

Track 52-6

해설 및 정답 녹음에서 워밍업 시간은 在寒冷的冬季，热身的时间要长；而在夏季，则不宜过长(추운 겨울에는 워밍업 시간이 길어야 하고, 여름에는 과하게 긴 것은 좋지 않다)이라고 했으므로 워밍업 시간을 적당히 조정해야 함을 알 수 있다.

热身运动的重要性在于可以避免运动损伤的发生，降低损伤的风险系数。热身运动的时间也不是一成不变的，在寒冷的冬季，热身的时间要长；而在夏季，则不宜过长。

A 热身会伤害大脑
B 运动损伤不易避免
C 热身时间应适当调整
D 冬季不适合做热身运动

워밍업의 중요성은 운동 손상의 발생을 피할 수 있게 하고, 손상의 위험 계수를 낮출 수 있다는 데 있다. 워밍업 시간은 일정하지 않아 추운 겨울에는 워밍업 시간이 길어야 하고, 여름에는 과하게 긴 것은 좋지 않다.

A 워밍업은 대뇌를 손상시킬 수 있다
B 운동 손상은 피하기 쉽지 않다
C 워밍업 시간은 적당히 조절해야 한다
D 겨울철에 워밍업을 하는 것은 적합하지 않다

단어 热身运动 rèshēn yùndòng 명 준비 운동, 워밍업 | ★在于 zàiyú 동 ~에 있다 | 损伤 sǔnshāng 명 손상 | ★风险 fēngxiǎn 명 위험 | 系数 xìshù 명 계수 | 一成不变 yì chéng bú biàn 성 고정불변하다 | ★寒冷 hánlěng 형 몹시 춥다 | ★不宜 bùyí 동 ~하는 것은 좋지 않다 | ★伤害 shānghài 동 손상시키다 | ★大脑 dànǎo 명 대뇌 | 调整 tiáozhěng 동 조절하다

7

Track 52-7

해설 및 정답 인공지능 업무에 종사하는 사람은 计算机知识(컴퓨터 지식)와 心理学(심리학), 哲学(철학) 등 여러 학문을 이해해야 한다고 했으므로 인공지능은 일종의 종합적인 과학임을 알 수 있다.

人工智能是一门极富挑战性的科学，从事这项工作的人必须懂得计算机知识、心理学和哲学等多门学科。人工智能研究的一个主要目标是——使机器能够胜任一些通常需要人类智能才能完成的复杂工作。

A 人工智能是综合性科学
B 人工智能可以随机应变
C 人工智能推动产业革命
D 人工智能的目的是研究历史

인공지능은 지극히 도전적인 과학으로, 이 일에 종사하는 사람들은 반드시 컴퓨터 지식과 심리학, 철학 등의 여러 학문을 이해해야 한다. 인공지능 연구의 주요 목표는 일반적으로 인간의 지능이 있어야만 수행할 수 있는 복잡한 작업을 기계가 감당할 수 있도록 하는 것이다.

A 인공지능은 종합적인 과학이다
B 인공지능은 임기응변이 가능하다
C 인공지능은 산업 혁명을 촉진했다
D 인공지능의 목적은 역사 연구이다

단어 ★人工智能 réngōng zhìnéng 명 인공지능 | 极富 jí fù 지극히 풍부하다 | ★挑战 tiǎozhàn 동 도전하다 | ★从事 cóngshì 동 종사하다 | 心理学 xīnlǐxué 명 심리학 | 哲学 zhéxué 명 철학 | 机器 jīqì 명 기계 | ★胜任 shèngrèn 동 능히 감당하다 | 人类 rénlèi 명 인류 | 综合 zōnghé 동 종합하다 | 随机应变 suíjī yìngbiàn 성 임기응변하다 | ★推动 tuīdòng 동 촉진하다 | 产业革命 chǎnyè gémìng 명 산업 혁명

8

Track 52-8

해설 및 정답 녹음 중에 扮演着重要角色(중요한 역할을 하다)와 보기 B에 有重要作用(중요한 작용을 하다)은 같은 의미이다.

骑术，又称马术，在中国古代是一项重要的体育运动。骑术最初是为了狩猎而产生的，后来应用到了军事上。由于骑术在狩猎和军事中扮演着重要角色，历来受到人们的重视，并逐渐发展为一种体育活动。

A 骑术起源于上个世纪
B 骑术在军事中有重要作用
C 骑术是奥运会的比赛项目
D 骑术运动中的马需经特殊训练

승마는 기마술이라고도 불리는데, 중국 고대에는 중요한 스포츠였다. 승마는 처음에 사냥을 위해 생겨났는데, 후에는 군사에 응용되었다. 승마는 사냥과 군사에서 중요한 역할을 하기 때문에, 예로부터 사람들의 중시를 받았으며 하나의 스포츠 활동으로 점차 발전했다.

A 승마는 지난 세기에 기원을 두고 있다
B 승마는 군사에서 중요한 작용을 한다
C 승마는 올림픽의 경기 종목이다
D 승마 운동에서 말은 특수 훈련을 받아야 한다

단어 骑术 qíshù 명 기마술 | 马术 mǎshù 명 승마술 | 最初 zuìchū 명 처음 | 狩猎 shòuliè 동 사냥하다 | ★应用 yìngyòng 동 응용하다 | 军事 jūnshì 명 군사 | ★扮演 bànyǎn 동 ~의 역을 맡아 하다 | ★角色 juésè 명 역할 | 历来 lìlái 부 예로부터 | ★起源 qǐyuán 동 기원하다 | 世纪 shìjì 명 세기 | 奥运会 Àoyùnhuì 명 올림픽 | 项目 xiàngmù 명 항목, 종목 | 特殊 tèshū 형 특수하다

9

Track 52-9

해설 및 정답 보기를 보고 乔致庸(교치용)이라는 사람과 관련된 내용임을 알 수 있다. 녹음에 善于用人(사람을 쓰는 것에 능했다)은 보기에 懂得用人(사람을 쓸 줄 안다)과 같은 의미이다.

乔致庸是晋商的代表商人，他的经营理念是"薄利广销，不弄虚伪"，他在执掌家业时，事业突飞猛进，家资千万。此外，乔致庸尤其善于用人，这也是他经商成功的一个重要原因。

A 乔致庸懂得用人
B 乔致庸籍贯是山东
C 乔致庸修建了大宅院
D 乔致庸创办了首家银行

교치용은 산시(山西) 상인 중 대표 상인으로, 그의 경영 이념은 '박리다매하고 거짓으로 꾸미지 않는다'였다. 그가 가업을 관리할 때, 사업이 비약적으로 발전하여 자산이 매우 많았다. 이외에 교치용은 특히 사람을 쓰는 것에 능했는데, 이것 또한 그가 사업에 성공한 중요한 원인이다.

A 교치용은 사람을 쓸 줄 안다
B 교치용의 본적은 산동성이다
C 교치용은 대저택을 건설했다
D 교치용이 최초의 은행을 창설했다

단어 乔致庸 Qiáo Zhìyōng 고유 교치용[인명] | 晋商 Jìn shāng 명 산시(山西) 상인 | 经营 jīngyíng 동 경영하다 | ★理念 lǐniàn 명 이념 | 薄利广销 bólì guǎngxiāo 박리다매 | 虚伪 xūwěi 명 허위, 위선 | 执掌 zhízhǎng 동 관장하다, 관리하다 | 家业 jiāyè 명 가업 | 事业 shìyè 명 사업 | 突飞猛进 tū fēi měng jìn 성 비약적으로 발전하다 | ★善于 shànyú 형 ~에 능숙하다 | 籍贯 jíguàn 명 본적 | 修建 xiūjiàn 동 건설하다 | 宅院 zháiyuàn 명 저택 | 创办 chuàngbàn 동 창설하다

모의고사 1회 해설

10 Track 52-10

해설 및 정답 녹음의 赢得…胜利는 즉 '성공하다'라는 뜻이다. 보기 C의 坚持下去(꾸준히 해나가다)는 녹음에서 그대로 제시된다.

生活中，我们总会遇到这样或那样的困难和挫折，但只要我们咬紧牙关、坚持下去，就一定能战胜艰难险阻，赢得属于自己的胜利。正所谓"苦尽甘来"，困苦的境遇已经到了尽头，美好的日子就要到来。

A 生活需要规则
B 要学会彼此尊重
C 坚持下去就会成功
D 做人应该知足常乐

살다 보면 우리는 늘 이런저런 어려움과 좌절을 겪게 되지만, 우리가 이를 악물고 꾸준히 버텨 나간다면 어려움과 장애를 이겨 내고 자신만의 성과를 거둘 수 있다. 이른바 '고진감래'인 것이다. 고통스러운 처지가 끝에 다다르면 아름다운 날이 곧 다가온다.

A 생활에는 규칙이 필요하다
B 서로 존중할 줄 알아야 한다
C 꾸준히 해나가면 성공할 수 있다
D 사람은 만족할 줄 알아야 한다

단어 ★挫折 cuòzhé 명 좌절 | 咬紧牙关 yǎojǐn yáguān 이를 악물다 | 战胜 zhànshèng 동 이겨 내다 | 艰难 jiānnán 형 어렵다 | 险阻 xiǎnzǔ 명 장애 | 胜利 shènglì 명 승리, 성과 | 正所谓 zhèngsuǒwèi 이른바 | 苦尽甘来 kǔ jìn gān lái 성 고진감래하다 | ★困苦 kùnkǔ 형 곤궁하여 고통스럽다 | 境遇 jìngyù 명 형편, 처지 | 尽头 jìntóu 명 끝 | 美好 měihǎo 형 행복하다, 아름답다 | ★规则 guīzé 명 규칙 | ★彼此 bǐcǐ 명 서로 | ★知足常乐 zhī zú cháng lè 성 만족을 알면 항상 즐겁다

11 Track 52-11

해설 및 정답 녹음의 "鲁班奖"是中国建筑行业工程质量方面的最高荣誉奖('노반상'은 중국 건설업계의 공정 품질 방면의 최고 영예상이다)에서 工程质量(공정 품질)이 키포인트이다.

鲁班，是中国古代的发明家之一，他也被建筑工匠尊为祖师。以鲁班的名字命名的"鲁班奖"是中国建筑行业工程质量方面的最高荣誉奖，由中国建设部、中国建筑业协会颁发。

A 鲁班是道教的祖师
B 鲁班奖每四年颁发一次
C 鲁班奖是诗歌领域最高奖项
D 鲁班奖为评定工程质量而设立

노반은 중국 고대의 발명가 중 한 명으로, 그는 건축 장인들의 창시자로 평가받는다. 노반의 이름을 딴 '노반상'은 중국 건설업계의 공정 품질 방면의 최고 영예상으로, 중국 건설부와 중국 건축업협회가 수여한다.

A 노반은 도교의 창시자이다
B 노반상은 4년에 한 번 수여한다
C 노반상은 시가 분야의 최고상이다
D 노반상은 공정의 품질을 평가하기 위해 설립되었다

단어 鲁班 Lǔbān 고유 노반[인명] | 发明家 fāmíngjiā 명 발명가 | 被尊为 bèi zūnwéi ~로 평가받다 | ★建筑 jiànzhù 동 건축하다 | 工匠 gōngjiàng 명 장인 | 祖师 zǔshī 명 창시자 | ★命名 mìngmíng 동 명명하다 | 工程 gōngchéng 명 공정, 프로젝트 | ★荣誉 róngyù 명 영예 | 建设 jiànshè 명 건설 | 协会 xiéhuì 명 협회 | 颁发 bānfā 동 수여하다 | 道教 dàojiào 명 도교 | 诗歌 shīgē 명 시가 | ★领域 lǐngyù 명 분야 | 评定 píngdìng 동 평가하여 결정하다

12

Track 52-12

해설 및 정답 녹음의 中国于1988年正式颁布了《野生动物保护法》(중국은 1988년에 《야생 동물보호법》을 정식으로 반포했다)에서 '颁布+법'은 立法(입법하다)와 같은 의미다.

地球上平均不到两年就有一种野生动物灭绝，不少动物也处于灭绝的边缘。为保持地球生物的多样性，保护野生动物资源，各个国家对野生动物的保护都非常重视。中国于1988年正式颁布了《野生动物保护法》。

A 非洲野生动物种类多
B 野生动物灭绝速度变慢
C 中国已立法保护野生动物
D 每年约有两种野生动物灭绝

지구상에는 평균 2년도 안 되어 어떤 야생 동물은 멸종되고 있고, 적지 않은 동물 역시 멸종 위기에 처해 있다. 지구 생물의 다양성을 유지하고 야생 동물 자원을 보호하기 위해, 여러 나라들이 야생 동물 보호를 굉장히 중시하고 있다. 중국은 1988년에 《야생 동물보호법》을 정식으로 반포했다.

A 아프리카 야생 동물은 종류가 많다
B 야생 동물의 멸종 속도가 늦어졌다
C 중국은 이미 야생 동물 보호법을 제정했다
D 매년 약 두 종의 야생 동물이 멸종되고 있다

단어 ★平均 píngjūn 명 평균 | 野生动物 yěshēng dòngwù 명 야생 동물 | 灭绝 mièjué 동 멸종하다 | ★处于 chǔyú 동 ~에 처하다 | 边缘 biānyuán 명 위기, 직전 | 保持 bǎochí 동 지키다, 유지하다 | 生物 shēngwù 명 생물 | ★正式 zhèngshì 형 정식의 | 颁布 bānbù 동 반포하다 | 非洲 Fēizhōu 명 아프리카 | 种类 zhǒnglèi 명 종류 | 立法 lìfǎ 동 입법하다, 법률을 제정하다

13

Track 52-13

해설 및 정답 보기에서 공통적으로 제시된 단어인 市花(시화) 뒤에 있는 세부적인 특징을 집중해서 들어야 한다. 녹음에서 市花는 한 도시의 人文景观(인문경관)과 文化底蕴(문화적 소양) 등을 대표할 수 있다고 했으므로 市花는 인문적 의미를 가진다고 유추할 수 있다.

市花的确定，不仅能代表一个城市独具特色的人文景观、文化底蕴、精神风貌，体现人与自然的和谐统一，而且对带动城市相关绿色产业的发展、优化城市生态环境、提高城市品位和知名度等，具有重要意义。

A 各市只能有一种市花
B 市花的确定具有人文意义
C 市花由该市市民投票产生
D 市花是一个城市最常见的花

시화의 확정은 한 도시의 특색 있는 인문경관과 문화적 소양, 정신적인 풍모를 대표하여 인간과 자연의 조화로운 통일을 보여 줄 뿐만 아니라, 도시 관련 녹색 산업의 발전을 이끌고 도시의 생태 환경을 최적화하며 도시의 품위와 지명도를 향상시키는 등 중요한 의미를 갖는다.

A 각 시마다 하나의 시화만 있을 수 있다
B 시화의 확정은 인문적 의미를 가진다
C 시화는 그 시의 시민들의 투표로 생긴다
D 시화는 한 도시에서 가장 흔한 꽃이다

단어 确定 quèdìng 동 확정하다 | 人文 rénwén 명 인문 | 景观 jǐngguān 명 경관 | 底蕴 dǐyùn 명 소양, 교양 | 风貌 fēngmào 명 풍모 | ★和谐 héxié 형 조화하다 | ★统一 tǒngyī 명 통일, 일치 | 带动 dàidòng 동 이끌어 나가다 | 相关 xiāngguān 동 관련되다 | 优化 yōuhuà 동 최적화하다 | ★生态 shēngtài 명 생태 | 品位 pǐnwèi 명 품위 | 知名度 zhīmíngdù 명 지명도 | 投票 tóupiào 명 투표

14

Track 52-14

해설 및 정답 보기를 보고 小米(좁쌀)와 관련된 지문임을 알 수 있다. 녹음에 佼佼者(걸출한 것)와 보기 A에 优质(양질)는 같은 의미이다.

小米原名粟，是杂粮中的佼佼者。它营养价值很高，富含蛋白质、脂肪和维生素。它不仅能食用，还可入药、酿酒。不过专家提醒，小米不宜单独长期吃，应同其他食材搭配着吃，其中黄豆或猪肉就是很好的搭配食材。

A 小米是优质杂粮
B 小米富含矿物元素
C 小米不宜与黄豆同吃
D 小米酒是西北地区特产

좁쌀은 원래 이름이 조로, 잡곡의 왕이다. 그것은 영양가가 높으며, 단백질과 지방 그리고 비타민이 풍부하게 함유되어 있다. 그것은 먹을 수 있을 뿐만 아니라 약으로도 사용하며, 술로도 만들 수 있다. 다만 좁쌀을 단독으로 장기간 먹는 것은 적합하지 않고 다른 식재료를 곁들여 먹어야 하는데, 그중 노란 콩이나 돼지고기가 잘 어울린다는 게 전문가들의 조언이다.

A 좁쌀은 양질의 잡곡이다
B 좁쌀에는 광물 원소가 풍부하게 함유되어 있다
C 좁쌀은 노란 콩과 함께 먹기에 적합하지 않다
D 좁쌀주는 서북 지역의 특산품이다

단어 小米 xiǎomǐ 명 좁쌀 | 原名 yuánmíng 명 원명, 본명 | 粟 sù 명 조[식물] | 杂粮 záliáng 명 잡곡 | 佼佼者 jiǎojiǎozhě 명 걸출한 인물 | ★富含 fùhán 동 다량 함유하다 | 蛋白质 dànbáizhì 명 단백질 | 脂肪 zhīfáng 명 지방 | ★维生素 wéishēngsù 명 비타민 | 酿酒 niàngjiǔ 동 술을 빚다 | 单独 dāndú 부 단독으로 | 食材 shícái 명 식자재 | ★搭配 dāpèi 동 곁들이다 | 黄豆 huángdòu 명 노란 콩 | 优质 yōuzhì 명 양질, 우수한 품질 | 矿物 kuàngwù 명 광물 | ★元素 yuánsù 명 원소 | 特产 tèchǎn 명 특산물

15

Track 52-15

해설 및 정답 失歌症表现出较强的遗传性(실음악증은 비교적 강한 유전성을 보인다)에서 遗传性(유전성)이 보기에 그대로 제시된다.

失歌症，指因大脑左半球颞叶前部病变，患者部分或全部丧失本来具有的认知音符、歌唱演奏和欣赏乐曲等能力。大约有4%的人患有失歌症，而且失歌症表现出较强的遗传性。失歌症患者不能准确地唱出一首歌，不过他们往往意识不到，以为自己唱得还不错。

A 现代人易得失歌症
B 失歌症具有遗传性
C 失歌症患者社交圈较小
D 通过练习可以治疗失歌症

실음악증은 대뇌 좌반구 측두엽 앞부분의 손상으로, 환자가 원래 갖고 있던 인지음표와 노래 연주, 음악 감상 등의 능력을 일부 또는 전부 잃게 되는 것을 말한다. 약 4%의 사람들이 실음악증을 앓고 있는데, 실음악증은 비교적 강한 유전성을 보인다. 실음악증 환자들은 노래를 정확하게 부르지 못하지만 스스로 의식하지 못해 노래를 잘 부른다고 생각한다.

A 현대인들은 실음악증에 걸리기 쉽다
B 실음악증은 유전성을 지닌다
C 실음악증 환자는 사교 범위가 좁다
D 연습을 통해 실음악증을 치료할 수 있다

단어 症 zhèng 명 질병 | 左半球 zuǒbànqiú 명 좌반구 | 颞叶 nièyè 명 측두엽 | 病变 bìngbiàn 명 병리 변화 | 患者 huànzhě 명 환자 | 丧失 sàngshī 동 잃다 | 认知 rènzhī 동 인지하다 | 音符 yīnfú 명 음표 | 演奏 yǎnzòu 동 연주하다 | ★欣赏 xīnshǎng 동 감상하다 | 乐曲 yuèqǔ 명 음악 작품 | ★遗传 yíchuán 명 유전 | ★意识 yìshí 동 의식하다 | 社交圈 shèjiāoquān 명 사교 범위 | 治疗 zhìliáo 동 치료하다

[16-20]

Track 52-16_20

第16到20题是根据下面一段采访：

女：你是70后，我们60后当年是爱诗歌，到你们70后就有了多种形式来表达情感了。질문①

男：20其实我受诗歌影响很深。

女：你比较喜欢的诗和诗人有哪些？질문②

男：很多，像俞心樵，我喜欢他那种口语化的写作，他没有很多生僻的词，16他用的语言特鲜活。比如他写"长大后我要去城里写诗，至今还未平安归来"，就这么简单的一句话，内容太多了，信息量太大了。长大后他要去城里写诗，至今未平安归来，我觉得这描写的是他的状况，一个诗人的状态，写得非常好。

女：在音乐这方面我是外行，对你来说，是先有歌词后有旋律吗？질문③

男：是先有旋律，后有歌词，17我所有的歌曲都是，也都是我填的歌词。我觉得音乐应该以旋律为主，然后再填歌词。

女：有这样一种说法，有的歌曲适合一个人戴着耳机听，或者自己开着车听，你的歌曲很明显具有这种特征。질문④

男：18其实所有的音乐都是自己享受的，无论是交响乐还是摇滚乐，可能摇滚乐是唯一更适合现场一些的。人们对听音乐的要求不一样，我喜欢听细节，有人可能在意嗓音，有的在意吉他，有的在意鼓手，每个人都不一样。对我来讲，真正听音乐的状态就是一个人在房间，用音响听，不用耳机听。

女：大家怎么突然就喜欢起你的歌曲来了？질문⑤

男：跟时代的大背景没关，可能跟人的状态有关。因为现在人越来越忙碌，压力越来越大，19可能听我的音乐能够让大家都慢下来，能够静下来，有片刻的安慰和温暖吧。

16~20번 문제는 다음 인터뷰에 근거한다.

여: 선생님은 70년대 생이지요. 우리 60년대 생들은 당시에 시를 사랑했는데, 70년대 생부터는 다양한 형식을 가지고 감정을 표현하게 됐어요. 질문①

남: 20사실 저는 시적인 영향을 많이 받았습니다.

여: 선생님은 어떤 시와 시인들을 비교적 좋아하시나요? 질문②

남: 아주 많은데요. 위신차오처럼 구어적인 글쓰기를 하는 사람을 좋아합니다. 그는 생소한 단어를 잘 사용하지 않아서, 16그가 쓰는 언어들은 굉장히 생생해요. 예를 들면, 그가 쓴 글 중에 '어른이 되면 나는 도시로 가서 시를 쓰려 했는데, 지금까지도 평안히 돌아오지 못했다'라는 그 간단한 한 마디에 너무 많은 내용과 너무 많은 정보가 담겨 있어요. 어른이 되면 그는 도시로 가서 시를 쓰려 했지만, 지금까지도 평안히 돌아오지 못했어요. 저는 이것이 그의 상황과 한 시인으로서의 상태를 묘사한 것으로, 매우 잘 쓰여졌다고 생각합니다.

여: 저는 음악이라는 분야에 문외한인데, 선생님은 가사를 만드신 후에 멜로디를 입히시는 건가요? 질문③

남: 먼저 멜로디를 만들고, 후에 가사를 입힙니다. 17저의 모든 곡들이 다 그렇고, 또한 모두 제가 가사를 붙이지요. 저는 음악은 멜로디가 주가 되고, 가사는 그다음에 붙여야 한다고 생각합니다.

여: 어떤 음악은 혼자 이어폰을 끼고 듣거나 혼자 운전을 하면서 듣기에 적합하다는 말이 있는데요, 선생님의 음악이 이러한 특징을 아주 명확하게 지니고 있는 것 같아요. 질문④

남: 교향곡이든 아니면 로큰롤이든, 18사실 모든 음악은 혼자 즐기는 것이지요. 아마도 로큰롤만이 현장에 더 적합한 유일한 곡인 것 같습니다. 사람들은 음악에 대한 요구가 다 달라요. 저는 세부적인 묘사를 좋아하는데, 어떤 사람은 목소리에 신경을 쓰고, 어떤 사람은 기타에 신경을 쓰고, 어떤 사람은 드럼 연주자에 신경을 써요. 모든 사람이 다 다른 것이지요. 저에게 있어서 진정으로 음악을 듣는 상태란 바로 혼자 방에서 음향기기를 이용해 듣는 것이에요. 이어폰으로 듣는 것이 아니고요.

여: 모두들 왜 갑자기 선생님의 음악을 좋아하게 된 걸까요? 질문⑤

남: 시대적인 큰 배경과는 상관이 없고, 아마도 사람들의 상태와 관계가 있는 것 같아요. 현대인들은 갈수록 바빠지고 스트레스도 갈수록 커지기 때문에, 19저의 음악을 들으면 모두가 느긋해지고 차분할 수 있는 것 같아요. 잠깐의 위로와 따뜻함이 생기는 것이지요.

단어 情感 qínggǎn 명 감정 | 俞心樵 Yú Xīnqiáo 고유 위신차오[인명] | 口语化 kǒuyǔhuà 구어화, 구어적 | 生僻 shēngpì 형 생소하다 | 鲜活 xiānhuó 형 생생하다 | 至今 zhìjīn 부 지금까지 | 状况 zhuàngkuàng 명 상황 | 外行 wàiháng 명 문외한 | ★旋律 xuánlǜ 명 멜로디 | 填 tián 동 채우다, 기입하다 | 戴 dài 동 착용하다 | 耳机 ěrjī 명 이어폰 | ★特征 tèzhēng 명 특징 | ★享受 xiǎngshòu 동 누리다, 즐기다 | 交响乐 jiāoxiǎngyuè 명 교향악 | 摇滚乐 yáogǔnyuè 명 로큰롤 | 唯一 wéiyī 형 유일한 | 现场 xiànchǎng 명 현장 | ★细节 xìjié 명 세부 묘사 | ★在意 zàiyì 동 신경을 쓰다 | 嗓音 sǎngyīn 명 목소리, 목청 | 鼓手 gǔshǒu 명 드럼 연주자 | 音响 yīnxiǎng 명 음향 기기 | ★忙碌 mánglù 형 바쁘다 | 片刻 piànkè 명 잠깐, 잠시 | ★安慰 ānwèi 명 위안 | 温暖 wēnnuǎn 명 따뜻함

16

Track 52-16

해설 및 정답 남자는 他用的语言特鲜活(그가 쓰는 언어들은 굉장히 생생해요)라고 했다.

男的为什么喜欢俞心樵的诗?

A 人物很丰满
B 内容很传统
C 语言有活力
D 背景贴近现实

남자는 왜 위신차오의 시를 좋아하는가?

A 인물이 풍부해서
B 내용이 매우 전통적이어서
C 언어에 활기가 있어서
D 배경이 현실과 가까워서

단어 丰满 fēngmǎn 형 풍부하다 | ★传统 chuántǒng 형 전통적인 | ★活力 huólì 명 활기 | 贴近 tiējìn 동 접근하다 | ★现实 xiànshí 명 현실

17

Track 52-17

해설 및 정답 가사와 멜로디 관련 여자의 세 번째 질문에 남자는 我所有的歌曲都是，也都是我填的歌词(저의 모든 곡들이 다 그렇고, 또한 모두 제가 가사를 붙이지요)라고 했다.

关于男的创作的歌曲，下列哪项正确?

A 先写词后作曲
B 适合年轻人听
C 旋律比较相似
D 都是自己写词

남자가 창작한 곡에 관해, 다음 중 정확한 것은?

A 먼저 가사를 붙인 후 작곡한다
B 젊은 층이 듣기에 적합하다
C 멜로디가 다소 비슷하다
D 모두 자신이 쓴 가사이다

단어 ★创作 chuàngzuò 동 창작하다 | 作曲 zuòqǔ 동 작곡하다 | 相似 xiāngsì 형 비슷하다

18

Track 52-18

해설 및 정답 인터뷰 중간에 남자는 其实所有的音乐都是自己享受的(사실 모든 음악은 혼자 즐기는 것이지요)라고 했다.

男的认为听音乐是一种什么样的过程?

A 自我享受
B 体验生活
C 与人产生共鸣
D 提高艺术修养

남자는 음악 감상을 어떤 과정이라고 여기는가?

A 스스로 즐긴다
B 생활을 체험한다
C 사람들과 공감대가 형성된다
D 예술적 소양을 높인다

단어 ★共鸣 gòngmíng 명 공감 | 修养 xiūyǎng 명 교양, 소양

19

Track **52-19**

해설 및 정답 사람들이 남자의 음악을 좋아하는 이유를 묻자, 남자는 可能听我的音乐能够让大家都慢下来，能够静下来(저의 음악을 들으면 모두가 느긋해지고 차분할 수 있는 것 같아요)라고 대답했다.

为什么男的的歌曲突然被人们喜欢起来了?

A 是资本导向
B 能使人静下来
C 经网络迅速传播
D 给人一种向上的力量

사람들은 남자의 곡을 왜 갑자기 좋아하게 되었나?

A 자본 지향성이어서
B 사람을 안정시킬 수 있어서
C 인터넷을 통해 빠르게 전파되어서
D 사람들에게 발전할 힘을 줘서

단어 资本 zīběn 명 자본 | 导向 dǎoxiàng 명 동향, 지향 | ★传播 chuánbō 동 전파하다 | ★力量 lìliàng 명 힘

20

Track **52-20**

해설 및 정답 보기 A는 녹음 시작 부분에서 그대로 제시되었다. 인터뷰 마지막 질문의 답은 녹음의 시작 부분과 중간 부분에서 나올 수 있으니 마지막 질문의 보기부터 먼저 살피는 것이 좋다.

关于男的，可以知道什么?

A 受诗歌影响深
B 毕业于清华大学
C 参加过音乐节目
D 想做生活的主人

남자에 관해 알 수 있는 것은?

A 시가의 영향을 깊게 받았다
B 청화대학을 졸업했다
C 음악 프로그램에 참가한 적이 있다
D 삶의 주인이 되고 싶다

[21-25]

Track **52-21_25**

第21到25题是根据下面一段采访:

男：关于图书出版，您能否简单向大众普及一下一本图书出版的流程呢? 大致分为哪几个环节? 질문①

女：21我经常说一本图书的诞生，如同一个孩子成长，经过的时间很长，环节非常多。从作者提交书稿开始，一般要经过选题立项、策划、编辑加工、设计、审核、印刷、营销、发行、财务管理等9个流程。

男：图书出版这个领域，如果要想很好盈利的话，是否主要靠畅销书? 질문②

女：对，必须靠畅销图书，22必须把图书销量做起来，这是任何一个出版机构的立足之本。国内的出版人，是图书的投资方和运作方，如果从这个角度来说，可以说类似电影出品方。所以图书就像一部电影一样，都是一个项目产品，票房高、口碑好，才能获得更多收益。

男：一本书畅销的原因都有哪些呢? 질문③

女：第一，23D作者本身就是畅销作家，图书的关注度非常高；第二，23C抓住了社会热点；第三，23A创新创意、宣传策划，也可以成就畅销图书。

男：伴随着移动互联网的崛起、用户阅读习惯的改变，图书出版这个行业正在发生哪些变化? 您看到的属于您的行业机会是什么? 질문④

女：出版行业核心价值在于内容体系化、传播系统化。阅读方式改变，无非是纸质方式变成网络阅读，阅读方式虽然改变了，但其实出版方式不变。不过如果只是获取信息，在线阅读会更方便；而如果学习专业、提升技能，还是需要纸质阅读。24所以电子阅读也无法取代纸质阅读。目前阅读的普及率其实非常低，但我相信在未来，阅读会成为一种生活方式，25会有越来越多的人投入到阅读当中，从而推动我们图书出版业的发展。

21~25번 문제는 다음 인터뷰에 근거한다.

남: 도서 출판과 관련하여 한 권의 도서가 출판되기까지의 과정을 대중들에게 간단히 소개해 주실 수 있을까요? 대략 몇 단계로 나뉘나요? 질문①

여: 21저는 도서의 탄생이 마치 아이가 성장하는 것과 같다고 자주 이야기합니다. 거쳐야 하는 시간도 길고 단계도 굉장히 많지요. 작가가 초고를 제출하는 것을 시작으로, 일반적으로 제목 선정과 항목 입안, 기획, 편집 가공, 디자인, 심의, 인쇄, 마케팅, 발행, 재무관리 등 9개의 과정을 거칩니다.

남: 도서 출판이라는 이 분야에서 이익을 잘 내려면 주로 베스트셀러에 의존해야 하나요? 질문②

여: 맞습니다. 반드시 베스트셀러가 있어야 하니, 22반드시 도서 판매를 잘해야 합니다. 이것은 모든 출판 기관이 발붙일 수 있는 기반이지요. 국내의 출판인들은 도서의 투자자이자 운영자인데, 만약 그런 각도에서 보면, 영화 제작자와 유사하다고 할 수 있습니다. 그래서 도서는 한 편의 영화처럼 하나의 프로젝트 제품으로서 흥행 성적이 높고 평판이 좋아야 더 많은 수익을 낼 수 있습니다.

남: 한 권의 책이 잘 판매되는 원인으로는 어떤 것들이 있을까요? 질문③

여: 첫 번째는 23D작가 자체가 베스트셀러 작가여서 도서의 관심도가 매우 높은 것이고, 두 번째는 23C사회적인 이슈가 잘 다루어진 것, 세 번째는 23A창의적인 아이디어와 홍보 기획으로도 베스트셀러를 만들어 낼 수 있습니다.

남: 모바일 인터넷의 부상과 사용자의 독서 습관의 변화와 함께 도서 출판이라는 이 업계에 어떠한 변화가 일어나고 있나요? 선생님께서 보시는 선생님만의 업계 기회는 무엇입니까? 질문④

여: 출판업계의 핵심 가치는 콘텐츠의 체계화와 보급의 시스템화에 있습니다. 독서 방식의 변화는 단지 종이 책이라는 방식에서 인터넷 독서로 바뀐 것에 지나지 않습니다. 독서 방식은 비록 바뀌었지만, 출판 방식은 사실 바뀌지 않았습니다. 다만 만약 단순히 정보를 얻는 것이라면 온라인 독서가 더 편리하겠지만, 만일 전공 공부를 하거나 기능을 높이려면 역시 종이 책이 필요합니다. 24그래서 전자 독서는 역시 종이 책을 대체할 수 없습니다. 현재 독서의 보급률은 사실 매우 낮지만, 저는 미래에 독서가 일종의 생활 방식이 되어 25점점 더 많은 사람들이 독서에 몰입하고, 그에 따라 우리 도서 출판업계의 발전이 촉진될 것이라 믿습니다.

단어 出版 chūbǎn 동 출판하다 | 大众 dàzhòng 명 대중 | ★普及 pǔjí 동 보급하다 | 流程 liúchéng 명 과정 | 大致 dàzhì 부 대략 | ★环节 huánjié 명 일환, 부분 | 诞生 dànshēng 동 탄생하다 | 如同 rútóng 동 마치 ~와 같다 | ★成长 chéngzhǎng 동 성장하다 | 提交 tíjiāo 동 회부하다, 제출하다 | 书稿 shūgǎo 명 저작 초고 | 立项 lìxiàng 동 항목으로 입안되다 | 策划 cèhuà 동 기획하다 | 编辑 biānjí 동 편집하다 | 审核 shěnhé 동 심의하다 | 印刷 yìnshuā 동 인쇄하다 | 营销 yíngxiāo 동 마케팅하다 | 发行 fāxíng 동 발행하다 | 财务 cáiwù 명 재무, 재정 | ★领域 lǐngyù 명 분야 | 盈利 yínglì 동 이익을 보다 | ★靠 kào 동 의지하다 | 畅销书 chàngxiāoshū 베스트셀러 | 销量 xiāoliàng 명 판매량 | 机构 jīgòu 명 기관 | 立足 lìzú 동 발붙이다 | 运作 yùnzuò 동 운영하다 | 类似 lèisì 형 유사하다 | 出品 chūpǐn 동 출품하다 | 票房 piàofáng 명 흥행 성적 | 口碑 kǒubēi 명 평판 | ★收益 shōuyì 명 수익 | 热点 rèdiǎn 명 이슈 | ★创新 chuàngxīn 명 창조성 | ★创意 chuàngyì 명 새로운 고안 | 成就 chéngjiù 동 이루다 | 伴随 bànsuí 동 함께 가다 | 崛起 juéqǐ 동 들고 일어나다, 궐기하다 | ★核心 héxīn 명 핵심 | 体系 tǐxì 명 체계 | 系统 xìtǒng 명 시스템 | 无非 wúfēi 부 단지 ~에 지나지 않다 | 纸质 zhǐzhì 종이 재질 | 在线 zàixiàn 명 온라인 | 提升 tíshēng 동 높이다 | 技能 jìnéng 명 기능 | 取代 qǔdài 동 대체하다 | 投入 tóurù 동 몰입하다 | ★推动 tuīdòng 동 촉진하다

21

Track **52-21**

해설 및 정답 여자가 말한 我经常说一本图书的诞生，如同一个孩子成长(저는 도서의 탄생이 마치 아이가 성장하는 것과 같다고 자주 이야기합니다) 중에서 孩子成长이 보기에 그대로 제시되었다.

女的把图书的诞生比喻成什么？

A 种植植物 **B 孩子成长**
C 公司发展 D 学习语言

여자는 도서의 탄생을 무엇에 비유했는가?

A 식물 심기 **B 아이의 성장**
C 회사의 발전 D 언어 학습

단어 ★比喻 bǐyù 동 비유하다 | ★种植 zhòngzhí 동 심다

22

Track **52-22**

해설 및 정답 남자의 두 번째 질문에 여자는 必须把图书销量做起来，这是任何一个出版机构的立足之本(반드시 도서 판매를 잘해야 합니다. 이것은 모든 출판 기관이 발붙일 수 있는 기반이지요)이라고 했다.

出版机构的立足之本是什么？

A 营销手段多样
B 企业文化融洽
C 做大图书销量
D 专注图书内容

출판 기관이 발붙일 수 있는 기반은 무엇인가?

A 마케팅 수단의 다양화
B 기업 문화의 조화로움
C 도서 판매량 증진
D 도서 콘텐츠에 전념

단어 ★手段 shǒuduàn 명 수단 | 融洽 róngqià 형 조화롭다 | 专注 zhuānzhù 동 전념하다

23

Track **52-23**

해설 및 정답 남자의 세 번째 질문에 여자는 책이 잘 팔리는 원인으로 세 가지를 언급했는데, 그중에 가격 관련 내용은 없다.

下列哪项不属于一本书畅销的主要原因？

A 创意新颖
B 价格优势
C 关注社会热点
D 作者是畅销作家

다음 중 책이 잘 판매되는 주요 원인에 속하지 않는 것은?

A 아이디어의 참신함
B 가격의 우세함
C 사회적 이슈에 대한 관심
D 작가가 베스트셀러 작가임

단어 新颖 xīnyǐng 형 참신하다 | ★优势 yōushì 명 우세, 우위

24

Track **52-24**

해설 및 정답 남자의 마지막 질문에 여자는 所以电子阅读也无法取代纸质阅读(그래서 전자 독서는 역시 종이 책을 대체할 수 없습니다)라고 했다.

关于电子阅读，下列哪项正确？

A 利润更高
B 在西方较流行
C 不利于读者思考
D 不能取代纸质阅读

전자 독서에 관해, 다음 중 정확한 것은?

A 이윤이 더 높다
B 서양에서 유행한다
C 독자가 사고하기에 불리하다
D 종이 책을 대체할 수 없다

단어 利润 lìrùn 명 이윤

25

Track 52-25

해설 및 정답 인터뷰의 마지막 부분에서 여자가 점점 더 많은 사람들이 독서에 몰입하여 출판업계의 발전이 촉진될 것이라고 했으므로, 여자는 출판업계의 전망이 좋다고 생각하고 있다.

女的如何看待图书出版行业的发展?

A 前景好
B 发展堪忧
C 感到惋惜
D 利弊共存

여자는 도서 출판업계의 발전에 대해 어떻게 생각하는가?

A 전망이 좋다
B 발전이 걱정스럽다
C 안타까움을 느낀다
D 이로움과 폐단이 공존한다

단어 看待 kàndài 동 어떤 견해를 가지다 | ★前景 qiánjǐng 명 전망 | 堪忧 kānyōu 동 걱정되다 | 惋惜 wǎnxī 동 안타까워하다 | ★利弊 lìbì 명 이로움과 폐단

[26-30]

Track 52-26_30

第26到30题是根据下面一段采访:

女：有这样一句话，"世界上并没有垃圾，垃圾只是放错位置的资源"，您怎么看? 질문①

男：没错，26在城市生活垃圾里面有很多宝贝，例如废塑料袋、废玻璃、废纸等，都可以回收再利用，甚至就连最令人头疼的厨余垃圾，如果做精细化分类处理，也可变废为宝，成为燃料、建筑材料、肥料等资源。可是，我国城市长期以来缺乏垃圾分类的概念，27导致这些资源大部分被丢弃掉，不仅造成极大的浪费，亦给环境带来压力。

女：中国推行垃圾分类快20年了。这些年有什么成果吗? 질문②

男：2000年6月，北京、上海、南京、杭州等8个城市被确定为全国垃圾分类收集试点城市。经过十多年的持续努力，市民大都知道垃圾分类的概念，对垃圾分类的意义有了普遍认识，28但是对垃圾分类的路径和技术问题，还没有达成共识，距离目标的实现还有很长距离。

女：其实很多国家在垃圾分类这方面做得非常好，我们是否可以借鉴一下他们的做法呢? 질문③

男：借鉴是一定要的。29德国的垃圾分类非常详细，他们将全部固体废物划分为20个大类，110个小类，839种。而在美国乱丢垃圾是一种犯罪行为。各州都有禁止乱扔垃圾的法律，乱丢杂物属三级轻罪，可处以300到1000美元不等的罚款、入狱或社区服务。

女：您觉得中国离全面推行垃圾分类，还需要多长时间? 질문④

男：从欧美等发达国家的经验看，大都经历二三十年的过程，反复摸索，不断完善制度，才最终建立起良性循环的垃圾分类体系。预计到2035年，全国各城市最终将全面建立垃圾分类制度。30垃圾分类并非一蹴而就，需要保持一颗恒心，坚持做下去。

26~30번 문제는 다음 인터뷰에 근거한다.

여: '세상에 쓰레기는 없다. 쓰레기는 다만 잘못된 위치에 둔 자원이다'라는 말이 있는데, 어떻게 생각하세요? 질문①

남: 맞습니다. 26도시의 생활 쓰레기에는 보물이 많지요. 예를 들면 폐비닐과 폐유리, 폐지 등은 모두 회수하여 재활용할 수 있고, 심지어 우리를 가장 골치 아프게 하는 음식물 쓰레기조차도 세분화하여 분리하고 처리한다면, 쓰레기도 유용한 물건이 되어 연료나 건축자재, 비료 등의 자원이 될 수 있지요. 하지만 중국의 도시들은 오랫동안 쓰레기 분류

의 개념이 부족해서, 27이 자원들의 대부분이 버려지는 엄청난 낭비를 초래했을 뿐만 아니라, 환경에 스트레스를 가져다주었습니다.

여: 중국이 쓰레기 분류를 시작한 지 거의 20년이 되었는데, 그동안 어떤 성과가 있었나요? 질문②

남: 2000년 6월에 베이징과 상하이, 난징과 항저우 등 8개 도시가 전국 쓰레기 분리수거 시범도시로 확정되었습니다. 십여 년의 지속적인 노력을 거쳐 시민 대부분이 쓰레기 분류의 개념을 알게 되었고, 쓰레기 분류의 의미에 대한 보편적인 인식이 생겼지만, 28쓰레기 분류의 방법과 기술적인 문제에 대해서는 아직 합의가 이루어지지 않아 목표가 실현되기까지는 아직도 시간이 필요합니다.

여: 사실 많은 나라들이 쓰레기 분류를 아주 잘하고 있는데요, 우리가 그들의 방법을 본보기로 삼을 수는 없을까요? 질문③

남: 본보기로 삼는 것은 반드시 필요한 일입니다. 29독일은 쓰레기 분류를 굉장히 세밀하게 하는데, 전체 고체 폐기물을 크게 20개로 분류하고, 작게는 110개로 분류하여, 839종이 있습니다. 또한 미국에서는 쓰레기를 함부로 버리는 것이 범죄 행위입니다. 각 주마다 쓰레기를 함부로 버리는 것을 금지하는 법률이 있으며, 잡동사니를 함부로 버리는 것이 3급 경범죄에 속하여, 300달러에서 1000달러의 벌금이나 징역 또는 지역 사회 봉사에 처할 수 있지요.

여: 선생님께서는 중국이 쓰레기 분류를 전면적으로 시행하기까지 얼마나 더 긴 시간이 필요할 거라고 보십니까? 질문④

남: 유럽과 아메리카 등 선진국의 경험을 보면 대부분 20~30년의 과정을 거쳐, 반복적으로 모색하고 끊임없이 제도를 보완하고 나서야 최종적으로 선순환적인 쓰레기 분류 체계를 구축합니다. 2035년에는 전국의 도시마다 쓰레기 분류 제도가 전면 신설될 전망입니다. 30쓰레기 분류는 단번에 이루어지지는 않으니 변함없는 마음을 가지고 꾸준히 해나가야 할 것입니다.

단어 宝贝 bǎobèi 명 보물 | 废 fèi 형 쓸모없는 | 塑料袋 sùliàodài 명 비닐봉지 | 玻璃 bōli 명 유리 | 废纸 fèizhǐ 명 폐지 | 回收 huíshōu 동 회수하다 | 厨余垃圾 chúyú lājī 음식물 쓰레기 | 精细 jīngxì 형 세밀하다 | ★变废为宝 biàn fèi wéi bǎo 쓰레기를 유용한 물건으로 만들다 | 燃料 ránliào 명 연료 | 肥料 féiliào 명 비료 | ★缺乏 quēfá 동 부족하다 | ★概念 gàiniàn 명 개념 | 丢弃 diūqì 동 버리다 | ★成果 chéngguǒ 명 성과 | 收集 shōují 동 수집하다 | 试点 shìdiǎn 명 시범 지역 | 路径 lùjìng 명 방법 | 共识 gòngshí 명 합의 | ★借鉴 jièjiàn 동 본보기로 삼다 | 固体 gùtǐ 명 고체 | 废物 fèiwù 명 폐품 | 划分 huàfēn 동 나누다, 분할하다 | 犯罪 fànzuì 명 범죄 | 州 zhōu 명 주, 자치주 | 杂物 záwù 명 잡물, 잡다한 물건 | 罚款 fákuǎn 동 벌금을 내다 | 入狱 rùyù 동 감옥에 들어가다 | 社区 shèqū 명 지역 사회 | 推行 tuīxíng 동 널리 시행하다 | 欧美 Ōu Měi 명 유럽과 아메리카 | 摸索 mōsuǒ 동 모색하다 | ★完善 wánshàn 동 완전해지게 하다 | 制度 zhìdù 명 제도 | ★良性循环 liángxìng xúnhuán 선순환 | 体系 tǐxì 명 체계 | 预计 yùjì 동 전망하다 | 最终 zuìzhōng 명 최종 | 全面 quánmiàn 형 전면적이다 | 一蹴而就 yí cù ér jiù 성 단번에 성공하다 | 恒心 héngxīn 명 변함없는 마음

26

Track **52-26**

해설 및 정답 남자가 말한 在城市生活垃圾里面有很多宝贝，例如废塑料袋、废玻璃、废纸等(도시의 생활 쓰레기에는 보물이 많지요. 예를 들면 폐비닐과 폐유리, 폐지 등)에서 废玻璃(폐유리)가 보기에 그대로 제시되었다.

下列哪项可以说是城市垃圾的宝贝？

A 沙尘　　**B 废玻璃**

C 动物皮毛　　D 有毒垃圾

다음 중 도시 쓰레기의 보물이라고 말할 수 있는 것은?

A 모래먼지　　**B 폐유리**

C 동물의 모피　　D 유독성 쓰레기

단어 沙尘 shāchén 명 모래먼지 | 皮毛 pímáo 명 모피 | 毒 dú 명 독

27

Track **52-27**

해설 및 정답 남자는 쓰레기가 버려진 후에 给环境带来压力(환경에 스트레스를 가져다주었습니다)라고 언급했다. 给环境带来压力는 바로 보기 破坏环境(환경을 파괴하다)과 같은 의미이다.

大量垃圾被丢弃会有什么后果?

A 破坏环境
B 阻碍技术更新
C 排放过多二氧化碳
D 城市可利用土地减少

대량의 쓰레기가 버려지면 어떤 결과가 생길 수 있는가?

A 환경을 파괴한다
B 기술의 갱신을 방해한다
C 이산화탄소를 과도하게 배출한다
D 도시에 이용 가능한 토지가 감소한다

단어 ★阻碍 zǔ'ài 동 방해하다 | ★更新 gēngxīn 동 갱신하다 | 排放 páifàng 동 배출하다 | ★二氧化碳 èryǎng huàtàn 명 이산화탄소

28

Track **52-28**

해설 및 정답 여자의 두 번째 질문에 남자는 但是对垃圾分类的路径和技术问题, 还没有达成共识(하지만 쓰레기 분류의 방법과 기술적인 문제에 대해서는 아직 합의가 이루어지지 않았다)라고 대답했다. 但是, 然而 등 역접 관계를 나타내는 접속사 뒤에 있는 내용은 항상 말하는 사람이 강조하려는 것이므로 잘 들어야 한다.

关于中国的垃圾分类, 下列哪项正确?

A 宣传不到位
B 政府不重视
C 仅在北京试点
D 技术未达成共识

중국의 쓰레기 분류에 관해, 다음 중 정확한 것은?

A 홍보가 잘 되지 않는다
B 정부가 중시하지 않는다
C 베이징에서만 시험적으로 실시한다
D 기술이 아직 합의에 이르지 못했다

단어 到位 dàowèi 동 도달하다, 달성하다 | 政府 zhèngfǔ 명 정부

29

Track **52-29**

해설 및 정답 남자가 말한 德国的垃圾分类非常详细(독일은 쓰레기 분류를 굉장히 세밀하게 한다)에서 分类…详细와 划分精细(세밀하게 구분하다)는 같은 의미이다.

关于德国的垃圾分类, 可以知道什么?

A 划分精细
B 始于20世纪初
C 借鉴美国标准
D 厨余垃圾不可回收

독일의 쓰레기 분류에 관해 알 수 있는 것은?

A 세밀하게 구분한다
B 20세기 초에 시작되었다
C 미국의 기준을 본보기로 삼는다
D 음식물 쓰레기는 회수할 수 없다

30

Track **52-30**

해설 및 정답 녹음 마지막 부분에서 남자는 垃圾分类并非一蹴而就(쓰레기 분류는 단번에 이루어지지는 않는다)에 뒤이어 需要保持一颗恒心, 坚持做下去(변함없는 마음을 가지고 꾸준히 해나가야 한다)라고 했으므로 쓰레기 분리 수거는 장기간 꾸준히 해야 함을 알 수 있다.

"垃圾分类并非一蹴而就"是什么意思?

A 垃圾分类不易执行
B 垃圾分类靠全民参与
C 垃圾分类需长期坚持
D 垃圾分类立法要明确

'쓰레기 분류는 단번에 이루어지지 않는다'는 무슨 뜻인가?

A 쓰레기 분류는 실행하기 쉽지 않다
B 쓰레기 분류는 전 국민의 참여에 의존한다
C 쓰레기 분류는 장기간 꾸준히 해야 한다
D 쓰레기 분류의 입법은 명확해야 한다

단어 执行 zhíxíng 동 실행하다 | 全民 quánmín 명 전 국민 | ★参与 cānyù 동 참여하다 | 立法 lìfǎ 동 입법하다 | ★明确 míngquè 형 명확하다

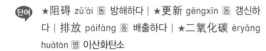

[31-33] Track 52-31_33

第31到33题是根据下面一段话：

在山东潍坊的寿光市，有一座远近闻名的山。不过奇怪的是，31它很难被人们发现。因为这座山位于一片农田里，33高度不足一米，东西长1.24米，南北宽0.7米，一眼望去明显感觉是块儿大石头。不过当地村民却不这样认为，他们说这不是一块儿石头，是一座山。这座村民口中的山，名为“静山”，是当地唯一的一座山，也是当地的最高点，33海拔48米。据了解，32由于长期以来它不再增高，所以得名“静山”。寿光市博物馆原馆长说：“以前有些人认为它不是座山，而是块儿石头，所以我们就派人挖挖看，挖了很长时间也挖不到底，于是就认为它是一座山了。”

31~33번 문제는 다음 내용에 근거한다.

산둥성 웨이팡의 서우광시에는 명성이 자자한 산이 하나 있다. 그러나 이상하게도 31그것을 사람들은 잘 발견하지 못한다. 왜냐하면 이 산은 논밭에 위치해 33높이가 1m도 되지 않고, 동서로 길이가 1.24m, 남북으로 폭이 0.7m로 한눈에 봐도 큰 바위처럼 느껴지기 때문이다. 하지만 현지 주민들은 그렇게 여기지 않고, 그것을 돌멩이가 아닌 산이라고 말한다. 이 마을 사람들이 말하는 산의 이름이 '징산(静山)'으로, 그 지방의 유일한 산이자, 그 지방의 최고점으로 33해발 48m이다. 알려진 바에 따르면, 32오랫동안 높이가 자라지 않아 '징산(静山)'이라는 이름이 붙었다고 한다. 서우광시 박물관의 옛 관장은 "예전에 일부 사람들이 산이 아닌 돌멩이라고 생각했기 때문에 사람을 보내 파보았는데, 오랫동안 파헤쳐도 끝이 나오지 않아 산으로 여기게 되었다"고 말했다.

단어 潍坊 Wéifāng 고유 웨이팡[지명] | 寿光市 Shòuguāng Shì 고유 서우광시[지명] | ★远近闻名 yuǎnjìn wénmíng 일대에서 명성이 자자하다 | 片 piàn 양 차지한 면적 또는 범위을 세는 단위 | 农田 nóngtián 명 농경지 | ★唯一 wéiyī 형 유일한 | ★海拔 hǎibá 명 해발 | 派 pài 동 파견하다, 맡기다 | ★挖 wā 동 파다

31 Track 52-31

해설 및 정답 녹음 시작 부분에 它很难被人们发现(그것을 사람들은 잘 발견하지 못한다)과 보기에 不易被发现(발견되기 쉽지 않다)은 같은 의미이다.

那座山有什么特点？

A 不易被发现
B 长满了树木
C 距离市中心很近
D 由石头堆积而成

그 산에는 어떤 특징이 있는가?

A 발견되기 쉽지 않다
B 나무가 가득 자랐다
C 시중심에서 매우 가깝다
D 돌이 쌓여 생긴 것이다

단어 堆积 duījī 동 쌓이다

32 Track 52-32

해설 및 정답 원인을 나타내는 접속사 由于가 이끄는 내용인 由于长期以来它不再增高(오랫동안 높이가 자라지 않아)에서 정답을 알 수 있다.

村民们为什么叫那座山为“静山”？

A 山上有座寺庙
B 山上环境幽静
C 长时间不长高
D 周围无人居住

마을 사람들은 왜 그 산을 '징산(静山)'이라고 부르는가?

A 산에 절이 있어서
B 산의 환경이 고즈넉해서
C 장시간 높이가 자라지 않아서
D 주위에 거주하는 사람이 없어서

단어 寺庙 sìmiào 명 사원, 절 | 幽静 yōujìng 형 고즈넉하다 | ★居住 jūzhù 동 거주하다

33 Track 52-33

해설 및 정답 海拔48米(해발 48m)와 高度不足一米(높이가 1m도 되지 않는다) 등의 내용에서 징산은 해발이 낮다는 것을 알 수 있다.

根据这段话，下列哪项正确?

A 静山不是山
B 静山海拔低
C 静山吸引大量游客
D 静山被展示于博物馆

단문을 근거로, 다음 중 정확한 것은?

A 징산은 산이 아니다
B 징산은 해발이 낮다
C 징산은 많은 여행객을 매료시켰다
D 징산은 박물관에 전시되었다

[34-36] Track 52-34_36

第34到36题是根据下面一段话：

虽然一些地区已经开始使用直升机种树，34但这些用直升机播撒的种子存活率相对较低。相比之下，体积较小的无人机可以更加灵活地飞行，35其播种误差仅在几厘米的范围内。不仅如此，它还可以代替传统人力进行空中播种，一名无人机操控人员可以同时监控六架无人机，进而达到每人每天种植10万棵树的效率。36无人机播种所需成本只是传统造林方法的15%，但其速度完全不是人工造林所能比拟的，目前无人机可以实现约一秒一个的播种速度，照这样的效率，仅用60组无人机就能够在一年内种下10亿棵树。

34~36번 문제는 다음 내용에 근거한다.

비록 일부 지역에서는 이미 헬기를 이용해 나무를 심기 시작했지만, 34헬기로 뿌리는 종자의 생존율은 상대적으로 낮다. 이에 비해 부피가 비교적 작은 드론은 훨씬 유연하게 비행할 수 있고, 35파종 오차도 몇 센티미터 범위에 불과하다. 뿐만 아니라 전통적인 인력을 대신해 공중 파종을 할 수 있고, 드론 조종사 한 명이 여섯 대의 드론을 동시에 감독하고 제어해 1인당 하루 10만 그루의 나무를 효율적으로 심을 수 있다. 36드론 파종에 드는 비용은 전통 조림 방법의 15%에 불과하지만, 그 속도는 인공 조림과 전혀 비교할 수 없다. 현재 드론은 약 1초에 한 그루씩의 나무를 파종하는 속도를 내는데, 이러한 효율대로라면 드론 60팀만으로도 1년 내에 10억 그루의 나무를 심을 수 있다.

단어 直升机 zhíshēngjī 명 헬리콥터 | 种树 zhòng shù 동 나무를 심다 | 播撒 bōsǎ 동 흩뿌리다, 산포하다 | 种子 zhǒngzi 명 종자 | 存活率 cúnhuólǜ 명 생존율 | 体积 tǐjī 명 부피 | 无人机 wúrénjī 명 드론 | ★灵活 línghuó 형 유연하다 | ★播种 bōzhǒng 명 파종 | ★误差 wùchā 명 오차 | 厘米 límǐ 양 센티미터(cm) | 范围 fànwéi 명 범위 | ★代替 dàitì 동 대체하다 | 人力 rénlì 명 인력 | 操控 cāokòng 동 조종하다 | 监控 jiānkòng 동 감독하고 제어하다 | 架 jià 양 받침대가 있는 물건이나 기계 장치가 되어 있는 것 따위를 세는 단위 | ★种植 zhòngzhí 동 심다

34 Track 52-34

해설 및 정답 녹음 시작 부분 但이 이끄는 내용 중에서 헬기 파종의 단점을 언급했다. 녹음에 存活率相对较低(생존율은 상대적으로 낮다)와 보기에 种子成活率不高(종자의 생존율이 높지 않다)는 같은 의미이다.

用直升机播种存在什么问题?

A 更易长杂草
B 灌溉水源不足
C 无法大面积播种
D 种子成活率不高

헬기 파종에는 어떠한 문제가 존재하는가?

A 잡초가 더 쉽게 자란다
B 관개 수원이 부족하다
C 넓은 면적에는 파종할 수 없다
D 종자의 생존율이 높지 않다

단어 杂草 zácǎo 명 잡초 | 灌溉 guàngài 동 관개하다 | ★水源 shuǐyuán 명 수원 | 成活率 chénghuólǜ 명 생존율

35 Track **52-35**

해설 및 정답 드론 파종 관련 내용 중에 其播种误差仅在几厘米的范围内(파종 오차도 몇 센티미터 범위에 불과하다)라고 했다. 부사 仅은 오차가 작다는 것을 강조한다.

关于无人机播种，下列哪项正确?

A 成本高
B 播种误差小
C 播种速度慢
D 存在安全隐患

드론 파종에 관해, 다음 중 정확한 것은?

A 원가가 높다
B 파종 오차가 작다
C 파종 속도가 느리다
D 안전에 숨은 위험이 존재한다

단어 ★隐患 yǐnhuàn 명 잠복해 있는 병, 숨은 폐해

36 Track **52-36**

해설 및 정답 드론 파종의 오차가 작다는 것과 비용이 적다는 것(成本只是传统造林方法的15%), 속도가 빠르다는 것(速度完全不是……所能比拟的) 등의 내용으로 드론 파종의 장점을 소개하는 것이 지문의 주요 내용임을 알 수 있다.

这段话主要谈的是什么?

A 无人机种树的优点
B 农业的现代化发展
C 传统人力播种的现状
D 使用无人机的注意事项

단문에서 주요하게 이야기하는 것은?

A 드론 파종의 장점
B 농업의 현대화 발전
C 전통적 인력 파종의 현황
D 드론 사용의 주의 사항

단어 现状 xiànzhuàng 명 현황 | 事项 shìxiàng 명 사항

[37-39]

Track **52-37_39**

第37到39题是根据下面一段话：

唐代大诗人白居易一生创作诗歌近3000首，有“诗魔”之称。39白居易平时捕捉灵感有一个绝招：随时随地把灵感装进陶罐里。白居易的书房中，放有很多陶罐，37每个陶罐上面都分门别类地贴有标签。当某一刻突然有了创作灵感，他便立即写在草稿上，然后根据诗歌的内容，按分类投进陶罐中，待空闲的时候从陶罐中拿出草稿来，细细斟酌，修改成诗。白居易对这些陶罐很看重，从不允许家人碰一下。他外出时，还专门带上一个精美的陶罐，将沿途捕捉到的“灵感”随时投放其中。38这个陶罐，实际上成了白居易的“文件夹”。

37~39번 문제는 다음 내용에 근거한다.

당(唐)대의 큰 시인 백거이는 일생 동안 거의 3000수의 시가를 창작하여 '시마(詩魔)'라고 불리었다. 39백거이에게는 평소 영감을 붙잡기 위한 묘책이 하나 있었는데, 언제 어디서나 영감을 도자기에 담는 것이다. 백거이의 서재에는 도자기가 많이 놓여 있는데, 37모든 도자기 위에는 부문별로 나누어진 표찰이 붙어 있다. 어느 순간 갑자기 창작의 영감이 떠오르면, 그는 즉시 초고에 써넣은 뒤 시가의 내용에 따라 분류별로 도자기에 넣어 두었다가, 한가할 때 도자기에서 초고를 꺼내 세세하게 다듬고 수정하여 시를 짓는다. 백거이는

이 도자기들을 매우 중요하게 여겨 가족들이 만지는 것도 절대 허락하지 않았다. 그는 외출할 때 특별히 정교하고 아름다운 도자기를 들고 다녔는데, 길가에서 떠오르는 '영감'을 수시로 그 안에 넣었다. 38이 도자기는 사실상 백거이의 '서류철'이다.

단어 白居易 Bái Jūyì 고유 백거이[중국 당대의 시인] | ★创作 chuàngzuò 동 창작하다 | 诗魔 shīmó 시마(詩魔)[당대 시인 백거이를 이르는 말] | 捕捉 bǔzhuō 동 잡다, 포착하다 | ★灵感 línggǎn 명 영감 | 绝招 juézhāo 명 묘책, 절묘한 방법 | 随时随地 suíshí suídì 언제 어디서나 | 陶罐 táoguàn 명 옹기 단지, 오지 그릇 | 书房 shūfáng 명 서재 | 分门别类 fēnmén biélèi 성 부문별로 나누다 | 贴 tiē 동 붙이다 | 标签 biāoqiān 명 라벨, 표찰 | ★立即 lìjí 부 즉시, 곧 | 草稿 cǎogǎo 명 원고, 초고 | 分类 fēnlèi 명 분류 | 待 dài 동 기다리다 | 空闲 kòngxián 형 한가하다 | 斟酌 zhēnzhuó 동 글이나 원고 내용을 다듬다 | 修改 xiūgǎi 동 수정하다 | 碰 pèng 동 만지다 | 精美 jīngměi 형 정교하고 아름답다 | ★沿途 yántú 명 길가 | 文件夹 wénjiànjiā 명 서류철, 폴더

37

Track 52-37

해설 및 정답 백거이의 도자기를 소개하는 내용인 每个陶罐上面都分门别类地贴有标签(모든 도자기 위에는 부문별로 나누어진 표찰이 붙어 있다) 중에서 贴有标签이 보기에 그대로 제시된다.

关于白居易书房中的陶罐，可以知道什么?

A 瓶口很小
B 贴有标签
C 进行密封处理
D 由家人定期清扫

백거이 서재의 도자기에 관해 알 수 있는 것은?

A 입구가 작다
B 표찰이 붙어 있다
C 밀봉 처리를 진행했다
D 가족들이 정기적으로 청소한다

단어 密封 mìfēng 동 밀봉하다 | 定期 dìngqī 형 정기의 | 清扫 qīngsǎo 동 청소하다

38

Track 52-38

해설 및 정답 녹음 마지막 부분에서 这个陶罐，实际上成了白居易的"文件夹"(이 도자기는 사실상 백거이의 '서류철'이다)라고 했다.

说话人把白居易外出携带的陶罐比作什么?

A 诗集　　B 收藏夹
C 文件夹　　D 笔记本

화자는 백거이가 외출할 때 휴대하는 도자기를 무엇에 비유했는가?

A 시집　　B 즐겨찾기
C 서류철　　D 노트

단어 诗集 shījí 명 시집 | 收藏夹 shōucángjiá 즐겨찾기

39

Track 52-39

해설 및 정답 녹음 시작 부분에서 白居易平时捕捉灵感有一个绝招(백거이에게는 평소 영감을 붙잡기 위한 묘책이 하나 있었다)라고 했고, '영감을 도자기에 넣다'라는 묘책을 소개했다. 듣기 제3부분에서는 주요 내용을 밝히는 시작 부분이나 마지막 부분에 유의해서 들어야 한다.

这段话主要介绍了白居易的什么?

A 诗歌创作的背景
B 捕捉灵感的妙招
C 对现代人的启发
D 对唐代文学的贡献

이 단문은 백거이의 무엇을 주로 소개하는가?

A 시가 창작의 배경
B 영감을 붙잡는 묘책
C 현대인에 대한 깨우침
D 당(唐)대 문학에 대한 공헌

단어 ★启发 qǐfā 명 깨우침 | ★贡献 gòngxiàn 명 공헌

[40-43]

Track 52-40_43

第40到43题是根据下面一段话：

40冰山是含有淡水的大冰块儿，通常漂浮在海水上。研究发现，一座小冰山可满足100万人一天的用水需求。而大一些的冰山可重达上千万吨，足以满足20万人一年的用水需求。

43现在世界各地都有水资源短缺的情况，那么我们可以用冰山作为淡水来源吗？理论上是可以的。我们可以用超级绳索把冰山捆起来，然后通过大功率的船拖走。显然，整个过程不会像说的那么容易。首先，41B冰山不但很大，41C而且它的90%都被淹没在水下，很难拖动。其次，41A融化也是一个难题。在把冰块儿拉到岸边期间，沿途的海水不断传递热量给冰山，从而导致冰山部分融化。42不过有专家认为可以在海洋中开采冰山，把开采下的冰块儿储存在超大型油轮中，从而可以有效地从冰山获取淡水。

随着技术的不断进步，相信不久的将来，人类会找到有效的方法来开采冰山上的淡水资源。

40~43번 문제는 다음 내용에 근거한다.

40빙산은 담수가 함유된 큰 얼음덩이로 보통 바닷물에 떠있다. 연구에서 발견된 바로는 작은 빙산 하나가 100만 명의 하루 물 수요를 충족시킨다고 한다. 좀 더 큰 빙산은 1000만 톤에 달해 20만 명의 1년치 물 수요를 충족시킬 수 있다.

43현재 세계 곳곳에서 물 부족 현상이 있는데, 그렇다면 우리가 빙산을 담수원으로 사용할 수는 없을까? 이론적으로는 가능하다. 우리는 슈퍼 로프로 빙산을 묶은 다음 큰 일률의 배를 통해 그것을 끌고 갈 수 있다. 분명 전체의 과정이 말처럼 쉽지는 않을 것이다. 우선 41B빙산은 매우 클 뿐만 아니라, 41C그것의 90%는 물에 잠겨 있어 끌고 가기가 어렵다. 다음으로, 41A녹이는 것 역시 어려운 문제이다. 얼음을 해안으로 끌고 가는 동안 길을 따라 흐르는 바닷물이 빙산에 끊임없이 열을 전달하면서 빙산이 부분적으로 녹게 되기 때문이다. 42하지만 전문가들은 바다에서 빙산을 채굴하고, 채굴한 얼음덩이를 초대형 유조선에 저장하면, 효과적으로 빙산에서 담수를 얻을 수 있다고 보고 있다.

기술이 끊임없이 진보함에 따라, 머지않은 미래에 인류는 빙산에 있는 담수 자원을 채굴할 수 있는 효과적인 방법을 찾을 수 있으리라 믿는다.

단어 冰山 bīngshān 명 빙산 | 淡水 dànshuǐ 명 담수, 민물 | 冰块儿 bīngkuàir 명 얼음덩이 | 漂浮 piāofú 동 뜨다 | ★需求 xūqiú 명 수요 | 吨 dūn 양 톤(t) | ★短缺 duǎnquē 동 부족하다 | 理论 lǐlùn 명 이론 | 超级 chāojí 형 최상급의, 슈퍼 | 绳索 shéngsuǒ 명 밧줄 | 捆 kǔn 동 묶다 | 功率 gōnglǜ 명 일률, 출력 | 拖 tuō 동 끌다 | 显然 xiǎnrán 형 분명하다 | 淹没 yānmò 동 물에 잠기다 | ★融化 rónghuà 동 녹다 | ★传递 chuándì 동 전달하다 | 热量 rèliàng 명 열량 | 开采 kāicǎi 동 채굴하다 | ★储存 chǔcún 동 저장하여 두다 | 超大型 chāodàxíng 초대형 | 油轮 yóulún 명 유조선, 석유 수송선

40

Track 52-40

해설 및 정답 녹음 시작 부분에서 빙산은 담수(淡水)를 함유하는 얼음덩이라고 언급했다.

关于冰山，下列哪项正确？

A 是淡水
B 含盐量高
C 形状差不多
D 固定在海上

빙산에 관해, 다음 중 정확한 것은?

A 담수이다
B 소금 함량이 높다
C 형태가 비슷하다
D 바다에 고정되어 있다

단어 盐 yán 명 소금 | ★形状 xíngzhuàng 명 형태 | ★固定 gùdìng 동 고정하다

41

Track 52-41

(해설 및 정답) 접속사 首先…其次가 이끄는 내용에서 빙산 개발이 어려운 원인을 세 가지 제시했다. 그중 表面温度(표면 온도)는 언급되지 않았다.

下列哪项不属于目前冰山开采难的原因?

A 易融化
B 体积太大
C 大部分在水下
D 表面温度过低

다음 중 현재 빙산 채굴이 어려운 원인에 속하지 않는 것은?

A 쉽게 녹는다
B 부피가 너무 크다
C 대부분 물 아래에 있다
D 표면 온도가 지나치게 낮다

단어 体积 tǐjī 명 부피 | 表面 biǎomiàn 명 표면

42

Track 52-42

(해설 및 정답) 녹음의 有专家认为……把开采下的冰块儿储存在超大型油轮中(전문가들은……채굴한 얼음덩이를 초대형 유조선에 저장하면) 중에서 开采冰块儿(채굴한 얼음덩이), 储存(저장)이 보기에 그대로 제시되었다.

关于开采冰山，专家有什么建议?

A 建造大型冷库
B 多国合作开采
C 夏季开采，冬季运输
D 开采冰块儿后储存起来

빙산 채굴에 관해, 전문가는 어떤 조언을 했는가?

A 대형 냉동 창고를 만든다
B 여러 국가가 협력하여 채굴한다
C 여름에 채굴하여, 겨울에 운송한다
D 얼음덩이를 채굴한 뒤 저장한다

단어 建造 jiànzào 동 세우다 | 冷库 lěngkù 명 냉동 창고 | 合作 hézuò 동 협력하다 | ★运输 yùnshū 동 운송하다, 수송하다

43

Track 52-43

(해설 및 정답) 녹음의 现在世界各地都有水资源短缺的情况(현재 세계 곳곳에서 물 부족 현상이 있다) 중 短缺(결핍하다)와 보기 B의 不足(부족하다)는 같은 의미이다.

根据这段话，下列哪项正确?

A 北极冰山相对较小
B 世界各地水资源不足
C 冰山为当地动物提供水资源
D 开采冰山会破坏极地生态环境

단문을 근거로, 다음 중 정확한 것은?

A 북극 빙산은 상대적으로 작다
B 세계 각지의 수자원이 부족하다
C 빙산은 현지 동물들에게 수자원을 제공한다
D 빙산 채굴은 극지방의 생태환경을 파괴할 수 있다

단어 北极 běijí 명 북극 | 相对 xiāngduì 형 상대적이다 | 极地 jídì 명 극지방 | ★生态 shēngtài 명 생태

[44-47]

Track 52-44_47

第44到47题是根据下面一段话:

躺着也能赚钱，这应该是不少上班族的梦想吧? 在我们身边，就出现了这样一种号称“世界上最舒服的职业”——酒店试睡员。44在大多数人的认知中，这是一个轻松惬意又高薪的工作。

然而这份工作并没有大家想象中的那么轻松。普通人住酒店，可以随心所欲很放松，而试睡员一进酒店就要忙个不停：酒店周边交通是否便捷、酒店硬件设施如何、环境卫生是否干净、服务水平好坏等等，都需要他们用心观察体验，45还不能暴露自己酒店试睡员的身份。46体验结束后，他们要按照相关要求撰写500字以上的酒店评论，描述自己的住宿体验，并配上至少5张图片。这些都需要花费不少时间和精力。至于试睡员的薪水，目前还没有公开的信息。不过酒店试睡员分全职和兼职两种，47全职才有薪酬，兼职只能通过撰写酒店评论，换取免费住酒店的机会。

44~47번 문제는 다음 내용에 근거한다.

누워서도 돈을 벌 수 있다는 것은 많은 직장인들의 꿈이겠지요? 우리 곁에 '세상에서 가장 편한 직업'으로 불리는 호텔 투숙 체험자라는 직업이 생겼습니다. 44대다수 사람들의 인식에 이것은 여유롭고 만족스러운 고액 임금의 직업입니다.

그러나 이 일은 모두가 상상하는 것만큼 그렇게 쉽지 않습니다. 일반 사람들은 호텔에 들어가면 원하는 대로 여유를 가질 수 있지만, 호텔 투숙 체험자는 호텔에 들어서자마자 쉴 새 없이 분주해집니다. 호텔 주변의 교통이 편리한지, 호텔의 기계 설비 및 시설은 어떤지, 환경 위생은 깨끗한지, 서비스 수준은 좋은지 등을 꼼꼼히 살피며 체험해야 하고, 45자신이 호텔 투숙 체험자라는 신분 역시 드러내서는 안 됩니다. 46체험이 끝나면 그들은 해당 요청에 따라 500자 이상의 호텔 리뷰를 작성하여 자신의 숙박 체험을 서술하고 최소 5장의 이미지를 첨부해야 합니다. 이 모든 것은 적지 않은 시간과 노력을 필요로 합니다. 호텔 투숙 체험자의 급여에 관해서는 아직 공개된 정보가 없습니다. 하지만 호텔 투숙 체험자는 전담직과 임시직으로 나눠져 있고, 47전담 직원에게만 급여가 있으며, 임시 직원은 호텔 리뷰 작성을 통해 무료로 호텔을 이용할 수 있는 기회를 갖습니다.

단어 上班族 shàngbānzú 명 직장인 | 梦想 mèngxiǎng 명 이상, 꿈 | 号称 hàochēng 동 ~라고 불리다 | 惬意 qièyì 동 만족하다 | 高薪 gāoxīn 명 고액 임금 | 想象 xiǎngxiàng 동 상상하다 | 随心所欲 suí xīn suǒ yù 성 하고 싶은 대로 하다 | 周边 zhōubiān 명 주변 | 便捷 biànjié 형 편리하고 빠르다 | 硬件 yìngjiàn 명 기계 설비 및 장비 | ★设施 shèshī 명 시설 | ★暴露 bàolù 동 드러내다 | 撰写 zhuànxiě 동 쓰다, 짓다 | 评论 pínglùn 명 평론, 리뷰 | 描述 miáoshù 동 서술하다 | 住宿 zhùsù 동 숙박하다 | 配 pèi 동 덧붙이다 | 花费 huāfèi 동 소비하다 | ★精力 jīnglì 명 정신과 체력 | ★至于 zhìyú 개 ~에 관해서는 | ★薪水 xīnshui 명 임금, 급여 | 全职 quánzhí 형 전업의, 전담의 | 兼职 jiānzhí 명 겸직 | 薪酬 xīnchóu 명 봉급, 보수

44

Track 52-44

해설 및 정답 녹음 시작 부분에서 在大多数人的认知中，这是一个轻松惬意又高薪的工作(대다수 사람들의 인식에 이것은 여유롭고 만족스러운 고액 임금의 직업입니다)라는 내용 중에 轻松이 그대로 제시되며, 高薪(고액 임금)과 赚钱(돈을 벌다)은 같은 의미이다.

大多数人认为酒店试睡员的工作怎么样?

A 既轻松又赚钱
B 不适合长期从事
C 可享受优质服务
D 表面光鲜，实则辛苦

대다수의 사람들은 호텔 투숙 체험자라는 직업을 어떻게 여기는가?

A 여유롭고 돈이 된다
B 장기적으로 종사하기에 적합하지 않다
C 양질의 서비스를 누릴 수 있다
D 겉으로는 좋지만 사실 고생스럽다

단어 ★享受 xiǎngshòu 동 누리다 | 优质 yōuzhì 명 양질 | 光鲜 guāngxiān 형 아름답다, 맑다

45

Track 52-45

해설 및 정답 녹음 중간 부분 还不能暴露自己酒店试睡员的身份(자신이 호텔 투숙 체험자라는 신분 역시 드러내서는 안 됩니다) 중에서 不能暴露身份이 보기에 그대로 제시되었다.

关于试睡员的工作，下列哪项正确?

A 不能结伴体验
B 不能暴露身份
C 对拍照技术要求高
D 需协助酒店进行管理

호텔 투숙 체험자에 관해, 다음 중 정확한 것은?

A 동반 체험을 할 수 없다
B 신분을 노출해서는 안 된다
C 사진 촬영 기술에 대한 요구가 높다
D 호텔에 협조하여 관리해야 한다

단어 结伴 jiébàn 동 짝이 되다 | 协助 xiézhù 동 협조하다

46

Track 52-46

해설 및 정답 체험이 끝난 후에 他们要按照相关要求撰写500字以上的酒店评论(그들은 해당 요청에 따라 500자 이상의 호텔 리뷰를 작성해야 한다)이라는 내용으로 호텔 투숙 체험자는 호텔 체험 리뷰를 써야 함을 알 수 있다.

试睡员体验住宿后需要做什么?

A 匿名投诉　　**B 写酒店评论**
C 填写调查问卷　　D 搜索下一家酒店

호텔 투숙 체험자는 숙박 체험 후 무엇을 해야 하는가?

A 익명으로 고소　　**B 호텔 리뷰 작성**
C 설문지 기입　　D 다음 호텔 검색

단어 匿名 nìmíng 동 이름을 숨기다 | 投诉 tóusù 동 고소하다, 소송하다 | 填写 tiánxiě 동 기입하다 | 调查问卷 diàochá wènjuàn 설문지 | ★搜索 sōusuǒ 동 검색하다, 수색하다

47

Track 52-47

해설 및 정답 녹음 마지막 부분의 全职才有薪酬，兼职只能通过撰写酒店评论，换取免费住酒店的机会(전담 직원에게만 급여가 있으며, 임시 직원은 호텔 리뷰 작성을 통해 무료로 호텔을 이용할 수 있는 기회를 갖습니다)라는 내용으로 임시직은 급여가 없다는 것을 알 수 있다.

关于试睡员的薪水，可以知道什么?

A 高于白领
B 由酒店提供
C 是公开的秘密
D 兼职一般无薪水

호텔 투숙 체험자의 급여에 관해 알 수 있는 것은?

A 샐러리맨보다 높다
B 호텔에서 제공한다
C 공공연한 비밀이다
D 임시직은 보통 급여가 없다

단어 白领 báilǐng 명 화이트칼라, 샐러리맨

[48-50]

Track 52-48_50

第48到50题是根据下面一段话：

巴伦高中毕业后成为一家印刷厂的职员，凭着聪明才干，七年后成为这家印刷厂的总经理。上任第二天，巴伦便谈了一笔大订单，48但却在付款时遇到了麻烦。原来银行下午4点准时关门，48巴伦无法给客户汇款，任凭他怎么解释都无济于事。

半个月后，巴伦在去商场买礼物的时候，受到了门口自动巧克力售货机的启发，他心想：如果把售货机里的巧克力换成钱，再制作一个操作系统，不就可以实现钱的自由存取了吗? 巴伦来到银行，找到董事长说出了自己的想法，49而那位董事长觉得他异想天开，有些不耐烦，便把他打发走了。

不过经过两年的精心研究和制造，50巴伦终于将世界上第一台自动取款机安装在街头，这台取款机被巴伦称为“自由银行”。

48~50번 문제는 다음 내용에 근거한다.

배런은 고등학교를 졸업한 후에 한 인쇄소의 직원이 되었는데, 총명하고 재능도 있어서 7년 후에 이 인쇄소의 사장이 되었다. 부임한 다음 날, 배런은 큰 주문 건을 맡게 되었지만, 48대금을 지불할 때 어려움을 겪었다. 은행은 오후 4시 정각에 문을 닫기 때문에, 48배런은 고객에게 송금을 할 수 없었고, 그가 아무리 설명을 해도 아무 소용이 없었다.

보름 후, 배런은 선물을 사러 쇼핑센터에 갔다가 입구에 있는 초콜릿 자동 판매기를 보고 영감을 얻었다. 그는 생각했다. '만약 판매기 안의 초콜릿을 돈으로 바꿔서 운영 체제를 하나 더 제작하면 돈을 자유롭게 입출금 할 수 있지 않을까?' 배런은 은행으로 와서 회장님을 찾아가 자신의 생각을 말했지만, 49그 회장님은 그가 너무 엉뚱하고 성가시다고 느껴져 그를 내보냈다.

하지만 2년간의 심혈을 기울인 연구와 제조 끝에 50배런은 마침내 세계 최초의 현금자동 인출기를 거리에 설치했고, 이 현금 인출기는 배런에 의해 '자유은행'으로 불리게 되었다.

단어 印刷 yìnshuā 명 인쇄 | ★凭 píng 동 의거하다 | 才干 cáigàn 명 재능 | 上任 shàngrèn 동 부임하다 | 订单 dìngdān 명 주문서 | 汇款 huìkuǎn 동 송금하다 | 任凭 rènpíng 접 ~일지라도, ~하더라도 | 无济于事 wú jì yú shì 성 아무 소용없다, 아무런 도움이 되지 않다 | ★启发 qǐfā 명 깨우침, 영감 | 操作系统 cāozuò xìtǒng 운영 체제 | 董事长 dǒngshìzhǎng 명 회장, 이사장 | 异想天开 yìxiǎng tiānkāi 성 기상천외하다 | ★不耐烦 bú nàifán 형 귀찮다, 성가시다 | 打发 dǎfa 동 내보내다, 내쫓다 | ★精心 jīngxīn 형 심혈을 기울이다 | ★制造 zhìzào 동 제조하다 | 取款机 qǔkuǎnjī 명 현금 인출기 | 街头 jiētóu 명 길거리

48

Track 52-48

해설 및 정답 但却在付款时遇到了麻烦……无法给客户汇款(대금을 지불할 때 어려움을 겪었다……고객에게 송금을 할 수 없었고)에서 배런이 송금할 수 없어 어려움을 겪었음을 알 수 있다.

谈了一笔大订单后，巴伦遇到了什么困难?

A 无法汇款
B 被客户欺骗
C 机器发生故障
D 价格被压得太低

큰 주문 건을 맡게 된 후, 배런은 어떤 어려움을 겪었는가?

A 송금을 할 수 없었다
B 고객에게 기만을 당했다
C 기계에 고장이 발생했다
D 가격이 너무 낮아졌다

단어 欺骗 qīpiàn 동 기만하다 | ★故障 gùzhàng 명 고장 | 压 yā 동 (내리)누르다

49

Track 52-49

해설 및 정답 那位董事长觉得他异想天开，有些不耐烦(그 회장님은 그가 너무 엉뚱하고 성가시다고 느껴졌다)에서 보기의 不耐烦(성가시다)이 그대로 제시되었다.

银行董事长听到巴伦的想法时，有什么反应?

A 很意外　　**B 不耐烦**
C 很振奋　　D 感慨万千

은행 회장은 배런의 생각을 듣고 어떤 반응을 보였나?

A 뜻밖이다　　**B 성가시다**
C 분기하다　　D 감개무량하다

단어 振奋 zhènfèn 동 분기하다 | ★感慨万千 gǎnkǎi wànqiān 감개가 무량하다

50

Track 52-50

해설 및 정답 배런이 송금할 수 없는 어려움을 겪은 후, 초콜릿 자동 판매기(巧克力售货机)를 통해 영감을 얻어 현금자동 인출기(自动取款机)를 발명한 이야기가 주요 내용이다.

这段话主要谈的是什么?

A 如何决胜职场
B 银行的改革过程
C 自动取款机的发明
D 人与人之间需要信任

단문이 주요하게 이야기하는 것은?

A 어떻게 직장에서 승부하는가
B 은행의 개혁 과정
C 현금자동 인출기의 발명
D 사람 사이에는 믿음이 필요하다

단어 决胜 juéshèng 동 승부를 가리다 | 职场 zhíchǎng 명 직장 | 改革 gǎigé 명 개혁 | ★信任 xìnrèn 명 신임

기본서 228쪽

독해

51

해설 및 정답 보기 A를 해석하면 '쉬페이훙의 이름이 작품 아래를 쓰여진다'가 되므로 문맥상 틀렸다. 동사 写와 방위를 나타내는 作品的下面 사이의 着를 在로 바꿔야 옳은 문장이 된다.

B 플라스틱이 발명된 이래로 사람들의 생활에 많은 편리함을 가져왔다.
C 68년 전, 나는 영화를 처음 접했고, 영화 〈백모녀〉를 촬영했다.
D 전통적인 페인트에 함유되어 있는 휘발성 유기물은 대기 오염의 주요 원인 중 하나이다.

정답

A 徐悲鸿的名字写着作品的下面。
→ **徐悲鸿的名字写在作品的下面。**
쉬페이훙의 이름은 작품 아래에 쓰여진다.

단어 徐悲鸿 Xú Bēihóng 고유 쉬페이훙[중국의 현대 화가] | ★塑料 sùliào 명 플라스틱 | ★便利 biànlì 형 편리하다 | ★接触 jiēchù 동 접하다 | 拍摄 pāishè 동 촬영하다 | 油漆 yóuqī 명 페인트 | 挥发 huīfā 동 휘발하다 | 有机物 yǒujīwù 명 유기물 | ★来源 láiyuán 명 근원, 출처

52

해설 및 정답 보기 B 중 生产力와 提拔는 호응이 되지 않는다. 문맥상 '생산력이 늘다'가 되어야 하므로 提拔를 提高나 提升으로 바꿔야 한다. 提拔는 '발탁하다'라는 뜻으로 주로 사람과 호응한다.

A 이번 전시의 전시품은 100년 가까운 시간이 지났다.
C 1인 미디어 조작 행위에 맞서기 위해, 많은 1인 미디어 플랫폼이 이미 행동에 나섰다.
D 칭하이는 장강, 황하, 란창강의 발원지로, '중국의 급수탑'이라는 명성을 누리고 있다.

정답

B 人类生产力的提拔和科学进步总是相辅相成的。
→ **人类生产力的**提高/提升**和科学进步总是相辅相成的。**
인류의 생산력 향상과 과학의 진보는 항상 서로 돕는다.

단어 展览 zhǎnlǎn 명 전시 | 展品 zhǎnpǐn 명 전시품 | 跨度 kuàdù 명 시간의 경과 | 生产力 shēngchǎnlì 명 생산력 | 提拔 tíbá 동 등용하다, 발탁하다 | ★相辅相成 xiāngfǔ xiāngchéng 성 상부상조하다 | 打击 dǎjī 동 타격을 주다 | 自媒体 zìméitǐ 1인 미디어 | 造假 zàojiǎ 동 거짓으로 꾸미다 | ★行为 xíngwéi 명 행위 | ★平台 píngtái 명 플랫폼 | ★采取 cǎiqǔ 동 취하다 | 青海 Qīnghǎi 고유 칭하이[지명] | 澜沧江 Láncāng Jiāng 고유 란창강 | 源头 yuántóu 명 발원지, 근원 | 中华 Zhōnghuá 고유 중국 | 水塔 shuǐtǎ 명 급수탑 | 美誉 měiyù 명 명성

53

해설 및 정답 보기 B는 문맥상 '어떤 일들은 시도하지 않으면 자신이 성공할 수 있다는 걸 모른다'가 되어야 하므로 부정부사 不를 추가해야 한다.

A 사람이 언제부터 꿈을 꾸기 시작했는지 확실히 아는 사람은 없다.
C 거북은 사람들에게 굉장히 친숙한 동물이지만, 그 진화의 역사는 고생물학계의 큰 미스터리이다.
D 궁베이 항구는 중국의 승객 유동량이 1위인 육로 항구로, 주하이 항구 여객의 약 90%를 차지한다.

정답

B 有些事情，如果不去尝试，你就知道自己可以成功。
→ **有些事情，如果不去尝试，你就**不知道**自己可以成功。**
어떤 일들은 만약 시도하지 않으면, 자신이 성공할 수 있다는 것을 알지 못한다.

단어 确切 quèqiè 형 확실하다 | 做梦 zuòmèng 동 꿈을 꾸다 | ★尝试 chángshì 동 시도해 보다 | 龟 guī 명 거북 | 演化 yǎnhuà 명 진화 | 古生物学 gǔshēngwùxué 명 고생물학 | 谜题 mítí 명 수수께끼, 미스터리 | 拱北口岸 Gǒngběi Kǒu'àn 고유 궁베이 항구 | 客流量 kèliúliàng 명 승객 유동량 | 陆路 lùlù 명 육로 | ★占 zhàn 동 차지하다 | 珠海 Zhūhǎi 고유 주하이[지명]

54

해설 및 정답 보기 C에서 因为와 原因은 모두 원인을 나타내어 의미가 중복되므로 的原因을 삭제해야 옳은 문장이 된다.

A 나는 린 선생님을 매우 좋아한다. 그녀가 계속 우리와 함께할 수 있다면 좋겠다.
B 고객을 끌기 위해, 이 상점에서는 전통적인 경품 판촉 방식을 이용하여 소비를 자극한다.
D 교통운수부의 데이터에 의하면, 국경절 연휴에 전국의 도로와 철도, 민간 항공은 승객 유동에 절정을 맞이한다고 한다.

정답

C 这部电影勾起了一代人的回忆，是因为他们怀念那个时代的原因。
→ **这部电影勾起了一代人的回忆，是**因为**他们怀念那个时代。**
이 영화가 한 세대의 추억을 불러일으킨 것은 그들이 그 시대를 그리워하고 있기 때문이다.

단어 陪伴 péibàn 동 동반하다 | 促销 cùxiāo 동 판매를 촉진시키다 | ★刺激 cìjī 동 자극하다 | 勾起 gōuqǐ 불러일으키다 | 代 dài 명 세대 | 怀念 huáiniàn 동 그리워하다 | ★运输 yùnshū 명 운수 | ★数据 shùjù 명 데이터 | 国庆 guóqìng 명 국경절, 건국 기념일 | 公路 gōnglù 명 도로 | 铁路 tiělù 명 철도 | 民航 mínháng 명 민간 항공 | 客流 kèliú 명 승객의 유동 | ★高峰 gāofēng 명 최고점, 절정

55

해설 및 정답 보기 A는 목적어가 부족하다. 문맥상 '그림을 그리는 것은 자신을 표현하고 세계를 관찰하는 방식이다'가 되어야 하므로 목적어 方式를 추가해야 한다.

모의고사 1회 해설

B 이번 과학 탐사 작업은 많은 학문 분야의 방향에서 여러 가지 중대한 성과를 거두었다.

C 동남아시아 지역은 유구한 역사와 풍부한 문화 그리고 아름다운 자연 풍경을 가지고 있다.

D 모두가 그를 좋아하는 것은 단지 그의 얼굴 때문만이 아니라, 그의 스스로 단속하고 억제하고 자제하는 생활 방식 때문이다.

정답

A 对孩子来说，绘画是一种表达自我、观看世界。

→ **对孩子来说，绘画是一种表达自我、观看世界的方式。**

아이에게 있어서, 그림을 그리는 것은 자신을 표현하고 세계를 관찰하는 방식이다.

단어 ★绘画 huìhuà 동 그림을 그리다 | 科考 kēkǎo 동 과학 탐사하다 | 学科 xuékē 명 학문 분야 | ★成果 chéngguǒ 명 성과 | ★悠久 yōujiǔ 형 유구하다 | 风光 fēngguāng 명 풍경 | 自律 zìlǜ 동 자신을 단속하다 | 克制 kèzhì 동 억제하다 | 自持 zìchí 동 자제하다

56

해설 및 정답 보기 A에서 접속사 既然과 也는 서로 호응되지 않는다. 문맥상 역접 관계를 나타내는 即使를 써야 한다.

B 90% 이상의 택배 영업점이 포장 폐기물을 회수하여 재활용하는 설비를 설치해야 한다.

C 찬 공기의 영향으로 서북 지역은 한차례 비가 내리며 국지성 폭우 사태를 빚겠습니다.

D 리촨은 평균 해발이 1100m로, 산이 높고 숲이 울창하여 여름철 기온이 일반적으로 성도인 우한 및 인접한 충칭시보다 5~10℃ 낮다.

정답

A 如果没有飞翔的翅膀，既然被举到高空，也会跌落下来。

→ **如果没有飞翔的翅膀，即使被举到高空，也会跌落下来。**

비상하는 날개가 없다면, 설령 하늘 높이 올라간다 해도 떨어질 것이다.

단어 ★飞翔 fēixiáng 동 비상하다 | ★翅膀 chìbǎng 명 날개 | 跌落 diēluò 동 떨어지다 | ★快递 kuàidì 명 택배 | 营业点 yíngyèdiǎn 영업점 | 设置 shèzhì 동 설치하다 | 包装 bāozhuāng 명 포장 | 废弃物 fèiqìwù 명 폐기물 | 回收 huíshōu 동 회수하다 | 装置 zhuāngzhì 명 설비 | 局地 júdì 명 국부 지역 | 暴雨 bàoyǔ 명 폭우 | 降雨 jiàngyǔ 동 비가 내리다 | 利川 Lìchuān 고유 리촨[지명] | ★平均 píngjūn 명 평균 | ★海拔 hǎibá 명 해발 | 省会 shěnghuì 명 성도 | 武汉 Wǔhàn 고유 우한[지명] | 毗邻 pílín 동 인접하다 | 重庆市 Chóngqìng Shì 고유 충칭시[지명]

57

해설 및 정답 보기 D의 뒤 절에서 동사가 在于와 才能够实现 두 개가 있으므로 才能够实现을 삭제해야 옳은 문장이 된다.

A 지난 회 아시안게임과 비교하면, 중국팀이 획득한 금메달의 수가 줄었다.

B 우리는 인공지능의 복지를 누리는 동시에 윤리 도덕과 법률 규칙 등의 노선을 잘 그어야 한다.

C 어떠한 법치의 길을 걸을 것인지, 어떠한 법치의 유형을 형성할 것인지는 중국 법치가 대국에서 강국으로 거듭나는 데 중요한 문제이다.

정답

D 一个人如果要开创自己的光明前程，关键在于持之以恒的努力和付出才能够实现。

→ **一个人如果要开创自己的光明前程，关键在于持之以恒的努力和付出。**

한 사람이 만약 자신의 밝은 미래를 개척하고자 한다면, 관건은 꾸준한 노력과 헌신에 달려 있다.

단어 届 jiè 양 회 | 亚运会 Yàyùnhuì 명 아시안게임 | 金牌 jīnpái 명 금메달 | ★享受 xiǎngshòu 동 누리다 | ★人工智能 réngōng zhìnéng 명 인공지능 | 福利 fúlì 명 복지 | 划 huà 동 긋다 | 伦理 lúnlǐ 명 윤리 | 道德 dàodé 명 도덕 | 红线 hóngxiàn 명 바른 사상 노선 | 法治 fǎzhì 명 법치 | ★模式 móshì 명 유형, 표준 양식 | 开创 kāichuàng 동 개척하다 | ★光明 guāngmíng 형 밝다 | 前程 qiánchéng 명 미래, 앞날 | ★在于 zàiyú 동 ~에 달려 있다 | 持之以恒 chí zhī yǐ héng 성 끈기를 가지고 지속하다 | 付出 fùchū 명 지불, 치름

58

해설 및 정답 比자문에서는 술어 앞에 정도부사 极其를 쓸 수 없으므로 보기 A는 틀린 문장이다.

B 이 기술의 성공적인 연구 개발로 전통적인 치아 치료의 이념이 바뀌었다는 것은 치아 재생 분야에 대한 연구에 중요한 의의를 갖는다.

C 소개된 바에 따르면, 중국과학기술관은 1988년에 개관하여 1기와 2기에 거쳐 개방한 20여 년 동안 총 2100여만 명의 사람을 맞았다고 한다.

D 얼마 전, '환경보호로 인해 부뚜막에 봉인 딱지가 붙여진' 사진 한 장이 위챗과 웨이보를 통해 널리 퍼지면서 좋지 않은 사회적 영향을 미쳤다.

정답

A 科学正在为人类创造着比以往任何时候都要极其美好的生活。

→ **科学正在为人类创造着比以往任何时候都要美好的生活。**

과학은 인류를 위해 과거 어느 때보다 좋은 삶을 만들고 있다.

단어 ★创造 chuàngzào 동 창조하다, 만들다 | 以往 yǐwǎng 명 이전, 과거 | 研发 yánfā 동 연구 개발하다 | ★理念 lǐniàn 명 이념 | 牙齿 yáchǐ 명 이, 치아 | ★领域 lǐngyù 명 분야 | 接待 jiēdài 동 접대하다 | ★余 yú ~여, 남짓 | 灶台 zàotái 명 부뚜막 | 封条 fēngtiáo 명 봉인 딱지 | 微信 Wēixìn 고유 위챗[중국 최대 모바일 메신저] | 微博 Wēibó 고유 웨이보[중국 최대 마이크로 블로그 사이트] | 不良 bùliáng 형 좋지 않다, 불량하다

59

해설 및 정답 보기 D의 뒷부분은 문맥상 '무더운 여름에 마시기에 적합하다'가 되어야 한다. 개사구 在炎热的夏天을 동사 饮用 앞에 옮겨야 옳은 문장이 된다.

A 광저우는 '천년의 상도'로, 2천여 년의 전 세계 무역 왕래와 문화 상호 귀감이라는 찬란한 역사를 썼다.

B 차들 사이에서 빈번하게 오가고, 거리와 골목을 질주하는 배달 기수들의 갈수록 빨라지는 바퀴가 교통사고의 발생 확률을 높인다.

C 간결함은 삶의 방식이자 심미적인 요구로 보이지만, 사실 현대의 정신적인 자유의 구현이다.

정답

D 绿豆汤是一道以绿豆和水熬制而成的汤，具有止渴消暑的功效，因此很适合饮用在炎热的夏天。

→ **绿豆汤是一道以绿豆和水熬制而成的汤，具有止渴消暑的功效，因此很适合在炎热的夏天饮用。**

녹두탕은 녹두와 물을 끓여서 만든 탕으로, 갈증을 해소하고 더위를 식히는 효능이 있어서 무더운 여름에 마시기에 매우 적합하다.

단어 全球 quánqiú 명 전 세계 | 贸易 màoyì 명 무역 | 往来 wǎnglái 동 왕래하다 | 文明 wénmíng 명 문명, 문화 | 鉴 jiàn 동 관찰하다, 참조하다 | 辉煌 huīhuáng 형 휘황찬란하다 | 车流 chēliú 명 차량의 흐름 | 穿梭 chuānsuō 동 빈번하게 왕래하다 | 街头巷尾 jiētóu xiàngwěi 거리와 골목 | 疾驰 jíchí 동 질주하다 | 外卖 wàimài 명 배달 음식 | 骑手 qíshǒu 명 기수 | 车轮 chēlún 명 차바퀴 | ★概率 gàilǜ 명 확률 | 骤升 zhòushēng 동 약진하다 | 简洁 jiǎnjié 형 간결하다 | ★审美 shěnměi 명 심미 | 绿豆汤 lǜdòutāng 명 녹두로 만든 수프 | 熬制 áozhì 오래 끓여서 만들다 | 止渴 zhǐkě 동 해갈하다 | 消暑 xiāoshǔ 동 더위를 식히다 | ★功效 gōngxiào 명 효능 | 饮用 yǐnyòng 동 마시다 | ★炎热 yánrè 형 무덥다

모의고사 1회 해설

60

해설 및 정답 보기 B는 뒷부분에 술어 称赞의 주어가 부족하다. 문맥상 주어 网友们을 추가해야 옳은 문장이 된다.

A 한 사람의 성공은 운명의 신이 내려주는 것이 아니라 스스로의 고생스러운 노력을 통해 만들어지는 것이다.

C 마는 여러 종류의 미량원소, 풍부한 비타민과 미네랄을 함유하고 있는데 열량은 상대적으로 낮아서 자주 먹으면 다이어트와 건강에 좋다.

D 평온은 사람의 마음을 넓게 만들고, 자유로운 생각을 수용하는 더 넓은 공간을 갖게 하며, 인생의 분투에 힘을 실어줄 수 있다.

정답

B 川航机组突遇险情，成功备降，强烈地震撼着网友的心，纷纷称赞他们的专业素养。

→ **川航机组突遇险情，成功备降，强烈地震撼着网友的心，网友们纷纷称赞他们的专业素养。**

쓰촨항공의 승무원 팀은 갑작스러운 위험 상황에도 성공적으로 대안 경로에 착륙하여 네티즌의 마음을 강하게 뒤흔들었고, 네티즌들은 잇달아 그들의 전문적인 소양을 칭찬했다.

단어 ★命运 mìngyùn 명 운명 | 赐予 cìyǔ 동 내려주다 | 艰辛 jiānxīn 형 힘들고 고생스럽다 | 机组 jīzǔ 명 승무원 팀 | 险情 xiǎnqíng 명 위험한 상황 | 备降 bèijiàng 대안 경로에 착륙하다 | 震撼 zhènhàn 동 뒤흔들다 | 网友 wǎngyǒu 명 네티즌 | 纷纷 fēnfēn 부 잇달아 | ★称赞 chēngzàn 동 칭찬하다 | 素养 sùyǎng 명 소양 | 山药 shānyào 명 참마, 마 | ★微量元素 wēiliàng yuánsù 명 미량 원소 | ★维生素 wéishēngsù 명 비타민 | 矿物质 kuàngwùzhì 명 미네랄 | 热量 rèliàng 명 열량 | 健美 jiànměi 형 건강하고 아름답다 | 心灵 xīnlíng 명 마음 | ★广阔 guǎngkuò 형 넓다 | 容纳 róngnà 동 수용하다 | 翱翔 áoxiáng 동 비상하다, 나래를 맘껏 펼치다 | ★奋斗 fèndòu 동 분투하다

61

해설 및 정답 **③번 빈칸**: 문맥상 '건강은 정신적, 신체적, 사회적 교류에서 건전한 상태이다'가 되어야 하므로 状态(상태)가 가장 적합하다.

세계보건기구가 제시한 건강의 새로운 ① **개념**은 다음과 같다. 건강이란 병에 걸리지 않을 뿐 아니라 심리적 건강과 사회 교류 방면의 건강도 ② **포함되어**야 한다. 다시 말해 건강은 정신적, 신체적, 사회적 교류에서 건전한 ③ **상태**를 유지하는 것이다.

A 개념 / 포함하다 / 상태
B 관점 / 내포하다 / 생태
C 학설 / 구분하다 / 규범
D 정의 / 연락하다 / 소양

단어 世界卫生组织 Shìjiè Wèishēng Zǔzhī 고유 세계보건기구 | ★概念 gàiniàn 명 개념 | 所谓 suǒwèi 형 ~라는 것은, 이른바 | 包括 bāokuò 동 포함하다 | 健全 jiànquán 형 건강하고 온전하다, 건전하다 | ★蕴含 yùnhán 동 내포하다 | ★生态 shēngtài 명 생태 | 学说 xuéshuō 명 학설 | 区分 qūfēn 동 구분하다 | 规范 guīfàn 명 규범 | ★定义 dìngyì 명 정의 | 联络 liánluò 동 연락하다 | ★素质 sùzhì 명 소양

62

해설 및 정답 **②번 빈칸**: 보기를 통해 접속사 자리임을 알 수 있다. 빈칸 뒤 절의 부사 就와 호응할 수 있는 접속사는 倘若(만약)뿐이다.

운석공의 완벽한 보존은 결코 쉽지 않다. 만약 운석이 사질 토양에 떨어지면 ① **뚜렷한** 흔적을 남기기 어렵고, ② **만약** 운석이 너무 크면 구덩이를 들어낼 수 없다. 그래서 크기가 적당하고 토질 ③ **조건**이 적합하며 보존이 완벽한 운석공을 얻기란 매우 어렵다.

A 정밀하다 / 설령 / 영양
B 예민하다 / 다만 / 성분
C 명확하다 / 비록 / 현장
D 뚜렷하다 / 만약 / 조건

단어 陨石坑 yǔnshíkēng 명 운석공 | ★保留 bǎoliú 동 보존하다 | 沙质 shāzhì 명 사질[모래 성분으로 된 토질] | ★清

晰 qīngxī 형 뚜렷하다 | 印记 yìnjì 명 흔적, 자국 | ★倘若 tǎngruò 접 만약 | 适中 shìzhōng 형 적당하다 | 土质 tǔzhì 명 토질 | 精密 jīngmì 형 정밀하다 | ★灵敏 língmǐn 형 예민하다 | 现场 xiànchǎng 명 현장

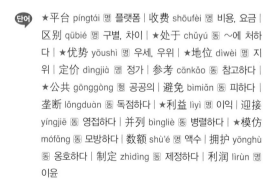

빈출 호응

- **精密** jīngmì 형 **정밀하다** ▸ 工艺精密 가공 기술이 정교하다 | 精密的仪器 정밀한 계측기
- **灵敏** língmǐn 형 **예민하다, 반응이 빠르다** ▸ 反应灵敏 반응이 빠르다 | 灵敏的嗅觉 예민한 후각

63

해설 및 정답 **②번 빈칸**: 문맥상 '시장에서 우세한 지위에 있는 플랫폼의 정가와 요금 기준은 사회적 공공제품을 참고해야 한다'가 되어야 하므로 参考(참고하다)가 가장 적합하다.

인터넷 플랫폼 요금은 어느 정도 구별되고 주의해야 한다. 시장에서 우세한 지위에 ① **있는** 플랫폼에 대한 정가와 요금 기준은 사회적 공공제품을 ② **참고하고**, 시장 지위에 의한 독점적인 경제적 ③ **이익**을 얻지 않도록 하여 플랫폼의 사회적 책임을 구현해야 한다.

A 가지다 / 영접하다 / 원가
B 처하다 / 참고하다 / 이익
C 병렬하다 / 모방하다 / 액수
D 옹호하다 / 제정하다 / 이윤

단어 ★平台 píngtái 명 플랫폼 | 收费 shōufèi 명 비용, 요금 | 区别 qūbié 명 구별, 차이 | ★处于 chǔyú 동 ~에 처하다 | ★优势 yōushì 명 우세, 우위 | ★地位 dìwèi 명 지위 | 定价 dìngjià 명 정가 | 参考 cānkǎo 동 참고하다 | ★公共 gōnggòng 형 공공의 | 避免 bìmiǎn 동 피하다 | 垄断 lǒngduàn 동 독점하다 | ★利益 lìyì 명 이익 | 迎接 yíngjiē 동 영접하다 | 并列 bìngliè 동 병렬하다 | ★模仿 mófǎng 동 모방하다 | 数额 shù'é 명 액수 | 拥护 yōnghù 동 옹호하다 | 制定 zhìdìng 동 제정하다 | 利润 lìrùn 명 이윤

빈출 호응

- **并列** bìngliè 동 **병렬하다** ▸ 并列第一名 공동 1위 | 并列关系 병렬관계
- **拥护** yōnghù 동 **옹호하다** ▸ 拥护组织 조직을 옹호하다 | 受到拥护 옹호를 받다

64

해설 및 정답 **③번 빈칸**: 문맥상 '우표 위에 있는 내용은 한 나라의 정치, 경제, 문화, 군사 등 분야에 관련된다'가 되어야 하므로 涉及(관련되다)가 적합하다. 동사 相关(상관되다)은 뒤에 목적어가 올 수 없으며 与…相关(~와 상관되다) 형식으로 쓰인다. **④번 빈칸**: 우편 대신 쓰일 수 있는 대명사는 其(그것)뿐이다. 该와 各는 모두 다른 명사와 결합하여 써야 하므로 빈칸에 들어갈 수 없다.

우표 수집은 우표 및 기타 우편물을 주요 대상으로 하는 수집, ① **감상** 및 연구 활동이다. 우표는 원래 '국가의 ② **명함**'이라고 불리었다. 우표 위에 있는 내용은 자국의 정치, 경제, 문화, 군사 등 여러 분야에 ③ **관련되어** 있어, ④ **그것**은 만상을 망라하고 있는 박물관이자 각종 지식을 수용하는 작은 백과가 되었다.

A 감상하다 / 외모 / 상관되다 / 이
B 생각하다 / 지침 / 선별하다 / 무엇
C 음미하다 / 위성 / 혼합하다 / 각
D 감상하다 / 명함 / 관련되다 / 그것

단어 集邮 jíyóu 명 우표 수집 | 邮票 yóupiào 명 우표 | 收集 shōují 명 수집 | ★鉴赏 jiànshǎng 동 감상하다 | 素有 sùyǒu 동 원래부터 있는 | ★涉及 shèjí 동 관련되다 | 政治 zhèngzhì 명 정치 | 军事 jūnshì 명 군사 | 包罗万象 bāoluó wànxiàng 성 두루 갖추고 있다 | ★容纳 róngnà 동 수용하다 | 百科 bǎikē 명 백과 | ★欣赏 xīnshǎng 동 감상하다 | ★琢磨 zuómo 동 생각하다, 사색하다 | 指南 zhǐnán 명 지침 | 筛选 shāixuǎn 동 선별하다 | 啥 shá 대 무엇 | 卫星 wèixīng 명 위성 | 夹杂 jiāzá 동 혼합하다

빈출 호응

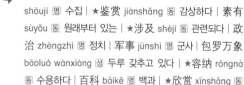

- **筛选** shāixuǎn 동 **선별하다** ▸ 筛选信息 정보를 선별하다 | 经过层层筛选 몇 차례의 선별을 거치다
- **夹杂** jiāzá 동 **혼합하다** ▸ 汉语中夹杂着英文 중국어에 영문이 섞여 있다
- **涉及** shèjí 동 **관련되다** ▸ 涉及很多方面 여러 방면에 관련되다

65

해설 및 정답 ①**번 빈칸**: 뒤에 '분초를 다투어 읽게 된다'라는 내용을 보고 앞에는 '반납 기한을 염려한다'라는 내용이 와야 함을 알 수 있으므로 期限(기한)이 적합하다.

청대 학자인 원매는 '책을 빌리지 않고는 읽을 수 없다'라고 했다. 책을 빌리면 반납 ①**기한**이 염려되어 분초를 다투어 읽게 되니, ②**각별히** 소중히 하게 된다는 말이다. 반면 책을 산 뒤에는 ③**항상** 태만하여 나중에 다시 봐도 늦지 않다고 느끼기 때문에 책을 방치하게 되어 책은 먼지 외에는 주인에게 아무런 ④**정보**도 주지 않는다.

A 경비 / 연달아 / 공공연히 / 통신
B 진전 / 대충 / 지나치게 / 자료
C 기한 / 각별히 / 항상 / 정보
D 시기 / 특히 / 찰나 / 신호

단어 学者 xuézhě 명 학자 | 袁枚 Yuán Méi 고유 원매[인명] | ★期限 qīxiàn 명 기한 | 争分夺秒 zhēngfēn duómiǎo 성 분초를 다투다 | 书籍 shūjí 명 서적 | 时常 shícháng 부 항상 | 懈怠 xièdài 형 태만하다 | 束之高阁 shù zhī gāo gé 성 방치하고 사용하지 않다 | 灰尘 huīchén 명 먼지 | 经费 jīngfèi 명 경비 | 接连 jiēlián 부 연달아 | 公然 gōngrán 부 공공연히 | 通讯 tōngxùn 명 통신 | 进展 jìnzhǎn 명 진전 | 胡乱 húluàn 부 대충 | ★时机 shíjī 명 시기 | 刹那 chànà 명 찰나 | ★信号 xìnhào 명 신호

66

해설 및 정답 ①**번 빈칸**: 문맥상 '조류 자원이 풍부하다'가 되어야 하므로 资源(자원)만이 가능하다. ②**번 빈칸**: 繁衍(번식하다)과 生息(생활하다)는 결합하여 '대대로 번식하며 생활하다'라는 뜻을 나타낸다. 繁殖(번식하다)는 '한 세대만 번식하다'라는 의미이므로 문맥상 적합하지 않다. ④**번 빈칸**: 之际(무렵)는 新年之际(신년 무렵)와 留学之际(유학 때)처럼 다른 명사나 동사와 결합하여 쓰이므로 형용사 最佳(최적이다) 뒤에는 올 수 없다.

윈난은 조류 ①**자원**이 매우 풍부하다. 300여 종의 조류가 이곳에서 ②**번식하고** 생활하여, 중국에서 조류가 가장 많은 ③**성**으로 기록되었다. 매년 가을과 겨울에 수많은 철새들이 윈난으로 월동을 하러 와, 크고 작은 서식지에 모여 사는데, 이때가 바로 새를 관찰하기에 가장 좋은 ④**계절**이다.

A 족적 / 번식하다 / 부락 / 명절
B 자원 / 번식하다 / 성 / 계절
C 에너지 / 실시하다 / 지역 / 무렵
D 물자 / 공고히 하다 / 구석 / 시간

단어 云南 Yúnnán 고유 윈난[지명] | ★繁衍 fányǎn 동 번식하다, 번영하다 | 生息 shēngxī 동 생활하다 | 省份 shěngfèn 명 성(省) | 候鸟 hòuniǎo 명 철새 | 越冬 yuèdōng 동 월동하다 | 聚居 jùjū 동 모여 살다 | 栖息 qīxī 동 서식하다 | ★足迹 zújì 명 족적 | ★繁殖 fánzhí 동 번식하다 | 部落 bùluò 명 부락 | ★能源 néngyuán 명 에너지 | 落实 luòshí 동 실시하다 | 之际 zhījì 명 무렵 | 物资 wùzī 명 물자 | 巩固 gǒnggù 동 공고히 하다 | 角落 jiǎoluò 명 구석

빈출 호응

- **资源** zīyuán 명 **자원** ▸ 水资源 수자원 | 自然资源 자연자원
- **能源** néngyuán 명 **에너지** ▸ 风力能源 풍력에너지 | 清洁能源 친환경 에너지
- **物资** wùzī 명 **물자** ▸ 调用物资 물자를 동원하다 | 农用物资 농업용 물자
- **落实** luòshí 동 **실시하다** ▸ 落实政策 정책을 실시하다 | 落实计划 계획을 실행하다
- **巩固** gǒnggù 동 **공고히 하다** ▸ 巩固地位 지위를 공고히 하다 | 巩固知识 지식을 공고히 하다

67

해설 및 정답 ①**번 빈칸**: 문맥상 '계화는 약효가 있다'가 되어야 하므로 功效(효능)만 가능하다. 效应(효과)은 물리학이나 화학에서의 효과와 반응을 뜻한다. ②**번 빈칸**: 보기 중의 人间(속세)은 신선이 사는 천국과 상응하는 인간 세상을 가리키므로 빈칸에 적합하지 않다.

계화(桂花)의 향기는 좋은 느낌을 주는데, 차로 마실 수도 있고 약용 ①**효능**도 가지고 있어 많은 사랑을 받는다. 桂는 '贵'와 발음이 같기 때문에 ②**민간**에서는 계수나무를 상서로운 식물로 여겨 '③**부귀영화**'의 의미를 갖게 되었다. 옛 사람들이 '월중절계(달빛에 계수나무 가지를 꺾는다)'로 과거 시험 합격을 ④**형용한** 것으로 계수나무가 사람들의 마음속에 차지하는 자리를 알 수 있다.

A 맛 / 홍보 / 마음에 들다 / 뜻을 표하다
B 효과 / 유가 / 오고가는 정 / 표현하다
C 의도 / 속세 / 금상첨화 / 대체하다
D 효능 / 민간 / 부귀영화 / 형용하다

단어 桂花 guìhuā 명 계화[식물] | 香气 xiāngqì 명 향기 | 宜人 yírén 동 사람에게 좋은 느낌을 주다 | ★功效 gōngxiào 명 효능, 효과 | 谐音 xiéyīn 명 같거나 비슷한 음 | ★民间 mínjiān 명 민간 | 祥瑞 xiángruì 명 길조, 좋은 징조 | 荣华富贵 rónghuá fùguì 성 부귀영화 | 折 zhé 동 꺾다 | ★形容 xíngróng 동 형용하다 | 科举 kējǔ 명 과거 | 高中 gāozhòng 동 과거 시험에 합격하다 | ★地位 dìwèi 명 위치, 차지한 자리 | 滋味 zīwèi 명 맛 | 公关 gōngguān 명 홍보 | ★称心如意 chèn xīn rú yì 성 마음에 꼭 들다 | 示意 shìyì 동 뜻을 표시하다 | ★效应 xiàoyìng 명 효과, 반응 | 儒家 rújiā 명 유가 | 礼尚往来 lǐ shàng wǎng lái 성 오고가는 것을 중시하다, 오는 정이 있으면 가는 정이 있어야 한다 | ★意图 yìtú 명 의도 | 锦上添花 jǐn shàng tiān huā 성 금상첨화 | ★代替 dàitì 동 대체하다

빈출 호응

- **效应** xiàoyìng 명 **효과** ▸ 化学效应 화학 반응 | 品牌效应 브랜드 효과
- **功效** gōngxiào 명 **효능** ▸ 促进消化的功效 소화를 촉진하는 효능 | 药用功效 약용 효능
- **示意** shìyì 동 **뜻을 표하다** ▸ 点头示意 고개를 끄덕여 의사를 표하다
- **表现** biǎoxiàn 동 **표현하다, 드러내 보이다** ▸ 表现出热情 열정을 보이다

68

해설 및 정답 ②**번 빈칸**: '어떤 시스템을 개발하다'라는 뜻이 되어야 하므로 系统(시스템)과 호응할 수 있는 동사는 开发(개발하다)뿐이다.

휴대폰을 사용해서 나무 명찰의 QR코드를 스캐닝하면 관련 소프트웨어를 다운로드하지 않고도 ①**바로** 식물 지식의 '학습의 장'에 들어갈 수 있는데, 이것이 바로 한찡화 씨가 제작실을 이끌고 ②**개발한** '식물의 시각' 시스템이다. 이 시스템은 식물 과학 보급 시스템으로, ③**그림과 글이 풍부한** 정보 전파 방식으로 식물에 관한 지식을 사람들의 ④**시야** 안에 들어오게 한다.

A 또한 / 개척하다 / 식견이 넓다 / 시선
B 바로 / 개발하다 / 그림과 글이 풍성하다 / 시야
C 약간 / 수색하다 / 끊임없이 말하다 / 시각
D 장차 / 가공하다 / 박식하고 심오하다 / 각도

단어 扫描 sǎomiáo 동 스캐닝하다 | ★二维码 èrwéimǎ 명 QR코드 | 软件 ruǎnjiàn 명 소프트웨어 | 课堂 kètáng 명 학습의 장 | 带领 dàilǐng 동 인솔하다 | 工作室 gōngzuòshì 명 제작실 | ★系统 xìtǒng 명 시스템 | 科普 kēpǔ 명 과학 보급 | 图文并茂 tú wén bìng mào 성 그림과 글이 풍부하고 다채롭다 | ★传播 chuánbō 명 전파 | 视野 shìyě 명 시야 | 亦 yì 부 또한 | 开拓 kāituò 동 개척하다 | ★见多识广 jiàn duō shí guǎng 성 식견이 넓다 | 视线 shìxiàn 명 시선 | 搜索 sōusuǒ 동 수색하다 | 滔滔不绝 tāo tāo bù jué 성 끊임없이 말하다 | 视角 shìjiǎo 명 시각 | ★博大精深 bó dà jīng shēn 성 박식하고 심오하다

빈출 호응

- **开拓** kāituò 동 **개척하다** ▸ 开拓市场 시장을 개척하다 | 开拓眼界 시야를 넓히다
- **搜索** sōusuǒ 동 **수색하다** ▸ 搜索资料 자료를 검색하다 | 搜索目标 목표를 찾다

69

해설 및 정답 ①**번 빈칸**: 문맥상 '태양의 주년 운동을 관찰하다'가 되어야 하므로 观察(관찰하다)만이 가능하다. ③**번 빈칸**: '대대로 전하다'라는 뜻을 나타내는 世代相传은 빈출 호응 구조이다.

'이십사절기'는 옛 사람들이 태양의 주년 운동을 ①**관찰하여**, 일 년 중의 절기와 기후, 물후 등 방면에 변화 ②**법칙**을 인지하게 되면서 형성된 지식 체계이다. '이십사절기'는 ③**대대**로 전해져 사람들의 ④**사유** 방식과 행동 규칙에 깊은 영향을 미치고 있다.

A 관찰하다 / 법칙 / 대대 / 사유
B 순찰하다 / 선율 / 세기 / 사고
C 탐색하다 / 리듬 / 시대 / 관념
D 발견하다 / 형세 / 후대 / 정서

단어 ★二十四节气 èrshísì jiéqì 명 이십사절기 | 周年 zhōunián 명 주년 | 认知 rènzhī 동 인지하다 | 时令 shílìng 명 절기 | 物候 wùhòu 명 물후[철이나 기후에 따라 변화하는 만물의 상태] | ★规律 guīlǜ 명 법칙 | ★体系 tǐxì 명 체계 | 世代 shìdài 명 대대, 여러 대 | ★思维 sīwéi 명 사유 | 准则 zhǔnzé 명 규칙 | 巡逻 xúnluó 동 순찰하다 | 旋律 xuánlǜ 명 선율 | 世纪 shìjì 명 세기 | 探索 tànsuǒ 동 탐색하다 | ★节奏 jiézòu 명 리듬 | ★观念 guānniàn 명 관념 | 发觉 fājué 동 발견하다 | 局势 júshì 명 형세 | ★情绪 qíngxù 명 정서

빈출 호응

- **巡逻** xúnluó 동 **순찰하다** ▸ 警察巡逻 경찰이 순찰하다
- **探索** tànsuǒ 동 **탐색하다** ▸ 探索生命的奥秘 생명의 비밀을 탐색하다

70

해설 및 정답 **①번 빈칸**: 빈칸 뒤에 명사 特征(특징)과 호응할 수 있는 형용사는 显著(현저하다)와 鲜明(뚜렷하다)이다. **③번 빈칸**: '살아 있는 화석'이라는 뜻으로 쓰인 活化石는 아직 존재하는 오래된 것을 말한다.

몽골 민족의 장조(長調)는 ①**뚜렷한** 유목 문화의 특징과 독특한 노래 형식으로, 역사 문화와 인문 습속, 도덕 철학과 예술에 대한 몽골 민족의 깨달음을 ②**진술하고** 있어 '초원 음악의 살아 있는 ③**화석**'이라 불린다. 2005년 11월 25일, 중국과 몽골국이 연합하여 ④**신고한** '몽골 민족의 장조 민가'는 '인류 구술 문화와 무형 문화⑤**유산**의 대표작'으로 선정되었다.

A 신선하다 / 전시하다 / 산소 / 보도하다 / 문물
B 현저하다 / 표현하다 / 상표 / 발견하다 / 건축
C 뚜렷하다 / 진술하다 / 화석 / 신고하다 / 유산
D 완고하다 / 진화하다 / 화산 / 공헌하다 / 까닭

단어 蒙古族 Měnggǔzú 명 몽골족 | 长调 chángdiào 명 장조(長調) | ★鲜明 xiānmíng 형 뚜렷하다 | 游牧 yóumù 명 유목 | 讲述 jiǎngshù 동 진술하다, 이야기하다 | ★习俗 xísú 명 습속 | 道德 dàodé 명 도덕 | 哲学 zhéxué 명 철학 | 感悟 gǎnwù 명 깨달음 | 活化石 huóhuàshí 명 살아있는 화석 | 联合 liánhé 동 연합하다 | 申报 shēnbào 동 신고하다, 보고하다 | 民歌 míngē 명 민가, 민요 | 口头 kǒutóu 형 말로 나타내다 | 物质 wùzhì 명 물질 | ★遗产 yíchǎn 명 유산 | 氧气 yǎngqì 명 산소 | ★显著 xiǎnzhù 형 현저하다 | ★品牌 pǐnpái 명 상표 | 顽固 wángù 형 완고하다 | ★贡献 gòngxiàn 동 공헌하다 | 典故 diǎngù 명 까닭

[71–75]

옛날 한겨울 섣달에는 녹색 채소의 자취를 거의 볼 수 없었다. (71)**B 하지만 냉동 기술이 발달함에 따라,** 냉동 처리된 야채와 과일, 육류는 모두가 먹기에 갈수록 신선해지고, 식품의 종류 역시 갈수록 다양해졌다.

현재 시장에 나와 있는 냉동식품은 냉각식품과 동결식품으로 나뉜다. 냉각식품은 식품의 온도를 거의 동결점까지 떨어뜨려 보존하는 것이다. 예를 들면 0℃에서 신선도를 유지하는 식품이 있다. (72)**E 동결식품은 동결점보다 낮은 온도에서 보존하는 것으로,** 예를 들면 냉동만두가 있다.

(73)**D 냉동을 거친 채소와 과일은 영양가가 낮다고 생각하는 사람들도 있는데,** 사실 채소와 과일은 딴 후에도 여전히 호흡 작용을 해 내부의 영양을 소모한다. 게다가 슈퍼마켓이나 청과시장에 들어가기 전에 일정 기간 운송을 해야 해서 호흡 작용으로 인한 영양 손실을 피할 방법이 없다. 그런데 냉동 채소와 과일은 채취 즉시 동결 보존해 아주 낮은 온도에서 호흡 작용이 거의 정지되고 (74)**C 세균 등 미생물 역시 생장이나 번식을 하지 못해,** 오히려 채소와 과일의 신선도를 유지하고 영양 물질을 보존하는 데 더 유리하다.

현대 식품 공업의 냉동 기술은 이미 매우 발달했을 뿐만 아니라 (75)A **계다가 가공 과정에서** 식품의 영양을 새로 조정할 수도 있다. 예를 들면 냉동만두의 소를 영양 있는 조합으로 잘 배합해, 심지어 가정에서 손으로 만든 것보다 더 풍부하고 균형이 잡혀, 영양가가 결코 떨어지지 않는다.

단어 寒冬 hándōng 명 추운 겨울 | 腊月 làyuè 명 음력 섣달 | 踪迹 zōngjì 명 종적, 자취 | 冷冻 lěngdòng 동 냉동하다 | 青菜 qīngcài 명 야채 | 冷却 lěngquè 동 냉각하다 | 冻结 dòngjié 동 동결하다, 얼다 | 保藏 bǎocáng 동 보존하다 | 保鲜 bǎoxiān 동 신선도를 유지하다 | 速冻水饺 sùdòng shuǐjiǎo 명 냉동만두 | 采摘 cǎizhāi 동 따다, 뜯다 | ★消耗 xiāohào 동 소모하다 | ★运输 yùnshū 명 운송 | ★损失 sǔnshī 명 손실 | ★避免 bìmiǎn 동 피하다 | ★立即 lìjí 부 즉시 | 停滞 tíngzhì 동 정체하다 | 细菌 xìjūn 명 세균 | 微生物 wēishēngwù 명 미생물 | ★繁殖 fánzhí 동 번식하다 | ★保留 bǎoliú 동 보존하다 | 调整 tiáozhěng 동 조정하다 | 馅料 xiànliào 명 (만두에 넣는) 소 | 搭配 dāpèi 동 배합하다 | 组合 zǔhé 명 조합 | ★手工 shǒugōng 명 수공 | ★均衡 jūnhéng 형 균형이 잡히다

71

해설 및 정답 빈칸 앞에는 옛날 겨울에는 녹색 채소를 보기 드물다고 했고, 뒤에는 냉동 처리된 채소 등은 신선하게 먹을 수 있다고 했으므로 앞 내용과 뒤 내용이 상반됨을 알 수 있다. 따라서 역접 관계를 나타내는 접속사 但이 있는 보기 B가 적합하다.

B 하지만 냉동 기술이 발달함에 따라

72

해설 및 정답 앞에서 냉동식품은 냉각식품과 동결식품으로 나누어져 있고 냉각식품이 무엇인지를 소개했으므로, 뒤이어 동결식품을 소개하는 것이 문맥상 자연스럽다.

E 동결식품은 동결점보다 낮은 온도에서 보존하는 것으로

73

해설 및 정답 세 번째 문단을 전체적으로 살펴보면 냉동식품의 영양에 대한 내용임을 알 수 있으므로 보기 D가 가장 적합하다.

D 냉동을 거친 채소와 과일은 영양가가 낮다고 생각하는 사람들도 있는데

74

해설 및 정답 낮은 온도에서 호흡 작용이 거의 정지된다는 원인 뒤에는 세균 같은 미생물도 번식할 수 없다는 결과가 이어지는 것이 문맥상 자연스럽다.

C 세균 등 미생물 역시 생장이나 번식을 하지 못해

75

해설 및 정답 빈칸 앞에 접속사 不仅을 보고 이와 호응할 수 있는 보기가 있는지를 확인해야 한다.

A 게다가 가공 과정에서

[76-80]

연의 기원에 대해서는 여러 설이 있는데, 어떤 사람은 바람에 날아간 삿갓에 의해 생긴 거라고 하고, (76)C **또 어떤 사람은 나뭇잎에서 유래했다고도 하며**, 이 밖에 돛단배와 천막설, 날새설 등이 있다. 관점은 비록 통일되지 않지만, 연이 일찍이 나타났다는 데는 이견이 없다.

제지술이 발달함에 따라, 당나라 때부터는 (77)A **종이로 바른 연이 점차 발전하기 시작했다**. 송대에 이르러 연날리기는 이미 당시 사람들이 좋아하는 야외 활동이 되었다. 명청 시대에는 연의 제작 기술과 장식 기술이 공전의 발전을 이루었으며, 청나라 도광(道光) 연간에 절정에 이르렀다.

북송 시기 장택단의 〈청명상하도〉에서 (78)B **당시에 연 날리는 모습을 볼 수 있다**. 강가에는 각자 다른 색상의 옷을 입은 여섯 명이 있다. 그중 성인 남성 두 명이 연을 날리는데, 연은 하늘 높이 날고, 한 어린아

이는 옆에 서서 고개를 들어 올려다보고 있으며, 뒤에는 짙은 색 옷을 입고 있는 한 사람이 밝은 색 옷을 입은 아이를 안고, 역시 하늘 높이 날고 있는 연을 바라보고 있다. 조금 떨어진 나무 아래에는 두 남자가 서서 똑같이 하늘 높이 날고 있는 연을 주시하고 있다.

(79)E **각국의 연마다 그들만의 독특한 스타일이 있다**. 일본의 연은 중국에서 전해졌는데, 학계에서는 일반적으로 중국 당나라 시기에 유입된 것이라 보고 있다. 대부분 직사각형과 반원형으로 어떠한 장식도 없다. 메이지 시대에 이르러 우키요에의 화풍이 일본 연만의 독특한 스타일이 되었다. 태국에서 연은 남녀의 차이가 있는데, 남자 연은 새 연, 여자 연은 물고기 연이다. 새 연은 보통 2m 높이로 '차이랑캉'이라고도 하고, 물고기 연은 다이아몬드 형상으로 '바이바오'라고 하는데, (80)D **날릴 때 여자 일곱 명이 조종해야 한다**.

단어 风筝 fēngzhēng 명 연 | ★起源 qǐyuán 명 기원 | 斗笠 dǒulì 명 삿갓 | ★启发 qǐfā 명 계발 | 帆船 fānchuán 명 돛단배 | 帐篷 zhàngpéng 명 장막, 천막 | 统一 tǒngyī 동 통일하다 | 异议 yìyì 명 이견 | 造纸术 zàozhǐshù 제지술 | ★兴起 xīngqǐ 동 흥기하다, 발전하기 시작하다 | ★户外活动 hùwài huódòng 명 야외 활동 | 明清 Míng Qīng 명 명(明)청(清) 시대 | 技艺 jìyì 명 기예 | 装饰 zhuāngshì 명 장식 | ★空前 kōngqián 형 공전의 | 道光 Dàoguāng 고유 도광[중국 청 선종의 연호] | ★鼎盛 dǐngshèng 형 흥성하다 | 张择端 Zhāng Zéduān 고유 장택단[중국 북송 말년의 현실주의 화가] | ★情景 qíngjǐng 명 장면, 모습 | 身着 shēnzhuó 옷을 입고 있다 | 凝望 níngwàng 동 눈여겨보다 | ★怀抱 huáibào 동 품에 안다 | 衣着 yīzhuó 명 옷 | 盯 dīng 동 쳐다보다 | ★注视 zhùshì 동 주시하다 | 学界 xuéjiè 명 학계 | 长方形 chángfāngxíng 명 직사각형 | 圆形 yuánxíng 명 원형 | 浮世绘 fúshìhuì 명 우키요에[일본 미술] | 泰国 Tàiguó 고유 태국 | 钻石 zuànshí 명 다이아몬드 | 操控 cāokòng 동 조종하다

76

해설 및 정답 빈칸 앞 내용을 보면 연(风筝)의 유래와 관련된 내용이 들어가야 함을 알 수 있다. 자주 쓰이는 구조인 有人…也有人 역시 답을 찾는 힌트이다.

C 또 어떤 사람은 나뭇잎에서 유래했다고도 하며

77

해설 및 정답 빈칸 앞의 造纸术(제지술)와 관련된 纸糊的风筝(종이로 바른 연)이 있는 보기 A가 가장 적합하다.

A 종이로 바른 연이 점차 발전하기 시작했다

78

해설 및 정답 빈칸 뒤 내용을 보고 〈청명상하도〉라는 그림에는 사람들이 연을 날리는 모습이 그려져 있음을 알 수 있으므로 보기 B가 가장 적합하다.

B 당시에 연 날리는 모습을 볼 수 있다

79

해설 및 정답 마지막 단락은 일본과 태국의 연을 소개하는 내용이므로 各国(각국)가 있는 보기 E가 가장 적합하다.

E 각국의 연마다 그들만의 독특한 스타일이 있다

80

해설 및 정답 빈칸 앞 내용으로 물고기 연과 관련 내용임을 알 수 있다. 태국에서 여자 연은 물고기 연이라고 했으므로 여자(女子)가 있는 보기 D가 문맥상 가장 적합하다.

D 날릴 때 여자 일곱 명이 조종해야 한다

[81-84]

야외의 새와 짐승은 천성이 민감해서, 평소에는 산과 들에서 발견하기 어렵다. 81 하지만 경험 있는 사냥꾼은 직접 보지 않고도 그들을 손바닥 보듯 환히 꿰뚫고 있어서, 심지어 새와 짐승 근처까지 추적할 수도 있다. 사실 야생 동물들이 남기는 자취인 '비밀번호'만 해독하면 우리도 사냥꾼의 이러한 기술을 정복할 수 있다.

야생 동물들은 산야를 누비고 다니며, 사람과 똑같이 걷기 좋고, 힘이 덜 드는 노선을 선택한다. 예를 들어, 평평한 산마루와 관목이 드문 산골짜기는 대형 동물들이 선호하는 노선이다. 야생 동물은 또한 항상

고정된 노선을 따라 걷는다. 82오래 걷다 보면 숲 사이에 너비가 다르고, 끊겼다 이어졌다 하는 오솔길이 나타나는데, 이를 짐승 길이라고 한다. 이런 크고 작은 짐승 길들이 뒤얽히고 둘러싸이면서 야생 동물의 '교통도로망'이 된다. 짐승 길을 찾으면, 그 길을 따라 동물을 추적할 수 있다. 대형 동물의 짐승 길은 항상 빼곡히 밟혀서 풀이 잘 자라지 않아 땅이 드러나기 때문에 비교적 쉽게 발견할 수 있다. 그리고 작은 동물의 짐승 길은 일반적으로 그리 분명하게 드러나지는 않지만 수원 가장자리나 동굴 근처를 자세히 관찰하면 종종 작은 길의 흔적을 찾을 수 있다.

짐승 길을 찾으면 범위를 좁힐 수 있고, 목표를 정하여 동물의 족적을 탐색할 수 있다. 83보통 건조한 지표면에는 발자국이 남기 쉽지 않고, 비가 온 뒤나 수원 근처의 모래밭, 진흙 바닥 표면 그리고 겨울의 눈밭에 족적이 비교적 뚜렷하게 남는다.

짐승 길 근처에서는 동물의 분변이 자주 발견된다. 동물은 식성에 따라 분뇨의 성분과 모양, 색깔이 다르다. 중소형의 초식동물의 분변은 보통 알갱이나 펠릿 모양이며, 또한 한 번에 한 무더기씩 배출한다. 84산토끼의 분변은 옅은 황갈색의 타원형 알갱이로 지름이 약 1㎝인데, 안에는 주로 풀 종류의 찌꺼기로 수십 알씩 쌓여 있다. 반면 사슴의 분변은 알갱이가 2㎝ 가량의 길이로, 외형이 뾰족하면서 평평한 타원형이고 '배출량'도 많다.

단어 野外 yěwài 명 야외 | 鸟兽 niǎoshòu 명 새와 짐승 | 生性 shēngxìng 명 천성 | 警觉 jǐngjué 형 민감하다 | 山野 shānyě 명 산과 들판 | 猎人 lièrén 명 사냥꾼 | 如数家珍 rú shǔ jiā zhēn 성 속속들이 알고 있다, 손바닥을 보듯 환히 꿰뚫고 있다 | 追踪 zhuīzōng 동 추적하다 | 破解 pòjiě 동 피헤치다 | 踪迹 zōngjì 명 자취 | ★掌握 zhǎngwò 동 정복하다 | ★技能 jìnéng 명 기능, 기술 | 穿行 chuānxíng 동 헤치고 나아가다 | ★挑 tiāo 동 선택하다 | 省劲儿 shěngjìnr 동 힘을 적게 들이다 | 平坦 píngtǎn 형 평탄하다 | 山脊 shānjǐ 명 산마루 | 灌木 guànmù 명 관목 | 稀疏 xīshū 형 드물다 | 山沟 shāngōu 명 산골짜기 | ★固定 gùdìng 형 고정된 | 径 jìng 명 좁은 길 | 交错 jiāocuò 동 뒤얽히다 | 盘绕 pánrào 동 둘러싸다 | ★踩 cǎi 동 밟다 | 紧实 jǐnshí 형 빼곡하다 | 露 lù 동 드러나다 | ★水源 shuǐyuán 명 수원 | 洞穴 dòngxué 명 동굴 | ★痕迹 hénjì 명 흔적 | 有的放矢 yǒu dì fàng shǐ 성 목표를 정하고 일을 하다 | 查探 chátàn 알아내다, 탐색하다 | ★足迹 zújì 명 족적 | 干燥 gānzào 형 건조하다 | 脚印 jiǎoyìn 명 발자국 | 泥地 nídì 명 진흙탕, 흙바닥 | 粪便 fènbiàn 명 분변, 배설물 | 食性 shíxìng 명 식성 | 颗粒 kēlì 명 알갱이 | 球团 qiútuán 명 펠릿 | 堆 duī 양 무더기 | 黄褐色 huánghèsè 명 황갈색 | 扁圆 biǎnyuán 명 타원형 | 直径 zhíjìng 명 직경, 지름 | 残渣 cánzhā 명 남은 찌꺼기 | 鹿 lù 명 사슴 | 尖 jiān 형 뾰족하다

81

해설 및 정답 지시대사 这가 가키리는 것은 항상 앞에서 찾을 수 있다. 경험이 있는 사냥꾼은 不需亲眼见到，就能对它们如数家珍，甚至还能追踪到鸟兽附近(직접 보지 않고도 그들을 손바닥 보듯 환히 꿰뚫고 있어서, 심지어 새와 짐승 근처까지 추격할 수도 있다)이라는 내용으로 사냥꾼은 쉽게 새와 짐승을 발견하는 능력이 있음을 알 수 있다.

첫 번째 단락에 밑줄 친 '这项技能'이 가리키는 것은?

A 야외에서 생존하기
B 쉽게 새와 짐승 발견하기
C 유독 식물 확인하기
D 사격 백발백중하기

단어 ★生存 shēngcún 동 생존하다 | 射击 shèjī 명 사격 | 百发百中 bǎifā bǎizhòng 성 백발백중

82

해설 및 정답 키워드인 兽道(짐승 길)는 두 번째 단락에서 찾을 수 있다. 지문 중에 宽窄不一(너비가 다르고)와 보기 C에 宽窄不固定(너비가 일정하지 않다)은 같은 의미이다.

짐승 길에 관해, 다음 중 정확한 것은?

A 계속하여 끊임이 없다
B 평행한 모양을 띤다
C 너비가 일정하지 않다
D 육안으로는 분별할 수 없다

단어 ★呈 chéng 동 (어떤 형태를) 갖추다, 띠다 | 平行 píngxíng 명 평행 | 肉眼 ròuyǎn 명 육안 | ★分辨 fēnbiàn 동 분별하다

83

해설 및 정답 세 번째 단락에서 一般干燥的地表不容易留下脚印(보통 건조한 지표면에는 발자국이 남기 쉽지 않다)이라는 내용 중에 脚印(발자국)과 足迹(족적)는 같은 의미이다.

다음 중 어떤 조건일 때 동물의 족적을 발견하기 어려운가?

A 눈밭

B 비 온 뒤에 진흙 바닥

C 건조한 지면

D 수원과 가까운 모래밭

단어 ★靠近 kàojìn 형 가깝다

84

해설 및 정답 보기 A부터 D까지 지문과 대조하여 확인한다. 野兔的粪便(산토끼의 분변)과 관련 내용 중에 草类残渣(풀 종류의 찌꺼기)가 있다고 했으므로 정답은 B이다.

마지막 단락을 근거로, 다음 중 정확한 것은?

A 사슴의 분변은 사각형이다

B 산토끼의 분변에는 풀 찌꺼기가 있다

C 분변은 보통 짐승 길 중간에 있다

D 육식 동물의 분변은 비교적 적다

단어 方形 fāngxíng 명 사각형

[85-88]

고대에는 변호사를 소송 대리인이라고 불렀다. 중국 변호사의 시조이자 최초의 소송 대리인은 등석으로 춘추 시대의 정(鄭)나라 사람이다.

등석은 어릴 적부터 두뇌 회전이 빠르고 학식이 있었다. 후에 등석은 정나라의 대부가 되어 정치적으로 매우 활약했다. 85등석이 사람들에게 가장 칭찬받은 것은 그가 소송 학술 강연을 하면서 정나라에 소송의 물결을 일으킨 일이다. 그는 스스로 서당을 설립하여 많은 사람들을 모아 강연하고, 문하생을 널리 구하여 88법률 상식을 널리 보급하는 교육을 힘껏 선전하였으며, 자신의 저서인 《죽형》을 강의했을 뿐만 아니라 어떻게 소송을 거는지를 전문적으로 가르치고, 시비를 변론하는 기교를 가르쳤다.

86춘추 시대에 소송 대리 제도가 처음 생기면서, 소송 당사자가 아랫사람이나 자제 등에게 대리로 위탁하여 직접 관아에 찾아가 소송하지 않아도 되었고, 이러한 사회 환경은 등석에게 재능을 발휘할 기회를 제공했다. 《여씨춘추·이위》에 따르면, 등석은 소송을 도우면서 큰 사건에는 겉옷 한 벌, 작은 사건에는 반바지 하나를 받는 등 오늘날의 변호사와 같은 모습을 보이고 있다. 이것은 중국 법제사상 최초의 시도이다. 등석은 이로써 중국 역사상 첫 번째 '대(大) 변호사'라 불리게 된다.

87등석은 또 변론에 뛰어난 것으로 유명한데, 역사서에 등석은 '상호 모순되는 명제라도 모두가 인정하도록 정리하고', 일을 순조롭게 처리하는 수완이 있다고 기록되어 있다. 어느 해에 홍수가 났는데, 정나라의 어떤 부자가 강을 건너다가 부주의로 실족하여 물에 빠져 익사했고, 시체를 한 가난한 사람이 건져 냈다. 부자의 가족들이 듣고 대금을 치르고 시체를 되찾아 매장하려 했지만, 가난한 사람은 터무니없이 비싼 값을 부르며 기회를 틈타 한몫 잡으려 했다. 부자의 가족들은 그렇게 많은 돈을 내고 싶지 않아 서로 양보 없이 버티며 교착 상태가 되었다. 다급한 상황이 되자 부자의 가족들은 등석에게 가르침을 청했고, 등석은 "초조해하지 마시오. 몸값을 많이 낼 필요가 없소. 가족 분들 말고는 이 시체를 사줄 두 번째 사람이 없는데, 당신들께 안 팔까 염려할 필요가 있소?" 하고 말했다. 부자의 가족들은 그 말에 일리가 있다고 생각하여 참을성 있게 기다리며 조급해하지 않았다. 부자의 태도가 이토록 소극적인 것을 보고, 가난한 사람 역시 걱정이 되어 등석을 찾아가 방도를 물었다. 등석은 그 가난한 사람에게 "걱정할 필요도 없고 몸값을 낮출 필요도 없소. 왜냐하면 상대방은 당신에게서만 그 시체를 구할 수 있고, 다른 곳에서는 살 수가 없기 때문이오!"라고 말했다. 가난한 사람은 일리가 있다고 여겨 역시 조급해하지 않았다.

단어 律师 lǜshī 명 변호사 | 讼师 sòngshī 명 소송 대리인 | 鼻祖 bízǔ 명 시조 | 春秋 Chūnqiū 명 춘추 시대 | 郑国 Zhèngguó 고유 정(鄭)나라 | ★头脑 tóunǎo 명 두뇌 |

★灵活 línghuó 형 재빠르다 | 大夫 dàfū 명 대부[고대 관직명] | 活跃 huóyuè 동 활약하다 | 称道 chēngdào 동 칭찬하다 | ★兴起 xīngqǐ 동 일어나다, 흥기하다 | 股 gǔ 양 기체 따위를 세는 단위 | 浪潮 làngcháo 명 물결 | ★创办 chuàngbàn 동 창립하다 | 私学 sīxué 명 사숙, 서당 | 聚众 jùzhòng 동 많은 사람을 모으다 | 广招 guǎngzhāo 널리 구하다 | 门生 ménshēng 명 문하생, 제자 | 普法 pǔfǎ 동 법률 상식을 보급하다 | ★宣传 xuānchuán 동 선전하다 | 讲授 jiǎngshòu 동 강의하다 | 著作 zhùzuò 명 저서 | 打官司 dǎ guānsi 소송을 걸다 | 讼辩 sòngbiàn 시비를 변론하다 | ★技巧 jìqiǎo 명 기교 | 代理 dàilǐ 동 대리하다 | 萌芽 méngyá 동 싹트다, 발생하기 시작하다 | 当事人 dāngshìrén 명 소송 당사자 | 委托 wěituō 동 위탁하다 | 下属 xiàshǔ 명 아랫사람 | 子弟 zǐdì 명 자제 | 官府 guānfǔ 명 관아 | 用武之地 yòng wǔ zhī dì 성 자신의 재능을 보여 줄 곳 | 吕氏春秋 Lǚshì Chūnqiū 고유 여씨춘추[전국시대 진나라 재상 여불위가 편찬한 역사서] | 案件 ànjiàn 명 사건 | 颇 pō 부 매우 | 法制 fǎzhì 명 법제 | 创举 chuàngjǔ 명 최초의 거행 | ★被誉为 bèi yùwéi ~라고 불리다 | 擅长 shàncháng 동 뛰어나다 | ★辩论 biànlùn 명 변론 | 著称 zhùchēng 동 유명하다 | 操 cāo 동 다루다, 장악하다 | 左右逢源 zuǒyòu féngyuán 성 일처리가 원만해서 주위 관계를 매끄럽게 처리하다 | ★本领 běnlǐng 명 수완, 능력 | 渡河 dù hé 강을 건너다 | 不慎 búshèn 동 부주의하다 | 失足 shīzú 동 실족하다 | 淹 yān 동 침수하다 | 尸体 shītǐ 명 시체 | 打捞 dǎlāo 동 건져 내다, 인양하다 | 赎 shú 동 대금을 치르고 저당을 도로 찾다 | 埋葬 máizàng 동 매장하다 | 漫天要价 màntiān yàojià 성 터무니없이 높은 가격을 부르다 | 趁机 chènjī 동 기회를 타다 | 捞 lāo 동 얻다, 잡다 | 相持不下 xiāng chí bú xià 성 서로 버티며 양보하지 않다 | 僵局 jiāngjú 명 교착 상태 | 请教 qǐngjiào 동 가르침을 청하다 | 赎金 shújīn 명 물어줄 돈, 몸값 | 具 jù 양 시체를 세는 데 쓰임 | 犯愁 fànchóu 동 걱정하다

85

해설 및 정답 질문의 最令人称赞(사람들에게 가장 칭찬받은 것)은 두 번째 단락의 最为人所称道와 같은 뜻으로, 뒤에 있는 讲学助讼(소송 학술 강연을 하다)을 통해 바로 정답을 찾을 수 있다.

등석이 사람들에게 가장 칭찬받은 것은 무엇인가?

A 학식이 깊고 넓은 것
B 사람들에게 소송을 가르친 것
C 유학당을 설립한 것
D 노예 제도를 폐지한 것

단어 ★称赞 chēngzàn 동 칭찬하다 | 学识渊博 xuéshí yuānbó 학식이 깊고 넓다 | 诉讼 sùsòng 동 소송하다 | 开设 kāishè 동 설립하다 | 儒学 rúxué 명 유학 | 废除 fèichú 동 폐지하다 | 奴隶制 núlìzhì 명 노예 제도

86

해설 및 정답 춘추 시대의 소송 대리 제도는 세 번째 단락에서 찾을 수 있다. 지문에서 언급한 初生萌芽는 '싹이 트다'라는 뜻이다.

춘추 시대의 소송 대리 제도는?

A 막 발전하기 시작했다
B 등석이 형성을 추진했다
C 귀족 계층에 국한된다
D 당사자가 직접 관아에 가야 한다

단어 ★局限 júxiàn 동 국한하다 | 贵族 guìzú 명 귀족 | 阶层 jiēcéng 명 계층

87

해설 및 정답 마지막 단락의 첫 문장에서 등석이 변론에 뛰어나다고 언급했고 뒤이어 구체적인 사건을 예로 설명했다.

마지막 단락에서 주로 이야기하는 것은?

A 등석은 언변이 좋다
B 당시에는 빈부격차가 컸다
C 법률 수정의 필요성
D 어떻게 좋은 소송 대리인이 되는가

단어 能言善辩 néng yán shàn biàn 성 언변이 좋다 | ★差距 chājù 명 격차

88

해설 및 정답 두 번째 단락의 大力进行普法宣传教育(법률 상식을 널리 보급하는 교육을 힘껏 선전하였다)라는 내용을 통해 등석이 법률 보급을 추진했다는 것을 알 수 있다.

윗글을 근거로 알 수 있는 것은?

A 등석은 사람됨이 인색하다
B 춘추시대의 소송 비용은 비싸다
C 정나라의 법률은 이미 매우 완벽하다
D 등석은 법률의 보급을 추진했다

단어 ★吝啬 lìnsè 형 인색하다 | ★昂贵 ángguì 형 물건 값이 비싸다 | ★完善 wánshàn 형 완벽하다

[89-92]

당신은 생각할 수 있는가? 수천 수백만 년 동안 지구의 기후는 지구의 양대 생명의 왕국인 동물계와 식물계의 투쟁에 의해 결정되었다. 동물들은 산소를 마시고 이산화탄소를 내뿜고, 식물들은 주로 이산화탄소를 마시고 산소를 방출한다. 이산화탄소는 온실가스이기 때문에 바로 다음과 같이 결론지을 수 있다. 동물들은 지구의 온도를 높일 수 있고, 식물들은 지구의 온도를 낮출 수 있다. 만일 어느 한쪽이 우위를 점하면 지구는 온실 효과 혹은 또 한 번의 혹한기에 직면하게 된다.

5억여 년 전 '캄브리아기 대폭발' 시기에, 89곳곳에 이산화탄소를 공기 중으로 방출하는 절지동물들이 있어, 공기 중의 이산화탄소 함량이 오늘날의 20배에 달해 당시의 기후는 극히 따뜻했다.

하지만 식물이 반격했다. 화석에서 보인 바로는 4억 5천만 년 전, 리그닌을 함유한 식물이 처음 나타났는데, 리그닌이 세포를 단단하게 함으로써 식물이 자라게 되었고, 지구상에 첫 번째 나무가 생겨났다는 것이다. 90전 세계의 식물들이 대량으로 자라면서, 전혀 제약을 받지 않고 광합성이 공기 속에 이산화탄소를 흡수하여 이산화탄소의 함량을 크게 감소시켰고, 리그닌을 흡수하지 못하는 굶주린 절지동물은 이에 무력해져, 지구는 혹한기에 접어들게 되었다.

수억 년 동안 동물과 식물은 반복적으로 경쟁해 왔다. 약 1만 년 전, 91인류 활동의 현저한 증가로 지구 공기의 이산화탄소 함량이 다시 높아졌으며, 특히 최근 100년 동안 지구의 온실 효과는 점점 더 뚜렷해지고 있다.

지구상의 전체적인 생물권은 우리가 익히 알고 있는 생물 개체가 그 체내 환경을 조절하는 것처럼, 끊임없이 지구의 대기 환경을 조절하고 기후로 하여금 지구상에 생물의 생존과 진화의 수요에 적합하도록 만드는 것임을 알 수 있다. 바꿔 말하면, 92지구의 생물권은 자발적으로 환경을 조절하는 것이지, 수동적으로 환경에 적응하는 것이 아니다. 수십억 년의 기후 변천은 태양이나 지구로 인한 요인뿐만 아니라 생물들이 자신의 이익을 위해 그 안에 깊이 개입한 요인도 있다.

단어 斗争 dòuzhēng 명 투쟁 | ★氧气 yǎngqì 명 산소 | ★二氧化碳 èryǎnghuàtàn 명 이산화탄소 | 温室气体 wēnshì qìtǐ 온실가스 | 占上风 zhàn shàngfēng 우위를 점하다 | ★面临 miànlín 동 직면하다 | 严寒 yánhán 명 혹한 | 寒武纪 hánwǔjì 명 캄브리아기 | ★爆炸 bàozhà 명 폭발 | ★释放 shìfàng 동 방출하다 | 节肢动物 jiézhī dòngwù 명 절지동물 | 含量 hánliàng 명 함량 | 反击 fǎnjī 명 반격 | 亿 yì 수 억 | 木质素 mùzhìsù 명 목질소, 리그닌[화학] | ★细胞 xìbāo 명 세포 | ★坚硬 jiānyìng 형 단단하다 | ★毫无 háowú 동 전혀 없다 | 约束 yuēshù 동 제약하다 | 光合作用 guānghé zuòyòng 명 광합성 | 吸取 xīqǔ 동 흡수하다 | ★饥饿 jī'è 형 굶주리다 | 较量 jiàoliàng 동 경쟁하다 | ★显著 xiǎnzhù 형 현저하다 | 愈来愈 yùláiyù 부 점점 더 | 生物圈 shēngwùquān 명 생물권 | 熟知 shúzhī 동 익히 알다 | 调节 tiáojié 동 조절하다 | 变迁 biànqiān 명 변천 | ★参与 cānyù 동 참여하다, 개입하다

89

해설 및 정답 키워드인 "寒武纪大爆炸"时期('캄브리아기 대폭발' 시기)는 두 번째 단락에서 언급되었다. 到处都是把二氧化碳释放到空气中的节肢动物(곳곳에 이산화탄소를 공기 중으로 방출하는 절지동물들이 있다) 중 到处都是(곳곳에 ~이다)를 통해 절지동물이 많은 것을 알 수 있다.

'캄브리아기 대폭발' 시기에 관해 알 수 있는 것은?

A 일교차가 크다
B 해양의 종이 매우 많다
C 절지동물의 수가 많다
D 공기 중 이산화탄소의 함량이 낮다

단어 温差 wēnchā 명 온도차 | 物种 wùzhǒng 명 종[생물학] | 繁多 fánduō 형 대단히 많다

90

해설 및 정답 식물이 반격했다는 내용을 언급한 세 번째 단락에서 毫无约束的光合作用从空气中吸取着二氧化碳(전혀 제약을 받지 않고 광합성이 공기 속에 이산화탄소를 흡수한다)이라는 내용에서 정답을 찾을 수 있다.

왜 4억 5천만 년 전 식물이 반격했다고 말하는가?

A 얼음과 눈을 녹여서
B 지구 전체를 덮어서
C 육식 동물을 없애서
D 이산화탄소를 다량 흡수해서

단어 ★融化 rónghuà 동 녹다 | 覆盖 fùgài 동 덮다 | 消灭 xiāomiè 동 없애다

91

해설 및 정답 네 번째 단락에서 由于人类活动的显著增强……地球的温室效应愈来愈明显(인류 활동의 현저한 증가로……지구의 온실 효과는 점점 더 뚜렷해지고 있다)이라고 했다. 愈来愈明显으로 온실 효과가 가속화된다는 것을 알 수 있다.

인류 활동의 현저한 증가에는 어떠한 영향이 있는가?

A 온실 효과를 가속화하다
B 녹화 면적을 줄이다
C 생태 환경의 균형을 맞추다
D 다른 종의 멸종을 초래하다

단어 绿化 lǜhuà 명 녹화 | ★平衡 pínghéng 동 균형을 맞추다 | ★生态 shēngtài 명 생태 | 灭绝 mièjué 동 철저히 소멸하다

92

해설 및 정답 보기 A부터 D를 지문과 대조하여 확인한다. 마지막 단락의 地球的生物圈是在主动地调节环境(지구의 생물권은 자발적으로 환경을 조절한다)에서 보기 B가 그대로 제시되었다.

윗글을 근거로, 다음 중 정확한 것은?

A 나무가 동물보다 먼저 출연했다
B 생물권은 환경을 능동적으로 조절한다
C 태양이 기후 변천의 주요 원인이다
D 오늘날 이산화탄소의 함량은 절정에 달한다

단어 主因 zhǔyīn 명 주요 원인 | 顶峰 dǐngfēng 명 절정

[93-96]

사람들은 단단한 재료를 필요로 할 때가 많지만 단단한 재료는 충격을 잘 흡수하지 못하고 충격과 진동에 의해 노화되어 끊어질 수 있다. 이와 동시에, 93충격을 잘 흡수할 수 있는 많은 재료들이 있지만, 그것들은 종종 너무 연약하다. 예를 들어 강철은 견고하지만 시간이 지남에 따라 응력 균열이 생길 수 있으며, 고무는 비록 진동을 쉽게 흡수하지만 그것이 비행기를 만들기에 가장 좋은 재료는 아니다. 따라서 연구원들은 단단하면서도 충격에 더 잘 대응할 수 있는 강인한 재료를 제조하고 싶어 한다.

연구원들은 자연계에서 아이디어를 찾아 뼈대와 갑각, 그리고 치아와 같은 일련의 천연 조직을 분석했고, 94결국 그들은 법랑질로 최종 확정했다. 미시적 차원에서 보면, 법랑질은 몇 줄로 된 견고한 세라믹 결정체로 구성되어 있으며, 이 결정체들은 주위에 부드러운 유기 단백질로 둘러싸여 있다. 치아가 찢기거나 씹히는 압력을 받을 때, 이 몇 줄의 결정체는 압축되고 휘어져, 주위의 부드러운 단백질 재료는 여분의 에너지를 흡수하여 치아 구조가 손상되지 않게 한다.

그들은 95인공 법랑질이 언젠가 비행기 동체와 자동차의 섀시를 만드는 대체품이 될 것이라고 말한다. 모조된 법랑질은 더 가벼울 뿐만 아니라 지속적인 진동과 압력, 그리고 비행 도중의 확장과 압축을 견딜 수도 있다.

96이런 인공 법랑질을 생산하려면 굉장히 많은 시간이 소모된다. 40겹의 결정체를 겹겹이 깔아야 하는데, 이렇게 해도 1μ의 인공 법랑질밖에는 만들 수 없고, 이렇게 적은 재료는 단지 슬라이드에 넣을 수 있을 뿐이다. 비행기 한 대 전체를 만드는 데 쓰일 충분한 재료를 얻으려면 몇 년을 들여서 제조해야 한다. 설령 장점이 많다 해도, 96제조가가 비싸다는 점은 뒷걸음질치게 하기에 충분하다. 하지만 과학 기술이 발전하면서 96어쩌면 언젠가는 거대한 사랑니 속에 앉아 세계를 돌아다닐 수 있게 될지도 모른다.

단어 ★坚硬 jiānyìng 형 단단하다 | 冲击 chōngjī 명 충격 | 振动 zhèndòng 명 진동 | 老化 lǎohuà 동 노화하다 | 断裂 duànliè 동 끊어져 갈라지다 | 软 ruǎn 형 연약하다 | 钢铁 gāngtiě 명 강철 | ★坚固 jiāngù 형 견고하다 | 流逝 liúshì 동 흐르는 물처럼 지나가다 | 应力 yìnglì 명 응력 | 裂缝 lièfèng 금이 가다 | 橡胶 xiàngjiāo 명 고무 | ★打造 dǎzào 동 제조하다 | 强韧 qiángrèn 동 강인하다 | ★灵感 línggǎn 명 영감, 아이디어 | ★系列 xìliè 명 계열 | ★天然 tiānrán 형 천연의 | 骨骼 gǔgé 명 골격, 뼈대 | 甲壳 jiǎqiào 명 갑각 | 牙齿 yáchǐ 명 이, 치아 | 锁定 suǒdìng 동 최종적으로 확정하다 | 牙釉质 yáyòuzhì 명 법랑질, 에나멜질 | 微观 wēiguān 형 미시적 | 层面 céngmiàn 명 차원 | 陶瓷 táocí 명 세라믹 | 晶体 jīngtǐ 명 결정체 | 环绕 huánrào 동 둘러싸다 | ★柔软 róuruǎn 형 부드럽고 연하다 | 有机 yǒujī 형 유기의 | 蛋白质 dànbáizhì 명 단백질 | 撕碎 sīsuì 동 갈기갈기 찢다 | 咀嚼 jǔjué 동 씹다 | 压缩 yāsuō 동 압축하다 | 弯曲 wānqū 동 굽히다, 휘다 | ★避免 bìmiǎn 동 피하다 | 受损 shòusǔn 동 손상을 입다 | 底盘 dǐpán 명 섀시 | 代替品 dàitìpǐn 명 대체품 | 仿造 fǎngzào 동 모조하다 | 扩张 kuòzhāng 명 확장 | ★压缩 yāsuō 동 압축하다 | 耗费 hàofèi 동 소모하다 | 铺 pū 동 깔다 | 微米 wēimǐ 양 미크론(μ) | 载玻片 zàibōpiàn 명 (현미경의) 슬라이드, 검경판 | 花费 huāfèi 동 쓰다, 들이다 | 望而却步 wàng ér què bù 성 뒤로 물러서다, 몸을 사리다 | 智齿 zhìchǐ 명 사랑니

93

해설 및 정답 첫 번째 단락 중 有许多材料能很好地吸收冲击(충격을 잘 흡수할 수 있는 많은 재료들이 있다)에 뒤이어 但을 사용해 단점을 언급했다. 太软(너무 연약하다)은 不够坚硬(충분히 단단하지 않다)과 같은 의미이다.

첫 번째 단락을 근거로, 충격을 잘 흡수할 수 있는 재료에는 어떤 단점이 있는가?

A 부스러지기 매우 쉽다
B 손상되기 쉽다
C 제조가가 높다
D 충분히 단단하지 않다

단어 脆 cuì 형 부스러지기 쉽다 | ★损坏 sǔnhuài 동 손상시키다

94

해설 및 정답 키워드인 牙釉质(법랑질)는 두 번째 단락에서 처음 언급되었다. 법랑질은 부드러운 유기 단백질로 둘러싸여 있다고 했다.

법랑질에 관해 알 수 있는 것은?

A 배열이 가지런하다
B 칼슘 함량이 풍부하다
C 세라믹 결정체가 부드럽다
D 유기 단백질이 함유되어 있다

단어 排列 páiliè 동 배열하다 | 钙 gài 명 칼슘

95

해설 및 정답 세 번째 단락에서 人造牙釉质终有一天会成为打造飞机机身和汽车底盘的代替品(인공 법랑질이 언젠가 비행기 동체와 자동차의 섀시를 만드는 대체품이 될 것이다)이라는 내용을 통해 인공 법랑질로 자동차의 섀시를 만들 수 있음을 알 수 있다.

미래에 인공 법랑질로 제조할 수 있는 것은?

A 자동차의 섀시
B 기선의 선체
C 비행기의 엔진
D 비행기의 블랙박스

단어 轮船 lúnchuán 명 기선 | 引擎 yǐnqíng 명 엔진 | 黑匣子 hēixiázi 명 블랙박스

96

해설 및 정답 마지막 단락에서 也许有一天你能够坐在巨大的智齿里面周游世界(어쩌면 언젠가는 거대한 사랑니 속에 앉아 세계를 돌아다닐 수 있게 될지도 모른다)라고 했으므로 인공 법랑질이 아직 대규모로 제조되지 않았음을 유추할 수 있다.

마지막 단락을 근거로 알 수 있는 것은?

A 법랑질 재료의 전망이 우려된다
B 법랑질 재료는 아직 대규모로 제조되지 않았다
C 법랑질 재료를 대체할 신재료가 급히 필요하다
D 법랑질 재료는 비행기에 곧 투입될 것이다

단어 ★前景 qiánjǐng 명 전망 | 堪忧 kānyōu 동 걱정되다 | 尚未 shàngwèi 부 아직 ~하지 않다 | 投入 tóurù 동 돌입하다, 투입하다

[97-100]

97〈밀크 티가 중국 젊은이들의 건강을 망가뜨리고 있다〉는 제목의 글이 놀라울 정도로 널리 전파되고 있다. 글에서는 밀크 티의 당분 함량과 지방 함량이 정상 단위를 훨씬 웃돌며, 많은 사람들이 밀크 티를 마시면 잠을 자지 못하고 가슴이 뛰는 원인이 기준을 초과한 카페인 때문이라는 점 등의 내용을 소개했다. 100그렇다면 밀크 티는 정말 젊은이들의 건강을 '망가뜨리는' 것일까?

우선 밀크 티는 가공 과정에서 트랜스 지방산을 생성시켜 다량 섭취하면 건강에 영향을 미친다. 하지만 조사된 바에 따르면, 98중국인의 일상적인 트랜스 지방 섭취량은 세계보건기구의 권고 기준을 넘지 않는 것으로 나타났기 때문에, 가끔 밀크 티를 마시는 것은 크게 걱정할 필요가 없다. 많이 마시지만 않는다면 건강에 대한 위험은 관리할 수 있다.

다음으로 밀크 티는 당분이 확실히 비교적 높은데, 당을 너무 많이 섭취하면 건강에 좋지 않기 때문에 밀크 티를 포함해 설탕이 함유된 음료를 자주 마시는 것은 권장하지 않는다. 그러나 글에서 고당질이 암을 초래하고, 노화를 부추기며, 골다공증, 둔해짐, 비만, 식욕 부진 등의 위험을 초래한다는 일부 견해는 과장이 아닐 수 없다.

이 외에도 밀크 티의 카페인이 인체의 건강을 '망가뜨릴'까? 많은 음료 제품에 카페인이 들어 있다. 국제적으로 많은 건강 기구들이 건강한 성인에게는 매일 400mg이 넘지 않는 카페인을 섭취하는 것은 안전하다고 생각한다.

마지막으로 많은 사람들이 좋아하는 밀크 티에 첨가된 '타피오카 펄' 역시 비난을 받고 있다. 어떤 사람들은 밀크 티 안의 '타피오카 펄'이 모두 플라스틱으로 만들어져, 심지어 장폐색증을 일으킨다고 여긴다. 99사실, 버블 티 안의 '타피오카 펄'은 전분가루를 주원료로 제조하는데, 그 외에도 약간의 밀 단백과 식품 첨가제가 사용될 수 있다. 밀 단백을 첨가하는 것은 '타피오카 펄'의 촉감과 식감을 더욱 좋게 하기 위해서인데, 밀 단백은 매우 좋은 수합성과 구조적 성질을 가지고 있기 때문에 전분을 서로 더욱 잘 결합시켜 전분 '타피오카 펄'을 더 맛있게 하기 때문이다. 밀 단백은 단백질의 일종으로, 밀에 알레르기가 있는 일부 사람들이 먹기에 적합하지 않다는 것을 제외하면 일반적으로 인체에 해를 끼치지 않는다.

100따라서 밀크 티가 비록 건강식품은 아니지만, 전해지는 만큼 그렇게 심각하게 해롭지도 않다. 밀크 티를 좋아한다면 가끔 한 번씩 마시는 것은 괜찮다.

단어 奶茶 nǎichá 명 밀크 티 | 毁掉 huǐdiào 동 못쓰게 만들다 | 转发 zhuǎnfā 동 전달하다 | 惊人 jīngrén 동 사람을 놀라게 하다 | 糖分 tángfèn 명 당분 | 脂肪 zhīfáng 명 지방 | 单位 dānwèi 명 단위 | 心悸 xīnjì 동 가슴이 뛰다 | 超标 chāobiāo 동 규정된 표준을 초월하다 | 咖啡因 kāfēiyīn 명 카페인 | 反式脂肪酸 fǎnshì zhīfángsuān 명 트랜스 지방산 | 摄入 shèrù 동 섭취하다 | 世界卫生组织 Shìjiè Wèishēng Zǔzhī 명 세계보건기구 | ★风险 fēngxiǎn 명 위험 | ★的确 díquè 부 확실히 | 癌症 áizhèng 명 암 | 骨质 gǔzhì 명 골질 | 疏松 shūsōng 형 푸석푸석하다 | 笨 bèn 형 둔하고 무겁다 | 肥胖 féipàng 형 뚱뚱하다 | 厌食 yànshí 동 식욕이 부진하다 | 不免 bùmiǎn 부 면할 수 없다 | ★夸张 kuāzhāng 동 과장하다 | 机构 jīgòu 명 기구, 기관 | ★均 jūn 부 모두, 전체로 | 毫克 háokè 양 밀리그램(mg) | 添加 tiānjiā 동 첨가하다 | 珍珠 zhēnzhū 명 진주, 타피오카 펄 | 诟病 gòubìng 동 비난하다 | ★塑料 sùliào 명 플라스틱 | 肠梗阻 chánggěngzǔ 명 장폐색증 | 淀粉 diànfěn 명 전분 | 原料 yuánliào 명 원료 | 小麦 xiǎomài 명 밀 | 蛋白 dànbái 명 단백질 | 食品添加剂 shípǐn tiānjiājì 명 식품 첨가물 |

口感 kǒugǎn 명 (음식을 먹을 때) 입에 닿는 감촉 | 嚼劲儿 jiáojìnr 명 쫄깃한 식감 | 可口 kěkǒu 형 맛있다, 입에 맞다 | ★过敏 guòmǐn 동 알레르기 반응을 보이다 | ★不宜 bùyí 동 적합하지 않다 | 传说 chuánshuō 동 이리저리 말이 전해지다

97

해설 및 정답 첫 번째 단락의 文章转发量惊人(글이 놀라울 정도로 널리 전파되고 있다)을 통해 많은 사람들이 그 글을 전달했음을 알 수 있다.

첫 번째 단락을 근거로, 그 글은?

A 전문가의 질의를 받았다
B 과학적 근거가 없다
C 많은 사람들에 의해 전파되었다
D 생활 잡지에 게재되었다

단어 遭 zāo 동 (주로 좋지 않은 일을) 겪다, 받다 | ★质疑 zhìyí 동 질의하다 | 依据 yījù 명 근거 | 刊载 kānzǎi 동 게재하다

98

해설 및 정답 키워드 反式脂肪酸(트랜스 지방산)은 두 번째 단락에서 찾을 수 있다. 中国人日常反式脂肪酸摄入量不超过世界卫生组织的建议标准(중국인의 일상적인 트랜스 지방 섭취량은 세계보건기구의 권고 기준을 넘지 않는다) 중 不超过(넘지 않다)는 보기 B의 低于(~보다 낮다)의 뜻이다.

중국인의 트랜스 지방산 섭취량은?

A 남녀의 차이가 크다
B 권고 기준보다 낮다
C 매년 증가하는 추세다
D 춘절 기간에는 변화가 빠르다

단어 ★差异 chāyì 명 차이 | 逐年 zhúnián 부 해마다, 매년 | ★趋势 qūshì 명 추세, 경향

99

해설 및 정답 키워드 珍珠(타피오카 펄)는 다섯 번째 단락에서 찾을 수 있다. 타피오카 펄은 전분가루 외에 밀 단백과 식품 첨가제가 들어간다고 했다.

밀크 티 안의 '타피오카 펄'에 관해, 다음 중 정확한 것은?

A 소화되기 쉽지 않다
B 물에 쉽게 녹는다
C 플라스틱으로 만들어졌다
D 식품 첨가제가 함유되었다

단어 ★融化 rónghuà 동 녹다

100

해설 및 정답 첫 번째 단락에서 밀크 티가 젊은 사람들의 건강을 파괴할 수 있느냐는 질문을 했고, 뒷부분에는 이에 대해 분석하여 의견을 제시했다.

윗글이 주요하게 이야기하는 것은?

A 중국의 밀크 티 시장은 이미 포화 상태다
B 적당량의 밀크 티는 해롭지 않다
C 식품 안전 문제는 책임이 막중하다
D 젊은이들은 신체를 많이 단련해야 한다

단어 饱和 bǎohé 형 포화 상태에 이르다 | 任重道远 rènzhòng dàoyuǎn 성 책임이 막중하다

쓰기

101

해설 및 정답 주요 인물, 사건, 시간 등을 파악한 후, 구체적인 묘사나 부가 성분을 삭제하고 고득점 표현을 활용하여 요약한다.

①1992년, 21살이던 마커는 쑤저우 실크 공과대학 공예미술학과를 졸업하고, 작품 〈진용〉을 통해 제2회 '형제배' 국제청년 패션디자이너 대회의 금상을 수상하며 최연소 수상자가 되었다. 이후 몇 년 동안 마커는 영예롭게도 잇따라 '중국 10대 디자이너', '5대 최우수 디자이너 중 한 명'이라는 타이틀을 거머쥐게 되면서 수많은 대형 의류회사에서 그녀를 고액 임금으로 자신의 기업에 영입하려 했다.

②그러나 마커에게는 자신만의 생각이 있었고, 시장의 천편일률적인 패션 스타일에 싫증을 느꼈다. 그녀는 중국이 세계에서 1, 2등을 다투는 의류 수출 대국인데, 자신만의 브랜드도 없고 자신만의 창조성도 없어서, 세계적으로 인정받지 못한 것이 매우 슬픈 일이며, 이 일이 자신과 어느 정도 관련이 있다고 생각했다. 그때 마커가 자주 하던 말은 '옷이 반드시 이렇게 피상적이어야 하나' 하는 것이었다. 옷에 의미를 주입하고자 하는 것은 이미 마커의 마음속에 씨앗이 되어 뿌리를 내리고 싹을 틔우기 시작했다.

③그리하여 마커는 여러 회사의 초청을 거절하고, 연인인 마오지훙과 함께 광저우의 한 작은 가게 안의 작은 공간을 빌려 자주적으로 사업을 시작했다. 이러한 행동 때문에 마커와 마오지훙은 디자이너계의 이류로 간주되자, 그녀는 아예 자신의 브랜드에 '예외'라는 이름을 붙였다. 두 사람은 밑바닥부터 착실히 최선을 다했으며, 돈이 떨어지면 호텔 유니폼을 디자인하고, 번 돈으로 원단과 기계를 구입해 조금씩 '예외'라는 이 브랜드를 만들었다.

④사업하는 과정에서, 마커는 끊임없이 새로운 아이디어를 시도했다. 예를 들면 그녀가 수작업으로 만들어 둔 옷을 땅에 묻고, 토지와 시간이 자신의 작품을 완성하게 하는 것이다. 옷을 땅에서 꺼내자 전부 값진 시간으로 물들어 마치 세월에 대한 이야기를 하는 듯했다.

⑤후에 마커는 이 옷들로 파리에서 패션쇼를 열어 큰 센세이션을 일으켰다. 이것은 마커를 매우 기쁘고도 놀랍게 해서, 그녀는 무용하지만 흥미로운 일을 더 많이 시도하고 무용한 예술품을 더 많이 만들기로 결정했다. 하지만 이런 아이디어는 시장에서의 활동이 나날이 활발해지고 있는 '예외'에서 실현할 수 없어서, 마커는 아예 '무용한'이라는 브랜드를 하나 더 만들어 수공업으로 옷과 장신구를 생산하게 되었다. '무용한'의 옷은 하나하나가 남다르고, 염직과 재단에서 봉제까지 전부 수작업으로 완성하기 때문에 제작자의 정서가 담겨 있었다. '무용한'의 이러한 특징은 점차 많은 우수 고객들을 감동시키고 사로잡았다.

⑥퍼스트레이디 펑리위안도 일찍이 '예외'와 '무용한'의 오래된 고객으로, 그녀는 마커가 만든 옷과 용품을 자주 구입했다. 외국 방문을 앞두고 펑리위안은 특별히 마커에게 자신을 위한 옷을 디자인해 달라고 청했는데, 그 의상들은 중국적인 요소가 녹아 있을 뿐만 아니라 고상하고 신분에 걸맞으며, 펑리위안의 우아한 품격에 어울린다는 호평을 받기도 했다. 이로써 '예외'와 '무용한'은 만인이 주목하는 패션 브랜드가 되었고, 마커 역시 국내에서 주목받는 디자이너가 되었다.

⑦마커는 이 세상에 수많은 사람들이 대세에 따라야 하고, 유용한 일을 해야 한다고 교육을 받는데, 그녀는 자신이 기어코 하나의 예외를 만들고, 무용해 보이는 일을 하는 것은 주된 가치관에 부합하지 않지만, 고객들이 사용하게 되면서 완전히 새로운 가치를 부여받을 수 있다고 말했다.

단어 丝绸 sīchóu 명 비단 | 工学院 gōngxuéyuàn 공과대학 | 工艺美术 gōngyì měishù 명 공예미술 | ★凭借 píngjiè 동 ~을 통하다 | 秦俑 Qínyǒng 고유 진용[진나라의 병마용] | 金奖 jīnjiǎng 명 금상 | 相继 xiāngjì 동 잇따르다 | 荣获 rónghuò 동 영예롭게도 ~을 획득하다 | 称号 chēnghào 명 칭호 | 高薪 gāoxīn 명 고액 임금 | 聘请 pìnqǐng 동 초빙하다 | 加盟 jiāméng 동 단체나

조직에 가입하다 | ★千篇一律 qiān piān yí lǜ 성 천편일률적이다 | 款式 kuǎnshì 명 스타일, 디자인 | 厌倦 yànjuàn 동 싫증나다, 진저리가 나다 | 数一数二 shǔ yī shǔ èr 성 일 이등을 다투다, 뛰어나다 | 出口 chūkǒu 동 수출하다 | 可悲 kěbēi 형 슬프다 | 肤浅 fūqiǎn 형 피상적이다, 표면적이다 | 注入 zhùrù 동 주입하다 | ★内涵 nèihán 명 의미 | 粒 lì 양 알, 톨 | 种子 zhǒngzi 명 종자, 씨앗 | ★生根发芽 shēnggēn fāyá 뿌리가 내리고 싹이 트다 | 恋人 liànrén 명 연인 | 租 zū 동 세내다, 빌리다 | 柜台 guìtái 명 바, 카운터 | ★自主 zìzhǔ 동 주체적이다, 자주적이다 | ★创业 chuàngyè 동 사업을 시작하다 | 举措 jǔcuò 명 행동거지 | 异类 yìlèi 명 이류, 다른 종류 | ★干脆 gāncuì 부 아예 | 品牌 pǐnpái 명 브랜드 | ★例外 lìwài 명 예외 | 底层 dǐcéng 명 밑바닥 | 扎扎实实 zhāzhā shíshí 형 착실하다 | 打拼 dǎpīn 동 최선을 다하다 | 布料 bùliào 명 천, 옷감 | ★机器 jīqì 명 기계 | ★一点一滴 yì diǎn yì dī 성 조금씩 | ★纯手工 chúnshǒugōng 수공업, 순수 핸드메이드 | 埋 mái 동 묻다 | 染 rǎn 동 물들이다 | 厚重 hòuzhòng 형 값지다 | 光阴 guāngyīn 명 시간 | 仿佛 fǎngfú 부 마치 ~인 듯하다 | 诉说 sùshuō 동 감동적으로 이야기하다 | 时光 shíguāng 명 세월 | 巴黎 Bālí 고유 파리 | 服装秀 fúzhuāngxiù 패션쇼 | 轰动 hōngdòng 동 센세이션을 불러일으키다 | ★惊喜 jīngxǐ 동 놀라고도 기뻐하다 | 运作 yùnzuò 동 활동하다 | 日渐 rìjiàn 부 나날이 | 创立 chuànglì 동 창립하다 | 服饰 fúshì 명 복식, 의상과 장신구 | 旗下 qíxià 계열의, 소속된 | ★与众不同 yǔ zhòng bù tóng 성 남다르다 | 织染 zhīrǎn 명 염직 | 裁剪 cáijiǎn 동 재단하다 | 缝制 féngzhì 동 봉제하다 | 感染 gǎnrǎn 동 감동시키다 | ★征服 zhēngfú 동 정복하다 | 优质 yōuzhì 형 양질의 | ★客户 kèhù 명 고객 | 第一夫人 dì-yī fūrén 명 퍼스트레이디 | 彭丽媛 Péng Lìyuán 고유 펑리위안[정치인, 시진핑의 배우자] | 资深 zīshēn 형 경력이 오랜 | 购置 gòuzhì 동 사들이다 | ★特意 tèyì 부 특별히 | 融合 rónghé 동 융합하다 | ★元素 yuánsù 명 요소 | ★大方 dàfāng 형 고상하다 | 得体 détǐ 형 신분에 걸맞다, 제격이다 | 优雅 yōuyǎ 형 우아하다 | 气质 qìzhì 명 품격 | ★一致 yízhì 형 일치하다 | 好评 hǎopíng 명 호평 | 万众瞩目 wànzhòng zhǔmù 성 만인이 주시하다 | 时尚 shíshàng 명 패션 | 备受 bèishòu 동 한껏 받다 | 随大流 suí dàliú 여러 사람이 하는 대로 따르다, 대세에 순응하다 | 偏 piān 부 기어코 | 主流 zhǔliú 명 주요 추세, 주된 경향 | ★赋予 fùyǔ 동 부여하다

작문 완성하기

서론 ①단락	마커는 졸업 후에 여러 패션 디자인 상을 받는다. 马可 마커 | 毕业 졸업하다 | 获奖 수상하다

↓

큰 사건1 ②~③단락	마커는 의상에 의미를 주입하고 싶어서 자신의 브랜드를 만든다. 为服装注入内涵 의상에 의미를 주입하다 | 拒绝邀请 초청을 거절하다 | 创业 사업을 시작하다 | 创立“例外” '예외'를 만들다

↓

큰 사건2 ④~⑤단락	마커는 새로운 아이디어를 시도하며 '무용한'이라는 브랜드를 만든다. 尝试新想法 새로운 아이디어를 시도하다 | 创立“无用” '무용한'을 만들다 | 征服客户 고객을 정복하다

↓

큰 사건3 ⑥단락	마커는 퍼스트레이디를 위해 디자인한 그녀의 옷으로 인기를 얻는다. 第一夫人 퍼스트레이디 | 设计服装 의상을 디자인하다 | 备受瞩目 주목을 받다

↓

결론 ⑦단락	마커는 예외적이고 무용해 보이는 일을 해도 가치를 창조할 수 있다고 여긴다.
	例外 예외적 | 看似无用的事 무용해 보이는 일 | 全新的价值 완전히 새로운 가치

고득점 표현

모범 답안

"例外"和"无用"

1992年，马可毕业于一所工学院，并获得了多项服装设计大奖，因此很多服装公司想聘请她。

然而她却有着自己的想法，她不想做千篇一律的衣服，而是想为服装注入内涵。于是，马可拒绝了各大公司的邀请，开始自主创业。这个举动令她被视为设计师中的另类，所以她干脆给自己的品牌取名为"例外"。

在创业过程中，她不断尝试新的想法，尝试无用但有趣的事情，生产无用的艺术品，引起了很大的轰动。后来，她又创立了一个叫"无用"的品牌，专门生产纯手工服饰。"无用"品牌的服饰，每一件都与众不同，都是手工完成的，征服了许多客户。

第一夫人也是"例外"和"无用"的客户，马可为第一夫人设计的服装，不但融合了中国元素，而且得体大方，受到了一致好评。从此，她的"例外"和"无用"备受关注，她也成为了大受欢迎的设计师。

马可认为，做一个例外，做一些看似无用的事，虽然不符合主流价值观，但却能产生全新的价值。

'예외'와 '무용한'

1992년, 마커는 한 공과대학을 졸업하고 여러 의상 디자인 상을 받게 되어, 많은 디자인 회사에서 그녀를 초청하고 싶어 했다.

하지만 그녀는 자신만의 생각을 가지고 있어서, 천편일률적인 옷을 만들고 싶지 않았고, 옷에 의미를 주입하고 싶었다. 그리하여 마커는 여러 큰 회사의 초청을 거절하고 자주적으로 사업을 시작했다. 이러한 행동이 그녀를 디자이너계의 다른 부류로 간주하게 만들자, 그녀는 아예 '예외'라는 이름의 자신만의 브랜드를 만들었다.

사업을 하는 과정에서, 그녀는 끊임없이 새로운 아이디어를 시도했는데, 무용하지만 흥미로운 일들을 시도하며 무용한 예술품을 만들어 센세이션을 일으켰다. 후에 그녀는 또 '무용한'이라는 브랜드를 만들고 전문적으로 수공예 의상과 장신구를 만들었다. '무용한' 브랜드의 옷은 하나하나가 남다르며, 모두 수공으로 완성하여 수많은 고객들을 정복하게 되었다.

퍼스트레이디 역시 '예외'와 '무용한'의 고객으로, 마커가 퍼스트 레이디를 위해 디자인한 옷은 중국적인 요소가 녹아 있을 뿐만 아니라 신분에 걸맞고 고상하여 모두의 호평을 받았다. 이로써 그녀의 '예외'와 '무용한'은 주목을 받게 되었고, 그녀 역시 환영을 받는 디자이너가 되었다.

마커는 예외적이고 무용해 보이는 일을 하는 것이 비록 주된 가치관에 부합하지는 않지만, 완전히 새로운 가치를 만들 수 있다고 생각한다.

모의고사 2회

정답

듣기

1 C	2 B	3 C	4 C	5 B	6 D	7 A	8 D	9 D	10 A
11 B	12 D	13 A	14 D	15 B	16 A	17 A	18 C	19 B	20 C
21 B	22 D	23 C	24 D	25 A	26 B	27 A	28 B	29 D	30 C
31 A	32 C	33 B	34 B	35 C	36 D	37 B	38 A	39 C	40 D
41 A	42 C	43 D	44 D	45 C	46 A	47 B	48 D	49 A	50 C

독해

51 C	52 D	53 C	54 A	55 D	56 A	57 C	58 A	59 B	60 D
61 B	62 D	63 C	64 A	65 D	66 B	67 C	68 A	69 B	70 C
71 B	72 E	73 A	74 C	75 D	76 C	77 B	78 A	79 E	80 D
81 B	82 C	83 A	84 B	85 D	86 C	87 A	88 D	89 A	90 B
91 D	92 C	93 B	94 A	95 C	96 D	97 B	98 A	99 C	100 D

쓰기

101. 모범 답안 ▸ 256쪽 참고

기본서 242쪽

듣기

Track 53

1

Track 53-1

해설 및 정답 보기에서 공통적으로 제시된 단어인 学霸(공붓벌레) 뒤의 내용을 집중해서 들어야 한다. 녹음에 学习成绩优秀(학습 성적이 우수하다)와 보기에 学习成绩突出(학습 성적이 뛰어나다)는 같은 의미이다.

"学霸"有很多含义，其中一种含义是指那些会学习、学习成绩优秀的学生。虽然学霸在先天方面可能有一些优势，但是在心理学家眼中，学霸之所以为学霸，良好的学习习惯和方法是最重要的原因。

A 学霸不善于交际
B 学霸是网络流行语
C 学霸学习成绩突出
D 学霸离不开老师指导

'공붓벌레'에는 여러 의미가 있는데, 그중 공부를 잘하고 학습 성적이 우수한 학생이라는 의미가 있다. 비록 공붓벌레가 선천적으로 약간의 이점을 가지고 있을 수도 있겠지만, 심리학자들이 보기에 공붓벌레가 공붓벌레인 것은 좋은 학습 습관과 방법이 가장 중요한 원인이다.

A 공붓벌레는 교류에 서투르다
B 공붓벌레는 인터넷 유행어이다
C 공붓벌레는 학습 성적이 뛰어나다
D 공붓벌레는 선생님의 지도가 없으면 안 된다

단어 学霸 xuébà 명 공붓벌레 | ★含义 hányì 명 함의, 내포된 뜻 | 先天 xiāntiān 형 선천적인 | ★优势 yōushì 명 우세, 우위 | ★良好 liánghǎo 형 양호하다, 좋다 | ★善于 shànyú 동 ~을 잘하다 | 交际 jiāojì 동 교제하다

2

Track 53-2

해설 및 정답 녹음의 厨房里传来打碎盘子的响声(부엌에서 접시가 깨지는 소리가 들렸다)이라는 말을 통해 접시가 깨졌다는 것을 알 수 있다.

晚饭后，母亲和女儿一块儿洗碗盘，父亲和儿子在客厅看电视。突然，厨房里传来打碎盘子的响声，然后一片沉寂。这时儿子望着父亲说道："一定是妈妈打碎的。""你怎么知道?"父亲问。"因为她没有骂人。"儿子答道。

A 儿子说谎了
B 盘子被打碎了
C 爸爸被妈妈批评了
D 一家人正在涮火锅

저녁 식사 후 어머니와 딸은 함께 설거지를 하고, 아버지와 아들은 거실에서 TV를 보고 있었다. 문득 부엌에서 접시가 깨지는 소리가 들리고 정적이 흘렀다. 이때 아들은 아버지를 쳐다보며 말했다. "분명히 엄마가 깨뜨렸을 거예요." "네가 어떻게 아니?" 하고 아버지가 물었다. "왜냐하면 엄마가 욕을 하지 않았으니까요."라고 아들이 대답했다.

A 아들이 거짓말을 했다
B 접시가 깨졌다
C 아빠는 엄마에게 혼났다
D 온 가족이 훠궈를 먹고 있다

단어 打碎 dǎsuì 동 부수다 | 响声 xiǎngshēng 명 소리 | 一片 yípiàn 양 분위기나 소리를 셈 | 沉寂 chénjì 형 적막하다 | 骂 mà 동 욕하다 | 说谎 shuōhuǎng 동 거짓말하다 | 涮火锅 shuàn huǒguō 동 훠궈를 먹다

3

Track **53-3**

해설 및 정답 녹음에서 달걀이 吸收盐分(염분을 흡수한다) 역할을 한다고 언급했다.

做菜时，如果带汤的菜里面盐放多了，只需将一个鸡蛋放在锅中，过一会儿鸡蛋便把菜汤中的盐分吸收了。这样不仅不那么咸，添加的鸡蛋也使菜的营养更加丰富。

A 鸡蛋不应多吃
B 喝汤有助于消化
C 鸡蛋可以吸收盐分
D 吃盐太多对身体有害

요리를 하다가 만일 국물이 있는 음식에 소금을 너무 많이 넣었다면, 달걀 하나를 냄비에 넣기만 하면, 잠시 후 달걀이 국물에 있는 염분을 흡수한다. 그러면 그렇게 짜지 않을 뿐만 아니라, 첨가된 달걀이 요리의 영양을 더욱 풍부하게 하기도 한다.

A 달걀은 많이 먹으면 안 된다
B 국물을 마시면 소화에 도움이 된다
C 달걀은 염분을 흡수할 수 있다
D 소금을 너무 많이 먹으면 몸에 해롭다

단어 盐分 yánfèn 명 염분 | ★吸收 xīshōu 동 흡수하다 | 添加 tiānjiā 동 첨가하다 | ★消化 xiāohuà 동 소화하다

4

Track **53-4**

해설 및 정답 因…而得名(~에 의해 이름을 붙이다)과 得名于…(~에서 유래된 이름)는 의미가 유사한 표현으로 시험에 자주 출제된다.

早在两千年前，古蜀国就以布帛金银富饶而闻名天下。西汉初年，蜀地的丝织工匠在织帛技艺的基础上发明了织锦。锦就是用各种颜色的丝织成的多彩提花织物，这种锦因盛产于蜀地而得名蜀锦。

A 蜀锦色彩淡雅
B 蜀地盛产棉花
C 蜀锦得名于产地
D 蜀锦是古代皇室的贡品

일찍이 2천 년 전, 고대 촉나라는 비단 및 금과 은이 풍요로운 것으로 유명했다. 서한 초기에 촉나라 견직공은 견직 짜는 기술을 바탕으로 여러 빛깔을 섞어 짠 무늬 있는 비단을 발명하였다. 비단은 여러 가지 색깔의 견사로 짠 다채로운 자카르 직물인데, 이런 비단은 촉나라에서 많이 생산되기 때문에 촉금이라는 이름이 붙었다.

A 촉금의 색채는 말쑥하고 우아하다
B 촉나라에서 목화솜이 많이 생산된다
C 촉금은 생산지에서 유래된 이름이다
D 촉금은 고대 황실의 공물이다

단어 蜀国 Shǔguó 고유 촉나라 | 布帛 bùbó 명 직물의 총칭 | 富饶 fùráo 형 풍요롭다 | 丝织 sīzhī 동 견사로 직물을 짜다 | 工匠 gōngjiàng 명 공예가 | 织 zhī 동 방직하다, 짜다 | ★技艺 jìyì 명 기예 | 锦 jǐn 명 여러 빛깔을 섞어 짠 무늬 있는 비단 | 提花 tíhuā 명 자카르로 짠 도드라진 무늬 | 织物 zhīwù 명 직물 | ★盛产 shèngchǎn 동 많이 생산하다 | 淡雅 dànyǎ 형 말쑥하고 우아하다 | 棉花 miánhuā 명 목화솜 | 产地 chǎndì 명 생산지 | 皇室 huángshì 명 황실 | 贡品 gòngpǐn 명 공물, 헌상품

5

Track **53-5**

해설 및 정답 녹음 시작 부분에서 湿度会对当地的语言造成影响(습도가 현지 언어에 영향을 미친다)이라고 언급한 후, 이어서 언어학자들의 연구를 통해 이러한 영향이 성조에 나타난다고 했다.

研究发现，某一地区的湿度会对当地的语言造成影响。语言学家们研究了3700多种语言，发现629种声调多变的语种大多出现在非洲和南亚的湿热地区，而声调平和的语言则大都出现在干燥或干旱的地区。

A 方言正在逐渐消失
B 湿度会影响语言的声调
C 非洲地区语言声调平和
D 干旱地区的语言更幽默

연구에 의하면, 한 지역의 습도가 그 지역의 언어에 영향을 미친다고 한다. 언어학자들은 3,700여 종의 언어를 연구했는데, 629종의 성조 변화가 많은 언어들은 아프리카와 남아시아의 습하고 더운 지역에서 많이 나타나는 반면, 성조가 부드러운 언어들은 대부분 건조하거나 가뭄이 든 지역에서 나타난다는 것을 발견했다.

A 방언이 점차 사라지고 있다
B 습도는 언어의 성조에 영향을 미칠 수 있다
C 아프리카 지역 언어의 성조는 부드럽다
D 가뭄이 든 지역의 언어는 더 유머러스하다

단어 湿度 shīdù 명 습도 | 当地 dāngdì 명 현지 | 声调 shēngdiào 명 성조 | 语种 yǔzhǒng 명 언어의 종류 | ★干燥 gānzào 형 건조하다 | 干旱 gānhàn 형 가물다 | ★方言 fāngyán 명 방언 | 消失 xiāoshī 동 사라지다 | 平和 pínghé 형 부드럽다 | ★幽默 yōumò 형 유머러스하다

6

Track 53-6

해설 및 정답 보기에 공통으로 제시된 단어 苦夏(더위를 먹는 것)에 집중해서 녹음을 들으면 된다. 보기에 精神不振(정신 건강 부진)이 그대로 언급되었다.

苦夏是指人在进入夏季后由于气温升高，出现没有食欲、进食量较其他季节明显减少，并伴有低热、身体乏力、精神不振、工作效率降低和体重减轻的现象。苦夏并不是病，只要多食瓜果、补充维生素，便可以消除苦夏症状。

A 苦夏是由缺水所致
B 苦夏症状因人而异
C 苦夏是一种心理疾病
D 苦夏症状包括精神不振

더위를 먹는 것이란 여름철에 들어서면서 기온이 올라가 식욕이 없어지고 다른 계절에 비해 식사량이 눈에 띄게 줄며, 미열과 기력 저하, 정신 건강 부진, 업무 효율 저하와 체중 감소를 동반하는 현상을 말한다. 더위를 먹는 것은 질병이 아니라 과일을 많이 먹고 비타민을 보충하기만 하면 증상을 없앨 수 있다.

A 더위 먹음은 물 부족으로 야기된다
B 더위 먹음의 증상은 사람에 따라 다르다
C 더위 먹음은 일종의 심리 질병이다
D 더위 먹음의 증상에 정신 건강 부진이 포함된다

단어 食欲 shíyù 명 식욕 | 进食量 jìnshíliàng 식사량 | 乏力 fálì 형 기력이 없다 | 不振 búzhèn 형 부진하다 | ★效率 xiàolǜ 명 효율 | ★维生素 wéishēngsù 명 비타민 | 消除 xiāochú 동 없애다 | 症状 zhèngzhuàng 명 증상 | 由…所致 yóu…suǒ zhì ~로 야기되다 | 因人而异 yīn rén ér yì 성 사람에 따라 다르다 | ★疾病 jíbìng 명 질병

7

Track 53-7

해설 및 정답 녹음에서 언급된 月球上的水资源是如何产生的呢(달의 수자원은 어떻게 생겨난 것일까)라는 질문으로 달에 물이 존재한다는 것을 알 수 있다.

近年来，科学家发现月球要比之前预想的更加湿润。但是月球上的水资源是如何产生的呢? 这一直是个未解谜团。日前，科学家最新研究表明，45-43亿年前小行星碰撞月球，将水资源送至这颗卫星。

A 月球上存在水
B 月球表面凹凸不平
C 月球适合植物生长
D 月球上板块活动剧烈

최근 몇 년 동안, 과학자들은 달이 전에 예상했던 것보다 더욱 습윤하다는 것을 발견했다. 그런데 달의 수자원은 어떻게 생겨난 것일까? 이것은 줄곧 해결할 수 없는 미스터리로 남아 있었는데, 일전에 과학자들의 최신 연구에 따르면, 45~43억 년 전에 소행성이 달에 충돌하면서 이 위성에 수자원을 보냈다고 한다.

A 달에는 물이 존재한다
B 달의 표면은 울퉁불퉁하다
C 달에서 식물이 생장하기 적합하다
D 달의 암판 활동이 격렬하다

단어 月球 yuèqiú 명 달 | 预想 yùxiǎng 동 예상하다 | 湿润 shīrùn 형 습윤하다 | ★水资源 shuǐzīyuán 명 수자원 | 谜团 mítuán 명 미스터리 | 亿 yì 수 억 | 行星 xíngxīng 명 행성 | 碰撞 pèngzhuàng 동 충돌하다 | 卫星 wèixīng 명 위성 | ★表面 biǎomiàn 명 표면 | 凹凸不平 āotū bù píng 성 울퉁불퉁하다 | 生长 shēngzhǎng 동 생장하다 | 板块 bǎnkuài 명 암판, 지각의 판상 표층 | 剧烈 jùliè 형 격렬하다

8

Track **53-8**

해설 및 정답 녹음에서 养眼(눈 보양)은 看起来舒服(보기에 편하다), 视觉效果协调(시각적 효과가 조화롭다)라는 의미라고 언급했으므로 아름다운 것을 표현하는 어휘로 쓰인다는 것을 알 수 있다. 어휘의 파생된 의미를 소개하는 내용인 경우에는 본래의 의미와 현재의 의미를 주의 깊게 들어야 한다.

"养眼"本义是"养护眼睛，提升视力"，通过按摩眼部穴位，从而达到提升视力、预防近视的目的。而在如今的大众文化生活中，"养眼"的意思是看起来舒服、视觉效果协调，给人以美的享受和感觉。

A "养眼"本是贬义词
B "养眼"是医学术语
C "养眼"未被收录到词典中
D "养眼"现用于赞扬美好的事物

'눈 보양'은 원래 '눈을 보호하고 시력을 높이자'는 뜻으로, 눈의 혈을 마사지함으로써 시력을 높이고 근시를 예방하는 목적을 갖는다. 그런데 오늘날 대중문화 속에서 '눈 보양'은 보기에 편하고 시각적 효과가 조화로워, 미적인 즐거움과 느낌을 준다는 의미로 쓰인다.

A '눈 보양'은 폄의어다
B '눈 보양'은 의학 용어다
C '눈 보양'은 사전에 수록되지 않았다
D '눈 보양'은 현재 아름다운 것을 찬양하는 데 쓰인다

단어 养眼 yǎngyǎn 형 눈을 즐겁게 하다 | 本义 běnyì 명 본의 | 养护 yǎnghù 동 보호하다 | 提升 tíshēng 동 끌어올리다 | 视力 shìlì 명 시력 | 按摩 ànmó 동 안마하다 | 穴位 xuéwèi 명 혈, 혈자리 | 预防 yùfáng 동 예방하다 | 近视 jìnshì 명 근시 | ★视觉 shìjué 명 시각 | 协调 xiétiáo 형 조화롭다 | ★享受 xiǎngshòu 명 향수, 향락 | 贬义词 biǎnyìcí 명 폄의어 | 术语 shùyǔ 명 전문 용어 | 收录 shōulù 동 수록하다 | 赞扬 zànyáng 동 찬양하다

9

Track **53-9**

해설 및 정답 녹음의 太阳出来了，蜗牛就会躲进壳里(해가 뜨면 달팽이는 껍데기 속에 숨는다)라는 내용으로 달팽이는 직사광선을 피하기 위해 껍데기 속에 숨는다는 것을 알 수 있다. 또한 보기의 阳光直射(직사광선)는 녹음에서 그대로 제시되었다.

蜗牛的活动和气温是密不可分的。一般来说，大部分蜗牛都是昼伏夜出，害怕阳光直射。当温度高于33℃时，它会休眠，高于40℃时，则可能被热死。因此，一般太阳出来了，蜗牛就会躲进壳里。

A 蜗牛的生命周期短
B 蜗牛的壳十分脆弱
C 蜗牛一般在雨后出行
D 蜗牛躲在壳里避免阳光直射

달팽이의 활동은 기온과 밀접한 관계가 있다. 일반적으로 대부분의 달팽이들은 햇빛이 내리쬐는 것이 두려워, 낮에는 숨어 있다가 밤에 나온다. 온도가 33℃ 이상일 때 달팽이는 휴면하고, 40℃ 이상이 되면 열로 죽을 수도 있다. 따라서 보통 해가 뜨면 달팽이는 껍데기 속에 숨는다.

A 달팽이는 생명 주기가 짧다
B 달팽이의 껍데기는 부서지기 쉽다
C 달팽이는 보통 비 온 뒤에 다닌다
D 달팽이는 껍데기에 숨어 직사광선을 피한다

단어 蜗牛 wōniú 명 달팽이 | 密不可分 mì bù kě fēn 밀접하게 얽혀 있다 | 昼伏夜出 zhòufú yèchū 낮에는 숨고 밤에는 나오다 | 直射 zhíshè 동 바로 내리쬐다 | 休眠 xiūmián 동 휴면하다 | 躲 duǒ 동 숨다 | 壳 ké 명 껍데기 |

生命 shēngmìng 명 생명 | 周期 zhōuqī 명 주기 | 脆弱 cuìruò 형 부서지기 쉽다 | ★避免 bìmiǎn 동 피하다

10

Track 53-10

해설 및 정답 녹음의 毫无意义(전혀 의미가 없다)와 보기의 没有意义(의미가 없다)는 같은 의미이다. 毫无는 '전혀 ~이 없다'라는 뜻이다.

生活中经常有人抱怨不公，抱怨周围的人和事。这些人很少会积极想办法解决问题，反而将诉苦和抱怨视为理所当然。事实上，这样的抱怨是毫无意义的，它不过是暂时的发泄，事情并不会因此改变。

A 抱怨是没有意义的
B 抱怨会影响人际关系
C 抱怨的人更想解决问题
D 抱怨会让人变得强大起来

살다 보면 공평하지 않다고 불평하고, 주변 사람과 일에 대해 원망하는 사람이 많다. 이런 사람들은 적극적으로 방법을 강구해 문제를 해결하려고 하지 않고, 오히려 불평과 불만을 당연하게 여긴다. 사실 이런 불평은 전혀 의미가 없다. 그것은 일시적인 분출에 불과하여, 그로 인해 바뀌는 일은 없다.

A 불평은 의미가 없다
B 불평은 인간관계에 영향을 미칠 수 있다
C 불평하는 사람들은 문제를 더 해결하고 싶어 한다
D 불평은 사람을 강하게 만들 수 있다

단어 ★抱怨 bàoyuàn 동 원망하다 | 不公 bùgōng 형 공평하지 않다 | 诉苦 sùkǔ 명 불만 동 억울한 사정을 하소연하다 | 理所当然 lǐ suǒ dāng rán 성 당연히 그렇다 | ★毫无 háowú 동 전혀 ~이 없다 | 暂时 zànshí 명 일시 | 发泄 fāxiè 동 분출하다 | 强大 qiángdà 형 강대하다

11

Track 53-11

해설 및 정답 녹음에서 雷电灾害(천둥 번개 재해)가 여러 방면에 영향을 미치고 있음을 소개했는데, 造成重大的经济损失和不良社会影响(중대한 경제적 손실과 좋지 않은 사회적 영향을 초래할 수 있다)이라는 내용으로 그 피해가 심각하다는 것을 알 수 있다.

雷电灾害是一种自然灾害现象，常伴有强烈的阵风和暴雨，有时还伴有冰雹和龙卷风。雷电灾害经常造成人员伤亡，还可能导致供配电系统、通信设备、民用电器的损坏，引起火灾甚至爆炸，造成重大的经济损失和不良社会影响。

A 雷电灾害不可避免
B 雷电灾害危害严重
C 雷电可被用于发电
D 雷电有助于农作物生长

천둥 번개 재해는 일종의 자연재해 현상으로, 강한 바람과 폭우를 동반하고 때로는 우박과 토네이도가 동반되기도 한다. 천둥 번개 재해로 인명 피해가 자주 발생하고, 배전 시스템과 통신 설비, 민간 전기기구의 파손이 초래될 수 있으며, 심지어 화재가 폭발로 이어질 수 있어서, 중대한 경제적 손실과 좋지 않은 사회적 영향을 초래할 수 있다.

A 천둥 번개 재해는 피할 수 없다
B 천둥 번개 재해의 피해는 심각하다
C 천둥 번개는 발전에 사용될 수 있다
D 천둥 번개는 농작물의 생장에 도움이 된다

단어 雷电 léidiàn 명 천둥과 번개 | ★灾害 zāihài 명 재해 | 强烈 qiángliè 형 강렬하다 | 阵风 zhènfēng 명 진풍[갑자기 불다가 잠시 후에 그치는 센바람] | 暴雨 bàoyǔ 명 폭우 | 冰雹 bīngbáo 명 우박 | 龙卷风 lóngjuǎnfēng 명 토네이도, 회오리바람 | 伤亡 shāngwáng 동 사상하다 | 供配电 gōngpèidiàn 명 배전 | ★系统 xìtǒng 명 시스템 | 通信设备 tōngxìn shèbèi 통신 설비 | 民用 mínyòng 명 민간 | 电器 diànqì 명 전기 기구 | 损坏 sǔnhuài 동 파손시키다 | 火灾 huǒzāi 명 화재 | 爆炸 bàozhà 동 폭발하다 | ★损失 sǔnshī 명 손실 | 不良 bùliáng 형 좋지 않다 | ★危害 wēihài 명 해, 위해 | 农作物 nóngzuòwù 명 농작물

12

Track **53-12**

해설 및 정답 녹음의 从根本上说是相同的(근본적으로 같다)와 보기의 本质上没有区别(본질적으로 차이가 없다)는 같은 의미이다.

东方传统礼节和西方礼节，从根本上说是相同的，都强调人际交往要友善，要礼让，举止要文明等。但是由于传统、信仰、习俗的影响，二者无论是形式还是内涵都有明显差别。

A 西方礼节形式简洁
B 东方礼节历史更长
C 宽容是人际交往的前提
D 东西方礼节本质上没有区别

동양 전통 예절과 서양 예절은 근본적으로 같은 것으로, 모두 사람과의 교류에서 우호적이어야 하고, 예의를 갖춰 사양해야 하며, 행동거지에는 교양이 있어야 한다는 등을 강조한다. 그러나 전통과 신앙, 관습의 영향으로 인해, 양쪽의 형식이나 내포된 뜻에는 분명한 차이가 있다.

A 서양 예절은 형식이 간결하다
B 동양 예절의 역사가 더 길다
C 관용은 인간 관계의 전제이다
D 동서양 예절은 본질적으로 차이가 없다

단어 礼节 lǐjié 명 예절 | 根本 gēnběn 명 근본 | 友善 yǒushàn 형 우호적이다, 다정하다 | 礼让 lǐràng 동 겸양하다, 공손한 태도로 양보하다 | ★举止 jǔzhǐ 명 거동, 행동거지 | 信仰 xìnyǎng 명 신앙 | ★习俗 xísú 명 습속 | ★内涵 nèihán 명 내용, 속뜻 | ★差别 chābié 명 차이 | 简洁 jiǎnjié 형 간결하다 | ★宽容 kuānróng 동 관용하다 | ★前提 qiántí 명 전제 | 本质 běnzhì 명 본질 | 区别 qūbié 명 차이

13

Track **53-13**

해설 및 정답 녹음의 传热(열을 전도하다)와 보기의 导热(열 전도)가 같은 의미임을 안다면 쉽게 답을 찾을 수 있다. 导电(전도하다)과 导火索(도화선) 등의 어휘도 알아 두는 것이 좋다.

砂锅的传热速度比金属锅稍慢，但一旦温度升高后，只要有适量的热源继续加热，就可以长时间持续烹饪。就算在停止加热的情况下，也能继续对锅内的食品传热，保持热量的时间也特别长。

A 砂锅导热慢
B 金属锅保温时间长
C 砂锅不宜用明火加热
D 家庭厨房无法使用砂锅

뚝배기는 금속 냄비에 비해 전열 속도가 다소 느리지만, 일단 온도가 올라가면 적당량의 열원이 있어 계속 가열만 되면 오랫동안 지속적으로 요리를 할 수 있다. 가열을 중단한 상태에서도 계속 냄비 안의 음식에 열을 전달할 수 있고, 열을 유지하는 시간도 매우 길다.

A 뚝배기는 열 전도가 느리다
B 금속 냄비는 보온 시간이 길다
C 뚝배기는 횃불로 가열해서는 안 된다
D 가정의 주방에서는 뚝배기를 사용할 수 없다

단어 砂锅 shāguō 명 뚝배기 | 传热 chuánrè 동 열을 전도하다 | 金属 jīnshǔ 명 금속 | ★适量 shìliàng 형 적당량이다 | 烹饪 pēngrèn 동 요리하다 | 导热 dǎorè 동 열을 전도하다 | 保温 bǎowēn 동 보온하다 | ★不宜 bùyí 동 ~해서는 안 된다 | 明火 mínghuǒ 명 횃불, 화염이 있는 불

14

Track **53-14**

해설 및 정답 녹음에서는 주로 시간 관리의 중요성에 대해 이야기했다. 管理时间(시간 관리)은 바로 安排时间(시간 배치)을 의미한다.

时间对于每个人来说都是公平的，做好时间管理尤为重要。要分清轻重、缓急、主次，把每天的工作安排有序。即使计划的事情当天没有完成，也应把当天最重要、最紧急的事情完成。

A 要时常反思
B 公平是相对的
C 理财要规避风险
D 应学会合理安排时间

시간은 모든 사람에게 공평하고, 시간 관리를 잘 하는 것은 특히 중요하다. 중요한 것과 중요하지 않은 것, 시급한 것과 시급하지 않은 것, 주된 것과 부차적인 것을 구분하여, 매일의 업무를 질서 정연하게 배치해야 한다. 설령 계획된 일이 당일에 완성되지 않았더라도, 그날의 가장 중요하고 시급한 일은 완수해야 한다.

A 자주 반성해야 한다
B 공평함은 상대적이다
C 재테크는 위험을 피해야 한다
D 시간을 합리적으로 배치할 줄 알아야 한다

단어 公平 gōngpíng 형 공평하다 | 尤为 yóuwéi 부 더욱이, 특히 | 主次 zhǔcì 명 경중, 주된 것과 부차적인 것 | 有序 yǒuxù 형 질서 정연하다 | ★反思 fǎnsī 동 반성하다 | 理财 lǐcái 동 재테크하다 | 规避 guībì 동 교묘하게 회피하다 | ★风险 fēngxiǎn 명 위험

15

Track **53-15**

해설 및 정답 父母的行为、处世风格将直接影响孩子以后的性格、决定孩子的一生(부모의 행동, 처세 스타일은 아이의 이후 성격에 직접적인 영향을 미쳐 아이의 일생을 결정한다)이라는 내용으로 부모가 아이에게 미치는 영향력이 매우 크다는 것을 알 수 있다.

孩子来到这个世上时是一张白纸，他们的性格、行为方式是在家庭环境中养成的。孩子的问题，根源往往在父母那里。父母的行为、处世风格将直接影响孩子以后的性格、决定孩子的一生。

A 人之初，性本善
B 孩子受父母影响大
C 教育的本质是让人成长
D 要善于发挥自己的优势

아이가 이 세상에 올 때는 백지 상태이며, 그들의 성격과 행동 방식은 가정 환경에 의해 길러지게 된다. 아이의 문제는 근원이 종종 부모에게 있다. 부모의 행동, 처세 스타일은 아이의 이후 성격에 직접적인 영향을 미쳐 아이의 일생을 결정한다.

A 천성이 악한 사람은 없다
B 아이는 부모의 영향을 크게 받는다
C 교육의 본질은 사람을 성장시키는 것이다
D 자신의 강점을 잘 발휘해야 한다

단어 ★根源 gēnyuán 명 근원 | 处世 chǔshì 동 처세하다 | 人之初，性本善 rén zhī chū, xìng běn shàn 천성이 악한 사람은 없다 | 发挥 fāhuī 동 발휘하다 | ★优势 yōushì 명 우세

[16-20]

Track **53-16_20**

第16到20题是根据下面一段采访：

女：今天我们请到的嘉宾是著名摄影师吴锋。吴先生您好，您是如何与摄影结缘，走上摄影道路的呢？질문①

男：16小时候，有一次我的姑父拿个相机拍我，我就闭只眼睛做出拍摄的样子。当时我好像是8岁。等自己拿起相机的时候，就会想到那一幕，现在还有画面。16我觉得那个瞬间就已注定我以后做摄影这个行业。

女：您从事摄影行业已经十多年了，您对摄影最大的感悟是什么？질문②

男：我觉得可以总结为两句话：17为时代写真，为历史留影。这也是作为一个摄影师的责任。

女：您为什么会选择人像摄影？人像摄影与其他类型的摄影有何不同？질문③

男：其实最开始就是为了创业挣钱，而且这还是个大家比较认可的艺术行业。18人像摄影与其他类型的不同点就是要以人为主，人物情绪决定环境。不能因为今天阴天，我们就拍忧郁的片子，而是人物情绪忧郁，我们就要把环境拍成忧郁的环境。

女：在您的简介中，您写道您是一个情感摄影师，能和我们具体说一说什么是情感摄影吗？질문④

男：情感摄影就是把被拍摄者内心深处最真实的东西拍出来，也可以说成把他们拍出刚出生的样子，就是自然。被摄者有不好的心理状态时，还需加以引导，让他们忘记不好的情绪，19就像心理医生一样。

女：作为一名情感摄影师，和客人的沟通一定是必不可少的，怎么去进行沟通才能激发客人内心深处的情感呢？질문⑤

男：沟通嘛，我还是有自己的一套方法。20我首先会让被摄者给我一个字，我就会根据他给的这个字对他有一个简单的了解，然后加以引导，直到他说出他内心最真实的感受。

16~20번 문제는 다음 인터뷰에 근거한다.

여: 오늘 저희가 초대한 손님은 유명 사진작가 우펑 선생님입니다. 우 선생님, 안녕하세요. 선생님은 어떻게 사진과 인연을 맺으시고 촬영의 길을 걷게 되셨나요? 질문①

남: 16어렸을 때, 한번은 저희 고모부가 카메라를 들고 저를 찍으셨는데, 제가 한쪽 눈을 감고 촬영하는 모습을 따라 했었습니다. 당시에 저는 8살 정도 되었던 것 같아요. 카메라를 들고 있으면 그때 그 장면이 떠오릅니다. 아직까지도 그 화면이 남아 있어요. 16저는 그 순간에 이미 정해진 것이라 생각합니다. 제가 이후에 촬영이라는 이 업을 하도록 말이지요.

여: 선생님이 촬영업계에 종사한 지 벌써 10년이 넘었는데요, 촬영에 대해 가장 크게 깨달은 점은 무엇입니까? 질문②

남: 저는 두 마디로 요약할 수 있다고 생각합니다. 17시대를 위해 사진을 찍고, 역사를 위해 사진을 찍는다. 이것은 사진작가로서의 책임이기도 하지요.

여: 선생님은 왜 인물 사진을 선택하셨나요? 인물 사진과 다른 유형의 사진은 무엇이 다른가요? 질문③

남: 사실 처음에는 창업을 위해 돈을 벌려고 시작했고, 이것이 모두가 비교적 인정해 주는 예술 분야였기 때문이기도 했지요. 18인물 사진이 다른 유형의 사진과 다른 점은 사람이 주가 된다는 것이고, 사람의 정서가 환경을 결정한다는 것입니다. 오늘 날씨가 흐리다고 해서 우울한 사진을 찍을 수는 없지요. 그런데 인물의 기분이 우울하면, 우리는 환경을 우울한 환경으로 촬영하려 합니다.

여: 선생님의 소개 글에서, 선생님은 자신을 감정 사진작가라고 쓰셨는데, 저희에게 감정 사진작가란 무엇인지 구체적으로 말씀해 주실 수 있을까요? 질문④

남: 감정 촬영이란 피사체의 마음속 깊은 곳에서 가장 진실된 것을 찍는 것인데, 그들의 갓 태어난 모습을 찍는 것이라고도 말할 수 있습니다. 바로 자연스러움이지요. 피사체의 심리 상태가 좋지 않을 때는 그들이 좋지 않은 기분을 잊을 수 있게 이끌 필요도 있어요. 19마치 정신과 의사처럼 말이지요.

여: 감정 사진작가로서 고객과의 소통이 없어서는 안 될 텐데, 어떻게 소통해야 고객의 내면 깊은 곳의 감정을 불러일으킬 수 있나요? 질문⑤

남: 소통이라면 제 나름의 방법이 있지요. 20저는 우선 고객에게 글자를 하나 달라고 하고, 그가 준 글자에 간단한 해석을 합니다. 그러고 나서 그가 내면의 가장 진실된 느낌을 말할 때까지 이끌어 주는 것이지요.

단어 嘉宾 jiābīn 명 귀한 손님 | 摄影师 shèyǐngshī 명 촬영 기사 | 结缘 jiéyuán 동 인연을 맺다 | 姑父 gūfù 명 고모부 | 拍摄 pāishè 동 촬영하다 | 幕 mù 양 장면을 세는 데 쓰임 | 注定 zhùdìng 동 운명으로 정해져 있다 | ★从事 cóngshì 동 종사하다 | 感悟 gǎnwù 명 깨달음 | 写真 xiězhēn 동 인물 사진을 찍다 | 留影 liúyǐng 동 기념 촬영을 하다 | 类型 lèixíng 명 유형 | ★创业 chuàngyè 동 창업하다 | ★认可 rènkě 동 인정하다 | ★情绪 qíngxù 명 정서, 기분 | 忧郁 yōuyù 형 우울하다 | 简介 jiǎnjiè 명 간단한 소개 | 引导 yǐndǎo 동 이끌다 | ★必不可少 bì bù kě shǎo 성 없어서는 안 된다 | ★激发 jīfā 동 불러일으키다

16

Track **53-16**

해설 및 정답 남자는 我觉得那个瞬间就已注定我以后做摄影这个行业(저는 그 순간에 이미 정해진 것이라 생각합니다. 제가 이후에 촬영이라는 이 업을 하도록 말이지요)라고 말했다. 그가 말한 그 순간은 그가 어린 시절 사진을 찍었던 경험을 가리킨다.

男的从事摄影行业与什么有关?

A 儿时的经历
B 旅行的见闻
C 一堂美术课
D 一档摄影节目

남자가 촬영업계에 종사하는 것은 무엇과 연관이 있는가?

A 어린 시절의 경험
B 여행의 견문
C 한 차례의 미술 수업
D 한 편의 촬영 프로그램

단어 儿时 érshí 명 어린 시절 | 见闻 jiànwén 명 견문 | 堂 táng 양 회[학교의 수업을 셈] | 档 dàng 양 가지

17

Track **53-17**

해설 및 정답 남자는 为时代写真，为历史留影(시대를 위해 사진을 찍고, 역사를 위해 사진을 찍는다)을 사진작가의 책임이라고 여겼다. 이것은 사진으로 시대를 기록한다는 의미이기도 하다.

男的觉得摄影师的责任是什么?

A 记录时代
B 让人思考
C 发扬传统文化
D 拍出真实的图像

남자는 사진작가의 책임이 무엇이라고 생각하는가?

A 시대를 기록하는 것
B 사람들을 생각하게 하는 것
C 전통문화를 드높이는 것
D 진실된 사진을 찍는 것

단어 ★发扬 fāyáng 동 드높이다 | 图像 túxiàng 명 사진

18

Track **53-18**

해설 및 정답 인물 사진을 소개할 때, 남자가 以人为主，人物情绪决定环境(사람이 주가 된다는 것이고, 사람의 정서가 환경을 결정한다는 것입니다)이라고 말했다.

关于人像摄影，可以知道什么?

A 依赖后期处理
B 是摄影初级阶段
C 人物情绪决定环境
D 对摄影器材要求高

인물 사진에 관해 알 수 있는 것은?

A 후반 작업을 해야만 한다
B 촬영의 초급 단계이다
C 인물의 기분이 환경을 결정한다
D 촬영 기자재에 대한 요구가 높다

단어 ★依赖 yīlài 동 불가분의 관계이다, 의지하다 | 后期 hòuqī 명 후반부 | 初级 chūjí 명 초급 | ★阶段 jiēduàn 명 단계 | 器材 qìcái 명 기자재

19

Track **52-19**

해설 및 정답 여자의 네 번째 질문에 대해 남자는 心理医生(정신과 의사)처럼 피사체의 좋지 않은 기분을 잊을 수 있게 이끌어야 한다고 했다.

男的把情感摄影师比作什么?

A 志愿者　　**B 心理医生**
C 电影演员　　D 电台主持人

남자는 감정 사진작가를 무엇에 비유했는가?

A 자원봉사자　　**B 정신과 의사**
C 영화배우　　D 방송국 진행자

20

Track 53-20

해설 및 정답 여자가 어떻게 고객과 소통하는지를 물었을 때, 남자는 我首先会让被摄者给我一个字(저는 우선 고객에게 글자를 하나 달라고 한다)라고 대답했다.

男的是通过什么与客人沟通的?

A 一幅画　　B 一首诗
C 一个字　　D 一句话

남자는 무엇으로 고객과 소통하는가?

A 그림 한 폭　　B 시 한 수
C 한 글자　　D 말 한 마디

[21-25]

Track 53-21_25

第21到25题是根据下面一段采访:

男: 近年来，公办学校、民办学校、国际学校、课外辅导机构等让家长挑花了眼，更为新鲜的"在家上学"也不乏追捧者，21您如何看待教育选择上这种多样的变化? 질문①

女: 中国的发展越来越快，家长对什么是好的教育、什么是适合自己孩子的教育、什么是高质量的教育的看法，已经不完全相同了。有些家长可能认为让孩子上一个好大学就是好教育，有的可能认为满足孩子个性发展需求的教育才是好教育，有的认为学习先进的科学技术对孩子终身有益，还有一些家长则认为学习传统的国学对孩子有价值。

男: 所以说，传统的公办学校已经不能满足家长追求多样化的需求了，是吗? 질문②

女: 22传统上公办学校是主要的、甚至唯一的教育提供者，而且提供的是整齐划一的教育。不管出生在什么样的家庭、居住在什么样的区域、拥有什么样的个人愿望，所有的孩子都在相同的年龄，经历相同的学习阶段，学习同样的内容，最后接受统一的中考或高考。这种模式持续了相当长的时期，现在到了改变的时候了。

男: 一些新的教育形式刚刚诞生，还没有具备合法性，比如说"在家上学"，您怎么看? 질문③

女: 23在家上学，是一种国际性的教育现象。很多国家已经有相关的法律来保护学生在家上学的权利，但同时也提出了很多条件和要求，对父母的教师资质、在家上学的学习课程、在家上学的学习质量评价、在家上学学生转入学校等进行明确规定。23这些都是值得我们借鉴的。

男: 不管是公办还是民办学校，要让学校发展得更好，现在缺乏什么条件? 질문④

女: 24A首先要进一步加大教育投入，尤其是要加大对教育不发达地区或者是对薄弱学校的财政投入。24C其次要进一步扩大学校的办学自主权。24B第三，从学校内部来说，就是要努力建设民主的学校。民主意味着尊重，意味着对多样性的保护，25只有民主才能够激发活力。

21~25번 문제는 다음 인터뷰에 근거한다.

남: 최근 몇 년 동안 국립학교와 사립학교, 국제학교와 사교육기관 등이 너무 많아지면서 학부모들의 선택이 어려워지고, 더욱이 새로운 '홈스쿨링'은 추종자들도 매우 많아졌는데요, 21선생님은 교육을 선택하는 데 있어 이러한 다양한 변화에 대해 어떻게 생각하십니까? 질문①

여: 중국의 발전은 점점 빨라지고 있습니다. 학부모들은 무엇이 좋은 교육이고, 무엇이 자신의 아이들에게 적합한 교육인지, 그리고 무엇이 질 높은 교육인지에 대한 인식이 완전하게 일치하지는 않습니

모의고사 2회 해설

다. 어떤 학부모는 좋은 대학에 진학시키는 것이 좋은 교육이라고 생각할 수도 있고, 어떤 분들은 아이의 개성을 발전시키기 위한 교육이 좋은 교육이라고 생각할 수도 있고, 어떤 분들은 선진 과학기술을 배우는 것이 아이에게 평생 도움이 될 거라 생각할 수도 있고, 또 어떤 학부모는 전통적인 국학을 배우는 것이 아이에게 가치가 있다고 생각할 수도 있습니다.

남: 그래서 전통적인 국립학교는 이미 다양화를 추구하는 학부모들의 요구를 충족시키지 못한다고 말하는 것이군요? 질문②

여: 22전통적으로 공립학교는 주요하게, 심지어 유일하게 교육을 제공한 곳이며, 게다가 획일화된 교육을 제공했습니다. 어떤 가정에서 태어났든, 어떤 지역에 살든, 어떤 개인적 바람을 가졌든, 모든 아이들은 같은 나이에 같은 학습 단계를 거치고, 같은 내용을 배우고, 끝으로 통일된 고등학교 입학시험이나 수능시험을 치릅니다. 이런 패턴이 상당히 오랫동안 지속되었으니, 이제 바뀔 때가 된 것이지요.

남: 몇몇 새로운 교육 형식은 이제 막 생겨나서 아직 합법성을 갖추지 못했습니다. 예를 들면, '홈스쿨링'이 그러한데, 선생님은 어떻게 생각하시나요? 질문③

여: 23홈스쿨링은 국제적인 교육 현상입니다. 많은 국가가 이미 관련 법률을 가지고 학생들이 홈스쿨링을 할 권리를 보호하고 있지만, 동시에 홈스쿨링에 대한 많은 조건과 요구도 제기됩니다. 부모의 교사 자질과 홈스쿨링의 학습 커리큘럼, 홈스쿨링의 학습 품질 평가 및 학생의 학교 전입 등에 대한 명확한 규정, 23이것들은 모두 우리가 참고할 만한 것입니다.

남: 공립이든 사립이든 학교가 더욱 발전하도록 하려는 데에 현재 어떤 조건이 부족합니까? 질문④

여: 24A우선 교육 투자를 확대해야 합니다. 특히 교육이 발달하지 못한 지역이나 취약 학교에 대한 재정 투자를 늘려야 합니다. 24C다음으로 학교의 설립 자주권을 더욱 확대해야 합니다. 24B세 번째로, 학교 내부적으로 민주적인 학교를 만들기 위해 노력해야 합니다. 민주는 존중을 의미하고 다양성에 대한 보호를 의미하므로, 25민주적이어야만이 생기를 불어넣을 수 있습니다.

단어 公办 gōngbàn 형 국립의 | 民办 mínbàn 형 사립의 | 辅导 fǔdǎo 동 지도하다 | 机构 jīgòu 명 기관 | 挑花了眼 tiāohuāle yǎn 너무 많아서 제대로 고를 수가 없다 | 不乏 bùfá 형 드물지 않다, 매우 많다 | 追捧 zhuīpěng 동 추종하다, 열광적으로 사랑하다 | 终身 zhōngshēn 명 평생 | 有益 yǒuyì 형 유익하다, 도움이 되다 | 国学 guóxué 명 국학 | ★需求 xūqiú 명 수요, 요구 | ★唯一 wéiyī 형 유일한 | 整齐划一 zhěngqí huàyī 고르고 획일적이다 | 区域 qūyù 명 지역 | ★拥有 yōngyǒu 동 가지다 | 愿望 yuànwàng 명 소망, 바람 | ★模式 móshì 명 유형, 패턴 | 诞生 dànshēng 동 생기다 | ★具备 jùbèi 동 갖추다 | 合法 héfǎ 형 합법적이다 | 权利 quánlì 명 권리 | 资质 zīzhì 명 자질 | 课程 kèchéng 명 과정, 커리큘럼 | 借鉴 jièjiàn 동 참고로 하다 | 投入 tóurù 명 투자 | 薄弱 bóruò 형 취약하다 | 财政 cáizhèng 명 재정 | 自主权 zìzhǔquán 명 자주권 | 民主 mínzhǔ 형 민주적이다 | ★意味着 yìwèizhe 동 의미하다 | ★激发 jīfā 동 불러일으키다 | ★活力 huólì 명 생기

21

Track 53-21

해설 및 정답 남자는 첫 번째 질문에서 您如何看待教育选择上这种多样的变化(선생님은 교육을 선택하는 데 있어 이러한 다양한 변화에 대해 어떻게 생각하십니까?)라고 물으며 중국의 교육이 선택에 있어 다양해졌다는 점을 언급했다.

近年来，中国教育发生了什么变化？

A 设备现代化　　**B 选择多样化**
C 课程个性化　　D 学校分散化

최근 몇 년간, 중국 교육에 어떤 변화가 있었나?

A 시설의 현대화　　**B 선택의 다양화**
C 수업의 개성화　　D 학교의 분산화

단어 ★分散 fēnsàn 명 분산

22

Track 53-22

해설 및 정답 남자의 두 번째 질문에 여자는 传统上公办学校是主要的、甚至唯一的教育提供者(전통적으로 공립학교는 주요하게, 심지어 유일하게 교육을 제공한 곳이며)라고 대답했다.

关于传统的公办学校，下列哪项正确?

A 学费较低
B 校长由政府安排
C 培养了大量科学家
D 是教育的主要提供者

전통적인 공립학교에 관해, 다음 중 정확한 것은?

A 학비가 비교적 저렴하다
B 교장은 정부에서 안배한다
C 많은 과학자를 양성했다
D 교육의 주요 제공자이다

단어 政府 zhèngfǔ 명 정부

23

Track 53-23

해설 및 정답 여자는 홈스쿨링은 국제적인 교육 현상이며 많은 국가가 이미 관련 법률을 가지고 있다고 언급하며 这些都是值得我们借鉴的(이것들은 모두 우리가 참고할 만한 것)라는 관점을 나타냈다.

女的如何看待“在家上学”?

A 不符合实际
B 适合中学生
C 需要制定相关法律
D 在中国有成功经验

여자는 '홈스쿨링'을 어떻게 보는가?

A 실제에 부합하지 않는다
B 중학생에게 적합하다
C 관련 법률을 제정해야 한다
D 중국에서 성공한 경험이 있다

24

Track 53-24

해설 및 정답 여자는 인터뷰 말미에 首先…其次…第三…(우선~ 다음으로~ 세 번째로~) 형식으로 학교를 발전시키기 위한 세 가지 조건을 제시했는데, 그중 외국 기업과의 협력은 언급하지 않았다.

根据这段采访，下列哪项不是使学校发展得更好的条件?

A 增大投入
B 建立民主学校
C 扩大办学自主权
D 与国外企业合作

인터뷰를 근거로, 다음 중 학교를 발전시킬 수 있는 조건이 아닌 것은?

A 투자를 늘린다
B 민주 학교를 세운다
C 학교 설립의 자주권을 확대한다
D 외국 기업과 협력한다

25

Track 53-25

해설 및 정답 여자는 마지막에 只有民主才能够激发活力(민주적이어야만이 생기를 불어넣을 수 있습니다)라고 직접적으로 언급했다.

女的为什么说民主很重要?

A 能激发活力
B 让学生更自信
C 实现人人平等
D 促进师生关系

여자는 왜 민주적인 것이 중요하다고 했는가?

A 생기를 불어넣을 수 있어서
B 학생들이 자신감을 갖게 해서
C 모두의 평등을 실현해서
D 사제 관계를 촉진해서

[26-30]

Track **53-26_30**

第26到30题是根据下面一段采访:

女: 您收藏古宅已经有很多年了，而这几年古宅收藏突然热门起来，为什么会有这种现象? 질문①

男: 26这是一种回归传统的潮流，古宅具有深厚的历史性和文化性。别墅是“富”，古宅是“贵”，贵在文化内涵。随着经济的快速发展，从富到贵，有些人通过收藏古宅来修养身心，追求情怀。

女: 此前，有些人收藏古宅后会将古宅整体迁移走，您怎么看? 질문②

男: 27我个人并不赞成这种做法，我认为要坚持原址保护，原址收藏。如果有钱就买，买了就拆走，这样古村落都保不住了，根没有了，乡愁也没有了。

女: 走了那么多地方，看了那么多，收藏了那么多古宅，过程中给您印象最深的是什么? 질문③

男: 28感触最深的就是先辈们的伟大。东方建筑尤其是我们的中国宅是很有特点的，历史最为悠久，且极具文化性，包含了很多文化元素。29现在要全面恢复传统古宅是不现实的，因为已经没有当时的工艺和材料，也没有土地条件。所以对于保留下来的，就必须珍惜。但让我最痛心的是，一些古村，几年前看只是烂了一点点，现在再去看就烂了很多。江西抚州有非常多的历史文化名村，我们之前去看过，后来发现经常会漏雨，一漏雨，房梁、木雕基本就都烂了。

女: 古宅的修护和保养需要注意什么? 질문④

男: 买一间古宅是一种享受，但是你有保护它的责任。比如墙面上出现斑斑点点的东西，可以用白灰水浸泡材料，既可以将里面的砂眼填充，又有杀虫作用，这样能保护很长时间。另外，应该制定一个保养计划，比如什么时候翻新一次，30像砖木结构的，一般10年一小修，30年一大修。日常维护得好，一般不会有什么大问题。

26~30번 문제는 다음 인터뷰에 근거한다.

여: 선생님이 고택을 소유하신 지 벌써 여러 해가 지났는데, 최근 몇 년 들어 고택 소유가 갑자기 인기를 끌게 되었습니다. 왜 이런 현상이 생긴 걸까요? 질문①

남: 26이것은 전통으로 회귀하려는 일종의 추세입니다. 고택은 역사성과 문화성이 풍부하니까요. 별장은 '부(富)'이고, 고택은 '귀(貴)'인데, 문화적 의미는 '귀(貴)'에 있습니다. 경제가 빠르게 발전하면서 '부(富)'에서 '귀(貴)'로 이르니, 일부 사람들은 고택 소유를 통해 심신을 수양하고 감흥을 추구하는 것입니다.

여: 이전에 어떤 사람들은 고택을 소유한 후에 고택을 통째로 옮기곤 했는데, 선생님은 어떻게 생각하시나요? 질문②

남: 27저는 개인적으로 이런 방법에 찬성하지 않습니다. 저는 원래의 장소에서 보호하고, 원래의 장소에서 소유해야 한다고 생각합니다. 만약 돈이 있으니 사고, 사고 나서 바로 뜯어 버리면 옛 마을도 보존할 수 없고, 뿌리도 없어지고, 향수도 없어지니까요.

여: 많은 곳을 다니셨고, 많은 것을 보셨고, 고택들도 그렇게 많이 소유하셨는데, 그 과정에서 가장 인상 깊었던 점은 무엇입니까? 질문③

남: 28가장 감명 깊었던 것은 선인들의 위대함입니다. 동양 건축에서도, 특히 우리 중국의 저택은 매우 특징적이며, 역사가 가장 유구하고 많은 문화 요소를 포함하고 있어, 매우 문화적입니다. 29현재 전통 고택을 전면적으로 복원하는 것은 비현실적인 일이지요. 당시의 공예나 자재가 더 이상 없고, 토지 조건도 없기 때문입니다. 그래서 남겨진 것에 대해서 소중히 여겨야 합니다. 하지만 저를 가장 가슴 아프게 했던 것은 몇몇 오래된 마을에서 몇 년 전에 보았을 때만 해도 조금 낡았을 뿐이었던 것들이 지금 다시 가보면 매우 많이 낡아 버렸다는 것입니다. 장시성 푸저우에는 역사문화마을이 많

은데, 우리가 전에 가보았을 때 비가 자주 샌다는 것을 알게 되었습니다. 비가 새면 대들보와 목조는 기본적으로 낡게 됩니다.

여: 고택을 보호하고 정비하려면 무엇을 주의해야 합니까? 질문④

남: 고택을 소유하는 것은 일종의 즐거움이지만, 당신은 그것을 보호해야 할 책임이 있습니다. 예를 들어 벽면에 얼룩이 생긴다면, 석회유에 재료를 담그면 됩니다. 그 안의 기포도 메워 줄 수 있고, 살충 작용도 할 수 있어 오래 보호할 수 있지요. 이 외에 정비 계획을 세워야 합니다. 예를 들어 언제 새로 개조해야 하는가 하면 30벽돌 목제 구조물의 경우, 보통 10년에 한 번 보수하고, 30년에 한 번은 대공사를 해야 합니다. 평소에 잘 지킨다면 보통 큰 문제는 없을 것입니다.

단어 ★收藏 shōucáng 동 소장하다 | 古宅 gǔzhái 명 고택 | 热门 rèmén 명 인기 있는 것 | 回归 huíguī 동 회귀하다 | ★潮流 cháoliú 명 시대의 추세 | 深厚 shēnhòu 형 풍부하다 | 别墅 biéshù 명 별장 | 内涵 nèihán 명 의미, 속뜻 | 修养 xiūyǎng 동 수양하다 | ★追求 zhuīqiú 동 추구하다 | 情怀 qínghuái 명 감흥 | 迁移 qiānyí 동 이사하다, 옮기다 | 拆 chāi 동 뜯다 | 村落 cūnluò 명 마을 | 乡愁 xiāngchóu 명 향수 | 感触 gǎnchù 명 감명 | 先辈 xiānbèi 명 선인, 선구자 | 痛心 tòngxīn 동 가슴 아파하다 | 烂 làn 형 낡다 | 抚州 Fǔzhōu 고유 푸저우[지명] | 漏雨 lòuyǔ 비가 새다 | 房梁 fángliáng 명 대들보 | 木雕 mùdiāo 명 목조 | 修护 xiūhù 수리하여 보호하다 | 保养 bǎoyǎng 동 정비하다 | 斑斑点点 bānbān diǎndiǎn 형 얼룩덜룩한 모양 | 浸泡 jìnpào 동 (물 속에) 담그다 | 白灰水 báihuīshuǐ 석회유 | 砂眼 shāyǎn 명 기포 | 填充 tiánchōng 동 메우다 | 杀虫 shāchóng 동 살충하다 | 翻新 fānxīn 동 새로 짓다, 새로 개조하다 | 砖木 zhuānmù 벽돌 목제의 | 维护 wéihù 동 유지하고 보호하다, 지키다

26

Track 53-26

해설 및 정답 여자의 古宅收藏突然热门起来，为什么会有这种现象?(고택 소유가 갑자기 인기를 끌게 되었습니다, 왜 이런 현상이 생긴 걸까요?)이라는 첫 번째 질문에 남자는 这是一种回归传统的潮流(이것은 전통으로 회귀하려는 일종의 추세입니다)라고 대답했다.

近几年古宅收藏变得热门的原因是什么?

A 政策推动
B 回归传统
C 古董市场有潜力
D 古宅升值空间大

최근 몇 년 사이에 고택 소유가 인기를 끄는 것은 무엇 때문인가?

A 정책적으로 추진해서
B 전통으로 회귀하려 해서
C 골동품 시장에 잠재력이 있어서
D 고택의 가치가 오를 가능성이 커서

단어 ★政策 zhèngcè 명 정책 | ★推动 tuīdòng 명 추진 | 古董 gǔdǒng 명 골동품 | ★潜力 qiánlì 명 잠재력 | 升值 shēngzhí 동 가치가 오르다

27

Track 53-27

해설 및 정답 여자는 두 번째 질문에서 고택 전체를 옮기는 것에 대한 견해를 물었고, 남자는 我个人并不赞成这种做法(저는 개인적으로 이런 방법에 찬성하지 않습니다)라고 대답했다. 不赞成(찬성하지 않다)은 反对(반대한다)라는 뜻이다.

男的怎么看待将古宅整体迁移这种收藏方式?

A 反对	B 惋惜
C 支持	D 无所谓

남자는 고택 전체를 옮기는 소장 방식을 어떻게 보는가?

A 반대한다	B 안타까워한다
C 지지한다	D 상관 없다

단어 惋惜 wǎnxī 동 안타까워하다 | 无所谓 wúsuǒwèi 상관없다

28

Track 53-28

해설 및 정답 여자의 세 번째 질문에 남자는 感触最深的就是先辈们的伟大(가장 감명 깊었던 것은 선인들의 위대함입니다)라고 대답했다.

在收藏古宅的过程中，男的感触最深的是什么?

A 技术进步快
B 先人们的伟大
C 古宅结构复杂
D 古人文学素养高

고택을 소유하는 과정에서, 남자가 가장 감명 깊었던 것은?

A 기술의 빠른 발전
B 선인들의 위대함
C 고택 구조의 복잡함
D 옛사람들의 높은 문학적 소양

단어 素养 sùyǎng 명 소양

29

Track **53-29**

해설 및 정답 因为已经没有当时的工艺和材料，也没有土地条件(당시의 공예나 자재가 더 이상 없고, 토지 조건도 없기 때문입니다)이라는 남자의 말을 통해 고택을 복원하는 데 여러 조건이 부족하다는 것을 알 수 있다.

为什么说全面恢复传统古宅不现实?

A 技术人员不足
B 需要大量资金
C 恢复工程时间长
D 不具备当时的条件

왜 전통적인 고택을 전면적으로 복원하는 것이 비현실적이라고 말하는가?

A 기술자가 부족해서
B 많은 자금이 필요해서
C 복구 작업 기간이 길어서
D 당시의 조건을 갖추지 못해서

30

Track **53-30**

해설 및 정답 남자는 一般10年一小修，30年一大修(보통 10년에 한 번 보수하고, 30년에 한 번은 대공사를 해야 합니다)라고 말했다. 녹음을 들으면서 보기 A와 C에 간단한 메모를 해 둔 뒤, 질문을 듣고 나서 정확한 답을 선택해야 한다.

男的认为砖木结构的古宅应多长时间进行一次大修?

A 10年　　B 20年
C 30年　　D 40年

남자는 벽돌 목제 구조인 고택의 대공사를 얼마 만에 한 번 해야 한다고 생각하는가?

A 10년　　B 20년
C 30년　　D 40년

[31–33]

Track **53-31_33**

第31到33题是根据下面一段话：

著名相声语言大师侯宝林只上过三年小学，31不过他勤奋好学，艺术水平达到了炉火纯青的程度，成为了有名的语言专家。有一次，32他为了买一部明代笑话书，跑遍了北京城所有的旧书摊也未能如愿。后来，33他得知北京图书馆有这部书，就决定把书抄回来。适值冬日，他顶着狂风，冒着大雪，一连十八天都跑到图书馆里去抄书。一部十多万字的书，终于被他抄录到手。侯宝林以他的行动告诉我们这样的道理：要想成就一番事业，一要勤奋好学，二要持之以恒。

31~33번 문제는 다음 내용에 근거한다.

저명한 만담 언어의 대가인 허우바오린은 초등학교를 3년밖에 다니지 않았지만, 31근면하고 배우는 것을 좋아해서, 예술 수준이 최고의 경지에 이르러 유명한 언어 전문가가 되었다. 한번은 32그가 명대의 유머집을 사기 위해 베이징 시내의 모든 헌책방을 돌아다녔는데, 뜻대로 되지 않았다. 후에, 33그는 베이징 도서관에 이 책이 있다는 것을 알고 책을 베끼기로 결심했다. 막 겨울철에 접어들었는데, 그는 광풍을 무릅쓰고, 폭설도 개의치 않고, 연이어 18일 동안 도서관으로 달려가 책을 베꼈다. 십만 자가 넘는 책을 그는 마침내 모두 필사했다. 허우바오린은 그의 행동으로 우리에게 한 가지 목표를 이루려면 첫째로 근면하게 열심히 공부해야 하고, 둘째로 꾸준해야 한다는 이치를 가르쳐 주었다.

단어 相声 xiàngsheng 명 만담 | ★勤奋 qínfèn 형 근면하다 | 炉火纯青 lú huǒ chún qīng 성 최고의 경지에 이르다 | 书摊 shūtān 명 책을 파는 노점 | 如愿 rúyuàn 동 원하는 대로 되다 | 抄 chāo 동 베끼다 | 适值 shìzhí 동 때마침 ~에 즈음하다 | 顶着 dǐngzhe 동 무릅쓰다 | 狂风 kuángfēng 명 광풍 | 冒着 màozhe 동 무릅쓰다, 개의치 않다 | ★一番 yìfān 한바탕, 한차례[추상적인 것에 쓰임] | ★持之以恒 chí zhī yǐ héng 성 끈기를 가지고 지속하다

31

Track 53-31

해설 및 정답 보기에 제시된 勤奋好学(근면하고 배우기를 좋아하다)는 녹음 시작 부분에 바로 언급된다.

关于侯宝林，可以知道什么？

A 勤奋好学
B 天资聪颖
C 为人谦虚
D 很有洞察力

허우바오린에 관해 알 수 있는 것은?

A 근면하고 배우기를 좋아한다
B 타고난 자질이 총명하다
C 인품이 겸손하다
D 통찰력이 있다

단어 天资聪颖 tiānzī cōngyǐng 타고난 자질이 총명하다 | 谦虚 qiānxū 형 겸허하다 | ★洞察力 dòngchálì 명 통찰력

32

Track 53-32

해설 및 정답 녹음에서 허우바오린이 明代笑话书(명대의 유머집) 한 권을 사기 위해 베이징의 헌책방을 돌아다닌 것이라 언급했다.

侯宝林跑遍所有的旧书摊是为了买什么书？

A 字典　　B 散文集
C 笑话书　　D 故事书

허우바오린이 모든 헌책방을 돌아다니며 사고자 했던 책은 무엇인가?

A 자전　　B 산문집
C 유머집　　D 이야기책

33

Track 53-33

해설 및 정답 녹음에서 그는 베이징 도서관에 그 책이 있다는 것을 알고 책을 베끼기(把书抄回来)로 결심했다는 내용이 언급되었다.

没买到那本书后，侯宝林做了什么？

A 借书　　**B 抄书**
C 背书　　D 复印

그 책을 사지 못해서, 허우바오린은 무엇을 했는가?

A 책을 빌렸다　　**B 책을 베꼈다**
C 책을 외웠다　　D 복사했다

[34-36]

Track 53-34_36

第34到36题是根据下面一段话：

交叉学习，是在一个学习阶段内学习多个技能，进行穿插练习。34如果我们利用交叉学习的方法，会得到比长时间学习同一种内容更好的学习效果。由于进行交叉学习，在做下一类习题时，35前面的知识点和习题种类仍然停留在学生的记忆中，因而学生能够更加清晰地区分不同问题用何种方法来解决。这样，下次遇到这些问题时，学生能够更快、更准地把问题归类到不同知识点上。因此，我们不妨把不同类型的学习材料交叉地排在学习计划中，这样能让我们在快速转换思维的过程中，36对知识系统进行灵活调整和明确区分。

34~36번 문제는 다음 내용에 근거한다.

교차 학습은 하나의 학습 단계에서 여러 기능을 학습하여, 번갈아 연습하는 것을 말한다. 34만일 우리가 교차 학습 방법을 이용하면 오랫동안 같은 내용을 배우는 것보다 더 좋은 학습 효과를 얻을 수 있다. 교차 학습을 하면서 다른 종류의 연습 문제를 풀면, 35앞서 배운 포인트와 연습 문제의 종류가 기억에 남기 때문에 학생들이 서로 다른 문제를 어떤 방법으로 해결해 나갈지 더 분명하게 구분할 수 있다. 이렇게 하면, 다음에 이러한 문제를 접하게 됐을 때, 학생들은 더 빠르고 더 정확하게 서로 다른 포인트의 문제를 분류할 수 있다. 따라서 우리는 서로 다른 유형의 학습 자료를 교차해 학습 계획을 세우는 것도 무방하다. 이렇게 하면 우리가 빠른 사고 전환 과정에서 36지식 시스템을 유연하게 조정하고 명확하게 구분할 수 있게 해준다.

단어 交叉 jiāochā 동 교차하다 | ★技能 jìnéng 명 기능 | 穿插 chuānchā 동 번갈다, 교차시키다 | 习题 xítí 명 연습 문제 | ★清晰 qīngxī 형 분명하다 | ★区分 qūfēn 동 구분하다 | 归类 guīlèi 동 분류하다 | ★不妨 bùfáng 부 무방하다 | 类型 lèixíng 명 유형 | ★思维 sīwéi 명 사유 | ★灵活 línghuó 형 유연하다

34

Track 53-34

해설 및 정답 녹음의 更好的学习效果(더 좋은 학습 효과)와 보기의 效果更佳(효과가 더 좋다)는 같은 의미이다.

与长时间学习同一种内容相比，交叉学习有什么特点?

A 趣味性强
B 效果更佳
C 缩短学习时间
D 提高学生自信

장시간 같은 내용을 배우는 것과 비교할 때, 교차 수업은 어떠한 특징이 있는가?

A 흥미도가 높다
B 효과가 더 좋다
C 학습 시간을 단축한다
D 학생의 자신감을 높인다

단어 趣味 qùwèi 명 흥미

35

Track 53-35

해설 및 정답 녹음의 前面的知识点和习题种类仍然停留在学生的记忆中(앞서 배운 포인트와 연습 문제의 종류가 기억에 남는다)을 들었다면 바로 정답을 알 수 있다.

在交叉学习下一类习题时，之前学习的内容会怎么样?

A 被暂时清除
B 容易被遗忘
C 留在记忆里
D 与新内容混淆

다른 종류의 연습 문제를 교차 학습할 때, 전에 공부한 내용은 어떻게 되는가?

A 일시적으로 사라진다
B 쉽게 잊힌다
C 기억에 남는다
D 새로운 내용과 뒤섞인다

단어 清除 qīngchú 동 완전히 없애다 | 遗忘 yíwàng 동 잊다 | 混淆 hùnxiáo 동 뒤섞이다

36

Track 53-36

해설 및 정답 녹음의 마지막 부분 对知识系统进行灵活调整和明确区分(지식 시스템을 유연하게 조정하고 명확하게 구분할 수 있게 해준다)에서 교차 수업의 장점을 언급했다.

根据这段话，下列哪项正确?

A 交叉学习强调复习
B 交叉学习不适合儿童
C 交叉学习忽视学习积累
D 交叉学习利于区分知识系统

단문을 근거로, 다음 중 정확한 것은?

A 교차 수업은 복습을 강조한다
B 교차 수업은 어린이에게 적합하지 않다
C 교차 수업은 학습의 축적을 소홀히 한다
D 교차 수업은 지식 시스템을 구분하는 데 유리하다

[37-39]

Track **53-37_39**

第37到39题是根据下面一段话：

37溶洞是一个环境相对稳定、独立、恒温、潮湿、黑暗、安静的地下世界，没有太阳直射和天空散射的影响，那溶洞怎么调节自己的小气候呢?

原来，溶洞的气候变化主要是通过洞内空气和水流的运动来实现的。一般，洞口地带的气温受外部环境影响大，其日变化与年变化同当地地表气温相近；38进入洞内越深，气温波动越小，直至不受外界影响，基本稳定在当地多年平均气温上下。

在大部分溶洞中都能觉察到空气的流动，有的在夏季向洞外吹凉风，有的在冬季向洞外喷热气，有的洞内周期性地吸进和吹出空气，形成呼吸洞。39洞口越多，与外界空气的交换就越频繁，其气候波动幅度就越大。

37~39번 문제는 다음 내용에 근거한다.

37종유굴은 상대적으로 환경이 안정적이고 독립적이며, 온도가 일정하고, 습하며, 어둡고, 조용한 지하 세계로, 태양의 직사나 하늘의 산란의 영향을 받지 않는데, 어떻게 스스로의 소기후를 조절하는 것일까?

알고 보면, 종유굴의 기후 변화는 주로 동굴 안의 공기와 물줄기의 운동에 의해 이루어진다. 일반적으로 동굴 지대의 기온은 외부 환경의 영향을 많이 받아, 그 날의 변화가 연간의 변화와 현지 지표의 기온과 비슷하다. 38동굴 안으로 깊이 들어갈수록 기온의 변동이 적어 외부의 영향을 받지 않으므로, 기본적으로 다년간 현지 평균 기온을 유지한다.

대부분의 종유굴에서는 공기의 흐름을 감지할 수 있는데, 여름에는 동굴 밖으로 시원한 바람을 불어 내기도 하고, 겨울에는 동굴 밖으로 열기를 내뿜기도 하며, 어떤 동굴에서는 주기적으로 공기를 흡입하거나 내뿜어 숨구멍을 만들기도 한다. 39동굴 입구가 많을수록 외부 공기와의 교환이 빈번해져, 기후 변동의 폭이 커진다.

단어 溶洞 róngdòng 명 종유굴, 석회굴 | ★稳定 wěndìng 형 안정적이다 | 恒温 héngwēn 명 항온, 상온 | ★潮湿 cháoshī 형 습하다, 눅눅하다 | 直射 zhíshè 동 직사하다 | 散射 sǎnshè 명 산란 | 调节 tiáojié 동 조절하다 | 气候 qìhòu 명 기후 | 波动 bōdòng 명 파동, 기복 | 外界 wàijiè 명 외부 | 觉察 juéchá 동 감지하다 | 喷 pēn 동 내뿜다 | ★频繁 pínfán 형 빈번하다 | 幅度 fúdù 명 폭, 정도

37

Track **53-37**

해설 및 정답 녹음의 앞부분 稳定、独立、恒温、潮湿、黑暗、安静(안정적이고 독립적이며, 온도가 일정하고, 습하며, 어둡고, 조용하다)에서 종유굴의 특징을 언급했다.

下列哪项属于溶洞的特点?

A 干燥、恒温
B 黑暗、潮湿
C 环境不稳定
D 洞内噪声大

다음 중 종유굴의 특징에 속하는 것은?

A 건조하고 온도가 일정하다
B 어둡고 습하다
C 환경이 불안정하다
D 동굴 안에 소음이 크다

단어 ★干燥 gānzào 형 건조하다 | ★噪声 zàoshēng 명 소음, 잡음

38

Track **53-38**

해설 및 정답 进入洞内越深，气温波动越小(동굴 안으로 깊이 들어갈수록 기온의 변동이 적다)에서 波动小(변동이 적다)는 变化小(변화가 작다)와 같은 의미이다.

与洞口相比，洞内深处的气温怎么样?

A 变化小　　B 接近冰点
C 越来越高　　D 与外界相似

동굴 입구와 비교해서, 동굴 안 깊은 곳의 기온은 어떠한가?

A 변화가 작다　　B 빙점에 가깝다
C 갈수록 높아진다　　D 외부와 유사하다

단어 冰点 bīngdiǎn 명 빙점

39

Track **53-39**

해설 및 정답 녹음에서 洞口越多，与外界空气的交换就越频繁(동굴 입구가 많을수록 외부 공기와의 교환이 빈번해진다)이라는 내용이 언급되었다.

什么情况下溶洞与外界空气的交换频繁?

A 下暴雨
B 海拔低
C 洞口多
D 吹西北风

어떤 상황에서 종유굴과 외부 공기의 교환이 빈번한가?

A 폭우가 내릴 때
B 해발이 낮을 때
C 동굴 입구가 많을 때
D 북서풍이 불 때

단어 暴雨 bàoyǔ 명 폭우 | ★海拔 hǎibá 명 해발

[40-43]

Track **53-40_43**

第40到43题是根据下面一段话：

“垃圾食品”的概念出现已久，[43]但其实食品本身并没有好坏之分。任何一种食品，[40]只要能为人体提供某些营养成分，而不附带有毒有害成分，那么它就是有价值的食品，并不能被称为“垃圾”食品。比如，炸鸡、薯条、火腿肠、甜品、方便面等，一直被人们认为是垃圾食品，而事实上，这些食品中含有丰富的蛋白质、脂肪或者碳水化合物，都是人体需要的营养成分。[41]而且像火腿肠、方便面、罐头这样的食品，易于保存，食用方便。对于物流落后地区的食物供给，这甚至还具有“大补”的优势。

“垃圾食品”与“健康食品”的概念之所以出现，是因为人体对于各种营养成分的需求在一个合适的范围，并不是越多越好。人类社会发展到今天，多数人都已经能轻松地获得足够的食物，过多的脂肪和碳水化合物对人体来说反而是负担，不利健康。[42]营养均衡才是人们健康生活的真正目标。

40~43번 문제는 다음 내용에 근거한다.

'정크 푸드'라는 개념이 등장한 지 이미 오래지만, [43]사실 식품 자체에는 좋은 것과 나쁜 것의 구분이 없다. 어떤 종류의 식품이라도, [40]인체에 영양분을 제공할 수 있고 유독성이나 유해성분이 첨가되지 않았다면, 그것은 가치 있는 식품이므로, '정크' 푸드라고 불려서는 안 된다. 예를 들어 치킨이나 감자튀김, 햄, 단 음식, 라면 등이 줄곧 사람들에게 정크 푸드로 인식되어 왔는데, 사실 이 식품들 속에는 풍부한 단백질과 지방 혹은 탄수화물이 함유되어 있고, 모두 인체에 필요한 영양성분이다. [41]또한 햄과 라면, 통조림과 같은 식품은 보관이 용이하고 먹기도 편리하다. 물류가 낙후된 지역의 음식을 공급하는 데에는 심지어 '보양'이라는 이점까지 있다.

'정크 푸드'와 '건강식품'이라는 개념이 등장한 것은 인체의 각종 영양성분에 대한 필요가 적절한 범위 안에 있기 때문이지 많을수록 좋은 것은 아니다. 인류 사회가 오늘날까지 발전해 오면서, 대부분의 사람들은 이미 쉽게 충분한 음식을 얻을 수 있는데, 과도한 지방과 탄수화물은 인체에 오히려 부담이 되고 건강에 좋지 않다. 42영양의 균형이야말로 사람들의 건강한 삶의 진정한 목표이다.

단어 ★概念 gàiniàn 명 개념 | 附带 fùdài 동 덧붙이다 | 毒 dú 명 독 | 炸鸡 zhájī 명 치킨 | 薯条 shǔtiáo 명 감자튀김 | 火腿肠 huǒtuǐcháng 명 햄, 소시지 | 甜品 tiánpǐn 명 단맛의 간식, 디저트 | 蛋白质 dànbáizhì 명 단백질 | 脂肪 zhīfáng 명 지방 | 碳水化合物 tànshuǐ huàhéwù 명 탄수화물 | 罐头 guàntou 명 깡통, 통조림 | 物流 wùliú 명 물류 | 落后 luòhòu 형 낙후하다 | 供给 gōngjǐ 동 공급하다 | ★优势 yōushì 명 우세 | 均衡 jūnhéng 명 균형

40

Track 53-40

해설 및 정답 녹음에서 只要能为人体提供某些营养成分，而不附带有毒有害成分(인체에 영양분을 제공할 수 있고 유독성이나 유해 성분이 첨가되지 않았다면)인 경우에는 정크 푸드라고 불러서는 안 된다고 언급했다.

为什么不能称炸鸡这样的食品为"垃圾食品"?

A 安全卫生
B 原材料新鲜
C 不添加防腐剂
D 无毒无害有营养

왜 치킨 같은 음식을 '정크푸드'라고 하면 안 되는가?

A 안전하고 위생적이어서
B 원재료가 신선해서
C 방부제를 첨가하지 않아서
D 무해하고 영양소가 있어서

단어 添加 tiānjiā 동 첨가하다 | 防腐剂 fángfǔjì 명 방부제

41

Track 53-41

해설 및 정답 像火腿肠、方便面、罐头这样的食品，易于保存(햄과 라면, 통조림과 같은 식품은 보관이 용이하다)이라는 내용을 통해 정답을 찾을 수 있다.

方便面、罐头这样的食品有什么优点?

A 易保存 B 热量低
C 保护肠胃 D 价格优惠

라면이나 통조림과 같은 식품에는 어떤 장점이 있는가?

A 보관이 쉽다 B 열량이 낮다
C 위장을 보호한다 D 할인한다

단어 ★热量 rèliàng 명 열량 | 肠胃 chángwèi 명 위장 | ★优惠 yōuhuì 형 우대의

42

Track 53-42

해설 및 정답 녹음의 마지막 부분 营养均衡才是人们健康生活的真正目标(영양의 균형이야말로 사람들의 건강한 삶의 진정한 목표이다)라는 내용에서 직접적으로 정답을 알 수 있다.

健康生活的目标是什么?

A 身心健康 B 远离病症
C 营养均衡 D 补充矿物质

건강한 삶의 목표는 무엇인가?

A 심신의 건강 B 질병을 멀리하는 것
C 영양의 균형 D 미네랄 보충

단어 病症 bìngzhèng 명 질병 | ★补充 bǔchōng 동 보충하다

43

Track 53-43

해설 및 정답 녹음 앞부분에 食品本身并没有好坏之分(식품 자체에는 좋은 것과 나쁜 것의 구분이 없다)이라고 언급했다. 好坏(좋은 것과 나쁜 것)는 즉 优劣(우열)를 의미한다.

根据这段话，下列哪项正确?

모의고사 2회 해설

A 不宜多食垃圾食品
B 要合理安排进食时间
C 应每天摄取蔬菜水果
D 食品本身没有优劣之分

단문을 근거로, 다음 중 정확한 것은?

A 정크 푸드를 많이 먹는 것은 좋지 않다
B 식사 시간을 합리적으로 안배해야 한다
C 매일 채소와 과일을 섭취해야 한다
D 식품 자체에는 우열이 없다

단어 不宜 bù yí 동 ~하는 것이 좋지 않다 | 摄取 shèqǔ 동 섭취하다 | ★优劣 yōuliè 명 우열

[44-47]

Track 53-44_47

第44到47题是根据下面一段话：

44在非洲阿尔及利亚的大漠深处，有一种会上树的山羊。这里的树高达8-10米，树上密密麻麻站满了山羊，都在低着头津津有味地吃着树叶，看上去非常壮观。长期以来，人们一直以为山羊上树，是因为沙漠里缺少食物，为了解决温饱问题，它们只能吃树叶，并渐渐学会了爬树的本领，且随着时间的推移，45山羊的本领越来越强，能在树上轻松攀登、跳跃。

让人感到疑惑的是，大漠其他地区的山羊也缺少食物，它们为什么从来不爬树呢? 原来，这些山羊爬的树叫阿甘树，是当地特有的一种树。阿甘树的种子富含不饱和脂肪酸和维生素，营养十分丰富。46山羊爬树并不只是为了吃树叶，而是吃阿甘树的种子。

这样一来，山羊上树的原因就找到了，它们并不是因为要解决温饱问题，而是为了补充身体营养。因为常吃阿甘树的种子，47这些山羊身体特别健壮，毛发油光发亮。

44~47번 문제는 다음 내용에 근거한다.

44아프리카 알제리의 사막 깊은 곳에는 나무를 탈 줄 아는 염소가 있다. 이곳의 나무는 높이가 8~10m 정도인데, 나무 위에 염소가 빼곡히 서서 고개를 숙인 채 맛있게 나뭇잎을 먹는 장관을 연출한다. 오랫동안 사람들은 염소가 나무를 타는 이유를 사막에 먹이가 부족하기 때문에 먹고 사는 문제를 해결하기 위해서라고 생각했다. 그들은 나뭇잎만 먹을 수 있기 때문에, 점점 나무에 오르는 능력을 키웠는데, 시간이 흐름에 따라 45염소의 능력은 갈수록 뛰어나져, 나무 위에 쉽게 오르고 점프할 수 있게 되었다.

의문스러운 점은 사막의 다른 지역에 사는 염소들도 먹이가 부족한데, 그들은 왜 나무에 오르지 않는가 하는 것이다. 알고 보니, 이 염소들이 오르는 나무는 아르간 나무라고 불리는데, 그 지역 특유의 나무이다. 아르간 나무의 씨앗은 불포화 지방산과 비타민이 다량 함유되어 있어, 영양가가 매우 풍부하다. 46염소가 나무에 오르는 것은 단지 나뭇잎을 먹기 위해서가 아니라 아르간 나무의 씨앗을 먹기 위해서이다.

이렇게 해서 염소가 나무에 오르는 이유를 찾았는데, 그들은 먹고 사는 문제를 해결하기 위해서가 아니라 신체에 영양을 보충하기 위함이었다. 아르간 나무의 씨앗을 자주 먹기 때문에, 47이 염소들은 몸이 매우 건장하고 털에 윤기가 흐른다.

단어 非洲 Fēizhōu 고유 아프리카 | 阿尔及利亚 Ā'ěrjílìyà 고유 알제리[지명] | 大漠 dàmò 명 큰 사막 | 山羊 shānyáng 명 염소 | 密密麻麻 mìmi mámá 형 빼곡하다 | 津津有味 jīnjīn yǒuwèi 성 아주 맛있다 | ★壮观 zhuàngguān 명 장관 | 沙漠 shāmò 명 사막 | 温饱 wēnbǎo 명 따뜻하고 배부른 생활, 의식이 풍족한 생활 | 推移 tuīyí 명 추이 | 攀登 pāndēng 동 등반하다 | ★跳跃 tiàoyuè 동 뛰어오르다 | ★疑惑 yíhuò 동 의아하다 | 阿甘树 āgānshù 명 아르간 나무 | ★富含 fùhán 동 다량 함유하다 | 不饱和脂肪酸 bùbǎohé zhīfángsuān 불포화 지방산 | ★维生素 wéishēngsù 명 비타민 | 健壮 jiànzhuàng 형 건장하다 | 毛发 máofà 명 털과 머리털 | 油光发亮 yóuguāng fāliàng 윤기가 흐르다

44

Track **53-44**

해설 및 정답 녹음의 앞부분 大漠深处，有一种会上树的山羊(사막 깊은 곳에는 나무를 탈 줄 아는 염소가 있다)이라는 내용에서 大漠(큰 사막)는 사막을 가리킨다.

会爬树的羊生活在哪儿?

A 湿地	B 森林
C 高原	**D 沙漠**

나무를 탈 줄 아는 염소는 어디에 사는가?

A 습지	B 숲
C 고원	**D 사막**

45

Track **53-45**

해설 및 정답 山羊的本领越来越强，能在树上轻松攀登、跳跃(염소의 능력은 갈수록 뛰어나져, 나무 위에 쉽게 오르고 점프할 수 있게 되었다)라는 내용에서 本领(능력), 在树上(나무 위에), 跳跃(점프하다) 등의 핵심 어휘로 정답을 찾을 수 있다.

会爬树的羊有什么本领?

A 力气大
B 善于防御
C 在树上跳跃
D 奔跑速度快

나무를 탈 줄 아는 염소에게는 어떤 능력이 있는가?

A 힘이 세다
B 방어에 능하다
C 나무 위에서 점프한다
D 달리는 속도가 빠르다

단어 防御 fángyù 동 방어하다

46

Track **53-46**

해설 및 정답 녹음의 山羊爬树并不只是为了吃树叶，而是吃阿甘树的种子(염소가 나무에 오르는 것은 단지 나뭇잎을 먹기 위해서가 아니라 아르간 나무의 씨앗을 먹기 위해서이다)라는 내용에서 种子(씨앗)가 언급되었다. 접속사 不只是…而是…(단지 ~이 아니라 ~이다)에서 而是 뒷부분이 화자가 강조하고자 하는 내용이므로 주의해서 들어야 한다.

那些羊爬树主要是为了吃什么?

A 种子	B 树根
C 花朵	D 幼虫

그 염소들은 주로 무엇을 먹기 위해 나무를 타는가?

A 씨앗	B 나무 뿌리
C 꽃송이	D 유충

단어 树根 shùgēn 명 나무 뿌리 | 幼虫 yòuchóng 명 유충

47

Track **53-47**

해설 및 정답 녹음의 마지막 부분 这些山羊身体特别健壮，毛发油光发亮(이 염소들은 몸이 매우 건장하고 털에 윤기가 흐른다)에서 염소의 특징을 알 수 있다.

关于会上树的山羊，下列哪项正确?

A 腿很短
B 毛发光亮
C 身体瘦弱
D 不吃树叶

나무를 탈 줄 아는 염소에 관해, 다음 중 정확한 것은?

A 다리가 짧다
B 털에 윤기가 흐른다
C 몸이 여위고 허약하다
D 나뭇잎을 먹지 않는다

단어 瘦弱 shòuruò 형 여위고 허약하다

[48-50]

Track 53-48_50

第48到50题是根据下面一段话：

北京地铁官方应用软件推出了拥挤度查询功能：地铁线网图上，实时显示黑、红、黄、绿四种颜色，48黑色对应严重拥挤，红色代表拥挤，黄色表示较拥挤，而绿色表示舒适状态，49同时限流车站也通过“栅栏”标志被圈出，方便乘客合理规划线路，主动避开拥挤线路。目前，非高峰状态下的北京地铁线路处于长“绿”状态，而早晚高峰期，红色、黑色和黄色成为主色调。北京地铁信息服务中心工作人员介绍，这四种颜色显示的是车厢内的情况，是以车厢满载率和乘客乘坐实际感受为基础，50综合反映地铁车厢拥挤程度的指标，而非车站内的拥挤状况。

48~50번 문제는 다음 내용에 근거한다.

베이징 지하철 공식 애플리케이션에서 혼잡도 조회 기능을 선보였다. 지하철 노선도에 검정, 빨강, 노랑, 초록의 네 가지 색상이 실시간으로 표시되는데, 48검정은 심각한 혼잡에 해당하고, 빨강은 혼잡을 의미하며, 노랑은 보통을 나타내고, 초록은 여유 상태를 의미한다. 49동시에 유동량을 제한하는 역은 '펜스' 표시로 표시되어, 승객이 합리적으로 노선을 정해 혼잡한 노선을 능동적으로 피할 수 있게 했다. 현재 러시아워가 아닌 베이징 지하철 노선은 '초록' 상태이며, 아침저녁 러시아워에는 빨강과 검정, 노랑이 주된 색상이 된다. 베이징 지하철 정보 서비스센터 관계자에 따르면, 이 네 가지 색상은 객실 내 상황을 나타내며, 객실 만재율과 승객의 탑승 시 체감을 바탕으로 하여, 50종합적으로 지하철 객실의 혼잡도를 반영한 지표이지, 역사 안의 혼잡 상황을 반영한 것은 아니라고 한다.

단어 官方 guānfāng 명 공식 | ★应用软件 yìngyòng ruǎnjiàn 명 애플리케이션 | ★推出 tuīchū 동 내놓다 | ★拥挤 yōngjǐ 형 혼잡하다 | 查询 cháxún 명 조회 | ★功能 gōngnéng 명 기능 | 线网图 xiànwǎngtú 명 노선도 | 实时 shíshí 부 실시간으로 | 对应 duìyìng 동 상당하다, 상응하다 | 舒适 shūshì 형 쾌적하다 | 限流 xiànliú 동 유동량을 제한하다 | 栅栏 zhàlan 명 울타리, 펜스 | ★标志 biāozhì 명 표시 | 圈 quān 동 동그라미를 그리다 | ★合理 hélǐ 형 합리적이다 | 规划 guīhuà 동 계획하다, 안을 세우다 | 主动 zhǔdòng 형 능동적이다 | 避开 bìkāi 동 피하다 | 高峰 gāofēng 명 최고점 | 色调 sèdiào 명 색조 | 车厢 chēxiāng 명 객실 | 满载率 mǎnzàilǜ 만재율, 규정 적재량을 다 채운 계수 | ★反映 fǎnyìng 동 반영하다 | 指标 zhǐbiāo 명 지표 | 状况 zhuàngkuàng 명 상황

48

Track 53-48

해설 및 정답 黑色对应严重拥挤(검정은 심각한 혼잡에 해당한다)라는 내용으로 '검정'은 '매우 혼잡하다'는 뜻임을 알 수 있다. 보기 중 한 개 이상이 녹음에서 들리는 경우에는 질문을 잘 들어야 한다.

北京地铁线网图上，"黑色"是什么意思？

A 舒适状态　　B 拥挤状态
C 较拥挤状态　　**D 严重拥挤状态**

베이징 지하철 노선도에 '검정'은 어떤 의미인가?

A 여유 상태　　B 혼잡 상태
C 보통 상태　　**D 심각한 혼잡 상태**

49

Track 53-49

해설 및 정답 同时限流车站也通过"栅栏"标志被圈出(동시에 유동량을 제한하는 역은 '펜스' 표시로 표시되어)라는 내용으로 栅栏(펜스) 표시는 限流车站(유동량을 제한하는 역)을 가리킴을 알 수 있다.

北京地铁线网图上的"栅栏"标志表示什么？

A 限流车站
B 施工车站
C 未开通车站
D 即将关闭的车站

베이징 지하철 노선도에 '펜스' 표시는 무엇을 나타내는가?

A 유동량을 제한하는 역
B 공사 중인 역
C 미개통 역
D 곧 폐쇄될 역

단어 施工 shīgōng 동 시공하다 | 开通 kāitōng 동 개통하다 | ★即将 jíjiāng 부 곧, 머지않아 | 关闭 guānbì 동 닫다

50

Track 53-50

해설 및 정답 녹음 마지막 부분에 综合反映地铁车厢拥挤程度的指标，而非车站内的拥挤状况(종합적으로 지하철 객실의 혼잡도를 반영한 지표이지, 역사 안의 혼잡 상황을 반영한 것은 아니다)이라는 내용으로 혼잡도 조회 기능은 역사 안의 혼집 상황을 반영하지 않음을 알 수 있다.

关于拥挤度查询功能，下列哪项正确?

A 需付费使用
B 延迟1分钟显示
C 不反映车站状况
D 目前处于试用阶段

혼잡도 조회 기능에 관해, 다음 중 정확한 것은?

A 비용을 내고 사용해야 한다
B 1분 늦게 표시된다
C 역사 안의 상태는 반영하지 않는다
D 현재 테스트 단계에 있다

단어 付费 fùfèi 동 비용을 지불하다 | 延迟 yánchí 동 연기하다, 늦추다 | ★处于 chǔyú 동 ~에 처하다 | 试用 shìyòng 동 테스트하다 | ★阶段 jiēduàn 명 단계

독해

51

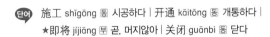

해설 및 정답 보기 C의 却는 접속사 不管과 호응하지 않으므로 却를 都로 바꿔야 한다.

A 서신은 인류의 가장 중요한 소통의 운반체였다.
B 한 도시의 공항은 바로 그 도시의 명함이다.
D 《망춘풍》은 차분하고 안정된 서술로 그윽하고 소박한 강남의 작은 마을을 묘사했다.

정답

C 不管天晴下雨，还是刮风飘雪，他却能按时到校。
→ **不管天晴下雨，还是刮风飘雪，他都能按时到校。**
맑든 비가 오든, 바람이 불든 눈이 흩날리든, 그는 항상 제때 학교에 도착한다.

단어 载体 zàitǐ 명 운반체 | ★名片 míngpiàn 명 명함 | 飘 piāo 동 흩날리다 | ★从容 cóngróng 형 차분하다, 여유롭다 | 平静 píngjìng 형 안정되다, 평온하다 | 叙述 xùshù 명 서술 | 清幽 qīngyōu 형 수려하고 그윽하다 | 简朴 jiǎnpǔ 형 소박하다 | 小镇 xiǎozhèn 작은 마을

52

해설 및 정답 보기 D의 由200元下调至300元(200위안에서 300위안으로 인하된다)은 의미가 모순되므로, 下调를 上调로 바꿔야 한다.

A 최근 몇 년 간 전자상거래는 중국에서 급속도로 발전했다.
B 몬테네그로는 '유럽의 마지막 오아시스'로 불린다.
C 가을철에 우울해지는 것은 주로 일조 결핍과 환경의 영향이라는 두 가지 이유가 있다.

정답

D 因物价上涨，从明年起员工每月交通补贴由200元下调至300元。
→ **因物价上涨，从明年起员工每月交通补贴由200元上调至300元。**
물가 상승으로 내년부터 사원들의 월 교통수당이 200위안에서 300위안으로 인상된다.

단어 电商 diànshāng 전자상거래 | 绿洲 lǜzhōu 명 오아시스 | 抑郁 yìyù 형 우울하다 | ★缺乏 quēfá 동 결핍되다 | 日照 rìzhào 명 일조 | 物价 wùjià 명 물가 | 上涨 shàngzhǎng 동 오르다 | 补贴 bǔtiē 명 수당 | 下调 xiàtiáo 동 (가격을) 인하하다 | 上调 shàngtiáo 동 가격을 올리다

53

해설 및 정답 把자문의 주어는 동작자여야 한다. 보기 C에서 주어 자리에 있는 表情符号는 接受의 동작자가 아닌 술어의 대상이므로, 把를 被로 바꿔야 한다.

A 신청하신 영업 허가증이 이미 나왔으니, 직접 인쇄해 주십시오.
B 개혁개방 이래로, 중국 영화는 해외 상업 시장에서도 큰 수확을 거두었다.
D 징장 고속철도에 새로 건설된 칭허역은 베이징시 하이뎬구 칭허읍 샤오잉시로와 시얼치 거리 사이에 있다.

정답

C 随着网络的普及和交际的增加，表情符号已把社会广泛接受。
→ **随着网络的普及和交际的增加，表情符号已被社会广泛接受。**
인터넷의 보급과 교류의 증가에 따라, 이모티콘은 이미 사회에 널리 받아들여졌다.

단어 营业执照 yíngyè zhízhào 명 영업 허가증 | 自助 zìzhù 동 스스로 돕다 | ★改革 gǎigé 명 개혁 | ★普及 pǔjí 동 보급되다 | 表情符号 biǎoqíng fúhào 명 이모티콘 | 海淀区 Hǎidiàn Qū 고유 하이뎬구[지명]

54

해설 및 정답 보기 A에는 술어 具备와 호응하는 목적어가 없으므로 문장 끝에 목적어 功能을 추가해야 한다.

B 임산부의 적당한 운동은 위장의 연동 운동을 촉진시켜 임신 중의 체중 조절을 돕는다.
C 사랑에 대한 절개와 맹세를 굳게 지키는 것은 사람들 마음속에 있는 사랑의 아름다운 모습이다.
D 현장에서 공연을 관람하고, 실제로 박물관을 참관하는 것은 모두 전통적인 예술 감상 형식이다.

정답

A 这台即将运行的列车具备智能化、人性化。
→ **这台即将运行的列车具备智能化、人性化功能。**
곧 운행될 이 열차는 지능화, 인성화 기능을 갖추고 있다.

단어 运行 yùnxíng 동 운행하다 | 列车 lièchē 명 열차 | ★具备 jùbèi 동 갖추다 | ★智能 zhìnéng 명 지능 | 人性 rénxìng 명 인성 | 孕妇 yùnfù 명 임산부 | 胃肠 wèicháng 명 위장 | 蠕动 rúdòng 동 연동 운동을 하다 | 忠贞 zhōngzhēn 형 절개가 있다, 지조가 굳다 | 誓言 shìyán 명 맹세하는 말 | 坚守 jiānshǒu 동 굳게 지키다 | 实地 shídì 부 실제로

55

해설 및 정답 보기 D의 第一次와 初는 의미가 중복되므로, 初를 삭제해야 한다.

A 다상 형식은 인터넷의 새로운 상업 형식이다.
B 심리학적 각도에서 볼 때, 사람들은 가끔 다른 사람의 칭찬을 필요로 한다.
C 5일 동안 110만 명의 사람이 찾아와, 이 맛의 도시의 매력을 드러냈다.

정답

D 我第一次初见到蔡校长是在大学报道的时候，那时他还很年轻。
→ **我第一次见到蔡校长是在大学报道的时候，那时他还很年轻。**
내가 차이 총장을 처음 만난 것은 대학에서 보도할 때였는데, 그때만 해도 그는 젊었었다.

단어 打赏 dǎshǎng 다상[중국의 온라인 팁 문화] | ★模式 móshì 명 표준 양식, 모델 | 称赞 chēngzàn 명 칭찬 | 光顾 guānggù 동 왕림하다, 찾아오다 | ★魅力 mèilì 명 매력 | 蔡 Cài 고유 차이[성씨]

56

해설 및 정답 보기 A는 문맥상 '데이터 안전에 대한 관리가 매우 엄격하다'가 적합하므로 对数据安全的管控을 술어 是非常严格的 앞으로 옮겨야 한다.

B 가상 현실은 의학 분야에 매우 중요한 현실적 의미를 갖는다.
C 저희는 네티즌 여러분들의 따뜻한 에피소드를 모집합니다. 채택되면 상금으로 1000위안을 드립니다.
D 연구를 통한 학습 성과는 학생들의 창조 정신과 실행 능력을 평가하는 중요한 지표가 된다.

정답

A 税务局内部是非常严格的对数据安全的管控。
→ **税务局内部对数据安全的管控是非常严格的。**
세무서 내부에서는 데이터 안전에 대한 관리가 매우 엄격하다.

단어 税务局 shuìwùjú 명 세무서 | 数据 shùjù 명 데이터 | 管控 guǎnkòng 동 관리 통제하다 | 虚拟现实 xūnǐ xiànshí 명 가상 현실 | ★应用 yìngyòng 명 응용 | 广大 guǎngdà 형 많다 | 网友 wǎngyǒu 명 인터넷상의 친구, 네티즌 | 征集 zhēngjí 동 모집하다 | 采用 cǎiyòng 동 채용하다 | 奖励 jiǎnglì 동 표창하다, 칭찬하다 | ★创新 chuàngxīn 명 창조성 | 实践 shíjiàn 동 실행하다 | 指标 zhǐbiāo 명 지표

57

해설 및 정답 보기 C의 有效地寻找治疗方法(효과 있게 치료법을 찾는다)는 의미가 적절하지 않으므로 寻找有效的治疗方法(효과적인 치료법을 찾다)로 고쳐야 한다.

A 이 '셀프 자동응답기'는 이제 막 국가 특허를 승인받았다.
B 중국의 옛사람들은 송별할 때, 항상 푸른 버드나무 가지 하나를 꺾어 먼길을 가는 사람에게 주었다.
D 초중등 단계의 국어 교육과 비교하면, 대학 국어 교육의 도구성과 지식성은 약화되어야 한다.

정답

C 一些青少年患有"网瘾"，专家正在有效地寻找治疗方法。
→ **一些青少年患有"网瘾"，专家正在寻找有效的治疗方法。**
일부 청소년들이 '인터넷 중독'에 걸려, 전문가들이 효과적인 치료법을 찾고 있다.

단어 答疑 dáyí 동 질의에 응답하다 | 获批 huò pī 승인을 받다, 확정되다 | 专利 zhuānlì 명 특허 | 折 zhé 동 꺾다 | 截 jié 양 토막, 마디 | 柳枝 liǔzhī 명 버드나무 가지 | ★患有 huànyǒu ~을 앓고 있다 | 网瘾 wǎngyǐn 명 인터넷 중독 | ★阶段 jiēduàn 명 단계 | 弱化 ruòhuà 동 약화되다

58

해설 및 정답 보기 A는 通过와 使를 동시에 사용하여 주어가 부족한 문장이 되었으므로, 둘 중 하나를 삭제해야 한다.

B 교사라는 신분 외에 그는 음악 이론에 정통하고 실력 역시 뛰어난 성악가이기도 하다.
C 상업 경매가 중국에 들어온 지는 100여 년밖에 되지 않았고, 전문 예술품 경매의 역사는 겨우 25년밖에 되지 않았다.
D 지구상에서 가장 넓은 것은 바다이고, 바다보다 더 넓은 것은 하늘이며, 하늘보다 더 넓은 것은 사람의 마음이다.

정답

A 通过地震纪念活动，使人们重温了“一方有难八方支援”的场景。
→ ① **地震纪念活动，使人们重温了“一方有难八方支援”的场景。**
지진 추모 활동은 사람들에게 '한 곳이 어려우면 여덟 곳에서 지원한다'는 모습을 되새기게 했다.
→ ② **通过地震纪念活动，人们重温了“一方有难八方支援”的场景。**
지진 추모 활동을 통해, 사람들은 '한 곳이 어려우면 여덟 곳에서 지원한다'는 모습을 되새겼다.

단어 地震 dìzhèn 명 지진 | 重温 chóngwēn 동 되새기다 | 方 fāng 명 곳 | 支援 zhīyuán 동 지원하다 | ★场景 chǎngjǐng 명 정경, 모습 | 深谙 shēn'ān 동 정통하다, 훤히 꿰뚫다 | 乐理 yuèlǐ 명 음악의 기초 이론 | 歌唱家 gēchàngjiā 명 성악가 | 拍卖 pāimài 명 경매 | 宽阔 kuānkuò 형 넓다 | ★胸怀 xiōnghuái 명 마음, 품은 생각

59

해설 및 정답 보기 B의 亚热带城市는 湛江을 수식하는 관형어이므로 湛江 앞에 위치해야 한다.

A 소비가 전면적으로 늘어난 배경에는 최근 몇 년 새 집중적으로 폭발된 노년층의 헬스 수요가 있다.
C 많은 근시 환자들이 미관이나 편의 등의 방면을 고려하여 근시 수술을 통해 시력을 교정하고 싶어 한다.
D 학교에서는 독일, 프랑스, 뉴질랜드, 미국 등의 국가 관련 대학과 여러 차례 국제 교류 협력을 진행했다.

정답

B 湛江的亚热带城市风光迷人，丰富味美的海鲜也吸引着大量的游客。
→ **亚热带城市湛江风光迷人，丰富味美的海鲜也吸引着大量的游客。**
아열대성 도시인 잔장의 풍경은 매우 아름답고, 풍성하고 맛있는 해산물은 많은 관광객들을 매료시킨다.

단어 ★全面 quánmiàn 형 전면적이다 | 升级 shēngjí 동 확산되다, 격화되다 | 健身 jiànshēn 동 신체를 건강하게 하다 | ★需求 xūqiú 명 수요, 필요 | 爆发 bàofā 동 폭발하다 | 湛江 Zhànjiāng 고유 잔장[지명] | 亚热带 yàrèdài 명 아열대 | 风光迷人 fēngguāng mírén 경치가 사람을 미혹시키다 | 海鲜 hǎixiān 명 해산물 | 近视 jìnshì 명 근시 | 患者 huànzhě 명 환자 | ★出于 chūyú 동 (어떤 입장에서) 비롯되다 | ★美观 měiguān 명 미관 | 矫正 jiǎozhèng 동 교정하다 | 新西兰 Xīnxīlán 고유 뉴질랜드

60

해설 및 정답 보기 D는 어림수를 나타내는 표현인 大约와 左右가 중복되어 있으므로, 둘 중 하나를 삭제해야 한다.

A '디지털 독서' 기업의 성공 여부는 젊은이들에게 고전 문장의 매력을 느끼게 할 수 있는가에 달려 있다.
B 만약 식품의 농약이 최대 잔류량의 기준을 초과하면, 사람의 건강에 잠재적 위험이 생길 수 있다.
C 제백석이 새우, 모란, 복숭아를 그리는 것은 사람들에게 잘 알려져 있지만, 그의 산수화를 아는 사람은 많지 않은 것 같다.

정답

D 今年的“世界杯”引发了一场足球热，据统计，大约三分之一左右的年轻人希望亲临现场观看世界杯。
→ ① **今年的“世界杯”引发了一场足球热，据统计，三分之一左右的年轻人希望亲临现场观看世界杯。**
올해 '월드컵'은 축구 붐을 일으켰다. 통계에 따르면 3분의 1 정도의 젊은이들이 직접 월드컵을 보고 싶어 한다고 한다.
→ ② **今年的“世界杯”引发了一场足球热，据统计，大约三分之一的年轻人希望亲临现场观看世界杯。**
올해 '월드컵'은 축구 붐을 일으켰다. 통계에 따르면 대략 3분의 1의 젊은이들이 직접 월드컵을 보고 싶어 한다고 한다.

단어 ★关键 guānjiàn 명 관건 | 经典 jīngdiǎn 명 고전 | 农药 nóngyào 명 농약 | 残留 cánliú 동 잔류하다, 남아 있다 | 限量 xiànliàng 명 제한량 | ★潜在 qiánzài 동 잠재하다 | ★风险 fēngxiǎn 명 위험 | 虾 xiā 명 새우 | 牡丹 mǔdān 명 모란꽃 | 世界杯 Shìjièbēi 명 월드컵 축구 대회 | 亲临

qīnlín 통 직접 가다, 친히 참석하다

61

해설 및 정답 ①번 빈칸: 성어의 의미를 해석할 때는 일반적으로 동사 比喻(비유하다) 혹은 指(가리키다)를 사용한다.

'파경중원'이란 성어는 부부가 헤어지거나 결별한 뒤 다시 함께하는 것을 ① **비유한다**. 하지만 이것은 단지 하나의 풍문일 뿐이다. 부서진 것은 보수할 수 있지만, ② **필경** 처음의 모습으로 되돌릴 수 없기 때문에, 그 ③ **흔적**은 여전히 남게 된다. 어떤 것들은 흉터처럼 서서히 희미해지고, 어떤 것들은 풀처럼 영원히 변하지 않는다.

A 추론하다 / 연잇다 / 부호

B 비유하다 / 필경 / 흔적

C 예를 들다 / 여전히 / 손실

D 표현하다 / 끝내 / 상처

단어 破镜重圆 pòjìng chóngyuán 성 깨졌던 거울이 다시 둥글어지다, 부부가 헤어진 후 다시 결합하다 | ★比喻 bǐyù 동 비유하다 | 夫妻 fūqī 명 부부 | 失散 shīsàn 동 헤어지다 | 决裂 juéliè 동 결별하다 | 团聚 tuánjù 동 한자리에 모이다 | 传说 chuánshuō 명 전설, 풍문 | 破碎 pòsuì 동 산산이 부서지다 | 修补 xiūbǔ 동 보수하다 | 终究 zhōngjiū 부 어쨌든, 필경 | ★最初 zuìchū 명 처음 | ★模样 múyàng 명 모습 | ★痕迹 hénjì 명 흔적 | 伤疤 shāngbā 명 흉터 | 淡化 dànhuà 동 희미해지다 | 胶水 jiāoshuǐ 명 풀 | 推论 tuīlùn 동 추론하다 | 接连 jiēlián 동 연잇다 | ★损失 sǔnshī 명 손실 | 始终 shǐzhōng 부 끝내 | 伤痕 shānghén 명 상처

빈출 호응

- **比方** bǐfang 명 **비유** 동 **예를 들다** ▸ 打比方 비유를 들다 | 比方说 예를 들어 말하다
- **表现** biǎoxiàn 동 **드러내 보이다** ▸ 表现出优秀品质 우수한 품질을 드러내 보이다

62

해설 및 정답 ②번 빈칸: 意味(의미)와 着(~하고 있다)를 연용하여 구성된 意味着는 하나의 동사로 '의미하다, 뜻하다'라는 의미이다.

TV나 컴퓨터가 켜져 있을 때, 스크린 ① **표면**에 발생하는 정전하는 공기의 먼지를 유인하는 작용을 한다. 근거리의 스크린 앞에서 작업했다면 오랜 시간 동안 많은 먼지에 둘러싸여 있었다는 것을 ② **의미하는데**, 사람의 피부에 많은 먼지가 묻으면 쉽게 피부병이 ③ **초래된다**.

A 전방 / 회상하다 / ~하게 되다

B 부위 / 회전되다 / ~까지

C 위치 / 예산하다 / 야기하다

D 표면 / 의미하다 / 초래하다

단어 荧光屏 yíngguāngpíng 명 형광판, 스크린 | ★表面 biǎomiàn 명 표면 | 静电荷 jìngdiànhè 명 정전하[움직임이 없는 전하] | 灰尘 huīchén 명 먼지 | ★意味着 yìwèizhe 동 의미하다 | 包围 bāowéi 동 둘러싸다 | 皮肤 pífū 명 피부 | 沾染 zhānrǎn 동 묻다, 감염되다 | 回味 huíwèi 동 회상하다 | ★以致 yǐzhì 접 ~하게 되다 | ★部位 bùwèi 명 부위 | 周转 zhōuzhuǎn 동 회전되다 | 以至 yǐzhì 접 ~까지 | 位置 wèizhì 명 위치 | 预算 yùsuàn 동 예산하다

빈출 호응

- **部位** bùwèi 명 **부위** ▸ 身体部位 신체 부위 | 发音部位 발음 부위
- **回味** huíwèi 동 **회상하다** ▸ 回味往事 지난 일을 회상하다 | 回味无穷 끝없이 회상하다
- **周转** zhōuzhuǎn 동 **회전되다** ▸ 周转资金 자금이 회전되다

63

해설 및 정답 ②번 빈칸: 雷鸣般的掌声(우레와 같은 박수 소리)은 고정 형식으로 동사 响起(울리다)와 호응한다.

이번 신제품 발표회에서 참석자들은 신형 폴더블 폰의 ①**성능**에 감탄했고, 온 회의장에는 우레와 같은 ②**박수 소리**가 울려 퍼졌다. 발표가 끝나자 참석자들은 잇달아 부스로 찾아와, 최신 휴대폰을 가까이에서 ③**체험했다**.

A 기능 / 외치다 / 조준하다
B 효능 / 반응하다 / 맞추다
C 성능 / 박수 소리 / 체험하다
D 성질 / 고함 소리 / 느끼다

단어 发布会 fābùhuì 명 발표회 | 与会 yùhuì 동 회의에 참가하다 | 折叠 zhédié 동 접다 | 屏 píng 명 (막, 스크린 등) 병풍처럼 생긴 것 | 性能 xìngnéng 명 성능 | 折服 zhéfú 동 속으로 경탄하다 | 会场 huìchǎng 명 회의장 | 雷鸣 léimíng 명 우레 소리 | 掌声 zhǎngshēng 명 박수 소리 | ★纷纷 fēnfēn 부 잇달아 | ★功能 gōngnéng 명 기능, 작용 | 呼喊 hūhǎn 동 외치다 | 瞄准 miáozhǔn 동 조준하다 | ★功效 gōngxiào 명 효능 | ★针对 zhēnduì 동 맞추다 | 性质 xìngzhì 명 성질 | 喊声 hǎnshēng 고함 소리

빈출 호응

- **功效** gōngxiào 명 **효능** ▸ 药用功效 약용 효능 | 促进消化的功效 소화를 촉진하는 효능
- **性质** xìngzhì 명 **성질** ▸ 问题的性质 문제의 성질 | 性质严重 성질이 모질다

64

해설 및 정답 **①번 빈칸**: '不堪+一击'는 고정 형식으로 '한 번의 공격이나 충격에도 견딜 수 없다'는 의미이다. **③번 빈칸**: 뒤 문장의 也와 호응할 수 있는 접속사는 即使(설령 ~할지라도)뿐이다.

사람의 삶은 사실 모순투성이다. 그것은 때때로 매우 견고해서 어떤 어려운 문제도 그것을 넘어뜨릴 수 없다. 그러나 때로는 한 번의 충격에도 ①**견디지 못해서** 어떤 바람과 풀에도 흔들리곤 한다. 만약 사람이 감당할 수 있는 능력과 자신감이 ②**부족하고** 일을 꾸준히 하기가 어렵다면, ③**설령** 아무리 좋은 기회가 있어도 놓치게 된다. 자신감과 인내심이 한 사람이 성공으로 ④**나아가는** 열쇠라고 할 수 있다.

A 견딜 수 없다 / 부족하다 / 설령 / 나아가다
B 금치 못하다 / 결석하다 / 만일 / 옮기다
C ~만 못하다 / 상실하다 / 오직 / 떨어지다
D 피치 못하다 / 손해보다 / 따라서 / 넘어지다

단어 充满 chōngmǎn 동 가득차다 | ★矛盾 máodùn 명 모순 | 坚不可摧 jiān bù kě cuī 성 대단히 견고하다 | 倒 dǎo 동 넘어지다 | 不堪一击 bù kān yì jī (매우 취약하여) 한 번의 공격이나 충격에도 견디지 못하다 | 风吹草动 fēng chuī cǎo dòng 성 아주 작은 일에도 영향을 받는 것 | 动摇 dòngyáo 동 동요하다, 흔들리다 | ★缺乏 quēfá 동 부족하다 | ★承受 chéngshòu 동 감당하다 | 持之以恒 chí zhī yǐ héng 성 끈기를 가지고 지속하다 | 即使 jíshǐ 접 설령 ~할지라도 | 错过 cuòguò 동 놓치다 | ★耐心 nàixīn 명 인내심 | 迈 mài 동 성큼성큼 나아가다 | 不禁 bùjīn 부 금치 못하다 | 缺席 quēxí 동 결석하다 | ★假如 jiǎrú 접 가령 | 挪 nuó 동 옮기다 | ★丧失 sàngshī 동 상실하다 | 坠 zhuì 동 떨어지다 | ★损失 sǔnshī 동 손해보다 | 跌 diē 동 넘어지다

65

해설 및 정답 **②번 빈칸**: 뒤에 职业(직업)와 호응할 수 있는 동사는 从事(종사하다)뿐이다. 从事…职业는 '어떤 직업에 종사하다'는 뜻이다. **④번 빈칸**: 萌生(싹트다)은 주로 想法(생각), 念头(마음) 같은 추상적인 어휘와 호응한다.

우리가 현재 사용하고 있는 볼펜은 헝가리 사람인 비로에 의해 ①**발명되었다**. 비로는 편집 업무에 ②**종사하고** 있었기 때문에, 구형 잉크 펜의 ③**문제점**을 잘 알고 있었는데, 속건 잉크가 나오면서 그에게 새로운 아이디어가 ④**싹트게** 됐다. 그것은 바로 잉크관 안에 속건 잉크를 담는 것이었는데, 이렇게 해서 작성한 글들을 빠르게 말릴 수 있었다.

A 발견하다 / 충당하다 / 결함 / 나타나다
B 진화하다 / 기획하다 / 모순 / 생기다
C 창립하다 / 승진하다 / 재난 / 동원하다
D 발명하다 / 종사하다 / 폐단 / 싹트다

단어 圆珠笔 yuánzhūbǐ 명 볼펜 | 匈牙利 Xiōngyálì 고유 헝가리 | ★编辑 biānjí 동 편집하다 | 旧式 jiùshì 형 구형의, 구식의 | 墨水 mòshuǐ 명 잉크 | ★弊端 bìduān 명 폐단, 문제점 | 萌生 méngshēng 동 싹트다 | ★创意 chuàngyì

명 새로운 고안, 창의 | 胆管 dǎnguǎn 명 내부에 물이나 공기 따위를 담을 수 있는 기물 | 充当 chōngdāng 동 충당하다 | ★缺陷 quēxiàn 명 결함 | ★呈现 chéngxiàn 동 나타나다 | 进化 jìnhuà 동 진화하다 | ★策划 cèhuà 동 기획하다 | ★矛盾 máodùn 명 모순 | ★创立 chuànglì 동 창립하다 | 晋升 jìnshēng 동 승진하다 | 灾难 zāinàn 명 재난 | 调动 diàodòng 동 동원하다

빈출 호응

- **创立** chuànglì 동 **창립하다** ▸ 创立公司 회사를 창립하다 | 创立思想 사상을 세우다
- **策划** cèhuà 동 **기획하다** ▸ 策划活动 행사를 기획하다 | 电影策划(人) 영화 기획자
- **晋升** jìnshēng 동 **승진하다** ▸ 晋升为主任 주임으로 승진하다
- **调动** diàodòng 동 **옮기다, 동원하다** ▸ 调动岗位 부서를 옮기다 | 调动积极性 적극성을 동원하다

66

해설 및 정답 ②**번 빈칸**: 以…为题材는 '~을 소재로 하다'라는 뜻이다. ⑤**번 빈칸**: 앞에 동사 迎合(영합하다)와 호응할 수 있는 명사는 潮流(시류)뿐이다. 迎合潮流는 '시류에 영합하다'라는 뜻이다.

사녀도는 ① **또한** '사녀화'라고도 하는데, 중국 봉건 사회의 중상류층 여성들의 삶을 ② **소재**로 한 그림이다. 당나라 시기는 사녀도의 호황기 ③ **단계**로, 화가들은 여성들의 동작과 자태를 섬세하게 ④ **묘사하고** 당시 사회의 ⑤ **시류**에 영합하여, 당나라 여성의 화려함을 드러내 보였다.

A 이미 / 제목 / 일환 / 형상화하다 / 유행
B 또한 / 소재 / 단계 / 묘사하다 / 시류
C 만약 / 도구 / 시대 / 갱신하다 / 풍수
D 그리고 / 방식 / 순서 / 암시하다 / 숨결

단어 仕女图 shìnǚtú 명 사녀도[중국 인물화 소재의 하나로, 궁중 여인이나 중상류층 부녀자를 주제로 한 그림] | ★亦 yì 부 또한 | 封建 fēngjiàn 명 봉건 | 妇女 fùnǚ 명 성인 여성 | 题材 tícái 명 제재, 소재 | ★绘画 huìhuà 명 그림 | ★繁荣 fánróng 형 번영하다 | 兴盛 xīngshèng 형 흥성하다 | 姿态 zītài 명 자태, 모습 | ★描绘 miáohuì 동 묘사하다 | 细致 xìzhì 형 섬세하다 | 迎合 yínghé 동 영합하다 | ★潮流 cháoliú 명 시대의 추세 | 华贵 huáguì 형 부귀하다 | 既 jì 부 이미 | ★环节 huánjié 명 일환 | 刻画 kèhuà 동 형상화하다 | ★若 ruò 접 만약 | 更新 gēngxīn 동 갱신하다 | 层次 céngcì 명 순서 | 暗示 ànshì 동 암시하다

빈출 호응

- **环节** huánjié 명 **일환** ▸ 生产环节 생산의 일환 | 工作环节 업무의 일환, 작업 공정
- **层次** céngcì 명 **순서** ▸ 文章的层次分明 글의 순서가 분명하다

67

해설 및 정답 ①**번 빈칸**: 화상을 입은 후에 많은 사람들이 치약을 바른다(涂)고 하는 것이 의미상 가장 적합하다. ④**번 빈칸**: 散布(퍼뜨리다) 역시 쓸 수 있는데, 散布는 谣言(풍문)이나 消息(소식) 등의 어휘와 더 자주 호응한다.

화상을 입은 후에 많은 사람들이 보통 치약이나 비누 등을 ① **발라서** 화상 부위의 온도를 낮추고 화상의 ② **정도**를 완화시킬 수 있다고 생각하는데, 전문가들은 화상을 입은 뒤 치약을 바르는 이러한 방법은 잘못된 것이라고 말한다. 상처의 열기가 치약 등의 물질에 의해 ③ **지장을 받아** 피하조직 깊숙한 부위로 ④ **퍼져** 결국 더 심각한 화상을 초래하기 때문이다. 화상에 대처하는 가장 좋은 방법은 상처를 찬물에 씻어내는 것이다.

A 끓이다 / 아픔 / 저지하다 / 불안정하다
B 튀다 / 밀도 / 가리다 / 침범하다
C 바르다 / 정도 / 지장을 받다 / 퍼뜨리다
D 젖다 / 폭 / 배척하다 / 살포하다

단어 烫 tàng 동 데다, 화상을 입다 | ★涂 tú 동 바르다 | 牙膏 yágāo 명 치약 | 肥皂 féizào 명 비누 | 抹 mǒ 동 바르다 | ★物质 wùzhì 명 물질 | ★阻碍 zǔ'ài 동 지장이 되다 | 皮下组织 píxià zǔzhī 명 피하 조직 | ★扩散 kuòsàn 동 확산하다, 퍼뜨리다 | 冲洗 chōngxǐ 동 물로 씻어 내다 | ★熬 áo 동 오래 삶다, 끓이다 | 疼痛 téngtòng 명 아픔 | 阻挡 zǔdǎng 동 저지하다 | 起伏 qǐfú 동 기복하다, 불안정하다 | 溅 jiàn 동 (물방울 따위가) 튀다 | 密度 mìdù 명 밀도 | 遮掩 zhēyǎn 동 가리다 | 侵犯 qīnfàn 동 침범하다 | 淋 lín 동 (비에) 젖다, 맞다 | 幅度 fúdù 명 폭, 정도 | 排斥 páichì 동 배척하다 | 散布 sànbù 동 퍼뜨리다, 살포하다

빈출 호응

- **熬** áo 동 **끓이다** ▸ 熬药 약을 달이다 | 熬粥 죽을 쑤다
- **溅** jiàn 동 **튀다** ▸ 衣服被溅了泥 옷에 진흙이 튀었다
- **淋** lín 동 **(비에) 젖다, 맞다** ▸ 淋雨 비를 맞다
- **遮掩** zhēyǎn 동 **가리다** ▸ 遮掩过失 과실을 가리다 | 遮掩缺陷 결함을 가리다
- **排斥** páichì 동 **배척하다** ▸ 排斥异己 반대파를 배척하다

68

해설 및 정답 **①번 빈칸**: 뒤에 生日宴会(생일 파티)가 있으므로 '장소, 상황'이라는 의미의 场合가 빈칸에 가장 적합하다. **③번 빈칸**: 앞 문장은 소원을 빌고 촛불을 분다는 내용이므로 이와 관련된 梦想成真(꿈이 이루어진다)이 가장 적합한다.

전등으로 교체된 양초는 점차 정전 시의 비품이 되어 가고 있지만, 특별한 ①**장소**에서 더 많이 사용된다. 예를 들어 생일 파티에서 소원을 빌고 촛불을 단숨에 불어 ②**끄면** ③**꿈이 이루어진다**고 한다. 지금은 다이어트나 금연을 도와주는 각종 건강에 좋은 양초도 연구 개발되었다. 보아하니 양초의 생명은 결코 멈추지 않고 계속 ④**이어질** 듯 하다.

A 장소 / 끄다 / 꿈이 이루어지다 / 이어지다
B 공터 / 소멸하다 / 아무 근심도 없다 / 체증하다
C 변두리 / 괴멸하다 / 발전이 빠르다 / 계속하다
D 공간 / 소각하다 / 실사구시 / 지키다

단어 电灯 diàndēng 명 전등 | 取代 qǔdài 동 대체하다 | 蜡烛 làzhú 명 양초 | 备用品 bèiyòngpǐn 명 비품 | ★特殊 tèshū 형 특별하다 | ★场合 chǎnghé 명 상황, 장소 | 宴会 yànhuì 명 연회 | 许愿 xǔyuàn 동 소원을 빌다 | 熄灭 xīmiè 동 (불을) 끄다 | 梦想成真 mèngxiǎng chéngzhēn 꿈이 이루어지다 | 戒烟 jièyān 동 금연하다 | 保健 bǎojiàn 형 건강에 좋다 | 停息 tíngxī 동 멈추다 | ★延续 yánxù 동 이어지다 | 消灭 xiāomiè 동 소멸하다 | 无忧无虑 wúyōu wúlǜ 성 아무런 근심 걱정도 없다 | 递增 dìzēng 동 체증하다 | 边缘 biānyuán 명 가장자리, 변두리 | 毁灭 huǐmiè 동 괴멸하다 | ★日新月异 rì xīn yuè yì 성 나날이 새로워지다, 발전이 매우 빠르다 | 销毁 xiāohuǐ 동 소각하다 | 实事求是 shí shì qiú shì 성 실사구시, 있는 그대로의 사실에 토대하여 진리를 탐구하다 | 维护 wéihù 동 지키다

빈출 호응

- **场地** chǎngdì 명 **장소** ▸ 比赛场地 경기 장소 | 活动场地 활동 장소
- **边缘** biānyuán 명 **가장자리** ▸ 边缘地区 변두리 지역 | 死亡的边缘 죽음 직전
- **消灭** xiāomiè 동 **소멸하다** ▸ 消灭敌人 적을 없애다 | 消灭害虫 해충을 박멸하다
- **毁灭** huǐmiè 동 **괴멸하다** ▸ 毁灭地球 지구를 멸망시키다 | 毁灭价值观 가치관을 파멸시키다
- **销毁** xiāohuǐ 동 **소각하다** ▸ 销毁证据 증거를 인멸하다 | 销毁文件 문서를 소각하다

69

해설 및 정답 **①번 빈칸**: 뒤 문장은 기침이 건강 회복에 유리하다는 내용이므로 기침을 하자마자 약을 먹는 것은 올바르지 않다는 것을 알 수 있다. 보기 중 并非(결코 ~이 아니다)만이 의미에 부합한다.

기침을 하자마자 바로 기침약을 먹는 것은 어쩌면 올바른 일이 ①**아니다**. 적절한 기침은 기도의 분비물 배출을 촉진해 질병 회복에 도움을 주기 때문이다. 만일 너무 오랜 시간 기침을 하거나 지나치게 ②**빈번하거나** 격렬해서, 목소리가 쉬거나 가슴의 근육통이 생기고 ③**더 나아가** 일상생활에 지장이 있을 때 의사의 ④**지도**하에 기침약을 복용할 수 있다.

A 단지 ~뿐이다 / 보편적이다 / 더구나 / 지령하다
B 결코 ~이 아니다 / 빈번하다 / 더 나아가 / 지도하다
C 아예 / 폭넓다 / 이 외에 / 지도하다
D 알다 / 바쁘다 / 설령 / 건의하다

단어 ★咳嗽 késou 동 기침하다 | 止咳药 zhǐkéyào 기침약 | 并非 bìngfēi 부 결코 ~이 아니다 | 气道 qìdào 명 기도, 숨길 | ★分泌物 fēnmìwù 명 분비물 | ★疾病 jíbìng 명 질병 | 康复 kāngfù 동 건강을 회복하다 | ★频繁 pínfán 형 빈번하다 | 剧烈 jùliè 형 격렬하다 | 嘶哑 sīyǎ 동 목이 쉬다 | 胸部 xiōngbù 명 흉부, 가슴 | 肌肉 jīròu 명 근육 | 进而 jìn'ér 접 더 나아가 | 服用 fúyòng 동 복용하다 | 无非 wúfēi 부 단지 ~뿐이다 | ★况且 kuàngqiě 접 더구나 | 指令 zhǐlìng 동 지령하다 | 辅导 fǔdǎo 동 지도하다 |

★忙碌 mánglù 형 바쁘다

빈출 호응

- **指令** zhǐlìng 명 명령, 지령 동 지령하다 ▸ 上级下达指令 상부에서 지령을 내리다
- **辅导** fǔdǎo 동 지도하다 ▸ 老师辅导学生 선생님이 학생을 지도하다

70

해설 및 정답 ④번 빈칸: 制作(제작하다)와 호응할 수 있는 형용사는 精良(정교하다)뿐이다. 制作精良은 '제작이 뛰어나다'라는 뜻이다.

동경은 일반적으로 주석 함유량이 높은 청동으로 ①**주조되는데**, 진대 이전에는 왕과 ②**귀족**만이 동경을 사용할 수 있었고, 서한 말기에 이르러서야 동경이 서서히 민간으로 전해지며 사람들의 일상생활에서 ③**없어서는 안 될** 도구가 되었다. 동경은 ④**정교하게** 제작되어 형태가 아름답고 무늬가 화려하여, 중국 고대 청동예술 문화유산의 보물이다.

A 제조하다 / 신선 / 일목요연하다 / 맛있다
B 녹다 / 내빈 / 하나라도 없어서는 안 되다 / 교묘하다
C 주조하다 / 귀족 / 없어서는 안 되다 / 정교하다
D 구성하다 / 백성 / 전무후무하다 / 우수하다

단어 铜镜 tóngjìng 명 동경[구리로 만든 거울] | 锡 xī 명 주석 | 青铜 qīngtóng 명 청동 | 铸造 zhùzào 동 주조하다 | 贵族 guìzú 명 귀족 | 末期 mòqī 명 말기 | ★民间 mínjiān 명 민간 | ★不可或缺 bù kě huò quē 성 없어서는 안 되다 | 精良 jīngliáng 형 정교하고 우수하다 | ★形态 xíngtài 명 형태 | ★美观 měiguān 형 아름답다 | 图纹 túwén 명 패턴, 무늬 | 华丽 huálì 형 화려하다 | ★遗产 yíchǎn 명 유산 | 瑰宝 guībǎo 명 진귀한 보물 | ★打造 dǎzào 동 만들다, 제조하다 | 神仙 shénxiān 명 신선 | 一目了然 yí mù liǎo rán 성 일목요연하다 | 熔化 rónghuà 동 녹다 | 嘉宾 jiābīn 명 내빈, 귀한 손님 | ★缺一不可 quē yī bù kě 성 하나라도 부족해서는 안 되다 | ★巧妙 qiǎomiào 형 교묘하다 | 空前绝后 kōng qián jué hòu 성 전무후무하다 | ★优良 yōuliáng 형 우수하다, 훌륭하다

빈출 호응

- **打造** dǎzào 동 만들다, 제조하다 ▸ 打造产品 제품을 만들다 | 打造平台 플랫폼을 만들다
- **巧妙** qiǎomiào 형 교묘하다 ▸ 设计巧妙 설계가 교묘하다 | 构思巧妙 구상이 교묘하다
- **精良** jīngliáng 형 정교하고 우수하다 ▸ 精良的装备 정교한 장비 | 精良的武器 정교한 무기
- **优良** yōuliáng 형 우수하다 ▸ 优良的传统 우수한 전통 | 优良的品种 우수한 품종

[71-75]

민화가 펑쯔카이는 항상 스케치북을 가지고 다니며, 가는 곳마다 그림을 그려서 (71)B **그림의 소재를 많이 쌓았다**.

한번은 농촌에 가서 스케치를 하다가 들판 옆의 숲 속에서 몇몇 농촌의 아낙들이 낙엽을 쓸고 있는 것을 보게 되었는데, 그녀들의 다양한 자태가 그의 흥미를 끌었다. 그래서 그는 바로 스케치북을 꺼내 큰 나무 뒤에 숨어 그림을 그리기 시작했다. 그가 넋을 놓고 그림을 그릴 때, (72)E **한 아낙에게 발각되어** 한 무리의 '아낙들'이 그를 둘러싸고, 저마다 한마디씩 하며 그를 질책하기 시작했다. 이런 상황에서 펑쯔카이가 백방으로 설명해도 아무 소용이 없었다. 해결할 수 없을 만큼 난리가 났을 때, 마을의 한 노인이 이야기를 듣고 달려와 이유를 묻고, 펑쯔카이를 대신해서 한참 동안 설명하자, 그녀들은 그제서야 화를 풀고 돌아갔다. 그 마음씨 좋은 노인에게 감사를 표한 뒤, 펑쯔카이는 급히 주머니에서 자신이 아끼는 스케치북을 꺼내 살펴보았는데, 다행히 아낙들의 모습을 묘사한 밑그림 8장이 모두 온전하자, (73)A **그는 그제서야 한숨을 돌렸다**.

또 한번은 기차역 대합실에서 펑쯔카이는 어린 소상인이 땅콩 한 바구니를 들고 걸어오는 것을 보고, 그를 그리고 싶어져 그를 관찰하면서 (74)C **자루에 있는 스케치북을 꺼내려고 손을 집어넣었다**. 그 소상인은 펑쯔카이가 자신을 주시하며 돈을 꺼낼 준비를 하는 줄 알고, 급히 앞으로 걸어와서 말했다. "선생님, 땅콩이 몇 봉지 필요하세요?" 펑쯔카이는 멍하니 있다가 (75)D **어쩔 수 없이 땅콩 두 봉지를 샀다**.

모의고사 2회 해설

단어 漫画 mànhuà 명 만화 | 丰子恺 Fēng Zǐkǎi 고유 펑쯔카이[중국 현대 화가] | 速写本 sùxiěběn 명 스케치북 | 绘画 huìhuà 명 그림 | 素材 sùcái 명 소재 | 田野 tiányě 명 들판 | 农妇 nóngfù 명 농촌 아낙네, 농가의 부녀 | 落叶 luòyè 명 낙엽 | ★姿态 zītài 명 자태, 모습 | 兴致 xìngzhì 명 흥미 | ★立即 lìjí 부 즉시 | 掏 tāo 동 물건을 꺼내다 | 躲 duǒ 동 숨다 | 入神 rùshén 동 마음을 뺏기다, 넋을 잃다 | 娘子军 niángzǐjūn 명 부녀자의 무리 또는 단체 | 围 wéi 동 둘러싸다 | 七嘴八舌 qīzuǐ bāshé 성 저마다 한마디씩 하다, 제각기 떠들어대다 | 兴师问罪 xīng shī wèn zuì 성 잘못을 지적하고 엄하게 질책하다 | 局面 júmiàn 명 국면, 상태 | 纵然 zòngrán 접 설사 ~하더라도 | 百般 bǎibān 부 갖가지, 백방으로 | 无济于事 wú jì yú shì 성 아무 쓸모없다 | 不可开交 bù kě kāi jiāo 성 해결할 수 없다, 그만두거나 벗어날 수 없다 | ★缘由 yuányóu 명 원인 | ★替 tì 동 대신하다 | 息怒 xīnù 동 성이 풀리다 | ★描绘 miáohuì 동 묘사하다 | 画稿 huàgǎo 명 밑그림 | 完好无损 wánhǎo wúsǔn 온전하다 | 松 sōng 형 긴장이 풀리다 | 候车室 hòuchēshì 명 대합실 | 小贩 xiǎofàn 명 소상인 | 拎 līn 동 손에 들다 | 篮 lán 양 바구니 | 花生米 huāshēngmǐ 명 땅콩 | ★伸 shēn 동 내밀다 | 口袋 kǒudai 명 자루 | ★盯 dīng 동 주시하다 | 跟前 gēnqián 명 앞, 근방 | 愣 lèng 동 멍해지다 | ★无奈 wúnài 동 어찌 할 도리가 없다, 할 수 없다

71

해설 및 정답 빈칸 앞에서 펑쯔카이가 가는 곳마다 그림을 그린다는 것을 소개하고 있다. 따라서 积累了大量的绘画素材(그림의 소재를 많이 쌓았다)가 의미상 가장 적합하다.

B 그림의 소재를 많이 쌓았다

72

해설 및 정답 빈칸 뒤에는 한 무리의 '아낙들'에 둘러싸였다는 내용이므로 아낙들에게 둘러싸인 원인이 빈칸에 제시되어야 한다.

E 한 아낙에게 발각이 되어

73

해설 및 정답 빈칸 앞의 幸好……完好无损(다행히……온전하다)은 좋은 결과이므로 마찬가지로 좋은 결과를 내타내는 내용이 빈칸에 와야 한다.

A 그는 그제서야 한숨을 돌렸다

74

해설 및 정답 고정 형식인 一边…一边…(~하면서 ~하다)을 힌트로 쉽게 정답을 찾을 수 있다.

C 자루에 있는 스케치북을 꺼내려고 손을 집어넣었다

75

해설 및 정답 빈칸 앞의 花生米(땅콩)가 답을 찾을 수 있는 핵심 어휘다.

D 어쩔 수 없이 땅콩 두 봉지를 샀다

[76-80]

현재 중국인들은 정월 대보름에도 보통 쉬지 않고, 쉰다 해도 휴가 기간은 겨우 하루이다. 송나라 시기에는 정월 대보름이면 반드시 쉬어야 했고, 게다가 휴가 기간도 꽤 길었다.

정월 대보름 연휴를 송나라 시기에는 '방등'이라고도 불렀는데, 이날은 성문을 열고 야간 통행 금지를 해제하고, (76)C **도시와 농촌 주민의 자유로운 출입을 허용하여** 밤새 꽃등을 감상했다. 등을 켠 기간은 짧으면 3일, 길게는 7일까지 지속된다.

송나라 정월 대보름의 꽃등은 형식이 다양했는데, (77)B **어린아이가 거리에 나설 때 들고 나오는 꽃등을 예로 들면**, 비단 등, 종이 등, 유리 등, 탑 등 등 네 가지가 있고, 게다가 조형이 매우 특이했다. 어린아이가 들고 있는 등 말고도 큰길 양쪽에 등불이 진열되어 있었다. 당시 거리에서 가장 기품 있는 등 전시는 용 등과 산더미처럼 쌓은 채등이었다. 용 등은 볏짚과 철사로 단단히 묶은 거대한 용으로, 볏짚에 수만 개의 꽃등이 꽂혀 있고, 용 머리부터 용 꼬리까지 백여 장 길이에 걸쳐 (78)A **굽이굽이 몇 갈래의 길로 이어져 있어**, 눈부시도록 아름다우며 한눈에 끝부분까지 볼 수 없었다. (79)E **산더미처럼 쌓은 채등은 용 등보다 제작 공정이 훨씬 복잡해**, 수십 명의 장인이 힘을 합쳐야 한다. 먼

저 거목과 대나무, 철사로 묶어 겹겹이 쌓아 올려 뼈대를 만들고, 겉에 검은 천을 덮어 가산의 조형으로 만든다. 그러고 나서 색채가 있는 비단으로 보살과 좌상을 만들어 양쪽 산머리에 안치하고, 중간에 가장 높은 산머리에는 큰 나무 궤짝을 놓고, 나무 궤짝 안에 맑은 물을 가득 채워 넣는다. 마지막으로 이 가산에 비단 등과 유리 등, 그리고 회전할 수 있는 주마등을 가득 매단다. 밤이 되면 모든 꽃등이 일제히 켜지고, 가산 전체가 대낮처럼 밝아지면, 송나라 시민들이 잇달아 나와서 감상을 하다가 (80)D **새벽녘이 되어서야 서서히 흩어졌다**.

단어 元宵节 Yuánxiāojié 명 정월 대보름날 | ★通常 tōngcháng 명 보통 | 假期 jiàqī 명 휴가 기간 | 逢 féng 동 마주치다 | 解除 jiěchú 동 해제하다 | 宵禁 xiāojìn 명 야간 통행 금지 | 城乡 chéngxiāng 명 도시와 농촌 | 居民 jūmín 명 주민 | 彻夜 chèyè 동 밤을 새다 | 观赏 guānshǎng 동 감상하다 | 花灯 huādēng 명 꽃등 | ★期限 qīxiàn 명 기한 | ★延长 yáncháng 동 연장하다, 늘이다 | 样式 yàngshì 명 형식 | 纱 shā 명 비단 | 琉璃 liúlí 명 유리 | 塔 tǎ 명 탑 | ★造型 zàoxíng 명 조형 | ★别致 biézhì 형 색다르다, 특이하다 | 儿童 értóng 명 어린이 | 气派 qìpài 명 기품 | 鳌 áo 명 전설상의 바다에 사는 큰 거북 | 稻草 dàocǎo 명 볏짚 | 铁丝 tiěsī 명 철사 | 捆扎 kǔnzā 동 단단히 묶다 | 巨龙 jùlóng 명 큰 용 | ★插 chā 동 꽂다 | 盏 zhǎn 양 등, 개[등을 셈] | 丈 zhàng 명 장[길이의 단위] | 弯弯曲曲 wānwān qūqū 형 구불구불하다 | 绵延 miányán 형 길게 이어져 있다 | 光彩夺目 guāngcǎi duómù 성 눈부시도록 아름답다 | ★工艺 gōngyì 명 공예, 가공하는 작업 | 工匠 gōngjiàng 명 장인, 공예가 | 通力 tōnglì 동 함께 힘을 합치다 | 扎 zā 동 묶다, 만들다 | 层层叠叠 céngcéng diédié 형 여러 겹으로 겹쳐 있다 | 骨架 gǔjià 명 뼈대 | 青布 qīngbù 검은 천 | 遮盖 zhēgài 동 덮다, 가리다 | 假山 jiǎshān 명 가산, 석가산 | ★丝绸 sīchóu 명 비단 | 菩萨 púsà 명 보살 | 坐像 zuòxiàng 명 좌상 | 木柜 mùguì 나무 궤 | ★旋转 xuánzhuǎn 동 빙빙 회전하다 | 白昼 báizhòu 명 대낮 | ★纷纷 fēnfēn 부 잇달아 | 黎明 límíng 명 여명, 새벽 | 时分 shífēn 명 무렵

76

해설 및 정답 빈칸 앞의 开放城门，解除宵禁(성문을 열고 야간 통행 금지를 해제한다)이라는 내용과 보기 C의 自由进出(자유로운 출입)가 의미상 연결하기에 적합하다.

C 도시와 농촌 주민의 자유로운 출입을 허용하여

77

해설 및 정답 빈칸 앞의 花灯(꽃등)이 답을 찾는 핵심 어휘이다. 빈칸 뒤에 除了儿童手里的提灯(어린아이가 들고 있는 등 말고도)이라는 내용 역시 답을 찾는 힌트가 된다.

B 어린아이가 거리에 나설 때 들고 나오는 꽃등을 예로 들면

78

해설 및 정답 빈칸 앞에서 용 등이 매우 길다는 내용을 소개했으므로, 동일하게 길다는 내용을 설명하고 있는 보기 A가 가장 적합하다.

A 굽이굽이 몇 갈래의 길로 이어져 있어

79

해설 및 정답 앞 문장에서 当时街上最气派的灯展是龙灯和鳌山灯(당시 거리에서 가장 기품 있는 등 전시는 용 등과 산더미처럼 쌓은 채등이었다)이라는 내용을 제시했고, 이어서 龙灯(용 등)을 소개했기 때문에 빈칸에는 鳌山灯(산더미처럼 쌓은 채등)에 대한 내용이 오는 것이 가장 적합하다.

E 산더미처럼 쌓은 채등은 용 등보다 제작 공정이 훨씬 복잡해

80

해설 및 정답 빈칸 앞에서 밤이 되면 모든 시민들이 잇달아 나와서 감상을 한다고 했으므로 의미상 보기 D가 가장 적합하다.

D 새벽녘이 되어서야 서서히 흩어진다

[81-84]

[81]쓰레기 소각 발전소는 항상 좋지 않은 인상을 준다. 외관이 흉하고 환경을 오염시켜서, 주변 주민들도 이로 인해 자신의 집 근처에 이런 시설이 건설되는 것을 반대한다. 그런데 덴마크에서 쓰레기 소각장을 스키장과 결합하고, 배출되는 수증기를 이용해 전기를 생산한다는 설계자들의 계획이 진행되면서 사람들의 주의를 끌었다.

전기를 생산할 수 있는 이 '스키장'의 건설 원리는 복잡하지 않다. 쓰레기 소각 발전소의 상부에 초급 코스와 중급 코스, 그리고 고급 코스 등 서로 다른 스키 도로를 만들어 주민들에게 오락성을 제공하는데, 이 스키 도로들은 재활용된 복합 재료로 구성되어 있다. [82]스키 도로로 둘러싸인 중심부에 100m 높이의 굴뚝을 만들어 수증기를 배출하는 데 사용한다. 밤이 되면 레이저가 도넛 모양의 연기에 투사되어 눈부신 시각적 효과를 낸다. [83]건물 겉면 전체가 초록색 식생으로 덮여 있어 멀리서 보면 마치 자연적인 산의 형체 같다.

스키 마니아들은 엘리베이터를 타고 발전소 꼭대기로 가면서 [84]발전소 내부에서 쓰레기를 처리하는 과정을 볼 수 있으며, 또한 소각 후의 잔재에 주목하게 된다. 그리고 밤이 되면 레이저에 비춰지는 연기 역시 쓰레기 소각의 산물이라는 점을 주민들에게 일깨워 준다.

쓰레기 소각 발전소를 스키장과 결합하면 주변 주민들을 위한 건강한 오락 시설을 제공할 수 있을 뿐만 아니라, 사람들에게 쓰레기 소각에 대한 반감을 주지 않으면서, 동시에 아름다운 외관으로 지역 사회 전체를 장식할 수 있어 '한번에 많은 것을 얻을 수 있다'고 할 수 있다. 설계자는 다음과 같이 말한다. "어느 측면에서는 오염 문제를 추상화하는 것이 대중의 관심을 더 끌 수 있으며, 더욱 잘 이해시켜 줍니다. 그것을 보면서 여러분들은 오염과 연결될 수 있게 됩니다. 도넛 모양의 연기는 매우 장관이고 아름다우면서 동시에 환경 보호라는 주제와도 연결될 수 있습니다."

단어 焚烧 fénshāo 동 태우다 | ★发电厂 fādiànchǎng 명 발전소 | 外观 wàiguān 명 외관 | 丑陋 chǒulòu 형 보기 흉하다 | 建设 jiànshè 동 건설하다 | ★设施 shèshī 명 시설 | 丹麦 Dānmài 고유 덴마크 | 工程 gōngchéng 명 공사, 공정 | 眼球 yǎnqiú 명 주의 | 拟 nǐ 동 (잠정적으로) 계획하다 | 滑雪场 huáxuěchǎng 명 스키장 | 水汽 shuǐqì 명 수증기 | ★原理 yuánlǐ 명 원리 | 合成材料 héchéng cáiliào 복합 재료 | 包围 bāowéi 동 포위하다, 둘러싸다 | 烟囱 yāncōng 명 굴뚝 | ★激光 jīguāng 명 레이저 | 投射 tóushè 동 투사하다 | 烟圈 yānquān 명 도넛 모양의 담배 연기 | 炫目 xuànmù 동 눈부시게 하다 | ★视觉 shìjué 명 시각 | 覆盖 fùgài 동 가리다, 덮다 | ★植被 zhíbèi 명 식생 | 山体 shāntǐ 명 산의 형체 | 残余 cányú 명 잔재, 남은 찌꺼기 | 产物 chǎnwù 명 산물 | 健身 jiànshēn 동 신체를 건강하게 하다 | ★反感 fǎngǎn 명 반감 | 装点 zhuāngdiǎn 동 꾸미다, 장식하다 | 社区 shèqū 명 지역 사회 | 谓 wèi 동 ~라고 하다 | ★一举多得 yì jǔ duō dé 단번에 많이 얻다 | 抽象化 chōuxiànghuà 추상화하다 | ★壮观 zhuàngguān 형 장관이다

81

해설 및 정답 첫 번째 단락에 주민들이 반대하는 두 가지 원인인 外观丑陋(외관이 흉하다)와 污染环境(환경을 오염시키다)이 제시되어 있다.

왜 주민들은 부근에 쓰레기 소각 발전소가 건설되는 것을 반대하는가?

A 경지를 점용해서

B 환경 오염이 걱정돼서

C 쓰레기가 악취를 내뿜어서

D 쓰레기에 유해 물질이 많아서

단어 ★占用 zhànyòng 동 점용하다 | 耕地 gēngdì 명 경지 | ★散发 sànfā 동 내뿜다, 발산하다 | 异味 yìwèi 명 나쁜 냄새

82

해설 및 정답 두 번째 단락의 핵심 어휘인 烟囱(굴뚝) 뒤에 用于排放水汽(수증기를 배출하는 데 사용한다)라는 내용이 제시되어 있다.

스키 도로 중간에 굴뚝은 어떤 작용을 하는가?

A 물을 수집한다
B 조명으로 사용된다
C 수증기를 배출한다
D 스키장을 정착시킨다

단어 ★收集 shōují 동 수집하다 | ★照明 zhàomíng 명 조명 | ★固定 gùdìng 동 정착시키다

83

해설 및 정답 두 번째 단락의 마지막 문장인 因此从远处看像是自然山体(멀리서 보면 마치 자연적인 산의 형체 같다)에서 정답을 알 수 있다.

스키를 탈 수 있는 이 빌전소는?

A 멀리서 보면 산같다
B 건설 비용이 많이 든다
C 쓰레기 소각으로 전기를 생산하지 않는다
D 관광 명소가 된다

84

해설 및 정답 세 번째 단락의 将能看到电厂内部垃圾处理的经过(발전소 내부에서 쓰레기를 처리하는 과정을 볼 수 있다)라는 내용을 통해 쓰레기 처리 과정을 개방한다는 것을 유추할 수 있다.

윗글을 근거로, 다음 중 정확한 것은?

A 설계 팀은 질의 앞에 놓여 있다
B 쓰레기 처리 과정을 개방한다
C 스키 도로를 플라스틱으로 만들었다
D 새 발전소는 주민들에게 받아들여지지 않았다

단어 团队 tuánduì 명 팀, 집단 | ★面临 miànlín 동 직면하다, 앞에 놓여 있다 | 质疑 zhìyí 동 질의하다 | ★塑料 sùliào 명 플라스틱

[85-88]

사람은 두 개의 뇌를 가지고 있는데, 하나는 머리에 있고, 다른 하나는 아는 사람이 아주 드물지만 사람의 뱃속에 숨어 있다는 연구가 있다. 더욱 불가사의한 것은 88이 뱃속에 감춰진 뇌가 뜻밖에도 인간의 슬픈 감정을 통제한다는 것이다.

1996년에 해부세포생물학 교수인 거숀은 '제2의 뇌'라는 개념을 내세우며 모든 사람은 제2의 뇌를 가지고 있고, 그것은 사람의 뱃속에 위치하여 음식, 정보, 외부 자극, 소리와 색깔의 '소화'를 담당한다고 했다. 85당시 이 이론은 관심을 끌었지만, 두 개의 뇌 사이의 연관성은 밝혀지지 않았다.

심층 연구를 통해 거숀은 뱃속에 있는 '복뇌'가 실제로는 위장 신경 계통으로 약 1000억 개의 신경 세포를 가지고 있는데, 대뇌의 세포 수와 비슷하여 대뇌처럼 슬픈 감정을 느낄 수 있다고 제기했다. 거숀은 만성 위장병에 걸린 환자들 중 70%가 성장기에 부모의 이혼이나 만성 질환 또는 부모의 사망과 같은 슬픈 일을 경험했다는 사실을 발견했다. 이는 복뇌가 미주 신경을 통해 대뇌와 연결되어 있지만, 그것은 상대적으로 대뇌에서 독립되어 있기 때문이다. 그것은 위의 활동 및 소화 과정을 관리 통제하고 사물의 특성을 관찰하며 소화 속도를 조절하고 소화액의 분비를 가속화하거나 늦추며 모든 심리 과정에 대한 신체 반응을 무의식적으로 저장할 수 있으며 86필요할 때마다 이 정보들을 전출하여 대뇌로 전달한다. 그래서 복뇌는 대뇌처럼 육체와 마음의 아픔을 느낄 수 있게 된다.

그 밖에 우울증과 조증, 파킨슨병 등의 질병은 모두 대뇌와 복뇌에 이상 증상을 일으킬 수 있다. 파킨슨병을 앓고 있는 환자들 중, 머리와 복부에 같은 조직이 괴사하는 현상이 흔히 발견되며, 87뇌의 중추가 긴장이나 두려움의 스트레스를 느낄 때, 위장 계통의 반응은 경련과 설사로 나타난다. 거숀은 그의 연구 결과가 변비와 궤양 등 위장질환을 치료하는 효과적인 방법을 찾는 데 도움이 될 것이라 여기고 있다.

단어 ★大脑 dànǎo 명 대뇌 | 鲜为人知 xiǎn wéi rén zhī 성 아는 사람이 아주 드물다 | ★藏 cáng 동 감추다 | ★不可思议 bù kě sī yì 성 불가사의하다 | 悲伤 bēishāng 동 몹시 슬퍼하다 | 情感 qínggǎn 명 감정 | 解剖 jiěpōu

명 해부 | ★细胞 xìbāo 명 세포 | ★概念 gàiniàn 명 개념 | 外界 wàijiè 명 외부 | ★刺激 cìjī 명 자극 | 揭示 jiēshì 동 밝히다 | 腹 fù 명 배[신체] | 肠胃 chángwèi 명 위장 | ★神经系统 shénjīng xìtǒng 명 신경 계통 | ★情绪 qíngxù 명 정서, 감정 | ★患有 huànyǒu (병을) 앓다 | 慢性 mànxìng 형 만성의 | 离婚 líhūn 명 이혼 | ★疾病 jíbìng 명 질병 | 去世 qùshì 동 사망하다 | 迷走神经 mízǒu shénjīng 명 미주 신경 | 监控 jiānkòng 동 관리 통제하다 | 消化液 xiāohuàyè 명 소화액 | ★分泌 fēnmì 명 분비 | 下意识 xiàyìshi 명 무의식 | ★储存 chǔcún 동 저장하여 두다 | ★传递 chuándì 동 전달하다 | 肉体 ròutǐ 명 육체 | 心灵 xīnlíng 명 마음 | 伤痛 shāngtòng 명 아픔 | 抑郁症 yìyùzhèng 명 우울증 | 急躁症 jízàozhèng 명 조증 | 帕金森病 pàjīnsēnbìng 명 파킨슨병 | 异样 yìyàng 형 이상하다 | ★症状 zhèngzhuàng 명 증상 | 组织 zǔzhī 명 조직 | 中枢 zhōngshū 명 중추 | 恐惧 kǒngjù 명 공포, 두려움 | 痉挛 jìngluán 명 경련 | 腹泻 fùxiè 명 설사 | 便秘 biànmì 명 변비 | 溃疡 kuìyáng 명 궤양

85

해설 및 정답 핵심 어휘인 第二大脑(제2의 뇌)는 두 번째 단락에 등장한다. 并没有揭示两个大脑之间的联系(두 개의 뇌 사이의 연관성은 밝혀지지 않았다)라는 내용을 통해 정답을 찾을 수 있다.

1996년에 거숀이 제기한 '제2의 뇌'에 관해 알 수 있는 것은?

A 주목 받지 못했다
B 많은 실험에서 기원했다
C 돌발적 의미를 갖는다
D 두 뇌의 관계를 명백히 논술하지 않았다

단어 ★来源 láiyuán 동 기원하다 | ★实验 shíyàn 명 실험 | ★突破性 tūpòxìng 형 돌발적 | 阐述 chǎnshù 동 명백히 논술하다

86

해설 및 정답 세 번째 단락의 每当需要时就能将这些信息调出并向大脑传递(필요할 때마다 이 정보들을 전출하여 대뇌로 전달한다)라는 내용을 통해 정답을 알 수 있다.

세 번째 단락의 '복뇌'는?

A 대뇌의 통제를 받는다
B 더 많은 신경 세포를 가지고 있다
C 대뇌에 정보를 전달할 수 있다
D 육체적인 통증을 느낄 수 없다

87

해설 및 정답 네 번째 단락에서 뇌의 중추신경이 긴장했을 때 나타나는 두 가지 반응을 제시했다. 즉 痉挛(경련)과 腹泻(설사)이다.

뇌의 중추신경이 긴장될 때 어떤 증상이 나타날 수 있는가?

A 설사
B 신경 마비
C 대뇌의 심한 통증
D 복부에 조직 괴사

단어 麻痹 mábì 명 마비 | 剧烈 jùliè 형 심하다

88

해설 및 정답 글 앞부분에서 사람에게는 뱃속에 감춰진 뇌(藏于肚子里的大脑)가 있다고 설명했고, 그다음 감춰진 뇌의 내력을 소개했다.

윗글의 제목으로 가장 적합한 것은?

A 야간 근무를 하는 복뇌
B 대뇌의 유능한 조수
C 어떻게 위장 질환을 치료하는가
D 뱃속에 감춰진 대뇌

단어 值夜班 zhíyèbān 야간 근무를 하다 | 得力助手 délì zhùshǒu 유능한 조수

[89-92]

서예 예술은 정원을 장식하는 것으로, 벽의 비석, 기둥의 대련, 처마 밑의 편액 등에서 흔히 볼 수 있다. 이것들은 모두 중국의 정원 경관을 더욱 높은 예술적, 심미적 경지에 이르게 했다.

시각적 기호의 하나로서 서예 예술은 정원 경관의 흥미로움을 크게 증가시켰다. 전통 서체는 고풍스럽고 자연스러운 대전(大篆)이든 균일하고 가지런한 소전(小篆)이든 풍격이 자유분방한 예서(隸書)든 단정하고 굳센 해서(楷書)든 흐름이 시원스러운 행초서(行草書)든 모두 독특한 심미적 의미가 있다. 서예는 정원에서 보는 장소에 따라 선택되는데, 89예를 들면 망사원 '힐수루'의 편액은 전서와 예서체를 사용해 원림의 고아함과 소박함을 남김없이 나타냈다.

90일종의 언어 기호로서 서예 예술은 정원 경관의 의미를 심화시킨다. 서예 예술은 정원 주인의 품격과 이상을 표현하고, 정원의 환경과 문화적 분위기를 더하는 중요한 수단이며, 정원의 중요한 정신적 요소이다. 한 작은 정원 중 몇 군데의 제명과 몇 쌍의 대련이 지적인 기운을 가득 차게 한다.

서예 예술은 또한 정원 경관의 정취를 최대한 풍부하게 할 수 있다. 졸정원의 '유청각(留听阁)'은 물가에 지어졌는데, 91'유청(留听)'이라는 두 글자는 이상은의 시구 "가을 하늘은 흐리고 구름도 연일 흩어지지 않고, 서리가 날리는 시기도 늦어지고, 온 땅이 시든 연꽃잎 가득 머금었는데, 한밤의 적막한 빗소리는 듣기 좋아라."에서 따온 것이다. 소슬한 가을날에 실낱 같은 가을비가 부슬부슬 내린다. 이 아름다운 경치를 원활한 운필과 고른 선의 '유청각'이라는 세 글자가 없었다면, 어떻게 비 맞는 연꽃잎과 그 앞에서 빗소리를 듣는 입장의 느낌을 알 수 있었겠는가?

정원은 자연산수를 지척에 집약한 곳이며, 서예 예술은 아름다운 정원의 경관을 더욱 아름답고 감동적으로 표현하여 의미가 깊다. 92서예 예술은 단지 정원 경관의 기호식 장식품이 아닌 예술의 경지에 대한 일종의 심미적 요약과 고도의 승화라고 할 수 있다.

단어 书法 shūfǎ 명 서예, 서도 | 园林 yuánlín 명 원림, 정원 | 装饰 zhuāngshì 명 장식 | 碑石 bēishí 명 비석 | 柱 zhù 명 기둥 | 楹联 yínglián 명 대련 | 屋檐 wūyán 명 처마 | 匾额 biǎn'é 명 편액, 현판 | 景观 jǐngguān 명 경관 | ★审美 shěnměi 형 심미적 | ★境界 jìngjiè 명 경지 | ★视觉 shìjué 명 시각 | 大篆 dàzhuàn 명 대전(大篆)[한자 서체의 일종] | 古朴 gǔpǔ 형 수수하면서 고풍스럽다 | 小篆 xiǎozhuàn 명 소전(小篆)[대전을 변형하여 만든 서체] | 均匀 jūnyún 형 균등하다, 고르다 | 齐整 qízhěng 형 가지런하다, 단정하다 | 隶书 lìshū 명 예서(隸書)[전서를 고친 서체] | 笔势横逸 bǐshì héngyì 붓을 쓰는 풍격이 자유분방하다 | 楷书 kǎishū 명 해서(楷書)[예서에서 변한 서체] | 端正刚劲 duānzhèng gāngjìng 단정하고 굳세다 | 行草书 xíngcǎoshū 명 행초서(行草書)[행서와 초서 중간의 서체] | 洒脱 sǎtuō 형 시원스럽다 | 意味 yìwèi 명 의미 | 撷秀楼 xiéxiùlóu 고유 힐수루 | 古雅质朴 gǔyǎ zhìpǔ 고아하고 소박하다 | 深化 shēnhuà 동 심화시키다 | ★内涵 nèihán 명 내용, 뜻 | ★品格 pǐngé 명 품격 | 增添 zēngtiān 동 더하다, 보태다 | ★氛围 fēnwéi 명 분위기 | ★手段 shǒuduàn 명 수단 | ★要素 yàosù 명 요소 | 题名 tímíng 명 제명[책, 시문 따위의 표제나 제목의 이름] | 副 fù 양 쌍, 벌[한 벌 또는 한 쌍으로 되어 있는 물건을 셈] | 书卷 shūjuàn 명 서적 | 盎然可掬 àngrán kějū 넘쳐흐르다 | 拙政园 Zhuōzhèngyuán 고유 졸정원 | 阁 gé 명 누각 | 李商隐 Lǐ Shāngyǐn 고유 이상은[중국 당대(唐代)의 시인] | 诗句 shījù 명 시구 | 霜 shuāng 명 서리 | 枯 kū 동 시들다 | 荷 hé 명 연꽃 | 萧瑟 xiāosè 형 소슬하다 | 淅淅沥沥 xīxī lìlì 부슬부슬, 주룩주룩 | ★美妙 měimiào 형 미묘하다 | 景致 jǐngzhì 명 경치, 풍경 | 行笔圆转 xíngbǐ yuánzhuǎn 운필이 원활하다 | 线条 xiàntiáo 명 선 | 匀净 yúnjìng 형 균일하다 | 身临其境 shēn lín qí jìng 성 그 입장에 서다 | 浓缩 nóngsuō 동 농축하다, 집약하다 | 咫尺 zhǐchǐ 명 지척 | 秀美 xiùměi 형 뛰어나게 아름답다 | ★优美动人 yōuměi dòngrén 아름답고 감동적이다 | 深远 shēnyuǎn 형 깊고 크다 | ★概括 gàikuò 동 개괄하다, 요약하다 | 升华 shēnghuá 명 승화

89

해설 및 정답 두 번째 단락 마지막 부분에서 '힐수루'는 고아하고 소박하다(古雅质朴)라고 언급했다.

두 번째 단락을 근거로, '힐수루'에는 어떤 특징이 있는가?

A 예스럽고 소박하다
B 대범하다
C 그윽하고 고요하다
D 누추하다

단어 幽静 yōujìng 형 그윽하고 고요하다 | 简陋 jiǎnlòu 형 누추하다

90

해설 및 정답 핵심 어휘인 语言符号(언어 기호)는 세 번째 단락에 등장하는데, 书法艺术能深化园林景观的内涵(서예 예술은 정원 경관의 의미를 심화시킨다)이라는 내용을 통해 정답을 찾을 수 있다.

언어 기호로서 서예는 정원에서?

A 건축의 특색을 두드러지게 한다
B 경관의 의미를 높인다
C 주인의 지위를 드러낸다
D 교량을 더욱 아름답게 한다

단어 彰显 zhāngxiǎn 동 충분히 드러내다 | ★桥梁 qiáoliáng 명 교량, 다리

91

해설 및 정답 핵심 어휘인 留听阁(유청각)는 네 번째 단락에 등장하는데, "留听"二字取自李商隐的诗句('유청'이라는 두 글자는 이상은의 시구에서 따온 것이다)라는 내용을 통해 '유청'이 시문에서 나온 것임을 알 수 있다.

'유청각'에 관해 알 수 있는 것은?

A 가산 위에 지어졌다
B 회랑과 연결되어 있다
C 이상은의 서재이다
D '유청'은 시문에서 따온 것이다

단어 回廊 huíláng 명 회랑

92

해설 및 정답 첫 번째 단락에서 书法艺术(서예 예술)를 제시하고, 뒷부분에서는 세 가지 방면에서 정원에서의 서예 역할을 이야기하고 있다. 마지막 단락에서는 서예 예술의 역할을 총정리했다.

윗글이 주요하게 이야기하는 것은?

A 정원이 문인에게 미치는 영향
B 강남 정원의 풍격과 특징
C 정원에서의 서예 예술의 역할
D 강남 정원과 산수화의 관계

단어 文人 wénrén 명 문인

[93-96]

당신은 얼마나 많은 시간을 교통 체증에 낭비하고 있는가? 계산하기 어려울 것이다. 우리를 가장 낙담하게 하는 것은 표면적으로는 아무런 원인도 없어 보이는 체증이다. 사고도 없고 차량이 멈춰 있는 것도 아니고 공사하는 도로도 없는데, 93영문을 알 수 없이 갑자기 도로가 막히고, 오랜 시간이 지나야 차량의 흐름이 아무런 징후 없이 원활해진다. 도대체 왜 이러는 걸까? 93이러한 영문을 알 수 없는 정체를 '유령 정체'라고 한다.

혼잡한 도로 위에서 한 운전자가 급정거를 하며 갑자기 차선을 변경하거나 추월하면 잠시 동안 멈추게 되는데, 이 차의 후방에서 일련의 정체가 일어나 이 도로에서 유령을 들이받은 것처럼 교통 체증을 일으킬 수 있다. 설령 첫 번째 차량이 2초만 정체를 하고 시동을 걸었더라도 마지막 차량이 시동을 걸 때까지는 수십 분이 걸릴 수 있다. 연구에 따르면, 복잡한 고속도로에서 초보 운전자 한 명의 급정거가 '교통 해일'을 일으킬 수 있고, 94영향을 받는 도로 구간이 80km에 달할 수 있다고 한다.

이 밖에도 사람들의 반응이 천차만별인 것 역시 '유령 정체'가 계속 확대되는 이유이다. 만약 모든 사람들이 올바른 반응을 보인다면, 몇 초간의 정체는 쉽게 풀릴 것이다. 그러나 현실은 이와 반대로 차가 막히면 막힐수록 빈틈을 파고들어 끼어들고 싶어 하는 사람도 많아져 이미 막히는 도로 상황을 더욱 악화시킬 뿐이다.

그렇다면, 96어떻게 '유령 정체'를 피할 수 있을까? 95A급정거를 피하고, 95B차선 변경을 강행하지 말고, 95D함부로 끼어들지 않는 단순해 보이는 운전 습관들이 사실 '유령 정체'를 모면하는 가장 좋은 방법이다. 또한 연구 결과에 따르면, 만약 운전자가 차의 속도를 낮추고 95C고정 속도로 달리며 급정거를 하지 않는다면, 연료를 절약할 수 있을 뿐 아니라 '유령 정체' 현상도 해소될 가능성이 있다고 한다. 예를 들어 고속도로에서 시속 80km로 균일하게 달리는 것이 시속 110km로 달렸다 멈췄다 하는 것보다 훨씬 낫다는

것이다. 차량이 많은 일반 도로에서도 마찬가지이다.

단어 ★沮丧 jǔsàng 동 낙담하다 | ★起因 qǐyīn 명 원인 | 事故 shìgù 명 사고 | 停顿 tíngdùn 동 중단하다, 답보 상태에 놓이다 | 施工 shīgōng 동 공사를 하다 | 车道 chēdào 명 차도 | 莫名其妙 mò míng qí miào 성 영문을 모르다 | 堵塞 dǔsè 동 막히다, 가로막다 | 车流 chēliú 명 차량의 흐름 | ★毫无 háowú 동 전혀 없다 | 征兆 zhēngzhào 명 징조, 조짐 | ★顺畅 shùnchàng 형 순조롭다, 막힘이 없다 | 幽灵 yōulíng 명 유령 | ★拥挤 yōngjǐ 형 혼잡하다 | 公路 gōnglù 명 도로 | 急刹车 jíshāchē 동 급정거하다, 급브레이크를 밟다 | 变道 biàndào 차선을 변경하다 | 超车 chāochē 동 (차를) 추월하다 | 短暂 duǎnzàn 형 짧다 | 一连串 yìliánchuàn 형 일련의 | ★撞 zhuàng 동 부딪치다 | 启动 qǐdòng 동 시동하다 | ★繁忙 fánmáng 형 복잡하고 바쁘다 | 海啸 hǎixiào 명 해일 | 千差万别 qiān chā wàn bié 성 천차만별 | 扩张 kuòzhāng 동 확대하다 | 化解 huàjiě 동 풀리다 | 钻空子 zuān kòngzi 빈틈을 파고들다 | 插队 chāduì 동 끼어들다, 새치기하다 | 恶化 èhuà 동 악화시키다 | ★避免 bìmiǎn 동 피하다 | 强行 qiángxíng 동 강행하다 | ★随意 suíyì 동 마음대로 하다 | 加塞 jiāsāi 동 끼어들다 | 驾驶 jiàshǐ 동 운전하다 | ★固定 gùdìng 형 고정된 | 行驶 xíngshǐ 동 운행하다, 달려가다 | 燃料 ránliào 명 연료 | 有望 yǒuwàng 형 가능성이 있다 | ★消除 xiāochú 동 해소하다

93

해설 및 정답 幽灵堵车(유령 정체)가 있는 문장의 지시대명사 这种을 통해 정답이 앞 문장에 있음을 알 수 있다. 莫名其妙(영문을 알 수 없다), 毫无征兆(아무런 징후가 없다)가 답을 찾는 힌트이다.

첫 번째 단락을 근거로, '유령 정체'가 가리키는 것은?

A 장시간의 교통 체증
B 교통 체증의 징후가 없다
C 출퇴근 러시아워의 교통 체증
D 완화되지 않는 교통 체증

단어 ★高峰 gāofēng 명 정점, 최고점 | ★缓解 huǎnjiě 동 완화되다

94

해설 및 정답 핵심 어휘인 交通海啸(교통 해일) 뒷부분에서 그 의미를 제시했다. 受影响的路段可长达80公里(영향을 받는 도로 구간이 80㎞에 달할 수 있다)라는 내용을 통해 거리가 길다는 것을 알 수 있다.

두 번째 단락의 밑줄 친 '交通海啸'는 어떤 의미인가?

A 교통 체증 거리가 길다
B 중대한 사고가 발생했다
C 통신 설비가 마비됐다
D 흐리고 비 오는 날에 교통 체증이 심각하다

단어 通信设备 tōngxìn shèbèi 통신 설비 | 瘫痪 tānhuàn 동 마비되다

95

해설 및 정답 마지막 단락 중 以固定的速度行驶……有望消除'幽灵堵车'现象(고정 속도로 달리며……'유령 정체' 현상도 해소될 가능성이 있다)에서 고정 속도로 달린다는 것은 균일한 속도의 운행(匀速行驶)을 뜻한다.

다음 중 '유령 정체'를 조성하는 원인이 아닌 것은?

A 급정거
B 차선 변경 강행
C 균일한 속도의 운행
D 마음대로 끼어들기

96

해설 및 정답 마지막 단락의 주요 내용은 첫 문장에 제시되어 있다. 즉 如何避免"幽灵堵车"(어떻게 '유령 정체'를 피할 것인가)이다.

윗글의 마지막 단락에서 주요하게 이야기하는 것은?

A 어떻게 새치기를 모면할 것인가
B 차량 고속 주행의 위해
C 교통 규칙 준수의 중요성
D '유령 정체'를 해소하는 방법

단어 ★危害 wēihài 명 위해 | 遵守 zūnshǒu 동 준수하다

[97-100]

1774년 과학자들은 북극해역에서 그것의 종적을 발견했지만, 아직도 그것의 이력을 알 수 없다. 그것은 바로 클리오네이다.

클리오네의 단순한 외형과 투명한 몸은 그것이 해파리류의 생물일 거라 오인하게 하지만, 그것은 사실 조개류의 동족에 속한다. **97**이런 조개류는 모두 양쪽에 날개를 가지고 있어서 익족류라 통칭하여 부른다. 그들은 일생 동안 바다에서 물살을 따라 사방으로 떠돌아다닌다. 클리오네가 갓 부화할 때는 딱딱한 껍질을 가지고 있으나 약 3일 후면 껍질은 영구히 버려져 껍질 없는 조개류가 된다. 클리오네의 몸길이는 비록 1~3cm에 불과하고 최대 7cm도 넘지 않지만, 간헐적으로 양 날개를 흔들다 보니 뜻밖에도 몸집보다 수천 배나 큰 수층에서도 위아래로 이동할 수 있다. 상승할 때, 그것은 항상 천사와 같은 우아한 자태를 유지하며, 유유히 깊은 바다에서 얼음층 아래까지 헤엄쳐 간다.

클리오네의 이름은 몸통 양쪽 날개에서 따온 것인데, 하늘을 나는 천사처럼 보이고, 더욱이 몸통 안에 붉은 하트 모양의 소화기관이 있어 굉장히 귀엽다. 하지만 그것은 사실 사나운 약탈자이다. 발육기의 그것은 작은 플랑크톤을 잡아먹는 것을 좋아하는데, **98**자라면서 개성이 돌변하여 사나운 약탈자가 된다. 클리오네가 공격할 때는 머리에서 촉수 세 쌍을 뻗어 사냥감의 딱딱한 껍질을 꽉 잡은 후, 사냥감 몸통을 뱃속으로 끌어당겨서 빈 껍질만 남긴다.

과학자들은 **99**클리오네가 매년 음식물이 풍부한 따뜻한 봄철에 지방을 많이 섭취한다는 것 외에 음식물이 부족한 겨울철을 보내기 위해 다른 물질들로부터 지방을 스스로 합성하여 비축 식량이나 번식에 사용한다는 것을 발견했다. 클리오네는 한 끼를 포식하면 200일 이상 음식물을 더 먹지 않아도 된다. 더 신기한 것은 **99**자신의 몸통을 축소하고 신진대사의 속도를 떨어뜨려 체내의 에너지 소모를 낮출 수 있다는 점이다. **100**비축된 식량이 바닥나면 클리오네는 몸 안의 생존과 무관한 일부 조직을 소화시켜 최후의 생존 기회를 보존하고 봄이 찾아와 재생되기를 기다린다. 이런 환경에 잘 순응하는 생존 능력이 바로 클리오네 집단이 남북극해역에서 끊임없이 생장하고 번성할 수 있는 초능력인 것이다.

단어 北极 běijí 명 북극 | 海域 hǎiyù 명 해역 | 踪迹 zōngjì 명 종적, 자취 | 摸不清 mō bu qīng 잘 알 수 없다, 짐작할 수 없다 | ★来历 láilì 명 경로, 이력 | 海天使 hǎitiānshǐ 명 클리오네 | ★外形 wàixíng 명 외형 | ★透明 tòumíng 형 투명하다 | 水母 shuǐmǔ 명 해파리 | ★生物 shēngwù 명 생물 | 贝类 bèilèi 명 패류, 조개류 | 家族 jiāzú 명 가족, 동족 | 翼 yì 명 날개, 깃 | 统称 tǒngchēng 동 통칭하여 부르다 | 大洋 dàyáng 명 대양, 큰 바다 | 水流 shuǐliú 명 물살 | 漂游 piāoyóu 동 표박하다, 떠돌아다니다 | 孵 fū 동 부화하다 | 硬壳 yìngké 명 단단한 껍질 | 永久 yǒngjiǔ 형 영구한 | 丢弃 diūqì 동 버리다 | 间歇性 jiànxiēxìng 명 간헐 | 摆动 bǎidòng 동 흔들다 | 身躯 shēnqū 명 몸집, 체구 | 优雅 yōuyǎ 형 우아하다 | ★姿态 zītài 명 자태, 모습 | 两侧 liǎngcè 명 양측 | ★翅膀 chìbǎng 명 날개 | 翱翔 áoxiáng 동 비상하다 | 器官 qìguān 명 기관 | 凶狠 xiōnghěn 형 사납고 거칠다 | 掠食 lüèshí 약탈하다 | 发育 fāyù 동 발육하다 | 捕食 bǔshí 동 먹이를 잡다 | 微小 wēixiǎo 형 지극히 작다 | 浮游 fúyóu 동 떠다니다 | 藻类 zǎolèi 명 조류[식물] | 个性 gèxìng 명 개성 | ★攻击 gōngjī 동 공격하다 | 伸 shēn 동 뻗다 | 触手 chùshǒu 명 촉수 | 猎物 lièwù 명 사냥감 | 扯 chě 동 끌어당기다 | 腹 fù 명 배[신체] | ★丰盛 fēngshèng 형 풍부하다 | 摄取 shèqǔ 동 섭취하다 | 脂肪 zhīfáng 명 지방 | 自行 zìxíng 부 스스로 | 合成 héchéng 동 합성하다 | 以便 yǐbiàn 접 ~하기 위하여 | ★繁殖 fánzhí 동 번식하다 | 储备 chǔbèi 동 비축하다 | ★粮食 liángshi 명 식량 | ★缺乏 quēfá 동 부족하다 | 饱食 bǎoshí 동 포식하다 | 进食 jìnshí 동 밥을 먹다 | 神奇 shénqí 형 신기하다 | 缩小 suōxiǎo 동 축소하다 | ★新陈代谢 xīnchén dàixiè 명 신진대사 | ★能量 néngliàng 명 에너지 | ★消耗 xiāohào 명 소모 | ★生存 shēngcún 명 생존 | 一线生机 yíxiàn shēngjī 성 일말의 생존 기회 | 等待 děngdài 동 기다리다 | 降临 jiànglín 동 찾아오다 | 能屈能伸 néngqū néngshēn 성 환경에 잘 순응하다 | 族群 zúqún 명 집단 | 生生不息 shēng shēng bù xī 성 끊임없이 생장하고 번성하다 | 超能力 chāonénglì 명 초능력

97

해설 및 정답 두 번째 단락의 这种贝类都有双翼(이런 조개류는 모두 양쪽에 날개를 가지고 있다)에서 翼는 '날개'를 의미한다.

두 번째 단락을 근거로, 클리오네는?

A 수명이 짧다
B 날개가 자란다
C 해파리류의 생물이다
D 주로 얕은 바다에서 활동한다

단어 ★寿命 shòumìng 명 수명 | 浅海 qiǎnhǎi 명 얕은 바다

98

해설 및 정답 세 번째 단락의 长大后却个性突变，成为凶狠的掠食者(자라면서 개성이 돌변하여 사나운 약탈자가 된다)를 통해서 성장한 클레오네는 사납다는 것을 알 수 있다.

성장한 클리오네는 먹이를 잡을 때 어떤 특징이 있는가?

A 매우 사납다
B 청각이 예민하다
C 동작이 둔해진다
D 사냥감의 껍질을 먹이로 삼는다

단어 凶猛 xiōngměng 형 사납다 | 听觉 tīngjué 명 청각 | ★灵敏 língmǐn 형 예민하다 | ★迟钝 chídùn 형 둔하다, 굼뜨다

99

해설 및 정답 마지막 단락의 它还能缩小自己的身躯，降低新陈代谢的速度(그것은 자신의 몸통을 축소하고 신진대사의 속도를 떨어트려)에서 정답을 알 수 있다.

클리오네가 몸통을 축소하는 것은 무엇을 위해서인가?

A 식량 비축
B 에너지 흡수
C 신진대사 완화
D 체내의 지방 소모

100

해설 및 정답 마지막 단락에서 能屈能伸(환경에 잘 순응하다)은 求生能力(생존 능력)를 수식한다. 마지막 단락을 통해 클리오네는 어떤 상황에서도 환경에 적응하고 생존의 기회를 보존하는 능력이 있음을 알 수 있다.

마지막 단락의 밑줄 친 '能屈能伸'은 어떤 의미인가?

A 용감하게 모험하다
B 번식 능력이 강하다
C 반항 정신을 가지고 있다
D 여러 상황에 적응할 수 있다

단어 ★敢于 gǎnyú 동 용감하게 ~하다 | ★冒险 màoxiǎn 동 모험하다 | 反抗 fǎnkàng 동 반항하다, 저항하다 | 境遇 jìngyù 명 상황, 경우

101

해설 및 정답 주요 인물, 사건, 시간 등을 파악한 후, 구체적인 묘사나 부가 성분을 삭제하고 고득점 표현을 활용하여 요약한다.

①어렸을 적, 나는 아버지의 슬리퍼를 신기 좋아했다. 아버지의 슬리퍼는 갈대를 엮어 만든 것으로 형식이 간단하고, 여름에 발에 신으면 매우 시원했다. 나는 짚신을 신는 느낌이 좋아서 시멘트 바닥을 쿵쿵거리며 걸어 다녔다. 하지만 아버지는 내가 그의 짚신을 신고 다니는 것을 좋아하지 않으셨다. 그는 짚신을 각별히 아끼는 것 같았다. 한번은 몰래 아버지의 짚신을 신고 놀러 나갔다가 실수로 그것을 잃어버렸는데, 돌아와서 아버지에게 귀를 잡히고 호되게 야단을 맞았다. 그때 나는 겨우 다섯 살이었는데, 아버지가 왜 그렇게 크게 화를 내는지 도무지 이해가 가지 않았었다.

②후에, 나는 아버지의 짚신은 할머니께서 엮어 주셨다는 것을 알게 되었다. 아버지는 대학을 졸업하고 시안으로 와서 일을 하시게 된 후, 할머니와 멀리 떨어져 살게 되었다. 집이 좁아서 아버지는 할머니를 모셔 오지 못했다. 다만 해마다 날씨가 가장 더울 때면 아버지는 항상 소포를 받았는데, 안에는 할머니가 부쳐 주신 산뜻하고 깔끔한 짚신이 있었다. 할머니가 남에게 부탁하여 쓴 편지에는 다음과 같은 글이 쓰여 있었다. '얘야, 엄마가 네 곁에 없으니, 너 자신을 돌볼 줄 알아야 한다. 엄마는 집에서 할 일이 없어 너에게 줄 짚신을 엮었단다. 신발이 예쁘진 않지만, 신으면 시원할 거야. 엄마는 네가 정말 보고 싶구나. 시간이 나면 엄마를 보러 와주렴. 너의 사진이 엄마 손에 누렇게 닳았구나……'

③다섯 살이던 나는 자연히 이런 감정을 이해할 수 없었고, 단지 짚신에 불과하다는 생각이 들 뿐이었다. 이런 사랑을 진심으로 실감하게 되었을 때의 나는 열여섯 살이었다. 그때도 할머니는 여전히 여름이 되면 아버지에게 짚신을 부치셨고, 받을 때마다 아버지는 오랫동안 자세히 살펴보시며 말없이 잠시 멍하게 계시곤 하셨다. 나는 알고 있었다. 아버지는 틀림없이 할머니가 그리운 것이다. 하지만 일이 바빠, 그는 이미 오랫동안 고향에 돌아가지 못했다.

④짚신은 시안의 길거리 곳곳에 깔려 있고 가격도 저렴해 할머니가 부치시는 소포의 우편 요금이 시안의 짚신보다 더 비쌀 것이라 짐작된다. 하물며 그녀가 밤새 불을 켜고 마음을 쓰고 공을 들여 엮는 것이라니.

⑤사들고 온 짚신은 모양도 예쁘고 발에 꼭 맞았다. 그런데 왠지 내가 여름에 맨발로 짚신을 신고 집 안을 돌아다닐 때, 그 쿵쿵거리던 소리가 들리지 않아 허전함이 느껴졌다. 그래서 나는 여전히 아버지의 커다랗고, 발에 맞지 않는 짚신을 몰래 신곤 했다. 그것을 신을 때마다 멀리 떨어져 계신 할머니가 떠오르지만, 여러 해 동안 그녀를 만나지 못해서 그녀의 건강이 어떤지도 알지 못했다.

⑥또 2년이 지났고, 아버지의 짚신이 문득 뚝 끊겼다. 할머니께서 돌아가신 것이다. 짚신이 끊기자 마치 영혼이 끊기는 것 같았고, 아버지는 늘 뭔가 없어진 것처럼 울적해 하셨다. 때때로, 길을 지날 때 짚신을 파는 노점상이 있으면, 그는 웅크리고 앉아 그중 한 쌍을 들고 오랫동안 자세히 살펴보곤 했다.

⑦그래서 나는 짚신 엮는 것을 배워 할머니와 똑같은 모양으로 엮기 시작했다. 보기에는 간단해 보이는 짚신을 엮는 것이 그렇게 번거로울 줄 나는 생각지도 못했다. 한 땀 한 땀씩 엮고, 또 한 땀 한 땀씩 뜯어냈다. 손끝에 물집이 생겨 아팠다. 3개월의 시간이 지난 후에야, 나는 마침내 짚신을 엮는 과정을 숙지할 수 있었다. 첫 번째 짚신을 아버지께 드렸을 때 아버지께서 깜짝 놀라시며 기뻐하시던 모습을 나는 아직도 기억한다. 나는 앞으로 해마다 아버지께 이런 짚신 한 켤레를 드리겠다고 생각했다. 왜냐하면 아버지께 짚신은 이미 단순한 슬리퍼가 아니라 할머니의 사랑의 연장임을 나는 알기 때문이다.

단어 拖鞋 tuōxié 명 슬리퍼 | 苇草 wěicǎo 명 갈대 | 编 biān 동 엮다 | ★样式 yàngshì 명 형식 | 清清凉凉 qīngqīng liángliáng 형

매우 시원하다 | 草拖 cǎotuō 명 짚신 | 水泥 shuǐní 명 시멘트 | 地板 dìbǎn 명 바닥 | 扑嗒扑嗒 pūdā pūdā 쿵쿵거리다 | ★似乎 sìhū 부 마치 | 不慎 búshèn 동 부주의하다 | 揪 jiū 동 잡아당기다 | 臭骂 chòumà 동 호되게 꾸짖다 | 顿 dùn 양 번, 차례 | 狭窄 xiázhǎi 형 비좁다 | 包裹 bāoguǒ 명 소포 | 清爽 qīngshuǎng 형 시원하다 | 整洁 zhěngjié 형 말끔하다 | 托人 tuōrén 동 남에게 부탁하다 | 手指 shǒuzhǐ 명 손가락 | 磨 mó 동 문대다, 비비다 | 端详 duānxiáng 동 자세히 보다 | 良久 liángjiǔ 형 오랫동안 | 默默 mòmò 형 아무 말 없이 잠잠하다 | ★发呆 fādāi 동 멍하다 | ★繁忙 fánmáng 형 번거롭고 바쁘다 | 街头 jiētóu 명 길거리 | 随处可见 suí chù kě jiàn 곳곳에 널려 있다, 어디서나 볼 수 있다 | ★低廉 dīlián 형 저렴하다 | 邮费 yóufèi 명 우편 요금 | ★何况 hékuàng 접 하물며 | 熬夜 áoyè 동 밤을 새다 | 费神 fèishén 동 마음을 쓰다 | 费力 fèilì 동 힘을 들이다, 공을 들이다 | 合脚 héjiǎo 동 발에 맞다 | 失落 shīluò 형 허전하다, 실의하다 | ★遥远 yáoyuǎn 형 아득히 멀다 | ★仿佛 fǎngfú 부 마치 ~인 듯하다 | ★灵魂 línghún 명 영혼, 정신 | 闷闷不乐 mèn mèn bú lè 성 마음이 답답하고 울적하다 | 摊子 tānzi 명 노점 | 蹲 dūn 동 웅크려 앉다 | ★一模一样 yì mú yí yàng 성 모양이 완전히 같다 | 烦琐 fánsuǒ 형 번거롭다 | 拆 chāi 동 뜯다 | 指尖 zhǐjiān 명 손가락의 끝 | 泡 pào 명 물집 | 流程 liúchéng 명 공정, 과정 | 熟记于心 shújì yú xīn 잘 숙지하다, 마음에 깊이 새겨 두다 | ★惊喜 jīngxǐ 동 놀라고도 기뻐하다 | ★单纯 dānchún 형 단순하다 | ★延续 yánxù 동 연장하다

작문 완성하기

서론 ①단락	어렸을 적, 나는 아버지의 짚신을 좋아했다. 한번은 그것을 잃어버렸는데, 아버지는 크게 화를 내셨다. 小时候 어렸을 적 | 我 나 | 父亲 아버지 | 草拖 짚신 | 穿丢 잃어버리다 | 发脾气 화를 내다

⬇

큰 사건1 ②단락	나는 짚신은 할머니께서 아버지에게 부쳐준 것임을 알게 되었다. 奶奶 할머니 | 编 엮다 | 寄 부치다

⬇

큰 사건2 ③~⑤단락	열여섯 살의 나는 짚신 안의 사랑을 느끼게 되었고, 그것을 신을 때면 할머니가 생각났다. 16岁 열여섯 살 | 体会到这种亲情 이런 사랑을 느끼다 | 想起相距遥远的奶奶 멀리 계신 할머니가 생각나다

⬇

큰 사건3 ⑥단락	할머니가 돌아가신 후, 짚신이 끊긴 아버지는 울적해 하셨다. 又过了两年 또 2년이 지나다 | 去世 세상을 떠나다 | 闷闷不乐 답답하고 울적하다

⬇

결론 ⑦단락	나는 짚신 엮는 것을 배워서 아버지께 만들어 드렸다. 그에게 짚신은 할머니의 사랑의 연장임을 나는 알기 때문이다. 学编草拖 짚신 엮는 것을 배우다 | 惊喜 놀라고도 기뻐하다 | 送父亲 아버지께 드리다 | 爱的延续 사랑의 연장

모범 답안

父亲的草拖

小时候，我一直喜欢穿父亲的拖鞋。父亲的拖鞋是用草编成的，穿起来很舒服。可是父亲不喜欢我穿他的草拖。一次我把他的草拖穿丢了，他发了很大的脾气，我百思不得其解。

后来，我知道父亲的草拖原来是奶奶编的。父亲大学毕业后来到西安工作，离奶奶很远。每年夏天，奶奶都会给父亲寄一双草拖，并在信中说很想父亲，希望他能回家看看。

16岁的我，体会到了那种亲情。因为每次收到草拖时，父亲总会看很久。我知道，他肯定是想奶奶了。草拖在西安随处可见，样式好看，也很合脚。但是我更喜欢穿父亲的草拖，因为每次穿起它的时候，都会想起相距遥远的奶奶。

又过了两年，奶奶去世了，没有了草拖，父亲总觉得少些什么，闷闷不乐。看到路边有卖草拖的，父亲也会停下来看很久。

于是，我开始学编奶奶那样的草拖。当我把编好的草拖送给父亲时，他充满惊喜。我想以后每年都送父亲一双草拖，因为我知道，草拖对他来说不是单纯的拖鞋，而是奶奶爱的延续。

아버지의 짚신

어렸을 적, 나는 줄곧 아버지의 슬리퍼를 신기 좋아했다. 아버지의 슬리퍼는 짚을 엮어서 만든 것으로 신으면 편안했다. 그러나 아버지는 내가 그의 짚신을 신는 것을 싫어하셨다. 한번은 내가 그의 짚신을 잃어버려서, 그는 매우 크게 화를 냈는데, 나는 아무리 생각해도 이해가 되지 않았다.

후에, 나는 아버지의 짚신은 할머니가 엮은 것임을 알게 되었다. 아버지는 대학을 졸업한 후 시안으로 오셔서 일을 하시느라, 할머니와 멀리 떨어져 살았다. 매년 여름이면 할머니는 아버지에게 짚신 한 켤레를 부쳐 주시고, 편지에 아버지가 너무 보고 싶으며, 그가 집으로 와주기를 바란다고 하셨다.

열여섯 살의 나는 그러한 사랑을 느끼게 되었다. 왜냐하면 짚신을 받을 때마다 아버지가 항상 오래도록 보고 계셨기 때문이다. 나도 알고 있다. 그는 틀림없이 할머니가 그리운 것이다. 짚신은 시안 곳곳에 깔려 있고 모양도 보기 좋고 발에도 잘 맞지만, 나는 아버지의 짚신 신는 것을 더 좋아한다. 그것을 신을 때마다 멀리 떨어져 계신 할머니가 떠오르기 때문이다.

또 2년이 지나, 할머니가 돌아가시면서 짚신이 끊겼고, 아버지는 항상 뭔가 없어진 것처럼 울적해 하셨다. 길가에 짚신을 파는 곳을 보면 아버지는 멈춰 서서 오랫동안 그것을 보셨다.

그래서 나는 할머니처럼 짚신 엮는 것을 배우기 시작했다. 내가 엮은 짚신을 아버지에게 드렸을 때, 아버지는 깜짝 놀라시며 기뻐하셨다. 나는 앞으로 해마다 아버지에게 짚신 한 켤레를 드리겠다고 생각했다. 왜냐하면 아버지에게 짚신은 단순한 슬리퍼가 아니라 할머니의 사랑의 연장임을 나는 알기 때문이다.

모의고사 3회

정답

듣기

1 D	2 A	3 C	4 D	5 C	6 C	7 A	8 A	9 D	10 D
11 A	12 C	13 B	14 C	15 D	16 C	17 A	18 B	19 A	20 D
21 D	22 B	23 A	24 D	25 B	26 D	27 D	28 C	29 B	30 C
31 B	32 C	33 D	34 C	35 A	36 B	37 C	38 B	39 D	40 A
41 D	42 B	43 D	44 D	45 D	46 C	47 A	48 B	49 D	50 C

독해

51 C	52 A	53 B	54 C	55 C	56 D	57 C	58 B	59 D	60 A
61 C	62 B	63 D	64 B	65 A	66 B	67 C	68 A	69 B	70 D
71 C	72 A	73 E	74 D	75 B	76 A	77 D	78 C	79 B	80 E
81 C	82 A	83 A	84 B	85 D	86 C	87 B	88 A	89 C	90 A
91 B	92 D	93 A	94 C	95 D	96 B	97 D	98 A	99 C	100 B

쓰기

101. 모범 답안 ▶ 306쪽 참고

기본서 262쪽

듣기

Track 54

1

Track 54-1

해설 및 정답 녹음에서 사랑을 표현하거나 위세를 과시하거나 경고를 나타내기 위해 공작이 날개를 편다고 언급했다.

动物园里，我们常常会看到孔雀开屏。孔雀竖起美丽的羽毛，可能是在向雌孔雀示爱，或是在向雄孔雀示威，也可能是在向人们发出警告。它那五颜六色的羽毛其实就是它展示自己、吓唬敌人的武器。

A 雌孔雀攻击性强
B 孔雀受到惊吓会开屏
C 孔雀是一种野生动物
D 孔雀开屏可能是在示威

동물원에서 우리는 공작이 날개를 펴는 것을 자주 볼 수 있다. 공작이 아름다운 깃털을 세우는 것은 암컷 공작에게 사랑을 나타내는 것일 수도 있고, 혹은 수컷 공작에게 위세를 과시하는 것일 수도 있으며, 사람들에게 경고를 하는 것일 수도 있다. 공작의 알록달록한 깃털은 사실 자신을 내보이고 적을 위협하는 무기이다.

A 암컷 공작은 공격성이 강하다
B 공작은 공포를 느끼면 날개를 편다
C 공작은 야생 동물이다
D 공작이 날개를 펴는 것은 위세를 과시하는 것일 수 있다

단어 孔雀 kǒngquè 명 공작 | 开屏 kāipíng 동 날개를 펴다 | 竖 shù 동 세우다 | 羽毛 yǔmáo 명 깃털 | 雌 cí 형 암컷의 | 雄 xióng 형 수컷의 | 示威 shìwēi 동 시위하다, 위세를 과시하다 | ★警告 jǐnggào 명 경고 | 五颜六色 wǔ yán liù sè 성 가지각색, 여러 가지 빛깔 | ★展示 zhǎnshì 동 내보이다, 드러내다 | 吓唬 xiàhu 동 위협하다 | 敌人 dírén 명 적 | 武器 wǔqì 명 무기 | ★攻击 gōngjī 명 공격 | 惊吓 jīngxià 명 두려움, 공포 | 野生 yěshēng 명 야생

2

Track 54-2

해설 및 정답 녹음에서 여행 소비의 변화를 이야기하면서, 수요가 점점 더 개성화되어 가고 있다고 언급했다.

伴随着服务型消费升级和技术发展，旅行消费逐渐由价格型消费向价值型消费转变，出行人群越来越年轻，需求越来越个性。如何满足年轻消费者的旅行新需求成为旅行服务商面临的新问题。

A 旅行需求变得更个性
B 旅行消费成本逐渐增加
C 越来越多的人选择自由行
D 年轻人更看重旅行的舒适度

서비스형 소비의 업그레이드와 기술의 발전에 따라, 여행 소비는 점차 가격형 소비에서 가치형 소비로 전환되고 있으며, 여행자들은 갈수록 젊어지고, 수요는 점점 더 개성화되어 가고 있다. 여행에 대한 젊은 소비자들의 새로운 요구를 어떻게 충족시키느냐가 여행 서비스 사업자들이 직면하고 있는 새로운 문제가 되었다.

A 여행 수요는 더 개성화되었다
B 여행 소비 비용이 점차 증가한다
C 갈수록 많은 사람들이 자유 여행을 선택한다
D 젊은이들은 여행의 편안함을 더 중시한다

단어 伴随 bànsuí 동 따르다 | 升级 shēngjí 동 품질을 향상시키다, 업그레이드하다 | 转变 zhuǎnbiàn 동 전환하다 | ★需求 xūqiú 명 수요, 요구 | ★个性 gèxìng 명 개성 | ★面临 miànlín 동 직면하다 | ★成本 chéngběn 명 원가, 비용 | 自由行 zìyóuxíng 동 자유 여행을 하다 | 舒适 shūshì 형 쾌적하다, 편하다

3 Track 54-3

해설 및 정답 전환 관계 접속사인 然而(하지만) 뒤에 주로 중점 내용이 언급되므로 자세히 들어야 한다. 恰恰相反(정반대이다)이라는 내용을 통해 앞에서 언급한 炎热(무덥다)와 상반되는 의미를 가진 보기가 정답임을 알 수 있다.

很多人误以为成语“七月流火”指的是天气炎热，然而却恰恰相反。这里的“火”指大火星，“七月”指农历中的七月，相当于现在的八、九月份。每年的这个时候，大火星向西而下，天气开始变凉。

A 流火指的是放烟花
B 农历的七月开始播种
C 七月流火指天气转冷
D 七月流火的意思发生了变化

많은 사람들이 '칠월유화(七月流火)'라는 성어는 무더운 날씨를 가리키는 것이라고 오해하고 있지만 오히려 정반대이다. 여기에서 '화(火)'는 안타레스를 의미하고, '칠월(七月)'은 음력 7월을 가리키는데, 지금의 8, 9월에 해당된다. 매년 이맘때면 안타레스가 서쪽으로 내려가면서 날씨가 쌀쌀해지기 시작한다.

A 유화(流火)는 불꽃놀이를 의미한다
B 음력 7월에 파종을 시작한다
C 칠월유화(七月流火)는 날씨가 추워지는 것을 말한다
D 칠월유화(七月流火)의 의미가 바뀌었다

단어 七月流火 qī yuè liú huǒ 음력 7월이 되어 심수가 서쪽으로 기울면서 날씨가 점차 시원해지다 | ★炎热 yánrè 형 무덥다 | ★恰恰 qiàqià 부 마침 | 农历 nónglì 명 음력 | ★相当于 xiāngdāngyú 동 ~에 상당하다 | 月份 yuèfèn 명 월, 월분 | 大火星 Dàhuǒxīng 고유 안타레스[전갈자리에서 가장 밝은 별] | 烟花 yānhuā 명 불꽃 | ★播种 bōzhǒng 동 파종하다

4 Track 54-4

해설 및 정답 녹음의 观察力强(관찰력이 뛰어나다), 每天观赏自然景象(매일 자연 경관을 감상했다) 등의 내용으로 정답을 찾을 수 있다.

易元吉是北宋画家。他观察力强，自幼临摹古人名画，打下了扎实的绘画功底。长大后，他以大自然为师，离家远游，每天观赏自然景象，经多年细心揣摩，技艺越来越娴熟，所绘花鸟等动植物都很有特色。

A 易元吉擅长画马
B 易元吉以卖画为生
C 易元吉爱好收藏古画
D 易元吉常常观察绘画对象

역원길은 북송 화가이다. 그는 관찰력이 뛰어나 어려서부터 옛사람들의 명화를 모사하여 그림의 기초를 탄탄히 닦았다. 자라면서 그는 자연을 스승으로 삼고 집을 떠나 먼 길을 여행하며 매일 자연 경관을 감상했다. 여러 해에 걸쳐 세심하게 탐구하다 보니 기예가 갈수록 숙련되어, 그리는 화조 등 동식물에 모두 특색이 있었다.

A 역원길은 말을 잘 그렸다
B 역원길은 그림을 팔아 생계를 꾸렸다
C 역원길은 고화(古畵) 수집을 좋아했다
D 역원길은 자주 그림의 대상을 관찰했다

단어 易元吉 Yì Yuánjí 고유 역원길[송나라 화가] | 北宋 Běi Sòng 명 북송 | 自幼 zìyòu 부 어릴 때부터 | 临摹 línmó 동 모사하다 | 扎实 zhāshi 형 착실하다, 견실하다 | ★绘画 huìhuà 명 그림 | 功底 gōngdǐ 명 기초 | ★景象 jǐngxiàng 명 경관 | 揣摩 chuǎimó 동 사색하고 탐구하다 | 技艺 jìyì 명 기예 | 娴熟 xiánshú 형 능숙하다 | ★擅长 shàncháng 동 잘하다, 뛰어나다 | ★收藏 shōucáng 동 수집하다, 소장하다

5
Track 54-5

해설 및 정답 녹음에서는 부모의 효과적인 동반을 강조했다.

父母的陪伴能够让孩子更好地与人建立起亲密关系，但这种陪伴必须是有效的，只有这样，才能使孩子减少孤独感、增加安全感，形成稳定、积极的心态。有的父母一边玩儿手机一边陪孩子，就是无效的陪伴，很可能让孩子对正常的交流失去耐心。

A 父母是孩子的第一任老师
B 孩子的性格是从小形成的
C 有效陪伴利于孩子健康成长
D 要引导孩子养成良好的习惯

부모의 동반은 아이들이 사람들과의 친밀한 관계를 더욱 잘 맺을 수 있게 한다. 하지만 반드시 효과적인 동반이어야만 한다. 그래야만 아이에게 고독감을 줄이고 안전감을 더해 주어, 안정적이고 긍정적인 마음을 형성하게 할 수 있다. 어떤 부모는 휴대전화를 만지작거리며 아이와 함께하는데, 이것은 효과 없는 동반으로, 아이의 정상적인 교류에 대한 인내심을 잃게 할 가능성이 높다.

A 부모는 아이의 첫 번째 선생님이다
B 아이의 성격은 어릴 때부터 형성된다
C 효과적인 동반은 아이의 건강한 성장에 유리하다
D 아이가 좋은 습관을 기르도록 인도해야 한다

단어 陪伴 péibàn 동 동반하다, 함께하다 | ★建立 jiànlì 동 맺다 | ★亲密 qīnmì 형 친밀하다 | 孤独 gūdú 형 고독하다 | 任 rèn 양 번[직무를 맡은 횟수를 세는 단위] | 引导 yǐndǎo 동 인도하다, 이끌다

6
Track 54-6

해설 및 정답 녹음의 在罗马市中心有个"图书医院"，肩负着修复书籍的重任(로마시 중심에 있는 '도서병원'은 서적을 복원하는 중책을 짊어지고 있다)에서 修复书籍(서적을 복원하다)라는 내용이 보기에 그대로 언급되었다.

由于时间、细菌以及昆虫、老鼠甚至灾难和战争的原因，一些珍贵的书籍往往遭到损坏。在罗马市中心有个"图书医院"，肩负着修复书籍的重任。这座"图书医院"成立于1938年，是世界上最古老、也是最先进的纸质文物修复中心。

A 战争不利于经济交流
B 书籍很难长时间保存
C 那家"医院"修复书籍
D 那家"医院"成立了三百多年

시간과 세균 및 곤충, 쥐, 심지어는 재난과 전쟁 등의 원인으로 진귀한 서적들이 종종 훼손된다. 로마시 중심에 있는 '도서병원'은 서적을 복원하는 중책을 짊어지고 있다. 1938년에 설립된 이 '도서병원'은 세계에서 가장 오래되고, 가장 선진적인 종이 문화재 복원 센터이다.

A 전쟁은 경제 교류에 불리하다
B 서적은 오래 보존하기 어렵다
C 그 '병원'에서는 서적을 복원한다
D 그 '병원'은 설립된 지 300년이 넘었다

단어 细菌 xìjūn 명 세균 | 昆虫 kūnchóng 명 곤충 | 老鼠 lǎoshǔ 명 쥐 | ★灾难 zāinàn 명 재난 | 战争 zhànzhēng 명 전쟁 | ★珍贵 zhēnguì 형 진귀하다 | ★书籍 shūjí 명 서적 | ★遭到 zāodào 동 당하다 | ★损坏 sǔnhuài 동 훼손시키다 | 罗马 Luómǎ 고유 로마 | 肩负 jiānfù 동 짊어지다 | 修复 xiūfù 동 복원하다 | 重任 zhòngrèn 명 중책 | 成立 chénglì 동 설립하다 | 纸质 zhǐzhì 종이 재질 | ★文物 wénwù 명 문물, 문화재

7
Track 54-7

해설 및 정답 이 문제는 유머가 가미된 내용으로 인물들 간의 대화를 이해해야 답을 찾을 수 있다. 부자의 你能只给我盖一个第三层那样的房子吗?(나에게 3층 같은 집 하나만 지어 줄 수 있겠소?)라는 질문을 통해 그의 생각이 비현실적이라는 것을 알 수 있다.

一个富人看见别人盖了一座三层的楼房，非常壮观，于是找到该房子的工匠，问道："我觉得第三层特别好看，你能只给我盖一个第三层那样的房子吗？"工匠回答："没有第一、二层，怎么会有第三层呢？"

A 富人想法不切实际
B 富人在跟工匠开玩笑
C 富人奖励工匠一栋房子
D 富人支付了工匠很高的薪酬

한 부자가 다른 사람이 3층짜리 건물을 지은 것을 보고 매우 장관이라고 생각했다. 그래서 이 건물을 지은 공인을 찾아가 물었다. "내 생각에는 3층이 특별히 보기 좋은 것 같던데, 나에게 3층 같은 집 하나만 지어 줄 수 있겠소?" 공인이 대답했다. "1층과 2층이 없는데, 어떻게 3층이 있을 수 있소?"

A 부자의 생각은 비현실적이다
B 부자는 공인에게 농담을 하고 있다
C 부자는 공인에게 집 한 채를 상여금으로 주었다
D 부자는 공인에게 높은 임금을 지급했다

단어 盖 gài 동 짓다, 건축하다 | 楼房 lóufáng 명 층집, 다층 건물 | ★壮观 zhuàngguān 형 장관이다 | 工匠 gōngjiàng 명 공인, 기술자 | ★不切实际 búqiè shíjì 실질적이지 못하다, 비현실적이다 | 栋 dòng 양 채[집을 세는 단위] | ★支付 zhīfù 동 지급하다 | 薪酬 xīnchóu 명 보수

8 Track 54-8

해설 및 정답 녹음의 本事却很大(재주가 많다)의 本事(재주)는 보기 A의 本领(재주)과 같은 의미이다.

跳蛛个头虽小，本事却很大。它们有着敏锐的视力，是少数几种在视力上能和人类匹敌的无脊椎动物。它们还有高超的刺杀技巧，爬行、跳跃、跟踪都很在行，一个大跳就能跳出十几倍体长的距离，靠实力赢得"跳蛛"之名。

A 跳蛛本领高
B 跳蛛听觉十分灵敏
C 跳蛛以捕食飞虫为生
D 跳蛛会分泌一种有毒液体

깡충거미는 몸집은 작지만 재주가 많다. 그들은 예민한 시력을 가지고 있고, 소수의 몇 종은 인간에 필적할 수 있는 시력을 가진 무척추동물이다. 그들은 고도의 암살 기술을 가지고 있으며 포복, 도약, 추적에 모두 능하고, 점프 한 번에 신장의 열몇 배의 거리를 뛸 수 있어, 실력으로 '깡충거미'라는 이름을 얻었다.

A 깡충거미는 재주가 뛰어나다
B 깡충거미는 청각이 매우 예민하다
C 깡충거미는 나는 곤충을 잡아먹고 산다
D 깡충거미는 독이 있는 액체를 분비할 수 있다

단어 跳蛛 tiàozhū 명 깡충거미 | ★个头 gètóu 명 몸집 | ★本事 běnshi 명 능력, 재주 | ★敏锐 mǐnruì 형 예민하다 | 视力 shìlì 명 시력 | 匹敌 pǐdí 동 필적하다 | 脊椎 jǐzhuī 명 척추 | 高超 gāochāo 형 우수하다, 출중하다 | 刺杀 cìshā 동 찔러 죽이다, 암살하다 | ★技巧 jìqiǎo 명 기교 | 爬行 páxíng 동 기다, 포복하다 | 跳跃 tiàoyuè 동 도약하다 | 跟踪 gēnzōng 동 추적하다, 미행하다 | 在行 zàiháng 형 (어떤 일에) 능하다, 익숙하다 | 听觉 tīngjué 명 청각 | 捕食 bǔshí 동 먹이를 잡다 | ★分泌 fēnmì 동 분비하다 | 毒 dú 명 독 | 液体 yètǐ 명 액체

9 Track 54-9

해설 및 정답 보기에 공통적으로 제시된 단어인 拙政园(졸정원)의 특징에 집중해서 들어야 한다. 是江南古典园林的代表作品(강남 고전 정원의 대표 작품이다)이라는 내용을 통해 졸정원이 대표적인 강남 건축임을 알 수 있다.

拙政园位于江苏省苏州市，始建于明朝。全园以水为中心，山水萦绕，厅榭精美，花木繁茂，具有浓郁的江南水乡特色，是江南古典园林的代表作品。1997年拙政园被列入《世界遗产名录》。

A 拙政园是元代民居
B 拙政园位于江苏西北部
C 拙政园最佳游览时间为三月
D 拙政园是具有代表性的江南建筑

졸정원은 장쑤성 쑤저우시에 위치해 있으며 명나라 시기에 건축되었다. 온 정원이 물을 중심으로 하고 있고, 산수가 감돌고 정자는 정밀하고 아름다우며, 꽃과 나무가 무성한 강남 수향의 특색이 짙은 강남 고전 정원의 대표 작품이다. 1997년 졸정원은 세계문화유산에 등재되었다.

A 졸정원은 원대 민가이다
B 졸정원은 장쑤성 서북부에 있다
C 졸정원 최적의 유람 시기는 3월이다
D 졸정원은 대표적인 강남 건축이다

단어 拙政园 Zhuōzhèngyuán 고유 졸정원 | 江苏省 Jiāngsū Shěng 고유 장쑤성 | 萦绕 yíngrào 동 빙빙 돌다, 감돌다 | 厅榭 tīngxiè 명 정자, 정각 | 精美 jīngměi 형 정밀하고 아름답다 | 繁茂 fánmào 형 무성하다, 우거지다 | 浓郁 nóngyù 형 짙다 | 江南水乡 Jiāngnán shuǐxiāng 강남 수향[양쯔장 이남 지역의 물가 마을] | 古典 gǔdiǎn 명 고전 | ★园林 yuánlín 명 정원 | ★被列入 bèi lièrù ~에 오르다, ~에 포함되다 | ★遗产 yíchǎn 명 유산 | 名录 mínglù 명 명부 | ★民居 mínjū 명 민가 | 游览 yóulǎn 명 유람

10

Track **54-10**

해설 및 정답 이 문제는 유머가 가미된 내용으로, 이야기의 원인과 결과를 이해하면 쉽게 답을 찾을 수 있다. 아이는 여자의 발을 밟고 사과해 사탕을 얻었으므로, 사탕이 한 개 더 먹고 싶어서 여자의 발을 다시 밟은 것이다.

一个小孩儿不小心踩了一位女士，小孩儿觉得很抱歉，便真诚地向她道歉。那位女士为了表扬小孩儿有礼貌，便从兜儿里拿出一块儿糖给他。小孩儿欣然地接受了糖，把它放到嘴里，然后又踩了那位女士一脚。

A 女的是卖糖的
B 小孩儿在上幼儿园
C 小孩儿与女的是亲戚
D 小孩儿还想要一块儿糖

한 아이가 실수로 한 여자를 밟았다. 아이는 미안해서 진심으로 그녀에게 사과했다. 그 여자는 아이가 예의 바른 것을 칭찬해 주기 위해 주머니에서 사탕 하나를 꺼내 그에게 주었다. 아이는 기쁘게 사탕을 받고서는 그것을 입안에 넣었다. 그러고 나서 그 여자의 발을 다시 밟았다.

A 여자는 사탕을 파는 사람이다
B 아이는 유치원에 다니고 있다
C 아이와 여자는 친척이다
D 아이는 사탕을 하나 더 갖고 싶다

단어 踩 cǎi 동 밟다 | 抱歉 bàoqiàn 동 미안해하다 | ★真诚 zhēnchéng 형 진실하다 | 道歉 dàoqiàn 동 사과하다 | 表扬 biǎoyáng 동 칭찬하다 | 礼貌 lǐmào 명 예의 | 兜儿 dōur 명 주머니 | 欣然 xīnrán 부 흔쾌히, 기쁘게

11

Track **54-11**

해설 및 정답 보기를 통해 백묘를 소개하는 내용임을 짐작할 수 있다. 녹음에서 백묘는 简练的文字(간결한 문장)를 사용한다고 언급했으므로 백묘가 문장의 간결함을 중시한다는 것을 알 수 있다.

白描原本是中国画的技法名，后来被文学界引申为一种表现手法，指用朴素、简练的文字，不加渲染，就能起到画龙点睛的作用。优秀古典小说《水浒传》、《三国演义》就多用白描的手法。

A 白描注重文字简练
B 白描少用动作描写
C 白描是散文的表现手法
D 白描的主要描写对象是人

백묘는 원래 중국화 기법의 이름이었으나, 후에 문학계에 의해 일종의 표현 기법으로 의미가 파생되었는데, 소박하고 간결한 문장으로 과장하지 않고 화룡점정의 작용을 하는 것을 가리킨다. 우수한 고전 소설인 《수호전》과 《삼국연의》에 백묘 기법이 많이 사용되었다.

A 백묘는 문장의 간결함을 중시한다
B 백묘는 동작으로 묘사하는 것을 거의 하지 않는다
C 백묘는 산문의 표현 기법이다
D 백묘의 주요 묘사 대상은 사람이다

단어 白描 báimiáo 명 백묘[문학 작품의 간략하고 단순한 묘사법] | 原本 yuánběn 부 원래 | 技法 jìfǎ 명 기법 | 文学界 wénxuéjiè 문학계 | 引申 yǐnshēn 동 본의에서 새로운 뜻이 파생되다 | 手法 shǒufǎ 명 기법 | 朴素 pǔsù 형 소박하다 | 简练 jiǎnliàn 형 간결하고 세련되다 | 渲染 xuànrǎn 동 과장하다 | ★画龙点睛 huà lóng diǎn jīng 성 화룡점정 | 水浒传 Shuǐhǔzhuàn 고유 수호전 | 三国演义 Sānguó Yǎnyì 고유 삼국연의 | ★注重 zhùzhòng 동 중시하다 | 散文 sǎnwén 명 산문

12

Track **54-12**

해설 및 정답 녹음 마지막 부분인 正常剂量的防腐剂不会对人体造成任何伤害(정상적인 제조량의 방부제는 인체에 아무런 해도 끼치지 않는다)라는 내용을 통해 방부제가 미치는 해가 크지 않음을 알 수 있다.

随着对养生和健康饮食意识的加强，很多人认为防腐剂是食物中的毒品。其实不然，防腐剂是很多食品中的必要添加剂，是保存食物必不可少的成分，正常剂量的防腐剂不会对人体造成任何伤害。

A 防腐剂不易被消化
B 防腐剂副作用明显
C 防腐剂对人体危害不大
D 防腐剂不适用于冷藏食品

양생과 건강식에 대한 의식이 강해지면서 많은 사람들이 방부제를 음식 속의 독이라고 생각하는데, 사실은 그렇지 않다. 방부제는 많은 식품에 필요한 첨가제로 음식을 보존하는 데 반드시 필요한 성분이며, 정상적인 제조량의 방부제는 인체에 아무런 해도 끼치지 않는다.

A 방부제는 소화가 잘 안 된다
B 방부제는 부작용이 뚜렷하다
C 방부제가 인체에 미치는 해는 크지 않다
D 방부제는 냉장식품에 사용하기에는 부적합하다

단어 养生 yǎngshēng 동 양생하다, 보양하다 | 饮食 yǐnshí 명 음식 | ★意识 yìshi 명 의식 | 防腐剂 fángfǔjì 명 방부제 | 毒品 dúpǐn 명 독물 | 不然 bùrán 형 그렇지 않다 | ★必不可少 bì bù kě shǎo 성 없어서는 안 된다, 반드시 필요하다 | ★成分 chéngfèn 명 성분 | 剂量 jìliàng 명 조제량, 사용량 | 副作用 fùzuòyòng 명 부작용 | ★危害 wēihài 명 위해 | 适用 shìyòng 형 사용에 적합하다 | 冷藏 lěngcáng 동 냉장하다

13

Track **54-13**

해설 및 정답 녹음의 虽然大兴机场距离北京市中心比较远(다싱공항은 베이징 도심에서 비교적 멀리 떨어져 있지만)에서 距离…比较远(비교적 멀리 떨어져 있다)이라는 표현과 보기 B의 远离(멀리 떨어져 있다)는 같은 의미이다.

大兴国际机场建在北京市和河北省廊坊市的交界处，虽然大兴机场距离北京市中心比较远，但建在此处可以有效满足周边地区对机场的需求，从而缓解北京首都国际机场所面临的空域资源紧张的局面。

A 大兴机场修建时间紧迫
B 大兴机场远离北京市中心
C 大兴机场是北京第一大机场
D 大兴机场加速北京周边发展

다싱 국제공항은 베이징시와 허베이성 랑팡시의 접경에 건설된다. 다싱공항은 베이징 도심에서 비교적 멀리 떨어져 있지만, 이곳에 지어지면, 공항에 대한 주변 지역의 수요를 충족시키는 데 효과적이다. 따라서 베이징 서우두 국제공항이 직면한 공역 자원의 불안한 상태도 완화될 것으로 보인다.

A 다싱공항의 건설 시간이 촉박하다
B 다싱공항은 베이징 도심에서 멀리 떨어져 있다
C 다싱공항은 베이징에서 제일 큰 공항이다
D 다싱공항은 베이징 주변의 발전을 가속화한다

단어 大兴 Dàxīng 고유 다싱[지명] | 廊坊市 Lángfáng Shì 고유 랑팡시[지명] | 交界 jiāojiè 명 경계, 접경 | 周边 zhōubiān 명 주변 | ★需求 xūqiú 명 수요 | ★缓解 huǎnjiě 동 완화되다 | ★面临 miànlín 동 직면하다 | 空域 kōngyù 명 공역, 공중의 영역 | ★局面 júmiàn 명 국면, 상태 | 修建 xiūjiàn 동 건설하다 | 紧迫 jǐnpò 형 긴박하다

14

Track **54-14**

해설 및 정답 녹음의 之后随着钟表的普及，"大时"一词就消失了(이후 시계가 보급되면서 '대시(大时)'라는 단어는 사라졌다)라는 내용을 통해 '대시(大时)'가 사라진 것은 시계와 관련이 있다는 것을 알 수 있다.

中国古代将一天分为12个时辰，一个时辰相当于今天的两个小时。所以，当钟表刚刚传入中国时，有人把一个时辰叫做"大时"，新时间的一个钟点叫做"小时"。之后随着钟表的普及，"大时"一词就消失了，而"小时"却沿用至今。

A 眼镜传入中国时间晚
B 一个小时是两个"大时"
C "大时"的消失与钟表有关
D "时辰"是指一个人的出生时间

중국 고대에는 하루를 12개의 시진으로 나누었는데, 한 시진이 오늘날의 두 시간에 해당한다. 그래서 시계가 처음 중국에 들어왔을 때, 누군가가 한 시진을 '대시(大时)'라고 불렀고, 새로운 시간의 한 시간을 '소시(小时)'라고 불렀다. 이후 시계가 보급되면서 '대시(大时)'라는 단어는 사라졌고, '소시(小时)'는 오늘날까지 그대로 사용되고 있다.

A 안경은 중국에 늦게 유입되었다
B 한 시간은 두 개의 '대시(大时)'이다
C '대시(大时)'가 사라진 것은 시계와 관련이 있다
D '시진(时辰)'은 한 사람의 출생 시간을 가리킨다

단어 时辰 shíchén 명 시진[옛날의 시간 단위] | ★相当于 xiāngdāngyú 동 ~에 해당하다 | 钟表 zhōngbiǎo 명 시계 | 钟点 zhōngdiǎn 명 시간 | ★普及 pǔjí 동 보급되다 | 消失 xiāoshī 동 사라지다 | 沿用 yányòng 동 계속하여 사용하다

15

Track **54-15**

해설 및 정답 蔬菜叶片吸收二氧化碳越多……品质就越好(채소 잎이 이산화탄소를 많이 흡수할수록……품질도 좋아진다)라는 내용을 통해 이산화탄소가 채소의 품질을 높인다는 것을 알 수 있다.

二氧化碳是植物光合作用的必备原料，其含量增多，对植物的生长有好处。在大棚蔬菜栽培中，二氧化碳可作为化肥来施放。蔬菜叶片吸收二氧化碳越多，光合作用产物越多，蔬菜营养越丰富，品质就越好。

A 大棚蔬菜营养低
B 光合作用离不开水
C 栽培蔬菜时施肥要适度
D 二氧化碳提高蔬菜品质

이산화탄소는 식물의 광합성에 필수적인 원료로, 그 함량이 증가하면 식물의 생장에 좋다. 비닐하우스 채소를 재배하면서, 이산화탄소는 화학비료로 방출될 수 있다. 채소 잎이 이산화탄소를 많이 흡수할수록 광합성 산물이 많아지고 채소의 영양이 풍부해 질수록, 품질도 좋아진다.

A 비닐하우스 채소는 영양가가 낮다
B 광합성 작용에 물을 뺄 수 없다
C 채소 재배 시 비료는 적당히 주어야 한다
D 이산화탄소는 채소의 품질을 높인다

단어 ★二氧化碳 èryǎnghuàtàn 명 이산화탄소 | 光合作用 guānghé zuòyòng 명 광합성 | 必备 bìbèi 동 반드시 갖추다 | 原料 yuánliào 명 원료 | 含量 hánliàng 명 함량 | 大棚 dàpéng 명 비닐하우스 | 栽培 zāipéi 동 재배하다 | 化肥 huàféi 명 화학 비료 | 施放 shīfàng 동 방출하다 | 叶片 yèpiàn 명 엽편, 잎의 편평한 곳 | 产物 chǎnwù 명 산물 | 品质 pǐnzhì 명 품질 | 适度 shìdù 형 적당하다

[16-20]

Track 54-16_20

第16到20题是根据下面一段采访：

女：非常感谢您把这个采访机会给了我们。但是我仍然非常好奇，这么多年来，您为什么不在电视上露面呢？到底出于什么考虑？질문①

男：16其实我觉得文字的穿透力更强一些，我经常会写一些文件来发表我的想法。

女：在您的公司总部大厅里，屏幕上反复播放着一个宣传片，它的核心内容就是基础教育和基础科研是产业诞生和振兴的根本动力。这是您想强调的吗？질문②

男：20我觉得未来二三十年，人类社会要发生天翻地覆的变化，至少是生产方式会发生天翻地覆的变化，特别是工业、农业，会发生非常大的变化。17而工业巨大的进步来源于教育和科技的进步。所以我们认为一个国家首先要重视教育，重视基础教育，特别是农村的基础教育。

女：您前段时间到中科大的时候跟校长说，统计学非常重要，哪一门都用得到。您为什么这么说？질문③

男：目前人工智能是大的发展方向，18而人工智能其实就是统计学，计算机与统计学就是人工智能。中国没有人工智能这门课，没有计算机与统计学，这说明我们国家在数学上重视不够，第二个在数学中的统计学上重视不够。大家看过去多年来好多诺贝尔经济学奖获得者，大多使用的是统计学。所以，中科大校长给我介绍专业的时候，我希望每个专业后面加一个统计学，这个专业后面加个统计学，你才能带动新时代的突破。

女：但是我问您一个很功利的问题，都知道基础研究，基础就意味着时间一定长，假如投了这么多钱在基础研究上面，见不到成果怎么办？질문④

男：19短期内见不到成果这是一定的，但是科研的过程中，我们其实是培养了不少这方面的人才，他们将来一定会在不同的领域取得研究成果的。

16~20번 문제는 다음 인터뷰에 근거한다.

여: 저희에게 인터뷰할 기회를 주셔서 정말 감사합니다. 그런데 저는 여전히 매우 궁금한 것이 있는데요, 이렇게 여러 해 동안 왜 TV에 출현하지 않으신 건가요? 어떤 생각이 있어 그러셨는지요? 질문①

남: 16사실 저는 글의 관통력이 좀 더 강하다고 생각해서, 주로 문서를 작성하여 제 생각을 표현했습니다.

여: 선생님의 회사 본사 로비에는 홍보 영상이 스크린에 반복적으로 상영되고 있는데요, 그것의 핵심 내용은 기초 교육과 기초 과학 연구가 산업의 탄생과 진흥의 근본적인 원동력이라는 것인데, 이것은 선생님이 강조하고 싶은 것입니까? 질문②

남: 20저는 앞으로 20~30년 동안 인류 사회에 아주 큰 변화가 일어나야 한다고 생각합니다. 적어도 생

산 방식에는 큰 변화가 일어날 것이며, 특히 공업과 농업에 매우 큰 변화가 있을 것입니다. 17공업의 거대한 진보는 교육과 과학기술의 진보에서 비롯됩니다. 그래서 우리는 한 나라가 우선 교육을 중시하고, 기초 교육, 특히 농촌의 기초 교육을 중시해야 한다고 생각합니다.

여: 선생님께서 얼마 전에 중국과학기술대학교에 가셨을 때, 총장님께 통계학은 어느 학문에든 활용할 수 있어서 굉장히 중요하다고 하셨는데, 왜 그렇게 말씀하신 건가요? 질문③

남: 현재 인공지능은 발전 방향의 큰 틀이지만 18인공지능은 사실 통계학이고, 컴퓨터와 통계학이 인공지능입니다. 중국에 인공지능이라는 과목이 없고, 컴퓨터와 통계학이 없다는 것은 중국이 수학에 대한 중시가 부족하다는 점을 설명하는 것이고, 두 번째로 수학에서 통계학에 대한 중시도 부족하다는 뜻입니다. 여러분은 지난 몇 년간 노벨 경제학상 수상자들이 대부분 통계학을 활용했다는 것을 보셨을 겁니다. 그래서 중국과학기술대학교 총장님께서 저에게 전공을 소개해 주실 때, 저는 모든 전공 뒤에 통계학을 하나 더 붙였으면 했습니다. 이 전공 뒤에 통계학을 더해야만 새로운 시대의 진전을 이룰 수 있습니다.

여: 그런데 제가 매우 실리적인 질문을 하나 드리겠습니다. 모두가 기초적인 연구라는 것을 잘 아는데, 기초적이라는 것은 시간이 걸린다는 것을 의미합니다. 만약 이렇게 많은 돈을 투입하였는데, 기초 연구에서 성과를 거두지 못한다면 어떻게 하나요? 질문④

남: 19단기간에 성과가 나오지 않을 것은 분명하지만 연구 과정에서 우리는 사실 이 방면의 인재들을 많이 배출했으므로, 그들이 앞으로 각기 다른 분야에서 반드시 성과를 낼 수 있을 것입니다.

단어 采访 cǎifǎng 동 인터뷰하다 | 好奇 hàoqí 형 궁금하다 | 露面 lòumiàn 동 얼굴을 내밀다, 출현하다 | ★出于 chūyú 동 ~에서 나오다 | 穿透力 chuāntòulì 명 관통력 | 文件 wénjiàn 명 문건 | 总部 zǒngbù 명 본부 | 大厅 dàtīng 명 로비 | 屏幕 píngmù 명 스크린 | ★播放 bōfàng 동 상영하다 | 宣传片 xuānchuánpiàn 홍보 영상 | ★核心 héxīn 명 핵심 | 科研 kēyán 명 과학 연구 | 产业 chǎnyè 명 산업 | 诞生 dànshēng 동 탄생하다 | 振兴 zhènxīng 동 진흥하다 | ★根本 gēnběn 형 근본적인 | ★动力 dònglì 명 원동력 | 强调 qiángdiào 동 강조하다 | 天翻地覆 tiān fān dì fù 성 천지개벽, 변화가 대단히 크다 | ★来源 láiyuán 동 나오다, 기원하다 | 中科大 Zhōngkēdà 고유 중국과학기술대학교 | 统计学 tǒngjìxué 명 통계학 | ★人工智能 réngōng zhìnéng 명 인공지능 | 诺贝尔 Nuòbèi'ěr 고유 노벨 | ★突破 tūpò 동 새로운 진전을 이루다 | 功利 gōnglì 명 실리 | ★意味着 yìwèizhe 동 의미하다 | 假如 jiǎrú 접 만약 | 投 tóu 동 투입하다 | 成果 chéngguǒ 명 성과 | 培养 péiyǎng 동 양성하다 | ★领域 lǐngyù 명 분야

16

Track 54-16

해설 및 정답 남자의 대답 其实我觉得文字的穿透力更强一些(사실 저는 글의 관통력이 좀 더 강하다고 생각한다)에서 穿透力更强(관통력이 좀 더 강하다)은 보기 C의 更有力量(더 힘이 있다)과 유사한 의미이다.

男的过去为什么不在电视上露面?

A 性格内向
B 工作繁忙
C 认为文字更有力量
D 不想接触过多媒体

남자는 이전에 왜 TV에 출현하지 않았나?

A 성격이 내성적이라서
B 일이 바빠서
C 문장에 더 힘이 있다고 여겨서
D 너무 많은 매체와 접하고 싶지 않아서

단어 ★繁忙 fánmáng 형 번거롭고 바쁘다 | 接触 jiēchù 동 접촉하다 | 媒体 méitǐ 명 매체

17

Track 54-17

해설 및 정답 남자가 언급한 工业巨大的进步来源于教育和科技的进步(공업의 거대한 진보는 교육과 과학 기술의 진보에서 비롯됩니다)라는 내용에서 教育和科技(교육과 과학 기술)의 약칭이 바로 보기 A의 科教(과학 교육)이다.

男的认为工业的进步来源于什么?

A 科教的进步　　B 政府的投资
C 民众的思想　　D 政策的扶植

남자는 공업의 진보가 무엇에서 비롯된다고 여기는가?

A 과학 교육의 진보　　B 정부의 투자
C 민중의 사상　　D 정책의 육성

단어 ★投资 tóuzī 명 투자 | 民众 mínzhòng 명 민중 | 政策 zhèngcè 명 정책 | 扶植 fúzhí 동 육성하다

18

Track **54-18**

해설 및 정답 남자는 人工智能其实就是统计学(인공지능은 사실 통계학이다)라고 이야기하며 직접적으로 统计学(통계학)를 언급했다.

男的认为人工智能是什么?

A 经营学　　**B 统计学**
C 物理学　　D 经济学

남자는 인공지능이 무엇이라고 생각하는가?

A 경영학　　**B 통계학**
C 물리학　　D 경제학

19

Track **54-19**

해설 및 정답 여자가 기초 연구에 투자하고도 효과를 볼 수 없다면 어떻게 할 것인가 묻자 남자는 短期内见不到成果这是一定的(단기간에 성과가 나오지 않을 것은 분명하다)라고 대답했다. 이것으로 효과가 늦게 나타날 것임을 알 수 있다.

关于投资基础研究，下列哪项正确?

A 见效慢
B 利润高
C 是一种浪费
D 是企业的立足之本

기초 연구 투자에 관해, 다음 중 정확한 것은?

A 효과가 늦다
B 이윤이 높다
C 일종의 낭비이다
D 기업의 발판이다

단어 见效 jiànxiào 동 효과가 있다 | 利润 lìrùn 명 이윤 | 立足 lìzú 동 발붙이다, 입각하다

20

Track **54-20**

해설 및 정답 남자가 말한 人类社会要发生天翻地覆的变化(인류 사회에 아주 큰 변화가 일어나야 한다)에서 天翻地覆的变化(아주 큰 변화)는 보기 D의 巨大变化(거대한 변화)와 같은 의미이다.

关于男的，下列哪项正确?

A 很少回家吃饭
B 很在意别人的评价
C 重视公司品牌形象
D 认为社会将发生巨大变化

남자에 관해, 다음 중 정확한 것은?

A 집에서 밥을 먹는 일이 드물다
B 다른 사람의 평가에 매우 신경을 쓴다
C 회사 브랜드의 이미지를 중시한다
D 사회에 거대한 변화가 있을 것이라 생각한다

단어 ★在意 zàiyì 동 신경을 쓰다 | ★品牌 pǐnpái 명 상표, 브랜드 | ★形象 xíngxiàng 명 이미지 | 巨大 jùdà 형 거대하다

[21-25]

Track **54-21_25**

第21到25题是根据下面一段采访:

男: 咏梅老师，这次来到柏林参加电影节，心情怎么样? 질문①

女: 我太开心了，[21]因为这是我第一次主演电影，而且是我喜欢的导演王小帅，所以开心极了。

男：昨天看片子的时候哭了吗？질문②

女：可能全组人只有我没有哭，因为我准备了好几包纸巾，最后都分享给别人了。在看剧本的时候，我几乎已经把眼泪都流干了，我几度看到同一个场景的时候，哽咽得看不下去。22因为这个人的命运，他们夫妻两个的命运，那种漂泊、失去和孤独，太打动人了。昨天其实我是保持一种冷静和克制去看这部电影的，看完之后我非常开心，电影的完成度很高，演员们的表演都很出色。

男：当时王小帅导演找到你的时候，有压力吗？질문③

女：没有，因为我特别喜欢王小帅导演的作品，他所有的电影我都看过，我是很期待能跟他合作的。23就在我想跟他合作的时候他就找到了我，所以非常感谢王小帅导演，我是一个幸运儿。

男：电影是三段故事，哪一段对您来说难度最大？질문④

女：老年吧，因为我毕竟还没有60岁那种生活。24老年最难的可能就是妆容，不过我们有很优秀的化妆师，在外形上是没有太多的担心。24然后就是在形体的表现上，因为她是个普通人，这种普通人在我们身边太多太多了，所以有很多可以借鉴的，这些都对我的表演有很大帮助。

男：在戏中，您与王景春老师对戏，和王小帅导演合作，在表演上最大的感受是什么？질문⑤

女：就是太淋漓尽致了。小帅导演给我们很大的空间，包括我们对表演的要求，我们想要去表达的东西。而在和景春的对戏中，我们两个是没有障碍的。25所以这次最大的收获就是我们淋漓尽致地去完成了，非常顺利。

21~25번 문제는 다음 인터뷰에 근거한다.

남: 융메이 선생님, 이번에 베를린 영화제에 참석하시게 됐는데, 기분이 어떠신지요? 질문①

여: 몹시 기쁩니다. 21제가 처음 주연한 영화이고, 게다가 제가 좋아하는 왕샤오솨이 감독님의 영화이기 때문에, 정말 매우 기쁩니다.

남: 어제 영화를 보시면서 우셨나요? 질문②

여: 아마 팀 전체에서 저만 울지 않은 것 같아요. 제가 티슈를 여러 개 준비해 갔기 때문에 마지막에 다른 사람들에게 나눠 줬거든요. 대본을 보면서 저는 눈물을 거의 다 흘렸어요. 저는 몇 번이나 같은 장면을 보는데도 목이 메어 볼 수가 없었지요. 22이 사람의 운명, 부부 두 사람의 운명과 그러한 방황과 상실과 고독이 마음을 울렸어요. 어제 사실 저는 냉정함과 절제를 유지하면서 이 영화를 봤는데, 보고 나서 저는 굉장히 기뻤어요. 영화의 완성도가 높았고 배우들의 연기도 모두 훌륭했습니다.

남: 당시에 왕샤오솨이 감독님이 선생님을 찾았을 때 부담스럽지는 않으셨나요? 질문③

여: 아니요, 저는 왕샤오솨이 감독님의 작품을 굉장히 좋아해서, 그의 모든 영화를 다 봤습니다. 저는 그와 함께 작업할 수 있기를 기대했어요. 23마침 제가 그와 작업하고 싶어 할 때 그가 저를 찾아줘서 왕샤오솨이 감독님께 매우 감사합니다. 저는 행운아예요.

남: 영화는 세 단계로 이루어진 이야기인데, 어떤 단계가 선생님에게 가장 어려웠나요? 질문④

여: 노년이지요. 저는 어찌됐든 60세의 삶을 아직 살아 보지는 못했으니까요. 24노년에서 가장 어려운 것이 분장일 수도 있겠지만, 저희에게는 우수한 메이크업 아티스트가 있어서 외모적인 면에는 큰 걱정이 없었어요. 24그리고 외형 표현에 있어서는 그녀가 보통 사람이었기 때문에, 이런 보통 사람들은 우리 주변에 너무 많잖아요, 그래서 참고할 만한 것들이 많았고, 이런 것들이 모두 제 연기에 큰 도움이 되었지요.

남: 극중에서 선생님은 왕징춘 선생님과 연기를 하시고 왕샤오솨이 감독님과 작업하셨는데, 연기를 하시면서 가장 크게 느낀 점은 무엇입니까? 질문⑤

여: 너무 남김없이 표현했다는 것이에요. 샤오솨이 감독님은 저희에게 큰 공간을 주셨어요. 연기에 대한 저희의 요구를 포함해서 저희가 표현하고자 하는 것까지요. 그리고 징춘 씨와의 연기에서 저희 둘에게는 장애가 없었어요. 25그래서 이번에 가장 큰 수확은 바로 저희가 남김없이 표현하며 완성했다는 것이에요. 굉장히 순조로웠어요.

단어 咏梅 Yǒngméi 고유 융메이[인명] | 柏林 Bólín 고유 베를린 | 片子 piānzi 명 영화 | 纸巾 zhǐjīn 명 티슈, 냅킨 | ★分享 fēnxiǎng 동 함께 나누다 | 剧本 jùběn 명 극본 | 几度 jǐdù 부 여러 차례 | 场景 chǎngjǐng 명 장면 | 哽咽 gěngyè 동 오열하다 | 命运 mìngyùn 명 운명 | 漂泊 piāobó 동 방황하다 | ★打动 dǎdòng 동 마음을 울리다 | ★冷静 lěngjìng 형 냉정하다 | 克制 kèzhì 동 자제하다 | 幸运儿 xìngyùn'ér 명 행운아 | 妆容 zhuāngróng 명 분장, 메이크업 | 化妆师 huàzhuāngshī 명 분장사 | 外形 wàixíng 명 외형, 외양 | 形体 xíngtǐ 명 신체의 외형, 체형 | ★借鉴 jièjiàn 동 참고로 하다 | 淋漓尽致 lín lí jìn zhì 성 남김없이 다 표현하다 | ★障碍 zhàng'ài 명 장애, 방해

21

Track 54-21

해설 및 정답 여자의 因为这是我第一次主演电影(제가 처음 주연한 영화이다)이라는 말에서 主演(주연하다)은 동사이지만 보기 D의 第一次做电影主演(처음으로 영화 주연을 맡았다)의 主演(주연)은 명사이다.

关于女的，可以知道什么?

A 有主持天赋
B 专业是配音
C 很少出演电视剧
D 第一次做电影主演

여자에 관해, 알 수 있는 것은?

A 진행에 소질이 있다
B 전공은 더빙이다
C 드라마에 거의 출연하지 않는다
D 처음으로 영화 주연을 맡았다

단어 主持 zhǔchí 동 진행하다 | ★天赋 tiānfù 명 선천적인 소질 | 配音 pèiyīn 명 더빙 | 出演 chūyǎn 동 출연하다

22

Track 54-22

해설 및 정답 여자의 因为这个人的命运，他们夫妻两个的命运……太打动人了(이 사람의 운명, 부부 두 사람의 운명과……마음을 울렸어요)라는 말을 통해 인물의 운명이 그녀의 마음을 울렸음을 알 수 있다.

电影里什么地方最打动女的?

A 配乐　**B 人物命运**
C 动情的语言　D 主人公的性格

영화에서 어떤 부분이 여자의 마음을 울렸는가?

A 배경 음악　**B 인물의 운명**
C 감동적인 언어　D 주인공의 성격

단어 配乐 pèiyuè 동 배경 음악을 넣다 | 动情 dòngqíng 동 북받치다, 벅차다

23

Track 54-23

해설 및 정답 여자는 왕샤오솨이 감독과의 작업에 대해 이야기하면서 我是一个幸运儿(저는 행운아예요)이라고 언급했다.

能出演王小帅导演的作品，女的觉得怎么样?

A 很幸运
B 压力大
C 很意外
D 有些惋惜

왕샤오솨이 감독의 작품에 출연할 수 있었던 것에 대한 여자의 생각은?

A 매우 행운이다
B 스트레스가 심하다
C 매우 뜻밖이다
D 조금 아쉽다

단어 惋惜 wǎnxī 동 아쉬워하다

24

Track **54-24**

해설 및 정답 노년 단계의 연기에 대해 이야기하면서 여자는 분장과 외형 표현의 어려움을 언급했다.

老年阶段的表演难度在哪儿?

A 语气和表情
B 台词和动作
C 眼神和感情
D 妆容和形体

노년 단계 연기의 어려움은 어디에 있는가?

A 말투와 표정
B 대사와 동작
C 눈빛과 감정
D 분장과 외형

단어 ★阶段 jiēduàn 명 단계 | 语气 yǔqì 명 말투, 어투 | 眼神 yǎnshén 명 눈빛

25

Track **54-25**

해설 및 정답 인터뷰 마지막 부분에서 여자는 所以这次最大的收获就是我们淋漓尽致地去完成了，非常顺利(그래서 이번에 가장 큰 수확은 바로 저희가 남김없이 표현하며 완성했다는 것이에요. 굉장히 순조로웠어요)라고 말했다. 淋漓尽致(남김없이 표현하다)와 顺利(순조롭다)라는 표현들로 답을 찾을 수 있다.

女的在这次合作中有什么感受?

A 摄影很专业
B 表演很顺畅
C 工作人员很敬业
D 学会了控制情绪

여자는 이번 작업에서 무엇을 느꼈는가?

A 촬영이 매우 전문적이다
B 연기가 아주 순조로웠다
C 스태프들의 직업의식이 투철하다
D 감정을 조절하는 법을 배웠다

단어 ★摄影 shèyǐng 명 촬영 | 顺畅 shùnchàng 형 순조롭다 | 敬业 jìngyè 동 직업의식이 투철하다 | 控制 kòngzhì 동 억누르다, 조절하다 | ★情绪 qíngxù 명 정서, 감정

[26-30]

Track **54-26_30**

第26到30题是根据下面一段采访：

女：观众朋友，站在我身旁的就是田径运动员苏炳添。苏炳添，30祝贺你获得了60米比赛的银牌！질문①
男：谢谢！
女：在冲过终点之后，你转身看大屏幕，然后跪在了地上，是不是特别珍惜这枚来之不易的银牌？질문②
男：这是我第四次参加室内田径世锦赛，26但却是第一次获得奖牌，有一种圆梦的感觉。冲过终点之后，我什么都没想，27对我来说比赛就是一种享受，知道肯定不是冠军，但一直想知道成绩，还想看看我途中跑得怎么样。后来看成绩发现突破了个人最好成绩，已经很好了。比赛就是一种享受，任何运动员都想跟比自己水平高的人比赛，让自己更好地进步，找到自己的缺点在哪儿，再补起来。
女：28现在你最想感谢的人是谁？질문③
男：今年冬训我没有随大部队去美国，而是一个人留在了北京，但还是缺少一个教练，所以我就跟着跳远队一起训练。28跳远队的亨廷顿教练给了我很多点拨和建议，让我在思想上有了一些改变。很多东西他告诉我之后，我还不能马上接受，需要自己去理解，到了比赛中我才真正领悟。
女：在这次比赛之前，做了哪些准备？是不是充满了信心？질문④
男：29我第一站的比赛是没底的，很多人问我目标，我说6秒7。因为我在出国前只练了一个礼拜的速度，心里没有底，不知道自己能跑成什么样。结果没想到第一站就跑出这么好的成绩，要是我知道我有这样的能力，不会参加那么多场比赛，因为这样更累。

女：相对于60米的比赛，百米无疑更受人关注，外界也都在猜测，在60米上突飞猛进的苏炳添，会在百米上也迎来一个飞跃。对此，你怎么看？ 질문⑤

男：60米现在进步了不少，但是最终百米能不能跑出来还要看自己的努力。就看回去3月、4月整个训练的安排，把这些细节都做好吧。

26~30번 문제는 다음 인터뷰에 근거한다.

여: 관중 여러분, 제 옆에 서있는 분이 바로 육상 선수 쑤빙톈 선수입니다. 쑤빙톈 선수, 30 60m 경기에서 은메달을 획득하신 걸 축하합니다. 질문①

남: 감사합니다.

여: 결승점을 통과한 후에 돌아서서 스크린을 보고 무릎을 꿇으셨는데, 고생 끝에 얻은 이 은메달이 매우 소중했기 때문인가요? 질문②

남: 세계 실내 육상 선수권 대회는 이번이 네 번째 참가인데, 26 메달 획득은 처음이라 꿈을 이룬 것만 같은 느낌이었습니다. 결승점을 통과한 후, 저는 아무 생각이 없었어요. 27 저에게 경기는 일종의 즐거움이고, 분명 1등이 아닐 것은 알고 있었지만, 계속 성적을 알고 싶었고, 제가 도중에 어떻게 뛰는지도 보고 싶었습니다. 나중에 개인 최고 성적을 돌파했다는 것을 보고 이미 아주 잘했다 싶었어요. 경기는 즐기는 것이고, 어떤 선수라도 자신보다 수준 높은 사람과 경기를 해서, 자신을 더 잘 발전시키고, 자신의 결점이 어디에 있는지 찾아서 보충하고 싶어 하니까요.

여: 28 지금 가장 감사하고 싶은 사람은 누구인가요? 질문③

남: 올해 동계 훈련에 저는 팀을 따라 미국에 가지 않고 혼자 베이징에 남았는데, 코치가 한 명 부족해서 멀리뛰기 팀과 함께 훈련했습니다. 28 멀리뛰기 팀의 헌팅턴 감독님은 제게 많은 지적과 건의를 해주셨고, 저의 생각이 변화될 수 있게 해주셨습니다. 많은 것을 그가 알려 준 뒤에도 바로 받아들일 수는 없었고, 스스로 이해해야 할 필요가 있었는데, 경기를 하면서 비로소 깨닫게 되었습니다.

여: 이번 경기를 앞두고 어떤 준비를 하셨나요? 자신감은 넘치셨나요? 질문④

남: 29 저는 첫 번째 경기에 자신이 없어서 많은 사람들이 저에게 목표를 물으면 6초 7이라고 말했습니다. 제가 출국하기 전에 속도 연습을 일주일밖에 못했기 때문에 마음에 확신이 없었고, 제가 어떻게 뛸 수 있을지 몰랐었거든요. 결과적으로 첫 경기에서 이렇게 좋은 성적을 낼 줄은 생각도 못했는데, 만일 제가 이런 능력이 있다는 걸 알았다면, 그렇게 많은 경기에 출전하지 않았을 것입니다. 이렇게 하면 더 힘드니까요.

여: 60m 경기에 비해 100m가 의심할 여지없이 사람들의 주목을 더 받기 때문에 외부에서는 60m에서 비약적으로 발전한 쑤빙톈 선수가 100m에서도 한 단계 도약할 것이라고 추측하는데, 이에 대해 어떻게 생각하세요? 질문⑤

남: 60m는 이제 많이 발전했지만, 최종적으로 100m에서도 잘해낼 수 있을지는 스스로의 노력에 달린 것이라 생각합니다. 3, 4월의 전체 훈련 스케줄을 보고 이 세부 사항들을 잘 관리하겠습니다.

단어 田径 tiánjìng 명 육상 경기 | 苏炳添 Sū Bǐngtiān 고유 쑤빙톈[인명] | 银牌 yínpái 명 은메달 | 转身 zhuǎnshēn 동 돌아서다 | 屏幕 píngmù 명 스크린 | 跪 guì 동 무릎을 꿇다 | 来之不易 lái zhī bú yì 성 아주 힘들었다, 고생해서 이루었다 | 世锦赛 shìjǐnsài 명 세계 선수권 대회 | 圆梦 yuánmèng 꿈을 이루다, 이상을 실현하다 | ★享受 xiǎngshòu 명 즐김 | 途中 túzhōng 명 도중 | 冬训 dōngxùn 명 동계 훈련 | 教练 jiàoliàn 명 코치 | 跳远 tiàoyuǎn 명 멀리뛰기 | 亨廷顿 Hēngtíngdùn 고유 헌팅턴[인명] | 点拨 diǎnbō 동 지적하여 가르치다 | 领悟 lǐngwù 동 깨닫다, 이해하다 | ★没底 méi dǐ 동 자신이 없다 | ★关注 guānzhù 명 관심, 주목 | 猜测 cāicè 동 추측하다 | 突飞猛进 tūfēi měngjìn 성 비약적으로 발전하다 | 飞跃 fēiyuè 동 도약하다 | ★细节 xìjié 명 세부 사항

26

Track **54-26**

해설 및 정답 남자가 언급한 是第一次获得奖牌，有一种圆梦的感觉(메달 획득은 처음이라 꿈을 이룬 것만 같은 느낌이었습니다)에서 圆梦은 '꿈을 실현하다'는 의미이다.

这次比赛获得奖牌对于男的来说意味着什么?

A 重新起步
B 面临危机
C 证明了自己
D 实现了梦想

이번 경기에서의 메달 획득은 남자에게 어떤 의미인가?

A 새롭게 출발하다
B 위기에 직면하다
C 자신을 증명했다
D 꿈을 실현했다

단어 ★面临 miànlín 동 직면하다 | ★危机 wēijī 명 위기

27

Track **54-27**

해설 및 정답 남자의 对我来说比赛就是一种享受(저에게 경기는 일종의 즐거움이다)라는 대답에서 보기 D가 직접적으로 언급되었다.

关于比赛，男的有什么看法?

A 充满竞争
B 充满诱惑
C 非常浪漫
D 是一种享受

경기에 관한 남자의 생각은?

A 경쟁으로 가득찼다
B 유혹으로 가득찼다
C 굉장히 낭만적이다
D 일종의 즐거움이다

단어 诱惑 yòuhuò 동 유혹하다 | 浪漫 làngmàn 형 낭만적이다

28

Track **54-28**

해설 및 정답 여자가 가장 감사하고 싶은 사람이 누구인지를 묻자 남자는 跳远队的亨廷顿教练(멀리뛰기 팀의 헌팅턴 감독님)이라고 대답했다.

男的最想感谢的人是谁?

A 家人	B 后勤人员
C 跳远队教练	D 一同比赛的队友

남자가 가장 감사하고 싶은 사람은 누구인가?

A 가족	B 후방 근무자
C 멀리뛰기 팀 감독	D 함께 경기한 팀 동료

단어 后勤 hòuqín 명 후방 근무

29

Track **54-29**

해설 및 정답 남자가 대답한 我第一站的比赛是没底的(저는 첫 번째 경기에 자신이 없었어요)에서 没底(자신이 없다)는 没有信心(자신감이 없다)과 같은 의미이다.

在比赛之初，男的的心态怎么样?

A 焦急不安	**B 没有信心**
C 十分期待	D 质疑自己

경기 초반에 남자의 마음가짐은 어땠나?

A 초조하고 불안했다	**B 자신감이 없었다**
C 매우 기대했다	D 자신을 의심했다

단어 ★焦急 jiāojí 형 초조하다 | 质疑 zhìyí 동 질의하다

30

Track **54-30**

해설 및 정답 인터뷰 첫 부분에 여자가 언급한 祝贺你获得了60米比赛的银牌(60m 경기에서 은메달을 획득하신 걸 축하합니다)를 통해 남자가 60m 경기에 참가했음을 알 수 있다.

关于男的，可以知道什么?

A 不够谦逊
B 明年将退役
C 参加了60米比赛
D 从小就擅长跳高

남자에 관해 알 수 있는 것은?

A 겸손하지 못하다
B 내년에 은퇴할 것이다
C 60m 경기에 출전했다
D 어려서부터 높이뛰기를 잘했다

단어 ★谦逊 qiānxùn 형 겸손하다 | 退役 tuìyì 동 은퇴하다 | ★擅长 shànchán 동 뛰어나다

[31–33]

Track **54-31_33**

第31到33题是根据下面一段话：

空气净化器在生活中的作用越来越明显，33很多人都有个疑问：晚上睡觉的时候要不要开空气净化器呢？答案是肯定的。

31人们在睡觉的时候身体免疫力下降，这个时候空气中的病毒、细菌及有害物质都更容易侵蚀身体，导致身体出现一些不好的症状。32另外大家在睡觉的时候都习惯关好门窗，这就导致室内空气不流通，有害气体和有害物质没有办法及时得到扩散，有毒气体的含量会比白天高得多，对人体健康的伤害是很大的，33因此晚上睡觉的时候最好开空气净化器。

31~33번 문제는 다음 내용에 근거한다.

생활 속의 공기청정기의 역할이 갈수록 뚜렷해지고 있는데, 33많은 사람들이 의문을 갖는다. 밤에 잠을 잘 때 공기청정기를 켜야 할까? 답은 물론 '그렇다'이다.

31사람들은 잠을 잘 때 신체 면역력이 떨어지는데, 이때 공기 중의 바이러스와 세균 및 유해 물질이 더 쉽게 신체에 침식하게 되어 몸에 나쁜 증상들이 나타나게 된다. 32또한 모두가 잠을 잘 때 문과 창문을 닫는 습관으로 실내 공기가 잘 통하지 않고 유해 가스와 유해 물질이 제때 확산되지 않아, 유독 가스의 함량이 낮보다 훨씬 높아져 인체의 건강에 큰 손상을 줄 수 있다. 33따라서 밤에 잠을 잘 때는 공기청정기를 켜두는 것이 좋다.

단어 空气净化器 kōngqì jìnghuàqì 공기청정기 | 疑问 yíwèn 명 의문 | ★免疫力 miǎnyìlì 명 면역력 | 病毒 bìngdú 명 바이러스 | 细菌 xìjūn 명 세균 | 有害物质 yǒuhài wùzhì 유해 물질 | 侵蚀 qīnshí 동 침식하다, 좀먹다 | ★症状 zhèngzhuàng 명 증상, 증세 | 流通 liútōng 동 널리 퍼지다 | 扩散 kuòsàn 명 확산 | 含量 hánliàng 명 함량

31

Track **54-31**

해설 및 정답 녹음의 人们在睡觉的时候身体免疫力下降(사람들은 잠을 잘 때 신체 면역력이 떨어진다)이라는 내용으로 수면 시 면역력이 떨어진다는 것을 알 수 있다.

关于身体免疫力，下列哪项正确？

A 凌晨最强
B 睡眠时下降
C 与年龄无关
D 受外部环境影响大

신체 면역력에 관해, 다음 중 정확한 것은?

A 이른 새벽에 가장 강하다
B 수면을 취할 때 떨어진다
C 나이와 무관하다
D 외부 환경의 영향을 많이 받는다

단어 凌晨 língchén 명 이른 새벽 | ★睡眠 shuìmián 동 수면을 취하다

32

Track **54-32**

해설 및 정답 녹음에서 언급된 有害气体和有害物质没有办法及时得到扩散(유해 가스와 유해 물질이 제때 확산되지 않아)에서 没有办法及时得到扩散(제때 확산되지 않다)은 확산되기 어렵다는 것을 의미한다.

关窗睡觉有什么影响？

A 导致呼吸困难
B 抑制大脑活力
C 有害气体很难扩散
D 病毒繁殖速度加快

창문을 닫고 잠을 자면 어떤 영향이 있는가?

A 호흡 곤란을 초래한다
B 대뇌의 활력을 억제한다
C 유해 가스가 확산되기 어렵다
D 바이러스의 번식 속도가 빨라진다

단어 抑制 yìzhì 동 억제하다 | ★活力 huólì 명 활력 | ★繁殖 fánzhí 동 번식하다

33

Track 54-33

해설 및 정답 녹음 앞부분 晚上睡觉的时候要不要开空气净化器呢(밤에 잠을 잘 때 공기청정기를 켜야 할까)라는 질문에서 주요 내용을 제시했다. 뒷부분에서는 구체적인 내용을 통해 왜 밤에 공기청정기를 켜두어야 하는지 알려 주고 있다.

这段话主要谈的是什么?

A 睡觉时的注意事项
B 怎样提高睡眠质量
C 空气净化器有利也有弊
D 晚上睡觉最好开空气净化器

단문에서 주요하게 이야기하는 것은?

A 잠잘 때의 주의 사항
B 어떻게 수면의 질을 높일 것인가
C 공기청정기에는 장단점이 있다
D 밤에 잘 때는 공기청정기를 켜두는 것이 좋다

단어 事项 shìxiàng 명 사항 | ★弊 bì 명 폐해

[34-36]

Track 54-34_36

第34到36题是根据下面一段话:

我们平常非常熟悉的卡通形象，很大一部分都是黄颜色的。卡通人物的创作原本可以天马行空地进行，不必拘泥于现实生活中人类的肤色和动物的颜色，那么为什么这么多创作者要选择黄色呢?

其实一些卡通人物是黄色只是因为巧合而已。但也有一些卡通形象被设计成黄色是作者刻意选择的结果。原因之一是，他们希望自己创作出来的卡通形象更能吸引人们的注意。34这是因为黄色的波长长，更易被人眼识别。36比如警告牌通常会使用荧光黄，道路上的出租车也有很多是黄色的。

此外，卡通形象被设计为黄色，还和“对比色”有关。电视屏幕上，黄色的对比色是蓝色。35考虑到动画片的背景里经常出现的天空和大海是蓝色的，因此，卡通人物用黄色会更容易被人眼分辨。

34~36번 문제는 다음 내용에 근거한다.

우리가 평소 잘 알고 있는 캐릭터는 대부분 모두 노란색이다. 캐릭터 창작물은 원래 구애받지 않고 자유롭게 만들 수 있어서 현실 생활 속 사람의 피부색이나 동물의 색깔에 구애 받을 필요가 없다. 그렇다면 왜 이렇게 많은 창작자들은 노란색을 선택하는 것일까?

사실 몇몇 캐릭터들이 노란색인 것은 단지 우연의 일치일 뿐이다. 그러나 작가의 고심 끝에 선택되어 노란색으로 디자인된 캐릭터 결과물도 있다. 그 이유 중 하나는 그들은 자신들이 만든 캐릭터가 사람들의 관심을 더 끌기를 바라기 때문이다. 34노란색은 파장이 길어 눈에 더욱 쉽게 띈다. 36예를 들면 경고판은 일반적으로 형광 노란색을 사용하고, 도로에 택시도 노란색을 많이 쓴다.

또한 캐릭터가 노란색으로 디자인되는 것은 '대비색'과도 관련이 있다. 텔레비전 스크린에서 노란색의 대비색은 파란색이다. 35애니메이션 배경에서 자주 등장하

모의고사 3회 해설

는 하늘과 바다가 파란색인 점을 감안하면, 캐릭터를 노란색으로 해야 사람들의 눈에 더욱 쉽게 구분된다.

단어 熟悉 shúxī 동 잘 알다 | 卡通形象 kǎtōng xíngxiàng 캐릭터 | ★创作 chuàngzuò 명 창작물 | 天马行空 tiān mǎ xíng kōng 성 (문예 창작이) 구속을 받지 않고 자유롭다 | 不必 búbì 부 ~할 필요가 없다 | 拘泥 jūní 동 구애되다 | 肤色 fūsè 명 피부색 | 巧合 qiǎohé 동 우연히 일치하다 | ★而已 éryǐ 조 ~뿐이다 | 刻意 kèyì 동 고심하다 | 波长 bōcháng 명 파장 | ★识别 shíbié 동 식별하다 | 警告牌 jǐnggàopái 명 경고판 | 通常 tōngcháng 명 일반 | 荧光黄 yíngguānghuáng 명 형광 노란색 | 对比色 duìbǐsè 명 대비색 | 屏幕 píngmù 명 스크린 | 分辨 fēnbiàn 동 구분하다

34 Track **54-34**

해설 및 정답 녹음의 这是因为黄色的波长长，更易被人眼识别(노란색은 파장이 길어 눈에 더욱 쉽게 띈다)에서 보기 C의 내용이 직접적으로 언급됐다.

为什么黄色更易被人眼识别?

A 会发光　　B 更明亮
C 波长长　　D 颜色和谐

왜 노란색이 사람들의 눈에 더 쉽게 띄는가?

A 빛을 발할 수 있어서　　B 더욱 밝아서
C 파장이 길어서　　D 색깔이 잘 어울려서

단어 明亮 míngliàng 형 밝다 | ★和谐 héxié 형 잘 어울리다

35 Track **54-35**

해설 및 정답 녹음에서는 黄色(노란색)와 蓝色(파란색) 두 가지 색깔만 언급했다. 그중 애니메이션의 배경은 주로 蓝色(파란색)라고 했다.

动画片的背景经常出现什么颜色?

A 蓝色　　B 黑色
C 绿色　　D 紫色

애니메이션의 배경은 주로 어떤 색인가?

A 파란색　　B 검은색
C 초록색　　D 보라색

36 Track **54-36**

해설 및 정답 노란색이 좀 더 쉽게 인식될 수 있다고 언급한 뒤에 警告牌通常会使用荧光黄(경고판은 일반적으로 형광 노란색을 사용한다)이라는 예시를 들었다.

根据这段话，下列哪项正确?

A 卡通人物多为动物
B 警告牌常使用黄色
C 绿色不易被人眼分辨
D 对比色指颜色的明暗度

단문을 근거로, 다음 중 정확한 것은?

A 캐릭터는 대체로 동물이다
B 경고판에는 주로 노란색을 사용한다
C 초록색은 사람의 눈에 잘 띄지 않는다
D 대비색은 색깔의 명암도를 가리킨다

단어 明暗 míng'àn 명 명암

[37-39] Track **54-37_39**

第37到39题是根据下面一段话:

随着共享单车所代表的"共享经济"风生水起，"分享经济"也迅速蹿红。[37] "分享经济"指的是二手交易的方式，它越来越受以90后为代表的年轻人的青睐。通过"分享经济"，一方面可以降低开支，另一方面又可以获得有品质的生活。

据国内最大的分享经济平台提供的数据：[38] 目前该平台拥有超过2亿用户，其中52%是90后；每个月都有5000万用户在上面寻找商品，其中20多岁的年轻人占比最大。90后们在二手交易中会花费更长的时间与"分享方"沟通商品的相关信息，"货比三家”的消费意识十分普遍。该分享经济平台表示，39他们的宗旨是打造无闲置资源的社会，把全新的生活方式和理念带给年轻人。

37~39번 문제는 다음 내용에 근거한다.

공용 자전거로 대표되는 '공유 경제'가 발전하면서 '나눔 경제'도 빠르게 인기를 얻고 있다. 37'나눔 경제'는 중고 거래 방식을 가리키는 것으로, 갈수록 90년대 생들을 대표하는 젊은 층의 각광을 받고 있다. '나눔 경제'를 통해서, 한편으로는 지출을 낮출 수 있고, 또 한편으로는 품격 있는 생활을 누릴 수 있다.

국내 최대 공유 경제 플랫폼에서 제공되는 데이터에 따르면 38현재 이 플랫폼의 2억 명이 넘는 가입자 중 52%가 90년대 생이며, 매달 5000만 명의 가입자가 이곳에서 상품을 찾는데, 그중 20대 젊은 층의 비율이 가장 많다. 90년대 생들이 중고 거래를 하면서 '나눔하는 대상'과 상품 관련 정보를 소통하는 데 더 많은 시간을 할애하고, '가격 비교'를 하는 소비 의식은 매우 일반화되었다. 이 공유 경제 플랫폼은 39그들의 취지는 방치되는 자원이 없는 사회를 만들고 완전히 새로운 생활 방식과 이념을 젊은이들에게 가져다주는 것이라고 말한다.

단어 共享单车 gòngxiǎng dānchē 공용 자전거 | 风生水起 fēng shēng shuǐ qǐ 성 발전이 빠르다, 재물운이 일다 | 蹿红 cuānhóng 동 갑자기 인기가 오르다 | 二手交易 èrshǒu jiāoyì 중고 거래 | 青睐 qīnglài 동 중시하다, 주목하다 | 开支 kāizhī 명 지출 | 品质 pǐnzhì 명 품질 | ★平台 píngtái 명 플랫폼 | ★数据 shùjù 명 데이터 | ★拥有 yōngyǒu 동 가지다, 보유하다 | 亿 yì 수 억 | ★用户 yònghù 명 사용자, 가입자 | 占比 zhànbǐ 명 전체 중 차지하는 비율 | 花费 huāfèi 동 소비하다 | ★相关 xiāngguān 동 관련되다 | 货比三家 huò bǐ sān jiā 가격을 비교하다 | ★意识 yìshi 명 의식 | 宗旨 zōngzhǐ 명 취지, 목적 | ★打造 dǎzào 동 만들다, 제조하다 | 闲置 xiánzhì 동 방치하다 | 理念 lǐniàn 명 이념

37 Track 54-37

해설 및 정답 녹음에서 나눔 경제를 설명한 “分享经济”指的是二手交易的方式('나눔 경제'는 중고 거래 방식을 가리킨다)에서 二手交易(중고 거래)가 보기에 직접적으로 언급되었다.

根据这段话，“分享经济”指的是什么？

A 以旧换新
B 拍卖商品
C 二手交易
D 低价促销

단문을 근거로, '나눔 경제'는 무엇을 가리키는가?

A 헌것을 새것으로 바꿔 주는 것
B 상품을 경매하는 것
C 중고 거래를 하는 것
D 저가로 판촉하는 것

단어 拍卖 pāimài 동 경매하다 | 促销 cùxiāo 동 판촉하다

38 Track 54-38

해설 및 정답 52%是90后(52%가 90년대 생), 20多岁的年轻人占比最大(20대 젊은 층의 비율이 가장 많다) 등의 내용을 통해서 젊은 층의 가입자가 많다는 것을 알 수 있다.

根据那家分享经济平台提供的数据，可以知道什么？

A 交易率不高
B 年轻用户居多
C 售后服务问题多
D 分享方多于买方

그 공유 경제 플랫폼이 제공하는 데이터를 근거로 알 수 있는 것은?

A 거래율이 높지 않다
B 젊은 층의 가입자가 많다
C 애프터서비스의 문제가 많다
D 나눔하는 대상이 구매자보다 많다

단어 售后服务 shòuhòu fúwù 명 애프터서비스

39

Track 54-39

해설 및 정답 녹음의 他们的宗旨是打造无闲置资源的社会(그들의 취지는 방치되는 자원이 없는 사회를 만들고)라는 내용에서 无闲置资源(방치되는 자원이 없다)은 消除闲置资源(방치되는 자원을 없앤다)이라는 의미이다. 闲置资源(방치되는 자원)이 핵심 어휘이다.

那家分享经济平台的宗旨是什么?

A 推动绿色出行
B 提高消费水平
C 促进市场繁荣
D 消除闲置资源

그 나눔 경제 플랫폼의 취지는 무엇인가?

A 친환경 이동 수단을 추진한다
B 소비 수준을 높인다
C 시장의 번영을 촉진한다
D 방치되는 자원을 없앤다

단어 ★繁荣 fánróng 형 번영하다, 번창하다 | 消除 xiāochú 동 없애다

[40-43]

Track 54-40_43

第40到43题是根据下面一段话：

记者以"读书的时间都去哪儿了?"为话题，采访了不少市民。

部分中学生说，课外阅读时间每天一般不会多于一小时。有些学生课后还要参加一些辅导班，43几乎没有时间用于课外阅读，偶尔偷看一些自己喜欢的书，难免遭到父母的指责。一名学生对记者说："40平时学习负担重，读点儿自己喜欢的'闲书'会有负罪感。"

记者采访时发现，41只读"有用的"已经成为不少大学生阅读的信条。一些大学生表示，大学生活非常精彩，读书只是其中一部分。师范学院的王旭告诉记者，为了更好地融入社会，他不得不用大量时间来实习，平时只会看对求职更有帮助的书。43时间有限，读书还是应该读点儿有用的。

一些公司职员在接受采访时表示，因生活琐事繁多，42能静下心来读书是件很奢侈的事情，即使有空闲时间，也往往会去看电影、演出等，而不会去读书。一位职员称，由于出门带书不方便，他便把书都装在手机上，只能在碎片时间里找到一点儿读书的乐趣。

40~43번 문제는 다음 내용에 근거한다.

기자가 '책 읽을 시간은 다 어디로 갔을까?'라는 주제로 시민들을 인터뷰했다.

일부 중학생들은 수업 외에 독서 시간은 하루에 보통 한 시간을 넘지 않는다고 말했다. 어떤 학생들은 수업 후 학원에 가야 하는데, 43수업 외에 독서에 쓸 시간은 거의 없고, 가끔 자신이 좋아하는 책을 몰래 보기도 하지만 부모님의 비난을 피하기 어렵다고 전했다. 한 학생은 기자에게 "40평소 공부에 부담이 커서 자신이 좋아하는 '(심심풀이) 책'을 읽기도 하는데, 그러면 죄책감이 든다"고 말했다.

기자는 인터뷰를 하면서 41'유용한' 것만 읽는 것이 많은 대학생들의 독서 신조가 되고 있음을 발견했다. 일부 대학생들은 대학 생활은 굉장히 멋지고 독서는 그 일부일 뿐이라고 말한다. 사범대학의 왕쉬는 기자에게 사회에 더욱 잘 진출하기 위해 어쩔 수 없이 많은 시간을 인턴에 할애하고, 평소 구직에 더 도움이 되는 책만 읽는다고 전했다. 43시간이 한정되어 있으니, 책은 역시 유용한 것들을 읽어야 한다는 것이다.

일부 회사원들은 인터뷰를 하면서 살다 보면 자질구레한 일이 많기 때문에 42마음을 가라앉히고 책을 읽는 것은 사치스러운 일이라며, 설령 시간이 생긴다 해도 영화나 공연 등을 보러 가지 독서를 하지는 않는다고 말했다. 한 직원은 책은 들고 다니기 불편해 휴대전화에 책을 모두 담아서 다니는데, 독서의 즐거움을 단지 자투리 시간 속에서나 찾을 수밖에 없다고 전했다.

단어 ★话题 huàtí 명 화제 | 采访 cǎifǎng 동 인터뷰하다 | 市民 shìmín 명 시민 | 辅导 fǔdǎo 동 학습을 도우며 지도하

다 | 难免 nánmiǎn 동 피하기 어렵다 | 遭到 zāodào 동 만나다, 당하다 | 指责 zhǐzé 명 질책, 비난 | ★负担 fùdān 명 부담 | 闲书 xiánshū 명 심심풀이로 읽는 책, 본업과 상관없는 책 | 负罪感 fùzuìgǎn 명 죄책감 | 信条 xìntiáo 명 신조 | 师范学院 shīfàn xuéyuàn 사범대학 | 王旭 Wáng Xù 고유 왕쉬[인명] | 融入 róngrù 동 진출하다, 나아가다 | 有限 yǒuxiàn 형 한계가 있다 | 琐事 suǒshì 명 자질구레한 일 | 繁多 fánduō 형 대단히 많다, 풍부하다 | 奢侈 shēchǐ 형 사치하다 | 碎片 suìpiàn 명 조각, 부스러기 | ★乐趣 lèqù 명 즐거움, 재미

40

Track **54-40**

해설 및 정답 平时学习负担重，读点儿自己喜欢的'闲书'会有负罪感(평소 공부에 부담이 커서 자신이 좋아하는 '(심심풀이) 책'을 읽기도 하는데, 그러면 죄책감이 든다)이라는 내용에서 学习负担重(공부에 부담이 크다)은 보기 A의 学业任务重(학업의 임무가 무겁다)과 같은 의미이다.

那名学生为什么说读喜欢的"闲书"会有负罪感?

A 学业任务重
B 书中内容无聊
C 影响考试成绩
D 阻碍与同学交流

그 학생은 좋아하는 '(심심풀이) 책'을 읽으면 왜 죄책감이 든다고 말했는가?

A 학업의 임무가 무거워서
B 책의 내용이 지루해서
C 시험 성적에 영향을 미쳐서
D 친구와의 교류를 방해해서

단어 阻碍 zǔ'ài 동 방해하다

41

Track **54-41**

해설 및 정답 녹음의 只读"有用的"已经成为不少大学生阅读的信条('유용한' 것만 읽는 것이 많은 대학생들의 독서 신조가 되고 있다)라는 내용으로 대학생들이 유용한 책만 읽는 경향이 있다는 것을 알 수 있다.

不少大学生阅读有什么现象?

A 只读不思考
B 涉及范围广
C 经常熬夜看书
D 只读"有用的"

많은 대학생들의 독서에 어떤 현상이 있는가?

A 읽기만 하고 생각하지 않는다
B 관련 범위가 넓다
C 자주 밤새 책을 본다
D '유용한' 것만 읽는다

단어 ★涉及 shèjí 동 관련되다 | ★熬夜 áoyè 동 밤을 새다

42

Track **54-42**

해설 및 정답 회사원을 인터뷰할 때 일부 직원들이 能静下心来读书是件很奢侈的事情(마음을 가라앉히고 책을 읽는 것은 사치스러운 일이다)이라고 말했다.

一些公司职员怎么看待"静下心来读书"?

A 平庸 **B 奢侈**
C 愚昧 D 无动于衷

일부 회사원들은 '마음을 가라앉히고 책을 읽는 것'을 어떻게 보는가?

A 평범하다 **B 사치스럽다**
C 우매하다 D 무관심하다

단어 平庸 píngyōng 형 평범하다 | 愚昧 yúmèi 형 우매하다 | 无动于衷 wú dòng yú zhōng 성 무관심하다

43

Track **54-43**

해설 및 정답 녹음으로 제시된 단문은 독서 시간에 관한 조사 내용이다. 중학생과 대학생, 회사원이 답한 几乎没有时间(시간은 거의 없다), 时间有限(시간이 한정되어 있다), 奢侈(사치스럽다) 등의 내용을 통해 그들의 독서 시간이 적다는 것을 유추할 수 있다.

根据这段话，下列哪项正确?

A 出门带书成为一种时尚
B 中学生每周读一本小说
C 大学生多选择外语类图书
D 人们的阅读时间普遍较少

단문을 근거로, 다음 중 정확한 것은?

A 책을 들고 외출하는 것이 유행이 되었다
B 중학생들은 매주 소설을 한 권씩 읽는다
C 대학생들은 외국어 분야의 도서를 주로 선택했다
D 사람들의 독서 시간은 보편적으로 적다

단어 时尚 shíshàng 명 풍조, 유행

[44-47]

Track **54-44_47**

第44到47题是根据下面一段话:

蚂蚁建筑巢穴时在狭窄的通道里往返，这会不会很容易发生堵塞? 当一只工蚁走进通道，发现迎面而来的工友挡住了去路，它会怎么办? 最新一项研究表示，很多时候这个问题的答案是：当场放弃。

研究者们做了一个实验，他们把工蚁个体用不同的颜色标记好，44放进透明的容器中，观察它们如何挖洞。结果显示，相当一部分工蚁工作不太积极：它们可能压根儿就不怎么工作，45或者在通道里遇到迎面而来的同伴时就立即放弃工作，直接原路退回去给对方让路。46这种应对方式造成了工作分配的不平均，大概30%的工蚁干了70%的活儿。但适度的“懒散”和“退缩”对缓解拥堵确实有效，在缺乏指挥的前提下就保持了通道内的通畅。

当然，那些干活儿少的工蚁其实并不是真的懒，47实验中研究者把干活儿最多的几个个体挪走，剩下的工蚁马上变得很活跃，让工程继续推进下去。

44~47번 문제는 다음 내용에 근거한다.

개미는 굴을 만들 때 좁은 통로를 오가는데, 이러면 쉽게 정체되지 않을까? 한 마리의 일개미가 통로로 걸어 들어갔는데, 마주 오는 일꾼이 길을 막는다면 그들은 어떻게 할까? 최근 한 연구에 따르면 이 질문에 대한 답은 '당장 포기한다'이다.

연구자들은 일개미 개체를 각자 다른 색깔로 표시하고 44투명한 용기에 넣어 굴을 어떻게 파는지 관찰하는 실험을 했다. 그 결과, 상당수의 일개미가 작업을 그다지 적극적으로 하지 않는다는 것을 밝혀냈다. 그들은 아예 일을 잘 하지 않거나 45통로 맞은편에서 오는 동료를 만나면 곧바로 일을 포기하고 그냥 왔던 길로 되돌아가며 상대방에게 길을 내어 준다. 46이와 같은 대응 방식은 일거리 분배의 불균형을 초래하여, 30% 가량의 일개미가 70%의 일을 하게 된다. 그러나 적당한 '태만'과 '위축'은 막힌 곳을 완화시키는 데 확실히 효과적이어서, 지휘가 부족하다는 전제하에 통로 안을 원활하게 유지했다.

물론 일을 적게 하는 일개미들이 사실 정말 게으른 것은 아니다. 47실험을 하며 연구자들이 일을 가장 많이 하던 개체 몇 개를 옮기자, 나머지 일개미들이 곧 활발해져 공사를 계속 추진해 나갔다.

단어 蚂蚁 mǎyǐ 명 개미 | 巢穴 cháoxué 명 둥지, 굴 | 狭窄 xiázhǎi 형 비좁다 | 通道 tōngdào 명 통로 | 往返 wǎngfǎn 동 왕복하다 | 堵塞 dǔsè 동 막히다 | 工蚁 gōngyǐ 명 일개미 | 工友 gōngyǒu 명 일꾼 | 挡 dǎng 동 막다 | 实验 shíyàn 명 실험 | 个体 gètǐ 명 개체 | 标记 biāojì 동 표기하다 | ★透明 tòumíng 형 투명하다 | 容器 róngqì 명 용기 | ★挖 wā 동 파다 | 压根儿 yàgēnr 부 아예, 원래 | 迎面 yíngmiàn 명 맞은편 | 分配 fēnpèi 명 분배 | 适度 shìdù 형 적당하다 | 懒散 lǎnsǎn 형 나태하다 | 退缩 tuìsuō 동 뒷걸음질치다, 위축되다 | ★缓解 huǎnjiě 동 완화시키다 | ★拥堵 yōngdǔ 동 막히다 | ★确实 quèshí 부 확실히 | ★缺乏 quēfá 동 부족하다 | 指挥 zhǐhuī 명 지휘 | ★前提 qiántí 명 전제 | 通畅 tōngchàng 형 원활하다 | 挪 nuó 동 옮기다 | ★活跃 huóyuè 동 활발히 하다 | 工程 gōngchéng 명 공사, 공정 | 推进 tuījìn 동 추진하다

44
Track **54-44**

해설 및 정답 녹음에서 연구자들은 일개미를 투명한 용기에 넣어서 실험했다고 언급했다.

关于那个实验，可以知道什么？

A 结果有争议
B 工蚁数量不多
C 进行了对比实验
D 在透明容器中进行

그 실험에 관해 알 수 있는 것은?

A 결과에 이견이 있다
B 일개미의 수가 많지 않다
C 대조 실험을 진행했다
D 투명한 용기 안에서 진행했다

단어 争议 zhēngyì 명 이견

45
Track **54-45**

해설 및 정답 在通道里遇到迎面而来的同伴时就立即放弃工作，直接原路退回去给对方让路(통로 맞은편에서 오는 동료를 만나면 곧바로 일을 포기하고 그냥 왔던 길로 되돌아가며 상대방에게 길을 내어 준다)라는 내용에서 보기 D의 내용이 그대로 언급되었다.

工蚁在通道里遇到迎面而来的同伴时，会选择怎么做？

A 不知所措
B 开辟新路
C 绕过对方
D 给对方让路

일개미는 통로에서 마주 오는 동료를 만났을 때, 어떤 선택을 하는가?

A 어찌할 바를 모른다
B 새로운 길을 개척한다
C 상대방을 우회한다
D 상대에게 길을 양보한다

단어 不知所措 bù zhī suǒ cuò 성 어찌할 바를 모르다 | 开辟 kāipì 동 개척하다 | 绕 rào 동 우회하다

46
Track **54-46**

해설 및 정답 녹음의 大概30%的工蚁干了70%的活儿(30%가량의 일개미가 70%의 일을 하게 된다)이라는 내용을 통해 소수의 일개미가 대부분의 일을 한다는 것을 알 수 있다.

为什么说工蚁的工作分配不平均？

A 没有指挥者
B 蚁后无需工作
C 少数工蚁干更多活儿
D 只有不到三成工蚁工作

왜 일개미의 일거리 분배가 불균형하다고 말하는가?

A 지휘자가 없어서
B 여왕개미는 일할 필요가 없어서
C 소수의 일개미가 더 많은 일을 해서
D 30% 미만의 일개미만 일을 해서

단어 蚁后 yǐhòu 명 여왕개미 | 成 chéng 양 할

47
Track **54-47**

해설 및 정답 일을 가장 많이 하는 일개미를 옮기자 나머지 일개미들이 곧 활발해져 공사를 계속 추진해 나갔다(剩下的工蚁马上变得很活跃，让工程继续推进下去)고 했으므로 공사가 계속 진행됐음을 알 수 있다.

研究者把干活儿最多的几个工蚁挪走后，发生了什么？

A 工程继续进行
B 工期几乎停滞
C 通道发生堵塞
D 工蚁选择新的领导

연구자들이 일을 많이 하는 일개미를 옮기자, 어떤 일이 생겼는가?

A 공사가 계속 진행되었다
B 공사가 거의 멈추었다
C 통로의 정체가 발생했다
D 일개미는 새로운 리더를 선택했다

단어 工期 gōngqī 명 공사 기일 | 几乎 jīhū 부 거의 | 停滞 tíngzhì 동 침체되다 | 领导 lǐngdǎo 명 지도자, 리더

[48-50]

Track **54-48_50**

第48到50题是根据下面一段话：

某地政府为了鼓励植树造林，制定了一项制度：48每栽一棵树，就给予一定的现金奖励。于是很多农民抱起树苗，见缝插针地植树。然而政府很快就发现一个问题，49树苗成活率很低。原因很简单，农民们为了追求数量，忽视质量，缺少相应的后期管理，几乎不给树苗浇水、施肥。

后来，政府修改了奖励制度：将栽一棵树给予奖金改为活一棵树给予奖金。这就是说，不管你今年栽了多少棵树，均以下一年的存活数来支付奖金。50从此以后，农民不但保质保量地植树，而且后期管理也跟上了，及时给树浇水、施肥。果不其然，树苗的成活率直线上升。

48~50번 문제는 다음 내용에 근거한다.

어느 지역 정부에서 나무를 심어 조림하는 것을 장려하기 위해 48나무를 심을 때마다 일정한 현금 포상을 주는 제도를 마련했다. 그래서 많은 농민들이 묘목을 안고 가서 이용할 수 있는 모든 공간을 이용하여 나무를 심었다. 그러나 정부는 곧 한 가지 문제점을 발견하게 되는데, 49묘목의 생존율이 매우 낮다는 것이다. 그 이유는 매우 간단한데, 농부들이 수량만을 중시하느라 질을 무시하여 적절한 후반 관리가 부족하고 묘목에 물과 비료를 거의 주지 않았기 때문이다.

후에 정부는 나무 한 그루를 심으면 장려금을 주는 제도를 나무 한 그루를 잘 키우면 장려금을 주는 제도로 변경했다. 이것은 올해 얼마나 많은 나무를 심든 그 다음 해의 생존율에 따라 장려금을 지급한다는 뜻이다. 50그 후로 농민들은 품질과 수량을 보증하며 나무를 심었을 뿐만 아니라, 후반 관리에도 신경 쓰며 제때에 나무에 물을 주고 비료를 주었다. 과연 묘목의 생존율은 급격히 상승하였다.

단어 政府 zhèngfǔ 명 정부 | 植树 zhíshù 동 나무를 심다 | 造林 zàolín 동 조림하다 | 制定 zhìdìng 동 제정하다 | 制度 zhìdù 명 제도, 규정 | 栽 zāi 동 심다 | ★给予 jǐyǔ 동 주다 | 奖励 jiǎnglì 명 장려 | 抱 bào 동 안다 | 树苗 shùmiáo 명 묘목 | 见缝插针 jiàn fèng chā zhēn 성 이용 가능한 것은 모두 이용하다 | 成活率 chénghuólǜ 명 활착율, 생존율 | ★追求 zhuīqiú 동 추구하다 | 浇水 jiāoshuǐ 동 물을 끼얹다 | 施肥 shīféi 동 비료를 주다 | 均 jūn 부 다, 모두 | ★支付 zhīfù 동 지급하다 | 奖金 jiǎngjīn 명 장려금 | 保质保量 bǎo zhì bǎo liàng 질과 양을 보증하다 | 果不其然 guǒ bù qí rán 성 과연, 아니나 다를까 | 直线 zhíxiàn 형 급격하다

48

Track **54-48**

해설 및 정답 녹음 앞부분에서 나무를 심어 조림하는 것을 장려하는 제도에 대해 언급했다. 每栽一棵树，就给予一定的现金奖励(나무를 심을 때마다 일정한 현금 포상을 주다)라는 내용을 통해 답을 찾을 수 있다. 给予는 送과 같은 의미이다.

当地政府最初制定了一项什么制度？

A 全民采药材
B 栽树送奖金
C 用种子换现金
D 人工培育树苗

현지 정부는 처음에 어떤 제도를 마련했는가?

A 전 국민이 약재를 채취한다
B 나무를 심으면 장려금을 준다
C 씨앗을 현금으로 바꾼다
D 인공으로 묘목을 기른다

단어 全民 quánmín 명 전 국민 | 采 cǎi 동 채취하다 | 药材 yàocái 명 약재 | ★种子 zhǒngzi 명 씨앗 | ★人工 réngōng 명 인력, 수공 | 培育 péiyù 동 기르다, 재배하다

49 Track 54-49

해설 및 정답 녹음에서 树苗成活率很低(묘목의 생존율이 매우 낮다)라는 내용을 언급한 뒤, 이어서 原因很简单，农民们为了追求数量，忽视质量，缺少相应的后期管理(이유는 매우 간단한데 농부들이 수량만을 중시하느라 질을 무시하여 적절한 후반 관리가 부족하고 묘목에 물과 비료를 거의 주지 않았기 때문이다)라고 말했다. 이를 통해 농민들이 관리를 소홀히 해서 묘목의 생존율이 낮음을 알 수 있다.

树苗的成活率为什么很低?

A 缺少光照
B 土壤不肥沃
C 化肥不合格
D 农民忽视管理

묘목의 생존율은 왜 낮은가?

A 햇빛이 부족해서
B 토양이 비옥하지 않아서
C 화학 비료가 맞지 않아서
D 농민들의 관리가 소홀해서

단어 光照 guāngzhào 명 일조 | 土壤 tǔrǎng 명 토양 | ★肥沃 féiwò 형 비옥하다 | 化肥 huàféi 명 화학 비료

50 Track 54-50

해설 및 정답 녹음에서 정부가 제도를 변경한 후 묘목의 생존율은 급격히 상승했다(树苗的成活率直线上升)고 언급했다. 이를 통해 변경된 제도가 효과적이었음을 알 수 있다.

根据这段话，下列哪项正确?

A 农民们表示不满
B 奖金额度大大提高
C 修改后的制度很有效
D 那项活动只办了一年

단문을 근거로, 다음 중 정확한 것은?

A 농민들은 불만을 나타냈다
B 장려금 한도가 크게 높아졌다
C 변경된 제도는 효과적이었다
D 그 활동은 1년 동안만 시행됐다

단어 额度 édù 명 한도, 규정된 액수

독해

51

해설 및 정답 보기 C의 番은 倍(배)의 의미이므로 减少两番은 잘못된 표현이다. 番는 增加(증가하다)나 提高(높이다) 등의 어휘와 함께 사용되므로 减少两成으로 고쳐야 한다.

A 화원에 레몬나무 두 그루가 나란히 자라고 있다.
B 올해 장화의 재정 총소득은 5년 전의 2.3배에 이른다.
D 용은 중화민족의 토템으로 실존하는 동물은 아니다.

정답

C 今年全球智能手机出货量预计比去年减少两番。
→ **今年全球智能手机出货量预计比去年减少两成。**
올해 전 세계 스마트폰의 출하량은 작년에 비해 20% 감소할 전망이다.

단어 并排 bìngpái 동 나란히 서다 | 柠檬树 níngméngshù 명 레몬나무 | 财政 cáizhèng 명 재정 | ★收入 shōurù 명 수입, 소득 | 智能手机 zhìnéng shǒujī 명 스마트폰 | 出货量 chūhuòliàng 명 출하량 | 预计 yùjì 동 전망하다 | 番 fān 양 배 | 图腾 túténg 명 토템 | 真实 zhēnshí 형 실재의

52

해설 및 정답 보기 A에서 술어인 看到와 产生의 주어가 없으므로 앞에 주어를 추가해야 옳은 문장이 된다.

B 인류와 동물만 사랑과 미움을 아는 것은 아니다. 식물에게도 '사랑과 미움'이 있다.
C 백색소음은 정상적인 수면에 영향을 주지 않을 뿐만 아니라, 오히려 수면을 유도하거나 심지어 개선하기도 한다.
D 그는 다양한 서적, 영화와 드라마, 다큐멘터리를 참고하여 창작의 요소와 영감을 찾았다.

정답

A 看到老照片，往往都会产生怀旧的情绪。
→ **人们看到老照片，往往都会产生怀旧的情绪。**
사람들은 오래된 사진을 보면 종종 추억을 회상하게 된다.

단어 怀旧 huáijiù 동 추억을 회상하다 | ★情绪 qíngxù 명 정서 | 恨 hèn 명 미움 | 白噪声 báizàoshēng 명 백색소음 | 诱导 yòudǎo 동 유도하다 | ★改善 gǎishàn 동 개선하다 | ★书籍 shūjí 명 서적 | 影视剧 yǐngshìjù 명 영화와 드라마 | 纪录片 jìlùpiàn 명 다큐멘터리 | ★创作 chuàngzuò 명 창작 | ★元素 yuánsù 명 요소 | ★灵感 línggǎn 명 영감

53

해설 및 정답 보기 B의 동사 超过는 일반 명사나 수량사와 함께 쓰인다. 어림수를 나타내는 左右(가량, 정도)와 함께 사용할 수 없으므로 左右를 삭제해야 한다.

A 현재 대다수의 박물관은 여전히 정부의 자금에 의존해 생계를 유지한다.
C 택배 회사들은 갈수록 번창하고 있는데, 그 주된 경쟁 포인트는 '촌각을 다투는 것'에 있다.
D 18세기 말, 세계 최초의 자전거가 세상에 나왔는데, 그것은 한 프랑스인에 의해 발명되었다.

정답

B 海洋里蕴含着丰富的黄金，总储量超过100亿吨左右。
→ **海洋里蕴含着丰富的黄金，总储量超过100亿吨。**
바닷속에는 풍부한 황금이 들어 있는데, 총 매장량은 100억 톤이 넘는다.

단어 博物馆 bówùguǎn 명 박물관 | ★依靠 yīkào 동 의지하다 | 出资 chūzī 동 자금을 공급하다 | ★维持 wéichí 동 유지하다 | 生计 shēngjì 명 생계 | ★蕴含 yùnhán 동 담다 | 储量 chǔliàng 명 매장량 | 亿 yì 수 억 | 吨 dūn 양 톤(t) | 快递 kuàidì 명 택배 | 争分夺秒 zhēng fēn duó miǎo 성 촌각을 다투다, 일분일초를 헛되이 쓰지 않다 | 世纪 shìjì 명 세기 | 问世 wènshì 동 세상에 나오다, 발표되다

54

해설 및 정답 보기 C에서 주어 这와 现象 사이에 술어가 없으므로 동사 是을 덧붙여야 옳은 문장이 된다.

A 묘회는 절 시장이라고도 불리는데, 중국 전통 무역 시장의 형식 중 하나이다.

B 삶은 일방통행이 아니다. 길이 통하지 않으면 돌아서 갈 수도 있다.

D 전화 요금 잔액이 10위안이 안 되므로, 정상적인 사용을 위해 즉시 충전해 주시기 바랍니다.

정답

C 作家发表作品时，隐去真实姓名，署上笔名，这很常见的现象。

→ **作家发表作品时，隐去真实姓名，署上笔名，这是很常见的现象。**

작가가 작품을 발표할 때, 실명을 숨기고 필명을 쓰는 것은 흔히 볼 수 있는 현상이다.

단어 庙会 miàohuì 명 묘회[절 옆에 모여 물건을 사고팔던 임시 시장] | 集市 jíshì 명 정기 시장 | 单行线 dānxíngxiàn 명 일반 통행로 | 转弯 zhuǎnwān 동 한 바퀴 돌다 | 隐 yǐn 동 숨기다 | 署 shǔ 동 사인하다, 서명하다 | 笔名 bǐmíng 명 필명 | 话费 huàfèi 명 통화 요금 | 余额 yú'é 명 잔액 | 充值 chōngzhí 동 충전하다

55

해설 및 정답 보기 C의 唯一와 之一는 서로 의미가 모순되므로 唯一的를 삭제해야 옳은 문장이 된다.

A 간단한 생활은 신체적으로든 정신적으로든 큰 이점이 있다.

B 통계에 의하면, 세계 10대 테마파크 그룹 관광객의 총수가 연간 8.6% 증가했다고 한다.

D '항저우 국제 당대 칠목 예술전'이 항저우 시후 호반의 중국 미술 대학 미술관에서 개막되었다.

정답

C 水球被称为"水上足球"，是奥委会唯一的集体球类项目之一。

→ **水球被称为"水上足球"，是奥委会集体球类项目之一。**

수구는 '수상 축구'로 불리는 올림픽 위원회의 단체 구기 종목 중 하나이다.

단어 裨益 bìyì 명 도움, 이익 | 集团 jítuán 명 그룹 | 增幅 zēngfú 명 증가폭 | 水球 shuǐqiú 명 수구 | 奥委会 Àowěihuì 명 올림픽 위원회 | ★唯一 wéiyī 형 유일한 | ★项目 xiàngmù 명 항목 | 杭州 Hángzhōu 고유 항저우 | 漆木 qīmù 명 칠목, 옻나무 | 西湖 Xīhú 고유 시후 | 湖畔 húpàn 명 호숫가, 호반 | 开幕 kāimù 동 개막하다

56

해설 및 정답 보기 D는 접속사 호응 구조가 틀렸다. 因为를 那么로 고쳐야 옳은 문장이 된다.

A 인간관계는 별과 별 사이 같아서 너무 가까우면 마찰하여 쉽게 갈등이 생긴다.

B 인류가 앓는 여러 질병 중에서 감기만큼 흔하고 보편적인 것은 없다.

C 명나라에 위대한 의학자이자 약리학자가 있었는데, 그는 이시진이라는 호북성 사람이다.

정답

D 倘若一个人能在任何情况下都可以感受到快乐，因为他便会成为世上最幸福的人。

→ **倘若一个人能在任何情况下都可以感受到快乐，那么他便会成为世上最幸福的人。**

만약 어떤 상황에서도 즐거움을 느낄 수 있다면, 그는 세상에서 가장 행복한 사람이 될 것이다.

단어 星际 xīngjì 명 별과 별 사이 | 摩擦 mócā 동 마찰하다 | ★矛盾 máodùn 명 모순 | ★患 huàn 동 앓다 | ★疾病 jíbìng 명 질병 | 药物 yàowù 명 약물 | 李时珍 Lǐ Shízhēn 고유 이시진[본초강목의 저자] | ★倘若 tǎngruò 접 만약

57

해설 및 정답 보기 C는 관형어 어순이 틀렸다. 两千多年前的新出土的文物는 번역하면 '2천여 년 전에 새로 출토된 문물'이 되므로 문맥상 적합하지 않다. 新出土的两千多年前的文物로 바꿔야 옳은 문장이 된다.

A 중국의 전통 예절에서는 어떻게 앉는지가 중요한 내용이다.
B 암컷 문어는 세상에서 가장 정성을 다하고 또 자기 희생 정신이 가장 강한 어머니라고 할 수 있다.
D 등산 전에는 등산에 대한 지식을 파악하고 등산 장비도 잘 준비해야, 뜻밖의 상황에 더욱 잘 대처할 수 있다.

정답

C 历史博物馆里展出了两千多年前的新出土的文物，吸引了不少人来参观。
→ **历史博物馆里展出了新出土的两千多年前的文物，吸引了不少人来参观。**
역사박물관에 새로 출토된 2천여 년 전의 유물들이 전시되어 많은 사람들이 참관하러 왔다.

단어 礼仪 lǐyí 명 예절 | 雌 cí 형 암컷의 | 章鱼 zhāngyú 명 문어 | 尽心 jìnxīn 동 마음을 다하다, 정성을 다하다 | ★富有 fùyǒu 동 풍부하다, 강하다 | 自我 zìwǒ 명 자기 자신 | 牺牲 xīshēng 동 희생하다 | 出土 chūtǔ 동 출토되다 | ★文物 wénwù 명 문물, 문화재 | 登山 dēngshān 동 등산하다 | ★掌握 zhǎngwò 동 파악하다, 정통하다 | 装备 zhuāngbèi 명 장비 | ★意外 yìwài 형 뜻밖이다

58

해설 및 정답 보기 B의 주어는 《狂人日记》이고, 목적어는 奠基人이다. 그러나 창시자라 불릴 수 있는 주어는 사람이어야 하므로 뒤 절 앞에 주어를 추가해야 한다.

A 창어 4호는 인류 역사상 최초로 달 뒷면에 상륙한 우주 탐사선이다.
C 우리의 태아는 5주 정도 성장하면 이미 손이 생기지만 너무 작아서 마치 물고기의 지느러미같다.
D 닝샤 체육국 부국장은 빙설 활동이 현지 사람들의 겨울 야외 활동의 공백을 메우고, 관련 산업의 발전을 이끌었다고 말했다.

정답

B 《狂人日记》是鲁迅1918年发表的短篇小说，被称为中国现代文学的奠基人。
→ **《狂人日记》是鲁迅1918年发表的短篇小说，他被称为中国现代文学的奠基人。**
《광인일기》는 루쉰이 1918년에 발표한 단편 소설인데, 그는 중국 현대 문학의 창시자라고 불린다.

단어 嫦娥 Cháng'é 명 창어 | 登陆 dēnglù 동 상륙하다 | 月球 yuèqiú 명 달 | 背面 bèimiàn 명 뒷면 | ★太空 tàikōng 명 우주 | 探测器 tàncèqì 명 탐사선 | 狂人日记 Kuángrén Rìjì 광인일기[소설명] | 鲁迅 Lǔxùn 고유 루쉰[중국 현대 문학가] | 发表 fābiǎo 동 발표하다 | 奠基人 diànjīrén 명 창시자 | 胚胎 pēitāi 명 태아 | 鳍 qí 명 지느러미 | 宁夏 Níngxià 고유 닝샤[지명] | 体育局 tǐyùjú 체육국 | 副局长 fùjúzhǎng 명 부국장 | 填充 tiánchōng 동 메우다, 채우다 | ★户外活动 hùwài huódòng 야외 활동 | 空白 kòngbái 명 공백 | ★相关 xiāngguān 동 관련되다 | 产业 chǎnyè 명 산업

59

해설 및 정답 보기 D의 술어 加快와 목적어 规模는 서로 호응하지 않는다. 规模를 速度로 바꿔야 옳은 문장이 된다.

A 생선을 구울 때 식초를 조금 넣으면 비린내를 없앨 수 있고 더욱 풍미가 있어 식욕을 돋울 수 있다.
B 웃음은 삶을 대하는 태도로, 빈부와 지위, 처지와 필연적인 관계가 없다.
C 경치가 아름다운 정원을 산책하면 장시간의 업무로 인한 긴장과 피로를 해소하는 데 도움이 된다.

정답

D 高校进一步扩大招生，并重点建设一批高水平的学科，加快了高等教育事业发展的规模。

→ **高校进一步扩大招生，并重点建设一批高水平的学科，加快了高等教育事业发展的速度。**

대학은 신입생 모집을 더욱 확대하고, 높은 수준의 학과들을 중점적으로 건설하여 고등 교육 사업 발전의 속도를 가속화하였다.

단어 烧 shāo 동 굽다 | 醋 cù 명 식초 | 去腥 qù xīng 비린내를 없애다 | 风味 fēngwèi 명 풍미 | 食欲 shíyù 명 식욕 | 微笑 wēixiào 명 미소 | ★对待 duìdài 동 대하다 | 贫富 pínfù 명 빈부 | 处境 chǔjìng 명 환경, 처지 | ★景色 jǐngsè 명 경치 | ★优美 yōuměi 형 우아하고 아름답다 | ★园林 yuánlín 명 원림, 정원 | 消除 xiāochú 동 없애다, 해소하다 | ★疲乏 pífá 명 피로 | 高校 gāoxiào 명 대학 | 扩大 kuòdà 동 확대하다 | 招生 zhāoshēng 동 신입생을 모집하다 | 批 pī 양 무리, 더미 | 学科 xuékē 명 학과 | ★事业 shìyè 명 사업 | 规模 guīmó 명 규모

60

해설 및 정답 보기 A의 被誉为 뒤에는 구체적인 명칭이 와야 한다. 美誉(명성)나 称号(칭호) 등의 어휘와 함께 사용되면 의미가 중복되므로 的美誉를 삭제하거나 被誉为를 有로 바꾸어야 한다.

B 명절 기간이면 각 등급의 호텔은 잇달아 이색 음식과 특별 행사를 내세워 시민들이 호텔에서 명절을 즐겁게 보내게 한다.

C 컬링은 팀 단위로 빙상에서 하는 일종의 투척 경기 종목으로, 유럽에서 기원하여 현재 이미 500여 년의 역사를 가지고 있다.

D '한 자의 길이도 짧을 때가 있고, 한 치의 길이도 길 때가 있다.' 모든 사람에게는 자신만의 장점과 단점이 있으니, 다른 사람의 장점을 겸허히 배워 자신의 부족함을 보완해야 한다.

정답

A 位于青藏高原的纳木错湖是中国第三大咸水湖，被誉为"最美圣湖"的美誉。

→ ① **位于青藏高原的纳木错湖是中国第三大咸水湖，被誉为"最美圣湖"。**

칭짱 고원에 위치한 남쵸 호수는 중국에서 세 번째로 큰 함수호로 '가장 아름답고 성스러운 호수'라고 불린다.

→ ② **位于青藏高原的纳木错湖是中国第三大咸水湖，有"最美圣湖"的美誉。**

칭짱 고원에 위치한 남쵸 호수는 중국에서 세 번째로 큰 함수호로 '가장 아름답고 성스러운 호수'라는 명성을 갖고 있다.

단어 ★位于 wèiyú 동 ~에 위치하다 | 青藏高原 Qīngzàng Gāoyuán 고유 칭짱 고원 | 纳木错湖 Nàmùcuò Hú 고유 남쵸 호수 | ★被誉为 bèi yùwéi ~라고 불리다 | ★美誉 měiyù 명 명성 | 星级 xīngjí 명 호텔 등급 | ★纷纷 fēnfēn 부 잇달아 | 推出 tuīchū 동 내놓다 | 特惠 tèhuì 형 특혜의 | ★措施 cuòshī 명 조치, 대책 | 欢度 huāndù 동 즐겁게 보내다 | 佳节 jiājié 명 명절 | 冰壶 bīnghú 명 컬링 | ★团队 tuánduì 명 단체, 팀 | 投掷 tóuzhì 동 투척하다 | 竞赛 jìngsài 명 경기 | ★源于 yuányú 동 ~에서 기원하다 | 欧洲 Ōuzhōu 고유 유럽 | 距今 jùjīn 동 지금으로부터 떨어져 있다 | 尺有所短，寸有所长 chǐ yǒu suǒ duǎn, cùn yǒu suǒ zhǎng 한 자의 길이도 짧을 때가 있고, 한 치의 길이도 길 때가 있다는 뜻으로, 물건은 쓰는 용도에 따라 가치가 있을 수도 있고, 없을 수도 있음을 이르는 말 | 虚心 xūxīn 형 겸허하다 | 弥补 míbǔ 동 메우다, 보완하다

61

해설 및 정답 **③번 빈칸**: 빈칸 뒤에 教训(교훈)과 호응할 수 있는 동사는 吸取(얻다)뿐이다. 吸取教训은 '교훈을 얻다'라는 의미이다.

'실패한 제품 박물관'이라는 곳이 있는데, 8만 점이 넘는 실패작이 ① **전시되어** 있다. 그중 음료류만 300여 점에 이른다. ② **처음**에 이 박물관을 설립한 목적은 사람들이 실패에 관심을 갖고, 실패를 연구하고, 그 속에서 교훈을 ③ **얻게** 하는 것이었다.

A 놓다 / 전제 / 쟁취하다
B 안치하다 / 최초 / 이기다
C 전시하다 / 처음 / 얻다
D 전람하다 / 당대 / 요구하다

단어 ★展览 zhǎnlǎn 동 전시하다 | ★关注 guānzhù 동 관심을 가지다 | ★吸取 xīqǔ 동 얻다 | ★教训 jiàoxùn 명 교훈 | 摆放 bǎifàng 동 놓다 | ★前提 qiántí 명 전제 | 争取 zhēngqǔ 동 쟁취하다 | 安置 ānzhì 동 안치하다, 제 위치에 놓다 | 赢得 yíngdé 동 이기다 | ★展示 zhǎnshì 동 전시하다, 전람하다 | 索取 suǒqǔ 동 요구하다

빈출 호응

- **安置** ānzhì 동 **안치하다** ▸ 安置行李 짐을 제자리에 놓다 | 安置灾民 이재민을 배치하다
- **索取** suǒqǔ 동 **요구하다** ▸ 索取报酬 보수를 요구하다 | 索取金钱 금전을 요구하다

62

해설 및 정답 **②번 빈칸**: 뒤에 역접을 나타내는 부사 却(오히려)가 있으므로 '꽃송이는 매우 아름답다'와 상반되는 내용이 들어가야 함을 알 수 있다. '가지가 시들다'는 의미가 적합하므로 枯萎(시들다)만 가능하다.

고지모란은 '장쑤삼절' 중 하나로, 신기하고 특별하며 기이하고 영험한 것①으로 세상에 이름을 알렸다. 이 꽃은 보통 매년 4월 하순경에 개화하는데, 꽃이 필 때 가지와 잎은 ②시드는 반면, 꽃송이는 매우 아름답다. 고지모란은 드물고 ③진귀하기 때문에 최근 현지 정부에서 그것에 대한 보호를 끊임없이 강화하고 있다.

A 주다 / 무미건조하다 / 비싸다
B ~으로 / 시들다 / 진귀하다
C ~에서 / 하락하다 / 귀중하다
D ~이 / 희생하다 / 장중하다

단어 枯枝牡丹 kūzhī mǔdān 명 고지모란[식물] | 绝 jué 형 뛰어나다 | 灵 líng 형 영험하다 | 闻名 wénmíng 형 유명하다 | 下旬 xiàxún 명 하순 | 枝叶 zhīyè 명 나뭇가지와 잎 | 枯萎 kūwěi 동 마르다, 시들다 | 艳丽 yànlì 형 곱고 아름답다 | 稀少 xīshǎo 형 희소하다, 드물다 | ★珍贵 zhēnguì 형 진귀하다 | 力度 lìdù 명 힘의 강도 | ★枯燥 kūzào 형 무미건조하다 | ★昂贵 ángguì 형 매우 비싸다 | 低落 dīluò 동 하락하다 | 贵重 guìzhòng 형 귀중하다 | 牺牲 xīshēng 동 희생하다 | 庄重 zhuāngzhòng 형 장중하다, 위엄이 있다

빈출 호응

- **枯燥** kūzào 형 **무미건조하다** ▸ 枯燥的生活 무미건조한 생활 | 内容枯燥 내용이 무미건조하다
- **低落** dīluò 동 **하락하다** ▸ 士气低落 사기가 떨어지다 | 情绪低落 기분이 가라앉다
- **贵重** guìzhòng 형 **귀중하다** ▸ 贵重的物品 귀중한 물품 | 贵重的礼物 귀중한 선물
- **庄重** zhuāngzhòng 형 **장중하다** ▸ 神态庄重 표정과 태도가 위엄이 있다 | 庄重的仪式 장중한 의식

63

해설 및 정답 **①번 빈칸**: 의미상 臭味(악취)의 오염을 검측하고 분석한다고 해야 하므로 分析(분석하다)만 가능하다. **②번 빈칸**: 等级와 级别는 모두 '등급'이라는 의미로 划定(확정하다)과 호응하며 '등급을 확정하다, 등급을 구분하다'라는 의미를 나타낸다.

스니퍼는 속칭 '냄새 맡는 사람'이라고 불리며, 새로운 직업으로서 많은 도시에서 각광 받고 있다. 업무의 주요 내용은 도시 공기에 대한 악취의 오염을 검측하고 ①분석하여 ②등급을 확정하는 것인데, 환경 관리 부서가 악취의 근원을 관리할 때 ③관련 기관이 책임을 지도록 할 근거를 마련하기 위해서이다.

A 해석하다 / 조건 / 독점하다
B 중재하다 / 층계 / 관계가 있다
C 분해하다 / 등급 / 일부분
D 분석하다 / 등급 / 관련되다

단어 嗅辨师 xiùbiànshī 명 스니퍼 | 俗称 súchēng 명 속칭 | 臭 chòu 형 악취가 나다 | ★兴起 xīngqǐ 동 발전하기 시작하다 | 监测 jiāncè 동 감시하고 검측하다, 모니터링하다 | 划定 huàdìng 동 확정하다, 명확히 구분하다 | ★级别 jíbié 명 등급 | ★以便 yǐbiàn 접 ~하기 위하여 | 监管 jiānguǎn 동 관리 감독하다 | 责令 zélìng 동 책임을 지도록 하다 | ★相关 xiāngguān 동 관련되다 | 有据可依 yǒu jù kě yī 따를 만한 근거가 있다 | 垄断 lǒngduàn 동 독점하다 | 调解 tiáojiě 동 중재하다 | 台阶 táijiē 명 층계

| 分解 fēnjiě 동 분해하다 | 等级 děngjí 명 등급 | 局部 júbù 명 국부, 일부

빈출 호응

- **调解** tiáojiě 동 **중재하다** ▸ 调解纠纷 분쟁을 중재하다 | 调解矛盾 갈등을 중재하다
- **分解** fēnjiě 동 **분해하다** ▸ 酒精分解 알코올 분해 | 分解糖 당을 분해하다

64

해설 및 정답 **②번 빈칸**: 빈칸 앞에 있는 安全(안전)과 호응할 수 있는 어휘는 隐患(위험)뿐이다. 安全隐患은 자주 사용되는 호응 구조로 '안전 방면에 잠복해 있는 위험'을 가리킨다.

많은 시민들이 전기담요를 보관할 때 접어서 두는 ①**방식**을 선택하지만, 이러한 보관 방법은 전열선을 손상시켜 안전에 ②**위험**을 초래하기 쉽다. 전기담요를 보관할 때에는 가급적 전기담요를 평평하게 ③**펴두거나** 말아 두어야 하며, 위에 다른 무거운 물건이 압력을 가하지 않도록 하여, 전기담요의 전열선이 파손되는 것을 ④**방지해야** 한다.

A 방법 / 사생활 / 치다 / 저지하다
B 방식 / 위험 / 펴다 / 방지하다
C 제도 / 음모 / 쬐다 / 모면하다
D 각도 / 분란 / 들다 / 피하다

단어 收纳 shōunà 동 거두다 | 电热毯 diànrètǎn 명 전기담요 | 采用 cǎiyòng 동 채택하다 | 折叠 zhédié 동 접다 | 存放 cúnfàng 동 보관하다 | 损害 sǔnhài 동 손상시키다 | ★隐患 yǐnhuàn 명 잠재해 있는 위험 | ★尽量 jǐnliàng 부 가능한 한 | ★铺 pū 동 깔다, 펴다 | 卷 juǎn 동 말다 | ★防止 fángzhǐ 방지하다 | ★隐私 yǐnsī 명 사생활 | 锤 chuí 동 치다 | ★阻止 zǔzhǐ 동 저지하다 | 阴谋 yīnmóu 명 음모 | 烘 hōng 동 쬐다 | ★避免 bìmiǎn 동 모면하다 | 惹祸 rěhuò 동 분란을 야기하다 | 端 duān 동 두 손으로 가지런히 들다 | 躲避 duǒbì 동 피하다

빈출 호응

- **阻止** zǔzhǐ 동 **저지하다** ▸ 阻止发展 발전을 막다 | 阻止犯罪 범죄를 막다
- **躲避** duǒbì 동 **피하다** ▸ 躲避危险 위험을 피하다 | 躲避障碍 장애를 피하다

65

해설 및 정답 **①번 빈칸**: 빈칸 앞의 내용을 통해 우리에게 항공우주에 관한 뉴스가 이미 익숙하다는 것을 알 수 있다. 따라서 흔한 일을 의미하는 성어인 司空见惯(흔히 있는 일이다)이 가장 적합하다.

최근 몇 년 동안 항공우주에 관한 뉴스를 자주 접할 수 있어서 우리에게 이것은 이미 ①**흔한 일이 되었다**. 그러나 '항공'과 '우주'라는 단어의 개념에 ②**차이**가 존재한다는 것을 모르는 사람이 많다. 1967년 저명한 과학자인 첸쉐썬은 연구와 ③**총괄**을 통해 인류의 대기권 밖에서의 비행 활동은 '우주'로, 그리고 대기권 내에서의 비행 활동은 '항공'으로 ④**정의했다**.

A 흔히 있는 일이다 / 차이 / 총괄 / 정의하다
B 정밀하게 계획하다 / 격차 / 접대 / 지정하다
C 당연히 그렇다 / 차이 / 간섭 / 추정하다
D 은연중에 감화되다 / 오차 / 관철 / 명명하다

단어 航空 hángkōng 명 항공 | 航天 hángtiān 명 우주 비행 | 司空见惯 sī kōng jiàn guàn 성 흔히 보아 대수롭지 않게 여기다, 흔히 있는 일이다 | 含义 hányì 명 내포된 뜻, 개념 | ★差别 chābié 명 차이 | 钱学森 Qián Xuésēn 고유 첸쉐썬[중국의 과학자] | 大气层 dàqìcéng 명 대기층 | ★定义 dìngyì 동 정의를 내리다 | 精打细算 jīng dǎ xì suàn 성 정밀하게 계획하다 | 差距 chājù 명 격차 | 接待 jiēdài 명 접대 | 指定 zhǐdìng 동 지정하다 | 理所当然 lǐ suǒ dāng rán 성 당연히 그렇다 | 差异 chāyì 명 차이 | 干涉 gānshè 명 간섭 | 拟定 nǐdìng 동 추정하다, 초안을 세우다 | 潜移默化 qián yí mò huà 성 은연중에 감화되다 | 误差 wùchā 명 오차 | 贯彻 guànchè 동 관철하다 | ★命名 mìngmíng 동 명명하다

빈출 호응

- **贯彻** guànchè 동 **관철하다** ▸ 贯彻方针 방침을 관철하다 | 贯彻政策 정책을 관철하다
- **指定** zhǐdìng 동 **지정하다** ▸ 指定地点 장소를 지정하다 | 指定负责人 책임자를 지정하다
- **拟定** nǐdìng 동 **초안을 세우다** ▸ 拟定计划 계획 초안을 세우다 | 拟定方案 방안을 세우다

66

해설 및 정답 **①번 빈칸**: 仅(겨우)을 사용하여 꿀벌의 체중이 매우 가볍다는 것을 강조했다. 따라서 仅과 함께 호응하면서 문장 끝에 위치하는 조사 而已(~뿐)가 적합하다. 이 문장에는 동사 有가 있으므로 술어 역할을 하는 형용사 不足(부족하다)와 동사 不止(~를 넘다)는 적합하지 않다. **②번 빈칸**: 自古以来는 호응 구조로 '예로부터'라는 의미이다.

생물학자들은 꿀벌의 체중은 겨우 물 한 방울 무게의 절반일 ① 뿐이지만, 짧은 일생 동안 자신의 무게의 30배에 달하는 꿀을 만들어 낸다고 말한다. 자고② 로 중국인들은 꿀의 영양과 좋은 맛을 ③ 지극히 중시했으며, 이것을 보양하고 병을 물리치며 몸을 튼튼하게 하는 ④ 천연 건강 기능 식품으로 여겼다.

A ~중의 하나 / 유래 / 극도의 / 공공연히
B ~뿐 / 이래 / 지극히 / 천연의
C 부족하다 / 이외 / 특히 / 자연의
D ~를 넘다 / 이 외에 / 깊다 / 막연하다

단어 生物学家 shēngwù xuéjiā 명 생물학자 | 蜜蜂 mìfēng 명 꿀벌 | 体重 tǐzhòng 명 체중 | 滴 dī 양 방울 | 重量 zhòngliàng 명 무게 | ★而已 éryǐ 조 ~뿐 | 短暂 duǎnzàn 형 짧다 | 酿造 niàngzào 동 양조하다, 만들다 | ★自古 zìgǔ 부 자고로 | 美味 měiwèi 명 좋은 맛 | 极其 jíqí 부 지극히, 매우 | ★推崇 tuīchóng 동 찬양하다, 중시하다 | 养生 yǎngshēng 동 양생하다, 보양하다 | 祛 qū 동 제거하다, 물리치다 | 天然 tiānrán 형 천연의 | 保健品 bǎojiànpǐn 명 건강 기능 식품 | 极端 jíduān 형 극도의 | 公然 gōngrán 부 공공연히 | 不止 bùzhǐ 동 ~를 넘다 | 茫然 mángrán 형 막연하다

67

해설 및 정답 **②번 빈칸**: 문맥상 '긴급한 상황'이라는 의미가 되어야 하므로 情况(상황)과 호응하여 '긴급한 상황'을 나타내는 紧急(긴급하다)가 가장 적합하다.

구이양에 지난해 말 5G 기지국을 개통했다. 이 ① 기회를 빌려 한 스마트 기술 회사는 원격 조종 테스트를 전개하여 5G 기반의 무인 운전 및 원격 제어를 실현하였다. 만일 ② 긴급한 상황이 되면, 작업자는 0.05초 이내에 차량 제어를 접수하고 관리할 수 있으며, 또한 전진, 가속, 브레이크, 코너링 등의 ③ 지령을 차량에 전달하여 무인 운전의 안전한 주행을 ④ 보장한다.

A 동기 / 절박하다 / 도안 / 장벽
B 경우 / 긴장하다 / 예언 / 장애
C 기회 / 긴급하다 / 지령 / 보장
D 시기 / 초조하다 / 사령 / 보험

단어 贵阳 Guìyáng 고유 구이양[지명] | 年底 niándǐ 명 연말 | ★开通 kāitōng 동 개통하다 | 基站 jīzhàn 명 기지국 | ★机遇 jīyù 명 좋은 기회 | ★智能 zhìnéng 명 지능, 스마트 | 远程 yuǎnchéng 형 원거리의 | 驾驶 jiàshǐ 동 조종하다 | 试验 shìyàn 명 테스트 | 基于 jīyú 개 기반으로 하다 | 无人驾驶 wúrén jiàshǐ 명 무인 자동 운전 | ★紧急 jǐnjí 형 긴급하다 | 接管 jiēguǎn 동 접수하여 관리하다 | 加速 jiāsù 동 가속하다 | 刹车 shāchē 동 브레이크를 걸다 | 转弯 zhuǎnwān 동 모퉁이를 돌다 | 指令 zhǐlìng 명 지령 | ★保障 bǎozhàng 명 보장 | ★动机 dòngjī 명 동기 | 迫切 pòqiè 형 절박하다 | 图案 tú'àn 명 도안 | 屏障 píngzhàng 명 장벽 | ★遭遇 zāoyù 명 경우, 경험 | 预言 yùyán 명 예언 | ★障碍 zhàng'ài 명 장애 | 时机 shíjī 명 시기 | ★焦急 jiāojí 형 초조하다 | 司令 sīlìng 명 사령 | 保险 bǎoxiǎn 명 보험

빈출 호응

- **迫切** pòqiè 형 **절박하다** ▸ 迫切的请求 절박한 부탁 | 迫切的愿望 간절한 소망
- **屏障** píngzhàng 명 **장벽** ▸ 天然屏障 천연 장벽

68

〈해설 및 정답〉 **①번 빈칸**: 속도가 빠르다는 것은 키보드 필기의 장점이므로 优势(이점)가 가장 적합하다. **③번 빈칸**: 정도부사 更(더)을 통해 빈칸에 형용사가 들어가야 함을 알 수 있다. 형용사인 持久(오래 지속되다)와 悠久(유구하다) 중 记忆(기억)와 호응할 수 있는 어휘는 持久이다.

통계에 따르면 수업을 들을 때 키보드로 필기를 하면 속도가 더 빠르다는 일정한 ①**이점**이 있지만, 24시간 후에 키보드로 필기한 학생은 자신이 기록한 것에 대한 인상이 ②**모두** 없어진다. 반면 손으로 쓴 기록은 내용에 대한 기억이 더 ③**오래 지속되고**, 심지어 일주일이 지난 후에도 손으로 쓴 학생들은 수업의 몇몇 개념들을 여전히 잘 ④**파악할** 수 있다고 한다.

A 이점 / 모두 / 오래 지속되다 / 파악하다
B 특혜의 / 충분히 / 유구하다 / 잡다
C 이익 / 그대로 하다 / 견지하다 / 의지하다
D 이해 / 잠시 / 지속하다 / 의거하다

단어 键盘 jiànpán 명 키보드 | ★优势 yōushì 명 우세, 우위 | 统统 tǒngtǒng 부 모두, 전부 | 持久 chíjiǔ 형 오래 지속되다 | ★掌握 zhǎngwò 동 파악하다 | ★概念 gàiniàn 명 개념 | 优惠 yōuhuì 형 특혜의 | ★悠久 yōujiǔ 형 유구하다 | 把握 bǎwò 동 잡다, 쥐다 | ★利益 lìyì 명 이익 | 照样 zhàoyàng 동 그대로 하다 | ★依赖 yīlài 동 의지하다 | ★利弊 lìbì 명 이점과 폐단 | 暂且 zànqiě 부 잠시, 잠깐 | ★持续 chíxù 동 지속하다 | 依据 yījù 동 의거하다

빈출 호응

- **掌握** zhǎngwò 동 **파악하다** ▸ 掌握技能 기능을 파악하다 | 掌握知识 지식을 습득하다
- **把握** bǎwò 명 **자신(감)** 동 **잡다** ▸ 把握时机 시기를 잡다 | 有把握 자신 있다
- **依赖** yīlài 동 **의지하다** ▸ 依赖大自然 대자연에 의지하다 | 依赖父母 부모에게 의지하다
- **依据** yījù 동 **의거하다** ▸ 依据合同 계약에 의거하다 | 依据原则 원칙에 의거하다

69

〈해설 및 정답〉 **②번 빈칸**: 뒤 문장의 也不와 호응하는 접속사는 宁愿(차라리 ~하기를 원하다)뿐이다. 宁愿…也不…는 '차라리 ~하지 ~는 하지 않겠다'라는 의미이다.

극장에 가서 한 편의 뮤지컬을 보는 것은 비할 바 없이 ①**아름답고 즐거운** 과정이다. 하지만 현실에서 많은 사람들, 특히 젊은 사람들은 ②**차라리** 집에서 휴대전화를 들고 게임을 하지, 극장에 가지는 않는다. 설령 일부 사람들이 극장에 간다 하더라도 ③**마음이 딴 데 있어** 수시로 휴대전화를 열어 보며 공연에 완전히 ④**몰입하지** 못해 수준 높은 심미적 체험을 할 수 없다.

A 교묘하다 / ~하기 보다는 / 제멋대로 하다 / 투기하다
B 아름답고 즐겁다 / 차라리 / 딴마음을 품다 / 몰입하다
C 아리땁다 / 물론 ~지만 / 매우 감격하다 / 빠지다
D 완전무결하다 / ~조차 / 잠시도 늦출 수 없다 / 목도하다

단어 剧场 jùchǎng 명 극장 | 音乐剧 yīnyuèjù 명 뮤지컬 | ★无比 wúbǐ 형 비할 바가 없다 | ★美妙 měimiào 형 아름답고 즐겁다 | ★宁愿 nìngyuàn 부 차라리 ~하기를 원하다 | 捧 pěng 동 (두 손으로) 받쳐들다 | 三心二意 sān xīn èr yì 성 딴마음을 품다 | 时不时 shíbùshí 부 자주 | ★投入 tóurù 동 몰입하다 | 演出 yǎnchū 명 공연 | 审美 shěnměi 형 심미적 | 体验 tǐyàn 명 체험 | ★巧妙 qiǎomiào 형 교묘하다 | ★与其 yǔqí 접 ~하기 보다는 | 肆无忌惮 sì wú jì dàn 성 아무 거리낌 없이 제멋대로 굴다 | 投机 tóujī 동 투기하다 | ★优美 yōuměi 형 아리땁다, 우아하고 아름답다 | 固然 gùrán 접 물론 ~지만 | 热泪盈眶 rè lèi yíng kuàng 성 매우 감격하다 | ★陷入 xiànrù 동 빠지다 | 尚且 shàngqiě 접 ~조차 | 迫不及待 pò bù jí dài 성 잠시도 늦출 수 없다 | 目睹 mùdǔ 동 목도하다

빈출 호응

- **巧妙** qiǎomiào 형 **교묘하다** ▸ 巧妙的方法 교묘한 방법 | 设计巧妙 디자인이 정교하다
- **优美** yōuměi 형 **우아하고 아름답다** ▸ 优美的音乐 아름다운 음악 | 风景优美 풍경이 아름답다
- **投机** tóujī 동 **투기하다** ▸ 投机取巧 교묘한 수단으로 사리사욕을 취하다

70

해설 및 정답 **④번 빈칸**: 树木花草(나무와 화초)와 호응하는 형용사는 茂盛(무성하다)뿐이다.

주자이거우 관광 지구에는 오채지가 있다. 신기한 것은 연못은 ①**분명히** 맑은 물인데, 왜 각기 다른 색깔을 낼까? 알고 보면 연못 바닥에는 다양한 ②**모양**의 석순이 자라고 있는데, 석순 표면에는 한 겹의 투명한 돌가루가 응결되어 있어서 햇빛이 연못의 물을 투과해 연못 바닥으로 비쳐지면, 석순은 마치 굴절광 거울처럼 햇빛을 여러 가지 다른 ③**색채**로 굴절시키는 것이다. 그 밖에 연못 주변에는 나무와 화초들이 ④**무성하게** 자라고 있어서 ⑤**오색찬란한** 수면에 비친 그림자가 연못의 물을 더욱 아름답게 한다.

A 때마침 / 형태 / 영광 / 번창하다 / 끊이지 않다
B 오히려 / 정황 / 찬란한 빛 / 왕성하다 / 번영하다
C 어차피 / 형식 / 색깔 / 충실하다 / 흥미진진하다
D 분명히 / 모양 / 색채 / 무성하다 / 오색찬란하다

단어 九寨沟 Jiǔzhàigōu 고유 주자이거우[지명] | 景区 jǐngqū 명 관광 지구 | 五彩池 Wǔcǎichí 고유 오채지 | 神奇 shénqí 형 신기하다 | ★明明 míngmíng 부 분명히 | 形状 xíngzhuàng 명 모양 | 石笋 shísǔn 명 석순 | 凝结 níngjié 동 응결되다 | ★透明 tòumíng 형 투명하다 | 石粉 shífěn 명 석분, 돌가루 | 透过 tòuguò 동 투과하다 | 照射 zhàoshè 동 비추다 | 折光镜 zhéguāngjìng 굴절광 거울 | 折射 zhéshè 동 굴절하다 | 色彩 sècǎi 명 색채 | ★茂盛 màoshèng 형 무성하다 | 五光十色 wǔ guāng shí sè 성 오색이 영롱하다 | 倒影 dàoyǐng 명 수면에 비친 그림자 | 瑰丽 guīlì 형 유달리 아름답다 | ★恰巧 qiàqiǎo 부 때마침 | 形态 xíngtài 명 형태 | 光荣 guāngróng 명 영광 | 昌盛 chāngshèng 형 번창하다 | 川流不息 chuān liú bù xī 성 끊임없이 이어지다 | 情形 qíngxíng 명 정황 | 光辉 guānghuī 명 광휘, 찬란한 빛 | ★充沛 chōngpèi 형 왕성하다 | 欣欣向荣 xīn xīn xiàng róng 성 초목이 무성하다, 번영하다 | ★充实 chōngshí 형 충실하다 | 兴致勃勃 xìng zhì bó bó 성 흥미진진하다

빈출 호응

- **光辉** guānghuī 명 찬란한 빛 ▸ 太阳的光辉 태양의 찬란한 빛
- **昌盛** chāngshèng 형 번창하다 ▸ 事业昌盛 사업이 번창하다 | 繁荣昌盛 왕성하게 번창하다
- **充沛** chōngpèi 형 왕성하다 ▸ 充沛的降雨 넘쳐흐르게 내리는 비 | 精力充沛 원기가 왕성하다
- **充实** chōngshí 형 충실하다 ▸ 充实的生活 충실한 생활 | 内容充实 내용이 충실하다

[71–75]

식량 부족은 인류가 직면한 가장 심각한 문제 중 하나이다. 과학자들은 비록 육지의 밭을 갈 수 있는 토지 개발은 한계에 다다랐지만 (71)C **지구에는 아직 개발이 가능한 넓은 바다가 있어** 해양이 인류 미래의 곡물 창고가 될 수 있다고 여긴다.

물론 해양이 우리에게 제공할 수 있는 것은 쌀이나 밀과 같은 전통적인 식량이 아니라 인류 영양의 필요를 충족시킬 수 있는 다른 음식들이다. 일부 해양학자들은 근해 수역에서 자연적으로 생장하는 해조의 연간 생장량이 이미 현재 세계 밀 생산량의 15배에 이른다고 지적한다. (72)A **만약 이 조류들을 식품으로 가공하면**, 인간에게 충분한 단백질을 제공할 수 있다.

해조류 외에 바다에는 육안으로는 보이지 않는 플랑크톤도 풍부하다. (73)E **생태 균형을 파괴하지 않는다는 전제하에**, 만약 그것들을 잡아서 식품으로 가공할 수 있다면 300억 명의 수요를 충분히 만족시킬 수 있다는 계산을 한 사람도 있다.

바다의 수많은 어류는 사람들에게 친숙한 음식이다. (74)D **과도한 어획과 해양 오염으로 인해** 근해의 어류의 수는 매우 제한되어 있지만, 우리는 원양어장을 개척하고 심해 어업을 발전시킬 수 있다. 예를 들면, 남극의 크릴새우는 연간 생산량이 50억 톤에 달한다. 크릴새우의 어획량만 연간 1억~1억5000만 톤에 달해도

현재 전 세계의 1년치 어획량보다 2배 이상 많다. 하물며 원양과 심해에는 (75)B **아직 우리가 개발하지 못한 생물 자원이 많이 남아 있어서**, 그 거대한 잠재력은 자명하다.

단어 ★粮食 liángshi 명 식량 | 短缺 duǎnquē 동 부족하다 | ★面临 miànlín 동 직면하다 | 陆地 lùdì 명 육지 | 耕 gēng 동 밭을 갈다 | 极限 jíxiàn 명 극한, 궁극의 한계 | ★广阔 guǎngkuò 형 넓다 | 粮仓 liángcāng 명 곡물 창고 | 小麦 xiǎomài 명 소맥, 밀 | 水域 shuǐyù 명 수역 | 海藻 hǎizǎo 명 해조 | ★产量 chǎnliàng 명 생산량 | 蛋白质 dànbáizhì 명 단백질 | 浮游生物 fúyóu shēngwù 명 부유생물, 플랑크톤 | ★破坏 pòhuài 동 파괴하다 | ★生态 shēngtài 명 생태 | ★平衡 pínghéng 명 균형 | ★若 ruò 접 만약 | 捕捞 bǔlāo 동 (해산물을) 잡다, 포획하다 | 鱼虾 yúxiā 명 어류를 통틀어 일컫는 말 | 开辟 kāipì 동 개척하다 | 远洋 yuǎnyáng 명 원양 | 渔场 yúchǎng 명 어장 | 渔业 yúyè 명 어업 | 南极 nánjí 명 남극 | 磷虾 línxiā 명 크릴새우 | 亿 yì 수 억 | 吨 dūn 양 톤(t) | 捕获 bǔhuò 동 포획하다 | ★何况 hékuàng 접 하물며 | ★尚 shàng 부 아직 | ★巨大 jùdà 형 거대하다 | ★潜力 qiánlì 명 잠재력 | 不言而喻 bù yán ér yù 성 말하지 않아도 알다, 자명하다

71

해설 및 정답 빈칸 앞 문장의 접속사 虽然(비록)과 호응하는 但(하지만)이 있는 보기 C가 가장 적합하다.

C 지구에는 아직 개발이 가능한 넓은 바다가 있어

72

해설 및 정답 빈칸 앞에 핵심 어휘인 海藻(해조)가 언급되어 있고, 또한 빈칸 뒤에 부사 就는 보기 A의 如果(만약)와 호응한다.

A 만약 이 조류들을 식품으로 가공하면

73

해설 및 정답 빈칸 앞뒤를 분석해 보면 빈칸에 어떠한 내용이 없어도 앞뒤 문장의 의미 연결에 영향을 주지 않는다는 것을 알 수 있다. 따라서 수식 성분인 개사구 在…前提下(~전제하에)를 넣는 것이 가장 적합하다. 그래도 확신이 없다면 다른 빈칸들을 다 채운 후 마지막에 이 부분을 분석하는 것도 하나의 방법이다.

E 생태 균형을 파괴하지 않는다는 전제하에

74

해설 및 정답 빈칸 뒤에는 어류의 수량이 제한적이라고 제시되어 있다. 따라서 어류 수량의 제한을 조성하는 원인인 보기 D가 가장 적합하다.

D 과도한 어획과 해양 오염으로 인해

75

해설 및 정답 뒤 문장의 내용을 통해 해양의 잠재력이 크다는 것을 알 수 있다. 따라서 해양에 아직 생물 자원이 많다는 것을 나타내는 보기 B가 가장 적합하다.

B 아직 우리가 개발하지 못한 생물자원이 많이 남아 있어서

[76-80]

생활 속에서 여학생들은 뱀이나 거미를 마주하게 되거나 문 뒤에 숨어 있던 어떤 친구로 인해 깜짝 놀라게 되었을 때 (76)A **종종 비명을 지른다**. 심리학자들은 여학생들이 남학생들보다 더 많은 공포심을 느끼는 것은 아니지만 여학생들의 얼굴 표정과 목소리, 그리고 자기 보고가 그녀들의 공포를 느끼는 수준이 남학생들보다 더 높아 보이게 한다는 것을 발견했다. 심리학자들은 남학생들이 두려움에 직면했을 때 비명을 지르지 않는 것은 그들이 두렵지 않기 때문이 아니라 (77)D **단지 두려움의 감정을 비명으로 표현하지 않을 뿐이라는 것도 발견했다**.

여학생들이 공포의 감정을 비명으로 표현하기를 좋아하는 진짜 원인은 그녀들이 확실히 표현하는 것을 좋아하기 때문이다. 연구에 의하면, 여학생들은 하루 평균 약 2만 개의 단어를 말할 수 있는 반면 남학생들은 평균 7천 개 정도밖에 말하지 않는다. (78)**C 여학생의 발화량이 남학생의 세 배에 해당하는 것이다**.

이 밖에도, 인류의 조상은 남녀의 주요 사회 분업이 달라, 여성은 후손을 부양하도록 남겨두고 남성은 사냥을 주로 책임져 사냥감을 찾거나 사냥감에 접근할 때 적합하도록 쥐 죽은 듯 기척을 내지 않았으며, (79)**B 동료와의 정보를 교환할 때도 어조가 낮아야 했다**. 그래서 남성은 여성에 비견할 만큼 날카로운 목소리를 내도록 진화하지 못했다.

사회 규범의 영향 역시 남녀가 두려움을 표현할 때 비교적 큰 차이를 보이는 이유 중 하나일 수 있다. 여성들이 두려움에 직면할 때 비명을 지르는 것은 보통 더 쉽게 이해되고 받아들여지는 반면 남성들은 비웃음을 당할 수도 있다. (80)**E 사회 규범의 인정을 받기 위해** 남성은 어쩔 수 없이 비명을 참는 조치를 취할 수밖에 없었기 때문에, 어떠한 변화에도 놀라지 않는 것은 남성의 우수한 자질 중 하나가 된 것이다.

단어 蛇 shé 명 뱀 | 蜘蛛 zhīzhū 명 거미 | 藏 cáng 동 숨다 | 恐惧 kǒngjù 동 겁먹다 | ★情绪 qíngxù 명 정서, 감정 | ★情景 qíngjǐng 명 광경 | 尖叫 jiānjiào 동 비명을 지르다 | 并非 bìngfēi 부 결코 ~이 아니다 | 罢了 bàle 조 ~일 뿐이다 | ★的确 díquè 부 확실히 | 单词 dāncí 명 단어 | 祖先 zǔxiān 명 선조, 조상 | 分工 fēngōng 명 분업 | 留守 liúshǒu 동 남아서 지키다 | 抚养 fǔyǎng 동 부양하다 | 后代 hòudài 명 후대, 후손 | 狩猎 shòuliè 동 사냥하다 | 猎物 lièwù 명 사냥감 | ★宜 yí 동 적합하다 | 悄无声息 qiǎo wú shēng xī 성 쥐 죽은 듯 기척이 없다, 고요하다 | 同伴 tóngbàn 명 동료 | 讯息 xùnxī 명 정보 | 语调 yǔdiào 명 어조 | 低沉 dīchén 형 낮다, 나즈막하다 | 进化 jìnhuà 동 진화하다 | 媲美 pìměi 동 비견하다, 필적하다 | 尖细 jiānxì 형 날카롭다 | 嗓音 sǎngyīn 명 목소리 | 规范 guīfàn 명 규범 | ★差异 chāyì 명 차이 | ★宽容 kuānróng 동 너그럽게 받아들이다 | ★嘲笑 cháoxiào 동 비웃다 | ★认同 rèntóng 명 인정 | 采取 cǎiqǔ 동 채택하다, 취하다 | ★措施 cuòshī 명 조치 | 忍住 rěnzhù 동 꾹 참다 | 处变不惊 chǔ biàn bù jīng 성 변화무쌍한 환경에 처해도 놀라지 않다 | 品质 pǐnzhì 명 품성, 자질

76

해설 및 정답 빈칸 앞에서 여학생이 뱀이나 거미를 마주하면 놀라는 경우를 제시했으므로 이런 상황의 반응에 대해 묘사한 보기 A가 가장 적합하다.

A 종종 비명을 지른다

77

해설 및 정답 앞서 남성이 비명을 지르지 않는 것은 두렵지 않기 때문이 아니라고 제시했다. 따라서 그 원인을 묘사한 보기 D가 가장 적합하다.

D 단지 두려움의 감정을 비명으로 표현하지 않을 뿐이라는 것도 발견했다

78

해설 및 정답 빈칸 앞에서 여학생과 남학생이 매일 사용하는 단어의 수량이 제시되었기 때문에 여학생과 남학생의 발화량을 비교하는 내용인 보기 C가 가장 적합하다.

C 여학생의 발화량이 남학생의 세 배에 해당하는 것이다

79

해설 및 정답 빈칸 앞에서 남성은 사냥할 때 悄无声息(쥐 죽은 듯 기척이 없다)라고 했으므로 이와 의미가 유사한 语调低沉(어조가 낮다) 내용이 있는 보기 B가 가장 적합하다.

B 동료와의 정보를 교환할 때도 어조가 낮아야 했다

80

해설 및 정답 단락 시작 부분에 핵심 어휘인 社会规范(사회 규범)이 제시되었다. 사회 규범의 각도에서 남녀가 두려움을 표현하는 방식이 다른 이유를 분석했기 때문에 핵심 어휘인 社会规范이 있는 보기 E가 가장 적합하다.

E 사회 규범의 인정을 받기 위해

[81-84]

치바이스는 중국의 유명한 서화의 대가이다. 1952년 어느 날 시인 아이칭이 이미 88세 고령이 된 치바이스를 찾아갔다. 81이번 방문에서 아이칭은 그림을 한 폭 가져와 그에게 진위를 감별해 달라고 부탁했다. 치바이스는 돋보기를 꺼내 자세히 들여다보더니, 아이칭에게 다음과 같이 말했다. "내가 방금 창작한 그림 두 점이 있는데, 당신의 이 그림과 바꾸는 게 어떻겠소?"

아이칭은 그 말을 듣자 서둘러 그림을 거두고 웃으며 대답했다. "선생께서 20폭을 주셔도 저는 바꾸지 않을 겁니다." 치바이스는 그림을 바꿀 가망이 없자, 82자신도 모르게 한숨을 내쉬었다. "내가 젊었을 때 그림을 얼마나 열심히 그렸는지 모르네. 지금은 퇴보했어." 알고 보니 아이칭이 가져온 그림은 바로 치바이스의 수십 년 전 작품이었다.

아이칭이 떠난 후 치바이스는 줄곧 근심 걱정에 잠겼다. 어느 날 밤 아들은 아버지의 서재에 불이 켜져 있는 것을 보고 들어가 보니, 아버지가 책상 앞에 앉아 한 획 한 획 체본을 따라 그리고 계셨다. 아들은 이해가 가지 않아 물었다. "아버지께서는 나이도 많이 드셨고 벌써 세상에 명성이 자자하신데, 왜 갑자기 체본을 따라 그리실 생각을 하셨습니까? 게다가 이렇게 초보적인 것을 그리시다니요."

치바이스는 고개를 가로저으며, 빠르지도 느리지도 않게 대답했다. "지금 내 명성이 높으니, 많은 사람들이 내가 그림을 잘 그린다고 하는구나. 내가 붓을 대충 한 번만 발라도 다 좋다는 이러한 칭찬이 나를 득의양양하게 했다. 83계속 다른 사람들의 칭찬 속에서 살다 보니 자신에 대한 요구가 느슨해졌구나. 며칠 전 나의 젊은 시절의 그림을 보고 문득 깨달았다. 더 이상 외부의 허무맹랑한 말에 속지 않을 것이다. 그래서 더 열심히 연습해서 스스로를 잘 단속할 것이다."

그 후 나이가 점점 들어가도 치바이스는 여전히 매일 꾸준히 그림을 그리며 감히 태만하지 않았다. 때때로 그는 한 폭의 그림을 위해 심지어 몇 달의 시간을 쓰기도 했다.

칭찬에 현혹되지 않고 84자신에 대한 요구를 낮추지 않는 것이 어쩌면 이 서화 대가가 성공한 이유일 것이다.

단어 齐白石 Qí Báishí 고유 치바이스[중국 근대의 화가] | 书画 shūhuà 명 서화 | 大师 dàshī 명 거장, 대가 | 艾青 Àiqīng 고유 아이칭[중국 현대의 시인] | ★拜访 bàifǎng 동 방문하다 | 高龄 gāolíng 명 고령 | 登门 dēngmén 동 집을 방문하다 | 幅 fú 양 폭 | 鉴别 jiànbié 동 감별하다 | 真伪 zhēnwěi 명 진위 | 放大镜 fàngdàjìng 명 확대경, 돋보기 | ★创作 chuàngzuò 동 창작하다 | 赶紧 gǎnjǐn 부 서둘러 | 应 yìng 동 응답하다 | 无望 wúwàng 형 가망이 없다 | ★不禁 bùjīn 부 자기도 모르게, 저절로 | ★叹气 tànqì 동 한숨 쉬다 | 退步 tuìbù 동 퇴보하다 | 愁眉不展 chóu méi bù zhǎn 성 눈썹을 찌푸리다, 근심 걱정에 잠기다 | 一笔一画 yì bǐ yí huà 한 획 한 획 쓰다, 또박또박 쓰다 | 描红 miáohóng 동 체본을 따라 쓰다, 모사하다 | 赞誉 zànyù 동 칭찬하다 | 飘飘然 piāopiāorán 형 득의양양하다 | ★赞美 zànměi 동 칭송하다 | 猛然 měngrán 부 문득, 갑자기 | 惊醒 jīngxǐng 동 갑자기 깨닫다 | 外界 wàijiè 명 외부 | 不实 bùshí 형 실제와 부합하지 않다 | 蒙蔽 méngbì 동 속이다, 기만하다 | 不敢 bùgǎn 동 감히 ~하지 못하다 | 懈怠 xièdài 형 태만하다 | 冲昏头脑 chōnghūn tóunǎo 성 판단력이 흐려지다

81

해설 및 정답 첫 번째 단락의 此次登门，艾青还带来一幅画儿，请求他鉴别真伪(이번 방문에서 아이칭은 그림을 한 폭 가져와 그에게 진위를 감별해 달라고 부탁했다)라는 내용에서 아이칭이 방문한 원인을 알 수 있다. 真伪(진위)와 보기 C의 真假(진위)는 같은 의미이다.

아이칭이 치바이스를 찾아온 목적은?

A 작품을 팔려고

B 연회 참석을 요청하려고

C 그림의 진위를 감별해 달라고

D 그림 한 폭을 그려 달라 부탁하려고

단어 晚宴 wǎnyàn 명 저녁 연회 | 真假 zhēnjiǎ 명 진위 | 请求 qǐngqiú 동 부탁하다

82

해설 및 정답 핵심 어휘인 叹气(한숨 쉬다)는 두 번째 단락에 등장한다. 我年轻时画画儿多认真呀，现在退步了(내가 젊었을 때 그림을 얼마나 열심히 그렸는지 모르네. 지금은 퇴보했어)라는 치바이스의 한숨 섞인 말에서 그가 스스로의 그림 실력이 퇴보했다고 느껴 한숨을 쉬었다는 것을 알 수 있다.

두 번째 단락을 근거로, 치바이스는 왜 한숨을 쉬었는가?

A 그림 실력이 퇴보해서
B 그림이 파손되어서
C 그림을 사지 못해서
D 아이칭이 그를 신임하지 않아서

단어 破损 pòsǔn 동 파손되다 | ★信任 xìnrèn 동 신임하다

83

해설 및 정답 어휘의 의미는 앞뒤의 문맥을 분석하여 유추할 수 있다. 飘飘然 뒤에 제시된 一直活在别人的赞美中而放松了对自己的要求(계속 다른 사람들의 칭찬 속에서 살다 보니 자신에 대한 요구가 느슨해졌구나)라는 내용을 통해 飘飘然이 느슨해진 상태를 나타낸다는 것을 알 수 있다. 보기 A가 가장 근접하다.

네 번째 단락의 밑줄 친 '飘飘然'은 무슨 뜻인가?

A 자만하여 자신의 처지를 잊다
B 부지런하고 성실하다
C 잘 빠뜨리다
D 더 잘하려고 애쓰다

단어 得意忘形 dé yì wàng xíng 성 자만하여 자신의 처지를 잊다 | 兢兢业业 jīng jīng yè yè 성 부지런하고 성실하다 | 丢三落四 diū sān là sì 성 잘 빠뜨리다 | ★精益求精 jīng yì qiú jīng 성 더 잘하려고 애쓰다

84

해설 및 정답 마지막 단락의 不放松对自己的要求(자신에 대한 요구를 낮추지 않는다)는 보기 B의 严格要求自己(스스로에게 엄격하게 요구한다)와 같은 의미이다.

윗글을 근거로, 다음 중 정확한 것은?

A 아이칭은 치바이스의 제자이다
B 치바이스는 스스로에게 엄격하게 요구한다
C 치바이스의 아들은 시인이다
D 치바이스는 명화 수집에 열중한다

단어 徒弟 túdì 명 제자 | 热衷 rèzhōng 동 열중하다 | ★收藏 shōucáng 동 소장하다, 수집하다

[85-88]

노루궁뎅이버섯은 '버섯 중의 왕'이라 불리는데, 85원숭이 머리를 닮았다고 해서 붙여진 이름이다. 오랫동안 사람들은 곰 발바닥과 해삼, 상어 지느러미와 함께 '4대 유명 요리'로 열거하거나 제비집과 동일시하기도 했다. 그것을 맛보기가 얼마나 어려운지를 미루어 알 수 있다.

86C야생 노루궁뎅이버섯은 원시림 깊은 곳에서 자라, 상수리나무 줄기나 가지에서 노루궁뎅이버섯의 모습을 자주 볼 수 있는데 대칭으로 자라며, 86B대칭으로 자라는 노루궁뎅이버섯의 크기는 다양하다. 그런데 노루궁뎅이버섯은 왜 대칭으로 자랄까? 사실 노루궁뎅이버섯은 86D포자에 의지해 번식한다. 포자는 가벼워서 쉽게 바람에 날아가 나무 위에 떨어져 작은 성장 번식 기지를 형성한다. 그래서 일단 어느 한 곳에서 노루궁뎅이버섯이 발견되면, 멀리 떨어져 있는 나무에도 그 자취가 있을 수 있다. 이것은 대자연이 오랫동안 진화한 결과이다.

87노루궁뎅이버섯의 식용 가치는 고대에 이미 기록이 되어 있다. 비록 진정한 현대적 연구는 비교적 늦었지만, 노루궁뎅이버섯은 진정으로 약용 가치가 개발된 유명한 버섯류이다. 그것에는 단백질, 지방, 철, 인, 칼슘, 카로틴, 탄수화물, 열량 등 영양 물질이 풍부하게 함유되어 있으며, 또한 16종의 천연 아미노산이 함유되어 있는데, 그중 7종은 인체에 필수적인 물질이다. 노루궁뎅이버섯은 위산을 낮추는 효능이 있기 때문에 위산을 낮춰 위 점막을 보호하므로 위궤양이나 만성위염, 위산 과다 등의 증상에 아주 좋은 치료 효과가 있다.

노루궁뎅이버섯은 식재료로 맛이 매우 좋아 인기가 많다. 88수당(隋唐) 시기의 《임해수토이물지》에는 '민중들은 모두 노루궁뎅이국을 좋아한다. 고깃국이 다섯 가지라도 그것을 따라갈 수 없다.'고 기록되어 있는데, 노루궁뎅이버섯이 고기보다 더 맛있다는 것을 의미한다. 그래서 노루궁뎅이버섯은 '채소 중의 고기'라는 찬사를 받고 있다. 현대 생활에서도 노루궁뎅이버섯을 주원료로 하는 음식이 많은데, 노루궁뎅이버섯 돼지위 양위탕과 푹 삶은 붉은 노루궁뎅이버섯 등이 있다.

단어 猴头菇 hóutóugū 명 노루궁뎅이버섯 | 菌 jūn 명 버섯 | 形似 xíngsì 동 모양이 닮다 | 熊掌 xióngzhǎng 명 웅장, 곰 발바닥 | 海参 hǎishēn 명 해심 | 鱼翅 yúchì 명 상어 지느러미 | ★列 liè 동 늘어놓다 | 燕窝 yànwō 명 제비집 | 相提并论 xiāng tí bìng lùn 성 한데 섞어 논하다, 동일시하다 | 可见一斑 kě jiàn yì bān 성 부분을 통해 전체를 미루어 알 수 있다 | 原始森林 yuánshǐ sēnlín 명 원시림 | 柞树 zuòshù 명 상수리나무의 통칭 | 树干 shùgàn 명 나무줄기 | 树杈 shùchà 명 나뭇가지 | 身影 shēnyǐng 명 형체, 모습 | 对称 duìchèn 명 대칭 | ★呈现 chéngxiàn 동 나타나다 | ★靠 kào 동 기대다, 의지하다 | 孢子 bāozǐ 명 포자 | ★繁殖 fánzhí 동 번식하다 | 基地 jīdì 명 기지, 근거지 | 相隔 xiānggé 동 서로 떨어져 있다 | 踪迹 zōngjì 명 종적, 자취 | 进化 jìnhuà 동 진화하다 | 食用 shíyòng 동 식용하다 | ★记载 jìzǎi 동 기록하다 | 蛋白质 dànbáizhì 명 단백질 | 脂肪 zhīfáng 명 지방 | 铁 tiě 명 철 | 磷 lín 명 인 | 钙 gài 명 칼슘 | 胡萝卜素 húluóbōsù 명 카로틴 | 碳水化合物 tànshuǐ huàhéwù 명 탄수화물 | ★天然 tiānrán 형 천연의 | 氨基酸 ānjīsuān 명 아미노산 | 胃酸 wèisuān 명 위산 | ★功效 gōngxiào 명 효능 | 胃黏膜 wèiniánmó 위 점막 | 胃溃疡 wèikuìyáng 명 위궤양 | 慢性胃炎 mànxìng wèiyán 만성위염 | ★症状 zhèngzhuàng 명 증상 | 疗效 liáoxiào 명 치료 효과 | 食材 shícái 명 식재료 | 鲜美 xiānměi 형 맛이 대단히 좋다 | 隋唐 Suí Táng 수당(隋唐) 시대 | 啖 dàn 동 먹다 | 羹 gēng 명 죽, 국 | 肉臛 ròuhuò 명 걸쭉한 고깃국 | ★素 sù 명 식물성 음식 | 荤 hūn 명 고기 요리 | 猪肚 zhūdǔ 명 돼지 위 | 养胃汤 yǎngwèitāng 명 양위탕[인삼, 창출, 진피, 후박 따위를 넣어서 달여 만드는 탕약] | 扒 pá 동 약한 불로 오래도록 푹 삶다

85

해설 및 정답 因形似猴头而得名(원숭이 머리를 닮았다고 해서 붙여진 이름이다)이라는 내용을 통해 외형을 본따 이름을 지었다는 것을 알 수 있다.

첫 번째 단락을 근거로, 노루궁뎅이버섯은?

A 이상한 냄새를 풍긴다
B 일종의 약재이다
C 곤충을 먹이로 삼는다
D 외형으로 인한 이름을 얻었다

단어 ★散发 sànfā 동 발산하다 | 异味 yìwèi 명 이상한 냄새 | 药材 yàocái 명 약재 | ★昆虫 kūnchóng 명 곤충 | 外形 wàixíng 명 외형

86

해설 및 정답 猴头菇的生长(노루궁뎅이버섯의 생장)은 두 번째 단락에 제시되어 있다. 野生猴头菇生长在原始森林的深处(야생 노루궁뎅이버섯은 원시림 깊은 곳에서 자란다)라는 내용으로 노루궁뎅이버섯이 습지가 아닌 원시림에서 생장한다는 사실을 알 수 있다.

노루궁뎅이버섯의 생장에 관해, 다음 중 **정확하지 않은** 것은?

A 크기가 다르다
B 대칭으로 생장한다
C 습지에서 생장한다
D 포자를 통해 번식한다

단어 湿地 shīdì 명 습지

87

해설 및 정답 세 번째 단락의 첫 문장에서 이 단락의 주요 내용인 猴头菇的食用价值(노루궁뎅이버섯의 식용 가치)를 소개하고 있다. 또한 그것의 영양 성분과 효능을 구체적으로 설명했다.

세 번째 단락에서 주요하게 이야기하는 것은?

A 노루궁뎅이버섯의 역사

B 노루궁뎅이버섯의 영양 가치

C 노루궁뎅이버섯의 번식 능력

D 노루궁뎅이버섯과 균의 관계

88

해설 및 정답 《임해수토이물지》와 관련된 내용은 마지막 단락에 있다. 기록된 내용을 소개한 후, 작가는 意思是猴头菇比肉还好吃(노루궁뎅이버섯이 고기보다 더 맛있다는 것을 의미한다)라고 설명했다.

《임해수토이물지》에 기록된 내용이 설명하는 것은?

A 노루궁뎅이버섯은 맛이 매우 좋다

B 수당(隋唐) 시기 제약업이 발달했다

C 고대인들은 채소를 편애했다

D 노루궁뎅이버섯의 생존 조건은 열악하다

단어 制药业 zhìyàoyè 제약업 | 偏爱 piān'ài 동 편애하다 | 恶劣 èliè 형 열악하다

[89-92]

바둑은 혁(弈)이라고도 불리는데, 지금까지 4,000년이 넘는 역사를 가지고 있다. 바둑의 기원에 대해서는 주로 두 가지 설이 있는데, 하나는 교자설이다. 진나라 사람인 장화는 《박물지》에 다음과 같이 기록했다. '요임금이 바둑을 만들어 아들인 단주에게 가르쳤다.' 1964년판 《브리태니커 백과사전》은 이러한 설을 채택했고, 심지어 연대를 기원전 2356년으로 확실하게 정해 놓기도 했다. 89그리고 또 하나의 설은 바둑은 노동에서 기원했다는 것으로 농경 활동의 모방이라는 설이다. 바둑의 고대 규칙이 묘목을 옮겨 심을 때의 배치와 비슷하기 때문이다.

역사의 발전에 따라 바둑도 끊임없이 발전해 왔다. 춘추 전국 시대에 바둑은 이미 사회적으로 유행했다. 잦은 전쟁으로 인해, 동한 삼국시대에 이르러 바둑은 군사 인력을 양성하는 중요한 도구가 되었다. 당시에 많은 군사 전문가가 있었는데, 조조와 손책 등이 전장과 기단이라는 두 개의 싸움터에서 걸출한 인물이었다.

90당송 시대에는 대국의 바람이 전국에 퍼졌다. 이 때의 바둑은 정조를 도야하고 심신을 즐겁게 하며 지혜를 기르는 경기 게임으로 발전했고, 바둑과 거문고, 서예와 회화는 사람들에게 고상한 것들로 여겨졌다.

바둑은 중국에서만 장족의 발전을 한 것이 아니라 해외에도 널리 전파되었다. 바둑은 일찍이 진한 시기에 외국으로 건너갔고, 천여 년에 걸친 보급으로 일본의 '국기(國技)'가 되었다. 명대에 이르러 바둑은 정화가 서양으로 건너가게 되면서 각국에 전래되었다. 16세기 포르투갈의 항해사들이 중국에서 공부하게 되면서 뒤이어 바둑은 유럽으로까지 전해졌다. 현재 바둑은 이미 오대주에 널리 퍼져 있다. 91바둑의 대외 전파는 중국과 각국의 문화 교류를 확대시켜 세계에 중국 문화에 대한 이해를 더욱 깊게 하였다.

오늘날 세계 기단에서 92바둑과 함께 이름을 나란히 할 수 있는 것은 체스뿐이다. 비록 바둑판과 체스판 모두 격자무늬의 분포를 보이고 있지만, 서로 다른 색깔의 바둑돌(체스의 말)로 양편을 구성한다. 그러나 다시 생각해 보면, 양자의 사상적 내용에는 큰 차이가 있다. 바둑은 덧셈으로, 시작할 때는 텅 비어 있다가 쌍방의 대국이 진행됨에 따라 바둑돌이 갈수록 많아져 결국에는 촘촘히 널리게 되는 반면, 체스는 뺄셈으로, 처음에는 장병(말)들을 다 갖추고 있다가 서로 싸우면서 말들이 점점 줄어들어 막판에 이르면 지게 된다. 정말 두 가지 느낌의 두 가지 예술적 경지이다.

단어 围棋 wéiqí 명 바둑 | 弈 yì 명 혁, 바둑 | ★起源 qǐyuán 명 기원 | 晋代 Jìndài 진나라, 진 시대 | ★记载 jìzǎi 동 기록하다 | 尧 Yáo 고유 요임금[전설상의 고대 제왕의 이름] | 丹朱 Dānzhū 고유 단주[요임금의 아들] | 采纳 cǎinà 동 받아들이다 | 确切 quèqiè 형 확실하다 | 公元前 gōngyuán qián 명 기원전 | 农耕 nónggēng 명 농경 | ★模仿 mófǎng 명 모방 | 苗木 miáomù 명 묘목 | 移栽 yízāi 동 이식하다, 옮겨 심다 | 布局 bùjú 명 구성, 배치 | ★相似 xiāngsì 동 비슷하다 | 演进 yǎnjìn 동 발전하다 | 春秋战国 Chūnqiū Zhànguó 춘추 전국 시기 | ★频繁 pínfán 형 잦다 | 东汉 Dōng Hàn 고유 동한 | 军事 jūnshì 명 군사 | 曹操 Cáo Cāo 고유 조조 | 孙策 Sūn Cè 고유 손책 | 疆场 jiāngchǎng 명 전장 | 棋坛 qítán 명 기단 | 战场 zhànchǎng 명 싸움터 | 佼佼者 jiǎojiǎozhě 명 걸출한 인물 | 唐宋 Táng Sòng 당송 시기

| 对弈 duìyì 동 (바둑에서) 대국하다, 승부를 겨루다 | 遍及 biànjí 동 두루 미치다, 골고루 퍼지다 | ★陶冶 táoyě 동 도야하다, 연마하다 | ★情操 qíngcāo 명 정조, 지조 | ★愉悦 yúyuè 동 즐겁게 하다 | ★智慧 zhìhuì 명 지혜 | 竞技 jìngjì 명 경기 | 绘画 huìhuà 명 회화, 그림 | 风雅 fēngyǎ 형 우아하다, 고상하다 | 长足 chángzú 형 장족의 | ★传播 chuánbō 동 전파하다 | 秦汉 Qín Hàn 진한 시대 | ★推广 tuīguǎng 동 널리 보급하다 | ★普及 pǔjí 동 보급되다 | 国技 guójì 명 국기[한 국가의 고유하거나 특출난 기예] | 郑和 Zhèng Hé 고유 정화[중국 명대 외교가] | 西洋 xīyáng 명 서양 | 沿途 yántú 부 길을 따라 명 길가 | 世纪 shìjì 명 세기 | 葡萄牙 Pútáoyá 고유 포르투갈 | 航海员 hánghǎiyuán 명 항해사 | 洲 zhōu 명 주[대륙을 나눈 명칭] | 齐名 qímíng 동 이름을 나란히 하다, 동등한 영향력을 가지다 | 国际象棋 guójì xiàngqí 명 체스 | 棋盘 qípán 명 바둑판 | 格状 gé zhuàng 격자무늬 | ★分布 fēnbù 동 분포하다 | 棋子 qízǐ 명 바둑돌 | ★内涵 nèihán 명 내용, 의미 | 加法 jiāfǎ 명 덧셈 | 星罗棋布 xīng luó qí bù 성 하늘의 별과 바둑판의 바둑알처럼 분포되어 있다, 총총히 널려져 있다 | 减法 jiǎnfǎ 명 뺄셈 | 兵将 bīngjiàng 명 장병 | 齐全 qíquán 동 완전히 갖추다, 완비하다 | 厮杀 sīshā 동 서로 싸우고 죽이다 | 残局 cánjú 명 마지막 형세, 막판 | 凋零 diāolíng 형 쇠퇴하다, 쇠락하다 | 殆尽 dàijìn 동 거의 다하다 | 意境 yìjìng 명 예술적 경지

89

해설 및 정답 围棋起源于劳动(바둑은 노동에서 기원했다)에 관한 내용은 첫 번째 단락 후반부에 제시되어 있다. 因为围棋的古代规则，和苗木移栽的布局很相似(바둑의 고대 규칙이 묘목을 옮겨 심을 때의 배치와 비슷하기 때문이다)라는 내용을 통해 정답을 알 수 있다. 类似(유사하다)와 相似(비슷하다)는 같은 의미이다.

바둑이 노동에서 기원했다고 여기는 이유는?

A 《박물지》에 관련 기록이 있어서
B 바둑돌의 모양이 노동 도구를 본뜬 것이어서
C 그 규칙이 묘목 이식과 유사해서
D 《브리태니커 백과사전》에 명확히 기록되어 있어서

단어 ★模样 múyàng 명 모양 | ★类似 lèisì 형 유사하다 | ★明确 míngquè 형 명확하다

90

해설 및 정답 세 번째 단락에 당송 시대의 바둑은 이미 일종의 경기 게임으로 발전했다고 제시되어 있다.

당송 시대의 바둑은?

A 일종의 게임이 되었다
B 규칙에 변화가 생겼다
C 상류 사회에 국한된다
D 군사 인재를 양성하는 도구이다

단어 ★局限 júxiàn 동 국한하다, 제한하다 | 上流社会 shàngliú shèhuì 상류 사회

91

해설 및 정답 네 번째 단락의 围棋的对外传播，扩大了中国和各国的文化交往(바둑의 대외 전파는 중국과 각국의 문화 교류를 확대시켰다)이라는 내용을 통해 바둑의 대외 전파가 중국과 외국의 문화 교류를 촉진했다는 것을 알 수 있다.

바둑의 대외 전파는 어떤 작용을 하였나?

A 유가사상을 전파했다
B 중국과 외국의 문화 교류를 촉진했다
C 외국의 바둑 인재를 유치했다
D 대외 무역의 발전을 촉진했다

단어 儒家 rújiā 명 유가

92

해설 및 정답 마지막 단락에서 国际象棋(체스)를 제시하고 바둑판과 체스판의 분포 등에 대한 공통점을 언급하며 사상적 내용의 차이를 중점적으로 소개했다.

마지막 단락에서 주요하게 이야기하는 것은?

A 체스의 특징
B 바둑의 발전 현황
C 바둑이 직면한 도전
D 바둑과 체스의 다른 점과 같은 점

단어 ★现状 xiànzhuàng 명 현황 | ★面临 miànlín 동 직면하다 | ★挑战 tiǎozhàn 명 도전 | 异同 yìtóng 명 서로 다른 점과 같은 점

[93-96]

인체에는 수면을 관리하는 생체 시계 외에 '음식 먹는 것'을 관리하는 음식 시계도 있다. 93음식 시계는 이름 그대로 우리의 식사와 소화, 영양 섭취 시간을 조절하는 일을 주로 담당한다. 일반적인 상황에서 음식 시계는 생체 시계와 일치하며, 일상에서의 운용 절차 역시 생체 시계와 균형을 이룬다. 사람의 대뇌와 위장, 간과 같은 내장 기관 중에는 수용체가 있어서 음식 시계가 전달하는 신호를 수신할 수 있다. 음식 시계의 조절에 의지하여 우리는 하루에 세 끼를 먹는 식사 습관을 갖게 된다.

94음식 시계의 혼란은 인슐린 분비의 혼란을 초래할 수 있고 당뇨병과 비만의 위험을 가중시킬 수 있으며 심혈관 질환과도 일정 정도 연관이 있다. 그런데 일상의 생활 습관들이 음식 시계를 어지럽히고 심지어 음식 시계의 혼란을 조성할 수도 있다.

현재 95흔히 볼 수 있는 음식 시계의 혼란을 초래하는 식습관으로는 아침 식사를 거르는 것과 절식, 폭음, 폭식 등이 있다. 많은 연구에서 아침을 자주 거르면 음식 시계를 방해하게 되고 건강에도 영향을 미칠 수 있으며, 매주 아침 식사를 하는 횟수가 한 번을 밑돌면 비만이 될 확률이 더 높다는 것과 아침을 거르는 사람들은 당뇨병에 걸릴 위험도 더 높아진다는 것을 발견했다. 아동 심혈관 건강에 관한 연구에서는 장기간 아침 식사를 거르면 심혈관 질환에 걸릴 위험을 증가시킨다는 것도 발견되었다. 절식은 보통 멋을 중시하는 여성들이 많이 한다. 하지만 절식은 사실 다이어트에 도움이 되지 않고, 음식에 대한 혼란을 조성하여 식사량을 오히려 제대로 조절하지 못해 더 욱 쉽게 살을 찌게 한다. 폭음과 폭식은 주로 평소 먹는 것을 절제하지 않고 지나치게 많이 먹는 것을 말한다. 폭음과 폭식은 음식 시계를 제어하는 유전자에 부담을 주고 더 나아가 음식 시계를 교란시켜 건강에도 문제를 일으킬 수 있다는 연구 결과가 나왔다. 그렇기 때문에 명절을 지낼 때에도 평소 식습관을 유지하는 것이 좋다.

요컨대, 좋은 식습관을 유지하는 것은 96음식 시계를 양호하게 유지하는 데 도움이 되고 '인체 기계'를 더욱 효과적으로 작동하게 하여 96건강에 더욱 큰 이점이 있다.

단어 生物钟 shēngwùzhōng 명 생체 시계 | 顾名思义 gù míng sī yì 성 이름을 보면 그 속에 들어 있는 의미를 알 수 있다 | ★调节 tiáojié 동 조절하다 | 进食 jìnshí 동 식사를 하다 | 摄取 shèqǔ 동 섭취하다 | ★一致 yízhì 형 일치하다 | 运作 yùnzuò 동 운용하다 | 程序 chéngxù 명 순서, 절차 | ★同步 tóngbù 형 보조를 맞추다, 균형을 이루다 | 胃 wèi 명 위장 | 肝 gān 명 간, 간장 | 内脏 nèizàng 명 내장 | 器官 qìguān 명 기관 | 感受器 gǎnshòuqì 명 수용체, 피하 신경계의 말초 조직 | ★传递 chuándì 동 전달하다 | ★信号 xìnhào 명 신호 | ★依赖 yīlài 동 의지하다, 기대다 | 紊乱 wěnluàn 형 문란하다, 혼란하다 | 胰岛素 yídǎosù 명 인슐린 | ★分泌 fēnmì 명 분비 | 糖尿病 tángniàobìng 명 당뇨병 | 肥胖 féipàng 형 비만하다 | ★风险 fēngxiǎn 명 위험 | 心血管疾病 xīnxuèguǎn jíbìng 심혈관 질환 | 扰乱 rǎoluàn 동 어지럽히다 | 节食 jiéshí 동 절식하다 | 暴饮暴食 bàoyǐn bàoshí 폭음 폭식하다 | 几率 jīlǜ 명 확률 | ★患 huàn 동 걸리다, 앓다 | 节制 jiézhì 명 절제 | 调控 tiáokòng 동 제어하다 | 基因 jīyīn 명 유전자 | ★负担 fùdān 명 부담 | 进而 jìn'ér 접 더 나아가 | ★隐患 yǐnhuàn 명 (잠복해 있는) 문제, 위험 | ★维持 wéichí 동 유지하다 | 机器 jīqì 명 기계

93

해설 및 정답 첫 번째 단락의 主要负责调节我们的进食、消化和营养摄取的时间(우리의 식사와 소화, 영양 섭취 시간을 조절하는 일을 주로 담당한다)을 통해 음식 시계가 식사 시간을 조절한다는 것을 알 수 있다.

음식 시계에 관해 알 수 있는 것은?

A 식사 시간을 조절한다
B 수면 시간을 관리한다
C 거주 환경의 영향을 받는다
D 생체 시계와 교대로 작업한다

단어 轮流 lúnliú 동 교대로 하다

94

해설 및 정답 두 번째 단락 시작 부분에서 음식 시계의 혼란이 비만(肥胖)과 당뇨병(糖尿病)의 위험을 가중시키며 심혈관 질환(心血管疾病)과도 연관이 있다고 언급했다. 우울증(忧郁症)과는 관계가 없다.

다음 중 어떤 증상이 음식 시계의 혼란과 관련이 **없는가?**

A 비만
B 당뇨병
C 우울증
D 심혈관 질환

단어 忧郁症 yōuyùzhèng 명 우울증

95

해설 및 정답 세 번째 단락에서 음식 시계의 혼란을 초래하는 세 가지 식습관을 제시하며, 이 세 가지 식습관이 음식 시계에 미치는 영향을 구체적으로 분석했다.

세 번째 단락에서 주요하게 이야기하는 것은?

A 매일 아침 식사를 해야 한다
B 일찍 자고 일찍 일어나는 것의 이점
C 영양 배합의 중요성
D 음식 시계 혼란의 원인

단어 ★搭配 dāpèi 동 배합하다

96

해설 및 정답 첫 번째 단락에서 음식 시계(食物钟)가 무엇인지를 알려 주고, 두 번째 단락에서는 음식 시계 혼란의 위험성을 설명했다. 세 번째 단락에서는 음식 시계 혼란의 원인을 소개하고, 마지막 단락에서는 음식 시계를 양호하게 유지(维持良好的食物钟)하면 건강에 이점이 있다고 결론지었다.

윗글의 제목으로 가장 적합한 것은?

A 병은 입으로 들어온다
B 음식 시계를 잘 조절하자
C 음식 시계와 나이
D 생명은 운동에 달려 있다

[97–100]

당신에게도 이런 경험이 있지 않은가? 97낮에 공부한 수학 공식과 유도 과정이 밤에 꿈에 나타나 당신과 수학 문제가 300번의 대전을 치르게 된다든지, 낮에 영어 회화를 연습하면, 꿈에서 외국인과 유창하게 대화를 할 수 있다든지, 일반적으로 우리는 이러한 현상을 '낮에 생각한 것이 밤에 꿈으로 나타난다'고 말한다.

신경 과학자들은 몇몇 학생들에게 컴퓨터 앞에 45분 동안 앉아 98미로 게임을 하도록 하는 실험을 진행했다. 미로에서 연구자들은 하나의 특정한 대상을 종점으로 설정하고 학생들에게 기억하게 한 다음, 미로 안의 임의의 지점에서 출발하여 종점에 도달할 수 있는 길을 찾도록 하고, 게임을 마친 후에는 학생들을 두 그룹으로 나누어, 한 조는 잠을 자게 하고, 한 조는 남아서 녹화 영상을 보게 했다. 연구자들은 뇌전 기술을 이용해 잠자는 그룹의 뇌 활동을 탐지하고 잠에서 깬 그들에게 꿈을 꾼 상황에 대해 물었다. 98이어서 두 그룹 모두에게 미로 게임을 한 번 더 하게 하는 테스트를 했는데, 그 결과 테스트를 하면서 잠을 잔 그룹이 잠을 자지 않은 그룹보다 특정 목표를 더 빨리 찾아냈으며, 그중 네 명의 학생은 미로에 도달하는 꿈을 꾸었는데, 그들이 특정 목표를 찾아낸 속도는 잠을 잔 다른 조원들의 10배로, 100꿈은 그들의 학습과 기억을 촉진시켰다.

상기 연구에 대해 연구자들은 진일보한 해석을 하였는데, 그들은 꿈을 꿀 때 많은 양의 뉴런이 동시에 활성화될 수 있어서 특정 사물에 대한 기억을 향상시킨다는 것을 발견했다. 연구 과정에서 이들은 피실험자의 꿈이 갓 학습한 미로의 경험을 정확하게 재현했을 뿐만 아니라 99비슷한 경험까지 활성화한다는 데에도 주목했다. 예를 들어, 그 학생들 중 한 명은 미로의 영상뿐만 아니라 몇 년 전 박쥐 동굴을 탐험했던 자신의 경험까지 꿈꿨다. 이것은 뇌가 꿈을 꾸는 동안 어떠한 학습 경험은 물론 관련된 학습 경험까지 활성화시켰음을 보여 준다.

그럼 한번 생각해 보자. 100외국어를 배울 때 낮에 단어를 외웠다가 꿈을 꿀 때 당신의 귓가에 이 단어들을 반복해서 들려 주면, 단어 암기 효과를 높일 수 있지 않을까?

단어 公式 gōngshì 명 공식 | 推导 tuīdǎo 동 새로운 결론을 유도해 내다 | 大战 dàzhàn 명 대전 | 回合 huíhé 명 회, 라운드 | 交谈 jiāotán 동 대화하다, 이야기를 나누다 | 日有所思，夜有所梦 rì yǒu suǒ sī, yè yǒu suǒ mèng 낮에 생각하는 것이 밤에 꿈으로 나타난다 | ★神经 shénjīng 명 신경 | 迷宫 mígōng 명 미로 | ★特定 tèdìng 형 특정한 | ★随意 suíyì 동 마음대로 하다 | 途径 tújìng 명 경로, 길 | 录像 lùxiàng 명 녹화 영상 | 探测 tàncè 동 탐지하다 | 测试 cèshì 명 테스트 | 神经元 shénjīngyuán 명 신경원, 뉴런 | ★激活 jīhuó 동 활성화하다 | 精确 jīngquè 형 매우 정확하다 | 重现 chóngxiàn 동 재현하다 | 影像 yǐngxiàng 명 영상 | 蝙蝠洞 biānfúdòng 박쥐 동굴 | 探险 tànxiǎn 동 탐험하다 | ★播放 bōfàng 동 방영하다

97

해설 및 정답 지시대사 这(이것)가 가리키는 내용은 앞 문장에서 찾아야 한다. 앞에서 낮에 학습한 수학과 영어 내용이 꿈속에 나타난다는 것을 구체적으로 설명했으므로 这种现象(이러한 현상)은 낮에 학습한 내용을 꿈꾸는 것임을 알 수 있다.

첫 번째 단락의 '这种现象'이 가리키는 것은?

A 대뇌가 빠르게 회전하는 것
B 모든 사람이 꿈을 꾸는 것
C 유창하게 영어로 대화하는 것
D 낮에 학습한 내용을 꿈꾸는 것

단어 运转 yùnzhuǎn 동 회전하다, 운행하다

98

해설 및 정답 두 번째 단락에 신경 과학자들의 실험에 대한 내용이 제시되어 있다. 玩儿一个迷宫游戏(미로 게임을 했다), 接着对两组人再进行一次迷宫游戏的测试(이어서 두 그룹 모두에게 미로 게임을 한 번 더 하게 하는 테스트를 했다)라는 내용을 통해 게임이 두 차례 진행되었음을 알 수 있다.

신경 과학자들의 실험에 관해 알 수 있는 것은?

A 게임은 두 차례 진행되었다
B 실험은 수년간 지속되었다
C 실험은 세 그룹으로 나뉘어졌다
D 연구자들의 관점이 일치하지 않았다

99

해설 및 정답 세 번째 단락에서 한 학생이 박쥐 동굴을 탐험한 꿈을 꾸었다고 소개하기 전에 比如(예를 들어)라는 단어를 사용한 것으로 보아, 이것이 앞 내용에 대한 구체적인 설명임을 알 수 있다. 따라서 比如 앞에 있는 还激活了相似的经验(비슷한 경험까지 활성화한다)이 예시에서 설명하고자 하는 내용이다.

실험에서 한 학생이 이전의 박쥐 동굴 탐험에 대해 꿈꾼 것은 무엇을 설명하는가?

A 대뇌의 용량이 크다
B 기억은 쉽게 사라지지 않는다
C 비슷한 경험은 활성화된다
D 대뇌는 논리적인 사유를 하지 않는다

단어 容量 róngliàng 명 용량 | 消逝 xiāoshì 동 사라지다 | ★逻辑 luójí 명 논리 | ★思维 sīwéi 명 사유

100

〈해설 및 정답〉 두 번째 단락 마지막 부분에서 꿈은 학습과 기억을 촉진시킨다고 했다. 또한 마지막 단락에서 꿈꿀 때 귓가에 낮에 배운 내용을 반복해서 들려 주면 어떨까 하는 구상을 제시했다. 따라서 꿈을 이용하여 학습을 촉진시킬 수 있다는 추론을 할 수 있다.

윗글을 근거로, 어떠한 추론을 얻을 수 있는가?

A 꿈꾸는 것은 사람을 지치게 한다

B 꿈꾸는 것을 이용해 학습할 수 있다

C 꿈은 미래에 대한 예언이다

D 꿈을 꾸면 스트레스를 완화할 수 있다

단어 推论 tuīlùn 명 추론 | 疲惫 píbèi 동 완전히 지쳐 버리다 | 预言 yùyán 명 예언

모의고사 3회 해설

쓰기

101

해설 및 정답 주요 인물, 사건, 시간 등을 파악한 후, 구체적인 묘사나 부가 성분을 삭제하고 고득점 표현을 활용하여 요약한다.

①번화한 길가에, 늘 음식을 잘못 가져다주는 식당이 하나 있는데, 이 식당은 망하기는커녕 장사가 유별나게 잘되었다.

②이 식당 주인의 이름은 샤오궈인데, 그는 한 방송국의 프로듀서이다. 얼마 전, 방송국의 사장이 샤오궈에게 중요한 임무를 주었는데, '치매에 대한 관심'을 주제로 한 다큐멘터리를 제작하기 위해 노인성 치매를 앓고 있는 몇 명의 노인들의 일상생활을 촬영하는 것이다. 방송국 사장은 이러한 다큐멘터리를 통해 노인성 치매에 대한 사회적 관심을 환기시키고자 했다.

③일하는 동안 샤오궈는 치매를 앓고 있는 노인들을 자주 접했다. 프로그램 녹화 이외의 시간에 노인들은 샤오궈와 다른 스태프들에게 음식을 자주 만들어 주었다. 한번은 녹화를 마치고 노인이 샤오궈에게 무엇을 먹을 것인지 물었는데, 샤오궈는 노인들이 부탁 받는 것을 좋아한다는 걸 알고 있기에 사양하지 않고 국수를 주문했다. 하지만 30분 뒤에 그가 가져다준 것은 만두 한 접시였다. 샤오궈는 의아해서 물었다. "제가 방금 주문한 것은 국수 아니었나요?" 질문을 끝내자마자 샤오궈에게 바로 후회가 밀려왔다. 노인이 멍하니 그곳에 서서 두 손으로 끊임없이 옷자락을 비비고 있는 것이 마치 잘못을 저지른 아이 같아 보였기 때문이다.

④다큐멘터리 제작이 완성되었다. 비록 방송이 나간 후에 시청률은 좋았지만 샤오궈는 TV를 통해 사람들에게 치매에 대해 알게 하는 것은 필경 여전히 어느 정도의 거리감이 있다는 생각이 들었다. 그래서 그는 다음과 같은 생각을 떠올렸다. 왜 사람들이 노인성 치매를 앓고 있는 사람을 가까이에서 접하고 알 수 있도록 하는 공익 활동을 기획하지 않았을까? 그는 그때의 '음식을 잘못 가져다주신' 사건을 연상하면서 아이디어를 떠올리게 되었다. 체험형 공익 식당을 차리고 치매를 앓고 있는 노인들을 종업원으로 일하게 하여 사람들이 직접 그들을 접하게 하고, 그들의 증상과 일상생활을 알게 해 그들에게 호의와 관용을 베풀 수 있게끔 하는 것이다.

⑤현지의 한 공익 단체의 도움을 받아 이 체험형 식당은 곧 문을 열었고, 그들은 치매를 앓고 있는 할머니 여섯 분을 서빙하는 종업원로 초빙했다. '음식을 잘못 가져다주는 식당'이라는 이름을 붙이고, 샤오궈는 식당 입구에 다음과 같은 문구가 쓰여진 안내판을 곧게 세워 두었다. '당신은 가게 문에 발을 디디는 순간부터 종업원이 음식을 잘못 가져올 수도 있다는 마음의 준비를 해야 한다.'

⑥손님이 들어올 때마다, 할머니들은 친절하고 따뜻하게 맞이하며 상대방에게 무엇이 필요한지 물어보았다. 하지만 주방에 들어서면, 그녀들은 방금 주문한 음식이 어느 테이블 손님의 것이었는지, 어떤 메뉴를 주문했는지 대체로 잊어버렸다. 이 때문에 식당에서는 닭고기를 주문하면 생선이, 만두를 주문하면 국수가, 차를 시키면 커피가 나오는 일이 잦았다.

⑦손님들은 모두 이 식당의 내력을 알고 있기 때문에 음식이 잘못 나와도 예외 없이 즐겁게 먹었으며, 다음과 같이 평가했다. "음식이 잘못 나오는 게 무슨 상관이겠어요? 이렇게 사랑이 있는 식당에서 음식을 먹으면, 무엇을 먹어도 맛있지요." "이것은 아름다운 '잘못'이니 기꺼이 받아들이겠습니다."

⑧할머니들의 과로를 우려해 샤오궈는 매주 4일만 식당을 영업하도록 규정했지만, 식당의 장사에는 전혀 지장이 없었다.

⑨'음식을 잘못 가져다주는 식당'의 장사가 잘되는 것을 보고 가보지 못한 고객들은 '마케팅 비법이 무엇이냐'고 물었다.

⑩사실, 비결은 단 하나뿐이다. 그것은 바로 사랑이다.

단어 ★繁华 fánhuá 형 번화하다 | 街头 jiētóu 명 길거리 | 倒闭 dǎobì 동 도산하다, 문을 닫다 | ★生意 shēngyi 명 장사 | 出奇 chūqí 형 유별나다, 특별하다 | 制作人 zhìzuòrén 명 프로듀서 | ★关注 guānzhù 동 관심을 가지다 | 痴呆症 chīdāizhèng 명 치매 | ★主题 zhǔtí 명 주제 | 纪录片 jìlùpiàn 명 다큐멘터리 | 拍摄 pāishè 동 촬영하다 | ★患有 huànyǒu ~을 앓고 있다 | ★唤起 huànqǐ 동 불러일으키다, 환기하다 | 人群 rénqún 명 군중, 무리 | ★接触 jiēchù 동 접하다 | 录制 lùzhì 동 녹화 제작하다 | 之余 zhīyú 이외의 시간 | ★惊讶 jīngyà 형 놀랍고 의아하다 | 搓 cuō 동 비비다, 문지르다 | 衣角 yījiǎo 명 옷자락 | 收视率 shōushìlǜ 명 시청률 | ★毕竟 bìjìng 부 필경, 결국 | 冒出 màochū 생겨나다 | 策划 cèhuà 동 기획하다 | 公益 gōngyì 명 공익 | 联想 liánxiǎng 동 연상하다 | 善意 shànyì 명 선의, 호의 | ★宽容 kuānróng 동 관용하다 | 邀请 yāoqǐng 동 초청하다 | 端菜 duān cài 요리를 나르다 | 竖立 shùlì 동 곧게 세우다 | 提示牌 tíshìpái 안내판 | 踏 tà 동 디디다 | 询问 xúnwèn 동 물어보다 | 基本 jīběn 부 대체로, 거의 | ★由来 yóulái 명 유래, 내력 | ★例外 lìwài 명 예외 | ★乐意 lèyì 동 기꺼이 ~하다 | 劳累 láolèi 동 (과로로) 지치다 | 营业 yíngyè 동 영업하다 | ★丝毫 sīháo 부 전혀 | 营销 yíngxiāo 동 마케팅하다 | ★秘诀 mìjué 명 비결

작문 완성하기

서론 ①단락	늘 음식을 잘못 가져다주는 식당이 하나 있다. 街头 길가 | 上错菜的餐厅 음식을 잘못 가져다주는 식당 | 生意好 장사가 잘되다
큰 사건1 ②~③단락	샤오궈는 다큐멘터리를 제작하면서 치매를 앓고 있는 노인들을 많이 접했는데, 한번은 한 노인이 음식을 잘못 가지고 왔다. 小果 샤오궈 | 纪录片 다큐멘터리 | 老年痴呆症 노인성 치매 | 接触 접촉하다 | 点 주문하다
큰 사건2 ④단락	음식을 잘못 가져다주신 사건은 샤오궈에게 공익 식당을 열고자 하는 생각을 하게 했고, 노인성 치매를 앓고 있는 사람들을 종업원으로 초빙하게 했다. 冒出一个想法 생각이 떠오르다 | 公益餐厅 공익 식당 | 服务员 종업원
큰 사건3 ⑤~⑦단락	'음식을 잘못 가져다주는 식당'이 문을 열었다. 노인성 치매를 앓고 있는 할머니 종업원들은 음식을 자주 잘못 가져다주었지만 손님들은 즐겁게 먹었다. 开业 개업하다 | 上错菜餐厅 음식을 잘못 가져다주는 식당 | 热情 친절하다 | 顾客 손님 | 吃得开心 즐겁게 먹다
결론 ⑧~⑩단락	식당이 장사가 잘되는 비결은 바로 사랑이다. 秘诀 비결 | 爱 사랑

모범답안

上错菜餐厅

在街头，有一家与众不同的餐厅，这家餐厅经常上错菜，但生意很好。

餐厅的主人叫小果，他是一家电视台的制作人。不久前，领导让他制作一期以"关注痴呆症"为主题的纪录片。在工作过程中，小果经常与患有老年痴呆症的老人接触。一次，一个老人问他想吃什么，小果点了面条儿，可过了一会儿，老人却拿来了一盘饺子。

这件事让小果产生了一个想法：开一家公益餐厅，请患有老年痴呆症的老人做服务员，让人们近距离接触和了解老年痴呆症人群。

在一家公益组织的帮助下，这家餐厅开业了。他请了6位患老年痴呆症的奶奶做服务员。餐厅的名字叫"上错菜餐厅"，小果还在门口立了一个提示牌提醒人们做好上错菜的准备。每当有顾客进门，奶奶们都会非常热情地招待，但她们很快就忘了是哪桌顾客、点了什么，最后上错了菜。不过顾客们却吃得很开心。

这家餐厅每周只营业四天，但丝毫没有影响生意。很多人想知道这家店有什么秘诀，其实秘诀只有一个，那就是：爱。

음식을 잘못 가져다주는 식당

길가에 남다른 식당이 하나 있다. 이 식당은 음식을 자주 잘못 가져다주지만 장사가 매우 잘되었다.

식당 주인의 이름은 샤오궈인데, 한 방송국의 프로듀서이다. 얼마 전 사장이 '치매에 대한 관심'을 주제로 한 편의 다큐멘터리를 제작하라고 하여, 작업 과정에서 샤오궈는 치매를 앓고 있는 노인과 자주 접하게 되었다. 한번은, 한 노인이 그에게 무엇을 먹고 싶은지 물어서 샤오궈는 국수를 주문했지만, 잠시 후에 그 노인이 가져다준 것은 만두 한 접시였다.

이 일로 인해 샤오궈는 다음과 같은 생각을 하게 되었다. 공익 식당을 열고 치매를 앓고 있는 노인을 종업원으로 초빙하여, 사람들이 노인성 치매에 걸린 사람들을 가까이에서 접하고 이해할 수 있게 하는 것이다.

한 공익 단체의 도움으로 식당을 개업했다. 그는 치매를 앓고 있는 할머니 여섯 분을 종업원으로 모셨다. 식당의 이름은 '음식을 잘못 가져다주는 식당'이다. 샤오궈는 입구에 안내판을 세워 음식을 잘못 가져다주니 마음의 준비를 하라고 알렸다. 손님이 들어올 때마다, 할머니들은 모두 친절하게 대접했지만 그녀들은 곧 어느 테이블의 손님이었는지, 무엇을 주문했는지 잊어버리고 음식을 잘못 가져다주었다. 하지만 고객들은 오히려 즐겁게 먹었다.

이 식당은 매주 4일만 영업하지만 장사에는 전혀 지장이 없다. 많은 사람들이 이 가게에 어떤 비결이 있는지 알고 싶어 하는데, 사실 비결은 단 하나뿐이다. 그것은 바로 사랑이다.

MEMO

맛있는 중국어 HSK

6급 듣기 · 쓰기 워크북

맛있는 books

학습일 ____/____

1 문화와 사회

기본서 18~25쪽

표현 체크체크

1. 다음 표현과 뜻을 알맞게 연결해 보세요.

① 言简意赅 •	• ⓐ 통속적이어서 알기 쉽다
② 闲置资源 •	• ⓑ 분위기가 어색하다
③ 通俗易懂 •	• ⓒ 말은 간결하나 뜻은 완벽하다
④ 气氛尴尬 •	• ⓓ 그 인물에 맞게 교육하다
⑤ 因材施教 •	• ⓔ 자원을 방치하다

2. 다음 표현을 중국어로 써보세요.

① 방언 ② 서예

③ 요소 ④ 기재하다

⑤ 상호 작용 ⑥ 골동품

⑦ 사치하다 ⑧ 판로를 확장하다

3. 다음 표현의 뜻을 써보세요.

① 温室效应 ________ ② 磨练意志 ________

③ 能源消耗 ________ ④ 人口迁徙 ________

⑤ 融资方式 ________ ⑥ 提倡创新 ________

⑦ 观察敏锐 ________ ⑧ 幽默风趣 ________

정답

1. ① ⓒ ② ⓔ ③ ⓐ ④ ⓑ ⑤ ⓓ 2. ① 方言 ② 书法 ③ 元素 ④ 记载 ⑤ 互动 ⑥ 古董 ⑦ 奢侈 ⑧ 推销
3. ① 온실 효과 ② 의지를 단련시키다 ③ 에너지 소모 ④ 인구 이동 ⑤ 융자 방식 ⑥ 창조성을 제창하다
⑦ 관찰이 예리하다, 관찰이 날카롭다 ⑧ 웃기고 재미있다

받아쓰기 1

*녹음을 듣고 빈칸을 채우세요.

☐ 받아쓰기 ☐ 따라 하기 ☐ 다시 듣기 work 01

1. 体验教育倡导以体验为核心的①____________，让学生在②______中去认知、明理和发展。

필수암기

☐ 받아쓰기 ☐ 따라 하기 ☐ 다시 듣기 work 02

2. 体验教育旨在①______、开发与提升学生的②______，磨练学生的意志，从而促进学生的自主、③______发展。

☐ 받아쓰기 ☐ 따라 하기 ☐ 다시 듣기 work 03

3. “薪水”本来是①______、②______的意思。据传，诗人陶渊明请人帮儿子去③_________，并写信告诉儿子：“他帮你④______、⑤______，你要善待他，给他一些钱财。”慢慢地人们便把⑥______叫“薪水”了。

정답

1. ① 学习方式 ② 实践 2. ① 唤醒 ② 潜能 ③ 全面
3. ① 打柴 ② 取水 ③ 做家务 ④ 打柴 ⑤ 取水 ⑥ 工资

받아쓰기 2

*녹음을 듣고 빈칸을 채우세요.

□받아쓰기 □따라 하기 □다시 듣기 work 04

1. 这次“①____________”的骑行之旅既是完成一份“②______文明建设”的调研问卷，也是对我自身毅力的一种考验，③_______________，也体验了一次真正的穷游。

필수암기

□받아쓰기 □따라 하기 □다시 듣기 work 05

2. 考虑到地区①______，且小范围调研对样本有所②______，我便联合其他5位同学，组建成一个小③______，开展了这次调研活动。

□받아쓰기 □따라 하기 □다시 듣기 work 06

3. 这趟行程主要向路人讲解禁止焚烧秸秆的原因、①_____________________、以及保护水生动植物的重要性等②______基础知识。

□받아쓰기 □따라 하기 □다시 듣기 work 07

4. 晚上八点到十一点是我①______的黄金时间。这时当地人一般都休息了，天气也②______，适合③______。

정답

1. ① 由西向东 ② 生态 ③ 累并快乐着 2. ① 差异 ② 局限 ③ 团队
3. ① 垃圾分类的益处 ② 环保 4. ① 赶路 ② 凉快 ③ 赶路

받아쓰기 3

*녹음을 듣고 빈칸을 채우세요.

□ 받아쓰기 □ 따라 하기 □ 다시 듣기 work 08

1. 民宿是利用自用住宅①______房间，结合当地②______、自然景观、生态、环境资源及农林渔牧生产活动，为外出郊游或远行的旅客提供的③________住宿场所。

필수암기

□ 받아쓰기 □ 따라 하기 □ 다시 듣기 work 09

2. 近年来，一些民宿主人根据自己的①______及不同游客的②______，制定了许多极富③______、强调个性化的主题，如适合④__________的农庄民宿，针对亲子游的童年民宿，充满异域风情的欧式民宿等。

□ 받아쓰기 □ 따라 하기 □ 다시 듣기 work 10

3. 这些风格迥异的民宿①______着越来越多的游客，游客们也通过民宿②______当地人的③__________，融入当地人的生活，用这种独特的方式与世界交流，④______自己。

정답

1. ① 空闲 ② 人文 ③ 个性化 2. ① 喜好 ② 需求 ③ 创意 ④ 城市人群
3. ① 吸引 ② 体验 ③ 生活方式 ④ 释放

학습일 ____/____

2 인물과 이야기

기본서 26~36쪽

표현 체크체크

1. 다음 표현과 뜻을 알맞게 연결해 보세요.

① 薄利多销 •	• ⓐ 해학적이고 익살스럽다
② 千篇一律 •	• ⓑ 기이하고 신비롭다
③ 精益求精 •	• ⓒ 조금도 변화가 없다. 천편일률
④ 奇异神秘 •	• ⓓ 박리다매
⑤ 诙谐幽默 •	• ⓔ 훌륭하지만 더욱더 완벽을 추구하다

2. 다음 표현을 중국어로 써보세요.

① 초조하다 ______ ② 놀랍고 의아하다 ______

③ 뜻대로 하다 ______ ④ 도전하다 ______

⑤ 제창하다 ______ ⑥ 도태하다 ______

⑦ 통찰력 ______ ⑧ ~라고 할 만하다 ______

3. 다음 표현의 뜻을 써보세요.

① 立足于 ______ ② 讲诚信 ______

③ 随时随地 ______ ④ 善于用人 ______

⑤ 脱离局限 ______ ⑥ 不辞辛苦 ______

⑦ 博人眼球 ______ ⑧ 为人谦虚 ______

정답

1. ① ⓓ ② ⓒ ③ ⓔ ④ ⓑ ⑤ ⓐ 2. ① 焦急 ② 惊讶 ③ 随意 ④ 挑战 ⑤ 倡导 ⑥ 淘汰 ⑦ 洞察力 ⑧ 堪称
3. ① ~에 입각하다, ~에 근거하다 ② 신용을 지키다, 신용을 중시하다 ③ 언제 어디서나 ④ 사람을 잘 부리다 ⑤ 한계를 벗어나다
⑥ 고생을 마다하지 않다 ⑦ 시선을 사로잡다 ⑧ 사람됨이 겸손하다

받아쓰기 1

*녹음을 듣고 빈칸을 채우세요.

□ 받아쓰기 □ 따라 하기 □ 다시 듣기 work 11

1. 孩子不愿意做作业，于是爸爸①＿＿＿＿＿＿说：“我来做作业，你来检查，如何?”孩子高兴地答应了，并且把爸爸的“作业”认真检查了一遍，还列出算式给爸爸②＿＿＿了一番。不过他可能并不知道爸爸为什么③＿＿＿＿＿＿＿＿＿＿。

필수암기

□ 받아쓰기 □ 따라 하기 □ 다시 듣기 work 12

2. 荀子认为，人的知识、智慧、品德等都是由①＿＿＿＿＿＿、②＿＿＿而来的。

필수암기

□ 받아쓰기 □ 따라 하기 □ 다시 듣기 work 13

3. 他专门在书中写了《劝学》篇，论述学习的重要性，①＿＿＿人是教育和环境的产物，②＿＿＿日积月累、不断求知的③＿＿＿＿＿＿。

정답

1. ① 灵机一动 ② 讲解 ③ 一道题也没做对 2. ① 后天学习 ② 积累
3. ① 肯定 ② 倡导 ③ 学习精神

받아쓰기 2

*녹음을 듣고 빈칸을 채우세요.

□받아쓰기 □따라 하기 □다시 듣기 work 14

1. 您获得诺贝尔文学奖后这几年里，没怎么出过①______，但其实您一直都是在写的，能跟我们说说这几年来您的②____________吗?

□받아쓰기 □따라 하기 □다시 듣기 work 15

2. 我觉得要求一个作家年年出作品这也①_________，而且我想一个作家年年出作品也②____________。我现在也越来越体会到，③______发表十部一般化的作品，④______发表一部比较好的作品。

필수암기

□받아쓰기 □따라 하기 □다시 듣기 work 16

3. 我也一直认为，参加一些必要的①____________，是我应该②____________。比如说到学校里给学生们讲讲课，然后参加一些比较重要的文化活动。

필수암기

□받아쓰기 □따라 하기 □다시 듣기 work 17

4. 我想跟大家应该是一样的，无非是看书、生活、学习、写作。没有特别①______的时间，几点到几点我必须写作，几点到几点我必须睡觉，没有，我这个人生活还是非常②______，③______________。

정답

1. ① 作品 ② 写作状态 2. ① 不现实 ② 没有意义 ③ 与其 ④ 不如
3. ① 社会活动 ② 尽的责任 4. ① 固定 ② 随意 ③ 没那么严格

받아쓰기 3

*녹음을 듣고 빈칸을 채우세요.

□ 받아쓰기 □ 따라 하기 □ 다시 듣기 work 18

1. 有这样一个北极考察队，队员们在写考察日志的时候，还会在日记里①______阳光下的②______。这是队长布置给队员们的一项任务，队员们并不知道其中的③______。

필수암기

□ 받아쓰기 □ 따라 하기 □ 다시 듣기 work 19

2. 由于考察日期①______，他们不得不在②______________的极夜中度过一段时间。这对考察队来说，简直就像地狱一样煎熬，队员们慢慢变得③____________。

□ 받아쓰기 □ 따라 하기 □ 다시 듣기 work 20

3. 此时，队长让他们打开日志，①______朗读。听着队员们声情并茂地讲述那些阳光下的故事，大家仿佛感受到阳光洒在脸上，眼前一片②______________。

□ 받아쓰기 □ 따라 하기 □ 다시 듣기 work 21

4. 就这样，他们①__________________朗读日记，焦躁与不安也逐渐消失，很快②______了漫长的极夜，等到了太阳。

정답

1. ① 描写 ② 景物 ③ 缘由 2. ① 延长 ② 寒冷而黑暗 ③ 焦躁不安
3. ① 依次 ② 美好和温暖 4. ① 一天接着一天 ② 度过

듣기

3 자연과 지리

학습일 ____/____

기본서 37~45쪽

표현 체크체크

1. 다음 표현과 뜻을 알맞게 연결해 보세요.

① 富含养料 •	• ⓐ 날개가 부러지다
② 空气稀薄 •	• ⓑ 가지가 말라죽다
③ 枝条枯死 •	• ⓒ 합리적으로 배치하다
④ 翅膀折断 •	• ⓓ 자양분이 풍부하다
⑤ 布局合理 •	• ⓔ 공기가 희박하다

2. 다음 표현을 중국어로 써보세요.

① 수완, 능력 ______ ② 관광하다 ______

③ 식생 ______ ④ 산열하다 ______

⑤ 세포 ______ ⑥ 면역력 ______

⑦ 온도 차 ______ ⑧ 검은 구름 ______

3. 다음 표현의 뜻을 써보세요.

① 巢穴 ______ ② 打哈欠 ______

③ 微量元素 ______ ④ 艺术气息 ______

⑤ 特殊民居 ______ ⑥ 颜色鲜艳 ______

⑦ 悬崖绝壁 ______ ⑧ 种类繁多 ______

정답

1. ① ⓓ ② ⓔ ③ ⓑ ④ ⓐ ⑤ ⓒ 2. ① 本领 ② 观光 ③ 植被 ④ 散热 ⑤ 细胞 ⑥ 免疫力 ⑦ 温差 ⑧ 乌云
3. ① 소굴, 보금자리 ② 하품하다 ③ 미량 원소 ④ 예술의 기운 ⑤ 독특한 민가 ⑥ 색이 산뜻하고 아름답다 ⑦ 낭떠러지 ⑧ 종류가 많다

받아쓰기 1

*녹음을 듣고 빈칸을 채우세요.

필수암기

□받아쓰기 □따라 하기 □다시 듣기 work 22

1. 地热能储存于地下，不受气候条件的影响。从①__________________来看，地热能相对于其他可再生能源更有②____________。

필수암기

□받아쓰기 □따라 하기 □다시 듣기 work 23

2. 地热能作为一种①____________正受到全世界的②____________。

□받아쓰기 □따라 하기 □다시 듣기 work 24

3. 大象的耳朵不仅大，而且薄，里面布满了血管，血液流经这里，热量很快①______了。尤其是扇动起来，更容易把耳朵内血液的温度降下来，冷却的血液在体内②______，从而帮助③______全身的温度。

정답

1. ① 开发利用成本 ② 发展潜力 2. ① 清洁能源 ② 日益关注
3. ① 散发 ② 循环 ③ 降低

받아쓰기 ❷

*녹음을 듣고 빈칸을 채우세요.

□ 받아쓰기 □ 따라 하기 □ 다시 듣기 work 25

1. 今天的乌镇戏剧节，不是用钱砸出来的，而是特殊的坚持，是企业、艺术家①________________。

필수암기

□ 받아쓰기 □ 따라 하기 □ 다시 듣기 work 26

2. 我原来以为这是一个①______________________，现在变成了青年人喜欢、当地老百姓喜欢、专业艺术家喜欢的文化②______。

필수암기

□ 받아쓰기 □ 따라 하기 □ 다시 듣기 work 27

3. 我觉得一个在戏剧节、艺术展、美术馆里长大的孩子，可能会比别的孩子提早受到更多的①_____________。我希望给人们提供这样一个感受艺术、②_____________的舞台。

□ 받아쓰기 □ 따라 하기 □ 다시 듣기 work 28

4. 你看，乌镇的小桥流水、灯影桨声，还有小镇里面的老街，它是自然之美、①______之美或者小镇的形态之美，是岁月留给我们的。而②____________的文化活动带来的冲击就是灵魂之美、③______之美、艺术之美、文化之美。自然之美与文化之美的④_____________，才算得上真正的乌镇之美。

정답

1. ① 共同的坚持 2. ① 小众的文化活动 ② 盛事 3. ① 艺术熏陶 ② 文化气息
4. ① 建筑 ② 各种各样 ③ 思想 ④ 相互交融

받아쓰기 3

*녹음을 듣고 빈칸을 채우세요.

□ 받아쓰기 □ 따라 하기 □ 다시 듣기 work 29

1. 窑洞是中国西北黄土高原上居民的古老①__________，这一“穴居式”民居的历史可以追溯到四千多年前。

필수암기

□ 받아쓰기 □ 따라 하기 □ 다시 듣기 work 30

2. 在该地区，黄土层非常厚，有的厚达几十公里，当地人利用高原有利的地形，凿洞而居，①______了被称为“绿色建筑”的窑洞建筑。窑洞建筑最大的特点就是②__________。说它③__________，是因为它④______性能好。

□ 받아쓰기 □ 따라 하기 □ 다시 듣기 work 31

3. 窑洞的屋顶和墙壁①__________，不易传热。所以，窑洞的顶和壁既不能直接从大气中②______，也不能直接向大气中③______，只有窑洞口直接和外界④______。因此，窑洞里的气温变化总是⑤______于外界的气温变化，而且⑥______变化不大。

정답

1. ① 居住形式 2. ① 创造 ② 冬暖夏凉 ③ 冬暖夏凉 ④ 保温
3. ① 既厚又硬 ② 吸热 ③ 散热 ④ 接触 ⑤ 落后 ⑥ 温差

듣기

4 철학과 견해

학습일 ____/____

기본서 46~55쪽

표현 체크체크

1. 다음 표현과 뜻을 알맞게 연결해 보세요.

① 模棱两可 •	• ⓐ 기준이 일정치 않다, 평가가 엇갈리다
② 褒贬不一 •	• ⓑ 애매모호하다
③ 不在乎 •	• ⓒ 매우 망설이다
④ 十分犹豫 •	• ⓓ 있어도 되고 없어도 되다
⑤ 可有可无 •	• ⓔ 개의치 않다

2. 다음 표현을 중국어로 써보세요.

① 질의하다 ____ ② 비판하다 ____

③ 실망하다 ____ ④ 부정하다 ____

⑤ 승인, 인정 ____ ⑥ 상관없다 ____

⑦ ~에 유리하다 ____ ⑧ 잠재력이 크다 ____

3. 다음 표현의 뜻을 써보세요.

① 惋惜 ____ ② 前景好 ____

③ 堪忧 ____ ④ 阻碍发展 ____

⑤ 不可小觑 ____ ⑥ 一片光明 ____

⑦ 利弊共存 ____ ⑧ 存在隐患 ____

정답

1. ① ⓑ ② ⓐ ③ ⓔ ④ ⓒ ⑤ ⓓ 2. ① 质疑 ② 批判 ③ 失望 ④ 否定 ⑤ 认同 ⑥ 无所谓 ⑦ 有利于 ⑧ 潜力大
3. ① 안타까워하다, 애석해하다 ② 장래 전망이 좋다 ③ 걱정되다 ④ 발전을 가로막다 ⑤ 얕보면 안 된다 ⑥ 창창하다 ⑦ 이해득실이 공존하다 ⑧ 숨은 위험이 존재하다

받아쓰기 1

*녹음을 듣고 빈칸을 채우세요.

□ 받아쓰기 □ 따라 하기 □ 다시 듣기 work 32

1. 传说神造人时，在人的①______里做了两个心房。人非常②______，询问神③______要这样做。

필수암기

□ 받아쓰기 □ 따라 하기 □ 다시 듣기 work 33

2. 神说道："这样做，能够让一间心房装着你自己，①__________心房装着②______，从而提示你做任何事情，不仅要考虑自己，而且要③____________。"

필수암기

□ 받아쓰기 □ 따라 하기 □ 다시 듣기 work 34

3. 俗话说"冰冻三尺非一日之寒，滴水穿石非一日之功"，任何事情的发生都有其①______的、②______存在的③______，是经过长时间的④______、酝酿而来的，并不是突然之间就可以形成的，成功⑤____________。

정답

1. ① 心脏 ② 困惑 ③ 为何 2. ① 另一间 ② 他人 ③ 考虑他人
3. ① 潜在 ② 长期 ③ 因素 ④ 积累 ⑤ 亦是如此

받아쓰기 2

*녹음을 듣고 빈칸을 채우세요.

□받아쓰기 □따라 하기 □다시 듣기 work 35

1. 首先，我非常感谢联合国教科文组织对我所研究的古生物学这一领域的①______。另外，我觉得这对中国的女科研工作者来说，更是一个②______________。

필수암기

□받아쓰기 □따라 하기 □다시 듣기 work 36

2. 古生物学这一领域，虽不为大众所①______，但②___________不可小觑。

□받아쓰기 □따라 하기 □다시 듣기 work 37

3. 您在古生物学领域，可以说是已经名满天下了，可是近年来，您又①________少有人关注的新生代鲤科鱼化石②______。

□받아쓰기 □따라 하기 □다시 듣기 work 38

4. 新生代鲤科鱼化石这一领域，中国再不做的话，恐怕就①_________了。新生代鱼类化石反映了近年来②______________，未来还能很好地和分子生物学③______起来，将来很有可能会诞生新的大发现。

정답

1. ① 肯定 ② 巨大的鼓励 2. ① 熟知 ② 应用价值
3. ① 投身到 ② 研究 4. ① 赶不上 ② 地球的变化 ③ 结合

받아쓰기 ❸

*녹음을 듣고 빈칸을 채우세요.

□ 받아쓰기 □ 따라 하기 □ 다시 듣기 work 39

1. 清朝年间，大哥的过世，让乔致庸不得不①______乔家的生意，开始②______起整个乔家的③______。乔致庸大哥留给乔致庸的是一个巨大的烂摊子，之前大哥中了对手的圈套，乔家的生意已经是巨额④______。

필수암기

□ 받아쓰기 □ 따라 하기 □ 다시 듣기 work 40

2. 乔致庸用从岳父那里借来的钱渡过了①______，在朋友的帮助下巧妙地扭转了②______，并且让对手③______了生死存亡的境地。

□ 받아쓰기 □ 따라 하기 □ 다시 듣기 work 41

3. 就在所有的人都以为乔致庸会将对手置于死地的时候，他却主动上门向对手①____________。乔致庸的做法不仅让众商家没有想到，更是②______对手的③______。最后，乔家与对方和解，在生意中相互帮助，成了④____________。

□ 받아쓰기 □ 따라 하기 □ 다시 듣기 work 42

4. 由于乔致庸的①______赢得了众商家的支持，他在当地开始②______起了“义、信、利”的市场信条。整个市场也开始了③____________，不再是过去那种互相争斗的局面。

정답

1. ① 接手 ② 背负 ③ 重担 ④ 亏损 2. ① 难关 ② 局面 ③ 陷入
3. ① 赔罪道歉 ② 出乎 ③ 意料 ④ 合作伙伴 4. ① 退让 ② 推行 ③ 良性竞争

듣기

학습일 ____/____

5 의학과 과학

기본서 56~65쪽

표현 체크체크

1. 다음 표현과 뜻을 알맞게 연결해 보세요.

① 延缓衰老 •	• ⓐ 노화를 늦추다
② 更新换代 •	• ⓑ 얼굴 인식
③ 消毒杀菌 •	• ⓒ 세대교체
④ 遗传基因 •	• ⓓ 살균 소독
⑤ 人脸识别 •	• ⓔ 유전자

2. 다음 표현을 중국어로 써보세요.

① 피하다 ____ ② 일과 휴식 ____

③ 단조롭다 ____ ④ 경청하다 ____

⑤ 인공 지능 ____ ⑥ 희한하다 ____

⑦ 고고학 ____ ⑧ 심리 상태 ____

3. 다음 표현의 뜻을 써보세요.

① 涉及 ____ ② 无端 ____

③ 颁布法律 ____ ④ 锋利 ____

⑤ 枯燥乏味 ____ ⑥ 感染病毒 ____

⑦ 政策扶持 ____ ⑧ 施加压力 ____

정답

1. ① ⓐ ② ⓒ ③ ⓓ ④ ⓔ ⑤ ⓑ 2. ① 避免 ② 作息 ③ 单调 ④ 倾听 ⑤ 人工智能 ⑥ 罕见 ⑦ 考古 ⑧ 心态
3. ① 관련되다 ② 이유 없이, 까닭 없이 ③ 법률을 반포하다 ④ 예리하다, 날카롭다 ⑤ 지루하다, 무미건조하다
⑥ 바이러스에 감염되다 ⑦ 부양 정책 ⑧ 압력을 가하다

받아쓰기 1

*녹음을 듣고 빈칸을 채우세요.

필수암기

□ 받아쓰기 □ 따라 하기 □ 다시 듣기 work 43

1. 在工业机器人领域，协作机器人被认为是机器人实现①________最现实的一条路径，在新零售、康复医疗、教育等领域有很大的②__________，也被世界各国看做是未来机器人升级发展的③__________。

□ 받아쓰기 □ 따라 하기 □ 다시 듣기 work 44

2. 除了食用高糖量的食物外，①__________也会引起人体内血糖升高，因此最好②_____地进行运动。

필수암기

□ 받아쓰기 □ 따라 하기 □ 다시 듣기 work 45

3. 像慢跑、打太极、骑自行车，这些运动都有助于①________________，保持较好的②_____，控制人体③_____含量。

정답

1. ① 智能化 ② 应用潜力 ③ 重要方向 2. ① 缺乏锻炼 ② 适当
3. ① 提高自身免疫力 ② 代谢 ③ 血糖

받아쓰기 2

*녹음을 듣고 빈칸을 채우세요.

필수암기

□ 받아쓰기 □ 따라 하기 □ 다시 듣기 work 46

1. 航天员离开航天器进入太空，要面对非常①______的空间环境条件，没有②______的防护，人是不可能生存的。舱外航天服就是为③______航天员出舱活动期间的④__________与健康、保证舱外任务的完成而研制的特殊安全防护装备。

□ 받아쓰기 □ 따라 하기 □ 다시 듣기 work 47

2. 宇航员在太空中的一些①__________，比如吃饭、喝水等，在地面是②______百分之百真实③______出来的，你们是根据什么设计的呢?

□ 받아쓰기 □ 따라 하기 □ 다시 듣기 work 48

3. 在设计上采取了①____________，比如说喝水，在地面上水是靠重力自然流下来的，而在太空，我们有一套专门的设备，给它一个②______________把它挤出来，相当于地面重力的作用。我们通常是凭借③______和一些已经获得的数据进行处理和模拟的。

필수암기

□ 받아쓰기 □ 따라 하기 □ 다시 듣기 work 49

4. 载人航天事业永远是跟①________________密切相关的，我们取得的任何成绩都建立在②__________的基础上。

정답

1. ① 恶劣 ② 可靠 ③ 保障 ④ 生命安全 2. ① 生活环节 ② 无法 ③ 模拟
3. ① 特殊的方法 ② 外在的压力 ③ 设想 4. ① 国家的综合实力 ② 国家发展

받아쓰기 ❸

*녹음을 듣고 빈칸을 채우세요.

필수암기

□ 받아쓰기 □ 따라 하기 □ 다시 듣기 work 50

1. 像体操这类的比赛往往需要裁判目测打分，由于选手的①__________多变，裁判打分有时难免②__________。

필수암기

□ 받아쓰기 □ 따라 하기 □ 다시 듣기 work 51

2. 最近，某公司研发出一种3D激光感应技术，可以帮助体操等赛事的裁判①________打分。该公司称，这项新技术可以②______、③________地捕捉到体操等体育项目选手的动作。在比赛现场设置的3D激光传感器发出的激光，能实时测定与选手身体各部位的距离，并④______形成有关人体骨骼活动和竞技动作的3D⑤______。

□ 받아쓰기 □ 따라 하기 □ 다시 듣기 work 52

3. 裁判可以在监控画面中观看3D图像，掌握选手的动作①_________，这样可以让打分更加②__________。收集的数据还可用于选手③________________。

필수암기

□ 받아쓰기 □ 따라 하기 □ 다시 듣기 work 53

4. 这一技术不仅可以①______裁判在比赛中的②______，做到评分公正，也有利于观众③______比赛。目前这一技术正在体操项目中进行④______，未来还有望⑤______到花样滑冰、击剑等其他打分比赛中。

정답

1. ① 动作复杂 ② 存在争议 2. ① 更准确 ② 立体 ③ 高精度 ④ 收集 ⑤ 数据
3. ① 完成度 ② 客观公正 ③ 日常的训练 4. ① 减轻 ② 负担 ③ 欣赏 ④ 测试 ⑤ 应用

학습일 ____/____

듣기

6 기타 전문 분야

기본서 66~72쪽

표현 체크체크

1. 다음 표현과 뜻을 알맞게 연결해 보세요.

① 塑料 •	• ⓐ 플라스틱
② 雕塑 •	• ⓑ 시스템 마비
③ 制度健全 •	• ⓒ 인프라
④ 系统瘫痪 •	• ⓓ 제도 완비
⑤ 基础设施 •	• ⓔ 조형물

2. 다음 표현을 중국어로 써보세요.

① 견고하다 ______ ② 조작하다 ______

③ 공예가, 장인 ______ ④ 주류, 주된 경향 ______

⑤ 창업하다 ______ ⑥ 사업 ______

⑦ 플랫폼 ______ ⑧ 표준 양식, 패턴 ______

3. 다음 표현의 뜻을 써보세요.

① 黏 ______ ② 油漆 ______

③ 打造 ______ ④ 镜头 ______

⑤ 基本功 ______ ⑥ 有机结合 ______

⑦ 卡通人物 ______ ⑧ 色彩运用 ______

정답

1. ① ⓐ ② ⓔ ③ ⓓ ④ ⓑ ⑤ ⓒ 2. ① 牢固 ② 操作 ③ 工匠 ④ 主流 ⑤ 创业 ⑥ 事业 ⑦ 平台 ⑧ 模式
3. ① 붙이다, 진득진득 붙다 ② 페인트 ③ 제조하다, 만들다 ④ 렌즈 ⑤ 기본 지식과 기술 ⑥ 유기적 결합 ⑦ 캐릭터 ⑧ 색채 사용

받아쓰기 1

*녹음을 듣고 빈칸을 채우세요.

☐ 받아쓰기 ☐ 따라 하기 ☐ 다시 듣기 work 54

1. 研究显示，到2050年左右，海洋中①____________的重量将②______其中鱼类的重量。

필수암기

☐ 받아쓰기 ☐ 따라 하기 ☐ 다시 듣기 work 55

2. 为解决这一问题，有设计师们使用一种从海洋藻类中①______的物质——琼脂，创造出了一种安全的、②______友好的塑料③____________。

필수암기

☐ 받아쓰기 ☐ 따라 하기 ☐ 다시 듣기 work 56

3. 孵化器，原意是指人工孵化禽蛋的设备，后引申至①____________。在企业②______初期或者企业遇到瓶颈时，孵化器③____________、管理、资源、策划等支持，从而帮助企业做大或转型。

정답

1. ① 塑料垃圾 ② 超过 2. ① 提取 ② 生态 ③ 替代产品
3. ① 经济领域 ② 创办 ③ 提供资金

받아쓰기 2

*녹음을 듣고 빈칸을 채우세요.

□ 받아쓰기 □ 따라 하기 □ 다시 듣기 work 57

1. 我觉得人都是有竞争性的，大多数市场上的人都在做①______的游戏，那我现在再去做，也不可能做得比他们好。他们都积累了十几年、二十几年的经验，有很大的②______，有很多研发③______，要再去做跟他们一样的，我觉得是对④________________。

필수암기

□ 받아쓰기 □ 따라 하기 □ 다시 듣기 work 58

2. 我最看重的是这个游戏给人带来了一种什么样的①__________，必须要让人真正②________。

필수암기

□ 받아쓰기 □ 따라 하기 □ 다시 듣기 work 59

3. 真正要改变这个产业，必须证明艺术类型的游戏能够取得①__________。所以我现在希望能够给全世界的游戏产业做出一个成功的、②______________的，但是又有很大③__________的游戏。

□ 받아쓰기 □ 따라 하기 □ 다시 듣기 work 60

4. 我希望我们做出来的产品可以①______这些人的看法，②________________。

정답

1. ① 暴力 ② 团队 ③ 经费 ④ 社会资源的浪费 2. ① 情感感受 ② 被打动
3. ① 商业成功 ② 高艺术水准 ③ 商业突破 4. ① 改变 ② 得到社会的尊重

받아쓰기 ❸

*녹음을 듣고 빈칸을 채우세요.

필수암기

□ 받아쓰기 □ 따라 하기 □ 다시 듣기 work 61

1. 近日，一档名叫《奇遇人生》的综艺节目成为了关注的焦点，①____________。《奇遇人生》共10期，每期主持人都会陪同一位明星前往一个地方，②______不同的生活，③______不一样的④______。

□ 받아쓰기 □ 따라 하기 □ 다시 듣기 work 62

2. 首期节目是前往①____________的赞比亚，访问著名的非洲大象孤儿院，这期的宗旨是让人们②____________。第二期节目是去美国追龙卷风，这期节目与③______有关。还有一期节目是在冰岛，主持人和嘉宾看着美丽的极光，听当地的艺术家谈论几代人的④______史。

□ 받아쓰기 □ 따라 하기 □ 다시 듣기 work 63

3. 《奇遇人生》①____________，摄影镜头直接记录了明星在街头遭遇意外事件时的②____________。该节目的导演说：“大家每次出去都要面对很多③______，这是节目最大的④______所在。”

정답

1. ① 广受好评 ② 体验 ③ 探索 ④ 人生 2. ① 景色优美 ② 反思生命 ③ 自然 ④ 家族
3. ① 没有剧本 ② 真实反应 ③ 未知 ④ 乐趣

1 키워드 찾기

기본서 176~179쪽

쓰기 실력 트레이닝 1

*다음 지문을 읽고 키워드를 찾아 써보세요.

李加在幽静的胡同里开了一个咖啡馆儿，他打算买一些具有自然情调的桌椅摆在咖啡馆儿的院子里。他走遍了市里大大小小的家具店，各式各样的桌椅让人眼花缭乱，可是就是没有适合自己院子的桌椅，李加露出了失望的神情。

단어 幽静 yōujìng 형 그윽하고 고요하다 | 胡同 hútòng 명 골목 | 情调 qíngdiào 명 분위기 | 摆 bǎi 동 놓다, 배치하다 | 院子 yuànzi 명 정원 | ★各式各样 gè shì gè yàng 성 각양각색 | 眼花缭乱 yǎn huā liáo luàn 성 눈이 어지럽다, 눈부시다 | ★露 lù 동 드러나다 | 神情 shénqíng 명 표정, 기색

작성하기

주요 인물 ________________________________

주요 장소 ________________________________

주요 사건 ________________________________

*위 지문을 요약한 문장입니다. 원고지에 써보며 주요 정보를 파악해 보세요.

모범답안 李加打算买一些具有自然情调的桌椅，但是去了很多家具店，也没有满意的，他很失望。

답안 쓰기

																				40

참고답안

주요 인물 李加 리자 주요 장소 家具店 가구점 주요 사건 打算买桌椅 탁자와 의자를 살 계획이다 → 走遍家具店 가구점을 돌아다니다 → 没有适合的 적합한 것이 없다

쓰기 실력 트레이닝 2

*다음 지문을 읽고 키워드를 찾아 써보세요.

实习的时候，他选择到国际广播电台实习。他希望通过实习，能够留在那里工作。结果，国际台以没有招收中文编辑的计划而抛弃了他。他买好了前往广东的火车票，打算到广东一家电台碰碰运气。临行前一天，他意外接到系里通知："去中央人民广播电台试试，或许还有机会。"他成功了。

단어 实习 shíxí 동 실습하다 | 招收 zhāoshōu 동 모집하다 | 编辑 biānjí 명 편집자 | ★抛弃 pāoqì 동 포기하다, 던져 버리다 | 碰运气 pèng yùnqi 운에 맡기다 | 临行 línxíng 동 출발할 때가 되다 | 系 xì 명 학과 | 或许 huòxǔ 부 아마, 어쩌면

작성하기

주요 인물 ____________________

주요 시간 ____________________

주요 장소 ____________________

주요 사건 ____________________

*위 지문을 요약한 문장입니다. 원고지에 써보며 주요 정보를 파악해 보세요.

모범 답안 实习的时候，他被国际广播电台抛弃。后来，他去中央人民广播电台试了试，结果成功了。

답안 쓰기

40

참고 답안

주요 인물 他 그 주요 시간 实习的时候 인턴일 때 / 临行前一天 출발하기 전날(→后来 후에) 주요 장소 国际广播电台 국제방송국 / 中央人民广播电台 중앙인민방송국 주요 사건 实习 실습하다 ➜ 被抛弃 버림받다 ➜ 试试 시도하다 ➜ 成功 성공하다

쓰기 실력 트레이닝 ③

*다음 지문을 읽고 키워드를 찾아 써보세요.

十五年前的一天，她正在书店里摆书，听到一阵“窸窸窣窣”的响声，走过去一看，是一个蓬头垢面的孩子，一脸汗珠，正偷偷地把书往怀里塞。她咳嗽了一声，孩子抬起头正好与她四目相对，她看到了一双慌张中带着倔强的眼睛，没有说什么，反而把那本书送给了他。

단어 摆 bǎi 동 진열하다 | 阵 zhèn 양 바탕, 차례 | 窸窸窣窣 xīxī sūsū 바스락바스락 | 响声 xiǎngshēng 명 소리 | 蓬头垢面 péng tóu gòu miàn 성 흐트러진 머리와 때묻은 얼굴 | 汗珠 hànzhū 명 땀방울 | 怀里 huáili 명 품(속) | 塞 sāi 동 집어넣다, 쑤셔넣다 | 咳嗽 késou 동 기침하다 | ★慌张 huāngzhāng 형 당황하다, 허둥대다 | ★倔强 juéjiàng 형 고집이 세다

작성하기

주요 인물 ______________________

주요 시간 ______________________

주요 장소 ______________________

주요 사건 ______________________

*위 지문을 요약한 문장입니다. 원고지에 써보며 주요 정보를 파악해 보세요.

모범답안 十五年前的一天，她在书店里发现了一个偷书的孩子。她没说什么，反而把书送给了他。

답안 쓰기

																			40

참고답안

주요 인물 她 그 / 孩子 아이 주요 시간 十五年前的一天 15년 전 어느 날 주요 장소 书店 서점 주요 사건 听到响声 소리를 듣다 → 看到偷书的孩子 책을 훔치는 아이를 보다 → 把书送给了他 책을 그에게 주었다

쓰기 실력 트레이닝 4

*다음 지문을 읽고 키워드를 찾아 써보세요.

吃午饭的时候，小安点了一瓶可乐，等服务生把可乐送来时，他急忙去拧开瓶盖。可是，由于餐馆温度高，加上小安开瓶时不小心摇晃了几下，瓶盖一开，可乐便从瓶口喷射而出，小安急忙用手去堵瓶口，谁知，这一堵让瓶内的压力更大，不仅喷了一头，刚换洗的衣服上也满是可乐。

단어 急忙 jímáng 형 급하다 | 拧开 nǐngkāi 동 돌려 열다 | 瓶盖 pínggài 명 병뚜껑 | ★摇晃 yáohuàng 동 흔들다 | ★喷射 pēnshè 동 분사하다, 내뿜다 | 堵 dǔ 동 막다

작성하기

주요 인물 ______

주요 시간 ______

주요 사건 ______

*위 지문을 요약한 문장입니다. 원고지에 써보며 주요 정보를 파악해 보세요.

모범답안 午饭时，小安点了一瓶可乐。当他拧开瓶盖时，可乐却喷射而出，喷了他一身。

답안 쓰기

40

참고답안

주요 인물 小安 샤오안 주요 시간 吃午饭的时候 점심을 먹을 때 주요 사건 点可乐 콜라를 주문하다 ➔ 拧开瓶盖 병뚜껑을 돌려 열다 ➔ 喷射而出 뿜어져 나오다

쓰기

2 쉬운 문장 쓰기

기본서 181~186쪽

쓰기 실력 트레이닝 1

*제시된 키워드를 참고하여 다음 문장을 요약해 보세요.

❶ 六岁的加拿大男孩儿瑞恩是一年级小学生。

키워드 瑞恩 라이언(→ 那个男孩儿 그 남자아이) | 小学生 초등학생

작성하기

답안 쓰기

❷ 他设计的家具，简约时尚，高端大气，深受消费者喜爱。

단어 简约 jiǎnyuē 형 간략하다 | 时尚 shíshàng 형 시류에 따르다 | 高端 gāoduān 형 고급의, 수준이 높은 | 大气 dàqì 형 대범하다

키워드 家具 가구 | 深受喜爱 사랑을 받다(→ 很受喜爱 사랑을 받다)

작성하기

답안 쓰기

참고답안

1. 那个男孩儿是一年级小学生。 그 남자아이는 초등학교 1학년 학생이다.
2. 他设计的家具很受消费者喜爱。 그가 디자인한 가구는 소비자의 사랑을 받고 있다.

쓰기 실력 트레이닝 2

*제시된 키워드를 참고하여 다음 문장을 요약해 보세요.

3 这些自发的暖心行为让李爱群彻底在忐忑中放下了顾虑。

단어 ★自发 zìfā 형 자발적인 | 暖心 nuǎnxīn 동 마음을 녹이다, 마음을 따뜻하게 해주다 | 忐忑 tǎntè 형 마음이 불안하다 | ★顾虑 gùlǜ 동 고려하다, 우려하다 명 고려, 근심

키워드 行为 행동 | 李爱群 리아이췬(→ 他 그 / 小李 샤오리) | 放下顾虑 걱정을 내려놓다(→ 放心 안심하다)

작성하기

답안 쓰기

4 一行人走在山林间，那里山水秀丽，树木葱郁，没多久就来到了屋前。

단어 一行人 yìxíngrén 명 일행 | 山林 shānlín 명 산림 | ★秀丽 xiùlì 형 수려하다, 아름답다 | 葱郁 cōngyù 형 초목이 짙푸르게 무성하다

키워드 一行人 일행(→ 他们 그들) | 没多久 얼마 지나지 않아(→ 不久 얼마 지나지 않아) | 来到 도착하다 | 屋 집

작성하기

답안 쓰기

참고답안

3. 这些行为让小李放心了。 이런 행동들이 샤오리를 안심시켰다.
4. 他们不久就来到了屋前。 그들은 얼마 지나지 않아 집 앞에 도착했다.

쓰기 실력 트레이닝 3

*제시된 키워드를 참고하여 다음 문장을 요약해 보세요.

5 跑完这次越野赛，他打算将自己的运动生涯画上句号。

단어 越野赛 yuèyěsài 명 크로스컨트리 | ★生涯 shēngyá 명 생애, 생활

키워드 越野赛 크로스컨트리(→ 比赛 경기) | 将运动生涯画上句号 운동 인생에 마침표를 찍다(→ 结束运动生活 운동 생활을 끝내다)

작성하기

답안 쓰기

6 他沮丧到了极点，回到办公室，拿着被否定的方案呆若木鸡。

단어 ★沮丧 jǔsàng 형 낙담하다 | 极点 jídiǎn 명 극점, 최고도 | 呆若木鸡 dāi ruò mù jī 성 나무를 깎아 만든 닭처럼 멍하니 있다 | ★发呆 fādāi 동 멍하다, 어리둥절하다

키워드 沮丧 낙담하다(→ 伤心 상심하다) | 呆若木鸡 목계처럼 멍하니 있다(→ 发呆 멍하다)

작성하기

답안 쓰기

참고답안

5. 跑完这次比赛，他想结束运动生活。이번 경기를 완주하면, 그는 운동 생활을 끝내고 싶다.
6. 他十分伤心，拿着方案发呆。그는 매우 상심하여, 계획서를 들고 멍하니 있었다.

쓰기 실력 트레이닝 4

*제시된 키워드를 참고하여 다음 문장을 요약해 보세요.

7 半年前，一家名叫“答案奶茶”的饮品店在郑州的一条商业街迅速蹿红。

단어 饮品 yǐnpǐn 명 음료 | 郑州 Zhèngzhōu 고유 정저우[지명] | 蹿红 cuānhóng 동 갑자기 인기가 오르다

키워드 半年前 반년 전 | 饮品店 음료 가게 | 迅速蹿红 급속도로 인기를 얻다(→ 一下子红了 단번에 인기를 얻다 / 突然很受欢迎 갑자기 많은 환영을 받다)

작성하기

답안 쓰기

8 加文在郊外租了一大片荒地，购买了几百棵适宜做家具的柳树、橡树、榛树等树苗栽种下来。

단어 荒地 huāngdì 명 거친 땅, 황무지 | ★适宜 shìyí 동 적합하다 | 柳树 liǔshù 명 버드나무 | 橡树 xiàngshù 명 상수리나무 | 榛树 zhēnshù 명 개암나무 | 树苗 shùmiáo 명 묘목 | ★栽种 zāizhòng 동 재배하다, 심다

키워드 加文 자원[인명] | 树 나무 | 栽种 재배하다(→ 种 심다)

작성하기

답안 쓰기

참고답안

7. 半年前"答案奶茶"饮品店一下子红了。 반년 전 '답안 밀크티' 음료 가게가 단번에 인기를 얻었다.
8. 加文在郊外种了很多树。 자원은 교외에 나무를 많이 심었다.

쓰기 실력 트레이닝 5

*제시된 키워드를 참고하여 다음 문장을 요약해 보세요.

9 从不打广告，加上价格比竞争商高等诸多因素，导致这家涂料公司来到中国后一直惨淡经营。

단어 诸多 zhūduō 형 수많은 | ★因素 yīnsù 명 요소 | 涂料 túliào 명 도료 | 惨淡 cǎndàn 형 암담하다 | 经营 jīngyíng 동 경영하다

키워드 诸多因素 많은 요인(→ 多种原因 여러 원인) | 涂料公司 도료 회사(→ 这家公司 이 회사) | 惨淡经营 참담한 경영(→ 生意不好 장사가 안 되다)

작성하기

답안 쓰기

10 几名面试者从办公室走出来，他们都神色沮丧，纷纷抱怨要求太苛刻，三项标准只要有一项不符就不予考虑，一点儿回旋的余地都没有。

단어 神色 shénsè 명 기색 | ★沮丧 jǔsàng 동 낙담하다 | ★纷纷 fēnfēn 부 잇달아 | ★抱怨 bàoyuàn 동 원망하다 | ★苛刻 kēkè 형 너무 지나치다 | 予 yǔ 동 ~하여 주다 | 回旋 huíxuán 동 선회하다 | 余地 yúdì 명 여지

키워드 面试者 면접자 | 神色沮丧 낙담한 기색이다(→ 失望 실망하다) | 抱怨 원망하다 | 苛刻 너무 지나치다(→ 严格 엄격하다)

작성하기

답안 쓰기

참고답안

9. 多种原因导致这家公司生意不好。여러 원인으로 인해 이 회사는 사업이 잘 되지 않는다.
10. 几名面试者抱怨要求太严格。몇 명의 면접자들은 요구가 너무 엄격하다고 불평했다.

쓰기 실력 트레이닝 6

*제시된 키워드를 참고하여 다음 문장을 요약해 보세요.

11 他跑了好几个国家，并且仔细寻访了盛产名马的燕国和赵国一带，可都没发现让他中意的好马。

단어 寻访 xúnfǎng 동 방문하다 | 盛产 shèngchǎn 동 많이 나다 | 燕国 Yānguó 고유 연(燕)나라 | 赵国 Zhàoguó 고유 조(趙)나라 | 一带 yídài 명 일대 | 中意 zhòngyì 동 마음에 들다

키워드 他 그 | 跑 뛰어다니다 | 没发现 발견하지 못하다 | 中意 마음에 들다(→ 满意 만족스럽다)

작성하기

답안 쓰기

12 一个人在荒漠中种下了一片胡杨树苗，他每隔三天就会挑着满满的水桶到荒漠来，一棵一棵地给他的那些树苗浇水。

단어 荒漠 huāngmò 명 황량한 사막 | ★种 zhòng 동 심다 | 胡杨 húyáng 명 (사막 지대에 나는) 백양나무의 일종 | 树苗 shùmiáo 명 묘목 | 隔 gé 동 간격이 있다 | ★挑 tiāo 동 쳐들다 | 水桶 shuǐtǒng 명 물통 | ★浇水 jiāoshuǐ 동 물을 끼얹다

키워드 一个人 한 사람 | 种 심다 | 树苗 묘목 | 浇水 물을 주다

작성하기

답안 쓰기

참고답안

11. 他跑了好几个国家也没找到满意的好马。그는 여러 나라를 돌아다녀도 만족스러운 좋은 말을 찾지 못했다.
12. 一个人种下了树苗后，经常给它们浇水。한 사람이 묘목을 심은 후에 자주 물을 주었다.

학습일 ____/____

쓰기

3 주제와 제목 쓰기

기본서 188~195쪽

쓰기 실력 트레이닝 1

*제시된 키워드를 사용하여 다음 주제문을 써보세요.

❶ 성공에는 지름길이 없다.

키워드 捷径 jiéjìng 지름길

작성하기

답안 쓰기

❷ 조금 더 견뎌야만 삶이 당신을 놓치지 않는다.

키워드 错过 cuòguò 놓치다 | 只有…才 zhǐyǒu…cái ~해야만 ~하다

작성하기

답안 쓰기

❸ 순조로운 환경에서는 위인이 나오기 어렵다.

키워드 顺境 shùnjìng 순조로운 환경 | 伟人 wěirén 위인

작성하기

답안 쓰기

참고답안

1. 成功没有捷径。 2. 只有多一分坚持，生活才不会错过你。
3. 顺境很难产生伟人。

쓰기 실력 트레이닝 2

*제시된 키워드를 사용하여 다음 주제문을 써보세요.

4 모든 성공에는 한 걸음 한 발자국이 필요하다.

키워드 脚印 jiǎoyìn 발자국

작성하기

답안 쓰기

5 삶 속에 창의만 있다면, 쓸모없는 것도 가치 있는 것으로 변할 수 있다.

키워드 创意 chuàngyì 창의 | 变废为宝 biàn fèi wéi bǎo 쓸모없는 것이 가치 있는 것으로 변하다

작성하기

답안 쓰기

6 세심한 서비스를 통해 회사는 결국 본궤도에 올랐다.

키워드 凭借 píngjiè ~을 통하다 | 周到 zhōudào 세심하다 | 正轨 zhèngguǐ 정상적인 궤도

작성하기

답안 쓰기

참고답안

4. 所有的成功都需要一步一个脚印。 5. 生活中，只要有了创意，就会变废为宝。
6. 凭借着周到的服务，公司最终走上了正轨。

쓰기 실력 트레이닝 3

*제시된 키워드를 사용하여 다음 주제문을 써보세요.

7 사람은 성실하고 신용을 지킬 줄 알아야 한다.

키워드 诚实 chéngshí 성실하다 | 守信 shǒuxìn 신용을 지키다

작성하기

답안 쓰기

8 문제가 생기면, 머리를 쓰는 것에 능하고 부지런히 생각해야 한다.

키워드 善于 shànyú ~에 능숙하다 | 勤于 qínyú 부지런히 ~하다

작성하기

답안 쓰기

9 굽은 길의 거리가 때로는 오히려 진정으로 가장 가까운 거리이다.

키워드 弯路 wānlù 굽은 길 | 距离 jùlí 거리 | 反而 fǎn'ér 오히려

작성하기

답안 쓰기

참고답안

7. 人要学会诚实守信。 8. 遇到问题，要善于动脑、勤于思考。

9. 弯路的距离，有时反而是真正最近的距离。

쓰기 실력 트레이닝 4

*제시된 키워드를 사용하여 다음 주제문을 써보세요.

10 자신을 쉽사리 부정해서도 안 되고, 자신을 너무 높게 평가해서도 안 된다.

키워드 轻易 qīngyì 쉽사리 | 否定 fǒudìng 부정하다 | 过高 guògāo 너무 높다 | 估计 gūjì 평가하다

작성하기

40

답안 쓰기

40

11 다른 사람의 장점을 보고 자신의 결점을 인식하는 것은 한 사람이 끊임없이 발전할 수 있는 관건이다.

키워드 优点 yōudiǎn 장점 | 缺点 quēdiǎn 결점 | 关键 guānjiàn 관건

작성하기

40

답안 쓰기

40

참고답안

10. 不要轻易地否定自己，也不要过高地估计自己。

11. 看到别人的优点、看清自己的缺点，是一个人不断进步的关键。

학습일 ____/____

쓰기

4 고득점 문장 쓰기

기본서 198~205쪽

쓰기 실력 트레이닝 1

*제시된 키워드를 사용하여 다음 문장을 써보세요.

1 그는 일류 대학을 졸업했다.

키워드 동사+于(yú) ~에 ~하다 | 顶尖 dǐngjiān 일류의, 최상의

작성하기

답안 쓰기

2 그는 예술 작품을 접한 적이 전혀 없다.

키워드 从未 cóngwèi 지금까지 ~하지 않았다 | 接触 jiēchù 접촉하다

작성하기

답안 쓰기

3 코치님의 도움으로, 그는 순조롭게 경기를 마쳤다.

키워드 在…的帮助下 zài…de bāngzhù xià ~의 도움으로 | 教练 jiàoliàn 코치

작성하기

답안 쓰기

참고답안

1. 他毕业于一所顶尖大学。 2. 他从未接触过艺术创作。
3. 在教练的帮助下，他顺利完成了比赛。

쓰기 실력 트레이닝 2

*제시된 키워드를 사용하여 다음 문장을 써보세요.

4 이 가게는 인테리어 스타일이 남다르다.

키워드 装修 zhuāngxiū 인테리어 | 与众不同 yǔ zhòng bù tóng 남다르다

작성하기

답안 쓰기

5 사업하는 과정에서, 그는 적지 않은 어려움을 겪었다.

키워드 在…的过程中 zài…de guòchéng zhōng ~하는 과정 중에 | 麻烦 máfan 부담, 어려움

작성하기

답안 쓰기

6 모든 사람이 혼신의 힘을 기울여 일에 전념한다.

키워드 全神贯注 quán shén guàn zhù 혼신의 힘을 기울이다 | 投入 tóurù 전념하다

작성하기

답안 쓰기

참고답안

4. 这家店的装修风格与众不同。 5. 在创业的过程中，他遇到了不少麻烦。
6. 所有人都全神贯注地投入到工作中。

쓰기 실력 트레이닝 ❸

*제시된 키워드를 사용하여 다음 문장을 써보세요.

7 어려움을 성공으로 나아가는 디딤돌로 삼는다.

키워드 把…当做 bǎ…dàngzuò ~을 ~로 삼다 | 垫脚石 diànjiǎoshí 발판, 디딤돌

작성하기

답안 쓰기

8 사장님의 얼굴에는 아무런 표정도 없다.

키워드 毫无 háowú 조금도 ~이 없다

작성하기

답안 쓰기

9 공부에는 비결이 없다. 단지 하루하루가 쌓여야만 되는 것이다.

키워드 秘诀 mìjué 비결 | 日积月累 rì jī yuè lěi 날을 거듭하다

작성하기

답안 쓰기

참고답안

7. 把困难当做走向成功的垫脚石。 8. 经理的脸上毫无表情。
9. 学习没有秘诀，只有日积月累才行。

쓰기 실력 트레이닝 4

*제시된 키워드를 사용하여 다음 문장을 써보세요.

10 또래에 비해, 그의 가장 큰 강점은 문제에 부딪쳤을 때 차분하게 직면할 수 있다는 점이다.

키워드 与…相比 yǔ…xiāngbǐ ~와 비교하면 | 同龄人 tónglíngrén 또래 | 优势 yōushì 강점 | 冷静 lěngjìng 침착하다, 차분하다

작성하기

40

답안 쓰기

40

11 노교수는 그에게 매일 하늘의 구름을 관찰하라고 했다. 그는 도저히 이해가 되지 않았지만, 시킨 대로 했다.

키워드 云彩 yúncai 구름 | 百思不得其解 bǎi sī bù dé qí jiě 도저히 이해가 되지 않다 | 照做 zhàozuò 시킨 대로 하다

작성하기

40

답안 쓰기

40

참고답안

10. 与同龄人相比，他最大的优势是遇到问题时能冷静面对。
11. 老教授让他每天观察天上的云彩，他虽然百思不得其解，但也照做了。

쓰기 실력 트레이닝 5

*다음 문장을 간접화법으로 바꾸세요.

⑫ 司机说："这条路虽然远，但是能快点儿到。"

작성하기

답안 쓰기

⑬ 机长说："抱歉，这是我们的疏忽。"

단어 疏忽 shūhū 동 부주의하다, 경솔하다

작성하기

답안 쓰기

⑭ 老师对他说："你可以去银行工作。"

작성하기

답안 쓰기

참고답안

12. 司机说，那条路虽然远，但是能快点儿到。 13. 机长表示抱歉，说那是他们的疏忽。
14. 老师建议他去银行工作。

쓰기 실력 트레이닝 6

*다음 문장을 간접화법으로 바꾸세요.

15 他对皮特说：“先生，您能借我一些钱吗?”

작성하기

40

답안 쓰기

40

16 狐狸对老虎说：“我是天帝派来的森林之王，你不能吃我。”

단어 狐狸 húli 명 여우 | 天帝 tiāndì 명 상제, 하느님

작성하기

40

답안 쓰기

40

참고답안

15. 他问皮特能不能借给他一些钱。 / 他向皮特借一些钱。

16. 狐狸告诉老虎，他是天帝派来的森林之王，老虎不能吃他。

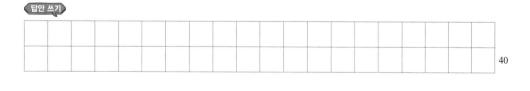

쓰기 실력 트레이닝 해석

쓰기 1

1

지문

리자는 한적한 골목길에 카페를 열었는데, 그는 자연스러운 분위기의 탁자와 의자를 사서 카페 정원에 진열할 계획이었다. 시내에 크고 작은 가구점을 돌아다녔고, 각양각색의 탁자와 의자에 눈이 어지러웠지만, 자신의 정원에 적합한 탁자와 의자가 없어서 실망한 표정을 드러냈다.

모범 답안

리자는 자연스러운 분위기의 탁자와 의자를 살 계획이었지만, 여러 가구점에 갔어도 마음에 드는 것이 없어서 매우 실망했다.

2

지문

실습할 때, 그는 국제방송국에서의 인턴을 선택했다. 그는 인턴을 통해, 그곳에 남아 일할 수 있기를 희망했지만, 결국 국제방송국은 중국어 편집자를 채용할 계획이 없어서 그를 버렸다. 그는 광둥으로 가는 기차표를 사고, 광둥의 한 방송국으로 가서 운에 맡기려고 했다. 출발하기 전날, 그는 뜻밖에 학과로부터 통지를 받았다. '중앙인민방송국으로 가보세요. 아마 아직 기회가 있을 겁니다.' 그는 성공했다.

모범 답안

인턴일 때, 그는 국제방송국에서 버림받았다. 후에, 그는 중앙인민방송국으로 가서 시도해 보았는데, 결국 성공했다.

3

지문

15년 전 어느 날, 그녀가 서점에서 책을 진열하던 중, 한바탕 바스락거리는 소리가 들려 걸어가서 보니, 헝클어진 머리에 때묻은 얼굴을 한 아이가 땀방울이 맺힌 얼굴로 몰래 책을 품속에 집어넣고 있었다. 그녀가 기침을 하자, 아이가 고개를 들어, 마침 그녀와 시선이 마주쳤다. 그녀는 당황한 가운데 고집스러운 눈을 보면서 아무 말도 하지 않고, 도리어 그 책을 그에게 주었다.

모범 답안

15년 전 어느 날, 그녀는 서점에서 책을 훔치는 아이를 보았다. 그녀는 아무 말도 하지 않고 도리어 책을 그에게 주었다.

4

지문

점심을 먹을 때, 샤오안은 콜라 한 병을 주문했고, 종업원이 콜라를 가져다주자, 그는 급히 병뚜껑을 열었다. 그런데 식당의 온도가 높은 데다가, 샤오안이 병을 열 때 실수로 몇 차례 흔든 바람에, 병뚜껑이 열리면서 콜라가 병 입구에서 뿜어져 나왔다. 샤오안이 급히 손으로 병의 입구를 막았지만, 누가 알았겠는가? 병 안의 압력이 더욱 높아져서 뿜어져 나올 뿐 아니라, 막 새로 갈아입은 옷에도 콜라로 가득하게 되었다.

모범 답안

점심 때, 샤오안은 콜라 한 병을 주문했다. 그가 병뚜껑을 돌려 열 때, 콜라가 뿜어져 나와 그의 온몸에 뿜어졌다.

쓰기 2

① 여섯 살인 캐나다 남자아이 라이언은 초등학교 1학년 학생이다.

② 그가 디자인한 가구는 심플하고 모던하며, 고급스럽고 세련되어, 소비자들의 많은 사랑을 받고 있다.

③ 이런 자발적인 훈훈한 행동들이 리아이췬의 불안한 마음속 걱정을 완전히 내려놓게 했다.

④ 일행이 산림 사이를 걸었는데, 그곳은 산수가 수려하고, 수목이 울창했다. 얼마 지나지 않아, 집 앞에 도착했다.

⑤ 이번 크로스컨트리를 완주하면, 그는 자신의 운동 인생에 마침표를 찍을 계획이다.

⑥ 그는 극도로 낙담하여, 사무실로 돌아와 거부당한 계획서를 들고 목계처럼 멍하니 있었다.

⑦ 반년 전, '답안 밀크티'라는 이름의 음료 가게가 정저우의 한 상가 거리에서 급속도로 인기를 얻었다.

⑧ 자원은 교외에 넓은 황무지를 빌려서, 가구 만들기에 적당한 버드나무, 상수리나무, 개암나무 등 묘목 수백 그루를 구매하여 심었다.

⑨ 지금까지 광고를 한 적도 없고, 경쟁사보다 비싼 가격 등 많은 요인이 겹쳐, 이 도료 회사는 중국에 온 후로 줄곧 참담한 경영이 초래되었다.

⑩ 몇 명의 면접자들이 사무실에서 걸어 나왔다. 그들은 낙담한 표정을 지으며, 요구가 너무 지나치다며 잇달아 불평을 늘어놓았다. 세 가지 기준에서 하나라도 부합하지 않으면 고려해 주지 않아, 선회할 여지가 전혀 없었다.

⑪ 그는 여러 나라를 돌아다녔고, 게다가 명마가 많이 난다는 연나라와 조나라 일대를 샅샅이 뒤졌지만, 마음에 드는 좋은 말을 발견하지 못했다.

⑫ 한 사람이 황량한 사막에 백양나무 묘목을 심었다. 그는 사흘 간격으로 가득 찬 물통을 들고 황량한 사막으로 와서, 한 그루 한 그루 그의 묘목에 물을 주었다.

쓰기 4

⑫ 기사는 말했다. "이 길은 비록 멀지만, 빨리 도착할 수 있을 겁니다."

⑬ 기장이 말했다. "죄송합니다. 이것은 저희의 불찰입니다."

⑭ 선생님은 그에게 말했다. "너는 은행에 가서 일을 해도 되겠다."

⑮ 그는 피터에게 말했다. "선생님, 저에게 돈을 좀 빌려 주실 수 있나요?"

⑯ 여우는 호랑이에게 말했다. "나는 하느님이 보낸 숲의 왕이니, 너는 나를 먹어서는 안 돼."

MEMO